QUARTA 20
EDIÇÃO 24

FABRÍCIO
BASTOS

CURSO DE PROCESSO COLETIVO

ATUALIZADA COM A
NOVA LEI DE **IMPROBIDADE**
ADMINISTRATIVA • LEI
14.230/2021

2024 © Editora Foco

Autor: Fabrício Bastos
Editor: Roberta Densa
Diretor Acadêmico: Leonardo Pereira
Revisora Sênior: Georgia Renata Dias
Coordenadora Editorial: Paula Morishita
Capa: Leonardo Hermano
Projeto Gráfico e Diagramação: Ladislau Lima
Impressão miolo e capa: DOCUPRINT

Dados Internacionais de Catalogação na Publicação (CIP) de acordo com ISBD

B327c

Bastos, Fabrício

Curso de Processo Coletivo / Fabrício Bastos. - 4. ed. - Indaiatuba, SP : Editora Foco, 2024.

704 p. ; 17cm x 24cm.

Inclui índice e bibliografia.

ISBN: 978-65-6120-114-8

1. Direito. 2. Direito civil. 3. Processo coletivo. I. Título.

2024-1380

CDD 342   CDU 347

Elaborado por Odilio Hilario Moreira Junior - CRB-8/9949
Índices para Catálogo Sistemático:
1. Direito civil 342   2. Direito civil 347

DIREITOS AUTORAIS: É proibida a reprodução parcial ou total desta publicação, por qualquer forma ou meio, sem a prévia autorização da Editora Foco, com exceção do teor das questões de concursos públicos que, por serem atos oficiais, não são protegidas como Direitos Autorais, na forma do Artigo 8º, IV, da Lei 9.610/1998. Referida vedação se estende às características gráficas da obra e sua editoração. A punição para a violação dos Direitos Autorais é crime previsto no Artigo 184 do Código Penal e as sanções civis às violações dos Direitos Autorais estão previstas nos Artigos 101 a 110 da Lei 9.610/1998.

NOTAS DA EDITORA:

Atualizações do Conteúdo: A presente obra é vendida como está, atualizada até a data do seu fechamento, informação que consta na página II do livro. Havendo a publicação de legislação de suma relevância, a editora, de forma discricionária, se empenhará em disponibilizar atualização futura. Os comentários das questões são de responsabilidade dos autores.

Bônus ou *Capítulo On-line*: Excepcionalmente, algumas obras da editora trazem conteúdo extra no *on-line*, que é parte integrante do livro, cujo acesso será disponibilizado durante a vigência da edição da obra.

Erratas: A Editora se compromete a disponibilizar no site www.editorafoco.com.br, na seção Atualizações, eventuais erratas por razões de erros técnicos ou de conteúdo. Solicitamos, outrossim, que o leitor faça a gentileza de colaborar com a perfeição da obra, comunicando eventual erro encontrado por meio de mensagem para contato@editorafoco.com.br. O acesso será disponibilizado durante a vigência da edição da obra.

Impresso no Brasil (6.2024)
Data de Fechamento (5.2024)

2024
Todos os direitos reservados à
Editora Foco Jurídico Ltda.
Rua Antonio Brunetti, 593 – Jd. Morada do Sol
CEP 13348-533 – Indaiatuba – SP
E-mail: contato@editorafoco.com.br
www.editorafoco.com.br

DEDICATÓRIA

Dedico este livro:

Aos meus avós Hotelim, Alda e Hélio (in memoriam).

Ao meu grande amigo Amaury, que me honrou com sua nobre amizade enquanto viveu entre nós e me ensinou grandes valores de simplicidade, generosidade e cumplicidade. Sinto muito a sua falta!

À minha avó Odyssea, grande matriarca da família, que me proporcionou tudo o que pude viver, que sempre investiu em mim e nos meus estudos, que me ensinou valores de família e é uma verdadeira mãe.

À minha mãe Ana Maria, cuja devoção aos filhos é digna de um relicário; que, à custa de grande sacrifício pessoal, criou sua família e proporcionou aos filhos tudo que estava ao seu alcance.

Ao meu pai Helair, cuja história de vida ainda me impressiona, que me ensinou valores de disciplina e dedicação.

À minha amada irmã Tatiana, cuja atenção, carinho e dedicação parecem eternos.

À minha grande companheira Juliana, que me acompanha há 20 anos nesta jornada, cuja sensibilidade, alegria, doçura e atenção encantam a todos à sua volta e que me proporcionou os maiores presentes da vida.

À minha mais do que amada filha Valentina, que me ensina diariamente o valor do afeto e do mais puro amor, que devo a outras vidas. Minha linda, um dia você vai crescer e vai notar que ser gente grande não é "lá essas coisas", portanto, "enloucresça"!

Ao meu mais do que amado filho Arthur, cujo nome homenageia o Rei da Nação Rubro--Negra, Zico. Ele que veio me ensinar como devemos criar os meninos para que sejam homens de valor. Meu guri lindo, saiba que o seu pai é um homem de sorte por ter sido escolhido por ti para exercer esta nobre missão. Assim como sempre digo para a sua irmã, "enloucresça"!

Às minhas sobrinhas e afilhadas Juliana, Mariana e Ana Beatriz, cuja existência me fez querer ser pai somente de meninas.

À minha sogra, Shirley Viana (in memoriam), por ser uma grande companheira e parceira.

Aos meus diletos amigos do Porto Bello, Instituto Abel, da Universidade Cândido Mendes, de Magistério e do Ministério Público do Estado do Rio de Janeiro.

AGRADECIMENTOS

A árdua tarefa de escrever um livro, apesar de intensamente solitária, demanda uma participação externa salutar para possibilitar ambiente adequado para a escrita. Impossível escrever um livro, qualquer que seja o tema, sem a ajuda da família e dos amigos. Assim, agradeço aos meus familiares que proporcionaram este tranquilo ambiente de trabalho e que compreenderam toda minha ausência para que, de forma abnegada, fosse possível lograr o intento.

Aos meus amigos e parceiros de jornada acadêmica, que serviram de inspiração para escrever e que foram verdadeiros orientadores, incentivadores e críticos, Alcione Ferreira, Alexandre Câmara, Angélica Glioche, Bernardo Gonçalves, Bruno Cavaco, Bruno Pinheiro, Bruno Redondo, Daniel Assumpção, Décio Alonso, Guilherme Peña, Gustavo Nogueira, José Tudeia, Juan Vazquez, Marcos Paulo, Pedro Barretto, Rafael Oliveira, Renato Porto, Robson Renault Godinho, segue o meu agradecimento por todo carinho, confiança e dicas fornecidas.

Aos meus parceiros de sala de aula, professores que, como eu, amam lecionar, André Uchoa, Claudia Serpa, Claudinha Barros, Claudia Molinaro, Fernando Abreu, Rosângelo Miranda, Isabelli Gravatá, Luciana Madeira, Rodrigo Lima, Antonella Paladino, Sandro Machado, Sandro Caldeira, Mariana Maduro, Cesar Tavolieri, Fábio Azevedo, Ricardo Martins, Claudio Calo, Elisa Pitaro, Aurelio Bouret, Guilherme Miziara, Luciana Madeira e Mozart Borba.

Aos meus amigos que me proporcionaram a oportunidade de lecionar e de publicar a presente obra: Bruno Zampier, Carlos Vinha e Frederico Neder.

Aos amigos disléxicos do Doff.

Aos meus amigos e companheiros do Mestrado em Direito na Università Degli Studi Tor Vergata – Roma.

Agradeço aos meus alunos, verdadeiros amigos e bravos guerreiros que me aturam por cerca de 14 anos em sala de aula e que são grandes incentivadores do meu trabalho, principalmente Marcel Alexandre Souza, Eduardo Domingos, Roberta Pereira Ramos, Joana Canano, Michelly Anthony, Gisele Fonseca, Rafaela Lopes, Lis Lanni, Amanda Tostes, Julia Silva Fernandes, Tassiana da Costa Cabral, Morená Avellar, Natally Vasconcellos, Haruemi Kashiwakura, Grazy Souza, Muna Bastos, Natália Gueiros e Ana Fernanda Babinski por toda ajuda dispensada para a consecução deste projeto.

Agradeço, por fim, às minhas queridas alunas da FESMPMG, parceiras de projeto e amigas, Ana Paula Martins e Lauriene Ayres, pela inestimável ajuda para a criação e finalização desta obra. Este livro também é de vocês!

Fabrício Bastos

NOTA DO AUTOR À 4ª EDIÇÃO

Meus caros, é com grande satisfação, e certo atraso, que vos apresento a 4ª edição do meu livro com grandes modificações e atualizações em praticamente todos os capítulos. Ao passar por momentos difíceis no plano pessoal, precisei focar mais na família e tal fase me ajudou a refletir melhor sobre a brevidade da vida e a importância de deixar ideias publicizadas. As atualizações decorrem do grande volume de novas decisões, principalmente dos Tribunais Superiores, versando sobre o Processo Coletivo, Lei de Improbidade Administrativa, Lei Geral do Esporte e Lei Geral de Proteção de Dados. Diante desse novo quadro normativo, houve a necessidade de revisar, atualizar e modificar inúmeros temas do curso. Há que considerar, ainda, as inúmeras trocas acadêmicas que tive com alunos e professores, bem como a participação em eventos e congressos. Com isso, aproveitei a oportunidade para revisar algumas opiniões e posições apresentadas.

Espero que gostem e aguardo as críticas, comentários e sugestões!

Macaé, Princesa do Atlântico, outono de 2024.

NOTA DO AUTOR À 3ª EDIÇÃO

Meus caros, é com grande satisfação que vos apresento a 3ª edição do meu livro com grandes modificações e atualizações em praticamente todos os capítulos. As atualizações decorrem do grande volume de novas decisões, principalmente dos Tribunais Superiores, versando sobre o Processo Coletivo e da vigência da Lei 14.230/21 doravante nova LIA. Diante desse novo quadro normativo, houve a necessidade de revisar, atualizar e modificar inúmeros temas do curso. Com isso, aproveitei a oportunidade para revisar algumas opiniões e posições apresentadas.

Espero que gostem e aguardo as críticas, comentários e sugestões!

Armação dos Búzios, verão ainda pandêmico de 2022.

NOTA DO AUTOR À 1ª EDIÇÃO

Com o advento do Novo Código de Processo Civil em 2016, ano da sua vigência, surgiu o seguinte questionamento: de que forma serão aplicadas as normas deste diploma aos processos coletivos?

Além da abordagem das principais interfaces entre o novel diploma e os processos coletivos, a presente obra se ocupa em fornecer os subsídios para que o leitor entenda as peculiaridades das demandas coletivas e o necessário protagonismo para debelar as questões repetitivas em nosso cotidiano forense.

A presente obra aborda todos os institutos afetos aos processos coletivos, sem perder a objetividade necessária para a compreensão dos temas.

A obra é fruto de mais de 14 anos estudando e lecionando a matéria nos mais diversos cursos preparatórios e de pós-graduação.

Apesar da intenção de propor e abordar algumas reflexões acadêmicas, busquei usar alguns aspectos práticos decorrentes da minha atuação funcional nas Promotorias de Tutela Coletiva no âmbito do Ministério Público do Estado do Rio de Janeiro.

Espero que a obra seja aceita na academia e bem recebida pelos leitores e alunos. Estou à disposição e à espera das devidas críticas, observações e sugestões pelo e-mail: ncpc.fabriciobastos@gmail.com.

Roma, 14 de dezembro de 2017.

Fabrício Rocha Bastos

APRESENTAÇÃO À 2ª EDIÇÃO

A 1ª edição foi esgotada e recebeu uma bela acolhida e tal fato me coloca diante de uma bela controvérsia emocional derivada do conflito orgulho e responsabilidade.

Orgulhoso por saber que a minha obra teve uma boa recepção, mas isso gera uma responsabilidade imensa em manter a sua atualização sempre em dia e buscar a superação sempre que possível.

Nesta 2ª edição, foram atualizados os seguintes pontos: Capítulo 1: inserção de precedente do STJ afastando a aplicabilidade do microssistema da tutela coletiva; Capítulo 2: inserção do item 4 (novo) versando sobre o tema litígios estratégicos; Capítulo 3: no item 2 foram inseridas decisões do STJ e do STF sobre o cabimento do IRDR; Capítulo 5: no item 7.3 foi inserida decisão do STJ sobre as etapas no reconhecimento do direito individual homogêneo; Capítulo 6: no item 12 houve atualização jurisprudencial; no item 13 foi inserido um parágrafo sobre a estabilização da tutela antecipada, bem como decisão do STJ; no item 16 foi inserido tema novo, qual seja, a intervenção do Substituto Processual para fins de formação de precedente; no item 21 foi inserida uma atualização jurisprudencial decorrente da decisão monocrática no bojo da ACO 1560; Capítulo 8: no item 2.5 foi inserida uma atualização jurisprudencial; Capítulo 10: no item 2 foi inserida uma atualização jurisprudencial; Capítulo 11: foi inserido o item 11 (novo) versando sobre a intervenção da Defensoria Pública como *custos vulnerabilis*; Capítulo 14: no item 3 foi inserida atualização da jurisprudência sobre a prescrição incidente na pretensão de ressarcimento ao erário; Capítulo 16: foram inseridas atualizações sobre a legitimidade para a celebração do TAC, bem como as derivadas da publicação da nova lei de abuso de autoridade. Considerando o advento da Lei 13.964/19 foram alterados temas nos capítulos 6 e 16 para que constassem a possibilidade de realização de acordo de não persecução cível e solução consensual na seara da improbidade administrativa, bem como o controle *interna corporis* da promoção de arquivamento do inquérito policial.

Gostaria, por fim, de agradecer àqueles que me ajudaram a formatar esta nova edição: Igor Gaspar e Thais Beckert.

Niterói, primavera de 2019.

Fabrício Rocha Bastos

PREFÁCIO

Pediu-me o amigo Fabrício Bastos que apresentasse à comunidade jurídica seu *Curso de Processo Coletivo*. Fiquei honrado com o convite, não só pela amizade que me une ao autor, mas especialmente pela qualidade da obra.

Fabrício Bastos é meu colega de magistério na EMERJ (Escola da Magistratura do Estado do Rio de Janeiro), onde suas aulas são sempre muito elogiadas pelos alunos. É, ainda, membro do Ministério Público do Estado do Rio de Janeiro e professor de Direito Processual Civil em diversas outras instituições. Além disso, vem atualmente desenvolvendo seus estudos de mestrado na prestigiosa Universidade Tor Vergata, em Roma. Isso mostra que é estudioso sério e dedicado, que muito tem a contribuir para a evolução do Direito Processual Civil brasileiro.

Neste seu *Curso*, Fabrício parte de uma premissa com a qual concordo integralmente: a existência de um Direito Processual Coletivo como ramo autônomo do Direito Processual. Esta, aliás, é premissa que precisa ser levada em conta na reelaboração dos currículos jurídicos dos cursos de graduação e pós-graduação: não faz mais sentido que o processo coletivo seja tratado como um tópico dentro do Direito Processual Civil das causas individuais. Seu tratamento destacado permitirá um ainda maior desenvolvimento do tema, com seu consequente aperfeiçoamento teórico e prático.

Pois partindo desta premissa, Fabrício foi capaz de produzir uma obra que tem uma característica ímpar: é que em seu *Curso de Processo Coletivo*, o autor examina os diversos temas de Direito Processual analisando-os em relação a cada uma das diversas demandas coletivas que compõem o sistema processual brasileiro. E é muito bom ver, por exemplo, o instituto da legitimidade para demandar tratado de forma unitária em relação a todas as demandas coletivas (em vez de se estudar, separadamente, cada demanda coletiva e, em relação a cada uma delas, destinar-se um tópico ao exame da legitimidade). E o mesmo se pode dizer da coisa julgada, da tutela provisória, da execução, entre tantos outros temas.

Aliás, vale ressaltar que Fabrício não se limitou ao exame dos temas clássicos do processo coletivo, como legitimidade, competência e coisa julgada. Em seu livro também são tratados temas modernos, como o das tutelas provisórias ou o da resolução de questões repetitivas, além de institutos fundamentais para a compreensão do sistema jurídico brasileiro, como o inquérito civil e o termo de ajustamento de conduta.

O autor aborda temas complexos e polêmicos, sempre com a coragem de emitir suas opiniões. Não concordo com todas, evidentemente. Estou, por exemplo, entre os que sustentam que a "possibilidade jurídica" não integra o mérito do processo, mas se insere no plano do interesse de agir (e, pois, das "condições da ação"). Também não me parece correta a defesa da aplicabilidade do microssistema dos processos coletivos às demandas propostas pelo Ministério Público para defesa de interesses individuais (como se dá, por exemplo, quando o MP propõe demanda para postular a defesa de um único idoso, ou de uma única criança). Para mim, não se tem aí verdadeira "ação civil pública". A divergência, porém, entre minha opinião e a do autor é aqui manifestada de forma respeitosa, já que a leitura do texto de Fabrício me fez refletir sobre minhas opiniões, testá-las novamente e, mesmo que eu não tenha mudado de entendimento, mostra que este *Curso de Processo Coletivo* que tenho a honra de prefaciar cumpriu, em relação a este seu primeiro e privilegiado leitor, a função principal de uma obra científica: provocar a reflexão.

O livro que ora apresento é de grande valia para estudiosos e estudantes, de graduação e pós-graduação, além de ser útil para todos os profissionais que lidam, na prática, com o processo coletivo. Posso garantir que sua leitura me foi extremamente útil, tendo contribuído para minhas reflexões sobre temas tão relevantes. Ficam, aqui, meus cumprimentos ao autor e à editora pelo lançamento. Fica, também, meu convite aos leitores: que mergulhem em suas páginas, das quais sairão certamente enriquecidos.

Alexandre Freitas Câmara

Doutor em Direito Processual (PUCMINAS). Professor emérito e coordenador de Direito Processual Civil da EMERJ. Presidente do Instituto Carioca de Processo Civil (ICPC). Membro do Instituto Brasileiro de Direito Processual, do Instituto Ibero-americano de Direito Processual e da *International Association of Procedural Law*. Desembargador no Tribunal de Justiça do Estado do Rio de Janeiro.

PREFÁCIO

Permanece adormecido um Projeto de Código de Processo Civil Coletivo no Brasil. Por mais que já se tenham três anteprojetos prontos, um apresentado pela saudosa Professora Ada Pellegrini Grinover, outro apresentado pelo Professor Aluísio Mendes e outro pelo Professor Antonio Gidi, percebe-se que ainda estamos longe de uma solução para a codificação do direito processual coletivo.

Em que pese a existência do Código Modelo de Processos Coletivos para a Ibero-America, o mesmo não dispõe de força de lei no Brasil, servindo, como o nome sugere, de um modelo para os países ibero-americanos.

Portanto, sente o Brasil a falta de uma legislação que condense o direito processual civil coletivo, verdadeiro sub-ramo do direito processual civil, ao lado do individual, para que as tormentosas questões que cercam o processo coletivo sejam regulamentadas.

Enquanto isso se vale o país de uma intensa produção acadêmica a respeito do direito processual civil coletivo, bem como uma plêiade de precedentes que buscam a interpretar e uniformizar o tratamento a ser dispensado na tutela jurisdicional dos direitos coletivos.

Nossa realidade nos impõe reconhecer a existência, já consagrada na jurisprudência do Superior Tribunal de Justiça, de um "microssistema de tutela coletiva", formado pelas diversas leis esparsas e especiais que tratam, no todo ou em parte, do processo coletivo. Deixando de lado a Constituição, pela sua inegável força de Lei Maior, temos como principais leis que compõem o microssistema: a Lei da Ação Popular (1965), a Lei de Ação Civil Pública (1985) e o Código de Defesa do Consumidor (1990).

Como um verdadeiro microssistema, as leis que o compõem se fecham, ou seja, as disposições de uma lei são aplicáveis aos processos coletivos como um todo, salvo quando não conflitarem com disposições específicas dessas mesmas leis. Entretanto deve-se reconhecer que o microssistema, sozinho, não contém todas as respostas para todas as questões processuais que podem surgir no decorrer de um processo civil voltado para a tutela jurisdicional dos direitos metaindividuais. Em outras palavras: na ausência de regras dentro do microssistema, deve-se sair desse microssistema e buscar, fora dele, uma eventual resposta.

E ao se sair do microssistema depara-se o intérprete com o Código de Processo Civil – CPC (2015), voltado essencialmente para a solução de questões individuais, para a tutela jurisdicional de direitos individuais.

Só que isso não é tarefa das mais simples. A jurisprudência dos Tribunais Superiores, não raro, faz uso totalmente indevido da aplicação subsidiária do CPC, não seguindo um raciocínio linear para a questão. Ora os Tribunais resolvem a questão valendo-se do microssistema, ora fazem uso da aplicação subsidiária do CPC. Passam, às vezes, a impressão de que devem ser aplicadas as regras do microssistema "em partes", ou seja, apenas aquilo que de fato convém ao caso concreto, criando uma "aplicação subsidiária de ocasião".

O fato é que não temos segurança no que tange ao Direito Processual Coletivo, e esse livro que tenho a honra de prefaciar coloca "ordem na casa". O tema enfrentado pelo autor é de uma felicidade ímpar, pois vem a suprir, no Brasil, uma lacuna que poucos ousaram: um curso realmente completo de Direito Processual Coletivo, abordando todos os temas relevantes acerca desse novo ramo do direito processual civil. Fabrício Bastos não titubeou ao enfrentar os temas mais complexos do processo coletivo, delineando com exatidão ímpar os contornos dentro dos quais o intérprete deve agir para resolver diversas questões interessantes e importantes – cruciais até – para o desenvolvimento do direito processual civil coletivo no Brasil.

Conheço Fabrício Bastos há décadas, e somente por isso atribuo o fato de ser sido convidado para prefaciar a sua obra, e posso dizer com imensa alegria que o autor "foge do comum". Apesar de ser um processualista ainda jovem, o autor não se rendeu à banalização da doutrina, que há algum tempo prefere "copiar e colar" aquilo que os Tribunais Superiores decidem, sem fazer nenhum juízo crítico do erro ou acerto da decisão. Ou seja, a doutrina vem deixando de ser doutrina. A doutrina tornou-se, em alguns casos, obviamente, um papagaio da jurisprudência. Não bastasse isso ainda se observam com frequências obras que são rasas e superficiais, com a falsa e impossível pretensão de simplificar o direito e depois entregá-lo mastigado em forma de "resumos" e outros nomes comerciais pomposos que agradam aqueles que têm preguiça de fazer uma boa leitura. Talvez aí eu encontre um segundo motivo para o convite que me foi feito, porque é uma alegria enorme verificar que ainda há resistências fortes a esse tipo de banalização do direito, inclusive do direito processual civil.

Merece aplausos o autor, que não se furtou de analisar com a profundidade necessária, as questões mais instigantes do processo coletivo. Desde já sua obra torna-se obrigatória para todos aqueles que querem entender o direito processual civil coletivo.

Parabéns a você, Fabrício, pela sua obra e pela forma corajosa e competente com que enfrentou os temas propostos!

Parabéns àqueles que gostam e estudam o direito processual civil, em especial o coletivo, por agora disporem de obra tão qualificada.

Leitura obrigatória!

Gustavo Santana Nogueira

Professor de Direito Processual Civil – individual e coletivo. Promotor de Justiça. Mestre e Doutor em Direito Processual Civil. Membro da Rede Brasileira de Direito e Literatura.

SUMÁRIO

DEDICATÓRIA III

AGRADECIMENTOS V

NOTA DO AUTOR À 4ª EDIÇÃO VII

NOTA DO AUTOR À 3ª EDIÇÃO IX

NOTA DO AUTOR À 1ª EDIÇÃO XI

APRESENTAÇÃO À 2ª EDIÇÃO XIII

PREFÁCIO XV

PREFÁCIO XVII

CAPÍTULO 1 – REGULAMENTAÇÃO DAS AÇÕES COLETIVAS NO BRASIL 1

1. Evolução histórica das ações coletivas no Brasil 1

   1.1. Ações coletivas no Brasil 4

   1.2. Do microssistema da tutela coletiva 16

   1.3. Do diálogo de fontes 23

CAPÍTULO 2 – PROCESSO COLETIVO 27

1. Direito processual coletivo como ramo autônomo 27

2. Conceito de Processo Coletivo 28

3. Tipos de processo coletivo: comum e especial 32

   3.1. Processo coletivo comum 32

   3.2. Processo coletivo especial 33

4. Litígios estratégicos 33

5. Processo de improbidade administrativa – Natureza de processo coletivo? 35

CAPÍTULO 3 – MODELOS DE TUTELA COLETIVA 37

1. Modelos de Tutela Coletiva: Ações Coletivas e o Julgamento de Questões Repetitivas.. 37
2. Processo Coletivo-Piloto e Processo Coletivo-Modelo 39
3. Características do Modelo dos Processo de Questões Repetitivas 41
4. Características do Modelo das Ações Coletivas 43

CAPÍTULO 4 – CONCEITOS DE AÇÃO 49

1. Ação meramente individual 49
2. Ação individual com efeitos coletivos 50
3. Ação pseudoindividual 55
4. Ação pseudocoletiva ou acidentalmente coletiva 57
5. Ação Essencialmente Coletiva 61
6. Técnicas de Repercussão Individual e Coletiva 63

CAPÍTULO 5 – OBJETO MATERIAL DA TUTELA COLETIVA.. 65

1. Introdução.. 65
2. Direitos ou Interesses Coletivos em Sentido Amplo, Transindividuais ou Metaindividuais 66
3. Interesses ou direitos essencialmente coletivos e acidentalmente coletivos 68
4. Objeto material: aspectos de caracterização 70
5. Direitos ou Interesses Difusos... 70
   5.1. Aspectos subjetivos 71
   5.2. Aspectos objetivos 73
   5.3. Aspectos processuais... 74
6. Direitos ou Interesses Coletivos em Sentido Estrito 80
   6.1. Aspectos subjetivos 80
   6.2. Aspectos objetivos 82
   6.3. Aspectos processuais... 83
7. Direitos ou Interesses Individuais Homogêneos.. 84
   7.1. Aspectos subjetivos 87
   7.2. Aspectos objetivos.. 90
   7.3. Aspectos processuais.. 92
8. O incidente de resolução de demandas repetitivas, os direitos individuais homogêneos e coletivização das demandas 99

8.1. Sistema do *fair notice* e *right to opt in or out* aplicável aos processos coletivos que veiculam direitos individuais homogêneos 100

8.2. Consequência da aplicação prática deste incidente no microssistema da tutela coletiva 102

9. Tutela dos Direitos Individuais Indisponíveis 103

10. Critérios para a identificação do direito transindividual tutelado 106

11. Atomização e molecularização dos litígios 107

12. Tipologia dos Litígios – Uma nova classificação dos direitos coletivos em sentido amplo 108

CAPÍTULO 6 – REFLEXOS DO NOVO CÓDIGO DE PROCESSO CIVIL NOS PROCESSOS COLETIVOS 113

1. Considerações gerais 113

2. Do Poder Geral de Efetivação 114

3. Dilação de prazos processuais 116

4. Alteração da ordem da produção das provas 117

5. Poder de polícia do magistrado 117

6. Determinação de comparecimento pessoal das partes 118

7. Saneamento dos vícios e irregularidades processuais 120

8. Intimação dos legitimados coletivos sobre a existência de demandas repetitivas 121

9. Coletivização das demandas individuais 129

10. Direitos repetitivos e direitos individuais homogêneos 131

11. Sistema do *fair notice* e *right to opt in or out* aplicável aos processos coletivos que veiculam direitos individuais homogêneos 131

12. Recorribilidade das decisões interlocutórias e o regime da preclusão imediata . 134

12.1. Panorama Geral 134

12.2. Panorama nos Processos Coletivos 138

12.3. Considerações Finais 140

13. Tutelas provisórias no CPC/15 e a repercussão nos processos coletivos 146

14. Inaplicabilidade do art. 115, parágrafo único, CPC/15 160

15. Prazo para o oferecimento do agravo interno nos processos coletivos 163

16. Intervenção do substituído nos processos coletivos 165

17. Negócio jurídico processual atípico nos processos coletivos 171

18. Possibilidade da realização da autocomposição nos processos coletivos 176

19. Aplicação do procedimento comum (art. 318, CPC/15) aos processos coletivos 180

19.1. Análise dos arts. 105-A da Lei 9.504/1997 e 21 da Lei 12.846/13 180

19.2. Ação Civil Pública em matéria eleitoral... 181

19.3. Ação Civil de Responsabilização Judicial da Lei Anticorrupção................ 184

19.4. Procedimento Comum do CPC na Ação por Improbidade Administrativa: Aplica-se realmente o procedimento comum previsto no CPC?................ 185

20. Causa interruptiva da prescrição nas demandas de improbidade administrativa ... 186

21. Regime das despesas processuais nos processos coletivos 188

22. Consequência processual da continência 191

22.1. Análise do art. 57, CPC e a sua aplicação nos processos coletivos – regras de prevenção da competência.. 191

22.2. Com esta modificação advinda com o art. 57, CPC, surge a seguinte questão: a súmula 489 do Superior Tribunal de Justiça foi superada?............... 192

22.3. Qual regra de prevenção da competência deve ser aplicada aos processos coletivos? 193

23. Efeito suspensivo nos recursos de apelação oriundos de processos coletivos 195

CAPÍTULO 7 – PRINCÍPIOS DO PROCESSO COLETIVO 199

1. Introdução e contextualização 199

2. Princípio do transporte *in utilibus* da sentença coletiva (regime jurídico *in utilibus*) 201

3. Princípio da primazia do mérito 202

4. Princípio da indisponibilidade 204

5. Princípio da atipicidade ou não taxatividade das ações (tutelas) coletivas 205

6. Princípio da ampla publicidade ou ampla divulgação da tutela coletiva............ 208

7. Princípio da competência adequada – *forum shopping, forum non conveniens e translatio iudicii* 209

8. Princípio da gratuidade das ações coletivas 210

9. Princípio da obrigatoriedade da ação (tutela) coletiva 212

10. Princípio da legitimação (representatividade adequada) 215

11. Princípio da certificação adequada da ação (tutela) coletiva............................ 215

12. Princípio inquisitorial do processo coletivo 217

CAPÍTULO 8 – ASPECTOS PROCESSUAIS DO PROCESSO COLETIVO 221

1. Introdução 221
2. Aspectos Processuais dos Processos coletivos 221
   2.1. Defesas do réu 222
   2.2. Fase de Admissibilidade da Demanda 224
      2.2.1. Panorama Geral 224
      2.2.2. Processo por Improbidade Administrativa 225
   2.3. Petição Inicial 227
   2.4. Providências Preliminares 229
      2.4.1. Julgamento conforme o estado do processo 229
      2.4.2. Desmembramento do litisconsórcio 229
      2.4.3. Réplica 229
      2.4.4. Decisão fixadora da tipificação do ato de improbidade adminis-
             trativa 230
   2.5. Litisconsórcio 230
   2.6. Ônus da prova 238
   2.7. Atuação multifacetária do Ministério Público 239
   2.8. Relação entre ações coletivas 242
      2.8.1. Litispendência 242
         2.8.1.1. Teorias acerca da litispendência 242
         2.8.1.2. Litispendência entre ações coletivas 243
      2.8.2. Conexão e continência 249
      2.8.3. Relação entre ação coletiva e ação individual: sistema do *fair
             notice* e *right to opt* (*in or out*) 250
   2.9. Teoria da decisão judicial 253
      2.9.1. Panorama Geral 253
      2.9.2. Decisões estruturantes 255
         2.9.2.1. Panorama Geral 255
         2.9.2.2. Características 258
         2.9.2.3. Provimentos em cascata 260
         2.9.2.4. Origem 262
         2.9.2.5. Procedimento no Processo Estrutural 265
      2.9.3. Entidades de Infraestrutura Específica (*claims resolution facilities*) ... 266
   2.10. Rito – procedimentos 269
   2.11. Recursos 270

CAPÍTULO 9 – COMPETÊNCIA 273

1. Conceito e natureza jurídica 273
2. Regra geral de competência 274
3. Competência na LACP e no CDC 285
4. Regras especiais de competência 286

   4.1. Princípio da competência adequada: *forum shopping* x *forum non conveniens* 286

   4.2. Competência no mandado de segurança coletivo 287

   4.3. Competência no mandado de injunção coletivo 288

   4.4. Competência na ação por improbidade administrativa 289

      4.4.1. Da (in)existência de foro por prerrogativa de função na seara da improbidade administrativa. Competência do juízo de primeiro grau para processo e julgamento 291

      4.4.2. Da inexistência de *bis in idem* na aplicação da lei de improbidade administrativa ao agente político 296

      4.4.3. Da natureza jurídica das sanções decorrentes da prática do ato de improbidade administrativa 297

      4.4.4. Da natureza jurídica da ação de improbidade administrativa 299

      4.4.5. Direito Administrativo Sancionador como vetor na Improbidade Administrativa 304

   4.5. Competência no crime de responsabilidade 307

   4.6. Competência na ação popular 309

   4.7. Competência no Estatuto do Idoso e no Estatuto da Criança e do Adolescente 311

   4.8. Competência no processo coletivo especial 312

   4.9. Competência no processo coletivo derivado do modelo de resolução de questões repetitivas 312

   4.10. Competência nos litígios coletivos transnacionais e transfronteiriços 313

5. Prevenção 314
6. Competência para liquidação e execução da sentença coletiva de procedência 315

CAPÍTULO 10 – CONDIÇÕES DA AÇÃO 317

1. Introdução 317
2. Possibilidade jurídica da demanda como elemento do mérito 318

   2.1. Matéria tributária, contribuições previdenciárias, FGTS ou outros fundos .. 319

2.2. Controle de constitucionalidade	322
2.3. Controle judicial de políticas públicas	324
3. Interesse processual ou de agir	329
4. Legitimidade	332
4.1. Legitimidade *ad causam* coletiva ativa	332
4.2. Distinção entre legitimação *ad actum* e legitimação *ad causam*	334
5. Classificações da legitimidade extraordinária	335
5.1. Legitimidade extraordinária autônoma e subordinada	335
5.2. Legitimação extraordinária coletiva exclusiva	335
5.3. Legitimação extraordinária concorrente	335
5.4. Legitimidade concorrente disjuntiva	336
6. Legitimados ativos no processo coletivo comum	336
6.1. Legitimação na ação popular	336
6.2. Legitimação na ação civil pública genérica	338
6.3. Legitimação na ação por improbidade administrativa	340
6.3.1. Legitimidade ativa	340
6.3.2. Legitimidade Passiva	346
6.4. Legitimação na ação civil pública com base na lei anticorrupção	361
6.5. Legitimação no mandado de segurança coletivo	363
6.6. Legitimidade no mandado de injunção coletivo	367
6.7. Legitimação coletiva passiva. Ação coletiva passiva. *Defendant Class Actions*	369
7. Legitimidade *ad causam* da Defensoria Pública	372
8. A (des)necessidade da autorização assemblear e estatutária – legitimação extraordinária	377
9. Controle judicial (*ope iudicius*) e legal (*ope legis*) da legitimidade – Representatividade adequada (*adequacy of representation*)	382
10. Legitimidade do Ministério Público	387
CAPÍTULO 11 – INTERVENÇÃO DE TERCEIROS	397
1. Introdução	397
2. Assistência	399
2.1. Intervenção individual nas ações acidentalmente coletivas	401
2.2. Intervenção do cidadão-eleitor	404

2.3. Assistência litisconsorcial – Intervenção de colegitimado	404
2.4. Intervenção multifacetária do MP – Assunção do processo e assunção da legitimidade ativa	406
3. Oposição	408
4. Nomeação à autoria – Técnica de saneamento	409
5. Chamamento ao processo	410
6. Denunciação da Lide	412
6.1. Denunciação da lide nas relações de consumo	413
6.2. Denunciação da lide na ação de responsabilidade civil em face do Estado	414
7. Incidente de desconsideração da personalidade jurídica	415
7.1. Desconsideração inversa da personalidade jurídica	417
7.2. Desconsideração expansiva da personalidade jurídica	417
8. Intervenção atípica, anômala ou anódina	418
9. *Amicus Curiae*	419
10. Intervenção móvel – Despolarização da demanda – Reversibilidade da posição processual – Atuação pendular – Migração sucessiva	422
11. Intervenção da defensoria pública como *custos vulnerabilis*	431

CAPÍTULO 12 – TUTELAS PROVISÓRIAS	435
1. Introdução	435
2. Classificações	435
3. Tutelas jurisdicionais	436
3.1. Tutela provisória: de urgência e de evidência	436
3.2. Tutelas definitivas	436
4. Temas específicos para os processos coletivos	437
4.1. Legitimidade do Ministério Público para requerer tutela provisória	437
4.2. Exigência de caução	438
4.3. Limites e restrições para a concessão de tutelas provisórias	438
4.4. Tutelas provisórias na seara da improbidade administrativa	441
4.4.1. Sequestro	443
4.4.2. Indisponibilidade	445
4.4.3. Afastamento do agente público das suas funções	455

CAPÍTULO 13 – COISA JULGADA COLETIVA... 461

1. Conceito 461

2. Características 464

   2.1. Direitos essencialmente coletivos: direitos difusos............................ 464

      2.1.1. Coisa julgada na hipótese de procedência do pedido 464

      2.1.2. Improcedência do pedido por insuficiência de provas 464

      2.1.3. Insuficiência de provas e riscos do desenvolvimento................... 466

      2.1.4. Fundamentação da decisão, questão prejudicial e coisa julgada material 467

      2.1.5. Improcedência por insuficiência de provas e interesse recursal.... 468

   2.2. Direitos coletivos em sentido estrito 469

      2.2.1. Procedência do pedido nas ações coletivas que veiculam direito coletivo em sentido estrito 469

      2.2.2. Improcedência do pedido nas ações coletivas que veiculam direito coletivo em sentido estrito 469

   2.3. Direitos acidentalmente coletivos ou direitos individuais homogêneos (imutabilidade *secundum eventum litis*) 470

      2.3.1. Improcedência pura nas ações coletivas que veiculam tutela de direitos individuais homogêneos... 471

      2.3.2. Improcedência por insuficiência de provas nas ações coletivas que veiculam tutela de direitos individuais homogêneos.............. 471

3. Limitação territorial da eficácia subjetiva das decisões nas demandas coletivas atrelada à competência do órgão jurisdicional 473

4. Regime jurídico especial da coisa julgada material 476

   4.1. Coisa julgada material na ação de improbidade administrativa 476

   4.2. Coisa julgada material no mandado de segurança coletivo 482

   4.3. Coisa julgada material no mandado de injunção coletivo 483

   4.4. Coisa julgada material no processo coletivo especial 485

CAPÍTULO 14 – PRESCRIÇÃO E DECADÊNCIA 487

1. Introdução... 487

2. Tese da imprescritibilidade da pretensão judicial exercível via ação civil pública para a tutela dos direitos difusos e coletivos em sentido estrito 487

3. Regime jurídico da prescrição na seara da improbidade administrativa 492

   3.1. Introdução e regra geral 492

   3.2. Prescrição aplicável aos terceiros particulares 495

3.3. Prescrição intercorrente	496
3.4. Regime jurídico da prescrição e o exercício de mandato eletivo (art. 23, I, LIA)	497
3.5. Situação jurídica híbrida	499
3.6. Unidade existencial do ato de improbidade	500
3.7. Ato de improbidade que configura infração penal	501
3.8. Regime da prescrição na Lei Anticorrupção	502
3.9. Interpretação extensiva do art. 23, I, LIA	503
3.10.Aplicação da regra do art. 23, III, LIA	503
4. Regime jurídico prescricional na ação popular	503
5. Regime jurídico prescricional no mandado de segurança coletivo	504
6. Termo inicial flexível para a contagem do prazo prescricional	506
7. Causas impeditivas, suspensivas e interruptivas da prescrição e decadência na tutela coletiva	509
8. Prazo prescricional para o exercício da pretensão executória	511
9. Direito intertemporal e as novas regras da prescrição da lei de improbidade administrativa	511

CAPÍTULO 15 – LIQUIDAÇÃO E EXECUÇÃO

CAPÍTULO 15 – LIQUIDAÇÃO E EXECUÇÃO	517
1. Introdução	517
2. Princípio do vínculo ao título	519
3. Classificação das execuções	520
3.1. Execução nos direitos difusos e coletivos	520
3.2. Fundo de defesa dos direitos difusos e execução por *fluid recovery*	521
3.3. Execução nos direitos individuais homogêneos	524
3.4. Execução provisória nas ações coletivas	526
4. Legitimidade para promover a execução	527
5. Competência	530
6. Liquidação da sentença coletiva	530
6.1. Conceito e natureza jurídica	530
6.2. Procedimento aplicável	531
6.3. Regras de competência	531
6.4. Legitimidade para o requerimento	531
6.5. Sentença de procedência com condenação genérica	531

6.6. Relação entre o pedido formulado pelas partes e a formulação da liquidação 532

6.7. Objeto da liquidação 533

6.8. Tipos de liquidação de sentença 534

6.9. Questões processuais decorrentes da liquidação da sentença 534

CAPÍTULO 16 – INSTRUMENTOS EXTRAPROCESSUAIS E EXTRAJUDICIAIS DA TUTELA COLETIVA 537

1. Inquérito Civil (Res. 23 CNMP e arts 8º e 9º LACP) 537

    1.1. Conceito e natureza jurídica 538

    1.2. Características 538

    1.3. Procedimento preparatório 543

    1.4. Fases procedimentais do inquérito civil 543

2. Promoção de Arquivamento 559

    2.1. Arquivamento implícito 559

    2.2. Arquivamento e a conexão procedimental 561

    2.3. Arquivamento e o declínio de atribuição 561

    2.4. Arquivamento administrativo x arquivamento institucional 562

    2.5. Promoção de arquivamento: ato administrativo complexo ou composto? .. 563

    2.6. Desarquivamento 564

    2.7. Arquivamento e recurso voluntário 565

    2.8. Atitudes que o órgão colegiado superior pode tomar no exercício do reexame necessário 566

    2.9. Fatos penalmente típicos no bojo do inquérito civil 567

3. Instrumentos de redução da litigiosidade 568

    3.1. Introdução 568

    3.2. Recomendação 568

        3.2.1. Características 570

        3.2.2. Destinatários 571

        3.2.3. Procedimento 573

        3.2.4. Efeitos e consequências da recomendação 574

    3.3. Termo de ajustamento de conduta 574

        3.3.1. Natureza jurídica do Termo de Ajustamento de Conduta 575

        3.3.2. TAC extrajudicial e judicial 579

3.3.3.	Legitimidade para figurar como tomador do TAC	580
3.3.4.	Objeto do TAC	584
3.3.5.	Procedimento do TAC	586
3.3.6.	Efeitos da celebração do TAC	588
3.3.7.	Instrumentos extrajudiciais afins ao Termo de Ajustamento de Conduta	589

3.3.7.1. Compromisso de cessação (art. 53 da Lei 8.884/1994).... 590

3.3.7.2. Compromisso de ajustamento de conduta ambiental (art. 79-A da Lei 9.605/1998) 592

3.3.7.3. Acordo de leniência 595

3.3.7.4. Acordo de Não Persecução Cível 596

3.4. Acordo de Não Persecução Cível 597

3.4.1. Histórico da consensualidade na seara da improbidade administrativa 597

3.4.2. Conceito 599

3.4.3. Natureza jurídica 600

3.4.4. Legitimidade 602

3.4.5. Questões processuais decorrentes da celebração do acordo de não persecução cível 606

3.4.5.1. Conhecimento *ex officio* do ANPC pelo juízo da sua existência quando celebrado antes da vigência da nova lei 606

3.4.5.2. Prazo do ANPC e a sua relação com a prescrição 607

3.4.5.3. Participação do magistrado no ANPC 608

3.4.5.4. Participação do órgão colegiado do Ministério Público no ANPC 611

3.4.5.5. Consequências jurídicas decorrentes do descumprimento do ANPC 615

3.5. Procedimento para a celebração do acordo de não persecução cível 616

3.6. Pressupostos e requisitos para a celebração 616

3.7. Possibilidade da celebração do acordo de colaboração premiada na seara da improbidade administrativa 622

3.8. Possibilidade da realização da autocomposição 627

3.9. Consequências jurídicas procedimentais da celebração do ANPC 632

4. Direito sancionador e a consensualidade por meio do ANPC 633

4.1. Introdução 633

4.2. Elementos obrigacionais do ANPC – sanções e responsabilidade patrimonial 635

4.2.1. Introdução 635

4.2.2. Capítulo reparatório – perda dos bens e valores acrescidos ilicitamente ao patrimônio.. 639

4.2.3. Capítulo reparatório – ressarcimento ao erário 641

4.2.4. Capítulo sancionatório patrimonial – multa civil 644

4.2.5. Capítulo sancionatório – proibição de contratação e recebimento de benefícios do poder público.. 646

4.2.6. Capítulo sancionatório – da renúncia (perda) ao cargo público.... 647

4.2.7. Capítulo sancionatório – da assunção da obrigação de não concorrer aos cargos políticos 650

REFERÊNCIAS BIBLIOGRÁFICAS 653

Capítulo 1
REGULAMENTAÇÃO DAS AÇÕES COLETIVAS NO BRASIL

1. EVOLUÇÃO HISTÓRICA DAS AÇÕES COLETIVAS NO BRASIL

Em que pese a divergência doutrinária acerca da origem histórica das ações coletivas,[1] a primeira forma de tutela dos direitos da coletividade remete ao direito romano pelas ações populares.

As ações populares ganharam destaque como mecanismo de proteção dos interesses metaindividuais no período moderno e contemporâneo, com o surgimento do Estado de Direito.

Na Idade Moderna, a Revolução Industrial teve acentuada importância para o desenvolvimento de uma consciência de classe e organização coletiva de trabalhadores. Na idade contemporânea, período da história compreendido entre a Revolução Francesa (1789) até a atualidade, vários episódios contribuíram para o surgimento de uma consciência de coletividade.

A Revolução Francesa com seus ideais Iluministas influenciou uma revolução social de massas, estabelecendo-se conflitos até então inexistentes na ordem jurídica. Com o surgimento de um modelo de Estado Liberal consagrou-se o reconhecimento de direitos individuais civis e políticos, direitos de liberdade, propriedade, segurança como *direitos de primeira dimensão*, que têm como pressuposto o absenteísmo Estatal e decorrem da reação do indivíduo contra atuação do Estado Absolutista.

Mas a representação jurídica dos interesses difusos e coletivos assumiu especial importância na transição do Estado Liberal para o Estado Social. O processo, até então com características notadamente individualistas e patrimonialistas, passou a abranger direitos e interesses transindividuais.

Os indivíduos começam a organizar-se em forma de grupos, categorias e classes, em uma posição intermediária entre o Estado e o indivíduo, entre o público e o privado. Tem-se a preocupação em assegurar uma igualdade material, por meio de uma atuação positiva do Estado com o reconhecimento dos direitos de *segunda dimensão* e do reconhecimento de interesses de natureza coletiva.

---

1. ALMEIDA, Gregório Assagra de. *Direito Processual Coletivo Brasileiro: um novo ramo do direito processual* (*princípios, regras interpretativas e a problemática da sua interpretação e aplicação*). São Paulo: Saraiva, 2003, p. 38.

Com a recessão de 1930, surgiu o Estado do Bem-Estar Social ou **Welfare State**, ocasião em que o Estado assumiu a responsabilidade pela proteção dos direitos sociais dos cidadãos.

Após a Segunda Guerra Mundial, há um consenso internacional de reconhecimento e afirmação de uma nova ordem de interesses "de fraternidade e solidariedade". São **direitos de terceira dimensão,** em que o direito é instrumento garantidor da paz social.

A Carta das Nações de 1945 reconhece que "os direitos humanos devem ser protegidos pelo **estado de direito** para que o homem não seja obrigado a recorrer, como último recurso, à rebelião contra a tirania e a opressão". A Carta tem a preocupação de preservar as gerações futuras reconhecendo os direitos fundamentais do homem, a dignidade e valor da pessoa humana. Tem-se um novo modelo, em que a afirmação da dignidade da pessoa humana ocupa a centralidade no debate e não mais a afirmação de direitos eminentemente individuais e patrimoniais.

Esse novo modelo afirma direitos difusos com vistas a proteger gerações atuais e futuras, afirma direitos referentes à justiça intergeracional, ao meio ambiente, à sadia qualidade de vida, à democracia. O titular desses novos direitos é uma coletividade indeterminada, não mais o indivíduo isoladamente considerado, ou uma classe ou categoria de indivíduos. Para a tutela desses direitos, o modelo de processo tradicional tornou-se inadequado, sendo necessário um regramento processual conformado à essa nova ordem de valores, de conteúdo transindividual.

Neste contexto, discute-se o processo como instrumento de direito material, há a preocupação com a efetividade do processo no **denominado movimento de acesso à justiça** na fase instrumentalista do processo. Após a Segunda Guerra, o processo passou a ser visto como um instrumento de satisfação do direito material. Começou a haver preocupação com a efetividade do processo, com o acesso à justiça, com a tutela coletiva.

O **movimento de acesso à justiça** teve como principal defensor o processualista e professor italiano Mauro Cappelletti, cujo estudo versava sobre três correntes mundiais ("ondas" de acesso à justiça)[2] que discutiam soluções para os problemas da justiça e que podem ser assim resumidas:

---

2. Há quem sustente a existência de uma quarta onda renovatória com o intuito de visando elencar aos estudantes e profissionais do Direito todo um conjunto social de problemáticas existentes no meio social, tornando necessárias as inovações fornecedoras de remédios jurídicos para resolver os tantos litígios e relações humanas. Esta quarta onda pode ser exteriorizada com dois prismas: a) "a primeira refere-se à natureza do problema do acesso à justiça, incluindo os aspectos metodológicos que cercam os estudos sobre a questão da mobilização da lei pelos cidadãos"; b) "relaciona-se com as definições contemporâneas de justiça, ou seja, com o problema epistemológico de definir a que realmente queremos dar acesso aos cidadãos". ECONOMIDES, Kim. Lendo as ondas do "Movimento de Acesso à Justiça": epistemologia *versus* metodologia?. Disponível em: <://gajop.org.br/justicacidada/wp-content/uploads/Lendo-as-Ondas-do-Movimento-de-Acesso-aa Justica.pdf>. Acesso em 12/12/2017. No mesmo sentido, vale mencionar: SIQUEIRA, Márcio Araújo de. Acesso à Justiça uma realidade ou uma fantasia?. **Âmbito Jurídico**. Disponível em: <http://www.ambito-ju-

a) *Primeira onda renovatória:* dispunha sobre a necessidade de providenciar a assistência judiciária aos menos favorecidos;

b) *Segunda onda renovatória:* tratava da urgência em se proteger os direitos metaindividuais; e

c) *Terceira onda renovatória:* propunha um novo enfoque sobre acesso à justiça a partir de três dimensões: a primeira abrange as ondas anteriores; a segunda, propõe um amplo e moderno programa de reforma nos sistemas processuais a partir de três diretrizes: a) criação/ampliação de equivalentes jurisdicionais/ substitutivos jurisdicionais; b) ampliação das tutelas jurisdicionais diferenciadas; c) reformas pontuais para tornar o sistema processual mais eficiente.[3] A terceira dimensão decorre da necessária releitura do acesso à justiça com um maior enfoque na adoção do sistema multiportas, desjudicialização, modelo comparticipativo de processo e a necessidade da construção da ação mais adequada para o caso concreto.

O movimento de acesso à justiça e o surgimento de instrumentos de tutela coletiva foram impulsionados pela inaptidão do direito processual clássico, de conteúdo individualista e patrimonialista, para tutelar direitos transindividuais.

Hodiernamente, há a verificação de sete dimensões ou ondas renovatórias, a saber: A **Quarta onda**: conferir ainda maior relevância à ética nas profissões jurídicas e acesso dos advogados à justiça; a **Quinta onda**: o contemporâneo processo de internacionalização da proteção dos direitos humanos, que oportuniza, inclusive a utilização de ações coletivas com viés transnacional; a **Sexta onda**:[4] iniciativas promissoras e novas tecnologias para aprimorar o acesso à justiça, principalmente com o avanço dos instrumentos de inteligência artificial; a **Sétima onda**: desigualdade de gênero e raça nos sistemas de justiça

---

ridico.com.br/site/index.php?n_link=revista_artigos_leitura&artigo_id=7479>. Acesso em 12/12/2017 e NEVES, Gabriela Angelo; SILVA, Samira Ribeiro da; RANGEL, Tauã Lima Verdan. **As ondas renovatórias do italiano Mauro Cappelletti como conjunto proposto a efetivar o acesso à justiça dentro do sistema jurídico brasileiro. Disponível em:** http://www.ambito-juridico.com.br/site/?n_link=revista_artigos_leitura&artigo_id=17762. **Acesso em 12/12/2017.**

3. CAPPELLETTI, Mauro; GARTH, Bryant. *Acesso à justiça.* Traduzido por Ellen Gracie Northfleet. Porto Alegre: Sergio Antonio Fabris Editor, 1998

4. É diante desse cenário, que o emprego da tecnologia no campo do Direito, principalmente sob um enfoque de eficiência, desjudicialização e voltado ao desenho de métodos de resolução de disputas em adequação aos conflitos advindos, também, dos impactos da tecnologia nas relações sociais, é que se destaca a Online Dispute Resolution (ODR), ou seja, a Resolução de Conflitos on-line, por meio da qual são utilizadas as várias técnicas específicas de Alternative Dispute Resolution (ADR), ou seja, as formas alternativas de solução de conflitos, atualmente referidas como métodos adequados de resolução de conflitos, como a conciliação, a mediação, a arbitragem e a negociação, por exemplo, por meio de plataformas digitais, que utilizam a rede para proporcionar a solução de litígios, de forma mais célere, sem a intervenção do Estado. SCHULTZ, Thomas et al. Online Dispute Resolution: the state of the art and the issues. Disponível em: https://ssrn.com/abstract=899079. Acesso em: 23 mar. 2024.

Movimento de acesso à justiça:

1.1. Ações coletivas no Brasil

O Brasil alinhou-se à tendência internacional de ampliar os mecanismos de defesa coletiva, não de forma codificada, mas por meio de legislações esparsas.

Apesar da regulamentação até certa maneira tardia, hoje nossa "coletânea legislativa" disseminada em todo o nosso ordenamento jurídico positivado, criando um verdadeiro microssistema, serve de fonte de inspiração a diversos países e é reconhecida como uma das legislações mais avançadas sobre o tema.

Contudo, a evolução do tratamento no plano legislativo ocorreu de maneira deveras lenta, enfrentando alguns retrocessos pelo caminho.

Inicialmente, destaca-se o **Código Civil de 1916**, com normas jurídicas impregnadas da visão individualista e patrimonialista da assim chamada "Era das Codificações", normas aquelas que possuíam a pretensão da completude. O referido texto normativo, em seu artigo 76, sepultou, ao menos naquele momento histórico, qualquer regulamentação de tutela coletiva, na medida em que preceituava, *in verbis*: *"Para propor, ou contestar uma ação, é necessário ter legítimo interesse econômico, ou moral. Parágrafo único – o interesse moral só autoriza a ação quando toque diretamente ao autor, ou à sua família."*

Esse dispositivo foi um obstáculo a qualquer demanda que trouxesse repercussão transindividual, vez que permitia tão somente o exercício do direito de ação para a tutela de interesses meramente individuais.

Salientando que o objetivo do Código era a purificação do sistema, Fredie Didier Júnior afirma que este artigo foi o réquiem para as ações coletivas e para as tutelas adequadas aos direitos não patrimoniais, ou seja, a norma jurídica em testilha foi pensada para afastar do direito civil do Código, marcadamente individualista, centrado no proprietário e na autonomia da vontade do cidadão, qualquer possibilidade de abertura para as tutelas coletivas.[5]

---

5. JÚNIOR, Fredie Didier e Júnior, Hermes Zaneti. *Curso de Direito Processual Civil*. Volume IV. Salvador: JusPodivm, 2009, p. 25.

Nada mais é do que uma das implicações jurídicas de uma época nascida sob o pálio e a regência do individualismo que se pautava por relações jurídicas processuais instauradas em razão de conflitos interindividuais.[6]

De certa maneira os Códigos de Processo Civil (1939 e 1973) seguiram a mesma linha paradigmática do Código Civil de 1916, com normas jurídicas totalmente impregnadas do individualismo característico das codificações da época, contribuindo para a dificuldade de implementação da sistemática da tutela coletiva. O Código de Processo Civil de 2015, por sua vez, trouxe algumas normas que podem gerar uma proximidade com os processos coletivos, tais como aquelas previstas nos arts. 139, X e 976.

A Ação Popular, que representou um avanço para a tutela de interesses coletivos, foi positivada inicialmente na Constituição de 1934 em seu artigo 113, inciso XXX-VIII,[7] mas foi suprimida pela Polaca (Constituição de 1937) e novamente introduzida na Constituição de 1946 em seu artigo 141, inciso XXXVIII.

Em seguida, foram instituídas ainda duas ações de natureza popular no âmbito da legislação infraconstitucional, quais sejam: uma pelo artigo 35, § 1º da Lei 818/1949 (relacionada à aquisição, perda e reaquisição da nacionalidade e perda dos direitos políticos); e ainda outra, pelo artigo 15, § 1º da Lei 3.052/1958 (relativa à impugnação do enriquecimento ilícito). Em época mais recente, a Carta de 1967 manteve a previsão da demanda popular, e a Emenda Constitucional 01/69, em seu artigo 153, inciso XXXI, manteve-a no texto constitucional.[8]

A sua disciplina normativa, contudo, somente ocorreu em 1965 com a edição da Lei 4.717, que foi recepcionada pelas demais Cartas Constitucionais, até ser erigida à categoria de Ação Constitucional em 1988 (artigo 5º, LXXIII da CRFB/88).

Este remédio constitucional ganhou amplitude significativamente maior apenas com a sua regulamentação, por intermédio da Lei 4.717/1965. A dilatação da

---

6. ROCHA, Luciano Velasque. *Ações coletivas: o problema da legitimidade para agir.* Rio de Janeiro: Forense, 2007, p. 08 "Aliás, é raro encontrar estudos de juristas (sejam processualistas ou civilistas) que chegam a analisar a obrigatória questão que envolve o art. 76 do Código Civil de 1916 que, *segundo as próprias palavras do condutor daquela codificação (de índole individualista), teve a intenção de extinguir as ações populares que remanesciam no nosso sistema jurídico, a partir do direito romano. Clóvis Beviláqua, em suma, entendia que tais matérias teriam mais afinidade com o direito público, justificando-se a exclusão do diploma codificado (...)."* Mazzei, Rodrigo Reis. A ação popular e o microssistema da tutela coletiva. In: DIDIER JÚNIOR, Fredie; MOUTA, José Henrique (coords.). *Tutela Jurisdicional Coletiva.* Salvador: Juspodivm, 2009, p. 377-378. "É *digna de nota a circunstância de que o advento do Código Civil, em 1916, propiciou um certo consenso doutrinário e até jurisprudencial, no sentido de que seu art. 76 teria ab-rogado de vez os últimos vestígios da ação popular, na medida em que condicionava o exercício do direito de ação à existência de um legítimo interesse econômico e moral."* MANCUSO, Rodolfo de Camargo. Ação Popular, 3ª ed. São Paulo: Revista dos Tribunais, Páginas 48-55. "*O artigo 76 extingue as ações populares, que o direito romano admitiu e que podiam ser intentadas por qualquer pessoa do povo.*" VAMPRÉ, Spencer. Código Civil Brasileiro. São Paulo: Livraria e Officinas Magalhães. 1917, p. 61.
7. "*qualquer cidadão será parte legítima para pleitear a declaração de nulidade ou anulação dos atos lesivos do patrimônio da União, dos Estados e dos Municípios*".
8. BARROS LEONEL, Ricardo de. *Manual do Processo Coletivo.* São Paulo: Revista dos Tribunais, 2002, p. 54.

abrangência, embora se tenha manifestado também em relação à esfera das pessoas protegidas, atingiu, principalmente, o conceito de patrimônio que, nos termos do artigo 1º, § 1º da Lei 4.717/65, passou a compreender os bens e direitos de valor econômico, artístico, estético ou histórico (alteração legislativa decorrente da Lei 6.513/1977).[9]

No momento histórico da edição da Lei de Ação Popular, não existiam, ainda, estudos doutrinários sistemáticos acerca dos instrumentos jurídicos para a tutela dos interesses transindividuais.[10]

Houve ampliação de seu objeto e fundamento também no texto constitucional de 1988, na medida em que o artigo 5º, inciso LXXIII passou a determinar que qualquer cidadão pode ajuizá-la a fim de anular ato lesivo ao patrimônio público ou de entidade de que o Estado participe, à moralidade administrativa, ao meio ambiente e ao patrimônio histórico e cultural.

Em 1943 foi promulgada a **Consolidação das Leis Trabalhistas** que positivou uma forma de tutela coletiva por intermédio dos dissídios coletivos entre categorias de empregados e empregadores, representados pelos respectivos sindicatos que deveriam ser judicializados (arts. 513 e 856).

Em 1950, a **Lei 1.134** estabeleceu a legitimação de associações de funcionários públicos para representá-los coletivamente perante autoridades administrativas e judiciais.

Em 1963, a **Lei 4.215**, antigo Estatuto da Ordem dos Advogados do Brasil, estabelecia, em seu artigo 1º, parágrafo único ser possível a representação judicial ou extrajudicial pela OAB na defesa dos interesses gerais da classe dos advogados.

Em 1965, foi promulgada a **Emenda Constitucional 16 à Constituição de 1946**, que positivou o controle concentrado abstrato de constitucionalidade em nosso ordenamento. As ações de controle de constitucionalidade configuram uma das espécies de ações coletivas, consideradas como especiais.

Em 1979, o **Decreto 83.540** regulamentava a aplicação da Convenção Internacional sobre Responsabilidade Civil em danos causados por poluição por óleo, de 1969. Este Decreto conferia legitimação ativa *ad causam* ao Ministério Público para oferecer ação com pedido de responsabilidade civil por danos decorrentes da poluição de óleo (artigo 9º).

Em 1981, a **Lei 6.938** (Política Nacional do Meio Ambiente) e **Lei Complementar 40** (Lei Orgânica Nacional do Ministério Público) trazem a previsão expressa de legitimação ativa *ad causam* do Ministério Público para a propositura de Ação de Responsabilidade Civil por danos ao meio ambiente (artigo 14, § 1º) e para promover

---

9. CASTRO MENDES, Aluísio Gonçalves de. *Ações Coletivas no direito comparado e nacional*. São Paulo: Revistas dos Tribunais, 2002, p. 192.
10. CASTRO MENDES, Aluísio Gonçalves de. *Ações Coletivas no direito comparado e nacional*. São Paulo: Revistas dos Tribunais, 2002, p. 192.

Ação Civil Pública (primeira referência expressa em texto legislativo), nos termos da lei (artigo 3º, inciso III).

Podem ser citadas outras hipóteses que possibilitavam a tutela de alguns interesses comuns. O acionista já era legitimado para pleitear a declaração de nulidade de deliberação da assembleia geral da sociedade anônima ou para buscar a responsabilização de algum diretor por ato lesivo ao patrimônio social. O condômino também já podia agir contra outro que estivesse em mora com as contribuições devidas ao condomínio.[11]

Contudo, Ada Pellegrini Grinover afirma que tais hipóteses supramencionadas não se referem, propriamente, a interesses difusos ou de tutela de massas,[12] posição da qual discordamos, por vislumbrar nas hipóteses destacadas a tutela de interesses individuais homogêneos e, portanto, enquadrados estão os casos dentre as espécies de interesses transindividuais.

Conforme acima destacado, não existia em nosso ordenamento qualquer sistemática legislativa que trouxesse alguma regulamentação para a tutela dos interesses transindividuais.

Assim, em 1985, houve verdadeira revolução na sistematização e regulamentação da tutela coletiva no Brasil com a promulgação da Lei 7.347/1985, doravante denominada **Lei de Ação Civil Pública**, sofrendo influência indireta do regime jurídico das *class actions* do Direito Norte-Americano.

Esta lei representava, de maneira sublime, o *debut* do Brasil na segunda onda renovatória do acesso à justiça, pois positivava a tutela dos interesses transindividuais. Porém, o legislador não contava com o veto presidencial ao inciso IV do artigo 1º da Lei 7.347/1985 que tornava o rol dos objetos tuteláveis via Ação Civil Pública taxativo, quase relegando a oblívio a tão festejada conquista.

O inciso vetado permitia a veiculação de Ação Civil Pública para a tutela de outros interesses difusos ou coletivos, além daqueles já previstos nos demais incisos.

Como, diante do veto, nem todos os interesses transindividuais poderiam ser tutelados no plano judicial, o sistema era deveras insuficiente não permitindo, ainda, a afirmação da existência de um sistema de tutela coletiva.[13]

---

11. ALMEIDA, Gregório Assagra de. *Direito Processual Coletivo Brasileiro: um novo ramo do direito processual (princípios, regras interpretativas e a problemática da sua interpretação e aplicação)*. São Paulo: Saraiva, 2003, p. 264.

12. *"Ainda não se trata, porém, de interesses difusos propriamente ditos, pois facilmente se distinguem aí uma relação-base (sociedade, condomínio, família) e um interesse derivado, que para cada um dos sujeitos nasce em função dela, mas com ela não se confunde. E justamente em virtude disso, o conjunto de interessados oferece contornos precisos, tornando possível a individualização de todos os componentes."* GRINOVER, Ada Pellegrini. A problemática dos interesses difusos. In: *A tutela dos interesses difusos*. São Paulo: Max Limonad, 1984, p. 43.

13. *"Portanto, se o rol era taxativo, não se poderia falar em direito processual coletivo comum, já que nem todos os direitos difusos e coletivos poderiam ser tutelados jurisdicionalmente. O que houve foi um grande avanço do sistema processual brasileiro, o qual, repita-se, ingressou, pela ação civil pública, no movimento mundial para a*

Com a promulgação da Carta Constitucional de 1988 (artigo 129, inciso III), observa-se que a taxatividade, até então existente, não foi recepcionada, o que se tornou incontestável com a edição do Código de Defesa do Consumidor.

Toda a evolução legislativa sobre tutela coletiva em nosso ordenamento se divide em duas fases bem definidas, quais sejam, antes e depois da Lei de Ação Civil Pública.[14]

Com a promulgação da **Carta Constitucional de 1988**, houve a instituição de uma nova ordem constitucional com diversos paradigmas, até então sem positivação. A tutela coletiva não passou despercebida, tanto que foi alçada à condição de garantia fundamental. O artigo 5º da CR/88 tem em seu título referência expressa tanto ao plano individual quanto ao coletivo. Assim, todos os remédios, direitos e garantias lá positivados deverão ser implementados nos prismas individual e coletivo.

Portanto, além de conferir status constitucional para a ação civil pública (artigo 129, inciso III), trouxe o mandado de segurança coletivo (artigo 5º, incisos LXIX e LXX), o mandado de injunção (artigo 5º, inciso LXXI), ampliou o campo de atuação da ação popular (artigo 5º, inciso LXXIII), a legitimação coletiva geral (artigo 5º, inciso XXI e artigo 8º, inciso III), o acesso à justiça (artigo 5º, inciso XXXV) e a previsão de regulamentação da proteção e defesa do consumidor no plano legislativo (artigo 48 do Ato de Disposições Transitórias).[15]

A partir deste momento, passa a ser possível a afirmação da existência do direito processual coletivo comum como um ramo autônomo do direito processual.[16]

Em 1990, foi promulgada a **Lei 8.078/1990 (Código de Proteção e Defesa do Consumidor)**, outro marco legislativo na sistematização da tutela coletiva em nosso ordenamento. Esta norma jurídica teve a importância de positivar, dentre outros instrumentos, o esboço do conceito dos interesses transindividuais, gerando uma

---

tutela jurisdicional dos direitos e interesses massificados." ALMEIDA, Gregório Assagra de. *Direito Processual Coletivo Brasileiro: um novo ramo do direito processual (princípios, regras interpretativas e a problemática da sua interpretação e aplicação).* São Paulo: Saraiva, 2003, p. 265.

14. *"Não há como falar ou pensar em direito processual coletivo comum, no Brasil, antes da entrada em vigor da Lei n. 7347/85, que instituiu a ação civil pública. Isso porque não existia em nosso país um microssistema próprio, como existe hoje, de tutela dos direitos de massa." (...) "A partir da entrada em vigor da Lei 7347/85, de 24 de julho de 1985, que verdadeiramente instituiu a ação civil pública no Brasil, operacionalizou-se no ordenamento jurídico brasileiro uma revolução, transformando-se de ordenamento de tutela jurisdicional de direito individual, para ordenamento de tutela jurisdicional também de direitos e interesses massificados."* ALMEIDA, Gregório Assagra de. *Direito Processual Coletivo Brasileiro: um novo ramo do direito processual (princípios, regras interpretativas e a problemática da sua interpretação e aplicação).* São Paulo: Saraiva, 2003, p. 263-265. *"Até a edição da Lei n. 7347, de 24 de julho de 1985, a tarefa da ordem jurídica estava voltada a harmonizar, basicamente, os conflitos interindividuais, ou entre grupos bem delimitados e restritos de pessoas, próprios de uma sociedade predominantemente agrária e artesanal, e, portanto, muito diversa da nossa."* MILARÉ, Édis. *A ação civil pública na nova ordem constitucional.* São Paulo: Saraiva, 1990, p. 06.

15. CASTRO MENDES, Aluísio Gonçalves de. *Ações Coletivas no direito comparado e nacional.* São Paulo: Revistas dos Tribunais, 2002, p. 196. No mesmo sentido, MOREIRA, José Carlos Barbosa. Ações Coletivas na Constituição Federal de 1988. *RePro*, n. 61. São Paulo: Revista dos Tribunais, janeiro/março de 1991.

16. ALMEIDA, Gregório Assagra de. *Direito Processual Coletivo Brasileiro: um novo ramo do direito processual (princípios, regras interpretativas e a problemática da sua interpretação e aplicação).* São Paulo: Saraiva, 2003, p. 266.

divisão tricotômica (art. 81, parágrafo único, incisos I ao III); a possibilidade da intervenção individual em processo coletivo (arts. 94 e 103, § 2º); o *fair notice e o right to opt* (art. 104); o regime jurídico geral da imutabilidade das sentenças coletivas (art. 103, I ao III); o transporte *in utilibus* da sentença coletiva para a esfera jurídica individual (art. 103, § 3º) e a atipicidade das ações coletivas (art. 83).

Outros diplomas legislativos foram editados, dentro da sistemática da tutela coletiva, para regulamentar interesses transindividuais específicos e/ou institutos específicos. Tais diplomas, a seguir elencados, nem sempre têm como objetivo a regulamentação do processo, mas, em alguns casos, repercutem no processo coletivo ou possuem um capítulo ou passagens versando sobre, tais como: **Lei 7.797/1989** (criação do fundo nacional do meio ambiente); **Lei 7.853/1989** (proteção às pessoas portadoras de deficiências físicas); **Lei 7.913/1989** (proteção aos titulares de valores mobiliários e aos investidores do mercado); **Lei 8.069/1990** (Estatuto da Criança e do Adolescente, arts. 208-224); **Lei 8.429/1992** (Improbidade Administrativa), com as alterações advindas com a lei 14.230/21; **Lei 8.437/1992** (cautelares contra o poder público); **Lei 8.625/1993** (Lei Orgânica Nacional do Ministério Público); **Lei complementar 75/1993** (Lei Orgânica do Ministério Público da União); **Lei 8.884/1994** (proteção da ordem econômica, arts. 29 e 88); **Lei 9.394/1996** (diretrizes e bases da educação, artigo 5º); **Lei 9.494/1997** (alterou o artigo 16 da Lei 7347/85); **Lei 9.868/1999** (Ação Direta de Inconstitucionalidade e Ação Declaratória de Constitucionalidade); **Lei 9.870/1999** (valor das anuidades escolares, artigo 7º); **Lei 9.882/1999** (Arguição de Descumprimento de Preceito Fundamental); **Lei 14.597/2023** (Lei Geral do Esporte, artigo 142); **Lei 10.741/2003** (Estatuto do Idoso, arts. 78-92); **Lei 11.340/2006** (Maria da Penha, artigo 37); **Lei 12.016/2009** (regulamentou o mandado de segurança coletivo, arts. 21 e 22); **Lei 12.529/2013** (Lei de defesa da concorrência); **Lei 12.846/2013** (Lei Anticorrupção); **Lei 13.300/2015** (lei do mandado de injunção) e Lei 13.709/2018 (Lei Geral de Proteção de Dados).

Assim, sem a pretensão de esgotamento, foram elencadas as mais relevantes etapas legislativas da inserção em nosso ordenamento da tutela de interesses transindividuais.

Não só no plano legislativo houve transformação. Hoje a sociedade civil brasileira está começando a se conscientizar dos novos direitos e interesses massificados e dos instrumentos predispostos na legislação para a tutela desses direitos. E já começa a reivindicá-los.[17]

A implementação do sistema de tutela jurisdicional coletiva no Brasil, muito mais do que representar um aperfeiçoamento das técnicas de acesso à justiça, caracteriza verdadeira revolução científica no campo do processo civil, na medida em

---

17. ALMEIDA, Gregório Assagra de. *Direito Processual Coletivo Brasileiro: um novo ramo do direito processual (princípios, regras interpretativas e a problemática da sua interpretação e aplicação)*. São Paulo: Saraiva, 2003, p. 268.

que desafia a descoberta de novos princípios, métodos e objetivos operados por via das ações coletivas.[18]

Impende ressaltar, contudo, que as citadas previsões normativas positivadas em nosso ordenamento jurídico ainda carecem de maior sistematização, vez que tais normas encontram-se espalhadas e disseminadas e, em alguns casos, versando somente sobre algumas categorias de direitos ou interesses, com intervenções pontuais. Com isso, há certa dificuldade tanto na absorção das normas, quanto em sua aplicação.

Assim, encontramo-nos em um momento crucial no qual se debate a criação de um Código de Processo Coletivo que reunirá toda a sistemática da tutela coletiva e do processo coletivo em um único diploma legislativo revogando todas as normas jurídicas positivadas que possuam qualquer regulamentação do tema.

Percebe-se, dentro deste atual contexto, que a codificação ou a sistematização do Direito Processual Coletivo em um único diploma normativo certamente trará maior visibilidade, ordenação e uniformidade ao conjunto de princípios e regras que disciplinam o processo coletivo.

A trajetória nacional em torno das ações coletivas, marcadas por avanços e retrocessos, esbarra nos dias de hoje numa crise de crescimento: o direito processual coletivo precisa ocupar espaço mais central no ordenamento jurídico, com a construção de princípios e normas que reflitam e respondam às indagações pertinentes aos processos coletivos de modo geral, preenchendo as lacunas existentes e respondendo às dúvidas e controvérsias acumuladas na doutrina e nos tribunais. A elaboração do Código Brasileiro de Processos Coletivos passou a ser o ponto central das discussões relacionadas com o aprimoramento do direito processual coletivo.[19]

Apesar do acerto legislativo para a reunião das diversas normas em um único corpo legislativo, há, no plano doutrinário, aqueles que não concordam com a codificação da tutela coletiva, por entender tal tentativa como um verdadeiro retrocesso.

Elton Venturi afirma em sua obra que a intervenção legislativa não deve gerar um "fechamento" do sistema jurídico e que a tutela jurisdicional coletiva já conta com seu próprio microssistema, conformado por leis já assimiladas e cuja integração viabiliza uma efetiva proteção aos interesses difusos, coletivos e individuais homogêneos, ainda que algumas intervenções pontuais sejam necessárias.[20]

---

18. VENTURI, Elton. *Processo Civil Coletivo: a tutela jurisdicional dos direitos difusos, coletivos e individuais homogêneos no Brasil – Perspectivas de um Código Brasileiro de Processos Coletivos*. São Paulo: Malheiros, 2007, p. 24.
19. GRINOVER, Ada Pellegrini; CASTRO MENDES, Aluísio Gonçalves de; WATANABE, Kazuo. *Direito Processual Coletivo e o anteprojeto de Código Brasileiro de Processos Coletivos*. São Paulo: Revista dos Tribunais, 2007, p. 05.
20. *"Neste passo, não se pode deixar de anotar sérias preocupações de ordem técnica e política que parecem depor contra a iniciativa referida. Inicialmente, em uma época de descodificações, na qual se preconiza a aplicação, tanto direta e imediata quanto possível, dos princípios e normas constitucionais, assim como uma intervenção legislativa mínima que propicie não o fechamento, mas a abertura do sistema jurídico para a pluralidade e multiplicidade de fatores que sobre ele atuam dinamicamente, através do emprego de conceitos jurídicos vagos ou indetermi-*

Apesar de alguma resistência em pontuais setores da doutrina, existem hoje três linhas de projetos de codificação, quais sejam:

1) Códigos-modelos: a) Código-Modelo de Processo Civil Coletivo para Países de Direito Escrito, elaborado por Antônio Gidi; b) Código-Modelo de Processos Coletivos para Ibero-América, cuja relatoria pertence à Ada Pellegrini Grinover, Kazuo Watanabe Aluísio Gonçalves de Castro Mendes e Antônio Gidi.

2) Anteprojetos: a) Anteprojeto de Código Brasileiro de Processos Coletivos do Instituto Brasileiro de Direito Processual, que foi enviado ao Ministério da Justiça e é fruto do programa de Pós-Graduação da Universidade de São Paulo; b) Anteprojeto de Código de Processos Coletivos dos programas de pós-graduação da Universidade do Estado do Rio de Janeiro e Universidade Estácio de Sá.

3) Anteprojeto da Nova Lei da Ação Civil Pública (PL 5.139/2009).

O novo Código de Processo Civil, dentro deste contexto evolutivo apresentado, não teve o condão precípuo de regulamentar os processos coletivos, pois direcionado exclusivamente à regulamentação dos processos civis individuais, mas são inegáveis os reflexos gerados. Tais reflexos serão analisados em capítulo específico, para o qual remetemos o leitor.

Nada obstante, forçoso salientar que, apesar do CPC/15 ser, em sua essência, voltado para a resolução de conflitos individuais, há nítida preocupação com as demandas coletivas. Tal fato verifica-se com certa facilidade com a sistematização

---

nados como forma de fomentar uma necessária integração heterônoma do Direito, a proposta de codificação do processo civil coletivo, com pretensões de autonomização de sua disciplina, parece soar descontextualizada."
(...)"A indagação acerca da conveniência da codificação proposta assume contornos hipercomplexos quando se verifica que o tema dos direitos meta-individuais insere-se em uma conjuntura multidisciplinar que em muito extrapola a análise pura e formalmente normativa, envolvendo aspectos fortemente sociológicos, econômicos, políticos, filosóficos e até mesmo religiosos que, se não inviabilizam, certamente desabonam uma tentativa de unificação de seu tratamento legal, ainda que sob o enfoque processual." (...) "De fato, se tomarmos em conta o atual cenário brasileiro – no âmbito do qual, apesar de se preconizar a existência de um microssistema de tutela coletiva, necessariamente aberto e prospectivo, a jurisprudência e a doutrina dão veementes sinais de reacionarismo e dogmatismo -, não parece provável que a unificação do tratamento dos procedimentos coletivos em torno de uma codificação tenha força suficiente, por si só, para reverter tal quadro." VENTURI, Elton. Processo Civil Coletivo: a tutela jurisdicional dos direitos difusos, coletivos e individuais homogêneos no Brasil – Perspectivas de um Código Brasileiro de Processos Coletivos. São Paulo: Malheiros, 2007, p. 36-38. Segundo avalia Antônio Junqueira de Azevedo, uma das características da pós-modernidade é a hipercomplexidade, que, "no mundo jurídico, se revela na multiplicidade de fontes do Direito, quer materiais – porque, hoje, são vários os grupos sociais, justapostos uns aos outros, todos dentro da mesma sociedade mas sem valores compartilhados (shared values), e cada um querendo um norma ou lei especial para si –, quer formais – com um sem número de leis, decretos, resoluções, códigos deontológicos, avisos etc. etc. – [que] quebram a permanente tendência à unidade no mundo do Direito" (O Direito pós-moderno e a codificação, Revista de direito do consumidor 33/123). Avaliando o fenômeno da descodificação, Gustavo Tepedino assenta: "Se o pluralismo ensejou a desconstrução do sistema fechado (o código), das categorias e dos institutos jurídicos (basta pensar na propriedade e no negócio jurídico), inútil seria buscar recompor o sistema com um novo e unificado corpo legislativo, por melhor que fosse, sem que se altere, profunda e radicalmente, a cultura jurídica em cujo meio se pretenda inseri-lo." TEPEDINO, Gustavo. O Código Civil. Os chamados microssistemas e a Constituição: premissas para uma reforma legislativa. In: Problemas de direito civil-constitucional. Rio de Janeiro: Renovar, 2001, p. 12.

de um outro modelo de processo coletivo (como veremos a seguir), por meio do microssistema das questões repetitivas.

O legislador, com razão, preocupado com a recorrente situação das demandas repetitivas positivou um microssistema com o fito precípuo de regulamentar a temática e, com isso, conseguir buscar a harmonia na aplicação do ordenamento jurídico. Assim, podemos citar a possibilidade de notificação dos legitimados coletivos para a propositura das demandas coletivas, quando verificada a existência de demandas individuais repetitivas (art. 139, X, CPC); conversão da ação individual em ação coletiva (art. 333, CPC, que foi vetado!); incidente de resolução de demandas repetitivas (art. 976, CPC) e os recursos excepcionais repetitivos (art. 1036, CPC).

À guisa de conclusão do aspecto evolutivo das ações coletivas no Brasil, é factível sustentar que a regulamentação das ações coletivas em nosso ordenamento divide-se em três fases distintas[21] com as seguintes características:

1ª Fase: Absoluta predominância individualista da tutela jurídica

Nesta etapa, o legislador preocupou-se somente com o direito material individual, bem como com a tutela jurisdicional meramente individual. Nada mais natural dado o contexto histórico no qual se encontrava inserido. Neste momento vale destacar o Código Civil de 1916, notadamente o seu art. 75[22] e o Código de Processo Civil de 1939. Apesar disso, impende salientar que na Constituição de 1934 foi feita, pela primeira vez, menção à Ação Popular.

2ª Fase: Proteção fragmentária dos direitos transindividuais ou taxativa dos direitos massificados

Nesta etapa, o legislador, sensível à existência dos direitos transindividuais, a despeito das poucas obras sobre o tema, trouxe para o plano infraconstitucional duas ações coletivas de extrema relevância para o microssistema: Ação Popular (Lei 4.717/1965) e Ação Civil Pública (Lei 7.347/1985). Estas normas tinham o condão de tutelar alguns dos direitos transindividuais, mas não de forma ampla. O objeto destas demandas era ainda muito restrito e pouca efetividade. Não é demais lembrar que o objeto da ação popular sofreu sensível incremento com o advento da Constituição de 1988 (art. 5º, LXIII), que permitiu a utilização desta ação coletiva para a tutela do patrimônio público e com a Lei 7.347/1985 (com as posteriores alterações) que, além de ampliar o objeto da Ação Civil Pública, tornou possível a veiculação dos mesmos objetos.[23] No mesmo sentido, houve grande incremento, ao longo dos anos, no objeto tutelável via Ação Civil Pública.

---

21. ZANETI JR., Hermes; GARCIA, Leonardo de Medeiros. *Direitos Difusos e Coletivos*. 5ª ed. Salvador: Juspodivm, 2014.
22. *"a todo direito corresponde uma ação que o assegura"*
23. Vide a expressão: *"sem prejuízo da ação popular"* no art. 1º da Lei 7.347/1985.

As leis que regulamentam a Ação Popular e Ação Civil Pública foram assaz relevantes para fins de fixação das regras processuais do microssistema das ações coletivas.

As principais alterações trazidas para o microssistema da tutela coletiva com a LAP, que foi um marco legislativo inaugural da tutela processual coletiva, ao sistematizar e instrumentalizar a tutela do patrimônio público[24], foram: a) legitimidade extraordinária conferida ao cidadão-eleitor para a propositura da demanda coletiva (art. 1); b) possibilidade da intervenção móvel ou multifacetária da Fazenda Pública (art. 6, § 3°); c) possibilidade da sucessão processual por outro legitimado ou Ministério Público nos casos de extinção do processo sem resolução de mérito (art. 9); d) possibilidade da sucessão processual em sede de execução por outro legitimado ou Ministério Público (art. 16); e) possibilidade da Fazenda Pública promover a execução da sentença de procedência, mesmo quando figurar como ré e oferecer contestação (art. 17); f) possibilidade ampla da recorribilidade das decisões interlocutórias (art. 19, § 1°); g) possibilidade de reexame necessário de sentença terminativa e de sentença de mérito em favor da Fazenda Pública (art. 19); regime jurídico condicionado para a formação da coisa julgada material (art. 18).

As principais alterações trazidas para o microssistema da tutela coletiva com a LACP foram: a) previsão expressa da possibilidade de instauração de inquérito civil (art. 9); b) ratificação do modo condicionado de formação da coisa julgada material (art. 16); ampliação do rol dos legitimados ativos para a propositura da Ação Civil Pública (art. 5); c) limitação territorial da eficácia erga omnes da sentença de procedência das demandas coletivas (art. 16, com a alteração advinda pelo art. 2-A da Lei 9.494/1997); d) previsão da possibilidade da celebração de Termo de Ajustamento de Conduta (art. 5, § 6°, que foi incluído pelo CDC).

Sobreleva notar, nesta etapa, a promulgação do CPC/73, que manteve a vertente eminentemente individualista, apesar da existência da Lei de Ação Popular. Inegável que a intenção do legislador com a novel codificação foi a de manter as regras processuais somente para os fins de resolução de conflitos individuais[25]. Foi ignorada a existência dos assim chamados "novos direitos". A vertente individualista era tão

---

24. ARGENTA, Graziela; ROSADO, Marcelo da Rocha. Do processo coletivo das ações coletivas ao processo coletivo dos casos repetitivos: modelos de tutela coletiva no ordenamento brasileiro, *Revista eletrônica de Direito Processual*. Rio de Janeiro. Ano 11. Volume 18. Número 1. Janeiro a abril de 2017.

25. *"Numa singela leitura do CPC/73, não teremos dúvidas de que a nossa regra fundamental de direito processual civil foi montada num ideal individualista. A própria estrutura do processo de execução, do tipo credor e devedor, mostra-se clara na terminologia empregada pelo legislador brasileiro (art. 588). A regra dos limites subjetivos da coisa julgada (art. 472) dá o sabor inconfundível do individualismo do Código. As técnicas processuais coletivas do CPC/73 apontam, no máximo, para o instituto do litisconsórcio, mas, ainda aqui, o próprio sistema encontra dificuldades para resolvê-lo, mormente quando se está diante da proteção de um bem indivisível, cuja solução deve ser uniforme para todos os titulares do direito, estando ou não presentes na demanda. Portanto, o sistema da coisa julgada e o da legitimidade para agir no CPC, inclusive da dicotômica regra da legitimidade ordinária e extraordinária, são voltados, repita-se, para a proteção de direitos individuais ou com dimensões individuais."* RODRIGUES, Marcelo Abelha. *Ação Civil Pública e o Meio Ambiente*. Rio de Janeiro: Forense Universitária, 2003.

sólida que o art. 472 do CPC/73 dispunha sobre a impossibilidade de terceiros serem beneficiados com o resultado da demanda e que deveriam, portanto, promover ações próprias autônomas com o fim de obterem resultados práticos em suas esferas jurídicas individuais.[26]

3ª Fase: Tutela jurídica integral, irrestrita e ampla ou tutela jurídica coletiva holística

Nesta etapa, o legislador, como o próprio nome da fase faz supor, ampliou o objeto da tutela coletiva para todos os demais direitos transindividuais, bem como ampliou o rol de legitimados coletivos (legitimação concorrente e disjuntiva). Nesta fase, o principal marco legislativo foi a promulgação da Constituição da República de 1988, pois com o seu advento houve uma extensão à tutela coletiva das garantias processuais, então atinentes aos processos individuais. Fácil notar este novo paradigma, pois o capítulo dos direitos e garantias fundamentais refere-se tanto ao prisma individual quanto ao coletivo. Ademais, para fins de sistematização, vale destacar os seguintes artigos como exemplos desta ampliação da tutela dos direitos transindividuais: a) art. 5º, LXXIII (ampliação do objeto da ação popular); b) art. 5º, LXX (previsão do mandado de segurança); c) art. 8º, III (previsão da legitimidade dos sindicatos para o exercício da pretensão de tutela da coletividade); d) art. 129, III (legitimidade do Ministério Público para a tutela da coletividade); e) art. 232 (legitimidade dos índios, suas comunidades e organizações para a defesa de direitos do grupo); f) art. 14, § 10 (previsão da ação de impugnação de mandato eletivo); g) arts. 15, V; 37, §§ 4º e 5º, 85, V (previsão da responsabilização dos agentes públicos por ato de improbidade administrativa); h) art. 134 (legitimidade da Defensoria Pública para a propositura das demandas coletivas); i) arts. 5º, XXXII, CR/88 e 48 do ADCT (determinação constitucional que gerou a edição do Código de Defesa do Consumidor), dentre outros.

A Lei da Política Nacional do Meio Ambiente (Lei 6.938/1981) guarda extrema relevância na evolução da tutela coletiva, pois fixou a responsabilidade civil dos causadores dos danos ao meio ambiente, bem como conferiu ao Ministério Público a legitimidade extraordinária para a propositura da Ação Civil Pública.[27]

Nesta etapa também merece destaque o advento do Código de Defesa do Consumidor (Lei 8.078/1990) que gerou consequências importantes para a regulamentação, principalmente com a referência de aplicação recíproca da Lei de Ação Civil Pública (art. 90), criando, com isso, uma integração e sistematização do microssistema da

---

26. Merece destaque o art. 506, CPC/15, que corresponde ao art. 472, CPC/73. No CPC/15 foi suprimida a referência acerca da impossibilidade do resultado da demanda repercutir na esfera jurídica de terceiros para beneficiá-los. Podemos, portanto, afirmar que o CPC/15 acolheu a possibilidade do regime jurídico *in utilibus* da sentença individual.

27. À época a legitimidade extraordinária era exclusiva do Ministério Público, mas com o advento das modificações que atingiram a Lei de Ação Civil Pública, tal legitimidade foi ampliada para alcançar, inclusive, setores da esfera privada.

tutela coletiva. A doutrina reconhece que o CDC é o agente unificador e harmonizador do microssistema da tutela coletiva.[28]

As principais inovações para a sistematização do microssistema da tutela coletiva, com o advento do CDC, são as seguintes: a) atipicidade e não taxatividade das demandas coletivas (art. 83); b) possibilidade de adoção das medidas atípicas para fins de efetivação da tutela coletiva (art. 84); c) regime jurídico *in utilibus* da sentença de procedência na demanda coletiva para a esfera jurídica individual (art. 103); d) ratificação da gratuidade das demandas coletivas (art. 87); e) ratificação do modo de produção condicionado da coisa julgada material (art. 103); f) previsão expressa da tutela dos direitos individuais homogêneos (art. 81, parágrafo único, III); e g) regulamentação do regime do *fair notice* e *right to opt* (art. 104), dentre outras. Vale lembrar que o CDC inteiro funciona como diploma normativo do microssistema da tutela coletiva e não somente o capítulo referente aos direitos transindividuais.

---

28. ARGENTA, Graziela; ROSADO, Marcelo da Rocha. Do processo coletivo das ações coletivas ao processo coletivo dos casos repetitivos: modelos de tutela coletiva no ordenamento brasileiro, *Revista eletrônica de Direito Processual*. Rio de Janeiro. Ano 11. Volume 18. Número 1. Janeiro a abril de 2017.

1.2. Do microssistema da tutela coletiva

O microssistema[29] da tutela coletiva é o conjunto formado pelas normas processuais, materiais e heterotópicas[30] sobre o processo coletivo nas diversas leis extravagantes e especiais positivadas em nosso ordenamento. Estas normas jurídicas disseminadas formam um conjunto (ainda que de maneira informal, sem a sistematização em um único diploma legislativo) de regras jurídicas que regulamentam a tutela coletiva.

Como ainda não há uma regulamentação própria corporificada em uma codificação, a doutrina, com respaldo da jurisprudência, reconhece que as diversas leis existentes se comunicam entre si formando um verdadeiro sistema policentrado de tutela coletiva.

Dentre as normas mais importantes que formam o arcabouço básico do microssistema, podemos apontar o Código de Proteção e Defesa do Consumidor e a Lei de Ação Civil Pública.

Estas normas formam o que podemos denominar de regramento geral da tutela coletiva por intermédio das normas de reenvio existentes em ambas as leis.

No Código de Proteção e Defesa do Consumidor, o art. 90 determina a aplicação das normas ínsitas na Lei de Ação Civil Pública: *"Art. 90. Aplicam-se às ações previstas neste título as normas do Código de Processo Civil e da Lei n° 7.347, de 24 de julho de 1985, inclusive no que respeita ao inquérito civil, naquilo que não contrariar suas disposições."*

A Lei de Ação Civil Pública, por seu turno, determina uma remissão ao Código de Proteção e Defesa do Consumidor, como demonstra o art. 21: *"Art. 21. Aplicam-se à defesa dos direitos e interesses difusos, coletivos e individuais, no que for cabível, os dispositivos do Título III da lei que instituiu o Código de Defesa do Consumidor. (Incluído Lei n° 8.078, de 1990)."*

Da conjugação destes dois artigos, podemos concluir que a LACP preceitua a aplicação das normas do CDC nas Ações Civis Públicas em geral e o CDC, "reenvia" a aplicação das normas da LACP às ações coletivas consumeristas. Assim, encontramos as denominadas "normas de reenvio"; tal reenvio é consequência da aplicação do chamado "diálogo de fontes" comumente encontrado nas normas de direito material.

Nesse panorama, reconhece-se o CDC como o agente unificador e harmonizador do microssistema coletivo, na medida em que esse diploma promoveu verdadeira integração e sistematização com a LACP, especialmente pela ligação entre o art. 90 do CDC e o art. 21 da LACP.[31]

---

29. Há quem prefira usar a terminologia "minissistema", como GRINOVER, Ada Pelegrini. *Código Brasileiro de Defesa do Consumidor.* 6ª ed. Rio de Janeiro: Forense Universitária, 1999. Outros afirmam a existência de um "sistema único coletivo", como GOMES JR., Luiz Manoel. *Curso de Direito Processual Civil Coletivo.* 2ª ed. São Paulo: SRS, 2008.

30. São normas de direito material previstas em diplomas processuais e normas de direito processual em diplomas materiais. É perfeitamente normal o direito processual sofrer influências do direito material, com a estruturação de procedimentos adequados ao tipo do direito material, adaptando a correlata tutela jurisdicional.

31. ARGENTA, Graziela; ROSADO, Marcelo da Rocha. Do processo coletivo das ações coletivas ao processo coletivo dos casos repetitivos: modelos de tutela coletiva no ordenamento brasileiro, *Revista eletrônica de*

Apesar disso, não há qualquer óbice para a aplicação do "diálogo de fontes" em direito processual. Ademais, existem diversos pontos de tangenciamento entre o direito material e o direito processual, seja no plano abstrato (legislação), seja no plano concreto (aplicação das normas); podemos encontrar, inclusive, institutos que são regulados tanto por normas de direito material quanto por normas de direito processual, como, por exemplo, a prescrição. Interessante destacar decisão, equivocada em meu sentir, do STJ no sentido do afastamento das regras do microssistema da tutela coletiva. Com efeito, a 3ª Turma do STJ[32] fixou entendimento no sentido de que não há prazo processual para o ajuizamento de ação coletiva de consumo, não sendo possível a aplicação analógica do prazo prescricional do art. 21 da LAP. Preconizou, ainda, que não obstante a ação popular e ação coletiva de consumo componham o microssistema de interesses coletivos, é substancial a disparidade existente entre os objetos e causas de pedir de cada uma dessas ações, portanto, não se justificaria a aplicação do prazo.

Existem normas jurídicas, por fim, que regulam, ao mesmo tempo, o direito material e o direito processual e são chamadas de normas heterotópicas ou de natureza híbrida.

O microssistema de tutela coletiva gera um "Sistema de Vasos Intercomunicantes". Tal sistema decorre do policentrismo do ordenamento jurídico brasileiro e significa que a normatização das situações ou das relações jurídicas se encontra em normas esparsas. À guisa de exemplo, existem diversas normas jurídicas que regulam o processo civil coletivo (Constituição da República, Lei de Ação Civil Pública, Lei de Ação Popular, Lei de Improbidade Administrativa[33], Código de Proteção e Defesa do Consumidor, Lei do Mandado de Segurança). Entre estas diversas normas jurídicas positivadas existe uma "comunicação", que alguns denominam de aplicação integrada, ainda que informal, para regular determinado instituto da tutela coletiva. É exatamente esta reunião intercomunicante de vários diplomas que regulam a mesma matéria que é denominado de sistema de vasos comunicantes.[34]

Apesar das normas do CDC e LACP formarem o núcleo essencial ("núcleo duro") do microssistema da tutela coletiva (formando um procedimento padrão para as demandas coletivas), elas não exaurem a regulamentação do tema. Forçoso concluir, portanto, que outras leis poderão (e o fazem!) regular temas afetos ao pro-

---

Direito Processual. Rio de Janeiro. Ano 11. Volume 18. Número 1. Janeiro a abril de 2017.

32. Resp. 1.736.091/PE, Rel. Min. Nancy Andrighi, Dj 16.05.2019.

33. Com o advento da nova lei de improbidade administrativa, em virtude de sua nova conformação de processo punitivo não penal, para determinado setor doutrinário, deixou de ser considerado como um processo coletivo, portanto, não poderá ser considerado como integrante do microssistema da tutela coletiva.

34. "*o microssistema coletivo tem sua formação marcada pela reunião intercomunicante de vários diplomas, diferenciando-se da maioria dos microssistemas que, em regra, tem formação enraizada em apenas uma norma especial, recebendo, por tal situação, razoável influência de normas gerais.*" MAZZEI, Rodrigo Reis. A ação popular e o microssistema da tutela coletiva. In: GOMES JUNIOR, Luiz Manoel (coord.). *Ação Popular – Aspectos controvertidos e relevantes – 40 anos da Lei 4717/65.* São Paulo: RCS, 2006, p. 408-410.

cesso coletivo participando, com isso, por meio de um verdadeiro diálogo de fontes, do microssistema da tutela coletiva.

Assim, podemos afirmar que a formação do microssistema de tutela coletiva decorre das normas de reenvio e do sistema de vasos comunicantes por intermédio dos diversos diplomas legislativos.[35] Os diplomas legislativos, portanto, que tratam da tutela coletiva são intercambiantes entre si.[36]

Assentada a premissa da existência do microssistema de tutela coletiva, forçoso asseverar que as normas integrantes deste microssistema aplicam-se toda vez que houver uma omissão na legislação que regulamenta determinada ação coletiva, ou seja, as normas ínsitas no microssistema são aplicáveis de maneira subsidiária afim de evitar lacunas legislativas.

Situação interessante deriva da Lei Geral do Esporte – LGE – (art. 142), pois, apesar da relação do torcedor com a entidade esportiva que promove o evento ser de consumo e, portanto, integrante do microssistema da tutela coletiva, parece gerar um tensionamento equivocado quando comparado com o CDC.

Ora, em caso de conflito entre a LGE e o CDC, deverá prevalecer este, porém, os demais parágrafos previstos no art. 142, da LGE mitigam diretamente a responsabilidade dos fornecedores em evidente afastamento das regras dos arts. 7º, parágrafo único e 25, §1º, do CDC.

Considerando que as normas que integram o microssistema da tutela coletiva deverão ser aplicadas de forma subsidiária, imprescindível afirmar que as normas do CPC serão aplicáveis de maneira residual,[37] ou seja, somente quando não for en-

---

35. *"Este, em síntese, o sistema integrado de defesa dos interesses supraindividuais em nosso país: interação da legislação específica e suprimento recíproco de lacunas, de sorte que todos os interesses sejam tutelados processualmente do mesmo modo e com um mesmo perfil procedimental e processual; e a aplicação sempre subsidiária do Código de Processo Civil."* LEONEL, Ricardo de Barros. *Manual do Processo Coletivo*. 2ª ed. São Paulo: Revista dos Tribunais, 2011, p. 138. *"Antes de voltar os olhos para o sistema geral, o intérprete deverá examinar, no conjunto legislativo que constitui o microssistema, se não existe uma norma melhor e mais adequada a correta pacificação com justiça (...) Quando não houver no diploma específico norma que contradiga essa solução, ou mesmo havendo, esta norma for mais estreita na aplicação, deverá prevalecer a interpretação sistemática, decorrente das regras do CDC e da LEI 7347/85."* DIDIER JR., Fredie. *Curso de Direito Processual Civil – Processo Coletivo*. 4ª ed. Salvador: JusPodivm, 2009, p. 123.

36. *"Quer dizer, as leis específicas relacionadas à tutela coletiva assumem-se incompletas e, para aumentar sua flexibilidade e durabilidade em uma realidade pluralista, complexa e muito dinâmica, encontram no CPC a regulamentação subsidiária e supletiva."* DIDIER JR, Fredie; ZANETI JR, Hermes. *Curso de Direito Processual Civil: Processo Coletivo*. 11ª ed. Salvador: Juspodivm, 2017.

37. *"residual e não imediatamente subsidiário, pois, verificada a omissão no diploma coletivo especial, o intérprete, antes de angariar solução na codificação processual, deverá buscar os ditames constantes dentro do microssistema coletivo."* MAZZEI, Rodrigo. *Comentários à lei de ação civil pública e lei de ação popular. In:* COSTA, Susana Henriques da Costa (coord.). São Paulo: Quartier Latin, 2006. No mesmo sentido, podemos mencionar: *"Essas duas normas de remissões ou normas de envio fundam um "sistema processual integrativo", levou a doutrina a afirmar que as disposições do Código de Processo Civil – aqui compreendido o CPC/73 – são aplicáveis ao processo coletivo, desde que inexista norma expressa dentro do microssistema e não transgrida seus princípios, isto é, "residual e não imediatamente subsidiário, pois, verificada a omissão no diploma coletivo especial, o intérprete, antes de angariar solução na codificação processual, deverá buscar os ditames constantes dentro do microssistema coletivo."* Em conclusão, afirma-se que a aplicação do Código de Processo Civil (CPC/73) seria*

contrada solução decorrente da aplicação do microssistema. Deste modo, deverá ser corretamente interpretada a aplicação do art. 15 do CPC, que assevera a sua aplicação supletiva e subsidiária aos processos administrativos, eleitorais e trabalhistas. Este entendimento, que determina a aplicação residual do CPC, parte da premissa de que tal norma não figura no microssistema da tutela coletiva. Caso a referência seja feita ao CPC/73, concordamos com a premissa e com a conclusão, mas entendemos, conforme será exposto abaixo, que o CPC/15 passa a integrar o microssistema, o que ensejará uma releitura acerca da aplicabilidade destas normas. A doutrina, neste tópico, diverge acerca da sua inserção no microssistema, bem como da aplicabilidade das próprias normas do microssistema.

Diante deste quadro de dispersão de normas jurídicas regulamentadoras e da existência de **divergência doutrinária**, surge a necessidade de fixar como deverá ser aplicável o microssistema da tutela coletiva.

Para uma **1ª tese**, a aplicação dar-se-á da seguinte forma: a) aplicação da lei específica que regulamenta determinada lei específica; b) verificada a omissão na lei específica, aplicar-se-á o microssistema da tutela coletiva, de forma subsidiária ou supletiva; c) permanecendo a omissão, ou seja, caso as normas do microssistema não sejam suficientes para resolver a situação, aplicar-se-á o CPC ou CC, de forma residual. Esta é a formatação mais comum de ser encontrada na doutrina.[38]

---

residual não integrativa" CARVALHO, Fabiano. O Princípio da eficiência no processo coletivo – Constituição, Microssistema do Processo Coletivo e Novo Código de Processo Civil. In: ZANETI JUNIOR, Hermes (coord.). *Processo Coletivo*. Salvador: Juspodivm, 2016. Coleção Repercussões do Novo CPC, v.8, coordenador geral: Fredie Didier Jr.

38. LEONEL, Ricardo de Barros. *Manual do Processo Coletivo*. 2ª ed. São Paulo: Revista dos Tribunais, 2011. DONIZETTI, Elpídio; CERQUEIRA, Marcelo Malheiros. *Curso de Processo Coletivo*. 1ª ed. São Paulo: Atlas, 2010. ALMEIDA, Gregorio de Assagra. *Direito processual coletivo brasileiro: um novo ramo do direito processual (princípios, regras interpretativas e a problemática da sua interpretação e aplicação)*. São Paulo: Saraiva, 2003.

Para uma **2ª tese**, para fins de verificação de qual deverá ser a norma aplicável ao caso concreto, imprescindível observar-se os seguintes passos: a) definição dentro do núcleo duro, formado pelo CDC e LACP, de qual norma deve ser aplicável; b) fora do núcleo duro, quais as normas das demais leis integrantes do microssistema deverão ser aplicadas; c) fora do microssistema, como devem ser aplicadas as normas do CPC ou CC, conforme se tratar de questão relativa à direito processual ou material.

Para este entendimento, assim como no anterior, o CPC/15 não é parte integrante do microssistema da tutela coletiva e deve ser aplicável somente nos casos de inexistência de solução, ou seja, a aplicação será residual ou eventual, como querem alguns.[39]

Além de refutar, como faz a primeira tese, a presença do CPC/15 no microssistema, esta segunda tese gera as seguintes indagações: a) **existe alguma ordem de prevalência entre as normas integrantes do núcleo duro (essencial) do microssistema da tutela coletiva?**; b) **como deve ser resolvido o conflito entre as normas que compõem o núcleo duro (essencial) e as demais leis que compõem o microssistema da tutela coletiva?**

Quanto ao **primeiro questionamento**, podemos assim sistematizar a **divergência:** a) para um primeiro entendimento, deve ser aplicada prioritariamente a LACP e de forma subsidiária o CDC;[40] b) para um segundo entendimento, deve ser aplicado

---

39. "Por fim, a aplicação das normas existentes no Código de Processo Civil será imprescindível, mas para isso é indispensável que não exista norma expressa aplicável ao caso concreto dentro do próprio microssistema. Além disso, a norma processual presente no Código de Processo Civil não pode afrontar os princípios do processo coletivo estudados no Capítulo 5, o que leva a doutrina a afirmar que a aplicação não deve ser subsidiária, mas sim eventual." NEVES, Daniel Amorim Assumpção. Manual do Processo Coletivo: volume único. 3ª ed. Rev., atual. e ampl. Salvador: Juspodivm, 2016, p. 120.
40. "Nos termos do art. 21, só se aplicam as regras do Código de Defesa do Consumidor no que for cabível, o que significa dizer que algumas normas poderão ser apropriadas para a tutela específica de interesses dos consumidores, mas não servirão como regras para a tutela genérica dos interesses difusos e coletivos, prevista na Lei nº 7.347/85.

prioritariamente o CDC e supletivamente a LACP quando o direito material veiculado na demanda versar sobre relação de consumo;[41] c) para um terceiro entendimento, não há que se falar em existência de hierarquia entre as normas, mas em aplicação coordenada, pois, dependendo da necessidade de regulamentação, será aplicável uma ou outra. Ademais, a quase inexistência de conflitos entre as normas gera uma perfeita interação entre elas e, portanto, formam o núcleo duro (essencial).[42]

Quanto ao **segundo questionamento**, podemos assim sistematizar a **divergência**: a) para um primeiro entendimento, devem ser aplicadas as normas jurídicas do núcleo duro (essencial) e, caso não seja encontrada a solução, aplicar-se-ão as demais leis;[43] b) para um segundo entendimento, deverão ser aplicadas as leis específicas que regulamentam a ação coletiva e, somente nos casos de omissão, deverão ser aplicadas as normas do núcleo duro (essencial), pois deve ser privilegiado o critério da especialidade;[44] c) para um terceiro entendimento, com o qual nos filiamos, deve ser aplicada a norma mais benéfica à tutela do direito material, pouco importando se será aplicável a norma jurídica geral ou especial, pois o que deve ser buscado é sempre o resultado mais adequado e efetivo para a tutela da coletividade.[45]

Para uma **3ª tese**, contudo, o CPC/15 é parte integrante do microssistema da tutela coletiva e deve ser, portanto, seguido outro tipo de caminho para a aplicação do ordenamento jurídico. Considerando que o CPC/15 tem eficácia direta[46] nos processos coletivos e que passa a ser fonte do próprio microssistema, aplicação dar-se-á da seguinte forma:[47] a) aplicação direta do diploma legislativo que regulamenta a ação coletiva posta em análise; b) caso seja verificada omissão nesta regulamentação ou sendo esta insatisfatória, aplicam-se as normas do núcleo essencial do microssistema

---

Necessário, pois, será o respeito a princípio da adequação, segundo o qual a incidência normativa só ocorre se a norma jurídica for compatível com a natureza da tutela contemplada na lei da ação civil pública. Além disso, é preciso lembrar que a incidência do Código de Defesa do Consumidor é de natureza supletiva, ou seja, irradia sua eficácia naqueles espaços não preenchidos pela Lei nº 7.347/85, e, repita-se, desde que haja adequação com a natureza da tutela." CARVALHO FILHO, José dos Santos. Ação Civil Pública. 7ª ed. Rio de Janeiro: Lumen Juris, 2009.

41. NERY JR., Nelson. Código Brasileiro de Defesa do Consumidor – comentado pelos autores do anteprojeto. 10ª ed. V. 1. Rio de Janeiro: Forense, 2011.

42. NEVES, Daniel Amorim Assumpção. Manual do Processo Coletivo: volume único. 3ª ed. Rev., atual. e ampl. Salvador: Juspodivm, 2016.

43. DIDIER JR, Fredie; ZANETI JR, Hermes. Curso de Direito Processual Civil: Processo Coletivo. 4ª ed. Salvador: Juspodivm, 2009.

44. GAJARDONI, Fernando da Fonseca. Comentários à nova Lei de Mandado de Segurança. São Paulo: Método, 2009. ALMEIDA, Gregorio de Assagra. Direito processual coletivo brasileiro: um novo ramo do direito processual (princípios, regras interpretativas e a problemática da sua interpretação e aplicação). São Paulo: Saraiva, 2003.

45. NEVES, Daniel Amorim Assumpção. Manual do Processo Coletivo: volume único. 3ª ed. Rev., atual. e ampl. Salvador: Juspodivm, 2016.

46. Exemplos de eficácia direta: arts. 139, X; 333; 928 e 982, I, CPC.

47. "Ou seja: o CPC-2015, diferentemente do CPC-1973, passou a dialogar de outra maneira com o microssistema do processo coletivo, seja porque o pressupõe expressamente, seja porque incorporou a esse microssistema novas normas jurídicas. A relação com o microssistema passou a ser mão dupla, em um vaivém do núcleo para a periferia (centrífuga) e da periferia para o núcleo (centrípeta). A eficácia do CPC sobre esse microssistema deixou de ser exclusivamente supletiva, subsidiária ou residual e passou a ser, também, direta." DIDIER JR, Fredie; ZANETI JR, Hermes. Curso de Direito Processual Civil: Processo Coletivo. 11ª ed. Salvador: Juspodivm, 2017.

da tutela coletiva (normas do CDC e da LACP). Vale mencionar que, para alguns, o título III do CDC configura verdadeiro Código Brasileiro de Processos Coletivos; c) caso não seja encontrada solução para a hipótese, devem ser aplicadas as demais normas regulamentadoras dos demais processos coletivos, pois, como já afirmado, todas as normas fazem parte do microssistema da tutela coletiva. Tais normas deverão ser aplicadas em regime de coordenação com as normas previstas no CPC/15, desde que não conflitem com a lógica e com as próprias normas do microssistema e com a Constituição. Assim, forçoso concluir que o CPC passou a ser aplicável de forma direta aos processos coletivos e não mais de forma subsidiária, supletiva ou residual.

Trata-se de posição mais consentânea com o nosso sistema processual inaugurado com o CPC/15, sendo, portanto, possível sustentar que o microssistema da tutela coletiva deve ser articulado em um diálogo de fontes com a Constituição da República e o CPC/15.[48]

Assim, o CPC deixou de ser fonte meramente residual das questões processuais que não encontravam solução no microssistema, pois passou a ser norma integrante do próprio microssistema. O CPC/73 aplicava-se de forma residual, mas não o CPC/15.

Aliás, vale lembrar que em nosso ordenamento podemos encontrar três tipos de microssistema: a) microssistema existente em um único corpo legislativo (uma

---

48. "*Igualmente, a recodificação empreendida com o CPC/2015 partiu da premissa de que o novo texto processual deveria manter sintonia fina com as diretrizes constitucionais, na linha do moderno entendimento acerca da posição e da função da Constituição como diploma central e orientador do ordenamento jurídico. Assim, o CPC/2015 foi idealizado para a concretização, no plano processual, dos valores constitucionais, apresentando, sob essa perspectiva, função participativa com os microssistemas, mormente para permitir uma ligação mais eficiente entre as diversas leis processuais e as normas constitucionais. Nesse novo paradigma, é estreme de dúvida reconhecer que o microssistema coletivo deve ser articulado em um diálogo de fontes com a Constituição e o CPC/2015. O CPC/2015, ao pressupor a existência de microssistemas, inclusive o do processo coletivo, e ao apresentar-se no sistema com o propósito de servir de ponte entre a Constituição e as demais leis, adere à intertextualidade imanente ao microssistema da tutela coletiva, conferindo-lhe maior coesão e funcionalidade constitucional. Portanto, se o CPC/1973 havia perdido sua função de garantir uma disciplina única para o direito processual, o CPC/2015 não será um mero diploma residual e irá retomar, com bases diversas, a comunicação com o microssistema, mantendo com ele um diálogo de especialidade, coordenação e influência, colocando-o na trilha dos objetivos constitucionais.*" ARGENTA, Graziela; ROSADO, Marcelo da Rocha. Do processo coletivo das ações coletivas ao processo coletivo dos casos repetitivos: modelos de tutela coletiva no ordenamento brasileiro, *Revista eletrônica de Direito Processual*. Rio de Janeiro. Ano 11. Volume 18. Número 1. Janeiro a abril de 2017.

única lei extravagante), como nos casos dos estatutos (do estrangeiro, do torcedor, da criança e do adolescente, do idoso e etc.) e da lei do inquilinato; b) microssistema existente dentro de um código, como ocorre com o CPC/15 ao prever os microssistemas de precedentes e de resolução de questões repetitivas; c) microssistema formado por diversas leis especiais e extravagantes, como se verifica na tutela coletiva.

1.3. Do diálogo de fontes

No sistema processual de tutela coletiva há uma relação de complementariedade entre o Código de Defesa do Consumidor e a Lei de Ação Civil Pública que se pode inferir da leitura dos art. 21 da LACP do art. 90 do CDC, denominadas normas de reenvio.

O CDC inseriu o art. 21 na Lei 7.347/1985 dispondo que *"aplicam-se à defesa dos direitos e interesses difusos, coletivos e individuais, no que for cabível, os dispositivos do Título III da lei que instituiu o Código de Defesa do Consumidor"*. Por seu turno, o CDC, em seu art. 90 estabelece que se aplicam às ações coletivas nele previstas as disposições da Lei da Ação Civil Pública.

Já o art. 83 do CDC estabelece que "para a defesa dos direitos e interesses protegidos por este Código **são admissíveis todas as espécies de ações** capazes de propiciar sua adequada e efetiva tutela".

Tem-se assim, um sistema de complementaridade entre as disposições processuais do CDC e da LACP, sendo aplicáveis no que forem compatíveis as leis que compõem o microssistema de tutela coletiva, Constituição da República, Lei de Ação Civil Pública, Lei de Ação Popular, Lei de Improbidade Administrativa[49], Lei do Mandado de Segurança. Essa multiplicidade de fontes normativas pode resultar na existência de conflitos aparente de normas ou na necessidade de aplicação conjunta de normas, sendo a utilização Diálogo de Fontes a solução que confere maior efetividade ao processo coletivo.

A teoria do diálogo das fontes, desenvolvida por Erik Jayme, professor da Universidade de Heidelberg, e trazida ao Brasil por Claudia Lima Marques, propõe que as normas jurídicas, mesmo que pertencentes a ramos jurídicos distintos, não devem se excluir, mas se complementar.

---

49. A nova lei de improbidade administrativa, de forma expressa, afasta algumas regras do microssistema da tutela coletiva, tais como reexame necessário, impossibilidade de controle de atos ilícitos diversos da improbidade, impossibilidade de controle de políticas públicas, natureza de processo punitivo não penal etc.

Assim, pelo Diálogo de Fontes, prestigia-se a unidade do ordenamento jurídico além de conferir maior efetividade ao processo coletivo, pois parte-se da premissa de que as leis não se excluem, mas se complementam, principalmente quando possuem âmbitos de aplicação convergentes.

Segundo Claudia Lima Marques, são três os possíveis tipos de diálogos a partir de sobredita teoria:

Diálogo sistemático de coerência, no qual as normas em análise podem se complementar, sendo assim, uma norma pode servir de base para outra, ou seja, na aplicação simultânea das duas leis, uma lei pode servir de base conceitual para a outra, especialmente se uma lei é geral e a outra especial, se uma é a lei central do sistema e a outra um microssistema específico, não completo materialmente, apenas com completude subjetiva de tutela de um grupo da sociedade. O segundo é o *diálogo sistemático de complementaridade e subsidiariedade* de antinomias aparentes ou reais, permitindo uma relação complementar entre as leis supostamente conflitantes, buscando-se uma relação de coordenação entre as leis e até mesmo uma complementariedade principiológica, afastando o sistema clássico da revogação ou ab-rogação. Em outros termos, na aplicação coordenada das duas leis, uma lei pode complementar a aplicação da outra, a depender de seu campo de aplicação no caso concreto (diálogo sistemático de complementaridade e subsidiariedade em antinomias aparentes ou reais), a indicar a aplicação complementar tanto de suas normas, quanto de seus princípios, no que couber, no que for necessário ou subsidiariamente . O terceiro diálogo é o *das influências recíprocas sistemáticas*, no qual tem-se a redefinição do campo de aplicação, por meio da influência do sistema especial no geral e do geral no especial. Pode ser apontado o caso de uma possível redefinição do campo de aplicação de uma lei (assim, por exemplo, as definições de consumidor stricto sensu e de consumidor equiparado podem sofrer influências finalísticas do Código Civil, uma vez que esta lei vem justamente para regular as relações entre iguais, dois iguais-consumidores ou dois iguais-fornecedores entre si – no caso de dois fornecedores, trata-se de relações empresariais típicas, em que o destinatário final fático da coisa ou do fazer comercial é um outro empresário ou comerciante -, ou, como no caso da possível transposição das conquistas do Richterrecht (direito dos juízes), alçadas de uma lei para a outra. É a influência do sistema especial no geral e do geral no especial, um diálogo de *Double sens*. [50]

---

50. "Em resumo, também entre leis especiais há diálogo das fontes: diálogo sistemático de coerência, diálogo sistemático de complementaridade ou subsidiariedade e diálogo de adaptação ou coordenação. Note-se que raramente é o legislador quem determina esta aplicação simultânea e coerente das leis especiais (um exemplo de diálogo das fontes ordenado pelo legislador é o art. 117 do CDC, que mandou aplicar o Título III do CDC aos casos da anterior Lei da Ação Civil Pública, Lei 7.347/85, isto "no que for cabível", "à defesa dos direitos e interesses difusos, coletivos e individuais"), e sim geralmente, tal diálogo é deixado ao intérprete e aplicador da lei, que geralmente aplica o CDC." MARQUES, Claudia Lima; BENJAMIN, Antônio Herman; MIRAGEM, Bruno. *Comentários ao Código de Defesa do Consumidor*. 3ª ed. São Paulo: Revista dos Tribunais, 2010.p.34-37.

Capítulo 2
PROCESSO COLETIVO

1. DIREITO PROCESSUAL COLETIVO COMO RAMO AUTÔNOMO

O Direito Processual Coletivo, como um novo ramo do direito processual, surgiu no Brasil com a Constituição Federal de 1988 e não com Lei de Ação Civil Pública, porque o sistema era da taxatividade quando foi aprovada e a Constituição da época de 1969 e só garantia o acesso à justiça para direito individual.

A Constituição Federal de 1988, no Capítulo II do Título II, erigiu os direitos coletivos à categoria de direitos fundamentais. A Constituição reconheceu como direitos fundamentais a garantia do acesso à justiça, seja para a tutela de direitos individuais, seja para a tutela de direitos ou interesses coletivos em sentido lato sensu.

Estabelece, em seu art. 5º, LXXIII a garantia de ação popular para anular atos lesivos ao patrimônio público, ao meio ambiente, à moralidade administrativa, ao patrimônio histórico e cultural. Tem a previsão do mandado de segurança coletivo, art. 5º LXX. Consagra em seu art. 170 a defesa do consumidor e do meio ambiente como princípios da ordem econômica. Estabelece como função institucional do Ministério Público a de promover o inquérito civil e a ação civil pública, para a proteção do patrimônio público e social, do meio ambiente e de outros interesses difusos e coletivos, estabelecendo-se o princípio da não taxatividade. Os arts. 102, I, a, §§ 1º e 2º, 103, e 125, § 2º, trazem disposições sobre o controle concentrado de constitucionalidade, que é objeto do denominado direito processual coletivo especial.

O direito processual coletivo tem um aspecto formal e um aspecto material. O *aspecto formal* do processo coletivo é a sistematização das normas e dos princípios do processo coletivo. Essas normas e princípios estão sistematizados em leis esparsas, gerando o que se chama de *policentrismo do ordenamento jurídico*.

O aspecto material diz respeito à tutela jurisdicional, que pode ser analisada em abstrato ou em concreto. A <u>tutela jurisdicional em abstrato</u> é exercida como instrumento potencializado de proteção do Estado Democrático de Direito e tem como finalidade tutelar a higidez do direito objetivo. Aqui estamos diante do processo coletivo especial. Já a <u>tutela jurisdicional em concreto</u> é o instrumento potencializado de efetivação material do Estado Democrático de Direito. Aqui tutela-se a higidez do direito subjetivo. Nesse caso, trabalha-se com o processo coletivo comum, que são as ações coletivas – Ação Civil Pública, Mandado de Segurança Coletivo, Ação Popular, Ação de Impugnação de Mandato Eletivo, Ação de Improbidade Administrativa,

Habeas Data, Habeas Corpus e Mandado de Injunção Coletivo. Como o objeto é completamente distinto, também não há comunicação entre os dois sistemas.

O processo coletivo, assim, deve ser visto como instrumento de integração democrática, participativa, de cunho técnico-jurídico e político, como vertente metodológica do denominado instrumentalismo substancial.[1]

2. CONCEITO DE PROCESSO COLETIVO

Para o fim de conceituação do processo coletivo, é preciso fixar como premissa a sua finalidade. O processo coletivo sempre terá como finalidade obter a tutela jurisdicional coletiva de um direito (por meio da demanda acidentalmente coletiva) ou a tutela jurisdicional de um direito coletivo (por meio da demanda essencialmente coletiva).

Em outras palavras, o objeto do processo coletivo será sempre a tutela da coletividade. É o instrumento para efetivar, no plano jurisdicional, a tutela coletiva. Para identificar, portanto, um processo coletivo é imprescindível verificar se a situação ou relação fática ou jurídica posta em análise é coletiva.

O processo coletivo deve ser entendido como um processo de interesse público (*public law litigation*)[2], na medida em que o objetivo da prestação jurisdicional deixa de ter aquela velha perspectiva meramente individual de resolução do conflito[3] e passa a ser a busca de uma solução prospectiva focada na efetividade[4] dos provimentos jurisdicionais.[5]

---

1. LEONEL, Ricardo de Barros. *Manual do Processo Coletivo*. São Paulo: Revista dos Tribunais, 2002.
2. "(...) ao tomar o processo coletivo como espécie de public law litigation, o escopo da jurisdição deixa de ser a pacificação social (a justa composição da lide) e passa a ser a concretização dos valores assegurados na Constituição (...). A atividade jurisdicional adquire uma feição transformadoras. Ela dá significado concreto a direitos assegurados geral e abstratamente." VIOLIN, Jordão. *Protagonismo judiciário e processo coletivo estrutural*: o controle jurisdicional de decisões políticas. Salvador: JusPodivm, 2013, p. 146-147.
3. "(...) exigem soluções que vão além de decisões simples a respeito de relações lineares entre as partes. Exigem respostas difusas, com várias imposições ou medidas que se imponham gradativamente." ARENHART, Sérgio Cruz. Decisões estruturais no direito processual brasileiro. Revista de Processo, São Paulo, v. 38, n. 225, p. 389-410, nov. 2013, p. 395.
4. "(...) percebeu-se que a emissão de ordens ao administrador, estabelecendo objetivos genéricos, não era suficiente para alcançar os resultados desejados. Ou o juiz se envolvia no cotidiano da instituição, cuidando de minúcias de seu funcionamento, ou teria que se conformar com a ineficiência de sua decisão." LIMA, Edilson Vitorelli Diniz. O devido processo legal coletivo: representação, participação e efetividade da tutela jurisdicional. Curitiba, 2015. 719 f. Tese (Doutorado). Universidade Federal do Paraná, p. 579.
5. "Para Abram Chayes, a determinação judicial é o ponto central do processo civil de interesse público e de sua distinção em relação ao modelo processual tradicional (e individual), pois busca ajustar condutas futuras e não compensar os erros do passado, sendo desenhada por meio de discussão e não diretamente decorrente do dano sofrido." GISMONDI, Rodrigo. Processo Civil de interesse público & medidas estruturantes: da execução negociada à intervenção judicial. Curitiba: Juruá, 2018, p. 200.

O processo coletivo, por certo, como premissa, defende um interesse público primário[6], ou seja, o interesse da própria coletividade[7], que nem sempre ostenta homogeneidade.

Assim, o processo de interesse público objetiva a tutela jurisdicional dos principais vetores constitucionais para a preservação e efetivação dos direitos fundamentais.

Não há um conceito legal de processo coletivo, portanto, na doutrina, há certa divergência acerca do seu correto conceito e até mesmo de ação coletiva.

Para uma primeira tese doutrinária,[8] para que um processo seja coletivo é imprescindível a propositura de uma ação coletiva pela atuação de um legitimado coletivo, na defesa de um direito transindividual com a possibilidade do resultado definitivo da demanda (coisa julgada material) repercutir na seara de uma coletividade. Assim, são necessários três elementos para considerar um processo como sendo coletivo: legitimidade para agir, objeto do processo e o regime jurídico da coisa julgada material.

Para uma segunda tese doutrinária, ações coletivas seriam aquelas por meio das quais se defendem direitos difusos, coletivos em sentido estrito e individuais homogêneos.[9]

Para uma terceira tese doutrinária, ação coletiva é o instrumento processual colocado à disposição de determinados entes públicos ou sociais, arrolados na Constituição ou na legislação infraconstitucional, para a defesa via jurisdicional dos direitos coletivos em sentido amplo.[10]

Para uma quarta tese doutrinária,[11] com a qual nos filiamos, a legitimidade para agir e o regime jurídico da coisa julgada material não são elementos indispensáveis

---

6. "Os direitos coletivos lato sensu são direitos de interesse público primário quer em razão da dimensão do ilícito ou dano, quer em razão dos valores atrelados aos bens jurídicos tutelados ou do número de pessoas atingidas, extensão do grupo atingido." DIDIER JR., Fredie; ZANETI JR., Hermes. Curso de Direito Processual Civil, vol. 4, Salvador: JusPodivm, 2019, p. 54.

7. "Interesses de uma parcela da comunidade constitucionalmente reconhecida, a exemplo dos consumidores, do meio ambiente, do patrimônio artístico, histórico e cultural, saúde, educação, bem como, na defesa dos interesses dos necessitados e dos interesses minoritários nas demandas individuais clássicas (não os dos habituais polos dessas demandas, credor/devedor), como os das crianças e adolescentes, das pessoas institucionalizadas em hospitais e presídios, dos negros, dos índios, das mulheres, podem ser passíveis de serem veiculados como situações jurídicas coletivas merecedoras de tutela através de ações coletivas que permitam a tutela molecular de todo o grupo." DIDIER JR., Fredie; ZANETI JR., Hermes. Curso de Direito Processual Civil, vol. 4, Salvador: JusPodivm, 2019, p. 49.

8. "*Segundo pensamos, ação coletiva é a proposta por um legitimado autônomo (legitimidade), em defesa de um direito coletivamente considerado (objeto), cuja imutabilidade do comando da sentença atingirá uma comunidade ou coletividade (coisa julgada). Aí está, em breves linhas, esboçada a nossa definição de ação coletiva a legitimidade para agir, o objeto do processo e a coisa julgada.*" GIDI, Antonio. *Coisa julgada e litispendência em ações coletivas.* São Paulo: Saraiva, 1995, p.16.

9. WAMBIER, Tereza Arruda Alvim. Apontamentos sobre as ações coletivas, *Revista de Processo*, v.75, p. 273.

10. ALMEIDA, Gregorio de Assagra. *Direito processual coletivo brasileiro: um novo ramo do direito processual (princípios, regras interpretativas e a problemática da sua interpretação e aplicação).* São Paulo: Saraiva, 2003.

11. "*Assim, processo coletivo é aquele em que se postula um direito coletivo lato sensu (situação jurídica coletiva ativa) ou se afirme a existência de uma situação jurídica coletiva passiva (deveres individuais homogêneos, p. ex.) de titularidade de um grupo de pessoas.*" DIDIER JR., Fredie; ZANETI JR., Hermes. *Curso de Direito Processual Civil: Processo Coletivo.* 10ª ed., Salvador: Juspodivm, 2016. No mesmo sentido, podemos destacar: "...

para qualificar juridicamente o processo como sendo coletivo, pois basta que a situação/ relação fática/jurídica conflituosa deduzida em juízo seja coletiva, posto pertencente a uma determinada coletividade.

De fato, este último posicionamento parece ser o mais correto, pois a legitimidade extraordinária e o regime jurídico da coisa julgada do processo coletivo não são exclusivos para o processo coletivo. Processo coletivo, portanto, é aquele cujo objeto é a obtenção da tutela jurisdicional de uma coletividade, seja por meio da afirmação da existência de uma situação jurídica coletiva ativa (ação coletiva ativa) ou passiva (ação coletiva passiva).

A legitimidade extraordinária não é de aplicação exclusiva aos processos coletivos. Verifica-se nos processos individuais, por meio da autorização prevista no ordenamento jurídico (art. 18, CPC) e sendo possível, ainda, a sua estipulação por meio de negócio jurídico processual (art. 190, CPC). Existem, portanto, tanto a legitimidade extraordinária individual quanto a coletiva. Ademais, existe a possibilidade de legitimidade extraordinária nos processos coletivos proposta pela própria coletividade, sem a necessidade de um representante processual (art. 37 da Lei 6.001/1973).

O regime jurídico da coisa julgada nos processos coletivos possui duas peculiaridades importantes:[12] a) modo de produção condicionado ao resultado da instrução probatória, denominada de coisa julgada *secundum eventus probationis* (artes. 18 da LAP, 16 da LACP e 103, I e II do CDC), quando o objeto for a tutela de direitos coletivos e condicionado ao próprio resultado do processo, denominada de *secundum eventus litis,* quando a tutela for coletiva de direitos (art. 103, III do CDC). Estes modos de produção da coisa julgada material podem ser aplicados nos processos individuais, conforme já decidiu o Superior Tribunal de Justiça no bojo do Recurso Especial nº 1.414.323/GO[13]; b) a possibilidade do aproveitamento do resultado do processo na esfera jurídica individual (arts. 18 da LAP, 16 da LACP, 103, I ao III e § 3º do CDC), que se denomina regime ou transporte *in utilibus,* porém tal possibilidade não é igualmente exclusiva dos processos civis individuais, pois o art. 506 do CPC permite a possibilidade de terceiros serem beneficiados pelo resultado do processo. Ademais, parte da doutrina, nos casos de substituição processual (legitimidade extraordinária), sustenta a aplicação deste regime em favor do substituído.[14] Por fim,

---

o processo é dito coletivo se a relação jurídica conflituosa (objeto do processo) é coletiva. Por sua vez, pode-se afirmar ser coletiva a relação jurídica se em um de seus termos, como sujeito ativo ou passivo, encontra-se um grupo (grupo é gênero que abrange comunidade, categoria, classe, etc.), e se no outro termo a relação jurídica litigiosa envolver direito (situação jurídica ativa) ou dever ou estado de sujeição (situações jurídicas passivas) de um determinado grupo. Em síntese, o processo será coletivo quando presentes o grupo e a situação jurídica coletiva." ARGENTA, Graziela; ROSADO, Marcelo da Rocha. Do processo coletivo das ações coletivas ao processo coletivo dos casos repetitivos: modelos de tutela coletiva no ordenamento brasileiro, *Revista eletrônica de Direito Processual.* Rio de Janeiro. Ano 11. Volume 18. Número 1. Janeiro a abril de 2017.

12. A sua sistematização ocorrerá em capítulo próprio.
13. REsp 1.414.323/GO, rel. Min. Benedito Gonçalves.
14. O art. 506 do CPC/15 não reproduziu a vedação para o benefício de terceiros que existia no art. 472 do CPC/73. Ademais, podemos citar, ainda como exemplos os seguintes artigos que permitem que um titular de um direito material seja atingido pelo resultado do processo, mesmo que não tenha sido parte formal,

vale ressaltar que, como será adiante apresentado, o microssistema das questões repetitivas é um dos modelos de tutela coletiva em nosso ordenamento, mas não gera coisa julgada material, tão somente tese jurídica com eficácia vinculante (arts. 927, III, 985 e 1040 do CPC).

Assim, forçoso concluir que duas das três características apresentadas como sendo essenciais para um processo ser coletivo não lhe são exclusivas, portanto, não podem compor o seu conceito.

O processo coletivo, conforme o conceito supra, não se confunde com ação coletiva e tutela coletiva. A ação coletiva nada mais é do que o instrumento jurídico utilizado para provocar o exercício da tutela jurisdicional coletiva. A tutela coletiva (tutela de direito coletivo), por sua vez, é a proteção do direito material essencialmente coletivo (direito difuso ou coletivo em sentido estrito). Quando deduzido em juízo será tutela jurisdicional coletiva. A tutela coletiva de direitos, por fim, é a proteção do direito material acidentalmente coletivo (direito individual homogêneo). Portanto, não há como confundir os conceitos de ação, processo e tutela coletiva.

Impossível, assim, negar a existência de um processo coletivo e de um ramo específico de processo civil, qual seja, direito processual coletivo. Trata-se de "novo" ramo do direito processual. Há, então, a bem da verdade, uma tricotomia do direito processual: a) direito processual penal; b) direito processual civil e c) direito processual coletivo.[15]

O Direito Processual Coletivo possui dois objetos: a) objeto formal; b) objeto material.[16]

O objeto formal constitui-se no conjunto de princípios e regras processuais que disciplinam a ação coletiva, o processo coletivo, a defesa no processo coletivo, a jurisdição coletiva e a coisa julgada coletiva.

---

quais sejam art. 109, § 3º do CPC e art. 274 do CC. No mesmo sentido, mas referindo-se especificamente aos casos de substituição processual, podemos citar: "*Muitas vezes a lei reconhece que o próprio titular da relação jurídica de direito material pode não estar em condições de concretamente exercer a sua postulação ou defesa em juízo. Nesses casos, confere a algum outro sujeito a legitimação extraordinária para figurar como sujeito do processo em que a demanda vai ser objeto de exame. São os casos de substituição processual. Se a garantia do contraditório efetivo significa que ninguém pode ser atingido por uma decisão desfavorável na sua esfera de interesses sem ter tido a mais ampla e concreta possibilidade de influir eficazmente na decisão, não podem mais ser toleradas hipóteses de legitimação extraordinária exclusiva, ou seja, que confiram unicamente ao substituto a defesa do interesse do substituído, como ocorria, por exemplo no regime dotal (Código Civil, art. 289, inciso III), em que apenas o marido podia propor as ações judiciais em defesa do dote da mulher. Também é incompatível com aquela garantia a subordinação do substituído à imutabilidade da coisa julgada decorrente da ação proposta pelo substituto sem a sua participação. A legitimação extraordinária visa a assegurar o direito de acesso à Justiça a quem, sem mandato, o poder de pôr a perder um direito alheio pela propositura de ação cujo resultado seja desfavorável ao interesse do substituído. Nesse caso, apesar de toda a resistência da doutrina, a coisa julgada se formará secundum eventus litis, isto é, apenas in utilibus.*" GRECO, Leonardo. *A teoria da ação no processo civil.* São Paulo: Dialética, 2003.

15. ALMEIDA, Gregorio de Assagra. *Direito processual coletivo brasileiro: um novo ramo do direito processual* (princípios, regras interpretativas e a problemática da sua interpretação e aplicação). São Paulo: Saraiva, 2003.

16. ALMEIDA, Gregorio de Assagra. *Direito processual coletivo brasileiro: um novo ramo do direito processual* (princípios, regras interpretativas e a problemática da sua interpretação e aplicação). São Paulo: Saraiva, 2003.

O objeto material compõe-se da tutela de direito coletivo em sentido amplo e da tutela de interesse coletivo objetivo legítimo, também em sentido amplo. Diante do objeto material do processo coletivo, é factível afirmar a bipartição entre processo coletivo comum e processo coletivo especial.

3. TIPOS DE PROCESSO COLETIVO: COMUM E ESPECIAL

3.1. Processo coletivo comum

O direito processual coletivo comum tem por objetivo disciplinar a tutela dos interesses supra ou metaindividuais, assim compreendidos, como uma terceira categoria de interesses, não sendo públicos e nem privados. Os interesses metaindividuais, também conhecidos como transindividuais ou interesses coletivos, em sentido lato, encontram-se em posição intermediária entre o interesse público e privado e são compartilhados por grupos, classes ou categorias de pessoas.

A tutela dos direitos coletivos *lato sensu* tem feição estrutural no CDC. Denominam-se direitos coletivos *lato sensu* os direitos coletivos entendidos como gênero, dos quais são espécies: os direitos difusos, os direitos coletivos *stricto sensu* e os direitos individuais homogêneos.

De acordo com o art. 81 do CDC, *Interesses ou Direitos Difusos* são aqueles transindividuais, de natureza indivisível, de que sejam titulares pessoas indeterminadas e ligadas por circunstâncias de fato. *Direitos ou interesses coletivos* são aqueles transindividuais, de natureza indivisível de que seja titular grupo, categoria ou classe de pessoas ligadas entre si ou com a parte contrária por uma relação jurídica base. *Interesses ou direitos homogêneos* são aqueles decorrentes de origem comum.

O processo coletivo comum é composto pela Lei de Ação Civil Pública (Lei 7.347/1985), Lei de Ação Popular (Lei 4.717/1965), Lei do Mandado de Segurança Coletivo (Lei 12.016/2009), Lei de Improbidade Administrativa (Lei 8.429/1992), Lei do Habeas Data (Lei 9.507/1997), Estatuto da Criança e do Adolescente (Lei 8.069/1990), Estatuto do Idoso (Lei 10.741/2003), Estatuto da Cidade (Lei 10.257/2001), Anticorrupção (Lei 12846/13), Mandado de Injunção Coletivo (lei 13300/15), dentre outras.

Na clássica divisão de Barbosa Moreira, os interesses metaindividuais se subdividem em dois grandes grupos, os naturalmente ou essencialmente coletivos e os acidentalmente coletivos, sendo que os primeiros, que caracterizam-se pela indivisibilidade do objeto, são os chamados interesses (direitos) difusos e os interesses (direitos) coletivos em sentido estrito. Já os acidentalmente coletivos, caracterizam-se pela divisibilidade do objeto e são os chamados interesses (direitos) individuais homogêneos. A análise das características destes direitos transindividuais ocorrerá em capítulo específico.

Podemos concluir, portanto, que o objeto do processo coletivo comum é a tutela jurisdicional da higidez do direito material subjetivo transindividual, ou seja, o objeto material é a tutela de direito coletivo lesionado ou ameaçado de lesão em decorrência de um ou vários conflitos coletivos surgidos no plano da concretude.[17]

3.2. Processo coletivo especial

O direito processual coletivo especial tem por objeto manter um sistema de constitucionalidade coeso. O objeto deste tipo de processo coletivo é a tutela jurisdicional da higidez do direito objetivo. Em outras palavras, o objeto material é o controle abstrato de constitucionalidade, onde também são tutelados interesses coletivos em sentido amplo, mais precisamente o que aqui se denomina interesse coletivo objetivo legítimo na congruência do sistema jurídico em vista dos ditames estabelecidos na Constituição Federal.[18]

São as ações objetivas de controle de constitucionalidade: ação direta de inconstitucionalidade, ação direta de inconstitucionalidade por omissão, ação declaratória de constitucionalidade, ação de descumprimento de preceito fundamental.

4. LITÍGIOS ESTRATÉGICOS

Apesar da nomenclatura comumente usada, não deve ficar conceitualmente adstrito aos instrumentos jurisdicionais, pois além de estar atrelado às ações (individuais ou coletivas), também encontra relação com a atuação na seara extraprocessual, como a política e a esfera de influência da sociedade civil organizada.[19]

---

17. ALMEIDA, Gregorio de Assagra. *Direito processual coletivo brasileiro: um novo ramo do direito processual (princípios, regras interpretativas e a problemática da sua interpretação e aplicação)*. São Paulo: Saraiva, 2003.
18. "A utilização da denominação interesse coletivo legítimo, aqui empregada, leva em consideração as peculiaridades do controle concentrado da constitucionalidade, onde não há a tutela dos direitos subjetivos, sejam individuais, sejam coletivos. Como é cediço, no controle concentrado (ou em abstrato) da constitucionalidade, o processo é do tipo objetivo, tendo em vista que o controle da constitucionalidade se dá no plano abstrato. Assim, a tutela formada por um legitimado ativo por meio de, v.g., uma ação direta de inconstitucionalidade, traz em si a busca de proteção a interesse coletivo objetivo legítimo na manutenção da congruência do sistema jurídico, que tem como seu alicerce a Constituição." ALMEIDA, Gregorio de Assagra. *Direito processual coletivo brasileiro: um novo ramo do direito processual (princípios, regras interpretativas e a problemática da sua interpretação e aplicação)*. São Paulo: Saraiva, 2003.
19. VINCENZI, Brunela Vieira de; ALVES, Gustavo Silva; REZENDE, Priscilla Correa Gonçalves de. As ações coletivas como espécie de litígio estratégico: um diálogo com a luta social por reconhecimento de Axel

A ideia, segundo a doutrina[20], do litígio estratégico, é de articular para o enfrentamento de um problema de violação grave a direitos humanos, o uso de instrumentos administrativos, políticos e judiciais de forma integrada para mudança de um determinado padrão de violação.

Ora, resta evidente a concepção empregada ao termo "estratégico", pois o mais importante não é a vitória na demanda ajuizada, mas sim a mudança valorativa e efetiva de paradigmas, ainda que não ocorram de forma direta e decorrente da demanda, mas que gere a necessidade de repensar alguma atuação administrativa e até mesmo jurisdicional, como facilmente se denota nos casos de controle judicial das políticas públicas.[21]

Fácil exemplificar, portanto, nos casos de mau uso da discricionariedade administrativa, quiçá a discricionariedade técnica. Não é raro verificar a ocorrência de contratação de obras nababescas em cidades que sequer possuem serviços básicos essenciais, bem como municípios que contratam artistas consagrados por cachês caros para participarem de festas anuais, mas que não investem na melhoria dos serviços de saúde.

Ainda que o Ministério Público, por exemplo, não logre o seu intento veiculado na inicial, pode conseguir uma vitória ainda mais importante que é o despertar na sociedade civil para que exerça, sempre de forma democrática e pacífica, um controle social da atuação pública.

A depender do tema veiculado na demanda coletiva, ainda que o resultado não seja o esperado pelo legitimado coletivo pode despertar ou até mesmo causar uma mudança importante de paradigma que será de extrema relevância para algum setor social, cultural, jurídico, econômico ou político. Um exemplo simples é a atuação dos legitimados coletivos na árdua tentativa de melhoria nos serviços públicos essenciais. Por vezes, o resultado não é efetivo ou a demanda passa a ser eterna, mas desperta na sociedade civil a atenção necessária para uma atuação mais efetiva na fiscalização da vontade política dos governantes.[22]

Honneth. *Revista Jurídica Direito & Paz*, v. 34, 2016, p. 225. CARDOSO, EVORAH. Ciclo de vida do litígio estratégico no sistema interamericano de direito humanos: dificuldades e oportunidades para atores não estatais. *Revista Electrónica de Instituto de Investigaciones "Ambrosio L. Gioja*, ano V, n. especial, 2011. LOSEKANN, Cristiana; BISSOLI, Luiz Duarte. Direito, mobilização social e mudança institucional. *Revista Brasileira de Ciências Sociais*, v. 32, n. 94, junho/2017.

20. DIDIER JR., Fredie; ZANETI JR., Hermes. *Curso de Direito Processual Civil*, v. 4, Salvador: JusPodivm, 2019, p. 51.

21. "O perfil do litígio estratégico é produzir demandas a *priori* impossíveis, se trabalhar com fronteiras, com violações sistemáticas a direitos que sequer têm no Judiciário algum amparo." (...) "a construção das posições jurídicas e chamar a atenção para a violação estrutural do direito fazem parte do objetivo do litígio estratégico." DIDIER JR., Fredie; ZANETI JR., Hermes. *Curso de Direito Processual Civil*, v. 4, Salvador: JusPodivm, 2019, p. 51.

22. "As ações coletivas podem buscar, por meio de casos emblemáticos, fomentar alterações normativas, sociais ou de políticas públicas consideradas como um bom exemplo de litígio com clara função estratégica." DIDIER JR., Fredie; ZANETI JR., Hermes. *Curso de Direito Processual Civil*, v. 4, Salvador: JusPodivm, 2019, p. 50.

5. PROCESSO DE IMPROBIDADE ADMINISTRATIVA – NATUREZA DE PROCESSO COLETIVO?

Trata-se de tema de extrema relevância tanto no plano acadêmico quanto no prático, porquanto as consequências serão diversas. Impende destacar algumas bases indispensáveis para o enfrentamento do tema: i) não se trata de ação penal; ii) não se trata de ação civil pública por expressa determinação legal; iii) é uma ação de cunho cível, porquanto aplicável o procedimento comum.

Até o presente momento, há duas teses contrapostas.

Para uma *1ª tese* a ação por improbidade administrativa não mais pertence ao microssistema da tutela coletiva, portanto não pode ser considerada como ação (processo) coletiva. A premissa é a necessidade de reconstruir o sistema tradicional (processo civil e processo penal) de categorias classificatórias dos processos coletivos para alocar essa demanda em categoria específica de processo punitivo não penal, como espécie de processo sancionador[23], com base nos seguintes argumentos[24]:

i) Não são aplicáveis as regras típicas de processos coletivos, tais como *fair notice*, certificação para a definição do grupo, ampliação contraditório por meio de audiências públicas, extensão *in utilibus* da coisa julgada aos membros do grupo etc.;

ii) No processo coletivo, há uma estrutura para tutelar os interesses da coletividade e não do réu, como no processo de improbidade administrativa;

iii) O processo de improbidade não tem por objeto uma situação jurídica coletiva;

iv) O processo de improbidade mais se aproxima dos processos punitivos do que das demandas coletivas, portanto, deve ser considerado como uma espécie do gênero processo punitivo.

Para uma *2ª tese*, com a qual concordo, o processo de improbidade administrativa deve ser mantido no âmbito do microssistema da tutela coletivo, portanto, considerado como um processo coletivo. Tal afirmação, em meu sentir, não afasta a possibilidade de ser considerado como um processo punitivo não penal. Os autores[25] que defendem tal entendimento o fazem com base nos seguintes argumentos[26]:

---

23. COSTA, Susana Henriques da. *O processo coletivo na tutela do patrimônio público e da moralidade administrativa*. 2ª ed. São Paulo: Atlas, 2015; MERÇON-VARGAS, Sarah. *Teoria do processo judicial punitivo não-penal*. Salvador: Editora JusPodivm, 2018; PELEGRINE, Analu Paim Cirne. *A negociação premial na ação de improbidade administrativa e a coerência do sistema público punitivo*. Dissertação (Mestrado em Direito) – Universidade Federal da Bahia, Salvador, 2018.

24. DIDIER JR., Fredie. *Curso de Direito Processual Civil*, v. 4, Salvador: JusPodivm, 2022, p. 30.

25. ZANETI JR., Hermes. *Curso de Direito Processual Civil*, v. 4, Salvador: JusPodivm, 2022, p. 25.

26. "Sendo uma ação de natureza civil, mas distinta da ação civil pública, resta a pergunta se a ação de improbidade administrativa continua a fazer parte do microssistema coletivo. Não tenho dúvida que sim. Afinal, o direito tutelado pela demanda continua sendo o mesmo, qual seja, o patrimônio e a moralidade pública, de titularidade da coletividade e, portanto, de natureza difusa. Além disso, os pedidos de natureza reparatória elaboráveis numa ação de improbidade administrativa podem perfeitamente serem encontrados numa ação civil pública ou numa ação popular, outras espécies de ação coletiva." NEVES, Daniel Amorim Assumpção;

i) A ação por improbidade administrativa tutela bens jurídicos coletivos e o grupo de pessoas atingidas direta ou indiretamente pela corrupção;

ii) O processo civil é o mesmo para qualquer área do direito não penal, ainda que seja possível criar procedimentos especiais e jurisdições especiais;

iii) O processo coletivo pode servir de instrumento para garantir a efetividade do direito administrativo sancionador;

iv) A natureza cível, assim compreendida como natureza de direito privado, não é o objeto da LIA, portanto não muda a natureza da ação de improbidade afirmar que ela atua sobre o direito administrativo sancionador ou não possui natureza cível;

v) O STF já afirmou que a ação de improbidade administrativa possui natureza cível, ou seja, não penal;

vi) A tutela da probidade administrativa, da moralidade e do combate à corrupção é um bem jurídico difuso com fulcro constitucional, inclusive, conforme art. 37, § 4º, da CR/88;

vii) A ação por improbidade administrativa continua cumulando pedidos típicos da improbidade e pedidos que são característicos da ação civil pública, pelo menos o pedido de ressarcimento e os demais pedidos que são cabíveis também na ação civil pública e na ação anticorrupção;

viii) A ação de improbidade administrativa não tem natureza exclusivamente sancionatória, porque nela também são admitidos pedidos de natureza reparatória, portanto, poder-se-ia afirmar ostentar uma natureza híbrida;[27]

ix) O microssistema da tutela coletiva deve ser aplicado aos pedidos não típicos;

x) Não se aplica o microssistema da tutela coletiva nos seguintes pontos: a) legitimação ativa exclusiva do Ministério Público; b) inversão do ônus da prova e na sua dinâmica; c) reexame necessário; d) decretação da revelia relevante etc.

OLIVEIRA, Rafael Carvalho Rezende. *Comentários à Reforma da Lei de Improbidade Administrativa*. Rio de Janeiro: Forense, 2022, p. 110.

27. "Tenho para mim que a existência de pedidos meramente reparatórios na ação de improbidade administrativa que, insisto, poderiam ser formulados em outras espécies de ação cível, sempre que puderem ser isolados dos pedidos sancionatórios, devem ser regidos pelo microssistema coletivo. Afinal, estarão na ação de improbidade administrativa apenas circunstancialmente. Sempre, entretanto, que a situação processual exigir uma "mistura" dos pedidos reparatórios e sancionatórios, todas as garantias do réu previstas pela Lei 8.429/1992 devem ser rigorosamente cumpridas, o mesmo ocorrendo, naturalmente, quando a situação se limitar à pretensão sancionatória." NEVES, Daniel Amorim Assumpção; OLIVEIRA, Rafael Carvalho Rezende. *Comentários à Reforma da Lei de Improbidade Administrativa*. Rio de Janeiro: Forense, 2022, p. 113.

CAPÍTULO 3
MODELOS DE TUTELA COLETIVA

1. MODELOS DE TUTELA COLETIVA: AÇÕES COLETIVAS E O JULGAMENTO DE QUESTÕES REPETITIVAS

Em nosso ordenamento, mormente após o advento do CPC/15, podemos afirmar, com segurança, que houve a inserção de dois microssistemas dentro da codificação: a) microssistema da resolução de questões repetitivas (art. 928); b) microssistema da teoria dos precedentes (art. 926). As regulamentações da resolução das questões repetitivas e a das ações coletivas possuem sistemática procedimental diversa, mas são complementares e dialogam entre si. A existência destes microssistemas gera repercussões para o estudo da tutela coletiva, pois passamos a contar, a partir de então, com dois modelos: a) modelo das ações coletivas; b) modelo do julgamento/resolução das questões repetitivas.[1]

O modelo das ações coletivas é o modelo clássico que vem sendo objeto de estudo e regulamentação há tempos e que visa, em seu panorama regra, à tutela da higidez do direito material subjetivo transindividual (processo coletivo comum). Fazem parte deste microssistema, como já visto, a ação popular, o mandado de segurança coletivo, a ação civil pública, a ação civil pública por ato de improbidade administrativa, o habeas data coletivo, o mandado de injunção coletivo etc.

O modelo do julgamento das questões repetitivas, por sua vez, é aquele em que busca-se a fixação de uma tese jurídica com o fim de uniformizar a aplicação de uma questão de direito (material ou processual) com eficácia vinculante.[2] É, a bem da ver-

---

1. *"Com a entrada em vigor do novo Código de Processo Civil, será acrescida ao ordenamento jurídico brasileiro a previsão de um processo incidente para corroborar a solução coletiva de conflitos, somando-se às ações coletivas e aos meios extrajudiciais de solução de conflitos coletivos. Ter-se-á, portanto, desejado sistema pluralista, porque, em primeiro lugar, nem sempre se está diante de uma ação coletiva, independente das razões para o seu não ajuizamento. Por outro lado, a realidade demonstra que nem sempre as ações coletivas ajuizadas foram capazes de conter uma grande quantidade de litígios, tendo em vista, por exemplo, a limitação do próprio pedido ou a legitimidade do autor. Do mesmo modo, a questão comum poderá advir não de direitos individuais homogêneos propriamente ditos, mas de pretensões variadas. Nesse sentido, o incidente de resolução de demandas repetitivas e as ações coletivas possuem sistemática procedimental diversa, mas um caráter complementar e de apoio, precipuamente se relacionado à economia processual e ao princípio da igualdade."* MENDES, Aluisio Gonçalves de Castro; SILVA, Larissa Clare Pochmann da. Ações Coletivas e incidente de resolução de demandas repetitivas: algumas considerações sobre a solução coletiva de conflitos. In: ZANETI JR., Hermes (coord.). *Processo Coletivo*. Salvador: Juspodivm, 2016. Coleção Repercussões do Novo CPC, v.8, coordenador geral: Fredie Didier Jr.
2. Não são aplicáveis as restrições legais existentes para o modelo das ações coletivas, como, por exemplo, o art. 1º, parágrafo único da LACP.

dade, uma técnica de julgamento de litígios agregados com o fim de evitar a dispersão de precedentes e, com isso, proteger a isonomia e a segurança jurídica. Fazem parte deste microssistema o incidente de resolução de demandas repetitivas – IRDR (art. 976, CPC) e os recursos excepcionais repetitivos (art. 1036, CPC). Estas questões repetitivas, como o próprio nome faz supor, precisam estar em curso perante o Poder Judiciário e podem ter sido ventiladas tanto no primeiro grau, quanto nos tribunais, bem como em demandas individuais ou coletivas. A rigor, a existência de demanda coletiva em curso não configura pressuposto processual negativo para a ocorrência de julgamento das questões repetitivas, apesar da finalidade da demanda coletiva ser a molecularização dos litígios.

Impende salientar que, ao contrário do que pode ocorrer no modelo da tutela coletiva por meio das ações coletivas, na resolução das questões repetitivas, não há matéria de fato a ser objeto da tese jurídica. Em outras palavras, o modelo da resolução das questões repetitivas não admite questões de fato, mas unicamente de direito, apesar da severa dificuldade, como bem apontada pela doutrina, para divisar o que é, no caso concreto, questão de fato e de direito.[3]

Nada obstante, quando for a hipótese de aplicação, inaplicação, superação ou distinção, imprescindível, para o aplicador/intérprete, analisar (cotejo analítico) as circunstâncias de fato do precedente e as circunstâncias de fato para o caso no qual será utilizado. Trata-se de regra natural para utilização de um precedente ao caso concreto futuro posto em análise (fatos relevantes para a solução jurídica).

Por fim, vale dizer que os casos (questões) repetitivos podem conter objeto litigioso comum/semelhante (litígios homogêneos) ou objeto litigioso que não seja semelhante, mas com questão de direito comum (litígios heterogêneos).

---

3. *"A limitação do objeto do IRDR às questões "unicamente de direito" foi infeliz, sobretudo pela dificuldade, tanto na doutrina, quanto na jurisprudência, na definição de questão de fato ou questão de direito. Aqui deveria o código ter optado pela admissão das pretensões isomórficas (questões de direito que possuem elementos de fato ou de direito comuns), tal como comumente adotado no direito comparado. Isso porque o texto não se confunde com a norma, e esta é o resultado da interpretação (os fatos contribuem para a reconstrução do ordenamento jurídico, quando da interpretação operativa)."* ARGENTA, Graziela; ROSADO, Marcelo da Rocha. Do processo coletivo das ações coletivas ao processo coletivo dos casos repetitivos: modelos de tutela coletiva no ordenamento brasileiro, *Revista eletrônica de Direito Processual*. Rio de Janeiro. Ano 11. Volume 18. Número 1. Janeiro a abril de 2017. No mesmo sentido, CABRAL, Antônio do Passo. Incidente de Resolução de Demandas Repetitivas. In: CABRAL, Antonio do Passo; CRAMER, Ronaldo (coord.). *Comentários ao Novo Código de Processo Civil*. 2ª ed. Rio de Janeiro: Forense, 2016.

2. PROCESSO COLETIVO-PILOTO E PROCESSO COLETIVO-MODELO

Na técnica de julgamento de questões repetitivas (art. 928, CPC)4 existem dois modelos aplicáveis: a) processo (causa)-piloto; b) processo (causa)-modelo.

No **modelo do processo (causa)-piloto**, o julgamento das questões repetitivas importará na fixação da tese jurídica que será aplicável aos demais casos concretos, bem como a resolução de um ou mais casos afetados/selecionados para o julgamento. Haverá, portanto, a resolução do caso concreto e a fixação da tese jurídica. Para fins de aplicação deste modelo é imprescindível a existência de uma relação jurídica processual pendente (processo em primeiro grau, recurso, reexame necessário ou causa da competência originária do tribunal).

No **processo (causa)-modelo**, ao contrário, o julgamento das questões repetitivas ensejará somente a fixação da tese jurídica sem a resolução de um caso concreto. O órgão jurisdicional será provocado somente para fixar a correta interpretação/aplicação da questão de direito que será replicada, pois é um precedente (tese jurídica fixada), para os demais casos concretos pendentes e futuros. Tanto isso é verdade que o abandono do incidente de julgamento das questões repetitivas não ensejará óbice para a fixação da tese jurídica, conforme se verifica da análise dos arts. 998, parágrafo único, 976, § 1º e 1.040, §§ 1º e 2º, CPC. Assim, a fixação da tese jurídica independe da resolução do caso concreto. Do mesmo modo, no art. 986, CPC há a previsão de aplicação da tese jurídica diretamente.

---

4. A doutrina sustenta a existência em nosso sistema jurídico processual de um verdadeiro microssistema da resolução das questões repetitivas. Trata-se de tema de extrema relevância, pois é uma hipótese de microssistema inserido em uma codificação. Normalmente, os microssistemas são encontrados em leis esparsas. Há outros microssistemas dentro do CPC, tais como: dos precedentes e da resolução antecipada.

Diante desses dois modelos de processo, surge a indagação: qual foi o adotado no CPC/2015? A questão é objeto de intenso debate doutrinário, sendo possível encontrar as seguintes teses:

1ª tese: o CPC/2015 adotou o sistema misto. Como regra geral, foi adotado o sistema do processo-modelo, mas há excepcionalmente hipóteses nas quais será possível verificar a aplicação do sistema do processo-piloto, como nos casos previstos nos arts. 976, § 1º, 998, parágrafo único e 1.040, §§1º e 2º, CPC. Assim, para quem defende a adoção do sistema misto, é possível a adoção dos dois modelos[5];

2ª tese: o CPC/2015 adotou o processo-modelo, pois o incidente de resolução de demandas repetitivas apenas resolve a questão de direito, fixando a tese jurídica, que será posteriormente aplicada tanto nos casos que serviram como substrato para a formação do incidente, como nos demais casos pendentes e futuros. Entendo, portanto, que no IRDR não haverá julgamento de "causa-piloto", mas que será formado um "procedimento-modelo", apesar da redação do art. 978, parágrafo único do CPC.[6];

3ª tese: o CPC/2015 adotou o sistema do processo-piloto, pois o processo em que tal instauração ocorra será afetado para julgamento por órgão a que se tenha especificamente atribuído a competência para conhecer do incidente, o qual julgará o caso concreto como uma verdadeira causa-piloto, devendo o julgamento desse caso concreto ser, além da decisão do caso efetivamente julgado, um precedente que funcionará como padrão decisório para outros casos, pendentes ou futuros, conforme redação do art. 985, CPC[7].

---

5. "Podemos sintetizar, esclarecendo que, no processo-modelo (também chamado de causa-modelo), há somente uma tese, não nenhum caso a ser julgado; já, no processo-piloto (causa-piloto), temos, além da tese, o julgamento simultâneo de um caso concreto. O Brasil adotou posição mista no julgamento dos casos repetitivos, utilizando para isto o julgamento de um processo-piloto como regra, conforme afere-se no art. 98, par. Único, somado ao art. 1040, III, e o julgamento de um processo-modelo, no caso de desistência do recurso afetado (art. 976, § 1º). Nesta hipótese de desistência o tribunal poderá, ainda, afetar novos recursos para julgamento." ARGENTA, Graziela; ROSADO, Marcelo da Rocha. Do processo coletivo das ações coletivas ao processo coletivo dos casos repetitivos: modelos de tutela coletiva no ordenamento brasileiro, *Revista eletrônica de Direito Processual*. Rio de Janeiro. Ano 11. Volume 18. Número 1. Janeiro a abril de 2017. No mesmo sentido, podemos citar: "A causa-piloto caracteriza-se por uma unidade de processo e julgamento, pelo qual o órgão decisor conhece e julga não apenas a questão comum, mas também todas as demais questões, resolvendo o caso por completo." CABRAL, Antônio do Passo. Incidente de Resolução de Demandas Repetitivas. In: CABRAL, Antonio do Passo; CRAMER, Ronaldo (coord.). *Comentários ao Novo Código de Processo Civil.* 2ª ed. Rio de Janeiro: Forense, 2016 e "Entendo que o IRDR é um sistema inovador, já que não adotou plenamente nenhum dos sistemas conhecidos no direito estrangeiro. Julgará o recurso ou ação e fixará a tese jurídica. Parece ser o sistema de causas-piloto, mas não é, porque exige a formação de um incidente processual, não sendo, portanto, a tese fixada na "causa-piloto". E não é um procedimento-modelo porque o processo ou recurso do qual foi instaurado o IRDR é julgado pelo próprio órgão competente para o julgamento do incidente. Um sistema, portanto, brasileiríssimo." NEVES, Daniel Amorim Assumpção, *Manual de Direito Processual Civil.* Salvador: Juspodivm, 2016.

6. TEMER, Sofia. *Incidente de Resolução de Demanda Repetitivas*, Salvador: Ed. Juspodivm, 2016, p. 69. Esta posição refere-se expressamente ao IRDR.

7. "Esse órgão colegiado, competente para fixar o padrão decisório através do IRDR, não se limitará a estabelecer a tese. A ele competirá, também, julgar o caso concreto (recurso, remessa necessária ou processo de competência originária do tribunal), nos termos do art. 978, parágrafo único. Daí a razão pela qual se tem, aqui, falado que o processo em que se instaura o incidente funciona como verdadeira causa-piloto." CÂMARA, Alexandre Freitas, *O novo processo civil brasileiro*, São Paulo: Atlas, 2015, p.416. No mesmo sentido, vale mencionar: "Quanto ao IRDR, cumpre observar o disposto no parágrafo único do art. 978, segundo o qual

Fácil notar, portanto, que há dois pontos imprescindíveis para entender o problema apresentado na fixação do modelo adotado: a) saber se haverá a cisão cognitiva e decisória, ou seja, se haverá a resolução da matéria fática; b) o cerne do debate gira em torno da natureza jurídica do IRDR.

Por fim, interessante notar que o STJ, além de admitir a possibilidade de instauração do IRDR diretamente sob a sua competência,[8] desde que seja nos casos da sua competência originária ou competência recursal ordinária,[9] fixou entendimento no sentido da impossibilidade do IRDR ser utilizado como sucedâneo recursal, pois está condicionado à pendência de julgamento, no tribunal, de uma causa recursal ou originária, ou seja, não pode ser admitido após a resolução do mérito.[10] Com essa decisão, em meu sentir, o STJ tende a reconhecer a adoção do sistema do processo-piloto.

A rigor, foi exatamente o que o STJ decidiu recentemente ao definir que a natureza jurídica do IRDR é de causa-piloto.[11]

O STF, por seu turno, por meio de decisão monocrática,[12] afastou a possibilidade de exercer tal competência, por entender que a instauração do IRDR deve ocorrer perante os órgãos jurisdicionais da segunda instância, pois caberá ao referido órgão somente a análise dos recursos extraordinários repetitivos.

3. CARACTERÍSTICAS DO MODELO DOS PROCESSO DE QUESTÕES REPETITIVAS

Neste tópico serão apresentadas, de forma sistematizada, as características do modelo dos processos de questões repetitivas.[13]

A) quanto ao tipo de tutela aplicável:

Aplica-se o regime do *opt in*, ou seja, todos que forem partes em processos (individuais ou coletivos) que versarem sobre a mesma questão de direito objeto do IRDR ou dos Recursos Repetitivos serão atingidos pela tese jurídica que for criada. Haverá aplicação da tese jurídica qualquer que seja o resultado prático (benéfico ou prejudicial).

'o órgão colegiado incumbido de julgar o incidente e de fixar a tese jurídica julgará igualmente o recurso, a remessa necessária ou o processo de competência originária de onde se originou o incidente'. Já se percebe que o tribunal, no IRDR, julga a causa e fixa o entendimento a ser aplicável aos demais casos repetitivos. Trata-se, então, também, de uma causa-piloto, e não de uma causa-modelo." DIDIER JR., Fredie; CUNHA, Leonardo Carneiro da. *Curso de Direito Processual Civil*, v. 3, Salvador: Juspodivm, 2016, p.594.

8. Apesar de já ter decidido, por meio da 2ª Turma, em sentido contrário, ao afirmar que o IRDR é incidente de competência originária dos tribunais de segundo grau.

9. AgInt. na Pet. 11.838/MS, Corte Especial, por maioria, Dj 10.09.2019.

10. AREsp. 1.470.017/SP, 2ª T., Rel. Min. Francisco Falcão.

11. Resp 2.023.892/AP, Rel. Min. Herman Benjamin, 2ª T., j. 05.03.2024.

12. Pet. 8.245.

13. Usamos como roteiro o quadro sinótico existente no brilhante artigo de ARGENTA, Graziela; ROSADO, Marcelo da Rocha. Do processo coletivo das ações coletivas ao processo coletivo dos casos repetitivos: modelos de tutela coletiva no ordenamento brasileiro, *Revista eletrônica de Direito Processual*. Rio de Janeiro. Ano 11. Volume 18. Número 1. Janeiro a abril de 2017.

B) quanto ao pressuposto objetivo para verificação do modelo:

O pressuposto inafastável é a existência de alguma relação jurídica de direito processual pendente. Nos casos do IRDR, a demanda poderá estar pendente em qualquer etapa procedimental e deverá o requerente do incidente demonstrar o risco à isonomia e à segurança jurídica, ou seja, risco de dispersão de precedentes (art. 976, CPC). Nos casos dos Recursos Repetitivos, será imprescindível a pendência de recurso excepcional versando sobre a mesma questão de direito (art. 1036, CPC).

C) quanto ao pressuposto processual negativo, obstativo ou impeditivo:

Existem duas situações jurídicas ensejadoras de óbice para a utilização deste tipo de modelo: 1) existência de recurso afetado por Tribunal Superior que verse sobre a mesma questão de direito objeto do instrumento (arts. 976, § 4º e 1030, III, CPC); 2) já ter ocorrido o julgamento com a fixação da tese jurídica sobre a mesma questão de direito e não ser caso de revisão da tese.

D) quanto à aplicabilidade da causa-modelo ou da causa-piloto:

Como regra, aplica-se a causa-piloto, com a instauração do IRDR ou a afetação do recurso (arts. 978, parágrafo único e 1036, §§ 1º e 5º, CPC) e, em casos excepcionais previstos no ordenamento jurídico, a causa-modelo (arts. 976, § 1º, 998, parágrafo único e 1040, §§ 1º e 2º, CPC).

E) quanto ao órgão jurisdicional que exerce a admissibilidade e o órgão julgador:

O órgão jurisdicional competente para o exercício do juízo de admissibilidade, no caso do IRDR, é o próprio órgão colegiado (indicado pelo regimento interno do próprio tribunal) responsável pela fixação da tese jurídica, enquanto que no caso dos Recursos Repetitivos a admissibilidade será realizada pelo Relator no Tribunal Superior, enquanto o julgamento será realizado pelo órgão colegiado.

F) quanto à possibilidade de suspensão dos processos individuais e coletivos pendentes:

É da essência do próprio modelo de tutela coletiva a suspensão dos processos individuais e coletivos para prevenir a ocorrência de dispersão de precedentes. No caso do IRDR a simples admissibilidade do incidente acarreta a suspensão, conforme art. 982, I, CPC, enquanto que no procedimento dos recursos repetitivos, mera afetação acarretará tal consequência (art. 1037, § 1º, CPC). Os processos ficarão suspensos por, no máximo, um ano, podendo ser prorrogável por decisão expressa, nos casos do IRDR (arts. 980, parágrafo único e 1037, § 4º, CPC). Existe a possibilidade de suspensão nacional de todos os processos que versam sobre a mesma questão de direito. No caso do IRDR, será requerido na forma do art. 982, § 3º, CPC, enquanto no caso de recurso repetitivo, será determinado pelo relator, conforme art. 1037, *caput* e II, CPC.

G) quanto aos legitimados ativos:

No que tange à legitimidade ativa para gerar a aplicação deste modelo de tutela coletiva, vale diferenciar o IRDR do recurso repetitivo. No primeiro caso, os legitimados serão o juiz, o relator, as partes, o Ministério Público ou a Defensoria Pública (art. 977, CPC). No segundo caso, o presidente ou vice do tribunal de origem (TJ ou TRF).

H) quanto à possibilidade de assunção da condução do processo:

Caso ocorra desistência ou abandono do processo instaurado por meio deste modelo, não haverá óbice para a análise do mérito, quando será aplicada a causa-modelo (arts. 976, § 1º, 998, parágrafo único e 1040, §§ 1º e 2º, CPC). Nos casos do IRDR, o Ministério Público poderá assumir a condução do incidente (art. 976, § 2º, CPC).

I) quanto à necessidade da intervenção do Ministério Público:

Haverá intervenção obrigatória como *custus iuris*, quando já não for parte, conforme arts. 983 e 1038, III, CPC.

J) quanto à aplicabilidade da limitação territorial da eficácia:

No caso do IRDR haverá limitação territorial, conforme o âmbito de abrangência da competência do órgão prolator, podendo ser o Estado (no caso de Tribunal de Justiça) ou uma Região (no caso do Tribunal Regional Federal). No caso dos recursos repetitivos, a abrangência será nacional, pois os Tribunais Superiores exercem as suas funções jurisdicionais em âmbito nacional.

K) quanto à eficácia vinculante do resultado:

Haverá eficácia vinculante aos casos concretos pendentes (suspensos) e futuros, salvo quando houver revisão da tese. A tese jurídica fixada, portanto, será aplicável de forma obrigatória aos demais casos que ostentam a possibilidade fática e jurídica de extensão da *ratio decidendi*, conforme arts. 927, III; 985 e 1040, III, CPC.

L) quanto ao regime jurídico da coisa julgada material:

A bem da verdade, a fixação de uma tese jurídica com eficácia vinculante não se confunde com coisa julgada material. A tese jurídica não gera coisa julgada material, mas sim a aplicabilidade obrigatória aos casos concretos pendentes e futuros que sejam semelhantes. Nada obstante, a estabilização da tese jurídica decorre de um processo natural, mas não incide sobre ela o viés da imutabilidade, pois, desde que presentes os seus requisitos, poderá ocorrer a revisão da tese. A coisa julgada material será verificada no âmbito do processo suspenso (individual ou coletivo) no qual foi aplicada a tese jurídica, mas não guarda relação direta e exata com a criação da tese.

4. CARACTERÍSTICAS DO MODELO DAS AÇÕES COLETIVAS

Neste tópico serão apresentadas, de forma sistematizada, as características do modelo clássico das ações coletivas.

A) quanto ao tipo de tutela aplicável:

Neste modelo existe a possibilidade dos autores das ações individuais, que estão pendentes no mesmo momento processual que a ação coletiva, exercerem, desde que sejam formalmente cientificados no bojo das suas demandas individuais (sistema do *fair notice)*, o direito de optarem pela inclusão (*right to opt in*) ou autoexclusão (*right to opt out)* do âmbito de repercussão do resultado do processo coletivo.

O legislador, de forma expressa, afastou a possibilidade de reconhecimento da litispendência entre uma ação coletiva e uma ação individual e permitiu, por via de consequência, que tenham curso simultâneo. Entretanto, fixou a necessidade da intimação dos autores das demandas individuais para que, no prazo decadencial de 30 dias, escolham se vão prosseguir com as suas demandas individuais (*right to opt out* – autoexclusão) ou se vão suspender o curso dessas demandas (*right to opt in* – inclusão no regime *in utilibus)*, conforme preconiza o art. 104, CDC.

Regime diverso existe na regulamentação do mandado de segurança (relação entre o individual e o coletivo), conforme art. 22, § 1º, LMS e do mandado de injunção (relação entre o individual e o coletivo), conforme art. 13, parágrafo único, LMI. Nestes casos, o legislador exigiu a desistência da impetração dos mandados de segurança e injunção individuais.

De qualquer forma, caso o autor individual opte pelo prosseguimento da sua demanda, não será atingido pelo resultado do processo coletivo, ainda que seja benéfico. Por outro lado, caso opte pela suspensão (ou desistência), será atingido somente pelo resultado benéfico do processo coletivo (regime jurídico *in utilibus)*.

Nada obstante, o STJ,[14] mediante a aplicação do regime dos recursos repetitivos, ainda sob a égide do CPC/73, fixou entendimento no sentido da possibilidade do juízo da ação coletiva determinar, *ex officio*, a suspensão de todas as ações individuais, pois há entre elas uma relação de prejudicialidade.

Por fim, impende destacar que, na hipótese de não existir demanda individual proposta por um dos membros da coletividade, haverá repercussão em sua esfera jurídica individual somente do resultado benéfico (art. 103, § 3º, CDC). Caso o resultado do processo coletivo seja improcedência, não servirá de óbice para eventual propositura de ação individual (art. 103, §§ 1º e 2º, CDC).

B) quanto ao pressuposto objetivo para verificação do modelo:

Para fins de aplicação deste modelo clássico de ação coletiva, basta a existência de uma situação fática/jurídica coletiva. A rigor, apesar da controvérsia doutrinária acerca do conceito de ação coletiva, que será enfrentado no próximo tema, trata-se de elemento imprescindível para a existência de processo coletivo.

C) quanto ao pressuposto processual negativo, obstativo ou impeditivo:

Neste item, aplicar-se-ão todos os pressupostos processuais impeditivos, obstativos ou negativos que já são verificados nos processos individuais e que versam sobre a originalidade da demanda (art. 485, V, CPC). A bem da verdade, o pressuposto mais adequado para este propósito será a existência de coisa julgada material sobre o tema. A perempção dificilmente, apesar de juridicamente possível, será verificada em processos coletivos, pois a solução jurídica decorrente da verificação de abandono da demanda é a sucessão processual por meio da assunção do processo ou da legitimidade, conforme preconizam os arts. 5º, § 3º, LACP e 9º, LAP.

---

14. REsp: 1110549/RS, 2ª Seção, Rel. Min. Sidnei Beneti, J. 28.10.2009, DJe 14.12.2009.

D) quanto à aplicabilidade da causa-modelo ou da causa-piloto:

Para fins de utilização deste modelo de tutela coletiva, não há que se falar em causa-piloto e causa-modelo.

E) quanto ao órgão jurisdicional que exerce a admissibilidade e o órgão julgador:

A admissibilidade e o julgamento da ação coletiva serão realizados pelo órgão jurisdicional com competência para a matéria, desde que observadas as regras inerentes. Vale mencionar que no âmbito da tutela coletiva cível não existe foro por prerrogativa de função.

F) quanto à possibilidade de suspensão dos processos individuais e coletivos pendentes:

Considerando o sistema do *fair notice* e *right to opt* e do entendimento do STJ acerca da relação de prejudicialidade entre as demandas individuais e coletivas, conforme visto na letra A, é possível que uma ação coletiva gere a suspensão de uma demanda individual.

As demandas coletivas também são destinatárias da suspensão dos processos decorrente do IRDR e do sistema dos recursos repetitivos, tal como as demandas individuais.

As demandas coletivas não configuram óbice para a realização do IRDR e dos recursos repetitivos, entretanto é recomendável que sejam as causas afetadas para tal desiderato.

G) quanto aos legitimados ativos:

A legitimação coletiva ativa é extraordinária concorrente e disjuntiva, como regra, e será verificada no caso concreto a depender do tipo de demanda coletiva proposta, bem como a situação coletiva deduzida. Em suma, as demandas coletivas poderão ser propostas, conforme a hipótese, por órgãos públicos (Ministério Público, Defensoria Pública e Fazenda Pública), por pessoa física (cidadão, nos casos da Ação Popular), por entidades do setor privado (associações civis, sindicatos, entidades associativas, partidos políticos e estatais) e pela própria comunidade (art. 37 da Lei 6.001/1973).

H) quanto à possibilidade de assunção da condução do processo:

Há previsão expressa no microssistema da tutela coletiva para a assunção da condução do processo tanto na fase de conhecimento quanto na fase de cumprimento de sentença (arts. 5, § 3º e 15 da LACP e 9º, 16 e 17 da LAP).

I) quanto à necessidade da intervenção do Ministério Público:

Nas demandas em que não figura como órgão agente, haverá a obrigatória intimação e intervenção do Ministério Público para atuar como *custus iuris* (art. 5, § 1º da LACP; art. 12 da LMS; art. 6º, § 4º da LAP e art. 17, § 4º da LIA, dentre outras).

J) quanto à aplicabilidade da limitação territorial da eficácia:

Conforme redação dos arts. 16 da LACP e 2º-A da Lei 9.494/1997, a sentença de procedência nos processos coletivos terá eficácia erga omnes nos limites da competência territorial do órgão prolator da decisão. Esta limitação territorial, que ainda se encontra em vigor, sofre severas críticas doutrinárias por violar o princípio da efetividade da tutela jurisdicional e fomentar a possibilidade de decisões judiciais conflitantes.

Tal limitação territorial não pode ser aplicada nas demandas coletivas de consumo, pois o art. 103, CDC não traz qualquer previsão neste sentido.

Apesar da vigência desta limitação territorial, o Superior Tribunal de Justiça vem afastando a sua aplicabilidade, inclusive com precedente vinculante extraído do regime jurídico dos recursos repetitivos ainda sob a égide do CPC/73.[15]

K) quanto à eficácia vinculante do resultado:

As decisões proferidas em sede de processo coletivo podem gerar, nos casos de procedência, repercussão prática e direta na esfera jurídica individual (vítimas e sucessores do evento danoso) permitindo a realização, no plano individual, de liquidação e execução da sentença (transporte *in utilibus*), conforme arts. 95, 97 ao 100 e 103, § 3º, CDC.

Apesar da aplicabilidade do regime jurídico *in utilibus*, não há que se falar em existência de precedente com eficácia vinculante da decisão. Como regra geral, o precedente criado no processo coletivo ostentará somente eficácia persuasiva, mas, caso estejam presentes todos os pressupostos (arts. 489, § 1º, V e V, 926 e 927, CPC), poderá ter, eventualmente, eficácia vinculante.

L) quanto ao regime jurídico da coisa julgada material:

O regime jurídico da coisa julgada material nos processos coletivos ostenta peculiaridades diante do regramento dos processos individuais. No plano objetivo (modo de produção da coisa julgada) são identificáveis os seguintes modos de produção da imutabilidade: a) incondicionado (*pro et contra*); b) condicionado (*secundum eventus litis et vel probationis*). No plano subjetivo (repercussão do resultado do processo) são identificáveis as seguintes eficácias subjetivas: a) *inter partes (res inter alios acta)*; b) *erga omnes;* c) *ultra partes.*

No plano objetivo, como regra geral, aplica-se o regime jurídico condicionado da imutabilidade. A coisa julgada material, portanto, pode ser condicionada ao resultado da própria demanda, nos casos dos direitos individuais homogêneos, conforme se denota na redação do art. 103, III, CDC, chamada de *secundum eventus litis*, ou pode ser condicionada ao resultado da instrução probatória, nos casos dos direitos difusos

---

15. REsp: 411529/SP, 3ª T., Rel. Min. Nancy Andrighi, j. 24.06.2008, DJe 05.08.2008; REsp: 1243887/PR, Corte Especial, Rel. Min. Luis Felipe Salomão, j. 19.10.2011, DJe 12.12.2011.

e coletivos em sentido estrito, conforme art. 103, I e II, CDC, art. 18, LAP e art. 16, LACP, chamada de *secundum eventus probationis*.

Somente haverá coisa julgada material a impedir a repropositura das demandas coletivas pelo mesmo ou por outro legitimado se o resultado for improcedência pura (sem o designativo "por falta de provas") ou procedência. Para a esfera jurídica individual, o resultado negativo da demanda coletiva não servirá de óbice para a propositura ou prosseguimento da demanda individual (art. 103, § 1º, CDC), salvo se o indivíduo tiver participado do processo coletivo como interveniente (arts. 94 c/c 103, § 2º, CDC e art. 18, parágrafo único, CPC).

No plano subjetivo, conforme o direito material coletivo tutelado, haverá eficácia subjetiva diversa. Nos casos de direito coletivo em sentido estrito, aplicar-se-á a eficácia *ultra partes* (arts. 81, parágrafo único, II c/c 103, II, CDC), enquanto que nos casos de direitos difusos e individuais homogêneos será aplicável a eficácia *erga omnes* (arts. 81, parágrafo único, I e III c/c 103, I e III, CDC). Será aplicável, também, por óbvio, entre as partes formais da demanda coletiva a eficácia *inter partes*.

Por fim, vale mencionar que o resultado do processo coletivo, salvo quando ocorrer intervenção individual, somente atingirá a esfera jurídica individual para beneficiá-la, jamais para prejudicá-la.

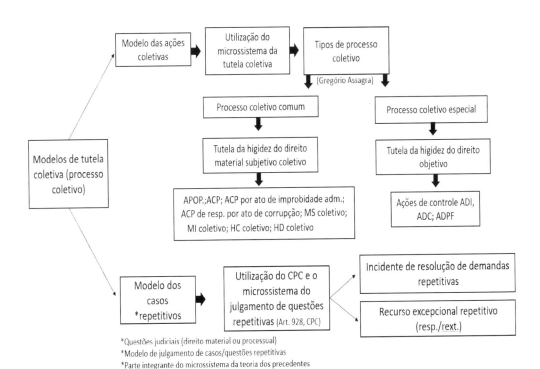

Capítulo 4
CONCEITOS DE AÇÃO

1. AÇÃO MERAMENTE INDIVIDUAL

Ação meramente individual é aquela que tutela interesse individual com repercussão exclusivamente individual. Por exemplo, ação de cobrança entre credor e devedor. O CPC de 73 estabelecia, no art. 472, que a sentença fazia coisa julgada entre as partes, não beneficiando nem prejudicando terceiros. Assim, o resultado de um processo individual tinha eficácia *inter partes*, ressalvando-se as causas relativas ao estado de pessoa em que a sentença produzia efeitos em relação à terceiros se citados.

O CPC/2015 no art. 506 estabelece que "*a sentença faz coisa julgada às partes entre as quais é dada, não prejudicando terceiros*". Assim, pode se ter uma ação meramente individual, que apesar de não prejudicar terceiros pode beneficiar, portanto, autoriza o dispositivo autoriza a utilização do regime jurídico *in utilibus*. O transporte "*in utilibus*" é uma forma de ampliação dos limites subjetivos da coisa julgada, permitindo que indivíduos que não integraram a relação jurídica processual venham a se beneficiar do resultado do processo.

De toda forma, na essência, ação meramente individual é aquela que tutela interesse individual com resultado na esfera jurídica das partes, sem repercussão no seio da coletividade.

2. AÇÃO INDIVIDUAL COM EFEITOS COLETIVOS

Na denominada ação individual com efeitos coletivos[1] há uma demanda individual, porém, em virtude do pedido formulado, os efeitos da sentença atingem a coletividade. Um exemplo deste tipo de demanda é a ação de dano infecto proposta com lastro no direito de vizinhança.[2] O resultado da demanda, sujeito à eficácia subjetiva da coisa julgada material, operar-se-á *inter partes*, porém, reflexamente atingirá todos circunscritos nos arredores.

Em verdade, na situação apresentada, haverá uma ação meramente individual com o fim de apreciar um direito meramente individual (puro), mas, por estar conectado a uma circunstância de fato geradora de direito ou interesse transindividual (difuso), gera benefícios para a coletividade titular do direito.[3]

O benefício referido ocorre no âmbito dos fatos, pois o indivíduo não pode, no plano jurisdicional, tutelar um direito transindividual, ou seja, tal direito não pode ser objeto de uma demanda individual. Inegável, porém, que o resultado da demanda repercutirá no seio da coletividade, mormente nos casos de procedência do pedido formulado, mas os membros desta coletividade não poderão realizar o transporte *in utilibus* da sentença, por se tratar de processo individual.

Não se trata de um indivíduo apropriando-se individualmente de um interesse transindividual, pois isso não é juridicamente possível, na medida em que tais interesses são indivisíveis. No entanto, factível sustentar que os interesses transindividuais podem apresentar uma dimensão no plano individual. Como no exemplo

---

1. *"ação ajuizada como sendo individual, mas na verdade, em função do pedido, os efeitos da sentença podem acabar atingindo a coletividade. Assim se um indivíduo, invocando seu direito subjetivo, afirma ter direito a uma prótese importada, que está excluída do seu plano de saúde, pedindo a revisão de uma cláusula contratual, de duas uma: ou o juiz só determina que a prótese lhe seja fornecida, e estará tratando a ação como individual; ou determina que a cláusula contratual seja revista, para beneficiar a todos, tratando o pedido individual como tendo efeitos coletivos. Neste segundo caso, teremos uma ação individual com efeitos coletivos".* Texto extraído do Relatório de Pesquisa da FGV e CEBEPEJ, disponível em http://cpja.fgv.br/sites/cpja.fgv.br/files/relatorio_final_judializacao_da_saude.pdf, acesso em 12/12/2017, com o objetivo de avaliar a prestação jurisdicional individual e coletiva a partir da judicialização da saúde.

2. Na doutrina, há outros exemplos: *"Os exemplos são variados: Um cadeirante que ingressa com ação judicial para obrigar a Municipalidade a oferecer, num determinado trajeto, veículo com as especificidades necessárias ao seu transporte; um morador que, incomodado com o transtorno que uma feira livre lhe causa, ingressa com ação judicial para proibir sua realização; um sujeito que, inconformado com uma propaganda enganosa, que fere a sua inteligência e boa-fé, ingressa com ação judicial para retirá-la dos meios de comunicação; um sujeito que, entendendo que determinada intervenção em monumentos mantidos em praças públicas viola o seu direito a apreciar o patrimônio histórico e cultural, ingressa com ação para proibir tal conduta; um ouvinte de rádio que ingressa com ação para retirar a "Voz do Brasil" da programação com o argumento que tem o direito de ouvir músicas e informações no tempo que dura o programa oficial."* NEVES, Daniel Amorim Assumpção. *Manual do Processo Coletivo: volume único.* 3ª ed. Rev., atual. e ampl. Salvador: Juspodivm, 2016.

3. *"A ação ajuizada pelo indivíduo, ainda que voltada para a defesa do direito à tranquilidade ou à sua saúde, refletirá em toda a coletividade, porque demandará solução uniforme, na medida em que não se pode conceber, por exemplo, em termo concretos, que a limitação ou não do barulho, bem como a manutenção ou não das atividades da indústria, produzam efeitos apenas em relação ao autor individual."* MENDES, Aluisio Gonçalves de Castro. A legitimação nos processos coletivos e as ações coletivas passivas. In: GRINOVER, Ada Pellegrini *et. al.* (coords.) *Processo Coletivo: do surgimento à atualidade.* São Paulo: Revista dos Tribunais, 2014.

CAPÍTULO 4 • CONCEITOS DE AÇÃO

51

citado acima, o morador tem direito ao meio ambiente ecologicamente equilibrado (dimensão coletiva do direito transindividual) e à observância do direito de vizinhança (dimensão individual do direito transindividual).[4]

Em casos assim, há, a rigor, a proteção de um direito transindividual como decorrência do exercício e o acolhimento de uma pretensão individual.

O STJ reconheceu ser possível a atribuição de efeitos *erga omnes* à sentença proferida em ação civil pública na qual se postula medicamento para um paciente específico.[5]

Caso o magistrado verifique a potencialidade, apesar da narrativa ser meramente individual, do resultado da demanda repercutir na seara da coletividade, deverá notificar os legitimados coletivos dando-lhes ciência para a adoção das medidas pertinentes. Tal notificação não poderia estar lastreada no art. 139, X, CPC, posto aplicável quando existirem demandas repetitivas sobre o mesmo tema. O fundamento jurídico de tal notificação deve ser o art. 7º da LACP.[6] O destinatário imediato de tal notificação deve ser o Ministério Público, pois a sua legitimação ativa é a mais ampla dentre os legitimados coletivos. Os demais deverão somente ser cientificados observadas as suas respectivas atribuições.

Com tal atuar, o magistrado evitará que a demanda repercuta no seio da coletividade sem que os legitimados coletivos tenham ciência, mas não resolve a questão de ordem prática, pois a demanda continuará em curso e não há a obrigatoriedade para que os legitimados efetivamente atuem.

Assim, surgem duas situações que merecem, ao menos, uma reflexão: a) poder-se-ia sustentar a inadmissibilidade da demanda individual com efeitos coletivos?; b) qual será a consequência jurídica advinda da inércia dos legitimados coletivos cientificados?

---

4. *"Também pode ocorrer, como já analisado na parte introdutória do presente tópico, que o direito ou interesse difuso apresente dimensão individual. Nesses casos, se o indivíduo sofrer lesão ou ameaça diretas em sua esfera de direito, em decorrência da violação também de direito difuso (meio ambiente, por exemplo), ele poderá vir a juízo para buscar a tutela do seu direito, conforme lhe assegura a Constituição (art. 5º, XXXV), o que também atinge por via reflexa, no mundo dos fatos, direito difuso. O processo no caso é individual e não coletivo. Ocorre que o indivíduo, ao pedir que seja cessada, por exemplo, determinada atividade industrial que o está atingindo diretamente em sua residência pela poluição desenfreada, ele acaba por beneficiar, em caso de procedência do pedido, uma comunidade de pessoas indeterminadas e indetermináveis, que são os titulares do direito ou interesse difuso em questão. Assim, essa comunidade de pessoas indeterminadas acaba sendo beneficiada de alguma forma, por força dos reflexos no mundo dos fatos dos efeitos da decisão proferida na ação individual. No mundo dos fatos poderá não haver forma de cessar a atividade em relação ao indivíduo lesado diretamente, sem que com isso não esteja beneficiando a comunidade titular do direito difuso ao meio ambiente equilibrado. O que na verdade haverá na ação individual, na hipótese levantada, é a apreciação de direito individual puro, que, por estar ligado às mesmas circunstâncias de fato geradoras do direito ou interesse difuso, acaba beneficiando, repita-se – no mundo dos fatos e não do direito, pois o direito difuso não poderá ser objeto de ação individual -, a respectiva comunidade de pessoas titulares do direito ao meio ambiente equilibrado."* ALMEIDA, Gregório Assagra de. *Direito Processual Coletivo Brasileiro: um novo ramo do direito processual (princípios, regras interpretativas e a problemática da sua interpretação e aplicação).* São Paulo: Saraiva, 2003, p. 496.

5. AgInt no REsp 1.377.135-SC, Rel. Min. Sérgio Kukina, 1ª T., por unanimidade, j. 10.05.2022.

6. A depender do tema versado na demanda, poderá o juiz fulcrar a sua notificação nas seguintes normas: art. 221 do ECA e arts. 89 e 98 do Estatuto do Idoso.

Alguns autores sustentam que demandas desta natureza deveriam ser tratadas como coletivas, pois, apesar do supedâneo fático e da pretensão exercida individualmente, há evidente repercussão coletiva. Esta repercussão, por si só, denota que o tratamento deve ser de processo coletivo e, sendo assim, poder-se-ia alegar a inadequação da via procedimental eleita e, com isso, gerar a inadmissibilidade da demanda.[7]

Não concordamos com o tratamento de demanda coletiva, pois, conforme dito acima, trata-se de ação meramente individual que terá a aplicação das regras procedimentais do CPC (art. 318) e não do microssistema da tutela coletiva.[8] Assim, o resultado da demanda será, no prisma subjetivo, *inter partes*. Nada obstante, os efeitos fáticos poderão atingir a esfera da coletividade, mas os membros desta não ficarão jungidos à sua imutabilidade (efeito no mundo do direito).[9]

Não podemos concordar com a tese da inadmissibilidade da demanda individual, sob pena de vulnerar, de forma insuperável, o princípio do acesso à justiça (art. 5º, XXXV, CR/88), pois não se trata de defesa de interesse difuso por meio de demanda individual, mas da tutela de um interesse individual decorrente de interesse difuso. É o que se denomina direito difuso de dimensão individual.[10] Caso a demanda individual promova a pretensão coletiva de tutela de interesse difuso, por óbvio, deverá ser inadmitida por inadequação da via eleita, mas na hipótese em testilha, a demanda é juridicamente possível e deve ser objeto da prestação e da entrega da tutela jurisdicional do Estado.[11]

---

7. NEVES, Daniel Amorim Assumpção. *Manual do Processo Coletivo: volume único*. 3ª ed. Rev., atual. e ampl. Salvador: Juspodivm, 2016.

8. Na doutrina, há quem aponte o problema na certificação da ação como coletiva ou individual e, diante disso, as demandas deverão receber o tratamento correspondente. "*A impossibilidade lógica de fracionamento do objeto, em tais hipóteses, enseja inclusive a dificuldade de diferenciação entre tutela coletiva e individual, demandando, dessa forma, solução comum, ainda que a iniciativa tenha sido individual. E, assim sendo, o melhor talvez fosse não a denegação pura e simples da admissibilidade de ações propostas por cidadão ou cidadãos, até porque ela já existe, em certas hipóteses, em razão do alargamento do objeto da ação popular, alcançando o próprio meio ambiente, mas a ampliação definitiva do rol de legitimados. As ações receberiam, então, sempre tratamento coletivo compatível com os interesses em conflito.*" MENDES, Aluisio Gonçalves de Castro. A legitimação nos processos coletivos e as ações coletivas passivas. In: GRINOVER, Ada Pellegrini et al (coords.). *Processo Coletivo: do surgimento à atualidade*. São Paulo: Revista dos Tribunais, 2014.

9. Vale mencionar que o art. 506, CPC permite a conclusão de que foi adotado o regime *in utilibus* na sentença, pois o resultado do processo não pode prejudicar terceiros, mas pode gerar benefícios.

10. "*No que tange aos direitos difusos de dimensão individual, tendo em vista que o indivíduo poderá ser atingido diretamente em sua esfera de direito subjetivo, a Constituição Federal garante-lhe o acesso à justiça (art. 5º, XXXV). Todavia, o que ele irá buscar, via tutela jurisdicional, não é a proteção de um direito difuso, cujo titular é uma coletividade de pessoas indeterminadas e indetermináveis, mas de seu direito subjetivo, diretamente atingido. A ação, o processo e coisa julgada, na hipótese, pertencem ao direito processual individual; são aplicáveis, assim, as disposições processuais do CPC. O que se nota na hipótese é que, tendo em vista que se trata de um direito cujo bem jurídico tutelado é, no mundo dos fatos, de impossível divisão, a procedência do pedido formulado na ação individual ajuizada poderá atingir, favoravelmente, no mundo dos fatos – provocando até mesmo efeitos análogos aos da procedência do pedido da Ação Coletiva, caso fosse ajuizada -, a comunidade de pessoas indeterminadas, titular do respectivo direito difuso. Cita-se, como exemplo, a questão ambiental (…)*" ALMEIDA, Gregório Assagra de. *Direito Processual Coletivo Brasileiro: um novo ramo do direito processual (princípios, regras interpretativas e a problemática da sua interpretação e aplicação)*. São Paulo: Saraiva, 2003, p. 528.

11. "*Parece que esta é uma forma de contornar o óbice da inconstitucionalidade, que consiste na violação ao princípio segundo o qual nenhuma lesão ou ameaça de lesão pode ser subtraída à apreciação do Poder Judiciário. A vedação do caminho individual só existiria, segundo esse raciocínio, para os direitos que definitivamente não apresentam*

O Superior Tribunal de Justiça, em *obiter dictum*, reconheceu a possibilidade de os indivíduos ameaçados ou lesados promoverem uma demanda individual, ainda que o interesse subjacente, em uma visão macro, fosse difuso.[12]

Vale lembrar que o indivíduo, salvo na condição de cidadão para fins de propositura da ação popular (art. 5º, LXXII, CR/88 c/c art. 1º. LAP), não ostenta legitimidade ativa para a condução de um processo coletivo,[13] ainda que verse sobre direito individual homogêneo (art. 81, parágrafo único, III, CDC). O que o ordenamento permite é a sua intervenção individual em processo coletivo, na forma do art. 94, CDC c/c art. 18, parágrafo único, CPC e a sua intervenção como cidadão-eleitor nos casos em que a demanda coletiva proposta por um legitimado coletivo tenha o mesmo objeto de uma possível ação popular (art. 1º LAP).

Caso o juiz decida aplicar a norma do art. 139, X, CPC, conforme sugerido acima, para cientificar os legitimados coletivos e seja verificada a sua inércia, surge a necessidade de enfrentar a consequência jurídica inerente. O CPC não resolve o problema, pois se limita a indicar que os legitimados serão cientificados para a propositura da demanda coletiva.

Considerando que o MP é o principal legitimado coletivo (posto responsável pela maioria das demandas coletivas propostas) ativo, a solução pode ser encontrada em

---

essa dimensão individual. Observe-se que, na verdade, não se trata propriamente de uma vedação, senão que como o indivíduo, isoladamente, nada tem a ver com esse direito, não pode estar em juízo formulando pretensão a seu respeito, uma vez que o interesse não tem dimensão individual. Por outro lado, admitir que a via da defesa individual, ficaria bloqueada, e não se estabelecer a necessidade do litisconsórcio, seria inconstitucional porque violaria o princípio da ampla defesa: se um direito meu está sendo discutido, e se a respeito dele vai haver uma decisão, eu tenho de ser cientificado para poder, se quiser, estar presente." WAMBIER, Tereza Arruda Alvim. Apontamentos sobre as ações coletivas. In: GRINOVER, Ada Pellegrini *et al* (coords). *Processo Coletivo: do surgimento à atualidade.* São Paulo: Revista dos Tribunais, 2014.

12. REsp 163.483/RS, 2ª T., Rel. Min. Francisco Peçanha Martins, Rel. p/ Acórdão Min. Adhemar Maciel, j. 01.09.1998, DJ 29.03.1999.

13. Com uma bela síntese sobre as críticas à legitimidade do indivíduo nas ações coletivas, podemos mencionar as lições de Larissa Claire Pochmann da Silva: "*No Brasil, a não inclusão expressa da legitimidade do indivíduo para a ação civil é associada a uma má experiência com a ação popular, em que o legitimado é o cidadão. Destaca Eurico Ferraresi que o que se temia era a "banalização das demandas coletivas", a partir do raciocínio de que o "brasileiro não está preparado para utilizar judicialmente as ações coletivas". Se pudesse utilizá-las, poderia gerar 'inúmeras repercussões perniciosas que, mesmo nos casos de improcedência, jamais poderão ser reparadas.' De acordo com José Carlos Baptista Puoli, nem a condenação por litigância de má-fé, hoje prevista no artigo 17 da Lei nº 7.347/85, nem os filtros normais do sistema processual atual bastarão para o controle da atuação da pessoa física nas demandas coletivas, já que, na prática, seriam recursos pouco utilizados. Ademais, sustenta-se que muitas vezes os lesados sequer conhecem seus direitos e ficarão em situação de desvantagem frente ao autor das lesões, que possui maior potencial econômico para contratar bons profissionais para seu assessoramento, produzir provas e arcar com os custos processuais. Além desses argumentos, ainda caberia afirmar que a legitimação individual nas ações coletivas pertence ao ordenamento jurídico estadunidense, estando em desacordo com as tradições e raízes jurídicas brasileiras. Aponta-se, por fim, uma falta de interesse do indivíduo para defender interesses difusos, na medida em que inexistiriam vantagens econômicas diretas em seu patrimônio. Assim, pode-se perceber que todos os argumentos que rechaçam a atuação do indivíduo estão relacionados aos valores altos de custas processuais e de honorários advocatícios, ao seu despreparo para atuar em nome da coletividade e à falta de interesse de agir, se for considerado que sua lesão é de um valor muito pequeno diante do valor total de todos os afetados.*" SILVA, Larissa Clare Pochmann da. *A legitimidade do indivíduo das ações coletivas.* Rio de Janeiro: LMJ Mundo Jurídico, 2013, p. 163-164.

nosso próprio sistema. Na hipótese do MP quedar-se inerte, apesar do CPC sequer fixar um prazo para a sua manifestação, poder-se-ia sustentar a ciência ao Procurador Geral de Justiça (art. 28, CPP) para ratificar ou não a inércia do membro do MP, mediante aplicação analógica das regras do arquivamento do inquérito policial ou das peças de informação remetidas pelo órgão jurisdicional (art. 40, CPP). A melhor solução, ao meu sentir, seria a aplicação da norma do art. 139, X, CPC com a fixação de um prazo para que o legitimado coletivo se manifeste. Findo o prazo, sem manifestação expressa ou com manifestação expressa em sentido negativo, nos casos do MP, deverá o magistrado remeter as peças de informação ao Conselho Superior do Ministério Público (art. 9° da LACP), por aplicação analógica do sistema de arquivamento do inquérito civil, para o devido reexame da manifestação do membro. Não há a necessidade de utilização do CPP, pois o próprio microssistema da tutela coletiva nos indica a melhor solução.

A questão ganha novos contornos quando o art. 139, X, CPC for usado para cientificar os demais legitimados coletivos referidos. Nestes casos, findo o prazo fixado pelo juiz, sem manifestação expressa ou com manifestação expressa negativa, deverá ser cientificado o MP para ciência e adoção das medidas pertinentes.

Não é demais lembrar que, ao contrário do que ocorre no processo penal,[14] não há no processo coletivo a possibilidade de ajuizamento de ação civil privada subsidiária da pública, por ausência de previsão legal. Entretanto, há quem sustente, de *lege ferenda*, esta possibilidade.[15] Apesar de reconhecer a ausência de amparo legal para a possibilidade do indivíduo promover uma ação civil privada subsidiária, há a necessidade de, ao menos, enfrentar o tema, pois nem sempre os legitimados coletivos poderão ou quererão agir, seja por questões afetas às suas atribuições funcionais (nos casos do Ministério Público, da Fazenda Pública e da Defensoria Pública) ou por falta na localidade de representantes da sociedade civil organizada.[16]

Para parte da doutrina, negar a possibilidade de o indivíduo ostentar legitimidade ativa para a propositura da demanda coletiva é criar uma vedação ao seu acesso à justiça (art. 5°, XXXV, CR/88), pois restringiria o exercício judicial de sua pretensão somente aos casos de processos individuais. Afirmar a possibilidade de tal legitimação acarreta, a rigor, uma efetivação dos direitos fundamentais. Ademais, segundo este entendimento, vedar a sua legitimidade ativa acarretaria a possibilidade de manter-se uma situação

---

14. Com a possibilidade de ajuizamento de uma ação penal privada subsidiária da pública.

15. Impende salientar, contudo, que no âmbito do direito empresarial, há a possibilidade de uma legitimidade extraordinária subordinada derivada da inércia do legitimado originário, conforme se verifica no art. 159, § 3° da LSA. Há, na doutrina, quem sustente a possibilidade de utilização do mesmo sistema do processo penal ao processo coletivo, por meio da criação, de *lege ferenda*, da Ação Civil Privada Subsidiária da Pública. SANTOS, Ana Lucia Torres. *A Ação Civil Privada Subsidiária da Pública e a Legitimidade do Cidadão na Ação Civil Pública*. Dissertação apresentada ao Programa de Mestrado em Direito da Universidade Estácio de Sá. Orientador: Prof. Dr. Humberto Dalla Bernardina de Pinho. Defesa em 1° de agosto de 2010.

16. "*A questão é que se aguarda uma atuação de um dos legitimados, em uma presunção criada de que eles irão atuar quando nem sempre irão. Contudo, basta que não haja uma associação no local do dano, que o cargo da promotoria ou da defensoria estejam vagos ou simplesmente que a região do dano seja afastada da atuação dos legitimados para que tenham ciência da lesão ou da ameaça a lesão a direitos, que não haverá a ação coletiva ajuizada.*" SILVA, Larissa Clare Pochmann da. *A legitimidade do indivíduo das ações coletivas*. Rio de Janeiro: LMJ Mundo Jurídico, 2013.

de ameaça e/ou lesão ao direito material subjacente enquanto os legitimados coletivos ficam inertes.[17] Seguindo este entendimento, tanto o indivíduo afetado pelo evento quanto algum que não seja afetado poderá ostentar a legitimação ativa, mas sem afastar a possibilidade do controle *ope iudicius* da representatividade adequada, em virtude da inexistência de previsão legal expressa da sua legitimidade (controle *ope legis*).[18]

Em suma, sobre a possibilidade de um indivíduo tutelar interesse transindividual, podemos apontar as seguintes posições:

a) inadmissibilidade da atuação processual ativa do indivíduo em demandas coletivas por absoluta ausência de previsão legal;

b) possibilidade de atuação processual ativa do indivíduo em demandas coletivas somente nos casos de inércia dos legitimados coletivos, por meio da ação civil privada subsidiária da pública e

c) possibilidade de atuação processual ativa do indivíduo em demandas coletivas diretamente com base no princípio do acesso à justiça com o devido controle judicial da representatividade adequada no caso concreto.

3. AÇÃO PSEUDOINDIVIDUAL

A ação pseudoindividual é uma ação meramente individual, lastreada em direito eminentemente individual, mas que gera efeitos *ultra partes* ou até mesmo *erga omnes*, conforme o caso concreto. A pretensão exercida deveria ser coletiva, a exemplo, ação de anulação de uma assembleia de uma determinada coletividade. Se um sócio ou um acionista propuser uma ação de anulação de assembleia, o direito material deduzido é incindível, é unitário. Ou a assembleia vai ser válida para todos que fizerem parte da sociedade ou vai ser inválida para todos, não havendo como cindir. Por isso chamam de ações pseudoindividuais. É a ação que deveria ter sido proposta com pedido coletivo.

---

17. *"Especificamente sobre a legitimidade na tutela coletiva, não atribuir legitimidade ao indivíduo é denegar o seu acesso à justiça. O indivíduo não deve ter sua atuação restrita ao processo individual, apenas aguardando a atuação dos legitimados previstos na legislação. Em uma visão constitucional do processo civil, não faria sentido deixar um direito ficar exposto a uma lesão reiteradamente ou que uma ameaça de lesão a direito se transforme em uma lesão efetiva a direito. (...) Dessa forma, o que se pretende não é afirmar que o indivíduo deve atuar ou deve ser o único legitimado, mas sim que a legitimidade deve ser ampla para a tutela coletiva, de modo que as lesões ou ameaças de lesão a direitos transindividuais não deixem de ser tutelados."* SILVA, Larissa Clare Pochmann da. *A legitimidade do indivíduo das ações coletivas.* Rio de Janeiro, LMJ Mundo Jurídico, 2013.

18. *"Como a atuação do indivíduo enquanto legitimado ativo na ação civil pública não possui previsão legal expressa, poderia simplesmente se adotar o controle pelo juiz no caso concreto, ao fundamento de que esta atuação não estaria abrangida pelo sistema de legitimação ope legis. Este seria o melhor raciocínio para se instrumentalizar a atuação do indivíduo como legitimado ativo para a ação civil pública sem precisar realizar mudanças no sistema. (...) Todavia, em relação ao indivíduo será possível aferir a sua credibilidade, sua capacidade, sua representatividade perante o grupo, bem como seus conhecimentos em relação à lesão ou ameaça de lesão que pretende tutelar. Pode não ser ele o afetado pelo dano, mas deve ter conhecimento da tutela que buscará em juízo. É importante garantir que o indivíduo não atue como legitimado ativo para buscar apenas suas pretensões individuais: deve trazer a juízo as pretensões da classe."* SILVA, Larissa Clare Pochmann da. *A legitimidade do indivíduo das ações coletivas.* Rio de Janeiro, LMJ Mundo Jurídico, 2013.

Na denominada ação pseudoindividual, há uma demanda individual que, apesar de lastreada em direito subjetivo individual com uma pretensão individualmente exercida, deveria ter um pedido coletivo, pois o resultado do processo afetará todos que titularizam o direito subjetivo. Trata-se de demanda baseada em direito material unitário ou incindível. Assim, a relação jurídica de direito material, também incindível, somente poderá ser resolvida de maneira idêntica para todos. Como é um caso de direito material incindível, o resultado da demanda deverá ser igual para todos. A relação jurídica de direito material subjacente às ações pseudoindividuais é idêntica, portanto, às relações jurídicas de direito material que ensejam o litisconsórcio unitário.

Este tipo de demanda acarreta os seguintes problemas:[19]

a) como será a eficácia subjetiva da coisa julgada material?;

b) os demais titulares do direito material deduzido deverão ser cientificados da sua propositura?; e

c) fomento à propositura de diversas demandas com o mesmo objeto gerando, por via de consequência, risco evidente de decisões conflitantes.

Considerando a natureza do direito material subjacente, é imprescindível que os demais titulares do direito material sejam cientificados (art. 238, CPC), sob pena de vulnerar o princípio do devido processo legal e do contraditório participativo. Assim, a demanda pseudoindividual somente poderá ser aceita e surtir os seus regulares efeitos se todos os titulares da demanda forem devidamente cientificados. A eficácia subjetiva da coisa julgada material, por seu turno, deverá ser *erga omnes*, tanto no caso de improcedência, quanto na procedência (imutabilidade *pro et contra*), ou seja, deverá atingir todos que titularizam o direito material deduzido em juízo. Tal afirmação decorre da unitariedade da relação de direito material. Ademais, o autor da demanda figura como substituto processual (legitimidade conglobante prevista no art. 18, CPC) dos demais titulares do direito material.

---

19. Afirmando a existência, mas exigindo intervenção legislativa para fins de regulamentação e solução dos problemas, se manifestou José Maria Tescheiner: *"Para efeito de raciocínio, prefiro tomar como hipótese paradigmática a ação de sócio para anular deliberação de assembleia geral. No sistema tradicional das ações individuais, chega-se a um resultado paradoxal: julgado procedente o pedido, a sentença, por efeito reflexo, atinge todos os sócios, inclusive os interessados na declaração de validade da deliberação; julgado improcedente, a eficácia da sentença é restrita ao autor, podendo, pois, outros sócios, propor outra ação, com o mesmo pedido e a mesma causa de pedir. Em consequência, há coisa julgada secundum eventus litis, uma aberração, em termos de ações individuais. A solução de estender-se a autoridade da coisa julgada aos demais sócios encontra óbice na regra de que a sentença faz coisa julgada às partes às quais é dada. Concebendo-se a hipótese como a de uma ação coletiva, admitindo-se a legitimidade de titular de direito individual, como no sistema norte-americano, chega-se a um resultado igualmente insatisfatório, porque, no sistema vigente, o julgamento de improcedência não impede ações individuais. Resultado satisfatório apenas se obteria com o sistema da ação popular: coisa julgada erga omnes, pro et contra, salvo se julgado improcedente o pedido por insuficiência de provas. Mas, é claro que, na hipótese considerada, não nos encontramos no âmbito de incidência da ação popular. A conclusão, pois, é que não temos como obter um resultado razoável, ainda que, negando a existência de direito individual, qualifiquemos como coletiva essa ação. Parece, pois, indispensável intervenção legislativa, seja para o caso específico de ações "pseudoindividuais", seja pela alteração do sistema de nossas ações coletivas, com legitimidade individual de representante adequado e com formação de coisa julgada pro et contra.* Disponível em: http://www.processoscoletivos.com.br/~pcoletiv/index.php/ponto-e-contraponto/587-acoes-pseudoindividuais, acesso em 12/12/2017.

Por fim, o problema da repetição das demandas poderá ser resolvido por meio da aplicação do art. 139, X do CPC, com a notificação dos legitimados coletivos para a propositura da demanda coletiva e, com isso, permitir a aplicabilidade da suspensão dos processos individuais (sistema do *fair notice e right to opt*), na forma dos arts. 104 do CDC, 22, § 1º da LMS e 13, parágrafo único da LMI. Caso a repetição das demandas veicule a mesma questão de direito, poderá ser suscitado, na forma do art. 976 do CPC, o IRDR (incidente de resolução de demandas repetitivas).

Entretanto, há na doutrina quem defenda a proibição das demandas pseudoindividuais[20] ou a extinção sem resolução do mérito por ausência de interesse processual em virtude da inadequação da via eleita.[21] O STJ, de certa forma, já teve a oportunidade de se manifestar sobre o tema.[22]

4. AÇÃO PSEUDOCOLETIVA OU ACIDENTALMENTE COLETIVA

Ação pseudocoletiva ou acidentalmente coletiva é aquela por meio da qual há o exercício de tutela coletiva de direitos. O direito material transindividual veiculado na demanda é individual homogêneo (acidentalmente coletivo), conforme arts. 81, parágrafo único, III e 103, III do CDC e 21, parágrafo único, II da LMS, com a devida aplicação do microssistema da tutela coletiva.[23] Trata-se de conceito adotado por parcela significativa da doutrina.[24]

---

20. *"A solução que seria mais apropriada, em nosso sentir, na conformidade das ponderações acima desenvolvidas, seria a proibição de demandas individuais referidas a uma relação jurídica global incindível. Porém, a suspensão dos processos individuais poderá, em termos práticos, produzir efeitos bem próximos da proibição, se efetivamente for aplicada pelo juiz da causa."* WATANABE, Kazuo. Relação entre demanda coletiva e demandas individuais, *Revista de Processo*. São Paulo: Revista dos Tribunais, ano 31, n. 139, p. 28-35, set. 2006. *"(...) o direito do autor não é individual, porque, por mais justificáveis suas pretensões, os direitos pleiteados não têm o indivíduo como titular, mas sim a coletividade, um grupo, classe ou categoria de pessoas. O autor, nesse caso, como membro dessa coletividade ou comunidade, tem o direito de ser tutelado, isso não se discute, mas não como indivíduo e sim como sujeito pertencente à coletividade ou comunidade. (...) Não vejo como admitir uma ação pseudoindividual, com a justificativa no direito constitucional de inafastabilidade da tutela jurisdicional (art. 5º, XXXV, da CF), porque esse princípio deve respeito às condições da ação. Tal princípio não será violado se o autor da ação judicial não reunir no caso concreto as condições necessárias ao exercício do direito de ação. Trata-se, na realidade, de impedimento ao exercício de direito de ação em razão da ilegitimidade ativa do autor em tutelar em juízo um direito difuso ou coletivo."* NEVES, Daniel Amorim Assumpção. *Manual do Processo Coletivo: volume único*. 3ª ed. Rev., atual. e ampl. Salvador: Juspodivm, 2016.
21. *"É importante deixar claro que a configuração ou não de uma ação pseudocoletiva dependerá do pedido formulado pelo substituto processual, e não da prevalência das questões individuais sobre as comuns."* DONIZETTI, Elpídio; CERQUEIRA, Marcelo Malheiros. *Curso de Processo Coletivo*. 1ª ed. São Paulo: Atlas, 2010. 557 p.
22. REsp 1216600/RJ, Min. Rel. Hermam Benjamim.
23. *"Na essência e por natureza, os direitos individuais homogêneos, embora tuteláveis coletivamente, não deixam de ser o que realmente são: genuínos direitos subjetivos individuais."* ZAVASCKI, Teori Albino. *Processo Coletivo: tutela de direitos coletivos e tutela coletiva de direitos*. São Paulo: Revista dos Tribunais, 2006.
24. DONIZETTI, Elpídio; CERQUEIRA, Marcelo Malheiros. *Curso de Processo Coletivo*. 1ª ed. São Paulo: Atlas, 2010. ARAÚJO FILHO, Luiz Paulo da Silva. *Ações coletivas: a tutela jurisdicional dos direitos individuais homogêneos*. Rio de Janeiro: Forense, 2000, p.114. ZAVASCK, Teori Albino. *Processo Coletivo: tutela de direitos coletivos e tutela coletiva de direitos*. São Paulo: Revista dos Tribunais, 2006. ARENHART, Sérgio Cruz. *A tutela coletiva de interesses individuais: para além da proteção dos interesses individuais homogêneos*. São Paulo: Revista dos Tribunais, 2013, p. 123-141.

A demanda coletiva para a defesa de direitos individuais homogêneos visa ao exercício de uma pretensão para a fixação de uma tese jurídica geral, referente a determinados fatos (e não à questão jurídica), que pode aproveitar determinadas pessoas.[25]

Para que a demanda seja considerada como pseudocoletiva é imprescindível a predominância das questões comuns sobre as individuais e da utilidade da tutela coletiva no caso concreto.[26]

Assim, mantém-se a natureza de coletiva da demanda que tutela direito individual homogêneo, apesar de, como afirmado acima, a maioria sustentar entendimento diverso. A rigor, trata-se de demanda coletiva, com aplicação do microssistema da tutela coletiva, pois a pretensão não fica adstrita aos direitos individuais. Os direitos foram coletivizados para possibilitar, por meio da demanda coletiva, a tutela da coletividade formada pela prestação jurisdicional adequada e efetiva. Tanto é verdade que, mesmo quando não compareça um número compatível com a gravidade do dano para habilitação no processo coletivo (art. 100, CDC), a demanda, na fase de cumprimento de sentença, prosseguirá com a atuação dos legitimados coletivos (art. 82, CDC) para que o valor obtido com a sentença de procedência seja direcionado para o fundo de defesa dos direitos difusos.[27]

O Pleno do STF proferiu decisão reconhecendo que os direitos individuais homogêneos são uma subespécie de direitos coletivos.[28]

Os direitos individuais homogêneos são, portanto, direitos coletivos e merecem, por conseguinte, a atuação integral e efetiva da tutela coletiva. Conforme aponta Fredie Didier, há na tutela jurisdicional dos direitos individuais homogêneos três fases que precisam ser analisadas:

a) fase de conhecimento;

b) fase de liquidação e execução no plano individual; e

---

25. "*Uma ação coletiva para a defesa de direitos individuais homogêneos não significa a simples soma das ações individuais. Às avessas, caracteriza-se a ação coletiva por interesses individuais homogêneos exatamente porque a pretensão do legitimado concentra-se no acolhimento de uma tese jurídica geral, referente a determinados fatos, que pode aproveitar a muitas pessoas. O que é completamente diferente de apresentarem-se inúmeras pretensões singularizadas, especificamente verificadas em relação a cada um dos respectivos titulares do direito.*" ARAÚJO FILHO, Luiz Paulo da Silva. *Ações coletivas: a tutela jurisdicional dos direitos individuais homogêneos.* Rio de Janeiro: Forense, 2000, p.114.

26. "*Há de atentar o leitor para o risco de tratar molecularmente as ações para tutela de direitos meramente individuais, aqueles desprovidos das características de "predominância das questões comuns sobre as individuais" e da "utilidade da tutela coletiva no caso concreto" que denotam e caracterizam os direitos individuais homogêneos (art. 26, § 1º. CBPC-IBDP e art. 30 CBPC-UERJ/UNESA), e possibilitar a formação dessas ações pseudocoletivas.*" DIDIER JUNIOR, Fredie; ZANETI JUNIOR, Hermes. *Curso de Direito Processual Civil.* Volume IV. Salvador: JusPodivm, 2009, p. 94.

27. No mesmo sentido do texto, podemos destacar: "*Ora, pelo que pudemos perceber até aqui, a tutela desses direitos não se restringe aos direitos individuais das vítimas. Vai além, tutelando a coletividade mesmo quando os titulares dos direitos individuais não se habilitarem em número compatível com a gravidade do dano, com a reversão dos valores ao Fundo de Defesa dos Direitos Difusos. Assim, não se pode continuar afirmando serem esses direitos estruturalmente direitos individuais, sua função é notavelmente mais ampla. Ao contrário do que se costuma afirmar, não se trata de direitos acidentalmente coletivos, mas de direitos coletivizados pelo ordenamento para os fins de obter a tutela jurisdicional constitucionalmente adequada e integral.*" DIDIER JUNIOR, Fredie; ZANETI JUNIOR, Hermes. *Curso de Direito Processual Civil.* Volume IV. Salvador: JusPodivm, 2017.

28. RE 163231/SP, Rel. Min. Maurício Corrêa, j. 26.02.1997, Tribunal Pleno, DJe 29.06.2001.

CAPÍTULO 4 • CONCEITOS DE AÇÃO

c) fase de recuperação fluida.[29] As duas primeiras fases foram expressamente reconhecidas em sede de *obiter dictum* pelo STF.[30]

Na primeira fase, que é a de certificação do direito (processo de conhecimento), há nítida tutela coletiva, pois há um núcleo de homogeneidade para fins de identificação do *an debeatur* (dever jurídico – se é devido), do *quid debeatur* (aquilo que é devido) e o *quis debeatur* (aquele que ostenta o dever jurídico, ou seja, quem deve). Trata-se de tutela jurisdicional individual, ainda que proposta por legitimado coletivo, até porque há um direito de preferência em favor das vítimas e dos seus sucessores (art. 99, CDC).

Na segunda fase, após a devida certificação do direito, que é a da liquidação e execução (cumprimento de sentença) do título executivo judicial (sentença com condenação genérica – art. 95, CDC), há heterogeneidade, pois o objetivo será a satisfação dos créditos individuais para identificar o *cui debeatur* (para quem é devido) e o *quantum debeatur* (o quanto é devido).

Na terceira e última etapa, que é do *fluid recovery*, tudo o que for devido valerá em favor de todo o grupo com o fito precípuo de assegurar a integral reparação do dano. O valor será revertido para o fundo de defesa dos direitos difusos e, portanto, em favor de toda a coletividade (art. 100, CDC). Nesta etapa, novamente, verificar-se-á o núcleo de homogeneidade que ensejará a tutela coletiva.

Há, na doutrina, entretanto, quem sustente que as ações pseudocoletivas são aquelas que tutelam direitos individuais, tal como ocorre nos direitos individuais homogêneos e nos direitos individuais indisponíveis da criança, do adolescente e do idoso, sem a aplicação do microssistema coletivo, pois são tutelados direitos individuais devidamente individualizados, com identificação prévia de seus titulares.[31]

---

29. JDIDIER JUNIOR, Fredie; ZANETI JUNIOR, Hermes. *Curso de Direito Processual Civil*. Volume IV. Salvador: JusPodivm, 2017.

30. RE: 631111/GO, Rel. Min. Teori Zavascki, j. 07.08.2014, Tribunal Pleno, Dje 29.10.2014.

31. *"Neste tipo de ação, apesar de algumas características típicas de tutela coletiva, na realidade tem-se a defesa de direitos estritamente individuais, de forma que sua natureza é individual e assim ela deve ser procedimentalmente tratada. Registre-se que não se trata das opções legislativas que nitidamente permitem a aplicação do microssistema coletivo a ações que tutelam direitos individuais, tal como ocorre nos direitos individuais homogêneos e nos direitos individuais indisponíveis da criança, do adolescente e do idoso. Trata-se de ações efetivamente individuais, não sujeitas ao microssistema coletivo. Na ação pseudocoletiva, passa-se uma impressão de que a demanda teria natureza coletiva porque decorre de uma ação genuinamente coletiva e por ter como legitimados coletivos os sujeitos previstos nos arts. 5º da LACP e 82 do CDC. Como, entretanto, se tutelam direitos individuais devidamente individualizados, com identificação prévia de seus titulares, a ação tem natureza nitidamente individual e não deve ser regida pelo microssistema coletivo."* NEVES, Daniel Amorim Assumpção. *Manual do Processo Coletivo: volume único*. 3ª ed. Rev., atual. e ampl. Salvador: Juspodivm, 2016. No mesmo sentido, podemos destacar: *"frequentemente haveria litispendência entre as ações pseudocoletivas e as ações individuais, na proporção em que seriam idênticos os pedidos e as causas de pedir, sem falar na discutível sujeição dos particulares à coisa julgada da falsa ação coletiva, à falta de normas próprias, já que as regras do CDC apenas cuidam das genuínas ações coletivas, ou na irremissível probabilidade de decisões praticamente contraditórias.* ARAÚJO FILHO, Luiz Paulo da Silva. *Ações coletivas: a tutela jurisdicional dos direitos individuais homogêneos*. Rio de Janeiro: Forense, 2000, p.199-202. *"O 'coletivo', consequentemente, diz respeito apenas à 'roupagem', ao acidental, ou seja, ao modo como aqueles direitos podem ser tratados. Porém, é imprescindível ter presente que o direito material – qualquer direito material – existe antes e independentemente do processo. Por isso não deixam de ser 'genuínos direitos subjetivos individuais' que apresentam 'características de direitos pertencentes a pessoas determinadas, que sobre eles mantém o domínio jurídico."* ZAVASCK, Teori Albino. *Processo Coletivo: tutela de direitos coletivos e tutela coletiva de direitos*. São Paulo: Revista dos Tribunais, 2006.

Assim, os direitos individuais homogêneos não seriam direitos coletivos, mas sim direitos individuais coletivamente tratados.[32]

As características do direito individual homogêneo serão delineadas em capítulo próprio para o qual remetemos o leitor, mas neste tópico é imprescindível a análise da repercussão subjetiva desta demanda para fins de diferenciá-la das anteriores.

Nas demandas acidentalmente coletivas, a eficácia subjetiva da coisa julgada material é *erga omnes*, conforme art. 103, III, CDC, e atingirá a esfera jurídica das vítimas do evento danoso somente para beneficiá-las, jamais para prejudicá-las (regime jurídico *in utilibus*). Apesar da utilização pelo legislador da nomenclatura *erga omnes*, bem como pela doutrina largamente dominante, reputamos mais adequada a nomenclatura *erga victimae*, pois o resultado da demanda não atingirá a todos de forma indistinta, mas tão somente às vítimas do evento danoso. Assim, julgada procedente a pretensão da ação coletiva de responsabilidade, por exemplo, pelos danos individualmente sofridos, proposta nos termos do art. 91, CDC, a sentença beneficiará todas as vítimas e seus sucessores, que poderão proceder à liquidação e execução (cumprimento) da sentença, na forma dos arts. 97 e 103, § 3º, CDC. Há, na doutrina, quem também critique a adoção da nomenclatura legal, com base na premissa aqui veiculada, mas sustenta que o ideal seria o uso do termo *ultra partes*.[33]

Há que se ressaltar que a possibilidade de intervenção individual nas demandas acidentalmente coletivas, por meio da assistência litisconsorcial (art. 94, CDC e art. 18, parágrafo único, CPC), gera a imutabilidade *pro et contra*, ou seja, uma imutabilidade incondicionada (independentemente do resultado positivo ou negativo), conforme se verifica na leitura a contrário senso do art. 103, § 2º, CDC. Assim, podemos concluir que a regra geral é o regime jurídico *in utilibus* (somente o resultado benéfico atinge a esfera jurídica individual), exceto nos casos de intervenção individual, quando aplicar-se-á a imutabilidade *pro et contra*.[34]

---

32. ZAVASCK, Teori Albino. *Processo Coletivo: tutela de direitos coletivos e tutela coletiva de direitos*. São Paulo: Revista dos Tribunais, 2006. ARENHART, Sérgio Cruz. *A tutela coletiva de interesses individuais: para além da proteção dos interesses individuais homogêneos*. São Paulo: Revista dos Tribunais, 2013, p. 123-141.

33. "*Não obstante, não se vislumbra fundamento para qualificar a coisa julgada coletiva benéfica a interesses individuais homogêneos como erga omnes, pois, assim como ocorre em relação aos interesses coletivos, e diferentemente do que se dá no tocante aos difusos, seus titulares são identificáveis, de modo que teria sido melhor haver empregado a locução ultra partes.*" ANDRADE, Adriano. Interesses difusos e coletivos esquematizado. 5 ed. Rev., atual. e ampl. Rio de Janeiro: Forense; São Paulo: Método, 2015. No mesmo sentido: "*Mas então, se foi esse o intento, melhor teria sido que o legislador se tivesse valido do conceito de eficácia ultra partes também para referir-se aos interesses individuais homogêneos (ao contrário, aqui falou, contraditoriamente, em eficácia erga omnes). Quanto a estes, a lei também deveria ter mencionado efeitos ultra partes, e não erga omnes, porque a defesa de interesses individuais homogêneos abrange apenas os integrantes do grupo, classe ou categoria de pessoas lesadas (as vítimas ou seus sucessores), do mesmo modo que ocorreria na defesa de interesses coletivos, em sentido estrito.*" MAZZILLI, Hugo Nigro. *A defesa dos interesses difusos em juízo: meio ambiente, consumidor, patrimônio cultural, patrimônio público e outros interesses*. 21 ed. Rev., ampl. e atual. São Paulo: Saraiva, 2008.

34. Vale ressaltar, conforme se verá em capítulo próprio, que somente será possível a intervenção individual nas demandas coletivas que tutelarem direito individual homogêneo.

CAPÍTULO 4 • CONCEITOS DE AÇÃO

5. AÇÃO ESSENCIALMENTE COLETIVA

Considerando os conceitos supra apresentados de processo coletivo, bem como a divergência acerca da existência de ações pseudocoletivas,[35] imprescindível fixar, neste momento o conceito de ação coletiva.

Para uma *1ª tese doutrinária*,[36] os requisitos da ação coletiva são:

a) atuação de um legitimado coletivo (legitimidade para agir);

b) objeto do processo, qual seja a defesa de um direito transindividual;

c) coisa julgada material com aplicação do regime jurídico especial, tanto no plano subjetivo (eficácia subjetiva da coisa julgada), quanto no objetivo (modo de produção), conforme arts. 18, LAP, 16, LACP e 103, CDC.

Para uma *2ª tese doutrinária*, ações coletivas são definidas conforme o objeto veiculado na demanda (tutela jurisdicional pretendida), ou seja, aquelas por meio das quais se defendem direitos difusos, coletivos em sentido estrito e individuais homogêneos (art. 81, parágrafo único, I ao III, CDC).[37]

Para uma *3ª tese doutrinária*, ação coletiva é o instrumento processual colocado à disposição de determinados entes públicos ou sociais, arrolados na Constituição ou na legislação infraconstitucional, para a defesa via jurisdicional dos direitos coletivos em sentido amplo.[38]

Para uma *4ª tese doutrinária*[39], com a qual nos filiamos, a legitimidade para agir e o regime jurídico da coisa julgada material não são elementos indispensáveis para

---

35. Diretamente derivada do debate sobre o direito individual homogêneo ser realmente um direito coletivo.

36. "*Segundo pensamos, ação coletiva é a proposta por um legitimado autônomo (legitimidade), em defesa de um direito coletivamente considerado (objeto), cuja imutabilidade do comando da sentença atingirá uma comunidade ou coletividade (coisa julgada). Aí está, em breves linhas, esboçada a nossa definição de ação coletiva a legitimidade para agir, o objeto do processo e a coisa julgada.*" GIDI, Antonio. *Coisa julgada e litispendência em ações coletivas*. São Paulo: Saraiva, 1995, p.16. No mesmo sentido, podemos citar: "(...) *é o receber tratamento coletivo – e não ser o direito coletivo – que nos aproxima de uma definição para ação coletiva, também é verdadeiro que nos deparamos, então, como interessante tautologia: a ação coletiva proporciona tutela coletiva. Ora, é forçoso que evitemos definições autorreferenciais: somente lograremos escapar dessa definição que nada define, apelando para as notas distintivas entre o processo coletivo e o individual: a legitimidade e a coisa julgada.*" ROCHA, Luciano Velasque. *Ações Coletivas – no Direito Comparado e Nacional*. São Paulo: Revista dos Tribunais, 2002, p. 26.

37. WAMBIER, Tereza Arruda Alvim. Apontamentos sobre as ações coletivas, *Revista de Processo*, v.75, p. 273. No mesmo sentido, vale mencionar: "*A nosso ver, o que é relevante para caracterizar o que seja uma Ação Coletiva passa pelo seu objeto. Se tratar-se de demanda na qual esteja veiculada pretensão coletiva, terá tal natureza (coletiva). (...) Temos como correta a posição de que uma Ação Coletiva assim poderá ser conceituada, se for utilizada para a defesa de uma pretensão de tal natureza (coletiva).*" GOMES JÚNIOR, Luiz Manoel. *Curso de Direito Processual Civil Coletivo*. 2ª ed. São Paulo: SRS, 2008.

38. ALMEIDA, Gregorio de Assagra. *Direito processual coletivo brasileiro: um novo ramo do direito processual (princípios, regras interpretativas e a problemática da sua interpretação e aplicação)*. São Paulo: Saraiva, 2003.

39. "*Assim, processo coletivo é aquele em que se postula um direito coletivo lato sensu (situação jurídica coletiva ativa) ou se afirme a existência de uma situação jurídica coletiva passiva (deveres individuais homogêneos, p. ex.) de titularidade de um grupo de pessoas.*" Didier Jr, Fredie; Zaneti Jr, Hermes. Curso de Direito Processual Civil: Processo Coletivo. 10ª ed., Salvador: Juspodivm, 2016. No mesmo sentido, podemos destacar: "... *o processo é dito coletivo se a relação jurídica conflituosa (objeto do processo) é coletiva. Por sua vez, pode-se afirmar ser coletiva a relação jurídica se em um de seus termos, como sujeito ativo ou passivo, encontra-se um grupo (grupo é gênero que abrange comunidade, categoria, classe, etc.), e se no outro termo a relação jurídica litigiosa envolver direito (situação jurídica ativa) ou dever ou estado de sujeição (situações jurídicas passivas) de um determinado grupo. Em síntese, o processo será coletivo quando presentes o grupo e a situação jurídica*

qualificar juridicamente o processo como sendo coletivo, pois basta que a situação/relação fática/jurídica conflituosa deduzida em juízo seja coletiva, posto pertencente a uma determinada coletividade.

Fixado o conceito geral de ação coletiva, passamos à análise do conceito de ação essencialmente coletiva. Trata-se de conceituação que somente pode decorrer da classificação das ações coletivas em essencialmente coletivas e acidentalmente coletivas.

Ação coletiva ou essencialmente coletiva é aquela por meio da qual há o exercício de tutela de direitos coletivos ou essencialmente coletivos. O direito material transindividual veiculado na demanda é difuso ou coletivo em sentido estrito, conforme arts. 81, parágrafo único, I e II e 103, I e II do CDC e 21, parágrafo único, I da LMS, com a devida aplicação do microssistema da tutela coletiva.[40]

As características dos direitos essencialmente coletivos (difusos e coletivos em sentido estrito) serão delineadas em capítulo próprio para o qual remetemos o leitor, mas, neste tópico é imprescindível a análise da repercussão subjetiva desta demanda para fins de diferenciá-la das anteriores.

Nas demandas essencialmente coletivas, a eficácia subjetiva da coisa julgada material é *erga omnes*, conforme art. 103, I, CDC, quando a tutela jurisdicional tiver como objeto o direito difuso e será *ultra partes,* conforme art. 103, II, CDC e art. 21, parágrafo único, I, LMS, quando versar sobre a tutela jurisdicional do direito coletivo em sentido estrito.

Na tutela jurisdicional do direito difuso (art. 81, parágrafo único, I, CDC), o resultado do processo atingirá todos de forma indistinta, pois os sujeitos que titularizam o direito material são indetermináveis.

Na tutela jurisdicional do direito coletivo em sentido estrito (art. 81, parágrafo único, II, CDC e art. 21, parágrafo único, I, LMS), o resultado do processo atingirá os membros do grupo, categoria ou classe de pessoas que titularizam o direito material deduzido em juízo.

Não é demais lembrar que o resultado do processo coletivo somente atingirá a esfera jurídica das vítimas do evento danoso para beneficiá-las, jamais para prejudicá-las (regime jurídico *in utilibus*).

Por fim, vale mencionar a existência da limitação territorial da eficácia *erga omnes* da sentença de procedência do processo coletivo, conforme art. 16, LACP. Este tópico será mais adiante analisado, mas já podemos destacar que o Superior Tribunal de Justiça possui precedentes no sentido da inaplicabilidade desta limitação.[41]

---

coletiva." ARGENTA, Graziela; ROSADO, Marcelo da Rocha. Do processo coletivo das ações coletivas ao processo coletivo dos casos repetitivos: modelos de tutela coletiva no ordenamento brasileiro, *Revista eletrônica de Direito Processual*. Rio de Janeiro. Ano 11. Volume 18. Número 1. Janeiro a abril de 2017.

40. NEVES, Daniel Amorim Assumpção. *Manual do Processo Coletivo*. Op. Cit., p. 150.
41. REsp: 411529/SP, Rel. Min. Nancy Andrighi, j. 24.06.2008, 3ª T., DJe 05.08.2008; REsp: 1243887/PR, Rel. Min. Luis Felipe Salomão, j. 19.10.2011, Corte Especial, DJe 12.12.2011.

6. TÉCNICAS DE REPERCUSSÃO INDIVIDUAL E COLETIVA

A doutrina indica a existência de duas técnicas processuais que repercutem nos temas acima tratados: a) Técnica Individual de Repercussão Coletiva; b) Técnica Coletiva de Repercussão Individual.[42] Estas técnicas podem ser utilizadas para a tutela dos mesmos direitos materiais individuais. Aplicam-se aos direitos individuais repetitivos (que versam sobre a mesma questão jurídica de origem comum) homogêneos.

A Técnica Individual de Repercussão Coletiva[43] é aquela que se aplica nas ações meramente individuais. Por ela serão resolvidas demandas repetitivas. O pressuposto objetivo é a existência de diversas demandas versando sobre a mesma questão de direito. A solução (Técnica Processual) é a aplicação do regime das demandas repetitivas, por meio do manejo dos seguintes instrumentos: Incidente de Resolução de Demandas Repetitivas (art. 976, CPC)[44]; recursos repetitivos, se a causa estiver no tribunal (art. 1.037, CPC); notificação dos legitimados coletivos para a propositura da respectiva ação coletiva (art. 139, X, CPC). Apesar de ser uma técnica aplicável a demandas individuais, tem nítida repercussão coletiva.

A Técnica Coletiva de Repercussão Individual[45] é aquela aplicável aos direitos individuais/singulares, repetitivos (no sentido de que você encontra um grupo de pessoas com o mesmo direito individual), sob a forma coletiva. Não há ações em curso, mas existe a potencialidade de surgimento de inúmeras ações individuais. Esses direitos materiais têm origem comum (fato comum ou um fato de origem comum). A solução (Técnica Processual) é coletivizar a repercussão individual, ou seja, a propositura de ação coletiva. Vale lembrar que uma das finalidades da ação coletiva é justamente a molecularização dos litígios evitando, com isso, a denominada atomização dos litígios.

---

42. RODRIGUES, Marcelo Abelha. Técnicas individuais de repercussão coletiva x técnicas coletivas de repercussão individual. Por que estão extinguindo a ação civil pública para a defesa de direitos individuais homogêneos? In: ZANETI JR., Hermes (coord.). *Processo Coletivo*. Salvador: Juspodivm, 2016. Coleção Repercussões do Novo CPC, v.8, coordenador geral: Fredie Didier Jr.

43. "*Por técnicas de repercussão coletiva (TIRC) nos referimos a certos instrumentos processuais que, conquanto sejam aplicáveis a ações individuais, possibilitam que uma mesma questão de direito, que se repita em um grande número de processos, seja apreciada de uma única vez, por amostragem. Incidem, destarte, nas chamadas demandas repetitivas (litígios de massa), isto é, naquelas que, embora veiculem pretensões individuais, relacionam-se por afinidade, justamente pela reiteração de uma mesma questão jurídica.*" RODRIGUES, Marcelo Abelha. Técnicas individuais de repercussão coletiva x técnicas coletivas de repercussão individual. Por que estão extinguindo a ação civil pública para a defesa de direitos individuais homogêneos? In: ZANETI JR., Hermes (coord.). *Processo Coletivo*. Salvador: Juspodivm, 2016. Coleção Repercussões do Novo CPC, v.8, coordenador geral: Fredie Didier Jr.

44. O Incidente de Resolução de Demandas Repetitivas pode ser suscitado tanto nos direitos acidentalmente coletivos quanto nos essencialmente coletivos.

45. "*Já as técnicas coletivas de repercussão individual (TCRI) são aquelas que tratam destes mesmos direitos singulares, repetitivos, sob a forma coletiva. Por meio delas, utiliza-se não o instrumental técnico individual previsto no Código de Processo Civil, mas sim aquele instituído pelo chamado microssistema processual coletivo, formado, sobretudo, pela Lei de Ação Civil Pública (nº 7.347/85) e pelo Código de Defesa do Consumidor (nº 8.078/90). Tutelam-se, destarte, direitos individuais (homogêneos) por uma perspectiva coletiva. Assim é que a decisão proferida sob a forma coletiva se estende a todas as situações jurídicas individuais que nela se enquadrem. Posteriormente, os titulares de cada um dos direitos singulares ajuízam demandas para dirimir apenas as questões que lhes sejam particulares, tendo por fundamento aquela decisão genérica, que lhes beneficia.*" RODRIGUES, Marcelo Abelha. Técnicas individuais de repercussão coletiva x técnicas coletivas de repercussão individual. Por que estão extinguindo a ação civil pública para a defesa de direitos individuais homogêneos? In: ZANETI JR., Hermes (coord.). *Processo Coletivo*. Salvador: Juspodivm, 2016. Coleção Repercussões do Novo CPC, v.8, coordenador geral: Fredie Didier Jr.

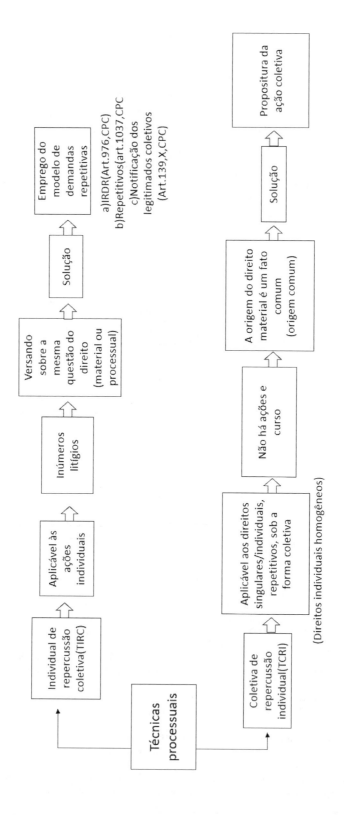

Capítulo 5
OBJETO MATERIAL DA TUTELA COLETIVA

1. INTRODUÇÃO

A classificação para individualização dos interesses transindividuais pode ser dividida da seguinte forma:[1]

a) quanto ao objeto material da demanda coletiva: direitos difusos, direitos coletivos em sentido estrito e direitos individuais homogêneos;

b) quanto ao tipo de direito: direitos essencialmente coletivos e direitos acidentalmente coletivos; e

c) quanto ao grau de litígio: litígios de difusão global, litígios de difusão irradiada e litígios de difusão local.

---

1. "Em suma, tal ordem de direitos coletivos, em sentido amplo, somente pode se tornar efetiva por meio de positivação diferenciada, antes processual do que material – e respectiva institucionalização/funcionalização de sua defesa. Tal como os próprios direitos materiais por elas protegidos, as normas que celebram o reconhecimento de sua existência são coletivas (não dizem respeito a uma só pessoa), difusas (não são especificadas nem pormenorizadas) e homogêneas (não possuem natureza diferente entre si). A proteção a tais direitos será requerida por quem não é titular imediato e assim eles serão construídos pelo Poder Judiciário: remedies precede rigths." MOREIRA, Egon Bockmann (et al.). *Comentários à Lei de ação civil pública: revisitada, artigo por artigo, à luz do novo CPC e temas atuais*. São Paulo: Revista dos Tribunais, 2016.

Por fim, impende salientar que tais interesses aqui retratados não esgotam as possibilidades do exercício judicial da tutela coletiva, pois os interesses ou direitos transindividuais não se encontram em rol legal taxativo, mas exemplificativo, conforme se nota nas redações dos arts. 129, III, CR/88; 1º, IV, LACP; 208, § 1º, ECA; 3º, Lei 7.853/1989; 1º, Lei 7.913/1989 e 25, IV da LONMP, que fazem sempre referência a "outros interesses difusos ou coletivos".[2]

2. DIREITOS OU INTERESSES COLETIVOS EM SENTIDO AMPLO, TRANSINDIVIDUAIS OU METAINDIVIDUAIS

O objeto material da tutela coletiva, segundo a classificação tricotômica tradicionalmente utilizada, é formado pelos direitos coletivos em sentido amplo (transindividuais ou metaindividuais), que se dividem em duas espécies:

a) **direitos essencialmente coletivos**, que são os direitos e interesses difusos e coletivos em sentido estrito e

b) **direitos acidentalmente coletivos**, que são os individuais homogêneos. A despeito do intenso debate acerca da utilização do termo interesse ou direito, como será visto adiante, optamos por seguir a opção legislativa adotada nos arts. 81, parágrafo único, CDC e 21, parágrafo único, LMS.

A doutrina, apesar das regras expressas nos arts. 81, parágrafo único, CDC; 21, parágrafo único, LMS; 3º, Lei 7.853/1989; 129, III, CR/88; 12, I ao IV da LMI e 1º, IV e V da LACP, diverge acerca da nomenclatura adequada: direitos ou interesses transindividuais.

O objeto material da tutela coletiva versa, a rigor, sobre o próprio objetivo da ação coletiva (processo coletivo comum), que é a tutela da higidez do direito subjetivo transindividual. José Roberto dos Santos Bedaque, citado por Ricardo Barros Leonel, aponta a seguinte distinção

> o direito subjetivo nada mais é do que essa posição de vantagem assegurada pelo ordenamento jurídico material, que permite ao seu titular, numa situação concreta, invocar a norma em seu favor. Ostenta o titular do direito subjetivo "um interesse juridicamente protegido pela norma substancial.[3]

Há, entretanto, quem diferencie direitos e interesses da seguinte forma:

> interesse é gênero; direito subjetivo é apenas o interesse protegido pelo ordenamento jurídico. Considerando que nem toda pretensão à tutela jurisdicional é procedente, temos que o que está em jogo nas ações civis públicas ou coletivas é a tutela de interesses, nem sempre direitos.[4]

---

2. "É importante ressaltar o caráter exemplificativo dos interesses metaindividuais, pois a enumeração legal não é taxativa. No ordenamento jurídico brasileiro (Constituição Federal e leis que tratam do tema) são previstas cláusulas abertas e de encerramento indicando a natureza exemplificativa dos interesses apontados nos diplomas, permitindo a assimilação da tutela coletiva a situações, a priori, não positivadas." BARROS LEONEL, Ricardo de. *Manual do Processo Coletivo*. 4ª ed. São Paulo: Malheiros, 2017, p. 119.

3. BARROS LEONEL, Ricardo de. *Manual do Processo Coletivo*. 4ª ed. São Paulo: Malheiros, 2017, p. 89-90.

4. MAZZILI, Hugo Nigro. *A defesa dos interesses difusos em juízo: meio ambiente, consumidor, patrimônio cultural*. 27ª ed. São Paulo: Saraiva, 2014, p. 62.

O ordenamento jurídico, por sua vez, trata direitos e interesses como expressões ontologicamente sinônimas, vide o Código de Defesa do Consumidor e a Lei do Mandado de Segurança, e a maioria da doutrina aponta a inexistência de relevância prática na sua diferenciação.[5] Para Daniel Amorim, há absoluta irrelevância de distinção entre ambos no tocante à tutela jurisdicional no plano coletivo, preferindo valer-se do termo direito. O autor ainda cita José dos Santos Carvalho Filho, segundo o qual essa diferenciação, apesar de legítima e bem-vinda, não tem consequência prática. Para esse autor, não é possível imaginar um "interesse" difuso, coletivo e individual homogêneo que não possa ser tratado como direito subjetivo.[6]

Fredie Didier Júnior, ao contrário, sustentando a necessidade de que os direitos coletivos devam ser considerados como direitos subjetivos, prega que a nomenclatura mais adequada é "direitos" pugnando pela ampliação do conceito de direito subjetivo com o fim de abarcar as diversas posições jurídicas judicializáveis que decorrem do direito subjetivo. A adoção do termo "interesse" impõe uma carga valorativa derivada de um ranço individualista que não tem espaço no âmbito da tutela coletiva.[7]

O entendimento que reputamos mais adequado é de Ricardo de Barros Leonel, para quem as consequências no plano normativo substancial e processual são as mesmas pela ausência de distinção axiológica, pela falta de relevância prática e pelo tratamento dado pelo legislador.[8] Assim, a nomenclatura a ser usada pode ser tanto direito quanto interesse.

---

5. Apesar disso, Fredie Didier Júnior afirma peremptoriamente que a *"Por outro lado, a grande maioria dos juristas nacionais tem preferido manter a expressão "Interesses", porque: a) "a expressão direitos traz uma grande carga de individualismo, fruto mesmo de nossa formação acadêmica"; b) há "evidente ampliação das categorias jurídicas tuteláveis para a obtenção da maior efetividade do processo."* DIDIER JR., Fredie; ZANETI JR., Hermes. *Curso de Direito Processual Civil – Processo Coletivo.* 11ª ed. Salvador: Juspodivm. 2017, p. 67-68 e 72-73.

6. NEVES, Daniel Amorim Assunção. *Manual de Direito Processual Civil.* São Paulo: Método, 2014, p. 115. "Compreende-se a corrente doutrinária que prefere a utilização do termo interesse a direito por considerar que nesse caso amplia-se o objeto da tutela por meio do processo coletivo. Contudo, tenho a impressão de que essa preocupação, apesar de legítima e bem-vinda, não tem consequência prática, porque não consigo imaginar um "interesse" difuso, coletivo e individual homogêneo que não possa ser tratado como direito subjetivo". Mantendo a mesma linha de raciocínio, na nova edição da sua obra: *"Acredito que para o direito pátrio a distinção entre direito e interesse não tenha mais a relevância de outrora e que até hoje é mantida em alguns outros países. (...) Como se pode notar, é possível que a distinção pretendida entre direito subjetivo e interesse legítimo tenha algum interesse em países que mantêm estruturas jurisdicionais para tutelar cada um deles."* NEVES, Daniel Amorim Assumpção. *Manual de Processo Coletivo.* 3ª ed. Salvador: Juspodivm, 2016.

7. *"A melhor solução passa, não por admitir a categoria dos "interesses" tuteláveis pelo processo, mas sim pela ampliação do conceito de direito subjetivo, para abarcar as diversas "posições jurídicas judicializáveis" que decorrem do direito subjetivo prima facie (portanto, não expressas) e que merecem igualmente guarida pelo Judiciário."(...) "Rogamos que prevaleça, portanto, a sua configuração como direitos subjetivos coletivos, mais consentânea à tradição jurídica nacional e ao direito constitucional positivo vigente que expressamente determina: "a lei não excluirá da apreciação do Poder Judiciário lesão ou ameaça a direito." (art. 5º, XXXV da CF/88)* DIDIER JR., Fredie; ZANETI JR., Hermes. *Curso de Direito Processual Civil – Processo Coletivo.* 11ª ed. Salvador: Juspodivm, 2017, p. 72-73. No mesmo sentido, vale mencionar: "(...) não utilizamos (e mesmo rejeitamos) a dúplice terminologia adotada pelo CDC. Este trabalho se referirá, indiscriminadamente, a 'direito difuso', 'direito coletivo' e 'direito individual homogêneo'." GIDI, Antônio. *Coisa julgada e litispendência em ações coletivas.* São Paulo: Saraiva, 1995, p. 17-18.

8. *"Do ponto de vista do processo, a distinção entre direitos subjetivos e interesses jurídicos é de difícil constatação. Assim como os direitos subjetivos configuram situações de vantagem reconhecidas pelo legislador, aos interesses*

Os direitos ou interesses transindividuais estão situados entre os interesses privados e os públicos. Pode-se afirmar, portanto, que configuram uma terceira categoria de direitos ou interesses.[9]

Na jurisprudência, mormente na atuação do Superior Tribunal de Justiça, é fácil notar que não há muita preocupação acadêmica e prática no emprego dos termos. Pode-se afirmar que os Tribunais costumam usar ambas as nomenclaturas como se fossem sinônimas.[10]

Tais direitos ou interesses possuem as seguintes características:

a) não possuem delimitação preestabelecida, pois decorrem dos próprios fenômenos sociais;

b) intensa conflituosidade, decorrente do envolvimento de segmentos sociais diversos para a busca da solução mais adequada para o caso concreto;

c) alteração da concepção de processo, pois as técnicas tradicionalmente existentes, porque criadas para a solução de conflitos meramente individuais, não podem ser aplicadas sem a devida adequação.

3. INTERESSES OU DIREITOS ESSENCIALMENTE COLETIVOS E ACIDENTALMENTE COLETIVOS

O objeto material de tutela do interesse coletivo são os direitos e interesses difusos, coletivos e individuais homogêneos. As demandas coletivas dividem-se em dois grandes grupos:

a) demandas essencialmente coletivas, que veiculam a tutela de direitos ou interesses essencialmente coletivos e

---

jurídicos também é conferido idêntico tratamento, pois recebem proteção até mesmo em sede constitucional. (...) Todavia, a diferenciação conceitual acima fenece ante as realidades da vida e as exigências de implementação de um processo dotado de atributos de eficácia e efetividade, que assegure o acesso à denominada ordem jurídica justa." BARROS LEONEL, Ricardo de. *Manual do Processo Coletivo.* 4ª ed. São Paulo: Malheiros, 2017, p. 97 No mesmo sentido, MANCUSO, Rodolfo de Camargo. *Manual do Consumidor em Juízo.* São Paulo: Saraiva, 1994; VIGLIAR, José Marcelo Menezes Vigliar. *Tutela Jurisdicional Coletiva.* São Paulo: Atlas, 1998; WATANABE, Kazuo e GRINOVER, Ada Pellegrini. *Código Brasileiro de Defesa do Consumidor Comentado pelos autores do Anteprojeto.* 3ª ed. Rio de Janeiro: Forense Universitária, 1993; MENDES, Aluisio Gonçalves de Castro. *Ações Coletivas e os meios de resolução coletivos de conflitos no direito comparado e nacional.* 4ª ed. São Paulo: Revista dos Tribunais, 2014, p. 213-218; DINAMARCO, Pedro da Silva. *Ação Civil Pública.* São Paulo: Saraiva, 2001, p.50.

9. BARROS LEONEL, Ricardo de. *Manual do Processo Coletivo.* 4ª ed. São Paulo: Malheiros, 2017.

10. Podemos citar na doutrina, como fonte que percebeu esta postura da jurisprudência: *"O mesmo se verifica em decisões do Superior Tribunal de Justiça, que se referem sem qualquer preocupação a ambos os termos, a cada momento alternando-os como se fossem sinônimos."* NEVES, Daniel Amorim Assumpção. *Manual de Processo Coletivo.* 3ª ed. Salvador: Juspodivm, 2016. Para fins de pesquisa, vale verificar as seguintes decisões do STJ: 2ª Turma RESP 1.545.352/SC, rel. Min. Herman Benjamim, j. 15.12.2015, Dje 05.02.2016 e 2ª Seção RESP 1.302.596/SP, rel. Min. Paulo de Tarso Sanseverino, rel. p/ acórdão Min. Ricardo Villas Bôas Cueva, j. 09.12.2015, Dje 01.02.2016.

b) **demandas acidentalmente coletivas, que veiculam a tutela de direitos ou interesses acidentalmente coletivos.**

À toda evidência, o que os diferencia não é a pretensão judicialmente exercida, mas o direito material tutelado em juízo, pois, caso contrário, seríamos obrigados a afirmar que somente os interesses ou direitos efetivamente deduzidos em juízo seriam existentes, ou seja, inexistiria qualquer direito fora do processo.[11]

Os interesses essencialmente coletivos são compostos pelos interesses difusos e coletivos em sentido estrito (artigo 81, parágrafo único, incisos I e II do CDC; artigo 21, parágrafo único, I da LMS e artigo 12 da LMI). Tais interesses são indisponíveis, indivisíveis e insuscetíveis de apropriação individual. Nestes casos, a relação jurídica deduzida em juízo torna-se indivisível, não permitindo que o indivíduo promova ação própria para a tutela desses direitos coletivos. Impende salientar, contudo, que a indivisibilidade do direito material não impedirá o exercício judicial de pretensão com o objetivo de tutelar parcela da coletividade, ou seja, a pretensão poderá interessar a apenas parte dos membros da coletividade, conforme se denota no art. 21 da LMS e do enunciado da súmula 630 do Supremo Tribunal Federal.[12]

Por outro lado, *os interesses acidentalmente coletivos* são compostos por interesses individuais homogêneos. São interesses individuais na essência, mas que são tutelados de forma coletiva para evitar a multiplicação de demandas e decisões conflitantes versando sobre o mesmo fato comum a todos. Será, a bem da verdade, uma tutela coletiva de direitos individuais, visto que se lastreiam em fato comum (art. 81, parágrafo único, inciso III do CDC e art. 21, parágrafo único, II da LMS). Tais interesses são disponíveis, como regra, divisíveis e suscetíveis de apropriação individual. Poderão ser indisponíveis, conforme o caso concreto. Neste caso, será possível a propositura de demandas individuais para tutela dos interesses.

---

11. *"não parece correto, todavia, afirmar seja a tutela jurisdicional pleiteada o elemento a determinar a natureza do interesse deduzido em juízo. Ao contrário, é o tipo de direito que determina a espécie de tutela. Há tutelas preventivas e reparatórias para todo tipo de direito ou interesse. Tudo vai depender das circunstâncias do caso. Aliás, não fosse assim, chegaríamos ao absurdo de afirmar que inexistem interesses difusos, coletivos ou individuais homogêneos fora do processo. Eles surgiram apenas com a formulação da tutela jurisdicional. Evidentemente, não está correto o raciocínio, que parte de premissa falsa.* BEDAQUE, José Roberto dos Santos. *Direito e Processo – Influência do Direito Material sobre o Processo.* 6ª ed. São Paulo: Malheiros, 2011. Em sentido contrário, NERY JR., Nelson. O Ministério Público e sua legitimação para a defesa do consumidor em juízo, *Justitia* 160/245-246, outubro-dezembro/1992.

12. *"Por exemplo: teme-se que a realização de obra pública venha a causar danos graves à flora e à fauna da região, ou acarrete a destruição de monumento histórico ou artístico. A possibilidade de tutela do "interesse coletivo" na preservação dos bens em perigo, caso exista, necessariamente se fará sentir de modo uniforme com relação à totalidade dos interessados. Com efeito, não se concebe que o resultado seja favorável a alguns e desfavorável a outros. Ou se preserva o bem, e todos os interessados são vitoriosos; ou não se preserva, e todos saem vencidos. Designaremos essa categoria pela expressão 'interesses essencialmente coletivos' ".* BARBOSA MOREIRA, José Carlos. Notas sobre o problema da efetividade do processo. In: *Temas de Direito Processual Civil.* 3ª série. São Paulo: Saraiva, 1984.

4. OBJETO MATERIAL: ASPECTOS DE CARACTERIZAÇÃO

Para fins meramente didáticos, procederemos a análise do objeto material da tutela coletiva a partir de uma matriz de identificação com os seguintes elementos: subjetivo, objetivo, aspectos processuais e grau de litigiosidade.

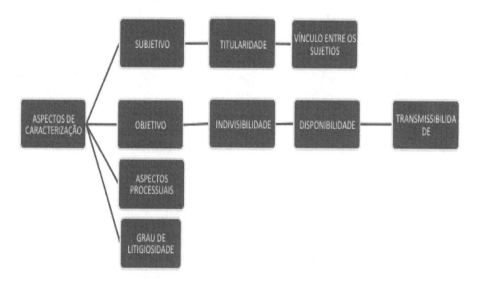

5. DIREITOS OU INTERESSES DIFUSOS

Os interesses difusos são os **interesses essencialmente coletivos**. Têm previsão no art. 81, parágrafo único, I, do CDC. Têm relevância social que transcende a esfera individual, são transindividuais, também chamados de metaindividual ou supraindividual (têm como titular mais de um indivíduo), de natureza indivisível, cujo titular é a coletividade formada por pessoas indetermináveis ligadas por uma circunstância fática.[13]

Existe uma característica interessante nos interesses difusos que é a possibilidade de verificar diversas abrangências intrínsecas. Conforme o caso concreto e o direito material transindividual envolvido, o interesse difuso poderá ser identificado com maior ou menor abrangência frente ao interesse público e à própria coletividade. Assim, a doutrina[14] costuma afirmar que os interesses públicos podem ser:

a) coincidentes com o interesse público, quando forem muito abrangentes, como na tutela do meio ambiente;

b) menos abrangentes que o interesse público, quando um grupo disperso o titulariza, mas não pode ser confundido com o interesse da própria coletividade, como os consumidores de determinado produto defeituoso ou nocivo;

c) em conflito com os interesses da coletividade de um modo geral, como na hipótese de tutela dos interesses dos trabalhadores de uma determinada indústria;

d) em conflito com os interesses do Estado lato sensu, como nos interesses dos contribuintes para a diminuição da exação;

e) com intensa conflituosidade interna, como nos casos em que os próprios membros da coletividade ostentam interesses diversos e conflitantes para a solução do caso concreto. Basta imaginar a situação do ordenamento do carnaval de rua na cidade do Rio de Janeiro.

5.1. Aspectos subjetivos

$$\begin{cases} \text{Titularidade} \\ \text{Vínculo entre os sujeitos} \end{cases}$$

a) **Titularidade**: O titular dos interesses difusos é a coletividade. O art. 81, parágrafo único, inciso I do CDC fala em sujeitos indeterminados, contudo a doutrina[15] sustenta que os sujeitos são indetermináveis, porque não

---

13. "*Os difusos são, assim, interesses que se referem a grupos menos determinados de pessoas entre as quais inexiste um vínculo jurídico ou fático muito preciso, possuindo objeto indivisível entre os membros da coletividade, compartilhável por número indeterminável de pessoas.*" BARROS LEONEL, Ricardo de. *Manual do Processo Coletivo*. 4ª ed. São Paulo: Malheiros, 2017. No mesmo sentido, vale citar MAZZILLI, Hugo Nigro. *A defesa dos interesses difusos em juízo*. 30ª ed. São Paulo: Saraiva, 2017.

14. MAZZILLI, Hugo Nigro. *A defesa dos interesses difusos em juízo: meio ambiente, consumidor, patrimônio cultural, patrimônio público e outros interesses*. 30ª ed. Rev., ampl. e atual. São Paulo: Saraiva, 2017.

15. NEVES, Daniel Amorim Assunção. *Manual de Direito Processual Civil*. São Paulo: Método, 2014, p. 116. "Ao prever o terceiro elemento que compõe o direito difuso, o art.81 parágrafo único, I, do CDC comete um equívoco ao afirmar que a titularidade desse direito é de pessoas indeterminadas. Na realidade, os titulares não são sujeitos indeterminados, mas sim a coletividade. (...) o titular do direito difuso é a coletividade, por sua vez composta por sujeitos indeterminados e indetermináveis, ou seja, sujeitos que não são nem podem ser determinados individualmente".

é possível determinar o titular do interesse, seja no plano abstrato, seja no plano concreto. Para compreensão desta característica sobreleva notar não ser possível identificar ou individualizar no seio da coletividade aquele que titulariza o direito material. Com isso, a alteração da titularidade é absolutamente informal, como por exemplo, o caso de um turista que passa 10 dias no Rio de Janeiro. Enquanto ele estiver na cidade será titular do meio ambiente equilibrado do Rio, mas, quando for embora, deixará de sê-lo.

Há quem admita, ainda, uma indeterminabilidade relativa, mas que não afastará a natureza difusa do direito material.[16]

Uma lesão ao meio ambiente tem relevância que transcende a esfera de interesse individual, uma ação coletiva para tutela do meio ambiente pode gerar impactos em uma universalidade de indivíduos. Da mesma forma, uma ação coletiva de consumo, relativa a práticas abusivas, pode gerar impactos em uma universalidade de potenciais consumidores indetermináveis de plano, que da mesma forma podem vir a ser afetados pela prática abusiva, massificando-se o conflito. Outro exemplo muito comum é a publicidade enganosa ou abusiva.

O mesmo ocorre nas demandas coletivas cujo propósito é a tutela do patrimônio público, seja para recuperar uma lesão ou para imputar a prática de determinado ato de improbidade administrativa.

Considerando, por fim, que tal critério pode gerar certa confusão conceitual com os direitos coletivos em sentido estrito (art. 81, parágrafo único, II, CDC), imperioso diferenciar os dois direitos neste ponto. Enquanto nos direitos difusos, os titulares são sujeitos indetermináveis, nos direitos coletivos em sentido estrito são indeterminados, porém determináveis, pois há certa coesão entre os sujeitos, na medida em que pertencem ao mesmo grupo, categoria ou classe de pessoas, ou seja, há um vínculo jurídico que os une.[17] Diferenciam-se, também, pela sua origem, na medida em que nos direito difusos o vínculo relaciona-se à uma circunstância de fato, e no caso dos coletivos em sentido estrito, o vínculo decorre de uma relação jurídica base.[18]

---

16. *"Na realidade, como lembra a melhor doutrina, admite-se uma indeterminabilidade relativa; mesmo que seja possível a determinação, sendo esta extremamente difícil e trabalhosa, o direito continua a ser difuso."* NEVES, Daniel Amorim Assumpção. *Manual de Processo Coletivo*. 3ª ed. Salvador: Juspodivm, 2016. No mesmo sentido, podemos citar BARBOSA MOREIRA, José Carlos. A ação popular do direito brasileiro como instrumento de tutela jurisdicional dos chamados direitos difusos. In: *Temas de Direito Processual Civil*. São Paulo: Saraiva, 1977.

17. *"O elemento diferenciador entre o direito difuso e o direito coletivo é, portanto, a determinabilidade e a decorrente coesão como grupo, categoria ou classe anterior à lesão, fenômeno que se verifica nos direitos coletivos stricto sensu e não ocorre nos direitos difusos."* DIDIER JR., Fredie; ZANETI JR., Hermes. *Curso de Direito Processual Civil – Processo Coletivo*. 11ª ed. Salvador: Juspodivm, 2017, p. 75. No mesmo sentido WATANABE, Kazuo; GRINOVER, Ada Pellegrini. *Código Brasileiro de Defesa do Consumidor Comentado pelos autores do Anteprojeto*. 3ª ed. Rio de Janeiro: Forense Universitária, 1993, p. 625.

18. *"Esses interesses são também inerentes a pessoas indeterminadas a principio, mas determináveis, pois o vínculo entre elas é mais sólido, decorrente de uma relação jurídica comum. Aqui o objeto ao qual se volta o interesse é indivisível, satisfazendo a todos ao mesmo tempo, sendo todo o grupo lesado coetaneamente na hipótese de*

CAPÍTULO 5 • OBJETO MATERIAL DA TUTELA COLETIVA

b) **Vínculo subjetivo**: nos interesses difusos não há nenhuma relação jurídica material entre os titulares. Não existe um vínculo comum de natureza jurídica e, tampouco, uma relação jurídica base. O vínculo é uma mera circunstância de fato. Não deve ser confundida uma mera circunstância de fato com a existência de um fato comum. Fato comum é fato delimitado, individualizado. Como exemplo de circunstância de fato podemos citar residir no mesmo local (bairro, comunidade, rua, condomínio, cidade e etc.), de ter adquirido o mesmo produto, de ter utilizado o mesmo serviço.[19] Assim, não existe uma coesão entre os membros da coletividade, pois a relação entre eles não decorre de um vínculo precedente, mas de uma lesão comum.

5.2. Aspectos objetivos

$$\left\{ \begin{array}{l} \text{Indisponibilidade} \\ \text{Indivisibilidade} \\ \text{Intransmissibilidade} \end{array} \right.$$

a) **Indisponibilidade**: interesse difuso é, na essência, indisponível, ou seja, não será possível dispor do cerne do direito material, seja no plano extraprocessual ou no plano processual. Ao afirmar a indisponibilidade do direito difuso, surge a necessidade de abordar a possibilidade de realização de determinados atos e negócios jurídicos. Esta característica gera diversas repercussões no plano processual, que serão analisadas em tópico específico, tais como a possibilidade de acordo, transação, conciliação, mediação, negócio jurídico processual, decretação da revelia relevante, confissão, inversão convencionada do ônus da prova e termo de ajustamento de conduta.

b) **Indivisibilidade**: o interesse difuso é indivisível. Essa indivisibilidade se dá no prisma material. O direito difuso é incindível, não pode ser fracionado entre os membros da coletividade.[20] Pertence à coletividade, é insuscetível de apropriação individual, em razão disso, não é cabível intervenção individual

---

violação". BARROS LEONEL, Ricardo de. *Manual do Processo Coletivo*. 4ª ed. São Paulo: Malheiros, 2017, p.113

19. "Sua titularidade é de pessoas indeterminadas e indetermináveis, que não podem ser identificadas precisamente; são unidas por uma simples circunstância de fato ou contingencial extremamente mutável, o fato de residirem em determinado local ou região; o objeto do seu interesse é indivisível, pois não se pode repartir o proveito, e tampouco o prejuízo, visto que a lesão atinge a todos indiscriminadamente, assim como a preservação a todos aproveita; não há vínculo jurídico entre os titulares". BARROS LEONEL, Ricardo de. *Manual do Processo Coletivo*. 4ª ed. São Paulo: Malheiros, 2017, p. 107

20. NEVES, Daniel Amorim Assunção. *Manual de Direito Processual Civil*. São Paulo: Método, 2014, p. 117. O direito difuso é um direito que não pode ser fracionado entre os membros que compõe a coletividade. Dessa forma, havendo uma violação ao direito difuso, todos suportarão por igual tal violação, o mesmo ocorrendo com a tutela jurisdicional, que uma vez obtida aproveitará a todos indistintamente.

no processo coletivo no qual seja veiculada a pretensão de tutela de direito difuso.[21]

O artigo 94 do CDC preconiza a possibilidade da intervenção individual nos processos coletivos. O art. 18, parágrafo único do CPC ratifica esta possibilidade, ao permitir a intervenção do substituído. No capítulo de intervenção de terceiros o tema será proficuamente desenvolvido, mas, neste momento, vale mencionar que a grande questão a ser enfrentada é a possibilidade da sua ocorrência nas ações essencialmente coletivas. Em nosso entendimento, que será devidamente explanado no momento oportuno, essa intervenção individual só pode ocorrer nas ações acidentalmente coletivas, pois nestas o interesse é divisível.

c) **Intransmissibilidade**: significa dizer que os interesses difusos são intransmissíveis,[22] haja vista os sujeitos serem indetermináveis e, portanto, não possibilita a transmissão *inter vivos* ou *mortis causa*.

5.3. Aspectos processuais

{ Legitimidade

Coisa Julgada

Revelia

Confissão e negócio jurídico

a) Legitimidade ativa *ad causam*.

Para a maioria da doutrina a legitimidade ativa *ad causam* coletiva para defesa dos interesses difusos é extraordinária. Na legitimidade extraordinária, que é sinônimo de substituição processual, o titular do direito material não ostenta legitimidade para o exercício judicial da pretensão decorrente, pois o ordenamento jurídico (art. 18, CPC) confere legitimidade para um terceiro.[23] Não há, portanto, coincidência entre a parte material (titular do direito material) e a parte formal (aquele que exerce judicialmente a pretensão), ou seja, alguém está em juízo em nome próprio na defesa de direito alheio. Impende salientar, por oportuno, que parte da doutrina entende que, principalmente nos processos coletivos, estar-se-ia diante de uma legitimação

---

21. BARROS LEONEL, Ricardo de. *Manual do Processo Coletivo*. 4ª ed. São Paulo: Malheiros, 2017, p. 107 "Sendo indivisíveis, tornam-se insuscetíveis de apropriação exclusiva. Não é possível atribuir a um indivíduo fruição maior ou diferenciada com relação aos demais integrantes da mesma categoria de beneficiários".

22. ZAVASCKI, Teori Albino. Defesa de direitos coletivos e defesa coletiva de direitos, *Revista de Informação Legislativa*, v. 32, n. 127, p. 83-96.

23. MAZZILI, Hugo Nigro. *A defesa dos interesses difusos em juízo: meio ambiente, consumidor, patrimônio cultural*. 27ª ed. São Paulo: Saraiva, 2014, p. 64. "A legitimação será extraordinária ou, anômala, quando o Estado não leva em conta a titularidade do direito material para atribuir a titularidade da sua defesa em juízo. Em alguns casos, o Estado permite que a defesa judicial de um direito seja feita por quem não seja o próprio titular do direito material, ou, pelo menos, por quem não seja o titular exclusivo desse direito".

autônoma, ou seja, uma legitimação para a condução do processo.[24] Não deve ser confundida, porém, com a denominada legitimação extraordinária autônoma, quando o legitimado extraordinário está autorizado a conduzir o processo independentemente da participação do titular do direito litigioso.[25] Este assunto será melhor abordado no capítulo referente à legitimação nas ações coletivas.

b) Coisa julgada

A coisa julgada material, segundo art. 502 do CPC é a autoridade que torna imutável e indiscutível a decisão de mérito não mais sujeito a recurso. Contudo, no processo coletivo, o regime da coisa julgada, por razões óbvias, possui regramento próprio estabelecido no art. 103 do CDC, notadamente quanto à *eficácia subjetiva da coisa julgada* e quanto ao *regime de imutabilidade*.

Limite subjetivo da coisa julgada: A eficácia subjetiva da coisa julgada nos direitos difusos é *erga omnes*, ou seja, ultrapassa os limites formais da demanda para atingir todos de forma indistinta. Assim, havendo uma violação ao direito difuso, todos suportarão por igual tal violação, o mesmo ocorrendo com a tutela jurisdicional, que uma vez obtida aproveitará a todos indistintamente, mas somente naquilo que lhes for benéfico (regime jurídico *in utilibus*).

O art. 103, I do CDC trata da coisa julgada no processo coletivo, estabelecendo que na hipótese de interesses difusos, a decisão faz coisa julgada *erga omnes* exceto se o pedido for julgado improcedente por insuficiência de provas, hipótese em que qualquer legitimado poderá intentar outra ação, com idêntico fundamento valendo-se de nova prova.

A lei de Ação Popular também estabelece esta eficácia subjetiva, conforme se vê em seu art. 18. A sentença terá eficácia de coisa julgada oponível *"erga omnes"*, também excetuando a hipótese de improcedente do pedido por deficiência de prova, hipótese na qual qualquer cidadão poderá intentar outra ação com idêntico fundamento, valendo-se de nova prova.

Também nesse sentido é o art. 16 da LACP, segundo o qual a sentença civil fará coisa julgada *erga omnes*, exceto se o pedido for julgado improcedente por insuficiência de provas, hipótese em que qualquer legitimado poderá intentar outra ação com idêntico fundamento, valendo-se de nova prova.

Observa-se que, quanto à LACP, não há mais que se falar na previsão de limitação territorial para a eficácia *erga omnes*, circunscrita à própria competência territorial do órgão prolator, porquanto declarada inconstitucional pelo STF, por violar o princípio do acesso à justiça, devido processo legal coletivo substantivo e a segurança jurídica.

---

24. A divergência será devidamente enfrentada no capítulo referente à natureza da legitimação coletiva.
25. DIDIER JÚNIOR, Fredie; e ZANETI JÚNIOR, Hermes. *Curso de Direito Processual Civil. Processo Coletivo.* 10ª ed. Salvador: JusPodivm, 2016, p. 138

Entendeu, ainda, que em se tratando de ACP de efeitos nacionais ou regionais, a competência deve observar o art. 93, II, CDC. e que se, porventura, forem ajuizadas múltiplas ACPs de âmbito nacional ou regional, firma-se a prevenção do juízo que primeiro conheceu de uma delas, para o julgamento de todas as demandas conexas.[26]

Regime jurídico da imutabilidade: a imutabilidade se divide em dois planos: subjetivo e objetivo. No **plano subjetivo**, analisa-se a **eficácia subjetiva da imutabilidade**, ou seja, quem será atingido pelo resultado do processo. Quando o interesse for difuso, a eficácia da sentença é *erga omnes,* ou seja, atinge todos de forma indistinta, já que que o interesse difuso transcende o âmbito individual.

No plano objetivo, analisa-se o **modo de produção da imutabilidade**; de que forma ela vai surgir. Em regra, no processo civil a imutabilidade é *pro et contra* (ou seja, ela independe do resultado da demanda, se procedência ou improcedência). Haverá coisa julgada material, qualquer que seja o resultado da demanda, desde que a sentença proferida seja de mérito (art. 487, CPC) e a eficácia subjetiva atinge somente as partes que efetivamente integram a relação jurídica processual, ou seja, a eficácia é *inter partes*, conforme preconiza o art. 506, CPC. No processo coletivo, porém, quando relativo à tutela de interesses difusos, o modo de produção sempre será condicionado ao resultado da instrução probatória.

É a chamada imutabilidade *secundum eventus probationis ou secundum eventum probationem*. Ou seja, se a improcedência for por insuficiência de provas, a despeito de resolver o mérito, acarretará somente coisa julgada formal. Se o resultado for procedência ou improcedência por qualquer outro fundamento haverá coisa julgada material. Assim, mesmo diante da sentença de mérito que julga o pedido improcedente por falta ou insuficiência de provas, poderá o mesmo legitimado que promoveu a demanda, bem como qualquer outro, renovar a ação coletiva, desde que colacione aos autos novas provas. As novas provas, portanto, têm natureza jurídica processual de condição de procedibilidade.

Estamos diante, portanto, de um exemplo no qual uma sentença de mérito, ainda que transitada em julgado, não terá o condão de gerar a coisa julgada material.[27] Outra observação importante a ser feita é a de que estamos diante de um exemplo no qual a fundamentação da sentença terá influência direta na formação da coisa julgada material. Se a fundamentação da decisão de improcedência for falta ou insuficiência de provas, não haverá a formação da coisa julgada material, mas se a fundamentação for qualquer outra (que podemos chamar de improcedência pura), haverá a ocorrência da coisa julgada material.

---

26. STF. Plenário. RE 1101937/SP, Rel. Min. Alexandre de Moraes, J. 07 abr. 2021 (Repercussão Geral – Tema 1075) (Info 1012).

27. Tal observação é importante, pois os pressupostos para a formação da coisa julgada material são: a) decisão proferido no exercício de função jurisdicional típica; b) exercício de cognição judicial vertical exauriente ou exaustiva; c) decisão judicial que resolve o mérito; e d) ocorrência do trânsito em julgado.

Nas demandas coletivas para tutela de direitos e interesses difusos, alguns aspectos processuais como revelia, confissão, negócio jurídico e convenção sobre o ônus da prova têm incidência condicionada a uma análise prévia acerca do titular do direito material indisponível, senão vejamos:

c) Revelia

A revelia está prevista no art. 344 do CPC. O conceito do instituto permanece inalterado, ainda que se trate de processo coletivo, ou seja, revelia é a ausência de contestação.[28] Se o réu não contestar o pedido, presumir-se-ão verdadeiras as *alegações de fato* formuladas pelo autor. A presunção não recai sobre fatos, mas sim sobre as alegações de fato.

A revelia pode ser classificada como *relevante e irrelevante*. **Revelia relevante** é aquela em que é aplicado o principal efeito da revelia, que é a presunção relativa de veracidade. A **irrelevante** é aquela que é decretada sem aplicação do principal efeito. A revelia irrelevante está no artigo 345 do CPC. Pela regra do inciso II desse artigo, a revelia não produz o efeito mencionado no artigo 344 se o litígio versar sobre direitos indisponíveis. Se o litígio versar sobre direitos indisponíveis, a revelia será irrelevante.[29]

Transportando essa ideia para os direitos difusos: **pode ser decretada revelia relevante em uma ação coletiva que tutela interesses difusos?** Pela redação do artigo 345, II, parece que não. Contudo, essa norma tem por objeto a proteção da esfera jurídica do réu que titulariza direito material indisponível. Na ação coletiva que tutela interesse difuso, o direito indisponível é titularizado pelo autor da ação e não pelo réu.

O direito indisponível na ação coletiva encontra-se no polo ativo e não no polo passivo. Se a titularidade do direito indisponível é verificada no polo ativo, não faz sentido aplicar o art. 345, II do CPC. Portanto, forçoso concluir pela aplicação da revelia relevante em processo coletivo.

Importante destacar que no âmbito da improbidade administrativa tal linha de raciocínio não pode ser aplicada, pois há expressa vedação legal para a decretação da revelia relevante (art. 17, § 19, I, da LIA).

Entretanto, se for uma ação coletiva passiva (ou situação jurídica coletiva passiva), pode ser que o direito material titularizado seja indisponível. Nessa hipótese aplicar-se-á o artigo 345, II.

d) Confissão

Pela regra do art. 382 do CPC, haverá confissão quando a parte admite a verdade de fato contrário ao seu interesse e favorável ao do adversário. O art. 392, por seu

---

28. Merece destaque a possibilidade de decretação da revelia mesmo diante do oferecimento tempestivo da contestação, desde que a parte esteja em uma das situações definidas no art. 76, § 1º, II, CPC.
29. REsp 1544541/PE, Rel. Min. Humberto Martins, 2ª T., j. 17.11.2015.

turno, estabelece que não vale como confissão a admissão, em juízo, de fatos relativos a direitos indisponíveis. O destinatário da regra do art. 392 é o confitente titular de direito material indisponível, assim, não se pode afirmar que não caberá confissão nas ações essencialmente coletivas.

Somente valerá como confissão, portanto, a admissão de fato relativa à direito disponível da parte confitente. Nos processos coletivos, será possível a realização da confissão, mas quando realizada pelo legitimado coletivo, será utilizado o art. 392, CPC para afastar os seus efeitos jurídicos, pois a sua atuação relaciona-se ao direito material indisponível, mas não impedirá que a parte contrária, desde que seja titular de direito material disponível, admita fato que lhe seja desfavorável e valha, portanto, como confissão. Não é, portanto, o tipo de litígio, que envolve ou não direito indisponível, o critério para aplicação do art. 392, CPC, mas o titular do direito material indisponível que pratica o fato.

Vale mencionar a impossibilidade jurídica de ser reconhecida a confissão do réu em ação por improbidade administrativa que recusa o interrogatório ou fica em silêncio durante o ato, conforme determina a regra prevista no art. 17, § 18, da LIA.

e) Convenção das partes sobre ônus da prova

A distribuição diversa do ônus da prova pode ocorrer por convenção das partes. É o que se denomina de inversão convencionada do ônus da prova. Trata-se de negócio jurídico processual típico admitido pelo ordenamento jurídico, desde que sejam observados os requisitos previstos no art. 373, § 3º, CPC. No que tange ao tópico ora em testilha, interessa o que estabelece o inciso I do § 3º, do art. 373 do CPC. Esta norma veda a realização desta convenção processual quando o litígio versa sobre direito indisponível e o objeto da convenção recaia sobre **direito indisponível da parte**.

Pode em uma ação coletiva ser realizada convenção das partes para distribuir de forma diversa o ônus das partes? O inciso I do § 3º, do art. 373 do CPC não veda a convenção em litígios sobre direitos indisponíveis, mas sim a convenção que recair sobre o **direito material indisponível da parte**. Assim, a convenção só não será possível quando o ônus da prova for ampliado em desfavor do titular do direito material indisponível.

Seria um tremendo contrassenso vedar a realização da inversão convencionada do ônus da prova em favor da coletividade, pelo simples fato do litígio versar sobre direito material indisponível. Ademais, vedar tal possibilidade, no caso, violaria o princípio da máxima efetividade da tutela coletiva.

Porém, no âmbito da improbidade administrativa surge uma situação, no mínimo, inusitada, pois o legislador veda expressamente a inversão *ope iudicius* do ônus da prova, mas não o faz para a inversão convencionada. O art. 17, § 19, II, da LIA somente veda a aplicação das regras previstas no art. 373, §§ 1º e 2º, do CPC, ou seja, não menciona o §3º do mesmo dispositivo.

f) Negócio jurídico processual

Versando o processo sobre direitos que admitam autocomposição, a cláusula geral do art. 190 do CPC permite a realização de diversos negócios jurídicos processuais, podendo as partes estipular mudanças no procedimento para ajustá-lo às especificidades da causa e convencionar sobre os seus ônus, poderes, faculdades e deveres processuais, antes ou durante o processo. O CPC/15 trouxe como novidade a possibilidade de celebração de negócio jurídico processual atípico, em decorrência da cláusula geral ou genérica prevista no art. 190.

Pela regra da cláusula geral do art. 190 do CPC, se a demanda versar sobre direito que não admita autocomposição não será possível a realização de negócio jurídico processual. O tema será aprofundado no capítulo referente aos reflexos do novo CPC nos processos coletivos, mas para deixar clara a posição adotada nesta obra, sem prejuízo de remeter o leitor à leitura do capítulo referido, sustentamos a plena possibilidade de celebração de negócio jurídico processual na esfera dos processos coletivos, com base nos seguintes fundamentos:

a) não podem ser confundidos os conceitos de direito que não admite autocomposição (tipo de resolução de conflito) com direito indisponível (conceito atrelado à disponibilidade do cerne do direito);

b) a Lei 13.140/2015, novo marco regulatório da autocomposição de conflitos no âmbito da Administração Pública, estabelece a possibilidade de conciliação nas matérias discutidas em ação de improbidade, desde que com anuência expressa do juiz da causa ou ministro relator (art. 36, § 4º);

c) a celebração de convenções (negócios) processuais pelo Ministério Público (principal legitimado coletivo para as ações coletivas) foi recomendada pela Resolução 118 do Conselho Nacional do Ministério Público. As convenções processuais foram indicadas como forma de realização de autocomposição (arts. 15, 16 e 17 da Resolução);

d) é inegável a possibilidade de realização de autocomposição na seara do processo coletivo, pois o próprio ordenamento permite a celebração de termo de ajustamento de conduta (art. 5º, § 6º, LACP), acordo de leniência (art. 16, LAC e art. 86, LDC) e compromisso de cessação (art. 85, LDC);

e) a celebração de uma convenção processual poderá, em última análise, reforçar a proteção processual de um direito transindividual, mantendo, com isso, a higidez do cerne do direito e, portanto, respeitando o princípio da máxima efetividade da tutela coletiva, ou seja, o resultado mais adequado e efetivo da demanda coletiva (art. 83, CDC).

g) Autocomposição

Quanto à autocomposição, nos interesses difusos busca-se a tutela jurisdicional de direitos indisponíveis, por conseguinte, surge a eventual vedação da autocomposição. Esta simples conclusão decorre de um corriqueiro equívoco sobre o tema. Não pode ser confundida a ideia de autocomposição com disponibilidade do direito material. Autocomposição é uma das formas de resolução do litígio, que não pressupõe a disponibilidade do direito material, ou seja, o simples fato das partes formularem um acordo (autocomposição) não significa, *de per si*, que dispuseram do direito material objeto da demanda. Diante desta simples premissa é possível defender a tese segundo a qual é plenamente possível celebrar autocomposição em processos coletivos.

6. DIREITOS OU INTERESSES COLETIVOS EM SENTIDO ESTRITO

Os interesses coletivos em sentido estrito (*stricto sensu*) estão definidos no art. 81, parágrafo único, II, do CDC, e no art. 21, parágrafo único, I da LMS. São direitos transindividuais, de natureza indivisível de que sejam titulares membros grupo, categoria ou classe ligados entre si ou com a parte contrária por uma relação jurídica base.

Assim como os interesses difusos, os direitos coletivos em sentido estrito são também essencialmente coletivos, tendo relevância que transcende a esfera de interesse individual.

6.1. Aspectos subjetivos

a) **Quanto à titularidade**: conforme art. 81, parágrafo único, II do CDC, os sujeitos são indeterminados. Essa indeterminação cinge-se ao plano abstrato, porque no plano concreto os sujeitos são determináveis, ou seja, os titulares do direito material poderão ser individualizados.[30] Podemos afirmar, portanto, que os sujeitos são indeterminados, porém determináveis. Basta imaginar uma demanda coletiva proposta para questionar a inércia da Administração Pública estadual na implementação de determinado benefício funcional para uma categoria de servidores públicos. Ora, não há como, no plano meramente abstrato identificar todos aqueles que são servidores públicos destinatários do benefício, mas será possível apontar a sua categoria. No plano concreto, porém, será plenamente possível a sua identificação. Para tal desiderato, por exemplo, bastará a obtenção de uma listagem nominal para identificar os titulares do direito material subjacente à demanda coletiva.

---

30. "os interesses difusos supõe titulares indetermináveis, ligados por circunstância de fato, enquanto os coletivos dizem respeito a grupo, categoria ou classe de pessoas determinadas ou determináveis, ligadas pela mesma relação jurídica base". MAZZILI, Hugo Nigro. *A defesa dos interesses difusos em juízo: meio ambiente, consumidor, patrimônio cultural.* 27ª ed. São Paulo: Saraiva, 2014, p. 56.

b) **Quanto ao vínculo jurídico:** os membros desta coletividade ostentam a mesma relação jurídica base. A peculiaridade dos direitos coletivos em sentido estrito consiste na indivisibilidade decorrente da existência, como reflexo da situação da vida onde auferem sua gênese, de uma relação jurídica de direito material comum, inerente a todos os envolvidos na categoria considerada.[31] Essa relação jurídica base significa que esses sujeitos fazem parte de um mesmo grupo, categoria ou classe como, por exemplo, classe de advogados, adquirentes de um consórcio, mutuários do sistema de financiamento habitacional, alunos de determinada rede de ensino, membros de determinada categoria de trabalhadores, associação de produtores e etc.

Cabe salientar três aspectos relacionados ao vínculo entre os sujeitos que titularizam o direito em testilha:

a) anterioridade: a relação jurídica base deve ser anterior à lesão que fulcra a eventual demanda;

b) dupla origem: a relação jurídica base pode surgir tanto de uma *affectio societas* quanto da ligação entre os titulares do direito e a "parte contrária". No primeiro caso, podemos citar uma associação civil de pessoas e no segundo os contribuintes, os servidores etc.;

c) a relação jurídica base não se confunde com a relação jurídica controvertida que será objeto de análise na demanda coletiva.[32]

Imaginemos, por exemplo, três servidores públicos do Poder Executivo de determinado Estado da Federação, A, B e C. A categoria a qual pertencem faz jus a certo benefício funcional. Se o "A" propuser uma ação ordinária ou um MS individual, o resultado desse processo não atinge os demais. Como cada um deles tem uma relação jurídica própria com o executivo estadual, a demanda terá resultado *inter partes*, na forma do art. 506 do CPC. Esse resultado por si só, gera implementação do benefício, mas não vai atingir diretamente os demais, pois não vai implementar o benefício para os que não propuseram a ação. Nada obstante, conforme preconiza o art. 506, CPC, o resultado de um processo não pode gerar prejuízos para

---

31. *"Deste modo, as notas identificadoras dos interesses coletivos são: mínimo de organização, a fim de que tenham a coesão e a identificação necessárias; a afetação destes interesses a grupos determinados ou determináveis, que são seus portadores (ente esponziali); vínculo jurídico básico, comum a todos os integrantes do grupo, que lhes confere situação jurídica diferenciada."* BARROS LEONEL, Ricardo de. *Manual do Processo Coletivo.* 4ª ed. São Paulo: Malheiros, 2017, p.114-115.

32. *"(...) essa relação jurídica base não se confunde com a relação jurídica controvertida que será analisada no processo coletivo, sempre preexistente à lesão ou ameaça de lesão do direito do grupo, categoria ou classe de pessoas. Significa que o direito coletivo depende de uma relação jurídica que reúna os sujeitos em um grupo, classe ou categoria antes de qualquer violação ou ameaça de violação a um direito indivisível dessa comunidade."* NEVES, Daniel Amorim Assumpção. *Manual de Processo Coletivo.* 3ª ed. Salvador: Juspodivm, 2016, p. 114.

terceiros. Não houve a reprodução, no CPC/15, da vedação (prevista no art. 472, CPC/73) ao benefício de terceiros. Na norma do art. 506, CPC não há qualquer vedação para o resultado do processo beneficiar terceiros, mas tal benefício não tem o condão de gerar a implementação imediata do benefício funcional na esfera jurídica dos demais servidores.

Assim, percebe-se a diferença entre relação jurídica material divisível e indivisível. A relação jurídica base significa unicamente que A, B e C têm relação jurídica com a mesma pessoa. Se porventura o sindicato ou a entidade de classe propuser ou impetrar um mandado de segurança, a situação será diferente. A entidade buscará a implementação do benefício para a coletividade, ou seja, deduzirá uma relação jurídica de direito material indivisível. Apesar do direito material deduzido em juízo ser indivisível, a tutela jurisdicional pode ser divisível.[33]

6.2. Aspectos objetivos

As características referentes aos aspectos objetivos dos direitos coletivos em sentido estrito são exatamente as mesmas dos direitos difusos.

a) **Indisponibilidade:** o interesse coletivo em sentido estrito é, na essência, indisponível, ou seja, não será possível dispor do cerne do direito material, seja no plano extraprocessual ou no plano processual.

b) **Indivisibilidade:** o interesse coletivo em sentido estrito é indivisível. Essa indivisibilidade se dá no prisma material. O direito difuso é incindível, não pode ser fracionado entre os membros da coletividade.[34] O interesse difuso pertence à coletividade, é insuscetível de apropriação individual.

c) **Intransmissibilidade:** significa dizer que os interesses difusos são intransmissíveis,[35] haja vista os sujeitos serem indetermináveis e, portanto, não possibilita a transmissão *inter vivos* ou *mortis causa*.

Com o fito precípuo de evitar repetições desnecessárias que possam tornar a leitura cansativa, remetemos o leitor ao tópico relativo aos direitos difusos, pois todas as consequências processuais da indisponibilidade do direito material que foram abordadas, são integralmente aplicáveis aqui.

---

33. **Súmula 630 do Supremo Tribunal Federal:** "A entidade de classe tem legitimação para o mandado de segurança ainda quando a pretensão veiculada interesse apenas a uma parte da respectiva categoria".

34. NEVES, Daniel Amorim Assunção. *Manual de Direito Processual Civil*. São Paulo: Método, 2014, p. 117 O direito difuso é um direito que não pode ser fracionado entre os membros que compõe a coletividade. Dessa forma, havendo uma violação ao direito difuso, todos suportarão por igual tal violação, o mesmo ocorrendo com a tutela jurisdicional, que uma vez obtida aproveitará a todos indistintamente.

35. ZAVASCKI, Teori Albino. Defesa de direitos coletivos e defesa coletiva de direitos, *Revista de Informação Legislativa*, v. 32, n. 127, p. 83-96.

6.3. Aspectos processuais

Em regra, aplicam-se aos direitos coletivos em sentido estrito todas as considerações acerca dos aspectos processuais dos direitos difusos, com as seguintes peculiaridades:

a) Mutação no polo ativo

Relativamente formal. No plano abstrato a titularidade do direito coletivo em sentido estrito pertence a sujeitos indeterminados, como visto acima. Por exemplo: servidores públicos do Executivo. Abstratamente não se sabe quem são, mas é sabido que existe essa categoria. Qualquer alteração na titularidade ativa não precisará, *a priori*, ser formalizada nos autos, mas em determinadas etapas do procedimento será imprescindível essa formalização, mormente nas fases de liquidação e execução. No interesse difuso, ao reverso, a mutação é absolutamente informal.

b) Coisa julgada material

A coisa julgada material, segundo art. 502 do CPC é a autoridade que torna imutável e indiscutível a decisão de mérito não mais sujeita a recurso. Contudo, no processo coletivo, o regime da coisa julgada, por razões óbvias, possui regramento próprio estabelecido no art. 103 do CDC, notadamente quanto à *eficácia subjetiva da coisa julgada* e sobre o *regime de imutabilidade*.

Limite subjetivo da coisa julgada: a eficácia é *ultra partes*, mas limitada ao grupo, categoria ou classe, salvo improcedência por insuficiência de provas, nos termos do art.103, inciso II do CDC. Em razão do princípio da máxima efetividade da tutela, a eficácia de decisão é ultra partes, servindo como título executivo judicial desde que para beneficiar os lesados.[36] E os autores dos processos individuais não serão prejudicados, desde que optem pela suspensão destes processos enquanto se processa a ação coletiva ou poderão, ainda, excluir-se do seu âmbito pelo *right to opt out* (direito de sair) com a continuidade de suas ações individuais. Este sistema do *fair notice e right to opt* será analisado em capítulo próprio.

Regime jurídico da imutabilidade: a imutabilidade se divide em dois planos: subjetivo e objetivo. No p**lano subjetivo** analisa-se a **eficácia subjetiva da imutabilidade**, ou seja, quem será atingido pelo resultado do processo. Quando o interesse for coletivo em sentido estrito, a eficácia da sentença é *ultra partes*.

No plano objetivo analisa-se o **modo de produção da imutabilidade**, de que forma ela vai surgir. Em regra, no processo civil a imutabilidade é *pro et contra* (ou seja, ela independe do resultado da demanda, se procedência ou improcedência). Haverá coisa julgada material, qualquer que seja o resultado da demanda, desde

---

36. *"A extensão do julgado coletivo, para servir como título executivo para os indivíduos lesados só é permitida in utilibus (quando há procedência da ação), não sendo admissível a extensão prejudicial (na hipótese de improcedência por insuficiência de provas)".* BARROS LEONEL, Ricardo de. *Manual do Processo Coletivo.* 4ª ed. São Paulo: Malheiros, 2017, p. 349

que a sentença proferida seja de mérito (art. 487, CPC) e a eficácia subjetiva atinge somente as partes que efetivamente integram a relação jurídica processual, ou seja, a eficácia é *inter partes*, conforme preconiza o art. 506, CPC. No processo coletivo, porém, quando relativo à tutela de interesses difusos, o modo de produção sempre será condicionado ao resultado da instrução probatória.

É a chamada imutabilidade *secundum eventus probationis ou secundum eventum probationem*. Ou seja, se a improcedência for por insuficiência de provas, a despeito de resolver o mérito, acarretará somente coisa julgada formal. Se o resultado for procedência ou improcedência por qualquer outro fundamento haverá coisa julgada material. Assim, mesmo diante da sentença de mérito que julga o pedido improcedente por falta ou insuficiência de provas, poderá o mesmo legitimado que promoveu a demanda, bem como qualquer outro, renovar a ação coletiva, desde que colacione aos autos novas provas. As novas provas, portanto, têm natureza jurídica processual de condição de procedibilidade.

Estamos diante de um exemplo no qual uma sentença de mérito, ainda que transitada em julgado, não terá o condão de gerar a coisa julgada material.[37] Outra observação importante a ser feita é a de que estamos diante de um exemplo no qual a fundamentação da sentença terá influência direta na formação da coisa julgada material. Se a fundamentação da decisão de improcedência for falta ou insuficiência de provas, não haverá a formação da coisa julgada material, mas se a fundamentação for qualquer outra (que podemos chamar de improcedência pura), haverá a ocorrência da coisa julgada material.

7. DIREITOS OU INTERESSES INDIVIDUAIS HOMOGÊNEOS

São interesses essencialmente individuais, divisíveis, **mas acidentalmente coletivos**.[38] Apesar de individuais, sofrem a incidência da tutela coletiva. É como se houvesse a reunião, em um único processo, de várias demandas individuais, mas com resultados mais satisfatórios.[39] Segundo art. 81, parágrafo único, inciso III do CDC e art. 21, parágrafo único, II da LMS, são direitos de grupos, categorias ou classe de pessoas determinadas ou determináveis que decorrem de uma origem comum.

---

37. Tal observação é importante, pois os pressupostos para a formação da coisa julgada material são: a) decisão proferido no exercício de função jurisdicional típica; b) exercício de cognição judicial vertical exauriente ou exaustiva; c) decisão judicial que resolve o mérito e d) ocorrência do trânsito em julgado.
38. Ou como querem alguns: *"Os individuais homogêneos são efetivamente individuais e apenas formalmente ou processualmente (acidentalmente) coletivos."* BARROS LEONEL, Ricardo de. *Manual do Processo Coletivo.* 4ª ed. São Paulo: Malheiros, 2017, p. 118.
39. Há, entretanto, na doutrina quem sustente que os direitos individuais homogêneos não podem ostentar a natureza de transindividuais: *"direitos individuais, conquanto que homogêneos, são direitos individuais e não transindividuais. Peca por substancial e insuperável antinomia afirmar-se possível existência de direitos individuais transindividuais."* ZAVASCKI, Teori Albino. Defesa de direitos coletivos e defesa coletiva de direitos, *RePro* 78/35, São Paulo, Revista dos Tribunais, abril-junho/1995.

Além da origem comum, é necessário que entre os direitos exista uma relação de homogeneidade.[40]

As principais características dos direitos individuais homogêneos são:

a) titulares determinados ou determináveis;

b) direitos originariamente individuais, mas que recebem uma tutela jurisdicional coletiva;

c) objeto material divisível;

d) vínculo meramente fático decorrente de uma origem comum.

Em virtude destas características, surge uma divergência doutrinária, que pode ser assim dividida:

a) não se trata de direito transindividual;

b) é direito processualmente coletivo;

c) é direito transindividual.

A maioria da doutrina, a despeito de reconhecer a categoria jurídica dos direitos individuais homogêneos, afirma que não se trata de direito transindividual, mas a soma de direitos individuais ligados entre si por uma relação de afinidade, de semelhança ou de homogeneidade.[41] Há, por outro lado, quem sustente que os direitos individuais homogêneos são individuais e apenas formalmente ou processualmente coletivos.[42]

Contando com a nossa adesão, há quem sustente que os direitos individuais homogêneos são direitos transindividuais, com base nos seguintes argumentos:

a) a demanda coletiva proposta para a defesa de direitos individuais homogêneos não decorre da simples soma de direitos meramente individuais, ou seja, não se trata de uma ação coletiva, porque decorre da soma de demandas individuais;

b) a pretensão exercida pelo legitimado coletivo não tem o condão de tutelar individualmente os lesados e, tampouco, descreve o supedâneo fático de forma individualizada;

---

40. *"Essa origem comum, entretanto, parece não ser o suficiente para que se tenha um direito individual homogêneo. Apesar de ser o único requisito previsto pelo dispositivo legal ora analisado, para que a reunião de direitos individuais resulte em um direito individual homogêneo é necessário que exista entre eles uma homogeneidade, não sendo suficiente apenas a origem comum. A homogeneidade, portanto, seria o segundo elemento dessa espécie de direito".* NEVES, Daniel Amorim Assunção. *Manual de Direito Processual Civil.* São Paulo: Método, 2014, p. 120

41. ZAVASCKI, Teori Albino. *Processo Coletivo – Tutela de direitos coletivos e tutela coletiva de direitos.* 4ª ed. São Paulo: Revista dos Tribunais, 2009; ABELHA, Marcelo. Ação Civil Pública, In: DIDIER JR., Fredie (org.) *Ações Constitucionais.* 4ª ed., Salvador: Juspodivm, 2009; MENDES, Aluisio Gonçalves de Castro. *Ações Coletivas.* São Paulo: Revista dos Tribunais, 2002; MAZZILI, Hugo Nigro. *A defesa dos interesses difusos em juízo: meio ambiente, consumidor, patrimônio cultural.* 27ª ed. São Paulo: Saraiva, 2014; VIGLIAR, José Marcelo Menezes. *Tutela Jurisdicional Coletiva.* São Paulo: Atlas, 2001; ALMEIDA, Gregório Assagra de. *Manual das Ações Constitucionais.* Belo Horizonte: Del Rey, 2007; NEVES, Daniel Amorim Assumpção. *Manual de Direito Processual Coletivo.* 3ª ed. Salvador: Juspodivm, 2016, p. 160.

42. BARROS LEONEL, Ricardo de. *Manual do Processo Coletivo.* 4ª ed. São Paulo: Malheiros, 2017, p. 118.

c) a pretensão concentra-se em uma tese jurídica central que poderá alcançar todos os membros da coletividade com a consequente liquidação e execução no plano individual (transporte *in utilibus*) ou com a execução por meio do *fluid recovery;*

d) ainda que os titulares do direito material não se habilitem na demanda coletiva (art. 100, CDC), a demanda prosseguirá e o valor eventualmente obtido será revertido para o fundo de defesa dos direitos difusos, ou seja, para a própria coletividade.

Assim, é factível sustentar que os direitos individuais homogêneos são direitos coletivizados pelo ordenamento jurídico para fins de exercício da tutela jurisdicional.[43] No mesmo sentido, precedentes do Supremo Tribunal Federal.[44]

A demanda coletiva para tutela de direitos individuais homogêneos tem por pretensão uma condenação genérica (art. 95, CDC), pois há em seu âmago o objetivo de obter uma tutela jurisdicional coletiva que possa ser utilizada, de forma favorável somente, para todos os indivíduos que, de alguma forma, foram atingidos pelo ato lesivo. Os direitos individuais homogêneos são indivisíveis e indisponíveis até o momento de sua liquidação e execução, voltando a ser indivisíveis se não ocorrer a tutela integral do ilícito.[45] A divisibilidade, a rigor, decorre da possibilidade fática e jurídica de apropriação individual do seu objeto, ou seja, por meio do transporte *in utilibus* da sentença coletiva, as vítimas e seus sucessores poderão promover, no

---

43. *"A importância prática desta categoria é cristalina. Sem sua criação pelo Direito Positivo nacional, não existiria possibilidade de tutela coletiva de direitos individuais com natural dimensão coletiva em razão de sua homogeneidade, decorrente da massificação/padronização das relações jurídicas e das lesões daí decorrentes. A "ficção jurídica" atende a um imperativo do Direito: realizar com efetividade a Justiça frente aos reclamos da vida contemporânea. Assim, "tal categoria de direitos representa uma ficção criada pelo direito positivo brasileiro com a finalidade única e exclusiva de possibilitar a proteção coletiva (molecular) de direitos individuais com dimensão coletiva (em massa). Sem essa expressa previsão legal, a possibilidade de defesa coletiva de direitos individuais estaria vedada."* DIDIER JÚNIOR, Fredie; ZANETI JÚNIOR, Hermes. *Curso de Direito Processual Civil. Processo Coletivo.* 11ª ed. Salvador: JusPodivm, 2017, p. 80. No mesmo sentido, vale mencionar: *"uma ação coletiva para a defesa de direitos individuais homogêneos não significa a simples soma das ações individuais. Às avessas, caracteriza-se a ação coletiva por interesses individuais homogêneos exatamente porque a pretensão do legitimado concentra-se no acolhimento de uma tese jurídica geral, referente a determinados fatos, que pode aproveitar a muitas pessoas. O que é completamente diferente de apresentarem-se inúmeras pretensões singularizadas, especificamente verificadas em relação a cada um dos respectivos titulares do direito."* ARAÚJO FILHO, Luiz Paulo da Silva. *Ações coletivas: a tutela jurisdicional dos direitos individuais homogêneos.* Rio de Janeiro: Forense, 200, p. 114. GRINOVER, Ada Pelegrini. A ação civil pública refém do autoritarismo. In: *O processo: estudos e pareceres.* São Paulo: Perfil, 2005, p. 236. Ainda na doutrina, vale mencionar: *"Sob o aspecto processual, o que caracteriza os interesses transindividuais, ou de grupo, não é apenas o fato de serem compartilhados por diversos titulares individuais reunidos pela mesma relação jurídica ou fática. Mais do que isso, é a circunstância de que a ordem jurídica reconhece a necessidade de que o acesso individual dos lesados à Justiça seja substituído por um acesso coletivo, de modo que a solução obtida no processo coletivo não apenas deve ser apta a evitar decisões contraditórias como, ainda, deve conduzir a uma solução mais eficiente da lide, porque o processo coletivo é exercido em proveito de todo o grupo lesado."*(...) *"No processo coletivo, o pedido é formulado em proveito de um grupo, classe ou categoria de lesados, diversamente do que ocorre no processo individual, em que o pedido é formulado em favor das partes, que agem isoladamente ou em litisconsórcio."* MAZZILLI, Hugo Nigro. *A defesa dos interesses difusos em juízo: meio ambiente, consumidor, patrimônio cultural, patrimônio público e outros interesses.* 30ª ed. Rev., ampl. e atual. São Paulo: Saraiva, 2017.
44. RE 631111, Rel. Min. Teori Zavascki, Tribunal Pleno, j. 07.08.2014, DJe 29.10.2014; RE 163231, Rel. Min. Maurício Corrêa, Tribunal Pleno, j. 26.02.1997, DJe 29.06.2001.
45. DIDIER JÚNIOR, Didier e ZANETI JÚNIOR, Hermes. *Curso de Direito Processual Civil. Processo Coletivo.* 10ª ed. Salvador: JusPodivm, 2016, p. 73.

plano individual, a liquidação e a respectiva execução (cumprimento de sentença), conforme preconizam os arts. 97, 98, 99 e 103, § 3º, CDC. Nos direitos individuais homogêneos o grupo é formado por ficção jurídica, após a ocorrência do fato comum.

Como a pretensão exercida tem por fim uma condenação genérica, a determinação dos indivíduos ocorrerá, caso se habilitem como assistentes litisconsorciais, na forma do art. 94 do CDC, ou caso exercitem seu direito individual à indenização, em decorrência de habilitação para fins de liquidação e execução de sentença, na forma do art. 97 do CDC.[46] Não há dúvidas de que a origem deste tipo de demanda coletiva é a *class actions for damages* do direito norte-americano que versa sobre ação de reparação de danos à coletividade. Esta demanda pressupõe um feixe de interesses individuais homogêneos e paralelos, defendidos em juízo, na sua totalidade, por apenas um ou vários dos cointeressados, em razão da impraticabilidade da participação de todos no processo.[47]

Ricardo de Barros Leonel sintetiza, de forma brilhante e objetiva, todas as vantagens derivadas da propositura de demanda coletiva com o propósito de tutelar os direitos individuais homogêneos, quais sejam:

a) prevenção da proliferação de diversas demandas repetitivas (mesma causa de pedir e pedido);

b) evitar, por via de consequência, precedentes e decisões contraditórias;

c) obtenção de tutela jurisdicional isonômica, com a devida realização da segurança jurídica;

d) molecularização dos litígios em detrimento à sua atomização; e) possibilidade do transporte *in utilibus* da coisa julgada material coletiva.[48]

7.1. Aspectos subjetivos

a) **Titularidade:** o direito material pertence a sujeitos determinados ou determináveis, sendo possível individualizar, mesmo no plano abstrato, os membros da coletividade, conforme art. 81, parágrafo único, inciso III do CDC. Vale notar que nos demais direitos transindividuais (difusos e coleti-

---

46. *"Nessa perspectiva, o pedido nas ações coletivas será sempre uma "tese jurídica geral" que beneficie, sem distinção, os substituídos. As peculiaridades dos direitos individuais, se existirem, deverão ser atendidas em liquidação de sentença a ser procedida individualmente."* DIDIER JÚNIOR, Didier e ZANETI JÚNIOR, Hermes. *Curso de Direito Processual Civil. Processo Coletivo.* 11ª ed. Salvador: JusPodivm, 2017, p. 77.

47. MOREIRA, José Carlos Barbosa. Tendências contemporâneas do Direito Processual Civil. In: *Temas de Direito Processual*, terceira série. São Paulo: Saraiva, 1984, p. 10, nota 24. PINHO, Humberto Dalla Bernardina de. *A natureza jurídica do direito individual homogêneo e sua tutela pelo Ministério Público como forma de acesso à justiça.* Rio de Janeiro: Forense, 2002, p. 127. OLIVEIRA, Carlos Alberto Alvaro de. *A Ação coletiva de responsabilidade civil e seu alcance. Responsabilidade civil por danos a consumidores.* In: BITTAR, Carlos Alberto (coord.). São Paulo: Saraiva, 1992, p. 94. GIDI, Antonio. *Coisa julgada e litispendência em ações coletivas.* São Paulo: Saraiva, 1995.

48. BARROS LEONEL, Ricardo de. *Manual do Processo Coletivo.* 4ª ed. São Paulo: Malheiros, 2017, p. 118.

vos em sentido estrito) não é possível, no plano abstrato, individualizar os titulares do direito material.[49]

b) **Vínculo**: o vínculo entre estes sujeitos é fático, ou seja, o que os une é um fato de origem comum (relação *ex post factum*). Não confundir com o visto nos interesses difusos (*circunstância de fato*). Há uma relação *ex post factum*; ou seja, até a ocorrência do fato não havia qualquer vínculo entre os sujeitos. A origem comum prescinde da identidade factual e temporal.[50] A origem comum não significa uma única conduta no mesmo momento gerando a lesão aos interesses, mas sim, a mesma fonte e a mesma espécie de conduta ou atividade, ainda que tenha sua ocorrência postergada no tempo em mais de uma ação. Como exemplo, cite-se adquirentes de um medicamento que apresenta a mesma falha de produção danosa à saúde dos respectivos usuários, vítimas de publicidade enganosa veiculada por vários órgãos de informação em dias subsequentes, num largo espaço de tempo e em vários locais.[51]

Considerando que o vínculo entre os titulares dos direitos individuais homogêneos decorre de uma origem fática comum com certa homogeneidade, imprescindível abordar, em separado, os seus dois elementos: a) origem comum e b) homogeneidade.

No tocante à origem comum, a doutrina costuma afirmar que pode ser tanto fática quanto jurídica (de direito), desde que não se confunda com uma relação jurídica base. Deve ser levada em consideração a existência de uma unidade factual e temporal, ainda que não tenha uma exata identidade factual, como, por exemplo, a veiculação de uma publicidade enganosa por vários meios de comunicação diversos em dias e horários diversos. A origem comum também deve ser devidamente analisada em um prisma eminentemente processual e, neste caso, decorre dos dois elementos que compõem a causa de pedir: fatos e fundamentos jurídicos.[52]

---

49. *"Quanto à titularidade do direito material (aspecto subjetivo), temos que o direito difuso pertence a uma comunidade formada de pessoas indeterminadas e indetermináveis; o direito coletivo pertence a uma coletividade (grupo, categoria ou classe) formada de pessoas indeterminadas, mas determináveis; os direitos individuais homogêneos pertencem a uma comunidade formada de pessoas perfeitamente individualizadas, que também são indeterminadas e determináveis. (...) É imperativo observar que, ao contrário do que se costuma afirmar, não são vários, nem indeterminados, os titulares (sujeitos de direito) dos direitos difusos, coletivos ou individuais homogêneos. Há apenas um único titular – e muito bem determinado: uma comunidade no caso dos direitos difusos, uma coletividade no caso dos direitos coletivos ou um conjunto de vítimas indivisivelmente considerado no caso dos direitos individuais homogêneos. (...) Quem tem o direito público subjetivo à prestação jurisdicional referente a tais direitos (direito de ação coletivo) é apenas a comunidade ou a coletividade como um todo, através das entidades legalmente legitimadas à sua propositura."* GIDI, Antonio. *Coisa julgada e litispendência em ações coletivas.* São Paulo: Saraiva, 1995.
50. NEVES, Daniel Amorim Assunção. *Manual de Direito Processual Civil.* São Paulo: Método, 2014, p. 119 *"Para a melhor doutrina a origem comum pode ser fática ou jurídica (de direito), devendo-se ter em conta não ser necessária uma unidade factual e temporal. Excelente exemplo é a hipótese de vítimas de uma publicidade enganosa veiculada por vários órgãos de imprensa e em repetidos dias".*
51. BARROS LEONEL, Ricardo de. *Manual do Processo Coletivo.* 4ª ed. São Paulo: Malheiros, 2017, p. 116-117.
52. NEVES, Daniel Amorim Assumpção. *Manual de Direito Processual Coletivo.* 3ª ed. Salvador: Juspodivm, 2016, p. 157.

Quanto à homogeneidade, existe parcela doutrinária que a exige como forma de verificar a sobreposição do direito coletivo ante o direito individual e, com isso, evitar a eventual confusão entre uma demanda coletiva que tutela direito individual homogêneo de um litisconsórcio multitudinário (que não é uma demanda coletiva).[53]

Por outro lado, há quem sustente que, ainda que sejam verificadas tais características (origem comum e homogeneidade), não será possível aceitar tratamento coletivo de qualquer soma de direitos individuais, pois a origem comum, por exemplo, também está presente como requisito ensejador da realização de litisconsórcio, seja com maior ou menor intensidade (art. 113, I e § 1º, CPC). Este setor doutrinário, perante o qual declaramos a nossa completa adesão, exige que, além da origem comum e da homogeneidade, estejam presentes um número razoável (expressivo) de pessoas, fenômenos típicos de massa e grande repercussão subjetiva. Assim, podemos afirmar a necessidade da presença de cinco requisitos:

a) origem comum;

b) homogeneidade;

c) número razoável de pessoas;

d) fenômenos típicos de massa; e

e) grande repercussão subjetiva.[54]

Não é demais lembrar que somente as duas primeiras características elencadas são exigidas pelo ordenamento jurídico positivado, porém são exigências indispensáveis para que possa ser manejada uma demanda coletiva deste jaez.[55]

No tocante ao requisito da presença do número razoável de lesados, entretanto, Daniel Assumpção[56] e Marcelo Abelha Rodrigues apresentam a existência desta exigência nos seguintes artigos do CDC:

a) art. 94: previsão de publicação de editais para permitir o ingresso de eventuais interessados na demanda coletiva em curso;

---

53. WATANABE, Kazuo; GRINOVER, Ada Pellegrini. *Código Brasileiro de Defesa do Consumidor Comentado pelos autores do Anteprojeto*. 3ª ed. Rio de Janeiro: Forense Universitária, 1993

54. NEVES, Daniel Amorim Assumpção. *Manual de Direito Processual Coletivo*. 3ª ed. Salvador: Juspodivm, 2016, p. 159; MENDES, Aluisio Gonçalves de Castro. *Ações Coletivas*. São Paulo: Revista dos Tribunais, 2002, p. 221; RODRIGUES, Marcelo Abelha. Ação Civil Pública. In: DIDIER JR., Fredie (org.) *Ações Constitucionais*. 4ª ed. Salvador: Juspodivm, 2009.

55. Vale mencionar que Fredie Didier Jr. sustenta a existência de um núcleo de homogeneidade (nas fases de conhecimento e na fase de execução pelo fluid recovery) e uma margem de heterogeneidade (na fase de liquidação e execução no plano individual), que foi reconhecida no bojo do RE 631.111/GO. DIDIER JÚNIOR, Fredie; ZANETI JÚNIOR, Hermes. *Curso de Direito Processual Civil. Processo Coletivo*. 11ª ed. Salvador: JusPodivm, 2017, p. 82-83.

56. "*Cumpre finalmente uma consideração. Diferente dos direitos difusos e coletivos, o direito individual homogêneo não é um direito transindividual, visto que o seu titular não é a coletividade nem uma comunidade, mas sim os indivíduos. É, na lição da melhor doutrina, a soma de direitos individuais ligados entre si por uma relação de afinidade, de semelhança, ou de homogeneidade.*" NEVES, Daniel Amorim Assumpção. *Manual de Direito Processual Coletivo*. 3ª ed. Salvador: Juspodivm, 2016, p. 159; RODRIGUES, Marcelo Abelha. Ação Civil Pública, In: DIDIER JR., Fredie (org.) *Ações Constitucionais*. 4ª ed. Salvador: Juspodivm, 2009.

b) art. 95: previsão do proferimento de uma sentença de procedência condenatória genérica, porque o juiz não tem condições de individualizar todos os lesados neste momento processual;

c) art. 100: prevê expressamente a possibilidade de os legitimados coletivos promoverem a execução da sentença coletiva de procedência, caso não compareça um número razoável de pessoas para formular a habilitação no processo coletivo.

Impende salientar, por oportuno, a existência de algumas decisões do Superior Tribunal de Justiça no mesmo sentido do texto exigindo a presença de um número expressivo e razoável de pessoas para que o direito material possa ser qualificado juridicamente como sendo individual homogêneo. Há precedente, inclusive, vedando a atuação do Ministério Público na defesa dos direitos individuais homogêneos em virtude da quantidade ínfima de lesados apresentada na demanda.[57]

c) **Alteração da titularidade:** considerando que os membros fazem parte de uma coletividade definida, a alteração da titularidade é facilmente identificada e deve ser formalizada nos autos. Portanto, é factível sustentar uma mutação absolutamente formal no polo ativo da demanda.

7.2. Aspectos objetivos

a) **Divisibilidade:** os interesses individuais homogêneos são divisíveis, portanto suscetíveis de apropriação individual.[58]

Apesar de ser comumente classificado como divisível o direito individual homogêneo, impende salientar que, a depender do momento processual, poderá ser considerado como indivisível. Explica-se. Enquanto não houver a realização da liquidação e execução no plano individual, pode ser considerado como indivisível, pois não terá ocorrido, ainda, a apropriação individual do direito. Mas se não houver a tutela integral do ilícito, voltará a ser indivisível. Assim, podemos afirmar que durante a fase de conhecimento o direito individual homogêneo será considerado como indivisível e que, após a realização da liquidação e execução no plano individual, será considerado divisível.[59]

---

57. REsp 823.063-PR, Rel. Min. Raul Araújo, j. 14.2.2012; AgRg no REsp 710.337/SP, Rel. Min. Sidnei Beneti, 3ª T., j. 15.12.2009, DJe 18.12.2009; REsp 1109335/SE, Rel. Min. Luis Felipe Salomão, 4ª T., j. 21.06.2011, DJe 01.08.2011; AgRg no REsp 710.337/SP, Rel. Min. Sidnei Beneti, 3ª T., j. 15.12.2009, DJe 18.12.2009.

58. *"O objeto do direito individual homogêneo não é indivisível, como ocorre no direito difuso e coletivo, sendo divisível e decomponível entre cada um dos indivíduos. Como não existe a incindibilidade natural dos direitos transindividuais, o direito individual homogêneo é apenas a soma de direito individuais, que fundados em uma tese geral podem ser tratados conjuntamente como se fossem um só em um processo coletivo."* NEVES, Daniel Amorim Assumpção. *Manual de Direito Processual Civil.* São Paulo: Método, 2014, p.122

59. *"A divisibilidade, perceba-se, somente se manifestará nas fases de liquidação e execução da sentença coletiva."* (…) *"E mais. Como a homogeneidade decorre tão só e exclusivamente da origem comum dos direitos, estes não precisam ser iguais quantitativa ou qualitativamente."* GIDI, Antonio. *Coisa julgada e litispendência em ações coletivas.* São Paulo: Saraiva, 1995. No mesmo sentido, vale mencionar: *"Como corolário desse entendimento, e ainda da precisa lição de que os direitos coletivos lato sensu têm dupla função material e processual e foram positivados em razão da necessidade de sua tutela jurisdicional, os direitos individuais homogêneos são indi-*

Pela regra do art. 94 do CDC, admite-se a intervenção individual, como litisconsortes, no bojo do processo coletivo. Assim, proposta a ação coletiva, é publicado edital no órgão oficial, a fim de que os interessados tenham ciência da existência da demanda coletiva (princípio da publicidade) e possam intervir no processo como litisconsortes. O art. 18, parágrafo único, do CPC preconiza a mesma possibilidade ao afirmar que o substituído pode intervir no processo como assistente litisconsorcial. O § 2º do art. 10 da LMS também admite a intervenção de litisconsorte ativo, mas limita o seu ingresso somente até o despacho da inicial gerando, por via de consequência, a denominada *perpetuatio legitimationis*. O tema referente à intervenção individual será mais bem desenvolvido no capítulo sobre as modalidades de intervenção de terceiros. Nada obstante, vale, neste momento, mencionar a principal consequência processual decorrente da intervenção individual no processo coletivo.

b) **Consequência processual da intervenção individual**: em regra, o resultado de um processo coletivo só atinge a esfera jurídica individual para beneficiá-la, jamais para prejudicá-la. É o que se chama de regime jurídico *in utilibus*. Logo, se o resultado de uma ação coletiva for pela improcedência, aquele indivíduo, que não integrou a relação jurídica processual, pode promover ação individual (art. 103, § 1º, CDC); se o resultado for positivo, o indivíduo que não integrou a relação jurídica processual pode liquidar a sentença coletiva.

Entretanto, havendo intervenção individual nas ações coletivas, haverá consequência processual distinta quanto ao modo de produção da coisa julgada. Da leitura do artigo 103, *caput* e § 2º do CDC podemos inferir que no caso de **improcedência do pedido**, somente os interessados **que não tiverem intervindo** no processo como litisconsortes poderão propor ação de indenização a título individual.[60]

Assim, podemos concluir que aquele litisconsorte que ingressa no processo sofrerá os efeitos do resultado da demanda, positivo ou negativo. Para ele, o regime será da imutabilidade **pro et contra,** ocorrerá a coisa julgada material. Já aquele indivíduo que não ingressou, só será atingido pelo resultado positivo, havendo o transporte *in utilibus* para a esfera individual.

---

visíveis e indisponíveis até o momento de sua liquidação e execução, voltando a ser indivisíveis se não ocorrer a tutela integral do ilícito." (...) *"Nos direitos individuais homogêneos, o grupo é criado, por ficção legal, após o surgimento da lesão. Trata-se de um grupo de vítimas. A relação que se estabelece entre as pessoas envolvidas surge exatamente em decorrência da lesão, que tem origem comum: essa comunhão na ancestralidade da lesão torna homogêneos os direitos individuais. Criado o grupo, permita-se a tutela coletiva, cujo objeto, como em qualquer ação coletiva, é indivisível (fixação da tese jurídica geral); a diferença, no caso, reside na possibilidade de, em liquidação e execução da sentença coletiva, o quinhão devido a cada vítima pode ser individualizado."* DIDIER JÚNIOR, Fredie; ZANETI JÚNIOR, Hermes. *Curso de Direito Processual Civil. Processo Coletivo.* 11ª ed. Salvador: JusPodivm, 2017, p. 78.

60. "há previsão de que, se improcedente a demanda coletiva, os interessados que não tiverem interferido como "litisconsortes" (na verdade assistentes) poderão propor ações individuais de indenização; e de que os autores de demandas individuais não serão pela decisão coletiva se não for requerida a suspensão da ação individual no prazo de trinta dias a contar da ciência, no feito, do ajuizamento da coletiva". BARROS LEONEL, Ricardo de. *Manual do Processo Coletivo.* 4ª ed. São Paulo: Malheiros, 2017, p. 351

c) Transmissibilidade: considerando que os sujeitos que titularizam os direitos individuais homogêneos são determináveis (individualizáveis), podemos afirmar que são transmissíveis, ou seja, podem ser transmitidos *inter vivos* ou *mortis causa*. É possível, portanto, sucessão processual *inter vivos* ou *mortis causa*.

d) Disponibilidade: os direitos individuais homogêneos são disponíveis, como regra. Dependendo do caso concreto podem ser indisponíveis. A disponibilidade ou não do direito material subjacente à demanda será primordial para a fixação da legitimação ativa do Ministério Público para o exercício judicial da sua tutela, conforme se verá em capítulo próprio.

7.3. Aspectos processuais

a) Mutação processual

Absolutamente formal. O autor deve formalizar nos autos a alteração no polo ativo, pois os sujeitos que titularizam os interesses são determinados, ou seja, podem ser individualizados no caso concreto, notadamente no momento processual após o encerramento da fase de conhecimento do procedimento comum. A partir do proferimento da sentença de mérito condenatória no processo coletivo, será possível a liquidação e a execução no plano individual, momento no qual as vítimas do evento e os seus sucessores serão, enfim, individualizados.

b) Legitimidade

A legitimidade segue a regra geral. Para a doutrina majoritária é uma legitimidade extraordinária, como será abordado em capítulo próprio. A questão mais relevante, neste tema, é verificar a legitimidade do Ministério Público para a tutela jurisdicional dos direitos individuais homogêneos. Como será visto em capítulo próprio, os Tribunais Superiores, bem como a doutrina dominante, sustentam que o Ministério Público somente ostenta legitimidade para o exercício judicial da tutela dos interesses individuais homogêneos quando estiverem presentes os seguintes requisitos:

a) indisponibilidade do direito material subjacente;

b) relevância social do interesse.

c) Legitimação e negócio jurídico processual

A regra geral em nosso ordenamento é a legitimidade ordinária ou comum. A exceção é a legitimidade extraordinária, que precisa de autorização expressa, que, no CPC/73, dependia de norma jurídica legal. O CPC/15 ampliou a possibilidade de autorização da legitimação extraordinária. Segundo a regra do art. 18, ninguém poderá pleitear direito alheio em nome próprio, salvo quando autorizado pelo **ordenamento jurídico**. No CPC/15, para que exista legitimidade extraordinária é necessária autorização no ordenamento jurídico. Considerando, por certo, que o termo ordenamento jurídico ostenta acepção mais ampla do que autorização legal, factível sustentar que não é mais necessária uma disposição legal autorizativa. Logo, hoje pode haver autorização por negócio jurídico processual. Assim, há uma ampliação do aspecto autorizativo. Com o advento da nova regra, será possível sustentar a existência de legitimidade extraordinária criada por negócio jurídico processual. O tema mais bem desenvolvido em tópico específico acerca dos reflexos do novo CPC nos processos coletivos, para o qual remetemos o leitor.

d) Autocomposição

Quanto à autocomposição, ao contrário dos interesses difusos e coletivos *estrito sensu*, a regra para os interesses individuais homogêneos é a disponibilidade do direito material, afastando, por conseguinte, a eventual vedação da autocomposição. Apesar disso, vale mencionar um corriqueiro equívoco sobre o tema. Não pode ser confundida a ideia de autocomposição com disponibilidade do direito material. Autocomposição é uma das formas de resolução do litígio, que não pressupõe a disponibilidade do direito material, ou seja, o simples fato das partes formularem um acordo (autocomposição) não significa, *de per si*, que dispuseram do direito material objeto da demanda. Diante desta simples premissa é possível defender a tese segundo a qual é plenamente possível celebrar autocomposição em processos coletivos.

e) Eficácia subjetiva da sentença coletiva de procedência

Nas demandas acidentalmente coletivas, a eficácia subjetiva da coisa julgada material é *erga omnes*, conforme art. 103, III, CDC, e atingirá a esfera jurídica das vítimas do evento danoso somente para beneficiá-las, jamais para prejudicá-las (regime jurídico *in utilibus*). Apesar da utilização pelo legislador da nomenclatura *erga omnes*, bem como pela doutrina largamente dominante, reputamos mais adequada a nomenclatura *erga victimae*, pois o resultado da demanda não atingirá a todos de forma indistinta, mas tão somente às vítimas do evento danoso. Assim, julgada procedente a pretensão da ação coletiva de responsabilidade, por exemplo, pelos danos individualmente sofridos, proposta nos termos do art. 91, CDC, a sentença beneficiará todas as vítimas e seus sucessores, que poderão proceder à liquidação e execução (cumprimento) da sentença, na forma dos arts. 97 e 103, § 3º, CDC. Há, na doutrina, quem também critique a adoção da nomenclatura legal, com base na premissa aqui veiculada, mas sustenta que o ideal seria o uso do termo *ultra partes*.[61]

---

61. "*Não obstante, não se vislumbra fundamento para qualificar a coisa julgada coletiva benéfica a interesses individuais homogêneos como erga omnes, pois, assim como ocorre em relação aos interesses coletivos, e diferentemente do que se dá no tocante aos difusos, seus titulares são identificáveis, de modo que teria sido melhor haver empregado a locução ultra partes.*" ANDRADE, Adriano. *Interesses difusos e coletivos esquematizado.* 5ª ed. Rev., atual. e ampl. Rio de Janeiro: Forense; São Paulo: Método, 2015. No mesmo sentido: "*Mas então, se foi esse o intento, melhor teria sido que o legislador se tivesse valido do conceito de eficácia ultra partes também para referir-se aos interesses individuais homogêneos (ao contrário, aqui falou, contraditoriamente, em eficácia erga omnes). Quanto a estes, a lei também deveria ter mencionado efeitos ultra partes, e não erga omnes, porque a defesa de interesses individuais homogêneos abrange apenas os integrantes do grupo, classe ou categoria de pessoas lesadas (as vítimas ou seus sucessores), do mesmo modo que ocorreria na defesa de interesses coletivos, em sentido estrito.*" MAZZILLI, Hugo Nigro. *A defesa dos interesses difusos em juízo: meio ambiente, consumidor,*

Assim, o **limite subjetivo da coisa julgada material** nos direitos individuais homogêneos será *erga omnes.*

A tutela coletiva dos interesses individuais homogêneos, conforme decisão do STJ[62] se desdobra em duas etapas, sendo que a efetivação do direito reconhecido na fase de conhecimento ocorre na liquidação e no cumprimento de sentença, em que são averiguadas as características individuais de cada relação jurídica particular e na qual predomina o princípio da primazia do cumprimento individual, com a legitimação, em regra, dos efetivos lesados pela prática ilegal reconhecida na fase cognitiva.

f) Regime jurídico da imutabilidade

A imutabilidade se divide em dois planos: subjetivo e objetivo. No **plano subjetivo** analisa-se a **eficácia subjetiva da imutabilidade**, ou seja, quem será atingido pelo resultado do processo. Quando o interesse for individual homogêneo, a eficácia da sentença é *erga omnes,* conforme determinação expressa do art. 103, III, CDC, como vimos acima.

No plano objetivo analisa-se o **modo de produção da imutabilidade**, de que forma ela vai surgir. Em regra, no processo civil a imutabilidade é *pro et contra* (ou seja, ela independe do resultado da demanda, se procedência ou improcedência). Haverá coisa julgada material, qualquer que seja o resultado da demanda, desde que a sentença proferida seja de mérito (art. 487, CPC) e a eficácia subjetiva atinge somente as partes que efetivamente integram a relação jurídica processual, ou seja, a eficácia é *inter partes*, conforme preconiza o art. 506, CPC.

Nas ações coletivas que tutelam direitos individuais homogêneos, porém, o modo de produção é o condicionado ao resultado da demanda, imutabilidade *secundum eventus litis,* conforme artigo 103, III do CDC. Assim, não há que se falar na aplicação da imutabilidade *secundum eventus probationis*, conforme já decidiu o Superior Tribunal de Justiça.[63] Caso o resultado da demanda coletiva proposta para a tutela dos direitos individuais homogêneos obtenha o resultado improcedência, haverá coisa julgada material. Após o trânsito em julgado de decisão que julga improcedente ação coletiva proposta em defesa de direitos individuais homogêneos, independentemente do motivo que tenha fundamentado a rejeição do pedido, não é possível a propositura de nova demanda com o mesmo objeto por outro legitimado coletivo, ainda que em outro estado da federação. Este é o entendimento predominante na doutrina.[64]

---

patrimônio cultural, patrimônio público e outros interesses. 21ª ed. Rev., ampl. e atual. São Paulo: Saraiva, 2008.

62. Resp. 1.821.688/SP, Rel. Min. Nancy Andrighi, 3ª T., j. 03.10.2019.
63. REsp 1.302.596-SP, Rel. Min. Paulo de Tarso Sanseverino, Rel. para acórdão Min. Ricardo Villas Bôas Cueva, j. 9.12.2015, DJe 1.2.2016.
64. LENZA, Pedro. *Teoria Geral da Ação Civil Pública*. São Paulo: Revista dos Tribunais, 2003. WATANABE, Kazuo; GRINOVER, Ada Pellegrini. *Código Brasileiro de Defesa do Consumidor Comentado pelos autores do Anteprojeto*. 3ª ed. Rio de Janeiro: Forense Universitária, 1993.

Há, na doutrina,[65] contudo, quem defenda, diante da redação lacunosa do art. 103, III, CDC, que o resultado improcedência por insuficiência de provas não poderá acarretar coisa julgada material, mas somente formal, com base nos seguintes argumentos:

a) o CDC não regulamenta a coisa julgada material nas hipóteses de tutela de direitos individuais homogêneos, pois somente refere-se à extensão subjetiva do resultado positivo da demanda coletiva;

b) em virtude desta omissão, dever-se-á aplicar o microssistema da tutela coletiva e, portanto, usar o regime jurídico da imutabilidade no plano objetivo dos direitos difusos e coletivos em sentido estrito;

c) a interpretação literal do dispositivo em comento não pode gerar a conclusão de que somente nas demandas essencialmente coletivas, aplicar-se-á o regime *secundum eventus probationis*.

Vale mencionar, conforme visto anteriormente, a possibilidade de ocorrer a imutabilidade *pro et contra* nas demandas que veiculam a pretensão de tutela de interesses individuais homogêneos, desde que ocorre a intervenção individual no processo, na forma do art. 94, CDC. Com esta intervenção, o indivíduo será atingido por qualquer que seja o resultado da demanda (positivo ou negativo), excepcionando a regra geral do processo coletivo acerca do regime jurídico *in utilibus* da sentença coletiva (art. 103, § 2º, CDC).

Em suma, podemos afirmar que nas demandas coletivas podem ser aplicadas duas modalidades de imutabilidade:

a) incondicionada (*pro et contra*), somente nos casos de intervenção individual nas demandas coletivas (arts. 94 c/c 103, § 2º, CDC);

b) condicionada: b.1) condicionada ao resultado da demanda (*secundum eventus litis*), nos casos dos direitos individuais homogêneos, conforme a doutrina majoritária e o STJ; e b.2) condicionada ao resultado da instrução probatória (*secundum eventus probationis*), aplicável nos casos dos direitos difusos e coletivos em sentido estrito.

Com o fim de facilitar a visualização do regime jurídico geral da imutabilidade no processo coletivo, segue o quadro sinótico:

---

65. *"Assim, parece que, aplicando o princípio hermenêutico de que a solução das lacunas deve ser buscada no microssistema coletivo, se pode concluir que se a ação coletiva for julgada procedente ou improcedente por ausência de direito, haverá coisa julgada no âmbito coletivo, seguindo o modelo já examinado para os direitos difusos e coletivos em sentido estrito."* DIDIER JR., Fredie; ZANETI JR., Hermes. *Curso de Direito Processual Civil – Processo Coletivo*. 4ª ed. Salvador: Juspodivm, 2007 p.430.

g) Revelia

A revelia está prevista no art. 344 do CPC e seu o conceito permanece inalterado, ainda que se trate de processo coletivo, ou seja, revelia é a ausência de contestação.[66] Se o réu não contestar o pedido, presumir-se-ão verdadeiras as *alegações de fato* formuladas pelo autor. A presunção não recai sobre fatos, mas sim sobre as alegações de fato.

A revelia pode ser classificada como *relevante e irrelevante*. **Revelia relevante** é aquela em que é aplicado o principal efeito da revelia, que é a presunção relativa de veracidade, como preconiza a parte final do art. 344, CPC. A **irrelevante** é aquela que é decretada sem aplicação do principal efeito, conforme artigo 345 do CPC. Pela regra do inciso II desse artigo, a revelia não produz o efeito mencionado no artigo 344 se o litígio versar sobre direitos indisponíveis. Se o litígio versar sobre direitos indisponíveis, portanto, a revelia será irrelevante.[67]

Transportando essa ideia para os direitos individuais homogêneos: **pode ser decretada revelia relevante em uma ação coletiva que tutela interesses individuais homogêneos?** Essa norma tem por objeto a proteção da esfera jurídica do réu que titulariza direito material indisponível. Na ação coletiva que tutela interesse individual homogêneo, o direito material, como regra, é disponível, portanto inaplicável a regra em comento. Entretanto, diante das peculiaridades do caso concreto, o direito material pode ser considerado indisponível, o que, por certo, atrairia a aplicação da regra, porém, o direito indisponível é titularizado pelo autor da ação e não pelo réu.

---

66. Merece destaque a possibilidade de decretação da revelia mesmo diante do oferecimento tempestivo da contestação, desde que a parte esteja em uma das situações definidas no art. 76, § 1º, II, CPC.
67. REsp 1544541/PE, Rel. Min. Humberto Martins, 2ª T., j. 17.11.2015.

O direito indisponível na ação coletiva encontra-se no polo ativo e não no polo passivo. Se a titularidade do direito indisponível é verificada no polo ativo, não faz sentido aplicar o artigo 345, II do CPC/15. Portanto, forçoso concluir pela aplicação da revelia relevante em processo coletivo.

Contudo, se for uma ação coletiva passiva (ou situação jurídica coletiva passiva), pode ser que o direito material titularizado seja indisponível. Nessa hipótese aplicar-se-á o artigo 345, II.

h) Confissão

Pela regra do art. 382 do CPC haverá confissão quando a parte admite a verdade de fato contrário ao seu interesse e favorável ao do adversário. O art. 392, por seu turno, estabelece que não vale como confissão a admissão, em juízo, de fatos relativos a direitos indisponíveis. O destinatário da regra do art. 392 é o confitente titular de direito material indisponível. Assim, não se pode afirmar que não caberá confissão nas ações coletivas, mormente quando tutelar direito individual homogêneo disponível.

Somente valerá como confissão, portanto, a admissão de fato relativa à direito disponível da parte confitente. Nos processos coletivos, será possível a realização da confissão, mas quando realizada pelo legitimado coletivo, será utilizado o art. 392, CPC para afastar os seus efeitos jurídicos, pois a sua atuação relaciona-se ao direito material indisponível ou disponível (quando o objetivo for a tutela de direito individual homogêneo), mas não impedirá que a parte contrária, desde que seja titular de direito material disponível, admita fato que lhe seja desfavorável e valha, portanto, como confissão. Não é, portanto, o tipo de litígio, que envolve ou não direito indisponível, o critério para aplicação do art. 392, CPC, mas o titular do direito material indisponível que pratica o fato.

i) Convenção das partes sobre ônus da prova

A distribuição diversa do ônus da prova pode ocorrer por convenção das partes. É o que se denomina de inversão convencionada do ônus da prova. Trata-se de negócio jurídico processual típico admitido pelo ordenamento jurídico, desde que sejam observados os requisitos previstos no art. 373, § 3º, CPC. No que tange ao tópico ora em testilha, interessa o que estabelece o inciso I do § 3º, do art. 373 do CPC. Esta norma veda a realização desta convenção processual quando o litígio versa sobre direito indisponível e o objeto da convenção recaia sobre **direito indisponível da parte**.

Pode em uma ação coletiva ser realizada convenção das partes para distribuir de forma diversa o ônus das partes? O inciso I do § 3º, do art. 373 do CPC não veda a convenção em litígios sobre direitos indisponíveis, mas sim quando a convenção recair sobre o **direito material indisponível da parte**. Assim, a convenção só não será possível quando o ônus da prova for ampliado em desfavor do titular do direito material indisponível.

Seria um tremendo contrassenso vedar a realização da inversão convencionada do ônus da prova em favor da coletividade, pelo simples fato do litígio versar sobre direito material indisponível. Ademais, vedar tal possibilidade, no caso, violaria o princípio da máxima efetividade da tutela coletiva.

f) Negócio jurídico processual

Versando o processo sobre direitos que admitam autocomposição, a cláusula geral do art. 190 do CPC permite a realização de diversos negócios jurídicos processuais, podendo as partes estipular mudanças no procedimento para ajustá-lo às especificidades da causa e convencionar sobre os seus ônus, poderes, faculdades e deveres processuais, antes ou durante o processo. O CPC/15 trouxe como novidade a possibilidade de celebração de negócio jurídico processual atípico, em decorrência da cláusula geral ou genérica prevista no art. 190.

Pela regra da cláusula geral do art. 190 do CPC, se a demanda versar sobre direito que não admita autocomposição não será possível a realização de negócio jurídico processual. O tema será aprofundado no capítulo referente aos reflexos do novo CPC nos processos coletivos, mas para deixar clara a posição adotada nesta obra, sem prejuízo de remeter o leitor à leitura do capítulo referido, sustentamos a plena possibilidade de celebração de negócio jurídico processual na esfera dos processos coletivos, com base nos seguintes fundamentos:

a) não podem ser confundidos os conceitos de direito que não admita autocomposição (tipo de resolução de conflito) com direito indisponível (conceito atrelado à disponibilidade do cerne do direito);

b) a Lei 13.140/2015, novo marco regulatório da autocomposição de conflitos no âmbito da Administração Pública, estabelece a possibilidade de conciliação nas matérias discutidas em ação de improbidade, desde que com anuência expressa do juiz da causa ou ministro relator (art. 36, § 4º);

c) a celebração de convenções (negócios) processuais pelo Ministério Público (principal legitimado coletivo para as ações coletivas) foi recomendada pela Resolução 118 do Conselho Nacional do Ministério Público. As convenções processuais foram indicadas como forma de realização de autocomposição (arts. 15, 16 e 17 da Resolução);

d) é inegável a possibilidade de realização de autocomposição na seara do processo coletivo, pois o próprio ordenamento permite a celebração de termo de ajustamento de conduta (art. 5º, § 6º, LACP), acordo de leniência (art. 16, LAC e art. 86, LDC), compromisso de cessação (art. 85, LDC) e acordo de não persecução cível (art. 17-B, da LIA); e

e) a celebração de uma convenção processual poderá, em última análise, reforçar a proteção processual de um direito transindividual, mantendo, com isso, a higidez do cerne do direito e, portanto, respeitando o princípio da máxima efetividade da tutela coletiva, ou seja, o resultado mais adequado e efetivo da demanda coletiva (art. 83, CDC).

No tocante à tutela jurisdicional dos direitos individuais homogêneos, é ainda mais fácil defender a possibilidade da celebração de negócios jurídicos processuais, pois, como regra, o direito material subjacente é disponível e, ainda que fosse indisponível no caso concreto, poder-se-ia defender a posição aqui defendida com base nos argumentos apresentados.

8. O INCIDENTE DE RESOLUÇÃO DE DEMANDAS REPETITIVAS, OS DIREITOS INDIVIDUAIS HOMOGÊNEOS E COLETIVIZAÇÃO DAS DEMANDAS

Nosso ordenamento jurídico positivado prevê uma tricotomia nos interesses transindividuais, conforme visto anteriormente.

Os interesses transindividuais e, por sua vez, as demandas coletivas, dividem-se em dois grandes grupos: interesses essencialmente coletivos e interesses acidentalmente coletivos. Os interesses essencialmente coletivos são compostos pelos interesses difusos e coletivos em sentido estrito (art. 81, parágrafo único, I e II do CDC).

Tais interesses são indisponíveis, indivisíveis e insuscetíveis de apropriação individual. Nestes casos, a relação jurídica deduzida em juízo torna-se indivisível da mesma forma, não permitindo que o indivíduo promova ação própria para a tutela destes direitos coletivos.

Por outro lado, os interesses acidentalmente coletivos são compostos por interesses individuais homogêneos. São interesses individuais na essência, mas que comportam tutela jurisdicional coletiva. Será, a bem da verdade, uma tutela coletiva de direitos individuais, visto que se lastreiam em fato comum (art. 81, parágrafo único, III do CDC).

Tais interesses são disponíveis, como regra, divisíveis e suscetíveis de apropriação individual. Neste caso, será possível a propositura de demandas individuais para tutela dos interesses, posto divisíveis.

O presente incidente somente se presta para atingir os interesses acidentalmente coletivos, ou seja, os interesses individuais homogêneos. Estes interesses não são de fato materialmente coletivos, mas, sim como quer a doutrina dominante e já referida, individuais, sendo submetidos a tratamento coletivo por mera questão de política legislativa processual. Estes interesses versam sobre os direitos repetitivos ou massificados, razão pela qual se enquadrariam perfeitamente neste incidente.[68]

---

68. RODRIGUES, Roberto de Aragão Ribeiro. *Ações Repetitivas: o novo perfil da tutela dos direitos individuais homogêneos*. Curitiba: Juruá, 2013, p.192.

Por outro lado, há quem entenda[69] que os direitos individuais homogêneos, assim entendidos na forma do artigo 81, parágrafo único, inciso III do CDC, não se confundem com os direitos que dão origem às ações repetitivas.

Para os direitos individuais homogêneos, exige-se origem comum e homogeneidade. Para os direitos que dão origem às ações repetitivas, dispensa-se a origem comum, pois a principal exigência, conforme se denota da redação do art. 976, CPC é que os processos contenham controvérsia sobre a mesma questão unicamente de direito. A homogeneidade é mitigada, enquanto requisito, por ser muito mais superficial a análise para sua caracterização.

A distinção apresentada pode ser afastada para fins de aplicação do incidente de resolução de demandas repetitivas. Os direitos individuais homogêneos derivam de um fato comum ensejador da demanda, mas que também configura um fator de multiplicação das demandas individuais e, até coletivas. Os direitos ensejadores das ações repetitivas, por sua vez, versam, a rigor, sobre tema afeto ao mesmo cerne jurídico. Esta distinção existe e merece análise, porém, não terá o condão de arrostar a possibilidade de utilização dos direitos individuais homogêneos como fator de admissibilidade do incidente.

8.1. Sistema do *fair notice* e *right to opt in or out* aplicável aos processos coletivos que veiculam direitos individuais homogêneos

No estudo do processo coletivo comum, notadamente quando existir a concomitância de demandas coletivas e demandas individuais sobre o mesmo tema, exsurge, de imediato, indagação a respeito da estabilidade das relações jurídicas subjacentes, ante a inegável possibilidade de proferimento de decisões judiciais conflitantes.

O legislador, prevendo a necessidade de equacionar os problemas resultantes dos litígios em massa (atomização dos litígios), positivou as demandas coletivas com o fito de resolver, no bojo de um único processo judicial, todas as questões envolvidas, por meio da atuação de um legitimado coletivo (molecularização dos litígios).

Entretanto, o sistema processual coletivo, instaurado pelas inúmeras normas jurídicas, não impede o ajuizamento de demandas individuais correlatas às demandas coletivas. A ausência deste impedimento resta evidente nos arts. 103, §§ 1º ao 3º e 104, CDC, art. 22, § 1º, da Lei 12.016/2009 e art. 13, parágrafo único da Lei 13.300/2016, pois não reconhece a possibilidade de litispendência entre demandas coletivas e demandas individuais.

Este sistema prevê a necessidade de intimação, no bojo da demanda individual, do autor da ação para que, no prazo decadencial de 30 dias, exerça o direito de optar

---

69. ROSA, Renato Xavier da Silveira. *Incidente de resolução de demandas repetitivas: arts. 895 a 906 do Projeto de Código de Processo Civil, PLS 166/10*. Disponível em: http://www.renatorosa.com/incidente-de-resolucao--de-demandas-repetitivas Acesso em: 11/06/2011.

(*right to opt*) entre o sistema de inclusão (*right to opt in*) ou o de exclusão (*right to opt out*) da demanda coletiva proposta.

A intimação (*fair notice*) é indispensável para a configuração do sistema, pois a mera publicidade preconizada no artigo 94, do CDC, não tem o condão de garantir a plena ciência da existência de demandas coletivas, versando sobre a mesma situação jurídica das demandas individuais correlatas. Caso não seja conferida ao autor da ação individual a oportunidade processual de se manifestar, restará relegado a oblívio o princípio do acesso à justiça (artigo 5º, XXXV, CR/88), bem como o princípio da efetividade da tutela jurisdicional (artigo 5º, LIV, CR/88).

Por este sistema, caso o autor individual queira beneficiar-se do resultado jurídico da demanda coletiva, deverá se manifestar de forma expressa, dentro do prazo fixado, e requerer sua suspensão. Por outro lado, caso o seu desejo seja o de manter-se imune ao resultado da demanda coletiva, bastará sua inércia no prazo fixado. Somente poderá valer-se do transporte *in utilibus*, previsto no artigo 103, § 3º, do CDC, o autor individual que optar pela suspensão da sua demanda.

A despeito da semelhança entre as redações, os sistemas preconizados nos arts. 22, § 1º, LMS e 13, parágrafo único, LMI, determinam que o impetrante da demanda individual, dentro do prazo decadencial de 30 dias, devidamente intimado para tal desiderato, deverá desistir de sua impetração para se beneficiar do resultado da demanda coletiva.

Tais sistemas violam, a nosso sentir, as normas jurídicas ínsitas no art. 5º, XXXV e LXIX, da CR/88, pois retiram do cidadão o seu direito de acesso à justiça por meio da utilização de remédio jurídico constitucional adequado. Contudo, para evitar o reconhecimento da inconstitucionalidade da norma com a devida pronúncia de sua invalidade, aplicar-se-á o microssistema da tutela coletiva. Assim, as normas jurídicas dos arts. 22, § 1º, da LMS e 13, parágrafo único, da LMI, deverão ser lidas na forma prevista no art. 104, CDC.

À guisa de conclusão, o sistema do incidente de resolução de demandas repetitivas, previsto no CPC/15, retira do autor da demanda individual o seu direito de optar por prosseguir ou suspender sua demanda individual, pois permite a suspensão das demandas individuais de ofício pelo magistrado quando versarem sobre situações jurídicas homogêneas. A suspensão decorre da mera admissibilidade do IRDR pelo Tribunal e, ao nosso sentir, sequer precisa de uma decisão unipessoal para tal (art. 982, I, CPC). A admissibilidade do IRDR gera a suspensão de todos os processos, individuais ou coletivo, que versarem sobre o mesmo tema até que seja definitivamente julgado o incidente com a criação do precedente vinculante (art. 985, I, CPC). Apesar desta suspensão obrigatória e decorrente, as partes dos processos que sofrerão tal determinação poderão, com fulcro no art. 1037, §§ 9º ao 13, CPC, devidamente aplicável em função do microssistema das questões repetitivas, requerer, por meio da petição do *distinguishing*, o prosseguimento dos seus processos.

8.2. Consequência da aplicação prática deste incidente no microssistema da tutela coletiva

A questão mais relevante, no sentido da aplicação prática deste incidente, é saber se haverá revogação tácita das normas da tutela coletiva que trazem a previsão do sistema do *fair notice e right to opt in or out* (arts. 104 do CDC, 22, § 1º, da LMS e 13, parágrafo único, da LMI).

Considerando as premissas fixadas nos tópicos anteriores, a propositura de ação coletiva sobre direitos individuais homogêneos é um claro indício de que há a possibilidade de multiplicação de demandas individuais com mesmo fundamento e objeto.

A rigor, há similaridade entre as ações coletivas que tutelam interesses individuais homogêneos e o incidente em testilha. Entretanto, as semelhanças se encerram somente na primeira análise, qual seja, de resolução da mesma questão posta em juízo, atingido o seio da coletividade, e evitando, com isso, a multiplicação das demandas. Após análise mais detida, conforme doutrina de Andrea Carla Barbosa e Diego Martinez Fervenza Cantoario, verifica-se que os institutos são deveras diversos, conforme visto no capítulo referente ao tema.[70]

As ações coletivas possuem as seguintes características:

a) Ação acidentalmente coletiva que agrega inúmeras pretensões individuais que poderiam ter sido propostas autonomamente;

b) O objeto da cognição enseja um exame conjunto de questões comuns de fato e de direito, pertinentes a uma série de pretensões individuais;

c) A eficácia da decisão, além de formadora de título executivo judicial, gera projeção *erga omnes*, a depender do resultado da demanda (*secundum eventus litis*). Haverá possível vinculação à autoridade da coisa julgada material;

d) O titular da pretensão não poderá exercê-la, portanto, será o legitimado coletivo o responsável pela propositura da demanda. Apesar desta restrição, será possível a intervenção individual na forma do artigo 94 do CDC;

e) A suspensão da demanda individual seguirá as regras dos arts. 104 do CDC, 22, § 1º, da Lei 12.016/2009 e 13, parágrafo único da Lei 13.300/2016. Trata-se de suspensão opcional que deverá ser requerida no prazo decadencial de trinta dias, contados da intimação do autor da ação individual.

O incidente de resolução de demandas repetitivas, por seu turno, possui as seguintes características:

---

70. BARBOSA, Andrea Carla; CANTOARIO, Diego Martinez Fervenza. O incidente de resolução de demandas repetitivas no projeto de Código de Processo Civil: apontamentos iniciais. In: FUX, Luiz (coord.) *et al. O novo processo civil brasileiro (direito em expectativa): reflexões acerca do projeto do novo Código de Processo Civil.* Rio de Janeiro: Forense, 2011. Na opinião de Marinoni, tratar-se-ia de incidente de uniformização de jurisprudência com caráter vinculante. MARINONI, Luiz Guilherme; MITIDIERO, Daniel. *O projeto do CPC. Críticas e propostas.* São Paulo: Revista dos Tribunais, 2010. P. 177.

CAPÍTULO 5 • OBJETO MATERIAL DA TUTELA COLETIVA   **103**

a) Trata-se de procedimento de resolução de questão jurídica controvertida, comum a várias ações reais, as quais mantêm sua autonomia procedimental;

b) O objeto da cognição consiste no exame conjunto das questões de direito;

c) A decisão acarretará uma vinculação à resolução da questão jurídica. Trata-se de precedente vinculante com projeção *erga omnes* da *ratio decidendi*, da tese jurídica geral reconhecida;

d) Terão legitimidade para suscitar o incidente as partes, o Ministério Público, a Defensoria Pública, o relator e o juiz;

e) Haverá suspensão obrigatória dos processos individuais em que se controverta a respeito da mesma questão jurídica objeto do incidente.

Assim, diante das características dos institutos, podemos concluir pela manutenção do regime previsto para os processos coletivos frente aos processos individuais que versarem sobre a mesma questão de direito. Em outras palavras, as normas jurídicas, ínsitas nos arts. 104, do CDC, 22, § 1º, da LMS e 13, parágrafo único, LMI, manter-se-ão hígidas diante do incidente de resolução de demandas repetitivas.

9. TUTELA DOS DIREITOS INDIVIDUAIS INDISPONÍVEIS

Após apresentarmos a classificação dos direitos transindividuais com as suas respectivas características, é importante apresentarmos, também a possibilidade do manejo de uma demanda para a tutela de direitos individuais indisponíveis. Não podemos aqui confundir tais direitos com os direitos individuais homogêneos, pois neste tópico abordaremos somente os direitos eminentemente individuais. Como bem pontua Daniel Amorim Assumpção Neves[71] "ser indisponível diz respeito ao conteúdo do direito, enquanto ser individual homogêneo concerne aos sujeitos que são seus titulares."

Não pode ser confundido, portanto, o conceito de direito individual homogêneo com o direito individual indisponível. O próprio STJ diferencia tais conceitos, quando enfrenta a questão referente à legitimidade ativa.[72]

A abordagem pode gerar certa perplexidade compreensível, mas o próprio ordenamento jurídico prevê a legitimidade do Ministério Público para a tutela dos direitos individuais indisponíveis relativos à criança e ao adolescente no

---

71. *"(...) tanto assim que não existe qualquer exigência de que essa segunda espécie de direito seja indisponível".* Cf. NEVES, Daniel Amorim Assumpção. *Manual de Processo Coletivo.* 3ª ed. *Op. cit.*, p. 161.

72. REsp 933.974/RS, Rel. Min. Teori Albino Zavascki, DJe 19.12.07; AgRg no REsp 1045750/RS, Rel. Min. Castro Meira, 2ª T., j. 23.06.2009, DJe 04.08.2009; REsp 716.512/RS, 1ª Turma, Rel. Min. Luiz Fux, DJ de 14.11.2005; EDcl no REsp 662.033/RS, 1ª Turma, Rel. Min. José Delgado, DJ de 13.06.2005; REsp 856194/RS, 2ª T., Ministro Humberto Martins, DJ de 22.09.2006, REsp 688052/RS, 2ª T., Ministro Humberto Martins, DJ de 17.08.2006; EREsp 819.010/SP, Rel. Min. Eliana Calmon, Rel. p/ Acórdão Min. Teori Albino Zavascki, 1ª Seção, j. 13.02.2008, DJe 29.09.2008.

art. 201, incisos V e IX da Lei 8.969/1990 (ECA),[73] ao idoso arts. 74, I e 81, I da Lei 10.741/01(Estatuto do Idoso)[74] e à pessoa com deficiência no art. 3° da Lei 7.853/1989, por intermédio do uso de instrumentos próprios e exclusivos do microssistema da tutela coletiva.

Se for direito individual de criança, adolescente, idoso e portador de deficiência física, o MP tem legitimidade[75] para tutela dos direitos individuais indisponíveis. Esse grupo de pessoas pode receber a tutela jurisdicional por meio da atuação do MP quando for interesse meramente individual, desde que seja indisponível, pois a relevância social do interesse já foi presumida pelo legislador.

Diante disso, surgem três perguntas:

a) pode o MP ajuizar ACP para tutela de interesse meramente individual?;

b) pode ser aplicado o microssistema da tutela coletiva?;

c) considerando que os interesses transindividuais estão dispostos em rol exemplificativo, pode ser manejada demanda coletiva para tutela de outros interesses individuais indisponíveis fora das hipóteses legalmente previstas?

A atuação do Ministério Público nesta seara é extreme de dúvidas, pois existem, como vimos, previsões legais expressas neste sentido. Ademais, a própria Constituição, em seu art. 127, parte final, preconiza a possibilidade de o MP atuar na defesa dos interesses individuais indisponíveis. O Ministério Público, portanto, possui legitimidade para defesa dos direitos individuais indisponíveis, mesmo quando a ação vise à tutela de pessoa individualmente considerada. O art. 127 da Constituição, que atribui ao MP a incumbência de defender interesses individuais indisponíveis, contém norma autoaplicável, inclusive no que se refere à legitimação para atuar em juízo, mormente quando referir-se ao direito à vida, saúde e aos direitos fundamentais e sociais (arts. 1°, III, 5°, 6° e 196, CR/88). A legitimação ativa, portanto, se afirma, não por se tratar de tutela de direitos individuais homogêneos, mas sim por se tratar de interesses individuais indisponíveis.

O STJ, reiteradamente, vem reconhecendo a possibilidade jurídica do manejo de demanda coletiva para a tutela de direitos individuais indisponíveis pelo MP,[76] inclusive reconhecendo ser possível a atribuição de efeitos *erga omnes* à sentença proferida em ação civil pública na qual se postula medicamento para um paciente específico.[77]

---

73. Vale lembrar que o capítulo VII do ECA possui como título "Da Proteção Judicial dos Interesses Individuais, Difusos e Coletivos"

74. Vale lembrar que o capítulo III do Estatuto do Idoso possui como título "Da Proteção Judicial dos Interesses Difusos, Coletivos e Individuais Indisponíveis ou Homogêneos"

75. No caso das pessoas com deficiência, também ostentam tal legitimidade a Fazenda Pública, Associação Civil, as Estatais e a Defensoria Pública.

76. AgRg no Ag 1088331/DF, Rel. Min. Luis Felipe Salomão, 4ª T., j. 18.03.2010, DJe 29.03.2010; REsp 933.974/RS, Rel. Min. Teori Albino Zavascki, 1ª T., j. 04.12.2007, DJe 19.12.2007; REsp 976.021/MG, Rel. Min. Nancy Andrighi, 3ª T., j. 14.12.2010, DJe 03.02.2011.

77. AgInt no REsp 1.377.135-SC, Rel. Min. Sérgio Kukina, 1ª T., por unanimidade, j. 10.05.2022.

CAPÍTULO 5 • OBJETO MATERIAL DA TUTELA COLETIVA **105**

No tocante à aplicação das regras do microssistema, entendo não restar dúvidas sobre a sua aplicabilidade diante da norma legal expressa que permite o manejo de demanda coletiva para a tutela de direitos individuais, desde que sejam homogêneos. Tal previsão encontra base constitucional, principalmente no art. 127, parte final, que faz referência expressa o Ministério Público. Há, na doutrina, contudo, quem entenda ser ilógica a aplicação do microssistema, pois as suas regras são todas voltadas para a tutela judicial dos direitos transindividuais.[78] O STJ, por sua vez, possui diversos precedentes reconhecendo a possibilidade do uso de ACP para a tutela de direitos individuais indisponíveis, inclusive reconhecendo a legitimidade do MP para tal desiderato.[79]

Por fim, resta verificar se o uso de uma demanda coletiva para a tutela de direitos individuais indisponíveis pode ter como destinatários aqueles que não se enquadram nos conceitos jurídicos de criança, adolescente, idoso e deficiente. É possível sustentar uma interpretação extensiva para alcançar os hipervulneráveis, principalmente sob o ponto de vista econômico, pois a sua tutela jurisdicional, de certa forma, atende ao interesse (difuso) da coletividade em saber que gozam da proteção estatal, como, em alguns precedentes, foi reconhecido pelo STJ.[80]

Apesar da clara necessidade da tutela jurisdicional aos hipervulneráveis, bem como da necessária preocupação da coletividade com a sua proteção, não há a necessidade de manejar uma demanda coletiva em prol deste grupo, quando não houve clara abrangência determinada pelo legislador, pois nada impede o uso de demanda meramente individual com o mesmo fim. Ademais, não podemos confundir Ação Civil Pública proposta pelo Ministério Público, sempre, com ação coletiva. Todas as demais ações de cunho cível propostas pelo MP são ações civis públicas,[81] mas estas somente serão coletivas quando versarem sobre os direitos transindividuais ou individuais indisponíveis nas hipóteses legalmente previstas. Pensar de modo diverso poderá, em pouco tempo, acarretar a perda da utilidade da tutela coletiva, posto desvirtuada.[82]

---

78. *"Nas hipóteses ora analisadas, entretanto, não vejo qualquer sentido lógico ou jurídico que legitime a aplicação das especiais e diferenciadas regras do microssistema coletivo a direitos essencialmente individuais, ainda que indisponíveis e de titularidade de idosos, crianças e adolescentes."(...) "Não tenho qualquer dúvida de que os hipervulneráveis merecem toda a proteção estatal possível, inclusive a jurisdicional, mas não vejo a necessidade de aplicação do microssistema coletivo na defesa de seus direitos individuais indisponíveis."* Cf. NEVES, Daniel Amorim Assumpção. *Manual de Processo Coletivo.* 3ª ed. Op. cit., p. 161.

79. REsp 976.021-MG, Rel. Min. Nancy Andrighi, j. 14.12.2010; REsp 1308666/MG, Rel. Min. Luis Felipe Salomão, 4ª T., j. 06.09.2012, DJe 16.10.2012.

80. REsp 931.513/RS, Rel. Min. Carlos Fernando Mathias (Juiz Federal convocado do TRF 1ª Região), Rel. p/ Acórdão Min. Herman Benjamin, 1ª Seção, j. 25.11.2009, DJe 27.09.2010; AgRg no REsp 1297893/SE, Rel. Min. Castro Meira, 2ª T., j. 25.06.2013, DJe 05.08.2013.

81. Conclusão que se chega fazendo um simples paralelo com as ações penais públicas.

82. *"A opção do legislador em incluir direitos individuais indisponíveis de determinados sujeitos (idoso, criança e adolescente) no microssistema coletivo já se mostra incongruente e desnecessária. Ampliar o âmbito dessa tutela contém o mesmo vício, mas, por derivar de interpretação extensiva, é ainda mais perigoso, podendo até, no extremo, descaracterizar o microssistema coletivo."* Cf. NEVES, Daniel Amorim Assumpção. *Manual de Processo Coletivo.* 3ª ed. Op. cit., p. 162.

10. CRITÉRIOS PARA A IDENTIFICAÇÃO DO DIREITO TRANSINDIVIDUAL TUTELADO

Após a abordagem da classificação dos direitos transindividuais e das suas características, deve ser enfrentada uma questão de grande relevo teórico e que sempre surge na prática: como identificar o direito transindividual?

À primeira vista pode parecer algo de somenos importância, mas quando o direito material transindividual for identificado, algumas questões de ordem processual podem ser alteradas, conforme visto anteriormente.[83]

Apesar da necessidade de ser identificado o direito transindividual tutelado, impende salientar a possibilidade de uma única ação coletiva tutelar todos os interesses transindividuais (difusos, coletivos em sentido estrito e individuais homogêneos), mas esta possibilidade não pode gerar a conclusão equivocada de que o mesmo interesse pode ser, ao mesmo tempo, difuso, coletivo e individual homogêneo, pois são espécies distintas.[84] Podemos citar o exemplo de um dano ambiental ocorrido em uma lagoa com diversas residências em seu entorno e que é usada pela comunidade local para a atividade pesqueira. O fato (dano ambiental) pode ser objeto de demandas individuais em face do causador do dano, bem como de demandas coletivas para reparar os danos ambientais com a devida recomposição da situação anterior (direito difuso), para reparar os danos sofridos pela comunidade pesqueira que ficou por um tempo sem poder exercer a sua atividade (direito coletivo em sentido estrito) e para reparar os danos sofridos pelos moradores das residências no entorno (direito individual homogêneo).

Para identificar o direito transindividual tutelado ou a ser tutelado na demanda, existem três critérios comumente utilizados pela doutrina:[85] a) o direito material subjetivo violado; b) a pretensão judicial exercida; e c) critério misto.

---

83. No mesmo sentido, destacando a importância de uma correta diferenciação: "*A distinção do direito individual homogêneo do difuso e coletivo parece ter grandes repercussões práticas: (i) a legitimidade tem pequena diferença no tocante ao Ministério Público, que, conforme analisado no item 8.2.2, tem legitimidade plena nos direitos transindividuais e encontra alguma limitação na defesa do direito individual homogêneo; (ii) não se admitirá em uma ação individual a defesa de direitos difusos e coletivos, o mesmo não ocorrerá com o direito individual homogêneo; (iii) no direito individual homogêneo é admissível o ingresso de qualquer titular de direito como assistente litisconsorcial do autor, o que não se admite nos direitos difusos e coletivos; (iv) a liquidação e execução seguirão regras procedimentais totalmente diferentes...*" Cf. NEVES, Daniel Amorim Assumpção. *Manual de Processo Coletivo*. 3ª ed. Op. cit., p. 164.

84. "*Constitui erro comum supor que, em ação civil pública ou coletiva, só se possa discutir, por vez, uma só espécie de interesse transindividual (ou somente interesses difusos, ou somente coletivos ou somente individuais homogêneos).*" (...) "*Outra confusão recorrente precisa ser desfeita: o mesmo interesse não pode ser simultaneamente difuso, coletivo e individual homogêneo, pois se trata de espécies distintas. O que pode ocorrer é que uma combinação de fatos, sob uma relação jurídica, venha a provocar o surgimento de interesses transindividuais de mais de uma espécie, os quais podem ser defendidos num único processo coletivo. Assim, de um evento fático e de uma relação jurídica consequente, é possível advirem interesses múltiplos.*" MAZZILLI, Hugo Nigro. *A defesa dos interesses difusos em juízo: meio ambiente, consumidor, patrimônio cultural, patrimônio público e outros interesses.* 30ª ed. Rev., ampl. e atual. São Paulo: Saraiva, 2017.

85. "*Para identificar corretamente a natureza de interesses transindividuais ou de grupos, devemos, pois, responder a estas questões: a) O dano provocou lesões divisíveis, individualmente variáveis e quantificáveis? Se sim, esta-*

Para quem utiliza o primeiro critério, é imprescindível identificar o direito subjetivo violado, pois não é a matéria, o tema ou o assunto abstratamente considerado que devem ser levados em consideração, pois de um mesmo fato lesivo podem surgir diversas pretensões, ainda que lastreadas em ramos diversos do Direito.[86]

Para aqueles que utilizam o segundo critério, é falha a identificação unicamente com base no direito material afirmado na demanda, pois nem sempre haverá uma exata identidade entre o direito material objeto da tutela jurisdicional e a tutela jurisdicional requerida. Assim, para melhorar identificar o tipo de interesse transindividual deverá ser usado o critério da pretensão judicial exercida, pois, conforme já visto, de um mesmo fato poderão surgir pretensões diversas.[87]

Para os que utilizam o terceiro critério, que reputo o mais adequado e consentâneo com a dinâmica da tutela coletiva, devem ser reunidos os dois critérios anteriores, ou seja, para a correta identificação do direito transindividual tutelado ou que virá a ser tutelado, deverá ser levado em consideração o direito material subjacente, bem como a pretensão judicial exercida, com a indispensável identificação dos elementos objetivos da demanda (pedido e causa de pedir).[88]

11. ATOMIZAÇÃO E MOLECULARIZAÇÃO DOS LITÍGIOS

A atomização dos litígios é a pulverização de demandas que versam sobre a mesma questão de direito (tese jurídica aplicável) ou versam sobre a mesma questão de fato (fatos de origem comum). Essa pulverização de demandas gera a potencial dispersão de precedentes ou de decisões judiciais, em sentidos divergentes que, por via de consequência, viola a isonomia, a segurança jurídica e a legítima expectativa que decorre do princípio da confiança, que estudamos no direito material como boa-fé objetiva.

A molecularização de demandas significa tratar coletivamente direitos que apesar de individuais possuem dimensão coletiva. A técnica processual de aglu-

---

remos diante de interesses individuais homogêneos; b) o grupo lesado é indeterminável e o proveito reparatório, em decorrência das lesões, é indivisível? Se sim, estaremos diante de interesses difusos; c) O proveito pretendido em decorrência das lesões é indivisível, mas o grupo é determinável, e o que une o grupo é apenas uma relação jurídica básica comum, que deve ser resolvida de maneira uniforme para todo o grupo? Se sim, então estaremos diante de interesses coletivos." Cf. MAZZILLI, Hugo Nigro. Op. cit. p. 62.

86. *"Primeiro, porque o direito subjetivo material tem a sua existência dogmática e é possível, e por tudo recomendável, analisá-lo e classificá-lo independentemente do direito processual. Segundo, porque casos haverá em que o tipo de tutela jurisdicional pretendida não caracteriza o direito material em tutela." GIDI, Antonio. Coisa julgada e litispendência em ações coletivas. Op. cit., p. 21.*

87. *"Em suma, o tipo de pretensão é que classifica um direito ou interesse como difuso, coletivo ou individual." NERY JÚNIOR, Nelson. Código brasileiro de defesa do consumidor: comentado pelos autores do anteprojeto. Rio de Janeiro: Forense Universitária, 1998, p. 778.*

88. *"Ora, o CDC conceitua os direitos coletivos lato sensu dentro da perspectiva processual, com o objetivo de possibilitar a sua instrumentalização e efetiva realização. Do ponto de vista do processo, a postura mais correta, a nosso juízo, é a que permite a fusão entre o direito subjetivo (afirmado) e a tutela requerida, como forma de identificar, na "demanda", de qual direito se trata e, assim, prover adequadamente a jurisdição." Cf. DIDIER JR., Fredie. Curso de Direito Processual Civil. 11ª ed. Op. cit., p. 86.*

tinação de interesses e direitos individuais homogêneos, para fins de tratamento processual coletivo, que Kazuo Watanabe denomina de "molecularização", supera a técnica tradicional de fragmentação dos conflitos prevista no art. 6º, do CPC ("ninguém poderá pleitear, em nome próprio, direito alheio, salvo quando autorizado por lei."). A fragmentação dos conflitos é denominada de "**atomização**". As vantagens procedimentais aproveitam indistintamente a ambas as partes do processo.[89]

Para solucionar a questão da pulverização de demandas e dispersão de precedentes, alguns autores e a jurisprudência[90] começaram a falar em molecularização dos litígios. As demandas pulverizadas devem ser convertidas em uma só demanda, ou seja, na ação coletiva. Os interesses individuais homogêneos são divisíveis, então pode haver várias demandas versando sobre o mesmo tema. Com a molecularização, haverá uma só decisão judicial que valerá para todos.

Pela regra do art. 139, X, do CPC, quando o juiz se deparar com diversas demandas individuais repetitivas irá oficiar aos colegitimados para promover a propositura da ação coletiva respectiva. A molecularização dos litígios garante efetividade ao princípio da duração razoável do processo, ao princípio da isonomia e da segurança jurídica com tratamento equânime para situações análogas.

12. TIPOLOGIA DOS LITÍGIOS – UMA NOVA CLASSIFICAÇÃO DOS DIREITOS COLETIVOS EM SENTIDO AMPLO

Ao abordarmos a classificação dos direitos transindividuais (difusos, coletivos em sentido estrito e individuais homogêneos), levamos em consideração a previsão normativa que traz a divisão tricotômica e expusemos as características de cada um dos direitos, com as referências de direito material e os respectivos aspectos processuais.

Edilson Vitorelli,[91] por seu turno, elaborou uma teoria dos litígios (conflitos) coletivos, classificando-os em globais, locais e irradiados, de acordo com os impactos efetivamente provocados pela lesão, usando como premissas para a sua classificação duas características: **a) conflituosidade e b) complexidade**. O autor demonstra a necessidade da revisão da classificação tradicional tomando como centro da nova qualificação o próprio conflito em si e não mais o direito material subjacente, porque este não tem o condão de diferenciar o procedimento que será o mais adequado para a tutela da coletividade. Segundo ele, quanto menos uniforme for a posição dos membros do grupo diante do conflito, maior será o grau de conflituosidade; e quanto

---

89. REsp 929820, Rel. Min. Hamilton Carvalhido, Dje 15.05.2007.
90. REsp 1286795 Rel. Min. Paulo de Tarso Sanseverino, DJe 11.12.2012.
91. VITORELLI, Edilson. Tipologia dos litígios transindividuais: um novo ponto de partida para a tutela coletiva. In: ZANETI JUNIOR, Hermes (coord.) *Repercussões do novo CPC – Processo Coletivo*. Salvador: Juspodivm, 2016.

maior for a variedade de formas pelas quais ele pode ser resolvido juridicamente, maior será o grau de complexidade.[92]

O foco, portanto, da sua proposta, à qual naturalmente aderimos, é usar o devido processo legal coletivo como ponto de partida da nova classificação, pois deve ser construída a demanda (ação) mais adequada para a solução do caso concreto, considerando que o procedimento aplicável deve ser flexível ao ponto de, também, se adequar ao conflito. Em outros termos, o procedimento abstratamente considerado pelo legislador não é suficiente, e nem tem condições de sê-lo, para as demandas coletivas que ostentam uma natural conflituosidade interna e uma complexidade inerente no tocante à busca da melhor solução.[93]

Além disso, ao propor a reconstrução da classificação, devemos levar em consideração que a legitimidade coletiva *ad causam* deve ser analisada casuisticamente (conforme o tipo de litígio) e que não há como classificar um direito material coletivo (e inseri-lo nas categorias tradicionais existentes) de forma igualmente abstrata, sem considerar as nuances do litígio, mormente quando se tratar da identificação do seu titular.

O autor classifica os litígios coletivos em:

a) litígios coletivos de difusão global,

b) litígios coletivos de difusão local e

c) litígios coletivos de difusão irradiada. Apesar da classificação proposta e da diferenciação feita entre os litígios, é possível verificar a ocorrência de cumulação de litígios de difusão irradiada com litígios globais e locais.[94]

O **litígio coletivo de difusão global** é aquele em que a lesão ou ameaça de lesão "não atinge diretamente os interesses de qualquer pessoa, sendo baixo o grau de conflitualidade, já que os indivíduos são atingidos de modo uniforme pela lesão e praticamente não há interesse pessoa no conflito".[95]

As características deste tipo de litígio são:

---

92. DIDIER JÚNIOR, Fredie; ZANETI JÚNIOR, Hermes. *Curso de Direito Processual Civil. Processo Coletivo.* 10ª ed. Salvador: JusPodivm, 2016, p. 84 – 86

93. *"Ou seja, o Direito processual coletivo brasileiro – ao menos aquele que decorre das leis que compõem o respectivo microsistema – não se preocupou em construir modelos procedimentos adaptáveis às peculiaridades dos conflitos coletivos. É como se qualquer tipo de conflito pudesse tramitar, adequadamente, pelo mesmo e único modelo de procedimento comum, regulado pela Lei n. 7.347/1985."* DIDIER JÚNIOR, Fredie; ZANETI JÚNIOR, Hermes. *Curso de Direito Processual Civil. Processo Coletivo.* 11ª ed. Salvador: JusPodivm, 2017, p. 88.

94. *"Os litígios de difusão irradiada, justamente pela sua alta litigiosidade, costumam envolver a discussão sobre situações jurídicas e grupos diversos. Assim, este tipo de litígio poderá levar à combinação de outros tipos de litígio. Com a difusão irradiada do impacto haverá, muitas vezes, em um mesmo processo, situações jurídicas que digam respeito a litígios globais ou locais, além da difusão irradiada. Nesses casos, a fragmentação da tutela jurisdicional poderá ser recomendável para atender ao devido processo legal referente a cada espécie de litígio."* DIDIER JÚNIOR, Fredie; ZANETI JÚNIOR, Hermes. *Curso de Direito Processual Civil. Processo Coletivo.* 11ª ed. Salvador: JusPodivm, 2017, p 94.

95. Cf. VITORELLI, Edilson. *Tipologia dos litígios transindividuais: um novo ponto de partida para a tutela coletiva.* Op. cit. p. 86.

a) não há uma titularidade abstratamente definida, porque não atinge diretamente qualquer interesse individual;

b) os membros do grupo que são atingidos não possuem interesse pessoal no conflito;

c) os membros do grupo são atingidos de modo uniforme;

d) grau de conflituosidade, portanto, é baixo;

e) litígio menos complexo, pois não haverá dúvidas para a busca da melhor solução para o conflito.

As repercussões processuais decorrentes deste tipo de conflito são:

a) os legitimados coletivos para o ajuizamento da demanda tendem a ser os órgãos públicos que ostentam atribuição para a defesa do bem jurídico lesado, mas se admite a possibilidade de atuação da sociedade civil organizada, desde que ostente e devida expertise e representatividade social, sendo assim facilitada a verificação da representatividade adequada dos legitimados coletivos;

b) a competência para a propositura da demanda deve seguir a regra geral do processo coletivo, qual seja, o juízo do foro do local da lesão ou da ameaça de lesão;

c) considerando as características do litígio, não haverá maiores dificuldades para a obtenção da autocomposição.

Um exemplo deste tipo de conflito é a lesão ao meio ambiente causada por um vazamento de óleo em pequena quantidade no meio do oceano.[96]

Litígio coletivo de difusão local é aquele em que a lesão ou ameaça de lesão atinge diretamente grupo de indivíduos que compartilhem de uma identidade própria comum ou de uma mesma perspectiva social. O titular do direito coletivo é o grupo diretamente atingido com a lesão. Neste litígio, a conflitualidade é média, pois a comunidade atingida tende a ser mais coesa a despeito da existência de divergências internas, e como o titular do direito é mais delimitado é maior a chance de solução por autocomposição.

As características deste tipo de litígio são:

a) a lesão atinge diretamente determinado grupo de pessoas que compartilham da mesma perspectiva social ou da mesma identidade própria (índios, quilombolas etc.);

b) há uma titularidade do direito material bem definida; c) a conflituosidade é de grau médio, pois, apesar de compartilhar de uma certa identidade, os membros do grupo podem naturalmente divergir; d) o litígio não é abstratamente complexo.

As repercussões sociais decorrentes deste tipo de conflito são: a) os legitimados coletivos tendem a ser as entidades civis representativas do próprio grupo (associa-

---

96. Cf. VITORELLI, Edilson. *Tipologia dos litígios transindividuais: um novo ponto de partida para a tutela coletiva.* Op. cit. p. 86.

ções, por exemplo), o próprio grupo (no caso dos indígenas) ou até mesmo os órgãos públicos legitimados, mormente quando o grupo tiver a característica de natural (hiper)vulnerabilidade;

b) necessidade, ainda maior, de realização de audiências públicas para que os membros dos grupos atingidos possam expor as suas opiniões e soluções e da possibilidade de intervenção do *amicus curiae*, ou seja, deve ser fomentada a participação efetiva do grupo atingido;

c) a fixação da regra de competência segue a regra geral.

Os exemplos para demonstrar estes tipos de conflitos são: lesão ambiental ocorrida dentro de reserva indígena; direitos dos indígenas; direitos dos quilombolas; direitos derivados da igualdade de gênero e identidade racial; direitos de determinada categoria de trabalhadores e de empregadores e empreendedores etc.[97]

No **litígio coletivo de difusão irradiada** a lesão ou ameaça de lesão atinge

> diversas pessoas que não compõe uma comunidade, não tem a mesma perspectiva social e não serão atingidas, na mesma medida pelo resultado do litígio, o que faz com que suas visões acerca de seu resultado desejável sejam divergentes e, não raramente, antagônicas.[98]

Nesses casos, há alta conflitualidade e complexidade: múltiplos resultados para o litígio são possíveis.

As características deste tipo de litígio são:

a) a lesão atinge diretamente determinadas pessoas de diversos segmentos sociais e que não possuem qualquer identidade própria comum;[99]

b) há uma titularidade do direito material que não é bem definida e, por isso, é chamada de sociedade elástica;[100]

c) a conflituosidade é de grau alto, bem como a sua complexidade, pois a heterogeneidade dos membros do grupo gera a possibilidade de diversos resultados

---

97. Cf. VITORELLI, Edilson. *Tipologia dos litígios transindividuais: um novo ponto de partida para a tutela coletiva.* Op. cit. p. 93-95.

98. Cf. VITORELLI, Edilson. *Tipologia dos litígios transindividuais: um novo ponto de partida para a tutela coletiva.* Op. cit. p. 97.

99. "*O grupo titular desse direito é composto pelas pessoas atingidas ou que podem ser atingidas pela lesão. Dentro desse grupo, pode haver subgrupos, com interesses heterogêneos e dentro dos próprios grupos as posições podem ser igualmente heterogêneas, uma vez que os grupos são compostos por membros que possuem perspectivas distintas do problema e sofrem consequências da lesão em graus de intensidade distintos.*" DIDIER JÚNIOR, Fredie; ZANETI JÚNIOR, Hermes. *Curso de Direito Processual Civil. Processo Coletivo.* 11ª ed. Salvador: JusPodivm, 2017, p. 91.

100. "*Graficamente, a lesão é como uma pedra atirada em um lago, causando ondas de intensidade decrescente, que se irradiam a partir de um centro. Quanto mais afetado alguém é por aquela violação, mais próximo está desse ponto central e, por essa razão, integra, com maior intensidade, essa sociedade elástica, que é a sociedade das pessoas atingidas pelo prejuízo e, por essa razão, titulares do direito violado.*" Cf. VITORELLI, Edilson. *Tipologia dos litígios transindividuais: um novo ponto de partida para a tutela coletiva.* Op. cit. p. 101.

para o litígio, considerando que cada um buscará ou sustentará uma solução diversa para a hipótese.

As repercussões sociais decorrentes deste tipo de conflito são:

a) os legitimados coletivos tendem a ser os órgãos públicos, diante da inexistência de uma identidade própria comum aos membros, bem como diante da necessidade de conjugação de diversos interesses, fatalmente divergentes, existentes exigindo, por conseguinte, a atuação de órgão estatal imparcial, como o MP. Por outro lado, há que se atentar para a recomendação de que os grupos ou subgrupos, por meio da sociedade civil, mediante representação processual, sejam devidamente cientificados e incentivados a participar efetivamente da relação jurídica processual, seja como *amici curiae* (art. 138, CPC) ou como litisconsortes (art. 5º, § 2º, LACP);[101]

b) possibilidade de realização de audiências públicas para o fim de conferir a maior representatividade possível;

c) a fixação da regra de competência segue a regra geral, mas deve ser observado o princípio da competência adequada com o fim de que seja proposta a demanda no local mais próximo do "local do epicentro da lesão";[102]

d) a autocomposição será mais difícil de ser obtida quanto nos demais conflitos, pois os membros do grupo atingido pela lesão não ostentam homogeneidade suficiente para tal desiderato, entretanto, é factível sustentar a possibilidade jurídica de celebração de autocomposições parciais para abarcar subgrupos gerando, com isso, uma mitigação do dogma da indivisibilidade do direito material coletivo.[103]

Ademais, o próprio CPC em seu art. 356 permite o proferimento de decisão parcial de mérito.

Os exemplos para demonstrar este tipo de litígio são: construção de uma hidrelétrica; a proibição da queima de palha de cana de açúcar em regiões canavieiras; construção de um resort.

---

101. *"A afirmação de Edilson Vitorelli de que a dualidade autor e réu (e terceiros intervenientes) é insuficiente para os litígios coletivos irradiados, exigindo que se adote o conceito de zonas de interesse e se abra espaço para a representação dos grupos com diversos interesses no processo, é correta. O devido processo legal coletivo, em tais situações, impõe que as vozes dos diversos (sub)grupos sejam ouvidas no processo."* DIDIER JÚNIOR, Fredie; ZANETI JÚNIOR, Hermes. *Curso de Direito Processual Civil. Processo Coletivo.* 11ª ed. Salvador: JusPodivm, 2017, p. 209.

102. DIDIER JÚNIOR, Fredie; ZANETI JÚNIOR, Hermes. *Curso de Direito Processual Civil. Processo Coletivo.* 11ª ed. Salvador: JusPodivm, 2017, p. 93.

103. *"A adoção irrefletida do binômio indivisibilidade do direito – indeterminação dos titulares tem implicado o tratamento dos litígios coletivos que se enquadram nessa terceira categoria como se fossem litígios transindividuais globais, ou seja, como se não impactassem diretamente na vida de qualquer pessoa."*(...) *"Além disso, a despersonificação do litígio contribui para a subtração do processo da crítica pública, pois reduz o peso das objeções de pessoas efetivamente afetadas pelas consequências negativas da lesão ao direito transindividual subjacente, às quais não se atribui especial relevância, eis que não se permite que elas se afirmem titulares do direito violado. Obscurece-se, dessa forma, o fato de que, se todos perdem com a poluição de um rio, perdem muito mais as pessoas que habitam ao seu redor e que dele retiram o seu sustento."* Cf. VITORELLI, Edilson. *Tipologia dos litígios transindividuais: um novo ponto de partida para a tutela coletiva.* Op. cit. p. 101.

Capítulo 6
REFLEXOS DO NOVO CÓDIGO DE PROCESSO CIVIL NOS PROCESSOS COLETIVOS

1. CONSIDERAÇÕES GERAIS

O reflexo mais imediato e inconteste é a adoção do novo modelo de processo colaborativo, cooperativo ou comparticipativo, no qual todos os sujeitos do processo, com base nos princípios da boa-fé objetiva (art. 5º, CPC) e da cooperação (art. 6º, CPC), atuam na condução da relação jurídica processual, bem como para a resolução das questões processuais que surgirem.

Este novo modelo de processo adotado se aplica tanto aos processos individuais quanto aos coletivos. Há um policentrismo (assimétrico e simétrico ao mesmo tempo) que deverá ser observado em todas as fases processuais.[1]

Este novo modelo assenta-se em diversas normas fundamentais, que deverão ser integralmente aplicáveis aos processos coletivos, tais como:

a) o contraditório participativo por meio de seu quadrinômio[2] com a necessidade de ser observado o dever jurídico de consulta ou vedação à surpresa (arts. 7º, 9º e 10, CPC);

b) sistema multiportas, por meio do qual o jurisdicionado, nos processos coletivos devidamente "representado" pelo legitimado coletivo, tem o direito de optar pela forma de acesso ao sistema jurisdicional (art. 3º, CPC);

c) princípio da boa-fé objetiva (art. 5º, CPC);

d) princípio da cooperação (art. 6º, CPC);

e) aplicação dos vetores previstos no art. 8º, CPC para a adequada resolução do caso concreto;

f) princípio da primazia da resolução do mérito (arts. 4º, 282, § 2º, 317, 321, 488, 932, parágrafo único, 1029, § 5º, 1032 e 1033, CPC);[3] e

g) princípio da adaptabilidade (arts. 139, VI e 329, § 2º, CPC).[4]

---

1. O policentrismo será considerado assimétrico na tomada das decisões judiciais, pois trata-se de atuação exclusiva dos magistrados; será considerado simétrico quanto à condução da relação processual, notadamente diante da construção da ação mais adequada para a solução do caso concreto.
2. O quadrinômio do princípio do contraditório participativo e efetivo é formado por estes quatro elementos indissociáveis: a) necessidade da informação; b) possibilidade da reação; c) dever jurídico de consulta prévia; d) possibilidade efetiva de influir na formação do convencimento do magistrado.
3. Impende salientar que, mesmo antes do advento do CPC/15, a doutrina já sustentava a existência e aplicação deste princípio aos processos coletivos derivado dos arts. 5, § 3º e 15 da Lei 7.347/1985 e 9º, 16 e 17 da LAP.
4. O princípio da adaptabilidade, de certa forma, já era aplicável aos processos coletivos em virtude do princípio da atipicidade das demandas coletivas previsto no art. 83, CDC.

O Código de Processo Civil de 2015 tem, portanto, uma função, como demonstrado no tópico anterior, organizadora, flexível e aberta em relação ao microssistema, sem, contudo, contrariar as normas próprias da tutela coletiva, que devem ser preservadas.[5]

A adoção do procedimento comum (princípio do procedimento único), como regra geral, conforme art. 318, CPC, gera repercussões claras nos processos coletivos. A principal delas decorre de uma eventual omissão na regulamentação do procedimento aplicável à determinada demanda coletiva. Caso a lei específica que regulamente a demanda coletiva não indique qual deve ser o procedimento aplicável e não for encontrada a solução adequada no microssistema, será aplicável o procedimento comum previsto no CPC. Será, portanto, aplicável subsidiariamente o procedimento comum aos processos coletivos, de forma residual, como sustentado acima (art. 318, parágrafo único, CPC).

Um ponto interessante é a expressa previsão da aplicação do procedimento comum ao processo de improbidade administrativa (art. 17, *caput*, da LIA).

O procedimento executório delineado no CPC/15 será plenamente aplicável, de forma residual, aos processos coletivos, notadamente no tocante aos meios executórios e expropriatórios aplicáveis, procedimentos do cumprimento de sentença e execução, as causas suspensivas e extintivas da execução, bem como as defesas do executado (vide arts. 318, parágrafo único, 513 e 771, CPC). Destaca-se, contudo, a existência de regras expressas próprias da execução que manter-se-ão hígidas e aplicáveis aos processos coletivos, tais como: a) mitigação do vínculo subjetivo ao título executivo que permite a possibilidade de outro legitimado coletivo promover a execução do título, mesmo que não tenha sido o responsável por sua formação; b) possibilidade da assunção da execução (arts. 16 e 17 da Lei 4.717/1965 e 15 da Lei 7.347/1985); c) habilitação das vítimas e seus sucessores para fins de promover a liquidação e a execução no plano individual (arts. 100 e 103, § 3º, CDC); e d) possibilidade de pedido de reserva de quantia (art. 99, CDC).

Assentadas as premissas decorrentes do novo modelo de processo civil, passo a enfrentar os mais relevantes reflexos nos processos coletivos causados pelo CPC/15:

2. DO PODER GERAL DE EFETIVAÇÃO

O art. 139, inciso IV CPC/15 positivou o denominado poder geral de efetivação do magistrado. Tal poder permite ao magistrado aplicar todas as medidas necessárias para efetivar o comando previsto no conteúdo de sua decisão. Visa, em primeira análise, a reforçar o poder estatal, na forma do escopo político supracitado. Entretanto, em análise mais detida, entendemos que o objetivo primordial da alteração é conferir maior efetividade aos comandos jurisdicionais.

---

5. DIDIER JÚNIOR, Fredie; ZANETI JÚNIOR, Hermes. *Curso de Direito Processual Civil. Processo Coletivo.* 11ª ed. Salvador: JusPodivm, 2017.

CAPÍTULO 6 • REFLEXOS DO NOVO CÓDIGO DE PROCESSO CIVIL NOS PROCESSOS COLETIVOS

No âmbito do CPC/73 havia a previsão no art. 461, que permitia atuação de ofício do magistrado para a efetivação do provimento final. Tal poder de efetivação também é previsto no art. 11 da Lei 7.347/1985 e art. 84, § 4º do Código de Defesa do Consumidor.

Com o advento do CPC/15, o poder geral de efetivação passa a ter uma configuração mais abrangente, pois poderá ser utilizado para qualquer comando jurisdicional, ainda que não seja de provimento final. Sobreleva notar que a ampliação do poder de efetivação abarcará os provimentos de cunho condenatório de reconhecimento de obrigação pecuniária. No ordenamento anterior, a previsão versava somente sobre as prestações de obrigações não pecuniárias.

Assim, o magistrado poderá determinar todas as medidas indutivas, coercitivas, mandamentais ou sub-rogatórias necessárias para assegurar o cumprimento de ordem judicial, inclusive nas ações que tenham por objeto prestação pecuniária. Houve a adoção, a rigor, ratificação, do princípio da atipicidade das medidas executórias.

O STJ, por exemplo, reconheceu expressamente a possibilidade da aplicação das medidas executivas atípicas no bojo de um processo coletivo. Na hipótese, afirmou que na tutela do meio ambiente são cabíveis medidas de execução atípicas que restrinjam o direito de ir e vir do executado que se comporta de forma desleal e procrastinatória.[6]

Houve a autorização, pelo STJ, da aplicação das medidas executivas atípicas de cunho não patrimonial no bojo do processo de improbidade administrativa.[7] Foram fixados os seguintes *standards*[8]:

i) *existência de indícios de que o devedor possua patrimônio expropriável;*

ii) *sejam adotadas de modo subsidiário;*

iii) *fundamentação adequada;*

iv) *observância do contraditório substancial;*

v) *observância do postulado da proporcionalidade*

Entendemos que o legislador acertou ao não elencar todas as medidas possíveis, mas sim referir-se somente aos gêneros permitindo, com isso, a utilização de todo e qualquer meio, direto ou indireto, que reputar o mais adequado e razoável para a efetivação da prestação jurisdicional.

Nada impede, também, a possibilidade da realização de uma execução negociada da decisão judicial, por meio da celebração de um negócio jurídico processual (art. 190, CPC), bem como a fixação convencionada, com base nos princípios da coopera-

---

6. HC 478.963/RS, 2ª T.
7. Resp. 1.929.230-MT, Rel. Min. Herman Benjamin, 2ª T., J. 04 maio 2021.
8. Resp 1.788.950/MT, Rel. Min. Nancy Andrighi, 3ª T., DJE 26 abr. 2019.

ção e boa-fé objetiva (arts. 5º e 6º, CPC) de um calendário processual para a efetivação do comando previsto no título executivo, mormente nos casos mais complexos.[9]

Com o advento desta norma que, repita-se, não é nova em nosso ordenamento, é factível sustentar a plena adoção do modelo experimentalista de processo, tanto na fase de conhecimento quanto na fase de cumprimento de sentença e execução, com o manejo e proferimento de decisões estruturantes ou estruturais.[10]

Por meio do **modelo experimentalista de processo**, aplicável tanto nos processos individuais quanto nos coletivos, o órgão jurisdicional deixa de ser o único protagonista da relação jurídica processual e passa a contar com os demais sujeitos processuais e até mesmo com interveniência de setores da sociedade civil[11] organizada para conduzir o processo de forma mais efetiva e resolutiva.[12]

3. DILAÇÃO DE PRAZOS PROCESSUAIS

O art. 139, VI, CPC/15 trouxe inovação bastante interessante para o controle dos prazos processuais e da duração razoável do processo. Esta norma permite ao juiz dilatar os prazos processuais. Tal dilação, conforme determina o parágrafo único do art. 139, somente poderá ser determinada antes do encerramento do prazo fixado, sob pena de reconsideração da preclusão temporal. Portanto, podemos concluir que a dilação dos prazos processuais não poderá ensejar o afastamento da preclusão temporal. Não será aplicável tal dispositivo aos casos de prescrição e decadência, posto prazos materiais.

Entretanto, impende salientar que o Superior Tribunal de Justiça[13] já permitiu a aplicação da suspensão dos prazos materiais, quando a norma versava somente sobre

---

9. COSTA, Eduardo José da Fonseca. A 'execução negociada' de políticas públicas em juízo, *Revista de Processo*. São Paulo: Revista dos Tribunais, 2012, n. 212, p. 39.

10. *"Essas medidas são voltadas para a tutela específica das obrigações, muito além da pretensão obrigacional de satisfação de um crédito em dinheiro. Trata-se de medidas de performance específica (specific performance) em decisões com caráter estruturante (structural injunctions), adotando-se, na espécie, um modelo muito parecido com o modelo de execução da commom law, voltado para a adequação da medida executiva às necessidades práticas de efetivação. A noção experimentalista e as medidas estruturantes permitem a um só tempo o conhecimento colaborativo do problema pelas partes e pelo juiz (collaborative learning) e uma maior responsabilização e legitimação democrática (democratic accountability), visando à efetividade da decisão judicial."* DIDIER JR, Fredie. *Curso de Direito Processual Civil*. v.4. 11ª ed. Salvador: Juspodivm, 2017.

11. A participação da sociedade civil poderá ocorrer através de audiências públicas (arts. 927, § 2º; 983, § 1º; 1038, II, CPC) e/ou intervenção como *amicus curiae* (art. 138, CPC).

12. *"A partir daí começaram a surgir na doutrina discussões sobre o modelo experimentalista de reparação, através do qual o juiz abre mão da centralidade no processo, reconhecendo a complexidade do problema da escolha das medidas necessárias, trazendo para o processo a ampla participação de todos os envolvidos, inclusive a sociedade civil, para delimitação de um programa de resolução de conflito."* (...) *"Assim, são tomadas decisões mais flexíveis e provisórias, com inclusão dos envolvidos na supervisão das medidas adotadas, com a possibilidade de contínuas revisões para adequação dessas medidas aos problemas surgidos ao longo de sua implementação, iniciando-se por decisões estruturantes (organizativas) que estabeleçam metas, objetivos e parâmetros de controle do cumprimento e da efetividade das medidas judiciais adotadas."* DIDIER JR, Fredie. *Curso de Direito Processual Civil*. v.4. 11ª ed. Salvador: Juspodivm, 2017.

13. REsp 1.446.608-RS, Rel. Min. Paulo de Tarso Sanseverino, j. 21.10.2014.

CAPÍTULO 6 • REFLEXOS DO NOVO CÓDIGO DE PROCESSO CIVIL NOS PROCESSOS COLETIVOS

prazos processuais. No caso, a parte alegava que o recesso forense, que somente se refere aos prazos processuais, poderia alcançar os prazos materiais de prescrição e decadência.

Nos processos coletivos não chega a ser uma inteira novidade a possibilidade de dilação dos prazos processuais, pois o art. 7º, IV da LAP preconiza que o prazo para o oferecimento da contestação é de 20 dias, mas pode ser prorrogável por mais 20 dias, desde que devidamente requerido pelo interessado.

O art. 17, §10-A, da LIA preconiza a possibilidade de interrupção do prazo para o oferecimento da contestação, caso as partes queiram buscar uma solução consensual. Tal interrupção surtirá efeitos por até 90 dias.

4. ALTERAÇÃO DA ORDEM DA PRODUÇÃO DAS PROVAS

O art. 139, VI, segunda parte, CPC/15, preconiza regra inédita em nosso ordenamento jurídico processual ao permitir ao magistrado alterar a ordem de produção dos meios de prova, adequando-os às necessidades do conflito de modo a conferir maior efetividade à tutela do direito.

Tal poder não poderá ser confundido com a determinação judicial de inversão do ônus da prova, previsto no art. 6º, VIII do Código de Defesa do Consumidor, pois a norma em comento não determina a inversão do ônus da prova prevista no artigo 373 CPC/15.

Entendo que a norma em comento se amolda mais a uma das consequências advindas da adoção da dinamização do ônus da prova prevista no art. 373, § 1º, CPC/15, pois o legislador permitiu a alteração da ordem da produção das provas, desde que seja indispensável para a efetivação da tutela jurisdicional, bem como para adequar às situações jurídicas individuais das partes.

Esta inversão na ordem de produção, que será uma decisão interlocutória (art. 203, § 2º, CPC/15), deverá ser proferida antes do início da instrução probatória com o fim de evitar surpresa às partes.

Em princípio, não vejo óbice para que tal regra seja aplicável ao processo de improbidade administrativa, mas deverá o magistrado observar as regras limitadoras previstas no art. 17, §10-F, II e §19, II, da LIA.

5. PODER DE POLÍCIA DO MAGISTRADO

O art. 139, VII, CPC/15 preconiza regra jurídica que já era verificada na prática, mas que carecia de uma regulamentação mais precisa no Código de Processo Civil.

O magistrado poderá, ou melhor, deverá exercer, no âmbito de suas atribuições, o poder de polícia, requisitando, quando necessário, força policial, além da segurança interna dos fóruns e tribunais. Tal exercício será efetivado em casos mais extremos que possam comprometer a segurança de todos os envolvidos.

O poder de polícia do magistrado, porém restrito aos atos praticados durante a realização das audiências judiciais, encontra previsão no artigo 360 CPC/15.

6. DETERMINAÇÃO DE COMPARECIMENTO PESSOAL DAS PARTES

O art. 139, VIII CPC/15 preconiza que o magistrado poderá determinar, a qualquer tempo, o comparecimento pessoal das partes, para inquiri-las sobre os fatos da causa, hipótese em que não incidirá a pena de confesso.

Esta mudança consagra a possibilidade de o magistrado exercer atividade probatória direta, posto destinatário direto da prova. Entretanto, para que esta mudança não sirva de escudo para a prática de atos violadores aos princípios do contraditório, ampla defesa e devido processo legal (art. 5º, LIV e LV CR/88), o magistrado deverá sempre cientificar os representantes processuais das partes para acompanharem o ato. Deverá ser intimado, também, o membro do Ministério Público, nos casos de sua intervenção.

O magistrado poderá convocar somente uma das partes ou ambas, porém, ainda que convoque somente uma das partes, deverá cientificar aquelas que não foram convocadas, sob pena de vulneração dos princípios constitucionais já referidos.

A norma não se refere às testemunhas e auxiliares do juízo, portanto, entendemos que o ato previsto no artigo em testilha somente será aplicável às partes.

Resta saber, porém, se a convocação poderá ser exercida nos casos de substituição processual, pois há uma cisão do conceito de parte na hipótese. A substituição processual poderá ser verificada em processos individuais e coletivos. Na hipótese de substituição processual, sinônimo de legitimidade extraordinária, haverá uma clara cisão entre a parte material e a parte formal. Apesar da cisão, o substituto processual ostenta completa autonomia para a condução do processo, pois atua em nome próprio na defesa de interesse alheio.

A parte material (substituída), titular do direito material deduzido em juízo, será substituída na relação processual. A parte formal (substituto), por sua vez, é aquela que, apesar de não titularizar o direito material posto em juízo, atua no plano processual.

Assim, diante desta nítida cisão, entendemos que a convocação, nos casos de substituição processual nos processos civis individuais, deverá ser direcionada para a parte material (substituída). Nos processos coletivos, em virtude das dificuldades inerentes, a convocação deverá ser direcionada ao substituto processual. O ato, que terá nítido conteúdo probatório, deverá ser reduzido a termo, com a devida assinatura dos presentes e colacionado aos autos para maior transparência.

O magistrado, ao realizar tal convocação, que deverá ser instrumentalizada por meio de intimação, justificará de forma expressa a necessidade do compare-

CAPÍTULO 6 • REFLEXOS DO NOVO CÓDIGO DE PROCESSO CIVIL NOS PROCESSOS COLETIVOS **119**

cimento pessoal, pois as partes poderiam prestar os esclarecimentos necessários por escrito. Assim, entendemos que somente será justificada a realização de tal convocação para comparecimento pessoal quando for imprescindível para o correto deslinde do feito.

A sua aplicação, contudo, nos processos coletivos somente ocorrerá nos casos concretos nos quais restar indispensável o depoimento pessoal das partes. Considerando que as demandas coletivas são propostas por legitimados que não titularizam o direito material deduzido em juízo,[14] tal dispositivo deverá ser utilizado somente nos casos em que a parte que figurar no polo passivo puder prestar depoimento pessoal, como na Ação por Ato de Improbidade Administrativa.

Por fim, impende destacar a norma do art. 392, *caput* e § 1º, CPC, que preconiza não valer como confissão a admissão de fatos relativos a direitos indisponíveis, bem como que será ineficaz toda vez que o confitente não for capaz de dispor do direito a que se referem os fatos confessados. Ora, em processo coletivo, como exposto acima, como regra, o exercício da pretensão judicial é feito por substituto processual que, por óbvio, não poderá realizar a confissão, pois não titulariza o direito material deduzido em juízo, conforme art. 392, § 1º, CPC.

Nada obstante, ainda que a demanda coletiva verse sobre direitos indisponíveis pertencentes à coletividade, poderá o réu desta realizar a confissão quando convocado para prestar depoimento, pois o direito material subjacente à demanda não o pertence. Assim, factível sustentar que esta norma somente possui como destinatário o confitente titular de direito material indisponível.

No âmbito do processo por improbidade administrativa, há uma questão a ser observada: a diferença entre depoimento pessoal e interrogatório, que me parece salutar, bem como a necessidade de interpretar as novas regras procedimentais.

Havia na lei anterior a previsão de aplicação do art. 221, do CPP às provas orais realizadas no âmbito do processo por improbidade administrativa, mas com a revogação operada com a nova LIA, aplicar-se-ão as regras do CPC.

O interrogatório, que considero como meio de defesa do réu, é um direito, conforme preconiza o art. 17, §8º, da LIA, portanto, não poderá deixar de acontecer. Não há a necessidade de ser designada audiência, portanto, para o depoimento pessoal (art. 319, VIII, do CPC), posto despiciendo ante a nova regra. Penso, contudo, não ser vedada a designação do depoimento, mas, repito, o acho despiciendo diante da possibilidade do interrogatório.

---

14. Sujeitos indetermináveis, indeterminados porém determináveis ou determinados, conforme o interesse tutelado.

Sobreleva notar que o legislador fixou a vedação da confissão tácita no momento do interrogatório, assim compreendida como recusa, não comparecimento ou silencia do réu, mas não há óbice legal para a ocorrência da confissão expressa.[15]

7. SANEAMENTO DOS VÍCIOS E IRREGULARIDADES PROCESSUAIS

O art. 139, IX, CPC preconiza, com nítido fulcro no princípio da instrumentalidade das formas (arts. 277 e 283 CPC), a possibilidade de o juiz determinar o suprimento de pressupostos processuais e o saneamento de outros vícios processuais. O magistrado permitirá às partes a correção dos vícios antes de determinar a decretação das invalidades processuais.

Com tal norma, o legislador expressamente acolheu a necessidade de conferir à efetividade da tutela jurisdicional maior importância do que à observância do formalismo exacerbado existente em nosso ordenamento. Nada mais é do que uma mitigação do rigor imediato dos casos previstos nos arts. 330 e 485, IV, V e VII do CPC/15.

O poder jurisdicional previsto neste artigo poderá ser aplicado em qualquer momento processual, mas o legislador fixou um momento processual mais bem delimitado, conforme art. 357, CPC, que é o do saneamento do processo.

Trata-se de novidade deveras salutar para a melhor consecução do princípio do acesso à justiça (art. 5º, XXXV, CR/88).

Assim, o juiz, antes de proferir decisão sem resolução de mérito, deverá conceder à parte oportunidade para, se possível, corrigir o vício, conforme art. 317, CPC. Não sendo solucionado o defeito, no prazo fixado, o juiz deverá aplicar uma das soluções, conforme o momento processual, preconizadas nos arts. 330 e 485, IV, V e VII, CPC.

Esta possibilidade foi acolhida pelo Superior Tribunal de Justiça[16] ao permitir que o impetrante de um mandado de segurança possa corrigir a indicação errônea da autoridade coatora em sua inicial.

Trata-se de aplicação do princípio da primazia da solução do mérito, conforme suprarreferido, previsto nos arts. 4º, 282, § 2º, 317, 488, CPC. Este princípio, a bem da verdade, não é novidade em nosso ordenamento, pois já era aplicado nos processos coletivos (arts. 5º, § 3º, LACP e 9º, LAP).

Nos processos coletivos sempre figurou como um dos principais princípios o da primazia do mérito. Nos casos em que o órgão jurisdicional verifica a presença de algum vício processual que possa resultar na extinção do processo sem resolução de mérito (art. 485, CPC), deverá oportunizar aos demais legitimados coletivos, com a

---

15. NEVES, Daniel Amorim Assumpção; OLIVEIRA, Rafael Carvalho Rezende. *Comentários à Reforma da Lei de Improbidade Administrativa*. Rio de Janeiro: Forense, 2022, p. 92.
16. AgRg no RMS 32.184-PI, 2ª T., Dje 29/5/2012. RMS 45.495-SP, Rel. Min. Raul Araújo, julgado em 26/8/2014.

devida preferência ao Ministério Público, a assunção do processo ou da legitimação, com a devida sucessão processual.

A **assunção do processo** ocorrerá toda vez que o legitimado coletivo que assumir a condução do processo já for legitimado originário para fazê-lo, como ocorre no caso de uma associação civil autora de uma ação civil pública der causa à extinção do processo e o Ministério Público assumir a titularidade ativa, pois, até o momento processual, somente atuava como fiscal da correta aplicação do ordenamento jurídico (*custus iuris*), conforme preconiza o art. 5º, § 3º, da LACP.

A **assunção da legitimação**, ao contrário, ocorrerá toda vez que o legitimado coletivo que assumir a condução não for, originariamente, legitimado para fazê-lo, tal como ocorre na ação popular quando o cidadão-eleitor dá causa à extinção do processo sem resolução de mérito e o Ministério Público assume a sua titularidade ativa, conforme determina o art. 9º da LAP.

8. INTIMAÇÃO DOS LEGITIMADOS COLETIVOS SOBRE A EXISTÊNCIA DE DEMANDAS REPETITIVAS

O art. 139, X, CPC[17] preconiza o poder-dever do magistrado oficiar os legitimados coletivos cientificado-se-lhes acerca da existência de diversas demandas individuais repetitivas.

Tal notificação tem o condão de cientificação para a propositura da Ação Coletiva respectiva, conforme a literalidade da norma. Entretanto, a melhor interpretação será no sentido de adotar as medidas processuais e extraprocessuais típicas da tutela coletiva, pois existem outras formas de debelar os conflitos decorrentes de ameaças e lesões aos interesses transindividuais, tais como termo de ajustamento de conduta (art. 5, § 6º da LACP) e recomendação (Resolução 164 do CNMP).

---

17. O art. 7º, LACP versa sobre o mesmo tema.

A notificação, por certo, não enseja um caráter vinculativo, mas informativo, pois os legitimados coletivos cientificados não estarão jungidos a promover as demandas coletivas, sem análise detida dos fatos apresentados, apesar da existência do princípio da obrigatoriedade.[18]

Diferentemente do processo individual, no qual está presente a *facultas agendi* característica do direito subjetivo individual, o processo coletivo vem contaminado pela ideia de indisponibilidade do interesse público e da obrigatoriedade.

Para análise da incidência do princípio supra citado, impende destacar as seguintes premissas: I) os interesses transindividuais têm natureza social e relevância pública, sendo peculiarizados pela indisponibilidade; II) os legitimados para agir em juízo na defesa destes interesses não são os seus titulares, mas sim "representantes" da própria coletividade; III) os legitimados de forma autônoma não atuam em defesa de posições jurídicas próprias, mas de terceiros, que não têm a faculdade legal de estarem presentes em juízo ou extrajudicialmente para manifestarem-se quanto aos interesses transindividuais envolvidos.

O princípio da obrigatoriedade significa que, se identificados no caso concreto os pressupostos da situação material que tornem necessária a propositura de demanda coletiva, não poderá o *Parquet* ou outro legitimado coletivo furtar-se ao ajuizamento da ação. Tanto isso é verdade, que alguns autores sustentam tratar-se de uma *obrigatoriedade temperada com a conveniência e a oportunidade*.[19]

Assim, conclui-se pela aplicação do princípio da obrigatoriedade da demanda coletiva, desde que presentes todos os pressupostos e requisitos ensejadores do exercício judicial da pretensão. Aliás, a obrigatoriedade deve incidir sobre a tutela da coletividade e não sobre a demanda coletiva, pois, como dito, os legitimados coletivos têm outros instrumentos à disposição para a solução adequada e efetiva do conflito.

Tal notificação é uma grande e necessária novidade sob dois prismas: a) evitará multiplicidade de demandas, reduzindo o número de ações em curso perante o Judiciário (molecularização dos litígios); b) evitará o risco de decisões judiciais conflitantes.

---

18. *"Trata-se aqui de estimular os legitimados às ações coletivas a ajuizarem a ação (que só poderá ser em defesa de direitos individuais homogêneos). Não se especifica, porém, que as ações individuais ficarão suspensas – ressalvados os casos em que a suspensão ocasionaria prejuízos ao demandante individual – nem se os autores de demandas individuais poderão ingressar no processo coletivo como litisconsortes."* GRINOVER, Ada Pellegrini. *A Coletivização de ações individuais após o veto. Novo Código de Processo Civil. Impactos na legislação extravagante e interdisciplinar.* São Paulo: Saraiva, 2015.

19. FERRAZ, Antônio Augusto Camargo de Mello et al. *A ação civil pública e a tutela dos interesses difusos.* Op. cit., p. 42. No mesmo sentido: *"Não vamos chegar ao extremo de dizer que a atividade do Ministério Público, aí, seja ilimitadamente discricionária, ficando a critério do órgão a propositura ou não da ação. No entanto, verificando que não há suporte legal para o ajuizamento da ação, ou, ainda, que não é oportuna ou conveniente essa propositura, poderá deixar de exercê-la"* MILARÉ, Édis. *Ação Civil Pública na nova ordem constitucional.* São Paulo. Saraiva, 1990, p. 11.

CAPÍTULO 6 • REFLEXOS DO NOVO CÓDIGO DE PROCESSO CIVIL NOS PROCESSOS COLETIVOS **123**

A notificação não terá o condão de converter as demandas individuais em repetitivas, pois, caso o legitimado coletivo cientificado promova a demanda coletiva, não impedirá o prosseguimento das diversas demandas individuais.

Caso as demandas repetitivas versem sobre a mesma matéria de direito (tese jurídica), a notificação prevista neste artigo deverá ensejar a instauração do Incidente de Resolução de Demandas Repetitivas previsto no art. 976, CPC.

A adoção da norma em comento poderá ensejar a concomitância entre demandas coletivas e individuais, mas não acarretará o reconhecimento da litispendência. Entretanto, os autores das ações individuais deverão ser formalmente cientificados, no bojo de suas próprias ações, para optarem pelo prosseguimento, suspensão ou desistência das suas ações, conforme o caso (*fair notice e right to opt in/out*).[20] O Superior Tribunal de Justiça, porém, fixou precedente em sede de julgamento de recursos repetitivos no sentido da possibilidade do juízo da ação coletiva, *ex officio*, suspender a tramitação das ações individuais em curso quando versarem sobre o mesmo tema.[21]

Impende salientar que a legitimação coletiva, conforme indicação no artigo em comento, prevista nos arts. 5º da Lei 7.347/1985 e 82 do Código de Defesa do Consumidor é concorrente e disjuntiva (art. 129, § 1º CR/88), ou seja, a atuação processual de um dos legitimados não condiciona ou impede a atuação dos demais.

Os legitimados coletivos deverão ser notificados atentando-se para a legitimidade e representatividade adequada. O Ministério Público, Defensoria Pública e a Fazenda Pública deverão ser notificados em atenção ao âmbito de suas atuações funcionais.

O Ministério Público será notificado para todas as hipóteses de atuação na tutela coletiva, pois sua legitimação ativa coletiva é ampla e abrange todos os interesses transindividuais (arts. 127 e 129, III, CR/88; arts. 81 e 90 do Código de Defesa do Consumidor; art. 21 da Lei 7.347/1985).[22]

A Defensoria Pública somente deverá ser notificada para atuação nos interesses individuais transindividuais referentes aos hipossuficientes (arts. 134, CR/88 e 4º, VII e VIII da Lei Complementar 80/1994). O Supremo Tribunal Federal, no bojo do julgamento da ADI 3943, entendimento com o qual não concordamos, conferiu legitimação ampla para esta instituição na propositura das demandas coletivas.[23]

A Fazenda Pública deverá ser notificada para atuar, preferencialmente, nas hipóteses de ressarcimento ao erário. Os legitimados coletivos da esfera privada (associações, sindicatos e congêneres) deverão ser notificados atentando-se para a legitimidade e representatividade adequada (*adequacy of representation*), ou seja, o âmbito de suas atividades deve ser congruente com o objeto das demandas.

---

20. Arts. 104 do Código de Defesa do Consumidor, 22, § 1º da Lei 12.016/1009 e 13, parágrafo único da Lei 13.300/2016
21. REsp 1110549/RS, Rel. Min. Sidnei Beneti, 2ª Seção, j. 28.10.2009, DJe 14.12.2009.
22. STJ. 3ª Turma. Resp 1099634. 08.05.2012.
23. ADI 3943, Rel. Min. Cármem Lúcia, Tribunal Pleno, j. 07.05.2015, DJe 05.08.2015.

Fixadas as premissas, impende verificar situação semelhante, qual seja, a da existência de demanda individual com efeitos coletivos.

Na denominada ação individual com efeitos coletivos,[24] há uma demanda individual, porém, em virtude do pedido formulado, os efeitos da sentença atingem a coletividade. Um exemplo deste tipo de demanda é a denominada ação de dano infecto proposta com lastro no direito de vizinhança.[25] O resultado da demanda, sujeito à eficácia subjetiva da coisa julgada material, operar-se-á *inter partes*, porém, reflexamente atingirá todos circunscritos nos arredores.

Em verdade, na situação apresentada, haverá uma ação meramente individual com o fim de apreciar um direito meramente individual (puro), mas, por estar conectado a uma circunstância de fato geradora de direito ou interesse transindividual (difuso), gera benefícios para a coletividade titular do direito.[26]

O benefício referido ocorre no âmbito dos fatos, pois o indivíduo não pode, no plano jurisdicional, tutelar um direito transindividual, ou seja, tal direito não pode ser objeto de uma demanda individual. Inegável, porém, que o resultado da demanda repercutirá no seio da coletividade, mormente nos casos de procedência do pedido formulado, mas os membros desta coletividade não poderão realizar o transporte *in utilibus* da sentença, por se tratar de processo individual.

Não se trata de um indivíduo apropriando-se individualmente de um interesse transindividual, pois isso não é juridicamente possível, na medida em que tais interesses são indivisíveis. No entanto, factível sustentar que os interesses transin-

---

24. *"ação ajuizada como sendo individual, mas na verdade, em função do pedido, os efeitos da sentença podem acabar atingindo a coletividade. Assim se um indivíduo, invocando seu direito subjetivo, afirma ter direito a uma prótese importada, que está excluída do seu plano de saúde, pedindo a revisão de uma cláusula contratual, de duas uma: ou o juiz só determina que a prótese lhe seja fornecida, e estará tratando a ação como individual; ou determina que a cláusula contratual seja revista, para beneficiar a todos, tratando o pedido individual como tendo efeitos coletivos. Neste segundo caso, teremos uma ação individual com efeitos coletivos"*. Texto extraído do Relatório de Pesquisa da FGV e CEBEPEJ http://cpja.fgv.br/sites/cpja.fgv.br/files/relatorio_final_judialializacao_da_saude. pdf com o objetivo de avaliar a prestação jurisdicional individual e coletiva a partir da judicialização da saúde.
25. Na doutrina, há outros exemplos: *"Os exemplos são variados: Um cadeirante que ingressa com ação judicial para obrigar a Municipalidade a oferecer, num determinado trajeto, veículo com as especificidades necessárias ao seu transporte; um morador que, incomodado com o transtorno que uma feira livre lhe causa, ingressa com ação judicial para proibir sua realização; um sujeito que, inconformado com uma propaganda enganosa, que fere a sua inteligência e boa-fé, ingressa com ação judicial para retirá-la dos meios de comunicação; um sujeito que, entendendo que determinada intervenção em monumentos mantidos em praças públicas viola o seu direito a apreciar o patrimônio histórico e cultural, ingressa com ação para proibir tal conduta; um ouvinte de rádio que ingressa com ação para retirar a "Voz do Brasil" dá programação com o argumento que tem o direito de ouvir músicas e informações no tempo que dura o programa oficial."* NEVES, Daniel Amorim Assumpção. *Manual do Processo Coletivo: volume único*. 3ª ed. Rev., atual. e ampl. Salvador: Juspodivm, 2016.
26. *"A ação ajuizada pelo indivíduo, ainda que voltada para a defesa do direito à tranquilidade ou à sua saúde, refletirá em toda a coletividade, porque demandará solução uniforme, na medida em que não se pode conceber, por exemplo, em termo concretos, que a limitação ou não do barulho, bem como a manutenção ou não das atividades da indústria, produzam efeitos apenas em relação ao autor individual."* MENDES, Aluisio Gonçalves de Castro. A legitimação nos processos coletivos e as ações coletivas passivas. In: GRINOVER, Ada Pellegrini et al. (coords). *Processo Coletivo: do surgimento à atualidade*. São Paulo: Revista dos Tribunais, 2014.

dividuais podem apresentar uma dimensão no plano individual. Como no exemplo citado acima, o morador tem direito ao meio ambiente ecologicamente equilibrado (dimensão coletiva do direito transindividual) e à observância do direito de vizinhança (dimensão individual do direito transindividual).[27]

Em casos assim, há, a rigor, a proteção de um direito transindividual como decorrência do exercício e o acolhimento de uma pretensão individual.

Caso o magistrado verifique a potencialidade, apesar da narrativa ser meramente individual, do resultado da demanda repercutir na seara da coletividade, deverá notificar os legitimados coletivos dando-lhes ciência para a adoção das medidas pertinentes. Tal notificação não poderia estar lastreada no art. 139, X, CPC, posto aplicável quando existirem demandas repetitivas sobre o mesmo tema. O fundamento jurídico de tal notificação deve ser o art. 7º da LACP.[28] O destinatário imediato de tal notificação deve ser o Ministério Público, pois a sua legitimação ativa é a mais ampla dentre os legitimados coletivos. Os demais deverão somente ser cientificados observadas as suas respectivas atribuições.

Com tal atuar, o magistrado evitará que a demanda repercuta no seio da coletividade sem que os legitimados coletivos tenham ciência, mas não resolve a questão de ordem prática, pois a demanda continuará em curso e não há a obrigatoriedade para que os legitimados efetivamente atuem, conforme já afirmado.

Assim, surgem duas situações que merecem, ao menos, uma reflexão: a) poder-se-ia sustentar a inadmissibilidade da demanda individual com efeitos coletivos?; b) qual será a consequência jurídica advinda da inércia dos legitimados coletivos cientificados?

Alguns autores sustentam que demandas desta natureza deveriam ser tratadas como coletivas, pois, apesar do supedâneo fático e da pretensão exercida individu-

---

27. *"Também pode ocorrer, como já analisado na parte introdutória do presente tópico, que o direito ou interesse difuso apresente dimensão individual. Nesses casos, se o indivíduo sofrer lesão ou ameaça diretas em sua esfera de direito, em decorrência da violação também de direito difuso (meio ambiente, por exemplo), ele poderá vir a juízo para buscar a tutela do seu direito, conforme lhe assegura a Constituição (art. 5º, XXXV), o que também atinge por via reflexa, no mundo dos fatos, direito difuso. O processo no caso é individual e não coletivo. Ocorre que o indivíduo, ao pedir que seja cessada, por exemplo, determinada atividade industrial que o está atingindo diretamente em sua residência pela poluição desenfreada, ele acaba por beneficiar, em caso de procedência do pedido, uma comunidade de pessoas indeterminadas e indetermináveis, que são os titulares do direito ou interesse difuso em questão. Assim, essa comunidade de pessoas indeterminadas acaba sendo beneficiada de alguma forma, por força dos reflexos no mundo dos fatos dos efeitos da decisão proferida na ação individual. No mundo dos fatos poderá não haver forma de cessar a atividade em relação ao indivíduo lesado diretamente, sem que com isso não esteja beneficiando a comunidade titular do direito difuso ao meio ambiente equilibrado. O que na verdade haverá na ação individual, na hipótese levantada, é a apreciação de direito individual puro, que, por estar ligado às mesmas circunstâncias de fato geradoras do direito ou interesse difuso, acaba beneficiando, repita-se – no mundo dos fatos e não do direito, pois o direito difuso não poderá ser objeto de ação individual -, a respectiva comunidade de pessoas titulares do direito ao meio ambiente equilibrado."* ALMEIDA, Gregório Assagra de. *Direito Processual Coletivo Brasileiro: um novo ramo do direito processual (princípios, regras interpretativas e a problemática da sua interpretação e aplicação).* São Paulo: Saraiva, 2003, p. 496.

28. A depender do tema versado na demanda, poderá o juiz fulcrar a sua notificação nas seguintes normas: art. 221 do ECA e arts. 89 e 98 do Estatuto do Idoso.

almente, há evidente repercussão coletiva. Esta repercussão, por si só, denota que o tratamento deve ser de processo coletivo e, sendo assim, poder-se-ia alegar a inadequação da via procedimental eleita e, com isso, gerar a inadmissibilidade da demanda.[29]

Não concordamos com o tratamento de demanda coletiva, pois, conforme dito acima, trata-se de ação meramente individual que terá a aplicação das regras procedimentais do CPC (art. 318) e não do microssistema da tutela coletiva.[30] Assim, o resultado da demanda será, no prisma subjetivo, *inter partes*. Nada obstante, os efeitos fáticos poderão atingir a esfera da coletividade, mas os membros desta não ficarão jungidos à sua imutabilidade (efeito no mundo do direito).[31]

Não podemos concordar com a tese da inadmissibilidade da demanda individual, sob pena de vulnerar, de forma insuperável, o princípio do acesso à justiça (art. 5º, XXXV, CR/88), pois não se trata de defesa de interesse difuso por intermédio de demanda individual, mas da tutela de um interesse individual decorrente de interesse difuso. É o que se denomina direito difuso de dimensão individual.[32] Caso a demanda individual promova a pretensão coletiva de tutela de interesse difuso, por óbvio, deverá ser inadmitida por inadequação da via eleita, mas na hipótese em testilha, a demanda é juridicamente possível e deve ser objeto da prestação e da entrega da tutela jurisdicional do Estado.[33]

---

29. NEVES, Daniel Amorim Assumpção. *Manual do Processo Coletivo: volume único*. 3ª ed. Rev., atual. e ampl. Salvador: Juspodivm, 2016.

30. Na doutrina, há quem aponte o problema na certificação da ação como coletiva ou individual e, diante disso, as demandas deverão receber o tratamento correspondente. "*A impossibilidade lógica de fracionamento do objeto, em tais hipóteses, enseja inclusive a dificuldade de diferenciação entre tutela coletiva e individual, demandando, dessa forma, solução comum, ainda que a iniciativa tenha sido individual. E, assim sendo, o melhor talvez fosse não a denegação pura e simples da admissibilidade de ações propostas por cidadão ou cidadãos, até porque ela já existe, em certas hipóteses, em razão do alargamento do objeto da ação popular, alcançando o próprio meio ambiente, mas a ampliação definitiva do rol de legitimados. As ações receberiam, então, sempre tratamento coletivo compatível com os interesses em conflito.*" MENDES, Aluisio Gonçalves de Castro. A legitimação nos processos coletivos e as ações coletivas passivas. In: GRINOVER, Ada Pellegrini et. al. (coords.). *Processo Coletivo: do surgimento à atualidade*. São Paulo: Revista dos Tribunais, 2014.

31. Vale mencionar que o art. 506, CPC permite a conclusão de que foi adotado o regime in utilibus na sentença, pois o resultado do processo não pode prejudicar terceiros, mas pode gerar benefícios.

32. "*No que tange aos direitos difusos de dimensão individual, tendo em vista que o indivíduo poderá ser atingido diretamente em sua esfera de direito subjetivo, a Constituição Federal garante-lhe o acesso à justiça (art. 5º, XXXV). Todavia, o que ele irá buscar, via tutela jurisdicional, não é a proteção de um direito difuso, cujo titular é uma coletividade de pessoas indeterminadas e indetermináveis, mas de seu direito subjetivo, diretamente atingido. A ação, o processo e coisa julgada, na hipótese, pertencem ao direito processual individual; são aplicáveis, assim, as disposições processuais do CPC. O que se nota na hipótese é que, tendo em vista que se trata de um direito cujo bem jurídico tutelado é, no mundo dos fatos, de impossível divisão, a procedência do pedido formulado na ação individual ajuizada poderá atingir, favoravelmente, no mundo dos fatos – provocando até mesmo efeitos análogos aos da procedência do pedida da Ação Coletiva, caso fosse ajuizada -, a comunidade de pessoas indeterminadas, titular do respectivo direito difuso. Cita-se, como exemplo, a questão ambiental (...)*" ALMEIDA, Gregório Assagra de. *Direito Processual Coletivo Brasileiro: um novo ramo do direito processual (princípios, regras interpretativas e a problemática da sua interpretação e aplicação)*. São Paulo: Saraiva, 2003, p. 528.

33. "*Parece que esta é uma forma de contornar o óbice da inconstitucionalidade, que consiste na violação ao princípio segundo o qual nenhuma lesão ou ameaça de lesão pode ser subtraída à apreciação do Poder Judiciário. A vedação do caminho individual só existiria, segundo esse raciocínio, para os direitos que definitivamente não apresentam essa dimensão individual. Observe-se que, na verdade, não se trata propriamente de uma vedação, senão que como o indivíduo, isoladamente, nada tem a ver com esse direito, não pode estar em juízo formulando pretensão*

CAPÍTULO 6 • REFLEXOS DO NOVO CÓDIGO DE PROCESSO CIVIL NOS PROCESSOS COLETIVOS

O STJ, em *obiter dictum*, reconheceu a possibilidade de os indivíduos ameaçados ou lesados promoverem uma demanda individual, ainda que o interesse subjacente, em uma visão macro, fosse difuso.[34]

Vale lembrar que o indivíduo, salvo na condição de cidadão para fins de propositura da ação popular (art. 5º, LXXII, CR/88 c/c art. 1º. LAP), não ostenta legitimidade ativa para a condução de um processo coletivo,[35] ainda que verse sobre direito individual homogêneo (art. 81, parágrafo único, III, CDC). O que o ordenamento permite é a sua intervenção individual em processo coletivo, na forma do art. 94, CDC c/c art. 18, parágrafo único, CPC e a sua intervenção como cidadão-eleitor nos casos em que a demanda coletiva proposta por um legitimado coletivo tenha o mesmo objeto de uma possível ação popular (art. 1º, LAP).

Caso o juiz decida aplicar a norma do art. 139, X, CPC, conforme sugerido acima, para cientificar os legitimados coletivos e seja verificada a sua inércia, surge a necessidade de enfrentar a consequência jurídica inerente. O CPC não resolve o problema, pois limita-se a indicar que os legitimados serão cientificados para a propositura da demanda coletiva.

Considerando que o MP é o principal legitimado coletivo ativo (posto responsável pela maioria das demandas coletivas propostas), a solução pode ser encontrada em nosso próprio sistema. Na hipótese do MP quedar-se inerte, apesar do CPC sequer fixar um prazo para a sua manifestação, poder-se-ia sustentar a ciência ao

---

a seu respeito, uma vez que o interesse não tem dimensão individual. Por outro lado, admitir que a via da defesa individual, ficaria bloqueada, e não se estabelecer a necessidade do litisconsórcio, seria inconstitucional porque violaria o princípio da ampla defesa: se um direito meu está sendo discutido, e se a respeito dele vai haver uma decisão, eu tenho de ser cientificado para poder, se quiser, estar presente." WAMBIER, Tereza Arruda Alvim. Apontamentos sobre as ações coletivas. In: GRINOVER, Ada Pellegrini et. al. (coords.). *Processo Coletivo: do surgimento à atualidade.* São Paulo: Revista dos Tribunais, 2014.

34. REsp 163.483/RS, Rel. Min. Francisco Peçanha Martins, Rel. p/ Acórdão Min. Adhemar Maciel, 2ª T., j. 01.09.1998, DJ 29.03.1999.

35. Com uma bela síntese sobre as críticas à Legitimidade do Indivíduo nas Ações Coletivas, podemos mencionar as lições de Larissa Claire Pochmann da Silva: "*No Brasil, a não inclusão expressa da legitimidade do indivíduo para a ação civil é associada a uma má experiência com a ação popular, em que o legitimado é o cidadão. Destaca Eurico Ferraresi que o que se temia era a "banalização das demandas coletivas", a partir do raciocínio de que o "brasileiro não está preparado para utilizar judicialmente as ações coletivas". Se pudesse utilizá-las, poderia gerar "inúmeras repercussões perniciosas que, mesmo nos casos de improcedência, jamais poderão ser reparadas." De acordo com José Carlos Baptista Puoli, nem a condenação por litigância de má-fé, hoje prevista no artigo 17 da Lei nº 7.347/85, nem os filtros normais do sistema processual atual bastarão para o controle da atuação da pessoa física nas demandas coletivas, já que, na prática, seriam recursos pouco utilizados. Ademais, sustenta-se que muitas vezes os lesados sequer conhecem seus direitos e ficarão em situação de desvantagem frente ao autor das lesões, que possui maior potencial econômico para contratar bons profissionais para seu assessoramento, produzir provas e arcar com os custos processuais. Além desses argumentos, ainda caberia afirmar que a legitimação individual nas ações coletivas pertence ao ordenamento jurídico estadunidense, estando em desacordo com as tradições e raízes jurídicas brasileiras. Aponta-se, por fim, uma falta de interesse do indivíduo para defender interesses difusos, na medida em que inexistiriam vantagens econômicas diretas em seu patrimônio. Assim, pode-se perceber que todos os argumentos que rechaçam a atuação do indivíduo estão relacionados aos valores altos de custas processuais e de honorários advocatícios, ao seu despreparo para atuar em nome da coletividade e à falta de interesse de agir, se for considerado que sua lesão é de um valor muito pequeno diante do valor total de todos os afetados.*" SILVA, Larissa Clare Pochmann da. *A legitimidade do indivíduo das ações coletivas.* Rio de Janeiro: LMJ Mundo Jurídico, 2013, p. 163/164.

Procurador Geral de Justiça (art. 28, CPP) para ratificar ou não a inércia do membro do MP, mediante aplicação analógica das regras do arquivamento do inquérito policial ou das peças de informação remetidas pelo órgão jurisdicional (art. 40, CPP). A melhor solução, ao meu sentir, seria a aplicação da norma do art. 139, X, CPC com a fixação de um prazo para que o legitimado coletivo se manifeste. Findo o prazo, sem manifestação expressa ou com manifestação expressa em sentido negativo, nos casos do MP, deverá o magistrado remeter as peças de informação ao Conselho Superior do Ministério Público (art. 9º da LACP), por aplicação analógica do sistema de arquivamento do inquérito civil, para o devido reexame da manifestação do membro. Não há a necessidade de utilização do CPP, pois o próprio microssistema da tutela coletiva nos indica a melhor solução.

A questão ganha novos contornos quando o art. 139, X, CPC for usado para cientificar os demais legitimados coletivos referidos. Nestes casos, findo o prazo fixado pelo juiz, sem manifestação expressa ou com manifestação expressa negativa, deverá ser cientificado o MP para ciência e adoção das medidas pertinentes.

Não é demais lembrar que, ao contrário do que ocorre no processo penal,[36] não há no processo coletivo a possibilidade de ajuizamento de ação civil privada subsidiária da pública, por ausência de previsão legal. Entretanto, há quem sustente, de *lege ferenda*, esta possibilidade.[37] Apesar de reconhecer a ausência de amparo legal para a possibilidade do indivíduo promover uma ação civil privada subsidiária, há a necessidade de, ao menos, enfrentar o tema, pois nem sempre os legitimados coletivos poderão ou quererão agir, seja por questões afetas às suas atribuições funcionais (nos casos do Ministério Público, da Fazenda Pública e da Defensoria Pública) ou por falta na localidade de representantes da sociedade civil organizada.[38]

Para parte da doutrina, negar a possibilidade de o indivíduo ostentar legitimidade ativa para a propositura da demanda coletiva é criar uma vedação ao seu acesso à justiça (art. 5º, XXXV, CR/88), pois restringiria o exercício judicial de sua pretensão somente aos casos de processos individuais. Afirmar a possibilidade de tal legitimação acarreta, a rigor, uma efetivação dos direitos fundamentais. Ademais, segundo este entendimento, vedar a sua legitimidade ativa acarretaria a possibilidade de manter-

---

36. Com a possibilidade de ajuizamento de uma ação penal privada subsidiária da pública.
37. Impende salientar, contudo, que no âmbito do direito empresarial, há a possibilidade de uma legitimidade extraordinária subordinada derivada da inércia do legitimado originário, conforme se verifica no art. 159, § 3º da LSA. Há, na doutrina, quem sustente a possibilidade de utilização do mesmo sistema do processo penal ao processo coletivo, através da criação, de *lege ferenda*, da Ação Civil Privada Subsidiária da Pública. SANTOS, Ana Lucia Torres. *A Ação Civil Privada Subsidiária da Pública e a Legitimidade do Cidadão na Ação Civil Pública*. Dissertação apresentada ao Programa de Mestrado em Direito da Universidade Estácio de Sá. Orientador: Prof. Dr. Humberto Dalla Bernardina de Pinho. Defesa em 1º de agosto de 2010.
38. *"A questão é que se aguarda uma atuação de um dos legitimados, em uma presunção criada de que eles irão atuar quando nem sempre irão. Contudo, basta que não haja uma associação no local do dano, ou que o cargo da promotoria ou da defensoria estejam vagos ou simplesmente que a região do dano seja afastada da atuação dos legitimados para que tenham ciência da lesão ou da ameaça a lesão a direitos, que não haverá a ação coletiva ajuizada."* SILVA, Larissa Clare Pochmann da. *A legitimidade do indivíduo das ações coletivas*. Rio de Janeiro: LMJ Mundo Jurídico, 2013.

CAPÍTULO 6 • REFLEXOS DO NOVO CÓDIGO DE PROCESSO CIVIL NOS PROCESSOS COLETIVOS **129**

-se uma situação de ameaça e/ou lesão ao direito material subjacente enquanto os legitimados coletivos ficam inertes.[39] Seguindo este entendimento, tanto o indivíduo afetado pelo evento quanto algum que não seja afetado poderá ostentar a legitimação ativa, mas sem afastar a possibilidade do controle *ope iudicius* da representatividade adequada, em virtude da inexistência de previsão legal expressa da sua legitimidade (controle *ope legis*).[40]

Em suma, sobre a possibilidade de um indivíduo tutelar interesse transindividual, podemos apontar as seguintes posições: a) inadmissibilidade da atuação processual ativa do indivíduo em demandas coletivas por absoluta ausência de previsão legal; b) possibilidade de atuação processual ativa do indivíduo em demandas coletivas somente nos casos de inércia dos legitimados coletivos, por meio da ação civil privada subsidiária da pública; e c) possibilidade de atuação processual ativa do indivíduo em demandas coletivas diretamente com base no princípio do acesso à justiça com o devido controle judicial da representatividade adequada no caso concreto.

9. COLETIVIZAÇÃO DAS DEMANDAS INDIVIDUAIS

O CPC/15 preconizou a coletivização das demandas individuais por meio do emprego de técnicas e incidentes, quais sejam: i) intimação dos legitimados coletivos para ajuizamento de demanda coletiva (art. 139, X); ii) conversão de ação individual em ação coletiva (art. 333); e iii) incidente de resolução de demandas repetitivas (art. 976).

Estas técnicas fazem parte do microssistema da teoria dos precedentes, pois têm como objetivo conferir segurança jurídica e isonomia, na medida em que evitam dispersão de precedentes em mesma situação jurídica ensejadora das demandas.

A **intimação dos legitimados coletivos para ajuizamento de demanda coletiva,** que será abordada em tópico abaixo, visa a reunir ações individuais repetitivas em uma única ação coletiva em defesa de direitos individuais homogêneos.

---

39. *"Especificamente sobre a legitimidade na tutela coletiva, não atribuir legitimidade ao indivíduo é denegar o seu acesso à justiça. O indivíduo não deve ter sua atuação restrita ao processo individual, apenas aguardando a atuação dos legitimados previstos na legislação. Em uma visão constitucional do processo civil, não faria sentido deixar um direito ficar exposto a uma lesão reiteradamente ou que uma ameaça de lesão a direito se transforme em uma lesão efetiva a direito. (...) Dessa forma, o que se pretende não é afirmar que o indivíduo deve atuar ou deve ser o único legitimado, mas sim que a legitimidade deve ser ampla para a tutela coletiva, de modo que as lesões ou ameaças de lesão a direitos transindividuais não deixem de ser tutelados."* Silva, Larissa Clare Pochmann da. A legitimidade do indivíduo das ações coletivas. Rio de Janeiro: LMJ Mundo Jurídico, 2013.
40. *"Como a atuação do indivíduo enquanto legitimado ativo na ação civil pública não possui previsão legal expressa, poderia simplesmente se adotar o controle pelo juiz no caso concreto, ao fundamento de que esta atuação não estaria abrangida pelo sistema de legitimação ope legis. Este seria o melhor raciocínio para se instrumentalizar a atuação do indivíduo como legitimado ativo para a ação civil pública sem precisar realizar mudanças no sistema. (...) Todavia, em relação ao indivíduo será possível aferir a sua credibilidade, sua capacidade, sua representatividade perante o grupo, bem como seus conhecimentos em relação à lesão ou ameaça de lesão que pretende tutelar. Pode não ser ele o afetado pelo dano, mas deve ter conhecimento da tutela que buscará em juízo. É importante garantir que o indivíduo não atue como legitimado ativo para buscar apenas suas pretensões individuais: deve trazer a juízo as pretensões da classe."* SILVA, Larissa Clare Pochmann da. A legitimidade do indivíduo das ações coletivas. Rio de Janeiro: LMJ Mundo Jurídico, 2013.

A **conversão de ação individual em ação coletiva**, que foi vetada e, portanto, não ingressou em nosso ordenamento jurídico, tinha como objetivo precípuo coletivizar as ações propostas como individuais, quando, na verdade, deveriam ter sido propostas como ações coletivas em defesa de direitos difusos e coletivos em sentido estrito. Este instituto deveria ser aplicado aos casos de ações individuais com efeitos coletivos (art. 333, I), bem como aos casos de ações pseudoindividuais (art. 333, II). Neste ponto, sem prejuízo do posterior enfrentamento do tema, impende destacar as diferenças entre ações meramente/puramente/tipicamente individuais, individuais com efeitos coletivos e pseudoindividuais.

As **ações puramente/meramente/tipicamente individuais** são aquelas em que a pretensão também é pessoal, veiculando um direito subjetivo. Nestes casos, o resultado da demanda atingirá a esfera jurídica das partes, na forma do art. 506, CPC/15.

As **ações individuais com efeitos coletivos** são aquelas ajuizadas como individuais, mas cujo resultado, ainda que indiretamente, atingirá a todos. São ações que, em função do pedido, os efeitos da sentença atingem a própria coletividade.

As **ações pseudoindividuais** são aquelas lastreadas em uma relação, fática ou jurídica, de direito material incindível/indivisível que, por via de consequência, deve receber uma tutela jurisdicional unitária. Assim, o pedido formulado na demanda, embora baseado em interesse subjetivo, deveria ter sido formulado coletivamente.

O **incidente de resolução de demandas repetitivas (IRDR)**, que será estudado em capítulo próprio, ao qual remetemos o leitor, tem por finalidade a fixação de tese jurídica que será aplicável aos casos futuros, quando existirem demandas repetitivas versando sobre a mesma questão de direito, material ou processual.

As demandas repetitivas, portanto, poderão ser objeto da técnica prevista no art. 139, X e do IRDR. Entretanto, os objetivos e efeitos são diversos.

A técnica prevista no art. 139, X tem por objetivo provocar a propositura de uma demanda coletiva para a obtenção de eficácia subjetiva *erga omnes*, na forma do art. 103, III, CDC.[41] Com o julgamento da demanda coletiva, haverá óbice para a propositura de outras demandas coletivas, caso o resultado seja diverso da improcedência por insuficiência de provas.

O IRDR, por sua vez, tem por objetivo a uniformidade da aplicação do ordenamento jurídico por meio da fixação de uma tese jurídica que valerá para todos os processos que versarem sobre a mesma questão de direito. Assim, cada caso novo, que verse sobre a mesma questão de direito, ensejará a realização de um novo julgamento para aplicação da tese jurídica fixada.

---

41. Adotamos a nomenclatura apresentada por estar prevista literalmente no CDC, mas sustentamos que a nomenclatura correta seria *erga victmae*, pois a eficácia subjetiva não atinge a todos de forma indistinta, mas sim às vítimas do evento.

CAPÍTULO 6 • REFLEXOS DO NOVO CÓDIGO DE PROCESSO CIVIL NOS PROCESSOS COLETIVOS **131**

10. DIREITOS REPETITIVOS E DIREITOS INDIVIDUAIS HOMOGÊNEOS[42]

Os direitos repetitivos são parecidos com os individuais homogêneos, mas, ao invés de decorrerem de uma origem comum, de fato e de direito, são apenas semelhantes.[43] As demandas repetitivas têm fundamento em situações jurídicas homogêneas, mas possuem um perfil que não permite circunscrevê-las aos direitos individuais homogêneos.[44]

Caso existam diversas demandas em curso versando sobre a mesma questão de fato (fato de origem comum), poderá, conforme a hipótese, ensejar a necessidade de coletivização da demanda (não se trata de conversão da demanda individual em coletiva, posto vetada!), por meio da propositura de Ação Coletiva (Ação Civil Pública), com fulcro no art. 81, parágrafo único, III, CDC. Na hipótese de fato de origem comum, com sujeitos determinados, que pertencem a uma coletividade, poderá ser identificado interesse individual homogêneo. Os direitos individuais, quando coexistirem por uma origem comum, darão vida ao direito individual homogêneo.[45]

11. SISTEMA DO *FAIR NOTICE E RIGHT TO OPT IN OR OUT* APLICÁVEL AOS PROCESSOS COLETIVOS QUE VEICULAM DIREITOS INDIVIDUAIS HOMOGÊNEOS

No estudo do processo coletivo comum, notadamente quando existir a concomitância de demandas coletivas e demandas individuais sobre o mesmo tema, exsurge, de imediato, indagação a respeito da estabilidade das relações jurídicas subjacentes, ante a inegável possibilidade de proferimento de decisões judiciais conflitantes.

---

42. O tema referente às questões repetitivas e as demandas coletivas foram foi devidamente aprofundado no capítulo acerca dos tipos de demandas individuais e coletivas.
43. "Os titulares dos direitos repetidos não formam uma coletividade além daquela que só pode ser constatada no caso concreto, analisando-se quem tem um direito semelhante a outro." (..) "se considerou como *repetitivas as demandas provenientes de situações de fato ou relações jurídicas idênticas, baseadas exatamente nos mesmos fundamentos legais. Com isso, 'a identidade de fundamento legal que gerou a demanda e a base de incidência fática comum conferem ao litígio grau máximo de semelhança. O que muda é apenas e exclusivamente o nome das partes."* WURMBAUER JUNIOR, Bruno. *Novo Código de Processo Civil e os direitos repetitivos.* Curitiba: Juruá, 2015.
44. *"São demandas-tipo, decorrentes de uma relação modelo, que ensejam soluções-padrão. Os processos que versam sobre os conflitos massificados lidam com conflitos cujos elementos objetivos (causa de pedir e pedido) se assemelham, mas não chegam a se identificar"* BASTOS, Antonio Adonias Aguiar. Situações jurídicas homogêneas: um conceito necessário para o processamento das demandas de massa. *Revista de Processo.* São Paulo: Revista dos Tribunais, v. 186, p. 87-98, ago 2010, p. 90.
45. CINTRA, Antonio Carlos Fontes. Interesses individuais homogêneos: natureza e oportunidade da coletivização dos interesses individuais. *Revista de Direito do Consumidor*, São Paulo, v. 72, p. 13, out/dez 2009. VIAFORE, Daniele. *As ações repetitivas no Direito Brasileiro.* Porto Alegre: Livraria do Advogado. 2014.

O objetivo do presente estudo não é o de aprofundar a abordagem do processo coletivo e seus consectários lógicos, mas imprescindível abordar alguns aspectos que poderão ser atingidos por este novo sistema testilhado.

O legislador, prevendo a necessidade de equacionar os problemas resultantes dos litígios em massa, positivou as demandas coletivas com o fito de resolver, no bojo de um único processo judicial, todas as questões envolvidas, por meio da atuação de um legitimado coletivo.

Entretanto, o sistema processual coletivo, instaurado por meio das inúmeras normas jurídicas, não impede o ajuizamento de demandas individuais correlatas às demandas coletivas. A ausência deste impedimento resta evidente nos arts. 103, §§ 1º ao 3º, e 104, CDC, e art. 22, § 1º, LMS.

Este sistema prevê a necessidade de intimação, no bojo da demanda individual, do autor da ação para que, no prazo decadencial de trinta dias, exerça o direito de optar (*right to opt*) entre o sistema de inclusão (*right to opt in*) ou o de exclusão (*right to opt out*) da demanda coletiva proposta.

A intimação (*fair notice*) é indispensável para a configuração do sistema, pois a mera publicidade preconizada no art. 94, do CDC, não tem o condão de garantir a plena ciência da existência de demandas coletivas, versando sobre a mesma situação jurídica das demandas individuais correlatas. Caso não seja conferida ao autor da ação individual a oportunidade processual de se manifestar, restará relegado a oblívio o princípio do acesso à justiça (art. 5º, XXXV, CR/88), bem como o princípio da efetividade da tutela jurisdicional (art. 5º, LIV, CR/88).

Por este sistema, caso o autor individual queira beneficiar-se do resultado jurídico da demanda coletiva, deverá se manifestar de forma expressa, dentro do prazo fixado, e requerer sua suspensão. Por outro lado, caso o seu desejo seja o de manter-se imune ao resultado da demanda coletiva, bastará sua inércia no prazo fixado. Somente poderá valer-se do transporte *in utilibus*, previsto no art. 103, § 3º, do CDC, o autor individual que optar pela suspensão da sua demanda.

A despeito da semelhança entre as redações, o sistema preconizado na LMS e na LMI determina que o impetrante da demanda individual, dentro do prazo decadencial de trinta dias, devidamente intimado para tal desiderato, deverá desistir de sua impetração para se beneficiar do resultado da demanda coletiva.

Tal sistema viola, a nosso sentir, as normas jurídicas ínsitas no art. 5º, XXXV e LXIX, CR/88, pois retira do cidadão o seu direito de acesso à justiça por meio da utilização de remédio jurídico constitucional adequado. Contudo, para evitar o reconhecimento da inconstitucionalidade da norma com a devida pronúncia de sua invalidade, aplicar-se-á o microssistema da tutela coletiva. Assim, as normas jurídicas dos arts. 22, § 1º, LMS e 13, parágrafo único, LMI, deverão ser lidas na forma prevista no art. 104, CDC.

CAPÍTULO 6 • REFLEXOS DO NOVO CÓDIGO DE PROCESSO CIVIL NOS PROCESSOS COLETIVOS **133**

Apesar disso, o STJ, pela sua 2ª Seção, mesmo antes do advento do CPC/15, aplicou a principal consequência da admissão do incidente de resolução de demandas repetitivas. No bojo do Respe 1.110.549/RS,[46] admitido pelo sistema de recursos repetitivos, fixou entendimento no sentido da possibilidade da suspensão automática das ações individuais, quando houver a propositura de demanda coletiva sobre o mesmo tema.

À guisa de conclusão, o sistema do incidente de resolução de demandas repetitivas, previsto no CPC/15, retira do autor da demanda individual o seu direito de optar por prosseguir ou suspender sua demanda individual, pois permite a suspensão *ope legis* (art. 982, I, CPC) das demandas individuais e coletivas quando versarem sobre situações jurídicas homogêneas.

A questão mais relevante, no sentido da aplicação prática deste incidente, é saber se haverá revogação tácita das normas da tutela coletiva que trazem a previsão do sistema do *fair notice e right to opt in or out* (arts. 104 do CDC, 22, § 1º, LMS e 13, parágrafo único, LMI).

Considerando as premissas fixadas nos tópicos anteriores, a propositura de ação coletiva sobre direitos individuais homogêneos é um claro indício de que há a possibilidade de multiplicação de demandas individuais com mesmo fundamento e objeto.

A rigor, há similaridade entre as ações coletivas que tutelam interesses individuais homogêneos e o incidente em testilha. Entretanto, as semelhanças se encerram somente na primeira análise, qual seja, de resolução da mesma questão posta em juízo, atingido o seio da coletividade, e evitando, com isso, a multiplicação das demandas. Após análise mais detida, conforme doutrina de Andrea Carla Barbosa e Diego Martinez Fervenza Cantoario, verifica-se que os institutos são deveras diversos[47].

As ações coletivas possuem as seguintes características:

---

46. RECURSO REPETITIVO. PROCESSUAL CIVIL. RECURSO ESPECIAL. AÇÃO COLETIVA. MACRO-LIDE. CORREÇÃO DE SALDOS DE CADERNETAS DE POUPANÇA. SUSTAÇÃO DE ANDAMENTO DE AÇÕES INDIVIDUAIS. POSSIBILIDADE. 1.- Ajuizada ação coletiva atinente a macrolide geradora de processos multitudinários, suspendem-se as ações individuais, no aguardo do julgamento da ação coletiva. 2.- Entendimento que não nega vigência aos arts. 51, IV e § 1º, 103 e 104 do Código de Defesa do Consumidor; 122 e 166 do Código Civil; e 2º e 6º do Código de Processo Civil, com os quais se harmoniza, atualizando-lhes a interpretação extraída da potencialidade desses dispositivos legais ante a diretriz legal resultante do disposto no art. 543-C do Código de Processo Civil, com a redação dada pela Lei dos Recursos Repetitivos (Lei n. 11.672, de 8.5.2008). 3.- Recurso Especial improvido.

47. BARBOSA, Andrea Carla; CANTOARIO, Diego Martinez Fervenza. O incidente de resolução de demandas repetitivas no projeto de Código de Processo Civil: apontamentos iniciais. *In*: FUX, Luiz (coord.) et al. *O novo processo civil brasileiro (direito em expectativa): reflexões acerca do projeto do novo Código de Processo Civil*. Rio de Janeiro. Forense, 2011. Na opinião de Marinoni, tratar-se-ia de incidente de uniformização de jurisprudência com caráter vinculante. MARINONI, Luiz Guilherme; MITIDIERO, Daniel. *O projeto do CPC. Críticas e propostas*. São Paulo: Revista dos Tribunais, 2010, p. 177.

a) Ação acidentalmente coletiva que agrega inúmeras pretensões individuais que poderiam ter sido propostas autonomamente;

b) O objeto da cognição enseja um exame conjunto de questões comuns de fato e de direito, pertinentes a uma série de pretensões individuais;

c) A eficácia da decisão, além de formadora de título executivo judicial, gera projeção *erga omnes*, a depender do resultado da demanda (*secundum eventus litis*). Haverá possível vinculação à autoridade da coisa julgada material;

d) O titular da pretensão não poderá exercê-la, portanto, será o legitimado coletivo o responsável pela propositura da demanda. Apesar desta restrição, será possível a intervenção individual na forma do art. 94 do CDC;

e) A suspensão da demanda individual seguirá as regras dos arts. 104 do CDC, 22, § 1º, LMS, 13, parágrafo único, LMI. Trata-se de suspensão opcional que deverá ser requerida no prazo decadencial de trinta dias, contados da intimação do autor da ação individual.

O incidente de resolução de demandas repetitivas, por seu turno, possui as seguintes características:

a) Trata-se de procedimento de resolução de questão jurídica controvertida, comum a várias ações reais, as quais mantêm sua autonomia procedimental;

b) O objeto da cognição consiste no exame conjunto das questões de direito;

c) A decisão acarretará uma vinculação à resolução da questão jurídica. Trata-se de precedente vinculante com projeção *erga omnes* da *ratio decidendi*, da tese jurídica geral reconhecida;

d) Terão legitimidade para suscitar o incidente as partes, o Ministério Público, a Defensoria Pública, o relator e o juiz;

e) Haverá suspensão obrigatória dos processos individuais em que se controverta a respeito da mesma questão jurídica objeto do incidente.

Assim, diante das características dos institutos, podemos concluir pela manutenção do regime previsto para os processos coletivos frente aos processos individuais que versarem sobre a mesma questão de direito. Em outras palavras, as normas jurídicas, ínsitas nos arts. 104, CDC, 22, § 1º, LMS e 13, parágrafo único, LMI, manter-se-ão hígidas diante do incidente de resolução de demandas repetitivas.

12. RECORRIBILIDADE DAS DECISÕES INTERLOCUTÓRIAS E O REGIME DA PRECLUSÃO IMEDIATA

12.1. Panorama Geral

O CPC/15 modificou de maneira substancial o regramento conceitual, recorribilidade e o regime de preclusão das decisões interlocutórias (intermédias).

O art. 203, § 2º, CPC/15 preconiza um conceito por exclusão das decisões interlocutórias, ou seja, não indica expressamente o conceito apenas afirma que será todo ato judicial decisório que não esteja abrangido pelo conceito legal de sentença previsto no art. 203, § 1º, CPC.

Podemos afirmar, portanto, que a decisão interlocutória pode possuir o conteúdo típico de uma sentença (arts. 485 e 487, CPC), desde que não acarrete o seu efeito típico de encerrar uma das fases do processo (cognitivo ou executivo). Caso o ato judicial tenha o conteúdo previsto nos artigos citados, mas acarrete a resolução parcial (parcela do elemento subjetivo ou objetivo da demanda) antecipada será, também, uma decisão interlocutória, conforme preconizam os arts. 354, parágrafo único e 356, § 5º, CPC.

Além da mudança conceitual, o CPC/15 alterou o regime da recorribilidade e da preclusão das decisões interlocutórias. Com o advento do novel diploma, as decisões interlocutórias passaram a ser agrupadas da seguinte forma: a) decisão interlocutória agravável sujeita ao regime de preclusão imediata; b) decisão interlocutória não agravável recorrível sujeita ao regime de preclusão postecipada; e c) decisão interlocutória não agravável irrecorrível.

As decisões interlocutórias agraváveis encontram-se dispostas no rol taxativo previsto no art. 1015, CPC. Apesar de ser taxativo, é plenamente factível sustentar a possibilidade de uma interpretação extensiva das hipóteses previstas.[48] O STJ,

---

48. "no entanto, apesar de se tratar de enumeração taxativa, nada impede que se dê interpretação extensiva aos incisos do art. 1015. Por isso, é que, muito provavelmente, as exigências do dia a dia farão com que surjam outras hipóteses de cabimento de agravo, que não estão previstas expressamente no art. 1015, mas podem-se considerar abrangidas pela via da interpretação extensiva. Um bom exemplo é o dado por Fredie Didier e Leonardo Carneiro da Cunha: se a decisão que rejeita a convenção de arbitragem é recorrível de agravo (art. 1015, III), também deve ser agravável a que dispõe sobre a competência (relativa ou absoluta), pois são situações muito semelhantes" WAMBIER, Teresa Arruda Alvim; CONCEIÇÃO, Maria Lucia Lins; RIBEIRO; Leonardo Ferres da Silva;

neste aspecto, possui decisões reconhecendo a aplicabilidade da interpretação extensiva nos seguintes casos:

a) decisão interlocutória em controle de competência (art. 1015, III, CPC);[49]

b) decisão interlocutória que indefere requerimento de efeito suspensivo em sede de embargos à execução (art. 1015, X, CPC)[50] e há decisão vedando a aplicação da interpretação extensiva.[51]

Impende salientar, contudo, que nos casos previstos no parágrafo único todas as decisões interlocutórias serão recorríveis, pois o legislador não indicou quais seriam as hipóteses de cabimento do recurso de agravo de instrumento. Estas hipóteses previstas no art. 1015, CPC referem-se às decisões interlocutórias proferidas no curso da fase de conhecimento do procedimento comum.

Nestas decisões interlocutórias, o regime de preclusão será imediato, caso não seja interposto o respectivo recurso de agravo de instrumento.

---

e MELLO, Rogério Licastro Torres de. *Primeiros Comentários ao Novo Código de Processo Civil*. São Paulo: Revista dos Tribunais, 2016, p. 1614. "A decisão relativa à convenção de arbitragem é uma decisão que trata de competência. Se a decisão que rejeita a alegação de convenção de arbitragem é agravável, também deve ser agravável a que trata de uma competência, relativa ou absoluta. (...). Embora taxativas as hipóteses de agravo de instrumento, aquela indicada no inciso III do art. 1015 comporta interpretação extensiva para incluir a decisão que versa sobre competência". DIDIER JR, Fredie; CUNHA, Leonardo Carneiro. *Curso de Direito Processual Civil*. v.3. Salvador: JusPodivm, 2016, p. 216.

49. REsp 1.679.909, 4ª T., rel. Min. Luis Felipe Salomão, j. 14.11.2017. Neste julgado o STJ reconheceu a possibilidade da interposição de agravo de instrumento contra decisão referente à controle de competência.
50. REsp 1694667/PR, Rel. Ministro HERMAN BENJAMIN, SEGUNDA TURMA, julgado em 05.12.2017, DJe 18.12.2017. Na doutrina, há quem defenda a mesma possibilidade: "o embargante que não tem a execução contra si paralisada fica exposto aos danos próprios da continuidade das atividades executivas, o que reforça o cabimento do agravo de instrumento no caso". BANDIOLI, Luis Guilherme Aidar. Comentários ao Código de Processo Civil, vol. XX. Luis Guilherme Aidar Bondioli. ed. Saraiva, p. 126.
51. REsp 1.700.500, 3ª T., decisão monocrática, rel. Min. Marco Aurélio Bellizze, j. 16.10.17, DJe 07.11.17

Assim, além das hipóteses previstas no art. 1015, CPC, sobreleva notar as demais hipóteses previstas de recorribilidade das decisões interlocutórias: a) no CPC: arts. 101; 354, parágrafo único; 356, § 5º; 1027, § 1º e 1037, § 13; b) arts. 16, §9º e 17, §§ 9º-A, 17 e 21, da Lei 8.429/1992; c) art. 100, da Lei 11.101/2005; e d) art. 19, § 1º, da Lei 4.717/1965.

Devemos atentar para a redação do art. 1015, parágrafo único do CPC, pois contém hipóteses de recorribilidade das decisões interlocutórias dispostas em um rol exemplificativo, ou seja, nas hipóteses lá referidas todas as decisões interlocutórias são agraváveis, quais sejam, as proferidas: a) no procedimento de inventário; b) na liquidação de sentença; c) no cumprimento de sentença; d) na execução. Apesar de não estar previsto expressamente no artigo, entendemos que as decisões interlocutórias proferidas no procedimento falimentar são igualmente agraváveis.

a) Procedimento de inventário
b) Processo de execução
c) Cumprimento de sentença
d) Liquidação de sentença

*Atenção – Art. 19, §1º, lei 4717/65

As decisões interlocutórias não agraváveis recorríveis são aquelas que não estão abrangidas pelo rol taxativo do art. 1015, CPC, bem como que não podem ser objeto da interpretação extensiva. Tais decisões deverão ser objeto de impugnação por meio do recurso de apelação ou nas contrarrazões da apelação (espécie de recurso subordinado), conforme a hipótese. Somente haverá preclusão das decisões interlocutórias caso as partes não realizem a impugnação na forma do art. 1009, § 1º, CPC, portanto, o regime de preclusão é o postecipado (em momento processual posterior).

As decisões interlocutórias não agraváveis irrecorríveis são aquelas que não permitem, como a própria classificação faz supor, a interposição do agravo de instrumento (art. 1015, CPC) ou até mesmo a impugnação posterior por meio da apelação ou das contrarrazões (art. 1009, § 1º, CPC). Há previsões expressas gerando a impossibilidade jurídica da impugnação recursal, tais como: arts. 138 c/c 950, § 3º, CPC (decisão interlocutória que admite a intervenção do *amicus curiae*, apesar da redação do art. 1015, IX, CPC); art. 382, § 4º, CPC (decisão interlocutória proferida no bojo do procedimento da produção antecipada de provas) e art. 1007, § 6º, CPC (decisão interlocutória que releva a pena de deserção).

12.2. Panorama nos Processos Coletivos

Apesar destas mudanças ocorridas no CPC, reputamos inaplicáveis aos processos coletivos. Nos processos coletivos, todas as decisões interlocutórias são agraváveis sujeitas ao regime jurídico da preclusão imediata, portanto, inaplicável a classificação dicotômica (agravável e não agravável) das decisões interlocutórias. O art. 19, § 1º, LAP preconiza expressamente que as decisões interlocutórias proferidas ao longo do processo de Ação Popular serão passíveis de agravo de instrumento.[52] Deste modo, com espeque no microssistema da tutela coletiva (arts. 21, LACP c/c 90, CDC), tal norma será aplicável aos demais processos coletivos.[53]

---

52. *"Art. 19. A sentença que concluir pela carência ou pela improcedência da ação está sujeita ao duplo grau de jurisdição, não produzindo efeito senão depois de confirmada pelo tribunal; da que julgar a ação procedente caberá apelação, com efeito suspensivo. § 1º Das decisões interlocutórias cabe agravo de instrumento. § 2º Das sentenças e decisões proferidas contra o autor da ação e suscetíveis de recurso, poderá recorrer qualquer cidadão e também o Ministério Público.*

53. *"Na aplicação do art. 1015, XIII, do Novo CPC deve ser destacado o art. 19, § 1º, da Lei 4717/65. Nos termos deste dispositivo, das decisões interlocutórias proferidas na ação popular é cabível agravo de instrumento. Acredito, inclusive, que por força do microssistema coletivo a norma deva ser aplicada a todos os processos coletivos e não só à ação popular. Ou seja, todas as decisões interlocutórias proferidas em ação popular, mandado de segurança coletivo, mandado de injunção coletivo, ação civil pública e ação de improbidade administrativa, são recorríveis por agravo de instrumento, pela aplicação conjunta dos arts. 1015, XIII, do Novo CPC e do 19 da Lei 4717/65 inspirada pelo microssistema coletivo"* NEVES, Daniel Amorim Assumpção. *Manual de Direito Processual Civil.* 8ª ed. Salvador: Juspodivm, 2017, p. 1559. No mesmo sentido, vale destacar: *"A regra do art. 19, § 1º, da Lei n. 4717/65 configurava-se como uma especialização do procedimento da ação popular, em relação ao procedimento comum previsto no CPC-1939. Mantém-se a regra, atualmente, como uma especialização do procedimento da ação popular em relação ao procedimento comum previsto no CPC-2015. Assim, incide a regra do § 2º do art. 1046 do CPC-2015: "§ 2º – Permanecem em vigor as disposições especiais dos procedimentos regulados em outras leis, aos quais se aplicará supletivamente este Código."* DIDIER Júnior, Fredie. *Curso de Direito Processual Civil.* Vol. 3. Salvador: Juspodivm, 2017, p. 262.

CAPÍTULO 6 • REFLEXOS DO NOVO CÓDIGO DE PROCESSO CIVIL NOS PROCESSOS COLETIVOS **139**

Impende destacar, também, o contexto histórico no qual encontra-se inserida norma do art. 19, § 1º, LAP. À época da sua promulgação, o sistema da recorribilidade das decisões interlocutórias era deveras semelhante ao que ora se apresenta no CPC/15, pois o cabimento do recurso de agravo de instrumento e do agravo nos autos do processo estava condicionado à presença das hipóteses taxativamente previstas nos arts. 842 e 852 do CPC/39, respectivamente.[54]

Como argumento de reforço à tese da recorribilidade ampla, podemos mencionar o art. 1046, § 2º, CPC/15 que, de forma expressa, mantém a vigência das leis especiais (*"disposições especiais dos procedimentos regulados em outras leis"*) que não foram expressamente revogadas pelo art. 1072, CPC/15.

Resta saber se esta hipótese de cabimento de agravo de instrumento deve ser inserida no art. 1.015, XIII[55] ou no art. 1.015, parágrafo único, CPC/15.[56] Penso ser indiferente para fins de fulcrar a possibilidade de recorribilidade ampla das decisões interlocutórias no processo coletivo, posto decorrência direta da norma da LAP, mas, para fins meramente teóricos, o fulcro mais correto deva ser o art. 1.015, parágrafo único, CPC, pois o próprio legislador não indicou hipóteses de recorribilidade, mas a possibilidade de recurso de agravo de instrumento de forma genérica (rol exemplificativo). No art. 1.015, XIII, CPC/15, por outro lado, ressalvou a possibilidade de normas jurídicas especiais indicarem outras hipóteses de recorribilidade, podendo tratar-se, seguindo a ideia central do próprio artigo, de rol taxativo.

No âmbito do processo de improbidade administrativa, todas as decisões interlocutórias são agraváveis por disposição expressa no art. 17, §21, da LIA. O legislador, de forma repetitiva e desnecessária, indicou expressamente as decisões interlocutórias agraváveis, mesmo sendo a regra geral, a saber: i) art. 16, § 9º: decisões sobre as tutelas provisórias; ii) art. 17, § 9º-A: decisão que rejeita as preliminares alegadas pelo réu na contestação; iii) art. 17, § 17: decisão que converte ação por improbidade administrativa em ação civil pública.

Com esta nova conformação, pode surgir um debate sobre o ato judicial que recebe a petição inicial da improbidade administrativa.

No regime anterior, havia a previsão expressa da recorribilidade por meio de agravo de instrumento da decisão que recebia a petição inicial de improbidade administrativa (art. 17, §10, da LIA), mas tal regra foi revogada expressamente pela nova lei. Ora, no âmbito do processo civil individual existe debate sobre a natureza jurídica da decisão de recebimento da inicial: i) despacho, portanto irrecorrível ou ii)

---

54. *"A Lei de Ação Popular foi promulgada ao tempo do CPC-1939, cujo sistema de impugnação das decisões interlocutórias previa o cabimento do agravo de instrumento (art. 842, CPC-1939), em hipóteses típicas, e o agravo no auto do processo, em outro rol de hipóteses típicas (art. 852, CPC-1939)"* DIDIER JR, Fredie. *Curso de Direito Processual Civil.* Vol. 3. Salvador: JusPodivm, 2017, p. 261.
55. NEVES, Daniel Amorim Assumpção. *Manual de Direito Processual Civil.* 8ª ed. Salvador: JusPodivm, p. 1559.
56. DIDIER JR, Fredie. *Curso de Direito Processual Civil.* v. 3. Salvador: JusPodivm, 2017, p. 262.

decisão interlocutória agravável. Com a revogação indicada, poder-se-á repristinar o debate sobre o tema, mas adstrito ao processo por improbidade administrativa.

Em meu sentir, a decisão que recebe a inicial deve ser considerada como interlocutória agravável (art. 17, §21, da LIA), com base nos seguintes fundamentos:

i) trata-se de ato judicial com conteúdo decisório, pois o magistrado deverá considerar questões atinentes ao material probatório mínimo, elemento subjetivo do ato e sua ilicitude;

ii) trata-se de ato judicial que gera prejuízo para o réu, porquanto interrompe o curso do prazo prescricional (art. 23, § 4º, I, da LIA).

12.3. Considerações Finais

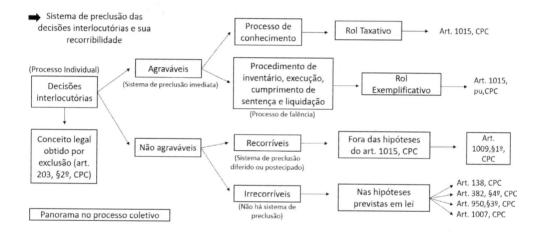

Diante desse novo quadro, surge a necessidade de verificar o cabimento do mandado de segurança como instrumento de controle das decisões judiciais das quais não cabe o recurso de agravo de instrumento, conforme leitura a *contrario sensu* do art. 5º, II da LMS. Entendo ser razoável a tese que sustenta a utilização do mandado de segurança, apesar de não concordar com o seu manejo, por entender inexistir direito líquido e certo subjacente. Ainda que existisse, entendo despicienda a sua impetração, pois o STJ já fixou a tese, como adiante será demonstrado, de que o rol do art. 1.015, CPC possui taxatividade mitigado.

Nada obstante, foi reconhecida pelo STJ a possibilidade da impetração do mandado de segurança contra decisão interlocutória quando demonstrada a existência de dúvida razoável acerca da recorribilidade por meio de agravo por instrumento.[57]

---

57. STJ, 4ª T., RMS 58.578/SP.

CAPÍTULO 6 • REFLEXOS DO NOVO CÓDIGO DE PROCESSO CIVIL NOS PROCESSOS COLETIVOS **141**

A doutrina majoritária sustenta que o rol do art. 1.015, CPC é taxativo, mas comporta uma interpretação extensiva em suas hipóteses. Para facilitar a visualização, seguem as hipóteses:

a) Decisão interlocutória que indefere a produção de uma prova não é agravável, mas duas situações merecem destaque: a.1) a hipótese prevista no art. 1.015, VI, CPC; a.2) a hipótese prevista no art. 382, § 4°, CPC, pois no caso de indeferimento total caberá somente apelação e no caso do indeferimento parcial caberá agravo de instrumento com base na interpretação extensiva do art. 1015, II, CPC;

b) Decisão que versa sobre a competência – decorrência da interpretação extensiva do art. 1.015, III, CPC;

c) Decisão que rejeita ou nega eficácia a um negócio jurídico processual (art. 190, CPC) – decorrência da interpretação extensiva do art. 1015, III, CPC;

d) Decisão sobre a gratuidade de justiça: d.1) a decisão interlocutória que concede o benefício é irrecorrível, mas é cabível o pedido de revogação (art. 100, CPC); d.2) a decisão que nega o benefício é agravável (art. 1.015, V, CPC); d.3) a decisão que revoga o benefício é agravável (art. 1.015, V, CPC); d.4) a decisão que não revoga o benefício não é agravável, mas recorrível em sede de apelação (art. 1.009, § 1°,CPC);

e) Exibição de documento ou coisa: e.1) se for requerida em face da parte contrária, será um incidente processual e a decisão interlocutória será agravável (art. 1.015, VI, CPC); e.2) se for requerida em face de um terceiro, será m processo incidente a decisão será uma sentença apelável (art. 1.009, CPC); e.3) se for determinada de ofício pelo magistrado em face de um terceiro, será um incidente processual e a decisão interlocutória será agravável (art. 1.015, VI, CPC);

f) As decisões interlocutórias proferidas em sede de processo judicial de falência e recuperação são todas agraváveis, em virtude da interpretação extensiva do art. 1.015, pu, CPC.

A doutrina, em certa medida, diverge quanto à natureza jurídica da "sentença ilíquida". Para uma primeira tese (Daniel Assumpção[58]), a sentença ilíquida é, na verdade, uma decisão interlocutória, pois não encerra a fase cognitiva. A decisão, contudo, que encerra a fase de liquidação é uma sentença apelável, enquanto a "sentença" ilíquida é agravável. Para uma segunda tese (Fredie Didier Jr.[59]), a liquidez não é atributo conceitual da sentença (art. 203, § 1°, CPC), portanto, a natureza jurídica permanece a mesma, bem como o recurso continua sendo apelação, ou seja, a sentença ilíquida é apelável. Na fase da liquidação da sentença (vide art. 1.015, pu, CPC), todas

---

58. NEVES, Daniel Amorim Assumpção. *Novo Código de Processo Civil – Lei 13.105/2015*. São Paulo: Método, 2015, n. 35.1, p. 305-306.

59. DIDIER JR., Fredie. *Curso de Direito Processual Civil*, 14ª edição, Salvador: Juspodivm, 2017, v. 3, p. 240.

as decisões interlocutórias são recorríveis (rol exemplificativo). A decisão que resolve a fase de liquidação da sentença, entretanto, é objeto de divergência decorrente da anterior: a) primeira tese (Daniel Assumpção[60]): trata-se de sentença apelável (arts. 203, § 1º c/c 1.009, CPC); b) segunda tese (Fredie Didier Jr.[61]): trata-se de decisão interlocutória agravável (arts. 203, § 2º c/c 1.015, pu, CPC).

O STJ foi pródigo em decisões sobre o tema. Destaco, por relevância, as seguintes:

a) Cabimento de agravo de instrumento contra as decisões interlocutórias proferidas no bojo dos processos de falência e de recuperação, ainda que não exista previsão expressa na legislação;[62]

b) Mitigação do rol exemplificativo (interpretação restritiva) previsto no art. 1.015, pu, CPC, tendo em vista a necessidade da análise casuística do cabimento do recurso de agravo de instrumento, bem como a necessidade de conferir maior celeridade ao procedimento executório;[63]

c) Sedimentação do entendimento (precedente vinculante, posto fixado em sede de Resp repetitivo, conforme art. 927, III, CPC) no sentido de que o rol taxativo do art. 1.015, CPC deve ser mitigado, ou seja, adotou-se a chamada taxatividade mitigada para admitir o cabimento do agravo de instrumento quando ocorrerem cumulativamente os seguintes pressupostos: i) situação de urgência demonstrada pelo agravante; ii) inutilidade do julgamento da questão apresentada na apelação (art. 1.009, § 1º, CPC). Restaram definidos, ainda, dois temas: i) o entendimento fixado valerá somente para as decisões proferidas após a publicação do acórdão, ou seja, foi aplicado o efeito prospectivo do entendimento (art. 927, §§ 3º e 4º, CPC); ii) caso a parte não recorra imediatamente da decisão interlocutória não agravável (aquela fora do rol do art. 1.015, CPC), mas o faça no momento da apelação (art. 1009, § 1º, CPC), não haverá que se falar em preclusão, se porventura o Tribunal entender ser agravável a decisão. O STJ definiu isso no bojo dos seguintes RESPs: i) 1740305/SP, Rel. Min. Herman Benjamin, 2ª T., j. 14.08.2018, DJe 26.11.2018[64]; ii) 1696396/MT, Rel. Min. Nancy Andrighi, Corte Especial, j. 20.02.2018, Dje 28.02.2018);

d) Cabimento do agravo de instrumento das decisões interlocutórias que versarem sobre a fixação da competência, com base na interpretação extensiva do art. 1.015, III, CPC [65];

---

60. NEVES, Daniel Amorim Assumpção. *Novo Código de Processo Civil – Lei 13.105/2015*. São Paulo: Método, 2015, n. 35.1, p. 305-306.
61. DIDIER JR., Fredie. *Curso de Direito Processual Civil*, 14ª edição, Salvador: Juspodivm, 2017, v. 3, p. 241.
62. REsp 1722866/MT, Rel. Min. Luis Felipe Salomão, 4ª T., j. 25.09.2018, DJe 19.10.2018.
63. REsp 1700305/PB, Rel. Min. Herman Benjamin, 2ª T., j. 25.09.2018, DJe 27.11.2018
64. REsp 1740305/SP, Rel. Ministro Herman Benjamin, Segunda Turma, julgado em 14.08.2018, DJe 26.11.2018.
65. STJ. 4ª Turma. REsp 1.679.909-RS, Rel. Min. Luis Felipe Salomão, por unanimidade, j. 14.11/2017, DJe 01.02.2018.

CAPÍTULO 6 • REFLEXOS DO NOVO CÓDIGO DE PROCESSO CIVIL NOS PROCESSOS COLETIVOS · 143

e) Cabimento do agravo de instrumento da decisão interlocutória que não concede efeito suspensivo aos embargos à execução, com base na interpretação extensiva do art. 1.015, X, CPC.[66] Interessante notar que há um precedente com o mesmo resultado, mas usando fundamento diverso. A 3ª Turma do STJ reconheceu a possibilidade da recorribilidade, por meio de agravo de instrumento, da decisão interlocutória que rejeita a concessão de efeito suspensivo aos embargos à execução por entender ser um caso de tutela provisória, conforme arts. 919, § 1º c/c 1.015, I, CPC (STJ, 3ª T., Resp. 1.745.358);[67]

f) Aplicação do princípio da fungibilidade nas hipóteses em que o magistrado nominou a sua decisão de interlocutória, mas proferiu, em verdade, uma sentença.[68] O STJ entendeu não ter havido má-fé, mas indução ao erro que gerou uma dúvida objetiva.[69]

g) A Corte Especial do STJ fixou entendimento no seguinte sentido, no tocante ao agravo em Recurso Especial: necessidade da impugnação especificada de todos os fundamentos da decisão de inadmissibilidade do Resp. Fundamentos: a) art. 932, III, CPC; b) Regimento Interno do STJ; c) não existem capítulos distintos na fundamentação, mas somente no dispositivo e este seria somente o da inadmissibilidade.[70]

h) O STJ, ao analisar os incisos, VII e VIII do art. 1.015, CPC definiu o seguinte: Não cabe agravo de instrumento da decisão que rejeita o pedido de exclusão de litisconsorte. O STJ usou os seguintes fundamentos: i) a rejeita da exclusão do litisconsorte não tem o condão de acarretar as consequências processuais preconizadas no art. 115, CPC; ii) a redação do art. 1.015, VII, CPC não pode gerar a dicotomia permitindo a recorribilidade na hipótese; iii) o legislador, quando foi a sua intenção, estipulou, de forma expressa, a recorribilidade dicotômica, conforme se verifica da redação do art. 1.015, VIII, CPC.[71]

i) É cabível agravo de instrumento contra decisão interlocutória que defere ou indefere a distribuição do ônus da prova ou quaisquer outras atribuições do ônus da prova distintas da regra geral, desde que se operem *ope iudicius* e mediante autorização legal.[72] As diferentes formas de se atribuir o ônus da prova às partes se reveste de acentuada relevância prática, na medida em que a interpretação conjunta dos arts. 1.015, XI, e 373, § 1º, do CPC/2015, demonstra que nem todas as decisões interlocutórias que versem sobre o

---

66. STJ. 2ª T., REsp 1.694.667-PR, Rel. Min. Herman Benjamin, j. 05 12.2017.
67. STJ 2ª Turma. REsp 1.694.667-PR, Rel. Min. Herman Benjamin, j. 05.12.2017.
68. STJ, 2ª Seção, EAResp 230.380/RN, Rel. Min. Paulo de Tarso Sanseverino, Dje 11.10.2017.
69. STJ, AgInt no AREsp 1278599/SP, Rel. Min. Sebastião Reis Júnior, 6ª T., j. 11.09.2018, DJe 25.09.2018.
70. STJ, EAREsp 831.326/SP, Corte Especial, Rel. Min. Luis Felipe Salomão, j. 19.09.2018.
71. STJ, REsp 1.724.453-SP, Rel. Min. Nancy Andrighi, por unanimidade, j. 19.03.2019, DJe 22.03.2019
72. STJ, REsp 1.729.110-CE, Rel. Min. Nancy Andrighi, por unanimidade, j. 02.04.2019, DJe 04.04.2019.

ônus da prova são recorríveis de imediato, mas, sim, apenas aquelas proferidas nos exatos moldes delineados pelo art. 373, § 1º, do CPC/2015, que contempla duas regras jurídicas distintas, ambas criadas para excepcionar à regra geral, sendo que a primeira diz respeito à atribuição do ônus da prova, pelo juiz, em hipóteses previstas em lei, de que é exemplo a inversão do ônus da prova prevista no art. 6º, VIII, do CDC, e a segunda diz respeito à teoria da distribuição dinâmica do ônus da prova, incidente a partir de peculiaridades da causa que se relacionem com a impossibilidade ou com a excessiva dificuldade de se desvencilhar do ônus estaticamente distribuído ou, ainda, com a maior facilidade de obtenção da prova do fato contrário.

Embora ontologicamente distintas, a distribuição dinâmica e a inversão do ônus têm em comum o fato de excepcionarem a regra geral do art. 373, I e II, do CPC/2015, de terem sido criadas para superar dificuldades de natureza econômica ou técnica e para buscar a maior justiça possível na decisão de mérito e de se tratarem de regras de instrução que devem ser implementadas antes da sentença, a fim de que não haja surpresa à parte que recebe o ônus no curso do processo e também para que possa a parte se desincumbir do ônus recebido. Nesse cenário, é cabível a impugnação imediata da decisão interlocutória que verse sobre quaisquer das exceções mencionadas no art. 373, § 1º, do CPC/2015, pois somente assim haverá a oportunidade de a parte que recebe o ônus da prova no curso do processo dele se desvencilhar, seja pela possibilidade de provar, seja ainda para demonstrar que não pode ou que não deve provar, como, por exemplo, nas hipóteses de prova diabólica reversa ou de prova duplamente diabólica.

Em síntese, o agravo de instrumento deve ser admitido não apenas na hipótese de decisão interlocutória que defere ou que indefere a distribuição dinâmica do ônus da prova, mas, igualmente, na hipótese de decisão interlocutória que defere ou que indefere quaisquer outras atribuições do ônus da prova distintas da regra geral, desde que se operem *ope judicis* e mediante autorização legal.

j) Decisão interlocutória que versa sobre tutela provisória (art. 1.015, I, CPC) abrange as decisões que examinam a presença ou não dos pressupostos que justificam o deferimento, indeferimento, a revogação ou a alteração da tutela provisória e também as decisões que dizem respeito ao prazo e ao modo de cumprimento da tutela, à adequação, suficiência, proporcionalidade ou razoabilidade da técnica de efetivação da tutela provisória e, ainda, à necessidade ou dispensa de garantias para a sua concessão, revogação ou alteração. Entretanto, a decisão interlocutória sobre a necessidade do recolhimento de taxas, despesas ou custas para a implementação da tutela provisória não é agravável.[73]

k) A decisão interlocutória que afasta (rejeita) a alegação de prescrição é recorrível, de imediato, por meio de agravo de instrumento (art. 1.015, II, CPC),

---

73. REsp 1.752.049-PR, Rel. Min. Nancy Andrighi, por unanimidade, j. 12.03.2019, DJe 15.03.2019.

CAPÍTULO 6 • REFLEXOS DO NOVO CÓDIGO DE PROCESSO CIVIL NOS PROCESSOS COLETIVOS

pois é uma decisão de mérito. Embora a ocorrência ou não da prescrição ou da decadência possam ser apreciadas somente na sentença, não há óbice para que essas questões sejam examinadas por intermédio de decisões interlocutórias, hipótese em que caberá agravo de instrumento (art. 1.015, II, CPC), sob pena de formação da coisa julgada material sobre a questão.[74]

l) Não cabe recurso da decisão que não admite intervenção do *amicus curiae* no processo (art. 138, CPC).[75]

m) Decisão interlocutória que fixa data da separação de fato é impugnável por meio de agravo de instrumento.[76]

n) A Corte Especial do STJ, por ocasião da análise de recursos repetitivos representativos da controvérsia, pronunciou-se expressamente pela impossibilidade do uso de interpretação extensiva e da analogia para alargar as hipóteses de cabimento do recurso de agravo de instrumento (Resp. 1.696.396/MT e Resp. 1.704.520/MT).

o) A decisão que julga procedente o pedido na primeira fase da ação de exigir contas é parcial de mérito e, portanto, agravável. Se, contudo, a decisão da primeira fase for de improcedência ou de extinção sem resolução de mérito, é sentença, portanto, apelável. Diante da controvérsia doutrinária e jurisprudencial sobre o recurso cabível, aplica-se o princípio da fungibilidade.[77]

p) É possível a interposição de um recurso de agravo de instrumento com o fim de atacar três decisões interlocutórias distintas, sem que exista violação ao princípio da unirecorribilidade: i) a primeira concedeu parcialmente a tutela provisória; ii) a segunda rejeitou a caução ofertada; iii) a terceira acolheu o pedido de extensão.[78]

q) Não cabe agravo de instrumento contra decisão do juiz que determina a elaboração dos cálculos judiciais e estabelece os parâmetros de sua realização, mesmo na fase de execução.[79]

r) Decisão interlocutória que indefere pedido de julgamento parcial de mérito, por ser necessária dilação probatória, não é recorrível por agravo de instrumento, pois não analisa o mérito, e, portanto, inaplicável o art. 1.015, II, CPC.[80]

s) Houve a definição do critério para verificar a recorribilidade por meio de agravo de instrumento nos casos em que a decisão proferida ostente um duplo

---

74. REsp 1.738.756-MG, Rel. Min. Nancy Andrighi, por unanimidade, julgado em 19.02.2019, DJe 22.02.2019.
75. STJ, 3ª T., AgInst na PET no Resp 1.367.212/RR.
76. REsp 1.798.975-SP, Rel. Min. Nancy Andrighi, por unanimidade, j. 02/04/2019, DJe 04.04.2019.
77. STJ, REsp 1.680.168-SP, Rel. Min. Marco Buzzi, Rel. Acd. Min. Raul Araújo, 4ª T., por unanimidade, j. 09.04.2019, DJe 10.06.2019; STJ, 3ª T., Resp. 1.746.337/RS.
78. STJ, 3ª T., Resp. 1.628.773/GO.
79. STJ, 2ª T., REsp 1.700.305-PB, Rel. Min. Herman Benjamin, j. 25.09.2018, DJe 27.11.2018.
80. STJ, 3ª T., AResp 1411485/SP.

conteúdo. Em se tratando de decisão interlocutória com duplo conteúdo é possível estabelecer como critérios para a identificação do cabimento do recurso: (i) o exame do elemento que prepondera na decisão; (ii) o emprego da lógica do antecedente-consequente e da ideia de questões prejudiciais e de questões prejudicadas; (iii) o exame do conteúdo das razões recursais apresentadas pela parte irresignada.[81]

t) Não é cabível agravo de instrumento contra decisão que indefere pedido de julgamento antecipado do mérito por haver necessidade de dilação probatória.[82]

u) É cabível agravo de instrumento contra decisão que analisa o requerimento de reconhecimento da impossibilidade jurídica, pois versa sobre o mérito do processo, conforme preconiza o art. 1.015, II, CPC.[83]

v) A decisão interlocutória que afasta a ilegitimidade da parte ao fundamento de que o exame da questão demanda dilação probatória, não é recorrível de imediato por agravo de instrumento.[84]

O STF, nesta senda, proferiu uma deveras importante com uma alteração de entendimento acerca da recorribilidade da decisão interlocutória proferida pelo relator em sede de juízo de admissibilidade (arts. 138, CPC e 7°, § 2°, da Lei 9.868/1999) da intervenção do *amicus curiae*. Anteriormente, entendia ser cabível o agravo interno. Entretanto, com o advento do CPC/2015 novamente instado reviu o posicionamento para inadmitir o recurso de agravo de instrumento, tanto para os casos de admissão quanto para os de inadmissão.[85]

13. TUTELAS PROVISÓRIAS NO CPC/15 E A REPERCUSSÃO NOS PROCESSOS COLETIVOS

O CPC/15, no tocante às outrora nominadas tutelas de urgência, doravante denominadas tutelas provisórias, preconizou regras inéditas, bem como apresentou teses consolidadas na doutrina e jurisprudência e readequou alguns institutos. Com o fim de facilitar a visualização, sem prejuízo da abordagem em seguida, listamos as principais mudanças neste tema:

a) O legislador sistematizou as tutelas de urgência. Com o advento do CPC/15, o gênero será Tutela Provisória, composta das seguintes espécies: tutela de urgência e tutela de evidência. A tutela de urgência poderá ser cautelar ou antecipada, conforme a hipótese. Em ambos os casos, tais tutelas poderão ser antecedentes ou incidentais. Tais tutelas correspondem ao que a dou-

---

81. STJ, REsp 1797991/PR, Rel. Min. Nancy Andrighi, 3ª T., j. 18.06.2019, DJe 21.06.2019.
82. STJ, AgInt no AREsp 1411485/SP, Rel. Min. Marco Aurélio Bellizze, 3ª T., j. 01.07.2019, DJe 06.08.2019.
83. STJ, Resp. 1.757.123/SP, Rel. Min. Nancy Andrighi, j. 19.09.2019.
84. Aginstr. no AREsp 1.063.181/RJ, 2ª T., Dje 24.09.2019.
85. STF, Plenário. RE 602584 AgR, Rel. para acórdão Min. Luiz Fux, julgado em 17.10.2018.

CAPÍTULO 6 • REFLEXOS DO NOVO CÓDIGO DE PROCESSO CIVIL NOS PROCESSOS COLETIVOS **147**

trina atual denomina de tutela de segurança. Por outro lado, o legislador positivou a tutela de evidência de forma expressa. Tal medida, já consagrada na doutrina, tinha previsão no art. 273, II, CPC/73, mas sem a utilização expressa deste *nomem iuris*.

b) O Processo Cautelar, como processo autônomo, deixa de existir. As medidas cautelares, então existentes, serão requeridas no bojo do mesmo processo, sem a necessidade de instauração de relação jurídica processual nova.

c) Apesar da extinção do processo cautelar autônomo, manter-se-á a instauração de nova relação jurídica processual nas hipóteses de tutela de urgência cautelar requerida em caráter antecedente (art. 305, CPC/15). Isso nada mais é do que uma nova sistematização da antiga ação cautelar incidental (arts. 801, III c/c 806 e 808, I do CPC/73).

d) A tutela de urgência cautelar requerida em caráter antecedente poderá, ou não, ao contrário do sistema do CPC/73, ensejar a existência de duas relações jurídicas processuais autônomas. O art. 308, § 1º, CPC/15, preconiza a possibilidade de o requerente formular, nos mesmos autos, o pedido cautelar e o pedido principal. No art. 308, *caput*, CPC/15, consta regra semelhante à existente no art. 806, CPC/73.

e) As medidas cautelares típicas ou nominadas deixam de existir como regulamentação autônoma. A rigor, houve uma supressão dos procedimentos cautelares nominados ou típicos. Assim, tais medidas, dispostas em rol exemplificativo no art. 301, CPC, não ostentam mais procedimentos cautelares especiais respectivos e deverão, portanto, seguir o procedimento comum, conforme art. 318, CPC.

f) As medidas cautelares típicas, existentes à época do CPC/73, poderão ser concedidas, a despeito da inexistência de procedimento próprio delineado. Serão, portanto, concedidas no bojo de um processo, mas como objeto de uma tutela provisória.

g) As tutelas de urgência foram reunidas sob um mesmo livro, ensejando estudo conjunto com premissas semelhantes, tal como delineado à época do CPC/73, em seu art. 273, § 7º que previa a fungibilidade entre tutela antecipada e tutela cautelar. O legislador, ante a proximidade conceitual, regulamentou tais modalidades de tutela jurisdicional em um único título. Apesar de a tutela antecipada ser tratada pelo legislador como uma modalidade de tutela jurisdicional, trata-se de técnica de decisória para antecipar os efeitos práticos do provimento jurisdicional final (tutela jurisdicional definitiva).

h) Não há previsão legal expressa, tal como havia no CPC/73 (art. 273, § 7º), de fungibilidade entre as tutelas de urgência, mas é plenamente possível sustentar a aplicação ampla da fungibilidade, conforme art. 305, parágrafo único, CPC.

i) Não há mais previsão expressa do poder geral de cautela, como havia no art. 798, CPC/73. O CPC/15 somente se refere ao poder geral de efetivação das medidas de urgência já deferidas, conforme arts. 139, IV e 297. Apesar disso, é factível sustentar a manutenção do poder geral de cautela.

j) Não há mais referência expressa à possibilidade de concessão *ex officio* de medidas cautelares (art. 798 CPC/73).

k) Não há referência expressa às tutelas jurisdicionais inibitórias, apesar de tais medidas restarem consolidadas na doutrina e jurisprudência. Entretanto, tal modalidade de tutela jurisdicional ainda poderá ser utilizada com fulcro nas seguintes normas jurídicas: art. 5º, XXXV, CR/88; arts. 139, IV, 536, § 1º e 538, § 1º, CPC/15; art. 84, § 5º, CDC e art. 11, LACP.

l) previsão de requerimento da tutela provisória de urgência antecipada em caráter antecedente, quando a urgência for concomitante ao ajuizamento da demanda e a possibilidade da sua estabilização, conforme arts. 303 e 304, CPC.

Para os fins deste tópico, faremos uma pequena introdução sobre o tema e as suas principais mudanças e abordaremos, ato contínuo, duas possíveis repercussões nos processos coletivos: a) tutela antecipada requerida em caráter antecedente e a sua estabilização; b) aplicabilidade do art. 308, CPC aos processos de improbidade administrativa.

Com o advento da novel codificação, surgiu um novo gênero de tutela jurisdicional, denominado Provisória. A Tutela Provisória, dotada de sumariedade e precariedade, tem por objetivo antecipar provisoriamente os efeitos da tutela jurisdicional definitiva. Esta modalidade de tutela jurisdicional contém, conforme redação do art. 294, CPC, as seguintes espécies: Tutela de Urgência (ou de Segurança) e a Tutela de Evidência.

A Tutela de Urgência (art. 300, CPC) subdivide-se em: tutela de urgência cautelar e tutela de urgência antecipada.

A Tutela de Urgência, que gera, a rigor, a antecipação provisória dos efeitos da tutela definitiva poderá, ainda, ser satisfativa ou cautelar. A tutela satisfativa, chamada de antecipada, poderá ser de urgência ou de evidência. A tutela cautelar, por seu turno, sempre será de urgência.

Por fim, no que pertine ao momento processual do requerimento da tutela jurisdicional, as tutelas provisórias de urgência (antecipada ou cautelar) poderão ser requeridas de forma antecedente ou incidental (arts. 299, 303 e 305, CPC). A tutela de evidência, ao reverso, somente poderá ser requerida de forma incidental (art. 311, CPC).

Apesar da nova sistematização facilitar a compreensão dos institutos, não há que se confundi-los com as medidas liminares. As medidas liminares ou simplesmente liminares (termo já difundido na praxe dos tribunais) refletem somente uma técnica decisória de concessão de uma medida de urgência (vale mencionar o art. 311,

CAPÍTULO 6 • REFLEXOS DO NOVO CÓDIGO DE PROCESSO CIVIL NOS PROCESSOS COLETIVOS **149**

parágrafo único, CPC). Em outros termos, a denominada medida liminar significa que o magistrado apreciou, para conceder ou rejeitar, a medida de urgência requerida in *limine litis*, ou seja, no início da relação jurídica processual, antes de qualquer manifestação do demandado e, até mesmo, antes de sua citação.

As medidas liminares, por tal razão, poderão ter como objeto todas as medidas de urgência conhecidas. Assim, as medidas liminares incluem todas as tutelas provisórias.

Feito o introito, vamos enfrentar as repercussões da nova sistemática nos processos coletivos. Toda a nova sistematização das tutelas provisórias, inclusive a possibilidade de requerimento da tutela antecipada em caráter antecedente com a possibilidade de estabilização (arts. 303 e 304, CPC),[86] será plenamente aplicável aos processos coletivos. O art. 4º da LACP[87] não afasta a aplicabilidade das normas das tutelas provisórias aos processos coletivos, pois refere-se somente à possibilidade do ajuizamento de ação cautelar para os fins de proteger os interesses previstos no art. 10 da mesma lei. Os arts. 12, LACP, 5º, § 4º, LAP[88] e 7º, III, LMS,[89] por sua vez, trazem somente previsões genéricas permitindo ao órgão jurisdicional a concessão de tutela provisória em caráter liminar. Há, contudo, que adequar a redação da norma do art. 12, LACP, pois, em verdade, não haverá mais a necessidade de ajuizamento de ação cautelar, mas a formulação do pedido cautelar (em caráter antecedente ou em caráter incidental).

Para a maioria da doutrina, não existe qualquer vedação apriorística à sua utilização nas demandas coletivas.[90] Há, entretanto, entendimento no sentido da impossibilidade, mas com base no entendimento, com o qual não concordo, de que não é juridicamente possível a demanda coletiva passiva. Ora, para quem defende a impossibilidade jurídica da ação coletiva passiva, naturalmente não poderá ser admitida a estabilização da tutela antecipada, pois a ação de revisão (art. 304, § 2º, CPC), que terá a característica de demanda coletiva passiva, não poderia ser proposta.

Em outros termos, se o Ministério Público propuser uma demanda coletiva e obtiver tutela antecipada estabilizada, o réu jamais poderia ajuizar a ação autônoma

---

86. Informamos ao leitor que o tema não será enfrentado, pois carece de abordagem específica e perfunctória, portanto, refoge ao objetivo do presente trabalho. Ademais, não há regra prevista no microssistema que possa afastar a sua aplicabilidade.

87. *"Art. 4º Poderá ser ajuizada ação cautelar para os fins desta Lei, objetivando, inclusive, evitar dano ao patrimônio público e social, ao meio ambiente, ao consumidor, à honra e à dignidade de grupos raciais, étnicos ou religiosos, à ordem urbanística ou aos bens e direitos de valor artístico, estético, histórico, turístico e paisagístico."*

88. *"Art. 12. Poderá o juiz conceder mandado liminar, com ou sem justificação prévia, em decisão sujeita a agravo."*

89. *Art. 7º Ao despachar a inicial, o juiz ordenará: (...) III – que se suspenda o ato que deu motivo ao pedido, quando houver fundamento relevante e do ato impugnado puder resultar a ineficácia da medida, caso seja finalmente deferida, sendo facultado exigir do impetrante caução, fiança ou depósito, com o objetivo de assegurar o ressarcimento à pessoa jurídica.*

90. DIDIER JR., Fredie; ZANETI JR., Hermes. *Curso de Direito Processual Civil*, v. 4, Salvador: JusPodivm, 2019, p. 427. RUDINIKI NETO, Rogério. A tutela antecipada requerida em caráter antecedente e a sua estabilização no processo coletivo. *Revista de Processo*. São Paulo: RT, 2018, n. 285. ZANETI JR., Hermes; REGGIANI, Gustavo Mattedi. Estabilização da tutela antecipada antecedente e incidental: sugestões pragmáticas para respeitar a ideologia de efetividade do CPC/2015. *Revista de Processo*. São Paulo: RT, 2018, v. 284, p. 213-235.

referida com o fim de revisar, reformar ou anular a decisão estabilizada, pois a coletividade figuraria no polo passivo.[91]

Nada obstante à aplicabilidade das regras das tutelas provisórias aos processos coletivos, imprescindível abordar os seguintes aspectos: a) qual será o marco processual no procedimento da Ação Civil Pública por Ato de Improbidade Administrativa para fins de estabilização da tutela provisória de urgência antecipada requerida em caráter antecedente? b) qual deverá ser o procedimento aplicável quando for requerida tutela provisória de urgência cautelar em caráter antecedente?

No confronto analítico entre a sistematização das tutelas provisórias e o procedimento da Ação por Ato de Improbidade Administrativa, surge a seguinte indagação: **para fins de estabilização da tutela provisória de urgência antecipada requerida em caráter antecedente, qual deverá ser o marco processual?**

Para responder aos termos da indagação, *mister* apresentar a sistematização do tema no CPC/15.

O legislador criou instituto substancialmente novo com o art. 303, CPC/15. Trata-se de uma tutela provisória de urgência de segurança, cujo objetivo é a obtenção de tutela antecipada de forma antecedente. A tutela antecipada, no âmbito do CPC/73, conforme art. 273, tinha como objetivo a antecipação dos efeitos práticos do provimento jurisdicional. A essência do referido instituto não foi alterada com o advento do CPC/15, mas, sim, sua forma de requerimento.

Tutela antecipada é uma técnica de julgamento que serve para adiantar efeitos de qualquer tipo de provimento, de natureza cautelar ou satisfativa, de conhecimento ou executiva.[92] Trata-se de tutela provisória de segurança que exige, portanto, a demonstração do *fumus boni iuris* e do *periculum in mora*. O *fumus boni iuris* é representado pela necessidade da exposição da lide e do direito que se busca realizar. O legislador não mais exige a prova inequívoca da verossimilhança da alegação, pois se contenta com a mera exposição do direito material da parte. O *periculum in mora* é representado pelo perigo de dano ou do risco ao resultado útil do processo. O legislador não mais exige a demonstração de que o dano é irreparável ou de difícil e incerta reparação.

Assim como no ordenamento anterior, o legislador refere-se somente ao requerimento por meio de uma inicial e ao pedido final. Desta forma, será mantida a celeuma acerca da possibilidade de o réu realizar tal requerimento ou se o instituto permanecer de uso exclusivo, conforme a literalidade da norma, da parte autora. Entendo que tanto o autor quanto o réu poderão requerer. O réu, contudo, somente poderá fazer tal requerimento quando formular pedido em sentido técnico, ou seja,

---

91. SICA, Heitor Vitor Mendonça. *Doze problemas e onze soluções quanto à chamada estabilização da tutela antecipada. Novo CPC* – Doutrina selecionada. Procedimentos especiais, tutela provisória e direito transitório. Salvador: JusPodivm, 2015, v. 4, p. 192.

92. Enunciado nº 28 do Fórum Permanente de Processualistas Civis: (arts. 294 e segs.) "Tutela antecipada é uma técnica de julgamento que serve para adiantar efeitos de qualquer tipo de provimento, de natureza cautelar ou satisfativa, de conhecimento ou executiva."

CAPÍTULO 6 • REFLEXOS DO NOVO CÓDIGO DE PROCESSO CIVIL NOS PROCESSOS COLETIVOS

quando pleitear algum objeto (da demanda) para si. Não poderá fazê-lo quando se limitar a oferecer peça de resistência sem pedido respectivo.

O requerimento sob a égide do CPC/1973 ocorria no bojo de uma demanda já ajuizada (caráter incidental) ou no bojo da inicial proposta (o que hoje se entende por antecedente), com capítulo próprio. Não havia cisão no procedimento quando a parte formulava requerimento de tutela antecipada. Com o CPC/15, apesar da manutenção da essência do instituto, haverá uma radical alteração na forma de requerimento da tutela antecipada de forma antecedente, pois o legislador indicou a necessidade de uma espécie de cisão no requerimento inicial.

Nos casos em que a urgência for prévia ou concomitante ao ajuizamento da demanda, a parte poderá, em sua inicial, limitar-se a requerer a tutela antecipada e somente indicar o pedido principal. Este seria o primeiro momento processual da demanda.

O segundo momento processual da demanda somente surgirá no caso de deferimento da tutela antecipada. Com o deferimento do requerimento, a parte deverá formular aditamento da inicial para complementar os seus argumentos e ratificar o pedido final. Este segundo momento será estudado no próximo tópico.

Esta cisão não é obrigatória, pois nada impede que o autor formule o requerimento de tutela antecipada e o pedido principal no bojo da mesma peça processual e momento procedimental.

Concedida a tutela antecipada, na forma do art. 303, CPC/15, o requerente deverá, no prazo de 15 dias, contados da sua intimação da decisão, formular aditamento da inicial. O prazo previsto poderá ser maior, conforme as peculiaridades do caso concreto, mediante decisão expressa do juiz. Jamais poderá ser fixado prazo menor, sob pena de violação de literal disposição da norma jurídica.

A possibilidade de aditamento, porém, somente poderá ser concedida nos casos em que o requerente formular, de forma expressa, pedido de gozo do benefício da cisão prevista no art. 303, *caput*, CPC/15, conforme preconiza o § 5º.

O aditamento deverá ocorrer nos próprios autos, sem a necessidade de propositura de demanda principal. Esta necessidade somente corrobora a ideia da cisão em dois momentos processuais, conforme acima exposto. Não haverá necessidade de recolhimento de novas custas processuais.

O aditamento, conforme art. 303, § 1º, CPC/15, deverá conter a complementação de sua argumentação, a juntada de novos documentos e a confirmação do pedido de tutela jurisdicional final. Trata-se, a rigor, da necessidade de ratificação do pedido de provimento jurisdicional final.

Caso a parte não realize o aditamento dentro do prazo, o processo será extinto sem a resolução do mérito, conforme art. 303, § 2º, CPC/15.[93] Assim, sem ratificar

---

93. Em verdade, a extinção do processo sem resolução do mérito deverá ocorrer somente após formalizada nos autos a inércia do réu em impugnar a decisão concessiva da tutela antecipada, ou seja, devem ser combinados os arts. 303, § 2º e 304, § 1º, CPC.

o pedido principal, o autor da demanda manterá somente o objeto do requerimento da tutela antecipada. Caso queira prosseguir com a demanda para a obtenção do provimento jurisdicional final, deverá formular o aditamento.

Após a realização do aditamento o juiz determinará a citação e a intimação do réu para o comparecimento à audiência de conciliação ou de mediação (art. 334 CPC/15). Caso não ocorra a autocomposição, o prazo para o oferecimento da contestação será contado na forma do art. 335, CPC/15.

A criação deste instituto, na forma verificada, mantém a possibilidade da concessão *inaudita altera pars* da tutela antecipada, pois o réu será citado somente após o deferimento da medida.

Caso o réu seja a Fazenda Pública, entendemos ser plenamente possível a concessão de tutela antecipada *inaudita altera pars*, pois a regra do art. 2º, da Lei 8.437/1992, somente se aplica aos processos coletivos ali indicados, bem como somente aos casos de tutela cautelar. Tal entendimento encontra respaldo na redação do art. 1º da Lei 9.494/1997, pois o artigo, ao se referir a aplicação da Lei 8.437/1992 ao instituto da tutela antecipada, não se refere ao art. 2º. Trata-se, portanto, de silêncio eloquente neste diploma legislativo. O CPC/15, no art. 1.059, sana este silêncio eloquente ao preconizar a aplicação dos arts. 1º ao 4º, da Lei 8.437/1992, aos casos de tutela provisória requerida contra a Fazenda Pública.

Outra regra jurídica substancialmente nova está prevista no art. 304, CPC/15, que preconiza a estabilidade da tutela antecipada antecedente. Apesar de ser uma tutela jurisdicional provisória, será possível a estabilização da tutela antecipada e de seus efeitos, desde que a parte contrária não recorra da decisão concessiva. Este é exatamente o ponto nodal para obtenção da solução da questão, que será abordada adiante.

A estabilização da tutela antecipada requerida em caráter antecedente dependerá da conjugação de dois fatores: a não realização do aditamento e a não interposição do recurso de agravo de instrumento pelo réu. A não interposição do agravo de instrumento, inclusive, já foi reconhecido pelo STJ como uma forma de impedir a estabilização.[94]

Não há, claro, unanimidade quanto ao instrumento para evitar a estabilização. Por respeito ao leitor, devo apresentar as duas formas de visualizar e resolver a questão.

Uma *1ª tese*, com a qual discordo, afirma que basta a apresentação da contestação para que a estabilização seja evitada, com base em uma interpretação sistemática e teleológica, pois qualquer forma de impugnação deveria ser reconhecida como efetiva para impedir a estabilização, sob pena de conferir indevido estímulo aos recursos e à ação autônoma prevista no próprio art. 304, CPC. Esse foi o entendimento encampado pela 3ª Turma do STJ.[95]

---

94. STJ, Resp. 1.797.365/RS, Rel. Min. Sérgio Kukina, Rel. Acd. Min. Regina Helena Costa, 1ª T., por maioria, j. 03.10.2019.
95. STJ, Resp. 1.760.966/SP, Rel. Min. Marco Aurélio Bellizze, 3ª T., Dj. 04.12.2018.

CAPÍTULO 6 • REFLEXOS DO NOVO CÓDIGO DE PROCESSO CIVIL NOS PROCESSOS COLETIVOS

Uma *2ª tese*, por entender que admitir a contestação para tal fim gera um alargamento interpretativo indevido, sustenta que somente a interposição do agravo de instrumento poderá gerar tal consequência jurídica. Em meu sentir, a mera apresentação da contestação, a despeito de ser uma resistência processual, não tem o condão de gerar a preclusão, que me parece fundamental para que ocorra a estabilização da tutela antecipada. Este foi o entendimento encampado pela 1ª Turma do STJ. Caso o autor promova o aditamento, com a formulação do pedido principal, o processo prosseguirá até o provimento jurisdicional final, mas sem a estabilização da tutela antecipada obtida, ainda que o réu não tenha recorrido. Nesta hipótese, com base no princípio da cooperação previsto no art. 6°, CPC/15, deverá o juiz intimar o autor da ação para indagá-lo acerca do interesse em manter o aditamento. Caso seja mantido o interesse, deverá o processo ser extinto; por outro lado, se o interesse não for mantido, poderá o autor desistir deste aditamento para, com isso, obter a estabilização da tutela antecipada com a consequente extinção do processo sem resolução de mérito.[96]

A estabilidade referida na norma em comento não poderá ser confundida com coisa julgada material, pois a decisão concessiva da medida não tem o condão de gerar tal consequência, conforme art. 304, § 6°, CPC/15. Entretanto, a estabilidade dos efeitos da tutela antecipada somente será afastada por decisão em sentido inverso proferida no bojo de ação própria revisional.

A coisa julgada material atinge o conteúdo da decisão judicial proferida, enquanto o instituto em comento somente atinge os efeitos.

A decisão revisional, proferida em ação própria, deverá reformar, rever ou invalidar a decisão anterior, sob pena de perpetuação dos efeitos da tutela antecipada antecedente.

A tutela antecipada, portanto, conservará os seus efeitos enquanto não revista, reformada ou invalidada por decisão de mérito proferida em ação própria.

Com a estabilização da tutela antecipada, o processo deverá ser extinto sem resolução de mérito, na forma do art. 485, VI, CPC/15 por perda superveniente do interesse processual. A extinção não obsta, por óbvio, os efeitos executivos decorrentes.

Resta saber se a parte requerida poderá recorrer da decisão que extingue o feito. O ato judicial que determina a extinção do processo é uma sentença que desafia o recurso de apelação (arts. 203, § 1°, 485, VI e 1.009, CPC). Entendemos que a parte

---

96. "*Em síntese: (a) se o autor emendar a inicial e o réu agravar, não haverá estabilização, e o processo seguirá regularmente; (b) se o autor emendar a inicial e o réu não agravar, o juiz deverá inquirir o autor sobre sua intenção de ver o processo prosseguir em direção a uma sentença de mérito, apta a alcançar a coisa julgada (o que impede a estabilização da tutela antecipada), ou, se o autor prefere desistir da ação, caso em que haverá estabilização e o processo será extinto sem resolução do mérito; (c) se o autor não emendar a inicial, ainda assim o réu poderá agravar, com o único intuito de impedir a estabilização, a qual não acontecerá, restando extinto o processo e revogada a tutela antecipada, não sendo julgado o mérito do recurso, que estará prejudicado; (d) se o autor não emendar a petição inicial e o réu não agravar ocorrerá a estabilização e o processo será extinto sem resolução de mérito, devendo o juízo declarar estabilizada a tutela antecipada.*" CÂMARA, Alexandre Freitas. *O novo processo civil brasileiro*. São Paulo: Atlas, 2016, p. 120.

conservará o interesse recursal e que há possibilidade jurídica na interposição do recurso, desde que a causa de pedir recursal seja o questionamento acerca da efetiva estabilização da tutela antecipada, pois restou preclusa a via recursal para questionar a concessão da medida.

Em outros termos, a parte requerida poderá ventilar em seu recurso algum questionamento acerca da contagem de prazo, intimação da decisão concessiva etc. Não poderá, repita-se, questionar o mérito da decisão concessiva da tutela antecipada antecedente.

Por fim, apesar da omissão do legislador, entendemos ser possível a estabilização expressamente negociada da tutela antecipada de urgência satisfativa antecedente. Tal estabilização não dependerá da homologação judicial, mas deverá ser informada para fins de garantia da segurança jurídica e estabilidade das relações jurídicas.[97]

O legislador, considerando a estabilidade, previu a possibilidade de revisão judicial da tutela antecipada antecedente estabilizada. A estabilidade somente será afastada mediante a propositura de ação própria com a devida sentença de mérito revendo, reformando ou invalidando a decisão concessiva da tutela antecipada.

Sem a propositura de demanda própria, a tutela antecipada estabilizada manterá os seus efeitos. Considerando que a demanda será extinta após a estabilização, será necessário requerimento de desarquivamento dos autos para instruir a inicial (art. 304, § 4º, CPC/15).

A demanda própria deverá ser dirigida ao mesmo juízo responsável pela concessão da tutela antecipada estabilizada, posto prevento.

Qualquer das partes poderá requerer o desarquivamento necessário, bem como ostentará legitimidade para a propositura de ação própria para rever, reformar ou invalidar a tutela antecipada estabilizada. Entendemos ser possível, nos casos em que há nítido interesse público, a propositura de ação própria pelo MP e, demonstrado o interesse jurídico, também será possível a propositura da ação por terceiro interessado.

O legislador fixou o prazo de 02 anos para a propositura da ação. Apesar da ausência de referência, entendemos ser prazo decadencial, na medida em que o art. 304, § 5º, CPC/15, preconiza que o direito será extinto após o prazo fixado. Somente os prazos decadenciais são extintivos do direito material.

O termo *a quo* do prazo de 02 anos será a necessária intimação das partes da decisão que determinou a extinção do processo com a estabilização. Mesmo após o transcurso *in albis* do prazo, não haverá coisa julgada material, pois permanecerá o efeito decorrente da estabilização.

O legislador não fixou nomenclatura específica para a demanda que visa a retirar os efeitos da tutela antecipada estabilizada. Apesar do prazo semelhante,

---

97. Enunciado 32 do Fórum Permanente dos Processualistas Civis: "Além da hipótese prevista no art. 304, é possível a estabilização expressamente negociada da tutela de urgência satisfativa antecedente."

CAPÍTULO 6 • REFLEXOS DO NOVO CÓDIGO DE PROCESSO CIVIL NOS PROCESSOS COLETIVOS **155**

entendemos que não cabe ação rescisória (art. 966, CPC/15) nos casos estabilização da tutela antecipada de urgência, pois a estabilização da tutela antecipada não gera coisa julgada material (art. 502, CPC/15).[98]

O instrumento de revisão não tem por objetivo a rescisão da coisa julgada, inclusive porque não há sua formação. Ademais, a demanda deverá ser proposta perante o juízo de primeiro grau responsável pela decisão concessiva da tutela antecipada e não perante o tribunal de origem.

Entendemos, portanto, que será uma mera demanda revisional (à falta de nomenclatura melhor) de estabilização que acarretará uma revisão judicial no intuito de reformar, rever ou invalidar a tutela antecipada.

Devidamente analisado o tema da tutela antecipada requerida em caráter antecedente e a sua estabilização, resta saber, como supraindicado, qual será o momento processual, nas demandas de improbidade administrativa, adequado para a ocorrência da estabilização. Pensamos que, apesar das mudanças advindas com a Lei 14.230/21, deve ser aplicada a mesma regra prevista no art. 304, CPC, ou seja, somente haverá estabilização da tutela antecipada caso o réu deixe de impugnar a decisão concessiva da tutela provisória, observando-se a eventual interrupção do prazo para a apresentação da contestação, conforme preconiza o art. 17, §10-A, da LIA.

A estabilização, como dito, pode ser aplicada aos processos coletivos, mas não é demais lembrar que não repercutirá no afastamento do agente público previsto no art. 20, parágrafo único, LIA, pois, além de se tratar de verdadeira tutela provisória de urgência cautelar,[99] violaria frontalmente o princípio da homogeneidade das medidas cautelares e, ainda, o STJ tem entendimento consolidado no sentido de que o prazo máximo de afastamento seja de 180 dias[100], que foi devidamente positivado no art. 20, §2º, da LIA.

No tocante ao **procedimento aplicável quando for requerida tutela provisória de urgência cautelar em caráter antecedente**, impende destacar que o CPC/15 não trouxe novidades na essência do instituto (conceito e conteúdo). Trata-se, a rigor, da tutela cautelar preparatória, que já era prevista nos arts. 801, III, 806 e 808, CPC/73.

A tutela cautelar é, necessariamente, uma tutela que se refere a outro direito (referibilidade), distinto do direito à própria cautela.

---

98. Enunciado 33 do Fórum Permanente dos Processualistas Civis: "Não cabe ação rescisória nos casos estabilização da tutela antecipada de urgência." Questão importante a ser enfrentada, mas em outra oportunidade, é a necessidade de qualificar juridicamente a situação que ocorre após o final do prazo para a propositura da ação revisional. Apesar de parte da doutrina entender ser coisa julgada material, penso que a estabilização, que até o momento era relativa, torna-se absoluta e imutável.

99. Tendo em vista que a finalidade do instituto é resguardar o adequado desenvolvimento da ação civil pública por ato de improbidade administrativa.

100. Agrg na SLS 1397/MA, Relator Ministro Ari Pargendler, Corte Especial, Dje 28.09.2011. AgRg na SLS 1620/PE, Relator Ministro Ari Pargendler, Corte Especial, Dje 06.09.2012. AgRg na SLS 1854/ES, Rel. Ministro Felix Fischer, Corte Especial, julgado em 13.03.2014, Dje 21.03.2014.

O instituto permanece com finalidade meramente assecuratória da efetividade da tutela jurisdicional. O diferencial para o panorama anterior cinge-se ao fato da desnecessidade da cisão das pretensões judiciais em dois processos autônomos.

Sob a égide do CPC/73, o requerente deveria promover uma ação cautelar preparatória, ensejando o início de um processo (autônomo) cautelar. Após a efetivação da medida cautelar deferida, deveria o requerente ajuizar a ação principal, ensejando o início do processo (autônomo) principal, que poderia ser de conhecimento ou de execução.

No panorama do CPC/15, o requerente deverá ajuizar uma ação (por meio de petição inicial) indicando a lide (não mais principal) e seu fundamento. Não haverá a necessidade de oferecimento de duas demandas autônomas, pois o legislador permite, conforme art. 308, *caput* e § 1º o oferecimento do pedido principal nos mesmos autos, após a efetivação da medida cautelar, desde que respeitado o prazo decadencial de 30 dias, ou o oferecimento do pedido principal conjuntamente com o pedido de tutela cautelar. Inovação deveras salutar no âmbito das tutelas de urgência.

Assim, o requerimento de tutela cautelar em caráter antecedente poderá ser exteriorizado de duas formas: a) propositura da ação com o requerimento da tutela cautelar em caráter antecedente e, após a efetivação da medida cautelar, formulação do pedido principal; b) propositura da ação com o requerimento do pedido de tutela cautelar em caráter antecedente e, em conjunto, o pedido principal.

Considerando ser uma tutela de urgência de segurança, deverá demonstrar a existência de *fumus boni iuris e periculum in mora*. A exposição sumária do direito que se pretende assegurar é o *fumus boni iuris*. A diferença para o panorama anterior é a desnecessidade de demonstração do fundado receio de dano. O perigo de dano ou o risco ao resultado útil do processo são os requisitos alternativos para demonstrar a existência do *periculum in mora*.

O art. 308, CPC/15, delineia o procedimento aplicável à tutela cautelar requerida em caráter antecedente. Tal artigo deverá ser conjugado com o parágrafo único do art. 307, CPC/15, pois preconiza a aplicação do procedimento comum após o oferecimento da contestação do requerido. Esta contestação poderá ser oferecida antes ou, até mesmo, depois do fim do prazo decadencial fixado no art. 308, CPC/15. Dependerá sempre do deferimento da medida *inaudita altera pars* ou após a citação do requerido.

Após a efetivação da medida cautelar deferida pelo juiz, o requerente terá o prazo decadencial de 30 dias para requerer o pedido principal. Trata-se de regra já existente nos arts. 806 e 808, I, CPC/73. A principal diferença é a desnecessidade de formular o pedido principal por meio de uma nova ação autônoma.

Como o prazo fixado é decadencial, não será contado em dobro em favor dos sujeitos processuais que dispõem de prazo diferenciado, bem como não será contado em dias úteis, mas corridos, tal como já decidido pelo STJ.[101]

---

101. "O prazo de 30 dias para o ajuizamento da ação principal decorrente da efetivação da medida cautelar requerida em caráter antecedente não é contado em dias úteis."

CAPÍTULO 6 • REFLEXOS DO NOVO CÓDIGO DE PROCESSO CIVIL NOS PROCESSOS COLETIVOS

A efetivação da medida cautelar verifica-se quando o requerido passa a sofrer a incidência prática em sua esfera jurídica da medida, ou seja, a partir dos prejuízos causados pela medida. Assim, forçoso concluir que a aplicação da norma está jungida às cautelares que acarretam prejuízos práticos. Caso a medida cautelar requerida não gere prejuízos práticos na esfera jurídica do requerido, inaplicável a norma, na medida em que a *ratio essendi* desta é evitar o prolongamento da eficácia da medida cautelar por mais de 30 dias gerando prejuízos ao requerido, sem que haja a formulação do pedido principal.

Em outros termos, a fixação pelo legislador de um prazo ao oferecimento do pedido principal volta-se precipuamente ao resguardo da posição jurídica daquele que suporta o cumprimento da cautela, evitando-se, assim, que o retardo da deflagração do processo principal se transforme numa opção arbitrária e caprichosa do autor.

É entendimento assente na doutrina,[102] sob a égide do CPC/1973, que esta regra será aplicada nas hipóteses em que a medida cautelar deferida acarretar prejuízos para a esfera jurídica pessoal ou real do requerido. Trata-se de entendimento correto e consentâneo com a necessidade de se proteger o requerido de medidas que possam ocasionar severos problemas de ordem, mais do que o tempo devido e necessário. Entendemos, também, que este prazo deve começar a correr a partir do primeiro ato constritivo, ainda que exista mais de um destinatário do ato material. O STJ tem decisão no mesmo sentido.[103]

Caso a parte requerente não apresente, nas hipóteses necessárias, o pedido principal dentro do prazo, cessará a eficácia da medida cautelar, conforme art. 309, I, CPC/15.[104] Este artigo reproduz a mesma consequência prevista nos arts. 806 e 808, I, CPC/73. Neste ponto, resta saber se a Súmula 482[105] do STJ será mantida com o advento do CPC/15.

Entendemos que a *ratio decidendi* do precedente perdeu parcela da sua eficácia. Assim, deverá ser aplicada pelo STJ a técnica do *overriding* para afastar a parte final da súmula que preconiza a extinção do processo cautelar. Com a desnecessidade de propositura de ação autônoma principal, não há mais como sustentar a extinção do

---

102. "Aliás, o fato de a providência cautelar acarretar, ou não, prejuízos ao gozo de direitos sociais ou patrimoniais serve de parâmetro à própria definição da incidência, ou não, do prazo de trinta dias. Nessa linha inclinam-se a doutrina e a jurisprudência pelo afastamento da limitação temporal em casos de provimentos cautelares meramente conservativos (justificações, protestos, interpelações e notificações) e nos de antecipação de prova (vistorias e inquirições ad perpetuam rei memoriam etc.)" GARCIA, Emerson; ALVES, Rogério Pacheco. *Improbidade Administrativa*. 4ª ed. Rio de Janeiro: Lumen Juris, 2008, p. 731.

103. Processo Civil – Recurso Especial – Medida cautelar inominada – Medida liminar concedida para indisponibilidade de bens do recorrente e a quebra de sigilo bancário, fiscal e telefônico – Ação principal – prazo para propositura – Termo a quo – Primeiro ato constritivo – Recurso Especial provido." (STJ, 1ª Turma, Resp 945.439-PR, rel. Min. Teori Albino Zavascki, j. 27.4.2010, DJe 4.5.2010). no mesmo sentido: STJ, 1ª Turma, Resp 1.115.370-SP, rel. Min. Benedito Gonçalves, j. 16.3.2010, DJe 30.3.2010.

104. "*Considerando a hipótese das medidas que geram constrição pessoal ou patrimonial, a solução mais adequada é entender que esse prazo deve ser contado a partir da efetivação da primeira constrição, sob pena de se provocar situação inaceitável, consistente na permanência da medida constritiva às vezes por anos, sem que seja ajuizada a ação de conhecimento cabível.*" LEONEL, Ricardo de Barros. *Manual do Processo Coletivo*. 4ª ed. revista, ampliada e atualizada de acordo com o CPC/2015. São Paulo: Malheiros, 2017.

105. "A falta do ajuizamento da ação principal no prazo do art. 806 do CPC acarreta a perda da eficácia da liminar deferida e a extinção do processo cautelar."

processo. O correto será somente a cessação da eficácia da medida cautelar deferida, na forma do art. 309, I, CPC/15.

A apresentação do pedido principal não dependerá de pagamento de novas custas processuais. No momento do oferecimento do pedido principal, o requerente poderá formular o aditamento da causa de pedir. Com a apresentação do pedido principal, as partes serão intimadas, na pessoa do representante processual ou pessoalmente, para comparecimento à audiência de conciliação ou mediação (art. 334 CPC/15). Caso não seja atingida a autocomposição, o prazo para a contestação será contado na forma do art. 335, CPC/15. Não haverá, portanto, necessidade, com a apresentação do pedido principal, de realização de nova citação do requerido.

Questão interessante, sob a égide da lei de improbidade administrativa com a redação original, era saber se a norma do art. 17, LIA[106] mantinha a mesma essência em decorrência da alteração do procedimento cautelar, notadamente diante da redação do art. 1.046, § 2º do CPC/15. Ao não reproduzir a necessidade da propositura de duas ações autônomas previstas no CPC/73, pode ser levantada a tese de que o procedimento da ação civil pública por ato de improbidade, neste ponto, deverá seguir o regramento previsto nos arts. 305 e 308, CPC/15, com base nos princípios da celeridade, economia e efetividade processual.[107]

O art. 1.046, § 2º, CPC é expresso no sentido da manutenção dos procedimentos especiais que não foram revogados pelo advento do novel diploma. De fato, o procedimento da LIA não está na listagem dos procedimentos revogados prevista no art. 1.072, CPC[108] o que poderia ensejar o entendimento da necessidade do ajuizamento de duas ações (uma antecedente e outra principal) para o fim de obter tutela provisória de urgência cautelar antecedente.

Apesar de reconhecer que esta interpretação é bem atraente, entendo ser mais correto sustentar a revogação tácita desta necessidade de duas demandas, com base nos seguintes fundamentos: a) a imposição do ajuizamento de duas demandas autônomas viola, de forma manifesta, os princípios da economia e celeridade processual (arts. 5º, LXXVIII, CR/88 e 4º, CPC); b) a regra prevista no art. 17, *caput*,

---

106. *"Art. 17. A ação principal, que terá o rito ordinário, será proposta pelo Ministério Público ou pela pessoa jurídica interessada, dentro de trinta dias da efetivação da medida cautelar."*
107. Em sentido contrário, sustentando, com base nos arts. 1046, § 2º e 1072, CPC, a inaplicabilidade do regime das tutelas provisórias criado pelo CPC/15 na seara da improbidade administrativa: *"(...) nada muda relativamente ao manejo das três medidas cautelares expressamente disciplinadas pela Lei n. 8.429/92, a cujo respeito já há, inclusive, sólida jurisprudência do Superior Tribunal de Justiça. Essa nos parece ser a conclusão que melhor se afeiçoa ao princípio da segurança jurídica, inclusive no que toca à interpretação da Lei n. 8.429/92. Parece-nos também ser o fruto da constatação da inadequação das regras do processo civil clássico ao campo do denominado "processo de interesse público".* GARCIA, Emerson; ALVES, Rogério Pacheco. *Improbidade Administrativa.* 9ª ed. São Paulo: Saraiva, 2015, p. 1071.
108. Vide artigo 2º da Lei de Introdução das Normas do Direito Brasileiro *"Art. 2º Não se destinando à vigência temporária, a lei terá vigor até que outra a modifique ou revogue. § 1º A lei posterior revoga a anterior quando expressamente o declare, quando seja com ela incompatível ou quando regule inteiramente a matéria de que tratava a lei anterior. § 2º A lei nova, que estabeleça disposições gerais ou especiais a par das já existentes, não revoga nem modifica a lei anterior."*

LIA, apesar de prevista em lei especial externando um procedimento especial, não é, na essência uma norma jurídica especial (substancial), pois trata-se, em verdade, de mera reprodução da norma então existente no art. 806, CPC/73 (norma especial formal). Ora, o parâmetro do procedimento foi alterado retirando o fundamento da especialidade que, diga-se, jamais foi especial. Trata-se, portanto, de hipótese na qual uma norma geral derroga a aplicação de uma norma especial;[109] c) ademais, com base no microssistema da tutela coletiva, merece destaque a aplicabilidade do art. 12, LACP na seara da improbidade administrativa, que permite a concessão de mandado liminar nos próprios autos da ação principal.[110]

Há, contudo, entendimento na doutrina no sentido de que as normas inseridas nos arts. 17, LIA e 308, CPC são idênticas e que seria desnecessária a regulamentação do tema na lei especial.[111] Não merece prosperar tal entendimento, pois a regras, como já exposto, são completamente diferentes quanto ao procedimento. A semelhança entre as normas cinge-se, tão somente, à necessidade de mais de uma pretensão, sendo que na norma geral é despicienda nova ação e na especial indispensável. As normas eram idênticas sob a égide do CPC/73.

Com o advento da Lei 14.230/21 essa discussão perde a importância, pois o legislador retirou a necessidade da observância do prazo de 30 dias para a propositura da ação por improbidade administrativa após a efetiva da tutela provisória de urgência. Existe somente uma referência semelhante no art. 22, §3º, da LIA ao determinar a

---

109. Parte da doutrina segue a premissa sustentada neste artigo: *"O fato de uma matéria ser incluída numa lei que é especial em relação a outra não significa necessariamente que essa matéria seja substancialmente especial. Pode ter sido aí incluída por o legislador ter aproveitado a oportunidade de aprovação da lei especial para integral nela princípios que se justificavam em toda a ordem jurídica. Nesse caso, à especialidade formal não corresponde uma especialidade substancial. Por isso, se a lei geral for alterada e trouxer solução contrária, esta afasta também a solução formalmente incluída na lei especial. Em rigor, não há sequer lei especial."* DE DAVID, Tiago Bitencourt. Critérios clássicos já não resolvem bem as antinomias. Conjur, 14 de maio de 2014. Disponível em:http://www.conjur.com.br/2014-mai-14/tiago-bitencourt-criterios-classicos-nao-resolvem-bem-antinomias; acesso em 12/12/2017. No mesmo sentido, vale mencionar: *"a especialidade somente se sustenta se há razões que justifiquem o tratamento diverso daquele emanado do regime geral, pois é isso que autoriza a manutenção de um regime jurídico especial que não merece subsistir caso inexista justificativa para o tratamento distinto daquele estabelecido pela normatização geral. É muito importante prestar atenção a tal observação do doutrinador porque ela será de grande valia adiante para compreender-se a resolução prática de problemas envolvendo o tema."* ASCENSÃO, José de Oliveira. Introdução à Ciência do Direito. 3ª ed. Rio de Janeiro: Renovar, 2005, p. 518 e 519.

110. *"No campo da tutela dos interesses difusos permite o art. 12 da Lei n. 7.347/85 ao juiz que conceda "mandado liminar, com ou sem justificação prévia, nos próprios autos da ação principal, regra que merece aplausos por sua economicidade e informalidade, corolários do acesso à justiça. O CPC/2015 consagra tal possibilidade ao estabelecer, em seu art. 308, § 1º, que "o pedido principal pode ser formulado conjuntamente com o pedido de tutela cautelar". Veja-se que nada impede o ajuizamento de ações cautelares antecedentes, a depender da conveniência de utilização de tal técnica processual. O que a lei buscou garantir foi a possibilidade de decretação das providências urgentes independentemente do ajuizamento de ação própria, permitindo a formulação do requerimento "em tópico destacado da inicial."* GARCIA, Emerson; ALVES, Rogério Pacheco. Improbidade Adminstrativa. 9ª ed. São Paulo: Saraiva, 2017, p. 1076.

111. *"O art. 17, caput, da Lei de Improbidade Administrativa, prevê regra idêntica àquela consagrada no art. 308, caput, do Novo CPC, sendo nesse sentido até mesmo desnecessária. E as mesmas considerações aplicáveis a todas as medidas cautelares antecedentes são aplicáveis a cautelar de indisponibilidade antecedente à ação de improbidade administrativa."* NEVES, Daniel Assumpção Amorim. Manual do Processo Coletivo. 3ª ed. Salvador: Juspodivm, 2016.

propositura da ação após o encerramento do prazo de tramitação do inquérito civil, fato que não guarda relação com o tema em estudo.

Entretanto, o art. 17, da LIA determina a aplicação do procedimento comum ao processo por improbidade administrativa, ou seja, o regramento a partir do art. 318, do CPC. A regra do art. 308, do CPC, não está inserida no mesmo título, mas poderá ser aplicável, pois o próprio Código de Processo Civil é aplicável de forma residual aos processos coletivos quando o microssistema da tutela coletiva for omissão na regulamentação do tema.

14. INAPLICABILIDADE DO ART. 115, PARÁGRAFO ÚNICO, CPC/15

Inaplicabilidade como forma de integrar terceiro beneficiário direto ou indireto ao processo coletivo

Conforme se depreende da redação prevista no art. 3º, da LIA, pretendeu o legislador a responsabilização de todos aqueles que tenham, de alguma forma, praticado ou concorrido à concretização da improbidade, sendo bastante amplo o campo de incidência da norma. A pluralidade de agentes e/ou terceiros que tenham de alguma forma concorrido ou se beneficiado do ato lesivo, ímprobo ou não, pode gerar a ocorrência de litisconsórcio no polo passivo.

Legitimados passivos da Ação por Improbidade Administrativa são todos aqueles que tenham concorrido para a prática da conduta ímproba. Assim, estão sujeitos à incidência reparatório-sancionatória da Lei 8.429/1992 todos os agentes públicos que, ainda que transitoriamente ou sem remuneração, por eleição, nomeação, designação, contratação ou qualquer outra forma de investidura ou vínculo, mandato, emprego ou função (art. 2º), tenham violado o patrimônio público.

Também aqueles que, mesmo não sendo agentes públicos, tenham induzido ou concorrido para a prática do ato de improbidade, ou dela tenham auferido qualquer benefício direto.

Assim, os legitimados passivos da Ação por Improbidade são todos aqueles que tenham concorrido para a prática da conduta ímproba, conforme preconizam os arts. 2º e 3º, da LIA.

Como se vê, buscou o legislador a responsabilização de todos aqueles que tenham, de alguma forma, praticado ou concorrido à concretização da improbidade, sendo bastante amplo o campo de incidência da norma.[112] A pluralidade de agentes

---

112. *"Até se compreende o ideal de que todos que tenham participado do ato de improbidade administrativa participem da ação judicial no polo passivo, considerando-se que não parece justo que agentes ímprobos ou terceiros que participaram ou se beneficiaram do ato saiam ilesos, sem qualquer condenação judicial. Por outro lado, a escolha de quem serão os réus poderá ser contaminada por opções não estritamente jurídicas. E o que é pior, ficando o particular de fora do polo passivo nunca mais poderá ser demandado em ação de improbidade administrativa, já que não pode ser o único réu dessa ação, e para a pessoa jurídica lesada já terá se operado a coisa julgada, o*

CAPÍTULO 6 • REFLEXOS DO NOVO CÓDIGO DE PROCESSO CIVIL NOS PROCESSOS COLETIVOS **161**

e terceiros enseja a ocorrência de litisconsórcio no polo passivo, na forma do art. 113, CPC.[113]

Importante mencionar que o beneficiário, principalmente quando for particular (pessoa física ou jurídica), deve ter a sua conduta diretamente relacionada à do agente público coautor do ato lesivo (mormente nos atos de improbidade administrativa). O terceiro beneficiário do ato somente receberá o influxo da Lei 8.429/1992 com a estrita vinculação com agente público, pois não poderá responder sozinho pelo ato.[114]

Diante deste introito, imprescindível abordar a existência ou não do litisconsórcio necessário no polo entre o agente público e o beneficiário (particular pessoa física ou jurídica) do ato, nas ações civis pública de improbidade administrativa.

O STJ, usando o conceito inelástico de ato improbidade administrativa, fixou entendimento no sentido da impossibilidade de o particular responder sozinho pelo ato de improbidade administrativa, ou seja, somente poderá figurar em conjunto com o agente público (regra da dupla imputação), apesar de afirmar não existir litisconsórcio necessário entre eles.[115]

Assim, nas ações por improbidade administrativa, segundo o entendimento do STJ, não há de se falar em formação de litisconsórcio necessário entre o agente público e os eventuais terceiros beneficiados com o ato de improbidade administrativa, pois não está justificada em nenhuma das hipóteses previstas na lei.[116]

Não é o entendimento que será esposado neste tópico. O litisconsórcio necessário, por definição legal (art. 114, CPC/15), ocorrerá em duas situações: a) por disposição expressa de lei e b) em virtude da natureza da relação jurídica de direito material deduzida em juízo. O legislador exige sempre a formação do litisconsórcio

---

que impedirá que participe novamente da mesma ação no polo passivo." NEVES, Daniel Amorim Assumpção. *Manual do Processo Coletivo.* Op. cit., p. 283.

113. *"essa coautoria delitual disciplinar com pessoas estranhas ao serviço público, ad instar do art. 3º da Lei nº 8.429/92, abriga a participação do particular em três distintos momentos: o anterior à prática da infração (o ato de induzimento), o concomitante à sua prática (coadjuvação concorrencial) e, por fim, o posterior à sua consumação (beneficiando-se com as vantagens morais ou materiais da improbidade).* COSTA, José Armando da. *Contornos jurídicos da Improbidade Administrativa.* Brasília: Brasília Jurídica Ltda., 2000, p. 21. No mesmo sentido, porém exigindo a demonstração da má-fé: *"é inaceitável que o terceiro de boa-fé possa vir a ser envolvido na ação de improbidade sem que tenha agido com intenção de se beneficiar ilicitamente. Com muito mais razão, a responsabilidade do terceiro só se justifica na modalidade subjetiva."* MEIRELLES, Hely Lopes. *Curso de Direito Administrativo Brasileiro.* 42ª ed. São Paulo: Malheiros, 2016, p. 375.

114. CARVALHO FILHO, José dos Santos. *Manual de Direito Administrativo.* 18ª ed. Rio de Janeiro: Lumen Juris, 2017, p. 934.

115. Resp. 1171.017-PA, Rel. Min. Sérgio Kukina, j. 25/2/2014; AgRg no REsp 1.461.489/MG, Rel. Min. Mauro Campbell Marques, 2ª T., j. 18.12.2014, DJe 19.12.2014; AgInt no REsp 1538194/CE, Rel. Min. Humberto Martins, 2ª T., j. 18.08.2016, DJe 25.08.2016; REsp 896.044/PA, Rel. Min. Herman Benjamin, 2ª T., j. 16.09.2010, DJe 19.04.2011; AgInt no REsp 1624627/MS, Rel. Min. Mauro Campbell Marques, 2ª T., j. 06.04.2017, DJe 17.04.2017.

116. *"Não concordo com a corrente doutrinária que aponta para uma obrigatoriedade na formação do litisconsórcio passivo sob o argumento de indisponibilidade do direito discutido em juízo. O sistema processual não adota esse critério para definir se o litisconsórcio é facultativo ou necessário, não havendo qualquer razão para que isso ocorra na ação de improbidade administrativa, conforme correto entendimento do Superior Tribunal de Justiça."* NEVES, Daniel Amorim Assumpção. *Manual do Processo Coletivo.* Op. cit., p. 282.

para que a sentença possa ser eficaz em face de todos. Poder-se-ia aqui impingir de equivocado o conceito legal, mas a nossa toada é outra.[117]

O litisconsórcio passivo entre o agente público e o beneficiário é necessário, com base nos seguintes fundamentos:

a) o interesse subjacente ao exercício da pretensão judicial é indisponível[118] sendo, portanto, impensável excluir algum autor do ato lesivo ou beneficiário deste fora da relação jurídica processual, pois haverá insegurança jurídica e violação à isonomia;[119]

b) a amplitude conceitual dos agentes públicos e dos beneficiários prevista nos arts. 2° e 3°, LIA e 6°, LAP enseja ao reconhecimento da necessariedade do litisconsórcio, ou seja, é um litisconsórcio por força de lei;

c) aplicação do princípio da obrigatoriedade da demanda coletiva, mormente nos casos de tutela do patrimônio público.[120]

Considerando a possibilidade/necessidade da inclusão do terceiro no polo passivo da demanda, a questão a ser enfrentada neste tópico, portanto, passa a ser a forma pela qual deve ser integrado ao feito o beneficiário do ato lesivo, que for identificado ao longo da relação jurídica processual. Consoante a redação do art. 115, parágrafo único, CPC/15, o juiz determinará ao autor da demanda que requeira a citação deste litisconsorte ulterior, sob pena de extinção do processo sem resolução de mérito. Tal norma somente deve ser utilizada nos casos de litisconsórcio necessário.

Apesar de sustentar a existência do litisconsórcio passivo necessário na seara da improbidade administrativa, como visto acima, mister faz-se o afastamento da regra do art. 115, parágrafo único, CPC/15 como forma de solucionar a integração do terceiro beneficiário ao polo passivo da demanda. Considerando toda a linha de argumentação supra utilizada para demonstrar a aplicação do microssistema da tutela coletiva, antes da aplicação residual do CPC, factível sustentar a utilização da solução preconizada no art. 7°, III, LAP que determina a realização direta da citação para a integração do contraditório.[121] O legislador, na hipótese, não exige a necessi-

---

117. O conceito legal, mais uma vez, parece confundir litisconsórcio necessário com o unitário. Ademais, se há a necessidade de todos participarem da relação processual para que a sentença seja absolutamente eficaz, o litisconsórcio já será necessário.

118. SANTOS, Carlos Frederico Brito dos. *Improbidade administrativa*. 2ª ed. Rio de Janeiro: Forense, 2007, p. 246; LUCON, Paulo Henrique dos Santos. *Código de Processo Civil interpretado*. MARCATO, Antonio Carlos (coord.). 3ª ed. São Paulo: atlas, 2005, p. 365.

119. Não podemos esquecer da possibilidade, ainda que de *lege ferenda*, de afastar a pretensão judicial dos causadores do ato lesivo em virtude da celebração de termo de ajustamento de conduta, colaboração premiada ou acordo de leniência. Eventual possibilidade do manejo de tais instrumentos na seara da improbidade administrativa deve ser objeto de tópico específico.

120. GARCIA, Emerson; ALVES, Rogério Pacheco. *Improbidade Administrativa*. 8ª ed. São Paulo: Saraiva, 2015, p. 887.

121. No mesmo sentido: NEVES, Daniel Amorim Assumpção. *Manual do Processo Coletivo*. Op. cit., p. 283.

CAPÍTULO 6 • REFLEXOS DO NOVO CÓDIGO DE PROCESSO CIVIL NOS PROCESSOS COLETIVOS

dade de requerimento[122] (como faz o art. 115, parágrafo único, CPC/15) para fins de realização da citação, portanto, o órgão jurisdicional poderá diretamente determinar a citação do beneficiário. Poder-se-ia argumentar que tal proceder enseja a violação ao princípio da congruência (art. 492, CPC/15), mas a atuação na hipótese decorre do impulso oficial (arts. 2º e 141, CPC/15). O princípio do impulso oficial permite a atuação *ex officio* do órgão jurisdicional, desde que o ordenamento não exija, de forma expressa, requerimento das partes.

Considerando não ser hipótese de litisconsórcio necessário, forçoso concluir tratar-se de uma hipótese de intervenção *iussu iudicius* atípica,[123] pois permite ao juiz trazer ao feito, desde que lastreada em decisão com fundamentação adequada e específica (art. 489, § 1º, CPC/15), um terceiro para integração do contraditório.[124]

Importante mencionar a possibilidade de desmembramento do litisconsórcio facultativo no polo passivo por decisão judicial, de ofício ou mediante requerimento, com o fim de otimizar a instrução procedimental, conforme determinado no art. 17, § 10-B, II, da LIA.

O legislador ao prever a hipótese de desmembramento do litisconsórcio facultativo, afastou o processo de improbidade administrativa do regramento do art. 113, §§ 1º e 2º, do CPC, pois fixa como fundamento somente a otimização da instrução processual e não o número excessivo de litisconsortes.

A ideia de desmembramento para fins de otimizar a instrução processual é interessante para casos concretos com múltiplos réus com diversas imputações. Poder-se-ia, por exemplo, desmembrar o litisconsórcio em núcleos subjetivos e objetivos para que a instrução seja direcionada precisamente para a comprovação dos elementos essenciais para a configuração do ato de improbidade administrativa.

15. PRAZO PARA O OFERECIMENTO DO AGRAVO INTERNO NOS PROCESSOS COLETIVOS

Análise do art. 6º, parágrafo único da Lei 13.300/15

O art. 1.070, CPC/15 unificou os prazos para a interposição do recurso de agravo interno, conforme art. 1.021, CPC/15 (outrora chamado de regimental). Com o

---

122. Em verdade, considerando que não foi reproduzido no art. 319, CPC/15 a necessidade de requerimento de citação do réu, como fazia o art. 282, VII, CPC/73, penso que sequer no caso do art. 115, parágrafo único, CPC/15 haverá tal necessidade.

123. DIDIER JR., Fredie. *Curso de Direito Processual Civil*. Vol. 1. Salvador: Juspodivm, 2017, p. 596.

124. *"Parece possível, no Direito brasileiro, a partir da concretização dos princípios da adequação, da duração razoável do processo e da eficiência, a intervenção iussu iudicius atípica, sempre que o órgão jurisdicional, por decisão fundamentada, entender conveniente a participação de terceiro no processo."* (...) *"A providência justifica-se, também, como medida de efetivação do direito fundamental ao contraditório e, ainda, como proteção do princípio da igualdade, porquanto procure evitar que a parte se submeta a processo cujo resultado possa ser impugnado por um terceiro. Garante ao terceiro o exercício do direito de não demandar, não lhe sendo imposta a condição de demandante: o terceiro não estaria obrigado a demandar, pois apenas seria cientificado do processo."* DIDIER JR., Fredie. *Curso de Direito Processual Civil*. Vol. 1. Salvador: Juspodivm, 2017, p. 596.

advento do CPC/15, portanto, o prazo para o manejo do referido recurso, ainda que previsto nos regimentos internos dos tribunais, será de 15 dias. Trata-se de recurso interposto com vistas a obter a reforma ou a anulação das decisões proferidas pelos relatores ou qualquer outra decisão unipessoal (do presidente do Tribunal, por exemplo).

Todas as normas que contiverem a possibilidade de recurso de tais decisões com a previsão expressa de prazo deverão se adequar ao art. 1.070, CPC.

Diante desta modificação, surgem duas repercussões claras e diretas nos processos coletivos: a) qual será o prazo de interposição do recurso de agravo interno das decisões unipessoais do Presidente do Tribunal em sede do incidente de Suspensão da Segurança (arts. 4°, § 3° da Lei 8.437/1992; 12, § 1°, LACP; 15, LMS e 16 da Lei 9.507/1997), quando requerido no bojo de um processo coletivo?; b) qual será o prazo de interposição do recurso de agravo interno das decisões monocráticas ou unipessoais proferidas no bojo dos processos coletivos?

a) **Qual será o prazo de interposição do recurso de agravo interno das decisões unipessoais do Presidente do Tribunal em sede do incidente de Suspensão da Segurança (arts. 4°, § 3° da Lei 8.437/1992; 12, § 1° da Lei 7.347/1985; 15 da Lei 12.016/2009 e 16 da Lei 9.507/1997), quando requerido no bojo de um processo coletivo?**

O prazo para a interposição do agravo interno nestas hipóteses previstas nas leis em testilha é de 05 dias. Com o advento do CPC/15 o prazo passou a ser de 15 dias. Esta seria conclusão mais simples e objetiva, porém não subsiste em uma análise mais detida. Estas normas integram o microssistema da tutela coletiva e possuem uma mútua complementariedade. Pois bem. Após a entrada em vigor do CPC/15 foi editada a Lei 13.300/2016 que, em seu art. 6°, parágrafo único, fixou o prazo de 05 dias para fins de interposição do agravo interno contra a decisão monocrática ou unipessoal que inadmite a inicial do mandado de injunção. O principal ponto de análise é saber de que forma isso influenciará os prazos previstos nestas leis.

Uma primeira solução é afirmar que este prazo de 05 dias deve ser corrigido, também, pelo art. 1.070, CPC e, portanto, todos seriam de 15 dias. Apesar do deslize do legislador que sequer se atentou para a mudança geral no prazo, não há como sustentar tal solução, pois trata-se de lei especial posterior a uma lei geral. Assim, não há supedâneo jurídico capaz de embasar o afastamento da norma.

Uma segunda solução é afirmar que em todos os processos coletivos, nos quais for requerido o incidente de suspensão da segurança, o prazo para a interposição deste recurso será de 05 dias. Esta deve ser a solução adequada, pois além de respeitar as regras do microssistema e da aplicabilidade residual do CPC/15, observa, também, os critérios cronológicos e da especialidade aplicáveis nos conflitos aparentes de normas.

b) **Qual será o prazo de interposição do recurso de agravo interno das decisões monocráticas ou unipessoais proferidas no bojo dos processos coletivos?**

CAPÍTULO 6 • REFLEXOS DO NOVO CÓDIGO DE PROCESSO CIVIL NOS PROCESSOS COLETIVOS **165**

Esta segunda questão parece ser a mais importante, pois a Lei 13.300/2016 não se refere aos casos somente de suspensão da segurança, mas à decisão monocrática ou unipessoal proferida no bojo de um mandado de injunção. Conforme dito alhures, a referida norma é parte integrante do microssistema e de sua mútua complementariedade. Assim, diante do aparente conflito entre as normas citadas (art. 1.070, CPC/15 e 6º, parágrafo único, LMI), deverá prevalecer a regra de aplicação das normas do microssistema gerando o afastamento do prazo de 15 dias para o manejo do agravo interno em sede de processo coletivo. Em todos os processos coletivos, portanto, o prazo para o referido recurso será de 05 dias, enquanto nos processos individuais será de 15 dias. Há que se ressaltar, por oportuno, que as regras do microssistema não podem sofrer a incidência de uma interpretação seletiva, ou seja, ou as regras do microssistema são sempre aplicáveis quando não houver solução nas leis especiais ou não poderão ser aplicáveis. O que não pode ser feita é uma aplicabilidade casuística com base na vontade exclusiva do intérprete.

16. INTERVENÇÃO DO SUBSTITUÍDO NOS PROCESSOS COLETIVOS

Análise do art. 18, parágrafo único do CPC/15 – Legitimação conglobante nos processos coletivos

A legitimidade extraordinária à época do CPC/73, em seu art. 6º, exigia autorização legal expressa (legalidade estrita) para que fosse regularmente exercida.

O CPC/15, ao tratar do mesmo tema no art. 18, exige somente autorização do ordenamento jurídico,[125] ou seja, ampliou a incidência da legitimação extraordinária. Com essa redação, portanto, não há mais a necessidade de autorização expressa na lei para admitir o exercício da legitimação extraordinária, porque o legislador previu, de forma ampla, a possibilidade de qualquer instrumento ser hábil a conferir a legitimidade (lei, princípio, negócio processual ou qualquer outro mecanismo, desde que esteja no ordenamento jurídico).

A ideia, portanto, decorrente desta nova regulamentação é a positivação de uma legitimidade conglobante.[126] Esta legitimidade decorre diretamente do próprio

---

125. Aliás, a doutrina já sustentava tal possibilidade mesmo antes do advento do CPC/15. ARRUDA ALVIM NETO, José Manoel de. *Código de Processo Civil Comentado*. Vol. 1. São Paulo: Revista dos Tribunais, 1975, p. 246. MOREIRA, José Carlos Barbosa. Notas sobre o problema da efetividade do processo. *Temas de Direito Processual Civil – terceira série*. São Paulo: Saraiva, 1984, p. 33, nota 7.

126. A legitimação conglobante nas ações coletivas: a substituição processual decorrente do ordenamento jurídico. *"Com essa denominação entendemos a legitimação extraordinária permitida pelo ordenamento, mesmo que não expressa na lei, por não estar contrariada por norma jurídica ou em desacordo com os princípios do ordenamento coletivo. Dessa forma, com a adoção de tal denominação, prestamos nossa justa homenagem aos juristas do direito penal, Eugenio Raúl Zaffaroni e José Henrique Pierangeli, pela importante contribuição científica na elaboração deste conceito: "A tipicidade conglobante é um corretivo da tipicidade legal, posto que pode excluir do âmbito do típico aquelas condutas que apenas aparentemente estão proibidas, como acontece no caso do oficial de justiça, que se adequa ao „subtrair, para si ou para outrem, coisa alheia móvel⊠ (art. 155 do CP), mas que não é alcançada pela proibição do „não furtarás⊠. A função deste segundo passo do juízo de tipicidade penal será, pois, reduzi-la à verdadeira dimensão daquilo que a norma proíbe, deixando fora da tipicidade penal*

sistema (ordenamento), sendo desnecessária expressa previsão legal, desde que exista autorização no sistema.[127] Não há, portanto, necessidade imperiosa de uma lei criando a hipótese de substituição processual. Nada obstante, há vozes dissonantes na doutrina, mesmo após o advento do CPC/15, que permanecem sustentando a necessidade de observância da legalidade estrita.[128]

Partindo da premissa sustentada, é factível sustentar a possibilidade de celebração de negócio jurídico processual com o fim de fixar ou criar a legitimidade extraordinária, ou seja, haveria a possibilidade de uma legitimidade extraordinária negociada, convencionada, negocial ou convencional, na forma do art. 190 do CPC.

O art. 190 do CPC traz a chamada cláusula geral ou genérica dos negócios jurídicos processuais gerando a possibilidade da celebração de negócios ou convenções processuais atípicas. Há debate doutrinário em torno do tema da admissibilidade deste modelo de legitimidade,[129] mas impende salientar que tal convenção, caso seja

---

aquelas condutas que somente são alcançadas pela tipicidade legal, mas que a ordem normativa não quer proibir, precisamente porque as ordena ou as fomenta." ZANETI JUNIOR, Hermes. A legitimação conglobante nas ações coletivas: a substituição processual decorrente do ordenamento jurídico. In: ASSIS, Araken de; ALVIM, Eduardo Arruda; NERY JR., Nelson; MAZZEI, Rodrigo; WAMBIER, Teresa Arruda Alvim; ALVIM, Thereza (coords.). *Direito Civil e processo: estudos em homenagem ao Professor Arruda Alvim.* São Paulo: Revista dos Tribunais, 2007, p. 859-866.

127. *"O CPC atual adotou antiga lição doutrinária, segundo a qual seria possível a atribuição de legitimação extraordinária sem previsão expressa na lei, desde que seja possível identificá-la no ordenamento jurídico, visto como sistema."* (...) *"O art. 18 do CPC exige, para atribuição da legitimação extraordinária, autorização do "ordenamento jurídico", e não mais da lei."* DIDIER JR, Fredie. *Comentários ao Novo Código de Processo Civil.* CABRAL, Antonio do Passo Cabral; CRAMER, Ronaldo (coords.). Rio de Janeiro: Forense, 2016. No mesmo sentido: *"Cumpre salientar, no entanto, que tal alteração não deve ser interpretada de forma a autorizar a substituição processual por mero ato voluntário das partes, sem nenhum embasamento legal, de forma que pouco se altera em relação à sistemática anterior, para a qual "a vontade das partes, portanto, não é suficiente para criar substituição processual que não tenha sido expressamente prevista em lei. A diferença, aqui, está na possibilidade de se cogitar de substituição processual sem previsão expressa e inequívoca na legislação, podendo decorrer de interpretação sistemática do ordenamento jurídico."* AMARAL, Guilherme Rizzo. *Comentários às alterações do novo CPC.* São Paulo: Revista dos Tribunais, 2015.

128. *"A legitimidade extraordinária, por atribuir deveres a terceiros, continua a depender de expressa autorização do ordenamento jurídico, na expressa acolhida pelo Código. A noção de ordenamento jurídico, nesse particular, perpassa pelo art. 22, I, da CF/1988, que atribui à lei a disciplina da matéria processual, de modo que ou bem a fonte da substituição processual será a própria Constituição ou bem será a lei, admitindo-se, excepcionalmente, a sua atribuição por meio de atos cuja validade decorra diretamente da lei, a exemplo dos regimentos internos dos tribunais."* SCHENK, Leonardo Faria. *Breves Comentários ao novo Código de Processo Civil.* WAMBIER, Teresa Arruda Alvim (coord.). 2ª ed. São Paulo: Revista dos Tribunais, 2016, p. 116. *"Antes de mais nada, é importante se acentuar que a Constituição Federal não autoriza que se possam criar hipóteses em que alguém pleiteie em juízo direito alheio em nome próprio a não ser por meio de lei expressa. Então, o legislador aqui "disse mais do que queria": não basta a autorização do ordenamento jurídico, que é mais do que a lei: abrange lei, doutrina, jurisprudência. Aqui incide o princípio da estrita legalidade. Só a lei pode criar hipóteses de substituição processual."* WAMBIER, Tereza Arruda Alvim. *Primeiros Comentários ao novo Código de Processo Civil.* São Paulo: Revista dos Tribunais, 2016, p. 83. Há, ainda, quem sustente a necessidade de previsão típica das hipóteses de legitimação extraordinária *"Só se admite a substituição processual se existe expressa autorização no ordenamento jurídico para tanto. Daí a tipicidade das hipóteses de substituição processual em nosso ordenamento."* MARINONI, Luiz Guilherme. *Novo Código de Processo Civil Comentado.* São Paulo: Revista dos Tribunais, 2016, p. 120.

129. No sentido da inadmissibilidade, vale mencionar: *"Assim, não parece haver espaço ou mesmo utilidade, à primeira vista, para o acolhimento de uma legitimidade extraordinária negocial por meio da qual o titular do*

CAPÍTULO 6 • REFLEXOS DO NOVO CÓDIGO DE PROCESSO CIVIL NOS PROCESSOS COLETIVOS

admitida, não importará em transferência da titularidade do direito material subjacente, mas da legitimidade para o exercício judicial da pretensão. Não há em nosso ordenamento jurídico qualquer vedação para a celebração de convenção processual para a criação da legitimidade extraordinária, ao reverso, factível sustentar tal possibilidade diante da combinação das normas dos arts. 18, 190 e 200 do CPC, pois o autorregramento da vontade no direito processual possui assaz importância com a geração imediata de efeitos, sem a necessidade, inclusive, de ratificação jurisdicional. No âmbito dos processos individuais, é mais seguro sustentar a possibilidade da legitimação atípica convencional, pois a regra geral da legitimidade permanece a ordinária ou comum, na qual o titular do direito material exerce judicialmente a sua pretensão. O problema surge nos casos de processos coletivos, pois a regra é a legitimidade extraordinária ou substituição processual, ou seja, o titular do direito material (coletividade ou seus membros) não ostenta legitimidade para o exercício judicial da pretensão.

Considerando, portanto, a possibilidade de a legitimação extraordinária decorrer do ordenamento jurídico e da cláusula genérica das convenções processuais, surge a seguinte indagação: **pode ser celebrado no processo coletivo um negócio jurídico para conferir legitimação extraordinária?**

A legitimação extraordinária negocial não pode ser admitida nos processos coletivos, tal como se admite para os processos individuais, em virtude de peculiaridades inerentes que impossibilitariam o seu regular desenvolvimento.

Ao contrário, conforme já indicado, do que ocorre nos processos individuais, a regra nos processos coletivos é a legitimidade extraordinária. Assim, não há como

---

direito material transferiria a legitimidade para postulá-lo em juízo a um terceiro, valendo-se, para tanto, de instrumentos contratuais." SCHENK, Leonardo Faria. *Breves Comentários ao novo Código de Processo Civil.* WAMBIER, Teresa Arruda Alvim (coord.). 2ª ed. São Paulo: Revista dos Tribunais, 2016, p. 116. No sentido da admissibilidade, impende citar: *"Por outro lado, inexiste qualquer norma cogente no sistema decorrente do CPC de 2015 que proíba o exercício do autorregramento para escolha relativa à legitimidade ad causam extraordinária, que, como visto, é uma situação jurídica. O art. 18 não preestabelece a situação jurídica da legitimidade extraordinária "de modo claro e irremovível". Ao contrário, o texto do art. 18 expressamente faz a ressalva de a legitimidade extraordinária ser autorizada pelo ordenamento jurídico. Ou seja, o próprio art. 18 diz que a legitimidade pode ser atribuída (é removível, portanto), desde que exista autorização do sistema jurídico. Vale dizer: o sistema criou as categorias de legitimidade – que vai depender de o sujeito legitimado coincidir ou não com o sujeito da relação material –; disse que a regra é a legitimidade ordinária (o sujeito defender em nome próprio interesse próprio); e deixou que a legitimidade extraordinária fosse irradiada, desde que autorizada pelo ordenamento jurídico."* (...) *"logo, a partir do texto do art. 18, em consonância com o contexto do CPC de 2015 e com a finalidade e valores que lhe são subjacentes, a conclusão a que se chega é que o sistema jurídico processual decorrente do novo Código deixou aos sujeitos espaço para o autorregramento da vontade no que concerne à legitimidade ad causam. É possível, assim, haver negócio jurídico processual que tenha como objeto a atribuição de legitimidade extraordinária a um determinado sujeito que, em princípio, não a teria."* BONFIM, Daniela. A legitimação extraordinária de origem negocial. In: CABRAL, Antonio do Passo; NOGUEIRA, Pedro Henrique Pedrosa (coords.). *Negócios Processuais.* Salvador: Juspodivm, 2015, p. 335-352. No mesmo sentido: *"Não há, assim, qualquer obstáculo, a priori, para a legitimidade extraordinária de origem negocial. E, assim sendo, o direito processual civil brasileiro passará a permitir a legitimação extraordinária atípica, de origem negocial".* DIDIER JR., Fredie. Fonte normativa da legitimação extraordinária no novo Código de Processo Civil: a legitimação extraordinária de origem negocial. *Revista de Processo,* vol. 232; junho/2014, p. 71.

ocorrer tal transferência, pois o titular do direito material não tem legitimidade para exercer judicial a sua pretensão.[130] Ora, se o próprio titular do direito material não pode exercer tal pretensão, porque não existe legitimidade ordinária na tutela coletiva, como poderia transferi-la? Como poderia transferir uma legitimidade que sequer ostenta?

Ademais, quem seria o responsável por tal transferência? A coletividade? Os titulares dos direitos essencialmente coletivos (difusos e coletivos em sentido estrito) não são, ao menos no plano abstrato, individualizáveis (indetermináveis ou indeterminados, respectivamente) e nos direitos acidentalmente coletivos (individuais homogêneos) há até a possibilidade de individualização (no plano abstrato e concreto), mas como obter consenso para tal transferência?

Caso entendamos que a transferência da legitimidade possa ocorrer por manifestação de vontade dos legitimados coletivos, estaríamos diante de uma criação de legitimação extraordinária violadora do próprio ordenamento e, portanto, que não respeita o art. 18 do CPC. O ordenamento jurídico, por meio de normas jurídicas expressas, indicou quem são os legitimados coletivos para o exercício da pretensão judicial coletiva, ou seja, o legislador realizou a seleção (controle *ope legis*).

Com base no que foi apresentado, surge indagação instigante: pode ser admitida a intervenção do substituto processual como assistente simples do substituído?

Para analisar a presente indagação, há a necessidade de realizar a seguinte filtragem: i) previsão legal; ii) presença de interesse jurídico; iii) relação jurídica conexa.

No tocante ao requisito previsão legal, penso ser irrelevante, pois a ausência, como ocorre no caso, não pode ser sinônimo de impossibilidade jurídica. Ademais, há sempre a possibilidade de suprimento judicial, mormente diante da lentidão do Parlamento em regulamentar determinados instrumentos e institutos.[131]

Quanto à necessidade da presença de interesse jurídico, imprescindível fazer uma releitura do que tradicionalmente é sustentado pela própria doutrina para que seja admissível a intervenção. Em meu sentir, de início, é fácil objetar esta intervenção, pois o substituto processual, por ser legitimado, pode promover a demanda própria e, com isso, tutelar o interesse do assistido, na medida em que este é integrante da coletividade a ser tutelada. Não é, contudo, o entendimento que vem prevalecendo.[132]

---

130. Impende salientar, por oportuno, que as comunidades indígenas ostentam legitimidade ordinária para o exercício judicial da pretensão coletiva na defesa de seus próprios interesses, conforme artigo 37 da Lei 6.001/1973 combinado com o artigo 232 da CR/88. Nesta hipótese, portanto, será possível sustentar a realização de convenção processual para fins de criação de legitimidade extraordinária.

131. Não há aqui uma ode ao ativismo judicial desenfreado, mas somente uma mera constatação fática da nossa realidade com o Poder Judiciário criando diuturnamente institutos e instrumentos em determinados casos concretos.

132. ARENHART, Sérgio Cruz. O recurso de terceiro prejudicado e as decisões vinculantes. In: NERY JR., Nelson; WAMBIER, Teresa Arruda Alvim (coord.). *Aspectos polêmicos e atuais dos recursos cíveis e assuntos afins*. São Paulo: Revista dos Tribunais, 2007, v. 11, p. 436-437.

CAPÍTULO 6 • REFLEXOS DO NOVO CÓDIGO DE PROCESSO CIVIL NOS PROCESSOS COLETIVOS

Considerando a premissa segundo a qual o microssistema da formação de precedentes, por meio da resolução de casos repetitivos, é um exemplo de processo coletivo, como, aliás, sustento na presente obra, impende apresentar a possibilidade clara de intervenção de um terceiro no procedimento de formação de precedentes vinculantes.

Essa apresentação é relevante, pois o sistema de resolução de casos repetitivos pode ser utilizado nos processos coletivos como forma de suprir eventuais omissões.

Basta a leitura dos seguintes dispositivos: art. 896-C, CLT e arts. 983 e 1.038, I, CPC para verificar a possibilidade jurídica da intervenção. É simples sustentar tal possibilidade sob o prisma do contraditório participativo, pois devem, aqueles que serão atingidos direta e indiretamente pelos efeitos da tese jurídica fixada, ter a oportunidade processual de influir na formação da decisão (precedente) judicial.

Assim, não será possível adotar a ideia de interesse jurídico exigida para as demandas individuais, porque a premissa, ora fixada, é completamente diversa, pois estamos diante da possibilidade da fixação de uma tese jurídica aplicável a inúmeras relações jurídicas materiais e processuais.[133]

É possível sustentar, como faz a doutrina em torno do tema,[134] a existência de uma relação jurídica de viés coletivo, justamente por não ser possível, ao menos no plano abstrato, indicar quem poderá ou deverá ser atingido pelo precedente criado.

Apesar da possibilidade já indicada e defendida, essa intervenção deve ser restringida somente em prol dos legitimados coletivos, sob pena de gerar a ocorrência de incidentes processuais (requerimentos dos intervenientes) infindáveis e quiçá impossíveis de se administrar.[135]

O Supremo Tribunal Federal admitiu a possibilidade dessa modalidade de intervenção, realizada por um sindicato (legitimado coletivo), e ainda a considerou como uma modalidade de assistência simples sob o fundamento da possibilidade do resultado da demanda, com a respectiva fixação da tese jurídica, atingir diretamente a esfera jurídica daquele que pretendia intervir.[136]

---

133. "A participação dos membros do grupo no julgamento de casos repetitivos não se assemelha a outras clássicas formas de intervenção de terceiros, sendo uma intervenção singular, que se fundamenta no interesse jurídico que estes indivíduos possuem na certificação da questão de direito, a partir da fixação de uma tese jurídica que irá afetar suas respectivas esferas jurídicas, imediatamente, pela aplicação da tese aos processos que estão tramitando, ou, mediatamente, mediante um precedente judicial que poderá afetá-los no futuro." DIDIER JR., Fredie; ZANETI, Hermes. *Curso de Direito Processual Civil*, v. 4, Salvador: JusPodivm, 13ª ed., 2019, p. 277.

134. DIDIER JR., Fredie; ZANETI, Hermes. *Curso de Direito Processual Civil*, v. 4, Salvador: JusPodivm, 13ª ed., 2019, p. 274. GIDI, Antonio. *Coisa julgada e litispendência em ações coletivas*. São Paulo: Saraiva, 1995, p. 22-23.

135. DIDIER JR., Fredie; ZANETI, Hermes. *Curso de Direito Processual Civil*, v. 4, Salvador: JusPodivm, 13ª ed., 2019, p. 275.

136. RE 550.769/RJ, Rel. Min. Joaquim Barbosa, j. 28.02.2008, Informativo 496.

Essa não é a linha adotada pelo Superior Tribunal de Justiça. Em diversos julgados, há a clara inclinação para a vedação dessa forma de intervenção sob o fundamento de que a hipótese não enseja a assistência simples, mormente quando o legitimado coletivo pretende intervir no bojo de um processo meramente individual.[137]

Apesar da admissibilidade pelo STF dessa modalidade de intervenção sob a nomenclatura assistência simples, prefiro adotar, como o faz a doutrina, nomenclatura diversa, por entender que o interesse que justifica a intervenção é plenamente diverso. Penso que o interesse que autoriza a intervenção é o da formação adequada do precedente e, portanto, deve ser adotada a seguinte nomenclatura: "intervenção dos membros de grupo no julgamento de casos repetitivos, e que se funda no interesse jurídico (interesse na controvérsia)".[138]

Fredie Didier Júnior,[139] ao comentar essa modalidade de intervenção, com a genialidade que lhe é peculiar, indica a necessidade de observância de dois requisitos (filtros) de admissibilidade: i) contribuição argumentativa; ii) grau de interesse na controvérsia.

A contribuição argumentativa[140] deve ser compreendida e verificada da seguinte forma: i) apresentação de linhas argumentativas ainda inéditas no incidente ou na relação processual, pois não haverá a necessidade na intervenção apenas com o fim de reforçar argumentos já apresentados; ii) a questão de direito de determinado setor que será atingido ou um subgrupo[141] da coletividade que ainda não participa formalmente da demanda ou do incidente; iii) a expertise do representante processual, ou seja, do advogado.

O grau de interesse na controvérsia será verificado conforme a proximidade com a esfera direta de influência e aplicabilidade do precedente fixado. Para que seja mais fácil demonstrar a necessidade desse filtro, a doutrina apresenta dois grupos: i) os interessados somente na formação do precedente (tese jurídica) vinculante; ii) os interessados que serão afetados diretamente em suas esferas jurídicas ou em suas demandas.[142]

Quanto aos interessados somente na formação do precedente, não há proximidade suficiente a permitir a intervenção, pois não serão atingidos diretamente pelo resultado da tese jurídica fixada.

---

137. Resp. 821.586/PR, Rel. Min. Luiz Fux, 1ª T., j. 07.10.2008. AgRg nos EREsp 1.146.066/PR. Rel. Min. Hamilton Carvalhido, Corte Especial, j. 04.05.2011. Resp 1.182.123/PE, Rel. Min. Castro Meira, 2ª T., j. 11.05.2010.
138. DIDIER JR., Fredie; ZANETI, Hermes. *Curso de Direito Processual Civil*, v. 4, Salvador: JusPodivm, 13ª ed., 2019, p. 278.
139. DIDIER JR., Fredie; ZANETI, Hermes. *Curso de Direito Processual Civil*, v. 4, Salvador: JusPodivm, 13ª ed., 2019, p. 279.
140. MARINONI, Luiz Guilherme. Comentários aos arts. 926 a 928 do CPC. In: WAMBIER, Teresa Arruda Alvim; DIDIER JR., Fredie; TALAMINI, Eduardo; DANTAS, Bruno (coord.). *Breves comentários ao novo Código de Processo Civil*. 3ª ed. São Paulo: Revista dos Tribunais, 2016, p. 2317.
141. "Há que ser garantido direito de participação a, ao menos, um representante de cada um dos subgrupos identificados, o que deverá ser realizado por meio do filtro da contribuição argumentativa." DIDIER JR., Fredie; ZANETI, Hermes. *Curso de Direito Processual Civil*, v. 4, Salvador: JusPodivm, 13ª ed., 2019, p. 280.
142. ALVES, Gustavo Silva. *Ações coletivas e casos repetitivos: a vinculação das decisões no processo coletivo*. Salvador: JusPodivm, 2018, p. 250-256.

CAPÍTULO 6 • REFLEXOS DO NOVO CÓDIGO DE PROCESSO CIVIL NOS PROCESSOS COLETIVOS **171**

Por outro lado, aqueles que demonstram a aplicação direta da tese jurídica fixada em suas esferas jurídicas ou demandas judiciais, deverão ser autorizados a participar do incidente, pois afetará o próprio resultado das suas demandas, basta verificar a redação dos arts. 985 e 1.040, III, CPC.[143]

17. NEGÓCIO JURÍDICO PROCESSUAL ATÍPICO NOS PROCESSOS COLETIVOS

Análise do art. 190, CPC/15 e a sua interface com o instituto da colaboração premiada na seara da improbidade administrativa

a) Possibilidade da celebração de negócio jurídico processual atípico nos processos coletivos

Inicialmente, para fins de contextualização do tema, deve ser destacada a evolução dos negócios jurídicos processuais do CPC/73 até o CPC/15. No CPC/73, havia a previsão expressa da possibilidade de celebração de negócios (convenções) processuais típicos, ou seja, indicados expressamente pelo legislador, tais como: a) art. 158, CPC: permitia a realização de convenções processuais através da mera manifestação de vontade das partes, sem a necessidade da homologação judicial para fins de geração de efeitos; b) arts. 111 e 112, parágrafo único, CPC: possibilidade de celebração de convenção processual sobre critério de competência; c) art. 333, parágrafo único, CPC: possibilidade de celebração de convenção processual sobre a distribuição do ônus da prova; d) art. 265, CPC: possibilidade de celebração de convenção processual para a suspensão do processo.

O CPC/15, além da previsão, com algumas reproduções do CPC/73, de convenções processuais típicas, trouxe uma cláusula genérica/geral (art. 190, CPC) que serve como base para as demais e permite a criação de convenções com características, teor e efeitos definidos no caso concreto. Além da reprodução das convenções típicas, tais como foro de eleição (art. 63, CPC),[144] suspensão convencional do processo (art. 313, II, CPC), distribuição convencionada do ônus da prova (art. 373, §§ 3º

---

143. "As partes dos processos sobrestados serão afetadas diretamente pelo julgamento, sujeitando-se pro et contra à tese jurídica que, a depender da natureza da questão de direito certificada, poderá, inclusive, levar ao julgamento de procedência ou improcedência da demanda em que o membro é parte." DIDIER JR., Fredie; ZANETI, Hermes. *Curso de Direito Processual Civil*, v. 4, Salvador: JusPodivm, 13ª ed., 2019, p. 282.

144. Concordamos, contudo, com a doutrina que sustenta a impossibilidade da celebração de foro de eleição em processo coletivo. Podemos mencionar: "*Os limites à possibilidade da formulação, pelas partes, de negócios jurídicos processuais atípicos não foram fixados claramente pelo legislador – o que abre espaço, seguramente, para interpretação, debates e dissensões. (...) Como visto acima, a lei processual passou a prever, ao lado do negócio processual típico, a figura do negócio processual atípico. Isso permite que as partes estabeleçam convenções processuais em relação a deveres, poderes, ônus e faculdades antes do processo ou durante ele. Ocorre que a eleição de foro é prevista como negócio processual típico. E ela só foi autorizada nos casos de competência relativa (art. 63 do CPC/2015). Dessa forma, interpretar a regra do art. 190 do CPC/2015 como se ela autorizasse a eleição nos casos de competência absoluta seria equivalente a negar vigência ao art. 63 do mesmo Código.*" LEONEL, Ricardo de Barros. *Manual do Processo Coletivo*. 4ª ed., revista, ampliada e atualizada de acordo com o CPC/2015. São Paulo: Malheiros, 2017, p. 240.

e 4º, CPC)[145] e outras, trouxe uma nova que é a possibilidade de realização de um calendário processual entre os sujeitos do processo (art. 191, CPC).

Imprescindível salientar, também, para fins de contextualização, que a celebração de convenções (negócios) processuais pelo Ministério Público (principal legitimado coletivo para as ações coletivas) foi recomendada pela Resolução 118 do Conselho Nacional do Ministério Público. As convenções processuais foram indicadas como forma de realização de autocomposição (arts. 15, 16 e 17 da Resolução). Esta regulamentação demonstra a releitura que o CNMP passou a fazer sobre a atuação do MP nos processos coletivos. Tais convenções referidas na resolução poderão ser celebradas tanto no momento extraprocessual (antes do início da relação jurídica processual), quanto no processual (após a judicialização). Vale mencionar, por fim, que o CNMP editou a Resolução 179 regulamentando alguns aspectos materiais e procedimentais referentes ao Termo de Ajustamento de Conduta afirmando tratar-se de negócio jurídico (art. 1º) e que pode ser celebrado na seara da improbidade administrativa (art. 1º, § 2º). No mesmo sentido, pode ser mencionado o art. 17-B, da LIA que preconiza a possibilidade de celebração de acordo de não persecução cível.

Há certa resistência de uma forma geral para a utilização das convenções processuais em processo civil, principalmente quando se trata de direito transindividual. Tal resistência, fulcrada, mormente na argumentação de que o instrumento versa sobre instituto do direito privado e que os processos coletivos não comportam tal atuar, merece mais detida reflexão e mudança. Não há mais sentido manter a ideia de que não existe interface entre os ramos do direito privado e público.

Outro ponto de intensa resistência é a indisponibilidade dos direitos transindividuais que, por certo, vedaria a possibilidade de realização de negócio jurídico processual na seara do processo coletivo. Não podemos concordar com tal premissa, pois há clara confusão entre a disponibilidade do direito material (negócio jurídico de direito material) e a celebração de uma convenção sobre os aspectos processuais (negócio jurídico processual).[146] Neste último caso, a celebração da convenção processual, que fica adstrita aos ônus, deveres, direitos e faculdades processuais, não ensejará a renúncia ou outra forma de disposição do direito material. A indisponi-

---

145. "Ademais, não há obstáculo algum à aplicação da regra geral do Código de Processo Civil/2015 aos processos relacionados ao direito do consumidor ou, mais diretamente àquilo que interessa ao presente estudo, ao processo coletivo. Está claramente assentado na compreensão dos parâmetros normativos aplicáveis ao processo coletivo que, nada obstante a existência de regras próprias, que configuram verdadeiro sistema próprio de tutela, o Código de Processo Civil se aplica subsidiariamente às ações coletivas. Mostra-se razoável concluir que nas ações coletivas se aplica, em princípio, a disciplina do art. 6º, VIII, do CDC, pelos motivos anteriormente expostos. Quando não for cabível a aplicação do Código de Defesa do Consumidor, poderá, em caráter subsidiário, ser aplicado o disposto no art. 373, § 1º, do CPC/2015." LEONEL, Ricardo de Barros. Manual do Processo Coletivo. 4ª ed., revista, ampliada e atualizada de acordo com o CPC/2015. São Paulo: Malheiros, 2017, p. 241.
146. No mesmo sentido, podemos destacar o Enunciado 135 do Fórum Permanente de Processualistas Civis que preconiza o seguinte: "a indisponibilidade do direito material não impede, por si só, a celebração de negócio jurídico processual."

bilidade do direito material não gera, necessariamente, a indisponibilidade sobre as situações jurídicas processuais e procedimentos.

A mera indisponibilidade do direito material ou o fato do direito material não admitir autocomposição (vide art. 190, CPC) não poderá, portanto, servir de óbice para a realização do negócio jurídico processual.[147] A cláusula genérica (art. 190, CPC) que permite a realização de negócios jurídicos processuais não exige que o direito seja disponível, mas que admita autocomposição e é inegável a possibilidade de realização de autocomposição na seara do processo coletivo, pois o próprio ordenamento permite a celebração de termo de ajustamento de conduta (art. 5º, § 6º, LACP), acordo de leniência (art. 16, LAC e art. 86, LDC) e compromisso de cessação (art. 85, LDC).

Por fim, a celebração de uma convenção processual poderá, em última análise, reforçar a proteção processual de um direito transindividual, mantendo, com isso, a higidez do cerne do direito e, portanto, respeitando o princípio da máxima efetividade da tutela coletiva, ou seja, o resultado mais adequado e efetivo da demanda coletiva (art. 83, CDC). Esta celebração será útil, por exemplo, para os casos de grande repercussão e complexidade para fins de fixação da competência adequada, convenção sobre a distribuição do ônus da prova, utilização de técnicas processuais diferenciadas etc.[148]

---

147. *"(...) não deve ser excluída a possibilidade de sua utilização no campo do processo coletivo. Note-se que a cláusula contida no art. 190 do CPC/2015 não exige como condição à sua realização que o direito seja disponível, mas, sim, que admita autocomposição. Os direitos coletivos admitem autocomposição. O compromisso de ajustamento de conduta (art. 5º, § 6º, da Lei 7.347/1985) é um caso de autocomposição, com submissão do obrigado, ajustando seu comportamento às exigências legais, convencionando as partes relativamente aos prazos e à forma ou modo de cumprimento da obrigação. Assim, não deve ser descartada, sem mais, a viabilidade de negócios jurídico-processuais, até mesmo em compromisso de ajustamento de conduta (formado durante ou ao final do inquérito civil, por exemplo), em que venha a ser convencionada alguma modificação no procedimento judicial, nos deveres processuais das partes ou, mesmo, em relação aos ônus probatórios, na hipótese de ajuizamento de ação coletiva."* LEONEL, Ricardo de Barros. *Manual do Processo Coletivo.* 4ª ed., revista, ampliada e atualizada de acordo com o CPC/2015. São Paulo: Malheiros, 2017, p. 250. No mesmo sentido: *"Parece-nos evidente que há negociação nas ações coletivas no que tange ao modo e ao tempo da reparação do dano coletivo, sempre com vistas à máxima efetividade da tutela destes interesses. Nesse sentido, ainda que indisponíveis em algum grau, este dado não impede a negociação."* CABRAL, Antonio do Passo. *As convenções processuais e o termo de ajustamento de conduta.* In: DIDIER JUNIOR, Fredie (coord.). *Ministério Público. Coleção Repercussões do Novo CPC.* Salvador: Juspodivm, 2016, p. 230.

148. *"Por este motivo, a indisponibilidade sobre o direito material não leva necessariamente à indisponibilidade sobre as situações jurídicas processuais, até porque a convenção processual pode reforçar a proteção que o ordenamento jurídico atribui aos bens com algum grau de indisponibilidade. Imaginemos numa demanda em que figure um incapaz, ou numa ação coletiva: caso o MP ou outro legitimado extraordinário firme convenção processual para fixar um foro competente que seja mais eficiente para a colheita da prova ou que importe em maior proximidade geográfica com a comunidade lesada; ou um acordo para ampliar os prazos que possui para praticar atos do processo; ou uma convenção que amplie os meios de prova, ou que facilitem o acesso à justiça do incapaz. Enfim, os exemplos são inúmeros e mostram que, mesmo em processos com alguma indisponibilidade, são possíveis."* CABRAL, Antonio do Passo. *As convenções processuais e o termo de ajustamento de conduta.* In: DIDIER JUNIOR, Fredie (coord.). *Ministério Público. Coleção Repercussões do Novo CPC.* Salvador: Juspodivm, 2016, p. 231.

b) Possibilidade da celebração do acordo de colaboração premiada na seara da improbidade administrativa

O regime da consensualidade é plenamente aplicável aos fatos penalmente típicos praticados contra a Administração Pública, por meio do instituto da colaboração premiada que, aliás, prescinde da existência de uma ação penal pública em curso para a sua celebração (art. 4º da Lei 12.850/2013 – LAC). Os atos de improbidade administrativa podem ser derivados de fatos penalmente típicos quando lesivos à Administração Pública e a recíproca é plenamente verdadeira. Ao perceber tal relação, factível sustentar uma interpretação sistemática entre os dois regimes sancionatórios que permita uma interpenetração das normas.[149]

Nada obstante, é plenamente possível a celebração de acordo de leniência para atos de corrupção prejudiciais à Administração Pública, conforme preconizam os arts. 16 e 17, LAC. As leis anticorrupção e de improbidade administrativa fazem parte de um mesmo microssistema, razão pela qual haverá o devido diálogo de fontes. **Como podemos permitir a realização de acordos de leniência para atos de corrupção e não para os atos de improbidade administrativa?** Afirmar a impossibilidade acarretaria uma perniciosa desarmonia no sistema. Merece destaque, também, que a realização de acordo de leniência não configurará pressuposto processual negativo para a ação civil pública por ato de improbidade administrativa (art. 30, LAC). Assim, qual seria a vantagem em celebrar acordo de leniência se o celebrante poderá ser demandado por improbidade? Admitir a aplicação do regime de consensualidade permitirá a efetividade dos acordos de leniência.[150]

Há, entretanto, setor doutrinário[151] que sustenta a inaplicabilidade do instituto da colaboração premiada na seara da improbidade administrativa. Para esta tese

---

149. *"A relação entre ambos ficou clara na edição da MP 703/2015. Segundo o texto da medida provisória (embora discutível do ponto de vista constitucional, por gerar a revogação de uma norma processual por medida provisória), a celebração dos acordos de leniência impede que os entes celebrantes ajuízem ou prossigam com ações coletivas anticorrupção, ações de improbidade ou outras ações de natureza civil em face das empresas. E mais, havendo participação do Ministério Público, o acordo impedirá o ajuizamento e o prosseguimento de ações ajuizadas por qualquer legitimado (art. 16, §§11 e 12, Lei nº 12.846/2013). Mas é bom lembrar que a MP 703/2015acabou caducando em maio de 2016.Mas há ainda um argumento dogmático mais simples para defender a revogação do art. 17, § 1º, da Lei de Improbidade. O § 4º do art. 36 da Lei nº 13.140/2015(Lei da Mediação) expressamente admite a autocomposição em ação de improbidade administrativa: "§ 4º Nas hipóteses em que a matéria objeto do litígio esteja sendo discutida em ação de improbidade administrativa ou sobre ela haja decisão do Tribunal de Contas da União, a conciliação de que trata o caput dependerá da anuência expressa do juiz da causa ou do Ministro Relator"."* DIDIER JUNIOR, Fredie; BOMFIM, Daniela Santos. A&C. *Revista de Dir. Adm. Const.* Belo Horizonte, ano 17, n. 67, p. 105-120, jan./mar. 2017. DOI: 10.21056/aec.v17i67.475.

150. Em sentido diverso dos sustentamos no texto, podemos mencionar: *"O art. 17, § 1º, da Lei nº 8.429/92 veda, expressamente, "a transação, acordo ou conciliação" nas ações de improbidade (momento processual). Evidentemente, vedados também estarão tais negócios jurídicos no momento pré-processual, conclusão a que se deve chegar sob pena de esvaziamento da regra."* GARCIA, Emerson; ALVES, Rogério Pacheco. *Improbidade Administrativa.* 8ª ed. São Paulo: Saraiva, 2017, p. 905.

151. GARCIA, Emerson; ALVES, Rogério Pacheco. *Improbidade Administrativa.* 9ª ed. São Paulo: Saraiva, 2017, p. 915.

CAPÍTULO 6 • REFLEXOS DO NOVO CÓDIGO DE PROCESSO CIVIL NOS PROCESSOS COLETIVOS

doutrinária, o ordenamento jurídico impede a celebração de tal instituto com base nos seguintes fundamentos:

a) vedação expressa para a realização de acordo, conciliação e transação, conforme preconiza o art. 17, § 1º, LIA, pois tal norma alcança o instituto da colaboração premiada (tal argumento perde a sua razão de existir, pois tal regra foi expressamente revogada);

b) a independência relativa das instâncias civil, penal e administrativa (arts. 65, 66 e 386, I, IV e VI, CPP e 935, CC), que sugere que não haverá, ressalvados casos específicos, relação direta entre as esferas sancionatórias;

c) as sanções da lei de improbidade administrativa independem das demais civis, penais e administrativas previstas nas demais leis especiais (art. 12, LIA). Esta mesma doutrina sustenta a possibilidade de reflexos dos acordos de colaboração premiada na seara da improbidade administrativa, mormente como elemento de formação da convicção do magistrado quando usado como prova emprestada (art. 372, CPC). Nada obstante, admite a possibilidade de celebração, na seara da improbidade administrativa, do acordo de leniência previsto no art. 16, LAC.[152]

O STJ[153], devidamente instado a se manifestar sobre o tema fixou entendimento no sentido de que o acordo de colaboração premiada celebrado na seara penal não surte efeitos diretamente no âmbito da improbidade administrativa. Ao analisar a decisão, não me parece que o STJ vedou a celebração no âmbito da improbidade, mas a incidência direta sobre as suas sanções por acordo celebrado em seara diversa. Com o advento da Lei 14.230/21, penso ser ainda mais fácil sustentar a comunicabilidade entre o acordo de colaboração premiada e a seara da improbidade administrativa, ante a relativização expressa da independência entre as instâncias penal e civil (art. 21, §4º, da LIA).

O STF, por seu turno, reconhecendo a repercussão geral do assunto, selecionou o tema: possibilidade de celebração do acordo de colaboração premiada na seara da improbidade administrativa (Tema 1043).

c) Possibilidade da celebração de acordo de não persecução cível

Com a edição da Lei 13.964/19 a discussão a respeito da possibilidade de realização de acordos na seara da improbidade administrativa, mormente quando o

---

152. *Mas a resposta parece ser positiva, em prol da celebração do acordo de leniência, se considerarmos que a nova Lei Anticorrupção passa a integrar o denominado microssistema processual de tutela coletiva da probidade administrativa, conclusão a que se chega a partir da redação de seu art. 21 ("Nas ações de responsabilização judicial, será adotado o rito previsto na Lei n. 7.347, de 24 de julho de 1985"). Ou seja, embora reste rígida a restrição contida no art. 17, § 1º, da LIA, a celebração do acordo de leniência será possível em razão da superveniência de norma especial autorizativa, que, como dito, compõe, atualmente, o microssistema de tutela coletiva do patrimônio público. Contudo, o acordo beneficiará apenas a pessoa jurídica, não o agente público, que responderá integralmente por sua conduta nos termos da Lei de Improbidade Administrativa." GARCIA, Emerson; ALVES, Rogério Pacheco. Improbidade Administrativa. 9ª ed. São Paulo: Saraiva, 2017, p. 900.*

153. "Os benefícios da colaboração premiada, previstos nas leis ns. 8.884/1994 e 9.807/1999, não são aplicáveis no âmbito da ação de improbidade administrativa." Resp 1.464.287-DF, Rel. Min. Mauro Campbell Marques, 2ª T., J. 10 mar. 2020.

instrumento for um negócio processual, perde um pouco do sentido, pois houve modificação na redação do art. 17, §1º, da LIA[154], permitindo a celebração de acordo de não persecução cível que, com o advento da Lei 14.230/21, tem a sua regulamentação no art. 17-B, da LIA.

O tema será abordado de forma específica em tópico próprio.

18. POSSIBILIDADE DA REALIZAÇÃO DA AUTOCOMPOSIÇÃO NOS PROCESSOS COLETIVOS

Aplicação da opção da realização da audiência de conciliação e mediação nos processos coletivos – análise dos arts. 319, VII e 334, § 4º, CPC/15.

Uma das mais significativas modificações advindas com o CPC/15 foi a adoção do regime da consensualidade como um dos principais vetores do exercício da tutela jurisdicional. Neste diapasão, merece destaque a inserção de uma fase de conciliação e mediação no procedimento, bem como a necessidade da parte autora, no bojo da inicial, e da parte ré, antes do oferecimento de contestação, manifestarem-se expressamente acerca da realização ou não desta etapa. Somente com a manifestação expressa de ambos (art. 334, § 4º, I, CPC) não será designada audiência de conciliação e mediação.

Esta etapa do procedimento também será realizada caso não seja admitida a autocomposição (art. 334, § 4º, II, CPC). A impossibilidade de autocomposição não pode ser conceitualmente confundida com a indisponibilidade do direito material. A autocomposição nada mais é do que a possibilidade de as partes buscarem, sem a interveniência de um terceiro (heterocomposição), a composição do litígio. Ora, a solução consensual do litígio não enseja, necessariamente, a disponibilidade do cerne do direito material subjacente, pois é plenamente possível realizar a autocomposição mantendo-se o direito material intacto.

Considerando que no processo coletivo, em regra, os direitos são indisponíveis, surge a necessidade de indagar-se acerca da possibilidade de realização desta etapa do procedimento.[155] Inicialmente, cumpre salientar a necessidade de manifestação expressa das partes sobre a realização da etapa, mormente o autor, pois tal manifestação decorre de regra expressa prevista no art. 319, VII, CPC sendo, portanto, requisito da inicial. Mesmo que o autor não deseje a realização desta etapa, precisará, ao menos, manifestar-se.

Neste contexto, vale mencionar a possibilidade jurídica da celebração de termo de ajustamento de conduta (art. 5, § 6º, LACP), que tem um viés claro de auto-

---

154. Importante ressaltar que há dois projetos de lei em curso no Congresso Nacional com o objetivo de alterar a Lei de Improbidade Administrativa, quais sejam Projeto de Lei 10887/18 (Câmara dos Deputados) e Projeto de Lei nº 3359/19 (Senado Federal) e em ambos há a previsão da celebração do acordo de não persecução cível.

155. Apesar do tópico referir-se expressamente sobre a possibilidade da realização da etapa procedimental, as premissas e conclusões que serão apresentadas valerão para qualquer ato de autocomposição no curso do procedimento.

CAPÍTULO 6 • REFLEXOS DO NOVO CÓDIGO DE PROCESSO CIVIL NOS PROCESSOS COLETIVOS

composição no plano extraprocessual e extrajudicial.[156] Ora, se não se questiona a possibilidade de celebração de termo de ajustamento de conduta, mesmo quando referente aos direitos transindividuais indisponíveis, por qual razão jurídica restaria vedada a possibilidade, no plano processual, da prática de tal ato?[157]

Não existe óbice apriorístico (não há vedação expressa nos procedimentos) para a realização desta etapa procedimental nos processos coletivos.

Com o advento de novas regras procedimentais, fica ainda mais fácil sustentar tal possibilidade:

i) art. 174, CPC (que permite a possibilidade de a Fazenda Pública participar de mediações quando ocorrerem conflitos administrativos);

ii) art. 36, § 4º da Lei 13.140/2015 (que permite a realização de mediação nos casos envolvendo a Fazenda Pública);

iii) arts. 16 e 17, LAC (que permitem a celebração de acordo de leniência quando houver a prática de atos de corrupção);

iv) art. 26, § 1º, LINDB (que permite a celebração de compromisso de ajustamento de conduta pela autoridade administrativa), por conseguinte plenamente possível a realização de conciliação e mediação na seara da improbidade administrativa;

v) Art. 17-B, da LIA (que permite a celebração do acordo de não persecução cível na seara da improbidade administrativa).

O objeto, contudo, deste regime de consensualidade não pode ser total, no sentido da isenção total da responsabilidade sancionatória, exceto se houver aspecto premial no bojo do ANPC ou celebração de acordo de colaboração premiada.

O regime de consenso pode versar sobre os aspectos ressarcitório (multa civil e ressarcimento ao erário), desconstitutivo (anulação do ato ou do contrato administrativo) e sancionatório (art. 12, da LIA).[158] Há quem sustente que as consequências jurídicas

---

156. Vale mencionar que o termo de ajustamento de conduta não é o único instrumento à disposição dos legitimados coletivos para a realização da autocomposição, pois existem: a) convenção coletiva de consumo (art. 107, CDC); b) convenção coletiva de trabalho (art. 611, CLT); c) compromisso de cessação (art. 85, LDC); e d) acordo ou programa de leniência (art. 16, LAC e art. 86, LDC). O Conselho Nacional do Ministério Público (CNMP) editou a Resolução 118 que regulamenta e recomenda a adoção pelo Ministério Público das convenções processuais como um dos instrumentos da autocomposição.

157. "*Ofenderia os princípios mais básicos de interpretação jurídica entender que os legitimados coletivos podem compor com os responsáveis fora do processo judicial, sem qualquer fiscalização, e não podem fazê-lo no curso da ação civil pública, em que a solução ficará sujeita à apreciação judicial, para homologação ou, no mínimo, análise da validade sob a perspectiva da perda do interesse processual na continuidade da ação, sujeitando-se, ainda, à fiscalização do Ministério Público se for o autor (art. 5º, § 1º, LACP).* GRAVRONSKI, Alexandre Amaral. Autocomposição no novo CPC e nas Ações Coletivas. In: ZANETI JR., Hermes (coord.). *Processo Coletivo.* Salvador: Juspodivm, 2016. Coleção Repercussões do Novo CPC, v.8, coordenador geral: Fredie Didier Jr.

158. "Finalmente, na dimensão ressarcitória/desconstitutiva da ação de improbidade, que é idêntica a qualquer ação civil pública ou ação popular, a autocomposição não apresenta qualquer problema. Especialmente se considerarmos que o CPC apresenta a possibilidade de homologação de autocomposição parcial (art. 354, par. único, CPC)." DIDIER JR., Fredie., BONFIM, Daniela Santos. A&C. Revista de Dir. Adm. Const. Belo

previstas no art. 12, LIA e art. 37, § 4º da CR/88 (proibição de recebimento de verbas públicas, proibição de contratação com o poder público, perda da função pública, suspensão dos direitos políticos e indisponibilidade de bens) não podem ser objeto de acordo, conciliação e transação, pois estão abrangidas pela cláusula de reserva de jurisdição.[159]

Com a edição da Lei 13.964/19 a discussão a respeito da possibilidade de realização de acordos na seara da improbidade administrativa, perde um pouco do sentido, pois o art. 6º da referida lei inseriu o art. 17, §10-A, na LIA.

Com esta nova redação, havendo a possibilidade de solução consensual[160], poderão as partes requerer ao juiz a interrupção do prazo para a contestação, por prazo não superior a 90 dias. Esta possibilidade de solução consensual, *de per si*, já afasta a tese da impossibilidade da realização de acordos, quando baseada exclusivamente na antiga (e já há revogada, em meu sentir) regra que os vedava.

Esta solução consensual referida na nova redação não pode ser confundida com o acordo de não persecução cível, apesar de não impeditivo. Ora, a ideia da solução consensual é a resolução do litígio por meio de uma autocomposição (art. 3º, §2º, CPC) que, após devidamente homologada pelo juiz (já houve o exercício judicial da pretensão), deverá ter por objeto o que restou efetivamente deduzido.

O acordo de não persecução cível tem o condão de evitar a judicialização da questão, mas duas situações podem ocorrer: i) o acordo de não persecução foi parcial; ii) o acordo de não persecução descumprido pelo convenente ensejará a judicialização da questão; iii) acordo de não persecução subjetivamente mais restrito. Portanto, podem coexistir em um mesmo caso concreto o acordo de não persecução cível e a solução consensual.

Horizonte, ano 17, n. 67, p. 105-120, jan./mar. 2017. DOI: 10.21056/aec.v17i67.475. No mesmo sentido, vale citar: "Na ação de improbidade administrativa ocorre exatamente o mesmo com relação à reparação dos danos causados ao patrimônio público e à perda dos bens ou valores acrescidos ilicitamente ao patrimônio do agente ímprobo. O que o art. 17, § 1º, da Lei 8.429/1992 não admitia era qualquer espécie de transação que tivesse como objeto as penas de natureza político administrativas previstas pelo art. 12 da Lei 8.429/92, não se permitindo qualquer espécie de transação no tocante à perda da função pública, suspensão dos direitos políticos, pagamento de multa civil e proibição de contratar com o Poder Público, ou receber benefícios ou incentivos fiscais ou creditícios." NEVES, Daniel Assumpção Amorim. *Manual do Processo Coletivo*. 3ª ed. Salvador: Juspodivm, 2017, p. 400.

159. Nada obstante, é factível sustentar a possibilidade de o autor do ato de improbidade administrativa assumir, por meio do consenso, o compromisso de não concorrer a cargos eletivos pelo prazo previsto na lei de improbidade administrativa, pois não haveria cerceamento de um direito fundamental, mas de parcela do seu exercício.

160. *"Sendo a ação de improbidade uma espécie de ação coletiva, devemos recordar que há muito tempo existem possibilidades legais de disposição sobre os direitos coletivos, todas estabelecendo uma margem de negociação, sendo exemplo o termo de ajustamento de conduta (previsto no art. 5º, §6º da Lei nº 7.347/1985), o termo de compromisso (art. 11, §5º da Lei nº 6.385/76; art. 14 da Lei nº 13.506/2017), o acordo de leniência (art. 86 da Lei nº 12.529/2011; art. 16 e 17 da Lei nº 12.846/2013), o compromisso de cessação (art. 85 da Lei nº 12.529/2011), os acordos administrativos em processo de supervisão conduzidos pelo BACEN (art. 30 da Lei nº 13.506/2017) e o compromisso de certificação do art. 26 da Lei de Introdução às Normas do Direito Brasileiro, inserido pela Lei 13.655/2018."* (CABRAL, Antonio do Passo. *Pactum de non petendo: a promessa de não processar no direito brasileiro*. Texto publicado no Grupo de Pesquisa: Transformações nas Estruturas Fundamentais do Processo. ProcNet: Rede Internacional de Pesquisa sobre Justiça Civil e Processo Contemporâneo, 2020, *p. 18*)

CAPÍTULO 6 • REFLEXOS DO NOVO CÓDIGO DE PROCESSO CIVIL NOS PROCESSOS COLETIVOS

Na primeira hipótese supra, se a demanda for proposta para abranger o objeto não contemplado pelo acordo de não persecução, poderão os sujeitos buscar uma solução consensual na forma da lei.

Na segunda hipótese, na qual a demanda foi proposta porque o convenente não respeitou os termos do acordo, não vejo óbice para a obtenção da solução consensual da contenda, mas para a celebração de novo acordo de não persecução.

Na terceira hipótese, de mais fácil solução, o acordo de não persecução abrangeu somente parcela dos investigados, portanto, os demais que forem devidamente processados não perdem o direito de obter uma solução consensual no bojo das suas demandas.

A alteração, muito bem-vinda, registre-se, está totalmente alinhada à nova roupagem das demandas judiciais, inclusive com aquelas que versam sobre interesse público.

Na redação do art. 17, §10-A, da LIA, o legislador, ao regulamentar o tema, fixou a necessidade de requerimento das partes com a consequente interrupção do prazo para a contestação.

Ora, somente poderá sofrer interrupção prazo que esteja em curso e, portanto, somente poderia ser formulado tal requerimento no curso do prazo para a contestação.

A nova redação não pode ser interpretada no sentido de limitação procedimental para a obtenção da solução consensual, ou seja, na forma como encontra-se redigida a norma parece que somente poderá ser requerida tal solução no momento processual da contestação.

Nada mais equivocado, pois as partes poderão, em qualquer momento processual, obter a solução consensual do litígio (art. 139, V, CPC) e o juiz poderá dilatar os prazos processuais (art. 139, VI e pu, CPC c/c 7º, §2º, IV, LAP).

Outro ponto que deve ser enfrentado é o cotejo entre a autocomposição e o regime jurídico *in utilibus* do processo coletivo. Fixada a premissa da possibilidade da autocomposição nos processos coletivos, deve ser fixada a conclusão de que o resultado da solução consensual não pode prejudicar a eventual tutela jurisdicional individual, ou seja, não pode ser empecilho para que os indivíduos (nos casos, principalmente, de direito individuais homogêneos) possam promover as suas próprias demandas. Entendo ser imprescindível constar tal advertência nos termos da autocomposição, com base nos princípios da transparência, boa-fé objetiva e cooperação (arts. 5º e 6º, CPC). Ademais, a autocomposição não poderá ensejar a disponibilidade do direito material, pois pertencente aos membros da coletividade e não ao legitimado coletivo. É plenamente possível, diga-se, a realização da autocomposição sem a disposição do direito material subjacente, até porque não se trata de uma transação tal como a que existe no direito civil (art. 840, CC).[161]

---

161. *"A negociação em tutela coletiva se volta, sempre, para a definição da interpretação do direito no caso concreto e das condições necessárias a sua efetividade, isto é, versará sobre a respectiva concretização (objeto do próximo tópico), e resultará, sempre, um negócio jurídico sui generis, marcado pela nota da indisponibilidade dos direitos pelos legitimados coletivos, e não uma transação."* GRAVRONSKI, Alexandre Amaral. Autocomposição no

O objeto da autocomposição na tutela coletiva não será o afastamento das normas jurídicas que instituem obrigações ou a renúncia ao direito material, mas a especificação das condições de modo, tempo e local para a implementação dos direitos transindividuais que visa a tutelar, ou seja, somente os aspectos periféricos ou secundários, jamais o cerne do direito material.[162] Pode ainda ter por objeto a definição da interpretação de conceitos jurídicos indeterminados ou até mesmo a dimensão da aplicação prática de determinado princípio jurídico ou regra jurídica positivada.

O STJ já reconheceu a possibilidade de realização de autocomposição durante o curso de um processo coletivo.[163] Vale mencionar, também, que o STJ permite a celebração do ANPC na seara recursal.[164]

19. APLICAÇÃO DO PROCEDIMENTO COMUM (ART. 318, CPC/15) AOS PROCESSOS COLETIVOS

19.1. Análise dos arts. 105-A da Lei 9.504/1997 e 21 da Lei 12.846/13

Um dos temas de grande repercussão nos processos coletivos é sempre a indicação/utilização do procedimento adequado. O CPC/15, seguindo a linha do neoprocessualismo, adotou o princípio do procedimento único, qual seja, o comum (art. 318, CPC). Com a adoção do procedimento único, foi extinta a dicotomia que havia

---

novo CPC e nas Ações Coletivas. In: ZANETI JR., Hermes (coord.). *Processo Coletivo*. Salvador: Juspodivm, 2016. Coleção Repercussões do Novo CPC, v.8, coordenador geral: Fredie Didier Jr. No mesmo sentido, podemos mencionar: *"Na tutela coletiva a transação não tem como objeto o direito material, mas sim as formas de exercício desse direito, tais como os modos e momentos de cumprimento da obrigação. O direito ao meio ambiente saudável é irrenunciável, mas são, por exemplo, variadas as maneiras de se restaurar uma área degradada, sendo justamente sobre essas maneiras de tutelas do meio ambiente saudável que recairá a transação."* NEVES, Daniel Assumpção Amorim. *Manual do Processo Coletivo*. 3ª ed. Salvador: Juspodivm, 2017.

162. *"E esta possibilidade parece-nos ainda mais evidente depois da edição da Lei Anticorrupção (lei nº 12.846/2013), que, em seus arts. 16 e 17, prevê a celebração de acordos de leniência com os infratores que praticaram o ato ilícito. A toda evidência, o âmbito de aplicação da Lei nº 12.846/2013 tem interseção com a da Lei nº 8.429/92. A corregulação dos atos de improbidade decorrentes de corrupção denota, ainda uma vez, a clara opção do legislador brasileiro por permitir acordos em matéria de improbidade administrativa. Ambas as leis possuem esferas de aplicação autônomas, como afirma o art. 30 da Lei nº 12.846/13, mas suas sanções podem ser cumuladas. Além do mais, pelos arts. 3º e 6º da Lei nº 8.429/92, os beneficiários dos atos de improbidade podem ser atingidos; e estes podem ser pessoas jurídicas".* CABRAL, Antonio do Passo. As convenções processuais e o termo de ajustamento de conduta. In: DIDIER JÚNIOR, Fredie (coord. geral). *Ministério Público. Coleção Repercussões do Novo CPC*. Salvador: Juspodivm, 2016. GOMES JR., Luiz Manoel; FAVRETO, Rogério. In GAJARDONI, Fernando da Fonseca et al. (org.). *Comentários à Lei de Improbidade Administrativa*. 3ª ed. São Paulo: Revista dos Tribunais, 2012, p. 317 ss. FIDALGO, Carolina Barros; CANETTI, Rafaela Coutinho. Os acordos de leniência da Lei de Combate à Corrupção. In: SOUZA, Jorge Munhos; QUEIROZ, Ronaldo Pinheiro de. *Lei Anticorrupção*. Salvador: Juspodivm, 2015, p. 263 e ss. No mesmo sentido, podemos citar: GRAVRONSKI, Alexandre Amaral. Autocomposição no novo CPC e nas Ações Coletivas. In: ZANETI JR., Hermes (coord.). *Processo Coletivo*. Salvador: Juspodivm, 2016. Coleção Repercussões do Novo CPC, v.8, coordenador geral: Fredie Didier Jr.; RODRIGUES, Geisa de Assis. *Ação Civil Pública e Termo de Ajustamento de Conduta: teoria e prática*. 2ª ed. Rio de Janeiro: Forense, 2006. AKAOUI, Fernando Reverendo Vidal. *Compromisso de Ajustamento de Conduta Ambiental*. São Paulo: Revista dos Tribunais, 2003.

163. REsp: 299400/RJ, Rel. Min. Francisco Peçanha Martins, j. 01 jun. 2006, 2ª T, DJe 02 ago. 2006.

164. AResp 1.314.581/SP, Rel. Min. Benedito Gonçalves, 1ª T., J. 23 fev. 2021.

CAPÍTULO 6 • REFLEXOS DO NOVO CÓDIGO DE PROCESSO CIVIL NOS PROCESSOS COLETIVOS **181**

no CPC/73 entre os procedimentos ordinário e sumário, espécies do procedimento comum.[165]

Apesar da adoção deste procedimento único, não há que se falar em rigidez procedimental, mas sim de flexibilidade, que permite a adaptação da regra procedimental às especificidades do caso concreto (construção da ação mais adequada ao caso concreto), conforme arts. 139, VI e 329, § 2º, CPC.

O CPC/15 modificou e revogou alguns procedimentos especiais que estavam delineados no corpo do CPC/73, bem como alguns que constavam em leis extravagantes, mas não teve o condão de atingir os procedimentos previstos para os processos coletivos.

Assim, podemos concluir pela manutenção dos procedimentos especiais previstos para a regulamentação dos processos coletivos, quando existentes, tais como a Lei de Ação Popular (Lei 4.717/1965), Lei do Mandado de Segurança (Lei 12.016/2009), Lei do Mandado de Injunção (Lei 13.300/2016) e Lei de Improbidade Administrativa (Lei 8.429/1992). Nestas leis especiais citadas, só há peculiaridades procedimentais exclusivas no art. 7º, I da LMS e art. 17 e §§ da LIA. Nas demais leis especiais dos processos coletivos, há, quando muito, prazos diferentes (art. 7º, § 2º, IV da LAP).[166]

O grande problema a ser enfrentado reside na LACP, por não fixar qualquer tipo de procedimento/rito. Apesar desta omissão legal, há normas jurídicas que fazem remissões expressas no sentido da aplicação do procedimento previsto na LACP. Podemos apontar como exemplos os arts. 105-A da Lei 9504/1997[167] e 21 da LAC.[168]

19.2. Ação Civil Pública em matéria eleitoral

A primeira lei preconiza a inaplicabilidade dos procedimentos previstos na LACP. Trata-se de uma regra ineficaz, pois não há procedimento previsto na LACP. Poder-se-ia, diante da redação da norma, afirmar a inaplicabilidade do ajuizamento de Ação Civil Pública em matéria eleitoral. De fato, parece ter sido esta a intenção de legislador, mas há que se atentar para a adstrição da norma em comento. A vedação, caso entenda pela sua existência, somente poderá atingir a ação civil pública, restando a possibilidade jurídica para o manejo das demais demandas coletivas, inclusive a de improbidade administrativa. Vale dizer que a vedação prevista não impede a eventual instauração de inquérito civil para investigar fatos relativos aos direitos transindividuais, porque se

---

165. Importante destacar a possibilidade de aplicação das normas do procedimento sumário previstas no CPC/73 de forma ultrativa, conforme preconiza o art. 1046, § 1º, CPC/15.

166. Impende destacar, por fim, que a própria lei de ação popular preconiza a aplicabilidade do procedimento ordinário delineado nos CPCs de 39 e 73, desde que observadas as regras específicas do art. 7º. Ora, com a devida atualização, considerando que o procedimento ordinário deixou de existir, deve ser aplicado procedimento comum previsto a partir do art. 318, CPC/15, de forma subsidiária, tal como determinado no art. 318, parágrafo único, do mesmo diploma legal.

167. Art. 105-A. Em matéria eleitoral, não são aplicáveis os procedimentos previstos na Lei nº 7.347, de 24 de julho de 1985. (Artigo acrescido pela Lei nº 12.034, de 29/9/2009).

168. Art. 21. Nas ações de responsabilização judicial, será adotado o rito previsto na Lei nº 7.347, de 24 de julho de 1985.

trata de um procedimento administrativo que não é exclusivamente base para ajuizamento de ação civil pública; não haverá, também, óbice para a celebração de termo de ajustamento de conduta (art. 5°, § 6°, LACP), pois, além de não ter a natureza jurídica de procedimento, não se trata de instrumento exclusivo da LACP.[169]

Ao que parece, o legislador intentou vedar a utilização do Inquérito Civil, cuja natureza jurídica é de procedimento administrativo, na seara eleitoral.[170] Tal instrumento, ao contrário do que pensou o nobre legislador, não é de aplicação exclusiva às ações civis públicas, pois pode servir de substrato para qualquer instrumento (judicial ou extrajudicial) da tutela coletiva, inclusive das ações eleitorais (impugnação de mandato eletivo, captação ilícita de sufrágio e investigação judicial eleitoral) que são, a rigor, ações coletivas, mas não ações civis públicas.

Qualquer que tenha sido a intenção do legislador, trata-se de equivocada (para se dizer o mínimo!) opção, pois não há substrato jurídico para retirar da esfera da tutela jurisdicional, mediante atuação do Ministério Público, a defesa da higidez do processo eleitoral, da legitimidade das eleições, da normalidade, paridade de oportunidades, moralidade e probidade na seara eleitoral. Trata-se, por óbvio de direito difuso pertencente à coletividade.

Esta vedação prevista no art. 105-A, Lei 9.504/1997, portanto, é inconstitucional com base nos seguintes argumentos:

a) retira a efetividade da tutela jurisdicional coletiva na seara eleitoral (art. 5°, LIV, CR/88);

b) viola o princípio do acesso à justiça (art. 5°, XXXV, CR/88);

c) retira do MP uma de suas funções institucionais que é a tutela jurídica da ordem jurídica e do regime democrático por meio da instauração de inquérito civil e propositura de ACP (arts. 127 e 129, III, CR/88);

---

169. Assim se pronunciou o Tribunal Superior Eleitoral: "*a declaração de ilicitude somente porque obtidas as provas em inquérito civil significa blindar da apreciação da Justiça Eleitoral condutas em desacordo com a legislação de regência e impossibilitar o Ministério Público de exercer o seu munus constitucional, o inquérito não se restringe à ação civil pública, tratando-se de procedimento administrativo por excelência do Parquet e que pode embasar outras ações judiciais.*" Ac. TSE, de 8. 9. 2015, no Resp 54588. Em sentido contrário, merece destaque precedente mais antigo da mesma corte: "Representação eleitoral. Descumprimento de termo de ajustamento de conduta. 1. A realização de termos de ajustamento de conduta previstos no art. 5°, § 6°, da Lei n° 7.347/85 não é admitida para regular atos e comportamentos durante a campanha eleitoral, consoante dispõe o art. 105-A da Lei n° 9.504/97. (...) Recurso especial parcialmente provido para extinguir, sem julgamento do mérito, a representação, desprovido o pedido de reconhecimento de litigância de má-fé." Rio de Janeiro, V. 1 N. 1, Maio/Agosto 2015, pp. 261-269 (TSE – REspe n° 322-31/RN – Rel. Min. Henrique Neves da Silva – j. em 08.05.2014 – v.u. – DJE, de 30.05.2014).

170. O atual 105-A sequer constava do projeto original, mas decorreu de emenda de autoria do Deputado Bonifácio Andrada (Emenda de Plenário 57, da Câmara dos Deputados). Na justificativa, o nobre Deputado assim ponderou: "*O processo eleitoral é específico e precisa ser devidamente regulamentado e não pode ser alterado na prática do dia a dia, quer por parte do Juiz Eleitoral, quer por parte do Membro do Ministério Público. São comuns ocorrências em que o Ministério Público instala sindicâncias seguindo os procedimentos que se prevê a Lei da Ação Civil Pública ou certos tipos de inquéritos que na realidade representam providencias (sic) ilegais e com graves repercussões no processo político eleitoral, mesmo que estes inquéritos não resultem em apuração de qualquer infração. Só o fato de se instalar uma sindicância contra um candidato já constitui uma providencia (sic) que atingi (sic) de uma forma muito expressiva sua campanha eleitoral.*"

CAPÍTULO 6 • REFLEXOS DO NOVO CÓDIGO DE PROCESSO CIVIL NOS PROCESSOS COLETIVOS

d) aplicação do conceito único de garantias constitucionais para abranger as garantias institucionais, como se destacam as relativas ao MP;[171]

e) violação da cláusula pétrea (art. 60, § 4º, CR/88), ao considerar o inquérito civil e ação civil pública como tais, apesar de não estarem dispostos no rol do art. 5º, CR/88;[172]

f) violação aos princípios da moralidade, da probidade e da coibição ao abuso do poder político e econômico (art. 14, § 9º, CR/88), por meio da utilização do princípio da proteção deficiente.[173]

---

171. *"No mundo jurídico latino-americano, pelo menos entre nós no Brasil, parece haver uma inclinação a subsumir as garantias institucionais na larga esfera ou universo das garantias constitucionais, não se fazendo, por conseguinte, cabedal de um tratamento autônomo ou admissão de que estamos em presença de uma classe de garantias inteiramente nova. Em razão disso poder-se-ia talvez redefinir a garantia constitucional com toda a largueza possível, tendo em conta também a dilação de seu conteúdo, a par das variações valorativas que lhe têm sido impostas pela natureza do Estado Social, visto que este subtraiu de referidas garantias o caráter estritamente individualista. Nesse caso faz-se mister acolher o alargamento conceitual da garantia constitucional a fim de que nela se possam encaixar também as garantias institucionais, formando ambas um conceito único e conjugado. Chegamos, portando, à seguinte conclusão: a garantia constitucional é uma garantia que disciplina e tutela o exercício dos direitos fundamentais, ao mesmo passo que rege, com proteção adequada, nos limites da Constituição, o funcionamento de todas as instituições existentes no Estado."* BONAVIDES, Paulo. *Curso de direito constitucional.* 20ª ed. São Paulo: Malheiros, 2007.

172. *"No entanto, segundo a doutrina, a expressão direitos e garantias individuais exprime os limites teóricos, históricos e específicos traçados para traduzir na essência o pensamento da Escola Liberal e sua versão do positivismo jurídico. É preciso outorgar-lhes o mesmo grau de reconhecimento, em termos de aplicabilidade, já conferido aos que formam o tecido das construções subjetivistas onde se teve sempre por meta estruturar a normatividade constitucional dos direitos e garantias individuais (Bonavides, 2007, p. 638). Além disso, só é possível atingir o verdadeiro sentido da Constituição, por meio de uma hermenêutica constitucional dos Direitos e Garantias Fundamentais em harmonia com os postulados do Estado Social e Democrático de Direito, tornando-se inconstitucional qualquer interpretação restritiva da expressão direitos e garantias individuais, que não pode servir de argumento para a exclusão dos direitos sociais e dos coletivos da proteção da cláusula pétrea. Pelo exposto, a elevação do inquérito civil e da ação civil pública ao plano constitucional e sua afirmação como garantia institucional do Ministério Público na proteção dos interesses metaindividuais leva à conclusão de que tais institutos consistem em verdadeira cláusula pétrea, embora não previstos expressamente no art. 5º da Constituição Federal de 1988."* BONAVIDES, Paulo. *Curso de direito constitucional.* 20ª ed. São Paulo: Malheiros, 2007. GUIMARÃES, Marla Marcon Andrade. A vedação dos procedimentos da ACP em matéria eleitoral e as garantias do Ministério Público. *Boletim Científico ESMPU,* Brasília, a. 12 – n. 41, p.135-153– jul./dez. 2013

173. No mesmo sentido do texto, vale mencionar as seguintes lições: *"Analisando a Constituição Federal, que dispôs expressamente acerca da Ação Civil pública, entendemos que a voluntas legislatoris não é suficiente para justificar a norma restritiva, nos moldes em que se deu. Ora, não é porque a Ação Civil Pública e o Inquérito Civil são utilizados de forma abusiva, que se justifica a supressão do instituto no campo eleitoral. Imagine-se o caso em que um candidato, valendo-se do cargo de agente público lese o patrimônio público, cuja conduta se enquadra, ao mesmo tempo, como abuso de poder político e econômico – captação ilícita de sufrágio, mediante distribuição de benefícios financiados com recurso público. A norma infraconstitucional específica disciplinando o tema não faz qualquer restrição. Via interpretação sistemática, verifica-se que a norma está em dissonância com o postulado constitucional que propõe o combate à improbidade administrativa e a proteção do patrimônio público e social, dos quais a lisura do pleito é correlato. A Constituição Federal consagra os princípios da moralidade, da probidade, o princípio democrático e a coibição ao abuso do poder político e econômico. A redação do art. 105-A, Lei 9.504/97, vai totalmente de encontro a tais desideratos. Trata-se de norma incompatível com a Carta Mãe e, portanto, inconstitucional."* GOMES, José Jairo. *Direito Eleitoral.* 8ª ed. rev. atual e ampl. São Paulo: Atlas, 2012.

Por fim, não é juridicamente possível a criação de normas e/ou a interpretação restritiva às garantias institucionais do MP, para servirem de barreira à eficácia social da atuação da instituição na seara eleitoral, em salvaguarda de interesse individual de candidato.

O TSE, devidamente instado a se manifestar sobre o tema, reconheceu a inconstitucionalidade da norma do art. 105-A, Lei 9.504/1997, permitindo o uso do inquérito civil e o manejo da ação civil pública em matéria eleitoral.[174]

O Supremo Tribunal Federal, por seu turno, também se manifestou, em *obter dictum*, sobre o tema, em sede de recurso extraordinário.[175] Impende salientar, entretanto, que há uma Ação Direta de Inconstitucionalidade (ADI 4352) ainda em processamento sobre o tema.[176]

Ainda que se entenda pela constitucionalidade da referida norma, ela não merece surtir os seus efeitos, pois viola frontalmente o microssistema da tutela coletiva da higidez da probidade administrativa (seara eleitoral). Tal objeto pode ser tutelado por ação civil pública (art. 5º, VIII, LACP), pela ação civil pública por ato de improbidade administrativa (art. 17, LIA) ou até mesmo por meio de ação popular (art. 1º, LXIII, CR/88 c/c art. 1º, LAP e art. 1º, LACP).

19.3. Ação Civil de Responsabilização Judicial da Lei Anticorrupção

A segunda lei preconiza, por sua vez, a aplicabilidade do rito previsto na LACP aos procedimentos decorrentes do ajuizamento da ação civil de responsabilização judicial por atos de corrupção. Trata-se de mais uma norma ineficaz, na medida em que, repita-se, não há qualquer procedimento/rito previsto na LACP a ser aplicado.

Estas normas da Lei 9.504/1997 e da LAC são integrantes do microssistema da tutela coletiva e, portanto, podem ser utilizadas para unir eventuais omissões nas leis específicas.

Considerando que a referência ao procedimento da LACP é totalmente inútil, forçoso concluir que devemos buscar no CPC/15 a solução para o caso, pois as demais normas procedimentais ínsitas no microssistema da tutela coletiva são por demais especiais e não devem ser utilizadas em matéria eleitoral e na ação de responsabilização por ato de corrupção.

---

174. REspe – Recurso Especial Eleitoral 54588 – Santa Cruz Do Escalvado/MG, Rel. Min. João Otávio de Noronha, em 08.09.2015, DJE de 04.11.2015; AgR-REspe – Agravo Regimental em Recurso Especial Eleitoral nº 129055 – Teresina/PI, Rel. Min Antônio Herman de Vasconcellos e Benjamin, em 23.08.2016, DJE 30.09.2016.
175. RO 304.124, Relator o Ministro Gilmar Mendes, DJe 24.6.2015. Nesse sentido, tem se firmado a jurisprudência do Tribunal Superior Eleitoral, considerada a circunstância de não ter sido declarada, na origem, a inelegibilidade de qualquer das partes: Respe n. 468679, Rel. Min. Luiz Fux, DJe 26.6.2015; AgR-REspe n. 35.683/AM, Relator o Ministro Dias Toffoli, julgado em 12.9.2013; AgR-REspe n. 958697009/CE, Rel. Min. Laurita Vaz, DJe de 21.08.2013. RE 839102, Rel. Min. Cármen Lúcia, j. 07.08.2015, DJe 13.08.2015.
176. ADI 4352 MC, Rel. Min. Luiz Fux, j. 01.02.2013, Dje 07.02.2013.

CAPÍTULO 6 • REFLEXOS DO NOVO CÓDIGO DE PROCESSO CIVIL NOS PROCESSOS COLETIVOS **185**

Assim, entendemos pela aplicação do procedimento comum previsto a partir do art. 318, CPC às ações que versarem sobre as matérias delineadas nestas leis,[177] bem como pela possibilidade jurídica do manejo de Ação Civil Pública em matéria eleitoral, inclusive veiculando como causa de pedir a prática de ato de improbidade administrativa.[178]

Considerando, por fim, que o CPC/15 é parte integrante do microssistema da tutela e tem aplicabilidade direta nos processos coletivos, poder-se-á, com segurança, afirmar a possibilidade da utilização do procedimento comum (art. 318, CPC) aos processos coletivos.[179]

19.4. Procedimento Comum do CPC na Ação por Improbidade Administrativa: Aplica-se realmente o procedimento comum previsto no CPC?

A regra prevista no art. 17, da LIA expressamente determina a aplicação do procedimento comum na ação por improbidade administrativa. Com efeito, a nova lei realmente afastou a principal especialidade do procedimento antigo, que era a necessidade de uma fase de defesa prévia ou preliminar, mas não, em meu sentir, como sustentar que o novo procedimento fixado na LIA é o comum, pois há diversas peculiaridades procedimentais que afastam tal premissa, a saber:

i) Inexistência de etapa procedimental para a realização da audiência de conciliação ou mediação, conforme previsto no art. 334, do CPC, mas que não pode ser interpretada como sendo vedado;

ii) Limitação do litisconsórcio facultativo por motivo diverso do previsto no art. 133, do CPC;

iii) Fase procedimental da réplica de forma diversa da prevista no art. 350, do CPC;

iv) Previsão de interrogatório do réu em forma diversa da prevista no art. 319, VIII, do CPC;

v) Previsão de prazo de resposta diverso daquele previsto no art. 334, do CPC;

vi) Previsão de conversão da ação por improbidade administrativa em ação civil pública;

---

177. Em sentido contrário, vale mencionar: *"Por este art. 105-A, o legislador veda a aplicação do rito procedimental nela constante em matéria eleitoral. Isso significa que os feitos eleitorais, de natureza extrapenal ou criminal, a serem aforados em juízo eleitoral, serão processados, exclusivamente, por ritos constantes da própria lei eleitoral e nenhum outro."* CANDIDO, Joel José. *Direito Eleitoral Brasileiro*. 14ª ed. São Paulo: Edipro, 2010, p. 688.

178. No mesmo sentido, podemos citar os seguintes precedentes do STJ que permitiram o manejo de ACP: CC: 10903/RJ, Rel. Min. Milton Luiz Pereira, j. 29.11.1994, 1 Seção, DJe 12.12.1994; AgRg no REsp: 1484046/CE, Rel. Min. Herman Benjamim, j. 03.03.2015, 2ª T., DJe 22.05.2015

179. *"Por último, e não menos importante: não nos parece haver qualquer obstáculo procedimental à reunião entre ação civil pública, ação de improbidade administrativa e ação popular. Nada obstante na ação de improbidade haja a fase de defesa preliminar (art. 17, §§7º e 8º, da Lei 8.429/1992) e na ação popular haja prazo diferenciado para a resposta (art. 7º, I, "b", da Lei 4.717/1965), todas elas seguem, ulteriormente, o procedimento comum do Código de Processo Civil/2015."* LEONEL, Ricardo de Barros. *Manual do Processo Coletivo*. 4ª ed., revista, ampliada e atualizada de acordo com o CPC/2015. São Paulo: Malheiros, 2017.

vii) Previsão de fase procedimental específica para a fixação definitiva da tipificação do ato de improbidade administrativa;

viii) Requisitos específicos para a petição inicial além daqueles definidos no art. 319, do CPC;

ix) Previsão de rejeição liminar do pedido com resolução do mérito por inexistência da prática do ato de improbidade administrativa.

Forçoso, portanto, concluir que o procedimento da ação por improbidade administrativa é especial[180] e que as regras procedimentais do procedimento comum (art. 318 e seguintes do CPC) serão aplicadas de forma residual, porquanto a LIA ainda pertencer ao microssistema da tutela coletiva.

20. CAUSA INTERRUPTIVA DA PRESCRIÇÃO NAS DEMANDAS DE IMPROBIDADE ADMINISTRATIVA

O Código de Processo Civil de 2015, em seu art. 240,[181] "antecipou"[182] a interrupção da prescrição para o ato judicial que determina o recebimento da inicial com a determinação da citação do réu (art. 238, CPC), chamado de "despacho"[183] liminar positivo.

A proposta deste tópico é analisar se esta causa interruptiva da prescrição será aplicável aos processos coletivos, cuja pretensão é prescritível.[184] No âmbito do processo por improbidade administrativa há regra específica indicando o simples ajuizamento da demanda como causa interruptiva da prescrição (art. 23, §4º, I, da LIA) sem a necessidade do despacho liminar positivo. A doutrina, antes da referida regra, afirmava que o ato que ordena a citação seria a causa interruptiva, tal como preconizado pelo CPC/15, ou até mesmo a notificação para o oferecimento da defesa preliminar.[185]

---

180. "Não vejo sinceramente, como a somatória de todas essas 'diferenças' procedimentais possam existir e o procedimento ser considerado comum. Tem-se, inegavelmente, um procedimento especial. O vacilo do legislador, entretanto, não gera consequências práticas, sendo até útil para uma aplicação mais tranquila do procedimento comum previsto no Código de Processo Civil de forma subsidiária." NEVES, Daniel Amorim Assumpção; OLIVEIRA, Rafael Carvalho Rezende. *Comentários à Reforma da Lei de Improbidade Administrativa*. Rio de Janeiro: Forense, 2022, p. 77.

181. A mesma regra existe no art. 202, I, CC; art. 8º, § 2º, Lei de execução fiscal; art. 174, parágrafo único, I, CTN.

182. Porque no CPC/73 o ato que interrompia a prescrição era a realização da citação válida, conforme art. 219. Tanto no ordenamento anterior quanto no atual, o marco interruptivo da prescrição é a propositura da ação.

183. Pensamos tratar-se de verdadeira decisão interlocutória (art. 203, § 2º, CPC/15), pois é o ato judicial por meio do qual o juízo reconhece a presença dos requisitos de admissibilidade da demanda, tais como as condições da ação e os pressupostos processuais (art. 485, IV, V e VI, CPC).

184. Há pretensões de tutela jurisdicional coletiva que são reputadas imprescritíveis e, portanto, será inaplicável a causa interruptiva por absoluta inutilidade. São imprescritíveis: a) demandas coletivas de tutela do meio ambiente ecologicamente equilibrado; b) demandas coletivas de ressarcimento ao erário cuja causa de pedir é a tutela da probidade administrativa, conforme art. 37, § 5º, CR/88; e c) demandas essencialmente coletivas.

185. Neste sentido, vale mencionar o seguinte entendimento: *"A notificação tem por finalidade instaurar o contraditório e enseja, desde logo, aplicação dos efeitos artigo 240 do Código de Processo Civil de 2015*

CAPÍTULO 6 • REFLEXOS DO NOVO CÓDIGO DE PROCESSO CIVIL NOS PROCESSOS COLETIVOS **187**

Antes mesmo da alteração da LIA, este já era o entendimento esposado no curso[186] como, aliás, era o entendimento consolidado no STJ.[187]

Vale mencionar, por fim, que a simples propositura de uma demanda coletiva interrompe a prescrição para o exercício da pretensão judicial individual, em virtude dos efeitos do transporte *in utilibus* (art. 103, § 3º, CDC), pois os indivíduos que titularizam o direito material subjacente à relação jurídica processual serão afetados pelo resultado (benéfico) do processo coletivo.[188] Há, contudo, aqueles que defendem, ao meu ver sem razão, a suspensão da prescrição das pretensões individuais com a propositura da demanda coletiva.[189]

(induz litispendência, constitui em mora). A interrupção da prescrição opera-se pelo despacho que ordena a notificação, e retroage à data da propositura da demanda, nos termos do artigo 240, parágrafo 1º, do Código de Processo Civil." QUARTIERI, Rita. Impactos do novo Código de Processo Civil na Lei de Improbidade Administrativa. In: COSTA, Eduardo Fonseca da; SICA, Heitor Vitor Mendonça. *Legislação Processual Extravagante*. Salvador: Juspodivm, 2016. p. 344 (Coleção Repercussões do Novo CPC, v.9; coordenador geral, Fredie Didier Jr.).

186. "Por ser a propositura da ação o marco inicial do novo lapso prescricional, possível será a implementação, no curso da própria relação processual, do que se convencionou chamar de prescrição intercorrente. Ocorrerá esta sempre que, entre o ajuizamento da ação e a prolação da sentença, verificar-se o escoamento do lapso prescricional previsto no art. 23 da Lei n. 8.429/1992 e restar caracterizada a inércia do autor da ação." GARCIA, Emerson; ALVES, Rogério Pacheco. *Improbidade Administrativa*. 9ª ed. São Paulo: Saraiva, 2017. Em sentido diverso, vale mencionar: "Importante frisar, portanto, que, com relação à ação de improbidade administrativa, o prazo interruptivo retroage à data da propositura da ação, não importando que o despacho citatório ocorra após o juízo prévio de admissibilidade da demanda" DIDIER JR., Fredie; ZANETI JR., Hermes. *Curso de Direito Processual Civil*. v. 4. Salvador: JusPodivm, 2017.

187. REsp 1.391.212-PE, Rel. Min. Humberto Martins, j. 2 set. 2014; REsp 1404307/DF, Rel. Min. Napoleão Nunes Maia Filho, Rel. p/ Acórdão Min. Sérgio Kukina, 1ª T., j. 18 maio 2017, DJe 31 maio 2017; AgInt no AREsp 673.150/RN, Rel. Min. Herman Benjamim, 2ª T., j. 02 fev. 2017, DJe 03 mar. 2017.

188. *"Isso porque em razão da ampliação ope legis do objeto litigioso do processo coletivo, com a extensão in utilibus da coisa julgada coletiva ao plano individual, serão afetados os titulares do direito individual independentemente de terem proposto demanda em nome próprio até o momento; os efeitos serão muito similares ao da sentença penal condenatória, bastando a liquidação e execução dos valores eventualmente aferidos."* DIDIER JR., Fredie; ZANETI JR., Hermes. *Curso de Direito Processual Civil*. Vol. 4. Salvador: Juspodivm, 2017. No mesmo sentido, vale mencionar: *"Embora não haja regra expressa nesse sentido, é necessário concluir que a ação coletiva produz a eficácia interruptiva das pretensões individuais à reparação do dano. E essa conclusão é essencial para que o processo coletivo tenha, de fato, utilidade e efetividade."* (...) *"Assim, em nossa opinião, embora a matéria seja evidentemente controvertida, é forçoso concluir que, uma vez realizada a citação na ação coletiva, a interrupção da prescrição das pretensões individuais relativas ao mesmo fato lesivo retroagirá à data da propositura daquela (ação coletiva). O prazo prescricional só voltará a correr após o trânsito em julgado da decisão na ação coletiva, ou seja, após o encerramento do processo em que se deu a interrupção."* LEONEL, Ricardo de Barros. *Manual do Processo Coletivo*. 4ª ed., revista, ampliada e atualizada de acordo com o CPC/2015. São Paulo: Malheiros, 2017. Resp.233.314. AgREsp nº 1.018.108 – RS (2016/0303315-0) (AgRg no AREsp 663.279/RS, Rel. Ministro Luiz Felipe Salomão, 4ª Turma, j. 20.08.2015, DJe 28.08.2015, g.n.). (AgRg nos EDcl no REsp 1426620/RS, Rel. Ministro Marco Aurélio Bellizze, 3ªTurma, j. 05.11.2015, DJe 18.11.2015). (EDcl nos EDcl no AgRg no REsp 1442439/RS, Rel. Ministro Herman Benjamin, 2ª Turma, j.22.09.2015, DJe 03.02.2016). (STJ – AREsp: 1018108 RS 2016/0303315-0, Rel. Ministro Raul Araújo, Dje 01.02.2017).

189. *"Concordo, portanto, com parcela da doutrina ao elencar a existência de uma ação coletiva como causa suspensiva da prescrição das pretensões individuais que possam ser atendidas no caso de acolhimento do pedido coletivo. Parece-me a única forma de evitar um sem – número de processos individuais que poderão no futuro se mostrar inúteis apenas para impedir o vencimento do prazo prescricional. Essa multiplicidade de processos contraria os mais relevantes e elementares anseios da ciência processual moderna."* NEVES, Daniel Amorim Assumpção. *Manual do Processo Coletivo: volume único*. 3ª ed. Rev., atual. e ampl. Salvador: Juspodivm, 2016.

21. REGIME DAS DESPESAS PROCESSUAIS NOS PROCESSOS COLETIVOS

O microssistema da tutela coletivo possui diversos dispositivos que preceituam a gratuidade das demandas coletivas, bem como a dispensa no adiantamento de custas, emolumentos, honorários periciais e quaisquer outras despesas para os legitimados coletivos, ressalvada a verificação da atuação de má-fé (art. 87, CDC; arts. 17 e 18, LACP, art. 219, ECA e art. 88, Idoso).

Esta gratuidade é um nítido fomento para a propositura das demandas coletivas, mas não se estende aos réus, como, aliás, já foi decidido pelo STJ.[190]

O CPC/15, entretanto, trouxe uma novidade nesta seara ao determinar (arts. 91 e 95, CPC) o pagamento das despesas processuais dos atos praticados a requerimento do Ministério Público, Fazenda Pública e Defensoria Pública (todos legitimados coletivos). Preconiza a possibilidade do adiantamento quando houver previsão orçamentária e, na ausência, deverá ser realizado o pagamento ao final. Assim, além de deixar de existir a dispensa para a antecipação, foi fixado um diferimento para o pagamento dos encargos financeiros decorrentes da perícia.

Esta norma que determina o adiantamento deve ser aplicada aos processos coletivos?

Entendo que não! A norma em comento deve ser aplicada somente aos processos civis individuais[191] e, ainda assim, o ônus deverá recair sobre o Estado (na forma do art. 91, CPC/15) e não sobre o requerente quando este for o Ministério Público e a Defensoria Pública.[192]

Nos processos coletivos deve permanecer o regramento previsto no próprio microssistema (art. 87, CDC; arts. 17 e 18, LACP, art. 219, ECA e art. 88, Idoso). Ademais, pelo critério da especialidade (art. 1.046, § 2º, CPC/15 c/c art. 2º, § 2º, LINDB), diante da ausência de revogação expressa (art. 1.072, CPC/15) e, ainda, diante aplicação do CPC/15 somente no que não conflitar com os regramentos da

---

190. AgRg no AREsp nº 450.222/MG, Rel. Min. Herman Benjamin, 2ª T., DJe de 18.06.2014; AgRg no AREsp 434.851/MG, Rel. Min. Marga Tessler (Juíza Federal convocada do TRF 4ª região), 1ª T., j. 05.03.2015, DJe 12.03.2015).

191. *"As regras decorrentes do art. 91, §§ 1º e 2º do CPC/2015, portanto, seriam aplicáveis apenas às ações individuais nas quais o Ministério Público seja autor ou fiscal da lei. Exemplos de ações individuais propostas pelo MP, como substituto processual da parte beneficiária da sua atuação: ação de investigação de paternidade (art. 2º, § 4º da Lei nº 8.560/1992); ação com pedido de regulamentação de guarda, de direito de visitas ou de alimentos (art. 33, § 4º da Lei 8.069/1990); a ação revocatória da Lei de Recuperação Judicial de Empresas e Falência (art. 132 da Lei nº 11.101/2005); entre outras".* LEONEL, Ricardo de Barros. Ministério Público e despesas processuais no novo Código de Processo Civil. In: ZANETI JR., Hermes (coord.). *Processo Coletivo.* Salvador: Juspodivm, 2016. Coleção Repercussões do Novo CPC, v.8, coordenador geral: Fredie Didier Jr.

192. Até porque incide o regramento da responsabilidade civil objetiva do Estado pelos atos praticados por seus agentes, conforme art. 37, § 6º, CR/88, conforme já reconhecido pelo Supremo Tribunal Federal no seguinte julgado: AI 552.366-AgRg, Rel. Min. Ellen Gracie, j. 6-10-2009, 2ª T., DJe 29.10.2009. No mesmo sentido, vale mencionar o seguinte entendimento doutrinário: "(...) *cabe à coletividade, por meio do Estado, responder pelos danos decorrentes. (...) De qualquer modo, a responsabilidade pelo custo do processo é objetiva e independe de investigação da boa-fé ou má-fé das partes no processo, o que, no caso do Parquet, é robustecido pela previsão constitucional de responsabilidade objetiva do Estado por qualquer dano causado aos particulares (CF, art. 37, § 6º)."* LOPES, Bruno Vasconcelos Carrilho. *Honorários advocatícios no processo civil.* São Paulo: Saraiva, 2008.

CAPÍTULO 6 • REFLEXOS DO NOVO CÓDIGO DE PROCESSO CIVIL NOS PROCESSOS COLETIVOS

tutela coletiva (art. 19, LACP),[193] não há como sustentar a sua prevalência sobre o regramento da tutela sob pena relegar a oblívio todo o incentivo que o legislador conferiu aos legitimados coletivos para a propositura das demandas coletivas.[194]

O STJ, devidamente instado a se manifestar, ainda sob a égide do CPC/73, fixou as seguintes teses jurídicas, que seguem a mesma tese defendida neste curso:

a) por critério de simetria, não é cabível a condenação da parte vencida ao pagamento de honorários advocatícios em favor do MP nos autos da ACP, salvo comprovada má-fé;[195]

b) o art. 18 da LACP, que dispensa o adiantamento de custas, emolumentos, honorários periciais e quaisquer outras despesas, dirige-se apenas ao autor da ACP;[196]

c) não é possível se exigir do MP o adiantamento de honorários periciais em ACPs, ficando o encargo para a Fazenda Pública a qual se acha vinculado o *Parquet* (tese julgada sob o rito do art. 543-C do CPC).[197]

---

193. No mesmo sentido, podemos mencionar: "*Não se aplicam ao microssistema as regras do CPC-2015 que afetem este regime. Aqui a aplicação é residual. Aplica-se apenas quando não alterar as normas e a lógica próprias do microssistema. Por exemplo, não se aplicam as regras sobre honorários relativas à sucumbência parcial nos pedidos de dano moral coletivo (art. 292, V c/c 85, §14, CPC); não se aplicam as regras de antecipação dos honorários do perito e despesas de atos processuais.*" DIDIER JR., Fredie; ZANETI JR., Hermes. *Curso de Direito Processual Civil*. Vol. 4. Salvador: Juspodivm, 2017.

194. "Assim, o ônus da sucumbência encontra três vertentes: a) vencida a parte autora, aplica-se a lei especial (LACP), especificamente os arts. 17 e 18 – procurando-se com isso evitar a inibição dos legitimados concorrentes na defesa de direitos ou interesses transindividuais; *b) vencida a parte ré, aplica-se na integra o art. 20 do CPC, norma da lei geral, à falta de correspondente na lei especial; c) em caso de perda do objeto, quando o próprio réu realizou as diligências, continua responsável pelo pagamento dos honorários de advogado, porque deu causa à demanda.*" ALMEIDA, João Batista de; *Aspectos controvertidos da Ação Civil Pública*. 2ª ed. São Paulo: Revista dos Tribunais, p. 220 (grifos nossos). "*Entretanto, ponderação a respeito levará à conclusão de que, a princípio, o Ministério Público e os entes públicos despersonalizados devem ficar isentos de arcar com os encargos da sucumbência. Note-se que a natureza do Ministério Público e dos entes despersonalizados é voltada de forma preponderante à defesa do interesse público e social identificado nas questões metaindividuais. A peculiaridade de sua conformação organizacional e a finalidade precípua de sua atuação, em prol do bem comum, justificam o tratamento diferenciado como forma de prover a implementação eficaz da tutela jurisdicional coletiva. Há presunção de que atuem fulcrados na boa-fé e na necessidade de invocação da proteção judicial.*" LEONEL., Ricardo de Barros. *Manual do Processo Coletivo*. Op. cit., p. 393. "*ainda quando o Ministério Público se posicione como autor na ação civil pública, não é seu direito material que está em jogo, mas um direito cuja realização importa ao Estado e à sociedade como um todo... a função Ministerial vincula-se impreterivelmente à defesa do interesse público (interesse indisponível) o que inviabiliza a ideia de condenação do parquet como vencido.*" BURLE FILHO., José Emmanuel. Ação Civil Pública promovida pelo Ministério Público e ônus da sucumbência. *Justitia*, 174/56-60, abr.-jun./1996.

195. Nesse sentido: REsp 1.099.573/RJ, 2ª Turma, Rel. Min. Castro Meira, DJe 19.05.2010; REsp 1.038.024/SP, 2ª Turma, Rel. Min. Herman Benjamin, DJe 24.09.2009; EREsp 895.530/PR, 1ª Seção, Rel. Min. Eliana Calmon, DJe 18.12.2009. AgRg no REsp 1386342/PR, Rel. Min. Mauro Campbell Marques, 2ª T., j. 27.03.2014, DJe 02.04.2014. EREsp 895.530/PR, Rel. Min. Eliana Calmon, DJe 18.12.09; REsp 1099573/RJ, Rel. Min. Castro Meira, 2ª T., j. 27.04.2010, DJe 19.05.2010.

196. AgRg no AREsp 450.222/MG, Rel. Min. Herman Benjamim, 2ª T., j. 08.04.2014, DJe 18.06.2014.

197. EREsp 981949/RS, Rel. Min. Herman Benjamim, 1ª Seção, j. 24.02.2010, DJe 15.08.2011; REsp 1188803/RN, Rel. Min. Eliana Calmon, 2ª T., j. 11.05.2010, DJe 21.05.2010; AgRg no REsp 1083170/MA, Rel. Min. Mauro Campbell Marques, 2ª T., j. 13.04.2010, DJe 29.04.2010; REsp 928397/SP, Rel. Min. Castro Meira, 2ª T., j. 11.09.2007, DJ 25.09.2007; REsp 846.529/MS, Rel. Min. Teori Albino Zavascki, 1ª T., j. 19.04.2007, DJ 07.05.2007. REsp 1253844/SC, Rel. Min. Mauro Campbell Marques, 1ª Seção, j. 13.03.2013, DJe 17.10.2013.

Diante do quadro jurisprudencial apresentado, surge uma questão que merece uma reflexão em apartado. Requerimento para a realização de prova pericial: a) se for requerida pelo réu, aplica-se o regramento previsto no CPC/15, sob pena de indeferimento da produção da prova (ver tese fixada na letra b supra); b) se for requerida pelo autor, surge um pequeno problema, pois o autor não poderá adiantar os honorários (ver tese fixada na letra c supra). Neste último caso, a doutrina diverge acerca da solução jurídica mais adequada.

Para uma 1ª tese, deve ser realizada uma inversão do ônus do adiantamento para o réu, com intimações para que deposite o valor referente aos honorários do perito, porque o autor da demanda coletiva não poderá arcar com tal ônus.[198]

Para uma 2ª tese, esta inversão preconizada pela primeira, viola frontalmente a nova regra fixada pelo art. 95, CPC. Assim, deve ser aplicado o CPC aos processos coletivos. Nestes casos, deve o Estado arcar com o ônus ou providenciar, por meio dos seus órgãos públicos, a realização gratuita da prova pericial.[199] O Estado poderia, ainda, arcar com tal ônus usando parcela do fundo de defesa dos interesses difusos, como, aliás, já decidiu o próprio STJ.[200]

Não podemos concordar com esta solução por violar frontalmente a própria finalidade do Fundo, que é a recomposição dos eventuais danos causados à coletividade, mas deve o Estado arcar com os custos, como já exposto.

O STF, por meio de uma decisão monocrática, no bojo da ACO 1560/MS,[201] afastou o regime do microssistema do processo coletivo para aplicar o art. 91, CPC aos casos nos quais o Ministério Público requerer a realização de prova pericial, ou seja, deverá arcar com os custos dos honorários periciais, sob o pífio argumento de que o novo CPC disciplinou o tema de forma minudente, tendo instituído regime legal específico e observado que o Ministério Público ostenta capacidade orçamentária própria, tendo, ainda, fixado prazo razoável para o planejamento financeiro do órgão.

À guisa de conclusão, podemos afirmar o seguinte:

a) as regras dos arts. 91 e 95 do CPC/15 são aplicáveis exclusivamente aos processos civis individuais, mas os custos serão suportados pela Fazenda Pública, de forma diferida, se não houver previsão no exercício financeiro em curso;

b) as regras dos arts. 87, CDC; 17 e 18, LACP; 219, ECA e 88, Idoso permanecem aplicáveis aos processos coletivos, com a utilização das teses jurídicas já consolidadas no STJ.

---

198. MAZZILLI, Hugo Nigro. *A defesa dos interesses difusos em juízo.* 21ª ed. São Paulo: Saraiva, 2008.
199. NEVES, Daniel Amorim Assumpção. *Manual do Processo Coletivo: volume único.* 3ª ed. Rev., atual. e ampl. Salvador: Juspodivm, 2016.
200. RMS 30.812/SP, Rel. Min. Eliana Calmon, 2ª T., j. 04.03.2010, DJe 18.03.2010. AgRg no REsp 1423840/SP, Rel. Min. Humberto Martins, 2ª T., j. 08.03.2016, DJe 15.03.2016.
201. Decisão monocrática proferida pelo Min. Rel. Ricardo Lewandowski em 02.01.2019.

A Lei 14.230/21 regulamentou o regime das despesas processuais no âmbito do processo de improbidade administrativa, da seguinte forma:

i) afasta o adiantamento de custas, de preparo, de emolumentos, de honorários periciais e de quaisquer outras despesas tanto na ação quanto no acordo (art. 23-B, da LIA);

ii) as custas e as demais despesas processuais serão pagas ao final em caso de procedência (art. 23-B, §1º, da LIA);

iii) haverá condenação em honorários sucumbenciais no caso de improcedência, desde que reconhecida a atuação com má-fé (art. 23-B, §2º, da LIA).

22. CONSEQUÊNCIA PROCESSUAL DA CONTINÊNCIA

22.1. Análise do art. 57, CPC e a sua aplicação nos processos coletivos – regras de prevenção da competência

O conceito de continência previsto no art. 56, CPC é plenamente aplicável aos processos coletivos, exceto pela necessidade de identidade entre as partes formais da demanda. Para fins de identificação dos elementos subjetivos de ações coletivas semelhantes, conexas, continentes e idênticas, é despicienda a verificação se as partes formais são as mesmas, pois basta verificar se a coletividade tutelada pela demanda coletiva é a mesma.

Para os processos coletivos, portanto, será indispensável verificar se a pretensão coletiva de uma demanda engloba a da outra, ou seja, se existe uma pretensão mais ampla (pedido continente) e outra mais restrita (pedido contido).

Verificada a existência de relação de continência entre as demandas coletivas, surge a necessidade de indicar a consequência jurídica aplicável. No CPC/73, a consequência era a reunião das ações perante o juízo prevento, conforme preconizavam os arts. 104 e 105. Ainda sob a égide do CPC/73 foi editada a súmula 489 no Superior Tribunal de Justiça que faz referência expressa à existência de continência entre duas ou mais ações civis públicas em curso, uma perante a justiça estadual e outra perante a federal. A consequência jurídica definida por esta súmula é a reunião das ações perante a justiça federal, ainda que não seja o juízo prevento. Afasta-se, portanto, com a aplicação da referida súmula, a necessidade de verificar qual é o juízo prevento (art. 59, CPC; art. 2º, parágrafo único, LACP; art. 5º, § 3º, LAP e art. 17, § 5º, LIA).

O CPC/15, por seu turno, preconiza em seu art. 57 duas consequências jurídicas diversas conforme o momento processual da propositura da demanda contida. Se a ação contida (pedido mais restrito) for proposta antes da ação continente (pedido mais amplo), a consequência será a reunião das ações perante o juízo prevento. Caso contrário, com a propositura da ação contida após a ação continente, a consequência será a extinção do processo sem resolução de mérito por perda superveniente do interesse processual (art. 485, VI, CPC/15).

22.2. Com esta modificação advinda com o art. 57, CPC, surge a seguinte questão: a súmula 489 do Superior Tribunal de Justiça foi superada?

De acordo com a regra prevista no art. 57, CPC, conforme dito supra, a continência acarreta a extinção do processo ou a reunião das ações perante o juízo prevento para processo e julgamento simultâneo. Para os fins da indagação, abordaremos somente a solução para a reunião das ações como forma de comparação com a súmula 489 do STJ.

A súmula 489 do STJ refere-se especificamente aos casos de continência entre duas ou mais ações civis públicas em curso perante "justiças" diversas. Caso existam ações civis públicas em curso perante a Justiça Estadual e a Federal com relação de continência, deverão, se for a hipótese, ser reunidas perante a Justiça Federal.

A redação da súmula em testilha gera duas situações que merecem análise detida: a) caso verificada a necessidade de reunião das ações, far-se-á perante o juízo federal; b) não há qualquer referência à possibilidade de extinção da ação coletiva, quando a ação contida for proposta posteriormente.

Com relação à reunião das ações perante o juízo federal, fica nítida a opção por relegar a oblívio qual é o juízo prevento, presumindo algum tipo de hierarquia entre os juízos federal e estadual (inexistente, diga-se!) ou algum tipo de interesse ou matéria, sem considerar o rol taxativo previsto no art. 109, CR/88. Assim, a despeito do juízo estadual ser o prevento, as demandas serão reunidas perante o juízo federal relegando, portanto, a oblívio as regras previstas nos arts. 58 e 59, CPC e os demais do microssistema da tutela coletiva.

Impende, neste momento, salientar que o STJ[202] já afastou a regra de prevenção nos casos de continência, para determinar a reunião das ações perante o juízo responsável pela demanda continente, ou seja, afasta a regra de prevenção para os casos de continência designando o juízo continente como juízo prevalente.[203]

Podemos concluir, portanto, que o STJ, no que tange aos processos coletivos, deixa de aplicar, como regra geral, o critério de prevenção para fins de designação do juízo que ficará responsável pelo processo e julgamento das demandas continentes.

Quanto ao segundo questionamento, que versa sobre a extinção do processo de ação contida, consequência não prevista na súmula em tela, surge a necessidade de analisar se deve ser superada parcialmente (*overriding*) neste aspecto para se adequar à nova regra legal. Nos processos coletivos, quando houver mais de uma demanda coletiva em curso, uma perante a justiça federal e outra perante a estadual, portanto,

---

202. STJ – REsp: 1318917/BA, Rel. Min. Antonio Carlos Ferreira, j. 12.03.2013, 4ª T., DJe 23.04.2013.

203. *"Por fim, merece registro a orientação sedimentada no seio da jurisprudência do STJ no sentido de que, na hipótese de continência, não se observa a regra geral de prevenção (antes prevista no art. 106 do CPC/73 e agora estabelecida nos arts. 58 e 59 do NCPC, comentados a seguir) – nesta hipótese, os processos serão reunidos no juízo competente para apreciação do processo continente, ainda que tal relação processual seja posterior de acordo com os critérios ordinários de prevenção – havendo quem designe o juízo continente como juízo prevalente para fins de prevenção."* GALDINO, Flávio. In: CABRAL, Antonio do Passo; CRAMER, Ronaldo (coords.). *Comentários ao novo Código de Processo Civil.* 2ª ed. Rev., atual. E ampl. Rio de Janeiro: Forense, 2016.

CAPÍTULO 6 • REFLEXOS DO NOVO CÓDIGO DE PROCESSO CIVIL NOS PROCESSOS COLETIVOS

aplicar-se-á a norma do art. 57, CPC para determinar a extinção da ação contida, ou a súmula 489 do STJ?

Sustentar a superação parcial da súmula 489 do STJ acarretaria a necessidade de extinguir o processo coletivo cuja pretensão seja a contida (mais restrita), solução que não se coaduna com o princípio da primazia da solução do mérito do processo coletivo e de sua máxima efetividade, apesar da nítida perda superveniente do interesse processual.

Entendemos que a melhor solução é reconhecer a permanência da sua eficácia somente para os casos nela descritos e nos demais aplicar o entendimento já consolidado no STJ.

Em suma, a solução para os casos de continência será: a) nos processos individuais: reunião das ações ou extinção do processo, conforme art. 57, CPC/15, por ser solução típica destes tipos de processo;[204] b) nos processos coletivos, quando em curso perante a justiça estadual e federal: manutenção da eficácia da súmula 489, STJ para determinar a reunião para processo e julgamento simultâneo perante o juízo federal; c) nos demais casos de processos coletivos: reunião das ações perante o juízo da demanda continente, conforme entendimento jurisprudencial já consolidado no STJ.

22.3. Qual regra de prevenção da competência deve ser aplicada aos processos coletivos?

A regra da prevenção do juízo tem extrema importância, pois possibilita identificar qual juízo teve contato com a causa em primeiro lugar e que, por via de consequência, terá a competência para o processo e julgamento das ações que serão reunidas sob a sua responsabilidade. No CPC/73 existiam duas regras de prevenção: a) primeiro despacho liminar que ordenava a citação, que somente deveria ser aplicada quando os juízes ostentavam a mesma competência territorial (art. 106, CPC/73); b) primeira citação válida, que somente deveria ser utilizada quando os juízos ostentavam competências territoriais distintas (art. 219, CPC/73).

Tais regras de prevenção da competência do juízo eram inaplicáveis aos processos coletivos, em virtude da existência de regras específicas no microssistema, tais como os arts. 5°, § 3°, LAP, 2°, parágrafo único, LACP e 17, § 5°, LIA, que preconizam ser prevento o juízo no qual é proposta a ação, ou seja, a simples propositura da ação previne a jurisdição gerando, com isso, um juízo universal que atrai todas as demais

---

204. "Mais uma vez, entretanto, fica clara a disposição do legislador para tutelar exclusivamente o processo individual. No processo coletivo a prolação da sentença sem resolução de mérito não deve ser admitida, salvo se houver a identidade de autor, o que raramente ocorre. No mais das vezes os autores do processo coletivo são diferentes, mas por defenderem o mesmo titular do direito (coletividade, comunidade ou grupo de pessoas) são considerados no plano material como sendo o mesmo sujeito, o que permite o fenômeno da continência. Nesse caso, em razão da diversidade de autores, a reunião é o único efeito aceitável da continência, sob pena de ofensa ao princípio da inafastabilidade da jurisdição para o autor que tiver sua ação sentenciada sem resolução de mérito." NEVES, Daniel Amorim Assumpção. *Novo Código de Processo Civil Comentado*. 2ª ed. Rev. e atual. Salvador: Juspodivm, 2017.

ações coletivas que sejam semelhantes (casos de conexão e continência) ou idênticas (casos de litispendência).

O CPC/15 alterou as regras de prevenção ao prever no art. 59 que o registro ou a distribuição da inicial acarretará a prevenção do juízo. O CPC/15, portanto, unificou as regras de prevenção, pois, a rigor, a simples propositura da demanda tornará prevento o juízo. A ação somente será considerada proposta quando a petição inicial for protocolada (art. 312, CPC). Prevento, portanto, será o juízo que tiver o primeiro contato com a causa (prevenção originária), mas não significa afirmar ser a prevenção uma forma de fixação da competência, pois nada mais é do que a prevalência do poder jurisdicional quando mais de um órgão judiciário é competente para conhecer e julgar uma causa, ou seja, é um fato jurídico, que atrairá as demais ações para processo e julgamento simultâneo (prevenção expansiva).[205]

Fixadas as premissas conceituais da prevenção, bem como as suas regras, resta saber se o CPC/15 está em consonância, neste item, com a regulamentação existente nos processos coletivos.

Entendemos que não há distinção entre as regras de prevenção previstas no microssistema da tutela coletiva e a prevista no CPC/15.[206] Ora, o critério legal para identificar quando uma ação é considerada proposta é o seu registro (nas comarcas de juízo único) ou distribuição (nas comarcas onde houver mais de um juízo competente), portanto, para fins de aplicação das normas do microssistema do processo coletivo, imprescindível tomar de empréstimo o conceito legal preconizado no CPC/15. Assim, tanto para os processos individuais quanto para os coletivos, a regra

---

205. *"Na verdade, conexão e prevenção não são elementos para a determinação da competência: enquanto a primeira é fator de alteração da competência, a segunda constitui a prevalência do poder jurisdicional quando mais de um órgão judiciário é competente para conhecer e julgar uma causa."* LUCON, Paulo Henrique dos Santos. *Relação entre as demandas.* 1ª ed. Brasília: Gazeta Jurídica, 2016. *"A prevenção é um fato jurídico. Sua importância é distinguir, entre vários órgãos jurisdicionais igualmente competentes (segundo as regras de determinação) aquele que perante o qual deverão ser reunidas para processamento e julgamento conjunto duas ou mais demandas conexas. Chamamos a esse órgão de prevento."* OLIVEIRA, Bruno Silveira. *Breves comentários ao novo código de processo civil.* In: WAMBIER, Teresa Arruda Alvim et al. (coords.). 2ª ed. Rev. e atual. São Paulo: Revista dos Tribunais, 2016. *"Fala-se em prevenção originária em relação à primeira das causas conexas sob apreciação do Poder Judiciário (o critério para estabelecimento dessa primariedade é estabelecido no art. 59 do NCPC, comentado a seguir). Fala-se, por outro lado, em prevenção expansiva para se designar os demais processos que serão reunidos perante o órgão prevento."* GALDINO, Flávio. In: CABRAL, Antonio do Passo; CRAMER, Ronaldo (coords.). *Comentários ao novo Código de Processo Civil.* 2ª ed. Rev., atual. e ampl. Rio de Janeiro: Forense, 2016.

206. *"A respeito da prevenção no processo coletivo, conferir o artigo 2º, parágrafo único da Lei nº 7347/1985 – cuja regra, agora, está sem sintonia com o previsto no CPC/2015 (o mesmo se diga em relação à prevenção na ação popular – artigo 5º, § 3º da Lei nº 4.717/1965)."* GAJARDONI, Fernando da Fonseca. *Teoria Geral do Processo: comentários ao CPC de 2015: parte geral.* São Paulo: Forense, 2015. *"Como se observa com certa clareza, o texto da lei n. 7.347/1985 considera prevento o juízo que conheceu do primeiro processo (propositura da ação). A demanda considera-se proposta na data em que a petição inicial foi protocolada (art. 312, CPC). Sucede que não basta o protocolo para que haja a prevenção, pois há a necessidade de identificar-se qual o juízo da causa, que será o prevento; essa identificação far-se-á pelo registro ou pela distribuição (art. 59, CPC); somente haverá distribuição se houver mais de um juízo igualmente competente para o processamento da causa."* DIDIER JR., Fredie; ZANETI JR., Hermes. *Curso de Direito Processual Civil.* Vol. 4. Salvador: Juspodivm, 2017.

CAPÍTULO 6 • REFLEXOS DO NOVO CÓDIGO DE PROCESSO CIVIL NOS PROCESSOS COLETIVOS **195**

de prevenção será a propositura da demanda e para saber quando foi proposta, basta verificar a data do seu registro ou sua distribuição.

Há, contudo, na doutrina quem sustente tese diversa, afirmando que a regra prevista no microssistema da tutela coletiva é diversa da do CPC/15, pois entende não ser o registro ou a distribuição o ato processual determinante da prevenção do juízo, mas sim a mera propositura da ação.[207]

23. EFEITO SUSPENSIVO NOS RECURSOS DE APELAÇÃO ORIUNDOS DE PROCESSOS COLETIVOS

Com o advento do CPC/15 algumas regras recursais foram sensivelmente alteradas e acarretam reflexos nos processos coletivos. Já foram abordadas as mudanças referentes ao rol taxativo do art. 1.015, CPC, bem como a unificação dos prazos para a interposição do agravo regimental. Resta analisar a possibilidade de manutenção das regras de efeito suspensivo próprias dos processos coletivos, ante à singela mudança ocorrida no sistema recursal.

Nos processos coletivos há duas regras legais a respeito do recebimento dos recursos com efeito suspensivo: a) art. 19, LAP e b) art. 14, LACP.[208]

Na ação popular (art. 19, LAP), o recurso de apelação, quando interposto de sentença que julga procedente o pedido, será sempre recebido com efeito suspensivo (*ope legis*), ou seja, terá o denominado duplo efeito.[209] Nos casos de sentença de absolvição de instância ou de improcedência, a apelação ostentará somente efeito devolutivo.[210]

---

207. "(...) *considerando-se que na tutela coletiva a regra para a fixação do juízo prevento não se confunde como o art. 59 do Novo CPC. (...)Como se nota da redação dos dispositivos legais acima transcritos, não é o registro ou a distribuição o ato processual determinante da prevenção do juízo, mas sim a mera propositura da ação. Essa diversidade de tratamento entre o Código de Processo Civil e as leis extravagantes que tratam da ação civil pública, improbidade administrativa e ação popular já foi percebida pela melhor doutrina, sendo entendimento antigo do Superior Tribunal de Justiça. O exato momento em que a ação é proposta vem descrito no art. 312 do Novo CPC (...) O artigo tem redação técnica impecável, visto que é impossível distribuir uma demanda em um foro de vara única, mas, pelos problemas práticos que pode gerar, vem se considerando proposta a ação no dia em que a petição inicial ingressa no Poder Judiciário, por meio do protocolo inicial, sendo essa a data a ser considerada para fins de prevenção do juízo entre ações coletivas.*" NEVES, Daniel Amorim Assumpção. *Manual do Processo Coletivo: volume único.* 3ª ed. Rev., atual. e ampl. Salvador: Juspodivm, 2016.

208. A mesma regra existe nos arts. 215, ECA e 85 do Estatuto do Idoso.

209. Em sentido contrário, podemos destacar: "*A apelação voluntária cabe tanto da sentença que julgar procedente ou improcedente a ação como da decisão que der pela sua carência. Terá sempre efeito suspensivo e seguirá a tramitação comum prevista no Código de Processo Civil, com a só peculiaridade de que, no caso de improcedência ou carência da ação, poderá ser interposta tanto pelo vencido como pelo Ministério Público ou por qualquer cidadão.*" MEIRELLES, Hely Lopes. *Mandado de segurança, ação popular, ação civil pública, mandado de injunção, habeas data, ação direta de inconstitucionalidade, ação declaratória de constitucionalidade, e arguição de descumprimento de preceito fundamental.* 23ª ed. Atualizada por Arnoldo Wald e Gilmar Ferreira Mendes. São Paulo: Malheiros, 2001.

210. "*Tratar-se-ia, pois, de mais uma exceção dentro do sistema processual geral, no qual a apelação, em regra, tem efeito suspensivo; as que apresentam efeito só devolutivo são as indicadas no art. 520, incisos, do CPC e em algumas leis especiais (v.g., Lei 883/49, art. 5º; lei 8.069/90, art. 198, VI).*" MANCUSO, Rodolfo de Camargo. *Ação Popular – proteção ao erário, do patrimônio público, da moralidade administrativa e do meio ambiente.* 5ª ed. São Paulo: Revista dos Tribunais, 2003. No mesmo sentido: "*Para encerrar, uma nota: observe, porém, que na ação popular a apelação tem efeito suspensivo quando interposta contra sentença que julgar procedente a demanda (art. 19, caput, Lei nº 4.717/1965).* DIDIER JR., Fredie; ZANETI JR., Hermes. *Curso de Direito Processual*

Na ação civil pública (art. 14, LACP), por sua vez,[211] o recurso de apelação quando interposto da sentença, independentemente do fundamento ou conteúdo, não terá efeito suspensivo automático, pois o dispositivo determina, de forma expressa, a possibilidade da concessão do efeito suspensivo pelo juiz. Ora, se o dispositivo precisa ter regra determinando a possibilidade da concessão judicial de efeito suspensivo (*ope iudicius*), implica afirmar não existir tal efeito de forma automática. Este dispositivo, portanto, sob a égide do CPC/73, configurava uma exceção à regra geral do duplo efeito no recurso de apelação (art. 520, CPC/73). Considerando o advento do CPC/15, impende destacar as modificações nesta senda, para que possamos expor os reflexos nos processos coletivos.

O CPC/15 ainda manteve a regra do duplo efeito no recurso de apelação (art. 1012, CPC), portanto, o art. 14, LACP permanece sendo uma exceção à regra geral no regime recursal no processo civil.[212]

Houve, contudo, uma singela mudança que vai gerar uma grande repercussão na norma em comento. O art. 14, LACP preconiza que a competência para a concessão de efeito suspensivo aos recursos nos processos coletivos pertence ao juízo de primeiro grau, pois a sua referência era o CPC/73, que confirma tal regra. Entretanto, o CPC/15 retirou do juízo de primeiro grau o exercício do juízo de admissibilidade do recurso de apelação, transferindo-o integralmente ao órgão jurisdicional de segundo grau (art. 1.012, §§ 3º e 4º, CPC). Assim, somente poderá o Tribunal poderá conceder efeito suspensivo ao recurso de apelação.[213] Tal regra acarretará, por conseguinte, a revogação parcial do art. 14, LACP.[214]

Civil. Vol. 4. Salvador: Juspodivm, 2017. Apesar da crítica à redação do dispositivo, destaca-se, no mesmo sentido: *"Declara, também, aquele dispositivo que "da sentença que julgar procedente o pedido caberá apelação voluntária, com efeito suspensivo." Suspensivo de que? Da execução da sentença? Não precisava dizê-lo, pois esse efeito é doutrinariamente considerado da natureza da apelação. O contrário é que necessita ser expresso."* SILVA, José Afonso da. *Ação Popular Constitucional – doutrina e processo*. 2ª ed. São Paulo: Malheiros, 2007.

211. Vale notar que o dispositivo configura uma regra genérica aplicável aos recursos e não somente ao de apelação.

212. *"Mas o art. 14 ainda tem uma serventia: ele esclarece que, no processo coletivo, a apelação é recurso sem efeito suspensivo automático, fugindo à regra geral do art. 1012, caput, CPC."* DIDIER JÚNIOR, Fredie. *Curso de Direito Processual Civil*. Vol. 4. Salvador: Juspodivm, 2017.

213. Em sentido contrário, impende mencionar: *"Por outro lado, é aplicável ao regime das ações civis públicas o previsto no art. 1.012, § 3º, do CPC, que, todavia, deve ser compreendido com cautela. De fato, nos termos desse preceito, a competência para atribuir efeito suspensivo a recursos é sempre do tribunal. Todavia, parece que a regra não pode excluir a possibilidade de que o juiz de 1º grau examine esse pleito e também seja competente para deferir essa providência. (...) A conclusão, ademais, parece ser reforçada no âmbito do processo coletivo. Quando o art. 14 da LACP prevê que o juiz possa atribuir efeito suspensivo ao recurso, evidentemente está se referindo ao juiz de 1º grau, e não apenas ao tribunal. Assim, o pedido de efeito suspensivo pode ser formulado: a) ao juiz de 1º grau ou ao tribunal, no período compreendido entre a interposição da apelação e a sua distribuição; ou b) ao relator do recurso, se já distribuída a apelação."* MOREIRA, Egon Bockmann; BAGATIN, Andreia Cristina; ARENHART, Sérgio Cruz; FERRARO, Marcella Pereira. *Comentários à Lei de Ação Civil Pública*. São Paulo: Revista dos Tribunais, 2017.

214. *"Por isso, cabe ao tribunal, nos termos dos §§ 3º e 4º do art. 1012 do CPC, examinar o pedido de efeito suspensivo à apelação interposta contra sentença em processo coletivo – e não mais ao juiz, como prescrevia o art. 14 da Lei n. 7.347/1985. Em relação a essa parte, o art. 14 da Lei n. 7.347/1985 foi revogado pelo CPC-2015."* DIDIER JR., Fredie; ZANETI JR., Hermes. *Curso de Direito Processual Civil*. Vol. 4. Salvador: Juspodivm, 2017.

CAPÍTULO 6 • REFLEXOS DO NOVO CÓDIGO DE PROCESSO CIVIL NOS PROCESSOS COLETIVOS **197**

Podemos concluir que os recursos, e não somente o de apelação, nos processos coletivos têm só efeito devolutivo[215] e que o suspensivo decorrerá de decisão judicial expressa, inclusive de ofício.[216]

Quanto aos requisitos para o requerimento e concessão de efeito suspensivo ao recurso de apelação, entendemos serem inaplicáveis as regras previstas nos arts. 995 e 1.012, § 4º, CPC, pois o art. 14, LACP somente exige que o objetivo seja *"evitar dano irreparável"*, ou seja, não haverá a necessidade da demonstração da probabilidade do provimento do recurso, bem como que o dano seja grave.[217]

---

215. *"Quanto aos efeitos dos recursos, há previsão de que o juiz poderá conferir-lhes caráter suspensivo para evitar dano irreparável à parte. A contrario sensu, como regra, todos os recursos do sistema coletivo têm só o efeito devolutivo. Em outras palavras: a regra é a eficácia imediata das decisões, sendo que a concessão de efeito suspensivo aos recursos não se dá ope legis, mas, sim, ope iudicius."* LEONEL, Ricardo de Barros. *Manual do Processo Coletivo.* 4ª ed. São Paulo: Malheiros, 2017. No mesmo sentido: "Nos termos do art. 14 da Lei 7.347/1985, o juiz poderá conferir efeito suspensivo aos recursos para evitar dano irreparável à parte. A mesma regra é repetida no art. 215 do ECA e art. 85 do Estatuto do Idoso. A previsão leva a doutrina ao entendimento uníssono de que nenhum dos recursos cabíveis contra decisões proferidas em ação civil pública tem efeito suspensivo" NEVES, Daniel Amorim Assumpção. *Manual do Processo Coletivo: volume único.* 3ª ed. Rev., atual. e ampl. Salvador: Juspodivm, 2016.

216. *"Considerando os poderes ampliados do juiz na condução das demandas coletivas, a concessão do efeito suspensivo ao recurso pode decorrer tanto de pedido do recorrente como de deliberação de ofício do magistrado, que, não obstante a omissão das partes, identifique razões que justifiquem a suspensão dos efeitos da sentença até seu trânsito em julgado."* LEONEL, Ricardo de Barros. *Manual do Processo Coletivo.* 4ª ed. São Paulo: Malheiros, 2017.

217. MOREIRA, Egon Bockmann; BAGATIN, Andreia Cristina; ARENHART, Sérgio Cruz; FERRARO, Marcella Pereira. *Comentários à Lei de Ação Civil Pública.* São Paulo: Revista dos Tribunais, 2017.

Capítulo 7
PRINCÍPIOS DO PROCESSO COLETIVO

1. INTRODUÇÃO E CONTEXTUALIZAÇÃO

Todos os princípios básicos e fundamentais do direito processual civil são diretamente aplicáveis aos processos coletivos, tais como: contraditório e ampla defesa (art. 5º, LV, CR/88), devido processo legal (art. 5º, LIV, CR/88), acesso à justiça (art. 5º, XXXV, CR/88), vedação ao tribunal de exceção (art. 5º, XXXVII, CR/88), juízo natural (art. 5º, LIII, CR/88), promotor natural (art. 5º, LIII, CR/88), dentre outros, e, portanto, despicienda a sua análise.

O CPC/15, nesta senda, gerou uma grande mudança de paradigma, que já foi enfrentada no Capítulo 6, mas que merece uma rápida citação para fins de contextualização. O reflexo mais imediato e inconteste é a adoção do novo modelo de processo colaborativo, cooperativo ou comparticipativo no qual todos os sujeitos do processo, com base nos princípios da boa-fé objetiva (art. 5º, CPC) e da cooperação (art. 6º, CPC), atuam na condução da relação jurídica processual, bem como para a resolução das questões processuais que surgirem.

Este novo modelo de processo adotado se aplica tanto aos processos individuais quanto aos coletivos. Há um policentrismo (assimétrico e simétrico ao mesmo tempo) que deverá ser observado em todas as fases processuais.[1] Este novo modelo assenta-se em diversas normas fundamentais, que deverão ser integralmente aplicáveis aos processos coletivos, tais como:

a) o contraditório participativo por meio de seu quadrinômio[2] com a necessidade de ser observado o dever jurídico de consulta ou vedação à surpresa (arts. 7º, 9º e 10, CPC);

b) sistema multiportas, por meio do qual o jurisdicionado, nos processos coletivos devidamente "representado" pelo legitimado coletivo, tem o direito de optar pela forma de acesso ao sistema jurisdicional (art. 3º, CPC);

c) princípio da boa-fé objetiva (art. 5º, CPC);

---

1. O policentrismo será considerado assimétrico na tomada das decisões judiciais, pois trata-se de atuação exclusiva dos magistrados; será considerado simétrico quanto à condução da relação processual, notadamente diante da construção da ação mais adequada para a solução do caso concreto.
2. O quadrinômio do princípio do contraditório participativo e efetivo é formado por estes quatro elementos indissociáveis: a) necessidade da informação; b) possibilidade da reação; c) dever jurídico de consulta prévia; d) possibilidade efetiva de influir na formação do convencimento do magistrado.

d) princípio da cooperação (art. 6°, CPC);

e) aplicação dos vetores previstos no art. 8°, CPC para a adequada resolução do caso concreto;

f) princípio da primazia da resolução do mérito (arts. 4°, 282, § 2°, 317, 321, 488, 932, parágrafo único, 1.029, § 5°, 1.032 e 1.033, CPC);[3] e

g) princípio da adaptabilidade (arts. 139, VI e 329, § 2°, CPC).[4]

O CPC tem, portanto, uma função, como demonstrado no tópico anterior, organizadora, flexível e aberta em relação ao microssistema, sem, contudo, contrariar as normas próprias da tutela coletiva, que devem ser preservadas.[5] A adoção do procedimento comum (princípio do procedimento único), conforme art. 318, CPC, como regra geral gera repercussões claras nos processos coletivos, quando a norma que regular o processo coletivo e o microssistema forem omissos na regulamentação[6]. Será, portanto, aplicável subsidiariamente o procedimento comum aos processos coletivos, de forma residual, como já sustentado (art. 318, parágrafo único, CPC).

O procedimento executório delineado no CPC será plenamente aplicável, de forma residual, aos processos coletivos, notadamente no tocante aos meios executórios e expropriatórios aplicáveis, procedimentos do cumprimento de sentença e execução, as causas suspensivas e extintivas da execução, bem como as defesas do executado (vide arts. 318, parágrafo único, 513 e 771, CPC). Destaca-se, contudo, a existência de regras expressas próprias da execução que manter-se-ão hígidas e aplicáveis aos processos coletivos, tais como:

a) mitigação do vínculo subjetivo ao título executivo que permite a possibilidade de outro legitimado coletivo promover a execução do título, mesmo que não tenha sido o responsável por sua formação;

b) possibilidade da assunção da execução (arts. 16 e 17, LAP e 15 LACP);

c) habilitação das vítimas e seus sucessores para fins de promover a liquidação e a execução no plano individual (arts. 100 e 103, § 3°, CDC); e

d) possibilidade de pedido de reserva de quantia (art. 99, CDC).

Feita a introdução, bem como a contextualização com o CPC, passo à análise dos princípios específicos do processo coletivo, quais sejam: princípio da adequada representação, princípio da competência adequada (*forum non conveniens, forum shopping e translatio iudicii*), princípio da certificação adequada, princípio da ampla

---

3. Impende salientar que, mesmo antes do advento do CPC/15, a doutrina já sustentava a existência e aplicação deste princípio aos processos coletivos derivado dos arts. 5, § 3° e 15 da Lei 7.347/1985 e 9°, 16 e 17 da LAP.
4. O princípio da adaptabilidade, de certa forma, já era aplicável aos processos coletivos em virtude do princípio da atipicidade das demandas coletivas previsto no art. 83, CDC.
5. DIDIER JR., Fredie; ZANETI JR., Hermes. *Curso de Direito Processual Civil: Processo Coletivo*. 11ª ed. Salvador: Juspodivm, 2017.
6. Atenção ao processo por improbidade administrativa, pois o art. 17, da LIA prevê a aplicação do procedimento comum.

CAPÍTULO 7 • PRINCÍPIOS DO PROCESSO COLETIVO   **201**

divulgação/informação (informação e publicidade adequadas), princípio do transporte *in utilibus* (coisa julgada diferenciada com a extensão *secundum eventus litis* da decisão favorável ao plano individual), princípio da gratuidade das ações coletivas, princípio da obrigatoriedade, princípio da indisponibilidade e princípio da não taxatividade/atipicidade das ações coletivas.[7]

2. PRINCÍPIO DO TRANSPORTE *IN UTILIBUS* DA SENTENÇA COLETIVA (REGIME JURÍDICO *IN UTILIBUS*)

Este princípio do transporte *in utilibus*, previsto nos arts. 95, 97, 98, 99, 100, 103 §§ 1º a 3º, CDC, pode ser exteriorizado de duas formas: a) resultado do processo coletivo na esfera jurídica individual; b) possibilidade do aproveitamento do resultado do processo coletivo para a esfera jurídica individual.

O resultado do processo coletivo só atinge a esfera jurídica individual para beneficiá-la, jamais para prejudicá-la, ou seja, o resultado é *in utilibus*. O art. 103, § 1º, CDC preconiza que a improcedência no processo coletivo não impede a propositura de ação individual. Entretanto, o § 2º do mesmo artigo excepciona o regime jurídico *in utilibus*, porque o indivíduo pode ser atingido por qualquer resultado do processo coletivo, seja ele benéfico ou prejudicial, desde que participe formalmente da relação jurídica processual por meio da intervenção individual (arts. 94, CDC e 18, parágrafo único, CPC). Neste caso, o regime jurídico não é *in utilibus*, mas *pro et contra*.

A possibilidade de aproveitamento do resultado positivo do processo coletivo, por meio da liquidação e execução no plano individual, é denominada transporte *in utilibus* (art. 103, § 3º, CDC).

O CPC, no art. 506, adota o regime *in utilibus* da coisa julgada (ver também o art. 274, CC). Não deve ser confundido o transporte *in utilibus* com a relação que se estabelece entre ação individual e uma ação coletiva que correm simultaneamente. Neste caso, estamos diante do sistema do *fair notice* e do *right to opt in* e *opt out*, conforme previsão nos arts. 104, CDC; 22, § 1º LMS e 13, parágrafo único, LMI.

As demais questões referentes ao princípio foram apresentadas nos capítulos referentes ao objeto material da tutela coletiva e da coisa julgada material coletiva.

---

7. "*O processo coletivo exige regramento próprio para diversos institutos, que devem acomodar-se às suas peculiaridades: competência, legitimidade, coisa julgada, intervenção de terceiros, execução, etc. De um modo geral, a legislação brasileira avançou bastante no tema, possuindo regramento próprio e geralmente bem adequado em todos esses aspectos. (...) Alguns aspectos desse devido processo legal coletivo merecem destaque, constituindo-se em verdadeiros princípios autônomos do direito processual coletivo, não obstante extraídos da mencionada cláusula geral (de resto, como todos os demais princípios processuais). São eles: princípio da adequada representação, princípio da competência adequada, princípio da certificação adequada, princípio da informação e publicidade adequadas e o princípio da coisa julgada diferenciada com a extensão secundum eventus litis da decisão favorável ao plano individual.*" DIDIER JR., Fredie; ZANETI JR., Hermes. *Curso de Direito Processual Civil – Processo Coletivo*. Op. cit., p. 105.

3. PRINCÍPIO DA PRIMAZIA DO MÉRITO

Este princípio, que deve ser entendido como parte integrante da teoria geral do processo,[8] antes mesmo da previsão expressa no CPC (arts. 4º; 64, § 4º; 76; 240; 139, IX; 282, § 2º; 317; 319, §§ 1º ao 3º; 321; 485, § 7º; 488; 932, parágrafo único; 968, §§ 5º e 6º; 1.007, § 3º e 1029, § 3º), já era sustentado pela doutrina como informador do processo coletivo. O princípio da cooperação (art. 6º, CPC) também informa o princípio em testilha. O cerne deste princípio é a busca pela solução definitiva (de mérito) da relação jurídica processual, ainda que seja verificada a presença de alguma irregularidade ou vício processual. Assim, deverá o órgão jurisdicional, antes de decretar a invalidade ou extinção do processo, oportunizar a correção do vício em prol da solução do mérito. Tal determinação, por óbvio, decorre de outros dois princípios, quais sejam, economia processual e instrumentalidade das formas. No microssistema da tutela coletiva há regras expressas neste sentido que permitem, inclusive, a assunção do processo ou da legitimidade, por meio da sucessão processual, conforme se verifica nos arts. 5º, § 3º e 15, LACP, arts. 9º, 16 e 17, LAP e 18, § 2º, da LIA, mesmo nos casos de deficiência na representação processual ou na ausência de legitimidade ativa *ad causam*.[9] Este ponto foi mais bem desenvolvido no capítulo referente à intervenção de terceiros.

Por fim, vale mencionar a doutrina do Fredie Didier Jr., que, ao analisar os princípios atinentes aos processos coletivos, propõe a primazia da solução do mérito do processo coletivo quando em cotejo com a solução do mérito do processo individual. A sua análise, com a qual concordo, parte da premissa da prioridade que deve ser conferida às demandas coletivas em detrimento das individuais. Aponta como exemplos os seguintes institutos:

a) suspensão dos processos nas hipóteses de resolução de demandas repetitivas (modelo de tutela coletiva), conforme arts. 982, I e 1.036, § 1º, CPC;

b) suspensão, de ofício pelo juízo da demanda coletiva, das ações individuais que versarem sobre o mesmo tema;[10]

c) suspensão de todos os processos que versarem sobre determinada norma jurídica objeto de ação de controle concentrado (processo coletivo especial) que, em seu procedimento, obteve uma tutela provisória na forma preconizada no art. 21, Lei 9.868/1999;

d) a opção de escolha das demandas coletivas como as mais propícias e efetivas na resolução das questões repetitivas;

e) o regime jurídico da imutabilidade *secundum eventus probationis* (arts. 18, LAP, 16, LACP e 103, I e II, CDC), pois somente confere a abrangência da coisa julgada

---

8. NEVES, Daniel Amorim Assumpção. *Manual do Processo Coletivo*. Op. cit., p. 130.
9. REsp 1.405.697/MG, 3ª T., rel. Min. Marco Aurélio Bellizze, Dje 08.10.2015.
10. REsp 1.110.549/RS, rel. Min. Sidnei Benedeti, j. 28.10.2009.

material nos casos em que o órgão jurisdicional resolveu o mérito com análise perfunctória do lastro probatório apresentado pelas partes e não simplesmente quando usa uma mera regra de julgamento (ônus da prova).

Não é, por óbvio, uma tentativa de impedir ou dificultar o exercício da tutela jurisdicional individual, mas de verificar que as demandas coletivas ostentam maior utilidade e eficácia na consecução da segurança jurídica com a molecularização dos litígios. Impende salientar, para que reste nítida a ideia de que não haverá empecilho para as demandas individuais, que o nosso ordenamento jurídico prevê, também, em certo aspecto, a possibilidade inversa com a prioridade para as demandas individuais como:

a) prioridade na execução individual da sentença coletiva de procedência (art. 99, CDC);

b) possibilidade de requerimento de tutela provisória nas demandas individuais, ainda que estejam suspensas em decorrência de um processo coletivo (art. 982, § 2º, CPC);

c) possibilidade de prosseguimento dos processos individuais suspensos em virtude de um processo coletivo, por meio do manejo da petição de *distinguishing* (art. 1.037, § 9º, CPC);

d) possibilidade de requerimento de suspensão ou de prosseguimento dos processos individuais (arts. 104, CDC; 22, § 1º, LMS e 13, parágrafo único, LMI).

A Lei 14.230/21 que modificou a LIA prevê uma hipótese interessante de aplicação do princípio da primazia da solução do mérito ao determinar a conversão da ação por improbidade administrativa em ação civil pública (art. 17, § 6º, da LIA), pois não haverá extinção do processo sem resolução do mérito por inadequação da via eleita, mas o aproveitamento dos atos processuais já praticados.

Há, ainda, uma forma atípica de assunção do processo prevista no art. 18, § 2º, da LIA. O Ministério Público legitimado ativo originário para o exercício da pretensão de conhecimento no processo de improbidade administrativa não o é para promoção da liquidação e execução da sentença, mas a pessoa jurídica prejudicada.

A pessoa jurídica prejudicada, ainda que não tenha exercido a legitimidade ativa originária para a pretensão judicial de conhecimento (art. 17, da LIA), a ostenta para o manejo da liquidação e execução. Caso não a promova, dentro do prazo de 06 meses, a contar do trânsito em julgado da sentença, o Ministério Público assumirá a condução dessa etapa procedimental.

Há, portanto, uma situação processual interessante: i) o Ministério Público tem legitimidade ativa originária para a fase de conhecimento, mas somente subsidiária para a fase de liquidação e cumprimento de sentença; b) a pessoa jurídica prejudicada tem legitimidade ativa originária para a pretensão de conhecimento e para a fase de liquidação e execução da sentença, no tocante à reparação dos danos e ressarcimento ao erário.

4. PRINCÍPIO DA INDISPONIBILIDADE

O princípio da indisponibilidade versa sobre a possibilidade de o legitimado coletivo dispor da demanda coletiva. Tal princípio, que não se aplica, como regra, nos processos individuais, decorre dos seguintes pontos:

a) o legitimado coletivo não titulariza o direito material coletivo deduzido, portanto se dispuser da demanda vai evitar a tutela jurisdicional do próprio direito material;

b) regime jurídico rígido do arquivamento que exige uma promoção com fundamentação adequada e suficiente, com a devida homologação pelo órgão colegiado administrativo superior que, em última análise, gera a não propositura da demanda coletiva;

c) regime da assunção do processo e da legitimidade que exige a ocorrência da sucessão processual por outro legitimado coletivo nos casos de abandono, desistência ou outra causa extintiva do processo.

Estes três tópicos apresentados denotam que os legitimados coletivos não podem, sem a necessária manifestação expressa e fundamentada, deixar de promover a tutela da coletividade dispondo da utilização dos instrumentos próprios existentes. Alguns autores, em virtude desta necessidade de fundamentação, sustentam a existência do princípio da disponibilidade motivada da demanda coletiva.[11] Assim, caso o legitimado coletivo, por uma eventualidade, queira abandonar ou desistir da demanda coletiva, deverá ser aberta a oportunidade processual para a sucessão processual (arts. 5, § 3º e 15, LACP e 9º, 16 e 17, LAP).

Verificada a ocorrência desta hipótese:

a) deverá o juiz determinar a expedição/publicação de editais com a convocação dos interessados (legitimados coletivos) em assumir a condução do processo coletivo;

b) esta publicação não alcança o MP, pois já é integrante da relação jurídica processual e deve, portanto, ser intimado pessoalmente para se manifestar sobre a sucessão processual;

c) o MP deve ser o primeiro legitimado coletivo a ser cientificado e, após a sua manifestação, em caso negativo, deverão ser expedidos os editais de convocação;

d) esta expedição de editais independe da manifestação de vontade do réu, pois não se aplica o art. 486, § 6º, CPC, mas, no caso de abandono, deve o juiz observar a regra do art. 485, § 1º, CPC;

---

11. *"Esta indisponibilidade não é, contudo, integral: há uma obrigatoriedade temperada com a conveniência e oportunidade para o ajuizamento da ação coletiva. (...) este mesmo princípio também é denominado princípio da disponibilidade motivada da ação coletiva."* DIDIER JR., Fredie; ZANETI JR., Hermes. *Curso de Direito Processual Civil – Processo Coletivo.* Op. cit., p. 11/117. ALMEIDA, Gregório Assagra de. *Direito Processual Coletivo Brasileiro: um novo ramo do direito processual (princípios, regras interpretativas e a problemática da sua interpretação e aplicação).* São Paulo: Saraiva, 2003, p. 573.

CAPÍTULO 7 • PRINCÍPIOS DO PROCESSO COLETIVO **205**

e) nada obstante, somente haverá sentido na publicação dos editais se a relação jurídica processual houver sido triangularizada;

f) estas normas referentes à sucessão processual são aplicáveis em qualquer hipótese de extinção do processo sem resolução de mérito;[12]

g) não existe vinculação do membro do MP para assumir a condução do processo, exceto na fase de cumprimento de sentença;

h) este regramento não se aplica aos processos coletivos especiais, em virtude das regras dos arts. 5º e 12-D da Lei 9.868/1999.

5. PRINCÍPIO DA ATIPICIDADE OU NÃO TAXATIVIDADE DAS AÇÕES (TUTELAS) COLETIVAS

Este princípio da atipicidade ou não taxatividade, que alguns denominam de máxima amplitude,[13] tem por objetivo indicar a desvinculação da tutela coletiva com uma determinada ação coletiva, isto é, o ordenamento permite o manejo de qualquer ação para fins de proteção da coletividade, por isso se afirma a atipicidade ou a não taxatividade. O que importa, portanto, para fins de tutela da coletividade é verificar a adequação e a efetividade da ação coletiva escolhida e usada pelo legitimado coletivo.[14] Vale lembrar, como abordado no Capítulo 5, que o rol legal dos direitos transindividuais é exemplificativo, como se verifica na leitura dos arts. 1º, V, LACP e 129, III, CR/88. Não interessa o *nomen iuris* da ação, até porque não tem pia batismal.[15] O que individualiza a ação são seus elementos (partes, pedido e causa de pedir) e não o nome que consta na petição inicial. Assim, em outros termos, o legitimado coletivo deve se preocupar com a adequação da via eleita, bem como com a possibilidade de obtenção de uma tutela jurisdicional efetiva. De certa forma, como visto no capítulo referente à legitimidade, este princípio ratifica a possibilidade do manejo da chamada ação coletiva passiva.

Este princípio encontra guarida expressa em nosso ordenamento jurídico, conforme se verifica nas seguintes normas:

---

12. O STJ possui julgado no qual aplica este entendimento: Resp 1.405.697/MG, 3ª T., rel. Min. Marco Aurélio Bellizze, j. 17.09.2015, Dje 08.10.2015. Em sentido diverso, sustentando a aplicação da regra da sucessão processual somente aos casos de abandono e desistência, pode ser citado NEVES, Daniel Amorim Assumpção. *Manual do Processo Coletivo*. Op. cit., p. 138.

13. ALMEIDA, Gregório Assagra de. *Direito Processual Coletivo Brasileiro: um novo ramo do direito processual (princípios, regras interpretativas e a problemática da sua interpretação e aplicação)*. São Paulo: Saraiva, 2003, p. 575.

14. *"Pelo princípio da não taxatividade da ação coletiva, qualquer tipo de direito coletivo em sentido amplo poderá ser tutelado por intermédio das ações coletivas. Essa assertiva também é reforçada pelo princípio da máxima amplitude da tutela jurisdicional coletiva, previsto no art. 83 do CDC e aplicável a todo o direito processual coletivo, por força do art. 21 da LACP."* ALMEIDA, Gregório Assagra de. *Direito Processual Coletivo Brasileiro: um novo ramo do direito processual (princípios, regras interpretativas e a problemática da sua interpretação e aplicação)*. São Paulo: Saraiva, 2003, p. 575.

15. *"A correção do nome da ação atribuída equivocadamente pelo autor é mera irregularidade sem qualquer repercussão prática, podendo ocorrer inclusive de ofício pelo juiz."* NEVES, Daniel Amorim Assumpção. *Manual do Processo Coletivo*. Op. cit., p. 131.

a) art. 1º, LACP, que contém a expressão "sem prejuízo da ação popular" e inequivocamente exterioriza um rol exemplificativo dos objetos que podem ser tutelados via ACP;

b) arts. 83, CDC; 212, ECA e 82, Estatuto do Idoso que, de forma expressa, preconiza serem *"admissíveis todas as espécies de ações capazes de propiciar sua adequada e efetiva tutela"*.

Neste sentido, vale indicar as normas que regulam as ações coletivas: art. 1º, LAP; art. 1º, Lei 6.969/1981; art. 1º, Lei 6.938/1981; Lei 7.913/1989; Lei 7.853/1989; arts. 201 e 210 ECA; art. 81, CDC; art.17, LIA; art. 4º, Lei 8.437/1992; Lei 9.507/1997, Lei 9.605/1998; Lei 9.868/1999; Lei 9.882/1999; art. 12, Lei 10.257/2001; art. 81 do Estatuto do Idoso; art. 142, da Lei Geral do Esporte; arts. 21 e 22 LMS; arts. 6º a 16 e 21, LAC, Lei 12.529/2011; art. 13, Lei 13.300/2016.

Um ponto interessante que decorre do princípio em comento é a sua interface com o princípio da fungibilidade. Ora, considerando que um dos pilares do CPC, plenamente aplicável aos processos coletivos, é o princípio da adequação que permite a construção, com a participação intensa dos sujeitos do processo, da ação adequada para o caso concreto, factível sustentar que o princípio da não taxatividade das ações coletivas permite a aplicação da fungibilidade entre elas, com as devidas adaptações procedimentais e do objeto material deduzido. Assim, se um determinado legitimado coletivo promove uma demanda coletiva, mas o faz por meio do instrumento processual equivocado (maneja uma ACP genérica quando deveria ser uma Ação por improbidade administrativa), deverá o magistrado, com base nos princípios da não surpresa, da primazia da solução do mérito (evitando, com isso, a extinção do processo sem a resolução do mérito), da fungibilidade, da adequação e não taxatividade, recebê-lo como se o adequado fosse, abrindo a oportunidade processual para que o autor coletivo promova as devidas adaptações (art. 321, CPC).[16]

O princípio em testilha foi relegado ao oblívio pelo legislador, pois, com o advento da Lei 14.230/21, deverá ser determinada pelo juiz a conversão da ação por improbidade administrativa em ação civil pública sem que seja aberta a oportunidade procedimental para que o autor se manifeste (art. 17, § 16, da LIA). Além de ignorar o princípio da não taxatividade, o legislador deixou de considerar a regra prevista no art. 10, do CPC, que determina o dever jurídico de consulta. Caberá ao autor da ação somente interpor o agravo de instrumento (art. 17, § 17, da LIA).

O erro de procedimento é vício processual plenamente sanável, inclusive na fase de recebimento da inicial. Haveria, com isso, além de uma conversão de pro-

---

16. *"Não vejo como impedir essa fungibilidade entre as distintas espécies de ação coletiva, sempre com o objetivo de evitar uma extinção anômala do processo por meio da prolação de sentença terminativa. Não seria fenômeno inédito em nosso sistema processual, considerando a fungibilidade entre as diferentes espécies de ação possessória, ainda que nesse caso exista previsão legal expressa (art. 554 do Novo CPC). Como ocorre em toda aplicação do princípio da fungibilidade, é necessário oportunizar às partes – no caso ao autor – a realização das devidas adequações."* NEVES, Daniel Amorim Assumpção. *Manual do Processo Coletivo.* Op. cit., p. 132.

CAPÍTULO 7 • PRINCÍPIOS DO PROCESSO COLETIVO | **207**

cedimentos, uma conversão de processos. O STJ já reconheceu a possibilidade da conversão de processos, desde que seja na fase de admissibilidade da demanda (antes da triangularização da relação jurídica processual).[17]

Assim, para ser possível a conversão de processos por intermédio da aplicação do princípio da fungibilidade, devem estar presentes os seguintes pressupostos:

a) erro na escolha do instrumento processual (inadequação da via eleita);

b) abertura de oportunidade processual para que o autor promova a adequação;

c) se for o caso, além da adaptação procedimental, deverá ser promovida a redução objetiva da demanda;

d) tem que ocorrer na fase de admissibilidade da demanda, ou seja, antes da citação do réu.[18]

No âmbito do processo por improbidade administrativa, não há a limitação procedimental, pois a conversão da ação por improbidade administrativa em ação civil pública pode ocorrer em qualquer momento (art. 17, § 16, da LIA).

O STJ, reconhecendo a existência deste princípio da não taxatividade das demandas coletivas, assentou entendimento no sentido da possibilidade cumulação em uma única relação jurídica processual de várias modalidades de tutela coletiva.[19]

Na visão, sempre percuciente de Daniel Assumpção,[20] o STF, com a edição da súmula 101, parece ter restringido o princípio da não taxatividade, pois, ao vedar o manejo de MS como substitutivo de ação popular, que defende interesses difusos, por via de consequência, veda o uso do MS coletivo para a tutela dos direitos difusos.

Assim, conforme esta visão, não seria possível impetrar MS coletivo para a tutela dos direitos difusos, apesar da **doutrina majoritária**,[21] com a minha inteira adesão, defender o contrário, conforme abordado no capítulo referente ao objeto do direito material coletivo. A restrição do MS coletivo para a tutela dos direitos difusos é indevida e quiçá inconstitucional,[22] com base nos seguintes argumentos:

---

17. AgRg no Resp 1.161.961/RJ, 3ª T., rel. Min. João Otávio de Noronha, j. 13.08.2013, Dje 22.08.2013.
18. AgRg no AREsp 14.114/PR, rel. Min. Marco Buzzi, j. 06.11.2012, Dje 13.11.2012.
19. Resp 625.249/PR, 1ª T., rel. Min. Luiz Fux, j. 15.08.2006, Dje 31.08.2006.
20. "(…) o que fica claro na Súmula 101 do STF, que, ao afirmar que o mandado de segurança não substitui a ação popular, deixa claro que os interesses difusos da coletividade diante de ato violador de direito – mesmo que o ato viole direito líquido e certo – devem ser tutelados pela ação popular, e não pelo mandado de segurança coletivo. E, com a previsão expressa do art. 21, parágrafo único, da Lei 12.106/2009, a discussão parece ter chegado ao fim, ao menos no plano jurisprudencial." NEVES, Daniel Amorim Assumpção. Manual do Processo Coletivo. Op. cit., p. 147.
21. DIDIER JR., Fredie; ZANETI JR., Hermes. Curso de Direito Processual Civil – Processo Coletivo. Op. cit., p. 124; NERY JR., Nelson; NERY, Rosa Maria de Andrade. Constituição Federal comentada e legislação extravagante. São Paulo: Revista dos Tribunais, 2006, p. 139.
22. "Limitações levadas a efeito pela jurisprudência e pela legislação infraconstitucional são inconstitucionais, já que ferem disposições expressas do texto constitucional (arts. 5º, XXXV, e 129, III, da CF)" ALMEIDA, Gregório Assagra de. Direito Processual Coletivo Brasileiro: um novo ramo do direito processual (princípios, regras interpretativas e a problemática da sua interpretação e aplicação). São Paulo: Saraiva, 2003, p. 575.

a) aplicação do princípio da não taxatividade das ações coletivas;

b) aplicação do princípio da máxima efetividade dos direitos fundamentais;

c) violação do princípio da inafastabilidade do crivo jurisdicional (art. 5º, XXXV, CR/88).

Ao contrário do que foi sustentado pelo nobre amigo, o STF fixou entendimento em sentido diverso do que foi apresentado em alguns julgados recentes, pois, de forma expressa, permitiu o manejo do MS coletivo na tutela de direitos difusos.[23] No mesmo sentido, há julgado no STJ.[24]

6. PRINCÍPIO DA AMPLA PUBLICIDADE OU AMPLA DIVULGAÇÃO DA TUTELA COLETIVA

Os legitimados coletivos, conforme preconiza o art. 94, CDC, devem conferir ampla divulgação da utilização dos instrumentos da tutela coletiva, sejam judiciais ou extrajudiciais. Este princípio, que também decorre da norma do art. 8º da Lei 12.529/2011, também se aplica ao modelo de tutela coletiva da resolução das questões repetitivas, conforme se denota no art. 979, CPC. A função deste princípio, por óbvio, é informar aos membros da coletividade (**princípio da adequada notificação dos membros do grupo – *fair notice***) que foi utilizado um instrumento que pode gerar efeitos benéficos para a sua esfera jurídica e, se for o caso, possibilitando a realização de intervenção individual. Não se trata de uma ciência formal, mas meramente informal. Assim, ainda que o legitimado coletivo logre êxito em divulgar os termos dos instrumentos utilizados, não terá o condão de gerar a aplicação do sistema do *fair notice* e *right to opt*, pois, tal sistema exige a ciência formal do autor da ação individual (arts. 104, CDC; 22, § 1º, LMS e 13, parágrafo único, LMI). Os autores (legitimados coletivos) das ações coletivas ostentam um verdadeiro dever jurídico de conferir publicidade às demandas para que os membros da coletividade possam ter ciência da existência dessas demandas. Não é ciência formal, ou seja, não precisa notificar.

Uma outra vertente deste princípio é a **informação adequada aos legitimados coletivos**, ou seja, há a necessidade, mormente nos casos de agentes públicos, de informar aos legitimados coletivos a ocorrência ou potencial ocorrência de ameaça ou lesão aos direitos transindividuais para que possam adotar as medidas (judiciais ou extrajudiciais) cabíveis, conforme os arts. 6º e 7º, LACP; 139, X, CPC; 89, do Estatuto do Idoso; 220, ECA; 16, LIA; 15, LAC.

---

23. RE 196.184, Pleno, rel. Min. Ellen Gracie, j. 27.10.2004; RE 181.438-1/SP, Pleno, rel. Min. Carlos Velloso, Revista dos Tribunais 734.229.
24. REsp 700.206/MG, 1ª T., rel. Min. Luiz Fux, j. 09.03.2010, Dje 19.03.2010.

7. PRINCÍPIO DA COMPETÊNCIA ADEQUADA – *FORUM SHOPPING, FORUM NON CONVENIENS* E *TRANSLATIO IUDICII*

Este princípio foi desenvolvido inicialmente e aplicado em processo coletivo e hoje é utilizado também em processo individual. Foi devidamente desenvolvido no Capítulo 8, mas fixarei aqui os pontos principais. De acordo com esse princípio, a mera observância da regra de competência não é suficiente para obtenção de tutela jurisdicional adequada e eficiente. A regra geral de competência em processo coletivo é o foro do local do dano, arts. 5º LAP; 2º LACP e 93 CDC. Pode ocorrer, contudo, do dano atingir mais de um local. Se isso acontecer, haverá foros concorrentes (opções de foro), e a escolha do foro será realizada pelo legitimado coletivo.

Diante da existência de foros concorrentes, surgem, então, dois institutos correlatos:

a) *Forum shopping*: a escolha do foro competente decorrerá da conveniência exclusiva do autor da demanda;

b) *Forum non conveniens*: instituto que tem o objetivo de controlar o exercício da opção de foro, para que seja respeitada a competência mais adequada para o correto deslinde da causa.

O órgão jurisdicional, portanto, ao receber a demanda, pode recusá-la sob o argumento de que o foro escolhido pela parte não é o mais adequado para a solução do caso concreto e remeter ao juízo do foro que reputar o mais adequado. Fredie Didier sustenta a possibilidade jurídica da utilização do *foro non conveniens* no nosso ordenamento, porém, existe decisão do STJ vedando a utilização desse instituto sob o argumento de que não tem previsão em nosso ordenamento jurídico.[25] A doutrina, entretanto, sustenta a plena aplicação do instituto e argumenta, principalmente, que a ausência de previsão no ordenamento jurídico não induz impossibilidade jurídica.[26]

Outro princípio que, em meu sentir, decorre da competência adequada, é o da *translatio iudicii* (princípio do juízo ou competência aparente). No Brasil, os princípios da *translatio iudicii* e a reassunção do processo fazem parte do sistema processual civil, sem que essas denominações sejam expressamente adotadas, no bojo do Código de Processo Civil (art. 64, § 4º, CPC). Trata-se da reassunção do processo e remessa dos autos ao juízo competente, nos casos em que é declarada a incompetência relativa e a absoluta.

---

25. MC 15.398/RJ, 3ª T., rel. Min. Nancy Andrighi, j. 02.04.2009, Dje 23.04.2009.
26. "*As razões para a exigência de um determinado foro no caso concreto, independentemente da vontade das partes, ainda que existam outros previstos como competentes pela lei, parece ter como fundamento as mesmas razões que levaram o legislador a tornar absoluta a regra de competência territorial no processo coletivo. Dessa forma, a proximidade do ato ilícito discutido no processo, bem como de suas repercussões nocivas mais diretas, além da facilidade na atuação jurisdicional, em especial no tocante à colheita de provas, leva parcela da doutrina a defender o princípio da competência adequada.*" NEVES, Daniel Amorim Assumpção. *Manual do Processo Coletivo*. Op. cit., p. 148.

Na primeira hipótese, há o aproveitamento de todos os atos (inclusive decisórios) e, na segunda, os atos de caráter decisório são considerados nulos e os demais são conservados. Ocorre, todavia, que as regras já previstas no ordenamento pátrio não são suficientes para resolver todos os casos concretos. Da análise da legislação pátria, constata-se que, à época do CPC/73 (art. 113, § 2º), optava-se por anular o processo ou os atos decisórios, ao invés de se adotar a *translatio iudicii* e a reassunção do processo, sob fundamentos inconstitucionais, que violavam os princípios do acesso à justiça (art. 5º, XXXV, CR/88) e da duração razoável do processo (art. 5º, LXXVIII, CR/88).

Por outro lado, não há estudo aprofundado sobre os efeitos processuais (por exemplo, *perpetuatio jurisdictionis* e litispendência) e materiais (por exemplo, interrupção da decadência e prescrição) dos atos realizados perante o juízo considerado incompetente.

Desse modo, impende analisar a aplicabilidade da *translatio iudicii* e a reassunção do processo no direito processual civil brasileiro, à luz dos princípios constitucionais, os efeitos processuais e materiais dos atos realizados perante o juízo considerado incompetente e propor soluções. Em meu sentir, a redação do art. 64, § 4º, CPC permite sustentar que nos casos em que o vício resume-se à incompetência do juízo do qual emanou a decisão judicial, devem os efeitos (substanciais e processuais) ser conservados, até que outra decisão seja proferida pelo juízo competente,[27] ainda que se trate de decisão proferida em sede de tutela provisória.[28] O STJ, mesmo antes do advento do CPC/15, já havia decidido neste mesmo sentido mantendo, inclusive, uma decisão proferida em sede de ação de improbidade administrativa que havia decretado a indisponibilidade dos bens do agente público.[29] O STF, por seu turno, no bojo de um processo penal, aplicou o mesmo instituto, mas utilizou o termo princípio da competência ou do juízo aparente.[30]

8. PRINCÍPIO DA GRATUIDADE DAS AÇÕES COLETIVAS

As ações coletivas em nosso ordenamento, como regra geral, são gratuitas. A premissa é fomentar o acesso à justiça (art. 5º, XXXV, CR/88) por meio da propositura

---

27. MEDINA, José Miguel de Garcia; WAMBIER, Teresa Arruda Alvim. *Processo Civil Moderno, parte geral e processo de conhecimento*. São Paulo: Revista dos Tribunais, 2009, v.1, p. 101.

28. *"(...)Como a decisão que concede tutela cautelar é, sem dúvida, um 'ato decisório', caso o juiz que a concedeu seja declarado, mais tarde, absolutamente incompetente para a causa, a sua decisão que deferiu a tutela cautelar deverá ser considerada nula. Não obstante, diante da circunstância de que o desaparecimento da tutela cautelar pode sujeitar o litigante a grave dano, não há razão para entender que a tutela cautelar deva perder a sua eficácia antes de ter a sua legitimidade aferida pelo juízo competente. Neste caso, o direito fundamental à tutela jurisdicional efetiva, frisando o direito à segurança da efetividade da tutela do direito, impõe-se sobre o dado de que será mantida a eficácia de uma tutela cautelar concedida por juiz absolutamente incompetente."* ARENHARDT, Sérgio Cruz; MARINONI, Luiz Guilherme. *Curso de Processo Civil: processo cautelar*. São Paulo: Revista dos Tribunais, 2008, p. 120.

29. REsp 1.038.199/ES, rel. Min. Castro Meira, j. 7.05.2013.

30. HC 110496/RJ, rel. Min. Gilmar Mendes, 9.04.2013.

CAPÍTULO 7 • PRINCÍPIOS DO PROCESSO COLETIVO

dessas ações, mormente quanto aos legitimados coletivos privados decorrentes da sociedade civil organizada (associações civis, sindicatos, entidades associativas). Existe, contudo, uma exceção: ocorrência de comprovada má-fé, caso em que haverá condenação nas custas e honorários. O STJ, entretanto, fixou entendimento, com base na isonomia (art. 5º, CR/88) no sentido de que o réu, nas demandas coletivas, não pode ser condenado nas custas e honorários nos casos de procedência do pedido, pois se o autor obtiver improcedência ele não é condenado.[31]

Questão interessante, neste ponto, é saber se o MP, enquanto autor da ação coletiva, pode requerer condenação do réu para pagar-lhe honorários de sucumbência. Trata-se de um tema com certa controvérsia em nosso ordenamento. Podem ser identificadas as seguintes teses:

1ª tese (majoritária/STJ[32]): não pode ocorrer o pagamento dos honorários advocatícios em favor o membro do MP, com base nos seguintes fundamentos:

a) o direito ao recebimento de honorários advocatícios é exclusivo da advocacia, posto direito autônomo (art. 22, EOAB);

b) os membros do MP não exercem atividade advocatícia no âmbito de suas atividades funcionais (art. 38, § 1º, II e 44, II, LONMP) e, portanto, não podem receber honorários, conforme determina o art. 128, § 5º, II, a, CR/88; art. 44, I, LONMP;

c) a atuação funcional dos membros do MP não é custeada pelo pagamento dos honorários, mas pelos tributos;[33]

2ª tese: não pode ocorrer o pagamento dos honorários advocatícios em favor do membro do MP, com base na linha argumentativa da tese anterior, mas, de *lege ferenda*, pode ocorrer tal pagamento em favor do fundo de defesa dos direitos difusos, com o fito precípuo de tutelar a coletividade e de criar uma isenção sem respaldo em nosso ordenamento em favor do réu da demanda coletiva. Ao meu sentir, é a tese mais consentânea com a tutela da coletividade;[34]

3ª tese: a vedação constitucional refere-se aos membros do MP e não à instituição. Ademais, não existe no microssistema da tutela coletiva qualquer norma que isente o réu do pagamento dos honorários advocatícios, portanto, aplicar-se-á a norma geral prevista no art. 85, CPC, ou seja, aplicação residual das normas do CPC.[35]

---

31. AgRg no REsp 1.386.342/PR, 2ª T., rel. Min. Mauro Campbell Marques, j. 27.03.2014, Dje 02.04.2014.
32. Resp 1.420.691/RJ, 2ª T., rel. Min. Eliana Calmon, j. 05.12.2013, Dje 13.12.2013.
33. MAZZILLI, Hugo Nigro. *A defesa dos interesses difusos em juízo.* Op. cit., p. 627; GAJARDONI, Fernando da Fonseca. *Direitos difusos e coletivos II.* São Paulo: Saraiva, 2012, p. 98.
34. NEVES, Daniel Amorim Assumpção. *Manual do Processo Coletivo.* Op. cit., p. 491.
35. *"Assim, o ônus da sucumbência encontra três vertentes: a) vencida a parte autora, aplica-se a lei especial (LACP), especificamente os arts. 17 e 18 – procurando-se com isso evitar a inibição dos legitimados concorrentes na defesa de direitos ou interesses transindividuais;* **b) vencida a parte ré, aplica-se na íntegra o art. 20 do CPC, norma da lei geral, à falta de correspondente na lei especial;** *c) em caso de perda de objeto, quando o próprio réu realizou as diligências, continua responsável pelo pagamento dos honorários de advogado, porque deu causa à demanda."* ALMEIDA, João Batista de. *Aspectos controvertidos da Ação Civil Pública.* 2ª ed. São Paulo: Revista dos Tribunais, p. 220 (grifos nossos).

4ª tese: sustenta a possibilidade do pagamento dos honorários quando o MP atuar na defesa de direito individual indisponível por meio de ACP, mas o destino dos honorários deve ser o erário.[36] O STJ fixou entendimento, como visto acima, no sentido da não condenação ao pagamento, por parte do réu, de honorários, em virtude da utilização do princípio da simetria, porém excepciona para os casos de comprovada má-fé.[37]

Em outro sentido, mas com o mesmo tema, poderia o MP ser condenado, fora das hipóteses de litigância de má-fé, ao pagamento de custas e honorários? Estas questões foram devidamente enfrentadas no capítulo referente aos reflexos do CPC nos processos coletivos, para o qual remetemos o leitor. Nada obstante, indico, para fins de enfrentamento do tema, as seguintes normas: art. 128, § 5º, II, "a", CRFB/88; art. 91, *caput* e §§ 1º e 2º, do CPC; arts. 87, CDC; arts. 17 e 18, LACP; arts. 1.046, § 2º, CPC; art. 2º, §§ 1º e 2º, LINDB; art. 23-B, da LIA.

9. PRINCÍPIO DA OBRIGATORIEDADE DA AÇÃO (TUTELA) COLETIVA

O processo coletivo, tendo em vista as suas peculiaridades, está impregnado com o entendimento acerca da obrigatoriedade da demanda coletiva, muito em virtude da ideia de indisponibilidade do interesse público e do direito material subjacente à demanda.

Para análise da incidência do princípio supracitado, impende destacar as seguintes premissas:

a) os interesses transindividuais têm natureza social e relevância pública, sendo peculiarizados pela indisponibilidade;

b) os legitimados para agir em juízo na defesa destes interesses não são os seus titulares, mas sim "representantes" da própria coletividade;

c) os legitimados de forma autônoma não atuam em defesa de posições jurídicas próprias, mas de terceiros, que não têm a faculdade legal de estarem presentes em juízo ou extrajudicialmente para manifestarem-se quanto aos interesses transindividuais envolvidos;

d) a eventual existência do princípio da obrigatoriedade só deve ser verificada quando o legitimado coletivo for o MP, por ser o único que ostenta um certo dever funcional.

O princípio da obrigatoriedade, que somente deve ser analisado com a atuação do MP,[38] significa que, se identificados no caso concreto os pressupostos da situação

---

36. NERY JR., Nelson; NERY, Rosa Maria de Andrade. *Código de Processo Civil comentado*. Op. cit., p. 200.
37. AgRg no REsp 1.386.342/PR, 2ª T., rel. Min. Mauro Campbell Marques, j. 27.03.2014, Dje 02.04.2014.
38. *"Claro que essa obrigatoriedade está predominantemente voltada para o Ministério Público, já que ele tem o dever funcional de, presentes os pressupostos e verificada a lesão ou ameaça ao direito coletivo, propor a demanda; mesmo assim, poderá o Ministério Público fazer um juízo de oportunidade e conveniência, que equivale a um certo grau de discricionariedade controlada do agente."* DIDIER JR., Fredie; ZANETI JR., Hermes. *Curso de Direito Processual Civil – Processo Coletivo.* Op. cit., p. 116.

material que tornem necessária a propositura de demanda coletiva, não poderá o *Parquet* furtar-se ao ajuizamento da ação. Tanto isso é verdade, que alguns autores sustentam tratar-se de uma ***obrigatoriedade temperada com a conveniência e a oportunidade.***[39]

O tema, a rigor, é objeto de certa divergência na doutrina. Incide no processo civil coletivo o princípio da obrigatoriedade tal como no processo penal? É possível encontrar, com o fim de obter uma adequada resposta para a indagação, as seguintes posições:

1ª tese: Existe o princípio da obrigatoriedade da ação coletiva e, quando o legitimado ativo for o MP, será um verdadeiro dever funcional,[40] com base nos seguintes argumentos:

a) existência de regime jurídico rígido da promoção de arquivamento, que exige uma manifestação expressa com fundamentação adequada e específica, com a imprescindível realização do reexame necessário pelo órgão colegiado superior;

b) indisponibilidade do direito material que acarreta, por via de consequência, a obrigatoriedade da tutela jurisdicional;

c) possibilidade da realização da sucessão processual, com assunção do processo ou da legitimidade, quando houver abandono, desistência ou a extinção sem resolução de mérito da demanda coletiva;

2ª tese: Existe a obrigatoriedade da tutela coletiva e não da ação coletiva, com base nos seguintes fundamentos:

a) para fins de proteção da coletividade não é imprescindível a propositura de uma ação (visão meramente demandista da tutela coletiva), pois existem outros instrumentos tão ou mais eficazes que a demanda (visão resolutiva da tutela coletiva), que podem, inclusive, substituir a tutela jurisdicional, tais como: recomendação, termo de ajustamento de conduta, acordo de leniência ou acordo de não persecução cível;

b) não há que se falar em indisponibilidade do direito de ação coletiva, pois tal ponto não encontra diferenciação nos processos individuais e coletivos;

c) no que tange ao MP, por oportuno, não guarda relação com a indisponibilidade do direito de ação, mas com suas finalidades institucionais;[41]

---

39. MELLO FERRAZ, Antônio Augusto Camargo de. et al. *A ação civil pública e a tutela dos interesses difusos.* Op. cit., p. 42. No mesmo sentido: *"Não vamos chegar ao extremo de dizer que a atividade do Ministério Público, aí, seja ilimitadamente discricionária, ficando a critério do órgão a propositura ou não da ação. No entanto, verificando que não há suporte legal para o ajuizamento da ação, ou, ainda, que não é oportuna ou conveniente essa propositura, poderá deixar de exercê-la."* MILARÉ, Édis. *Ação Civil Pública na nova ordem constitucional.* São Paulo. Saraiva, 1990, p. 11.

40. ANDRADE, Adriano; MASSON, Cleber; ANDRADE, Landolfo. *Interesses difusos e coletivos esquematizado.* São Paulo: Método, 2011, p. 65.

41. *"Haveria, portanto, uma obrigatoriedade institucional de tutelar os direitos difusos, coletivos e individuais homogêneos indisponíveis ou com repercussão social, mas sem necessariamente ter de se valer de ação judicial para tanto."* NEVES, Daniel Amorim Assumpção. *Manual do Processo Coletivo.* Op. cit., p. 142.

d) não existe uma obrigatoriedade mitigada, pois se o legitimado deverá fazer uma análise acerca da presença dos requisitos ensejadores, não será possível afirmar a existência do princípio da obrigatoriedade;[42]

3ª tese: Aplicação do princípio da obrigatoriedade da demanda coletiva, desde que presentes todos os pressupostos e requisitos ensejadores do exercício judicial da pretensão, ou seja, obrigatoriedade mitigada ou temperada não da demanda coletiva, mas da tutela coletiva.[43] Não pode ser confundida tal afirmação com a defesa de uma discricionariedade, assim compreendida como uma mera análise de conveniência e oportunidade isoladamente, pois o legitimado coletivo, mormente o MP, deverá avaliar a existência de suporte fático ensejador da demanda, a conveniência (no sentido procedimental e probatório), a efetividade e a indispensabilidade da propositura da ação coletiva.[44] Afirmar, por certo, daí a nossa adesão à tese, a existência de uma obrigatoriedade mitigada implica dizer que a propositura da demanda coletiva pressupõe uma análise cuidadosa dos seus pressupostos, adequação e efetividade. O legitimado coletivo deverá avaliar, com as peculiaridades do caso concreto, qual é a melhor solução. Ora, neste momento da avaliação que, normalmente, ocorre previamente à propositura da demanda, deverá o legitimado coletivo levar em consideração, também, a possibilidade do manejo dos instrumentos extraprocessuais e extrajudiciais da tutela coletiva (recomendação, termo de ajustamento de conduta e acordo de leniência). Ao realizar tal análise, por óbvio, o legitimado irá ponderar acerca da necessidade e efetividade dos instrumentos, portanto, a obrigatoriedade não é absoluta, mas temperada ou mitigada. Assim, conclui-se pela aplicação do princípio da obrigatoriedade da demanda coletiva, desde que presentes todos os pressupostos e requisitos ensejadores do exercício judicial da pretensão.

Por fim, há algumas considerações que permeiam o princípio da obrigatoriedade da tutela coletiva, que confirmam a disponibilidade e obrigatoriedade temperadas/mitigadas, e são imprescindíveis:

---

42. FERRARESI, Eurico. *Ação Popular, ação civil pública e mandado de segurança coletivo – instrumentos processuais coletivos*. Rio de Janeiro: Forense, 2009, p. 281.
43. NERY JR., Nelson; NERY, Rosa Maria de Andrade. *Código de Processo Civil comentado*. 10ª ed. São Paulo: Revista dos Tribunais, 2008, p. 1443; MAZZILLI, Hugo Nigro. *A defesa dos interesses difusos em juízo*. Op. cit., p. 92; DINAMARCO, Pedro da Silva. *Ação Civil Pública*. São Paulo: Saraiva, 2001, p. 210. DIDIER JR, Fredie; ZANETI JR., Hermes. *Curso de Direito Processual Civil – Processo Coletivo*. Op. cit., p. 116; ALMEIDA, Gregório Assagra de. *Direito Processual Coletivo Brasileiro: um novo ramo do direito processual (princípios, regras interpretativas e a problemática da sua interpretação e aplicação)*. São Paulo: Saraiva, 2003, p. 573.
44. *"Não vamos chegar ao extremo de dizer que a atividade do Ministério Público, aí, seja ilimitadamente discricionária, ficando a critério do órgão a propositura ou não da ação. No entanto, verificando que não há suporte legal para o ajuizamento da ação, ou, ainda, que não é oportuna ou conveniente essa propositura, poderá deixar de exercê-la."* MILARÉ, Édis. *Ação Civil Pública na nova ordem constitucional*. São Paulo. Saraiva, 1990, p. 11.

a) inexistência do controle judicial da promoção de arquivamento do inquérito civil (diferença relevante para o processo penal) e, portanto, inexistência de um controle judicial da obrigatoriedade da tutela coletiva;

b) inexistência de norma jurídica expressa permitindo ação individual subsidiária da coletiva;

c) o debate sobre a obrigatoriedade somente refere-se à fase de conhecimento, pois na fase de cumprimento de sentença é inequívoca a aplicabilidade do princípio da obrigatoriedade, uma vez que já existe um título executivo judicial em favor da coletividade que deve ser executado.[45] Neste sentido, vale mencionar os arts. 15, LACP, 16 e 17, LAP e 18, §2º, da LIA.

10. PRINCÍPIO DA LEGITIMAÇÃO (REPRESENTATIVIDADE ADEQUADA)

Trata-se de princípio do processo coletivo cuja finalidade é permitir o exercício do controle judicial da legitimidade tendo como pressupostos: a) pertinência temática; b) congruência entre as finalidades institucionais e o objeto da demanda coletiva; c) autorização dos membros (estatutária ou assemblear). Assim, no caso concreto, deverá ser verificada a adequação da atuação daquele que, no plano abstrato (previsão legal), é o legitimado coletivo. O tema foi devidamente desenvolvido no Capítulo 9.

11. PRINCÍPIO DA CERTIFICAÇÃO ADEQUADA DA AÇÃO (TUTELA) COLETIVA

A denominada certificação da ação, cuja origem é a *class actions* (*class certification*) do direito norte americano,[46] tem como finalidade precípua verificar a adequada formulação da demanda coletiva, sob o prisma da máxima efetividade da tutela coletiva. A certificação dependerá sempre de decisão judicial expressa neste sentido. Em nosso ordenamento jurídico não há regra legal determinando a sua realização, bem como os seus requisitos. A omissão na regulamentação do tema, por certo, não gera óbice para a sua aplicação. Em meu sentir, é plenamente possível e recomendável a realização desta certificação (ou qualquer outro nome que o valha) para que seja conferida a necessária segurança jurídica às partes, na medida em que os processos coletivos ostentam regramento e efeitos (jurídicos e fáticos) diversos daqueles oriundos dos processos individuais.

No capítulo referente ao conceito de ação coletiva (Capítulo 4), foram abordados os requisitos necessários para que a demanda tenha tal designativo, bem como as demandas que geram efeitos coletivos, apesar de essencialmente individuais. Assim,

---

45. *"Se por um lado o interesse público presente nas ações coletivas orienta para uma obrigatoriedade temperada na propositura da ação e para determinação de sua continuidade nos casos de desistência infundada ou abandono, o princípio da indisponibilidade da demanda executiva não comporta exceções."* DIDIER JR., Fredie; ZANETI JR., Hermes. *Curso de Direito Processual Civil – Processo Coletivo.* Op. cit., p. 117.

46. *Rule 23*

não restam dúvidas acerca da necessidade da realização da adequada certificação da demanda coletiva com a fixação, inclusive dos seus limites e objetivos.

Tal certificação baseia-se, inclusive, em princípios processuais já consagrados, tais como:

a) devido processo legal (art. 5º, LIV, CR/88);

b) contraditório efetivo e ampla defesa (arts. 5º, LV, CR/88 c/c 7º e 10, CPC);

c) cooperação (art. 6º, CPC). Os requisitos e pressupostos que devem ser analisados e fixados para a adequada certificação da demanda coletiva são os seguintes:

a) verificação da representatividade adequada;

b) individualização da comunidade, coletividade, grupo, categoria ou classe efetivamente interessada e abrangida pela demanda proposta;

c) o direito material transindividual tutelado.[47]

Considerando a necessidade do proferimento de decisão judicial, interlocutória agravável, diga-se (art. 203, § 2º, CPC), expressa com fundamentação adequada e específica (art. 489, § 1º, CPC), a doutrina sustenta ser o momento processual do saneamento e da organização do processo o mais efetivo para tal intento (art. 357, § 3º, CPC), com a efetiva participação de todos os sujeitos do processo, ante a complexidade inerente às demandas coletivas.[48]

Apesar de compreender a premissa e até mesmo concordar com ela, entendo que a certificação da demanda coletiva pode ocorrer em momento processual anterior, qual seja, a fase de admissibilidade da demanda, logo após o oferecimento da defesa do réu. Além da relação jurídica processual já estar triangularizada e com a intimação pessoal do MP (art. 179, I, CPC) para atuar como *custus iuris*, nos casos em que não é o autor da demanda, pois a sua manifestação sempre será após a ofertada pelas partes, existe, em certo aspecto, previsão no microssistema da tutela coletiva de certificação da demanda coletiva, qual seja, o art. 17, §§ 6º-B, 7º, 10-B e 16, da LIA.

Estas normas preconizam a necessidade da verificação da existência de justa causa[49] para a propositura, bem como da demonstração da adequação da via eleita.

---

47. GIDI, Antonio. *A Class Actions como instrumento de tutela coletiva dos direitos: as ações coletivas em uma perspectiva comparada*. São Paulo: Revista dos Tribunais, 2007, p. 194 e 466.

48. *"No direito brasileiro a certificação deverá ocorrer na fase de saneamento, inclusive como garantia para o réu. Aqui uma inovação importante do CPC-2015. Conforme a noção dinâmica de saneamento adotada pelo CPC, a atividade saneadora dar-se-á para o passado e para o futuro. O CPC confere especial relevância ao saneamento compartilhado nas causas complexas."* DIDIER JR., Fredie; ZANETI JR., Hermes. *Curso de Direito Processual Civil – Processo Coletivo*. Op. cit., p. 106/107. No mesmo sentido, podemos mencionar: *"É surpreendente, portanto, que o direito brasileiro não disponha expressamente de uma fase formal em que o juiz determine se a ação pode ou não prosseguir na forma coletiva. Todavia, há dispositivos no direito individual que podem superar essa lacuna. Pode-se equiparar a fase de certificação da ação coletiva americana com o "saneamento do processo" no direito brasileiro."* GIDI, Antonio. *A Class Actions como instrumento de tutela coletiva dos direitos: as ações coletivas em uma perspectiva comparada*. São Paulo: Revista dos Tribunais, 2007, p. 194.

49. *"Essa exigência está prevista no direito brasileiro no regramento da ação de improbidade administrativa, espécie de processo coletivo, que possui uma fase própria e preliminar para verificação da "justa causa" (existência de*

CAPÍTULO 7 • PRINCÍPIOS DO PROCESSO COLETIVO

Ademais, o magistrado deverá avaliar elementos que podem influenciar o tipo de demanda que irá ser desenvolvida. Tanto é verdade que deverá verificar se o ato é ilícito, se o elemento subjetivo dolo está suficientemente demonstrado, fixar a tipificação do ato de improbidade administrativa, verificar se o objeto da ação é o sancionatório, verificar se a demanda não é uma ação civil pública.

12. PRINCÍPIO INQUISITORIAL DO PROCESSO COLETIVO

Existem, basicamente, quatro modelos (sistemas) de processo para informar a maneira pela qual o órgão jurisdicional exercerá as suas funções no curso da relação jurídica processual: **a) modelo inquisitivo ou inquisitorial; b) modelo dispositivo ou adversarial; c) modelo misto ou híbrido; d) modelo cooperativo, colaborativo, comparticipativo ou de cooperação.**

No **modelo inquisitivo ou inquisitorial** prevalece uma maior participação do órgão jurisdicional na condução da relação jurídica processual, ou seja, as partes ostentam pouca participação na direção da relação. O juiz é o protagonista da relação jurídica processual e ostenta diversos poderes além de somente proferir decisões. Nada obstante, como regra geral, não poderá iniciar uma relação jurídica processual nova, mas poderá atuar de ofício para a condução do processo, desde que não exista regra legal em sentido contrário (arts. 2º c/c 141, CPC), exceto no chamado sistema inquisitivo puro.[50]

No **modelo dispositivo ou adversarial,** os sujeitos processuais inauguram a relação jurídica processual, bem como limitam, por meio da pretensão e resistência oferecidas, a atividade jurisdicional. As partes atuaram em regime de paridade cabendo ao órgão jurisdicional o poder decisório. Assim, pode-se afirmar que a participação do juiz está condicionada à vontade das partes.

No **modelo híbrido ou misto** há certo equilíbrio entre os modelos inquisitivo e dispositivo, mas com uma leve preponderância deste, pois há a possibilidade de uma maior participação do órgão jurisdicional (ativismo judicial). Para uma parcela da doutrina este é o modelo adotado em nosso ordenamento.[51]

No **modelo cooperativo, colaborativo, comparticipativo ou de cooperação,** não existe um verdadeiro protagonista da relação jurídica processual, pois todos os sujeitos, a bem da verdade, ostentarão a possibilidade de conduzir a relação

---

mínimos elementos de prova para a demonstração da verossimilhança das alegações) da demanda (art. 17 da Lei n. 8.429/1992)." DIDIER JR., Fredie; ZANETI JR., Hermes. *Curso de Direito Processual Civil – Processo Coletivo.* Op. cit., p. 107.

50. "No sistema inquisitivo puro o juiz é colocado como a figura central do processo, cabendo a ele a sua instauração e condução sem a necessidade de qualquer provocação das partes." NEVES, Daniel Amorim Assumpção. *Manual do Processo Coletivo.* Op. Cit., p. 114.

51. NEVES, Daniel Amorim Assumpção. *Manual do Processo Coletivo.* Op. Cit., p. 114; THEODORO JR., Humberto. *Curso de Direito Processual Civil.* 47ª ed. Rio de Janeiro: Forense, 2007, p. 29; SILVA, Ovídio Baptista da; GOMES, Fabio Luiz. *Teoria Geral do Processo.* 3ª ed. São Paulo: Revista dos Tribunais, 2002, p. 47.

jurídica processual. Em minha opinião, este é o modelo adotado atualmente no processo civil.

Considerando todos os reflexos do NCPC nos processos coletivos, um dos mais sentido, a meu ver, é a adoção do novo modelo de processo colaborativo, cooperativo ou comparticipativo no qual todos os sujeitos do processo, com base nos princípios da boa-fé objetiva (art. 5º, CPC) e da cooperação (art. 6º, CPC), atuam na condução da relação jurídica processual, bem como para a resolução das questões processuais que surgirem.

Este novo modelo de processo adotado se aplica tanto aos processos individuais quanto aos coletivos. Há um policentrismo (assimétrico e simétrico ao mesmo tempo) que deverá ser observado em todas as fases processuais.[52]

Este novo modelo assenta-se em diversas normas fundamentais, que deverão ser integralmente aplicáveis aos processos coletivos, tais como: a) o contraditório participativo por meio de seu quadrinômio[53] com a necessidade de ser observado o dever jurídico de consulta ou vedação à surpresa (arts. 7º, 9º e 10, CPC); b) sistema multiportas, por meio do qual o jurisdicionado, nos processos coletivos devidamente "representado" pelo legitimado coletivo, tem o direito de optar pela forma de acesso ao sistema jurisdicional (art. 3º, CPC); c) princípio da boa-fé objetiva (art. 5º, CPC); d) princípio da cooperação (art. 6º, CPC); e) aplicação dos vetores previstos no art. 8º, CPC para a adequada resolução do caso concreto; f) princípio da primazia da resolução do mérito (arts. 4º, 282, § 2º, 317, 321, 488, 932, parágrafo único, 1.029, § 5º, 1.032 e 1.033, CPC);[54] e g) princípio da adaptabilidade (arts. 139, VI e 329, § 2º, CPC).[55]

O Código de Processo Civil de 2015 tem, portanto, uma função, como demonstrado no tópico anterior, organizadora, flexível e aberta em relação ao microssistema, sem, contudo, contrariar as normas próprias da tutela coletiva, que devem ser preservadas.[56]

Apesar disso, parte da doutrina, sustenta que, nos processos coletivos, o órgão jurisdicional ostenta maior participação na relação jurídica processual, denotando, com isso, um modelo inquisitivo de processo.[57] O órgão jurisdicional, dentro deste

---

52. O policentrismo será considerado assimétrico na tomada das decisões judiciais, pois trata-se de atuação exclusiva dos magistrados; será considerado simétrico quanto à condução da relação processual, notadamente diante da construção da ação mais adequada para a solução do caso concreto.

53. O quadrinômio do princípio do contraditório participativo e efetivo é formado por estes quatro elementos indissociáveis: a) necessidade da informação; b) possibilidade da reação; c) dever jurídico de consulta prévia; d) possibilidade efetiva de influir na formação do convencimento do magistrado.

54. Impende salientar que, mesmo antes do advento do CPC/15, a doutrina já sustentava a existência e aplicação deste princípio aos processos coletivos derivado dos arts. 5, § 3º e 15 da Lei 7.347/1985 e 9º, 16 e 17 da LAP.

55. O princípio da adaptabilidade, de certa forma, já era aplicável aos processos coletivos em virtude do princípio da atipicidade das demandas coletivas previsto no art. 83, CDC.

56. DIDIER JR., Fredie; ZANETI JR., Hermes. *Curso de Direito Processual Civil: Processo Coletivo*. 11ª ed. Salvador: Juspodivm, 2017.

57. OLIVEIRA, Swarai Cervone de. *Poderes do juiz nas ações coletivas*. São Paulo: Atlas, 2009, p. 48.

CAPÍTULO 7 • PRINCÍPIOS DO PROCESSO COLETIVO

modelo inquisitivo, ostenta maior participação do que no modelo dispositivo. Assim, poderá exercer maior dirigibilidade em matéria processual.

Esta atuação tem como fundamento as peculiaridades inerentes aos processos coletivos, quais sejam:

a) direito material transindividual pertence à determinada coletividade;

b) o autor coletivo não ser o titular do direito material subjacente à demanda;

c) seara limitada para o exercício da disposição do direito material;

d) a natureza do direito material, invariavelmente indisponível ou disponível com relevância social;

e) a ausência dos sujeitos que serão afetados pela decisão do processo.[58]

Diante destas características pode-se afirmar, seguindo tal lógica, ser este o modelo dos processos coletivos. É fácil notar a aplicação prática deste modelo nas demandas coletivas referentes ao controle das políticas públicas. Entretanto, ainda assim, entendo que não há empecilho para uma atuação policêntrica e comparticipativa nas demandas coletivas.

Os autores que defendem a existência de um modelo inquisitivo nos processos coletivos apresentam as seguintes normas como exemplos da presença do sistema: a) arts. 7º, IV e 15, LAP; b) arts. 7º, LACP; 90, Estatuto do Idoso e 221, ECA; c) art. 100, CDC; d) *defining function*.[59]

Tais normas, por certo, denotam uma atividade inquisitiva do órgão jurisdicional, mas não têm o condão de informar todo um sistema.

---

58. NEVES, Daniel Amorim Assumpção. *Manual do Processo Coletivo*. Op. Cit., p. 114. No mesmo sentido: "*Seja em função dos sujeitos tutelados (grupos), seja em função das situações litigiosas (direitos coletivos), permite-se uma conduta mais incisiva, participativa, dirigente e decisiva do juiz em matéria processual coletiva do que nos processos individuais.*"(...) "*O processo coletivo, como tendência, reforça a inquisitividade em razão do a) direito material envolvido; b) da legitimação por substituição processual; c) do menor espaço para a negociação processual e disponibilidade do direito material.*" DIDIER JR., Fredie; ZANETI JR., Hermes. *Curso de Direito Processual Civil – Processo Coletivo*. Op. Cit., p. 127.

59. "*O processo, que se inicia por impulso da parte, segue sua caminhada por impulso oficial. Esse princípio, que permite que o procedimento seja levado para frente até seu final, rege, de igual maneira, o processo individual e o coletivo. Mas a soma de poderes atribuídos ao juiz é questão intimamente ligada ao modo pelo qual se exerce o princípio do impulso oficial. Embora o aumento dos poderes do juiz seja, atualmente, visto como ponto alto do processo individual, a soma de poderes atribuídos ao juiz do processo coletivo é incomensuravelmente maior. Trata-se da defining function do juiz, de que fala o direito norte-americano para as class actions. Pelo Anteprojeto de Código Brasileiro de Processos coletivos, caberão ao juiz medidas como desmembrar um processo coletivo em dois – sendo um voltado à tutela de interesses ou direitos difusos ou coletivos, outro voltado à proteção dos individuais homogêneos, se houver conveniência para a tramitação do processo; certificar a ação como coletiva; dirigir como gestor do processo a audiência preliminar, decidindo desde logo as questões processuais e fixando os pontos controvertidos, quando falharem os meios alternativos de solução de controvérsias; flexibilizar a técnica processual, como, por exemplo na interpretação do pedido e da causa de pedir. E caberá ao tribunal determinar a suspensão de processos individuais, em determinadas circunstâncias, até o trânsito em julgado da sentença coletiva. Todos esses poderes, alheios ao Código de Processo Civil, dão uma nova dimensão ao princípio do impulso oficial*" GRINOVER, Ada Pellegrini. *Direito Processual Coletivo*. Disponível em: https://pt.scribd.com/document/128818975/Artigo-Direito-Processual-Coletivo-Ada-Pellegrini-Grinover-principios. Acesso em 03/dez./2017.

A guisa de exemplo:

a) o art. 139, VI, CPC prevê, assim como o art. 7º, IV, LAP a possibilidade do magistrado modular prazos processuais;

b) o art. 139, X, CPC prevê, assim como os arts. 7º, LACP; 90, Estatuto do Idoso e 221, ECA, a possibilidade de expedição de ofício (notificação) para cientificar o legitimado coletivo da existência, em tese, de necessidade do exercício jurisdicional da tutela coletiva;

c) o art. 292, V, CPC exige que o autor da demanda fixe o valor da reparação que pretende receber, mas é facilmente encontrada na prática a fixação pelo juiz do valor a ser recebido, mesmo que o autor não o tenha feito, assim como o art. 100, CDC prevê a possibilidade da fixação judicial de um valor para a execução;

d) art. 139, IV, CPC contém um rol exemplificativo das medidas que podem ser adotadas pelo órgão jurisdicional, sem sequer a necessidade de requerimento expresso dos demais sujeitos do processo.

Apesar de todos estes exemplos, e de outros que encontramos, a doutrina de processo civil ainda sustenta que o modelo adotado no CPC/15 é o comparticipativo e não o inquisitivo. Ora, tal postura denota que os exemplos são somente resquícios do sistema inquisitivo.

Quanto ao *defining function*, instituto típico das *class actions*, diretamente decorrente do ativismo judicial, é plenamente aplicável nos processos coletivo e altamente recomendável, mormente diante das causas mais complexas, tais como: controle de políticas públicas, determinação de paralisação de obras públicas quando notoriamente prejudiciais à coletividade etc.[60] Ao longo da presente obra, será fácil notar que defendo um modelo flexível de procedimento para que seja devidamente adaptável às peculiaridades do caso concreto. Como visto acima, quando da análise do princípio da adequada certificação, defendo a possibilidade do juiz, ainda na fase de admissibilidade da demanda, delimitar os principais pontos da relação processual, decorrência direta do tema ora em comento. O STJ, em certo aspecto, como reconhecido pela doutrina, adotou o *defining function* ao confirmar a possibilidade do juízo da demanda coletiva determinar a suspensão de todas as demandas individuais que versarem sobre o mesmo tema.[61]

---

60. Em sentido contrário: "*Mesmo sem expressa previsão legal, existe corrente doutrinária que inclui no ativismo judicial no processo coletivo a chamada defining function, presente nas class actions do direito norte-americano. Segunda essa corrente doutrinária, são cabíveis no processo coletivo medidas como o desmembramento do processo coletivo – um para os direitos essencialmente coletivos (difuso e coletivo) e outro para o direito acidentalmente coletivo (individual homogêneo) -, a certificação da ação como de natureza coletiva, a possibilidade de flexibilização procedimental para adaptá-lo de forma mais eficaz às necessidades do caso concreto e a suspensão dos processos individuais à espera do resultado do processo coletivo.*" NEVES, Daniel Amorim Assumpção. *Manual do Processo Coletivo*. Op. cit., p. 117.

61. REsp 1.110.549/RS, 2ª Seção, rel. Min. Sidnei Beneti, j. 28.10.2009.

Capítulo 8
ASPECTOS PROCESSUAIS
DO PROCESSO COLETIVO

1. INTRODUÇÃO

Nos processos coletivos, de uma forma geral, como já visto, inclusive, o regramento processual (aspectos processuais) segue a mesma lógica prevista para os processos individuais. Meu propósito e compromisso, não somente ao longo da obra, como neste capítulo, será apresentar as questões que guardam as maiores peculiaridades.

Muitas das questões processuais que seriam aqui trabalhadas já foram objeto de análise em capítulos anteriores que, por razões didáticas, serão devidamente identificadas. No Capítulo 5 (objeto material da tutela coletiva) foram apresentadas as questões referentes à revelia e confissão. No Capítulo 6 (reflexos do CPC nos processos coletivos) foram apresentadas as questões referentes às despesas processuais, negócio jurídico processual, autocomposição, legitimidade conglobante, reflexos procedimentais do CPC/15 nos processos coletivos, reflexos do CPC/15 no regime dos recursos, reexame necessário, poderes do juiz, dentre outros. No presente capítulo, portanto, serão apresentadas e enfrentadas as demais questões processuais importantes para o correto deslinde dos processos coletivos.

2. ASPECTOS PROCESSUAIS DOS PROCESSOS COLETIVOS

Neste item serão abordados os aspectos processuais que tornam peculiares os processos coletivos. Como todo processo, há um desencadeamento lógico de atos com uma finalidade específica, seja para a formação do título executivo com a certificação do direito material (processo de conhecimento), seja para a efetivação do comando previsto na decisão judicial final (processo de execução ou de cumprimento). Algumas destas peculiaridades já foram abordadas nos itens anteriores, bem como no Capítulo 6, quando abordei os reflexos do NCPC nos processos coletivos.

Os demais aspectos processuais, sempre com o viés de apontamento das singularidades existentes, serão objeto de abordagem em seus respectivos tópicos, pois muitos deles são idênticos para os processos individuais. Há institutos processuais que ostentam a mesma utilização e aplicação nos processos individuais e coletivos. Assim, os aspectos a serem abordados são os seguintes: defesas do réu, litisconsórcio, ônus da prova, atuação do MP, relação entre as ações coletivas, relação entre as ações coletivas e as ações individuais, teoria da decisão judicial, rito (procedimento) e recursos. Todos os demais aspectos processuais, tais como intervenção de terceiros,

CURSO DE PROCESSO COLETIVO • Fabrício Bastos

competência, legitimidade, interesse processual, possibilidade jurídica, coisa julgada, tutelas provisórias, liquidação e execução foram abordados em capítulos próprios.

2.1. Defesas do réu

O CPC/15 preconiza expressamente como modalidades de defesas do réu na fase de conhecimento a contestação (art. 335, CPC) e a reconvenção (art. 343, CPC) e na fase de cumprimento de sentença a impugnação (arts. 525 e 535, CPC). Tal afirmação não pode ser confundida com as matérias defensivas que podem ser alegadas pelo réu no curso da relação jurídica processual, pois o réu poderá alegar, por exemplo, os vícios da incompetência (relativa ou absoluta) no bojo da contestação, sem a necessidade, no caso de incompetência relativa, do oferecimento da exceção, como à época do CPC/73, conforme preconizam os arts. 64 c/c 337, II, CPC. A nomeação à autoria, conforme arts. 338 e 339, CPC, é matéria defensiva, que pode ser ventilada no bojo da contestação. Sobre o seu cabimento nos processos coletivos, remetemos o leitor ao capítulo de intervenção de terceiros. Os vícios da suspeição (art. 145, CPC) e impedimento (art. 144, CPC) deverão ser alegados por meio de uma simples petição (art. 146, CPC). Assim, podemos afirmar que o CPC/15 trouxe algumas novidades quanto ao tema referente às defesas do réu, que são plenamente aplicáveis aos processos coletivos.

Entretanto, apesar das matérias defensivas e das modalidades de defesa do réu poderem ser utilizadas nos processos coletivos, impende destacar alguns pontos que podem gerar certo debate doutrinário: a) possibilidade do oferecimento de reconvenção nos processos coletivos; b) resposta do réu no procedimento da ação por improbidade administrativa; c) prazos processuais para o oferecimento da defesa do réu.

No tocante à reconvenção, inicialmente vale mencionar que o CPC/15 trouxe a possibilidade expressa da denominada reconvenção subjetivamente mais ampla, pois permite que o réu, ao exercer a pretensão, possa inserir no polo passivo um terceiro formando, assim, um litisconsórcio (art. 343, §§ 3º e 4º, CPC). A principal questão processual a ser analisada, contudo, é a interpretação da norma do art. 343, § 5º, CPC e a sua repercussão na seara dos processos coletivos. A redação da norma preconiza que o reconvinte (autor da reconvenção), quando o autor da ação (reconvindo) atuar como substituto processual, poderá promover a reconvenção, desde que seja em face da coletividade definida e não em face do autor da demanda coletiva, na qualidade de substituição processual.[1] Assim, pode ser sustentada a possibilidade do manejo de reconvenção em processo coletivo, caso em que será considerada como uma ação coletiva passiva, pois a coletividade figurará no polo passivo da demanda.[2] Parte da

---

1. *"Se o substituto for autor, somente caberá reconvenção se o réu pretender postular direito que julgue ter contra o substituído, mas que pela sua natureza comporte também defesa pelo substituído."* FORNACIARI JR., Clito. *Da reconvenção no Direito Processual Civil Brasileiro.* São Paulo: Saraiva, 1983, p. 91.
2. *"Observado o § 5º do art. 343 do CPC-2015, a reconvenção, no caso, tem de veicular pretensão dirigida ao grupo, e não ao legitimado extraordinário. Ora, o interesse de agir será averiguado a partir do interesse do grupo e será*

doutrina, apesar de admitir, de forma geral,[3] o cabimento, não admite nos seguintes casos: a) quando deduzida em face do legitimado extraordinário; b) quando o reconvindo não ostentar legitimidade (representatividade) adequada.

Quanto à defesa do réu em sede de ação por improbidade administrativa (art. 17, LIA), após a supressão do duplo juízo de admissibilidade da demanda, com o advento da Lei 14.230/21, há algumas peculiaridades procedimentais. Destaca-se, por exemplo, a impossibilidade de aplicação do *in dubio pro societate*[4] na fase de admissibilidade da demanda, como amplamente aceito no sistema anterior, pois a inicial deverá observar os regramentos do art. 17, § 6º, da LIA.

O legislador, apesar de referir-se, como dito alhures ao procedimento comum do CPC[5], regulou de forma bem diversa a fase de resposta do réu.

A principal novidade é a supressão da etapa procedimental de defesa prévia ou preliminar, que somente era exigida para os casos de ação por improbidade administrativa típica.

Pela disposição legal, os "requeridos" serão citados para o oferecimento da contestação, no prazo comum de 30 dias, contados na forma prevista no art. 231, do CPC. Diante dessa conformação, surgem os seguintes pontos:

i) Não há previsão expressa da citação para a participação em audiência de conciliação e mediação, mas penso ser juridicamente possível diante da redação do art. 17, § 10-A, da LIA, desde que o Ministério Público observe a regra do art. 319, VII, do CPC e o réu ofereça manifestação expressa na forma do art. 334, do CPC;

---

o grupo o beneficiado com a tutela, nada mais natural que o interesse contraposto ou pretensão na reconvenção seja também dirigido ao grupo e não ao substituto processual, que deve apenas figurar como legitimado ativo adequado para fins de tutela." DIDIER JR., Fredie. *Curso de Direito Processual Civil – Processo Coletivo*. Op. cit., p. 363.

3. Apresentando exemplos, podemos destacar: "*Basta pensar no exemplo das situações jurídicas coletivas ativas e passivas discutidas pelos sindicatos das categorias profissionais de empregados e empregadores; nas situações jurídicas ativas e passivas envolvendo o direito de greve por parte de uma categoria de servidores públicos e o dever coletivo de voltar ao trabalho (não interrompendo a prestação de serviços essenciais, por exemplo); nas situações jurídicas ativas e passivas surgidas nos conflitos pela ocupação de espaços urbanos para manifestações populares e estudantis, conflito de terras, coletividade de vítimas e coletividade de autores de ato ilícito etc.*" DIDIER JR., Fredie. *Curso de Processo Civil – Processo Coletivo*. Op. cit., p. 362/363.

4. "Poderíamos afirmar, sem medo, que, tal como se verifica na seara processual penal, deve o magistrado, neste momento, servir-se do princípio in dubio pro societate, não coartando, de forma perigosa, a possibilidade de êxito do autor em comprovar, durante o processo, o alegado na inicial. No campo do processo (cível) por ato de improbidade administrativa, a incidência do in dubio pro societate será uma decorrência do princípio republicano e do próprio regime de direito público que grava os atos e contratos administrativos." GARCIA, Emerson; ALVES, Rogério Pacheco. *Improbidade Administrativa*. Op. cit., p. 1046. No mesmo sentido, o STJ Pet. 2.428/RN, rel. Min. Carlos Alberto Menezes Direito, j. 13.05.2005; Resp 949.822/SP, 2ª T., rel. Min. Castro Meira, j. 06.09. 2007.

5. No sistema jurídico anterior, o procedimento comum era aplicável após a fase de resposta do réu. "Nada obstante na ação de improbidade administrativa haja a fase de defesa preliminar (art. 17, §§ 7º e 8º, da Lei 8.429/1992) e na ação popular haja prazo diferenciado para a resposta (art. 7º, I, "b", da Lei 4.717/1965), todas elas seguem, ulteriormente, o procedimento comum do Código de Processo Civil/2015." LEONEL, Ricardo de Barros. *Manual do Processo Coletivo*. Op. cit., p. 325.

ii) Haverá a aplicação do prazo comum de 30 dias (art. 17, § 7º, da LIA), diverso do previsto no CPC, portanto, ainda que exista pluralidade de réus, não haverá a incidência do art. 229, do CPC;

iii) Não há qualquer óbice para a utilização de todas as formas/modalidades de citação no processo de improbidade administrativa;

iv) Todas as modalidades de resposta do réu poderão ser utilizadas, exceto a reconvenção;

v) Não há a possibilidade jurídica para decretação da revelia relevante (art. 17, § 19, da LIA).[6]

No tocante aos *prazos processuais para o oferecimento da defesa do réu*, nos processos coletivos de forma geral, pode ser facilmente defendida a tese da aplicação integral das regras do CPC, desde que inexista regra específica na lei que regulamenta a demanda coletiva. Na ação popular, por exemplo, existe uma regra legal específica que fixa o prazo de 20 dias, que podem ser prorrogados pelo juiz (art. 7º, IV, LAP) e na ação por improbidade administrativa o prazo é de 30 dias.

2.2. Fase de Admissibilidade da Demanda

2.2.1. Panorama Geral

No âmbito dos processos coletivos, não há empecilho para a aplicação das regras do CPC referentes à admissibilidade e rejeição da demanda (arts. 330 ao 332).

Impende salientar, de início, a diferença entre a rejeição da demanda com resolução do mérito para a rejeição da demanda sem resolução do mérito.

Na primeira hipótese, haverá claro reconhecimento da improcedência do pedido (inexistência do fato ou ausência de autoria), da prescrição ou de alguma das hipóteses previstas no art. 332, CPC. De qualquer modo, será uma sentença de mérito (julgamento antecipado do mérito, art. 355, I, CPC) que estará abrangida pela coisa julgada material, impedindo, por conseguinte, a renovação da demanda (art. 487 c/c 502, CPC).

Na segunda hipótese, não haverá o reconhecimento da improcedência, mas um mero indeferimento da inicial (art. 330, CPC), desde que o magistrado abra a oportunidade processual para que o autor corrija o vício (art. 10 c/c 321, CPC), ante a ausência dos requisitos de admissibilidade (pressupostos processuais e condições da ação), como no caso do reconhecimento da inadequação da via eleita (art. 330, III, CPC c/c art. 17, § 11, LIA).

---

6. O STJ já havia decidido nesse sentido: Resp. 1.330.058/PR, Rel. Min. Mauro Campbell Marques, 2ª T., j. 20.06. 2013.

CAPÍTULO 8 • ASPECTOS PROCESSUAIS DO PROCESSO COLETIVO **225**

Nesta hipótese, conforme doutrina autorizada, a decisão não impedirá a renovação da demanda (art. 486, CPC), desde que seja suprido o vício ensejador da decisão, pois é, na verdade, uma improcedência por insuficiência de provas.[7]

O STJ já se pronunciou no mesmo sentido.[8] Neste ponto, vale destacar a natureza das decisões proferidas, que podem ser assim expostas:

a) a decisão que recebe a inicial é interlocutória agravável (arts. 17, § 21, da LIA c/c 203, § 2º e 1.015, XIII, CPC);

b) a decisão que rejeita totalmente a demanda, com ou sem a resolução do mérito (arts. 485 e 487, CPC), é uma sentença apelável (arts. 203, § 1º c/c 1.009, CPC);

c) a decisão que rejeita parcialmente, de forma antecipada, a demanda, com ou sem a resolução do mérito (arts. 485 e 487, CPC) é interlocutória agravável (arts. 354, parágrafo único, 356, § 5º e 1.015, II, CPC);[9]

d) a decisão parcial (parcela residual da demanda) final, por encerrar a relação jurídica processual, com ou sem a resolução do mérito (arts. 485 e 487, CPC), é sentença apelável (arts. 203, § 1º c/c 1.009, CPC).

2.2.2. Processo por Improbidade Administrativa

O art. 17, § 6º-B, da LIA versa sobre as hipóteses de indeferimento liminar da inicial, apesar de usar o termo rejeição. Para além das hipóteses do art. 330, do CPC e do art. 17, § 6º, I e II, da LIA, o legislador indicou a manifesta inexistência do ato de improbidade imputado. Apesar da ausência de previsão expressa, as hipóteses ínsitas no art. 332, do CPC (improcedência liminar do pedido) podem ser aplicadas na ação por improbidade administrativa.

A decisão prevista, qualquer que seja o seu conteúdo, será uma sentença (art. 203, § 1º, do CPC) apelável (art. 1009, do CPC), com a aplicação do efeito regressivo (art. 331, do CPC).

Diante desse quadro, algumas questões merecem referência: i) rejeição por ausência de elementos probatórios mínimos; ii) rejeição por não observar a exigência de descrição e indicação da tipificação e iii) rejeição pela manifesta inexistência do ato de improbidade administrativa.

---

7. *"Aqui sim, a "insuficiência de provas" poderá ser thema decidendum, uma vez que a justa causa participa do conceito de interesse processual, condição ao legítimo exercício do direito de ação. Assim, por tratar-se de decisão meramente terminativa, que não resolve o mérito, nada impede, a princípio, a renovação da demanda pelo mesmo fundamento (art. 486 do CPC/2015)."* GARCIA, Emerson; ALVES, Rogério Pacheco. *Improbidade Administrativa*. Op. cit., p. 1046/1047.

8. Resp 1.069.779, 2ª T., rel. Min. Herman Benjamin, j. 18.09.2008, Dje 13.11.2009.

9. *"Relativamente à decisão que exclua determinado réu do polo passivo em razão do argumento de inaplicabilidade da Lei de Improbidade Administrativa (por exemplo, ao exótico argumento de sua inaplicabilidade aos agentes políticos), embora se cuide, no caso, de indeferimento parcial da inicial, o recurso cabível, atualmente, é o de agravo de instrumento, em razão do que prevê o art. 1015, II, do CPC/2015."* GARCIA, Emerson; ALVES, Rogério Pacheco. *Improbidade Administrativa*. Op. cit., p. 1048.

A **rejeição por ausência de elementos probatórios mínimos**, que será uma sentença terminativa (arts. 330 c/c 485, do CPC), somente poderá ocorrer se o Ministério Público não apresentou a justificativas plausíveis, devidamente valoradas pelo magistrado em sua fundamentação. Por não comportar a possibilidade de produção da prova em tal momento procedimental, não deveria haver oportunidade para a realização de emenda da inicial (art. 321, do CPC).

A **rejeição por não observar a exigência de descrição e indicação da tipificação**, que será uma sentença terminativa (arts. 330 c/c 485, do CPC), não deve ser proferida de forma imediata, sob pena de vulnerar a primazia da solução do mérito (art. 4º, do CPC). A não observância do referido requisito, em meu sentir, pode facilmente ser corrigido pelo Ministério Público, na forma do art. 321, do CPC, pois bastaria uma mera emenda na inicial para que o pretenso vício seja sanado, como já aponta a doutrina.[10]

A **rejeição pela manifesta inexistência do ato de improbidade administrativa**, por outro lado, é uma sentença de mérito com viés definitivo (art. 332 c/c 487, CPC), pois deverá ser, na verdade, uma improcedência de plano, com um ônus argumentativo bem superior aos demais casos. Entretanto, vale apresentar alguns cenários decorrentes desta decisão[11]:

a) **Caso o fundamento seja que o ato, apesar de ilícito, não é qualificável juridicamente como improbidade administrativa**, não deveria o juiz rejeitar a demanda, mas determinar a sua conversão em ação civil pública, na forma prevista no art. 17, § 16, da LIA, hipótese em que haveria a rejeição da improbidade, mas não da demanda em si, portanto seria uma decisão interlocutória agravável (art. 203, § 2º, do CPC c/c art. 17, § 7º, da LIA);

b) **Caso o fundamento seja que o ato é lícito**, deverá o juiz rejeitar liminarmente a demanda, mas a decisão é de mérito (sentença apelável), porque a (i)licitude do ato não é mero requisito de admissibilidade, mas o mérito da própria ação por improbidade administrativa, porquanto elemento essencial para a sua configuração, conforme previsto no art. 1º, §§ 2º e 3º, da LIA;

c) **Caso o fundamento seja que o ato é ilícito, mas não houve a expressa indicação/comprovação do dolo na inicial**, pela disposição expressa da lei, deverá o juiz rejeitar liminarmente a demanda, hipótese em que seria uma sentença terminativa apelável (em minha opinião, seria mais um caso de verdadeira improcedência por ser o dolo elemento essencial para a configuração jurídica do ato de improbidade administrativa), entretanto, pondero que, a depender do caso concreto, o dolo será demonstrado somente após a instrução probatória, mormente nos casos em que a oitiva das testemunhas

---

10. NEVES, Daniel Amorim Assumpção; OLIVEIRA, Rafael Carvalho Rezende. *Comentários à Reforma da Lei de Improbidade Administrativa*. Rio de Janeiro: Forense, 2022, p. 82.
11. NEVES, Daniel Amorim Assumpção; OLIVEIRA, Rafael Carvalho Rezende. *Comentários à Reforma da Lei de Improbidade Administrativa*. Rio de Janeiro: Forense, 2022, p. 83.

CAPÍTULO 8 • ASPECTOS PROCESSUAIS DO PROCESSO COLETIVO **227**

pode ser fator primordial para tal desiderato, mas tal indicação deve constar expressamente na inicial;

d) Caso o fundamento seja que o ato é ilícito, doloso, qualificado juridicamente como improbidade administrativa, mas com a pretensão sancionatória prescrita, deverá o juiz verificar se houve a narrativa da ocorrência de dano ao erário. Nesse caso, não deverá rejeitar liminarmente a demanda integralmente, mas somente a parcela sancionatória, mantendo-se hígida, portanto, a parcela reparatória, com o proferimento de uma decisão parcial antecipada de mérito (em virtude da impossibilidade de imputação da improbidade administrativa e o seu consectário essencial), na forma do art. 332 c/c 356, do CPC. Trata-se, portanto, de decisão interlocutória de mérito agravável (art. 356, §5º, do CPC). O processo, assim, prosseguiria, após a decisão de conversão em ação civil pública (art. 17, §16, da LIA).

2.3. Petição Inicial

Como regra geral, todos os requisitos previstos no art. 319, do CPC deverão ser aplicados aos processos coletivos.

Em virtude da especialidade do procedimento, nas ações por improbidade administrativa, algumas peculiaridades merecem destaque.

A nova LIA inova neste tema, pois passa a elencar requisitos essenciais para a inicial para além daqueles já previstos no art. 319, do CPC, o que reforça a tese de que o procedimento aplicável diretamente não é o comum, mas o especial delineado.

O art. 17, § 6º, I, da LIA preconiza a exigência da individualização da conduta do réu e apresentação de elementos probatórios mínimos.

Trata-se de norma salutar para a possibilidade do efetivo exercício do contraditório e da ampla defesa do réu, pois não será mais admitido a narrativa genérica da conduta. Tal norma deverá ser combinada com a exigência de imputação de um único tipo de improbidade administrativa para cada fato imputado ao réu (art. 17, § 10-D, da LIA). O STJ, sob a égide da lei anterior, possuía entendimento no sentido da desnecessidade dessa individualização, pois permitia ao Ministério Público uma descrição genérica dos fatos, sem a exigência da descrição pormenorizada das condutas e indicação das sanções.[12]

Não deve exigido, contudo, em meu sentir, a indicação expressa dos artigos da LIA, pois não se trata de indicação de fundamentação jurídica, mas de fundamentação legal.

O que deve ser verificado na fasc de admissibilidade é a apresentação da qualificação jurídica atribuída ao fato: enriquecimento ilícito, dano ao erário ou violação aos princípios, mas nesse momento, tal indicação não gera preclusão.

---

12. Resp 1.134.461/SP, 2ª T., Rel. Min. Eliana Calmon, j. 03.08.2010.

Os elementos probatórios mínimos, que não se confundem com os documentos essenciais para o ajuizamento da demanda (art. 320, do CPC), exigidos pelo legislador deverão ser avaliados casuisticamente, pois não há como indicar abstratamente quais seriam sem a análise do caso concreto. Tal exigência tem importância no sentido de evitar demandas temerárias quando não há, ainda, consolidação da convicção ministerial, mas o legislador, de forma proposital, praticamente inviabiliza a formação adequada da convicção ao impor prazo inconcebível para o encerramento das investigações, mormente quando se tratar de casos mais complexos.

De todo modo, tais elementos probatórios mínimos já deverão estar produzidos e acostados na inicial com a precisa indicação em seu texto, ou seja, praticamente exige-se uma prova pré-constituída o que evita, em primeira análise, a propositura de demandas de improbidade com convicções provisórias que poderiam ser confirmadas após a realização do contraditório judicial.

Art. 17, § 6º, II, da LIA, afastando peremptoriamente a aplicação do *in dubio pro societate*, e complementando o anterior, exige dois pontos nodais: i) indícios suficientes da veracidade dos fatos; ii) indícios suficientes da existência de dolo do réu. Tais pontos deverão estar já documentados ou justificados, ressalvada a impossibilidade, devidamente fundamentada, de apresentação.

Portanto, a regra passa a ser a existência de prova pré-constituída dos elementos essenciais[13], sob pena de indeferimento da inicial, ressalvada justificada adequada e suficiente do Ministério Público para a não existência circunstancial.

O problema dessa exigência, descolada da realidade das investigações, é criar um requisito essencial para as demandas de improbidade administrativa: prova pré-constituída dos elementos essenciais, sem considerar que algumas evidências e provas serão/poderão ser obtidas ao longo da relação jurídica processual.[14]

Ora, para tal desiderato, passa a ser quase obrigatória a instauração de Inquérito Civil (apesar da sua natureza não obrigatória) ou oferecimento de demanda probatória autônoma para que o processo de improbidade administrativa seja recebido.

---

13. "Elementos probatórios são provas, o que dá a entender que o autor só poderia propor uma ação de improbidade administrativa se já estivesse em poder de prova pré-constituída." "O dispositivo não tem uma redação muito feliz, mas é possível concluir pela consagração de uma regra de foros concorrentes entre o foro do local em que ocorreu o dano e o foro da sede da pessoa jurídica prejudicada pelo ato de improbidade administrativa. (...) Por fim, entendo que sendo a ação de improbidade administrativa uma espécie de ação coletiva, essa competência do foro é absoluta." NEVES, Daniel Amorim Assumpção; OLIVEIRA, Rafael Carvalho Rezende. *Comentários à Reforma da Lei de Improbidade Administrativa*. Rio de Janeiro: Forense, 2022, p. 81.

14. "Nesse sentido me pareceu exagerada a previsão legal, porque não se deve descartar a possibilidade de uma alegação verossímil ainda que desprovida de provas, que serão produzidas durante o processo." "O dispositivo não tem uma redação muito feliz, mas é possível concluir pela consagração de uma regra de foros concorrentes entre o foro do local em que ocorreu o dano e o foro da sede da pessoa jurídica prejudicada pelo ato de improbidade administrativa. (...) Por fim, entendo que sendo a ação de improbidade administrativa uma espécie de ação coletiva, essa competência do foro é absoluta." NEVES, Daniel Amorim Assumpção; OLIVEIRA, Rafael Carvalho Rezende. *Comentários à Reforma da Lei de Improbidade Administrativa*. Rio de Janeiro: Forense, 2022, p. 82.

2.4. Providências Preliminares

Aplica-se o regramento das providências preliminares aos processos coletivos, porém, é imprescindível demonstrar as peculiaridades procedimentais no âmbito do processo por improbidade administrativa, previstas no art. 17, § 10 – B e C.

2.4.1. Julgamento conforme o estado do processo

Neste momento procedimental, o juiz deverá novamente verificar a eventual inexistência manifesta do ato de improbidade administrativa e poderá, conforme o caso concreto: i) resolver o mérito da demanda mediante proferimento de sentença de improcedência (arts. 203, § 1º c/c 487, I, do CPC)[15], caso verifique a situação indicada, ato que pode ser praticado em qualquer momento processual, conforme art. 17, §11, da LIA; ii) converter a ação por improbidade administrativa em ação civil pública, conforme art. 17, §16, da LIA.

2.4.2. Desmembramento do litisconsórcio

O legislador ao prever a hipótese de desmembramento do litisconsórcio facultativo, afastou o processo de improbidade administrativa do regramento do art. 113, §§ 1º e 2º, do CPC, pois fixa como fundamento somente a otimização da instrução processual e não o número excessivo de litisconsortes.

A ideia de desmembramento para fins de otimizar a instrução processual é interessante para casos concretos com múltiplos réus com diversas imputações. Poder-se-ia, por exemplo, desmembrar o litisconsórcio em núcleos subjetivos e objetivos para que a instrução seja direcionada precisamente para a comprovação dos elementos essenciais para a configuração do ato de improbidade administrativa.

2.4.3. Réplica

Em rigor conceitual, somente será qualificado como réplica o ato processual decorrente do comportamento do réu que oferece defesa de mérito indireta e/ou diante da juntada de documentos, conforme preconizam os arts. 350, 351 e 437, do CPC.

Assim, entendo que a réplica no processo por improbidade administrativa deveria seguir tal diretriz, mas, ao que tudo indica, o legislador inseriu as hipóteses previstas no art. 17, §10-B, da LIA como geradoras de réplica pelo Ministério Público.

---

15. Em sentido contrário: "Na hipótese do dispositivo comentado, até tem sentido usar a expressão por conta do momento procedimental, mas não há qualquer lógica ao associá-la a uma única espécie de julgamento, o de improcedência do pedido (art. 487, I, do CPC)." NEVES, Daniel Amorim Assumpção; OLIVEIRA, Rafael Carvalho Rezende. *Comentários à Reforma da Lei de Improbidade Administrativa*. Rio de Janeiro: Forense, 2022, p. 84.

Não há previsão expressa do prazo para o oferecimento da réplica, mas por isonomia, deverá ser o mesmo prazo disponível para a contestação do réu, portanto, deve ser oferecida no prazo de 30 dias.

2.4.4. Decisão fixadora da tipificação do ato de improbidade administrativa

Após o momento procedimental da réplica, deverá o magistrado proferir a decisão interlocutória de fixação da tipificação do ato de improbidade administrativa (art. 17, §10-C, parte final, do CPC). Tal modalidade decisória não encontra parâmetro em outros processos coletivos, portanto somente reforça a ideia de que o procedimento comum é aplicável residualmente e não diretamente, porquanto a LIA possui procedimento especial.

O legislador fixou dois limites no conteúdo da decisão de tipificação: i) modificação do fato ensejador da demanda, que já existe no art. 492, do CPC; ii) modificação da capitulação legal.

Em meu sentir tais limitações são estapafúrdias, pois o legislador confundiu conceitos processuais básicos e ignorar todas as peculiaridades inerentes às relações jurídicas processuais.[16] O STJ, por exemplo, possui orientações jurisprudenciais que podem ser usadas neste caso: i) vinculação do juiz aos fatos jurídicos da demanda[17], que está consagrada na nova lei; ii) desvinculação do juiz aos fundamentos jurídicos da demanda.[18]

Ora, tal decisão ocorre antes da instrução processual e ao final desta pode ocorrer modificação da imputação, portanto, também da capitulação legal. Não é difícil imaginar uma imputação de dano ao erário ser afastada por comprovado o enriquecimento ilícito e vice-versa. Ademais, não integram a causa de pedir a qualificação jurídica atribuída ao fato ensejador da pretensão e nem a norma jurídica aplicável à espécie[19], portanto a mudança na qualificação jurídica dos fatos não modifica a causa de pedir.[20]

2.5. Litisconsórcio

Litisconsórcio nada mais é do que pluralidade de partes no mesmo polo da demanda (art. 113, CP).

---

16. "É indiscutível que o fundamento jurídico da pretensão faça parte da causa de pedir, mas a vinculação exigida entre causa de pedir e a sentença parece, ao menos em regra, não ser exigida quanto a esse elemento. Há lições doutrinárias e decisões judiciais que liberam o juiz em sua decisão no tocante ao fundamento jurídico do pedido (princípio do iura novit curia), restando a vinculação limitada aos fatos jurídicos narrados na petição inicial." NEVES, Daniel Amorim Assumpção; OLIVEIRA, Rafael Carvalho Rezende. *Comentários à Reforma da Lei de Improbidade Administrativa*. Rio de Janeiro: Forense, 2022, p. 86.
17. Resp 1.153.656/DF, Rel. Min. Teori Albino Zavascki, 1ª T., j. 10.05.2011.
18. AgInt no AREsp 1.415.942/SP, Rel. Min. Benedito Gonçalves, 1ª T., j. 17.11. 2020.
19. MOREIRA, José Carlos Barbosa. *O novo Processo Civil brasileiro*. Rio de Janeiro: Forense, 2007, 25ª ed., p. 17.
20. GRECO, Leonardo. *A teoria da ação no Processo Civil*. São Paulo: Dialética, 2003, p. 56.

CAPÍTULO 8 • ASPECTOS PROCESSUAIS DO PROCESSO COLETIVO

A doutrina costuma apresentar as diversas modalidades de litisconsórcio da seguinte forma:

a) **quanto ao polo da demanda:** i) **ativo** (mais de um autor); ii) **passivo** (mais de um réu); iii) **misto ou híbrido** (mais de um autor e mais de um réu); b) **quanto ao momento processual da sua formação:** i) **originário ou inicial** (formado por decorrência da propositura da demanda); ii) **ulterior ou superveniente** (formado após o início da relação jurídica processual); c) **quanto à obrigatoriedade da sua formação:** i) **facultativo ou opcional** (a formação do litisconsórcio decorre da vontade das partes), conforme art. 113, CPC; ii) **necessário ou obrigatório** (a formação do litisconsórcio decorre de previsão legal expressa ou pela natureza da relação jurídica de direito material), conforme arts. 114 e 115, CPC; d) **quanto à uniformidade do resultado da demanda:** i) **simples ou comum** (a decisão judicial poderá ser diversa para os litisconsortes); ii) **unitário ou incindível** (a decisão judicial deve ser igual para todos os litisconsortes), conforme art. 116, CPC.

O conceito de litisconsórcio bem como as suas modalidades são plenamente aplicáveis aos processos coletivos. Os principais aspectos que devem ser abordados, para fins da aplicação do instituto nos processos coletivos, são os seguintes: a) litisconsórcio entre membros de MPs diversos; b) litisconsórcio ulterior ou superveniente; c) existência de litisconsórcio necessário.

O litisconsórcio entre MPs diversos encontra previsão nos arts. 5º, § 5º, LACP. Apesar das previsões legais expressas, há divergência sobre a real natureza da atuação, dividida em duas teses: a) **1ª tese (minoritária):** não se trata de um litisconsórcio, pois o MP é uma instituição una e indivisível, portanto, a hipótese versa sobre a presença na relação jurídica processual de mais de um representante de um mesmo legitimado;[21] b) **2ª tese (majoritária):** trata-se de verdadeiro litisconsórcio, ainda que exista unidade e indivisibilidade na instituição, desde que a demanda seja proposta por membros de MPs diversos, ou seja, de ramos diversos.[22] O STJ já reconheceu a possibilidade da realização de litisconsórcio.[23] Vale lembrar que a atuação no feito de mais de um órgão de execução pertencente ao mesmo ramo do MP também será possível, mas não poderá ser considerada como uma hipótese de litisconsórcio, e sim atuação conjunta, como: a) na comarca há mais de uma promotoria de justiça de tutela coletiva especializada no tema e os membros resolvem atuar em conjunto; b) na comarca há mais de uma promotoria de justiça de tutela coletiva especializada e o

---

21. NERY JR., Nelson; NERY, Rosa Maria de Andrade. *Código de Processo Civil comentado.* 10ª ed., São Paulo: Revista dos Tribunais, 2008, p. 1447.
22. NEVES, Daniel Amorim Assumpção. *Manual do Processo Coletivo.* Op. cit., p. 264; SOUZA, Moutari Ciocchetti de. *Ação Civil Pública e inquérito civil.* 4ª ed. São Paulo: Saraiva, 2011, p. 87/89; WATANABE, Kazuo. *Código de Defesa do Consumidor comentado pelos autores do anteprojeto.* 10ª ed. Rio de Janeiro: Forense, 2011, p. 82; COSTA, Susana Henrique da. *Comentários à lei de ação civil pública e lei de ação popular.* São Paulo: Quartier Latin, 2006, p. 416.
23. Resp 1.444.484/RN, rel. Min. Benedito Gonçalves, j. 18.09.2014, Dje 29.09.2014.

tema versado engloba ambas as matérias; c) atuação conjunta de um grupo especial de atuação (GAECO, por exemplo) e um órgão de execução.

Outra temática importante sobre a atuação em regime de litisconsórcio entre MPs diversos é a escolha do juízo competente. Basta imaginar a possibilidade de litisconsórcio entre MP estadual e MP federal. Diante desta atuação, qual deve ser o juízo competente? Trata-se de tema objeto de certa divergência doutrinária, que envolve a jurisprudência. O tema foi bem desenvolvido no capítulo que versa sobre competência, para o qual remeto o leitor, porém, neste momento, vale mencionar a divergência a respeito desta possibilidade. Podem ser encontradas, basicamente, duas teses sobre o tema:

a) **1ª tese (minoritária)**: não será possível a existência deste tipo de litisconsórcio, pois há vinculação entre as atribuições dos membros do MP e a competência dos órgãos jurisdicionais;[24] b) **2ª tese (majoritária)**: será plenamente possível a formação deste tipo de litisconsórcio, sem que seja necessária a vinculação entre as atribuições do ramo do MP com a competência do órgão jurisdicional.[25] O STJ já reconheceu a possibilidade da atuação do MP estadual perante a justiça federal, desde que em regime de litisconsórcio com o MP federal.[26] A despeito de reputar mais correta a segunda tese, entendo que a escolha do juízo deve observar o seguinte: a) preponderância do interesse: devem os membros do MP verificar, diante das peculiaridades do caso concreto, qual o interesse que prepondera (União, Estado, DF ou do Município) para, então, escolher o juízo adequado; b) princípio da competência adequada, que é objeto de tópico específico no capítulo da competência.

A temática do **litisconsórcio ulterior ou superveniente**, tanto no processo civil individual quanto no coletivo, fica centrada na violação ao princípio do juízo natural (art. 5º, LIII, CR/88), ante a escolha do juízo pelo litisconsorte interveniente. A doutrina diverge sobre o tema da seguinte forma: **1ª tese**: Não deve ser admitido o litisconsórcio ulterior ou superveniente em virtude da violação ao princípio do juízo natural (art. 5º, LIII, CR/88), na medida em que o interveniente escolheu o juízo, bem como ao princípio da livre distribuição (art. 284, CPC);[27] **2ª tese**: Não há qualquer norma jurídica expressa que gere a vedação para a admissão do litisconsórcio ulterior ou superveniente, com base nos seguintes argumentos: a) não existe violação ao princípio do juízo natural, pois o litisconsorte interveniente não escolhe o juízo, a rigor, com a sua intervenção; b) inadmitir a formação deste tipo de litisconsórcio

---

24. ZAVASCKI, Teori Albino. *Processo Coletivo*. Op. cit., p. 139.
25. NEVES, Daniel Amorim Assumpção. *Manual do Processo Coletivo*. Op. cit., p. 264; SOUZA, Moutari Ciocchetti de. *Ação Civil Pública e inquérito civil*. 4ª ed. São Paulo: Saraiva, 2011, p. 87/89; WATANABE, Kazuo. *Código de Defesa do Consumidor comentado pelos autores do anteprojeto*. 10ª ed. Rio de Janeiro: Forense, 2011, p. 82; COSTA, Susana Henrique da. *Comentários à lei de ação civil pública e lei de ação popular*. São Paulo: Quartier Latin, 2006, p. 416.
26. Resp 1.495.582, rel. Min. Humberto Martins, Dje 18.02.2015.
27. REsp 769.884/RJ, rel. Min. João Otávio de Noronha, j. 28.03.2006. O STJ, entretanto, admitiu a possibilidade de litisconsórcio ulterior ou superveniente na seara da ação popular: AgRg no REsp 776.848/RJ, 1ª T., rel. Min. Luiz Fux, j. 22.06.2010, Dje 03.08.2010.

fomenta a necessidade de propositura de outras demandas coletivas pelos demais legitimados coletivos; c) se houver a propositura de outras demandas, fomentar-se-á a dispersão de precedentes e a insegurança jurídica sobre o tema; d) se houver a propositura de outras demandas, deverão ser distribuídas por dependência para o juízo prevento (artes. 286, CPC; 2º, parágrafo único, LACP; 5º, § 3º, LAP e 17, § 5º, LIA) o que, por certo, torna inútil a vedação; e) ainda que se sustente a violação ao princípio do juízo natural, o que admito somente para argumentar, inaplicável na seara dos processos coletivos especiais e no modelo de tutela coletiva da resolução das questões repetitivas, pois não há, a rigor, mais de um órgão jurisdicional competente; f) a regra do art. 10, § 2º, LMS somente se aplica ao MS individual, mas, ainda assim, traz uma permissão para a ocorrência de litisconsórcio ulterior ou superveniente; g) existência de previsões legais expressas para a formação deste tipo de litisconsórcio na tutela coletiva (arts. 5º, § 2º, LACP; 6º, §§ 3º e 5º,[28] LAP; 17, § 3º, LIA).[29] Assim, forçoso concluir como, aliás, faz a doutrina majoritária, que tal divergência não ostenta qualquer relevância para os processos coletivos devendo, portanto, ser admitida a formação de litisconsórcio ulterior ou superveniente.

Como decorrência deste debate, surge a necessidade da verificação da natureza jurídica processual desta intervenção do colegitimado no processo coletivo comum. Existem, em verdade, as seguintes teses doutrinárias:

1ª tese: litisconsorte ulterior,[30] em virtude de o colegitimado ter ampla liberdade para a condução do processo, principalmente com relação aos elementos objetivos da demanda;

2ª tese: assistente litisconsorcial,[31] porque não poderá promover alterações objetivas na demanda;

3ª tese (majoritária): natureza híbrida[32] diretamente relacionada à postura processual. Se o legitimado intentar modificações objetivas, será litisconsorte ulterior ou superveniente; se não o fizer, será assistente litisconsorcial. Considerando a norma do art. 329, CPC, a bem da verdade, a natureza jurídica dependerá do momento processual da sua intervenção, na medida em que há a estabilização objetiva da demanda com o proferimento da decisão interlocutória de saneamento e organização

---

28. AgRg no REsp 916.010/SP, 2ª T., rel. Min. Humberto Martins, j. 19.08.2010, Dje 03.09.2010; AgRg no REsp 776.848/RJ, 1ª T., rel. Min. Luiz Fux, j. 22.06.2010, DJe 03.08.2010.

29. NEVES, Daniel Amorim Assumpção. *Manual do Processo Coletivo*. Op. cit., p. 277; ANDRADE, Adriano; MASSON, Cleber; ANDRADE, Landolfo. *Interesses difusos e coletivos esquematizado*. São Paulo: Método, 2011, p. 128.

30. RODRIGUES, Marcelo Abelha; KLIPPEL, Rodrigo. *Comentários à tutela coletiva*. Rio de Janeiro: Lumen Juris, 2009, p. 201; SILVA, José Afonso da. *Ação Popular*. 2ª ed. São Paulo: Malheiros, 2007, p. 196.

31. DIDIER JR., Fredie; ZANETI JR., Hermes. *Curso de Direito Processual Civil – Processo Coletivo*. Op. cit., p. 248; NERY JR., Nelson; NERY, Rosa Maria de Andrade. *Código de Processo Civil comentado*. Op. cit., p. 1445.

32. NEVES, Daniel Amorim Assumpção. *Manual do Processo Coletivo*. Op. cit., p. 277; MANCUSO, Rodolfo de Camargo. *Ação Civil Pública*. Op. cit., p. 218; MAZZILLI, Hugo Nigro. *A defesa dos interesses difusos em juízo*. Op. cit., p. 358; VIGLIAR, José Menezes. *Ação Civil Pública*. 5ª ed. São Paulo: Atlas, 2001, p. 88. LEONEL, Ricardo de Barros. *Manual do Processo Coletivo*. Op. cit., p. 254;

do processo. Ocorrendo a modificação dos elementos objetivos da demanda por atuação do interveniente, sem a participação direta do MP ou do legitimado coletivo originário (autor da demanda na qual ocorre a intervenção), deverá o magistrado, observando os princípios da cooperação, boa-fé objetiva e contraditório efetivo, intimar os demais sujeitos do processo para que se manifestem e, se for o caso, designar audiência especial, após proferir decisão a respeito do tema para que haja segurança jurídica quanto à pretensão exercida.[33]

A intervenção do colegitimado no processo coletivo especial (ações de controle de constitucionalidade) ostenta uma abordagem completamente diversa. O art. 12-E, § 1º, Lei 9.868/1999 prevê, de forma expressa, a possibilidade de intervenção do colegitimado que não promoveu a demanda coletiva, porém, a mesma lei, em seu art. 7º, veda a intervenção de terceiros nos processos coletivos especiais.

A doutrina diverge, também, e com objetivo diverso do anterior, quanto à natureza jurídica processual da intervenção, da seguinte forma: **1ª tese: a intervenção do colegitimado é uma intervenção de terceiros, a par da regra do art. 7º da Lei 9.868/1999, na modalidade assistência litisconsorcial,**[34] pois os defensores desta tese partem da premissa que sustenta ser possível afastar a vedação legal;

2ª tese: a intervenção do colegitimado não é uma intervenção de terceiros, mas uma forma de litisconsórcio ulterior ou superveniente,[35] pois a sua atuação processual é adesiva à pretensão exercida originariamente;

3ª tese: a intervenção do colegitimado é uma intervenção de terceiros, a par da regra do art. 7º da Lei 9.868/1999, na modalidade *amicus curiae*,[36] em virtude da regra do art. 7º, § 2º da Lei 9.868/1999.

Um outro tema referente ao litisconsórcio nos processos coletivos é a existência de litisconsórcio necessário no polo passivo. Inicialmente, impende destacar a inexistência de litisconsórcio necessário no polo ativo da demanda,[37] por violar o

---

33. Em sentido um pouco diverso: *"E se houver divergência entre os dois – ou mais – autores a respeito desses elementos da ação? Entendo que nesse caso caberá ao juiz determinar os limites objetivos da demanda, sempre levando em consideração a maior tutela possível ao direito transindividual ou individual homogêneo discutido. Caso não esteja envolvido na disputa, a participação do Ministério Público como fiscal da ordem jurídica nessa definição será determinante."* NEVES, Daniel Amorim Assumpção. *Manual do Processo Coletivo.* Op. cit., p. 278.

34. NEVES, Daniel Amorim Assumpção. *Manual do Processo Coletivo.* Op. cit., p. 280; DIDIER JR., Fredie. *Recurso de terceiro: juízo de admissibilidade.* 2ª ed. São Paulo: Revista dos Tribunais, 2005, p. 74; CUNHA JR., Dirley da. A intervenção de terceiros no processo de controle abstrato de constitucionalidade – a intervenção do particular, do colegitimado e do *amicus curiae* na ADIN, ADC e ADPF. In: DIDIER JR., Fredie; WAMBIER, Teresa ARRUDA ALVIM (coords.). *Aspectos polêmicos e atuais sobre os terceiros no processo civil e assuntos afins.* São Paulo: Revista dos Tribunais, 2004, p. 153.

35. MORAES, Guilherme Peña de. *Curso de Direito Constitucional.* São Paulo: Atlas, 2017.

36. NOGUEIRA, Gustavo Santana. *Curso básico de processo civil.* Rio de Janeiro: Lumen Juris, 2004, p. 230; BUENO, Cassio Scarpinella. Amicus curiae *no processo civil brasileiro: um terceiro enigmático.* São Paulo: Saraiva, 2006, p. 144; DEL PRÁ, Carlos Gustavo Rodrigues. Breves considerações sobre o *amicus curiae* na ADIn e sua legitimidade recursal. In: DIDIER JR., Fredie; WAMBIER, Teresa Arruda Alvim (coords.). *Aspectos polêmicos e atuais sobre os terceiros no processo civil e assuntos afins.* São Paulo: Revista dos Tribunais, 2004, p. 74.

37. NEVES, Daniel Amorim Assumpção. *Manual do Processo Coletivo.* Op. cit., p. 174.

princípio do acesso à justiça (art. 5°, XXXV, CR/88), na medida em que a atuação processual de um legitimado ativo, titular do direito material subjacente, estaria condicionada à "autorização" de um terceiro. A questão, portanto, do litisconsórcio necessário no polo passivo ganha relevância nas seguintes ações coletivas; a) mandado de segurança (tema enfrentado no Capítulo 9 – legitimidade); b) ação por ato de improbidade administrativa; c) ação popular.

No tocante ao **litisconsórcio necessário no polo passivo na ação por improbidade administrativa** (tema também enfrentado no Capítulo 6), existe certa divergência em nosso ordenamento, que merece uma abordagem específica.

Conforme se depreende da redação prevista no art. 3°, da LIA, pretendeu o legislador a responsabilização de todos aqueles que tenham, de alguma forma, praticado ou concorrido à concretização da improbidade, sendo bastante amplo o campo de incidência da norma. A pluralidade de agentes e/ou terceiros que tenham de alguma forma concorrido ou se beneficiado do ato lesivo, ímprobo ou não, pode gerar a ocorrência de litisconsórcio no polo passivo.

Legitimados passivos da Ação por Improbidade Administrativa são todos aqueles que tenham concorrido para a prática da conduta ímproba. Assim, estão sujeitos à incidência reparatório-sancionatória da Lei 8.429/1992 todos os agentes públicos que, ainda que transitoriamente ou sem remuneração, por eleição, nomeação, designação, contratação ou qualquer outra forma de investidura ou vínculo, mandato, emprego ou função (art. 2°) tenham violado o patrimônio público.

Também aqueles que, mesmo não sendo agentes públicos, tenham induzido ou concorrido para a prática do ato de improbidade, ou dela tenham auferido qualquer benefício direto (art. 3°).

Assim, os legitimados passivos da Ação por Improbidade Administrativa são todos aqueles que tenham concorrido para a prática da conduta ímproba, conforme preconizam os arts. 2°, 3°, da LIA.

Como se vê, buscou o legislador a responsabilização de todos aqueles que tenham, de alguma forma, praticado ou concorrido à concretização da improbidade, sendo bastante amplo o campo de incidência da norma.[38] A pluralidade de agentes e terceiros enseja a ocorrência de litisconsórcio no polo passivo, na forma do art. 113, CPC.[39]

---

38. *"Até se compreende o ideal de que todos que tenham participado do ato de improbidade administrativa participem da ação judicial no polo passivo, considerando-se que não parece justo que agentes ímprobos ou terceiros que participaram ou se beneficiaram do ato saiam ilesos, sem qualquer condenação judicial. Por outro lado, a escolha de quem serão os réus poderá ser contaminada por opções não estritamente jurídicas. E o que é pior, ficando o particular de fora do polo passivo nunca mais poderá ser demandado em ação de improbidade administrativa, já que não pode ser o único réu dessa ação, e para a pessoa jurídica lesada já terá se operado a coisa julgada, o que impedirá que participe novamente da mesma ação no polo passivo."* NEVES, Daniel Amorim Assumpção. *Manual do Processo Coletivo.* Op. cit., p. 283.

39. *"essa coautoria delitual disciplinar com pessoas estranhas ao serviço público, ad instar do art. 3° da Lei n° 8.429/92, abriga a participação do particular em três distintos momentos: o anterior à prática da infração (*

Importante mencionar que o beneficiário, principalmente quando for particular (pessoa física ou jurídica), deve ter a sua conduta diretamente relacionada à do agente público coautor do ato lesivo (mormente nos atos de improbidade administrativa). O terceiro beneficiário do ato somente receberá o influxo da Lei 8.429/1992 com a estrita vinculação com agente público, pois não poderá responder sozinho pelo ato.[40]

Diante deste introito, imprescindível abordar a existência ou não do litisconsórcio necessário no polo entre o agente público e o beneficiário (particular pessoa física ou jurídica) do ato, nas ações civis pública de improbidade administrativa.

O STJ, usando o *conceito inelástico* de ato improbidade administrativa, fixou entendimento no sentido da impossibilidade de o particular responder sozinho pelo ato de improbidade administrativa, ou seja, somente poderá figurar em conjunto com o agente público (regra da dupla imputação), apesar de afirmar não existir litisconsórcio necessário entre eles.[41]

Interessante situação foi decidida no STJ[42]: foi permitido o prosseguimento de ação por improbidade administrativa em desfavor de dirigente de entidade privada que administra recursos públicos, pois não pode ser classificado como mero particular (terceiro), sendo considerado agente público em sentido amplo (para fins de improbidade) e, portanto, podendo figurar sozinho no polo passivo da ação de improbidade.

Assim, nas ações por improbidade administrativa, segundo o entendimento do STJ, não há que se falar em formação de litisconsórcio necessário entre o agente público e os eventuais terceiros beneficiados com o ato de improbidade administrativa, pois não está justificada em nenhuma das hipóteses previstas na lei.[43]

Não é o entendimento que será esposado neste tópico. O litisconsórcio necessário, por definição legal (art. 114, CPC/15), ocorrerá em duas situações: a) por

---

o ato de induzimento), o concomitante à sua prática (coadjuvação concorrencial) e, por fim, o posterior à sua consumação (beneficiando-se com as vantagens morais ou materiais da improbidade). COSTA, José Armando da. *Contornos jurídicos da Improbidade Administrativa*. Brasília: Brasília Jurídica Ltda., 2000, p. 21. No mesmo sentido, porém exigindo a demonstração da má-fé: "*é inaceitável que o terceiro de boa-fé possa vir a ser envolvido na ação de improbidade sem que tenha agido com intenção de se beneficiar ilicitamente. Com muito mais razão, a responsabilidade do terceiro só se justifica na modalidade subjetiva.*" MEIRELLES, Hely Lopes. *Curso de Direito Administrativo Brasileiro*. 42ª ed. São Paulo: Malheiros, 2016.

40. CARVALHO FILHO, José dos Santos. *Manual de Direito Administrativo*. 18ª ed. Rio de Janeiro: Lumen Juris, 2007, p. 934.

41. Resp. 1171.017-PA, Rel. Min. Sérgio Kukina, j. 25.02.2014; AgRg no REsp 1.461.489/MG, Rel. Min. Mauro Campbell Marques, 2ª T., j. 18.12.2014, DJe 19.12.2014; AgInt no REsp 1538194/CE, Rel. Min. Humberto Martins, 2ª T., j. 18.08.2016, DJe 25.08.2016; REsp 896.044/PA, Rel. Min. Herman Benjamin, 2ª T., j. 16.09.2010, DJe 19.04.2011; AgInt no REsp 1624627/MS, Rel. Min. Mauro Campbell Marques, 2ª T., j. 06.04.2017, DJe 17.04.2017.

42. STJ. 1ª T. AgInt no REsp 1845674/DF, Rel. Min. Napoleão Nunes Maia Filho, Rel. p/ Acórdão Min. Gurgel de Faria, j. 01/12/2020

43. "*Não concordo com a corrente doutrinária que aponta para uma obrigatoriedade na formação do litisconsórcio passivo sob o argumento de indisponibilidade do direito discutido em juízo. O sistema processual não adota esse critério para definir se o litisconsórcio é facultativo ou necessário, não havendo qualquer razão para que isso ocorra na ação de improbidade administrativa, conforme correto entendimento do Superior Tribunal de Justiça.*" NEVES, Daniel Amorim Assumpção. *Manual do Processo Coletivo*. Op. cit., p. 282.

CAPÍTULO 8 • ASPECTOS PROCESSUAIS DO PROCESSO COLETIVO

disposição expressa de lei; e b) em virtude da natureza da relação jurídica de direito material deduzida em juízo. O legislador exige sempre a formação do litisconsórcio para que a sentença possa ser eficaz em face de todos. Poder-se-ia aqui impingir de equivocado o conceito legal, mas a nossa toada é outra.[44]

O litisconsórcio passivo entre o agente público e o beneficiário é necessário, com base nos seguintes fundamentos:

a) o interesse subjacente ao exercício da pretensão judicial é indisponível[45] sendo, portanto, impensável excluir algum autor do ato lesivo ou beneficiário deste fora da relação jurídica processual, pois haverá insegurança jurídica e violação à isonomia[46]; b) a amplitude conceitual dos agentes públicos e dos beneficiários prevista nos arts. 2º e 3º, LIA e 6º, LAP enseja ao reconhecimento da necessariedade do litisconsórcio, ou seja, é um litisconsórcio por força de lei; c) aplicação do princípio da obrigatoriedade da demanda coletiva, mormente nos casos de tutela do patrimônio público.[47]

Por fim, vale mencionar o entendimento segundo o qual a obrigatoriedade da formação do litisconsórcio passivo na demanda de improbidade dependerá do tipo de pretensão deduzida.[48] Segundo este entendimento, podem ser exteriorizadas as pretensões da seguinte forma: a) pretensão de ressarcimento ao erário cumulada com a aplicação das sanções do art. 12, LIA: neste caso o litisconsórcio será facultativo simples; b) pretensão de ressarcimento ao erário cumulada com a aplicação das sanções do art. 12, LIA e com o pedido de anulação de ato/contrato administrativa: neste caso o litisconsórcio será necessário unitário, pois a relação jurídica de direito material subjacente será incindível (indivisível). O STJ já decidiu desta forma.[49]

Na Ação Popular, prevalece o entendimento, inclusive no STJ,[50] de que há um litisconsórcio necessário no polo passivo. Em meu entendimento, considerando que o litisconsórcio decorre diretamente da lei (art. 6º, LAP), deverá ser considerado simples. Entretanto, há quem defenda, com base no tipo de pretensão deduzida na demanda, que o litisconsórcio, sempre necessário, poderá ser simples ou unitário.

---

44. O conceito legal, mais uma vez, parece confundir litisconsórcio necessário com o unitário. Ademais, se há a necessidade de todos participarem da relação processual para que a sentença seja absolutamente eficaz, o litisconsórcio já será necessário.

45. SANTOS, Carlos Frederico Brito dos. *Improbidade administrativa*. 2ª ed. Rio de Janeiro: Forense, 2007, p. 246; LUCON, Paulo Henrique dos Santos. *Código de Processo Civil interpretado*. 3ª ed. Coordenação de Antonio Carlos Marcato. São Paulo: Atlas, 2005, p. 365.

46. Não podemos esquecer da possibilidade, ainda que de *lege ferenda*, de afastar a pretensão judicial dos causadores do ato lesivo em virtude da celebração de termo de ajustamento de conduta, colaboração premiada ou acordo de leniência. Eventual possibilidade do manejo de tais instrumentos na seara da improbidade administrativa deve ser objeto de tópico específico.

47. GARCIA, Emerson; ALVES, Rogério Pacheco. *Improbidade Administrativa*. 8ª ed. São Paulo: Saraiva, 2015. p. 887.

48. NEVES, Daniel Amorim Assumpção. *Manual do Processo Coletivo*. Op. cit., p. 283.

49. REsp 1.162.604/SP, 1ª T., rel. Min. Teori Albino Zavascki, j. 17.06.2010, DJe 28.06.2010; AgRg no REsp 704.241/RS, 2ª T., rel. Min. Mauro Campbell Marques, j. 03.12.2009, DJe 16.12.2009.

50. REsp 614. 766/MA, 1ª T., rel. Min. Luiz Fux, j. 05.09.2006, DJe 21.09.2006; REsp 258.122/PR, 2ª T., rel. Min. João Otávio de Noronha, j. 27.02.2007.

Será simples quanto ao pedido condenatório e unitário quanto ao pedido de anulação do ato administrativo.[51] O polo passivo, conforme analisado no Capítulo 9, será composto pela pessoa jurídica de direito público e pelos beneficiários do ato impugnado.[52]

2.6. Ônus da prova

O ônus da prova (art. 373, CPC), enquanto regra de convencimento (julgamento)[53] do órgão jurisdicional, consiste na imperiosa necessidade de verificação da desincumbência das partes quanto à comprovação das alegações formuladas sobre os fatos. Como será visto no capítulo relativo à coisa julgada material, tal desincumbência é extremamente relevante para fins de formação ou não da coisa julgada material (arts. 18, LAP; 16, LACP; e 103, I e II, CDC). O ônus da prova pode ser dividido em: a) ônus subjetivo da prova, voltado à atividade das partes, orientando-as quanto à produção dos elementos de convicção necessários a seu êxito; b) ônus objetivo da prova, refere-se à definição da demanda e tem como destinatário o magistrado. O CPC preconiza como regra geral a denominada distribuição estática do ônus da prova (art. 373, CPC), que indica ser ônus das partes, conforme o polo da demanda, comprovar as alegações formuladas sobre os fatos constitutivos do seu direito (ônus da prova do autor) ou sobre os fatos impeditivos, extintivos ou modificativos do direito da parte contrária (ônus da prova do réu). Nada obstante, pode ocorrer uma inversão deste ônus. A inversão do ônus da prova, assim considerada como verdadeira regra procedimental, apesar de, de forma equivocada, o STJ ter afirmado ser uma regra de julgamento,[54] que deve ser determinada antes do início da fase probatória, pode decorrer de três formas: a) inversão *ope legis* do ônus da prova, que decorre diretamente da lei (artes. 12, § 3º; 14, § 3º e 38, CDC); b) inversão *ope iudicius* do ônus da prova, que decorre diretamente de uma decisão judicial, mas com alguma previsão legal (arts. 6º, VIII, CDC; 357, III e 373, § 1º, CPC); c) inversão convencionada do ônus da prova, que decorre de manifestação expressa das partes por meio de um negócio jurídico processual (art. 373, § 3º, CPC). Todas estas modalidades de inversão do ônus da prova são plenamente aplicáveis aos processos coletivos.[55]Dois pontos,

---

51. NEVES, Daniel Amorim Assumpção. *Manual do Processo Coletivo*. Op. cit., p. 281.
52. Há quem entenda que somente os beneficiários diretos poderão figurar no polo passivo: NEVES, Daniel Amorim Assumpção. *Manual do Processo Coletivo*. Op. cit., p. 282.
53. *"Parece-nos acertado afirmar que são regras de julgamento, direcionadas predominantemente ao juiz, estabelecendo parâmetros a serem observados, ao final da instrução, para a aferição do material probatório e o equacionamento da demanda."* LEONEL, Ricardo de Barros. *Manual do Processo Coletivo*. Op. cit., p. 438.
54. Resp 949.000/ES, 3ª T., rel. Min. Humberto Gomes de Barros, j. 27.03.2008, Dje 23.06.2008; AgRg nos Edcl no Ag 977.795/PR, 3ª T., rel. Min. Sidnei Beneti, j. 23.09.2008, Dje 13.10.2008.
55. *"Agora, a redistribuição do ônus da prova por determinação judicial é admitida em qualquer tipo de processo, o que inclui, obviamente, o processo coletivo. O regramento do art. 373, §§ 1º e 2º aplica-se ao processo coletivo, sem qualquer nuance."* DIDIER JR., Fredie. *Curso de Direito Processual Civil – Processo Coletivo*. Op. cit., p. 365. *"Conclua-se: a inversão do ônus da prova não se aplica somente às demandas individuais fundadas em relações de consumo, mas a todas as demandas coletivas, desde que presentes no caso específico os pressupostos que determinam a incidência da regra: verossimilhança da afirmação do autor ou hipossuficiência em decorrência do monopólio da informação."* LEONEL, Ricardo de Barros. *Manual do Processo Coletivo*. Op. cit., p. 449.

porém, merecem destaque: i) certa resistência da determinação da inversão do ônus da prova quando o autor é o Ministério Público e ii) a vedação expressa da inversão do ônus da prova nos processos de improbidade administrativa.

O STJ sinalizou que, a depender do caso concreto, não deve ser admitida a inversão do ônus da prova quando o requerente, porquanto autor, for o Ministério Público, por ser **entidade que jamais pode ser considerada hipossuficiente, notadamente quando dotada de amplo poder investigatório de espectro administrativo pre-processual, cercando-se de vasto aparato técnico e jurídico para alcançar e reunir um conjunto probante para fazer frente ao ônus de prova estabelecido na lei de regência.**[56] **Com a devida vênia, o STJ proferiu decisão assaz equivocada por desconsiderar qual é a natureza da atuação do Ministério Público no âmbito da tutela coletiva.**

Nos processos de improbidade administrativa, há vedação expressa para a inversão *ope iudicius* do ônus da prova (art. 17, §19, II, da LIA), mas será possível a inversão convencionada (art. 373, §3º, do CPC).

2.7. Atuação multifacetária do Ministério Público

O Ministério Público, conforme o conceito constitucional (art. 127, CR/88) é instituição permanente, essencial à função jurisdicional do Estado, que ostenta a incumbência da defesa da ordem jurídica, do regime democrático e dos interesses sociais e individuais indisponíveis. No âmbito da tutela coletiva, o Ministério Público, mediante a sua atuação multifacetária (órgão agente, interveniente e de assunção do processo), exerce certo protagonismo no uso das medidas jurisdicionais e extrajudiciais, uma vez que se trata de uma das suas funções institucionais (art. 129, III, CR/88). A legitimidade para a atuação em sede jurisdicional foi devidamente abordada no capítulo referente às condições da ação coletiva. Neste tópico, de uma forma geral, tratarei da sua atuação multifacetária, assim compreendida em três frentes: a) órgão agente; b) órgão interveniente; c) órgão que assume a condução dos processos coletivos.

Como *órgão agente*, à exceção da ação popular,[57] o MP poderá manejar todos os instrumentos jurisdicionais (ações coletivas), desde que observadas as regras infraconstitucionais de atribuição (art. 128, § 5º, CR/88), bem como os limites das suas funções institucionais, como visto no tocante à defesa dos direitos individuais homogêneos (vide capítulo das condições da ação coletiva). Ainda que sejam instrumentos extrajudiciais e extraprocessuais, o MP também poderá valer-se destes para o exercício da tutela coletiva, tais como termo de ajustamento de conduta, recomendação, acordo de leniência e inquérito civil. Neste último caso, trata-se de

---

56. RESP 1.286.273-SP, Rel. Min. Marco Buzzi, 4ª T, por unanimidade, J. 08.06.2021.
57. Existem, porém, decisões no STJ permitindo o ajuizamento de ação popular pelo MP, como podemos notar nos seguintes julgados: AgRg no AREsp 746.846/RJ, 2ª T., rel. Min. Herman Benjamin, j. 15.12.2015, Dje 05.02.2016; AgRg no Ag 1.249.132/SP, rel. Min. Luiz Fux, j. 24.08.2010, Dje 09.09.2010.

instrumento exclusivo do MP. As questões mais relevantes sobre os limites de sua atuação (legitimidade ativa coletiva) foram devidamente abordadas no capítulo próprio.

Como *órgão interveniente*, o MP deverá ser necessariamente intimado para exercer a função de fiscal da correta aplicação do ordenamento jurídico (*custus iuris*), em todas as demandas coletivas,[58] independentemente da natureza ou características do direito material que forma o seu objeto,[59] conforme se verifica no teor das normas dos arts. 5º, § 1º, LACP, 178 c/c 179, CPC; 12-E, § 3º da Lei 12.063/2009; 8º da Lei 9.868/1999; 7º, parágrafo único da Lei 9.882/1999; 92, CDC; 75, do Estatuto do Idoso; 202, ECA; 12, LMS; 6º, § 4º, 7º, I, *a* e 15, LAP. A sua atuação como órgão interveniente dependerá da sua intimação pessoal para manifestar-se (artes. 203, ECA; 76, Estatuto do Idoso; 180, CPC). Mediante promoção fundamentada, o membro do MP manifestar-se-á sobre a sua intervenção, mas, nos casos de demandas coletivas, ao meu sentir, não dependerá da independência funcional, mas do dever funcional, a sua participação, ou seja, não poderá deixar de intervir. Na hipótese de não intimação pessoal, será, caso demonstrado o prejuízo, como reconhecido pelo STJ,[60] para a tutela jurisdicional da coletividade (art. 279, § 3º, CPC), anulado o processo a partir do momento processual (art. 279, § 1º, CPC) no qual deveria ter a participação do MP (arts. 204, ECA; 77, Estatuto do Idoso; 279, CPC). A atuação, nesta senda, confere ao MP os mesmos ônus e poderes das partes, pois é um dos legitimados coletivos ativos e o próprio ordenamento jurídico lhe confere tal possibilidade, conforme art. 179, CPC.

Registre-se, por oportuno, entendimento doutrinário, com o qual me filio, no sentido de que esta atuação sempre deve ser pautada pela efetiva tutela da coletividade, não sendo admitido, portanto, qualquer tipo de manifestação processual com o fim contrário.[61] Nada obstante, entendo que o MP pode e deve apontar questões processuais de ordem pública (arts. 337, § 5º; 485, IV, V, VI e IX, c/c § 3º, CPC) que, porventura, não sejam notadas pelo órgão jurisdicional, pois a sua atuação deverá sempre estar pautada para a correta aplicação do ordenamento jurídico. Assim, deverá apontar os vícios processuais, com o requerimento de abertura da oportunidade processual da sanatória (arts. 4º, 9º, 10, 139, IX, 282, § 2º, 317 e 488, CPC). Não pode

---

58. BUENO, Cassio Scarpinella. *Curso Sistematizado de Direito Processual Civil*. São Paulo: Saraiva, 2007, v. 2, III, p. 225; GAJARDONI, Fernando da Fonseca. *Direitos Difusos e Coletivos I*. São Paulo: Método, 2009, p. 56.

59. Em sentido contrário, podemos mencionar: *"Apesar de corrente doutrinária majoritária defender a intervenção obrigatória em toda e qualquer ação coletiva, independentemente da natureza ou características do direito material que forma o seu objeto, prefiro o entendimento que exclui a participação do Ministério Público nas ações civis públicas para as quais não tenha legitimidade ativa."* NEVES, Daniel Amorim Assumpção. *Manual do Processo Coletivo*. Op. cit., p. 265. No mesmo sentido, SOUZA, Moutari Ciocchetti de. *Ação Civil Pública e inquérito civil*. 4ª ed. São Paulo: Saraiva, 2011, p. 81.

60. Edcl no AgRg no Resp 1.253.004/SE, 3ª t., rel. Min. Marco Aurelio Bellizze, j. 24.11.2015, Dje 10.12.2015; AgRg no AREsp 75.210/BA, 2ª T., rel. Min. Humberto Martins, j. 06.03.2012, Dje 13.03.2012.

61. NEVES, Daniel Amorim Assumpção. *Manual do Processo Coletivo*. Op. cit., p. 266; LEONEL, Ricardo de Barros. *Manual do Processo Coletivo*. Op. cit., p. 192; COSTA, Susana Henrique da. *Comentários à lei de ação civil pública e lei de ação popular*. São Paulo: Quartier Latin, 2006, p. 404.

ser confundida a sua atuação, também, com a defesa intransigente do acolhimento final da pretensão deduzida, pois, mediante promoção com fundamentação adequada e específica (art. 489, § 1º, CPC), pode e deve o MP pugnar pela improcedência do pedido quando for a hipótese.[62] Ademais, o MP não atua como um mero auxiliar do autor da demanda coletiva. Entretanto, há, na doutrina, quem defenda que a liberdade de atuação do MP como fiscal da correta aplicação do ordenamento jurídico deve encontrar limites, tais como: a) não pode produzir provas contrárias aos interesses transindividuais deduzidos na demanda; b) não pode interpor recurso contra a decisão favorável à coletividade, apesar de poder, em segundo grau, proferir parecer favorável ao demandado.[63] Esta posição padece de um claro vício de percepção da atuação do MP, pois não há, de modo algum, qualquer prévio interesse na solução da demanda, até porque são aplicáveis, também, ao membro do MP os vícios da imparcialidade (impedimento e suspeição – arts. 144 e 145, CPC). A produção de provas tem como fito precípuo a busca da verdade real e segue o princípio da comunhão ou da aquisição da prova. Ora, se a prova, após a sua produção, denota que não há fulcro para a pretensão coletiva deduzida, não haverá outra postura a ser adotada senão pugnar por seu não acolhimento. Da mesma maneira, caso verifique o proferimento de decisão violadora do ordenamento jurídico, pode e deve o membro do MP interpor o recurso para requerer a reforma ou a invalidação da decisão judicial proferida. Esta é a principal diferença entre a atuação processual dos membros do MP para os demais legitimados coletivos, pois sempre pautada pela correta aplicação do ordenamento jurídico e não para a defesa de interesses meramente privados.

A sua atuação como órgão interveniente também deve ocorrer nos casos em que os demais legitimados coletivos optarem por uma atuação extrajudicial, e, de outro giro, não haverá a necessidade de atuação dupla (um órgão de execução como autor e outro como fiscal da correta aplicação do ordenamento jurídico), conforme abordado no capítulo sobre a legitimidade coletiva.

Sobre a possibilidade de o MP figurar no polo passivo de demanda coletiva, remeto o leitor para o capítulo referente à ação coletiva passiva.

---

62. *"Não tem, entretanto, qualquer sentido obrigar o promotor de justiça a um pronunciamento em favor de ilegalidades ou injustiças pretendidas pelo autor, até porque a tutela dos interesses protegidos pela ação popular só se justifica quando amparada no Direito."* NEVES, Daniel Amorim Assumpção. *Manual do Processo Coletivo.* Op. cit., p. 270; BARBOSA MOREIRA, José Carlos. Problemas da ação popular. *Revista de direito administrativo,* v. 85, jul.-set./1966; COSTA, Susana Henrique da. *Comentários à lei de ação civil pública e lei de ação popular.* São Paulo: Quartier Latin, 2006, p. 404; LEONEL, Ricardo de Barros. *Manual do Processo Coletivo.* Op. cit., p. 199; CARVALHO FILHO, José dos Santos. *Ação Civil Pública.* Op. cit., p. 172; GAJARDONI, Fernando da Fonseca. *Direitos Difusos e Coletivos I.* op. cit., p. 56; MANCUSO, Rodolfo de Camargo. *Ação Popular.* Op. cit., p. 215; RODRIGUES, Marcelo Abelha; KLIPPEL, Rodrigo. *Comentários à tutela coletiva.* Rio de Janeiro: Lumen Juris, 2009, p. 201.

63. *"Na prática, o Parquet não poderá, v.g., produzir prova contrária ao êxito da demanda, pois estaria defendendo o interesse do demandado sem legitimidade. Mas não está obrigado a opinar favoravelmente à ação proposta sem fundamento, temerária ou cuja prova não justifique a procedência. Não poderá recorrer contrariamente ao interesse tutelado coletivamente – faltaria interesse processual para isto, pois estaria defendendo a posição do requerido -, mas nada impede que opine favoravelmente ao recurso do réu, em razão da sentença de procedência equivocadamente prolatada."* LEONEL, Ricardo de Barros. *Manual do Processo Coletivo.* Op. cit., p. 230-231.

2.8. Relação entre ações coletivas

Entre as ações coletivas podem ser verificadas as seguintes relações:

a) *relação de prejudicialidade*, quando for verificada a potencial conflituosidade entre as demandas, ainda que entre elas não exista relação de conexão e continência. Nestes casos, podem ser adotadas as seguintes soluções: i) aplicação do art. 55, § 3º, CPC – reunião das ações perante o juízo prevento para processamento e julgamento pelo mesmo órgão jurisdicional; ii) aplicação do art. 313, V, CPC;

b) *relação de semelhança*, ou seja, alguns elementos idênticos. Essas relações são de conexão (art. 55, CPC) e continência (art. 56, CPC). Pode haver reunião das ações no juízo prevento ou extinção de uma delas (art. 57, CPC), conforme a hipótese; e

c) *relação de litispendência*, que é a relação de exata identidade entre os elementos das demandas. Vale lembrar que só existe em processo coletivo litispendência entre demandas coletivas, pois o legislador afastou expressamente a possibilidade de litispendência entre ação individual e ação coletiva (artes. 104, CDC; 22, § 1º da LMS e 13, parágrafo único da LMI).

2.8.1. Litispendência

Conforme art. 337 § 3º, CPC, há litispendência quando se repete ação que está em curso com os mesmos elementos identificadores (partes, pedido e causa de pedir). Havendo duas ações iguais pendentes, uma delas deve ser extinta sem resolução de mérito. A litispendência *possui natureza jurídica de pressuposto processual negativo*, posto relacionado à originalidade da demanda. No processo individual a *consequência processual* da litispendência é a extinção do processo sem resolução do mérito (art. 485, V CPC) e a *causa processual* da litispendência é a citação (art. 240, CPC). Podemos afirmar, portanto, que somente haverá litispendência após a efetiva ocorrência da citação no processo posterior. Verificada a ocorrência da extinção do processo, quando existir a litispendência, impende destacar qual é a natureza jurídica da sentença que a reconhece. Trata-se de sentença terminativa. Em regra, as sentenças terminativas acarretam a formação da denominada *coisa julgada formal*, que gera eficácia endoprocessual, significa dizer que o autor da ação poderá *renovar, de maneira incondicionada, a demanda*. O CPC/15 mudou essa regra em seu art. 486, § 1º. Foi criada a coisa julgada processual. Qual é a diferença para o que conhecemos como coisa julgada formal, que não impede a renovação da demanda? A *coisa julgada processual* só permite a renovação da demanda se for corrigido o vício processual ensejador da extinção do processo (*renovação condicionada da demanda*).

2.8.1.1. Teorias acerca da litispendência

Premissa básica é reprodução de ação idêntica à uma outra em curso. Essa premissa é inafastável. Se uma das ações transitou em julgado, a análise já passa para o

CAPÍTULO 8 • ASPECTOS PROCESSUAIS DO PROCESSO COLETIVO **243**

instituto da coisa julgada. Lembrando, ainda, que os recursos ostentam o chamado efeito impeditivo/obstativo, ou seja, o recurso impede o trânsito em julgado. Assim, mesmo após o proferimento da sentença em uma das demandas, poderá ser verificado o estado de litispendência. O recurso, portanto, perpetua o *status* jurídico de litispendência. Litispendência aqui é no sentido literal: lide pendente.

Podem ser encontradas duas teorias:

a) **Teoria *tri eadem* ou da tríplice identidade (adotada no art. 337, §§ 2º ao 4º, CPC**. Para esta teoria, os requisitos para a verificação da litispendência são as mesmas partes, pedido e causa de pedir;

b) **Teoria da identidade da relação jurídica / teoria da identidade da pretensão**. Pode haver litispendência mesmo sem a tríplice identidade (identidade entre os elementos da demanda): basta que seja deduzida em juízo a ***mesma relação jurídica material***.[64] Há litispendência, portanto, quando pendem processos com o mesmo conteúdo, assim compreendido como a mesma situação jurídica controvertida.[65] Há quem, apesar de seguir o mesmo conceito e premissa apresentados, use os termos "mesma controvérsia coletiva"[66] e "defesa do mesmo direito".[67] O CPC faz referência a ela, de certa forma, mas não faz para reconhecer a litispendência, e sim para reconhecer a possibilidade de reunião das ações no juízo prevento (art. 55, § 3º, CPC).

2.8.1.2. *Litispendência entre ações coletivas*

A litispendência entre ações coletivas é plenamente possível em nosso ordenamento,[68] mas deverá ser verificada de forma diversa daquela aplicada aos processos individuais. A litispendência entre as demandas coletivas deve ser verificada com base na pretensão judicial exercida (pretensão coletiva). Ao usar tal ideia, passa a ser irrelevante a análise dos seguintes itens:

---

64. *"Assim, diante de tais situações excepcionais, que revelam a insuficiência da teoria dos tri eadem, duas regras devem ser observadas quanto à sua incidência prática: a) não constitui ela um critério absoluto, mas, sim uma 'boa hipótese de trabalho', até porque ninguém se arriscou a apontar outra que superasse; e b) quando for inaplicável, perante uma situação concreta, deve ser relegada a segundo plano, empregando-se, em seu lugar, a teoria da identidade da relação jurídica."* TUCCI, José Rogério Cruz e. *A causa petendi no processo civil*. 2ª ed. rev., ampl. e atual. São Paulo: Revista dos Tribunais, 2001, p. 213.

65. *"Há litispendência quando pendem processos com mesmo conteúdo. A mesma situação jurídica controvertida é posta em mais de um processo para ser resolvida. Enfim, há litispendência quando o Poder Judiciário é provocado a solucionar o mesmo problema em mais de um processo."* (...) *"Repita-se o que se disse anteriormente: se a mesma situação controvertida for apresentada para solução jurisdicional em processos diversos, há litispendência. Há litispendência quando se busca o reconhecimento ou efetivação de uma mesma situação jurídica (baseada nos mesmos fatos), em processos diferentes; ou seja, há litispendência quando se discute direitos ou deveres de um mesmo grupo."* DIDIER JÚNIOR, Fredie; ZANETI JÚNIOR, Hermes. *Curso de Direito Processual Civil. Processo Coletivo*. 10ª ed. Salvador: Juspodivm 2016, p. 153

66. GIDI, Antonio. *Código de Processo Civil Coletivo. Um modelo para países de direito escrito."* Execução civil – estudos em homenagem ao professor Paulo Furtado. Rio de Janeiro: Lumen Juris, 2005.

67. GIDI, Antonio. *Coisa julgada e litispendência em ações coletivas*. São Paulo: Saraiva, 1995, p. 16.

68. MAZZILLI, Hugo Nigro. *A defesa dos interesses difusos em juízo*. Op. cit., p. 249.

a) partes formais, ou seja, para fins de reconhecimento da litispendência é irrelevante, como sustenta a doutrina majoritária, a identidade entre os legitimados coletivos (autores das demandas coletivas).[69] O STJ já decidiu neste mesmo sentido.[70] O que importa é a parte em sentido material (coletividade que titulariza o direito material posto em juízo), mesmo que sejam pessoas distintas, mas que ostentem a mesma condição jurídica (parte ideológica da demanda). O STJ, reafirmou, por meio da sua 4ª Turma, que há litispendência entre ações civis públicas ajuizadas por diferentes autores quando houver identidade de beneficiados pela tutela pretendida, de réu, pedido e causa de pedir.[71] Se, porventura, for proposta uma ACP pela Defensoria Pública e outra pelo MP, pode ser reconhecida a ocorrência da litispendência. A pretensão coletiva é o principal aspecto que deve ser considerado;

b) identidade nominal das ações: pode ser verificada a litispendência entre ações coletiva (nominalmente) diferentes, podendo ser entre ACP e ação popular, desde que exista a mesma pretensão coletiva (objetivo pretendido com a propositura da demanda).

Após a fixação da premissa para identificação do instituto, deve ser abordada a consequência processual da litispendência na tutela coletiva. De início, apesar da doutrina divergir quanto ao tema, como será visto, não deve ser adotada, em minha opinião, a mesma consequência jurídica dos processos individuais, pois os objetivos da tutela jurisdicional são diversos, bem como a legitimação ativa é diversa. A doutrina, neste aspecto, diverge da seguinte forma:

1ª Tese: Extinção do processo sem resolução de mérito (art. 485, V, CPC), mas somente nos casos em que for verificada a tríplice identidade entre os elementos identificadores da demanda (partes, causa de pedir e pedido). Entretanto, não verificada a tríplice identidade, a solução jurídica aplicável é a reunião das ações perante o juízo prevento para processo e julgamento simultâneo.[72]

2ª tese (majoritária): Extinção do processo sem resolução de mérito, ainda que não seja verificada a tríplice identidade entre os elementos da demanda (mesmas

---

69. DIDIER JR., Fredie; ZANETI JR., Hermes. *Curso de Direito Processual Civil – Processo Coletivo.* Op. cit., p. 167; LEONEL, Ricardo de Barros. *Manual do Processo Coletivo.* Op. cit., p. 272; GODINHO, Robson Renault. Notas sobre a litispendência no processo coletivo. In: ASSIS, Araken de; ALVIM, Eduardo Arruda; NERY JR., Nelson; MAZZEI, Rodrigo; WAMBIER, Teresa Arruda Alvim; ALVIM, Thereza (coords.). *Direito Civil e Processo: estudos em homenagem ao Professor Arruda Alvim.* São Paulo: Revista dos Tribunais, 2008, p. 893/894; GIDI, Antonio. *Coisa julgada e litispendência em ações coletivas.* São Paulo: Saraiva, 1995, p. 219; VENTURI, Elton. *Processo Civil Coletivo.* São Paulo: Malheiros, 2007, p. 331.

70. REsp 1.318.917/BA, 4ª T., rel. Min. Antonio Carlos Ferreira, j. 12.03.2013, DJe 23.04.2013.

71. STJ, Resp. 1.726.147/SP, 4ª T., Rel. Min. Antonio Carlos Ferreira, Dj. 14.05.2019.

72. "*Muito embora a nossa legislação seja omissa a respeito, essa será a consequência quando houver litispendência entre causas coletivas, com tríplice identidade dos elementos da demanda. Trata-se de solução geral, cuja aplicação não é incompatível com o microssistema da tutela coletiva. Quando ocorrer litispendência com partes diversas, porém, a solução não poderá ser a extinção de um dos processos, mas, sim, a reunião deles para processamento simultâneo.*" DIDIER JR., Fredie; ZANETI JR., Hermes. *Curso de Direito Processual Civil – Processo Coletivo.* Op. Cit., p. 167/168. No mesmo sentido: GAJARDONI, Fernando da Fonseca. *Direitos difusos e coletivos I.* Op. cit., p.93.

partes, causa de pedir e pedido), ou seja, deve ser utilizada a mesma solução jurídica existente no CPC (art. 485, V, CPC), porque litispendência é pressuposto processual negativo que impede o curso de demandas idênticas de forma concomitante (garantia da originalidade da demanda) e o legitimado coletivo que promoveu a demanda que acarretou a litispendência poderá, se quiser, ingressar como litisconsorte ulterior ou superveniente na demanda originária;[73]

3ª Tese: A solução jurídica processual dependerá do caso concreto.[74] Esta tese apresenta **duas soluções**: a) a primeira consequência é a **extinção do processo sem resolução de mérito**; b) a segunda solução é a **reunião das ações perante o juízo prevento**. Haverá extinção do processo sem resolução do mérito quando as ações forem nominalmente idênticas, bem como com os mesmos elementos identificadores (partes, causa de pedir e pedido). Nesse caso, não há como afastar a aplicação do CPC, cujo reconhecimento e aplicação da litispendência são obrigatórios, sob pena de violação do princípio da segurança jurídica. Por outro lado, se as ações coletivas não forem nominalmente idênticas (exemplo: ACP e ação popular), deverá ocorrer a reunião das ações no juízo prevento (ainda que os elementos identificadores sejam idênticos). O STJ já decidiu ser possível o reconhecimento de litispendência entre a ação de rito ordinário (procedimento comum) e o mandado de segurança, sendo, para tanto, essencial que, além da identidade de partes, causa de pedir e pedido, ambas as ações, independentemente de seus ritos processuais, conduzam ao mesmo resultado no caso de provimento. Foi reconhecida, assim, a litispendência entre o mandado de segurança e ação popular.[75] **4ª Tese:** Para esta tese, que é a correta, ao meu ver, a única solução jurídica processual aplicável é a **reunião das ações perante o juízo prevento, para processo e julgamento simultâneo.**[76] A extinção do processo sem resolução do mérito não é a solução jurídica processual mais adequada para os processos coletivos, pois retira da coletividade a possibilidade da tutela jurisdicional, com clara violação ao princípio da inafastabilidade do crivo jurisdicional (art. 5º, XXXV, CR/88), bem como relega à oblívio a legitimidade coletiva extraordinária ativa concorrente disjuntiva (art. 129, § 1º, CR/88).

---

73. MAZZILLI, Hugo Nigro. *A defesa dos interesses difusos em juízo*. Op. cit., p. 256; LEONEL, Ricardo de Barros. *Manual do Processo Coletivo*. Op. cit., p. 253; VENTURI, Elton. *Processo Civil coletivo*. São Paulo: Malheiros, 2007, p. 333; MENDES, Aluísio Gonçalves de Castro. *Ações coletivas*. São Paulo: Revista dos Tribunais, 2002, p. 260.

74. NEVES, Daniel Amorim Assumpção. *Manual do Processo Coletivo*. Op. cit., p. 319.

75. STJ. 3ª Seção. AgRg nos EDcl no MS 13710 / DF 23.09.2009.

76. *"Quando ocorrer litispendência com partes diversas, porém, a solução não poderá ser a extinção de um dos processos, mas, sim, a reunião deles para processamento simultâneo. É que nada adiantaria extinguir um dos processos, pois a parte autora, como colegitimada, poderia intervir no processo sobrevivente, na qualidade de assistente litisconsorcial. Por uma medida de economia, se isso for possível (se houver compatibilidade do procedimento e respeito às regras de competência absoluta), os feitos devem ser reunidos. É muito mais prático e rápido reunir as causas do que extinguir um dos processos e permitir que o legitimado peça para intervir no processo que sobreviveu".* DIDIER JÚNIOR, Fredie; ZANETI JÚNIOR, Hermes. *Curso de Direito Processual Civil. Processo Coletivo*. 10ª ed. Salvador: Juspodivm, 2016, p. 155; VIGLIAR, José Menezes. *Ações coletivas*. Op. Cit., p. 133.

Temas processuais interessantes que merecem abordagem específica, que decorrem da terceira tese supra apresentada são: a) litispendência entre ações nominalmente idênticas propostas por legitimados coletivos ativos diversos; b) litispendência entre ações nominalmente diversas propostas; c) litispendência entre ações com procedimentos diversos; d) litispendência entre ações essencialmente coletivas e acidentalmente coletivas.

No tocante à *litispendência entre ações nominalmente idênticas propostas por legitimados coletivos ativos diversos*, exemplo, ACP proposta pela Defensoria Pública e outra proposta pelo MP, veiculando, por certo, a mesma pretensão coletiva, a questão deve ser resolvida por meio da reunião das ações perante o juízo prevento, para evitar decisões judiciais conflitantes (dispersão de precedentes).

Por outro lado, *litispendência entre ações nominalmente diversas* que tutelam o mesmo objeto, como no caso da ACP para tutela do patrimônio público (art. 1º, VIII, LACP) e ACP por improbidade administrativa (art. 17, LIA) proposta em face do mesmo réu, com base no mesmo fundamento jurídico. Para apontar a solução adequada, imprescindível identificar quem são os legitimados coletivos ativos que atuam nas relações jurídicas processuais. Para a doutrina que trabalha o tema do modo que apresento, é de suma importância, antes da indicação da solução jurídica aplicável, verificar a legitimidade ativa coletiva exteriorizada, bem como se o legitimado coletivo que exerceu a pretensão coletiva pode promover as demandas em análise. A pergunta importante é: existe coincidência entre os legitimados coletivos que propuseram as demandas? Nem todos os legitimados para ACP genérica (art. 5º, LACP) são legitimados para Ação por improbidade administrativa (art. 17, LIA).

Devem ser apontadas, portanto, duas situações diversas:

1. **Legitimado coletivo da ACP não é legitimado coletivo da Ação por Improbidade Administrativa.** O autor da ACP genérica não está previsto na LIA como legitimado ativo para a ACP por ato de improbidade administrativa. Diante dessa situação, a doutrina sustenta que a solução deve ser a reunião das ações perante o juízo prevento.[77]

2. **Legitimado coletivo das duas ações sob análise é o mesmo**, deve haver extinção do processo sem resolução de mérito, pois no caso de ser o mesmo legitimado coletivo, ou seja, poderia manejar qualquer uma das ações em jogo, não há, a rigor, interesse processual na manutenção dessas ações.

O art. 17, §19, III, da LIA veda o ajuizamento de duas ações por improbidade administrativa pelo mesmo fato, ainda que sejam propostas por MPs diversos. Caso isso ocorra, deverá ser resolvido o conflito de atribuições pelo Conselho Nacional do

---

77. ALMEIDA, Gregório de Assagra. *Direito Processual coletivo*. Op. cit., p. 418; NEVES, Daniel Amorim Assumpção. *Manual do Processo Coletivo*. Op. cit., p. 319; WAMBIER, Teresa Arruda Alvim. Litispendência em ações coletivas. In: MAZZEI, Rodrigo; NOLASCO, Rita Dias (orgs.). *Processo Civil Coletivo*. São Paulo: Quartier Latin, 2005, p. 287.

CAPÍTULO 8 • ASPECTOS PROCESSUAIS DO PROCESSO COLETIVO

Ministério Público. Trata-se de regra sem sentido, pois se já houve a judicialização do tema, deveria ser considerado como um conflito de competência.

Quanto à **litispendência entre ações coletivas com procedimentos diversos**, vale mencionar o seguinte: a) aplicação do princípio da atipicidade das ações coletivas; b) o direito material coletivo pode ser objeto de tutela jurisdicional por meio da utilização de diversos ritos e procedimentos; c) a identidade de procedimentos é irrelevantes para fins de identificação da ocorrência da litispendência.[78] Assim, é plenamente admissível a verificação da litispendência, ainda que os procedimentos aplicáveis sejam diversos. Assim, por exemplo, podemos apontar o seguinte: **a) ação popular multilegitimária**,[79] que nada mais é do que a ação civil pública com o mesmo objeto de ação popular e vice-versa, pois ambas têm o condão de tutelar o patrimônio público, conforme se verifica na redação do art. 1º, LACP;[80]

b) ação civil pública de responsabilidade judicial prevista no art. 19, LAC pode ter os mesmos objetos de uma ação popular, ação civil pública genérica e ação civil pública por ato de improbidade administrativa.[81] Nestes casos, as demandas devem ser reunidas perante o juízo prevento para processo e julgamento simultâneo.[82]

Outra questão especial atinente ao tema, e muito comum na prática forense, é a possibilidade de reconhecimento da *litispendência entre ação popular e ação por improbidade administrativa*, pois são ações coletivas nominalmente diversas com legitimados diversos. Ação popular também visa a tutelar patrimônio público (art. 1º, LAP c/c art. 5º, LXXII, CR/88). Da mesma maneira, na Ação por improbidade também há a tutela do patrimônio público. A diferença é a aplicação das sanções do art. 12, LIA, que somente poderão ser aplicadas por meio da demanda própria. Diante da análise dos arts. 5º, LXXII, CR/88 e 1º LACP, fácil perceber que os objetos materiais tuteláveis via ACP são também tuteláveis via ação popular. Nessa específica situação de ação popular e de improbidade, a doutrina diverge, novamente, quanto à solução jurídica que deve ser aplicável.

Duas teses se apresentam: **1ª Tese: reunião das ações perante o juízo prevento**. Para esta tese há relação de continência (art. 56, CPC) entre ação popular e a ação de improbidade, pois, apesar de tutelar o patrimônio público, incluindo a moralidade

---

78. LEONEL, Ricardo de Barros. *Manual do Processo Coletivo*. Op. cit., p. 275; GRINOVER, Ada Pellegrini. Uma nova modalidade de legitimação à ação popular. Possibilidade de conexão, continência e litispendência. In: MILARÉ, Edis (coord.) *Ação Civil Pública*. São Paulo: Revista dos Tribunais, 1995, p. 23.

79. STJ – REsp 401.964/RO, 1ª T., rel. Min. Luiz Fux, j. 22.10.2002, DJe 11.11.2002.

80. DIDIER JR., Fredie; ZANETI JR., Hermes. *Curso de Direito Processual Civil – Processo Coletivo*. Op. cit., p. 172.

81. DIDIER JR., Fredie; ZANETI JR., Hermes. *Curso de Direito Processual Civil – Processo Coletivo*. Op. cit., p. 172.

82. VIGLIAR, José Marcelo Menezes. Lei 13.004, de 24.06.2014: "ação civil pública popular" ou "ação popular civil pública"? In: MILARÉ, Édis. *A Ação Civil Pública após 30 anos*. São Paulo: Revista dos Tribunais, 2015, p. 477.

administrativa, as sanções do art. 12, LIA não podem ser pugnadas via ação popular, posto exclusivas da Ação por improbidade administrativa.[83]

2ª Tese: sustenta a ocorrência de litispendência parcial. Se a ação popular for a mais recente deve haver reunião das ações, por ser mais abrangente. Se a Ação por improbidade for a mais recente, ele pugna pela redução objetiva da demanda.[84] O autor tem que reduzir o pedido formulado (redução objetiva da demanda).[85]

Por fim, outro tema de especial relevo para o presente estudo é a verificação da efetiva ocorrência de **litispendência entre as ações essencialmente coletivas (direitos difusos e coletivos em sentido estrito) e acidentalmente coletivas (direitos individuais homogêneos).** Neste tópico, a doutrina diverge quanto à relação que pode ser estabelecida entre as demandas, da seguinte forma: a) **1ª tese: Existe relação de continência ou de litispendência**, a depender da forma da exteriorização da demanda, pois em toda demanda essencialmente coletiva, mormente naquela que veicula a tutela de direito difuso, há um pedido implícito para a tutela dos direitos individuais homogêneos, em virtude do transporte *in utilibus* da sentença coletiva de procedência (art. 103, § 3º, CDC);[86] b) **2ª tese (majoritária):**[87] **Não existe relação de litispendência, mas de conexão por preliminariedade**, acarretando, por via de consequência, a reunião das ações perante o juízo prevento para processo e julgamento (art. 55, § 3º, CPC), pois a resolução da pretensão referente à tutela dos direitos difusos é preliminar à dos direitos individuais homogêneos. A rigor, diante da procedência do pedido formulado em favor dos direitos difusos, tornará despicienda, em virtude do transporte *in utilibus* da sentença coletiva de procedência (art. 103, § 3º, CDC), a análise da demanda que veicula a tutela dos direitos individuais homogêneos. Fácil perceber que esta divergência parte da mesma premissa, qual seja, a tutela dos direitos individuais homogêneos encontra-se abrangida pela tutela dos direitos difusos, em virtude do regime jurídico da imutabilidade da coisa julgada material, que permite a liquidação e execução, no plano individual, da sentença coletiva de procedência. Parece, apesar da pouca relevância prática, ao meu sentir, que a segunda tese é a mais correta, pois ao tutelar toda a coletividade sem a distinção/identificação dos sujeitos que titularizam o direito material subjacente, por certo, haverá a proteção dos indivíduos que, porventura, forem individualizados.

---

83. GARCIA, Emerson; ALVES, Rogério Pacheco. *Improbidade Administrativa*. Op. cit., p. 1167. No mesmo sentido: "*Por último, e não menos importante: não nos parece haver qualquer obstáculo procedimental à reunião entre ação civil pública, ação de improbidade administrativa e ação popular. Nada obstante na ação de improbidade haja a fase de defesa preliminar (art. 17, §§ 7º e 8º, da Lei 8.429/1992) e na ação popular haja prazo diferenciado para a resposta (art. 7º, I, "b", da Lei 4.717/1965), todas elas seguem, ulteriormente, o procedimento comum do Código de Processo Civil/2015.*" LEONEL, Ricardo de Barros. *Manual do Processo Civil*. Op. cit., p. 325.
84. Edcl no REsp 1.394.617/SC, 1ª T., rel. Min. Ari Pargendler, j. 13.05.2014, Dje 20.05.2014.
85. NEVES, Daniel Amorim Assumpção. *Manual do Processo Coletivo*. Op. cit.,
86. VENTURI, Elton. *Processo civil coletivo*. Op. cit., p. 337.
87. DIDIER JR., Fredie; ZANETI JR., Hermes. *Curso de Direito Processual Civil – Processo Coletivo*. Op. cit., p. 172. GIDI, Antonio. *Coisa julgada e litispendência em ações coletivas*. Op. cit., p. 220.

2.8.2. Conexão e continência

A conexão e continência são causas modificadoras da competência relativa (art. 54, CPC) nos casos dos processos individuais e absoluta (arts. 2º, parágrafo único, LACP; 5º, § 3º, LAP e 17, § 5º, LIA) nos casos dos processos coletivos. A conexão é o fenômeno processual que decorre da existência de duas ou mais ações em curso com a mesma causa de pedir e/ou mesmo pedido (art. 55, CPC). Em processo civil o instituto tem feição eminentemente objetiva, pois é irrelevante a identidade das partes (elementos subjetivos da demanda) para a sua verificação. Existe, ainda, a denominada conexão probatória prevista no art. 69, CPC, que decorre da identidade entre o objeto da prova. Com tal norma, portanto, será possível a unificação da produção da prova.[88] Verificada a conexão entre as ações em curso, bem como o potencial risco de dispersão de precedentes (decisões contraditórias), deverão ser reunidas para processo e julgamento perante o juízo prevento (artes. 55, § 3º c/c 58, CPC). Assim, a reunião das ações conexas perante o juízo prevento deverá ocorrer somente nos casos de risco de decisões conflitantes, caso contrário, a reunião será facultativa. Caso uma das demandas já tenha sido sentenciada, ainda que reconhecida a conexão, não haverá a reunião das ações perante o juízo prevento para processo e julgamento, conforme preconizam o art. 55, § 1º, CPC e a súmula 235, STJ. Entretanto, reconhecendo a chamada conexão sincrônica,[89] o STJ afastou a aplicação desta súmula.[90] Há, na doutrina, quem sustente a possibilidade de a conexão gerar a suspensão do processo quando houver prejudicialidade (art. 313, V, CPC) e a competência em razão da matéria não comportar a reunião das ações.[91]

A continência, por seu turno, é o fenômeno processual que decorre da existência de duas ou mais ações em curso com as mesmas partes (identidade dos elementos subjetivos), mesma causa de pedir e o pedido de uma das ações é mais amplo que o da outra (art. 56, CPC). Neste instituto, os elementos subjetivos são imprescindíveis para a sua verificação, bem como a identidade entre as causas de pedir. Entre os pedidos, ao contrário, deve existir uma relação de conteúdo, ou seja, sempre deverá existir uma ação continente (ação com o pedido continente – mais amplo) e uma ação contida (ação com o pedido contido – mais restrito). A quase exata identidade entre os elementos das demandas pode gerar uma "quase litispendência" ou "litispendência parcial". A melhor doutrina sustenta que a continência não pode ser confundida

---

88. DIDIER JR., Fredie; ZANETI JR., Hermes. *Curso de Direito Processual Civil – Processo Coletivo*. Op. cit., 164.

89. *"O STJ, no conflito de competência do Caso Samarco (desastre ambiental ocorrido na barragem de Fundão, em Mariana/MG), afirmou a inaplicabilidade do enunciado da súmula n. 235 ("a conexão não determina a reunião dos processos, se um deles já foi julgado"), criando distinção (art. 489, § 1º, VI, CPC). A regra não foi aplicada por se tratar de a) conexão sincrônica (na mesma data tramitavam mais de uma ação em juízos distintos); b) a sentença ter sido proferida em ação cautelar, enquanto ainda tramitava ação principal."* DIDIER JR., Fredie; ZANETI JR., Hermes. *Curso de Direito Processual Civil – Processo Coletivo*. Op. cit., 165.

90. CC 144.922/MG, 1ª Seção, rel. Min. Diva Malerbi, Desembargadora convocada – TRF 3ª Região, j. 22.06.2016, DJe 09.08.2016.

91. DIDIER JR., Fredie; ZANETI JR., Hermes. *Curso de Direito Processual Civil – Processo Coletivo*. Op. cit., 160.

com a litispendência parcial.[92] A continência é uma espécie de conexão, a rigor.[93] A identificação da ação continente e da ação contida é relevante para fins da aplicação da consequência processual (art. 57, CPC). Assim, sendo a ação continente anterior à contida, esta deverá ser extinta sem resolução do mérito, em virtude da ausência de interesse processual (art. 485, VI, CPC); se, porventura, a ação contida for anterior à ação continente, deverão ser reunidas perante o juízo prevento para processo e julgamento. As questões processuais derivadas da continência nos processos coletivos foram devidamente abordadas no Capítulo 6.

2.8.3. Relação entre ação coletiva e ação individual: sistema do fair notice e right to opt (in or out)

Este sistema previsto no microssistema da tutela coletiva deve ser empregado quando estiverem em curso uma demanda coletiva e uma demanda individual versando sobre o mesmo pedido e/ou causa de pedir. Não há entre as demandas, conforme já dito, qualquer relação de litispendência, mas poderá haver de conexão e continência. Por este sistema deverá ser dada, sob pena de invalidade, ciência formal (intimação) nos autos da ação individual, ao autor da demanda individual, da existência da ação coletiva em curso. Caso não ocorra essa ciência formal, em tese, será cabível ação rescisória com base no art. 966, V, CPC.

Ao ser devidamente intimado, o autor da demanda individual terá o prazo decadencial de 30 dias para o exercício do chamado *right to opt* (direito de optar). Passado o prazo, o autor perde o direito material de exercer essa opção. A inércia do autor individual importa na escolha pelo prosseguimento da ação individual. A opção pela suspensão tem que ser por meio de manifestação expressa, conforme art. 104, CDC. O autor da demanda individual tem 2 opções: a) suspensão do processo individual (*right to opt in*) ou b) prosseguimento do processo individual (*right to opt out*). Dentro do microssistema da tutela coletiva, porém, podemos encontrar mais uma opção para o autor da demanda individual. Os arts. 22, § 1º LMS e 13, parágrafo único, LMI trazem um problema: além da opção pelo prosseguimento do processo individual (*right to opt out*) a outra opção é a desistência da impetração individual (*right to opt out*). O legislador, nos casos de mandado de segurança e de mandado de injunção exige que o autor da demanda individual desista da sua impetração para que possa ser beneficiado pelo resultado do processo coletivo. Nas demais demandas coletivas, basta o requerimento de suspensão da demanda individual. Como resolver esse conflito?

---

92. NEVES, Daniel Amorim Assumpção. *Manual do Processo Coletivo*. Op. cit., p. 320.
93. *"Conexão e litispendência são institutos que resolvem as questões que dizem respeito à relação entre causas pendentes: ou elas são idênticas (litispendência) ou elas, embora distintas, mantêm um vínculo recíproco que justifica o seu processamento simultâneo (conexão). Não há a necessidade de regramento de uma terceira situação."* DIDIER JR., Fredie; ZANETI JR., Hermes. *Curso de Direito Processual Civil – Processo Coletivo*. Op. cit., p. 163.

Nos arts. 22, § 1°, LMS e 13, parágrafo único, LMI – relação entre mandado de segurança individual e coletivo e mandado de injunção individual e coletivo – o legislador não colocou como opção para o autor da demanda individual a suspensão do seu processo (mandados de segurança e de injunção individuais), mas sim a desistência da impetração (sistema diverso do sistema do *right to opt*). Assim, o resultado *in utilibus* do processo coletivo somente atingirá a esfera jurídica individual se houver a desistência da impetração. A doutrina, de uma forma geral critica essa escolha do legislador, sob o argumento de que ela viola a constituição nos seguintes aspectos: a) violação ao princípio do acesso à justiça (art. 5°, XXXV, CR/88), porque impede a dedução em juízo do direito líquido e certo do cidadão; b) violação ao art. 5°, LXXI e LXIX, CR/88, porque retira do indivíduo o manejo de remédios jurídicos constitucionais. A solução adequada, para que não seja declarada a inconstitucionalidade desta norma, é a aplicação do mesmo regime previsto no art. 104, CDC.[94]

Quais são as consequências processuais deste sistema? Se porventura o autor da ação individual optar pela suspensão do processo individual significa que exerceu o chamado *right to opt in*, ou seja, optou por sua inclusão no resultado do processo coletivo. Significa que o resultado do processo coletivo pode atingir a sua esfera jurídica individual. Só vai atingir a esfera jurídica individual para beneficiá-la (regime *in utilibus*).

A suspensão do processo individual perdurará até o final do processo coletivo, portanto, não se aplica o prazo máximo de 1 ano de suspensão que existe no art. 313, V e § 4°, CPC. O autor individual, ao optar pela suspensão, terá a faculdade de retomar o curso do seu processo quando quiser. Se o resultado do processo coletivo for negativo, ele pode retomar o curso da sua ação individual. Ele pode retomar o curso do processo individual a qualquer tempo. O autor individual, ao optar pelo prosseguimento da ação individual (*right to opt out*), exclui a sua esfera jurídica do resultado do processo coletivo, mesmo que o resultado seja positivo. Vale ressaltar que não será possível requerer depois a suspensão.

O sistema do *fair notice* e *right to opt*, conforme redação literal do art. 104, CDC, será aplicável somente nos casos de concomitância entre as demandas individuais e as essencialmente coletivas (direitos difusos e coletivos em sentido estrito). Apesar

---

94. LEONEL, Ricardo de Barros. *Manual do Processo Coletivo*. Op. cit., p. 550. Seguindo sentido do texto pela aplicação, mas defendendo que o resultado do MS individual deve preponderar sobre o MS coletivo: "*A conclusão, aqui, é a de que temos três possibilidades aventadas, que merecem nossa reflexão: a) a legal (dogmatizada na exigência de desistência do MS individual); b) a do "diálogo de fontes", que advoga, com base no sistema de proteção coletiva processual a interpretação de que o impetrante do MS individual poderá manejar a suspensão do MS individual (e não a desistência), nos termos do art. 104 do CDC; c) a que advoga (com base em um modelo constitucional do processo adequado) que a decisão do MS individual, deve, em regra, prevalecer sobre a decisão (denegatória) do MS coletivo, e nesse caso, também deveria haver a suspensão do MS individual e não a necessidade de desistência do mesmo.*" FERNANDES, Bernardo Gonçalves. *Curso de Direito Constitucional*. Op. cit., p. 507.

deste entendimento contar com a adesão de parcela da doutrina,[95] reputo ser mais correta a ideia de que o sistema em testilha seja aplicável também aos casos de demandas acidentalmente coletivas (direitos individuais homogêneos). Não posso negar a vigência da regra prevista no art. 104, CDC, mas posso sustentar, forte na necessidade da harmonia sistêmica da tutela coletiva, a necessidade da leitura desta norma na forma preconizada nos arts. 22, § 1°, LMS e 13, parágrafo único, LMI. Nestas leis, o sistema é aplicável aos direitos individuais homogêneos, pois o legislador não fez qualquer ressalva.

O STJ, em sede de julgamento de REsp repetitivo, entretanto, deixou de aplicar o sistema ora em testilha.[96] O STJ fixou entendimento de que o juízo da ação coletiva pode *ex officio* determinar a suspensão dos processos individuais que versarem sobre a mesma questão ventilada no processo coletivo (questão de fato ou de direito). O STJ entende que existe relação de prejudicialidade entre as demandas e que o julgamento de casos-modelos revela a possibilidade de extração da maior eficácia prática possível por parte das ações coletivas, provocando a suspensão das ações individuais a respeito do mesmo tema. Com o devido respeito, o STJ fixou entendimento deveras equivocado e pernicioso para o microssistema da tutela coletiva.

Posso apontar os seguintes pontos:

a) esse precedente relega ao oblívio o sistema do *right to opt*, porque retira do indivíduo o exercício do direito de opção;

b) não há relação de prejudicialidade entre as demandas coletivas e individuais porque o regime jurídico da imutabilidade é *in utilibus*;

c) STJ não fixou requisitos para a suspensão, momento processual para a determinação da suspensão e demais aspectos procedimentais;

d) o indivíduo sofre somente a incidência do resultado benéfico do processo coletivo, jamais do prejudicial.

Há, contudo, na doutrina, quem defenda a decisão proferida pelo STJ, sob dois fundamentos: a) já havia previsão expressa em nosso ordenamento jurídico, dentro do próprio microssistema da tutela coletiva, permitindo tal suspensão *ex officio*, como nos arts. 21 da Lei 9.868/1999 e 1.036, § 1° c/c 982, I, CPC; b) não foi negada vigência ao sistema previsto no microssistema, mas sim uma racionalização do sistema de tutela dos direitos, dando-lhes mais coerência e eficiência.[97]

---

95. *"O próprio legislador, cuidando do problema, determina taxativamente que as ações coletivas aforadas em defesa de interesses difusos ou coletivos não induzem litispendência com relação às ações individuais quando aforadas em virtude do mesmo evento."* LEONEL, Ricardo de Barros. *Manual do Processo Coletivo.* Op. cit., p. 325-326.
96. REsp 1110549/RS, Rel. Min. Sidnei Beneti, 2ª Seção, j. 28.10.2009, Dje 14.12.2009.
97. *"Essa decisão revela como é possível "reconstruir" o sistema jurídico a partir da interpretação correta dos textos normativos já existentes. Trata-se de uma das mais importantes decisões do STJ sobre a tutela jurisdicional coletiva e a tutela individual dos direitos individuais homogêneos. O STJ deu um grande passo na racionalização do sistema de tutela dos direitos, dando-lhes mais coerência e eficiência. Percebe-se que mudanças legislativas, às vezes, são desnecessárias; a mudança do repertório teórico do aplicador é muito mais importante. A decisão é*

Indubitavelmente, as demandas coletivas e individuais serão automaticamente suspensas (arts. 982, I e 1037, II, CPC) quando o regime das demandas repetitivas (art. 928, CPC) for devidamente instaurado, mas não pode ser confundido com o sistema ora em análise. Neste regime, contudo, há a possibilidade de o autor da demanda obter a autorização judicial para o prosseguimento do seu processo, desde que formule requerimento neste sentido, mas não dependerá unicamente da sua vontade/manifestação. O sistema do processo-modelo foi devidamente analisado em capítulo próprio para o qual remetemos o leitor.

Não podem, portanto, ser confundidos os sistemas do *right to opt out* com a petição do *distinguishing* (art. 1.037, § 9º, CPC). O sistema do *right to opt out* é aquele que permite a exclusão do resultado do processo coletivo por opção do autor do processo individual. O requerimento do *distinguishing*, por sua vez, tem como objetivo indicar que o precedente aplicável ao caso concreto não se amolda perfeitamente à hipótese, em virtude da existência de uma peculiaridade tão relevante que afasta a *ratio decidendi*, art. 489, § 1º, V e VI c/c 1037, §§ 9º a 13 do CPC.

Não pode, também, ser confundido o sistema do *fair notice* e do *right to opt* com a intervenção individual em processo coletivo (arts. 94 c/c 103, § 2º CDC e 18, parágrafo único, CPC). No sistema do *fair notice* e *right to opt*, o autor da ação individual pode se excluir do regime *in utilibus*. Esse sistema se aplica somente se existir, de maneira concomitante, ação coletiva e ação individual que versarem sobre o mesmo tema. Nos casos de intervenção individual em processo coletivo, não pressupõe ação em curso. O indivíduo opta por ingressar no processo coletivo e, ao fazê-lo, ele assume o risco de ser atingido pelo resultado negativo, conforme art. 103, § 2º, CDC. Em leitura a contrário senso desse artigo é fácil perceber que se o indivíduo ingressar no processo coletivo, qualquer que seja o resultado, ele será atingido em sua esfera jurídica. A imutabilidade é *pro et contra*, ou seja, é exceção ao regime *in utilibus*. Se o autor da demanda individual exerce *right to opt in* somente será atingido pelo resultado benéfico, ou seja, regime *in utilibus*. Se ele optar pelo *right to opt out*, não será atingido pelo resultado do processo coletivo. Se ele optar, porém, pela intervenção individual, será atingido por qualquer resultado.

2.9. Teoria da decisão judicial

2.9.1. Panorama Geral

Neste tópico, considerando que todos os conceitos legais (art. 203, CPC), requisitos e pressupostos existentes nos processos individuais, para a existência e validade de uma decisão judicial (arts. 489, CPC c/c 93, IX, CR/88), poderão ser utilizados na tutela coletiva, serão abordados os seguintes temas: a) aplicação do princípio da

---

bem-vinda e benfazeja." DIDIER JR., Fredie; ZANETI JR., Hermes. *Curso de Direito Processual Civil – Processo Coletivo.* Op. cit., p. 185.

congruência, correlação ou adstrição às decisões nos processos coletivos; b) decisões estruturantes ou medidas estruturais nos processos coletivos.

O princípio da correlação, adstrição ou congruência, previsto nos arts. 141 e 492, CPC, significa a necessidade de a tutela jurisdicional refletir os elementos individualizadores da demanda apresentados pelas partes, bem como a necessidade do proferimento de uma decisão com os necessários atributos.

Assim, este princípio deve assim ser exteriorizado:

a) no plano interno: as decisões judiciais deverão ostentar as seguintes características ou atributos: clareza, certeza e liquidez;

b) no plano externo: deverão ser verificados dois prismas: b.1) prisma subjetivo: o resultado do processo somente poderá atingir a esfera jurídica dos sujeitos que efetivamente participaram da relação jurídica processual (eficácia subjetiva *inter partes*); b.2) prisma objetivo: a decisão judicial tem que observar os limites objetivos (causa de pedir e pedido) apresentados na demanda pelos sujeitos processuais.

O princípio da congruência não é integralmente aplicável aos processos coletivos, pois: a) a eficácia subjetiva suplanta os limites subjetivos formais da demanda gerando eficácia *erga omnes* (arts. 81, parágrafo único, I e III c/c 103, I e III, CDC) e *ultra partes* (arts. 81, parágrafo único, II e 103, II, CDC), conforme o direito material transindividual tutelado, seja no processo coletivo comum (arts. 18, LAP; 16, LACP; 21, LMS; e 13, LMI) ou no especial (art. 103, CR/88);

b) a sentença coletiva de procedência poderá ostentar uma condenação genérica (art. 95, CDC), portanto, ilíquida;

c) o órgão jurisdicional, sem qualquer necessidade de requerimento das partes, poderá aplicar medidas (poder geral de efetivação) para efetivar a tutela jurisdicional proferida (artes. 139, IV 297, 301 e 498, CPC; 11, LACP; 84, § 5º, CDC);

d) em sede de controle de constitucionalidade, não há a vinculação do órgão jurisdicional à causa de pedir veiculada no processo objetivo (causa de pedir aberta);

e) em sede de controle de constitucionalidade, não há a vinculação do órgão jurisdicional quanto ao pedido, pois poderá ser declarada inconstitucional, por arrastamento, norma que sequer foi ventilada pelo legitimado na demanda.

Neste último aspecto, em decisão, no mínimo curiosa, o STF, no bojo do julgamento da ADI 3406,[98] declarou a inconstitucionalidade, de forma incidental, de uma lei federal, apesar do objeto da demanda ter sido a declaração, que não foi acolhida, de inconstitucionalidade de uma lei estadual. Assim, o caso concreto versava sobre:

a) ADI impugnando lei estadual, tendo como parâmetro a CR/88;

b) a pretensão foi julgada improcedente com o consequente reconhecimento da constitucionalidade da lei estadual;

---

98. ADI 3406, Tribunal Pleno, rel. Min. Rosa Weber, j. 29.11.2017.

c) incidentemente, porém, foi declarada a inconstitucionalidade de lei federal;

d) houve atribuição de eficácia *erga omnes* e efeito vinculante ao reconhecimento incidental da inconstitucionalidade da lei federal que, repita-se, não foi objeto da ação.

2.9.2. Decisões estruturantes

2.9.2.1. Panorama Geral

Outro tema de extrema relevância para o estudo da tutela coletiva é a utilização de *medidas estruturais (structural injunction) ou estruturantes para o proferimento das decisões judiciais ou processos estruturais ou estruturantes.*

Trata-se de uma decorrência lógica e direta do ativismo judicial, mas cujo conceito preciso, ainda é objeto de debates na doutrina. Em minha concepção, a decisão estrutural é modalidade decisória que se (pre)ocupa mais com a efetividade do comando proferido em seu bojo do que propriamente com a resolução da relação jurídica processual.

O conceito de processual, como sobredito, é um desafio que a doutrina enfrenta, mormente na indicação das suas características essenciais e típicas.

O processo estrutural aquele em que se objetiva a prolação de decisão que almeja a alteração substancial, para o futuro, de determinada prática ou instituição, envolvendo valores amplos da sociedade, que afetarão a esfera jurídica de vários terceiros.[99] Deve ser o seu objetivo modificar alguma estrutura para que se adeque ao panorama considerado como ideal.[100]

É, a rigor, um modelo processual voltado à resolução de litígios complexos[101] através da reestruturação de instituição social, pública ou privada, cujas ações ou omissões violem valores públicos.[102]Natural nesta seara, portanto, que questões extremamente complexas e relevantes para a coletividade sejam versadas, notadamente quando relativas aos direitos fundamentais.[103]

---

99. ARENHART, Sérgio Cruz. Decisões estruturais no direito processual civil brasileiro. *Revista de Processo*. São Paulo: Revista dos Tribunais, 2013, ano 38, v. 225, p. 400.

100. "O processo estrutural é aquele em que se veicula um litígio estrutural, pautado num problema estrutural, e em que se pretende alterar esse estado de desconformidade, substituindo-o por um estado de coisas ideal." DIDIER JR., Fredie; ZANETI JR., Hermes. Curso de Direito Processual Civil, v. 4, Salvador: JusPodivm, 2020, 14ª ed., p. 576.

101. "Os litígios estruturais ostentam três características principais. Primeiro, são conflitos complexos e multipolares. Segundo, implicam na implementação de valores públicos relevantes, mas que ainda não estão concretizados no seio social. Por fim, os litígios estruturais requerem a reforma de uma instituição pública ou privada, para proporcionarem a promoção do valor público visado". VITORELLI, Edilson. *Litígios estruturais: decisão e implementação de mudanças socialmente relevantes pela via processual.* In: ARENHART, Sérgio Cruz. JOBIM, Marco Félix (Orgs.). *Processos Estruturais.* Salvador: JusPodivm, 2017. p. 369-422.

102. PICOLI, Bruno de Lima. *Processo Estrutural. Dissertação apresentada ao curso de Pós-Graduação em Direito,* Setor de Ciências Jurídicas, Universidade Federal do Paraná, como requisito parcial à obtenção do título de Mestre em Direito das Relações Sociais, sob a Área de Concentração em Direito Processual, com a orientação do Dr. Sérgio Cruz Arenhart, Curitiba, 2018.

103. DIDIER JR., Fredie; ZANETI JR., Hermes. Curso de Direito Processual Civil, v. 4, Salvador: JusPodivm, 2020, 14ª ed., p. 573.

Esse modelo dos processos estruturais, cada vez mais empregado no âmbito da tutela coletiva, gera a necessidade da releitura de alguns institutos processuais, pois os procedimentos previstos na lei processual não são adequados para o desenvolvimento do processo estrutural.

Apesar de ser comumente estudado e analisado somente no prisma da tutela coletiva, é possível sustentar a sua aplicabilidade, também, em determinadas demandas individuais que tangenciam as políticas públicas, ou seja, as chamadas demandas estruturais formalmente individuais, que nada mais são do que as demandas individuais com efeitos coletivos.[104]

Nada obstante, existem duas teses contrapostas a respeito da necessidade de que o processo estrutural envolva um processo coletivo, como será visto mais adiante.

A possibilidade de flexibilização do procedimento para adequá-lo à exigência constitucional do devido processo é primordial para que esse modelo de processo efetivamente funcione em nosso sistema jurídico. O devido processo estrutural é um processo que observa um procedimento adequado para a produção dos resultados que esse tipo de processo persegue. Há a necessidade da construção comparticipativa do procedimento a ser observado no processo estrutural.

O caráter dinâmico do conflito subjacente à demanda coletiva gera a necessidade de que as atividades de conhecimento e de execução se desenvolvam sem separação nítida, por isso é factível sustentar que o processo estrutural é o verdadeiro processo sincrético. Além disso, é indispensável a relativização das preclusões e da coisa julgada, a fim de permitir que o processo estrutural atinja os seus objetivos. Nessa senda, é fundamental a utilização dos provimentos em cascata, como se verá adiante. Outro enfoque importante na seara dos processos estruturais é a necessidade de ampliação subjetiva do contraditório com o devido estímulo para a intervenção dos *amici curiae* e a realização de audiências públicas.

Para que o tema seja mais bem compreendido, imprescindível abordar os conceitos de problema estrutural e a decisão estrutural (elementos do processo estrutural), para evitar indevidas confusões conceituais.

O problema estrutural é a existência de um estado de desconformidade estrutural ou situação contínua ou permanente que necessita de reestruturação ou

---

104. "Muitas demandas estruturantes são formalmente individuais ("bipolares"), não obstante seu objeto possa ser adequadamente resolvido mediante mecanismos e procedimentos tradicionais de resolução de conflitos. É necessário, portanto, tratar essas demandas formalmente individuais como aquilo que elas verdadeiramente são: demandas estruturantes. Afinal, a condução isolada de cada um desses processos formalmente individuais, com respostas atomizadas, acaba agravando o problema, pois, impacta negativamente os demais interesses em jogo (que reagirão também sob demandas pontuais, criando um círculo vicioso), impondo-se um tratamento estruturante (e global, portanto) do litígio, com a consideração de todos os focos envolvidos." TOSTA, André Ribeiro; MARÇAL, Felipe Barreto. Gerenciamento processual adequado de demandas formalmente individuais. In: *Processos Estruturais*. Org. Sérgio Cruz Arenhart e Marco Félix Jobim, Salvador: JusPodivm, 2ª ed., 2019, p. 189.

reorganização, que pode ser lícita ou ilícita.[105] A ilicitude, portanto, não é elemento essencial. O problema estrutural pode estar relacionado à esfera pública ou privada. A solução, por premissa conceitual, não ser esgotada mediante a prática de um único ato ou decisão judicial, pois haverá a necessidade do empenho contínuo para haja uma efetiva mudança na própria estrutura. Poder-se-á, por exemplo, aplicar regras de transição, mudança de gestão, intervenção no setor etc., durante a relação jurídica processual e até mesmo como soluções prospectivas.

O procedimento deve ter, em meu entender, três etapas: i) apresentação do problema estrutural; ii) fixação precisa do problema estrutural, por meio de diversos atos que podem ser praticados pelos sujeitos processuais e/ou órgãos específicos (fase do diagnóstico); iii) apresentação de todo o projeto de mudança estrutural (fase da implementação).

O mais importante no procedimento é adotar, como regra, a flexibilidade para que seja construída a ação mais adequada para o caso concreto, mediante o emprego de uma jurisdição atípica, assim compreendida como aquela que não se preocupa diretamente com o pedido formulado na inicial, mas com a solução do problema apresentado.

Para que o objetivo do processo estrutural seja alcançado, será indispensável atentar para o seguinte:

i) Maior flexibilidade para que os sujeitos do processo criem procedimentos específicos para o caso concreto, por meio de negócios jurídicos processuais, inclusive de certificação;

ii) Mitigação do rigor das preclusões processuais;

iii) Atipicidade da atividade probatória (art. 369, do CPC);

iv) Ampliação da participação de terceiros na relação jurídica processual;

v) Mitigação da estabilização objetiva da demanda (art. 329, do CPC);

vi) Mitigação do princípio da congruência, correlação ou adstrição (arts. 141, 322, §10 e 492, do CPC);

vii) Aplicação de medidas atípicas, tanto na fase de conhecimento quanto na fase de execução (arts. 139, IV, 301 e 536, §1°, do CPC);

viii) Centralização dos processos repetitivos, inclusive com a possibilidade da coletivização da prova (art. 69, §2°, VI, do CPC).

---

105. "Estado de desconformidade é situação de desorganização estrutural, de rompimento com a normalidade ou com o estado ideal de coisas, que exigem uma intervenção (re)estruturante. Essa desorganização pode, ou não, ser consequência de um conjunto de atos ou condutas ilícitas." DIDIER JR., Fredie; ZANETI JR., Hermes. *Curso de Direito Processual Civil*, v. 4, Salvador: JusPodivm, 2020, 14ª ed., p. 574.

A *decisão estrutural*[106] é aquela que estabelece o resultado, ou seja, o que deve ser realizado (norma-princípio) e indica todos os mecanismos que precisam ser adotados para tal desiderato (norma-regra), portanto o seu conteúdo é bipartido. Ela, mediante o diagnóstico e as diretrizes/vetores, resolve o problema estrutural. Como indicado pela doutrina[107], a decisão, em segunda etapa, deverá fixar o seguinte: i) a duração e a forma das medidas, com a aplicação de medidas atípicas, inclusive executivas (arts. 139, IV, 301 e 536, §1°, do CPC); ii) uso de provas atípicas (art. 369, do CPC); iii) uma transição entre os momentos (art. 23, da LINDB); iv) reavaliação periódica das diretrizes fixadas.

2.9.2.2. Características

Quais são as características do processo estrutural?

A doutrina divide as características em dois planos: i) características típicas essenciais; ii) características típicas não essenciais.

As *características típicas essenciais* são as seguintes:

a) problema estrutural;

b) diretrizes para a solução do problema estrutural;

c) necessidade do proferimento de uma decisão estrutural;

d) flexibilidade procedimental;

e) policentrismo;

f) medidas dialogais;

g) medidas colaborativas e participativas;

h) tendência para a adoção das soluções consensuais

O policentrismo indica a imprescindibilidade da intervenção no contraditório do poder público e da coletividade, por meio, por exemplo, da convocação de audiências públicas e ampliação da participação do *amicus curiae*.

As *medidas dialogais* sinalizam a abertura ao diálogo entre o juiz, as partes, os representantes dos demais poderes e da coletividade.

As *medidas colaborativas e participativas* permeiam a atuação extra e endoprocessual de todos os sujeitos envolvidos.

Sobre a *tendência para a adoção das soluções consensuais*, é uma característica indispensável para a solução rápida e efetiva para a contenda. A consensualidade

---

106. DIDIER JR., Fredie; ZANETI JR., Hermes. *Curso de Direito Processual Civil*, v. 4, Salvador: JusPodivm, 2020, 14ª ed., p. 578.
107. DIDIER JR., Fredie; ZANETI JR., Hermes. *Curso de Direito Processual Civil*, v. 4, Salvador: JusPodivm, 2020, 14ª ed., p. 590.

CAPÍTULO 8 • ASPECTOS PROCESSUAIS DO PROCESSO COLETIVO **259**

deverá ser construída e executada em comum acordo com o poder público e os demais integrantes da relação.

As *características típicas não essenciais*[108] são as seguintes:

a) multipolaridade;

b) coletividade;

c) complexidade;

A *multipolaridade*[109] é a formação de diversos núcleos de posições, opiniões e soluções sobre o fato subjacente. Poderia ser considerada como característica essencial, pois é natural a existência de uma conflituosidade intrínseca, ainda que os interesses contrapostos, como premissa, estejam voltados ao mesmo resultado. Pode ser apresentado como exemplo grupos vulneráveis que demandam a reestruturação de determinada política pública, mas os diversos subgrupos divergem quanto ao método para alcançar o resultado.

A *coletividade* é o elemento mais polêmico, pois não há consenso doutrinário sobre a essencialidade.

Para uma *1ª tese*[110], processo estrutural é, essencialmente coletivo, porquanto se pretende, pela atuação jurisdicional, a reorganização de uma estrutura burocrática, pública ou privada, que causa, fomenta ou viabiliza a ocorrência de uma violação pelo modo como funciona, originando um litígio estrutural.[111] A carga policêntrica é tanta que o processo individual é inadequado, pois o desiderato do processo estrutural é solucionar um problema estrutural que atinge a coletividade.[112]

Para uma *2ª tese*[113], o processo estrutural pode ser individual ou coletivo, por ser aquele em que se veicula um litígio estrutural, pautado num problema estrutural, e em

---

108. "Quer isso dizer que tais características sugerem que se trata de um processo estrutural, mas não necessariamente precisam todas estar presentes para que o processo seja considerado estrutural – o processo estrutural pode existir sem elas." DIDIER JR., Fredie; ZANETI JR., Hermes. *Curso de Direito Processual Civil*, v. 4, Salvador: JusPodivm, 2020, 14ª ed., p. 578.

109. "O conflito estrutural trabalha com a lógica da formação de diversos núcleos de posições e opiniões (muitas delas antagônicas) a respeito do tema a ser tratado." ARENHART, Sérgio Cruz. *Processo multipolar, participação e representação de interesses concorrentes. Processos Estruturais.* Sérgio Cruz Arenhart e Marco Félix Jobim (org.). 2ª ed. Salvador: JusPodivm, 2019, p. 800.

110. "o processo estrutural é um processo coletivo no qual se pretende, pela atuação jurisdicional, a reorganização de uma estrutura burocrática, pública ou privada, que causa, fomenta ou viabiliza a ocorrência de uma violação pelo modo como funcional, originando um litígio estrutural." VITORELLI, Edilson. "Levando conceitos a sério: processo estrutural, processo coletivo, processo estratégico e suas diferenças." *Revista de Processo.* São Paulo: Thomson Reuters, outubro/2018, v. 284, p. 333-369.

111. TOSTA, André Ribeiro; MARÇAL, Felipe Barreto. "Gerenciamento processual adequado de demandas formalmente individuais a partir de uma visão estruturante: o reforço proporcionado pelo art. 21 da LINDB." *Processos Estruturais. Sérgio* Cruz Arenhart e Marco Félix Jobim (org.), 2ª ed., Salvador: JusPodivm, 2019, p. 189.

112. FERRARO, Marcella Pereira. *Do processo bipolar a um processo coletivo-estrutural.* Dissertação de Mestrado. Curitiba: Universidade Federal do Paraná (UFPR), 2015, p. 145.

113. DIDIER JR., Fredie; ZANETI JR., Hermes. *Curso de Direito Processual Civil*, v. 4, Salvador: JusPodivm, 2020, 14ª ed., p. 582.

que se pretende alterar esse estado de desconformidade, substituindo-o por um estado de coisas ideal. Assim, pode ser plenamente possível que, diante de um litígio meramente individual seja verificada a possibilidade de resolução do problema estrutural apresentado que vai gerar a múltipla incidência na esfera jurídica de outros indivíduos.

Complexidade, cuja essencialidade é objeto de divergência, decorre do tema versado na demanda que pode comportar diversas soluções. Assim, a complexidade está diretamente ligada à diversidade de soluções para resolver o problema estrutural.

Para uma 1ª tese[114], sempre o problema estrutural será complexo em sua essência, portanto será um litígio coletivo de eficácia irradiada.

Para uma 2ª tese[115], o problema estrutural pode ou não ser complexo a depender das peculiaridades do caso concreto.

2.9.2.3. Provimentos em cascata

No tocante à decisão em si, com a aplicação das medidas estruturantes, algumas considerações importantes. O órgão jurisdicional, além de indicar a solução da contenda, profere uma decisão que ostenta uma eficácia prospectiva. Ao proferir a decisão, o órgão jurisdicional propõe, indica e aplica medidas estruturais, que podem ou não se protrair no tempo, para permitir que seja efetivamente tutelado o direito material subjacente.[116]

Assim, surge a necessidade de *"decisões em cascata"* ou *"provimentos em cascata"*.[117] Tais provimentos ou decisões devem ser assim verificados:

i) uma primeira decisão de mérito, chamada de decisão-núcleo, deve ser proferida com caráter abrangente e principiológico, fixando diretrizes e linhas gerais de proteção do direito;

ii) posteriormente, outras decisões serão proferidas, para que se promova a reestruturação institucional, de modo a promover avanços e retrocessos na proteção inicialmente estabelecida pela decisão – núcleo, com a possibilidade de modificação e até mesmo revogação das decisões anteriores. Por tal razão, é imprescindível, como já afirmado, a mitigação ou relativização do regime jurídico das preclusões.

---

114. VITORELLI, Edilson. *O devido processo legal coletivo: dos direitos aos litígios coletivos*, 2ª ed., São Paulo: Thomson Reuters brasil, 2019, p. 536.

115. DIDIER JR., Fredie; ZANETI JR., Hermes. *Curso de Direito Processual Civil*, v. 4, Salvador: JusPodivm, 2020, 14ª ed., p. 584.

116. "A decisão estrutural (*structural injunction*) é, pois aquela que busca implantar uma reforma estrutural (*structural reform*) em um ente, organização ou instituição, com o objetivo de concretizar um direito fundamental, realizar uma determinada política pública ou resolver litígios complexos. Por isso, o processo em que ela se constrói é chamado de processo estrutural." DIDIER JR., Fredie; ZANETI JR., Hermes. *Curso de Direito Processual Civil – Processo Coletivo*. Op. cit., p. 408.

117. ARENHART, Sérgio Cruz. Decisões estruturais no direito processual civil brasileiro. *Revista de Processo*. São Paulo: Ed. RT, 2013, ano 38, v. 225, p. 400.

CAPÍTULO 8 • ASPECTOS PROCESSUAIS DO PROCESSO COLETIVO   **261**

Tal forma de decidir ganha ainda mais relevância nos processos coletivos, mormente quando envolvem ações afirmativas, direitos das minorias, controle judicial das políticas públicas e processos coletivos mais complexos.[118] Caso o processo coletivo não seja assaz complexo, parte da doutrina sustenta a desnecessidade da aplicação das medidas estruturantes, por entendê-las como uma *ultima ratio,* ou seja, essas medidas constituem, normalmente, o último recurso a ser utilizado. Quando outras medidas mais simples se mostrarem adequadas, não haverá razão para as providências estruturais, seja por sua complexidade, seja por seu custo, seja mesmo pelo caráter intrusivo que apresentarão.[119] As medidas estruturais ou estruturantes devem ser utilizadas em litígios de extrema complexidade, notadamente quando a relação jurídica processual ostenta multipartes.

Uma senda polêmica para a aplicação dessa modalidade de decisão é a que decorre da denominada *"crise da lei" ou "crise do Parlamento".* Tal situação advém da correta descrença nos membros do Parlamento, bem como da sua notória demora em regulamentar determinados temas (pautas) sensíveis da sociedade, o que, em alguns casos, gera até mesmo a impossibilidade fática e jurídica do gozo de alguns direitos e garantias fundamentais.[120] Posso apontar como exemplo os seguintes temas: a) aborto de feto anencéfalo ou o aborto sem fundamentação específica; b) utilização do princípio ativo da maconha com fins estritamente medicinais; c) utilização de células tronco para pesquisas e terapêutica; d) o fim do foro privilegiado para os agentes públicos; e) casamento entre pessoas do mesmo sexo, dentre vários outros. Assim, diante dessa crise, há um claro protagonismo judicial para a regulamentação, diante dos casos concretos postos em análise, de tais temas, bem como de suas consequências jurídicas, na medida em que é inafastável a crise do Judiciário de ameaça ou lesão à um direito (art. 5º, XXXV, CR/88).[121]

---

118. "(...) à medida que os processos de reforma estrutural avançaram, percebeu-se que a emissão de ordens ao administrador, estabelecendo objetivos genéricos, não era suficiente para alcançar os resultados desejados. Ou o juiz se envolvia no cotidiano da instituição, cuidando de minúcias de seu funcionamento, ou teria que se conformar com a ineficiência de sua decisão." VITORELLI, Edilson. *O devido processo legal coletivo: dos direitos aos litígios coletivos.* São Paulo: Revista dos Tribunais, 2016, p. 533.

119. ARENHART, Sérgio Cruz. Decisões estruturais no direito processual civil brasileiro. *Revista de Processo.* São Paulo: Revista dos Tribunais, 2013, ano 38, v. 225, p. 400.

120. "Como exemplos, podemos citar a decisão que, visando à concretização do direito de locomoção das pessoas portadoras de necessidades especiais, estabelece um plano de adequação e acessibilidade das vias, dos logradouros, dos prédios e dos equipamentos públicos de uma determinada localidade. A decisão que, visando assegurar o direito à saúde e considerando o crescimento do número de casos de microcefalia numa determinada região e da sua possível relação com o zika vírus, estabelece impositivamente um plano de combate ao mosquito aedes aegypti, prescrevendo uma série de condutas para autoridades municipais. Ou ainda a decisão que, buscando salvaguardar direitos de minorias, impõe a inclusão, na estrutura curricular do ensino público, de disciplinas ou temas relacionados à história dos povos africanos ou dos povos indígenas." DIDIER JR., Fredie; ZANETI JR., Hermes. *Curso de Direito Processual Civil – Processo Coletivo.* Op. cit., p. 410.

121. "quando o Poder Legislativo não consegue atribuir ao povo novas leis que possam modificar esse ambiente ou quando o Poder Executivo fica inerte em seu dever de administrar, é o Poder Judiciário que deverá intervir, em ambos os casos, por meio de processos individuais ou coletivos. A esse fenômeno dá-se o nome de ativismo judicial, em contraposição à autocontenção judicial, o que, em alguns casos, pode trazer benefícios e em outros prejuízos, sendo que o que ora se defende é que num ativismo judicial equilibrado

2.9.2.4. Origem

A origem dessa modalidade de proferimento de decisões judiciais surgiu no direito norte-americano,[122] tendo como pano de fundo (cenário) mais significativo o movimento dos direitos civis do movimento negro. Trata-se do notório caso *Brown vs. Board Education*[123] no qual um cidadão, no auge da segregação racial que imperava nos Estados Unidos (doutrina do *separated but equal*[124]), postulou em juízo autorização para ingressar em uma escola, então frequentada exclusivamente por brancos sob o argumento de que tal prática segregatória seria inconstitucional. Ainda que a Suprema Corte reconhecesse a prática como inconstitucional, considerando o contexto territorial e histórico, não surtiria o efeito prático futuro pretendido, pois a segregação fática (diversa da institucional) poderia prosseguir. Reconhecida a inconstitucionalidade e, como disse, com pouca efetividade prática (no mundo dos fatos), a Suprema Corte foi instada novamente a se manifestar sobre o tema, no caso *Brown vs. Board Education II*.[125] Assim, a Suprema Corte reiterando a decisão que reconhecia a inconstitucionalidade, determinou que medidas estruturais fossem adotadas para que a verdadeira e efetiva inclusão dos negros ocorresse de forma progressiva e paulatina, sob a fiscalização das Cortes locais, com atenção às peculiaridades de cada estado. Dessa forma, e fixando o marco teórico e prático das decisões estruturais, a Suprema Corte logrou obter êxito em seu intento. Entretanto, por certo, o problema do preconceito racial não foi, infelizmente, até porque impossível, extirpado pela decisão judicial.

Outro caso emblemático originado do direito norte-americano versa sobre uma demanda que questionava as condições encontradas no sistema penitenciário no estado americano do Arkansas.[126]

O nosso sistema jurídico, em certa medida, contém normas que permitem a sua utilização, tais como: arts. 139, IV, 297, 301, 493, 498, 536, § 1º, CPC; 11, LACP e 84, § 5º, CDC. Entendo ser de primordial importância nessa seara a utilização de instrumentos de participação da sociedade civil organizada por meio de audiências públicas ou do *amicus curiae* para fins de conferir maior legitimidade democrática para a atuação.

---

a tendência do acerto é maior que a do erro." JOBIM, Marco Félix. *Medidas estruturantes: da Suprema Corte Estadunidense ao Supremo Tribunal Federal*. Porto Alegre: Livraria do Advogado, 2013, p. 93

122. FISS, Owen. *Two models of adjudication*. In: DIDIER JR., Fredie; JORDÃO, Eduardo Ferreira (coord.). *Teoria do processo: panorama doutrinário mundial*. Salvador: JusPodivm, 2008.

123. REHNQUIST, William. *The supreme court*. New York: Vintage, 2002, p. 196-197; The supreme court in conference (1940- 1985) – the private discussions behind nearly 300 supreme court decisions. Ed. Del Dickson. New York: Oxford, 2001, p. 644.

124. *Plessy v. Ferguson*, 163 U. S. 537 (1896).

125. *Supreme Court of the United States*, 347 U. S. 483 (1954).

126. Holt v. Sarver I (300 F. Supp. 825), em 1969; Holt v. Sarver II, 309 F. Supp. 362; Talley v. Stephens, 247 F. Supp. 683 (E.D.Ark. 1965), Jackson v. Bishop, 268 F. Supp., 804 (E.D.Ark. 1967), e Courtney v. Bishop, 409 F.2d 1185 (8th Cir. 1969).

CAPÍTULO 8 • ASPECTOS PROCESSUAIS DO PROCESSO COLETIVO

A doutrina costuma apontar as seguintes medidas como exemplos de decisões estruturais:

a) proferimento de decisões com a indicação clara de metas a serem cumpridas pelo destinatário;

b) determinação de condutas precisas e individualizadas;

c) intervenção judicial[127] em pessoas jurídicas de direito público e privado, como técnica subsidiária e sub-rogatória,[128] que pode ser fiscalizatória[129], cogestora[130] ou substitutiva;[131]

d) provimentos em cascata;[132]

---

127. "A intervenção judicial é o mecanismo mais representativo das denominadas medidas estruturantes, podendo ser conceituada como o meio executivo destinado à efetivação das prestações judiciais a ser empregado quando os mecanismos tradicionais, típicos e atípicos, não tiverem surtido o efeito desejado. Enquanto as medidas estruturantes são representadas por diversos mecanismos de fiscalização e atuação sub-rogatória, a intervenção judicial está relacionada à atuação sub-rogatória mais incisiva, com a inserção de agente auxiliar do juízo dentro da própria atividade exercida, não se limitando à fiscalização e acompanhamento continuo." GISMONDI, Rodrigo. *Processo Civil de interesse público & medidas estruturantes*: da execução negociada à intervenção judicial. Curitiba: Juruá, 2018, p. 256.

128. "Trata-se de técnica de sub-rogação destinada a atribuir a terceiro a prática da conduta imposta judicialmente ou, ao menos, a fiscalização da correta execução da ordem judicial." ARENHART, Sérgio Cruz. A intervenção judicial e o cumprimento da tutela específica. *Revista Jurídica*, Porto Alegre, v. 385, p. 45-60, nov. 2009, p. 48.

129. "A intervenção fiscalizatória é a forma mais branda de intervenção judicial. Nela, o magistrado fará nomeação de terceiro, com atribuição de fiscalizar o correto cumprimento da decisão judicial e comunicar ao juízo, de tempos em tempos, o exercício e resultado de suas atividades." GISMONDI, Rodrigo. *Processo Civil de interesse público & medidas estruturantes*: da execução negociada à intervenção judicial. Curitiba: Juruá, 2018, p. 259.

130. "A intervenção cogestora é aquela em que parcela das atribuições dos administradores é afetada pela intervenção judicial. Se, de um lado, o cogestor atua de modo mais incisivo na gestão da pessoa jurídica, não se limitando à mera atividade de fiscalização, assumindo parcela da gestão da pessoa jurídica que está a sofrer a intervenção, de outro esta não afasta o devedor da administração da pessoa jurídica." GISMONDI, Rodrigo. *Processo Civil de interesse público & medidas estruturantes*: da execução negociada à intervenção judicial. Curitiba: Juruá, 2018, p. 260.

131. "Por sua vez, a intervenção substitutiva (propriamente dita) é a modalidade mais drástica de intervenção. Por meio desta modalidade, o interventor substituirá completamente o administrador original da pessoa jurídica e assumirá tal função por determinado período." GISMONDI, Rodrigo. Processo Civil de interesse público & medidas estruturantes: da execução negociada à intervenção judicial. Curitiba: Juruá, 2018, p. 260.

132. "Assim, por exemplo, é típico das medidas estruturais a prolação de uma primeira decisão, que se limitará a fixar em linhas gerais as diretrizes para a proteção do direito a ser tutelado, criando o núcleo da posição jurisdicional sobre o problema a ele levado. Após essa primeira decisão – normalmente, mais genérica, abrangente e quase 'principiológica', no sentido de que terá como principal função estabelecer a 'primeira impressão' sobre as necessidades da tutela jurisdicional – outras decisões serão exigidas, para a solução de problemas e questões pontuais, surgidas na implementação da 'decisão-núcleo', ou para a especificação de alguma prática devida." (...) "essa gradual implementação da decisão judicial é própria dos litígios estruturais. Somente à medida que a decisão judicial vai sendo implementada é que se terá a exata noção de eventuais problemas surgidos e, assim, de outras imposições que o caso requer. Aliás, a complexidade da causa implicará, comumente, a necessidade de se tentar várias soluções para o problema. Essa técnica de tentativa-erro-acerto é que permitirá a seleção da melhor técnica e do resultado ótimo para o caso." ARENHART, Sérgio Cruz. Decisões estruturais no direito processual civil brasileiro. *Revista de Processo*. São Paulo: Revista dos Tribunais, 2013, ano 38, v. 225, p. 400.

e) imposição de um regime jurídico de transição ("justiça de transição" ou *mending justice*) entre a situação anterior e aquela que se busca implantar, com o fim de respeitar o princípio da estabilidade das relações jurídicas (segurança jurídica);[133]

f) fixação do rito procedimental, tal como ocorreu no caso da ADPF 378/DF, quando o STF fixou o rito do processo de *impeachment*.[134]

Entendo ser plenamente possível a realização de medidas estruturantes sem a necessidade de intervenção jurisdicional, ou seja, sem a necessidade de ajuizamento de demanda própria e o respectivo proferimento de decisão judicial. O MP poderá valer-se da recomendação e do TAC para tal fim, desde que o destinatário aceite o cumprimento das medidas indicadas por meio dos instrumentos. Por vezes, na prática da atividade funcional nas Promotorias de Tutela Coletiva,[135] em uma simples reunião, com uma ata formalizada contendo os indispensáveis detalhes (atribuições, prazos e consequências) e participação dos órgãos e agentes com capacidade decisória, poderão ser definidas as medidas estruturantes que deverão ser adotadas. Não há a necessidade de utilização do *nomen juris* TAC para verificar que os participantes assumiram um compromisso perante o MP. Poder-se-ia objetar afirmando a inutilidade de tal ata de reunião para fins de efetividade da tutela coletiva, mas, caso não sejam cumpridas as metas estabelecidas, deverão ser aplicadas as consequências indicadas no termo. Tais consequências poderão ser requeridas por intermédio de: a) execução de título executivo extrajudicial, desde que contenha a assinatura de duas testemunhas (art. 784, II ou III, CPC); b) ação monitória coletiva, caso não seja considerada a ata de reunião como título executivo extrajudicial, conforme art. 700, III, CPC.

Em nosso ordenamento existem outros exemplos que permitem a adoção das decisões estruturantes, tais como: a) art. 99 da Lei 11.101/2005; b) arts. 96 e 107, § 2º da Lei 12.529/2011.

O STF, por sua vez, de certa forma, adotou medidas estruturantes nos seguintes casos: a) Ação Popular 3388/RR;[136] b) Mandado de Injunção 708/DF;[137] c) ADPF 378/DF. O STJ, por seu turno, em demanda que versava sobre a distribuição de medicamentos, aplicou medidas estruturantes.[138]

---

133. "(...) 'justiça de transição' (*mending justice*) entre a situação anterior e aquela que se pretende implantar seria implícito, decorrente do princípio da proteção da confiança." (...) "Com efeito, muitas decisões de quebra de estabilidade devem ser acompanhadas por regras de transição para evitar uma ruptura das expectativas que pudessem ter sido criadas em favor da manutenção da posição estável, facilitando uma adaptação suave ao novo regramento. Nesse sentido, a edição de regras de transição não deve ser vista apenas como um poder estatal, mas como um dever decorrente da cláusula do Estado de Direito, com o correlato e respectivo direito individual." CABRAL, Antonio do Passo. *Coisa julgada e preclusões dinâmicas*. 2ª ed. Salvador: Juspodivm, 2013, p. 521.

134. ADPF 378, Rel. Min. Edson Fachin, Redator para o Acórdão o Min. Luís Roberto Barroso, DJe 18.12.2015

135. Situação assaz comum verificada na minha atuação como Promotor de Justiça de alguns órgãos de execução de Tutela Coletiva no Ministério Público do Estado do Rio de Janeiro.

136. Pet 3388, Tribunal Pleno, rel. Min. Carlos Ayres Britto, j. 19.03.2009, Dje 24.09.2009.

137. MI 708, Tribunal Pleno, rel. Min. Gilmar Mendes, j. 25.10.2007, DJe 30.10.2008.

138. STJ, 1ª Turma. AgRg no AREsp 85.191/MG. Rel. Min. Benedito Gonçalves. DJe 23.02.12.

2.9.2.5. *Procedimento no Processo Estrutural*

Não há mais como mantermos a visão tradicional e insuficiente do processo civil e de suas regras e procedimentos. Tal visão não se coaduna mais com o estágio atual dos litígios que são postos à análise dos órgãos jurisdicionais. Os litígios, cada vez mais complexos, tendem a requerer uma nova feição dos institutos e princípios processuais, sob pena de relegar a oblívio a própria efetividade da tutela jurisdicional.[139]

A aplicação das medidas estruturantes, segundo a doutrina,[140] gera a imperiosa necessidade de uma releitura de diversos princípios e regras processuais:

a) separação de funções, como, aliás, sustentei no Capítulo 9 quando abordei a possibilidade jurídica do controle judicial das políticas públicas;

b) insindicabilidade do mérito administrativo, pois não há como, em um regime democrático e diante do princípio da transparência, conferir tal liberdade absoluta para o administrado;

c) mitigação do princípio da congruência externa para permitir uma maior liberdade de atuação para o órgão jurisdicional encontrar a solução jurídica mais adequada, desde que conte com a efetiva participação dos demais sujeitos do processo, para o caso concreto;

d) reconhecer a necessidade de uma função jurisdicional atípica não somente voltada para um provimento requerido na inicial, mas que permite outras soluções fáticas;

e) interpretação mais flexível para a interpretação do pedido formulado pelo autor coletivo, pois, diante das peculiaridades do caso concreto, bem como da complexidade da causa, pode ser imprescindível a alteração da pretensão coletiva deduzida (art. 322, § 2º, CPC);

f) efetividade da tutela jurisdicional de forma dialética, tal como sustentado quando afirmei a aplicação do modelo cooperativo nos processos coletivos;

---

139. "Sem dúvida alguma, a estrutura tradicional do direito processual é, aqui, a responsável por obnubilar a visão do magistrado, impedindo uma visão completa do problema e, consequentemente, uma decisão adequada da controvérsia. A questão é ainda mais grave no campo da tutela coletiva. Nesse tipo de processo, pela peculiar interferência por ele gerada no âmbito econômico, político, social ou cultural, os problemas acima vistos são amplificados. Basta pensar no quão complexo é decidir uma ação coletiva que pretende o fornecimento de medicação a todo um grupo de pacientes, a construção de escolas ou de hospitais, ou a eliminação de certo cartel. Por isso, e sendo hoje corrente a atividade judicial voltada ao tratamento dessas questões complexas, é necessário que se ofereça ao magistrado novos padrões de atuação e, sobretudo, maior flexibilidade na adequação de sua decisão àquilo que exija a situação concreta." ARENHART, Sérgio Cruz. Decisões estruturais no direito processual civil brasileiro. *Revista de Processo*. São Paulo: Revista dos Tribunais, 2013, ano 38, v. 225, p. 400.
140. DIDIER JR., Fredie; ZANETI JR., Hermes. *Curso de Direito Processual Civil – Processo Coletivo*. Op. cit., p. 413. ARENHART, Sérgio Cruz. Decisões estruturais no direito processual civil brasileiro. *Revista de Processo*. São Paulo: Revista dos Tribunais, 2013, ano 38, v. 225, p. 400; VIOLIN, Jordão. *Protagonismo judiciário e processo coletivo estrutural: o controle jurisdicional de decisões políticas*. Salvador: Juspodivm, 2013, p. 146.

g) flexibilidade procedimental com a permissão para a construção do rito/procedimento mais adequado para o caso concreto. Em meu sentir, não há a necessidade dessa releitura somente para a aplicação das medidas estruturantes, mas para todos os processos coletivos, ainda que os litígios não possuam as características próprias daqueles que ensejam um processo estruturante;

h) adoção de um procedimento que possa ser dividido em fases que permitam, ao menos, um diagnóstico, uma transição e fixação de metas para a solução do problema estrutural.

Por fim, reconhecendo a necessidade da aplicabilidade dos provimentos estruturais em nosso sistema jurídico, mormente em processos coletivos, convém indicar dois exemplos importantes da atuação do Ministério Público do Estado do Rio de Janeiro nessa seara: a) Ação Civil Pública proposta pelo GAEMA com o fim de obter a racionalização das frotas dos veículos integrantes do sistema público de transporte, bem como a instalação de ar condicionado;[141] b) Ações Civis Públicas propostas pela Promotoria de Justiça de Tutela Coletiva do Sistema Prisional com o objetivo de implementar melhorias nas instalações.[142]

Na mesma toada, mas em demandas com repercussão nacional, podem ser citados os casos dos danos ambientais ocorridos em Mariana, Brumadinho e o desastre decorrente do vazamento de óleo na costa do Nordeste.

2.9.3. *Entidades de Infraestrutura Específica* (claims resolution facilities)

Um instrumento interessante, que ainda demanda maiores reflexões, é a possibilidade de se admitir em nosso sistema jurídico *a utilização e criação das entidades de infraestrutura específica* (claims resolution facilities) com o escopo de auxiliar na resolução e efetivação das medidas proferidas em sede de processo coletivo.

A efetivação das medidas judiciais nesses casos, como reconhece a melhor doutrina sobre o tema,[143] quando deferidas liminarmente ou mesmo quando determinadas em sentença, revela-se normalmente demorada, custosa, dificilmente adaptável às estruturas e procedimentos do Judiciário. Isso ocorre tanto no caso de execução de instrumentos de base negocial (autocomposição, como nos termos de ajustamento de conduta), quanto de decisões judiciais (cumprimento de sentença e tutelas provisórias). Alguns tipos de litígio coletivo já têm, há algum tempo, buscado outros caminhos para obter melhores resultados. Em certos casos, a solução encontrada foi

---

141. A ação foi distribuída para o juízo da 6ª Vara de Fazenda Pública da Comarca da cidade do Rio de Janeiro, tombada sob o 0052698-24.2013.8.19.0001.

142. As ações foram distribuídas para a Vara de Execuções Penais da cidade do Rio de Janeiro e podem ser acompanhadas através dos seguintes números: 2017/0008716-4 e 2017/0001074-5. As iniciais foram publicadas na íntegra na Revista do MPRJ 63 e 64.

143. Entidades de Infraestrutura Específica para Solução de Conflitos Coletivos: Claims Resolution Facilities e sua aplicabilidade no Brasil. CABRAL, Antônio do Passo; ZANETTI JR., Hermes. São Paulo: RT, *Revista de Processo*, ano 44, vol. 287, jan. 2019, p. 445/483.

a criação de entidades de infraestrutura específica para dar cumprimento a negócios jurídicos e decisões judiciais.

As entidades de infraestrutura específica para resolução de conflitos coletivos são terceiros que serão responsáveis pela implementação, total ou parcial da decisão judicial ou da autocomposição, muito embora tenham natureza privada ou mista.[144] São entidades ou mais genericamente infraestruturas criadas para processar, resolver ou executar medidas para satisfazer situações jurídicas coletivas que afetam um ou mais grupos de pessoas, que judicialmente seriam tratadas como milhares de casos individuais, casos repetitivos e ações coletivas.[145]

Em nosso sistema jurídico, tais entidades podem ter um protagonismo interessante com o fim de auxiliar, também, na implementação de projetos de melhorias de políticas públicas, sugestão de projetos de lei para a regulação dos setores envolvidos, entre outras medidas para obtenção de tutela específica das obrigações ou seu resultado prático equivalente. Pode-se afirmar ser um caso de intervenção ou participação privada em um processo de interesse público, ou seja, a pessoa privada participaria ativamente, pois há uma descentralização da tomada de decisões e da cognição exercida. Registre-se que essa "ponte" entre o público e o privado não tem o condão de afastar a participação do magistrado ou relegar a sua importância ao oblívio. Em absoluto! O magistrado permanecerá atuando no feito, mas de maneira mais residual e, com isso, haverá uma efetiva redução de custos e do tempo investido na solução.[146]

Haverá, claro, um controle judicial dos atos praticados pela entidade, bem como a fiscalização a ser realizada pelos legitimados coletivos que participam da demanda. Nesse ponto, a participação do Ministério Público é amplamente reforçada, conforme, aliás, determina o art. 5º, § 1º, LACP. A ausência desse controle e fiscalização pode infirmar justamente o maior interesse na participação de tais entidades, pois fomentaria a insegurança jurídica, na medida em que os seus atos poderiam ser, *a posteriori,* judicialmente revistos, inclusive mediante o manejo de demandas autônomas.[147]

---

144. DIDIER JR., Fredie; ZANETI JR., Hermes. *Curso de Direito Processual Civil*, v. 4, 13ª ed., Salvador: Jus Podivm, 2019, p. 540.

145. Entidades de Infraestrutura Específica para Solução de Conflitos Coletivos: Claims Resolution Facilities e sua aplicabilidade no Brasil. CABRAL, Antônio do Passo; ZANETTI JR., Hermes. São Paulo: RT, Revista de Processo, ano 44, vol. 287, jan. 2019, p. 445/483.

146. "A presença do interesse público é comum à tutela dos conflitos coletivos, mas a novidade reside na possibilidade de se incentivarem soluções privadas ou mistas para esses conflitos, descentralizando a cognição e decisão sobre os danos para além do Poder Judicial. O Poder Judiciário atuaria geralmente em um papel residual, de controle de garantias." DIDIER JR., Fredie; ZANETI JR., Hermes. Curso de Direito Processual Civil, vol. 4, 13ª ed., Salvador: Jus Podivm, 2019, p. 541.

147. "O modelo do processo coletivo brasileiro fornece subsídios para implementar esse sistema público ou misto (com supervisão judicial e dos órgãos de controle) pode aportar: i) estabilidade decorrente da homologação do acordo (coisa julgada); ii) garantias de transparência; iii) tratamento similar das demandas; iv) intervenção obrigatória do Ministério Público, quando este não for o autor." DIDIER JR., Fredie; ZANETI JR., Hermes. Curso de Direito Processual Civil, vol. 4, 13ª ed., Salvador: Jus Podivm, 2019, p. 544.

Essas entidades podem ser criadas para a tutela de qualquer interesse transindividual, inclusive para os casos de resolução de questões repetitivas. As *claims resolution facilities* surgiram pela necessidade de gerir o cumprimento de decisões e a execução civil em litígios de massa complexos.[148] Seu principal escopo, portanto, é promover, com mais eficiência e menos custos, a execução de planos privados, autocomposições judiciais ou extrajudiciais, ou decisões judiciais em processos coletivos.[149]

No Brasil, poderiam ser instituídas, mediante o proferimento de decisão interlocutória, com fulcro nas medidas de apoio atípicas (arts. 139, IV, 536, § 1º e 537 do CPC), ou mediante a celebração de negócios processuais (art. 190, CPC), ou por atos conjuntos (art. 69, CPC) ou até mesmo por meio de um TAC.[150]

As entidades de infraestrutura específica para resolução de conflitos coletivos podem tratar tanto do pagamento de indenizações como da efetivação de tutelas específicas ou seu resultado prático equivalente. Se o objetivo maior é facilitar indenizações, a infraestrutura para a solução de litígios tem que estabelecer métodos para definir quanto será o valor total, quem receberá, se esses indivíduos receberão mediante apresentação de quais provas e informações, e por meio de quais regras procedimentais tudo será verificado e implementado.[151]

A facilitação para a obtenção das indenizações, mediante a chamada autocomposição adequada, requer a imprescindível observância do consentimento informado, ou seja, o indivíduo que for buscar a entidade para celebrar um acordo com o fim de receber a indenização deverá ser devidamente orientado, de forma imparcial e técnica, sobre as vantagens e desvantagens da celebração.[152]

Se o escopo for efetivar tutela específica ou seu resultado prático equivalente, cabe definir qual a medida mais adequada e, do mesmo modo, o *iter* a ser observado.

---

148. "Essas características levam à necessidade de soluções diferenciadas para processos coletivos mais complexos, inclusive a possibilidade de algum grau de descentralização das decisões diante da presença de vários grupos de interesses, menor ou maior coesão entre os membros dos grupos atingidos, menor ou maior complexidade dos fatos e dos direitos tutelados e de sua interpretação jurídica para os casos trazidos ao juiz, e a menor ou maior efetivação das medidas necessárias à adequada reparação." DIDIER JR., Fredie; ZANETI JR., Hermes. *Curso de Direito Processual Civil*, v. 4, 13ª ed., Salvador: Jus Podivm, 2019, p. 538.

149. Entidades de Infraestrutura Específica para Solução de Conflitos Coletivos: Claims Resolution Facilities e sua aplicabilidade no Brasil. CABRAL, Antônio do Passo; ZANETTI JR., Hermes. São Paulo: RT, *Revista de Processo*, ano 44, v. 287, jan. 2019, p. 445/483.

150. Como, aliás, ocorreu nos casos da Fundação Renova, por meio de um TAC firmado entre a Samarco, Vale do Rio Doce e BHP Biliton, com a União, o Estado de Minas Gerais, o Estado do Espírito Santo e suas autarquias, bem como no caso do TAC celebrado entre a CEMIG, o MPF, o Estado de Minas Gerais e a fundação estadual do meio ambiente.

151. Entidades de Infraestrutura Específica para Solução de Conflitos Coletivos: Claims Resolution Facilities e sua aplicabilidade no Brasil. CABRAL, Antônio do Passo; ZANETTI JR., Hermes. São Paulo: RT, *Revista de Processo*, ano 44, v. 287, jan. 2019, p. 445/483.

152. "Há necessidade de se assegurar assessoria técnica imparcial para os atingidos, seja através da advocacia *pro bono*, (advogados pro bono, com honorários limitados ou defensores públicos), de grupos de trabalho (*disaster response teams*), ou, ainda, a possibilidade de impugnação judicial, individual ou coletiva, sempre que se verificar que a falta de consenso informado e conhecimento claro sobre a alternativa judicial está resultando em um prejuízo aos atingidos." DIDIER JR., Fredie; ZANETI JR., Hermes. *Curso de Direito Processual Civil*, v. 4, 13ª ed., Salvador: Jus Podivm, 2019, p. 544 e 545.

CAPÍTULO 8 • ASPECTOS PROCESSUAIS DO PROCESSO COLETIVO | **269**

Tudo isso é feito por meio de um documento chamado plano de resolução de conflitos, que deve definir os procedimentos e os esquemas de compensação, acomodando também cronogramas de reparação/pagamento.[153]

2.10. Rito – procedimentos

O procedimento (elemento extrínseco do processo) é o modo como o processo é exteriorizado. As demandas coletivas, como regra, deverão observar o procedimento comum (art. 318, CPC),[154] desde que observadas as peculiaridades procedimentais previstas expressamente nas normas do microssistema.

No microssistema da tutela coletiva existem algumas previsões que dotam os procedimentos com alguma peculiaridade, que já foram abordadas no capítulo referente aos reflexos do CPC no processo coletivo, tais como: a) aplicabilidade da ACP genérica em matéria eleitoral;[155] b) possibilidade de autocomposição e celebração de negócio jurídico processual.

Além dos pontos abordados no referido capítulo, impende destacar os seguintes: a) vedação expressa para a realização de intervenção de terceiros nos processos coletivos especiais (tema abordado no capítulo referente às intervenções de terceiros); b) procedimento especial na ação por improbidade administrativa.

Esse último destaque é importante, pois o legislador pretendeu afastar a ação por improbidade administrativa, como já mencionado nessa obra, ao determinar o seguinte: i) não ser ação civil; ii) não ser possível exercer controle de políticas públicas; iii) fazer referência expressa ao direito sancionador; iv) relativizar a independências entre as instâncias penal e civil; v) não regulamentar o regime da coisa julgada material; vi) vedar a aplicação do reexame necessário etc.

---

153. Entidades de Infraestrutura Específica para Solução de Conflitos Coletivos: Claims Resolution Facilities e sua aplicabilidade no Brasil. CABRAL, Antônio do Passo; ZANETTI JR., Hermes. São Paulo: RT, *Revista de Processo*, ano 44, v. 287, jan. 2019, p. 445/483.

154. *"Se na ação popular há expressa adoção do procedimento ordinário, por analogia e identidade de razões deveria ele ser utilizado em toda e qualquer hipótese de ação de conhecimento coletiva. É a interpretação analógica e extensiva para o correto encaminhamento das vias de tutela coletiva, sob pena de se fraturar o sistema como um todo, propiciando o surgimento de diversidade de soluções que não se justificam, em virtude da identidade de premissas."* LEONEL, Ricardo de Barros. *Manual do Processo Coletivo*. Op. Cit., p. 283. No mesmo sentido, MANCUSO, Rodolfo de Camargo. *Ação Popular – proteção do erário, do patrimônio público, da moralidade administrativa e do meio ambiente*. São Paulo: Revista dos Tribunais, 1994, p. 144.

155. Sustento a plena possibilidade do cabimento da ACP em matéria eleitoral com uma farta fundamentação. Entretanto, há, na doutrina, quem entenda de forma diversa, como: *"Na Justiça Eleitoral há interessante previsão no art. 105-A da Lei 9.504/1997 (com redação dada pela Lei 12.034/2009), no sentido de que, em matéria eleitoral, não são aplicáveis os procedimentos previstos na Lei 7.347, de 24 de julho de 1985, o que parece ser suficiente para excluir a ação civil pública dessa Justiça especializada. Também não visualizo o cabimento de ação popular ou da ação de improbidade administrativa em razão do objeto tutelável por tais ações."* NEVES, Daniel Amorim Assumpção. *Manual do Processo Coletivo*. Op. Cit., p. 175.

2.11. Recursos

No tocante ao sistema recursal, aplicam-se aos processos coletivos os mesmos requisitos e pressupostos recursais existentes no processo individual, bem como as mesmas modalidades recursais (agravo de instrumento, apelação, embargos de declaração, agravo interno, recurso especial, recurso extraordinário e os embargos de divergência).[156]

Assim, não há a necessidade de reprodução das mesmas regras nesta obra. Entretanto, é imprescindível indicar quais são as peculiaridades existentes sobre o tema nos processos coletivos. Com efeito, posso apontar os seguintes: a) inaplicabilidade do rol taxativo do art. 1.015, CPC (tema abordado no capítulo reflexos do CPC); b) regime jurídico do efeito suspensivo (tema abordado no capítulo reflexos do CPC); c) nova feição do interesse recursal como um interesse eventual que pode ensejar recurso somente para alterar a fundamentação da decisão judicial (tema abordado nos capítulos reflexos do CPC e coisa julgada material coletiva);[157] d) aplicação da regra do reexame necessário prevista no art. 19, LAP aos demais processos coletivos, exceto ação por improbidade administrativa, porquanto expressamente vedado pelo art. 17, §19, IV e 17-C, §4º, da LIA; e) (in)aplicabilidade da técnica de julgamento prevista no art. 942, CPC, que substituiu o recurso de embargos infringentes, tendo em vista a regra prevista no art. 25, LMS;[158] f) irrecorribilidade das decisões proferidas pelo plenário, desde que sejam finais, em sede de processo coletivo especial, ressalvada a possibilidade do manejo dos embargos de declaração (art. 26 da Lei 9.868/1999), sendo relevante mencionar que o STF já inadmitiu tal recurso com efeitos infringentes em sede de processo coletivo especial;[159] g) previsão expressa da legitimidade recursal da autoridade coatora (art. 14, § 2º, LMS); h) desistência e renúncia (arts. 998 e 999, CPC) dos recursos em sede de processos coletivos que seguem a causa-piloto e a causa-modelo (os modelos de processo coletivo foram apresentados no Capítulo 3), que não impedem a fixação da tese jurídica ventilada.

O **reexame necessário (remessa oficial ou duplo grau obrigatório)**,[160] previsto no art. 496, CPC, é uma condição de eficácia da sentença de mérito desfavorável à

---

156. LEONEL, Ricardo de Barros. *Manual do Processo Coletivo*. Op. cit., p. 481; MANCUSO, Rodolfo de Camargo. *Ação Civil Pública em defesa do meio ambiente, patrimônio cultural e dos consumidores (Lei 7.347/1985 e Legislação Complementar)*. Op. cit., p. 151; DIDIER JR., Fredie. *Curso de Direito Processual Civil – Processo Coletivo*. Op. cit., p. 415; NEVES, Daniel Amorim Assumpção. *Manual do Processo Coletivo*. Op. cit., p. 325.

157. *"Assim, há interesse recursal do réu, por exemplo, em impugnar o fundamento de uma decisão, mesmo concordando com a conclusão de improcedência: ele não pode desejar que a improcedência seja por inexistência de direito, e não por falta de prova, porque isso lhe traria o benefício da coisa julgada."* DIDIER JR., Fredie. *Curso de Direito Processual Civil – Processo Coletivo*. Op. cit., p. 416.

158. *"Questão interessante é a aplicabilidade da regra de julgamento prevista no art. 942 do Novo CPC ao mandado de segurança, já que parcela significativa da doutrina entende tratar-se de técnica de julgamento substitutiva do recurso de embargos infringentes. Ao se partir de tal premissa, é possível se imaginarmos tribunais adaptando o art. 25 da Lei 12.016/2009 para afastar do mandado de segurança a aplicação do art. 942 do Novo CPC, solução, entretanto, que não deve ser prestigiada."* NEVES, Daniel Amorim Assumpção. *Manual do Processo Coletivo*. Op. cit., p. 327.

159. ADI 2713, Pleno, rel. Min. Ellen Gracie, j. 05.02.2004, Dje 07.05.2004.

160. Não emprego o termo "recurso de ofício" por entender ser hipótese de contradição em seus próprios termos, pois uma das principais características dos recursos é a voluntariedade que não se verifica nos casos de reexame.

CAPÍTULO 8 • ASPECTOS PROCESSUAIS DO PROCESSO COLETIVO

Fazenda Pública. Trata-se de uma condição suspensiva da eficácia da sentença, ou seja, enquanto não confirmada pelo tribunal não surtirá os seus regulares efeitos.[161] No caso do mandado de segurança, o reexame necessário, como regra, é uma condição resolutiva da sentença, pois permite o seu cumprimento provisório (arts. 14, §§ 1º e 3º c/c 7º, § 2º, LMS). O regramento previsto no art. 19, LAP também ostenta a natureza jurídica de condição suspensiva da eficácia da sentença, mas apresenta algumas peculiaridades interessantes: a) permite o reexame necessário de sentença terminativa; b) permite o reexame necessário de sentença favorável à Fazenda Pública; c) aplicabilidade da norma do art. 198, ECA aos processos coletivos.

O ponto mais relevante sobre o tema, a rigor, é saber se a regra do reexame necessário prevista no art. 19, LAP pode ser utilizado nas ações por improbidade administrativa. Durante um certo período o STJ foi resistente quanto ao tema negando a sua aplicabilidade, sob o argumento de que o procedimento da ação por improbidade administrativa é dotado de tamanha peculiaridade que não comportaria a aplicação subsidiária da LAP, ou seja, não teria havido uma lacuna técnica, mas um silêncio eloquente.[162] Entretanto, conforme defendido pela doutrina majoritária,[163] o STJ fixou entendimento, após a apreciação de embargos de divergência interpostos no bojo do acórdão que negava a aplicabilidade, no sentido da aplicabilidade do regime, em virtude do microssistema da tutela coletiva.[164] A bem da verdade, o STJ definiu, neste julgado (extraído do informativo 607 da sua jurisprudência), o seguinte: a sentença que concluir pela carência ou pela improcedência de ação de improbidade administrativa está sujeita ao reexame necessário, com base na aplicação subsidiária do art. 475 do CPC/73 (art. 496, CPC/15) e por aplicação analógica da primeira parte do art. 19 da Lei 4.717/1965.

Com o advento da Lei 14.230/21 a questão perde totalmente o sentido, pois há agora vedação expressa nos arts. 17, § 19, IV e 17-C, § 4º, da LIA. Entretanto, o STJ deverá ser instada a enfrentar a questão relacionado ao direito intertemporal do seu entendimento consolidado e a vigência da nova regra processual. Em minha opinião, considerando a aplicação imediata das regras processuais novas (arts. 14 c/c 1046, do CPC), ressalvadas as situações jurídicas consolidadas.

---

161. Em sentido contrário: *"O reexame necessário, portanto, não impede necessariamente a geração de efeitos da sentença, mas tão somente seu trânsito em julgado, sendo mais adequado afirmar que o reexame necessário é condição impeditiva da geração do trânsito em julgado."* NEVES, Daniel Amorim Assumpção. *Manual do Processo Coletivo.* Op. cit., p. 341.

162. Resp 1.220.667/MG, 1ª T., rel. Min. Napoleão Nunes Maia Filho, j. 04.09.2014, Dje 20.10.2014.

163. *"Neste curso, defendemos a aplicabilidade do microssistema à ação de improbidade administrativa em tudo que não chocar com seus objetivos e finalidades próprias; não nos parece que a garantia maior prevista no procedimento da improbidade afaste a remessa necessária: há interesse público suficiente para manter o acerto da revisão da matéria pelo tribunal, logo, justificada está a remessa necessária como regra."* DIDIER JR., Fredie. *Curso de Direito Processual Civil – Processo Coletivo.* Op. cit., p. 420; NEVES, Daniel Amorim Assumpção. *Manual do Processo Coletivo.* Op. cit., p. 343; ALMEIDA, Gregório Assagra. *Manual das Ações Constitucionais.* Belo Horizonte: Del Rey, 2008, p. 390.

164. EREsp 1.220.667/MG, 1ª Seção, rel. Min. Herman Benjamin, j. 24.05.2017.

Vale mencionar que o STJ, em outro julgado, proferido por sua 3ª Turma,[165] afastou a aplicabilidade do regime jurídico do reexame necessário, na forma prevista no art. 19 da LAP, nas demandas coletivas que versam sobre direitos individuais homogêneos. O entendimento fixado no julgado parte da equivocada premissa de que as demandas coletivas que tutelam interesses individuais homogêneos pertencem a um subsistema processual com um conjunto de regras, modos e instrumento próprios, por tutelarem situação jurídica heterogênea em relação aos direitos transindividuais. Além disso, afirmou a necessidade de fixação de limites à aplicação analógica do instituto da remessa necessária, pois a coletivização dos direitos individuais homogêneos tem um sentido meramente instrumental, com a finalidade de permitir uma tutela mais efetiva em juízo, não se deve admitir, portanto, o cabimento do instrumento, tal como previsto no art. 19 da LAP. Tal entendimento, que não reflete a posição sedimentada no STJ, não merece prosperar, pois o microssistema da tutela coletiva não pode ser aplicado de forma seletiva. Se a demanda for coletiva, deve ser utilizado microssistema com o fim de solucionar as eventuais omissões existentes.

O STJ somente reconhece, portanto, a aplicabilidade do reexame necessário, mediante o uso do microssistema da tutela coletiva, nas ações essencialmente coletivas, ou seja, nas demandas que veiculam tutela dos direitos individuais homogêneos, não seria aplicável a norma do art. 19 da LAP. A doutrina, de uma forma geral, como sustento, não comunga do mesmo entendimento.[166] Vale lembrar, também, a existência da mesma regra no art. 4º, § 1º da Lei 7.853/1989.

Quanto à **aplicabilidade do art. 198, ECA aos processos coletivos**,[167] podem ser encontradas basicamente duas teses: **1ª tese:** aplicação direta nos processos coletivos, na medida em que o ECA também faz parte do microssistema da tutela coletiva;[168] **2ª tese:** esta norma somente poderá ser aplicada aos procedimentos individuais específicos do ECA,[169] tal como entende o STJ.

---

165. REsp 1374232/ES, Rel. Min. Nancy Andrighi, 3ª T., j. 26.09.2017, DJe 02.10.2017 (Informativo 612).
166. "É possível defender, como fizemos neste Curso, que, na fase de conhecimento, os direitos individuais homogêneos constituem situação jurídica autônoma merecedora de tutela integral e, nesses casos, que a remessa necessária seria uma garantia em benefício dos direitos individuais homogêneos como tutela do interesse público, portanto, desejável. Há, ainda, a ressalva de que, eventualmente, o pedido na ação popular solicite a indenização de pessoas naturais e jurídicas lesadas pelo ato ilegal e abusivo anulado, nessas hipóteses, mesmo se tratando de pedido de condenação genérica, deverá ser considerada a previsão legal de remessa nos casos de improcedência." DIDIER JR., Fredie; ZANETI JR., Hermes. *Curso de Direito Processual Civil*, v. 4, 13ª ed., Salvador: Jus Podivm, 2019, p. 467.
167. Os destaques da norma em comento são os seguintes: i) isenção do recolhimento do preparo; ii) prazo de 10 dias para as contrarrazões; iii) preferência no julgamento; iv) dispensa do revisor; v) efeito regressivo da apelação como regra geral. Vale mencionar que a Na oportunidade, informamos que houve alteração (Lei 13.509/2017) no artigo 152 do ECA, com o acréscimo do parágrafo 2º, que veda a contagem do prazo em dobro para o Ministério Público e a Fazenda Pública, estabelecendo a contagem em dias corridos dos prazos estabelecidos nesta Lei e aplicáveis aos seus procedimentos.
168. ANDRADE, Adriano; MASSON, Cleber; ANDRADE, Landolfo. *Interesses difusos e coletivos esquematizado*. São Paulo: Método, 2011, p. 212.
169. MAZZILLI, Hugo Nigro. *A defesa dos interesses difusos em juízo*. Op. cit., p. 547; NEVES, Daniel Amorim Assumpção. *Manual do Processo Coletivo*. Op. cit., p. 324.

Capítulo 9
COMPETÊNCIA

1. CONCEITO E NATUREZA JURÍDICA

Existem dois conceitos sobre competência com consequências distintas. Tradicionalmente, a competência é definida como medida ou parcela da jurisdição estatal. Observa-se que, por essa definição, vincula-se a existência da competência à existência da própria jurisdição, relacionando-a ao plano da existência. Para uma visão mais moderna, *competência é o âmbito dentro do qual o juízo exerce de forma válida a jurisdição*, nesse sentido, a competência relaciona-se ao plano da validade. Assim, o juízo incompetente ostenta jurisdição, porém os atos praticados não serão válidos. Tanto é assim, que se for reconhecida a incompetência do juízo, o juízo que receber o feito terá a oportunidade de ratificar os atos praticados pelo juízo incompetente. Trata-se do **princípio da competência aparente** ou *translatio iudici* com previsão no art. 64, § 4º, do CPC. Por este princípio, conservam-se os efeitos da decisão proferida pelo juízo incompetente até que outra seja proferida, se for o caso, pelo juízo competente. Assim, entendemos que a competência possui *natureza jurídica de pressuposto processual de validade* (art. 485, IV, CPC). Entretanto, vale mencionar dois tópicos decorrentes desta conclusão: a) possibilidade de reconhecimento de ofício do vício da incompetência; b) possibilidade da extinção do processo sem resolução de mérito em decorrência do reconhecimento da incompetência.

O vício da incompetência, como regra, somente poderá ser reconhecido de ofício nos casos de inobservância das regras absolutas de fixação da competência (art. 64, § 1º, CPC), ou seja, quando verificada a incompetência absoluta. Trata-se de vício processual que pode ser reconhecido de ofício em qualquer tempo ou grau de jurisdição, desde que o seja até dois anos após o trânsito em julgado (arts. 966, II c/c 975, CPC). Assim, caso seja verificada a ocorrência de vício da incompetência absoluta em sede de cumprimento de sentença (arts. 525, § 1º, VI e 535, V, CPC), deverá ser observado decurso do prazo decadencial de dois anos para a propositura da ação rescisória, sob pena de permitir, por via indireta, a consecução de objetivo que não é mais permitido por via direta. O vício da incompetência relativa, por outro lado, somente poderá, como regra, ser reconhecida mediante requerimento do réu, porque versa sobre inobservância de regras relativas, portanto derrogáveis, de fixação da competência. O vício da incompetência relativa deverá ser alegado como preliminar em sede de contestação no procedimento comum de processo de conhecimento (arts. 64 c/c 337, II, CPC) ou como matéria de defesa em sede de impugnação ao cumprimento de sentença (artes. 525, § 1º, VI e 535, V, CPC). Caso não seja realizada tal manifestação ocorrerá a denominada prorrogação de competência, ou seja, o juízo anteriormente incompetente tornar-se-á o competente (art. 65, CPC). É possível, porém, o reconhecimento de ofício do vício da incompetência relativa, desde que o órgão jurisdicional verifique a presença de um foro de eleição abusivo. Deverá o juiz declarar tal cláusula como ineficaz e remeter os autos para o juízo do foro do domicílio do réu (art. 63, § 3º, CPC). Como visto no capítulo dos reflexos do CPC/15 nos processos coletivos, não será possível nas demandas coletivas a realização de negócio jurídico processual para fins de eleição de foro, pois a regra de competência aplicável é absoluta.

O segundo tema que deve ser abordado como consequência da afirmação da natureza de pressuposto processual de validade é informar qual será a consequência processual do reconhecimento do vício da incompetência. Para facilitar a compreensão do tema, dividirei as consequências conforme o tipo de vício processual: a) incompetência absoluta: como regra, haverá a anulação dos atos judiciais decisórios, desde que o juízo competente, para o qual os autos foram remetidos, deixe de ratificar os atos praticados pelo juízo incompetente (art. 64, § 4º, CPC). Outra consequência processual é a possibilidade da rescisão da coisa julgada material (art. 966, II, CPC); b) incompetência relativa: como regra, haverá somente a remessa dos autos ao juízo competente, mas sem a decretação da invalidade dos atos judiciais decisórios. Nada obstante, o juízo competente, que recebe os autos, poderá ratificar ou não os atos decisórios já praticados. Outra consequência processual será a extinção do processo sem resolução do mérito, no âmbito do juizado especial cível estadual (art. 51, III da Lei 9.099/1995). Assim, é correto afirmar que, apesar da competência ser um pressuposto processual de validade (art. 485, IV, CPC), não haverá, como regra geral, a extinção do processo sem resolução de mérito.

2. REGRA GERAL DE COMPETÊNCIA

Em regra, a competência é definida pelo foro do local do dano (arts. 93, CDC, 2º, LACP e 209, ECA). Excepcionalmente, o critério será em razão da pessoa, ou seja, será imprescindível visualizar a qualificação jurídica da parte e o âmbito de atuação funcional. É o que ocorre no mandado de segurança coletivo e no mandado de injunção coletivo. Impende salientar que trata-se de regra absoluta de competência, apesar do uso de um critério territorial.[1] Em verdade, trata-se de uma regra, como sustenta parcela da doutrina, territorial-funcional de competência, pois o legislador levou em consideração o local do dano, mas sem ter como diretriz o interesse das partes, e sim o viés de indicar um juízo que ostentará maior possibilidade de profe-

---

1. *"Recorde-se que a competência funcional é estabelecida quando diversas funções num mesmo processo, coordenadas à mesma atuação da vontade da lei, são atribuídas a órgãos jurisdicionais diversos, como ocorre na competência por graus de jurisdição ou mesmo na competência para a ação de cognição e posteriormente para a ação de execução."* LEONEL, Ricardo de Barros. *Manual do Processo Coletivo.* Op. cit., p. 265.

rir uma decisão mais efetiva, na medida em que o juízo do local do fato terá maior proximidade com os fatos e com a coleta probatória.[2] Apesar de entender a premissa, baseada, principalmente na literalidade da norma em comento e do conceito do critério funcional, reputo mais adequado afirmar que o termo "funcional" empregado pelo legislador no art. 2º, LACP teve o simples condão de reforçar a ideia de que se trata de uma competência absoluta. O legislador, atento a isso, corrigiu a ideia propalada e, na redação do art. 209, ECA e do art. 80 do Estatuto do Idoso, passou a usar expressamente o designativo "absoluto", sem a necessidade de referência expressa ao critério funcional. Esta percepção é encontrada na maior parte das obras sobre o tema.[3] Há quem sustente que se trata de uma regra funcional de competência.[4] É, portanto, independentemente da natureza fixada, uma regra de competência absoluta inderrogável pela vontade das partes, improrrogável e cognoscível *ex officio* pelo órgão jurisdicional.

Apesar da omissão no CDC, a regra de competência para a propositura das demandas coletivas consumeristas, assim como para as demais, é absoluta, em virtude da mútua complementariedade entre as normas integrantes do microssistema da tutela coletiva.[5]

Como podemos inferir da leitura dos arts. 2º, *caput*, LACP e 93 do CDC, a regra geral é o foro do local do dano. O *dano de âmbito local* é aquele cuja extensão territorial é pequena, ou seja, o dano não terá uma repercussão ampla. Não há maiores dificuldades para esta conceituação, bem como consequências processuais práticas.[6] Observa-se, contudo, que nos casos de *danos de âmbito nacional ou regional*, o inciso II do art. 93 do CDC estabelece que a competência será do foro da capital do estado ou no Distrito Federal. Porém, não se definiu os critérios para diferenciação do que seria dano de âmbito nacional ou regional. Para alguns autores, dano que atinge mais de um município é dano de âmbito regional. Para outros, dano de âmbito regional

---

2. LEONEL, Ricardo de Barros. *Manual do Processo Coletivo*. Op. cit., p. 266. PIZZOL, Patricia Miranda. *A competência no Processo Civil*. São Paulo: Revista dos Tribunais, 2003, p. 573-574.

3. DIDIER JR., Fredie; ZANETI JR., Hermes. *Curso de Direito Processual Civil – Processo Coletivo*. Op. cit., p. 134. RODRIGUES, Marcelo Abelha. *Ação Civil Pública e meio ambiente*. São Paulo: Forense Universitária, 2003, p. 120-121; MOREIRA, José Carlos Barbosa. Interesses Difusos e Coletivos. *Revista Trimestral de direito público*. São Paulo: Malheiros, 1993, n. 3, p. 193; MENDES, Aluísio Gonçalves. *Competência Cível da justiça federal*. São Paulo: Saraiva, 1998, p. 19; VICENZI, Brunela Vieira de. Competência funcional – distorções. *Revista de Processo*. São Paulo: Revista dos Tribunais, 2002, nº 105, p. 277-278.

4. BARBI, Celso Agrícola. *Comentários ao Código de Processo Civil*. 11ª ed. Rio de Janeiro: Forense, 2002, v. 1, p. 320; FUX, Luiz. *Curso de Direito Processual Civil*. 4ª ed. v.1 Rio de Janeiro: Forense, 2008, p.99; MARINONI, Luiz Guilherme; MITIDIERO, Daniel Francisco. *Código de Processo Civil comentado*. São Paulo: Revista dos Tribunais, 2010, p. 165; SANTOS, Ernane Fidélis dos. *Manual de Direito Processual Civil*. 10ª ed. v.1. São Paulo: Saraiva, 2003, p. 150.

5. "Não seria correta a afirmação de que a competência instituída pelo Código de Defesa do Consumidor para as demandas coletivas é relativa, não absoluta, como aquela relacionada às demandas da Lei de Ação Civil Pública." LEONEL, Ricardo de Barros. *Manual do Processo Coletivo*. Op. cit., p. 277.

6. "Parece que nesse caso o dano não terá repercussão muito ampla, estando limitado a produtos ou serviços que atingirão tão somente pessoas domiciliadas em pequena área territorial, sendo a característica principal a pequena extensão geográfica do dano." NEVES, Daniel Amorim Assumpção. *Manual do Processo Coletivo*. Op. cit., p. 180.

seria o dano que atingisse mais de um município de regiões diferentes. Outros falam que se forem municípios de estados diferentes, mas de mesma região, o dano é de âmbito regional. Outros vão dizer que se envolver mais de um estado seria dano de âmbito é nacional.

O STJ assentou entendimento no sentido de que o art. 93, II, do CDC não atrai a competência exclusiva da justiça federal da Seção Judiciária do Distrito Federal, quando o dano for de âmbito regional ou nacional. Conforme a jurisprudência do STJ, nos casos de danos de âmbito regional ou nacional, cumpre ao autor optar pela Seção Judiciária que deverá ingressar com ação.[7]

Considerando que o art. 93, CDC usa conceitos jurídicos indeterminados, impende buscar quais os requisitos para que possamos identificar os tipos de danos. Não há um conceito objetivo e, tampouco, há alguma norma jurídica positivada que apresente alguma forma adequada de conceituação. A função, portanto, ficará a cargo da doutrina, que não possui, ainda, uma diretriz comum.

Algumas premissas, antes de apresentar as manifestações doutrinárias, precisam ser fixadas, porque são deveras importantes:

a) os projetos de código de processo civil coletivo apresentam critérios objetivos e levam em consideração a quantidade de estados atingidos;[8]

b) todas as teses doutrinárias usam critérios objetivos baseados na geopolítica (divisão por regiões) ou na extensão territorial/geográfica dos danos;

c) não há maiores dificuldades para a conceituação do dano local;

d) considerando que os foros são concorrentes, resolver-se-á a escolha do foro por meio da regra de prevenção em conjunto com a aplicação do princípio da competência adequada.

Na doutrina, podemos encontrar as seguintes teses: **1ª tese**: dano de âmbito regional (que deve ser considerado como estadual) é aquele que derive de um dano que atinge um número considerável de cidades ou a maior parte das cidades de um mesmo Estado, sendo competente o foro da sua capital; por outro lado, o dano de âmbito nacional é aquele que atinge uma coletividade situada em grande extensão territorial, que supera as fronteiras de um estado (mais de um estado), atingindo-o quase que totalmente;[9] **2ª tese**: dano de âmbito regional é aquele que abarca uma das

---

7. Conflito de Competência 26.842/DF

8. Anteprojeto do Código Brasileiro de Processos Coletivos do IBDP, art. 20. Competência territorial – É absolutamente competente para a causa o foro: I – do lugar onde ocorreu ou deva ocorrer o dano, quando de âmbito local; II – de qualquer das comarcas ou subseções judiciárias, quando o dano de âmbito regional compreender até 3 (três) delas, aplicando-se no caso as regras de prevenção; III – da Capital do Estado, para os danos de âmbito regional, compreendendo 4 (quatro) ou mais comarcas ou subseções judiciárias; IV – de uma das Capitais do Estado, quando os danos de âmbito interestadual compreenderem até 3 (três) Estados, aplicando-se no caso as regras de prevenção; IV- do Distrito Federal, para os danos de âmbito interestadual que compreendam mais de 3 (três) Estados, ou de âmbito nacional.

9. "(...) não há número mínimo de cidades envolvidas para que se possa afirmar que o dano é regional. Mas também não é viável afirmar que o simples fato de se tratar de dano que alcance número considerável de cidades faz com

regiões do país (Norte, Nordeste, Centro-Oeste, Sudeste e Sul), ou ainda que atinja um número mínimo de comarcas. Os defensores desta tese, a bem da verdade, criticam a fixação de um número mínimo de comarcas para a fixação da natureza do dano, bem como o fato da comarca da capital poder ser considerada como competente, mesmo que o dano sequer tenha atingido os seus limites territoriais.[10] Com base no princípio da competência adequada, sustentam que somente deverá ser proposta a demanda coletiva no foro da capital quando esta também for atingida, do contrário, deverá ser escolhido um dos foros do local do dano.[11] Para uma **3ª tese**, o dano de âmbito regional é aquele que afeta pessoas espalhadas por uma área mais extensa, abrangendo determinado território que possa ser considerado uma região, enquanto o dano de âmbito nacional é aquele que atinge pessoas em diferentes áreas, sendo gerado em praticamente todo o território nacional.[12] Para uma **4ª tese, encontrada em arestos no STJ**, o dano de âmbito regional é aquele que atinge pessoas domiciliadas em vários locais diferentes, ainda que dentro do mesmo estado da federação,[13] enquanto que o dano de âmbito nacional é aquele que atinge mais de uma região geopolítica (regiões Norte, Nordeste, Centro-Oeste, Sul ou Sudeste)[14] ou que atinge mais do que três estados da federação.[15] Para uma **5ª tese**, por mim sustentada e derivada, primordialmente, da minha atuação como membro do MP estadual na tutela coletiva, não há razão fática ou jurídica para inserir um quantitativo de comarcas ou estados para fins de qualificação de um dano, pois gera, em certo aspecto, insegurança jurídica conceitual, distorções práticas e dificuldades para o exercício judicial da tutela coletiva. Antes de apontar o conceito que reputamos mais adequado, apresentarei algumas situações corriqueiras enfrentadas pelos Promotores de Justiça que atuam nas Promotorias de Justiça de Tutela Coletiva:

a) rodovia estadual objeto de concessão para a iniciativa privada que "corta" grande parte do território de um estado da federação abrangendo algumas cidades que pertencem a regiões geopolíticas diversas e cuja tarifa foi fixada sem parâmetros regulamentares objetivos ou cuja massa asfáltica mereça reparos;

b) instalação de determinada indústria (complexo industrial) em determinada cidade que causará impactos de toda sorte (viário, urbano, ambiental, econômico etc.) para as cidades vizinhas e de outras regiões;

---

que o dano seja regional." LEONEL, Ricardo de Barros. *Manual do Processo Coletivo.* Op. cit., p. 273.

10. *"Mesmo que se combinem, apenas para argumentar, as regras da extensão do dano com a regra do local do dano, apenas as capitais dos Estados atingidos poderiam ser consideradas juízos competentes, com a exclusão, por incompetência, de todas as demais.*" DIDIER JR., Fredie; ZANETI JR., Hermes. *Curso de Direito Processual Civil – Processo Coletivo.* Op. cit., p. 144.

11. AgRg no CC 118.023/DF, rel. min. Benedito Gonçalves, 1ª Seção, j. 28.03.2012, Dje 03.04.2012.

12. NEVES, Daniel Amorim Assumpção. *Manual do Processo Coletivo.* Op. cit., p. 180.

13. Resp 1.101.057/MT, 3ª T., rel. Min. Nancy Andrighi, j. 07.04.2011, Dje 15.04.2011; Resp 1.120.117/AC, 2ª T., rel. Min. Eliana Calmon, j. 10.11.2009, Dje 19.11.2009; Resp 448.470/RS, 2ª T., rel. Min. Herman Benjamin, j. 28.10.2008, Dje 15.12.2009.

14. CC 112.235/DF, rel. Min. Maria Isabel Gallotti, j. 09.02.2011, Dje 16.02.2011.

15. CC 97.351/SP, 1ª Seção, rel. Min. Castro Meira, j. 27.05.2009, Dje 10.06.2009.

c) atuação de determinada concessionária de serviços públicos em uma cidade do estado, mas que possui atuação em todo o território.

Nestes exemplos, na prática, há duas dúvidas: i) qual deve ser o promotor com atribuição para atuar no feito: o da capital do Estado ou do local? ii) qual deve ser o juízo competente para eventual processamento e julgamento da demanda coletiva? Todos estes questionamentos partem da mesma premissa: necessidade de fixação da natureza do conceito. Assim, a fixação dos conceitos de dano local, regional e nacional deve pautar-se por critérios meramente objetivos que possam gerar as soluções para os problemas de ordem práticas enfrentados e não mediante uma discricionária indicação aritmética (mais de três estados, por exemplo). Portanto, diante deste panorama, segue um quadro no qual busco indicar quais deverão ser os conceitos adotados para uma melhor atuação prática na seara da tutela coletiva. Uso somente critérios geográficos e de geopolítica, posto objetivos, para tal desiderato.

Dano Local	**Quando o dano for de âmbito local será competente para a causa o foro do lugar do dano.** Está se reportando ao *dano de repercussão adstrita a um só Estado, não importando se circunscrito a uma só ou a várias Comarcas, desde que não extrapole alguma região definida (região metropolitana, região serrana, região litorânea)*. Posso apontar, como um exemplo, um dano ambiental que repercute na região dos Lagos no Estado do Rio de Janeiro. Ora, há diversas cidades atingidas ou potencialmente atingidas (direta ou indiretamente) e tal dano não pode ser considerado como local.
Dano Regional	**São aqueles danos que se** *espraiam em mais de um estado, ou em um ou mais estados e também no Distrito Federal*, pois a inclusão aí do Distrito Federal decorre da mera equiparação que lhe é feita a um ente federativo assemelhado a um estado. O dano regional somente poderá ostentar tal designativo quando não suplantar as divisas regionais existentes em nosso país, assim entendidas como a divisão geopolítica de regiões (Norte, Nordeste, Centro-Oeste, Sul e Sudeste). Assim, por exemplo, um dano que afeta o estado de Goiás e o Distrito Federal é tão regional quanto o dano que atinge os estados do Acre e de Roraima. Sendo o dano de âmbito regional, incluindo dois ou mais estados, a ação poderá ser proposta em qualquer um deles. Se o dano de âmbito regional incluir um ou mais estado-membro e também o Distrito Federal, *a ação poderá ser proposta em qualquer um desses estados ou no Distrito Federal.*
Dano Nacional	**Danos de âmbito nacional** *são danos que atingem todo território nacional, ou seja, que atinge ou tem potencial para atingir mais de uma região*. Sendo o dano de âmbito nacional, a ação poderá ser proposta em qualquer estado-membro ou no Distrito Federal, no que mais conveniente for ao autor.

Questão também divergente na doutrina é a seguinte: havendo dano que atinge municípios de diferentes estados, o foro seria exclusivo ou concorrente?

Para a *1ª tese*, a competência seria exclusiva: havendo dano de âmbito regional a ação tem que ser proposta no foro da capital de um dos estados. Se o dano for de âmbito nacional, a competência seria do DF.[16]

Para a *2ª tese (dominante)*, há *foros concorrentes*, tendo o autor opção de escolher entre o foro da capital de um dos estados ou DF, pouco importando se o dano é de âmbito regional ou nacional. Essa tese adota o princípio da competência adequada

---

16. GRINOVER, Ada Pellegrini. *Código de Defesa do Consumidor comentado pelos autores do anteprojeto*. 5ª ed. São Paulo: Forense Universitária, 1998, p. 683.

e *forum shopping x forum non conveniens,* para fins da correta fixação do juízo competente. É este o entendimento do STJ[17] e da maioria da doutrina.[18]

Caso o dano de âmbito nacional decorra de conflito federativo entre os Estados ou entre eles e a União, a competência será originária do STF, conforme art. 102, I, f, CR/88.[19] Esta competência originária, contudo, somente será verificada nos casos de efetivo ou potencial risco ao pacto federativo.[20]

No caso de dano ambiental que atinja a Floresta Amazônica, a Mata Atlântica, a Serra do Mar, o Pantanal Mato-Grossense e a Zona costeira, apesar da redação do art. 225, § 4º, CR/88 referir-se a estes ecossistemas como sendo "patrimônios nacionais", não haverá, necessariamente uma *vis attractiva* para a justiça federal.[21]

Ao ser verificada a ocorrência de um dano de âmbito nacional, não deverá ser admitida a propositura de demanda coletiva circunscrita a um determinado local que também foi atingido pelo dano. Não se trata, por certo, de evitar a reparação a uma determinada coletividade local, mas de privilegiar o princípio da efetividade da tutela jurisdicional coletiva, pois a propositura de uma demanda coletiva perante o juízo da capital de um dos estados atingidos ou do DF terá o condão, por óbvio, de abranger os membros da coletividade atingida. O mesmo raciocínio vale para o dano de âmbito regional. Admitir solução diversa gera não só o fomento para a propositura de diversas demandas (atomização dos litígios), como também a dispersão potencial de precedentes (risco de decisões conflitantes). Caso sejam verificadas demandas nos locais do dano, quando já existente uma demanda coletiva na capital (dos estados ou DF), a solução, forte no princípio da primazia da solução do mérito, será a reunião das ações perante o juízo prevento. Além disso, deve ser observado, também, o princípio da competência adequada.[22] O STJ já teve a oportunidade de se manifestar sobre o tema e seguiu o entendimento aqui esposado.[23]

Outra questão interessante que merece uma abordagem específica é a relação entre o foro do local do dano, lesão aos bens previstos no art. 109, CR/88 e a existência de órgão jurisdicional da Justiça Federal. Não podemos confundir a regra geral

---

17. CC 26.842/DF, DJ 05.08.2002; CC 47.950/DF, Rel. Min. Denise Arruda, 1ª Seção, DJ 07.05.2007.
18. LEONEL, Ricardo de Barros. *Manual do Processo Coletivo.* Op. cit., p. 273. PIZZOL, Patricia Miranda. *A competência no Processo Civil.* São Paulo: Revista dos Tribunais, 2003, p. 577-578. NEVES, Daniel Amorim Assumpção. *Manual do Processo Coletivo.* Op. cit., p. 180.
19. ACO n. 593/QO, Néri da Silveira, DJU 14.12.2001; ACO 684/QO, rel. Min. Sepúlveda Pertence, j. 04.08.2005, DJU 30.09.2005. Na doutrina, podemos mencionar LEONEL, Ricardo de Barros. *Manual do Processo Coletivo.* Op. cit., p. 266. MANCUSO, Rodolfo de Camargo. *Ação Civil Pública em defesa do meio ambiente, patrimônio cultural e dos consumidores (lei 7.347/1985 e legislação complementar).* Op. cit., p. 47/48. RUSCH, Érica. *Ação civil pública de responsabilidade por danos ambientais.* Dissertação de mestrado. Programa de Pós-graduação em Direito da Universidade Federal da Bahia. Salvador, 2008, p. 102.
20. STF, Pleno, Rcl. 3074/MG, rel. Min. Sepúlveda Pertence, j. 04.08.2005, Dje 30.09.2005.
21. DIDIER JR., Fredie; ZANETI JR., Hermes. *Curso de Direito Processual Civil – Processo Coletivo.* Op. cit., p. 136.
22. DIDIER JR., Fredie; ZANETI JR., Hermes. *Curso de Direito Processual Civil – Processo Coletivo.* Op. cit., p. 137.
23. CC 144.922/MG, 1ª Seção, rel. Min. Diva Malerbi, Dj 22.06.2016, Dje 09.08.2016.

de competência (foro do local do dano) fixada pelo legislador com a competência em virtude da "jurisdição" (justiça comum estadual, federal ou especial). Pouco importa qual é o juízo responsável pelo processo e julgamento da demanda coletiva (federal, estadual ou especial), pois deve ser observada a regra do foro do local do dano. Pois bem.

A situação que deve ser enfrentada é a seguinte: *se no foro do local do dano não existir órgão jurisdicional da Justiça Federal, deverá ser aplicada a parte final do art. 109, § 3º, in fine, CR/88?* Esta regra, que é usada nas demandas previdenciárias e de reparação por danos ambientais (art. 4º, Lei 6,969/1981), deve ser aplicada exatamente quando no local não existir órgão da justiça federal e, portanto, a demanda poderá ser proposta perante o juízo da Justiça Estadual. A parte final do art. 109, § 3º, CR/88 preconizava que uma norma infraconstitucional poderá conferir competência para a Justiça Comum Estadual, que tem competência meramente residual, para as demandas que seriam da competência da justiça federal. Com o advento da EC 103/2019, a delegação que era automática, porquanto decorrente da CR/88, agora depende de lei específica para tal desiderato. A lei 13.876/19 alterou a redação do art. 15, III, da Lei 5.010/66 trazendo justamente a delegação. Tal alteração vale tanto para os processos individuais quanto para os coletivos. O art. 93, CDC parece ter seguido a linha preconizada pelo art. 109, § 3º, CR/88, em sua redação original, tanto que o STJ editou a súmula 183. Entretanto, verificando o desacerto do entendimento determinou o seu cancelamento.[24] Analisando a redação do art. 93, CDC, fácil perceber que o legislador separou as matérias federais e estaduais para fins de fixação de competência para as demandas coletivas e não trouxe uma previsão de autorização para que as matérias federais fossem propostas perante o juízo estadual. O STF, inclusive, manifestou-se neste mesmo sentido.[25] Assim, posso sustentar que a inexistência de órgão jurisdicional federal no local do dano não terá o condão de permitir a propositura da demanda coletiva perante a justiça estadual.[26]

O art. 109, I, CR/88 fixa uma regra subjetiva (*ratione personae*) para fins de competência da justiça federal na seara cível individual ou coletiva.[27] O STJ, observando essa regra constitucional, proferiu duas decisões importantes: i) reconhecendo, no contexto pandêmico, que eventual demanda coletiva versando sobre a obrigatoriedade de fornecimento de insumos pela União deve ser obrigatoriamente proposta perante o juízo federal do local[28]; ii) definiu ser da competência da justiça estadual, como regra, ação por improbidade administrativa proposta em face de gestor público

---

24. CC 27.676/BA, 1ª Seção, j. 08.11.2000.
25. RE 228.955-9/RS, rel. Min. Ilmar Galvão, p. 10.02.2000.
26. LEONEL, Ricardo de Barros. *Manual do Processo Coletivo.* Op. cit., p. 266. PIZZOL, Patricia Miranda. *A competência no Processo Civil.* São Paulo: Revista dos Tribunais, 2003, p. 573-574.
27. MENDES, Aluísio Gonçalves de Castro. *Competência da Justiça Federal.* 2ª ed. São Paulo: Revista dos Tribunais, 2006, p. 53.
28. Compete à Justiça Federal processar e julgar ação que tem como objetivo a obtenção de oxigênio destinado às unidades de saúde estaduais do Amazonas para o tratamento da excepcional situação pandêmica da Covid-19. STJ. 1ª Seção. CC 177.113-AM, Rel. Min. Francisco Falcão, j. 25. 08.2021 (Info 706).

por desvio de verbas públicas federais, ainda que sejam objeto de prestação de contas pelo Tribunal de Contas da União, porquanto ser competência *ratione personae*, mas se houver uma das hipóteses do art. 109, I, da CR/88, a demanda será proposta perante a justiça federal.[29]

O art. 109, XI, CR/88 aplica-se às demandas coletivas referentes aos direitos transindividuais dos indígenas, mas se a demanda proposta versar sobre direito individual de um determinado indígena, a competência será da justiça comum estadual. O deslocamento da competência para a Justiça Federal somente ocorre quando o processo versar sobre questões diretamente ligadas à cultura indígena e ao direito sobre suas terras, ou quando envolvidos interesses da União. Tratando-se de suposta ofensa a bens semoventes de propriedade particular, não há ofensa a bem jurídico que demande a incidência das regras constitucionais que determinam a competência da Justiça Federal.[30] Vale lembrar, também, da regra do art. 109, V-A e § 5°, CR/88 que prevê a competência da justiça federal para as hipóteses de grave violação dos direitos humanos com a possibilidade, inclusive, do deslocamento da competência, caso corra a demanda perante outro órgão jurisdicional, para o juízo federal. Ao contrário do que possa parecer, as demandas cíveis, individuais ou coletivas, encontram-se abrangidas pela norma.[31]

Como decorrência direta deste tema, surge a necessidade de verificar se as atribuições dos membros do MP encontram-se diretamente vinculadas às competências do órgão jurisdicional. Em outras palavras, **a simples presença de um membro do MPF na demanda, seja como órgão agente ou como órgão interveniente, por exemplo, gera a necessidade do seu processo e julgamento perante a justiça federal?**

As atribuições do MP não estão vinculadas às competências do órgão jurisdicional, ou seja, não há uma vinculação entre a atuação judicial dos ramos do MP com a competência de "jurisdição". As atribuições do MP são fixadas pela própria instituição com o fito precípuo de organização administrativa, bem como em prol da própria atuação funcional efetiva (art. 128, § 5°, CR/88). Assim, a simples presença do MPF em determinado feito não terá, como sustenta a doutrina dominante, o condão de atrair a competência da justiça federal, com base nos seguintes argumentos:[32]

---

29. Nas ações de improbidade administrativa, a competência da Justiça Federal é definida em razão da presença das pessoas jurídicas de direito público previstas no art. 109, I, da Constituição Federal na relação processual, e não em razão da natureza da verba federal sujeita a fiscalização da Tribunal de Contas da União. STJ. 1ª Seção. CC 174.764-MA, Rel. Min. Mauro Campbell Marques, j. 09.02.2022 (Info 724).

30. RHC 85.737, rel. min. Joaquim Barbosa, j. 12-12-2006, 2ª T, *DJ* de 30-11-2007.

31. DIDIER JR., Fredie; ZANETI JR., Hermes. *Curso de Direito Processual Civil – Processo Coletivo*. Op. cit., p. 150.

32. LEONEL, Ricardo de Barros. *Manual do Processo Coletivo*. Op. cit., p. 266. PIZZOL, Patricia Miranda. *A competência no Processo Civil*. São Paulo: Revista dos Tribunais, 2003, p. 573-574. MIRRA, Álvaro Luiz Valery. Ação civil pública em defesa do meio ambiente: a questão da competência jurisdicional. In: *Manual prático da Promotoria de Justiça do Meio Ambiente*. São Paulo: Imprensa Oficial do Estado de São Paulo: Ministério Público do Estado de São Paulo, 2005, p. 261-262. NERY JR. Nelson. *Código Brasileiro de Defesa do Consumidor*: comentados pelos autores do anteprojeto. 8ª ed. Rio de Janeiro: Forense Universitária, 2004, p. 1018-1020; MILARÉ, Édis. *Direito do ambiente*. 10ª ed. São Paulo: Revista dos Tribunais, 2015, p. 1515;

a) o rol taxativo do art. 109, CR/88 não inclui a presença do MPF como causa de competência da justiça federal;

b) o MPF não é órgão do executivo e, portanto, não pode ser considerada a presença do MPF como causa atrativa da competência da justiça federal com base no art. 109, I, CR/88;[33]

c) as atribuições do MP são definidas por normas infraconstitucionais e não pelas normas constitucionais que, a rigor, somente indicam quais são as funções institucionais (vide art. 128, § 5º, CR/88);

d) não existe norma jurídica em nosso ordenamento que gere vinculação entre a atribuição do ramo do MP e a sua atuação perante determinado órgão jurisdicional, tanto que na seara eleitoral existe atuação concomitante, conforme o grau de jurisdição;

e) existem normas que permitem a realização de litisconsórcio entre MPs diversos denotando, por óbvio, que algum de seus ramos atuará perante órgão jurisdicional diverso do seu âmbito de atuação usual (artes. 5º, § 5º, LACP; 113, CDC; 210, § 1º, ECA; 81, § 1º, Estatuto do Idoso;

f) já foi reconhecida, por conseguinte, a possibilidade de o MP estadual atuar perante a justiça federal em litisconsórcio com o MPF e, considerando que tal litisconsórcio é facultativo, nada impede a sua atuação de forma isolada;

g) o art. 37, II, LC 75/1993, de forma expressa, desvincula a atuação do MPF perante a justiça federal.

O STF já decidiu no sentido da possibilidade de o MP estadual atuar perante a justiça federal, ainda que o bem tutelado pertença à União. No caso concreto, o MP estadual promoveu uma demanda coletiva na tutela do meio ambiente e logrou demonstrar a inércia do MPF na atuação.[34] Por outro lado, há uma tese divergente na doutrina que insiste em criar tal vinculação com base no art. 109, I, CR/88, em clara afronta ao rol taxativo previsto na norma.[35]

WATANABE, Kazuo. *Código Brasileiro de Defesa do Consumidor*: comentado pelos autores do anteprojeto. 8ª ed. Rio de Janeiro: Forense Universitária, 2004, p. 832-833; MAZZILLI, Hugo Nigro. *A defesa dos interesses difusos em juízo*. 29ª ed. São Paulo: Saraiva, 2016, p. 420; DIDIER JR., Fredie; ZANETI JR., Hermes. *Curso de Direito Processual Civil – Processo Coletivo*. Op. cit., p. 361-366. NEVES, Daniel Amorim Assumpção. *Manual do Processo Coletivo*. Op. Cit., p. 177; BERMUDES, Sérgio. *Direito Processual Civil – estudos e pareceres*. 3ª série. Saraiva: São Paulo, 2002, p. 326.

33. YOSHIDA, Consuelo Yatsuda Moromizato. Jurisdição e competência em matéria ambiental. In: MARQUES, José Roberto (Org.). *Leituras complementares de Direito Ambiental*. Salvador: JusPodivm, 2008, p. 47-48; MENDES, Aluisio Gonçalves de Castro. *Competência cível da Justiça Federal*. São Paulo: Saraiva, 1998, p. 62-63; PIZZOL, Patrícia Miranda. *A competência no processo civil*. São Paulo: Revista dos Tribunais, 2003, p. 237-238; DANTAS, Marcelo Buzaglo. Competência da Justiça Federal para o processo e o julgamento de ação civil pública em defesa do meio ambiente. In: FIGUEIREDO, Guilherme José Purvin de; RODRIGUES, Marcelo Abelha (Coord.). *O novo processo civil coletivo*. Rio de Janeiro; Lumen Juris, 2009, p. 253-255; DIDIER JR., Fredie; ZANETI JR., Hermes. *Curso de Direito Processual Civil*, v. 4, processo coletivo. 10ª ed. Salvador: JusPodivm, 2016, p. 361-366.

34. RE 609818 AgR, rel., Min. Roberto Barroso, j. 12.06.2017, DJe 16.06.2017.

35. ZAVASCKI, Teori Albino. *Processo coletivo*: tutela de direitos coletivos e tutela coletiva de direitos. São Paulo: Revista dos Tribunais, 2006, p. 140-141.

O STF[36] e STJ,[37] na maioria dos seus julgados, entendem pela vinculação das atribuições dos membros do MP às justiças federal ou estadual, conforme o caso. Para fins de demonstrar os casos nos quais os tribunais superiores já fixaram tal vinculação, seguem os temas, todos afetos ao meio ambiente ecologicamente equilibrado:

a) presença de interesse federal no feito;[38]

b) mar territorial, praias, rios interestaduais, cavernas, sítios arqueológicos e pré-históricos, recursos minerais;[39]

c) rio federal;[40]

d) competência fiscalizatória do Ibama;[41]

e) zona de amortecimento em parque nacional;[42]

f) órgão federal fiscalizador de unidade de conservação;[43]

g) atividades licenciadas pelo órgão ambiental federal (Ibama) ou por órgão estadual mediante consentimento deste.[44]

O STF já reconheceu, também, a competência da justiça federal para o processo e julgamento de demanda coletiva quando houve a atuação conjunta do MPF e do MP estadual, ou seja, em certo aspecto permitiu a atuação do membro do MP estadual perante a justiça federal, desde que atue em conjunto.[45] Vale notar que, conforme dito linhas atrás, existe decisão em sentido contrário quando for verificada a inércia do membro do MPF.[46]

Diante da divergência supra, vamos imaginar a seguinte hipótese: o MP estadual, no curso de um determinado inquérito civil instaurado para verificar a existência de conduta abusiva de um fornecedor de serviços de telecomunicações, forma o seu convencimento no sentido de lesão aos interesses consumeristas e promove uma demanda coletiva. Ao promover a demanda coletiva em face do fornecedor de serviços

---

36. AgRg no RE 822.816/DF, 2ª T. – j. 8/3/2016 – rel. Min. Teori Zavascki;
37. 1ª Seção – CC 144.922/MG – j. 22/6/2016 – rel. Min. Diva Malerbi; 2ª T. – REsp 1.479.316/SE – j. 20/8/2015 – rel. min. Humberto Martins; 2ª T. – REsp 1.057.878/RS – j. 26/5/2009 – rel. min. Herman Benjamin; 2ª T. – AgRg no REsp 1.118.859/PR – j. 2.12.2010 – rel. Min. Humberto Martins; 2ª T. – REsp 1.406.139/CE – j. 5/8/2014 – rel. Min. Herman Benjamin; 2ª T. – AgRg no REsp 1.373.302/CE – j. 11/6/2013 – rel. Min. Humberto Martins; 1ª Seção – CC 78.058/RJ – j. 24.11.2010 – rel. Min. Herman Benjamin; 2ª T. – AgRg no REsp 1.192.569/RJ – j. 19.10.2010 – rel. min. Humberto Martins. 2ª T. – REsp 1.057.878/RS – j. 26/5/2009 – rel. Min. Herman Benjamin.
38. STF – 2ª T. – AgRg no RE 822.816/DF – j. 8/3/2016 – rel. Min. Teori Zavascki; STJ – 2ª T. – REsp 1.057.878/RS – j. 26/5/2009 – rel. min. Herman Benjamin.
39. STJ – 2ª T. – REsp 1.057.878/RS – j. 26/5/2009 – rel. Min. Herman Benjamin.
40. STJ – 1ª Seção – CC 144.922/MG – j. 22/6/2016 – rel. Min. Diva Malerbi; STJ – 2ª T. – AgRg no REsp 1.118.859/PR – j. 2.12.2010 – rel. min. Humberto Martins.
41. STJ – 2ª T. – REsp 1.479.316/SE – j. 20/8/2015 – rel. Min. Humberto Martins.
42. STJ – 2ª T. – REsp 1.406.139/CE – j. 5/8/2014 – rel. Min. Herman Benjamin.
43. STJ – 2ª T. – Resp 1.406.139/CE – j. 5/8/2014 – rel. Min. Herman Benjamin.
44. STJ – 2ª T. – REsp 1.057.878/RS – j. 26/5/2009 – rel. Min. Herman Benjamin.
45. STF – 2ª T. – AgRg no RE 822.816/DF – j. 8/3/2016 – rel. Min. Teori Zavascki.
46. RE 609818 AgR, Rel., Min. Roberto Barroso, j. 12.06.2017, DJe 16.06.2017.

de telecomunicações, pessoa jurídica de direito privado, narra que o ato praticado, apesar de estar respaldado por resolução da ANATEL, é lesivo aos interesses dos consumidores. Esta demanda deve ser proposta perante o juízo estadual ou federal? A atribuição para tal demanda pertence ao MP estadual ou federal?

Considerando que a demanda foi proposta em face da pessoa jurídica de direito privado, ainda que lastreada em resolução da ANATEL, deverá ser proposta perante a justiça estadual, pois não consta no rol taxativo da competência prevista no art. 109, CR/88. Nada obstante, pode ocorrer o deslocamento da competência para a justiça federal caso ocorra a intervenção atípica, anódina ou anômala da ANATEL, conforme arts. 45, CPC e 5º, parágrafo único da Lei 9.469/1997. Neste sentido, vale citar a súmula vinculante 27.

Por fim, quanto à tutela da saúde, mormente quanto ao fornecimento de medicamentos e disponibilização de tratamento médico, há que se atentar para o regime da solidariedade entre os entes federativos. A escolha de qual ente figurará no polo passivo da fase de conhecimento caberá ao autor da ação, sem a possibilidade de o órgão jurisdicional realizar a modificação, conforme já decidido pelo STJ.[47] Assim, se a demanda for proposta em face do Estado e/ou Município, competirá à Justiça Estadual processar e julgar, mas, se o autor escolher inserir no polo passivo a União, a competência será da Justiça Federal (art. 109, I, CR/88).

Nas hipóteses de ações relativas à saúde intentadas com o objetivo de compelir o Poder Público ao cumprimento de obrigação de fazer consistente na dispensação de medicamentos não inseridos na lista do SUS, mas registrado na ANVISA, deverá prevalecer a competência do juízo de acordo com os entes contra os quais a parte autora elegeu demandar.

As regras de repartição de competência administrativas do SUS, conforme definido pelo STJ no Tema IAC 14,[48] não devem ser invocadas pelos magistrados para fins de alteração ou ampliação do polo passivo delineado pela parte no momento da propositura ação, mas tão somente para fins de redirecionar o cumprimento da sentença ou determinar o ressarcimento da entidade federada que suportou o ônus financeiro no lugar do ente público competente, não sendo o conflito de competência a via adequada para discutir a legitimidade ad causam, à luz da Lei n. 8.080/1990, ou a nulidade das decisões proferidas pelo Juízo estadual ou federal, questões que devem ser analisada no bojo da ação principal.

A competência da Justiça Federal, nos termos do art. 109, I, CR/88, é determinada por critério objetivo, em regra, em razão das pessoas que figuram no polo passivo da demanda (competência *ratione personae*), competindo ao Juízo federal decidir sobre

---

47. "Em demandas relativas a direito à saúde, não é possível o juiz estadual determinar a inclusão da União no polo passivo da demanda, ainda que a parte autora opte pela não inclusão, ante a solidariedade dos entes federados." AgInt no CC 182.080-SC, Rel. Min. Manoel Erhardt (Desembargador convocado do TRF da 5ª Região), 1ª Seção, por unanimidade, j. 22.06.2022.

48. CC 188.002-SC, Rel. Min. Gurgel de Faria, 1ª Seção, por unanimidade, j. 12.04.2023 (Tema IAC 14/STJ)

o interesse da União no processo (Súmula 150/STJ), não cabendo ao Juízo estadual, ao receber os autos que lhe foram restituídos em vista da exclusão do ente federal do feito, suscitar conflito de competência (Súmula 254/STJ).

3. COMPETÊNCIA NA LACP E NO CDC

Em regra, a competência é absoluta. Ressalte-se, como já apontado, que o art. 2º da LACP estabelece que as ações serão propostas no foro do local onde ocorrer o dano, cujo juízo terá *competência funcional* para processar e julgar a causa. Trata-se de *competência absoluta*,[49] apesar da essência desse critério ser territorial a competência é funcional, por expressa definição legal, por isso, a maioria da doutrina define a competência como territorial-funcional e, portanto, absoluta.[50] Já o CDC, ao estabelecer a competência do local do dano não lhe atribui caráter funcional. A par da omissão, é possível sustentar que a competência nas demandas coletivas de consumo também seria absoluta.[51] Importante destacar, contudo, que, conforme art. 101, I do CDC, nas ações individuais de responsabilidade do fornecedor de produtos e serviços, a ação pode ser proposta no foro do domicílio do autor.

Para Hugo Nigro Mazzili, em setor minoritário na doutrina, em matéria de defesa de interesses individuais homogêneos, por ter a lei instituído critério territorial (foro do local do dano ou do domicílio do autor), mas sem ter imposto para a hipótese a competência absoluta, a competência aí seria territorial em sentido estrito, e, portanto, relativa.[52]

---

49. "Embora nas ações civis públicas o foro seja o do local do dano, a competência é, pois, absoluta e, consequentemente, não é territorial ou relativa, ao contrário das aparências". MAZZILI, Hugo Nigro. *A defesa dos interesses difusos em juízo: meio ambiente, consumidor, patrimônio cultural*. 27ª ed. São Paulo: Saraiva, 2014, p. 307.

50. "O debate da espécie de competência do local para o julgamento das ações coletivas, entretanto, é meramente acadêmico. Há os que entendem se tratar de competência funcional, nos termos das lições de Chiovenda; há os que reputam se tratar de competência territorial, posicionamento que considero mais adequado; e até aqueles que defendem uma espécie híbrida de competência, reunindo a funcional e a territorial. No que mais importa, entretanto, todos concordam: trata-se de competência absoluta de um determinado foro para julgar a ação coletiva" NEVES, Daniel Amorim Assumpção. *Manual de Processo Coletivo*. Op. Cit., p. 142.

51. "Havendo interação das vias de tutela, as mesmas razões para fixação da competência absoluta do foro na Lei da Ação Civil Pública estão presentes nas demandas coletivas em matéria do consumidor, pois ubi eadem ratio, ibi eadem legis dispositivo. No estatuto consumerista, ao tratar da fixação da competência, o legislador dixit *minus quam volit*, ao omitir que o critério é de natureza funcional e absoluta. A previsão da legislação da ação civil pública aplica-se ao Código de Defesa do Consumidor, estabelecendo que a competência para as demandas coletivas relacionadas ao último diploma é, do mesmo modo, funcional e absoluta." LEONEL, Ricardo de Barros. *Manual do Processo Coletivo*. Op. Cit., p. 277.

52. "Assim, conquanto em regra a competência para as ações civis públicas e coletivas seja absoluta, ainda que determinada pelo local do dano, já o CDC admite critérios de competência territorial ou relativa no tocante à defesa dos interesses individuais homogêneos, ou no tocante às ações de responsabilidade do fornecedor de produtos e serviços, que podem ser propostas no domicílio do autor." MAZZILI, Hugo Nigro. *A defesa dos interesses difusos em juízo: meio ambiente, consumidor, patrimônio cultural*. 27ª ed. São Paulo: Saraiva, 2014, p. 315.

4. REGRAS ESPECIAIS DE COMPETÊNCIA

4.1. Princípio da competência adequada: *forum shopping* x *forum non conveniens*

Como visto acima, em determinados casos, principalmente quando envolver danos de âmbito regional e nacional, o autor da demanda coletiva terá opções de foro (foros concorrentes) para o seu ajuizamento. Opções de foro também estarão disponíveis quando o dano verificado, apesar de ser de âmbito local, atingir mais de uma cidade. Fixada esta ideia, surge um problema de ordem prática: como controlar a escolha do foro quando gerar prejuízos para a parte adversa ou até mesmo para a prestação da tutela jurisdicional? Basta imaginar um exemplo bem simples: dano ambiental ocorrido em um rio que serve de manancial para três cidades circunvizinhas. Caso seja verificada a necessidade da propositura de uma demanda coletiva, o seu autor poderá optar por qualquer uma destas cidades, uma vez que todas ostentarão competência para o exercício da função jurisdicional. Apesar de todas as cidades/comarcas ostentarem esta competência, pode ser que o autor da demanda escolha uma comarca com o fito precípuo de prejudicar o réu ou porque sabe que o juízo da comarca tem posicionamento mais favorável à sua tese ou, ainda que não exista tal motivação, a escolha pode não ser a mais adequada para a resolução do caso concreto, pois a coleta das provas poderá ser mais difícil e custosa. Esta forma de escolha é denominada de *forum shopping* pela doutrina.[53] O órgão jurisdicional, forte no princípio do *kompetenz-kompetenz*, pode, ao verificar tal situação, exercer o controle da competência adequada[54] com o fim de promover a efetividade da tutela jurisdicional (art. 5º, LIV, CR/88), boa-fé objetiva (art. 5º, CPC) processual e da cooperação (art. 6º, CPC). Para tanto, poderá recusar o recebimento e processamento da demanda remetendo o feito, por meio de uma decisão interlocutória (art. 203, § 2º, CPC) que, nos processos coletivos (art. 19, LAP), é agravável, para o juízo que reputar o mais adequado. Vale salientar que não se trata, tecnicamente, de um declínio de competência, pois o foro é o competente, mas sim, de um controle da competência adequada. Este tipo de controle da adequação

---

53. "Pode o demandante, portanto, ficar em uma situação que lhe permita proceder ao *forum shopping*, escolha do juízo de competência concorrente para apreciar determinada lide de acordo com os seus interesses, quer para dificultar a defesa do réu, quer porque saiba que determinado juízo tem posicionamentos mais favoráveis a seus interesses." DIDIER JR., Fredie; ZANETI JR., Hermes. *Curso de Direito Processual Civil – Processo Coletivo*. Op. cit., p. 136.

54. "competência adequada: nas demandas coletivas a competência territorial concorrente é absoluta e será fixada pela prevenção; nada obsta, entretanto, que em face de outro foro competente seja modificada a competência quando este se revele mais adequado a atender aos interesses das partes ou às exigências da justiça em geral." DIDIER JR., Fredie; ZANETI JR., Hermes. *Curso de Direito Processual Civil – Processo Coletivo*. Op. cit., p. 112. BRAGA, Paula Sarno. Competência adequada. *Revista de Processo*. São Paulo: Revista dos Tribunais, 2013, n. 219, p. 13-41.

da competência é denominado pela doutrina de *forum non conveniens*.[55] O STJ já reconheceu, inclusive, este princípio da competência adequada como aplicável demandas de improbidade administrativa.[56]

4.2. Competência no mandado de segurança coletivo

O mandado de segurança coletivo é regulado pela Lei 12.016/2009, e destina-se à tutela de direitos coletivos *strito sensu* e individuais homogêneos. Não é cabível, pela literalidade da norma, para tutela de direitos difusos. Entretanto, conforme já visto, sustento a possibilidade do manejo do MS coletivo para a tutela dos direitos difusos.

Para fins de definição de competência, deve-se primeiro indagar quem figura no polo passivo na demanda. No capítulo da legitimidade na tutela coletiva, com a devida abordagem da divergência existente, prevalece o entendimento de que é a pessoa jurídica de direito público a qual pertence a autoridade coatora, mas a competência é fixada com base na autoridade coatora e em seu âmbito de atuação funcional (em razão da sua função ou da sua categoria funcional). O STJ segue exatamente este entendimento sobre o critério em razão da pessoa empregado na seara do mandado de segurança coletivo. Considerando que se trata de um critério em razão da pessoa, a regra de competência é absoluta.[57] Apesar da utilização deste critério, deve ser identificado em qual local será impetrado o MS coletivo. Ao contrário da regra geral do foro do local do dano, deverá ser observado o território (âmbito territorial) perante o qual a autoridade coatora exerce as suas atribuições institucionais, mas que, por certo, como já visto, não terá o condão de transformá-la em competência relativa.[58] Na hipótese de pluralidade de autoridades coatoras que, segundo sustento, não vai acarretar litisconsórcio passivo, exceto mediante a utilização da teoria da encampação, deverá ser aplicável a regra do art. 46, § 4º, CPC, quando elas exercerem as suas atribuições funcionais em locais diversos, mas se tais funções gerarem competência em graus diversos, deverá sempre prevalecer a de grau superior.[59] Dependendo da hipótese, portanto, o mandado de segurança coletivo vai ser impetrado perante os órgãos jurisdicionais de 1º ou 2º graus, STJ ou STF, conforme consta nos seguintes arts. 109, VIII, art. 108, I, 'c', art. 105, I, 'b' e 102, I, 'd' CR/88. A competência é fixada diretamente pela norma constitucional.

---

55. "para evitar os abusos, desenvolveu-se uma regra de temperamento, conhecida como *forum non conveniens*, que deixa ao arbítrio do juízo acionado a possibilidade de recusar a prestação jurisdicional se entender comprovada a existência de outra jurisdição internacional invocada como concorrente e mais adequada para atender aos interesses das partes, ou aos reclamos da justiça em geral." JATAHY, Vera Maria Barrera. *Do conflito de jurisdições*. Rio de Janeiro: Forense, 2003, p. 37.

56. CC 97.351/SP, 1ª Seção, rel. Min. Castro Meira, j. 27.05.2009, Dje 10.06.2009.

57. AgRg no CC 104.730/PR, 1ª Seção, rel. Min. Arnaldo Esteves Lima, j. 25.08.2010, Dje 15.09.2010; Ag Rg no Resp 1.078.875/RS, 4ª T., rel. Min. Aldir Passarinho Junior, j. 03.08.2010, Dje 27.08.2010.

58. "A meu ver, a competência é absoluta, porque fixada em razão da pessoa – mais precisamente da função exercida por ela –, sendo a determinação do local competente – competência territorial – uma mera consequência da primeira definição." NEVES, Daniel Amorim Assumpção. *Manual do Processo Coletivo*. Op. cit., p. 183.

59. MS 4.167/DF, 3ª Seção, rel. Min., Anselmo Santiago, j. 25.06.1997, Dje 01.09.1997.

Um dado interessante que se infere da leitura das normas constitucionais citadas é que os Tribunais ostentam competência para o processo e julgamento do MS impetrado contra os seus próprios atos, ou seja, o MS impetrado contra ato de tribunal não será analisado originariamente por tribunal superior, conforme súmulas 41 do STJ e 330, 433, 511, 623 e 624 do STF.

STF	**Julgar originariamente o mandado de segurança e o** *habeas data* contra atos do *Presidente da República, das Mesas da Câmara dos Deputados e do Senado Federal, do Tribunal de Contas da União, do Procurador-Geral da República e do próprio Supremo Tribunal Federal* (art. 102, I, "d")
STJ	**Julgar originariamente os mandados de segurança e os** *habeas data* contra ato de *Ministro de Estado, dos Comandantes da Marinha, do Exército e da Aeronáutica ou do próprio Tribunal* (art.105, I, "b")
TRF	**Julga, originariamente** *os mandados de segurança e os habeas data* contra *ato do próprio Tribunal ou de juiz federal* (art. 108, I, "c")
JUIZES FEDERAIS	**Julgam os** mandados de segurança e os *habeas data* contra *ato de autoridade federal*, excetuados os casos de competência dos tribunais federais (art. 109, VIII)

Na seara estadual, devem ser observadas as mesmas regras de competência, observando-se, por certo, as mesmas referências da seara federal.

4.3. Competência no mandado de injunção coletivo

A Lei 13.300/2016 disciplina o processo e julgamento do mandado de injunção para situações em que a falta total ou parcial de norma regulamentadora torne inviável o exercício dos direitos e liberdades constitucionais e das prerrogativas inerentes à nacionalidade, à soberania e à cidadania. O art. 12, parágrafo único, LMI estabelece que os direitos, as liberdades e as prerrogativas protegidos por mandado de injunção coletivo são os pertencentes a uma coletividade indeterminada de pessoas ou determinada por grupo, classe ou categoria.

Têm legitimidade para a propositura do mandado de injunção coletivo o Ministério Público, quando a tutela requerida for especialmente relevante para a defesa da ordem jurídica, do regime democrático ou dos interesses sociais ou individuais indisponíveis; partido político com representação no Congresso Nacional, para assegurar o exercício de direitos, liberdades e prerrogativas de seus integrantes ou relacionados com a finalidade partidária; organização sindical, entidade de classe ou associação legalmente constituída e em funcionamento há pelo menos 1 (um) ano, para assegurar o exercício de direitos, liberdades e prerrogativas em favor da totalidade ou de parte de seus membros ou associados, na forma de seus estatutos e desde que pertinentes a suas finalidades, dispensada, para tanto, autorização especial; e a Defensoria Pública, quando a tutela requerida for especialmente relevante para a promoção dos direitos humanos e a defesa dos direitos individuais e coletivos dos necessitados.

Assim como no mandado de segurança coletivo, no mandado de injunção coletivo, *a autoridade competente para o ato é também a que fixa a competência*. Deve-se então observar as regras contidas nos arts. 102, II, "q", e 105, I, "h" do texto constitucional. Assim, será o STF competente quando a elaboração da norma regulamentadora for atribuição do Presidente da República, do Congresso Nacional, da Câmara dos Deputados, do Senado Federal, das Mesas de uma dessas Casas Legislativas, do Tribunal de Contas da União, de um dos Tribunais Superiores, ou do próprio Supremo Tribunal Federal. Será o STJ competente quando a elaboração da norma regulamentadora for atribuição de órgão, entidade ou autoridade federal, da administração direta ou indireta, excetuados os casos de competência do Supremo Tribunal Federal e dos órgãos da Justiça Militar, da Justiça Eleitoral, da Justiça do Trabalho e da Justiça Federal.

STF	**Processar e julgar originariamente** *o mandado de injunção*, quando a elaboração da norma regulamentadora for atribuição do *Presidente da República*, do *Congresso Nacional*, da *Câmara dos Deputados*, do *Senado Federal*, das *Mesas de uma dessas Casas Legislativas*, do *TCU*, de *Tribunais Superiores*, ou do *próprio Supremo Tribunal Federal* (art. 102, II, "q")
STJ	**Processar e julgar originariamente** *o mandado de injunção*, quando a elaboração da norma regulamentadora for atribuição de *órgão, entidade ou autoridade federal, da administração direta ou indireta*, excetuados os casos de competência do Supremo Tribunal Federal *e dos órgãos da Justiça Militar, da Justiça Eleitoral, da Justiça do Trabalho e da Justiça Federal*; (art. 105, I, "h")

O TSE terá competência recursal em sede de mandado de injunção, conforme art. 121, § 4º, V, CR/88. O mandado de injunção também poderá ser impetrado perante os Tribunais de origem (TJ/TRF) quando a produção normativa for de atribuição das demais autoridades. O STJ, por exemplo, reconheceu a competência do juízo federal de primeiro grau (art. 109, I, CR/88) para o processo e julgamento de MI que versava sobre a omissão do CONTRAN em regulamentar determinado tema.[60] Vale mencionar, por fim, que o MI na seara estadual é juridicamente possível e a Constituição Estadual, conforme art. 125, § 1º, CR/88, terá o condão de fixar o órgão jurisdicional competente para o processo e julgamento deste remédio constitucional.[61] Em meu entendimento, a competência do Tribunal de Justiça deve ser fixada quando a norma deva ser editada por autoridades estaduais (assembleia legislativa e executivo estadual) e para o juízo de primeiro grau, nos casos das autoridades municipais (câmara municipal e executivo municipal).[62]

4.4. Competência na ação por improbidade administrativa

A fixação da regra de competência para a ACP por ato de improbidade administrativa é tarefa difícil, pois o art. 17, §4º-A, da LIA somente faz referência ao foro do local do dano ou da pessoa jurídica prejudicada, tal como as demais regras do

---

60. MI 193/DF, Corte Especial, rel. Min. Menezes Direito, j. 22.05.2006.
61. FERNANDES, Bernardo Gonçalves. *Curso de Direito Constitucional*. Op. cit., p. 514.
62. Conforme consta, por exemplo, no art. 158 da Constituição do Estado do Rio de Janeiro. No estado de São Paulo, entretanto, o art. 74 da sua Constituição fixa o TJSP como o órgão competente para o processo e julgamento do MI, tanto nos casos de autoridades estaduais, como nos casos de autoridades municipais.

microssistema da tutela coletiva (arts. 93, do CDC e 2º, da LACP). A CR/88, por seu turno, é omissa quanto ao tema.

O ordenamento anterior não trazia uma regra legal expressa, mas o. STJ, mediante aplicação do microssistema da tutela coletiva (art. 2º, da LACP c/c art. 93, do CDC), fixou o entendimento de que a competência era do foro do local do dano.[63]

Considerando a nova regra, forçoso concluir a mantença da regra territorial no foro do local do dano ou da sede da pessoa jurídica interessada, em evidente criação de foros concorrentes que poderá ensejar, inclusive, questões práticas sobre o princípio da competência adequada.

A despeito de ser um critério territorial, poder-se-á considerar absoluto, porquanto integrante do microssistema da tutela coletiva.[64]

A regra de prevenção prevista no art. 17, § 5º, da LIA é a mesma prevista para as demais ações coletivas (art. 2º, pu, da LACP c/c art. 5º, § 3º, da LAP), portanto, não há novidade a ser mencionada.

A ação por improbidade administrativa visa a tutela jurisdicional do patrimônio público, portanto, como fixado na LIA, é imprescindível verificar qual o erário foi lesado com o atuar do agente público ímprobo. Caso um agente público, no âmbito municipal ou estadual, desvia verba pública federal, em meu sentir depende se houve incorporação ou não ao patrimônio do estado ou município para fins de fixação de competência na seara estadual. Deve ser verificado qual foi o patrimônio público atingido pelo ato. Entendo que as súmulas 208 e 209 do STJ devem ser utilizadas. Apesar destas súmulas terem sido elaboradas com base em relação jurídica processual penal, a *ratio decidendi* é a fixação de competência para processo e julgamento do autor dos desvios de verba pública, logo, essa *ratio* pode ser estendida para a seara da improbidade, mormente nos casos em que um agente público foi autor do ato.

Não foi, porém, o entendimento fixado no âmbito do STJ. O STJ tornou irrelevante a natureza federal da verba, bem como a atividade fiscalizatória do TCU. Para fins de fixação da competência da Justiça Federal, para o âmbito cível, deverá servir como vetor as pessoas jurídicas de direito público previstas no art. 109, I, da CR/88. No mesmo julgado, reafirmou a natureza cível da ação por improbidade administrativa ao afastar a incidência da regra de competência prevista no art. 109, IV, da CR/88. Ao contrário do que sustento, aplicou o *distinguishing* para fins de utilização das súmulas 208 e 209 do STJ, ou seja, as afastou para fins de improbidade administrativa. Caso a

---

63. AgInt no AREsp 758.361/TO, Rel. Min. Napoleão Nunes Maia Filho, 1ª T., j. 21.08.2018; CC 143.698/PR, Rel. Min. Regina Helena Costa, 1ª Seção, j. 26.04.2017.

64. "O dispositivo não tem uma redação muito feliz, mas é possível concluir pela consagração de uma regra de foros concorrentes entre o foro do local em que ocorreu o dano e o foro da sede da pessoa jurídica prejudicada pelo ato de improbidade administrativa. (...) Por fim, entendo que sendo a ação de improbidade administrativa uma espécie de ação coletiva, essa competência do foro é absoluta." NEVES, Daniel Amorim Assumpção; OLIVEIRA, Rafael Carvalho Rezende. *Comentários à Reforma da Lei de Improbidade Administrativa*. Rio de Janeiro: Forense, 2022, p. 79.

verba pública federal tenha sido incorporada ao patrimônio público municipal, não haverá, necessariamente, atração da competência da Justiça Estadual, pois poderá ocorrer intervenção anódina, atípica ou anômala da pessoa jurídica de direito público federal na demanda que gerará a modificação da competência (súmula 150 do STJ). À guisa de conclusão, portanto, a competência para processo e julgamento das demandas de improbidade administrativa e/ou de ressarcimento ao erário somente estará afeta ao juízo federal quando estiver presente pessoa jurídica de direito público prevista no art. 109, I, da CR/88, mesmo em casos de malversação de verbas públicas federais sujeitas à atividade fiscalizatória do TCU.

A questão da competência territorial é devidamente resolvida da forma acima, mas o principal problema, que será objeto dos próximos tópicos, é a fixação da competência na seara da improbidade administrativa quando o autor do fato possuir, na seara penal, foro por prerrogativa de função.

4.4.1. Da (in)existência de foro por prerrogativa de função na seara da improbidade administrativa. Competência do juízo de primeiro grau para processo e julgamento

Inicialmente, releva mencionar a questão da competência para processar e julgar ações que versem sobre atos de improbidade administrativa praticados por agentes políticos em decorrência do exercício das suas funções públicas, haja vista a submissão de alguns destes ao regime jurídico do crime de responsabilidade enquanto infração político-administrativa. Com efeito, a questão nodal acerca da existência ou não de foro por prerrogativa de função decorreu da edição da Lei 10.628/2002, que conferiu nova redação ao art. 84 do CPP,[65] nele introduzindo dois parágrafos, passando a criar o malfadado foro por privilegiado.

Assim, a nova redação estendeu a denominada "competência por prerrogativa de função", antes existente tão somente para o processamento e julgamento de *infrações penais*, para o conhecimento e julgamento de atos de improbidade administrativa cuja natureza é, a evidência, nitidamente cível, e também ressuscitou o antigo verbete 394 da súmula da jurisprudência dominante no STF.[66] Insta consignar que o referido verbete fora editado em 03.04.1964, tendo sido cancelado por decisão proferida pelo Tribunal Pleno no Inquérito 687-QO, publicada no DJ de 09.11.2001, destacando-se que aquele enunciado somente se aplicava às questões criminais.

---

65. "Art. 84. A **competência pela prerrogativa de função** é do Supremo Tribunal Federal, do Superior Tribunal de Justiça, dos Tribunais Regionais Federais e Tribunais de Justiça dos Estados e do Distrito Federal, relativamente às pessoas que devam responder perante eles por **crimes comuns e de responsabilidade**. § 1º A competência especial por prerrogativa de função, relativa a atos administrativos do agente, prevalece ainda que o inquérito ou a ação judicial sejam iniciados após a cessação do exercício da função pública. § 2º A ação de improbidade, de que trata a Lei no 8.429, de 2 de junho de 1992, será proposta perante o tribunal competente para processar e julgar criminalmente o funcionário ou autoridade na hipótese de prerrogativa de foro em razão do exercício de função pública, observado o disposto no § 1º".

66. "Cometido o crime durante o exercício funcional, prevalece a competência especial por prerrogativa de função, ainda que o inquérito ou a ação penal sejam iniciados após a cessação daquele exercício."

Analisando-se a citada norma infraconstitucional, verifica-se a sua patente violação à CR/88, na extensão do denominado "foro por prerrogativa de função" quando a lide versa sobre a prática de ato de improbidade administrativa, querendo fazer criar em nosso ordenamento jurídico um verdadeiro "foro privilegiado", privilegiando o agente e não assegurando o exercício de sua função, razão precípua da existência do critério de competência.

A inconstitucionalidade do diploma legislativo em tela exsurge a partir da constatação do desrespeito ao comando esculpido na regra do art. 125, § 1°, CR/88, o qual determina expressamente seja *a competência originária dos Tribunais de Justiça definida pela respectiva Constituição Estadual e, não, por lei ordinária*, como ocorre no diploma legislativo ora em testilha. Aliás, frise-se que o sistema adotado pela CR/88 é no sentido de que a competência originária de quaisquer tribunais, sejam os superiores, sejam os demais, somente possa ser definida pelo próprio texto constitucional ou, quando muito, por norma de constituição estadual, e isso em havendo a expressa previsão para tal (uma espécie de "delegação" ao Poder Constituinte derivado estadual).

Assim, a definição da competência originária dos tribunais é matéria sujeita a reserva de constituição, sendo defeso ao legislador infraconstitucional disciplinar tal matéria, como o fez ao promulgar a Lei 10.628/2002, arvorando-se, dessa forma, no papel do Poder Constituinte Derivado e corroendo a própria força normativa da Constituição da República, já que traz obstáculo ao combate à improbidade administrativa, objeto de expressa previsão constitucional (art. 37, § 4°) e à própria corrupção de modo geral. Por oportuno, destaque-se o entendimento pacífico e reiteradamente adotado pelo STF de que o rol de competência dos tribunais é de direito estrito e possui fundamento constitucional, conforme *supra* aludido.[67]

Por outro lado, cumpre sublinhar que a CR/88 apenas previu o chamado *"foro por prerrogativa de função"* para o conhecimento e julgamento de crimes comuns e/ou de responsabilidade, categorias nas quais não se encaixam os atos de improbidade administrativa e cujas sanções possuem natureza cível, o que se pode aferir a partir de leitura do *caput* do art. 12, da LIA, bem como do já mencionado art. 37, § 4°, CR/88. Logo, afronta a CR/88 qualquer extensão do referido "foro por prerrogativa de função" para o conhecimento e julgamento de atos de improbidade administrativa, por meio de norma infraconstitucional, como bem salienta a mais autorizada doutrina e precedentes dos tribunais superiores.[68]

---

67. Pet. 693 AgR/SP, Rel. Min Ilmar Galvão.

68. A lição do eminente *Emerson Garcia* aponta no mesmo sentido da assertiva contida no parágrafo anterior, a saber: "A questão ora estudada, longe de apresentar importância meramente acadêmica, possui grande relevo para a fixação do rito a ser seguido e para a identificação do órgão jurisdicional competente para processar e julgar a lide, já que parcela considerável dos agentes ímprobos goza de foro por prerrogativa de função nas causas de natureza criminal. Identificada a natureza cível das sanções a serem aplicadas, inafastável será a utilização das regras gerais de competência nas ações que versem sobre improbidade administrativa, o que culminará em atribuir ao Juízo monocrático, verbi gratia, o processo e o julgamento das causas em que (...) prefeitos (...) figurem no polo passivo" (in *Improbidade Administrativa*. Rio de Janeiro: Lumen Juris. Obra em coautoria com Rogério Pacheco Alves, ps. 341 e 342). No mesmo sentido, ensina,

Feitas as considerações *retro*, convém salientar que a referida lei ordinária já teve sua constitucionalidade contestada em sede de Ação Direta de Inconstitucionalidade (ADI 2797) proposta pela CONAMP (Associação Nacional dos Membros do Ministério Público) e pela AMB (Associação dos Magistrados Brasileiros), tendo o Plenário do STF proferido decisão reconhecendo a inconstitucionalidade do referido dispositivo legal.[69]

Aliás, pertinente aduzir que logo após a decisão proferida em sede de controle concentrado, o STF, confirmou, em sede de Reclamação, o entendimento ora defendido.[70]

Destarte, em nosso entender, o Juízo Cível de 1º grau é o juízo natural para conhecer e julgar as demandas de improbidade administrativa. De outra banda, muito embora não se possa, no plano estritamente jurídico, adotar a premissa de que a *ampliação das hipóteses de prerrogativa de função acarretará, pura e simplesmente, a impunidade dos agentes ímprobos*, o fato é que, dado o volume de inquéritos civis e ações por improbidade administrativa hoje em regular processamento (relembre-se que estão espalhados em todo o território nacional mais de cinco mil municípios), restará impossível, do ponto de vista prático, a eficaz incidência do sancionamento preconizado pela LIA, sobretudo se considerarmos as novas regras advindas com a Lei 14.230/21. Tal aspecto, longe de representar uma preocupação alheia ao campo jurídico, participa fundamentalmente da noção de *devido processo legal substantivo*.

A atenta reflexão sobre as referidas inovações legislativas leva à conclusão de que, muito embora mascarada de roupagem processual, buscou a Lei 10.628/2002 afrontar a clássica distinção, agasalhada pelo art. 37, § 4º da CR/88, entre infrações

---

mutatis mutandi, o autorizado jurista *Fábio Konder Comparato*, *verbis*: "Se a própria Constituição distingue e separa a ação condenatória do responsável por atos de improbidade administrativa às sanções por ela expressas da ação penal cabível, é, obviamente, porque aquela demanda não tem natureza penal. Na Lei 8.429, de 1992, de resto, distinguem-se claramente as penas de perda de função pública, de perda dos bens ou valores ilicitamente acrescidos ao patrimônio do responsável e de ressarcimento do dano, cominadas no art. 12 das 'sanções penais, civis e administrativas, previstas na legislação específica'. (...) Por conseguinte, pode-se, em teoria, discutir sobre se a ação de improbidade administrativa tem natureza cível, ou se ela é *sui generis*. O que parece, contudo, indisputável é que essa ação judicial não tem natureza penal. As disposições tradicionais, como afirma a mais longeva tradição, não comportam interpretação ampliativa ou analógica. Essa regra hermenêutica é tanto mais rigorosa quando nos deparamos com exceções a princípios fundamentais, inscritos na Constituição. Os privilégios de foro, como se procurou mostrar no corpo deste trabalho, representam uma exceção ao princípio constitucional da igualdade de todos perante a lei. Em consequência, tais prerrogativas devem ser entendidas à justa, sem nenhuma ampliação do sentido literal da norma. Se o constituinte não se achar autorizado a conceder a alguém mais do que a consideração da utilidade pública lhe pareceu justificar, na hipótese, seria intolerável usurpação do intérprete pretender ampliar esse benefício excepcional" (*Competência do Juízo de 1º Grau. In Improbidade Administrativa – 10 Anos da Lei n. 8.429/92*, obra coletiva, p. 127). Ademais, impende citar julgado ilustrativo do entendimento pacífico do *Egrégio Supremo Tribunal Federal* nesse mesmo sentido, qual seja: AGRPET-1738/MG, rel. Min. Celso de Mello, julgamento: 01.09.1999 – Tribunal Pleno.

69. ADI 2797/DF e ADI 2860/DF, rel. Min. Sepúlveda Pertence, 22.09.2004. (ADI-2797) (ADI-2860)

70. Recl. 2.300-1 – Paraná – Rel. Min. Sepúlveda Pertence. Rcl 15831 MC, Rel. Min. Marco Aurélio, j. 17.06.2013, DJe-118 DIVULG 19.06.2013.

penais, civis e administrativas, conferindo o mesmo tratamento processual a hipóteses que o próprio texto constitucional desejou distinguir radicalmente.

Em resumo, a equiparação entre atos de improbidade administrativa e crimes, mesmo que pelo viés processual, representa um indisfarçável inconformismo com as claras diretrizes fixadas no art. 37, § 4º, CR/88, ou seja, um desejo de subvertê-lo de forma ardilosa e vil. Assim já se manifestou o STJ[71] em pronunciamento sobre a inconstitucionalidade do "foro por prerrogativa de função" relativa aos atos de improbidade administrativa considerando a alteração introduzida pela Lei 10.628/2002. Por derradeiro e pondo uma pá de cal em toda a discussão decorrente da edição da Lei 10.628/2002, repita-se, o STF, declarou a inconstitucionalidade da lei federal em análise, no bojo das ADIs 2797 e 2860.

O STF, como bem assinala a doutrina,[72] mesmo tratando-se de pessoas ou autoridades que dispõem, em razão do ofício, de prerrogativa de foro, nos casos estritos de crimes comuns, não tem competência originária para processar e julgar ações civis públicas que contra elas possam ser ajuizadas.[73] A competência originária do Supremo Tribunal Federal, por qualificar-se como um complexo de atribuições, no âmbito dentro do qual haverá regular exercício da função jurisdicional, de extração essencialmente constitucional, e ante o regime de direito estrito a que se acha submetida, não comporta a possibilidade de ser estendida a situações que exorbitam os rígidos limites fixados pelo rol exaustivo inscrito no art. 102, I, da CR/88.[74] Nada obstante, o próprio Supremo Tribunal Federal fixou tese jurídica segundo a qual somente ele poderá processar e julgar os seus próprios Ministros por ato de improbidade administrativa.[75]

Enquanto não ocorre nenhuma alteração legislativa, que, repita-se, demanda emenda constitucional, o foro por prerrogativa de função está limitado aos processos criminais e não se estende àqueles cujo objeto envolva a prática de ato de improbidade administrativa, ainda que a conduta ímproba dos requeridos guarde subsunção com algum tipo penal.

---

71. Precedentes: Rcl 780-AP, DJ 7.10.2002; Pet 1.955-PR, e Rcl 591-SP, DJ 18.12.2000. AgRg na Pet 1.885-PR, Rel. Min. Vicente Leal, julgado em 16.05.2003.

72. MORAES, Alexandre de. *Direito Constitucional*. 6ª ed. São Paulo: 1999, Atlas p. 180, item n. 7.8; MANCUSO, Rodolfo de Camargo. *Ação Popular*. São Paulo: Revista dos Tribunais, 1994, p. 129/130; MEIRELLES, Hely Lopes. *Mandado de Segurança, Ação Civil Pública, Mandado de Injunção, 'Habeas Data'*. 19ª ed. São Paulo: Malheiros, 1998, p. 122; MAZZILLI, Hugo Nigro, *O Inquérito Civil*. São Paulo: Saraiva, 1999, p. 83/84; FIGUEIREDO, Marcelo. *Probidade Administrativa*. 3ª ed. São Paulo: Malheiros, 1998, p. 91.

73. AI 556.727-AgR, Rel. Min. Dias Toffoli, 1ª T., DJe 26.4.2012. AI 506.323-AgR, Rel. Min. Celso de Mello, 2ª T., DJe 1º.07.2009. Rcl 15825, Rel. Min. Cármem Lúcia, j. em 28.02.2014, DJe 12.03.2014. Rcl 4.003, rel. Min. Celso de Mello, DJ 04.4.2006. Rcl 15131, Rel. Min. Rosa Weber, j. 28.11.2014, DJe 03.12.2014. Rcl 2.300/PR, Rel. Min. Sepúlveda Pertence – Rcl 2.431-AgR/RJ, Rel. Min. Ellen Gracie – Rcl 2.855/BA, Rel. Min. Carlos Velloso – Rcl 2.905/MG, Rel. Min. Carlos Britto. Rcl 2657, Rel., Min. Celso de Mello, j. 06.06.2005, DJ 21.06.2005.

74. Pet 5080 DF DJe 01.08.2013 J. 28.06.2013 Rel. Min. Celso de Mello

75. Q.O em Pet. 3.211-0/DF, j. 13.08.2008, Min. Rel. Marco Aurélio.

O Superior Tribunal de Justiça já fixou tese jurídica no mesmo sentido do que é sustentado na presente obra, mas diverge da nossa conclusão por entender que o juízo *a quo* somente poderá aplicar sanções de índole patrimonial ao agente público que ostentar foro por prerrogativa de função.[76] Tal entendimento gerou eco em parte da doutrina, mas atualmente não é a tese predominante, tanto na doutrina quanto na própria jurisprudência. Em outras palavras, o Superior Tribunal de Justiça,[77] em tese com a qual discordamos, entendeu pela cisão funcional da competência quanto às sanções aplicáveis, pois entende que, apenas e tão somente haverá restrições em relação ao órgão competente para impor as sanções quando houver previsão de foro privilegiado *ratione personae* na Constituição da República vigente. Ora, ao prevalecer tal entendimento, estar-se-á criando uma nefasta forma de imunização dos agentes políticos, bem como retirando a efetividade da tutela jurisdicional obtida por meio da sentença coletiva, pois não serão passíveis de aplicação as sanções de perda da função pública e de suspensão dos direitos políticos.[78] Em boa hora, o Superior Tribunal de Justiça reviu esta equivocada tese jurídica para afirmar a inaplicabilidade do foro por prerrogativa de função na seara da improbidade administrativa pacificando, ao menos neste tribunal, tal entendimento.[79]

Interessante notar que se a hipótese for de ação civil proposta em face de membro do Ministério Público vitalício para fins de perda do cargo, a competência será do Tribunal de Justiça do Estado perante o qual exerce as suas funções, conforme decidido pelo STJ.[80]

---

76. Rcl 2.790-SC Rel. Min. Teori Albino Zavascki, julgada em 2.12.2009.
77. REsp 1.282.046, RJ, Rel. Min. Mauro Campbell Marques, DJe de 27.02.2012; AgRg no AgRg no REsp 1316294/RJ, Rel. Min. Olindo Menezes (Desembargador convocado do TRF 1ª Região), 1ª T., j. 16.06.2015, DJe 24.06.2015.
78. "Ao se admitir tal entendimento estar-se-á criando uma inusitada hipótese de exclusão do agente público com prerrogativa de foro das sanções de natureza político-administrativas típicas da ação de improbidade administrativa, já que se a ação necessariamente deve tramitar no primeiro grau, mas nesse grau de jurisdição não se pode condenar o réu à suspensão dos direitos políticos e à perda do cargo, como lhe serão impostas tais sanções? Esse entendimento retira qualquer razão de ser da ação de improbidade administrativa, porque sem a possibilidade de aplicação das sanções previstas na Lei 9.429/1992 essa ação coletiva na realidade se torna uma ação civil pública. Se o juízo de primeiro grau tem competência para o julgamento da ação de improbidade administrativa, tem o poder/dever de aplicar ao caso concreto a Lei 8.429/1992. Inclusive, e em especial, as sanções previstas pelo art. 12 de referido diploma legal." NEVES, Daniel Assumpção Amorim. *Manual de Processo Coletivo*. 3 ed. Salvador: JusPodivm, 2017. "A análise das sanções deve ser em razão da gravidade dos fatos, decorre da dosimetria. Não faz nenhum sentido limitar a decisão do juiz na ação de improbidade às sanções que ele já poderia obter em ações civis públicas. O entendimento do STJ precisa ser revisto no ponto, pois esvazia a tutela da probidade administrativa mediante ação de improbidade quando os agentes tenham foro por prerrogativa de função. Levada ao extremo, quanto a estes agentes, restaria apenas a tutela penal e as infrações político administrativas.: DIDIER JR., Fredie; ZANETI JR., Hermes. *Curso de Direito Processual Civil: processo coletivo*. 11ª ed. Salvador: JusPodivm, 2017.
79. AgRg na Rcl 12.514-MT, rel. Min. Ari Pargendler, julgado em 16.09.2013. "Os agentes políticos municipais se submetem aos ditames da Lei de Improbidade Administrativa, sem prejuízo da responsabilização política e criminal estabelecida no DL n. 201/1967". AREsp 2.031.414-MG, Rel. Min. Gurgel de Faria, 1ª T., por unanimidade, j. 13.06.2023.
80. Ação Civil de perda de cargo de Promotor de Justiça cuja causa de pedir não esteja vinculada a ilícito capitulado na Lei 8.429/92 deve ser julgada pelo Tribunal de Justiça. (REsp 1737900-SP, Rel. Min. Herman Benjamin, 2ª T., j. 19/11/2019 (Info 662).

4.4.2. Da inexistência de bis in idem na aplicação da lei de improbidade administrativa ao agente político

Em nosso ordenamento, há dois regimes sancionatórios, decorrentes da prática de atos contrários à probidade administrativa, aplicáveis aos agentes políticos: a) o regime jurídico do crime de responsabilidade, regulamentado na Lei 1.079/1950 e no Decreto-lei 201/1967, mas tal regime não é aplicável a todos os agentes políticos; b) o regime jurídico do ato de improbidade administrativa, regulamentado na Lei 8.429/1992. O grande cerne do debate do tema versa sobre qual é o regime jurídico aplicável aos agentes políticos que praticam ato de improbidade administrativa e que se submetem ao regime jurídico do crime de responsabilidade. Considerando que, conforme preconizam os arts. 4º, V e 9º da Lei 1.079/1950 e 85, V, CR/88, o ato de improbidade administrativa já é qualificado juridicamente como crime de responsabilidade, surge a necessidade de enfrentar a possibilidade ou não da aplicação cumulativa de ambos os regimes jurídicos.

Nem todas as sanções previstas para os atos de improbidade têm a mesma natureza das sanções aplicáveis aos crimes de responsabilidade, as quais são destinadas a fins políticos. Isso leva à conclusão de que ambos regimes jurídicos, ato de improbidade e crime de responsabilidade, são plenamente compatíveis e aplicáveis simultaneamente.[81] Desse modo, é curial sustentar a coexistência da responsabilização política (crimes de responsabilidade) com a improbidade administrativa no que tange aos agentes políticos.[82] Por fim, vale mencionar que o art. 52, parágrafo único da CR/88, de maneira expressa, preconiza a possibilidade de aplicação de outras sanções judiciais, ainda que haja condenação por crime de responsabilidade.

---

81. Tal assertiva conta com o beneplácito de José dos Santos Carvalho Filho, *in verbis*: "As Leis 1079/50 e 8429/92 convivem harmoniosamente no sistema, sendo independentes as vias respectivas, mas será incabível formular na ação de improbidade pedido de aplicação de sanções de natureza política (perda do cargo, suspensão de direitos políticos), já que elas emanam naturalmente da ação penal de apuração de crime de responsabilidade. Em compensação, subsistiriam outras sanções sem tal natureza (como, v.g., multa civil, reparação de danos, proibição de benefícios creditícios ou fiscais etc.)".

82. No mesmo sentido, lapidar a lição doutrinária de Emerson Garcia: "O impeachment, desde a sua gênese, é tratado como um instituto de natureza político-constitucional que busca afastar o agente político de um cargo público que demonstrou não ter aptidão para ocupar. Os crimes de responsabilidade, do mesmo modo, consubstanciam infrações políticas, sujeitando o agente a um julgamento de igual natureza. Nesse sentido, aliás, dispunha a Exposição de Motivos que acompanhava a Lei 1079/50, ao tratar do iter a ser seguido na persecução dos crimes de responsabilidade, que "ao conjunto de providências e medidas que o constituem, dá-se o nome de processo, porque este é o termo genérico com que se designam os atos de acusação, defesa e julgamento, mas é, em última análise, um processo sui generis, que não se confunde e se não pode confundir com o processo judiciário, porque promana de outros fundamentos e visa outros fins." (...) "Não se pode perder de vista que a própria Constituição fala, separadamente, em "atos de improbidade" e em "crimes de responsabilidade", remetendo a sua definição para a legislação infraconstitucional. Como se constata, por imperativo constitucional, as figuras coexistem. Além disso, como ensejam sanções diversas, a serem aplicadas em esferas distintas (jurisdicional e política), não se pode falar, sequer, em bis in idem. Com escusas pela obviedade, pode-se afirmar que a Lei 1079/1950 é a lei especial a que se refere o parágrafo único do art. 85 da Constituição, enquanto a Lei 8429/1992 é a lei a que se refere o § 4º do art. 37." (O combate à corrupção no Brasil: Responsabilidade ética e moral do Supremo Tribunal Federal na sua Desarticulação – *Revista do Ministério Público*. Rio de Janeiro: MPRJ, n. 27, jan./mar. 2008).

Ora, independentemente do resultado do julgamento político realizado pela casa legislativa, será ainda possível o exercício de pretensão judicial para aplicação de outras sanções previstas no próprio ordenamento jurídico, como, aliás, preconiza a parte final do art. 37, § 4º da CR/88. No mesmo sentido, o art. 12 da Lei 8.429/1992, que traz o rol das sanções cabíveis, em decorrência da prática de ato de improbidade administrativa, preconiza que além daquelas definidas no art. poderão ser aplicadas sanções penais, civis e administrativas previstas em legislação específica. Pela simples leitura destas normas, factível sustentar que não há qualquer óbice para a aplicação cumulativa dos regimes sancionatórios[83], porém, com o advento da Lei 14.230/21, pode surgir a tese da possibilidade de compensação das sanções, conforme previsto no art. 21, §5º, da LIA.

4.4.3. Da natureza jurídica das sanções decorrentes da prática do ato de improbidade administrativa

Como forma de complementar o raciocínio que fundamenta a tese ora ventilada, impende abordar a natureza jurídica das sanções previstas no regime jurídico do ato de improbidade administrativa.

As sanções previstas nos arts. 12 da LIA e 37, § 4º da CR/88 não revelam natureza penal, mas estritamente civil. Nem cabe dar uma feição penal às infrações decorrentes da prática de ato de improbidade, pois a tipicidade aqui é aberta (tipos previstos em róis taxativos) e os elementos subjetivos (culpa e dolo) são valorados e narrados de forma diversa. Estruturalmente, portanto, são tipos com premissas e aplicabilidade completamente diversos.[84] As sanções não possuem índole criminal, tanto que é expresso o dispositivo do art. 12 da Lei 8.429/1992 no tocante a ressalvar "independentemente das sanções penais", enquanto o art. 37, § 4º da Constituição da República deixa em destaque "sem prejuízo da ação penal cabível". Impende destacar, também, a redação do art. 52, parágrafo único da CR/88 no mesmo sentido. O STJ já decidiu neste mesmo sentido fixando tese jurídica segunda a qual **os agentes políticos municipais, por exemplo, se submetem aos ditames da LIA, sem prejuízo da responsabilização política e criminal estabelecida no Dec. 201/1967, que pode ser aplicável aos demais agentes políticos, na forma dos arts. 927, III, 985,**

---

83. Vale mencionar que o art. 3º da Lei 1.079/1950 ratifica o teor do que aqui se sustenta, pois, o julgamento por crime de responsabilidade não impedirá o processo e julgamento do acusado por crime comum.

84. "A ação penal ou processo-crime, como ninguém ignora, tem por objeto o conhecimento da prática de um crime e a aplicação da pena correspondente, tudo nos estreitos termos da lei anteriormente promulgada. Ora, a mesma Lei 8429, a par das disposições que têm por objeto a definição dos atos de improbidade administrativa e a fixação das penas correspondentes, contém uma só definição de crime: é a constante do art. 19. Por conseguinte, pode-se, em teoria, discutir sobre se a ação de improbidade administrativa tem natureza cível, ou se ela é sui generis. O que parece, contudo, indisputável é que essa ação judicial não tem natureza penal." COMPARATO, Fabio Konder. Competência do Juízo de 1º Grau. In: SAMPAIO, José Adércio Leite Sampaio et al. (orgs.). *Improbidade Administrativa, 10 Anos da Lei n. 8.429/92.* Belo Horizonte: Del Rey, 2002, p. 126/127.

I e 1.040 do CPC.[85] Pela regra, um funcionário público está sujeito a sofrer sanções penais capituladas no Código Penal; civis, consistentes em indenizações porventura cabíveis; administrativas, contempladas no estatuto jurídico próprio da função; e as acarretadas pela incidência nas improbidades administrativas da LIA, de modo geral mais graves que as anteriores. Especificamente quanto a estas últimas, predomina a natureza civil e eventualmente política, porquanto decorrem do seu reconhecimento o ressarcimento dos danos causados ao erário, a suspensão dos direitos políticos e a indisponibilidade dos bens.[86] Apesar de não afastar a possibilidade de um ato de improbidade administrativa configurar, também, fato penalmente típico, importante indicar que, na ordem civil, são aplicáveis outras sanções.[87] Por fim, vale mencionar, também, que o STJ já reconheceu a possibilidade do agente ser punido pelo justiça eleitoral, bem como por ato de improbidade administrativa, ainda que baseado nos mesmos fatos. O STJ entendeu que a condenação pela Justiça Eleitoral ao pagamento de multa por infringência às disposições contidas na Lei 9.504/1997 não impede a

---

85. AgInt no AREsp 747.465/MG, Rel. Ministro OG Fernandes, 2ª Turma, j 06.04.2017, DJe 17.04.2017. EDcl no AgRg no REsp 1.216.168/RS, Rel. Ministro Humberto Martins, Segunda Turma, DJe 4.10.2013; AgInt no AREsp 926.632/PB, Rel. Ministro Mauro Campbell Marques, Segunda Turma, DJe 23.11.2016; AgRg no AREsp 719.390/SP, Rel. Ministro Benedito Gonçalves, Primeira Turma, DJe 23.09.2016; AgRg no AREsp 426.418/RS, Rel. Ministro Herman Benjamin, Segunda Turma, DJe 6.03.2014; e AgRg no REsp 1181291/RJ, Rel. Ministro Sérgio Kukina, Primeira Turma, DJe 11.11.2013.

86. "Configura-se a hipótese do agente político condenado pelo ato de improbidade consistente em apropriar-se de bem público. Essa circunstância não implica que não possa receber, em ação penal, a pena de reclusão prevista no art. 312 do Código Penal, para o peculato-apropriação, se houver plena subsunção típica. Idem, quanto ao agente público que recebe propina, ato de improbidade. Há figuras de improbidade que se enquadram como ilícitos penais, cujas sanções também trazem a perda do cargo ou da função pública. O Código Penal traz os seguintes exemplos: o peculato (art. 312), a concussão (art. 316), a corrupção passiva (art. 317), a prevaricação (art. 319) e a advocacia administrativa (art. 321) e também realiza, em tese, delito de corrupção passiva inscrito no art. 317 do Código Penal. A sanção debitada ao ato de improbidade não se comunica com aquela merecida pelo delito." (FAZZIO JÚNIOR, Waldo. *Ato de Improbidade Administrativa*. 2ª ed. São Paulo: Altas, 2008).

87. "A ressalva do art. 12, caput, da Lei Federal 8429/92 mostra que, além das sanções típicas (a lei é plena sanção de natureza civil) de seus incisos, 'pode ser infligida outra sanção civil, prevista em lei específica' (cf. Antonio José de Mattos Neto, Responsabilidade Civil..., Revista dos Tribunais, 752/38). Esse dispositivo, conjugado com os arts. 21 da Lei Federal 7347/85 e 83 da Lei Federal 8078/90, admite sanções atípicas (como nulidade de contrato – art. 59 da Lei Federal 8666/93), pois é possível a dedução de qualquer pedido visando à entrega de algum tipo de prestação jurisdicional na ação civil pública (declaratório, condenatório, constitutivo e mandamental), inclusive os previstos no art. 3º da Lei Federal 7347/85, obrigação de fazer (prestação de atividade devida) ou de não fazer (cessação de atividade nociva), como prestar contas (ao órgão competente), abster-se de desviar verba pública para outra entidade que não a prevista em lei, aplicar verba pública segundo a lei etc. e outros, como a anulação ou declaração de nulidade de ato público civil, administrativo, comercial (compra e venda ou doação simuladas ou fraudulentas, licitação e controle administrativo, concessão de crédito, isenção, anistia etc.)." (Júnior, Wallace Paiva Martins. *Probidade Administrativa*. 2. Ed. São Paulo: Saraiva 2002). No mesmo sentido, na doutrina, vale mencionar: "(...) não nos parece ser possível, por via interpretativa, equiparar o ilícito previsto pela Lei 8.429/92 e os chamados crimes de responsabilidade. Trata-se de esferas diferentes e autônomas de responsabilização do agente público. Os chamados crimes de responsabilidade configuram ilícitos de natureza político-administrativa, ao passo que a improbidade é ilícito civil. A própria Constituição, no art. 37, § 4º, dispôs sobre a autonomia das instâncias penal, civil e administrativa." COSTA, Susana Henriques da. *O processo coletivo na tutela do patrimônio público e da moralidade administrativa: ação de improbidade administrativa, ação civil pública, ação popular*. 2ª ed. São Paulo: Atlas, 2015.

imposição de nenhuma das sanções previstas na LIA, inclusive a multa civil, pelo ato de improbidade administrativa.[88]

4.4.4. Da natureza jurídica da ação de improbidade administrativa

Com o advento da Lei 14.230/21, houve a expressa positivação da natureza jurídica da ação por improbidade administrativa (art. 17-D, da LIA). O legislador fixou ser ação repressiva de caráter sancionatório, porquanto destinada à aplicação do regime sancionatório previsto na LIA. Além de fixar a natureza jurídica de forma expressa, nota-se o seguinte: i) afirmação que a ação não ostenta natureza civil; ii) impossibilidade do manejo da ação para fins de controle de políticas públicas e tutela dos demais direitos transindividuais.

Em que pese o acerto desta forma de expor a natureza jurídica, não merece prosperar, sob pena de insuperável erro de premissa, a interpretação que **a nova lei intenta uma aproximação com a seara penal ao indicar, de forma expressa, que a ação de improbidade administrativa não ostenta natureza cível.** Nada mais equivocado, pois a própria Constituição preconiza não ser uma ação penal.

Não há como sustentar ser a improbidade administrativa uma qualificação jurídica não civil, com uma aproximação com a seara penal. O intento nítido do legislador com tal redação foi a de afastar a afirmação de que ação por improbidade administrativa é uma ação civil pública, bem como a sua natureza de direito privado.

Como argumento de reforço, para ratificar a natureza cível da demanda de improbidade administrativa, sobreleva notar que o patrimônio público econômico (bens ou valores geridos por entidades de direito público interno e pelas extensões jurídico-privadas da Administração Pública) e o interesse no sentido de uma Administração proba são, à toda evidência, interesses transindividuais, ou seja, interesses representados por número indeterminado de pessoas ligadas por relações básicas fáticas. São, pois, interesses difusos (art. 81, parágrafo único, I, CDC). Em sentido amplo, podem até ser considerados como interesse público. A moralidade administrativa e seus desvios, com consequências patrimoniais para o erário público, enquadram-se, portanto, na categoria dos interesses difusos, habilitando o Ministério Público, bem como os demais legitimados coletivos (art. 5º, Lei 7.347/1985 e art. 17, Lei 8.429/1992), a demandar em juízo. Conclui-se, portanto, ser a ação de improbidade administrativa uma garantia processual coletiva, que tem por escopo proteger o direito difuso à probidade administrativa.[89]

---

88. AgRg no AREsp 606.352/SP, 2ª T., Rel. Min. Assusete Magalhães, j. 15.12.2015.
89. "Logo, foi profunda a preocupação do Constituinte com a proteção ao patrimônio público em geral, e com a probidade e a moralidade administrativa, em especial, a ponto de ter tornado a proteção a ambos um direito fundamental do cidadão brasileiro, indicando, ainda, "deveres de comportamento do Estado a benefício da dignidade da pessoa humana, o que efetivamente se dá mediante preceitos de transparência, probidade e igualdade substancial." MACÊDO, Marcus Paulo Queiroz. As três ações coletivas previstas na lei n 8.429/92: algumas breves anotações. In: MACÊDO, Marcus Paulo Queiroz, MARTELETO FILHO, Wagner Marteleto (orgs.) *Temas avançados do Ministério Público.* Salvador: JusPodivm, 2015, p. 256.

Identificados com o amplo espectro dessa conceituação legal, o direito à probidade administrativa e à proteção da *res publica* tem alocação, como não poderia deixar de ser, entre as funções institucionais do Ministério Público ungidas no Texto Maior, tuteladas mediante Ação Civil Pública, conforme preconizado no art. 129, inciso III, CR/88.[90] No mesmo sentido podemos destacar o art. 25 da Lei Federal 8.625/1993.[91] Nada impede, pois, concluir que a ação por improbidade administrativa prevista na Lei 8.429/1992 seja ação civil. Ora, se o Ministério Público tem legitimidade para ajuizar ação civil pública, em defesa de quaisquer interesses difusos ou coletivos, especificamente do patrimônio público; se, também, tem legitimação à ação por improbidade administrativa (art. 17 da LIA), inexiste razão, de matriz jurídica, a desaconselhar o entendimento que a ação por improbidade administrativa é ação de cunho cível.[92]

A própria LIA deixa clara a natureza cível[93], aqui compreendida como não penal, da ação por improbidade administrativa ao determinar a aplicação do procedimento comum do CPC (art. 17, da LIA).

Não pode mais ser considerada como ação civil pública, pois a LIA preconiza a conversão da ação por improbidade administrativa em ação civil pública (art. 17, § 16) e o art. 17-D, pu ressalva os objetos que não podem ser tutelados.

Ainda que haja a expressa referência ao Direito Administrativo Sancionador (art. 2º, § 4º, da LIA), deve ser considerada como uma ação judicial de natureza não

---

90. "São funções institucionais do Ministério Público: III – promover o Inquérito Civil e a ação civil pública, para a proteção do patrimônio público e social, do meio ambiente e de outros interesses difusos e coletivos." Nas corretas palavras de Waldo Fazzio Júnior: "Esse mandamento maior, além de indicar a proteção do patrimônio público, identifica-o com outros interesses difusos e coletivos. Isso leva a duas conclusões: os bens jurídicos de que trata a Lei 8429/92 integram o elenco dos interesses difusos e coletivos e, corolariamente, o Ministério Público está autorizado a defendê-los em juízo por meio da ação civil pública. (...)" "Depois, não se pode restringir a ação civil de improbidade administrativa à imediatidade da restauração do tesouro público lesado. É um instrumento para se alcançar a afirmação superior dos direitos republicanos, sobretudo da preservação da probidade administrativa. É o corretivo-meio, o remédio processual absolutamente necessário para assegurar a inviolabilidade administrativa, no rumo ditado pelos princípios definidos no art. 37, caput, bem como no art. 129, III, ambos da Constituição Federal." (*Atos de Improbidade Administrativa – Doutrina, Legislação e Jurisprudência*. 2ª ed. São Paulo: Atlas, 2008, p. 301 e 302)

91. "promover o inquérito civil e a ação civil pública na forma da lei para a anulação ou declaração de nulidade de atos lesivos ao patrimônio público ou à moralidade administrativa do Estado ou de Município, de suas administrações indiretas ou fundacionais ou de entidades privadas de que participem."

92. "O que se deve verificar é que a Ação de Improbidade Administrativa não é uma Ação Civil Pública, mas obviamente é sim uma 'ação civil' tanto que determinada a aplicação do rito ordinário do Código de Processo Civil (art. 17, caput, da Lei de Improbidade)." GAJARDONI, Fernando da Fonseca; CRUZ, Luana Pedrosa de Figueiredo; JÚNIOR, Luiz Manoel Gomes; FAVRETO, Rogério. Comentários à nova lei de improbidade administrativa, 5ª ed. São Paulo: RT, 2021, p. 405

93. "Isso significa que o processo civil é o mesmo para qualquer área do direito não penal, ainda que seja possível criar procedimentos especiais e jurisdições especiais. (...) Portanto, não muda a natureza da ação de improbidade administrativa afirmar que ela atua sobre o direito administrativo sancionador ou não possui natureza cível. Natureza cível deve ser entendida aqui como natureza de direito privado, que realmente não é o objeto dessa lei." ZANETI JR., Hermes. Curso de Direito Processual Civil, vol. 4, Salvador: JusPodivm, 2022, 16ª ed., p. 28.

penal, cível *lato sensu*, que tutela o combate à corrupção, a moralidade administrativa e o direito difuso da probidade.[94]

Ainda que se pretenda afastar a sua natureza de ação civil, deve ser destacado que a atual ciência processual proscreve o sistema das ações típicas, de tradição romana, por intermédio do qual buscava-se aprisionar a veiculação das pretensões a determinados modelos, a determinados tipos de ação. O Direito Processual se preocupa, atualmente, com a efetividade dos mecanismos de tutela jurisdicional, com a celeridade da atuação interventiva e garantidora do Estado-Juiz, acolhendo a máxima de que o processo deve dar a quem tem um direito, individual ou coletivamente considerado, tudo aquilo e precisamente aquilo que ele pode e deve obter. A bem da verdade, jamais afastando a natureza cível das demandas coletivas, vige o princípio da atipicidade das demandas coletivas em nosso ordenamento, denotando que o essencial é ser adequada e efetiva para a proteção integral da coletividade e não o *nomem iuris* da demanda.[95]

Para determinado setor doutrinário[96], a ação por improbidade administrativa não pode ser considerada como uma ação penal, tal como sustento, mas a linha de argumentação é diversa. Há a necessidade de revisitar a clássica divisão das ações em cíveis (processo civil) e penais (processo penal). Para além dessa superação, deve ser verificada a existência de uma nova "família" denominada processo punitivo/sancionador. O processo punitivo pode ser penal ou não penal. A ação por improbidade administrativa deve ser considerada como uma espécie do gênero processo punitivo não penal.[97]

Há, por fim, quem defenda uma natureza híbrida para a ação por improbidade administrativa: reparatória e sancionatória. Para essa doutrina, não é correto afirmar que tal ação ostenta finalidade meramente repressiva de caráter sancionatório, pois ainda existem os pedidos de natureza reparatória.[98]

---

94. ZANETI JR., Hermes. *Curso de Direito Processual Civil*, v. 4, Salvador: JusPodivm, 2022, 16ª ed., p. 26.

95. Esse princípio quebra o dogma do batismo das ações que há muito no processo individual. Pela ideia desse princípio não importa qual foi a ação proposta, importando se ela foi a mais adequada e efetiva à proteção da coletividade. Art. 83 do CDC. Art. 5º, XXI e LXX da Constituição; art. 8º, III; art. 127, parte final; art. 129, III; art. 29-A; art. 15, V; art. 37, § 4º; art. 55, II e IV, §§ 2º e 3º; art. 14, § 10; art. 85, V; art. 208, IV c/c art. 5º da Lei 9.394; art. 211, § 2º da Constituição; Arts. 1º e 4º do DL 201/67; art. 9º da Lei 1.079; art. 1º LAPop; arts. 1º e 5º da LACP; art. 17 da LIA; arts. 21 e 22 da LMS; art. 1º da Lei 9868; art. 1º da Lei 9.882; art. 1º do Estatuto do Torcedor; art. 201 do ECA; art. 81 do Estatuto do Idoso; art. 12 da Lei 10.257; art. 30 da Lei 12.846; art. 1º da Lei 8.884; art. 1º da Lei 7.853; art. 1º da Lei 7.913; art. 14, § 1º da Lei 6.938; art. 2º-A da Lei 9.494.

96. DIDIER JR., Fredie. *Curso de Direito Processual Civil*, v. 4, Salvador: JusPodivm, 2022, 16ª ed., p. 32

97. COSTA, Susana Henriques da. O processo coletivo na tutela do patrimônio público e da moralidade administrativa. 2ª ed. São Paulo: Atlas, 2015; MERÇON-VARGAS, Sarah. Teoria do processo judicial punitivo não-penal. Salvador: Editora JusPodivm, 2018; PELEGRINE, Analu Paim Cirne. *A negociação premial na ação de improbidade administrativa e a coerência do sistema público punitivo*. Dissertação (Mestrado em Direito) – Universidade Federal da Bahia, Salvador, 2018

98. NEVES, Daniel Amorim Assumpção; OLIVEIRA, Rafael Carvalho Rezende. *Comentários à Reforma da Lei de Improbidade Administrativa*. Rio de Janeiro: Forense, 2022, p. 111

Podem ser assim apresentadas as teses sobre a natureza jurídica da ação por improbidade administrativa: i) natureza cível, mas não de direito privado; ii) processo punitivo não penal; iii) natureza híbrida.

Interessante relembrar que o STJ, antes da Lei 14.230/21, se pronunciou a respeito, em diversos julgados, admitindo expressamente o emprego da expressão ação civil pública para designar a ação de conhecimento visando a reprimir os atos de improbidade administrativa.[99] Diante da reiteração de precedentes neste sentido, o STJ editou a súmula 329.[100] Por fim, impende salientar que a doutrina, seguindo a mesma toada aqui sustentada, ratifica a natureza cível da demanda de improbidade administrativa, bem como, por conseguinte, a própria natureza das sanções decorrentes, conforme abordado no item anterior.[101]

---

99. Resp. 199.478/MG, 1ª Turma; Reclamação 591/SP, Corte Especial; Resp. 154.128/SC; Resp. 167.344/SP; Resp. 98.648/MG; Resp. 149.096; Resp. 226.863/GO; RMS 7750/SP; Resp. 469.366 e Resp. 67.148/SP

100. *"O Ministério Público tem legitimidade para propor ação civil pública em defesa do patrimônio público"*

101. "Com suporte na Lei 8429/92 pode o pedido da ação civil pública contemplar as sanções inerentes à improbidade administrativa, sendo despiciendo prender-se ao rótulo da ação, mas ao tema em discussão. Também viável a cumulação de ações. Logo, quando o MP promove ação civil pública para a proteção do patrimônio público lesado por ato de improbidade, está ele utilizando atribuição constitucional expressamente prevista. Está também defendendo os princípios da legalidade e da moralidade, quando afetados pelo ato ímprobo. Caso não se colocasse tal defesa no âmbito da "lesão do patrimônio público", forçosamente ela estaria incluída na norma de extensão ("qualquer outro interesse difuso ou coletivo") e no art. 127, caput, da CF/88 ("defesa da ordem jurídica"). Pode-se afirmar, em conclusão, que a legitimação do MP para promover ação civil pública por ato de improbidade administrativa decorre, em primeiro lugar, da norma constitucional (art. 127, caput, e 129, III, da CF) e, em segundo, da Lei 7347/85, art. 5°, e da Lei 8429/92, art. 17." ALMEIDA, João Batista de. Aspectos Controvertidos da Ação Civil Pública. 2ª ed. São Paulo: Revista dos Tribunais, 2000, p. 45 e 4. Emerson Garcia e Rogério Pacheco Alves assim se manifestam: "Entra pelos olhos, desta forma, que a incidência, ou não, das regras previstas na Lei de Ação Civil Pública, de sua técnica de tutela, independentemente do nome que se queira dar à ação e ao rito que se deseje imprimir, vai depender, fundamentalmente, da identificação, ou não, de um interesse coletivo ou difuso, objeto do referido diploma legal. Se considerarmos que a Lei 8429/92 compõe, ao lado de outros instrumentos constitucionais e infraconstitucionais, o amplo sistema de tutela do patrimônio público, interesses difusos, a possibilidade de manejo da ação civil pública na seara da improbidade, quer pelo Ministério Público, quer pelos demais colegitimados, torna-se clara. Claríssima, de lege lata, em razão da regra contida no art. 129, III e § 1°, da Constituição Federal, o que, a nosso juízo, torna até desimportante a discussão sob o enfoque puramente dogmático. Equivocada, assim, data vênia, a assertiva do descabimento da ação civil pública com vistas ao ressarcimento dos danos causados ao erário e à aplicação das sanções do art. 12 da Lei 8.429/92 em razão do suposto rito especial adotado pela Lei 7347/85. Equivocada, rogata vênia, não só porque o rito da ação civil pública não é especial, como também, mesmo que especial fosse, ou venha a ser, porque a questão do procedimento, para fins de incidência da Lei, de sua técnica protetiva, como visto, é de nenhuma importância." GARCIA, Emerson; ALVES, Rogério Pacheco. Improbidade Administrativa. 4ª ed. Rio de Janeiro: Lumen Juris, 2008, p. 601/602. "No sistema anterior, a tutela jurisdicional do patrimônio público somente era possível mediante ação popular, cuja legitimação ativa era e é do cidadão (CF 5° LXXIII). O autor (LAP 9°). A CF 129, III, conferiu legitimidade ao MP para instaurar Inquérito Civil e ajuizar ACP na defesa do patrimônio público e social melhorando o sistema de proteção judicial do patrimônio público, que é uma espécie de direito difuso. O amplo conceito de patrimônio público é dado pela LAP 1° caput e § 1°." JÚNIOR, Nelson Nery. *Código de Processo Civil e Legislação Processual Extravagante em vigor*. São Paulo: Revista dos Tribunais, 2017, p. 1018, nota 25, art. 1°, inciso IV, Lei 7347/8. "A própria ação de improbidade administrativa, regida pela Lei 8429, de 02 jun. 92, enquadra-se como espécie de ação civil pública, seguindo o mesmo procedimento, tendo como finalidade a defesa dos entes públicos contra os atos de enriquecimento ilícito, ou que causam prejuízos ao erário público, ou que ofendem certos valores e princípios morais da administração pública. (...) Sem dúvida, a ação de improbidade administrativa enquadra-se como ação civil pública, já que a defesa visada

Apresentada a natureza jurídica da ação por improbidade administrativa, surge a pergunta: aplica-se o foro por prerrogativa de função? Existem basicamente duas teses:

1ª tese: aplicação do foro por prerrogativa de função, com base nos seguintes fundamentos:

a) a ação por improbidade possui nítido cunho penal, em virtude do seu caráter sancionatório;

b) deve ser verificada a harmonia do sistema, porque as sanções de improbidade, notadamente a perda da função pública, poderia ser aplicada por órgão jurisdicional inferior àquele que aplicaria a mesma sanção na seara penal;

c) a aplicação da LIA ao agente público sujeito ao regime jurídico do crime de responsabilidade acarreta odioso *bis in idem*.

---

com a sua utilização tem em vista interesses transindividuais, de cunho difuso, como decorre especialmente do inciso III do art. 129 da Constituição Federal, o qual incumbe ao Ministério Público promover a ação para a tutela de uma gama de interesses públicos, nos quais se incluem os de defesa do patrimônio dos entes estatais. (...) Ora, se cominada a incumbência da tutela do patrimônio público e social através da ação civil pública, e procedendo-se à defesa mediante a ação de improbidade, resta silogisticamente correto concluir que a ação civil para tanto se enquadra como pública, com todas as prerrogativas e os instrumentos próprios da Lei 7.347. RIZZARDO, Arnaldo. *Ação Civil Pública e Ação de Improbidade Administrativa*. São Paulo: GZ, 2009, p. 300. "A Lei da Ação Civil Pública limitava, é certo, a defesa dos interesses tratados aos provimentos de natureza condenatória, de valor em dinheiro ou ao cumprimento de obrigação de fazer ou não fazer (art. 3º), excluindo a possibilidade de se lançar mão de remédios de natureza declaratória ou constitutiva. Essa limitação, entretanto, foi suprimida pelo art. 83 do Código de Defesa do Consumidor, que permitiu o recurso a todas as ações capazes de propiciar sua adequada e efetiva tutela, com aplicação à Lei da Ação Civil Pública. Relativamente ao Ministério Público, deve-se considerar ainda que, com a entrada em vigor do texto constitucional, a legitimação do Ministério Público, para a defesa dos interesses elencados na Lei 7347/85, passou a decorrer da própria Constituição Federal permitindo a formulação de pedido de qualquer natureza. Conforme interpreta Hugo Nigro Mazzilli, 'o art. 129, III, da Constituição da República, permite a propositura de qualquer ação civil pública pelo Ministério Público, para a proteção do patrimônio público e social, do meio ambiente e de outros interesses difusos e coletivos, não limitando seu objeto a pedido condenatório" SALLES, Carlos Alberto de. *A defesa dos interesses difusos em juízo: meio ambiente, consumidor e patrimônio cultural*. São Paulo: Revista dos Tribunais, 1991, p. 97 e Legitimidade para agir: Desenho Processual da Atuação do Ministério Público. In: *Ministério Público – Instituição e Processo*. Antonio Augusto Mello de Camargo Ferraz (coord.). São Paulo: IEDC/Atlas, 1997, pp. 256-257) "Partindo de aceita conceituação doutrinária, a ação civil de que trata o art. 17 é pública porque, sendo a probidade administrativa interesse transindividual, indivisível e de titulares indeterminados, pertencendo à categoria dos difusos (cujos objetos são o patrimônio público e social e a moralidade administrativa), a ação que tende a protege-lo, prevenindo e responsabilizando danos morais e patrimoniais, é a demanda molecular (a ação civil pública criada pela Lei Federal n. 7347/85, art. 1º, IV, com o objeto ampliado pelo art. 129, III, da CF) (...) Em suma, está consolidado na jurisprudência: a) a legitimidade ativa do Ministério Público e a adequação da via eleita (ação civil pública) para a imposição das sanções contra a improbidade administrativa e reparação de dano ao erário na defesa do patrimônio público, considerando a missão como tutela de interesse difuso consistente no direito a uma Administração Pública proba e honesta, que não se confunde com a representação judicial de entidades públicas e não é excluída pela ação popular; b) a inexistência de incompatibilidade de rito entre as Leis n. 7347/85 e 8.429/92; c) a reversão da indenização ao erário e não ao fundo do art. 13 da Lei n. 7.347/85, pela especialidade da Lei 8.429/92 ao estabelecer que a condenação ao ressarcimento do dano ao erário reverte diretamente ao patrimônio da pessoa jurídica pública que suportou o prejuízo, porque a reversão da condenação em dinheiro ao citado fundo é restrita aos casos de impossibilidade da recomposição dos danos." MARTINS JÚNIOR, Wallace Paiva Martins. *Probidade Administrativa*. 4ª ed. São Paulo: Saraiva, 2009, p. 399, 404 e 405.

2ª tese (majoritária): inaplicável o foro por prerrogativa de função na seara da improbidade administrativa, com base nos seguintes fundamentos:

a) a ação por improbidade administrativa é cível com a finalidade de aplicação de sanções cíveis;

b) não existe no ordenamento constitucional regra que determine tal aplicação, mas somente para as ações penais;

c) não há que se falar em *bis in idem* com a aplicação da LIA aos agentes públicos sujeitos ao regime jurídico do crime de responsabilidade, pois além da própria CR/88 afastar tal conclusão, os regimes jurídicos sancionatórios são diversos.

4.4.5. Direito Administrativo Sancionador como vetor na Improbidade Administrativa

Conforme preconiza o art. 1º, §4º, da LIA, os princípios constitucionais do Direito Administrativo Sancionador são aplicáveis ao sistema da improbidade administrativa[102]. Os princípios constitucionais referidos são os seguintes: i) devido processo legal (art. 5º, LV); ii) contraditório e ampla defesa (art. 5º, LIV); iii) legalidade, sob o viés da tipicidade (art. 5º, II e XXXIX c/c 37); iv) da culpabilidade de pessoalidade da pena (art. 5º, XLV); v) da individualização da pena (art. 5º, XLVI); vi) razoabilidade e proporcionalidade (arts. 1º e 5º, LIV) e vii) retroatividade da lei mais benéfica (art. 5º, XL).

Tal afirmação, impende salientar, não gera a inserção deste sistema no Direito Penal, mormente diante da redação do art. 37, §4º, parte final, da CR/88[103], apesar do sistema da improbidade administrativa ser manifesta evidente do Direito punitivo, mas é imprescindível afirmar a necessidade da proteção do cidadão contra o eventual abuso/arbítrio estatal.

Não há como confundir o Direito Penal com o Direito Administrativo Sancionador, pois ostentam premissas diversas[104]. Ademais, o sistema da improbidade admi-

---

102. SANTOS, Carlos Frederico Brito dos. *Improbidade Administrativa*: Reflexões sobre a Lei 8.429/92, 2ª ed., Rio de Janeiro: Forense, 2007, p. 2.

103. "Como ensinam Carlos Enrico Paliero e Aldo Travi, é o princípio do favor libertatis que justifica a retroatividade da lei penal mais benigna, considerando-se a gravidade da pena de prisão e os efeitos que tal medida produz sobre o condenado, só superados pelos efeitos da pena de morte. No direito administrativo sancionador não há espaço para o argumento, sendo certo que a sanção administrativa não pode consistir em pena de prisão. (...) Por tais fundamentos, não se pode transportar para o direito administrativo sancionador a norma penal da retroatividade da lei que extingue infração ou torna mais amena a sanção punitiva." MELLO, Rafael Munhoz de. Princípios constitucionais do Direito Sancionador. In: *Temas de Direito Administrativo*, v. 17, Rio de Janeiro: Editora Malheiros, 2007, p. 153.

104. "É mais adequada que a expressão Direito Penal Administrativo ou Direito Administrativo Penal, esta utilizada pelo saudoso Ruy Cirne Lima. Em ambas, a invocação do regime penal é explícito, e podem facilmente encobrir o verdadeiro laço de pertencimento do DAS ao Direito Administrativo." OLIVEIRA, José Roberto Pimenta. *Direito Administrativo sancionador brasileiro*: breve evolução, identidade, abrangência e funcionalidades. Int. Públ. – IP, Belo Horizonte, ano 22, n. 120, p. 83-126, mar./abr. 2020. Há, entretanto, quem defenda a existência de semelhanças, por serem formas de exteriorização do poder punitivo estatal:

nistrativa ostenta caráter nitidamente não penal, apesar de sancionatório repressivo. O Direito Administrativo Sancionador, como sói poderia acontecer, integra o Direito Administrativo e não o Direito Penal.

O sistema de improbidade administrativa, como indicado no art. 1º da LIA, visa proteger a organização e o exercício das funções do Estado, com a finalidade precípua de assegurar a integridade do patrimônio público e social. Ora, a função de tal sistema, portanto, é prevenir, dissuadir e reprimir a prática de atos ímprobos, tanto na dimensão constitucional quanto na infraconstitucional, mas sem interferir no *status libertatis* daquele que praticou o ato.

Assim, forçoso concluir que, na esfera jurisdicional, somente poderão ser verificadas duas formas sancionatórias: penal e não penal (cível). Não há uma terceira via, como poderia ser extraída da redação prevista no art. 17-D, da LIA

Estas afirmações introdutórias são imprescindíveis para afirmar a necessária filtragem da aplicação das regras e princípios do Direito Penal para a seara da improbidade administrativa, sob pena de desvirtuar o próprio sistema sancionatório brasileiro.

O Direito Sancionador, portanto, deve ser considerado como um gênero que comporta duas searas diversas:

i) seara penal, referente ao Direito Penal e

ii) seara não penal, assim compreendida como a seara na qual não há sanções que restrinjam a esfera jurídica individual da liberdade do agente, mas sanções diversas, como se vê no microssistema de combate à corrupção (lei anticorrupção e lei de improbidade administrativa) e a o Direito Administrativo, pois no âmbito do serviço público há, também, disposições sancionatórias

Com efeito, o Direito Penal tem como premissa a limitação do poder estatal punitivo em virtude do cerceamento da liberdade individual mediante a aplicação do regime sancionatório. Nessa ordem de ideias, portanto, imprescindível o manejo de direitos e garantias constitucionais para assegurar a adequada aplicação da sanção.

O Direito Administrativo Sancionador[105], por seu turno, confere um poder--dever estatal para a aplicação do regime sancionatório em virtude do interesse público subjacente. Ora, tal sistemática visa conferir maior efetividade ao sistema sancionatório, pois as condutas afetam o próprio funcionamento do Estado e, em

---

BINENBOJN, Gustavo. O direito administrativo sancionador e o estatuto constitucional do poder punitivo estatal: possibilidades, limites e aspectos controvertidos da regulação do setor de revenda de combustíveis. In: *Revista de Direito da Procuradoria Geral*. Rio de Janeiro (edição especial): Administração Pública, Risco e Segurança Jurídica, 2014, p. 468. No mesmo sentido, JUSTEN FILHO, Marçal. *Curso de Direito Administrativo*. 8ª ed., Belo Horizonte: Ed. Fórum, 2012, p. 571.

105. VORONOFF, Alice. *Direito Administrativo Sancionador no Brasil*: justificação, interpretação e aplicação, Belo Horizonte: Fórum, 2018, p. 81-95.

última análise, o próprio Estado Democrático de Direito e o correto funcionamento das instituições, mormente quando decorrentes de atos de corrupção e de improbidade administrativa.

Com tais afirmações e premissas, poder-se-ia indagar: qual é, portanto, o alcance da regra prevista no art. 1º, § 4º, da LIA?

O Direito Sancionador pode ser dividido, ainda, em duas esferas distintas: i) esfera judicial e ii) esfera administrativa.

Na esfera judicial, o agente será processado pelo Ministério Público e julgado por um órgão jurisdicional, ambos imparciais e sem interesse na solução da contenda, que poderá aplicar sanções cíveis ou penais, conforme o tipo de processo judicial. Aplicar-se-ão, portanto, todos os direitos e garantias fundamentais materiais e processuais previstos na Constituição. Os contextos, assim, são idênticos, apesar das sanções serem diversas.

Na esfera administrativa, entretanto, há contexto diverso, pois o poder punitivo é exercido diretamente pelo Poder Público, por intermédio de autoridades administrativas que não precisam observar o princípio da imparcialidade e sem a intervenção direta do Ministério Público. Ora, a previsão de aplicação dos princípios constitucionais do Direito Administrativo Sancionador justifica-se, pois o poder punitivo exteriorizado por meio das sanções administrativas, com o manejo de processo administrativo disciplinar, ocorre sem a participação do Poder Judiciário e do Ministério Público e, por isso, o cidadão precisa ter maiores garantias contra eventuais abusos ou arbítrio. Tal situação não se verifica no sistema da improbidade administrativa, pois as sanções que não são penais, são aplicadas por órgão jurisdicional no bojo de processo judicial com tal desiderato.

O alcance é objeto de duas teses: i) restritiva e ii) expansiva.

Para a **tese restritiva**, o sistema da improbidade administrativa não pode sofrer o influxo direto dos princípios constitucionais do Direito Penal, sem a adequada filtragem, sob pena de gerar confusão entre as duas searas punitivas: cível e penal.

Os fundamentos são os seguintes:

i)   o direito sancionador é gênero que comporta os sistemas cível e penal, mas não se confunde com o Direito Penal;

ii) o sistema da improbidade administrativa versa sobre sanções cíveis/não penais;

iii não há terceira via sancionatória;

iv) o art. 37, § 4º, da CR/88 afasta o sistema penal da seara da improbidade administrativa;

v) o art. 129, III c/c § 1º, da CR/88 reforça a afirmação de que as demandas de improbidade não buscam sanções penais, mas cíveis;

vi) o Direito Administrativo Sancionador integra o Direito Administrativo, e não o Direito Penal.

Para a **tese expansiva**, que tende a ser a majoritária[106], a despeito de reconhecer as diferenças entre os sistemas do Direito Penal e do Direito Administrativo, sustenta a aproximação de ambos com a possibilidade de aplicação direta de todos os princípios constitucionais penais.

Os fundamentos são os seguintes:

i) não existe diferença ontológica entre os sistemas sancionatórios, apesar do viés retributivo ser do Direito Penal e o preventivo ser do Direito Administrativo;

ii) ambos os sistemas decorrem de um mesmo fator: poder punitivo estatal, pois a única diferença é a autoridade que aplicará diretamente as sanções;

iii) há somente regimes jurídicos diversos, mas que não impedem a aplicação coordenada.

4.5. Competência no crime de responsabilidade

Crimes de responsabilidade são infrações político-administrativas que estão disciplinadas na CR/88, com a fixação das regras de competência, na Lei 1.079/1950 e Decreto-Lei 201/1967, que fixam as regras procedimentais, e em outras tantas normas infraconstitucionais que fixam alguns casos de tipicidade formal. Não podem ser criadas regras processuais/procedimentais nas Constituições Estaduais, sob pena de inconstitucionalidade, como decidido pelo STF.[107] Imprescindível, para fins de fixação da regra de competência para processo e julgamento, abordar os dois tipos de crime de responsabilidade: a) crime de responsabilidade próprio; b) crime de responsabilidade impróprio. O *crime de responsabilidade próprio é uma infração político-administrativa*, cujas sanções previstas são a perda do mandato e a suspensão dos direitos políticos. É uma infração de natureza administrativa, excluída, portanto, da definição e tratamento penal. São exemplos típicos, as condutas previstas na Lei 1.079/1950 e Dec. 201/1967. Os *crimes de responsabilidade*

---

106. OLIVEIRA, Regis Fernandes. *Infrações e sanções administrativas*, 2ª ed., São Paulo: RT, 2005, p. 19-20; OSÓRIO, Fábio Medina. Direito Administrativo Sancionador, 5ª ed., São Paulo: RT, 2015, p. 155; MELLO, Celso Antonio Bandeira. *Curso de Direito Administrativo*, 32ª ed., São Paulo: Malheiros, 2015, p. 871.

107. O Estado-membro não pode dispor sobre crime de responsabilidade, ainda que seja na Constituição estadual. Isso porque a competência para legislar sobre crime de responsabilidade é privativa da União, nos termos do art. 22, I, e art. 85 da CF/88. Súmula vinculante 46-STF: São da competência legislativa da União a definição dos crimes de responsabilidade e o estabelecimento das respectivas normas de processo e julgamento. Assim, é inconstitucional norma da Constituição Estadual que preveja a competência da Assembleia Legislativa para autorizar a instauração do processo e para jugar o Governador e o Vice-Governador do Estado por crimes de responsabilidade. Também é inconstitucional a previsão contida na Constituição Estadual afirmando que o Governador será suspenso de suas funções nos crimes de responsabilidade, se admitida a acusação e instaurado o processo, pela Assembleia Legislativa. STF. Plenário. ADI 4811/MG, Rel. Min. Gilmar Mendes, j. 13.12.021 (Info 1041).

impróprios, por outro lado, são as infrações penais propriamente ditas, apenadas com penas privativas de liberdade, que encontram definição e tratamento no Código Penal, nos crimes funcionais. Adoto, a partir deste momento, o conceito próprio do crime de responsabilidade para abordar os aspectos procedimentais. A prática de crime de responsabilidade fica restrita à seara dos agentes políticos, assim entendidos como aqueles que ocupam o ápice da carreira pública e que possuem suas funções institucionais definidas pela CR/88, tais como os chefes do executivo, seus vices e auxiliares diretos (ministros e secretários), parlamentares, membros da magistratura, do Ministério Público e dos Conselhos Nacional da Magistratura e do Ministério Público. O processo e julgamento do crime de responsabilidade poderá ocorrer mediante atuação da Casa Legislativa (Senado e Câmara Municipal), mediante o que se denomina de julgamento político (função jurisdicional atípica) ou mediante atuação do Poder Judiciário (função jurisdicional típica), mediante o que se denomina de julgamento jurídico. Para os governadores, vices e auxiliares diretos (secretários), é importante destacar que o STF reconheceu a constitucionalidade da regra do art. 78, § 3º da Lei 1.079/1950 que confere competência a um Tribunal constituído por cinco desembargadores, escolhidos por sorteio e cinco deputados estaduais eleitos pela assembleia legislativa, presidido pelo Presidente do Tribunal de Justiça.[108] A definição dos crimes de responsabilidade e o estabelecimento das respectivas normas de processo e julgamento são da competência legislativa privativa da União.[109] São, portanto, inválidas (inconstitucionais) as normas de Constituição Estadual que atribuam o julgamento de crime de responsabilidade à Assembleia Legislativa, em desacordo com a Lei 1.079/1950. É uma hipótese de inconstitucionalidade formal decorrente da incompetência dos Estados para legislar sobre processamento e julgamento de crimes de responsabilidade (art. 22, I, da Constituição da República). O tribunal referido na Lei 1.079/1950 é um Tribunal Especial, pois não faz parte da estrutura fixa do Poder Judiciário estatal e será constituído somente para o processo e julgamento do crime de responsabilidade. Esta regra, apesar da decisão do STF, parece tangenciar uma violação à vedação ao juízo ou tribunal de exceção (*ex post factum*), conforme consta no art. 5º, XXXVII, CR/88. No caso de prefeitos é importante ressaltar que, sendo crimes de responsabilidade os estabelecidos no art. 1º do DL 201/1967, estarão sujeitos ao julgamento pelo Poder Judiciário, observada a regra constitucional do art. 29, X, CR/88, por se tratar de infração penal, independentemente do pronunciamento da Câmara dos Vereadores. Já na hipótese das infrações político-administrativas estabelecidas no art. 4º do DL 201/67, serão julgados pela Câmara dos Vereadores.

---

108. ADI 4791, Rel. Min. Teori Zavascki, Tribunal Pleno, j. 12.02.2015, DJe 24-04-201; ADI 4792, Rel. Min. Cármem Lúcia, Tribunal Pleno, j. 12.02.2015, DJe 24-04-2015; ADI 4798 Min. Celso de Mello, j. 04.05.2017, Dje 15-08-2017; ADI 4797, j. 04.05.2017 Min. Celso de Mello DJe 15-08-2017; ADI 4764, Rel. Min. Celso de Mello, Rel. Min. Roberto Barroso, Tribunal Pleno, j. 04.05.2017, DJe 15-08-2017.
109. Súmula Vinculante 46, resultado da conversão da Súmula 722/STF.

Os parlamentares (senadores, deputados federais, deputados estaduais e vereadores) não respondem por crimes de responsabilidade, à exceção do presidente da câmara de vereadores (art. 29, § 3°).

Importa destacar que, em caso de condenação do agente político, pode haver a perda do cargo público, com inabilitação para o exercício de função, porém, pela regra do art. 52, da CR/88 a inabilitação é *por oito anos*, já pela regra do art. 2° da lei 1.079/1950 a inabilitação para o exercício de função pública é pelo prazo de *até 5 anos*. Uma das soluções para isso é entender que se o julgamento for pelo Senado (julgamento político), aplica-se a regra do art. 52, da CR/88; caso seja pelo Poder Judiciário (julgamento jurídico), aplica-se a regra do art. 2° da Lei 1.079/1950, ou seja, nestes casos, a inabilitação e *por até 5 anos*. Tal procedimento versa sobre uma situação deveras peculiar, pois será uma hipótese de processo coletivo perante um órgão político no exercício de função jurisdicional atípica com a tutela de interesse difuso.[110]

ÓRGÃO COMPETENTE	AUTORIDADES
SENADO	a) Presidente e Vice-presidente da República (art. 52, I, II CR/88) b) Ministros de Estado (art. 50, § 2°, 52, I, 102, I, c) c) Comandantes da Marinha, Exército e Aeronáutica (art. 52, I; 102, I, c) d) Ministros do STF (art. 52, II, CR/88) e) Membros do CNJ e CNMP (art. 52, II, CR/88) f) Procurador Geral da República (art. 52, II, CR/88) g) Advogado Geral da União (art. 52, II, CR/88)
STF	a) Membros dos Tribunais Superiores (art. 102, I, c, CR/88) b) Membros do Tribunal de Contas da União (art. 102, I, c, CR/88) c) Membros de missão diplomática de caráter permanente (art. 102, I, c, CR/88)
STJ	a) Desembargadores dos TJE e do DF (art. 105, I, a da CR/88) b) Membros dos TCE e DF (art. 105, I, a da CR/88) c) Membros dos TRFs, TRTs, TREs (art. 105, I, a da CR/88) d) Membros do MPU que oficiem perante os Tribunais superiores (art. 105, I, a da CR/88)
TRF	a) Juízes Federais, da Justiça Militar e da Justiça do Trabalho (art. 108, I, a da CR/88). b) Membros do MPU que não oficiam perante os Tribunais (art. 108, I, a da CR/88).
TJ	a) Juízes e membros do MPE e DF (art. 96, III, CR/88)
TRIBUNAL ESPECIAL	a) Governadores (art. 78, § 3°, Lei 1.079/1950)
CÂMARA DE VEREADORES	a) Prefeitos (art. 4° do DL 201/1967)
CÂMARA DE VEREADORES	a) Presidente da Câmara Municipal (art. 29-A, § 3° da CR/88)

4.6. Competência na ação popular

O art. 5°, LAP estabelece que, *conforme a origem do ato impugnado*, é competente para conhecer da ação, processá-la e julgá-la o juiz que, de acordo com a organização judiciária de cada estado, o for para as causas que interessem à União, ao Distrito

---

110. "Trata-se, portanto, de direito difuso tutelado por meio de atípico processo ora analisado (função estatal atípica)". NEVES, Daniel Amorim Assumpção. *Manual do Processo Coletivo*. Op. cit., p. 174.

Federal, ao Estado ou ao Município.[111] Nos Códigos de Organização Judiciária dos estados, normalmente, a competência pertence aos órgãos jurisdicionais fazendários (juízos de Fazenda Pública), conforme as regras dos arts. 44, 51, parágrafo único e 52, parágrafo único, CPC.

A competência para julgar a ação popular *é sempre do órgão judiciário de primeiro grau, conforme a origem do ato impugnado* (art. 5º, LAP). É do juiz federal se o ato for praticado por qualquer autoridade vinculada à União ou às suas autarquias, empresas públicas e fundações públicas (art. 109, I, CR/88). É do juiz estadual se o ato é de qualquer autoridade estadual ou municipal.

Observa-se que o *foro especial por prerrogativa de função não alcança as ações populares* ajuizadas contra as autoridades detentoras das prerrogativas, cabendo, portanto, à justiça ordinária de primeira instância julgá-las. Assim, não é da competência originária do STF conhecer de ações populares, mesmo que o réu seja autoridade que tenha naquela Corte o seu foro por prerrogativa de função (o Presidente da República, por exemplo). Entretanto, *o STF terá competência originária para julgar ação popular quando a decisão possa gerar conflito entre os entes federados*, conforme podemos inferir da leitura do art. 102, I, f, CR/88.[112] Outra hipótese que encontra guarida constitucional é a prevista no art. 102, I, n, CR/88.[113] Houve o reconhecimento da sua competência originária, também, com base no art. 102, I, e, CR/88, no caso da propositura de uma ACP pelo MPF em face da Itaipu Binacional.[114] Apesar de não ter sido proposta uma ação popular, a *ratio decidendi* é plenamente aplicável ao caso concreto.

Da mesma forma, como vimos no tópico regra geral da competência, será necessária a verificação da regra territorial da competência, mas sempre com viés absoluto. A LAP é omissa quanto à regra territorial, portanto, aplica-se o foro do local do dano, conforme determinam as normas do microssistema da tutela coletiva (arts. 2º, LACP e 93, CDC), que somente poderão ser afastadas por regra legal específica em sentido contrário. Assim, considerando o polo passivo a ser formado nas ações populares (art. 6º, LAP), deverá o autor popular promover a demanda no foro do local do dano, sem qualquer verificação, para tal desiderato, de qual seja o domicílio das partes, ainda que a pessoa jurídica de direito público figure no polo passivo.[115] Não poderá ser aplicado, portanto, o art. 46, CPC. Nada obstante, o STJ, de forma equivocada,[116] já decidiu pela

---

111. AO 672-DF, Rel. Min. Celso de Mello; Pet. 2018/SP-AgR, 2ª T, Rel. Min. Celso de Mello, DJ de 16/2/2001; Pet. 3422/DF-AgR, Tribunal Pleno, Rel. Min. Carlos Britto, DJ de 2.12.2005; Pet. 3152/PA-AgR, Tribunal Pleno, Rel. Min. Sepúlveda Pertence, DJ de 20/.08.2004.

112. CC 31.371-MG, Rel. Min. Milton Luiz Pereira, julgado em 28/.03.2001. Pet 6375 AgR, Relator(a): Min. Dias Toffoli, 2ª T, j. 05.05.2017, DJe 25.05.2017 PUBLIC 26.05.2017.

113. AO 859/QO, rel. p/ AC. Min. Maurício Corrêa, j. 11.10.2001, Dj 01.08.2003; Pleno, Rcl. 417, rel. Min. Carlos Velloso, j. 11.03.1993, DJ 16.04.1993.

114. Tribunal Pleno, Rcl. 2937/PR, rel. Min. Marco Aurélio, j. 15.12.2011, Dje 16.04.2012.

115. *"Pessoalmente, compartilho do entendimento doutrinário que defende a aplicação da regra já constante do microssistema, o que inclusive manteria homogêneo o tratamento da competência do foro no âmbito da tutela coletiva."* NEVES, Daniel Amorim Assumpção. *Manual do Processo Coletivo*. Op. cit., p. 184.

116. Na doutrina, há quem concorde com tal solução: COSTA, Susana Henrique da. *O processo coletivo na tutela do patrimônio público e da moralidade administrativa: ação de improbidade administrativa, ação civil pública e ação popular*. São Paulo: Quartier Latin, 2008, p. 256.

aplicação das regras territoriais de competência previstas no CPC (arts. 46 e 51) para fins de propositura da Ação Popular.[117] Esta decisão, que já foi objeto de crítica doutrinária,[118] não tem lastro na regulamentação da tutela coletiva, pois deve ser utilizado o microssistema antes da aplicação do CPC, como já visto em capítulo próprio.

4.7. Competência no Estatuto do Idoso e no Estatuto da Criança e do Adolescente

O art. 80 do Estatuto do Idoso estabelece a competência absoluta do foro do **domicílio do idoso** para as ações relativas à proteção judicial dos interesses difusos, coletivos e individuais homogêneos. Já o art. 209 do ECA estabelece a competência **absoluta do foro do local onde ocorreu ou deva ocorrer a ação ou omissão.** Note-se que, conforme já anteriormente exposto, no microssistema de tutela coletiva, em regra, o foro do local do dano possui competência funcional absoluta, consoante art. 2º da LACP. A despeito da existência de regramento específico para a tutela do idoso, a meu ver, a melhor solução é a utilização da regra do núcleo duro do microssistema, ou seja, a demanda deverá ser proposta no foro do local do dano, que, naturalmente, será o local do domicílio do idoso.[119] Vale mencionar que o STJ, de maneira acertada, fixou entendimento no sentido de que a competência para o processo e julgamento de ação civil pública fundamentada no ECA pertence ao juízo da Infância e da Juventude e que esta ostenta natureza absoluta.[120] Compete à Justiça da Infância e da Juventude processar e julgar causas envolvendo reformas de estabelecimento de

---

117. CC 107.109/RJ, 1ª Seção, rel. Min. Castro Meira, j. 24.02.2010, Dje 18.03.2010; CC 47.950/DF, 1ª Seção, CC 47.950/DF, rel. Min. Denise Arruda, j. 11.04.2007, Dje 07.05.2007.

118. "O Superior Tribunal de Justiça, entretanto, tem entendimento diverso, determinando a aplicação por analogia das regras do Código de Processo Civil e transformando a competência territorial da ação popular na única competência relativa de todo o microssistema coletivo (...)." NEVES, Daniel Amorim Assumpção. *Manual do Processo Coletivo.* Op. cit., p. 184.

119. "Não há, verdadeiramente, conflito entre esse preceito e a regra de competência do art. 2º da Lei de Ação Civil Pública, pelo qual a demanda coletiva deve ser proposta no foro do local do dano. É natural que, tratando-se de ação coletiva proposta em defesa de direitos do idoso previstos no Estatuto (que, de forma predominante, trata de direitos sociais), os serviços e as políticas públicas exigíveis digam respeito ao local onde vive o idoso, que é, essencialmente, o local do dano, ilícito ou omissão lesiva. Essa é a intepretação sistemática do art. 80 do Estatuto do Idoso em conjunto com o art. 2º da Lei de Ação Civil Pública, pois não seria possível em uma ação coletiva identificar de antemão todos os idosos beneficiários da tutela jurisdicional e fracionar a atuação (e a competência) em conformidade com o domicílio de cada um deles. A aplicação estrita da prerrogativa de foro do domicílio de cada idoso, nesse sentido literal, só pode prevalecer no processo individual." LEONEL, Ricardo de Barros. *Manual do Processo Coletivo.* Op. Cit., p. 280-281. No mesmo sentido, vale mencionar: "Nesse caso, no entanto, autorizada doutrina entende que, mesmo havendo dispositivo específico no Estatuto do Idoso, deve prevalecer a regra constante do núcleo duro do microssistema, levando-se em conta o dano, e não o domicílio dos idosos." NEVES, Daniel Amorim Assumpção. *Manual do Processo Coletivo.* Op. cit., p. 182; YARSHELL, Flávio Luiz. *Competência no estatuto do idoso (Lei 10.741/2003).* Disponível em: http://www.mundojuridico.adv.br. Acesso em 27/11/2017; GODINHO, Robson Renault. *A proteção processual dos direitos dos idosos.* 2ª ed. Rio de Janeiro: Lumen Juris, 2010, p. 208.

120. Resp 1.486.219/MG, rel. Min. Herman Benjamin, 2ª T., j. 25.11.2014, Dje 04.12.2014.

ensino de crianças e adolescentes. Conforme arts. 148, IV e 209, do ECA, bem como entendimento já consolidado no âmbito do STJ.[121]

4.8. Competência no processo coletivo especial

Conforme já anotado no capítulo referente às notas introdutórias, o processo coletivo se subdivide em processo coletivo comum e processo coletivo especial. O processo coletivo especial tem por objeto a tutela jurisdicional da higidez do direito objetivo. São as ações objetivas de controle de constitucionalidade (ADI, ADI por omissão, ADC, ADPF).

A regra de competência nos processos coletivos especiais segue uma premissa diversa, pois não será empregado o foro do local do dano como orientação para a identificação do órgão jurisdicional competente. Para fins de fixação da competência, neste caso, devem ser levados em consideração os seguintes elementos: a) parâmetro empregado para o controle de constitucionalidade (Constituição da República ou Constituição Estadual); b) norma jurídica objeto de controle (emenda constitucional, tratado internacional, lei federal, lei estadual ou lei municipal).

Nas demandas de controle concentrado de constitucionalidade de lei ou ato normativo federal, estadual ou distrital de natureza estadual, tendo como parâmetro a Constituição da República, a competência pertence ao STF, conforme art. 102, I, a, CR/88, inclusive para a ADI por omissão (arts. 102, I, a c/c 103, § 2º, CR/88) e ADPF (art. 102, § 1º, CR/88).[122] Por meio da ADC, contudo, a competência do STF versará somente sobre o controle da constitucionalidade de lei ou ato normativo federal (art. 103, CR/88). Nas demandas de controle concentrado de constitucionalidade (representação por inconstitucionalidade), das leis municipais e estaduais, tendo como parâmetro a Constituição Estadual (no caso dos estados) ou a Lei Orgânica do Distrito Federal (no caso do DF), a competência pertence ao Tribunal de Justiça (órgão especial ou tribunal pleno, conforme o caso), conforme art. 125, § 2º, CR/88.

Vale lembrar, contudo, que o STF pode exercer o controle concentrado de constitucionalidade de lei municipal tendo como parâmetro a CR/88 ou lei distrital de caráter municipal perante a Lei Orgânica do DF somente por meio de ADPF.

4.9. Competência no processo coletivo derivado do modelo de resolução de questões repetitivas

Conforme abordado no capítulo das normas introdutórias, existem dois modelos de processo coletivo: a) ação coletiva; b) resolução das questões repetitivas. Como regra geral, nos processos coletivos, como visto, a demanda deverá ser proposta no foro do local do dano. No modelo de resolução de questões repetitivas, por outro

---

121. AREsp 1.840.462-SP, Rel. Min. Francisco Falcão, 2ª T., por unanimidade, j. 15.03.2022
122. O STF não exerce controle de constitucionalidade de lei municipal ou distrital de natureza municipal por meio de ADI, tendo como parâmetro a CR/88.

lado, não será aplicável a regra geral prevista nos arts. 93, CDC e 2°, LACP, pois não se trata de processo coletivo com o fim de tutela de direito subjetivo, mas de fixação de uma tese jurídica. Assim, as regras de competência aplicáveis decorrem das normas do CPC, observando-se o microssistema das questões repetitivas (art. 928, CPC). Nos recursos excepcionais repetitivos, a competência para a sua resolução pertence aos Tribunais Superiores (arts. 102, III c/c 105, III, CR/88 c/c 1036, CPC), conforme a hipótese. No caso do IRDR, a competência pertence aos tribunais de origem, conforme arts. 976-985, CPC. Nada obstante, entendo não existir vedação para que este incidente seja suscitado perante os Tribunais Superiores.

4.10. Competência nos litígios coletivos transnacionais e transfronteiriços

Vimos os conceitos de dano local, regional e nacional, mas a doutrina atualmente, mormente após o advento do CPC/15, trabalha com os chamados litígios coletivos transnacionais e transfronteiriços.[123] Os litígios coletivos transnacionais são aqueles que decorrem da existência de mais de uma jurisdição estatal diversa (jurisdições em contraste e concorrentes). Os litígios coletivos transfronteiriços, por outro lado, são aqueles que decorrem de um dano que atinge o território de mais de um Estado soberano, como nos casos de danos ambientais, produtos nocivos inseridos no mercado de consumo e publicidade enganosa. Uma determinada montadora de veículos teve a sua imagem muito desgastada com a veiculação de que o seu produto (veículo) falhou em todos os testes de segurança, mas, ainda assim, houve a sua inserção no mercado de consumo latino-americano.

Nestes tipos de conflito surgem primordialmente os seguintes problemas: a) qual o país poderá exercer a jurisdição sobre o fato ensejador da demanda; b) qual é o ordenamento jurídico aplicável ao caso concreto; c) como tornar efetiva a tutela jurisdicional decorrente da eventual relação jurídica processual instaurada. Com relação ao primeiro problema, podem ser aplicadas as normas que regulam a jurisdição internacional (arts. 21 ao 25, CPC), bem como os critérios do *forum shopping* e *forum non conveniens*, como vertentes do princípio da competência adequada. Quanto ao ordenamento jurídico aplicável ao caso concreto, devem ser usados como fontes normativas os tratados, convenções e protocolos internacionais. Por fim, para conferir maior efetividade à tutela jurisdicional, igualmente poderão ser usadas as convenções internacionais, mas o CPC/15 positivou institutos que são bem úteis, quais sejam, cooperação jurídica internacional e o auxílio direto (arts. 26 ao 41, CPC). Nada obs-

---

123. "A distinção entre litígios transnacionais e transfronteiriços está na relação entre gênero e espécie. Os litígios transnacionais, como gênero, envolvem mais de uma jurisdição e possuem como característica principal o chamado "elemento de internacionalidade" ('elemento de extraneità'). Nos transfronteiriços, os danos/ ilícitos acontecem de maneira simultânea em mais de um território ao mesmo tempo. Os danos/ilícitos não respeitam as fronteiras." DIDIER JR., Fredie; ZANETI JR., Hermes. Curso de Direito *Processual Civil – Processo Coletivo*. Op. cit., p. 155. MOSCHEN, Valesca Raizer Borges; GUERRA, Marcel Victor M. *Processo Civil Transnacional: A caminho de uma sistematização dos princípios de competência internacional: reflexões de um novo paradigma axiológico face à crise metodológica positivista*. In: Anais do XVIII Encontro Nacional do CONPEDI, Fundação Boiteux, 2009.

tante, caso o processo seja instaurado em outro país, a decisão proferida surtirá os seus regulares efeitos em nosso ordenamento, como título executivo extrajudicial, desde que seja devidamente homologada pelo STJ, conforme arts. 105, I, i c/c 109, X, CR/88 c/c arts. 515, VIII e IX c/c 960, CPC.

5. PREVENÇÃO

Sob a égide do CPC/73, a regra de prevenção dos processos coletivos era diversa das regras de prevenção dos processos individuais. No CPC/73, nos arts. 106 e 219, existiam duas regras diversas: a) primeiro despacho, assim entendido como o liminar positivo, que ordenava a citação e era usado quando os órgãos ostentavam a mesma competência territorial; e b) primeira citação válida.

No atual código, o art. 59 estabelece que o *registro ou a distribuição da petição inicial torna prevento o juízo,* sendo que a teor do art. 312, a ação é considerada proposta quando a petição inicial for protocolada, só produzindo efeitos contra o réu depois que ele for validamente citado. Portanto, *o que gera prevenção agora é a propositura da ação.*

Quanto ao microssistema de tutela coletiva, a regra hoje é a mesma no CPC: o que gera prevenção é a propositura da ação. É o que estabelece o art. 5º, § 3º LAP, o art. 2º, parágrafo único LACP e o art. 17, § 5º da LIA. Porém, como referidas leis não fazem referência ao momento em que se considera a ação proposta, aplicamos a regra do art. 312 do CPC/15, ou seja, a ação é considerada proposta quando a petição inicial for protocolada e o que gera a prevenção é a propositura da ação. As demais questões relacionadas ao advento do CPC/15 foram devidamente enfrentadas no capítulo reflexos do CPC para o qual remetemos o leitor.

Essa regra de prevenção traz uma aplicação prática muito importante, pois previne a jurisdição em todas as demais ações.[124] Em virtude desses dois trechos surge o seguinte debate: **essa vis atracttiva que existe no juízo prevento gera juízo universal? 1ª tese:** existe o juízo universal que vai atrair tanto as ações individuais quanto as coletivas. Literalidade da norma. A norma fala "todas as demais ações" (minoritária). **2ª tese:** não há juízo universal, pois a *vis attractiva* só abrangerá as ações coletivas que ostentem alguma semelhança com a demanda que gerou a prevenção (conexão, continência ou litispendência), ou seja, as ações individuais serão propostas observando a livre distribuição.

---

124. MAZZILI, Hugo Nigro. *A defesa dos interesses difusos em juízo: meio ambiente, consumidor, patrimônio cultural.* 27ª ed. São Paulo: Saraiva, 2014, p. 319-320 "Se o dano atingir todo o País, e várias ações idênticas tiverem sido ajuizadas em foros concorrentes (Capitais de Estados ou no Distrito Federal), a prevenção também deverá determinar a competência. Assim, já se decidiu que, "em se tratando de ações civis públicas intentadas em juízos diferentes, contendo, porém, fundamentos idênticos ou assemelhados, com causa de pedir e pedido iguais, deve ser fixado como foro competente para processar e julgar todas as ações, pelo fenômeno da prevenção, o juízo a quem foi distribuída a primeira ação."

6. COMPETÊNCIA PARA LIQUIDAÇÃO E EXECUÇÃO DA SENTENÇA COLETIVA DE PROCEDÊNCIA

A regra de competência para a liquidação e execução da sentença coletiva não difere, na essência, das regras previstas para os processos individuais. Nada obstante, é possível verificar a existência de uma norma que busca regulamentar o tema, qual seja, o art. 98, § 2º, CDC. No CPC, as regras de competência para tal tema, são diferentes conforme a natureza jurídica dos títulos executivos; a) se for título executivo judicial (art. 515, CPC), trabalha-se com o critério funcional horizontal de competência, ou seja, a liquidação e a execução, como regra, deverão ser propostas perante o mesmo juízo responsável pela formação do título (art. 516, CPC), mas o credor pode promover a execução em outro foro, conforme autoriza o parágrafo único do mesmo artigo; b) se o título for extrajudicial (art. 784, CPC), não haverá que se falar em critério funcional horizontal, porque não houve processo de conhecimento anterior, aplicando-se, assim, as regras previstas no art. 781, CPC.

Na tutela coletiva, seguindo a mesma regra geral do CPC, existe o art. 98, § 2º, CDC, que regulamenta somente a regra de competência para o cumprimento de sentença (execução com base em título executivo judicial).[125] O legislador aplicou, portanto, o critério funcional horizontal de competência. Ocorre que o STJ[126] e a doutrina dominante[127] afirmam que a liquidação e a execução de sentença coletiva de procedência, quando requeridas no plano individual, podem ser propostas no foro do domicílio da vítima ou de seu sucessor, com base no princípio do acesso à justiça (art. 5º, XXXV, CR/88), com o fito precípuo de estimular a efetivação da tutela jurisdicional coletiva. Podem ser usados como argumentos de reforços os arts. 6º, VIII, CDC e 101, I, CDC. Vale lembrar, ainda, que se fosse utilizado o critério funcional horizontal aliado a uma espécie de prevenção do juízo da ação de conhecimento para todas as execuções individuais, inviabilizaria a prestação da tutela jurisdicional com relação aos demais processos para aquela localidade. Assim, aquele que pretender requerer o cumprimento de sentença na esfera individual gozará de opções de foro, conforme visto (arts. 516, CPC, 98 e 101, I, CDC).

---

125. "Não há nenhuma norma expressa a respeito da competência para a liquidação de sentença, devendo-se analisar o momento procedimental no qual a liquidação ocorre para determinar o órgão jurisdicional competente." NEVES, Daniel Amorim Assumpção. *Manual do Processo Coletivo*. Op. cit., p. 375.
126. CC 96.682/RJ, 3ª Seção, Rel. Min. Arnaldo Esteves Lima, j. 10.02.2010; Resp 1.243.887/PR, Corte Especial, Rel. Min. Luis Felipe Salomão, j. 19.10.2011.
127. NEVES, Daniel Amorim Assumpção. *Manual do Processo Coletivo*. Op. cit., p. 375; DIDIER JR., Fredie; BRAGA, Paula Sarno; OLIVEIRA, Rafael. *Curso de Direito Processual Civil*. Vol. 2. Salvador: Juspodivm, 2007, p. 395; LEONEL, Ricardo de Barros. Op. cit., p. 509; ARAÚJO FILHO, Luiz Paulo da Silva. *Ações coletivas: a tutela jurisdicional dos direitos individuais homogêneos*. Rio de Janeiro: Forense, 2000, p. 188; DIAS, Francisco de Barros. Coisa julgada e execução no processo coletivo. *RePro* 78/58-59, Ano 20, São Paulo: Revista dos Tribunais, abril-junho/1995; GRINOVER, Ada Pellegrini, et al. *Código Brasileiro de Defesa do Consumidor Comentado pelos Autores do Anteprojeto*. Rio de Janeiro: Forense Universitária, 1993, 9ª ed., p. 554; PIZZOL, Patricia Miranda. *Liquidação nas Ações Coletivas*. São Paulo: Lejus, 1998, p. 193; SILVA, Érica Barbosa e. *Cumprimento de sentença em ações coletivas*. São Paulo: Atlas, 2009, p. 112.

Para as hipóteses de liquidação de sentença, a doutrina sustenta a necessidade de verificar o momento processual/procedimental para fins de fixação do juízo competente, bem como se o processo é coletivo ou individual: a) caso a liquidação seja incidental, tanto no processo coletivo (liquidação realizada por legitimado coletivo), quanto no individual, ou seja, etapa procedimental imediatamente anterior ao cumprimento de sentença, deve ser utilizado o critério funcional horizontal e o requerimento deverá ser apresentado pelo o mesmo órgão jurisdicional; b) caso a liquidação seja individual da sentença de procedência genérica, deve ser admitida a possibilidade do requerimento ser apresentado perante o juízo do foro do domicílio da vítima ou de seu sucessor, tal como ocorre para as hipóteses de execução e com base na mesma linha argumentativa.[128] No mesmo sentido, conforme indicado acima, é o entendimento no STJ.[129]

Por fim, vale dizer que as opções de foro previstas no art. 516, parágrafo único, CPC também poderão ser utilizadas pelos legitimados coletivos, porque não existe razão fática ou jurídica para excluir esta aplicação.[130]

---

128. NEVES, Daniel Amorim Assumpção. *Manual do Processo Coletivo*. Op. cit., p. 375; DIDIER JR., Fredie; BRAGA, Paula Sarno; OLIVEIRA, Rafael. *Curso de Direito Processual Civil*. Salvador: Juspodivm, 2007, v. 2, p. 395; LEONEL, Ricardo de Barros. Op. cit., p. 379; LUCON, Paulo Henrique dos Santos. *Código de Processo Civil interpretado*. 3ª ed. Coordenação de Antonio Carlos Marcato. São Paulo: Atlas, 2005, p. 1789; RODRIGUES, Marcelo Abelha. *Manual de Execução Civil*. Rio de Janeiro: Forense Universitária, 2006, p. 451.

129. Resp 1.098.242/GO, 3ª T., Rel. Min. Nancy Andrighi, j. 21.10.2010; CC 96.682/RJ, 3ª Seção, Rel. Min., Arnaldo Esteves Lima, j. 10.02.2010.

130. "*A possibilidade de escolha de foros para a execução, prevista no par. ún. Do art. 516 do CPC, também se aplica à execução coletiva promovida pelos legitimados coletivos, pois não há razão para qualquer diferenciação de tratamento: se o regime do CDC (art. 98, § 2º, II) adotava o regime geral previsto no CPC, se esse foi alterado, também deve considerar-se alterado, por revogação, o regime daquele.*" DIDIER JR., Fredie; ZANETI JR., Hermes. *Curso de Direito Processual Civil – Processo Coletivo*. Op. cit., p. 490.

Capítulo 10
CONDIÇÕES DA AÇÃO

1. INTRODUÇÃO

Na vigência do CPC/73, as condições da ação eram elementos processuais essenciais para o desenvolvimento regular do processo e eventual julgamento do mérito (legitimidade *ad causam,* interesse de agir e possibilidade jurídica). A ausência de qualquer uma das condições da ação causava a extinção do processo sem julgamento de mérito (art. 267, VI, CPC/73).

Note-se, contudo, que essa regra não foi reproduzida no CPC/15. O art. 17, do atual código, estabelece que para postular em juízo é necessário ter interesse e legitimidade. O CPC/15 separou os requisitos das condições da ação alocando-os em *pressupostos processuais* e *questão de mérito*.[1] Assim, interesse de agir e legitimidade *ad causam* extraordinária passaram a ser tratados como pressupostos processuais, sendo a ausência desses elementos causa de indeferimento da inicial, consoante art. 330, II e III, do CPC/15. Já a possibilidade jurídica da demanda e a legitimidade *ad causam* ordinária passou a integrar o próprio mérito.[2] A bem da verdade, diga-se, tal modificação não é mérito do CPC/15, pois já era entendimento assente na doutrina.

---

1. "A legitimidade e o interesse passarão, então, a constar da exposição sistemática dos pressupostos processuais de validade: o interesse, como pressuposto de validade objetivo intrínseco; a legitimidade, como pressuposto de validade subjetivo relativo às partes." DIDIER JR., Fredie. http://www.frediedidier.com.br/artigos/condicoes-da-acao-e-o-projeto-de-novo-cpc/. Acesso em 08.11.2017.
2. "Não significa que a possibilidade jurídica do pedido deixou de existir, mas, sim, que ela passou a ser tratada como aquilo que, em conformidade com a doutrina contemporânea, verdadeiramente é, ou seja aspecto inerente ao próprio mérito da pretensão deduzida em juízo." BARROS LEONEL, Ricardo de. *Manual do Processo Coletivo.* 4ª ed. São Paulo: Malheiros, 2017, p. 225

Apesar de entender que não há mais a categoria jurídica autônoma das condições ao legítimo e regular exercício do direito de ação, isso não implica dizer que as partes deixam de demonstrar tais requisitos e que o juiz não deve mais exigi-los.[3] Implica dizer que não serão mais qualificados juridicamente como condições da ação, porém mantive o tópico com este título para fins didáticos. Por fim, vale mencionar a existência de uma divergência doutrinária sobre o tema. Para uma 1ª tese, com o advento do CPC/15 houve o fim dessa categoria jurídica autônoma, como já exposto. Com a adoção desta tese, há um problema que carece de solução: com o fim dessa categoria, os elementos que antes a compunham devem receber nova qualificação jurídica. Assim, a possibilidade jurídica vai para o mérito, assim como a legitimidade *ad causam* ordinária. O interesse processual e a legitimidade *ad causam* extraordinária vão para os pressupostos processuais. Para uma 2ª tese, que se demonstra majoritária, não houve o fim desta categoria jurídica diante da não reprodução do termo "condições da ação". Permanece, no ordenamento jurídico, esta categoria jurídica autônoma, mas com a transferência da possibilidade jurídica para o mérito.[4]

2. POSSIBILIDADE JURÍDICA DA DEMANDA COMO ELEMENTO DO MÉRITO

A possibilidade jurídica deixou ser elemento da ação e passou a ser tratada como questão de mérito, com o advento do CPC/15. Entende-se por possibilidade jurídica a ausência de vedação expressa no ordenamento acerca dos elementos presentes na própria demanda (partes, pedido e causa de pedir). Não podemos admitir a ideia de que a possibilidade jurídica fique adstrita somente ao pedido, pois o seu âmbito estende-se a todos os elementos da demanda, ou seja, as partes, os pedidos e a causa de pedir deverão observar as restrições existentes no ordenamento jurídico. Tudo o que não tiver vedação expressa no ordenamento será juridicamente possível. Não podemos, portanto, confundir ausência de regulamentação de determinado tema com a impossibilidade jurídica.[5] Ora, se determinado tema ventilado na demanda não for abrangido por qualquer forma de regulamentação, haverá possibilidade ju-

---

3. "É o conceito "condição da ação" que seria eliminado. Aquilo que por meio dele se buscava identificar permaneceria existente, obviamente. O órgão jurisdicional ainda teria de examinar a legitimidade, o interesse e a possibilidade jurídica do pedido. Tais questões seriam examinadas ou como questões de mérito (possibilidade jurídica do pedido e legitimação ad causam ordinária) ou como pressupostos processuais (interesse de agir e legitimação extraordinária)." DIDIER JR., Fredie. http://www.frediedidier.com.br/artigos/condicoes-da-acao-e-o-projeto-de-novo-cpc/. Acesso em 08.11.2017.

4. ARRUDA ALVIM WAMBIER, Teresa; CONCEIÇÃO, Maria Lúcia Lins; RIBEIRO, Leonardo Ferres da Silva; MELLO, Rogério Licastro Torres de. *Primeiros Comentários ao Novo Código de Processo Civil*. São Paulo: Ed. RT, 2015. CÂMARA, Alexandre Freitas. "Será o fim da categoria 'condição da ação'? Uma resposta a Fredie Didier Junior". *Revista de Processo*. São Paulo: Ed. RT, julho 2011, v. 197, p. 261-269. NEVES, Daniel Amorim Assumpção. *Manual de Direito Processual Civil*. Salvador: JusPodivm, 2016.

5. "Como se sabe, a possibilidade jurídica do pedido deve ser compreendida no sentido negativo, como ausência de vedação no ordenamento quanto à espécie de provimento que o autor pretende com a ação. Não pode ser contemplada no sentido positivo, como necessidade de expressa previsão da providência, sendo inviável exigir do legislador que estabeleça previamente, e de forma hipotética, pedidos em tese amoldáveis a todas as situações da vida." BARROS LEONEL, Ricardo de. *Manual do Processo Coletivo*. 4ª ed. São Paulo: Malheiros, 2017, p. 256.

rídica e o magistrado deverá buscar em outras fontes do Direito a solução adequada para tanto, pois lhe é vedado o *non liquet*, ou seja, a prestação da tutela jurisdicional é indeclinável (art. 140, CPC).

Neste aspecto, são relevantes alguns temas diretamente atrelados à tutela jurisdicional coletiva, tais como: matéria tributária, controle de constitucionalidade, controle judicial de políticas públicas, relativização da coisa julgada, reparação por danos morais coletivos e *habeas corpus* coletivo.

O magistrado, na fase de recebimento da inicial, ao verificar a presença da impossibilidade jurídica da demanda (em todos os seus elementos: partes, pedido e causa de pedir), deverá julgar liminarmente improcedente a demanda (art. 332, CPC), por ser tratar de hipótese atípica de improcedência liminar.[6]

2.1. Matéria tributária, contribuições previdenciárias, FGTS ou outros fundos

Com relação à tutela coletiva evolvendo matéria tributária, não é juridicamente possível, *em sede de ação civil pública*, pedido envolvendo matéria tributária. Isto porque a Medida Provisória 2.180/01 incluiu o parágrafo único no art. 1º da LACP determinando que não será cabível ação civil pública para veicular pretensões que envolvam tributos, contribuições previdenciárias, Fundo de Garantia do Tempo de Serviço – FGTS ou outros fundos de natureza institucional cujos beneficiários podem ser individualmente determinados. Tal previsão é objeto, com a devida razão, de severas críticas da doutrina.[7]

A vedação prevista nesta norma padece de claro vício de inconstitucionalidade, com base nos seguintes argumentos: a) limita, de certa forma, as atribuições do Ministério Público, pois estas somente poderão ser objeto de regulamentação por meio de lei complementar, conforme preconiza o art. 128, § 5º, CR/88. Ademais, a LC 75/1993, de forma expressa, em seu art. 5º, II, *a* e *d* prevê a atuação ministerial para a tutela do sistema jurídico nacional e da seguridade social;[8] b) viola o princípio do acesso à justiça (art. 5º, XXXV, CR/88), pois impede que tais matérias sejam resolvi-

---

6. "Acrescente-se que, embora o Código de Processo Civil/2015, ao tratar da improcedência liminar do pedido, não tenha feito referência expressa à impossibilidade jurídica, isso não significa que o juiz não possa, num processo, rejeitar liminarmente a pretensão do autor se constatar, de forma manifesta, que o pedido por ele deduzido conflita frontalmente com expressa proibição contida no ordenamento jurídico." BARROS LEONEL, Ricardo de. *Manual do Processo Coletivo*. 4ª ed. São Paulo: Malheiros, 2017, p. 255.

7. "a mais dura investidura (política) do Poder Público Federal, via medida de exceção, contra o sistema de tutela dos direitos meta-individuais no Brasil, que criou verdadeira antinomia entre o referido dispositivo legal e o princípio da absoluta instrumentalidade da tutela coletiva." VENTURI, Elton. *Processo Civil Coletivo*. São Paulo: Malheiros Editores. 2007, p. 252. "é como se o governante dissesse assim: como a Constituição e as leis instituíram um sistema para dessa coletiva de direitos, e como esse sistema pode ser usado contra o governo, então impeço o funcionamento do sistema para não ser acionado em ações coletivas, nas quais posso perder tudo de uma vez." MAZZILLI, Hugo Nigro. *A Defesa dos Interesses Difusos em Juízo*. 28ª ed. São Paulo: Saraiva, 2015, p. 814.

8. ALMEIDA, João Batista de. *Aspectos controvertidos da ação civil pública*. 3ª ed. São Paulo: Ed. RT, 2012, p. 88/89.

das pelo Judiciário, por meio das demandas coletivas que são, por essência, a correta seara para a solução destes tipos de conflitos; c) viola o princípio da efetividade da tutela jurisdicional coletiva (art. 5º, LV, CR/88); d) medida provisória não poderia versar sobre tal tema, pois carece do requisito urgência.[9]

Observa-se que a vedação do legislador diz respeito *apenas à ação civil pública* que tenha por pretensão matéria que envolva tributos.[10] Entendo que essa vedação não se aplica à ação popular e ao mandado de segurança coletivo, afinal é uma norma restritiva que deve ser aplicada restritivamente.[11] Além disso, a vedação se aplica à esfera judicial, nada impede que o legitimado coletivo celebre TAC sobre o tema. Note-se, ainda, que somente consta pretensão, portando, é perfeitamente admissível ação civil púbica tratando de matéria tributária desde que veicule a questão tributária como causa de pedir e não como pedido principal.[12]

Faz-se importante ressaltar que o STF no RE 576155/DF reconheceu a legitimidade do Ministério Público para questionar, por meio de ação civil pública, acordos firmados pelos estados com o objetivo de atrair empresas a se instalarem em seus territórios na chamada "guerra fiscal".[13]

No caso, o Ministério Público do Distrito Federal e Territórios (MPDFT) ajuizou ação civil pública para questionar a validade de Termo de Acordo de Regime Especial (TARE) firmado entre o Governo do Distrito Federal e determinada empresa prevendo um regime especial de recolhimento do ICMS. O STF entendeu ser admissível ação

---

9. "Enquanto e porque limitação injustificada ao exercício do direito fundamental à tutela jurisdicional efetiva (Constituição, art. 5.º, inc. XXXV), a proibição do parágrafo único do art. 1.º da LACP é inconstitucional. Consolidada pela Medida Provisória 2.180-35/2001, essa é mais uma previsão que visa a beneficiar o Poder Público, em detrimento dos contribuintes e "outros beneficiários". (...) "A inconstitucionalidade se configura, no mínimo, porque as ações coletivas podem ser, justamente, o único meio de acesso à Justiça em algumas situações envolvendo "tributos, contribuições previdenciárias, FGTS ou outros fundos institucionais cujos beneficiários podem ser individualmente determinados". MOREIRA, Egon Bockmann; BAGATIN, Andreia Cristina; ARENHART, Sérgio Cruz; FERRARO, Marcella Pereira. *Comentários à Lei de Ação Civil Pública. Revisitada, artigo por artigo, à luz do Novo CPC e Temas Atuais*. São Paulo: Ed. RT, 2017, p. 196-197. "Reafirmando e sintetizando essa crítica, parece-nos que a vedação é inconstitucional, pois: (a) essa matéria não poderia ser objeto de medida provisória (por se tratar de regra de direito processual e estar ausente o requisito da urgência); (b) por limitar o acesso à jurisdição e a possibilidade de tutela jurisdicional (art. 5º, XXXV, da CF/1988) quanto a interesses que muitas vezes só são tuteláveis coletivamente (pensar nos créditos de pequena monta, que não "justificam" ou "compensam", para seu titular, gastos com a propositura da ação individual); (c) implica quebra da isonomia (permitindo tratamento diferenciado para situações que são essencialmente homogêneas e que encontram na lei o obstáculo ao tratamento processual coletivo) – entre outros motivos." BARROS LEONEL, Ricardo de. *Manual do Processo Coletivo*. 4ª ed. São Paulo: Malheiros, 2017, p. 261. No mesmo sentido, DIDIER JR., Fredie; ZANETI JR., Hermes. *Curso de Direito Processual Civil – Processo Coletivo*. 11ª ed. Salvador: JusPodivm, 2017, p. 354.
10. Recurso Especial n. 233.664/MG, Rel. Min. Garcia Vieira, 1ª Turma, DJ de 21.02.2000.
11. "Em tal cenário, porém, a vedação deve ser compreendida *numerus clausus* e aplicada da maneira mais restritiva possível. Trata-se de norma que conteve a eficácia do art. 5.º, inc. XXXV, da Constituição – se não o violou, como dito." MOREIRA, Egon Bockmann; BAGATIN, Andreia Cristina; ARENHART, Sérgio Cruz; FERRARO, Marcella Pereira. *Comentários à Lei de Ação Civil Pública. Revisitada, artigo por artigo, à luz do Novo CPC e Temas Atuais*. São Paulo: Ed. RT, 2017, p. 196-197.
12. REsp 1387960/SP.
13. Tese 56 – Legitimidade do Ministério Público para propor ação civil pública em que se questiona acordo firmado entre o contribuinte e o Poder Público para pagamento de dívida tributária.

civil púbica tratando de matéria tributária desde que veicule a questão tributária como causa de pedir e não como pedido principal.

Importante destacar que a vedação do parágrafo único art. 1º da LACP se refere à impugnação de tributos, **_não se aplicando esta vedação ao preço público e tarifas._**

Com relação à matéria tributária, podemos concluir que parágrafo único do art. 1º da LACP trata de uma impossibilidade jurídica do pedido com relação a pretensões tributárias em sede de ação civil pública, não havendo impedimento de sua veiculação em sede de ação popular e mandado de segurança coletivo.[14] Além disso, essa vedação só se aplica à esfera judicial, nada impedindo que o legitimado coletivo celebre TAC ou até mesmo expeça Recomendação sobre o tema. Observa-se, ainda, que o legislador fala em pretensão, portando, é perfeitamente admissível ação civil púbica tratando de matéria tributária desde que veicule a questão tributária como causa de pedir e não como pedido principal.

Diante de tal cenário, impende destacar as principais manifestações dos Tribunais Superiores sobre as matérias em testilha:

a) O STJ já fixou o entendimento de que o MP não tem legitimidade para propor ação civil pública com o objetivo tipicamente tributário, ou seja, para evitar a exação, pois o contribuinte não pode ser confundido com consumidor;[15]

b) O STF, seguindo a mesma linha, fixou o entendimento no sentido de que o MP não ostenta legitimidade para o ajuizamento de ação civil pública para a defesa dos interesses individuais homogêneos dos contribuintes, com o fim de impugnar a exação ou requerer eventual restituição, pois os contribuintes não são consumidores e os interesses em jogo não são indisponíveis e com relevância social;[16]

c) O STF e o STJ reconheceram a legitimidade ativa do MP para questionar, via ação civil pública, inclusive por ato de improbidade administrativa, a concessão indevida de benefícios fiscais, sob o argumento de que se trata de tutela do patrimônio público;[17]

---

14. "Ao que parece, porém, a limitação quanto ao pedido em matéria tributária não se aplica ao mandado de segurança coletivo. Isto porque historicamente o mandado de segurança atua como ação para tutela dos contribuintes contra o abuso de poder e as ilegalidades perpetradas pelo Poder Público." DIDIER JR., Fredie; ZANETI JR., Hermes. *Curso de Direito Processual Civil – Processo Coletivo*. Salvador: JusPodivm, 2017, 11ª ed., p. 357.

15. STJ, AgRg no AREsp 289.788/MG, 2.ª T., rel. Min. Humberto Martins, j. 07.11.2013, *DJe* 16.12.2013 e REsp 1.004.294/SP, 1.ª T., rel. Min. Teori Albino Zavascki, j. 16.12.2008, *DJe* 04.02.2009.

16. "RE 195.056-PR, Rel. Min Carlos Velloso, Plenário, 09.12.99; RE 213.631-MG, Min. Ilmar Galvão, Plenário, 09.12.99, RTJ 173/288; RE 248.191-AgR/SP, 2.ª T., rel. Min. Carlos Velloso, j. 1º.10.2002, *DJ* 25.10.2002, RE 604.481-AgR, 1.ª T., rel. Min. Rosa Weber, j. 16.10.2012, *Dje* 08.11.2012.

17. RE 547.532-AgR/DF, 1.ª T., rel. Min. Dias Toffoli, j. 16.10.2012, *DJe* 09.11.2012; RE 576155/DF, rel. Min. Ricardo Lewandowski, 12.8.2010; Resp 760034/DF, Rel. Min. Teori Albino Zavascki, Dje 18.03.2009 e. REsp 1.387.960-SP, Rel. Min. Og Fernandes, julgado em 22.05.2014.

d) O STJ e o STF possuem entendimento no sentido de que a vedação ínsita no art. 1º, parágrafo único da LACP somente se aplica aos casos de contribuição previdenciária. A ACP poderá, portanto, ser proposta pelo MP para a tutela jurisdicional coletiva dos benefícios previdenciários.[18]

e) O STJ e o STF possuem entendimento no sentido da possibilidade do manejo de ACP pelo MP quando o tema versar sobre os acordos em regimes tributários especiais;[19]

f) O STJ já reconheceu a possibilidade do ajuizamento de ACP veiculando, como causa de pedir,[20] a matéria tributária, por entender, de forma acertada, que a vedação somente abrange o pedido;[21]

g) O STF reconheceu a legitimidade do MP para promover ACP para permitir o acesso a informações de interesse dos membros do grupo tutelado junto ao INSS;[22]

h) Reconhecimento, pelo STF, de repercussão geral para o tema: legitimidade do MP para a propositura de ACP que veicule pretensão envolvendo FGTS.[23]

i) O STJ afirmou que o MP não tem legitimidade ativa para ajuizar ACP objetivando a restituição de valores indevidamente recolhidos a título de empréstimo compulsório sobre aquisição de automóveis de passeio e utilitários.[24]

2.2. Controle de constitucionalidade

Conforme já anotado no capítulo referente às notas introdutórias, o direito processual coletivo se subdivide em processo coletivo comum e especial. O processo coletivo comum tem por objetivo disciplinar a tutela dos interesses supra ou metaindividuais. Já o processo coletivo especial tem por objeto manter um sistema de constitucionalidade coeso por meio das ações de controle concentrado de constitucionalidade.

---

18. AgRg no REsp 986.053/RS, 5.ª T., rel. Min. Marco Aurélio Bellizze, j. 16.10.2012, *DJe* 19.10.2012. No mesmo sentido, STF, AI 516.419-AgR/PR, 2.ª T., rel. Min. Gilmar Mendes, j. 16.11.2010, *DJe* 29.11.2010; e STJ, AgRg no REsp 1.213.329/RS, 5.ª T., rel. Min. Laurita Vaz, j. 15.09.2011, *DJe* 10.10.2011). O STJ também reconheceu que o tema versa sobre direitos individuais homogêneos com relevante interesse social, como se pode conferir no seguinte precedente: Ag Rg no Resp 1174005/RS, 6ª Turma, Rel. Min. Maria Thereza de Assis Moura, j. Em 18.12.2012, Dje 01.02.2013.

19. RE 576.155/DF, Pleno, rel. Min. Ricardo Lewandowski, j. 12.08.2010, *DJe* 31.01.2011. No STJ, merece destaque o seguinte precedente: REsp 760.087/DF, 1.ª T., rel. Des. Federal Olindo Menezes, j. 06.08.2015, *DJe* 18.08.2015.

20. "*Há, contudo, a necessidade de separar a discussão quanto ao pedido e à causa de pedir. Quanto à causa de pedir não há nenhuma vedação da discussão envolver questões de direito tributário.*" DIDIER JR., Fredie; ZANETI JR., Hermes. *Curso de Direito Processual Civil – Processo Coletivo*. Salvador: Juspodivm, 2017, 11ª ed., p. 357.

21. Resp 1.387.960/SP, Rel. Min. Og Fernandes, julgado em 22.05.2014. Info 543.

22. RE 472489 AgR/RS, Rel. Min. Celso de Mello, Dje 29.08.2008.

23. RE 643978/DF, Rel. Min. Teori Zavascki, j.17.09.215, Dje divulg 24.09.2015 public 25.09.2015.

24. REsp 1.709.093-ES, Rel. Min. Benedito Gonçalves, 1ª T., j. 29.03.2022.

O controle difuso, por sua vez, pode ser exercido em todas as espécies de ações coletivas, desde que a declaração de inconstitucionalidade da lei seja apenas causa de pedir da ação e não o pedido principal da demanda. Isto porque, nas ações coletivas comuns os efeitos da sentença não se limitam às partes litigantes, podendo atingir uma quantidade indeterminada de pessoas.[25]

Assim, diante do nosso sistema de controle judicial de constitucionalidade, é plenamente possível manejar uma demanda coletiva com o fim de promover o controle de constitucionalidade pela via difusa. Este é o entendimento dos Tribunais Superiores.[26]

O que não pode ser admitido é o controle de constitucionalidade, via ACP, que busca, ainda que por via indireta, a declaração da inconstitucionalidade da norma impugnada, sob pena de usurpar a competência do STF e de tornar a demanda coletiva, que também ostenta eficácia subjetiva erga omnes, um sucedâneo de ação de controle, apesar desta ser, também, um exemplo de processo coletivo.[27] Este é o entendimento do próprio STF.[28]

Assim, à guisa de conclusão, como também anota Fredie Didier Jr., os requisitos para a admissibilidade da demanda coletiva em sede de controle de constitucionalidade são os seguintes: a) o objetivo da demanda coletiva não pode ser unicamente o de retirar a validade da norma jurídica, mas sim a solução de algum caso concreto; b) a questão constitucional tem que ser ventilada como causa de pedir (questão prejudicial incidental); c) não pode ser requerida, quiçá deferida, tutela provisória com o fim de suspender os efeitos da norma jurídica supostamente inconstitucional, sob pena de usurpação de competência do STF; d) o resultado da demanda somente pode ensejar o afastamento da norma jurídica supostamente inconstitucional do caso concreto, jamais do ordenamento jurídico; e) inocorrência da coisa julgada material sobre a questão constitucional (art. 503, § 1º, III, CPC).[29]

---

25. Na Reclamação ao Supremo Tribunal Federal, 600-0 SP
26. REsp 1.172.073/PR, 2.ª T. rel. Min. Castro Meira, j. 20.03.2012, *DJe*28.03.2012; REsp 1.222.049/RJ, 2.ª T., rel. Min. Mauro Campbell Marques, j. 26.04.2011, *DJe*05.05.2011;REsp 760.034/DF, 1.ª T., rel. Min. Teori Albino Zavascki, j. 05.03.2009, *DJe*18.03.2009; REsp 1.096.456/MG, 2.ª T., rel. Min. Eliana Calmon, j. 18.06.2009, *Dje* 1.º.07.2009; REsp 795.831/RS, 2.ª T., rel. Min. Castro Meira, j. 26.08.2008, *DJe* 25.09.2008; REsp 401.007/ RO, 6.ª T., rel. Min. Maria Thereza de Assis Moura, j. 21.08.2008, *DJe* 15.09.2008.
27. "Logo, as demandas que têm como pedido a declaração de inconstitucionalidade de leis ou atos normativos não podem ser veiculadas por meio de ACPs, sob pena de subversão não só da competência originária, mas igualmente da legitimação que é conferida a determinadas instituições para ações de controle direto de constitucionalidade (ou seja, rol não necessariamente coincidente com o dos legitimados para propositura de ACPs)." MOREIRA, Egon Bockmann; BAGATIN, Andreia Cristina; ARENHART, Sérgio Cruz; FERRARO, Marcella Pereira. *Comentários à Lei de Ação Civil Pública. Revisitada, artigo por artigo, à luz do Novo CPC e Temas Atuais*. São Paulo: Ed. RT, 2017, p. 194.
28. Rcl 2.224/SP, Pleno, rel. Min. Sepúlveda Pertence, j. 26.10.2005, *DJ* 10.02.2006 e Rcl 1.519/CE, rel. Min. Carlos Velloso, red. p/ acórdão Min. Dias Toffoli, j. 17.11.2011, *DJe* 10.02.2012.
29. DIDIER JR., Fredie; ZANETI JR., Hermes. *Curso de Direito Processual Civil – Processo Coletivo*. Salvador: JusPodivm, 2017, 11ª ed., p. 354.

2.3. Controle judicial de políticas públicas

Refere-se ao controle das omissões públicas, que pode se dar por omissão pública legislativa ou administrativa. Esse controle também é chamado de *controle de implementação de políticas públicas.* Alguns autores fazem uma diferenciação: não confundir controle de implementação de políticas públicas com controle de políticas públicas implementadas. Nesse último, há controle judicial de atos administrativos realizados, já naquele há uma omissão pública.

Se o controle das omissões públicas se der no legislativo não há divergência, é cabível o mandado de injunção coletivo ou ação declaratória de inconstitucionalidade por omissão. Entretanto, se o controle for de omissões públicas no prisma administrativo haverá divergência.

1ª Tese: impossibilidade de controle judicial da implementação de políticas públicas. Esta tese tem como fundamentos: a) *ausência de legitimidade democrática* dos membros do Poder Judiciário, porque não foram eleitos para o exercício da função e não podem atuar de forma contrária à vontade externa através do voto; *b) insindicabilidade do mérito administrativo,* porque os defensores desta tese entendem que a efetivação de políticas públicas faz parte da discricionariedade administrativa; *c) violação à separação de poderes,* porque o Poder Judiciário não pode se imiscuir em atividades típicas do Poder Executivo com o fim de o substituir; *d) cláusula da reserva do possível,* pois o Poder Judiciário não pode expedir ordens que não são exequíveis diante da escassez de recursos e de pessoal.

Para essa tese, haveria *ausência de legitimidade democrática*, porque o órgão jurisdicional não teria legitimidade democrática para impor àquele titular de mandato eletivo uma política pública. *A insindicabilidade do mérito administrativo* decorreria do fato de que implementar política pública é ato discricionário, o órgão jurisdicional não pode substituir a figura do administrador público. *Cláusula da reserva do possível* possui duas vertentes: fática e jurídica. A reserva fática refere-se à disponibilidade de recursos financeiros suficientes à satisfação do direito prestacional, a jurídica relaciona-se à existência de autorização orçamentária e análise das competências federativas.

2ª Tese: Possibilidade de controle judicial da implementação de políticas públicas. Para essa tese, implementar uma política pública não é escolha, mas sim dever. Dentre seus fundamentos, destacam-se: a) **a investidura dos membros do Poder Judiciário se dá de forma democrática por meio do concurso público;** b) o *"princípio do contramajoritário, o princípio do acesso à justiça" e a dignidade da pessoa humana. O princípio do contramajoritário* nos informa que a legitimidade democrática não decorre só da titularidade de mandato eletivo, mas também de meios previamente impostos, como o concurso público. A legitimidade democrática não decorre só de votos, uma vez que o Poder Judiciário no Brasil, apesar de não ser eleito pelos votos da maioria, faz uso do princípio contramajoritário para realizar o controle judicial de constitucionalidade e assegurar o respeito à supremacia da Constituição, aos direitos fundamentais e à soberania popular; **c)** o *princípio do acesso à justiça* trata da inafastabilidade do controle jurisdicional, segundo o qual nenhuma lesão ou ameaça a direito deixará ser apreciada pelo Poder Judiciário, tem previsão no art. 5º, XXXV da CF/88. Se há uma omissão pública em uma política pública, isso gera lesão a interesses fundamentais, ou seja, trata-se de função jurisdicional típica; **d)** implementar uma política pública não é escolha do Estado e/ou de seu mandatário, mas sim dever, ou seja, é **ato administrativo vinculado;**[30] **e)** dada a necessidade de preservação, em favor dos indivíduos, a intangibilidade do núcleo consubstanciador do *mínimo existencial*, conforme já decidiu o STF.[31]

O STF fixou, ao analisar o Tema 698 da Repercussão Geral[32], os *standards* a serem observados para o correto controle judicial das políticas públicas, quais sejam:

i) a intervenção do Poder Judiciário em políticas públicas voltadas à realização de direitos fundamentais, em caso de ausência ou deficiência grave do serviço, não viola o princípio da separação dos poderes.

ii) a decisão judicial, como regra, em lugar de determinar medidas pontuais, deve apontar as finalidades a serem alcançadas e determinar à Administração Pública que apresente um plano e/ou os meios adequados para alcançar o resultado;

iii) o caso de serviços de saúde, o déficit de profissionais pode ser suprido por concurso público ou, por exemplo, pelo remanejamento de recursos humanos e pela contratação de organizações sociais (OS) e organizações da sociedade civil de interesse público (OSCIP).

---

30. "Em resumo: a limitação de recursos existe e é uma contingência que não se pode ignorar. O intérprete deverá levá-la em conta ao afirmar que algum bem pode ser exigido judicialmente, assim como o magistrado, ao determinar seu fornecimento pelo Estado. Por outro lado, não se pode esquecer que a finalidade do Estado ao obter recursos, para, em seguida, gastá-los sob a forma de obras, prestação de serviços, ou qualquer outra política pública, é exatamente realizar os objetivos fundamentais da Constituição. A meta central das Constituições modernas, e da Carta de 1988 em particular, pode ser resumida, como já exposto, na promoção do bem-estar do homem, cujo ponto de partida está em assegurar as condições de sua própria dignidade, que inclui, além da proteção dos direitos individuais, condições materiais mínimas de existência. Ao apurar os elementos fundamentais dessa dignidade (o mínimo existencial), estar-se-ão estabelecendo exatamente os alvos prioritários dos gastos públicos. Apenas depois de atingi-los é que se poderá discutir, relativamente aos recursos remanescentes, em que outros projetos se deverão investir. O mínimo existencial, como se vê, associado ao estabelecimento de prioridades orçamentárias, é capaz de conviver produtivamente com a reserva do possível." BARCELLOS, Ana Paula de. *A Eficácia Jurídica dos Princípios Constitucionais*. Rio de Janeiro: Renovar, 2002, p. 245-246.
31. ADPF 45 MC, Relator(a): Min. Celso de Mello, julgado em 29.04.2004, publicado em DJ 04.05.2004 PP-00012 RTJ VOL-00200-01 PP-00191.
32. RE 684.612, Plenário, Rel. Min. Luis Roberto Barroso, j. 29.09.2023.

1ª TESE:	2ª TESE:
Impossibilidade de controle judicial de implementação de políticas públicas	*Possibilidade de controle judicial de implementação de políticas públicas*
a) Insindicabilidade do mérito administrativo.	a) Essa insindicabilidade não é absoluta, pois cabe controle dos limites do mérito administrativo – observância da razoabilidade proporcionalidade.
b) Ato administrativo discricionário.	b) Implementação de política pública não é ato discricionário, é ato vinculado.
c) Princípio da separação dos poderes (ativismo judicial).	c) Sistema de freios e contrapesos, princípio do acesso à justiça.
d) Ausência de legitimidade democrática.	d) Acesso democrático aos cargos públicos – legitimidade democrática não decorre só de votos. Artigo 37, II, do CF/88
e) Cláusula da reserva do possível.	e) Intangibilidade do núcleo consubstanciador do *mínimo existencial*, implementar uma política pública não é escolha, mas sim dever.

f) *Habeas Corpus* coletivo – possibilidade de trancamento de Inquérito Civil – ACP como substitutivo de HC

Inicialmente, impende salientar que todas as demandas que podem ser propostas a título individual também poderão ser utilizadas para fins de tutela da coletividade, pois, conforme consta no Título II, Capítulo I da CR/88 ("Dos Direitos e Garantias Fundamentais", "Dos Direitos e Deveres Individuais e Coletivos"), o princípio do acesso à justiça deve contemplar tanto o plano individual quanto coletivo.

Com o fim de melhor ilustrar a inclinação da jurisprudência, seguem decisões importantes sobre os temas epigrafados:

a) O STJ já decidiu que a ACP não é substitutiva de *habeas corpus*;[33]

b) O STF já entendeu que o *habeas corpus* não pode se prestar ao "trancamento" de ICP ou ACP;[34]

c) O STF e o STJ não admitiam o manejo de HC coletivo, ainda que seja para buscar a solução para a falta de vagas nos presídios,[35] porém houve uma mudança importante de entendimento do STF que passou a admitir a possibilidade do instrumento.[36]

d) Relativização da coisa julgada por meio da ACP – posição dos Tribunais Superiores: um dos temas mais tormentosos enfrentados pela doutrina é

---

33. AgRg na MC 19.277/RJ, 1.ª T., rel. Min. Benedito Gonçalves, j. 05.06.2012, *DJe*12.06.2012
34. HC 90.378/RJ, 1.ª T., rel. Min. Marco Aurélio, j. 13.10.2009, *DJe* 05.11.2009 e HC 100.244-AgR/SP, 2.ª T., rel. Min. Eros Grau, j. 24.11.2009, *DJe* 18.02.2010).
35. AgRg no RHC 40.334/SP, 6.ª T., rel. Min. Og Fernandes, j. 03.09.2013, *DJe*16.09.2013). HC 119.753-MC/SP, monocrática, d. 24.10.2013, *DJe*25.10.2013, STJ. 5ª T. AgRg no RHC 41.675/SP, Rel. Min. Ribeiro Dantas, j. 05.10.2017.
36. STF. 2ª T. HC 143641/SP. Rel. Min. Ricardo Lewandowski, j. 20.02.2018 (Info 891).

CAPÍTULO 10 • CONDIÇÕES DA AÇÃO

a admissão ou não da relativização da coisa (soberanamente) julgada, bem como, em casos de admissão, quais seriam as hipóteses possíveis.

Não há que se negar a natureza constitucional da garantia da coisa julgada, nem a sua direta relação com o princípio da segurança jurídica. A doutrina, de certa maneira, admite a possibilidade de relativizar a coisa julgada, quando a) nas ações de investigação de paternidade, o resultado é improcedência por insuficiência de provas, desde que não tenha sido realizado o exame pericial de DNA; b) par fins de controle do patrimônio público; e c) para fins de controle de constitucionalidade.[37] No presente tópico, o que interessa é saber se o manejo de ACP pode ser considerado como adequado para tal desiderato.

O STJ, na maioria dos seus precedentes, bem como o STF já admitiu a possibilidade do manejo da ACP com o fim de relativizar a coisa julgada, nas seguintes hipóteses: d1) para a tutela do patrimônio público (erário);[38] d2) como sucedâneo de *querella nullitatis insanabilis*;[39]

a) **ACP com o fim de requerer reparação por dano moral coletivo e dano social**: a possibilidade do ajuizamento de demanda coletiva com o fim de obtenção de reparação por dano moral coletivo, apesar de certa resistência doutrinária,[40] deve ser admitida.[41] É facilmente demonstrável a possibilidade deste tipo de dano nos casos de violação ao patrimônio cultural imaterial, ao patrimônio imaterial de determinada coletividade e ao meio ambiente ecologicamente equilibrado.[42]

---

37. "De todo modo, o que aqui interessa é a relativização que decorre imediatamente de decisão judicial, sem uma alteração no quadro normativo constitucional ou mesmo infraconstitucional. Dois são os exemplos recorrentes: o (não) reconhecimento da paternidade e a posterior viabilidade de realizar o exame de DNA e a hipótese de "valores astronômicos" a serem pagos pelo Poder Público a título de indenização em razão da desapropriação de um bem." MOREIRA, Egon Bockmann; BAGATIN, Andreia Cristina; ARENHART, Sérgio Cruz; FERRARO, Marcella Pereira. *Comentários à Lei de Ação Civil Pública. Revisitada, artigo por artigo, à luz do Novo CPC e Temas Atuais.* São Paulo: Ed. RT, 2017, p. 130.

38. REsp 554.402/RS, 1.ª T., rel. Min. José Delgado, j. 21.09.2004, DJ 1.º.02.2005; REsp 770.979/RS, 1.ª T., rel. Min. José Delgado, j. 15.08.2006, *DJ* 05.10.2006; REsp 1.187.297/RJ, 2.ª T., rel. Min. Eliana Calmon, j. 02.09.2010, *Dje* 22.09.2010REsp 445.664/AC, 2.ª T., rel. Min. Eliana Calmon, j. 24.08.2010, *DJe* 03.09.2010). No mesmo sentido, no STF, podemos destacar: AI 665.003-AgR/AM, 1.ª T., rel. Min. Dias Toffoli, j. 07.08.2012, *DJe* 22.08.2012; SL 172-AgR/PR, Pleno, rel. Min. Gilmar Mendes, j. 18.12.2009, *DJe* 11.03.2010).

39. REsp 1.015.133/MT, 2.ª T., rel. Min. Eliana Calmon, red. p/acórdão Min. Castro Meira, j. 02.03.2010, *DJe* 23.04.2010; e o AgRg no REsp 1.244.474/SC, 2.ª T., rel. Min. Herman Benjamin, j. 23.08.2011, *DJe* 08.09.2011.

40. ZAVASCKI, Teori Albino. *Processo Coletivo: tutela dos direitos coletivos e tutela coletiva dos direitos.* 6ª ed. São Paulo: Revista dos Tribunais, 2014, p. 41-43.

41. DIDIER JR., Fredie. *Curso de Direito Processual Civil – Processo Coletivo.* 11ª ed. Salvador: Juspodivm, 2017, p. 351. LEITE, José Rubens Morato. *Dano ambiental: do individual ao extrapatrimonial.* São Paulo: Revista dos Tribunais, 2000, p. 270.

42. "*Três espécies de lesão a direitos difusos revelam com bastante facilidade a ocorrência de dano moral coletivo: a lesão ao meio ambiente, aos direitos dos trabalhadores e aos bens e direitos de valor artístico, estético, histórico, turístico e paisagístico (patrimônio cultural imaterial e imaterial da comunidade).*" DIDIER JR., Fredie. *Curso de Direito Processual Civil – Processo Coletivo.* 11ª ed. Salvador: Juspodivm, 2017, p. 351.

Em nosso ordenamento jurídico, podem ser apontadas as seguintes normas jurídicas que fundamentam a possibilidade do dano moral coletivo: a) art. 5º, X, CR/88; b) art. 1º, *caput,* LACP e c) art. 6º, VI, CDC.[43]

Defendo, também, a possibilidade de ser requerida a reparação por dano moral no bojo da demanda de improbidade administrativa quando for narrada lesão à moralidade e probidade, conforme reconhecido pelo próprio STJ.[44]

O STJ, seguindo a linha da doutrina majoritária, também admite a possibilidade de reparação por dano moral coletivo[45], desde que exista a demonstração de que houve efetiva lesão à valores coletivos.[46]

Além dos morais coletivos, também poderão ser requeridos os danos sociais, assim entendidos como aqueles que não geram somente lesões patrimoniais ou mo-

---

43. GÓES, Gisele. O pedido de dano moral coletivo na ação civil pública do Ministério Público. In: MAZZEI, Rodrigo; NOLASCO, Rita (coord.). *Processo Civil Coletivo.* São Paulo: Quartier Latin, 2005, p. 470-481. RAMOS, André de Carvalho. A ação civil pública e o dano moral coletivo. *Revista de Direito do Consumidor.* São Paulo: Ed. RT, 1998, v. 25, p. 81. BITTAR FILHO, Carlos Alberto. "Do dano moral coletivo no atual contexto jurídico brasileiro. *Revista de Direito do Consumidor.* São Paulo: Ed. RT, 1994, v. 12, p. 50.

44. REsp 1681245/PR, Rel. Min. Herman Benjamin, 2ª T., j.15.08.2017, DJe 12.09.2017. Na doutrina, vale mencionar: "Estes comentários defendem a objetividade, a presunção de dano oriunda de condutas agressoras a tais preceitos, constitucionais e legais, que dizem respeito à ética, à moralidade e à probidade. Assim, do que se cogita é o prejuízo moral *in re ipsa* (objetivo, em decorrência dos fatos em si), aliado, em boa parte das vezes, a tutelas de outra natureza, como a própria inibição do ilícito ou sua remoção – inibindo ou removendo, aí, a própria fonte dos danos, que é o ato contrário ao direito. Basta a mera existência do evento para se presumir, imediatamente, a concretização do dano moral." MOREIRA, Egon Bockmann; BAGATIN, Andreia Cristina; ARENHART, Sérgio Cruz; FERRARO, Marcella Pereira. *Comentários à Lei de Ação Civil Pública. Revisitada, artigo por artigo, à luz do Novo CPC e Temas Atuais.* São Paulo: Ed. RT, 2017, p. 85.

45. "1. O dano moral coletivo é aferível *in re ipsa*, ou seja, sua configuração decorre da mera constatação da prática de conduta ilícita que, de maneira injusta e intolerável, viole direitos de conteúdo extrapatrimonial da coletividade, revelando-se despicienda a demonstração de prejuízos concretos ou de efetivo abalo moral. Precedentes. 2. Independentemente do número de pessoas concretamente atingidas pela lesão em certo período, o dano moral coletivo deve ser ignóbil e significativo, afetando de forma inescusável e intolerável os valores e interesses coletivos fundamentais. 3. O dano moral coletivo é essencialmente transindividual, de natureza coletiva típica, tendo como destinação os interesses difusos e coletivos, não se compatibilizando com a tutela de direitos individuais homogêneos. 4. A condenação em danos morais coletivos tem natureza eminentemente sancionatória, com parcela pecuniária arbitrada em prol de um fundo criado pelo art. 13 da LACP – *fluid recovery* – , ao passo que os danos morais individuais homogêneos, em que os valores destinam-se às vítimas, buscam uma condenação genérica, seguindo para posterior liquidação prevista nos arts. 97 a 100 do CDC. 5." Recurso especial a que se nega provimento. (REsp 1610821/RJ, Rel. Min. Luis Felipe Salomão, 4ª T., j. 15.12.2020)

46. 2ª Turma, AgRg no AREsp 809.543/RJ, Rel. Min. Humberto Martins, j. em 08.03.2016, Dje 15.03.2016; REsp 1221756/RJ, Rel. Ministro Massami Uyeda, Terceira Turma, julgado em 02.02.2012, DJe 10.02.2012; REsp 1.145.083/MG, Rel. Ministro Herman Benjamin, Segunda Turma, DJe 4.9.2012; REsp 1.178.294/MG, Rel. Ministro Mauro Campbell Marques, Segunda Turma, DJe 10.9.2010; AgRg nos EDcl no Ag 1.156.486/PR, Rel. Ministro Arnaldo Esteves Lima, Primeira Turma, DJe 27.4.2011; REsp 1.120.117/AC, Rel. Ministra Eliana Calmon, Segunda Turma, DJe 19.11.2009; REsp 1.090.968/SP, Rel. Ministro Luiz Fux, Primeira Turma, DJe 3.8.2010; REsp 605.323/MG, Rel. Ministro José Delgado, Rel. p/ Acórdão Ministro Teori Albino Zavascki, Primeira Turma, DJ 17.10.2005; REsp 625.249/PR, Rel. Ministro Luiz Fux, Primeira Turma, DJ 31.8.2006, entre outros REsp 1328753/MG, Rel. Ministro Herman Benjamin, Segunda Turma, julgado em 28.05.2013, DJe 03.02.2015.

rais, mas que atingem toda a sociedade, com um direto rebaixamento da qualidade de vida da coletividade.[47]

O STJ, além de reconhecer a possibilidade de requerimento de reparação dos danos sociais, fixou entendimento do seu cabimento ser exclusivo em demandas coletivas.[48]

Interessante notar que o STF[49] e o STJ[50] reconhecem a possibilidade jurídica da condenação por dano moral coletivo no bojo de ação penal.

Restou assentado que a prática de ato ilícito, com grave ofensa à moralidade pública, ou com desrespeito aos princípios de observância obrigatória no âmbito da administração pública, com a intenção de satisfazer interesses pessoais, em flagrante violação às expectativas de toda a sociedade brasileira, enseja a responsabilidade civil dos envolvidos pelo dano moral coletivo.

3. INTERESSE PROCESSUAL OU DE AGIR

O interesse de agir se decompõe em necessidade e utilidade, isto significa que o autor da demanda deve demonstrar a imprescindibilidade da tutela judicial para satisfação de sua pretensão, ou seja, que sua pretensão não pode ser satisfeita sem o exercício da jurisdição. Além disso, é necessário demonstrar aptidão do provimento satisfação de sua pretensão.

Nas demandas coletivas deve-se, também, demonstrar a necessidade da tutela jurisdicional pela impossibilidade de solução do conflito pela via extrajudicial, e, da mesma forma, a adequação da via processual escolhida ao provimento pretendido.

Observa-se, todavia, que o processo coletivo se orienta princípio da *certificação adequado da demanda coletiva*. Vamos imaginar que o cidadão eleitor promoveu uma ação popular e no capítulo dos pedidos fez referências às sanções da LIA. Essa ação não é adequada, porque Ação Popular não pode veicular pedido de aplicação das sanções da LIA.

O que deve fazer o juiz? Pelo princípio da primazia da solução do mérito, deve abrir prazo ao autor, indicando a necessidade de adequar a demanda. Se ele nada

---

47. "um ato, se doloso ou gravemente culposo, ou se negativamente exemplar, não é lesivo somente ao patrimônio material ou moral da vítima mas sim, *atinge a toda a sociedade, num rebaixamento imediato do nível de vida da população. Causa dano social.* Isto é particularmente evidente quando se trata da segurança, que traz diminuição da tranquilidade social, ou de quebra da confiança, em situações contratuais ou paracontratuais, que acarreta redução da qualidade coletiva de vida." AZEVEDO, Antonio Junqueira de. Por uma nova categoria de dano da responsabilidade civil: o dano social. *Revista Trimestral de Direito Civil.* Ano 5, v. 19, jul.-set., p. 211-218. Rio de Janeiro: Padma Ed.
48. Rcl 12.062/GO, 2.ª S., rel. Min. Raul Araújo, j. 12.11.2014, *DJe* 20.11.2014.
49. AP 1025, Plenário, Rel. Min. Edson Fachin, j. 09.02.24
50. REsp. 2.018.442, Rel. Min. Ribeiro Dantas, 5ª T., j. 06/03/24

fizer o juiz deve intimar os legitimados ativos à assunção da titularidade ativa,[51] e, em razão da legitimidade concorrente disjuntiva, outro legitimado pode assumir o polo passivo conforme estabelece o art. 5º, § 3º da Lei 7.347/1985.

Outro ponto relacionado à adequação do procedimento é a possibilidade do manejo de ACP com o fito precípuo de obtenção do ressarcimento ao erário, ainda que a causa de pedir deduzida seja a prática de ato de improbidade administrativa.

Inicialmente, vale mencionar que lesivo não é somente o ato que causa prejuízo patrimonial ao erário, mas todo aquele que ofende os princípios da Administração.

A propósito, o Superior Tribunal de Justiça sustenta ser cabível a Ação Civil Pública desde que comprovada a existência de nexo causal entre o ato praticado pela pessoa jurídica de direito público, por intermédio de seus agentes, e o benefício em prol do particular, o que é vedado, posto acarretar prejuízo ao Erário. Tem-se, daí, o dever de indenizar a Administração Pública.[52]

Acrescente-se que o art. 3º da Lei 7.347/1985 prevê a possibilidade da *"a ação civil pública ter por objeto a condenação em dinheiro"*, sendo, portanto, meio processual idôneo a perquirir o ressarcimento ao erário, na medida em que tem, dentre os objetos mediatos, a proteção ao patrimônio público.

À evidência, o dano ao erário afeta o interesse público e social, legitimando o Ministério Público a promover ação civil pública, consoante dispõe o art. 129, III da CR/88, na seteira da proteção invocada, espécie de direito difuso tutelado pela Lei 7.347/1985.

Noutro ponto, surge a questão acerca da aplicabilidade da Lei 8.429/1992. O rito seguido por esta demanda, ACP de ressarcimento ao erário, não deve observar a especialidade da Lei de Improbidade Administrativa, mormente quanto às vedações previstas no art. 17, § 19.

Neste procedimento judicial, não se requer a condenação dos demandados às sanções impostas pelo art. 12 da LIA e, sim, assegurar a tutela jurisdicional a respaldar os interesses difusos, entendidos como sendo de natureza indivisível pertencente a todos, indeterminadamente, ligados por uma circunstância fática, como nos informa o art. 81, parágrafo único, I, do CDC.

Não é necessária a maior ginástica intelectual para concluir pela adequação da Lei 7.347/85 a tutelar o ressarcimento ao erário. Afinal, a Ação Civil Pública é

---

51. "Nos casos em que se constatar que existe o litígio coletivo mas que o demandante é parte ilegítima (inclusive por falta de pertinência temática-adequação de representação), tudo recomenda que, antes de determinar a extinção do processo sem exame do mérito, o magistrado dê ao Ministério Público e a outros legitimados a possibilidade de assumir a titularidade ativa da ação, aplicando por interpretação extensiva e analógica o disposto no art. 5º, § 3º da Lei 7.347/1985." BARROS LEONEL, Ricardo de. *Manual do Processo Coletivo*. 4ª ed. São Paulo: Malheiros, 2017, p. 209.

52. REsp 705.715/SP, Rel. Ministro Francisco Falcão, 1ª Turma, julgado em 022007, DJe 14.05.2008; REsp 718.321/SP, Rel. Ministro Mauro Campbell Marques, 2ª Turma, julgado em 10.11.2009, DJe 19.11.2009; AgRg no REsp 1138564/MG, Rel. Ministro Benedito Gonçalves, T1 – 1ª Turma, DJe 02.02.2011.

CAPÍTULO 10 • CONDIÇÕES DA AÇÃO **331**

instrumento processual para assegurar o interesse difuso da sociedade. A nova lei de improbidade administrativa ratifica a afirmação, pois preconiza que a ação por improbidade administrativa é repressiva sancionatória (art. 17-D, da LIA), bem como a possibilidade da sua conversão em ação civil pública (art. 17, § 16, da LIA), quando não for hipótese de ato de improbidade administrativa.

Ora, o Ministério Público poderá narrar como causa de pedir a prática de ato de improbidade administrativa cuja pretensão esteja prescrita ou diante da impossibilidade de cumprir os requisitos legais para qualificar juridicamente o ato para fins de aplicação das sanções da LIA.

Do contrário, a efetividade das normas constitucionais (art. 37 § 5º e art. 129, III da CR/88) seriam "letras mortas" e, impossível a reparação ao interesse difuso quando pleiteada em juízo uma obrigação de fazer cumulada com o pedido de ressarcimento ao erário, tendo em vista que a ação de improbidade não visa, em seu pleito, a uma obrigação, seja ela de fazer ou não fazer.

Outra tormentosa questão versa sobre a possibilidade de um legitimado coletivo promover uma demanda coletiva quando sobre o tema já existe um Termo de Ajustamento de Conduta (TAC) celebrado por outro legitimado coletivo. Por exemplo, uma determinada instituição de acolhimento celebra um TAC com a Defensoria Pública para adequação das suas instalações e observância das diretrizes normativas adequadas e, apesar da existência deste termo o Ministério Público promove uma demanda coletiva, com base nos mesmos fatos e em face dos mesmos sujeitos. A questão a ser resolvida é: existe interesse processual na demanda coletiva?

Para solucionar o presente caso, é imprescindível fixar algumas premissas importantes sobre o TAC, que, no capítulo próprio serão devidamente aprofundadas: a) o TAC é título executivo extrajudicial em favor da coletividade, conforme preconiza a parte final do art. 5º, § 6º, LACP c/c art. 784, XII, CPC; b) os legitimados coletivos, que ostentam a natureza de órgãos públicos, são os únicos autorizados para a celebração do instrumento como tomadores; c) se os demais legitimados coletivos desejarem a celebração do instrumento deverão, sob pena de invalidade, cientificar o Ministério Público, o que não implica, por certo, a necessidade da sua aquiescência, para que sejam devidamente respeitados os §§ 2º e 3º do art. 5º, bem como o art. 15 da LACP.

Fixadas as premissas, vamos à solução da hipótese. A demanda coletiva proposta pelo MP, quando já existe um TAC celebrado com outro legitimado coletivo sobre os mesmos fatos e com o mesmo sujeito, deve ser admitida, desde que seja requerida a invalidação do instrumento ou que seja demonstrada a sua insuficiência e inadequação para a tutela da coletividade, com base nos seguintes argumentos: a) a inexistência de TAC não é considerada como um pressuposto processual (art. 485, IV, CPC), ou seja, os legitimados coletivos não ostentam o ônus de verificar se existem TACs celebrados sobre o tema; b) a legitimidade coletiva é extraordinária concorrente e disjuntiva e, portanto, não há empecilho para que um legitimado coletivo atue quando outro já atuar; c) de acordo com a redação do art. 785 do CPC, ainda que exista um título executivo extrajudicial em favor da coletividade, nada impedirá a propositura de uma demanda coletiva, ou seja, mesmo que o credor tenha à sua disposição um título executivo extrajudicial, terá interesse processual na propositura de ação de conhecimento para que obtenha um título executivo judicial e possa promover o cumprimento de sentença.

Esta, ao meu sentir, é a melhor solução para o caso, mas devo ressaltar que a demanda coletiva somente deverá ser proposta se houver a narrativa da inadequação e inefetividade do TAC, sob pena de, ao longo do tempo o instrumento deixar de ser útil para a tutela coletiva, pois jamais haverá a necessária segurança jurídica para aqueles que o celebram.

4. LEGITIMIDADE

4.1. Legitimidade *ad causam* coletiva ativa

Nas demandas coletivas, a regra geral da legitimidade ativa é diversa daquela existente nos processos individuais. Nestes, a legitimidade, como regra, pertence ao titular do direito material que será deduzido em juízo. Assim, trata-se de legitimidade ordinária ou comum. Para que um terceiro possa promover a demanda em favor do titular do direito material, será indispensável a existência de autorização no ordenamento jurídico (art. 18, CPC). Nas demandas coletivas, porém, o titular do direito material não é o legitimado ativo nas ações coletivas, salvo nos casos de tutela das comunidades indígenas.[53] A legitimidade ativa pertence aos denominados legitimados coletivos, que, por certo, não titularizam o direito material (transindividual) objeto da demanda (art. 5º, LACP c/c art. 82, CDC).

Em nosso ordenamento, como será adiante visto, a legitimação coletiva possui um viés misto quanto aos legitimados, pois abrange tanto órgãos públicos e privados, quanto o cidadão.[54] Impende salientar, conforme autorizada doutrina, que o rol dos legitimados coletivos ativos decorre diretamente da lei não sendo possível, portanto, a sua ampliação por meio de interpretação extensiva.[55]

Entretanto, para que se compreenda da forma devida à legitimidade ativa nas demandas coletivas, devem ser separadas as ações acidentalmente coletivas das ações essencialmente coletivas. No que tange às ações acidentalmente coletivas, há um certo consenso de que a legitimidade é extraordinária. O problema está na classificação

---

53. Art. 37 da Lei 6.001/1973.
54. "No ordenamento brasileiro foi adotada uma posição mista e heterogênea, com o reconhecimento da legitimidade de órgãos e entidades públicas e privadas e excepcionalmente do cidadão, este último exclusivamente no âmbito da ação popular." LEONEL, Ricardo de Barros. *Manual do Processo Coletivo*. Op. cit., p. 179.
55. "(...) o rol de legitimados ativos é taxativo, não sendo possível ampliá-lo por força de interpretação extensiva ou analógica. A outorga do poder agir em juízo em defesa de interesses alheios tem que decorrer de disposição expressa em lei." LEONEL, Ricardo de Barros. *Manual do Processo Coletivo*. Op. cit., p. 179.

das essencialmente coletivas, ou seja, nas difusas ou coletivas em sentido estrito. Há, basicamente, 3 teses:

1ª tese: A legitimação é ordinária ou institucional: o legitimado ativo tutela judicialmente os interesses institucionais da entidade ou da coletividade que são, a rigor, indivisíveis. A atuação processual do legitimado ativo, portanto, não seria em prol de um terceiro, mas para a tutela jurisdicional do interesse próprio.[56] Este entendimento somente poderia fazer algum sentido se a análise do tema ficasse adstrita à atuação processual das associações civis, mas, ainda assim, estaria equivocado, pois a atuação dos legitimados coletivos não está diretamente relacionada à tutela de interesses próprios, mas de interesses transindividuais.

2ª tese (majoritária): A legitimação é extraordinária (sinônimo de substituição processual): o autor da ação coletiva atuará sempre em regime de substituição processual, desde que devidamente autorizado pelo ordenamento jurídico, pois a sua atuação processual está diretamente relacionada à tutela de interesses alheios, ainda que o legitimado coletivo esteja inserido na coletividade que tutela.[57]

3ª tese: Legitimação autônoma ou para condução do processo ou processual de natureza especial ou processual coletiva: Para esta tese, que conta com a nossa adesão, os institutos da legitimação ordinária e extraordinária não são compatíveis com a tutela coletiva pois estão sempre ligados e atrelados à identificação do titular do direito material. A divisão da legitimidade em ordinária e extraordinária deve ser superada, pois impregnada de individualismo. A legitimação ordinária é verificada quando alguém atua em nome próprio defendendo direito próprio (precisa saber quem é o titular do direito); legitimação extraordinária, por outro lado, quando há alguém em nome próprio defendendo direito alheio. Nos processos coletivos, mormente quando tutela interesses essencialmente coletivos, não tem como saber quem é o titular do direito, até porque são indeterminados e indetermináveis, portanto, totalmente inadequada a classificação típica de processo civil individual quando é plenamente possível a individualização do titular do direito material deduzido em juízo. Existe no processo coletivo, a rigor, uma não coincidência entre o que postula e os beneficiários desta postulação.[58]

---

56. MANCUSO, Rodolfo de Camargo. Tutela judicial do meio ambiente: reconhecimento de legitimação para agir aos entes naturais?, *RePro* 52/68, São Paulo: Ed. RT, outubro-dezembro/1988. WATANABE, Kazuo. A tutela jurisdicional dos interesses difusos: a legitimação para agir. In: GRINOVER, Ada Pellegrini (coord.). *A Tutela dos Interesses Difusos*. São Paulo: Max Limonad, 1984.

57. MAZZILLI, Hugo Nigro. *A Defesa dos Interesses Difusos em Juízo*. Op. cit. ZAVASCKI, Teori Albino. *Processo Coletivo: Tutela de Direitos Coletivos e Tutela Coletiva de Direitos*. Op. cit., p. 76. FERRARESI, Eurico. *Ação Popular, Ação Civil Pública e Mandado de Segurança Coletivo: Instrumentos Processuais Coletivos*/ Rio de Janeiro: Forense, 2009. COSTA, Susana Henrique da. *O processo coletivo na tutela do patrimônio público e da moralidade administrativa*. São Paulo: Quartier Latin, 2009. GOMES JR., Luiz Manoel. *Curso de Direito Processual Coletivo*. 2ª ed. São Paulo: SRS, 2008, LENZA, Pedro. *Teoria Geral da Ação Civil Pública*. 2ª ed. São Paulo: Ed. RT, 2005, p. 193. DIDIER JR., Fredie e ZANETI JR., Hermes. *Curso de Direito Processual Civil*. 4ª ed. v. 4, Salvador: JusPodivm, 2009, p. 199. NEVES, Daniel Amorim Assumpção. *Manual de Processo Coletivo*. Op. cit.

58. ALVIM, Arruda. Ação Civil Pública, *RePro* 87/149-165, Ano 22, São Paulo: Ed. RT, julho-setembro/1997. NERY JR., Nelson. O Ministério Público e sua legitimação para a defesa do consumidor, *Justitia* 160, outu-

Nas ações coletivas, portanto, estará sempre presente, como aponta a doutrina,[59] uma legitimação processual coletiva, que é justamente, a possibilidade de almejar a proteção dos direitos coletivos *lato sensu*, ainda que haja coincidência entre os interesses próprios de quem atua com os daqueles que serão, em tese, beneficiados com a decisão a ser prolatada.

4.2. Distinção entre legitimação *ad actum* e legitimação *ad causam*

A legitimação *ad causam* tem um viés estático, ou seja, a parte tida como legítima manterá esse status jurídico até o final do processo, podendo, com isso, praticar todos os atos processuais. Esta legitimidade é a capacidade de conduzir um processo em que se discute determinada situação jurídica substancial,[60] ou seja, é a pertinência subjetiva da lide. Na legitimidade *ad actum* há um aspecto dinâmico, despolarizado, na demanda.[61] Em outros termos, a legitimidade será aferida quando da prática de cada ato do processo, permitindo, inclusive, que as partes mudem de polo na demanda, conforme analisado no tópico despolarização da demanda dentro do capítulo de intervenção de terceiros, para o qual remetemos o leitor. Em razão do dinamismo da relação processual, como explica Antonio do Passo Cabral, é só na sua verificação casuística que a legitimidade encontra sua completa e mais pura finalidade. Se a função desse limite subjetivo ao exercício de funções processuais é analisar a correspondência entre o modelo legal e a situação de fato, a legitimidade só pode ser precisa em cada caso concreto e para cada ato processual.[62]

A *legitimidade ad actum* é um dos fundamentos da intervenção móvel ou multifacetária, porque as situações ditas legitimantes são cambiantes ao longo do processo, e o controle da legitimidade não pode se dar senão na dinâmica do contraditório.

---

bro-dezembro/1992. LEONEL, Ricardo de Barros. *Manual do Processo Coletivo*. Op. cit., p. 184. VENTURI, Elton. *Processo Civil Coletivo*. São Paulo: Malheiros, 2007, p. 177. ALMEIDA, Gregório Assagra de. *Direito Processual Coletivo Brasileiro: um novo ramo do direito processual (princípios, regras interpretativas e a problemática da sua interpretação e aplicação)*. São Paulo: Saraiva, 2003, p. 500.

59. ALMEIDA, Gregório Assagra de; GOMES JÚNIOR, Luiz Manoel. *Direitos Digitais e a sua proteção via ações coletivas*. São Paulo: Ed. RT, 2024, p. 222.

60. DIDIER JR., Fredie; ZANETI JR., Hermes. *Curso de Direito Processual Civil – Processo coletivo*. Op. cit., p. 220.

61. "No que tange à legitimidade, nossa proposta é manter o filtro subjetivo, porém reduzindo o espectro de análise para a prática de cada ato processual isoladamente. Como pertine ao exercício de um poder jurídico, o ordenamento remete a legitimidade à específica situação concreta onde tal poder será exercido. Se a legitimidade é um atributo transitivo, verificado em relação a um determinado estado de fato, pensamos que, a partir do conceito de situação legitimante, enquadrado no pano de fundo da relação processual dinâmica, é possível reduzir a análise da legitimidade a certos momentos processuais específicos, vale dizer, não mais um juízo de pertinência subjetiva da demanda (a *legitimatio ad causam*), mas referente ao ato processual específico (a *legitimatio ad actum*). Em razão do dinamismo da relação processual, é só na sua verificação casuística que a legitimidade encontra sua completa e mais pura finalidade. Se a função desse limite subjetivo ao exercício de funções processuais é analisar a correspondência entre o modelo legal e a situação de fato, a legitimidade só pode ser precisa em cada caso concreto e para cada ato processual." CABRAL, Antonio do Passo. Despolarização do processo e "zonas de interesse": sobre a migração entre polos da demanda. *Revista eletrônica do Ministério Público Federal*, Ano I, Número 1, 2009, p. 7-43.

62. CABRAL, Antonio do Passo. Despolarização do processo e "zonas de interesse": sobre a migração entre polos da demanda. *Revista eletrônica do Ministério Público Federal*, Ano I, Número 1, 2009, p. 7-43.

CAPÍTULO 10 • CONDIÇÕES DA AÇÃO

5. CLASSIFICAÇÕES DA LEGITIMIDADE EXTRAORDINÁRIA

5.1. Legitimidade extraordinária autônoma e subordinada

Esta classificação parte da análise da liberdade do legitimado extraordinário para conduzir a relação processual. Na legitimidade extraordinária autônoma, o legitimado possui ampla liberdade para a condução do processo, tal como ocorre na substituição processual nos processos coletivos. Na legitimidade extraordinária subordinada, há uma relação processual subordinada, ou seja, a atuação processual do legitimado extraordinário está condicionada à atuação processual do legitimado ordinário, tal como se verifica nos casos de assistência simples.

5.2. Legitimação extraordinária coletiva exclusiva

Neste caso, o titular do direito material não ostenta legitimação ativa porque o ordenamento jurídico fixou expressamente legitimidade exclusiva para um terceiro. No processo civil individual, tal forma de legitimidade extraordinária deverá ser reputada como inconstitucional, pois retira do titular do direito material o seu acesso à justiça (art. 5º, XXXV, CR/88). Na tutela coletiva, ao contrário, há um exemplo: autor popular, que pode ser chamado de cidadão eleitor (art. 1º, LAP c/c 5º, LXXIII, CR/88). Neste último caso, não há que se falar em inconstitucionalidade, pois é da essência da tutela coletiva o titular do direito material não ostentar legitimação ativa, mas não é demais lembrar da possibilidade da existência de legitimidade ordinária, como nos casos de tutela jurisdicional dos indígenas (art. 37, Lei 6.001/1973.

A nova lei de improbidade administrativa criou mais uma hipótese de legitimidade diversa para as fases de conhecimento e de cumprimento de sentença. Inicialmente havia a previsão da exclusiva do Ministério Público em seu art. 17, mas no bojo das ADIs 7042 e 7043, o STF reconheceu a inconstitucionalidade de tal regra. Com efeito, os legitimados passam a ser o Ministério Público e a pessoa jurídica interessada para o exercício judicial da pretensão de conhecimento e celebração do acordo de não persecução cível (art. 17-B). Interessante notar que há legitimidade concorrente e disjuntiva para o exercício judicial da pretensão de conhecimento, mas criou legitimidade originária e principal para liquidação e cumprimento da sentença (art. 18, da LIA), enquanto o Ministério Público assumirá a execução em caso de inércia.

5.3. Legitimação extraordinária concorrente

Neste tipo de legitimidade extraordinária, o ordenamento jurídico elenca mais de um legitimado para a propositura da ação coletiva, tal como se verifica nas seguintes normas: art. 82 do CDC, 5º da LACP, 3º da Lei 7.853, 210 do ECA, 81 do Idoso, 21 da LMS, art. 232 da CR/88 c/c art. 3º da Lei 6.001/73, art. 16 da LAC. Art. 5º, XXI e LXX c/c art. 8º, III. A legitimação coletiva é extraordinária concorrente disjuntiva.

5.4. Legitimidade concorrente disjuntiva

A legitimação concorrente disjuntiva significa que os legitimados coletivos podem ir a juízo separadamente ou em conjunto, tornando o litisconsórcio facultativo. Assim, é disjuntiva porque qualquer dos legitimados do art. 5º da LACP ou do art. 82 do CDC poderá propô-la, independente da presença dos outros legitimados ativos. Em outros termos, a atuação processual de um dos legitimados não condiciona e nem impede a atuação dos demais.[63] Podemos apresentar como exemplo o art. 129, § 1º, CR/88.

6. LEGITIMADOS ATIVOS NO PROCESSO COLETIVO COMUM

6.1. Legitimação na ação popular

Na ação popular, a legitimação ativa originária exclusiva pertence ao cidadão-eleitor – art. 1º da LAP c/c art. 5º, LXXIII da CR/88. Observa-se, contudo que o art. 6º, § 3º prevê a possibilidade de as pessoas jurídicas de direito público ou de direito privado, cujo ato seja objeto de impugnação, de abster-se de contestar o pedido, ou poderá atuar ao lado do autor, desde que isso se afigure útil ao interesse público.

A lei assegura, ainda, que, se o autor desistir da ação ou der motivo à absolvição da instância, qualquer cidadão ou o Ministério Público **podem** promover o prosseguimento da ação dentro do prazo de 90 dias da última publicação feita.

Quanto à execução, permite-se que as pessoas ou entidades referidas no art. 1º, ainda que não haja contestado a ação, promovam, em qualquer tempo, e no que as beneficiar a execução da sentença contra os demais réus, tendo o Ministério Público, sob pena de falta grave, o dever de promover a execução se decorridos 60 dias da publicação da sentença condenatória de segunda instância sem que o autor promova a respectiva execução.

Ressalte-se que quanto ao prosseguimento da ação, tem o Ministério Público **atuação discricionária, desde que contenha fundamentação adequada e específica**. Entretanto, para a execução possui um **dever** sob pena de falta grave.

Tais temas foram devidamente abordados no capítulo Intervenção de Terceiros.

---

63. "Sendo a legitimação concedida a vários entes, é concorrente. Disjuntiva, porque qualquer um dos legitimados pode atuar em juízo sem necessariamente contar com a participação de outro habilitado. Não obstante a participação em litisconsórcio, ele não figura como requisito imprescindível ao exercício da demanda. Cada um dos habilitados pode promover a ação, isoladamente, ou, facultativamente, em conjunto com outros (litisconsórcio). Em síntese, é concorrente (qualquer um dos habilitados pode propor a ação) e disjuntiva (a atuação de um legitimado independe do concurso do outro)." BARROS LEONEL, Ricardo de. *Manual do Processo Coletivo*. 4ª ed. São Paulo: Malheiros, 2017, p. 187. No mesmo sentido conceitual: NERY JR., Nelson; ANDRADE NERY, Rosa Maria de. *Código de Processo Civil Comentado e Legislação Processual Civil Extravagante em vigor*. Op. Cit., p. 1136; MAZZILLI, Hugo Nigro. *A defesa dos interesses difusos em juízo*. Op. Cit., p. 384; MANCUSO, Rodolfo de Camargo. *Ação Civil Pública em defesa do meio ambiente, patrimônio cultural e dos consumidores*. 14ª ed. São Paulo: Ed. RT, 2016, p. 275.

No polo passivo da ação popular há um litisconsórcio necessário, conforme se denota da redação do art. 6º, *caput* da LAP.

Considerando as premissas fixadas, surgem algumas questões controvertidas importantes que precisam ser enfrentadas em apartado. A primeira delas consiste em saber: **a legitimação do cidadão é ordinária ou extraordinária?** Apesar do cidadão poder ser alcançado pelo resultado (eficácia subjetiva *erga omnes*) do processo e de fazer parte da coletividade que defende, trata-se claramente de um exemplo de legitimidade extraordinária, pois o objetivo do cidadão é tutelar a coletividade e não um direito próprio.[64] Não predomina, portanto, o entendimento diverso no sentido de que o cidadão, a rigor, defende o seu próprio interesse, por fazer parte da coletividade que tutela e que atua, assim, como legitimado ordinário.[65]

A segunda questão importante é: **o cidadão ostenta legitimação coletiva ampla ou somente pode promover ação popular?** O ordenamento jurídico somente permite a atuação, como legitimado coletivo ativo, do cidadão na Ação Popular e, portanto, a sua legitimidade é restrita.[66] Entretanto, há quem defenda a possibilidade de ser conferida uma legitimação mais ampla do cidadão para permitir o manejo das demais demandas coletivas, com base nos seguintes argumentos: a) **princípio do acesso à justiça** (art. 5º, XXXV, CR/88); b) **aplicação das normas do microssistema da tutela coletiva** como forma de ampliação da legitimação e possibilitar uma maior participação do cidadão nas ações coletivas com o fim de permitir a realização mais efetiva do controle social da atuação processual dos legitimados coletivos; c) **princípio do devido processo legal** (art. 5º, LIV, CR/88).[67]

Questão que gera debate na academia e que possui relevante aspecto prático é o **conceito de cidadão e a sua eventual adstrição ao domicílio eleitoral.** Neste ponto, entendo não haver maiores dificuldades, como faz a doutrina majoritária, em sustentar o conceito restrito de acordo com o art. 1º, § 3º da LAP, ou seja, vinculação do termo cidadão com eleitor, apesar da legitimidade ativa pertencer ao cidadão e não ao eleitor. O título de eleitor é somente prova documental da cidadania e não uma condição de legitimidade. Sobreleva notar que somente a capacidade eleitoral ativa será exigida para tal desiderato, sendo indiferente a capacidade eleitoral passiva. Assim, é factível sustentar que o cidadão poderá promover a sua demanda, ainda que o território objeto desta não seja coincidente com o seu domicílio eleitoral. Apesar do

---

64. ALMEIDA, Gregório Assagra. Direito Processual Coletivo. Op. cit., p. 404; LEONEL, Ricardo de Barros. Manual do Processo Coletivo. Op. cit., p. 159; NEVES, Daniel Amorim Assumpção. *Manual do Processo Coletivo.* Op. cit., p. 190.

65. MANCUSO, Rodolfo de Camargo. *Ação Popular.* 4ª ed. São Paulo: Ed. RT, 2001, p. 150-154. SILVA, José Afonso da. *Ação Popular.* 2ª ed. São Paulo: Malheiros, 2007, p. 184-186.

66. NEVES, Daniel Amorim Assumpção. *Manual do Processo Coletivo.* Op. cit., p. 190. VENTURI, Elton. *Processo Coletivo.* Op. cit., p. 200.

67. FERRARESI, Eurico. A pessoa física como legitimada a ação coletiva. In: GRINOVER, Ada Pellegrini; MENDES, Aluisio Gonçalves de Castro; WATANABE, Kazuo (coords.). *Direito Processual Coletivo e o anteprojeto de Código Brasileiro de Direitos Coletivos.* São Paulo: Ed. RT, 2007. MENDES, Aluisio Gonçalves de Castro. *Ações coletivas.* São Paulo: Ed. RT, 2002.

STJ[68] já ter reconhecido esta possibilidade, entendo que deve ser analisado o domicílio eleitoral como um requisito para verificar o interesse processual na demanda, pois qual seria o interesse de um determinado cidadão que mora em uma comarca vizinha em impugnar uma relação jurídica contratual celebrada em uma outra comarca que não tem qualquer efeito em seu domicílio? Entendo que esta permissão, apesar de permitir uma maior participação do cidadão na tutela coletiva, pode fomentar, ainda mais, a utilização deste instrumento como forma de manifestação político-partidária. Entendimento diverso, relega a oblívio a regra legal que define precisamente quem deve ser considerado como cidadão.

Considerando, ainda, que existe a possibilidade, em nosso país, de alguém com 16 anos obter título de eleitor e se tornar "cidadão-eleitor", questiona-se: **o eventual cidadão com 16 anos poderá promover a ação popular sozinho ou precisaria de assistência para, com isso, adquirir a capacidade processual?** Inicialmente, vale mencionar que a capacidade processual é um pressuposto processual subjetivo (art. 485, IV, CPC). O nosso ordenamento jurídico não faz qualquer ressalva quanto à necessidade de suprir a incapacidade processual do cidadão que não ostenta capacidade de fato ou de exercício. Ademais, a própria Constituição indicou o cidadão como parte legítima para a propositura da ação popular.[69] Apesar da linha argumentativa da tese dominante, entendo que não faz o menor sentido o ordenamento jurídico exigir de alguém com 16 anos a representação processual para exteriorizar a assistência para a propositura de uma mera demanda individual e não fazer a mesma exigência para uma demanda coletiva que pode repercutir no seio de toda a coletividade envolvida. Ademais, não podem ser confundidos dois institutos processuais distintos: legitimidade ativa *ad causam* e a capacidade processual. Ora, o cidadão-eleitor ostenta legitimidade ativa, mas somente ostentará capacidade processual, se tiver capacidade de fato ou de exercício, ou, em caso contrário, esteja devidamente acompanhado de representante processual.[70]

6.2. Legitimação na ação civil pública genérica

A legitimação ativa está disposta no rol previsto nos arts. 5º da LACP, 82 do CDC, 3º da Lei 7.853/89, 201 do ECA, 81 do Estatuto do Idoso, 1º e 3º da Lei 7.913/89, 3º do Estatuto da Pessoa com Deficiência. Possuem legitimidade ativa: o Ministério Público, a Defensoria Pública, as pessoas jurídicas de direito público da Administração direta, autarquias, empresas públicas, fundações, sociedades de economia mista e associações civis desde que constituídas a pelo menos um ano e inclua dentre suas

---

68. Resp 1.242.800/MS, Rel. Min. Mauro Campbell Marques, j. 07 jun. 2011, Dje 14 jun. 2011.
69. NEVES, Daniel Amorim Assumpção. *Manual do Processo Coletivo*. Op. cit., p. 190. RODRIGUES, Geisa de Assis. *Ação Popular. Ações Constitucionais*. 4ª ed. Salvador: JusPodivm, 2009. NERY JR., *Código de Processo Civil Comentado*. Op. cit., p. 189.
70. MANCUSO, Rodolfo de Camargo. *Ação Popular*. Op. cit., p. 154-155. PACHECO, José da Silva. *O mandado de segurança: e outras ações constitucionais típicas*. 4ª ed. Rev., atual. e ampl. São Paulo: Ed. RT, 2002, p. 569-570.

finalidades institucionais a proteção ao meio ambiente, ao consumidor, à ordem econômica, à livre concorrência ou ao patrimônio artístico, estético, histórico turístico e paisagístico[71].

Os sindicatos também ostentam tal legitimidade decorrente da norma do art. 8º, III, CR/88. Para o STJ, o sindicato possui legitimidade ativa para substituir os sucessores de servidores falecidos, independentemente de o óbito ter ocorrido antes do ajuizamento da execução.[72]

As comunidades indígenas e os grupos tribais têm a sua legitimidade definida no art. 37 da Lei 6.001/73 c/c art. 232, CR/88.

O partido político, em uma primeira análise, não tem legitimação ativa para ACP, pois não consta do rol taxativo previsto no art. 5º da LACP. Entretanto, a doutrina, com razão, reconhece a possibilidade de os partidos políticos promoverem ACP, devendo, para tanto, receber o tratamento de associações civis, bem como considerando a finalidade democrática destes entes e a conveniência da ampliação da legitimação coletiva.[73]

Impende salientar, como faz parte da doutrina, que os órgãos despersonalizados (art. 75, IX, CPC) também ostentam legitimidade ativa para a ACP, desde que o seu escopo seja a defesa do interesse que se pretende tutelar, conforme preconiza o art. 82, III, CDC.[74]

Por fim, vale mencionar que a Ordem dos Advogados do Brasil também é legitimada ativa para a demanda coletiva, por força do arts. 44, I, 45, § 2º, 54, XIV, 59 e 105 do Estatuto da Ordem dos Advogados do Brasil e do art. 81, III do Estatuto do Idoso, sendo que o STJ já decidiu pela não exigência da pertinência temática.[75] Os conselhos seccionais da Ordem dos Advogados do Brasil podem ajuizar as ações previstas – inclusive as ações civis públicas – no art. 54, XIV, em relação aos temas que afetem a sua esfera local, restringidos territorialmente pelo art. 45, § 2º, do EOAB.

---

71. O Procon, no âmbito do Estado do Rio de Janeiro, também ostenta esta legitimidade conforme se denota da leitura do art. 4º, XV e XVI da Lei 5.738/10, pois tem natureza de Autarquia.

72. AgInt no REsp 2.026.557-PE, Rel. Ministro Sérgio Kukina, 1ª T., por unanimidade, j. 20.03.2023

73. "A evolução da abordagem da legitimação nos leva a concluir, ainda quanto aos partidos políticos, que não deve ser descartada a possibilidade de sua atuação, na condição de associação civil, não apenas no mandado de segurança coletivo, mas também na ação civil pública propriamente dita." LEONEL, Ricardo de Barros. Manual do Processo Coletivo. Op. cit., p. 181. "esse elo de relação e de compatibilidade entre o direito tutelado e os fins institucionais ou programáticos do partido político, além de representar o marco limitador do campo de abrangência da agremiação, constitui também requisito indispensável à configuração do interesse de agir em juízo." ZAVASCKI, Teori Albino. *Processo Coletivo: tutela de direitos coletivos e tutela coletiva de direitos*. São Paulo: Ed. RT, 2006, p. 213.

74. "Isto significa dizer que detêm personalidade judicial e podem lançar mão da ação civil pública as unidades de atuação sem personalidade jurídica pertencentes à Administração Pública, desde que seu escopo seja a defesa dos interesses que se pretende tutelar." MOREIRA, Egon Bockmann; BAGATIN, Andreia Cristina; ARENHART, Sérgio Cruz; FERRARO, Marcella Pereira. *Comentários à Lei de Ação Civil Pública. Revisitada, artigo por artigo, à luz do Novo CPC e Temas Atuais*. São Paulo: Ed. RT, 2017, p. 343. CARVALHO FILHO, José dos Santos. *Ação Civil Pública: Comentários por artigo*. 6ª ed. Rio de Janeiro: Lumen Juris, 2007.

75. Resp 1423825/CE, 4ª Turma, Rel. Min. Luiz Felipe Salomão, j. 10.11.2017. No mesmo sentido: REsp 1351760/PE, Rel. Ministro Humberto Martins, 2ª Turma, julgado em 26.11.2013, DJe 09.12.2013.

A legitimidade ativa, fixada no art. 54, XIV, do EOAB, para propositura de ações civis públicas por parte da OAB, seja pelo Conselho Federal, seja pelos conselhos seccionais, deve ser lida de forma abrangente, em razão das finalidades outorgadas pelo legislador à entidade – que possui caráter peculiar no mundo jurídico – por meio do art. 44, I, da mesma norma; não é possível limitar a atuação da OAB em razão de pertinência temática, uma vez que a ela corresponde a defesa, inclusive judicial, da Constituição Federal, do Estado de Direito e da justiça social, o que, inexoravelmente, inclui todos os direitos coletivos e difusos. Por outro lado, existe decisão do STJ negando a legitimidade ativa da OAB para a propositura de ACP por ato de improbidade administrativa.[76]

6.3. Legitimação na ação por improbidade administrativa

6.3.1. Legitimidade ativa

Legitimação ativa está no art. 17 da LIA. Trata-se de uma demanda que visa à tutela do patrimônio público (interesse difuso) e somente poderá ser proposta pelo Ministério Público. Pela Nova Lei de Improbidade Administrativa, somente o MP poderá promover a demanda. Entretanto, existe a necessidade de verificar a possibilidade de outros legitimados coletivos promoverem a ação por improbidade administrativa, apesar do STJ já ter decidido pela impossibilidade de interpretação extensiva do dispositivo.[77] Em decorrência disso, quatro questões importantes surgem: **a) a pessoa jurídica interessada é somente a de direito público ou também abrange a de direito privado? b) qual é a natureza jurídica da legitimação da pessoa jurídica interessada? c) a Defensoria Pública tem legitimidade ativa para a propositura da ação por improbidade administrativa? d) associação civil tem legitimidade ativa para a propositura da ação por improbidade administrativa?**

A atuação da pessoa jurídica prejudicada/interessada foi substancialmente alterada pela nova LIA, a saber:

i) não ostenta mais legitimidade para a propositura da ação por improbidade administrativa, por ausência de previsão legal, conforme art. 17, da LIA;

ii) poderá intervir no processo sendo intimada para tal finalidade (art. 17, §14, da LIA);

iii) deverá ser cientificada sobre a proposta de acordo de não persecução cível feita pelo MP (art. 17-B, §1º, I, da LIA);

iv) ostenta legitimidade principal e originária para a realização da liquidação e cumprimento de sentença (art. 18, da LIA);

---

76. AgRg no AREsp. 563.577/DF, 2ª Turma, Rel. Min. Herman Benjamim, j. 12.02.2015, Dje 20.03.2015.
77. AgRg no AREsp. 563. 577/DF, Rel. Min. Herman Benjamin, j. 12.02.2015, Dje 20.03.2015 (1ª Turma); Resp. 1071138/MG, Rel. Min. Napoleão Nunes Maia Filho, j. 10.12.2013, Dje 19.12.2013.

CAPÍTULO 10 • CONDIÇÕES DA AÇÃO **341**

v) o art. 3º, da Lei 14.230/21 trouxe uma regra de transição aplicável às ações em curso propostas pela pessoa jurídica interessada/prejudicada, ao determinar que o Ministério Público terá o prazo de 01 ano para analisar as demandas, que ficarão suspensas, e definir se irá assumir a condução do processo, sob pena de extinção sem resolução de mérito;

vi) criou uma espécie de intervenção atípica da assessoria jurídica responsável pelo parecer jurídico que embasou a prática do ato reputado como de improbidade administrativa, que terá o dever de defender o agente público até o trânsito em julgado da decisão (art. 17, §20, da LIA).

Há quem defenda, apesar da modificação legislativa, a manutenção da legitimidade ativa concorrente e disjuntiva para a propositura da ação por improbidade administrativa.[78] Considerando a necessidade da intimação da pessoa jurídica interessada, para parte da doutrina, ela poderia ainda ostentar uma legitimidade ativa superveniente, pois a sua intervenção no processo pode ocasionar a sua participação como coautora, ou seja, uma espécie de legitimidade ativa conjunta de apenas uma via de direção.[79]

O STF, no bojo das ADIs 7042 e 7043, cujo principal objetivo é obter o reconhecimento da inconstitucionalidade da legitimidade ativa exclusiva do Ministério Público, definiu o seguinte, em sede cautelar:

i) aplicação da interpretação conforme ao art. 17, caput e §§ 6º-A, 10-C e 14, da LIA para conferir legitimidade ativa concorrente entre o Ministério Público e a pessoa jurídica interessada para a propositura da Ação por Improbidade Administrativa;

ii) suspensão dos efeitos do art. 17, §20, da LIA;

iii) suspensão dos efeitos do art. 3º, da Lei 14.230/21.

Os fundamentos empregados na decisão monocrática proferida em sede cautelar foram os seguintes:

i) não há texto constitucional qualquer referência à exclusividade do Ministério Público no combate à corrupção, mas somente para a propositura da ação penal pública;

ii) a legitimidade ativa exclusiva do Ministério Público enseja retrocesso no combate à corrupção, apesar da maioria absoluta das ações serem propostas

---

78. NEVES, Daniel Amorim Assumpção; OLIVEIRA, Rafael Carvalho Rezende. Comentários à Reforma da Lei de Improbidade Administrativa. Rio de Janeiro: Forense, 2022, p. 76.

79. "A pessoa jurídica interessada não pode estar sozinha no polo ativo da demanda, dependendo, portanto, sempre da presença do Ministério Público como autor. Por outro lado, o Ministério Público tem legitimidade isolada para a propositura da ação e para a ela dar andamento." NEVES, Daniel Amorim Assumpção; OLIVEIRA, Rafael Carvalho Rezende. Comentários à Reforma da Lei de Improbidade Administrativa. Rio de Janeiro: Forense, 2022, p. 76.

por esta instituição, ou seja, a pessoa jurídica prejudicada deseja manter uma legitimidade que não exerce na prática;

iii) limitação do princípio do acesso à justiça;

iv) violação ao princípio da eficiência;

v) obstáculo ao exercício da competência comum da União, Estados, DF e Municípios de conservação do patrimônio público (art. 23, I, da CR/88).

Entendo que não deveria ser fixada a legitimidade exclusiva para o Ministério Público, mas não vejo inconstitucionalidade na regra legal. A eventual inadequação de regra legal não a transforma em inconstitucionalidade. Algumas considerações são importantes, contudo:

i) a legitimidade concorrente e disjuntiva pode gerar insegurança jurídica ao permitir que diversos legitimados, com perspectivas institucionais diversas, promovam as suas ações;

ii) o Ministério Público, desde o advento da LIA, ostenta verdadeiro protagonismo judicial extrajudicial no combate à corrupção e possui controle real e efetivo da Corregedoria e CNMP, portanto, apresenta um *accountabillity* não verificado quando da atuação da pessoa jurídica prejudicada;

iii) a legitimidade ativa exclusiva para a propositura da ação por improbidade administrativa não impede a atuação da pessoa jurídica interessada/prejudicada na recomposição patrimonial, pois além de intervir na relação jurídica processual (art. 17, § 4º, da LIA) e na celebração do acordo de não persecução cível (art. 17-B, § 1º, I, da LIA), ostenta legitimidade principal para a promoção da liquidação e cumprimento de sentença (art. 18, da LIA);

iv) a prática no informa ser muito comum a defesa pela advocacia pública não só do ato de improbidade administrativa narrado pelo Ministério Público, como habitualmente do próprio agente público e, portanto, essa evidência empírica não pode ser ignorada diante da narrativa de arrefecimento do combate à corrupção;

v) mesmo diante da legitimidade exclusiva para a propositura da ação por improbidade administrativa conferida ao Ministério Público, a pessoa jurídica interessada/prejudicada ainda ostentará legitimidade ativa para a tutela do patrimônio público via ação civil pública, conforme previsto no art. 1º, VIII, da LACP.

Apesar das considerações acima, o STF reconheceu a inconstitucionalidade da legitimidade exclusiva do Ministério Público no âmbito da seara da improbidade administrativa. É inconstitucional, por via de consequência, a regra transitória prevista no art. 3º, da lei 14.230/21. Com a decisão do STF, a intervenção móvel da pessoa jurídica interessada (arts. 5º, pu, lei 9469/97 c/c 6º, §3º, LAP), sob a perspectiva da despolarização da demanda, volta a ser possível.

Nas demandas propostas pelo MP, haverá a citação da pessoa jurídica interessada para integrar a relação jurídica processual e a escolha de um dos polos da demanda. Poderá, ainda, migrar de um polo para o outro ou simplesmente não aderir a um dos polos.

Nas demandas propostas pela pessoa jurídica interessada, haverá a necessidade de intimação do MP para integrar a relação jurídica processual como *custus iuris*.

Outro efeito prático da decisão é a possibilidade de assunção do processo caso o legitimado originário (que exerceu judicialmente a pretensão) der causa à possibilidade de extinção do processo sem resolução de mérito (arts. 9º, LAP c/c 5º, §3º, LACP).

A tese jurídica fixada pelo STF foi redigida da seguinte forma:

> **RECONHECIMENTO DA INCONSTITUCIONALIDADE DA LEGITIMIDADE ATIVA EXCLUSIVA DO MP PARA A PROPOSITURA DA AÇÃO POR IMPROBIDADE ADMINISTRATIVA E CELEBRAÇÃO DO ANPC.**

O termo *pessoa jurídica interessada/prejudicada* previsto na LIA deve ser compreendido em sua acepção ampla abarcando todas as pessoas jurídicas que podem ser atingidas (sujeito passivo) pela prática do ato de improbidade administrativa, conforme preconiza o art. 1º da LIA.[80] Por outro lado, há quem defenda uma acepção restritiva para abranger somente a Fazenda Pública (pessoas jurídicas de direito público), por entender que o fim da LIA é a tutela do patrimônio público e não de patrimônio privado, ou seja, as pessoas jurídicas de direito privado somente deverão receber a tutela jurídica da LIA quando houver algum tipo de desvio de verbas públicas em seus investimentos.[81] Não merece prosperar tal linha de argumentação, por cinco

---

80. NEVES, Daniel Amorim Assumpção. *Manual de Processo Coletivo*. Op. Cit., p. 224. DECOMAIN, Pedro Roberto. *Improbidade Administrativa*. São Paulo: Dialética, 2007. OLIVEIRA, José Roberto Pimenta. *Improbidade Administrativa e sua autonomia constitucional*. Belo Horizonte: Fórum, 2009. PAZZAGLINI FILHO, Marino. *Lei de Improbidade Administrativa comentada: aspectos constitucionais, administrativos, civis, criminais, processuais e de responsabilidade fiscal*. 5ª ed. São Paulo: Atlas, 2011. MEIRELLES, Hely Lopes; WALD, Arnold; MENDES, Gilmar Ferreira. *Mandado de segurança e ações constitucionais*. 33ª ed. São Paulo: Malheiros, 2010. SANTOS, Carlos Frederico Brito dos. *Improbidade Administrativa*. 2ª ed. Rio de Janeiro: Forense, 2007.

81. SOBRANE, Sérgio Turra. *Improbidade Administrativa: aspectos materiais, dimensão difusa e coisa julgada*. São Paulo: Atlas, 2010. MARQUES, Silvio. *Improbidade Administrativa*. São Paulo: Saraiva, 2010. FERRARESI, Eurico. *Improbidade Administrativa – Lei 8.429/1992 comentada*. São Paulo: Método, 2011. GARCIA, Emerson; ALVES, Rogério Pacheco. *Improbidade Administrativa*. 6ª ed. Rio de Janeiro: Lumen Juris, 2011. ANDRADE, Adriano; MASSON, Cleber; ANDRADE, Landolfo. *Interesses difusos e coletivos esquematizado*. São Paulo: Método, 2011. ZAVASCKI, Teori Albino. *Processo Coletivo – Tutela de direitos coletivos e tutela coletiva de direitos*. 4ª ed. São Paulo: Ed. RT, 2009.

fundamentos; a) regra expressa na LIA que indica que as pessoas jurídicas de direito privado que recebem verbas ou subvenções do poder público são destinatárias da tutela jurisdicional por esta demanda coletiva; b) a LIA refere-se à pessoa jurídica interessada/prejudicada; c) aplicação direta do microssistema da tutela coletiva: ao contrário do que supõem os defensores desta tese, não é só a ação por improbidade administrativa que tem como objetivo a tutela do patrimônio público, mas também a ACP genérica e a APOP. Ora, a ACP pode ter como objeto a tutela do patrimônio público, conforme se denota da simples leitura do art. 1º, VIII, LACP e as pessoas jurídicas de direito privado também são legitimadas para o exercício judicial desta tutela (art. 5º, IV e V, LACP). Na APOP, apesar de não serem legitimadas ativas originárias, as pessoas jurídicas de direito privado poderão assumir a condução do processo, caso o cidadão eleitor dê causa à absolvição de instância ou que deixe de promover o cumprimento de sentença (arts. 6º, § 3º, 9º e 17 da LAP), bem como poderão realizar a intervenção móvel e, portanto, poderão ostentar certo protagonismo nesta demanda; d) por fim, a intervenção referida no art. 17, § 4º da LIA também abrange as pessoas jurídicas de direito privado e, portanto, poderão figurar como litisconsortes ativos ulteriores na demanda de improbidade administrativa; e) ao inserir as pessoas jurídicas de direito privado no rol daquelas que podem sofrer o dano decorrente da prática do ato de improbidade administrativa, o legislador, por certo, a erigiu à categoria de legitimada ativa, pois cumprirá o requisito de "pessoa interessada".

A fixação da amplitude do termo "**pessoa interessada**" nos leva a indagar qual é a natureza da legitimidade da pessoa jurídica (de direito público ou privado) ao promover a demanda de improbidade administrativa. Tratar-se-ia de uma **legitimidade ordinária, extraordinária ou híbrida?**

A legitimidade ordinária, apesar da pessoa jurídica ser lesada diretamente, não pode ser aplicada ao caso, pois somente nos casos das comunidades indígenas, como já visto, é que podemos, de forma segura, afirmar que o titular do direito material irá a juízo buscar uma tutela jurisdicional para assegurar os seus direitos/interesses. Parte da doutrina sustenta que a legitimidade das pessoas jurídicas será extraordinária, porque o interesse tutelado será sempre o difuso, consistente na recomposição do patrimônio público com a pretensão sancionatória correspondente e, caso deseje somente o ressarcimento ao erário, deverá promover demanda individual.[82] Não merece prosperar esta análise, pois, apesar da demanda de improbidade administrativa ter como foco a tutela de interesse difuso por meio da proteção ao erário (interesse meramente patrimonial da pessoa jurídica), não há como negar que a tutela do patrimônio público (por meio do ressarcimento ao erário e das demais sanções) também tem relação direta com a própria coletividade e o seu interesse, quase que natural, em ver a *res publica* devidamente tutelada. Assim, a legitimidade ativa coletiva da pessoa jurídica interessada tem natureza híbrida e deve ser compreendida da seguinte forma: a) natureza de legitimidade ordinária no tocante à pretensão ressarcitória patrimonial;

---

82. NEVES, Daniel Amorim Assumpção. *Manual de Processo Coletivo*. Op. Cit., p. 224.

CAPÍTULO 10 • CONDIÇÕES DA AÇÃO

b) natureza de legitimidade extraordinária quanto à tutela do patrimônio público que pertence à coletividade.[83]

Mais uma questão relevante acerca da legitimidade ativa para a ação por improbidade administrativa consiste em saber: **tem a Defensoria Pública legitimidade ativa para a propositura de ação por improbidade administrativa?** A análise geral e completa sobre a legitimidade ativa coletiva da Defensoria Pública será objeto de tópico específico neste capítulo. Neste momento, porém, será somente verificada a possibilidade de atuação na seara da improbidade administrativa. A resposta negativa ao questionamento se impõe, com base nos seguintes fundamentos:

a) a regra legal expressa prevista no art. 17 da LIA não contempla a Defensoria Pública e não comporta interpretação extensiva;[84]

b) a sua atuação somente deverá ocorrer na tutela coletiva dos hipossuficientes e hipervulneráveis e não para a tutela do patrimônio público, ainda que este seja um dos objetos da ACP genérica (art. 1º, VIII da LACP), ou seja, pode atuar para a tutela do patrimônio público em seu sentido prestacional, mas não para requerer a imposição das sanções previstas na LIA;[85] c) a sua legitimidade ativa não é ampla como a do Ministério Público.

Nada obstante, aderimos ao raciocínio apresentado por doutrina autorizada,[86] pois não conflita, a rigor, com as nossas premissas, que aborda a atuação da Defensoria Pública na seara da improbidade administrativa sob três aspectos distintos: a) atuação como representante processual nos casos de demandas propostas por associações civis hipossuficientes, que deve ser autorizada, pois diretamente relacionada com as funções institucionais; b) permitir atuação para efetivar direitos atrelados à sua função institucional, como nos casos de violação à probidade administrativa que

---

83. GARCIA, Emerson; ALVES, Rogério Pacheco. *Improbidade Administrativa*. 6ª ed. Rio de Janeiro: Lumen Juris, 2011. ANDRADE, Adriano; MASSON, Cleber; ANDRADE, Landolfo. *Interesses difusos e coletivos esquematizado*. São Paulo: Método, 2011. SOBRANE, Sérgio Turra. *Improbidade Administrativa: aspectos materiais, dimensão difusa e coisa julgada*. São Paulo: Atlas, 2010.

84. AgRg no AREsp. 563. 577/DF, Rel. Min. Herman Benjamin, j. 12.02.2015, Dje 20.03.2015 (1ª Turma); Resp. 1071138/MG, Rel. Min. Napoleão Nunes Maia Filho, j. 10.12.2013, Dje 19.12.2013.

85. Resp. 1192577/RS, Rel. Min. Luiz Felipe Salomão, j. 15.05.2014, Dje 15.08.2014. Na doutrina, podemos mencionar: CARVALHO FILHO, José dos Santos. *Ação Civil Pública*. 7ª ed. Rio de Janeiro: Lumen Juris, 2009. PEREIRA, Marivaldo de Castro; BOTTINI, Pierpaolo Cruz. A Defensoria Pública perante a tutela dos interesses transindividuais: atuação como parte legitimada ou como assistente judicial. In: SOUZA, José Augusto Garcia de (coord.). *A defensoria pública e os processos coletivos – comemorando a Lei Federal 11.448, de 15 de janeiro de 2007*. 2ª tir. Rio de Janeiro: Lumen Juris, 2008. PINHO, Humberto Dalla Bernardina de. A legitimidade da Defensoria Pública para a propositura de ações civis públicas: primeiras impressões e questões controvertidas. In: SOUZA, José Augusto Garcia de (coord.). *A defensoria pública e os processos coletivos – comemorando a Lei Federal 11.448, de 15 de janeiro de 2007*. 2ª tir. Rio de Janeiro: Lumen Juris, 2008. WAMBIER, Luiz Rodrigues; WAMBIER, Tereza Arruda Alvim; MEDINA, José Miguel de Garcia. *Breves comentários à nova sistemática processual civil 3*. São Paulo: RT, 2007. CÂMARA, Alexandre Freitas. Legitimidade da Defensoria Pública para ajuizar ação civil pública: um possível primeiro pequeno passo em direção a uma grande reforma. In: SOUSA, José Augusto. (org.). *A Defensoria Pública e os processos coletivos*. Rio de Janeiro: Lumen Juris, 2008. NEVES, Daniel Amorim Assumpção. *Manual de Processo Coletivo*. Op. Cit., p. 220.

86. GARCIA, Emerson; ALVES, Rogério Pacheco. *Improbidade Administrativa*. 9ª ed. São Paulo: Saraiva, 2017.

possa repercutir na seara prestacional; c) não permitir a atuação quando a pretensão versar sobre o enriquecimento ilícito (art. 9º da LIA) ou sobre ressarcimento ao erário (art. 10 da LIA).

No tocante à atuação das Associações Civis na propositura da demanda de improbidade administrativa, há certo dissenso doutrinário a respeito. Uma grande parte da doutrina refuta a possibilidade da sua atuação como legitimado passivo sustentando que não há autorização legal expressa para tal atuar, bem como não ser possível interpretação extensiva, como já dito, do art. 17 da LIA, por fazer referência somente ao Ministério Público. Ademais, a previsão de tutela do patrimônio público prevista na LACP cede ante a regra especial prevista na LIA, que não contempla as associações.[87] Por outro lado, com razão, há quem defenda a possibilidade da atuação das associações civis como legitimadas ativas, orientação que, em meu sentir, deve ser modificado diante da nova LIA, com base nos seguintes argumentos: a) a associação pode, conforme a hipótese, figurar como uma pessoa jurídica interessada/prejudicada; b) aplicação do microssistema por meio dos arts. 1º, VIII c/c 5º, V, b da LACP, que indicam que a ACP pode ter por objeto a tutela do patrimônio público e que as associações podem defender interesses amplos da coletividade, desde que satisfeitos os demais requisitos legais; c) a legitimidade extraordinária, conforme preconiza o art. 18 do CPC, decorre do ordenamento jurídico, despicienda, portanto, norma jurídica legal para tal desiderato; d) a necessária ampliação da democracia participativa na tutela da coletividade, mormente nos casos de proteção ao patrimônio público, na medida em que os legitimados coletivos tradicionais encontram-se assoberbados; e) os tratados internacionais dos quais o Brasil é signatário e que têm como objetivo o combate à corrupção. Vide o art. 11, III da Convenção Interamericana de Combate à Corrupção (Decreto 4.410/2002) e os arts. 5º, 1 e 13 da Convenção das Nações Unidas contra a Corrupção (Decreto 5.687/2006).[88]

6.3.2. Legitimidade Passiva

No tocante à **legitimação passiva**, devem ser analisados **os conceitos de agente público e dos beneficiários do ato de improbidade administrativa**. O conceito legal de agente público, para os fins da LIA, está previsto no art. 2º e ostenta uma acepção bem ampla.

---

87. MARTINS JUNIOR, Wallace Paiva. *Probidade Administrativa*. São Paulo: Saraiva, 2001. VIGLIAR, José Marcelo Menezes. *Ação Civil Pública*. 4ª ed. São Paulo: Atlas, 1999. NEVES, Daniel Amorim Assumpção; OLIVEIRA, Rafael Carvalho Rezende. *Manual de Improbidade Administrativa*. São Paulo: Método, 2012.

88. GARCIA, Emerson; ALVES, Rogério Pacheco. *Improbidade Administrativa*. 9ª ed. São Paulo: Saraiva, 2017. MIRANDA, Gustavo Senna. *Princípios do juiz natural e sua aplicação na Lei de Improbidade Administrativa*. São Paulo: Ed. RT, 2007, p. 207-210. ZENKNER, Marcelo. Legitimação Ativa nas Ações Protetivas do Patrimônio Público. In: *Improbidade Administrativa: responsabilidade social na prevenção e controle*. Vitória: Centro de Estudos e Aperfeiçoamento Funcional do Ministério Público do Estado do Espírito Santo, 2005, p. 152-157. MOTTA, Reuder Cavalcante. *Tutela do patrimônio público e da moralidade administrativa. Interpretação e aplicação*. Belo Horizonte: Fórum, 2012, p. 165-166.

Conforme se depreende da redação prevista no art. 3º, da LIA, pretendeu o legislador a responsabilização de todos aqueles que tenham, de alguma forma, praticado ou concorrido à concretização da improbidade, sendo bastante amplo o campo de incidência da norma. A pluralidade de agentes e/ou terceiros que tenham de alguma forma concorrido ou se beneficiado da improbidade leva à ocorrência de litisconsórcio necessário no polo passivo, na forma do art. 47, CPC, com a possibilidade, inclusive, de aplicação do art. 7º, III, da LAP em razão do regime integrado de mútua complementariedade que deve vigorar no campo das ações coletivas.

Legitimados passivos da ação por improbidade são todos aqueles que tenham concorrido para a prática da conduta ímproba. Assim, estão sujeitos à incidência reparatório-sancionatória da LIA todos os agentes públicos que, ainda que transitoriamente ou sem remuneração, por eleição, nomeação, designação, contratação ou qualquer outra forma de investidura ou vínculo, mandato, emprego ou função (art. 2º), tenham violado o patrimônio público. Os agentes políticos também sujeitar-se-ão ao regime jurídico sancionatório da LIA.[89] O STJ segue a mesma linha ao decidir que: *"Os agentes políticos municipais se submetem aos ditames da Lei de Improbidade Administrativa, sem prejuízo da responsabilização política e criminal estabelecida no DL n. 201/1967"*.[90]

Também aqueles que, mesmo não sendo agentes públicos, tenham induzido ou concorrido para a prática do ato de improbidade, ou dela tenham auferido benefício, direto (art. 3º). Inegável retrocesso é verificado nesse artigo, com a redação dada pela Lei 14.230/21, pois não há mais a responsabilização do beneficiário indireto, mas somente direto[91].

Além dessa restrição, podem ser indicados os seguintes retrocessos:

i) Exigência do especial fim de agir para a configuração do ato de improbidade administrativa, ainda que expressamente ilícito;

ii) Retirar a responsabilidade dos gestores públicos ao afastar a possibilidade de responsabilidade quando atuarem em detrimento à entendimentos jurisprudenciais consolidados (art. 1º, §8º)[92], ou seja, preconiza a impossibilidade da

---

89. "O Plenário do STF decidiu que os agentes políticos, com exceção do Presidente da República (art. 85, V, da CRFB), encontram-se sujeitos a um duplo regime sancionatório, de modo que se submetem tanto à responsabilização civil pelos atos de improbidade administrativa quanto à responsabilização político-administrativa por crimes de responsabilidade." NEVES, Daniel Amorim Assumpção; OLIVEIRA, Rafael Carvalho Rezende. Comentários à Reforma da Lei de Improbidade Administrativa. Rio de Janeiro: Forense, 2022, p. 15.

90. AREsp 2.031.414-MG, Rel. Min. Gurgel de Faria, 1ª T., por unanimidade, j. 13.06.2023.

91. "Revela-se natural supor, portanto, tal como evidenciado no § 1º do art. 3º da LIA, que apenas as pessoas físicas que tenham 'participação e benefícios diretos' serão responsabilizados ao lado da pessoa jurídica." NEVES, Daniel Amorim Assumpção; OLIVEIRA, Rafael Carvalho Rezende. Comentários à Reforma da Lei de Improbidade Administrativa. Rio de Janeiro: Forense, 2022, p. 19.

92. "O dispositivo acaba criando, portanto, essa hipótese de atipicidade quando a conduta for decorrente de divergência de interpretação de lei, baseada em jurisprudência. Isso ocorre sem qualquer limitação independentemente do posicionamento minoritário, majoritário ou de ter prevalecido. De certa forma, essa regra ressalta a importância do processo administrativo na tomada de decisão." GAJARDONI, Fernando

denominada improbidade hermenêutica.[93] O STF na ADI 7236 suspendeu os efeitos desse dispositivo.

iii) reduzir a responsabilidade dos gestores públicos quando enfrentar as dificuldades inerentes ao desempenho do cargo público (art. 17-C, III), ignorando a necessária maturidade para o exercício da função e que esta deriva da sua própria escolha;

iv) Impedir a aplicação das sanções da LIA quando as pessoas jurídicas tiverem praticados atos de corrupção já sancionados pela lei respectiva (art. 3º, §2º c/c 12, § 7º), com evidente ignorância da regra existente no art. 30, da LAC;

v) Imunidade injustificada para os dirigentes de partidos políticos e destes para a responsabilização por ato de improbidade administrativa (art. 23-C).

O conceito de terceiro é obtido por exclusão, pois basta não ostentar qualquer vínculo jurídico com uma das entidades previstas no art. 1º, da LIA para que seja alcançado pelo designativo.

A nova LIA, de forma lamentável, retira da esfera de sancionamento, entretanto, os terceiros que forem beneficiários diretos ou indiretos do ato, tal como existia sob a égide da lei anterior.

Com a nova sistemática, o terceiro somente será responsabilizado pelo ato de improbidade administrativa se, com o elemento subjetivo dolo, concorrer ou induzir para a sua prática.

Por outro lado, caso o terceiro seja uma pessoa jurídica de direito privado, os seus sócios, cotistas, diretores ou colaboradores poderão ser responsabilizados pelo ato de improbidade praticado, desde que: i) seja a mesma imputação feita à pessoa jurídica; ii) presença do elemento subjetivo dolo e iii) sejam comprovadamente beneficiários diretos do ato praticado.

A pessoa jurídica interessada/prejudicada não deve ser incluída no polo passivo, mas deverá ser intimada para integrar a relação jurídica processual, conforme art. 17, § 14, da LIA.[94]

Como se vê, buscou o legislador a responsabilização de todos aqueles que tenham, de alguma forma, praticado ou concorrido à concretização da improbidade,

---

da Fonseca; CRUZ, Luana Pedrosa de Figueiredo; JÚNIOR, Luiz Manoel Gomes; FAVRETO, Rogério. Comentários à nova lei de improbidade administrativa, 5ª edição, São Paulo: RT, 2021, p. 54.

93. "Claro que a investigação poderá analisar se aquela motivação in concreto não é uma mera simulação para o fim ilícito pretendido, quando sendo possível desconstituir essa presunção legal de boa-fé e ausência de finalidade ilícita, pois ninguém pode se beneficiar da própria torpeza." Nova Lei de Improbidade Administrativa comentada. PINHEIRO, Igor Pereira; ZIESEMER, Henrique da Rosa, São Paulo: Mizuno, 2022, p. 224.

94. "sempre que a ação for proposta pelo Ministério Público, cumprirá ao Juízo ordenar a citação da pessoa jurídica lesada, para, querendo, integrar a lide, seja contestando o pedido ou assumindo a condição de litisconsorte ativo" PAZZAGLINI FILHO, Marino. *Lei de Improbidade Administrativa comentada: aspectos constitucionais, administrativos, civis, criminais, processuais e de responsabilidade fiscal*. 5ª ed. São Paulo: Atlas, 2011.

sendo bastante amplo o campo de incidência da norma. A pluralidade de agentes e terceiros enseja a ocorrência de litisconsórcio necessário no polo passivo, na forma do art. 115 do CPC. Considerando que se trata de litisconsórcio por determinação legal, será simples, possibilitando, por via de consequência, uma relação jurídica cindível.[95]

Os legitimados passivos da ação por Improbidade, portanto, são todos aqueles que tenham concorrido para a prática da conduta ímproba.

Também aqueles que, mesmo não sendo agentes públicos, tenham induzido ou concorrido para a prática do ato de improbidade.

O terceiro será incurso nas sanções decorrentes do ato ímprobo nas seguintes circunstâncias:

a) induzir, ou seja, incutir no agente público o estado mental tendente à prática do ilícito;

b) concorrer juntamente com o agente público para a prática do ato; e

c) quando se beneficiar diretamente do ato ilícito imputado à pessoa jurídica de direito privado, desde que ostente as condições societárias indicadas na norma.

Neste ponto, deve ser mencionada a vedação para a presença do *particular no polo passivo da demanda*. Diante da possibilidade do particular ser responsabilizado com base no regime sancionatório da LIA, surgem dois tipos de atos de improbidade administrativa[96]: i) ato próprio: praticado pelo agente público e ii) ato impróprio: praticado pelo particular. Apesar da possibilidade jurídica da responsabilização do particular, importante notar que precisa estar devidamente acompanhado em litisconsórcio com o agente público na demanda judicial, ou seja, não será admitida ação por improbidade administrativa proposta exclusivamente em face do particular, mas não há que se falar em existência de litisconsórcio necessário entre o agente público e o particular. Trata-se de entendimento já consolidado no STJ, que adota o chamado *conceito inelástico*.[97] Pode parecer uma certa contradição do STJ em exigir a formação do litisconsórcio e, ao mesmo tempo, afirmar a sua inexistência. A rigor, o STJ entende que o particular não responde sozinho (tem que haver litisconsórcio com o agente público), mas o agente público pode responder (não tem litisconsórcio necessário

---

95. "essa coautoria delitual disciplinar com pessoas estranhas ao serviço público, ad instar do art. 3º da Lei 8.429/92, abriga a participação do particular em três distintos momentos: o anterior à prática da infração (o ato de induzimento), o concomitante à sua prática (coadjuvação concorrencial) e, por fim, o posterior à sua consumação (beneficiando-se com as vantagens morais ou materiais da improbidade)." COSTA, José Armando da. *Contornos jurídicos da Improbidade Administrativa*. Brasília: Brasília Jurídica Ltda., 2000, p. 21.

96. "Tem-se, assim, como decorrência dessa dualidade de sujeitos ativos dos atos de improbidade uma distinção apontada pela doutrina entre improbidade administrativa própria (dos agentes públicos) e improbidade administrativa imprópria (aquela que diz respeito aos particulares)." Nova Lei de Improbidade Administrativa comentada. PINHEIRO, Igor Pereira; ZIESEMER, Henrique da Rosa, São Paulo: Mizuno, 2022, p. 241.

97. AgRg no AREsp 574.500/PA, Rel. Ministro Humberto Martins, 2ª Turma, julgado em 02.06.2015, DJe 10.06.2015; AgRg no REsp 1421144/PB, Rel. Ministro Benedito Gonçalves, 1ª Turma, julgado em 26.05.2015, DJe 10.06.2015.

com o particular). Não há falar em formação de litisconsórcio passivo necessário entre eventuais réus e as pessoas participantes ou beneficiárias das supostas fraudes e irregularidades nas ações civis públicas movidas para o fim de apurar e punir atos de improbidade administrativa, pois não há, na Lei de Improbidade, previsão legal de formação de litisconsórcio entre o suposto autor do ato de improbidade e eventuais beneficiários, tampouco havendo relação jurídica entre as partes a obrigar o magistrado a decidir de modo uniforme a demanda. Ressalta-se que os particulares estão sujeitos aos ditames da Lei 8.429/92 (LIA), não sendo, portanto, o conceito de sujeito ativo do ato de improbidade restrito aos agentes públicos. Entretanto, analisando-se o art. 3º da LIA, observa-se que o particular será incurso nas sanções decorrentes do ato ímprobo nas seguintes circunstâncias: a) induzir, ou seja, incutir no agente público o estado mental tendente à prática do ilícito; b) concorrer juntamente com o agente público para a prática do ato; e c) quando se beneficiar, direta ou indiretamente do ato ilícito praticado pelo agente público. Diante disso, é inviável o manejo da ação civil de improbidade exclusivamente contra o particular.

Existem, contudo, algumas questões relevantes acerca da aplicabilidade do conceito inelástico, extraídas de julgados do Superior Tribunal de Justiça:

i) Diante da pluralidade de réus (particulares e agentes públicos) será possível o desmembramento do feito permitindo que os particulares figurem sozinho no polo passivo, desde que seja útil para a apresentação da imputação;[98]

ii) Nos processos que figuram isoladamente os particulares, em decorrência do desmembramento, será imprescindível a indicação da participação efetiva do agente público;[99]

iii) É viável o prosseguimento de ação de improbidade administrativa exclusivamente contra particular quando há pretensão de responsabilizar agentes públicos pelos mesmos fatos em outra demanda conexa.[100]

Os *herdeiros e sucessores* (art. 8º, LIA) daquele que pratica, concorre ou se beneficia do ato de improbidade administrativa também poderão figurar, originariamente ou por meio de sucessão processual *mortis causa* (art. 110, CPC), no polo passivo da demanda, mas somente poderão sofrer sanções de índole patrimonial (ressarcimento ao erário, multa civil e proibição de contratação com o poder público), desde que seja observada a limitação *intra vires hereditatis* (arts. 1.784 c/c 1.792, CC).

O art. 8º, da LIA, com a redação decorrente da Lei 14.230/21, restringe a responsabilidade dos herdeiros e sucessores ao ressarcimento do dano. Caso seja verificada

---

98. Resp 1782128/RJ, Rel. Min. Herman Benjamin, 2ª T., j. 11.06.2019.
99. AREsp 1109341/PA, Rel. Min. Benedito Gonçalves, 1ª T., j. 20.02.2018 e AgInt no Resp 1442570/SP, Rel. Min. Regina Helena Costa, 1ª T., j. 09.05.2017.
100. STJ. 1ª Turma. AREsp 1.402.806-TO, Rel. Min. Manoel Erhardt (Desembargador convocado do TRF da 5ª Região), j. 19/10/2021 (Info 714).

vantagem indevida recebida pelo réu (falecido), somente haverá a necessidade da devolução pelos herdeiros da parte limite do valor herdado.[101]

Assim, a responsabilidade dos herdeiros/sucessores será verificada desde que satisfeitos os seguintes requisitos:[102] i) configuração do ato de improbidade por enriquecimento ilícito ou lesão ao erário; e ii) a responsabilidade seria limitada à reparação do dano até o limite do valor da herança ou do patrimônio transferido.

O STJ já possuía julgados no sentido de que a responsabilidade dos herdeiros somente poderia ser fixada nos casos de enriquecimento ilícito e dano ao erário, ou seja, não seria possível nos casos de violação aos princípios da administração pública.[103] E agora passou a ter uma tese jurídica consolidada.[104]

O art. 8º-A, da LIA versa sobre a sucessão empresarial e a sua aplicabilidade no âmbito da improbidade administrativa. A responsabilidade sucessória também será empregada nos casos de sucessão empresarial decorrente de alteração contratual, transformação, incorporação, cisão ou fusão (arts. 220, 227, 228 e 229, da LSA).

O legislador, para as hipóteses de fusão e incorporação definiu o seguinte, sobre a responsabilidade da sucessora: i) restrita à obrigação de reparação integral do dano; ii) limitação da responsabilidade ao patrimônio transferido; iii) inaplicabilidade das demais sanções decorrentes de atos ou fatos anteriores, salvo comprovada a ocorrência de simulação ou fraude.

Com esta redação, a nova pessoa jurídica estará isenta de todas as sanções, ressalvada a comprovação de simulação ou fraude com tal intuito. Mais uma vez o legislador relegou ao olvio a tutela do patrimônio público para proteger justamente aqueles que praticam atos violadores do ordenamento jurídico.

Beira o surrealismo permitir que a nova sociedade empresária possa, por exemplo, contratar com o Poder Público, mesmo com a anterior condenação por atos de corrupção, desde que tenha sido submetida à sucessão empresarial.[105]

---

101. "O dispositivo, portanto, restringe a sucessão de responsabilidade à obrigação de reparar o dano. Desse modo, se houve o recebimento de alguma vantagem indevida pelo réu-falecido, não será necessário a devolução pelos herdeiros, a não ser naquela parte limite do valor herdado." GAJARDONI, Fernando da Fonseca; CRUZ, Luana Pedrosa de Figueiredo; JÚNIOR, Luiz Manoel Gomes; FAVRETO, Rogério. Comentários à nova lei de improbidade administrativa, 5ª edição, São Paulo: RT, 2021, p. 79.

102. "Com a nova redação do referido dispositivo legal, a responsabilidade do sucessor e do herdeiro do autor do ato de improbidade depende do preenchimento de dois requisitos cumulativos, a saber: a) configuração do ato de improbidade por enriquecimento ilícito ou lesão ao erário; e b) a responsabilidade seria limitada à reparação do dano até o limite do valor da herança ou do patrimônio transferido." NEVES, Daniel Amorim Assumpção; OLIVEIRA, Rafael Carvalho Rezende. Comentários à Reforma da Lei de Improbidade Administrativa. Rio de Janeiro: Forense, 2022, p. 21.

103. Resp 1767578/RS, Rel. Min. Herman Benjamin, 2ª T., j. 11.04.2019; EDcl no AgInt no AREsp 1264005/MG, Rel. Min. Francisco Falcão, 2ª T., j. 05.02.2019.

104. "Nas ações de improbidade administrativa com base nos arts. 9º e/ou 10, da LIA, somente os sucessores do réu estão legitimados a prosseguir no polo passivo, nos limites da herança, para fins de ressarcimento e pagamento da multa civil." REsp 1949148/RJ, Rel. Min. Herman Benjamin, 2ª T., j. 23/09/2021

105. "Por outro lado, essa hipótese pode acabar permitindo, de certa forma, que a empresa que tenha sido proibida de contratar, ao alterar a sua configuração societária, contrate novamente com o Poder Público, utilizando

Para fins de comparação entre os sistemas punitivos, vale verificar a diferença de tratamento do tema na Lei Anticorrupção e na LIA quanto à responsabilidade na sucessão empresarial[106]:

i) O art. 4º, § 1º, da LAC prevê a responsabilidade pelo pagamento da multa e pela reparação integral do dano causado;

ii) O art. 8º-A, da LIA somente prevê a responsabilidade pelo ressarcimento do dano;

iii) O art. 4º, §2º, da LAC prevê a solidariedade pelo pagamento da multa e pela reparação integral dos danos entre as sociedades controladoras, controladas, coligadas ou, no âmbito do respectivo contrato, as consorciadas.

A solução para a responsabilização adequada das pessoas jurídicas, ao que parece, será a aplicação da LAC, pois o sujeito ativo pode ser:

i) as sociedades empresárias e as simples, personificadas ou não, não importando a forma em que se organizam ou o modelo societário adotado, incluindo as fundações, associações, assim como sociedades estrangeiras, que tenham sede, filial ou representação no território brasileiro, constituídas de fato ou de direito, ainda que por período temporário e

ii) Pessoas naturais autoras, coautoras ou partícipes do ato ilícito.

Impende salientar que não podem ser sujeitos ativos as pessoas jurídicas de direito público, interno ou externo, porque elas gerem o patrimônio público e, nesse sentido, só podem perseguir as finalidades compatíveis com o interesse público. Logo, não há que se falar em ato ilícito no interesse ou benefício das pessoas jurídicas de direito público.

No que tange à pessoa jurídica de direito privado, o parágrafo único do art. 1º, da LAC define quais pessoas jurídicas são atingidas pelas sanções.

Convém registrar que este dispositivo legal possui caráter exemplificativo, já que a indicação não exaustiva dos sujeitos ativos é fundamental para assegurar a proteção suficiente do patrimônio público.

Isto porque, no cenário contemporâneo, é cada vez mais comum a criação de novas dinâmicas empresariais e, diante disso, a LAC visa combater a corrupção em-

---

parte do valor do contrato para, inclusive, quitar sua obrigação com o erário, decorrente da anterior contratação." GAJARDONI, Fernando da Fonseca; CRUZ, Luana Pedrosa de Figueiredo; JÚNIOR, Luiz Manoel Gomes; FAVRETO, Rogério. Comentários à nova lei de improbidade administrativa, 5ª edição, São Paulo: RT, 2021, p. 83.

106. "A previsão contida no art. 8º-A, parágrafo único, da LIA possui algumas semelhanças com aquela encontrada no art. 4º da Lei 12.843/2016 (Lei Anticorrupção), uma vez que, nos dois casos, a legislação estabeleceu, com intensidades diversas, a responsabilidade sucessória pela prática de atos ilícitos nos casos de alteração contratual, de transformação, de incorporação, de fusão ou de cisão societária." NEVES, Daniel Amorim Assumpção; OLIVEIRA, Rafael Carvalho Rezende. Comentários à Reforma da Lei de Improbidade Administrativa. Rio de Janeiro: Forense, 2022, p. 23.

presarial independentemente da organização adotada pela pessoa jurídica de direito privado, pouco importando se ela tem caráter empresário ou não.

Buscando-se a coesão do ordenamento jurídico, possível afirmar que as pessoas jurídicas listadas no artigo 44 do Código Civil são abarcadas pela concepção de sujeito ativo da Lei Anticorrupção Empresarial.

De igual modo, a referida norma também se aplica às entidades do Terceiro Setor (Serviços Sociais Autônomos (Sistema S), Organizações Sociais, Organizações da Sociedade Civil de Interesse Público e Fundações de Apoio) e às sociedades empresárias estatais exploradoras de atividade econômica. A nova lei de improbidade administrativa (art. 2º, parágrafo único) segue a mesma toada.

Em suma, qualquer entidade coletiva ou formal, distinta da pessoa física, pode se enquadrar no conceito de sujeito ativo do ato de corrupção empresarial, desde tenha sede, filial ou representação em território brasileiro.

O artigo 3º da LAC esclarece que *"A responsabilização da pessoa jurídica não exclui a responsabilidade individual de seus dirigentes ou administradores ou de qualquer pessoa natural, autora, coautora ou partícipe do ato ilícito."* Tal dispositivo consagra o princípio da independência das sanções, ou seja, as pessoas físicas e jurídicas são independentes e cada qual responde pode seus atos.

Embora a LAC tenha por finalidade precípua a punição de pessoas jurídicas, não se elimina a responsabilidade das pessoas naturais que de algum modo participam do ato lesivo à Administração Pública.

A pessoa jurídica será responsabilizada independentemente da responsabilização da pessoa física, mas os dirigentes ou administradores somente serão responsabilizados por atos ilícitos na medida da sua culpabilidade.

Há quem sustente, com base na redação do art. 3º, da LAC que o simples fato de alguém ser sócio da pessoa jurídica não ensejará, por si só, a sua punição, pois deverá ostentar a condição de dirigente ou administrador.[107]

Entendo, porém, que esta condição não será indispensável para fins de responsabilização do agente, até porque a LAC será aplicável à pessoa jurídica pelo ato praticado por qualquer um que a represente na conduta do ato como autor, coautor ou partícipe do ato ilícito.[108]

Em outras palavras: a responsabilidade da pessoa natural é subjetiva. Sendo assim, as pessoas jurídicas podem figurar sozinhas no polo passivo da ação, mas o contrário não é admitido.

---

107. DAL POZZO, Antonio Araldo Ferraz; DAL POZZO, Augusto Neves; DAL POZZO, Beatriz Neves; FACCHI-NATTO, Renan Marcondes. Lei Anticorrupção. Belo Horizonte: Forum, 2014, p. 22.

108. MARINELA, Fernanda; PAIVA, Fernando; RAMALHO, Tatiany. Lei Anticorrupção. São Paulo: Saraiva, 2015, p. 75.

No âmbito da nova lei de improbidade administrativa, há sistemática semelhante, pois o legislador faz expressa referência aos seguintes pressupostos (art. 3º, §1º):

i) Condição da pessoa física nos quadros da pessoa jurídica: há a necessidade de ser sócio, cotista, diretor ou colaborador;

ii) Papel desempenhado na prática do ato: tais sujeitos deverão ter participação direta ou serem beneficiários diretos.

Por óbvio, não se aplicam as sanções previstas nos arts. 6º e 19 da LAC às pessoas físicas, mas isso não impede a condenação para reparação de danos (pretensão repressivo-reparatória), salvo quando a punição da pessoa jurídica alcançar os sócios em virtude de desconsideração da personalidade jurídica[109].

1. Diante de todo o exposto, surge a seguinte indagação: como fica a responsabilização da pessoa jurídica na Lei Anticorrupção e na nova Lei de Improbidade Administrativa?

Conforme já exposto, a LAC determina a responsabilização civil e administrativa das pessoas jurídicas de direito privado, nacionais ou estrangeiras, que tenham praticado ato lesivo à Administração Pública, de modo a ensejar repercussões diferentes para a mesma conduta.

No âmbito civil, a reponsabilidade está vinculada à obrigação de reparar o dano, com vistas a compensar o prejuízo suportado pelo patrimônio público.

Diferentemente, na esfera administrativa, a autoridade administrativa máxima de cada órgão ou entidade de poder instaura processo administrativo no qual podem ser aplicadas sanções administrativas previstas no art. 6º, LAC.

Ademais, a responsabilização da pessoa jurídica é objetiva, nos âmbitos administrativo e civil.[110]

Para averiguar a ocorrência do ato lesivo, investiga-se *a priori* a conduta subjetiva do agente público, pois os tipos descritos no art. 5º da LAC correspondem a condutas dolosas.

Uma vez constatada a corrupção empresarial, não pode a pessoa jurídica alegar que não tinha conhecimento, porque sua responsabilidade é objetiva.[111]

Deve-se ter em mente que a sistemática de responsabilização delineada na Lei nº 12.846/13 tem como fundamento a Teoria do Risco, em sua modalidade risco-proveito[112], por isso não se cogita a subjetividade do agente.

---

109. Art. 14. A personalidade jurídica poderá ser desconsiderada sempre que utilizada com abuso do direito para facilitar, encobrir ou dissimular a prática dos atos ilícitos previstos nesta Lei ou para provocar confusão patrimonial, sendo estendidos todos os efeitos das sanções aplicadas à pessoa jurídica aos seus administradores e sócios com poderes de administração, observados o contraditório e a ampla defesa.

110. Vide arts. 37, §6º e 173, § 5º, da CR/88, 47, 734 e 927, pu, do CC; 12 e 18, do CDC e Lei 7565/86.

111. "(...) a responsabilidade das pessoas jurídicas pelos atos lesivos à Administração Pública é indireta, decorrente da conduta de pessoa física que pratica o ato lesivo em seu benefício ou interesse." ANDRADE, Landolfo. Interesses difusos e coletivos. v. 2. 2ª Ed. Rio de Janeiro: Ed. Forense, São Paulo: MÉTODO, 2019, pág. 665.

112. Considera-se responsável aquele que tira proveito da atividade danosa.

CAPÍTULO 10 • CONDIÇÕES DA AÇÃO

Apesar da LAC não ter previsto, de forma expressa, a possibilidade de excludentes da responsabilidade objetiva o que, por certo, poderia fulcrar a tese da adoção da teoria do risco integral[113], entendo que não houve tal adoção pela lei em testilha. Ademais, há a ADI 5.261 em curso que questiona a constitucionalidade da LAC ao prever a responsabilidade pelo risco integral, ou seja, os subscritores da demanda partem da premissa de que houve efetivamente a adoção desta teoria.

Como sobredito, não houve a adoção da teoria do risco integral e, portanto, em sua defesa a pessoa jurídica poderá alegar e comprovar a ocorrência de algum fato que consubstanciará a exclusão do nexo causal.[114]

Haverá responsabilidade administrativa e civil da pessoa jurídica que tenha praticado ato lesivo ao patrimônio público quando preenchidos três requisitos:

i) subsunção do comportamento a um dos tipos do art. 5º, LAC;

ii) conduta for realizada no interesse ou em benefício da Pessoa Jurídica (pode ser exclusivo ou não); e

iii) existência de vínculo entre o autor do ato lesivo e a PJ beneficiada, não sendo necessário vínculo formal[115].

Os mesmos *standards* deverão ser utilizados para fins de incidência das sanções da LIA, pois o legislador, de forma expressa, fez referência ao benefício direto. Ademais, trata-se de aplicação subsidiária das regras do microssistema da tutela coletiva.

Impende observar que a LAC não exige, como pressuposto para a responsabilização do ente abstrato, que a atuação da pessoa física esteja em conformidade com suas atribuições formais. Dessa forma, o fato de a conduta ter sido praticada em nome da Pessoa Jurídica, e em benefício desta, já é o suficiente para a sua responsabilização.[116] Não há razão jurídica para afastar a mesma linha de raciocínio para a seara da improbidade administrativa.

Questão interessante a ser enfrentada é a hipótese, deveras corriqueira, da terceirização do serviço contratado pela Pessoa Jurídica de Direito Público. A pessoa jurídica de direito privado, após a formalização da avença, contrata uma terceira pessoa jurídica para a realização do serviço.

---

113. "A Lei Anticorrupção em nenhum momento trouxe dispositivos que viabilizassem a exclusão da responsabilidade objetiva como o fazem outros diplomas normativos que tratam sobre o tema. Esta omissão poderá levar à conclusão de que fora adotada a teoria do risco integral na aplicação da Lei n. 12.846/2013." MARINELA, Fernanda; PAIVA, Fernando; RAMALHO, Tatiany. Lei Anticorrupção. São Paulo: Saraiva, 2015, p. 67.

114. "Assim, caso a pessoa jurídica faça prova de que o ato de corrupção foi praticado em benefício de seu funcionário, ou fora do exercício de suas funções laborais, não há que se cogitar de responsabilização." MARINELA, Fernanda; PAIVA, Fernando; RAMALHO, Tatiany. Lei Anticorrupção. São Paulo: Saraiva, 2015, p. 69.

115. Apenas se exige que a pessoa natural se comporte como representante da pessoa jurídica ou atue para satisfazer seus interesses, pouco importando se é procurador, empregado, dirigente, administrador, preposto ou sócio.

116. MARINELA, Fernanda; PAIVA, Fernando; RAMALHO, Tatiany. Lei Anticorrupção. São Paulo: Saraiva, 2015, p. 75.

Quando a pessoa jurídica for beneficiada por ato lesivo praticado por agente de empresa terceirizada, também haverá responsabilidade, visto que o funcionário age no interesse de ambas as empresas (a contratante e a contratada) e, além disso, atua em nome da tomadora de serviços.

Contudo, esta não será a solução quando o ato praticado buscar exclusivamente o benefício/interesse da prestadora de serviços, pois não estará preenchido o pressuposto essencial do benefício direto previsto na lei de improbidade e o requisito do *"interesse ou benefício, exclusivo ou não"*, previsto na lei anticorrupção. Portanto, apenas a empresa terceirizada deve sofrer as sanções impostas pela Lei Anticorrupção Empresarial.

Ainda que não seja possível identificar o empregado ou preposto responsável direto pelo ato lesivo, haverá responsabilização da pessoa jurídica beneficiada. Isto porque se exige tão somente comprovação do ato e do nexo causal, sendo prescindível confirmar a identidade do agente infrator.

Considerando-se que os atos de corrupção empresarial descritos no art. 5º da LAC prescrevem condutas humanas, imperioso identificar minimamente os setores e os agentes internos da empresa que foram determinantes para a prática do ilícito, a fim de constatar que a atuação estava de fato baseada no interesse/benefício da entidade coletiva. Porém, isto não significa que há exigência de identificação direta e responsabilização conjunta das pessoas físicas envolvidas.

O art. 4º, da LAC estabelece que a responsabilidade da pessoa jurídica beneficiada subsistirá até mesmo quando houver alteração contratual, transformação (art. 220, da LSA), incorporação (art. 227, da LSA), fusão (art. 228, da LSA) ou cisão (art. 229, da LSA) societária.

Em outros termos, vigora a regra da sucessão de responsabilidade civil e administrativa.

Vale destacar, todavia, que nos casos de fusão e incorporação, as sanções se limitam ao pagamento de multa e reparação integral do dano causado até o valor do patrimônio transferido, salvo simulação ou evidente intuito de fraude.

Na nova lei de improbidade administrativa (art. 8º-A) em tais casos também haverá responsabilização, mas na hipótese de fusão e incorporação, impor-se-á uma restrição, conforme preconiza o art. 8º-A, parágrafo único. A responsabilidade será solidária quando se tratar de sociedades controladoras, controladas, coligadas ou as consorciadas, *vide* art. 4º, §2º, da Lei nº 12.846/13. Sendo empresas coligadas ou controladas, tal solidariedade se restringe à multa e reparação integral do dano ao patrimônio público.

Para as sociedades consorciadas há, ainda, a necessidade de que o ato lesivo tenha sido praticado no âmbito do objeto do contrato de consórcio.

Tais situações não foram expressamente definidas na nova lei de improbidade administrativa, mas por meio da aplicação subsidiária das regras do microssistema da tutela coletiva poderão ser utilizadas, sem qualquer violação de direitos ou garantias fundamentais, quiçá a essência da norma.

Enfim, a sistemática da responsabilização da pessoa jurídica no âmbito da LAC, pode ser assim resumida:

i) responsabilidade no âmbito cível e administrativo, de cunho objetiva indireta ou impura, pois basta provar a conduta da pessoa física a ela vinculada;

ii) Pressupostos: a) subsunção do comportamento a um dos tipos do art. 5º, LAC; b) conduta for realizada no interesse ou em benefício da pessoa jurídica (pode ser exclusivo ou não); e c) existência de vínculo entre o autor do ato lesivo e a pessoa jurídica beneficiada, não sendo necessário vínculo formal;

iii) Atos praticados por dirigentes, administradores, empregados ou prepostos: a) dispensa de vínculo formal; b) responsabilidade subjetiva da pessoa física; c) conduta da pessoa natural não precisa estar incluída em seu escopo de atribuições;

iv) Atos praticados por agente de empresa terceirizada: haverá responsabilidade da contratante e da contratada, desde que o ato lesivo praticado pelo agente da tomadora de serviços tenha sido cometido no interesse ou em benefício, mesmo que não exclusivo, da pessoa jurídica contratante

v) Atos praticados por agente não identificado: a) a pessoa jurídica poderá ser responsabilizada; b) basta a identificação de setores e agentes determinantes para o cometimento do ilícito, a fim de averiguar se a atuação se deu no interesse/benefício da entidade coletiva

Esta sistemática da Lei Anticorrupção pode ser plenamente empregada no âmbito da improbidade administrativa, pois são *standards* seguros e objetivos para fins de fixação da responsabilidade. O art. 3º, §2º, da LIA impede, contudo, a possibilidade da dupla punição com aplicação das sanções da LIA e LAC.[117]

O principal tópico dentro do tema legitimidade passiva, é saber se os **agentes políticos estão submetidos à incidência da lei de improbidade administrativa e, por via de consequência, se podem figurar no polo passivo desta.**

Não há nenhuma norma jurídica constitucional positivada que imunize os agentes políticos, sujeitos a crime de responsabilidade, de qualquer das sanções por ato de

---

117. "Não que isso não ocorresse, em alguma medida, mas é exatamente o que o legislador pretende preservar e que já é pacífico e cristalino: o Ius Puniendi do Estado é único, isto é, não se pode aplicar sanções de mesma natureza mais de uma vez, pelo mesmo fato." (...) "A explicação é necessária porque existe certa identidade entre as condutas puníveis, no que tange a pessoas jurídicas, pela Lei de Improbidade e a Lei Anticorrupção, razão pela qual, não poderá haver coincidência de apenação." (...) "nem todo ato de corrupção poderá ser caracterizado como ato de improbidade, e a recíproca é verdadeira. Ocorre que, em havendo coincidência, prevalecerá a lei específica de responsabilidade das pessoas jurídicas por má conduta perante a administração pública." GAJARDONI, Fernando da Fonseca; CRUZ, Luana Pedrosa de Figueiredo; JÚNIOR, Luiz Manoel Gomes; FAVRETO, Rogério. Comentários à nova lei de improbidade administrativa, 5ª ed. São Paulo: RT, 2021, p. 61.

improbidade administrativa previstas no art. 37, § 4º da Constituição da República. Seria incompatível com a Constituição da República eventual preceito normativo infraconstitucional que impusesse imunidade dessa natureza.[118]

A análise do cabimento da submissão de agentes políticos às sanções judiciais por atos de improbidade administrativa, nos termos do § 4º, do art. 37, da Constituição e da Lei de Improbidade Administrativa, passa inicialmente pela lembrança de que todos são iguais perante a lei.

Admitindo-se que agentes políticos estariam alforriados à incidência das regras constantes dos mencionados dispositivos, que punem a improbidade administrativa, ocorreria significativa quebra inteiramente injustificada desse princípio constitucional.

Sem embargo da ressalva de que os agentes políticos poderiam ser responsabilizados (mas apenas no próprio âmbito político) por atos de improbidade que caracterizassem também crimes de responsabilidade, é forçoso reconhecer que o arcabouço sancionador da improbidade, contido na própria Constituição, não permite a exclusão da responsabilidade judicial de tais agentes estatais.

A exclusão do sancionamento dos agentes políticos nos termos do § 4º do art. 37 da Constituição e da Lei 8.429/92 acaba fazendo com que a boa previsão constitucional e legal da punição da improbidade, em defesa da preservação do estrito atendimento aos princípios constitucionais que norteiam a atuação do Estado de modo geral (e é isso que fazem os princípios consignados no caput do art. 37 da CR/88), atinja apenas subordinados, subalternos, servidores públicos em sentido estrito, mantendo, porém, ao largo da punição pelo mau proceder, justamente os chefes, os que comandam, os que exercem a vontade política do Estado e dirigem toda a Administração Pública.

É preciso reconhecer a ênfase posta pela Constituição Federal na preservação da ampla e severa observância dos princípios constitucionais da Administração Pública, por parte de todos os agentes políticos, detentores de mandatos eletivos inclusive. Essa ênfase resulta de várias vertentes.

Em primeiro lugar, da referência textual a tais princípios, no *caput* do art. 37 da Constituição Federal.

Em segundo lugar, da referência genérica, sem qualquer restrição à condição funcional de seus autores, de que atos de improbidade administrativa importarão a perda da função pública, a suspensão dos direitos políticos, o ressarcimento de danos ao erário, quando for o caso, e a indisponibilidade de bens, quando providência necessária. Tudo previsto pelo § 4º, do art. 37, da CR/88. A imposição das sanções é de rigor, qualquer que seja a categoria funcional do agente político responsável pelo ato de improbidade administrativa.

---

118. Ao contrário, como podemos extrair dos seguintes arts.: 14, § 9º, 15, V, 29-A, § 3º, 52, I e II e parágrafo único, 55, II e IV e §§ 2º e 3º, 85, V, 96, III, 102, I, c, 105, I, a e 108, I, a, todos da Constituição da República.

CAPÍTULO 10 • CONDIÇÕES DA AÇÃO

Sem prejuízo destas, remanesce também a possibilidade da responsabilização no âmbito político, que fica a cargo do Legislativo, quando o ato de improbidade também corresponde a crime de responsabilidade de autoria de agente político.

Mesmo quando um específico ato de improbidade administrativa também puder ser assimilado a crime de responsabilidade, nem por isso deixará de ser viável a responsabilização judicial de seu autor, justamente na perspectiva da improbidade. Os dois âmbitos de possível responsabilização jurisdicional, pela improbidade, e política, correm paralelos, sem que um jamais exclua o outro.

Com certeza também no exercício da atividade legislativa e da atividade jurisdicional todos os agentes do Estado hão de se pautar pelos princípios da legalidade, impessoalidade, moralidade, publicidade e eficiência. Embora o *caput* do art. 37 da CR/88 mencione a Administração Pública direta e indireta, não menos certo é que também se reporta a todos os poderes do Estado, sem excluir qualquer um.[119]

---

119. "De tudo se conclui que também agentes políticos respondem por atos de improbidade administrativa, podendo também em face deles o Judiciário aplicar as sanções pertinentes. Ademais, na ação de improbidade administrativa podem ser aplicadas ao agente político todas as sanções por improbidade previstas pelo § 4º, do art. 37, da CF/88 e pelo art. 12 da LIA. A responsabilização judicial pelo cometimento de ato de improbidade é independente da potencial responsabilização político-administrativa pelo mesmo ato. Ambas acham-se albergadas pelo texto constitucional, na medida em que o caput do art. 37 da Constituição se dirige a todos os agentes do Estado, quaisquer que sejam suas funções e na medida em que o respectivo § 4º também não empreende qualquer distinção. Convivem, portanto, lado a lado e sem que uma seja prejudicada pela outra, as duas potenciais possibilidades de perda do cargo: por sentença de procedência de ação por improbidade, ou por decisão político-administrativa, observados os pertinentes parâmetros constitucionais." (DECOMAIN, Pedro Roberto: Improbidade Administrativa e Agentes Políticos – Estudos sobre Improbidade Administrativa em Homenagem ao Prof. J.J. Calmon de Passos – p. 49) "Com o conceito amplo do art. 2º, a lei [8429/92] atinge todo aquele que se vincula à Administração Pública, com ou sem remuneração, definitiva ou transitoriamente, abrangendo servidores e funcionários públicos, civis e militares, agentes políticos, administrativos, honoríficos, delegados e credenciados, quer sejam pessoas físicas, quer jurídicas, ou seja, todo aquele que exerce função pública (mandato, cargo, emprego ou função pública), independentemente do modo de investidura (nomeação, designação, eleição, contratação, credenciamento, delegação de serviço público, convocação, requisição, parcerias e contrato de gestão, nos termos do art. 70, parágrafo único, da CF e das Leis Federais n. 9637/98 e 9790/99 etc.)." (MARTINS JÚNIOR, Wallace Paiva. *Probidade Administrativa*. 2ª ed. São Paulo: Saraiva, 2002, p. 279. "Não se pode introduzir no texto constitucional o que ele não contém. Está dito que o crime de responsabilidade só implicará na perda do cargo e na inabilitação para o exercício da função pública por oito anos. Não está dito que só o crime de responsabilidade implicará na perda do cargo e na inabilitação para o exercício da função pública por oito anos. O local da colocação do advérbio, no caso, é absolutamente decisivo e revelador da vontade do legislador constitucional. Não está dito, por outro lado, que agente político só responde por crime de responsabilidade. Se assim fosse, e considerando a ordem de raciocínio até agora exposta, a única sanção que poderia sofrer um agente político seria a perda do cargo, livrando-se, assim, de uma eventual condenação criminal e de uma condenação ao ressarcimento dos danos que eventualmente tiver causado (relembre-se que por crime de responsabilidade o agente político não pode ser condenado a recompor os cofres públicos, por exemplo). Mas assim não é. O agente político poderá ser condenado a outras sanções, em outras esferas, se o mesmo ato, caracterizador de crime de responsabilidade, constituir outro ilícito – crime comum ou ato de improbidade. Tanto assim que o próprio parágrafo único do art. 52 [da CF/88] deixa expresso que não haverá prejuízo das demais sanções judiciais cabíveis." (*Garcia, Mônica Nicida*: Responsabilidade do Agente Público. Belo Horizonte: Editora Forum, 2004, p. 283.) "Os agentes políticos são sujeitos ativos em potencial dos atos de improbidade administrativa, conclusão, aliás, que encontra ressonância nos termos extremamente amplos do art. 2º da Lei de Improbidade..." (GARCIA, Emerson: O combate à corrupção no Brasil: Responsabilidade ética e moral do Supremo Tribunal Federal na sua Desarticulação. *Revista do Ministério Público*. Rio de Janeiro: MPRJ, n. 27, jan./mar. 2008).

Assim, todos os agentes políticos, qualquer que seja a categoria na qual se pretenda enquadrá-los, de sorte a estarem, por evidente, também abrangidos os agentes políticos, devem guardar a mais estrita observância aos princípios referidos. Nada existe no texto constitucional no sentido de que, em face de agente político, permita concluir pelo cabimento única e exclusivamente de uma responsabilidade político-administrativa. Além disso, de acordo com a própria dicção do art. 2º da Lei 8.429/92, que define agente público para os fins daquela lei, nesse conceito se incluem os ocupantes de "mandato" e todos os agentes públicos investidos nos respectivos cargos por "eleição". A mesma referência a ocupante de mandato em qualquer das entidades referidas no art. 1º, consta também no art. 9º da lei, que relaciona os atos de improbidade marcados por vantagem patrimonial ilícita auferida pelo agente.

O entendimento do STJ segue a mesma toada, ressalvando, contudo, os agentes políticos que se submetem à competência do STF.[120] Segundo o entendimento do STJ, somente os casos que o ordenamento jurídico constitucional excepcionou poderão ser afastados do alcance do regime jurídico sancionatório da lei de improbidade administrativa, tais como o Presidente da República (art. 86 da CR/88) e os Ministros de Estado.[121] Em que pese o entendimento do STJ afastar a possibilidade de punição de tais agentes políticos por ato de improbidade, continuamos a defender a tese contrária à imunização, pois há erro de premissa na interpretação da corte. Entendemos que há certa confusão entre o regime jurídico procedimental do julgamento com a prática do fato ensejador.

O STF, por seu turno, apesar de já ter afastado a aplicação da lei de improbidade administrativa dos agentes políticos, em caso específico envolvendo Ministro de Estado,[122] tem entendimento já consolidado, em alguns precedentes, no sentido da possibilidade da punição destes agentes por ato de improbidade, sem utilização do foro por prerrogativa de função, seguindo a mesma linha argumentativa aqui exposta.[123] Ora, se afasta a aplicação do foro por prerrogativa de função, não teria o menor sentido não aplicar a lei de improbidade administrativa, pois os agentes políticos que estão sujeitos ao regime jurídico do crime de responsabilidade (Lei 1.079/50 e Dec. 201/67) não respondem por este ato perante o juízo de primeiro grau (artes. 52, I e II, 96, III, 102, I, c, 105, I, a e 108, I, a, todos da CR/88.

Assim, ao analisar as mais recentes decisões monocráticas dos Ministros da Suprema Corte, é possível afirmar que a tendência será a fixação de tese jurídica pela

---

120. REsp 1.025.300-RS, DJe 2.06.2009; REsp 1.119.657-MG, DJe 30.09.2009; REsp 908.790-RN, DJe 2/2/2010, e REsp 892.818-RS, DJe 10/2/2010. REsp 1.135.767-SP, Rel. Min. Castro Meira, julgado em 25/5/2010. AgInt no AREsp 747.465/MG, Rel. Ministro Og Fernandes, 2ª Turma, julgado em 06.04.2017, DJe 17.04.2017)
121. REsp 1530234/SP, Rel. Ministro Napoleão Nunes Maia Filho, 1ª Turma, julgado em 06.10.2015, DJe 15.10.2015
122. Rcl 2138/DF.
123. Pet. 3923 QO/SP, Pleno, Rel. Min. Joaquim Barbosa, DJ 13-06-207. Pleno, Rcl – MC – AgR n. 6034/SP, rel. Min. Ricardo Lewandowski, j. em 25.06.08, publicado no Dje de 29.08.2008, v. 2330-02, p. 306. Pet 3067 AgR, Rel. Min. Roberto Barroso, Tribunal Pleno, j. 19.11.2017. Rcl. 3638 AgR, Rel. Min. Rosa Weber, 1ª Turma, j. 21.10.2014. ARE 806.293, Rel. Min. Carmen Lúcia, j. 03.06.2014.

aplicabilidade da lei de improbidade administrativa aos agentes políticos submetidos ao regime jurídico do crime de responsabilidade.[124]

6.4. Legitimação na ação civil pública com base na lei anticorrupção

A União, os estados, o Distrito Federal e os municípios, assim como o Ministério Público, conforme arts. 19 e 21 da LAC, poderão ajuizar ação com vistas à aplicação de sanções às pessoas jurídicas que praticarem os atos lesivos enunciados no art. 5º da LAC.

A legitimação ativa coletiva está atrelada ao âmbito de atuação de cada legitimado, por meio da demonstração da sua pertinência temática. Em princípio, poder-se-ia sustentar que os legitimados somente poderiam atuar no âmbito territorial da lesão, mas entendo que não existe tal vinculação, pois, diante das peculiaridades do caso concreto, a lesão causada pela prática dos atos de corrupção pode ultrapassar os limites territoriais da atuação do legitimado. Imagine o caso de uma investigação relevante que demonstre a existência de ramificação da corrupção desde o governo federal até os estados e municípios. Sustentar que somente a União e o MPF teriam legitimidade gera um reducionismo perigoso da tutela coletiva.[125]

Ademais, a norma do art. 37, II da LC 75/93 desvincula por completo a atuação do MPF somente aos casos da Justiça Federal (art. 109, CR/88).

Os legitimados ativos poderão, também, formular o requerimento de indisponibilidade dos bens, com o fim de garantir a reparação pecuniária derivada da prática dos atos de corrupção, conforme art. 19, § 4º, da LAC.

Uma distinção para a aplicação das sanções da LAC é imprescindível para fins de fixação da legitimidade ativa coletiva. Explico. Os atos de corrupção previstos no art. 5º da LAC poderão ensejar sanções administrativas, por meio do devido processo legal administrativo, bem como sanções judiciais, por meio do devido processo legal, pois são instâncias independentes, conforme preconiza o art. 18 da LAC. As sanções administrativas estão previstas no art. 6º da LAC e serão aplicadas pelos entes políticos, com a devida participação da advocacia pública.

Se for realizada uma leitura apressada e irrefletida da norma isoladamente, pode ser afirmado que o MP não ostenta legitimidade ativa para requerer a aplicação destas sanções, porém, devemos analisar o art. 20 da LAC para que possamos concluir o tema da forma adequada. Caso o ente político seja omisso na condução do processo administrativo ou não o instaurar, poderá o MP promover a ACP, com base no art. 19 da LAC, com o devido requerimento de aplicação das sanções do art. 6º da LAC.

---

124. Pet 5.080, DJ 01.08.13, Rcl 15.831, DJ 20.06.13, Rcl 15.131 DJ 04.02.13, Rcl 15.825, DJ 13.06.13, Rcl 2.509, DJ 06.03.2013.

125. Em sentido contrário, vale citar: *"A legitimidade dos entes federativos varia conforme a esfera de governo em que o ilícito tenha sido praticado, o mesmo podendo ser dito em relação aos Ministérios Públicos dos Estados e da União."* GARCIA, Emerson; ALVES, Rogério Pacheco. *Improbidade Administrativa*. Op. cit., p. 804.

Assim, o MP somente poderá atuar buscando a aplicação destas sanções nos casos de omissão dos entes políticos.[126]

Algumas questões de ordem prática surgem com esta situação: **a) o que deve ser entendido como omissão para fins de aplicação do art. 20 da LAC? b) como o MP terá a efetiva ciência do fato ensejador?; c) após a propositura da demanda pelo MP, poderá ser instaurado o processo administrativo?; d) poderá o ente político requerer o seu ingresso como litisconsorte ativo ulterior do MP?**

Ao meu sentir, deve ser aplicada a lógica de uma legitimidade ativa subsidiária do MP e, para a sua configuração, resta evidente a necessidade da correta delineação do requisito omissão. Entendo que, guardadas as peculiaridades de cada caso concreto, devem ser reconhecidos como omissão os seguintes casos: a) o MP notifica o membro da advocacia pública fixando prazo para informar se irá instaurar o procedimento administrativo e não obtém resposta; b) o MP notifica o membro da advocacia pública fixando prazo para informar se irá instaurar o procedimento administrativo e obtém resposta insatisfatória, sob o ponto de vista do dever jurídico de fundamentação; c) o MP expede recomendação instando o ente político e obtém respostas como nos itens anteriores; d) quando verificada a existência de paralisação infundada do procedimento administrativo por prazo irrazoável; e) quando o juízo valorativo definitivo do ente político para não aplicar as sanções for violador do ordenamento jurídico, mormente nas hipóteses de violação de precedentes com eficácia vinculante. Caso o MP não concorde, por outros motivos, com o juízo valorativo definitivo do ente político, deverá promover, ainda assim, a demanda lastreada no art. 19 c/c 6º da LAC, mas deverá formular pedido expresso de invalidação do processo administrativo.[127]

O MP poderá, ainda, demandar o próprio ente político com base no art. 27 da LAC, ao constatar a sua omissão. Entendo que não há a necessidade de mais uma demanda para tanto, pois poderá ser realizada a cumulação de demandas (art. 327, CPC). Se for o caso, porém, de imputar a prática de ato de improbidade administrativa (art. 11, III da LIA), deverá observar a regra do art. 327, § 2º, CPC.

Diante disso, surge a indagação: **como o MP terá a efetiva ciência da instauração e do teor do procedimento administrativo?** Considerando que os entes políticos ostentam legitimação ativa para a propositura de demanda judicial podendo requerer

---

126. "Excepcionalmente, quando for constatada a omissão das autoridades competentes na promoção da responsabilidade administrativa, também as sanções previstas no art. 6º poderão ser aplicadas nos processos indicados pelo Ministério Público. Omissão, por óbvio, não guarda similitude com a ausência de sanção. Significa, em verdade, que a autoridade administrativa não adotou, em prazo razoável, as providências necessárias à apuração dos fatos, quer negando-se a instaurar o processo administrativo, quer deixando-o paralisado." GARCIA, Emerson; ALVES, Rogério Pacheco. *Improbidade Administrativa*. Op. cit., p. 804.

127. Em sentido um pouco diverso, mas seguindo a nossa premissa: "Caso tenha decidido eximir a pessoa jurídica de qualquer responsabilidade, emitindo um juízo valorativo distinto daquele considerado correto pelo Ministério Público, não estaremos perante verdadeira omissão. Essa decisão tida por incorreta não deixa um vazio jurídico a ser preenchido, somente se harmonizando, se fosse o caso, com a pretensão de sua anulação, o que necessariamente exigiria a inserção do respectivo ente no polo passivo da relação processual." GARCIA, Emerson; ALVES, Rogério Pacheco. *Improbidade Administrativa*. Op. cit., p. 804.

as sanções do art. 6º da LAC que teriam, por força do art. 5º, § 2º da LACP, a fiscalização do MP, como fica esta fiscalização na seara administrativa? A LAC somente determina o encaminhamento/ciência ao MP quando o procedimento se encontrar definitivamente concluído, conforme art. 15 da LAC. Vale salientar que o art. 9º, § 5º do Decreto 8.420/2015 somente exige tal encaminhamento se o ente político entender que houve prática de eventuais ilícitos que devem ser apurados em outras instâncias.

Ora, a sistemática existente é absurda e merece reparos, pois gera distorções perigosas e espaço para negociatas, não raras nesta senda. Entendo que, com base no microssistema da tutela coletiva e forte no princípio da efetividade da tutela jurisdicional coletiva deve ser aplicada a regra prevista no art. 15 da LIA que determina a ciência ao MP quando da instauração do processo administrativo.

Caso o MP, diante da omissão do ente político, promova a demanda judicial requerendo a aplicação das sanções do art. 6º da LAC, **poderá o ente político instaurar o procedimento administrativo?** Entendo que não será mais possível a instauração, apesar da legitimidade coletiva ativa ser concorrente e disjuntiva, pois a coincidência entre os objetos retira o interesse procedimental e as sanções, com isso, passarão a ser da competência do órgão jurisdicional.[128] Entretanto, como explicado no capítulo de intervenção de terceiros, **poderá o ente público figurar como litisconsorte ativo ulterior do MP**, desde que demonstre a presença de interesse público neste sentido. Aplica-se, na hipótese, portanto, as normas dos arts. 6º, § 3º da LAP e 17, § 14 da LIA.

A legitimação passiva para a demanda de responsabilização judicial pertence àqueles que praticam os atos de corrupção (pessoa jurídica, dirigentes, partícipes e os seus beneficiários), conforme arts. 1º, parágrafo único e 3º da LAC.

6.5. Legitimação no mandado de segurança coletivo

A legitimação ativa (quem pode ser o impetrante) encontra-se disposta nos arts. 5º, LXIX e LXX da CR/88 e 21 e 22 da LMS, ou seja, somente poderão, seguindo a literalidade das normas, impetrar Mandado de Segurança coletivo: partido político, organização sindical, entidade de classe ou associação civil. Inicialmente, vale informar que o partido político com representação no Congresso Nacional foi inserido no rol dos legitimados ativos pela norma infraconstitucional, com exigência de pertinência temática, que deve lida em conjunto com o art. 1º da Lei 9.096/1995, que encontra severa resistência doutrinária.[129] A representatividade somente no Congresso Nacional não encontra eco na doutrina, que sustenta a possibilidade

---

128. "Formulada a pretensão de aplicação das sanções administrativas pelo Poder Judiciário, não mais será possível que a autoridade competente decida suprir sua omissão e instaurar o processo administrativo. Afinal, entendimento contrário terminaria por consagrar o bis in idem." GARCIA, Emerson; ALVES, Rogério Pacheco. *Improbidade Administrativa*. Op. cit., p. 804. No mesmo sentido, QUEIROZ, Ronaldo Pinheiro de. Responsabilização judicial da pessoa jurídica na Lei Anticorrupção. In: SOUZA, Jorge Munhós de; QUEIROZ, Ronaldo Pinheiro de. (coords.). *Lei Anticorrupção – Temas de Compliance*. Salvador: JusPodivm, 2017, p. 283.

129. NEVES, Daniel Amorim Assumpção. *Manual de Processo Coletivo*. Op. cit., p. 220.

do partido político com representação nas casas legislativas estaduais e municipais impetrar mandado de segurança.[130] A mesma conclusão se impõe ao caso no qual o partido político que ostentava tal representação a perca ao longo da relação jurídica processual, devendo ser aplicada a *ratio decidendi* dos precedentes do STF sobre o tema nos processos coletivos especiais.[131]

O principal ponto, ao meu sentir, que deve ser destacado neste item é a diferença entre o rol dos legitimados previstos na LMS e na LACP. Diante desta situação criada pelo legislador, surge a seguinte indagação: **podem os demais legitimados coletivos valer-se do Mandado de Segurança?**

Penso que a questão é de fácil solução,[132] pois a aplicação das regras do microssistema da tutela coletiva se impõe.[133] Assim, todos os demais legitimados, inclusive MP e Defensoria Pública, poderão valer-se deste instrumento. Aliás, o próprio STJ tem julgados no mesmo sentido.[134] Há, inclusive, decisão recente reconhecendo, de forma expressa, a legitimidade do MP para impetrar MS Coletivo.[135]

No tocante à legitimação passiva (impetrado), existe certa divergência doutrinária, em virtude da redação dos arts. 6º; 7º, I e II, e 14 da LMS. Esta divergência é verificada tanto no MS individual quanto no MS coletivo.

Para situar a divergência, vejamos as normas supracitadas: a) o art. 6º da LMS preconiza a necessidade de apontar a autoridade coatora, bem como de incluir a pessoa jurídica que esta integra. Ora, diante desta redação, parece que o legislador criou uma hipótese de litisconsórcio entre a pessoa jurídica e a autoridade coatora; b) o art. 7º da LMS versa sobre a fase de admissibilidade da demanda e preconiza, no inciso I, a notificação da autoridade coatora para prestar informações, enquanto o inciso II determina que a pessoa jurídica será citada para que, querendo, ingresse no

---

130. NEVES, Daniel Amorim Assumpção. *Manual de Processo Coletivo*. Op. cit., p. 220. BUENO, Cassio Scarpinella. *A nova etapa da reforma do Código de Processo Civil*. v. 2. São Paulo: Saraiva, 2006, p. 124.

131. ADI 2618/DF, Pleno, rel. min. Carlos Velloso, j. 12 ago. 2004.

132. "É inconstitucional, portanto, qualquer interpretação do art. 21 da Lei n. 12.016/2009, que praticamente reproduziu o texto constitucional, que reconheça a incapacidade processual dos demais legitimados à tutela coletiva para valer-se do procedimento do mandado de segurança coletivo." DIDIER JR., Fredie; ZANETI JR., Hermes. *Curso de Direito Processual Civil – Processo Coletivo*. Op. cit., p. 222.

133. ROQUE, André Vasconcelos; DUARTE, Francisco Carlos. Aspectos polêmicos do mandado de segurança coletivo: evolução ou retrocesso? *Revista de Processo*. São Paulo: Ed. RT, 2012, p. 43-51; CAMBI, Eduardo; HAAS, Adriane. Legitimidade do Ministério Público para impetrar Mandado de Segurança Coletivo. *Revista de Processo*. São Paulo: Ed. RT, 2012, n. 203, p. 121-147. ZUFELATO, Camilo. Da legitimidade ativa ope legis da Defensoria Pública para o mandado de segurança coletivo. *Revista de Processo*. São Paulo: Ed. RT, 2012, n. 203, p. 322-342. NEVES, Daniel Amorim Assumpção. *Manual de Processo Coletivo*. Op. cit., p. 220. BUENO, Cassio Scarpinella. *A nova etapa da reforma do Código de Processo Civil*. v. 3. São Paulo: Saraiva, 2006, p. 124. ALVIM, Arruda. *Apontamentos sobre o processo das ações coletivas. Processo Coletivo*. Belo Horizonte: Fórum, 2010.

134. AgRg no Aresp 746846/RJ, 2ª Turma, rel. Min. Herman Benjamim, j. 15 dez. 2015, Dje 05 fev. 2016; AgRg no Ag 1249132/SP, 1ª Turma, rel. Min. Luiz Fux, j. 24 ago. 2010, Dje 09 set. 2010.

135. "O MP possui legitimidade ativa para impetrar MS Coletivo a fim de promover a defesa dos interesses transindividuais e do patrimônio público material ou imaterial." RMS 67.108-MA, Rel. Min. Herman Benjamim, 2ª T., por unanimidade, j. 05.04/2022

feito, o que pode ser entendido como a impossibilidade da autoridade coatora figurar no polo passivo; c) o art. 14, § 2º da LMS preconiza que a autoridade coatora também ostenta legitimidade para recorrer, norma que pode ser interpretada no sentido de que ela não figura no polo passivo e, por isso, houve a necessidade da regra expressa.

Diante da redação destas normas, surgem três teses sobre o tema:

1ª tese a legitimação passiva é exclusiva da autoridade coatora, por ser a responsável pela prática do ato coator.[136]

2ª tese existe, principalmente diante da redação dos arts. 6º e 7º, I e II da LMS, um litisconsórcio passivo necessário simples entre a autoridade coatora e a pessoa jurídica a qual pertença, por entender que a necessidade de indicação, na petição inicial, da autoridade coatora enseja a sua inserção no polo passivo da demanda.[137]

3ª tese: dominante, tanto na doutrina, quanto na jurisprudência. O polo passivo é composto exclusivamente pela pessoa jurídica de direito público.[138] A autoridade coatora não figurará no polo passivo do mandado de segurança, mas será notificada para prestar informações, conforme art. 7º, I da LMS, pois quem deve ser responsabilizado pelo ato coator, com base na teoria do órgão e da imputação volitiva é a pessoa jurídica e não o agente que praticou o ato. Ademais, o agente público (autoridade coatora) somente será responsabilizado de forma regressiva pela pessoa jurídica de direito público, conforme art. 37, § 6º da CR/88. O STJ segue a mesma linha preconizada pela 3ª tese, reconhecendo que o polo passivo do Mandado de Segurança deve ser composto exclusivamente pela pessoa jurídica de direito público.[139]

Entretanto, o próprio STJ possui julgados em outros sentidos e que complementam o tema, que, por sua importância, serão abordados por temas: a) o STJ já reconheceu que a autoridade coatora é legitimada passiva extraordinária;[140] b) o STJ já se manifestou sobre a indicação errônea da autoridade coatora da seguinte forma: b.1) indicação errônea gera a extinção do processo sem resolução de mérito por

---

136. MEIRELLES, Helly Lopes; WALD, Arnaldo; MENDES, Gilmar. *Mandado de Segurança e ações constitucionais.* 33ª ed. São Paulo: Malheiros, 2010, p. 54; PACHECO, José da Silva. *O mandado de segurança e outras ações constitucionais típicas.* 4ª ed., São Paulo: Ed. RT, 2002, p. 239; DIREITO, Carlos Alberto Menezes de. *Manual do Mandado de Segurança.* 3ª ed. Rio de Janeiro: Renovar, 1999, p. 100; MEDINA, José Miguel de Garcia; ARAÚJO, Fábio Caldas de. *Mandado de Segurança individual e coletivo.* São Paulo: Ed. RT, 2009, p. 90.

137. BUENO, Cassio Scarpinella. *A nova etapa da reforma do Código de Processo Civil.* v. 2. São Paulo: Saraiva, 2006, p. 124.

138. FIGUEIREDO, Lucia Valle. *Mandado de Segurança.* 5ª ed., São Paulo: Malheiros, 2004, p. 54-55; MOUTA, José Henrique. *Mandado de Segurança*, p. 62-64; LOPES, João Batista. Sujeito passivo no mandado de segurança. In: BUENO, Cassio Scarpinella; ARRUDA ALVIM, Eduardo; ARRUDA ALVIM WAMBIER, Teresa (coords.). *Aspectos polêmicos e atuais do mandado de segurança: 51 anos depois.* São Paulo: Ed. RT, 2002, p. 416-417; THEODORO JR., Humberto. *O Mandado de Segurança.* Rio de Janeiro: Forense, 2009, p. 07. KLIPPEL, Rodrigo; NEFFA JR., José. *Comentários à Lei de Mandado de Segurança.* Rio de Janeiro: Lumen Juris, 2009, p. 29-31.

139. RMS 28 265/RJ, 6ª Turma, rel., Min. Celso Limongi, j. 08.09.2009, Dje 05.10.2009; Resp 846581/RJ, 2ª Turma, rel., Min. Castro Meira, j. 11.09.2008, Dje 11.09.2008; Resp. 647409/MA, 1ª Turma, rel., Min., Luiz Fux, j. 07.12.2004, Dje 28.02.2005.

140. RMS 40373/MS, 1ª Turma, rel. Min. Ari Pargendler, j. 07.05.2013, Dje 14.05.2013.

ilegitimidade passiva;[141] b.2) o vício poderá ser corrigido, como emenda à inicial, desde que presentes os seguintes requisitos: i) erro facilmente perceptível; ii) se o sujeito indicado como autoridade coatora, de forma errada, e o que deveria ter sido indicado pertençam à mesma pessoa jurídica de direito público;[142] b.3) a correção pode ser feita por emenda à inicial ou de ofício em respeito aos princípios da economia processual e efetividade do processo.[143]

Ainda sobre a participação processual da autoridade coatora, impende destacar decisão do STJ que Em mandado de segurança, a legitimidade para recorrer é da pessoa jurídica de direito público, sendo dispensável a intimação da autoridade coatora para fins de início da contagem do prazo recursal. A despeito da previsão no art. 14, da Lei 12.016/09, o STJ tem entendimento no sentido exposto acima.[144] Os julgados do STJ que determinam a extinção do mandado de segurança em virtude da simples indicação errônea da autoridade coatora padecem de grave equívoco de percepção prática, pois relega para o segundo plano o fato de que cidadão nem sempre consegue individualizar na organização da pessoa jurídica de direito público quem é a autoridade coatora. Além disso, ao passo que reconhece a ilegitimidade passiva da autoridade coatora, reconhece a possibilidade de extinção do processo quando houver uma indicação errônea. Ora, não há como compatibilizar os dois entendimentos dentro de um mesmo tribunal! Outra crítica que tal posicionamento merece é ignorar regras processuais basilares, quais sejam: a) contraditório participativo: determinar a extinção do processo sem resolução de mérito sem dar a oportunidade processual de correção do vício viola o princípio da não surpresa previsto no art. 10, CPC; b) princípio da primazia da solução do mérito: a extinção do processo sem resolução de mérito deve ser a *ultima ratio* adotada pelo órgão jurisdicional, mormente nos casos de vícios sanáveis, conforme preconiza o art. 4°, CPC.

Outra questão deveras importante na seara da legitimação passiva no mandado de segurança é a aplicação da **Teoria da Encampação**.[145] Essa teoria é adotada pela doutrina dominante e no próprio STJ e significa que se a autoridade coatora, ao ser notificada, exorbita da sua função de prestadora de informações e defende o mérito do ato coator, entende-se que ela encampa para si o próprio ato e, com isso, passaria a integrar o polo passivo da demanda. Para o STJ a aplicação dessa teoria deve respeitar três requisitos:[146] a) defesa do mérito, ou seja, a autoridade coatora nas informações, defende o mérito do ato coator; b) inalterabilidade da competência em razão da matéria; c) subordinação hierárquica ou vínculo hierárquico entre a autoridade coatora que foi indicada na inicial e a pessoa jurídica a qual ela se encontra vinculada; d) seja razoável a dúvida quanto à legitimação passiva.

---

141. RMS 20471/RJ, 2ª Turma, rel. Min. Castro Meira, j. 04.06.2009, Dje 17.06.2009
142. AgRg no Aresp 188414/BA, 1ª Turma, rel. Min. Napoleão Nunes Maia Filho, j. 17.03.2015, Dje 31.03.2015.
143. Resp 1001910/SC, 5ª Turma, rel., Min. Laurita Vaz, j. 26.05.2009, Dje 29.06.2009.
144. AgInt no AREsp 1.430.628-BA, Rel. Min. Francisco Falcão, 2ª T., por maioria, j. 18.08.2022
145. NEVES, Daniel Amorim Assumpção. *Manual do Processo Coletivo*. Op. cit., p. 238.
146. MS 15114/DF, 3ª Seção, rel., Min. Nefi Cordeiro, j. 26 ago. 2015, Dje 08 set. 2015.

CAPÍTULO 10 • CONDIÇÕES DA AÇÃO

Por fim, é importante trabalhar o conceito de autoridade coatora para fins de impetração do mandado de segurança, porque além de ter relevância quanto à legitimidade, é imprescindível para a fixação do órgão jurisdicional competente. Os arts. 1º, 2º e 6º, § 3º da LMS nos fornecem as diretrizes para tal desiderato. A doutrina, de uma forma geral, afirma que autoridade coatora é o sujeito do qual emana a ordem para a prática do ato coator e que pode, dentro das suas atribuições funcionais, desfazer o próprio ato, seja por determinação judicial ou de ofício. A redação do art. 6º, § 3º da LMS, como bem observado por Daniel Assumpção, enseja interpretação segundo a qual é uma faculdade do impetrante escolher entre aquele que praticou o ato coator e o que o executou.[147] Entretanto, o melhor entendimento continua sendo no sentido de que a autoridade coatora é aquela que determinou a prática do ato.[148]

6.6. Legitimidade no mandado de injunção coletivo

O Mandado de Injunção Coletivo, previsto no art. 5º, LXXI da CR/88, no que tange à legitimidade ativa, segue o rol previsto no art. 12 da LMI, pois a Constituição foi omissa. Interessante notar que não há a reprodução dos mesmos legitimados ativos do MS, pois, a rigor, há uma ampliação. Vale lembrar que, antes da edição da LMI, a legitimidade ativa do MI coletivo seguia as mesmas regras do MS coletivo.

Assim, os legitimados ativos são: a) o Ministério Público, quando a tutela requerida for especialmente relevante para a defesa da ordem jurídica, do regime democrático ou dos interesses sociais ou individuais indisponíveis; b) o partido político com representação no Congresso Nacional, para assegurar o exercício de direitos, liberdades e prerrogativas de seus integrantes ou relacionados com a finalidade partidária, com as mesmas observações feitas no tópico sobre o mandado de segurança; c) organização sindical, entidade de classe ou associação legalmente constituída e em funcionamento há pelo menos 1 (um) ano, para assegurar o exercício de direitos, liberdades e prerrogativas em favor da totalidade ou de parte de seus membros ou associados, na forma de seus estatutos e desde que pertinentes a suas finalidades, dispensada, para tanto, autorização especial; d) a Defensoria Pública, quando a tutela requerida for especialmente relevante para a promoção dos direitos humanos e a defesa dos direitos individuais e coletivos dos necessitados, na forma do art. 5º, LXXIV da CR/88.

Na legitimação passiva, contudo, existe uma divergência, que pode ser apresentada em três teses:

---

147. NEVES, Daniel Amorim Assumpção. *Manual do Processo Coletivo*. Op. cit., p. 239.
148. DIREITO, Carlos Alberto Menezes de. *Manual do Mandado de Segurança*. 3ª ed. Rio de Janeiro: Renovar, 1999, p. 100. MEIRELLES, Helly Lopes; WALD, Arnaldo; MENDES, Gilmar. *Mandado de Segurança e ações constitucionais*. 33ª ed. São Paulo: Malheiros, 2010, p. 54. NEVES, Daniel Amorim Assumpção. *Manual do Processo Coletivo*. Op. cit., p. 239. BUENO, Cassio Scarpinella. *Mandado de Segurança: comentários às Leis 1.533/1951, 4.348/1964 e 5.021/1966*. 5ª ed. São Paulo: Saraiva, 2009, p. 28-29.

1ᵃ tese: admite que o mandado de injunção cabe tanto para relações de natureza pública como para as de natureza privada e traz como legitimado passivo aquele que deveria implementar o direito disciplinado na sentença, ou seja, aquele que deva atuar a fim de viabilizar o exercício do direito constitucional assegurado, com a diferença que deve haver uma notificação da autoridade competente para a edição da norma regulamentadora. Deve figurar no polo passivo o ente que sofrerá a incidência dos efeitos da decisão, ou seja, aquele que é o responsável pela edição da norma.[149]

2ᵃ tese: aceita como sujeito passivo do mandado de injunção a pessoa física ou jurídica a que caberá a implementação do direito constitucional garantido, podendo ser pública ou privada. Haverá, com isso, um litisconsórcio necessário entre o ente responsável pela omissão (aquele que está em mora legislativa, que tem a iniciativa da norma) junto com o ente que sofrerá a incidência dos efeitos.[150]

3ᵃ tese: *(majoritária)*: é a tese mais adequada. O mandado de injunção só pode ser impetrado em face do Poder, órgão ou autoridade omissa quanto ao dever de legislar. A legitimação passiva é do ente responsável pela omissão. O mandado de injunção deve ser impetrado contra o órgão público ou autoridade que, responsável pela regulamentação do direito constitucional plasmado em norma inexequível por si mesma, deixou de adimplir a obrigação. No polo passivo da relação processual residirá, sempre, uma pessoa, órgão ou entidade de natureza pública. Jamais um particular, a menos que exerça, em virtude de lei ou de ato ou contrato administrativos, parcela de autoridade pública.[151] Este é o entendimento do STF sobre o tema.[152] O art. 4º da LMI parece endossar esta tese.

---

149. BARROSO, L. R. *O direito constitucional e a efetividade de suas normas*. 6ª ed. atual. Rio de Janeiro: Renovar, 2002, p. 277. BARROSO, Luís Roberto. *O controle de constitucionalidade no direito brasileiro: exposição sistemática da doutrina e análise crítica da jurisprudência*. 6 ed. Rev. e atual. São Paulo: Saraiva, 2012. Esta posição já foi adotada e, agora abandonada, pelo STF nos seguintes julgado: MI 305/DF e MI 562-9/RS.

150. MEIRELLES, Hely Lopes; WALD, Arnaldo; MENDES, Gilmar. *Mandado de segurança, ação popular, ação civil pública, mandado de injunção, "habeas data"*. 33 ed. São Paulo: Malheiros. 2010, p. 140; BERMUDES, Sérgio. O mandado de injunção. *Revista dos Tribunais*, 642:24; MACHADO, Carlos Augusto Alcântara. *Mandado de Injunção: um instrumento de efetividade da Constituição*. São Paulo: Atlas, 2004, p. 99. PIOVESAN, Flávia. *Proteção judicial contra omissões legislativas: ação direta de inconstitucionalidade por omissão e mandado de injunção*. 2 ed. rev. atual. e ampl. São Paulo: Ed. RT, 2003, p. 146-147.

151. FRANCISCO, Ivo Dantas Cavalcanti. *Mandado de Injunção*. 2ª ed. Rio de Janeiro: Aide, 1994, p. 79. MACIEL, Adhemar Ferreira. Mandado de Injunção e Inconstitucionalidade por Omissão. *Revista de Informação Legislativa*. n. 101, 1989, p. 31. SIDOU, J. M. Othon. *Habeas Corpus, Mandado de Segurança, Ação Popular – As garantias ativas dos direitos coletivos*. São Paulo: Companhia Editora Forense, 1992, 418. TUCCI, Rogério Lauria; CRUZ, José Rogério. *Constituição de 1988 e Processo: regramentos e garantias constitucionais do processo*. São Paulo: Saraiva, 1989, p. 157. BULOS, Uadi Lammêgo. *Curso de direito constitucional*. 2ª ed. São Paulo: Saraiva, 2008, p. 603. CLÈVE, C. M. *A fiscalização abstrata da constitucionalidade no direito brasileiro*. 2ª ed. rev. atual. e ampl. São Paulo: Ed. RT, 2000, p. 373-374. GONÇALVES, Bernardo Fernandes. *Curso de Direito Constitucional*. 6ª ed. Salvador: JusPodivm, 2014, p. 513.

152. Mandado de Injunção 369-DF, voto do Min. Moreira Alves, Rel. Min. Néri da Silveira, Revista Trimestral de Jurisprudência, 114:405. Mandado de Injunção 288-6/DF, Rel. Min. Celso de Mello, Diário da Justiça da União, 03 mai. 1995. Mandado de Injunção n. 323-8-DF, Rel. Min. Moreira Alves. Diário de Justiça da União, 21 out. 1991.

6.7. Legitimação coletiva passiva. Ação coletiva passiva. *Defendant Class Actions*

A ação coletiva passiva nada mais é do que uma ação proposta em face de uma coletividade com lastro em direito material que gera um dever jurídico para uma determinada coletividade ou quando existe um estado de sujeição (situação jurídica passiva) e difere da ação coletiva ativa justamente porque nesta a coletividade está no polo ativo. Pode haver, ainda, ação duplamente coletiva (*bilateral class action/ double-edged class actions*): coletividade no polo ativo e no polo passivo. Neste caso, para alguns, ter-se-ia um conflito essencialmente coletivo, pois o principal foco da demanda seria verificar qual interesse derivado das posições jurídicas tuteláveis deveria prevalecer.[153] Não pode ser confundida a ação coletiva passiva com ação proposta contra o direito coletivo, ou seja, em desfavor da coletividade, sob pena de ser criado um "processo coletivo de emboscada" ou "ação coletiva às avessas" ou "ação coletiva reversa", compreendida como um processo iniciado para obtenção de uma certifica-ção de um direito que pode ser utilizado contra os interesses da coletividade, como um determinado fabricante de produto que promove uma demanda em face de uma associação de defesa dos consumidores com o fito precípuo de ter uma declaração judicial de que o seu produto não é nocivo.[154] Existe, contudo, uma grande polêmica doutrinária que consiste em saber se a coletividade ostenta legitimação passiva. Ou seja, a ação coletiva passiva é admitida?

Para uma *1ª tese*, tal tipo de demanda não pode ser admitida, com base nos seguin-tes fundamentos: a) impossibilidade jurídica da demanda, em virtude da inexistência de previsão legal (autorização no ordenamento jurídico) para que a coletividade seja representada ou substituída no polo passivo da demanda; b) os dispositivos legais existentes somente se referem à posições jurídicas ativas, pois falam em propositura de demandas; c) impossibilidade de utilização do regime jurídico da imutabilidade da tutela coletiva neste tipo de demanda, pois o resultado prejudicial de um demanda coletiva não pode atingir os membros da coletividade.[155] Para uma 2ª tese, que é a dominante,[156] é plenamente possível a existência de uma ação coletiva passiva, com

---

153. LEONEL, Ricardo de Barros. *Manual do Processo Coletivo*. Op. cit., p. 243.

154. GIDI, Antonio. *Rumo a um Código de Processo Civil Coletivo: A codificação das ações coletivas no Brasil*. Rio de Janeiro: GZ Editora, 2008. No mesmo sentido, afirmando não ser exemplo de ação coletiva passiva, po-demos citar: DIDIER JR., Fredie; ZANETI JR., Hermes. *Curso de Direito Processual Civil – Processo Coletivo*. Op. cit., p. 499.

155. MAZZILLI, Hugo Nigro. *A defesa dos interesses difusos em juízo*. Op. cit., p. 420. RODRIGUES, Marcelo Abelha. Ação Civil Pública. In: DIDIER JR., Fredie (org.). *Ações Constitucionais*. 4ª ed. Salvador: JusPodivm, 2009, p. 367. DINAMARCO, Pedro. *Ação Civil Pública*. São Paulo: Saraiva, 2001.

156. GIDI, Antonio. *A Class Action como instrumento de tutela coletiva dos direitos: Ações coletivas em uma pers-pectiva comparada*. São Paulo: Ed. RT, 2007, p. 414-416. VIGLIAR, José Marcelo Menezes. Defendant class action brasileira: limites propostos para o Código de Processos Coletivos. In: GRINOVER, Ada Pellegrini et al. (coords.). *Direito Processual Coletivo e o Anteprojeto de Código Brasileiro de Processos Coletivos*. São Paulo: Ed. RT, 2007, p. 309-320. MAIA, Diogo Campos Medina. A ação coletiva passiva: o retrospecto histórico de uma necessidade presente. In: GRINOVER, Ada Pellegrini et al. (coords.). *Direito Processual Coletivo e o Anteprojeto de Código Brasileiro de Processos Coletivos*. São Paulo: Ed. RT, 2007, p. 321-344. LENZA, Pedro. *Teoria Geral da Ação Civil Pública*. Op. cit., p. 207-213.

base nos seguintes fundamentos: a) a possibilidade jurídica de uma demanda não está atrelada à existência de previsão legal, mas à inexistência de vedação expressa no ordenamento e, por certo, não existe qualquer vedação; b) o art. 5º, § 2º da LACP preconiza a possibilidade de formação de litisconsórcio nas demandas coletivas e o legislador não restringiu a sua ocorrência somente para o polo ativo, portanto, a coletividade poderá figurar tanto no polo ativo, quanto no polo passivo; c) o regime jurídico coletivo da imutabilidade é plenamente aplicável, desde que sejam observadas as diretrizes emanadas do art. 103, §§ 1º e 2º, CDC;[157] d) a realidade fática na prática forense já nos permite verificar a adesão da possibilidade de demanda coletiva passiva, tal como se verifica nos casos de demandas para a desocupação de espaços públicos e prédios públicos, para a punição das torcidas organizadas e etc.; e) o CPC/15, em certo aspecto, trata de uma demanda coletiva passiva no art. 554, § 1º; f) os arts. 35 e 36 do Estatuto do Índio trazem a previsão da possibilidade de uma coletivização passiva; g) o art. 83 do CDC preconiza o princípio da atipicidade das demandas coletivas, ao autorizar o ajuizamento de qualquer tipo de demanda que seja útil para a tutela da coletividade; h) já existem normas, aplicáveis no Direito do Trabalho, que permitem processos coletivos passivos, tais como art. 1º da Lei 8.984/95 e o item II do enunciado 406 da Súmula do TST; i) vedar, de forma irrefletida, a ação coletiva passiva acarretará situações processuais naturais impossíveis juridicamente, tais como ação rescisória, embargos à execução, ação declaratória incidental, reconvenção[158] e ação anulatória de termo de ajustamento de conduta e acordo de leniência. Quanto à este último item, vale mencionar que não será possível confundir ações autônomas de impugnação (embargos à execução, ação anulatória de termo de ajustamento de conduta e acordo de leniência e ação rescisória), que tem o legitimado coletivo ativo como legitimado passivo, com uma ação coletiva passiva.[159] Só poderia ser conside-

---

157. "Em suma, de lege lata, admitindo-se a possibilidade da ação coletiva passiva, deve-se ter presente que: (a) A tutela jurisdicional opera no plano do "coletivo", e não do "individual", criando imposições apenas no plano coletivo (para a entidade que congrega a classe, categoria ou grupo), e não no plano individual (não obrigações para os integrantes individualmente). (b) As posições individuais, que não entram na discussão coletiva, não podem ser vinculadas ao julgado coletivo, por aplicação, mutatis mutandis, do disposto no art. 103, §§ 1º e 2º, do CDC (a procedência de uma ação coletiva contra a classe, categoria ou grupo não impedirá o indivíduo que dessa coletividade participa de propor ação individual). (c) Poderá ocorrer a vinculação também no plano individual se a entidade demandada (por exemplo, uma entidade associativa ou representativa de outras entidades – federação de bancos, de empresas de plano e seguro de saúde etc.) tiver, estatutariamente, autorização expressa para "representar" ou "substituir" seus associados ou filiados, ativa ou passivamente, nas demandas que interessem àquele grupo, classe ou categoria." LEONEL, Ricardo de Barros. *Manual do Processo Coletivo*. Op. cit., p. 250. Em sentido diverso, sustentando a possibilidade de vinculação dos membros da coletividade, podemos citar: "*se a coisa julgada coletiva, nesses casos, não vincular os membros do grupo no caso de procedência, este tipo de ação coletiva não terá qualquer utilidade.*" DIDIER JR., Fredie; ZANETI JR., Hermes. *Curso de Direito Processual Civil*. Op. cit., p. 411. No mesmo sentido: GIDI, Antonio. *Rumo a um Código de Processo Civil Coletivo: A codificação das ações coletivas no Brasil*. Rio de Janeiro: GZ Editora, 2008. ARENHART, Sérgio Cruz. *A tutela coletiva de interesses individuais: para além da proteção dos interesses individuais homogêneos*. 2ª ed. Rev., atual. e ampl. São Paulo: Ed. RT, 2008, p. 276.

158. O STJ já se manifestou no sentido da inadmissão de reconvenção em Ação Popular, como se verifica no seguinte precedente: Resp. 72.065/RS, 2ª T., rel. Min. Castro Meira, j. 03.08.2004, Dj 06.09.2004.

159. "Nesses tipos de ações autônomas de impugnação, tenho dificuldade de verificar a existência de uma ação coletiva passiva porque não há, nesses casos, uma situação jurídica passiva como objeto das ações. Seu

rada como uma ação coletiva passiva derivada ou incidente quando forem propostas ação declaratória incidental e reconvenção, apesar da regra prevista no art. 343, § 5º, CPC.[160] Há quem divida as ações coletivas passivas em dois tipos: a) original; b) derivada. Ação coletiva passiva original é aquela que inicia um determinado processo coletivo, sem que exista qualquer tipo de relação com um processo coletivo anterior. A ação coletiva passiva derivada, por sua vez, é aquela que decorre de um processo coletivo ativo que está em curso.

O STJ, inclusive, já reconheceu a possibilidade de demanda coletiva passiva em alguns de seus julgados.[161]

O tema mais complexo, ao meu sentir, será a fixação correta do polo passivo da demanda, pois toda a estrutura regulamentar das demandas coletivas é desenhada para a coletividade figurar no polo ativo da demanda (autorização assemblear e representatividade adequada). Como fixar um representante adequado para a coletividade?[162] Trata-se de um desafio de difícil solução, principalmente na prática, pois será complicado proferir decisões que vão atingir os membros de determinada coletividade que estarão, por via de consequência, jungidos a seguir a determinação judicial. Podemos imaginar um exemplo no qual uma determinada torcida organizada tenha proferido ofensas racistas ou determinada coletividade definida (associação ou sindicato) tenha praticado atos de vandalismo e agressões. Estamos diante daquilo que a doutrina[163] denomina de "coletividades sem rosto" ou "responsabilidade anônima ou coletiva",[164] *ante a dificuldade ou impossibilidade de identificação/individualização do verdadeiro autor do dano*, que pode, neste caso, ser resolvida por meio da aplicação das regras da Lei Geral do Esporte (lei 14.597/23).[165] Assim, deve ser responsabilizado o grupo orga-

---

    objetivo é a mera impugnação de uma decisão ou de um termo de ajustamento de conduta, e a simples presença do legitimado coletivo no polo passivo não é suficiente para caracterizá-las como ações coletivas passivas." NEVES, Daniel Amorim Assumpção. *Manual de Processo Coletivo*. Op. cit., p. 524-525.

160. "Bem diferente ocorre com a ação reconvencional e a ação declaratória incidental, que, incidentais a um processo coletivo tradicional, muito provavelmente passam a ter natureza de ação coletiva passiva, desde que, é claro, tenham como objeto uma situação *jurídica passiva coletiva, condição que considero indispensável para a existência desse tipo de ação.*" NEVES, Daniel Amorim Assumpção. *Manual de Processo Coletivo*. Op. cit., p. 524-525. No mesmo sentido, DIDIER JR., Fredie; ZANETI JR., Hermes. *Curso de Direito Processual Civil – Processo Coletivo*. Op. cit., p. 498.

161. RMS 48. 316/MG, 2ª T., rel. Min. Og Fernandes, j. 17.09.2015, Dje 16.10.2015 – citando a IF 111/PR, CE, rel. Min. Gilson Dipp, j. 1.07.2014, Dje 06.08.2014. Resp 326.165/RJ, 4ª T., rel. Min. Jorge Scartezzini, j. 09.11.2004, Dj 17.12.2004. Resp 843.978/SP, 2ª T., rel. Min. Herman Benjamin, j. 07.03.2013, Dje 26.06.2013. Resp 880.160/RJ, rel. Min. Mauro Campbell Marques, 2ª T., Dje 27.05.2010. Em sentido contrário, podemos citar Resp. 1051302/DF, 3ª T., rel. Min. Nancy Andrighi, j. 23.03.2010, Dje 28.04.2010.

162. "para garantir a adequação da representação de todos os interesses em jogo, seria recomendável que a ação coletiva passiva fosse proposta contra o maior número possível de associações conhecidas que congregassem os membros do grupo-réu. As associações eventualmente excluídas da ação deveriam ser notificadas e poderiam intervir como assistentes litisconsorciais." GIDI, Antonio. *A Class Action como instrumento de tutela coletiva dos direitos: Ações coletivas em uma perspectiva comparada*. São Paulo: Ed. RT, 2007, p. 415.

163. DIDIER JR., Fredie; ZANETI JR., Hermes. *Curso de Direito Processual Civil – Processo Coletivo*. Op. cit., p. 499.

164. MAIA, Digo Campos Median. "A ação coletiva passiva: o retrospecto histórico de uma necessidade presente." Direito Processual Coletivo e o anteprojeto de código brasileiro de processos coletivos. Ada Pellegrini Grinover, Aluisio Gonçalves de Castro Mendes e Kazuo Watanabe (coords.). São Paulo: RT, 2007.

165. Art. 178 da Lei Geral do Esporte.

nizado (associação, torcida organizada, sindicato etc.), sob pena de formalizar uma total irresponsabilidade. Entretanto, como efetivar tal determinação? Qual é o grau de hierarquia existente dentro do grupo a possibilitar que o seu representante adequado consiga conscientizar os demais? Quem deverá ser responsabilizado em caso de descumprimento? Em virtude desta dificuldade, entendo que urge uma regulamentação precisa sobre o tema, pois as propostas legislativas existentes somente exigem que as demandas sejam propostas em face de uma coletividade organizada que tenha um representante adequado.[166] Concordo, entretanto, com a doutrina que sustenta que qualquer legitimado coletivo poderá, em tese, figurar no polo passivo da demanda coletiva passiva e que, podem ser imputados como garantes (responsáveis), para justificar a representatividade adequada destas coletividades, os sindicatos, associações e torcidas organizadas, apesar das dificuldades apontadas quanto à efetividade prática das medidas.[167] É o que a doutrina de responsabilidade civil denomina de solidariedade de massas, porquanto existente um vínculo comunitário entre os membros do grupo que deverão, assim, ser responsáveis solidariamente.[168]

O art. 178, da Lei Geral do Esporte, além de conceituar juridicamente a torcida organizada (§2º), preconiza a necessidade dessa pessoa jurídica de direito privado manter um cadastro dos torcedores afiliados (§4º), bem como a responsabilidade objetiva e solidária decorrente dos danos praticados por seus associados.

A doutrina costuma indicar a existência de dois tipos de ações coletivas passivas[169]: i) originária e ii) derivada. A originária é aquela inicial, assim compreendida como desvinculada de um processo judicial anterior. A derivada, por seu turno, está atrelada a um processo anterior e proposta pelo próprio réu desse processo.

Por fim, é juridicamente admissível sustentar a aplicação subsidiária das regras dos processos coletivos ativos aos processos coletivos passivos, como, aliás, preconizam os arts. 29 e 38 do Código Modelo.[170]

7. LEGITIMIDADE *AD CAUSAM* DA DEFENSORIA PÚBLICA

A Defensoria Pública, conforme consta no art. 134 da CR/88, é instituição permanente, essencial à função jurisdicional do Estado, incumbindo-lhe, como expressão e instrumento do regime democrático, fundamentalmente, a orientação

---

166. Art. 35 do Código Modelo de Processos Coletivos para a Ibero-America e art. 38 do Anteprojeto de Código Brasileiro de Processos Coletivos do IBDP.
167. DIDIER JR., Fredie; ZANETI JR., Hermes. *Curso de Direito Processual Civil – Processo Coletivo*. 11ª ed. Op. cit., p. 494.
168. CRUZ, Giselda Sampaio da. O Problema do nexo causal na responsabilidade civil. Rio de Janeiro: Renovar, 2005, p. 267-312. CAVALIERI FILHO, Sérgio. Programa de Responsabilidade Civil. 11ª ed., São Paulo: Atlas, p. 81/83.
169. DIDIER JR., Fredie; ZANETI JR., Hermes. Curso de Direito Processual Civil, v. 4, Salvador: JusPodivm, 14ª ed., 2020, p. 608.
170. DIDIER JR., Fredie; ZANETI JR., Hermes. *Curso de Direito Processual Civil – Processo Coletivo*. Op. cit., p. 502.

CAPÍTULO 10 • CONDIÇÕES DA AÇÃO

jurídica, a promoção dos direitos humanos e a defesa, em todos os graus, judicial e extrajudicial, dos direitos individuais e coletivos, de forma integral e gratuita, aos necessitados, sempre observada a norma do art. 5º, LXXIV da CR/88.

A norma constitucional, portanto, nos apresenta a sua natureza jurídica, bem como as finalidades institucionais, porém, impende destacar que a Defensoria poderá, conforme a doutrina sempre sustentou, exercer dois tipos de função institucional: a) função típica: diretamente relacionada à tutela judicial e extrajudicial dos hipossuficientes econômicos; b) função atípica: relacionada à tutela judicial e extrajudicial dos hipossuficientes jurídicos, sem qualquer relação direta com a hipossuficiência econômica, como nos casos da curadoria especial (art. 72, CPC c/c art. 4º, XVI da LC 80/1994).

No tocante ao exercício da função na tutela coletiva, é importante apresentar a cronologia, que, em meu entender, deve ser dividida nas seguintes etapas:

1ª Etapa: Antes do advento da Lei 11..448/07, não havia previsão legal expressa da legitimidade ativa *ad causam* coletiva da Defensoria Pública, porém, apesar de certa resistência, era admitida a sua atuação na tutela coletiva nas seguintes hipóteses: a) representação processual ou judicial das associações civis, quando presente a hipossuficiência econômica; b) substituição processual na defesa dos consumidores, desde que houvesse uma previsão de um órgão especializado para tal desiderato no âmbito da própria Defensoria Pública, em virtude da redação dos arts. 6º, VIII, 82, III e 83 do CDC c/c art. 4º, XI da LC 80/94, em sua redação original.[171] Apesar da ausência de previsão expressa poder-se-ia estender a legitimação para outros temas, com a utilização das normas do microssistema da tutela coletiva.[172] O STJ, na maioria dos seus precedentes, reconhecia a possibilidade desta atuação da Defensoria na defesa dos direitos dos consumidores.[173]

2ª Etapa: Após o advento da Lei 11.448/07, houve a previsão legal expressa para atuação da Defensoria Pública na tutela coletiva, com a alteração do art. 5º, II da LACP. Pela redação da norma, a sua atuação é ampla, pois não há qualquer restrição quanto aos temas e searas. A redação deveras ampla decorrente da Lei 11.448/07 gerou certa celeuma acerca do acerto do legislador, considerando que a função típica da Defensoria Pública é sempre atrelada à defesa dos hipossuficientes econômicos. Esta celeuma deu ensejo à propositura da ADI 3943 assinada pela CONAMP com o fim de obter a declaração de inconstitucionalidade da norma. O STF, em acertada

---

171. No Estado do Rio de Janeiro, a Defensoria Pública estadual, em atuações destacadas, atuava através do Núcleo de Defesa do Consumidor – NUDECON, órgão de execução específico para atuação na tutela coletiva.

172. DIDIER JR., Fredie; ZANETI JR., Hermes. *Curso de Direito Processual Civil – Processo Coletivo*. Op. cit., p. 214. NEVES, Daniel Amorim Assumpção. *Manual de Processo Coletivo*. Op. cit., p. 214.

173. AgRg no Resp 1.000.421/SC, 4ª Turma, rel. Min. João Otávio de Noronha, j. 24.05.2011, Dje 01.06.2011; AgRg no AgRg no Ag 656.360/RJ, 3ª Turma, rel. Min. Paulo de Tarso Sanseverino, j. 15.03.2011, Dje 24.03.2011; Resp 555.111/RJ, 3ª Turma, rel. Min. Castro Filho, j. 05.09.2006, DJ 18.12.2006. Em sentido contrário, podemos mencionar Edcl no Resp 734.176/RJ, 1ª Turma, Min. Francisco Falcão, j. 17.08.2006, DJ 28.09.2006; AgRg no Ag 500.644/MS, 2ª Turma, rel. Min. Francisco Peçanha Martins, j. 01.03.2005, DJ 18.04.2005.

decisão, julgou improcedente o pedido reconhecendo, portanto, a legitimidade ampla da Defensoria para o exercício judicial da tutela coletiva na fase de conhecimento, pois na fase de liquidação e execução, somente poderá atuar na defesa dos hipossuficientes econômicos.[174]

É preciso destacar que a CONAMP na inicial da ADI referida, fixou premissas equivocadas a respeito da legitimidade ativa da Defensoria e do exercício da atividade do Ministério Público. Entendo que, assim como a melhor doutrina, quanto maior o número de legitimados ativos, melhor para a coletividade, pois, diante da legitimação extraordinária concorrente disjuntiva (art. 129, § 1º da CR/88), haverá a possibilidade da "divisão" na atuação em prol da coletividade, pois cada um dos legitimados poderá suprir a atuação dos demais, seja por ausência de interesse institucional no tema, seja em virtude do assoberbamento.

3ª Etapa: Limitadores temáticos do direito material advindos com a redação dos arts. 4º, VII, VIII e X da LC 80/94 (com a alteração advinda pela LC 132) e 185, caput do CPC. Estas normas determinam uma restrição na atuação da Defensoria Pública somente para os temas relacionados à tutela coletiva dos hipossuficientes, ou seja, a coletividade tutelada deve ser composta por necessitados. Tal restrição poderia gerar a conclusão de que a sua atuação processual ficaria restrita somente aos interesses individuais homogêneos, posto divisíveis e individualizáveis os sujeitos. Nada mais equivocado, ao meu sentir, pois restringir o seu atuar desta maneira gera uma percepção errônea da tutela coletiva e insere restrição que o próprio legislador não fez, na medida em que, de forma expressa, referiu-se aos interesses transindividuais.

Nada obstante, é importante diferenciar a sua atuação na fase de conhecimento da sua atuação nas fases de liquidação e execução, bem como a análise da sua legitimidade adequada (pertinência temática). A Defensoria, conforme a doutrina e o que restou decidido na ADI 3943, não ostenta legitimidade para promover a liquidação e a execução da sentença coletiva de procedência em favor dos indivíduos que não são qualificados como hipossuficientes.[175] Na atuação da Defensoria é imprescindível a demonstração de liame entre o objeto da demanda e o interesse transindividual da coletividade de hipossuficientes, sob pena de ser reconhecida, conforme doutrina dominante e o STJ, a ausência da legitimidade adequada,[176] mas isso não significa que a totalidade dos membros da coletividade protegida precisa ser composta por

---

174. STF, Tribunal Pleno, ADI 3943/DF, rel. Min. Carmem Lúcia, j. 07.05.2015, Dje 06.08.2015. Outras decisões que versam sobre o mesmo tema: ADI 558-MC/RJ, Pleno, rel. Min. Sepulveda Pertence, j. 16.08.1991, DJ 26.03.1993; ADI 2903/PB, Pleno, rel. Min. Celso de Mello, j. 01.12.2005, Dje 18.09.2008.

175. "É de se observar que a legitimação da Defensoria Pública não implicará necessariamente a legitimação para as fases de liquidação e execução dos direitos individuais decorrentes da sentença coletiva, quer na tutela dos direitos individuais homogêneos, quer na tutela dos direitos difusos; essa legitimação somente se estenderá para a tutela dos direitos dos necessitados." DIDIER JR., Fredie; ZANETI JR., Hermes. *Curso de Direito Processual Civil – Processo Coletivo.* Op. cit., p. 218.

176. Resp 912.849/RS, 1ª Turma, rel. Min. José Delgado, j. 26.02.2008, Dje 28.04.2008. Resp 1.192.577/RS, 4ª Turma, rel. Min. Luis Felipe Salomão, j. 15.05.2014, Dje 15.08.2014.

sujeitos hipossuficientes.[177] Ora, se o art. 5º, LXXIV da CR/88 conferiu a sua atuação atrelada à defesa dos hipossuficientes, deve sempre ser observada esta cláusula constitucional.[178] O STF também segue a mesma linha sustentada aqui, pois firmou a seguinte tese, em sede de repercussão geral: *"A Defensoria Pública tem legitimidade para a propositura da ação civil pública em ordem a promover a tutela judicial de direitos difusos e coletivos de que sejam titulares, em tese, pessoas necessitadas."*[179] Apesar da redação da tese referida, não há empecilho para o controle judicial da legitimidade da instituição diante do caso concreto, mormente diante dos vetores previstos nos arts. 4º, VII, da LC 80/94 e 185, do CPC. Assim, será imprescindível que a demanda proposta esteja atrelada à tutela coletiva de pessoas necessitadas, sob pena de reconhecimento da ilegitimidade. Não significa, entretanto, que todos os membros da coletividade sejam necessitados.[180]

Poderá, portanto, a Defensoria Pública tutelar todos os direitos transindividuais, porquanto a sua legitimidade não está atrelada ao perfil objeto da tutela jurisdicional (critério objetivo), mas pela natureza ou status dos sujeitos protegidos, concreta ou abstratamente defendidos, os necessitados, como, aliás, já foi decidido pelo STJ.[181]

Não pode, entretanto, ser confundida esta análise da legitimidade adequada com a eficácia subjetiva da coisa julgada material coletiva. Explico. Caso a Defensoria Pública promova uma demanda coletiva em favor de uma coletividade composta por pessoas hipossuficientes e outras que não sejam, deve ser reconhecida a sua legitimidade, conforme exposto, mas não significa dizer que somente os necessitados serão beneficiados, ou seja, todos os membros da coletividade serão beneficiados

---

177. DIDIER JR., Fredie; ZANETI JR., Hermes. *Curso de Direito Processual Civil – Processo Coletivo*. Op. cit., p. 214. CARVALHO FILHO, José dos Santos. *Ação Civil Pública*. Op. cit., p. 157. PEREIRA, Marivaldo de Castro; BOTTINI, Pierpaolo Cruz. A Defensoria Pública perante a tutela dos interesses transindividuais: atuação como parte legitimada ou como assistente judicial. In: SOUZA, José Augusto Garcia de (coord.). *A defensoria pública e os processos coletivos – comemorando a Lei Federal 11.448, de 15 de janeiro de 2007*. 2ª tir. Rio de Janeiro: Lumen Juris, 2008. PINHO, Humberto Dalla Bernardina de. A legitimidade da Defensoria Pública para a propositura de ações civis públicas: primeiras impressões e questões controvertidas. In: SOUZA, José Augusto Garcia de (coord.). *A defensoria pública e os processos coletivos – comemorando a Lei Federal 11.448, de 15 de janeiro de 2007*. 2ª tir. Rio de Janeiro: Lumen Juris, 2008. WAMBIER, Luiz Rodrigues; ARRUDA ALVIM WAMBIER, Tereza; MEDINA, José Miguel de Garcia. *Breves comentários à nova sistemática processual civil 3*. São Paulo: Ed. RT, 2007.
178. LEONEL, Ricardo de Barros. *Manual do Processo Coletivo*. Op. cit., p. 237. BUENO, Cassio Scarpinella. *Curso Sistematizado de Direito Processual Civil*. v. 2, t. III. São Paulo: Saraiva, 2010, p. 219. RODRIGUES, Marcelo Abelha. *Ação Civil Pública e Meio Ambiente*. 3ª ed. Rio de Janeiro: Forense Universitária, 2009, p. 83-84. ZAVASCKI, Teori Albino. *Processo Coletivo: tutela dos direitos coletivos e tutela coletiva dos direitos*. 6ª ed. São Paulo: Ed. RT, 2014, p. 63. ARENHART, Sérgio Cruz; MITIDIERO, Daniel; MARINONI, Luiz Guilherme. *Novo Curso de Processo Civil*. São Paulo: Ed. RT, 2015, v. 3, p.417.
179. ARE 690.838-RG/MG, Pleno, rel. Min. Dias Toffoli, j. 25 out. 2012, Dje 12 nov. 2012; RE 733.433/MG, Pleno, rel. Min. Dias Toffoli, j. 04 nov. 2015, Dje 07 abr. 2016.
180. "Para que a Defensoria seja considerada como 'legitimada adequada' para conduzir o processo coletivo, é preciso que seja demonstrado o nexo entre a demanda coletiva e o interesse de uma coletividade composta por pessoas 'necessitadas', conforme locução tradicional e consagrada na parte final do art. 185, CPC." DIDIER JR., Fredie; ZANETI JR. Hermes. Curso de Direito Processual Civil, v. 4, Salvador: JusPodivm, 2020, 14ª ed., p. 252.
181. Resp 1.264.116/RS, Rel. Min. Herman Benjamin, Dje 13 abr. 2012.

(regime jurídico *in utilibus*).[182] Ora, se porventura houver outros beneficiados pela medida judicial proposta e acolhida, trata-se de consequência própria dos tipos de interesses tutelados pela ação coletiva.[183]

Apesar da atuação, como aqui sustentado, da Defensoria estar sempre atrelada à defesa dos hipossuficientes, não podemos deixar de mencionar a sua atuação, devidamente autorizada pelo ordenamento jurídico (art. 18, CPC), em prol dos grupos de hipervulneráveis (os socialmente estigmatizados, os excluídos, as minorias, criança, adolescente, pessoas portadoras de deficiência e idosos), conforme já reconhecido pelo próprio STJ.[184]

Para parte da doutrina, com a qual concordo, a Defensoria Pública deverá provar pertinência temática geral e específica.[185] Pensar de forma diversa, contraria a função institucional conferida pela CR/88, que é a representação judicial e a defesa dos necessitados. É indispensável a leitura constitucional da atuação institucional da Defensoria Pública, de modo a não existir superposição de funções de órgãos públicos. O STF, no RE 733.433, fixou tese jurídica no Tema 607 com o seguinte teor: *"A Defensoria Pública tem legitimidade para a propositura de ação civil pública que vise a promover a tutela judicial de direitos difusos ou coletivos de que sejam titulares, em tese, pessoas necessitadas."*

Sobreleva notar que haverá uma evidente restrição na atuação da Defensoria Pública na fase de liquidação e execução da sentença de procedência no processo coletivo, qual seja, somente o fará em benefício dos necessitados,[186] pois, os demais, deverão providenciar a contratação de advogado privado.

Há quem sustente, também, a possibilidade da sua atuação, qualificando-a como atípica, em prol dos hipossuficientes organizacionais entendidos como aqueles que têm severas dificuldades, em face das relações complexas existentes

---

182. "Constatada a legitimação da Defensoria, de acordo com o critério aqui defendido, a decisão poderá beneficiar a todos, indistintamente, necessitados ou não. Qualquer indivíduo poderá valer-se da sentença coletiva para promover a sua liquidação e execução individual. Não se pode confundir o critério para a aferição da capacidade de conduzir o processo coletivo com a eficácia subjetiva da coisa julgada coletiva." (...) "É claro que somente remanesce legitimação coletiva para a Defensoria Pública promover a execução individual da sentença genérica (direitos individuais homogêneos, art. 98 do CDC), se as vítimas já identificadas forem pessoas necessitadas. Mas qualquer vítima, necessitada ou não, poderá promover individualmente a liquidação e execução da sentença coletiva (art. 97 do CDC)." DIDIER JR., Fredie; ZANETI JR., Hermes. *Curso de Direito Processual Civil – Processo Coletivo*. Op. cit., p. 216. No mesmo sentido, NEVES, Daniel Amorim Assumpção. *Manual de Processo Coletivo*. Op. cit., p. 217.
183. MOREIRA, Egon Bockmann; BAGATIN, Andreia Cristina; ARENHART, Sérgio Cruz; FERRARO, Marcella Pereira. *Comentários à Lei de Ação Civil Pública. Revisitada, artigo por artigo, à luz do Novo CPC e Temas Atuais*. São Paulo: Ed. RT, 2017, p. 331.
184. EREsp 1.192.577/RS, Corte Especial, Rel. Min. Laurita Vaz, DJ 21 out. 2015, Dje 13 nov. 2015.
185. ALMEIDA, Gregório Assagra de; GOMES JÚNIOR, Luiz Manoel. *Direitos Digitais e a sua proteção via ações coletivas*, São Paulo: RT, 2024, p. 236.
186. PIZZOL, Patrícia Miranda. *Tutela Coletiva: Processo Coletivo e Técnicas de Padronização das Decisões*. São Paulo: Thomson Reuters/ Revista dos Tribunais, 2019, p. 245.

CAPÍTULO 10 • CONDIÇÕES DA AÇÃO

na sociedade contemporânea, de se organizar para a defesa dos seus direitos em juízo ou fora dele.[187]

Por fim, quanto aos demais instrumentos da tutela coletiva, a Defensoria poderá valer-se do Termo de Ajustamento de Conduta, pois se trata de um órgão público legitimado (art. 5º, § 6º da LACP), não poderá instaurar Inquérito Civil, por ser instrumento exclusivo do Ministério Público (art. 8º, § 1º da LACP), mas poderá instaurar processo administrativo, não poderá celebrar acordo de leniência nem de não persecução cível, porque o legislador somente referiu-se ao MP e aos entes políticos (arts. 16 da LAC e 17-B, da LIA), poderá expedir recomendação e requisição para fins de fundamentar as suas pretensões judiciais e, com isso, exercer, de forma plena, a sua função institucional de tutela dos vulneráveis, conforme decidido pelo STF no bojo da ADI 6.852.

8. A (DES)NECESSIDADE DA AUTORIZAÇÃO ASSEMBLEAR E ESTATUTÁRIA – LEGITIMAÇÃO EXTRAORDINÁRIA

O presente tema será tratado em apartado, apesar de ser um dos elementos da representatividade adequada (tópico seguinte), porque é assaz tormentoso, principalmente quando usamos como referência os julgados do STJ. Inicialmente, como destacado, a autorização dos membros da coletividade, seja por meio de uma assembleia ou mediante o estatuto criador da entidade, é considerado como um dos elementos da representatividade adequada, ou seja, pode ser utilizado para fins de controle da legitimidade ativa coletiva *ad causam*. Entretanto, impende questionar o seguinte: há, de fato, a necessidade de obtenção de uma autorização para a propositura de uma demanda coletiva? Antes de responder tal pergunta, é imprescindível apresentar os tipos de autorização existentes em nosso ordenamento jurídico: a) autorização assemblear: é a que decorre da realização de uma assembleia geral com o objetivo de autorizar ou não a propositura da demanda coletiva. Vale mencionar que existe julgado no STF, que será devidamente analisado, afirmando que se o membro da coletividade participar da assembleia e não autorizar a propositura da ação, não poderá *a posteriori* valer-se do transporte *in utilibus* da sentença de procedência. Para o STF isso é abuso do direito (art. 187, CC). Dever-se-á aplicar o *nemo potest venire contra factum proprium*. Essa tese excepciona o regime *in utilibus* da tutela coletiva previsto no art. 103, § 3º, CDC; b) autorização estatutária: autorização que já consta no estatuto criador da entidade, ou seja, a associação quando foi criada já tem em seu estatuto a autorização dos membros para a propositura da ação e, de acordo com o ECA e Estatuto do Idoso, a autorização estatutária dispensa a autorização assemblear; c) autorização específica: significa a necessidade de o legitimado coletivo obter de todos os membros autorização com a relação nominal toda vez que for proposta

---

187. NEVES, Daniel Amorim Assumpção. *Manual de Processo Coletivo*. Op. cit., p. 218. GRINOVER, Ada Pellegrini. *Novas tendências do Direito Processual*. Rio de Janeiro: Forense, 1990, p. 245. LIMA, Frederico Rodrigues Viana de. *Defensoria Pública*. Salvador: JusPodivm, 2010, p. 234.

demanda coletiva. O STJ, em determinado julgado, já afastou a necessidade da autorização específica e da relação nominal.[188]

Outro ponto introdutório consiste em apresentar as regras legais e constitucionais aplicáveis ao tema: **a) art. 5º, XXI, CR/88**: esta norma exige a autorização, mas vale somente para os casos de representação processual e não para os casos de substituição processual, pois consta o seguinte trecho no artigo: "tem legitimidade para representar"; **b) art. 5º, LXX, CR/88**: esta norma versa sobre os legitimados ativos para a impetração do MS Coletivo e não exige qualquer tipo de autorização para o exercício judicial da legitimação. Ademais, o **art. 21 da LMS** dispensa expressamente a autorização assemblear para fins de impetração do MS coletivo; **c) art. 8º, III, CR/88**: preconiza que o sindicato tem legitimidade para tutelar os interesses dos seus associados, mas não exige autorização; **d) art. 84, IV, CDC**: elenca os legitimados coletivos e dispensa autorização assemblear expressamente. Assim, factível afirmar que nas ações coletivas de consumo é expressamente dispensável a autorização assemblear; **e) art. 210, III, ECA**: a norma dispensa expressamente a autorização assemblear, desde que exista autorização estatutária; **f) art. 81, IV, Estatuto do Idoso**: a norma dispensa autorização assemblear quando já existir autorização estatutária; **g) art. 3º da Lei 7.853/89**: trata das ações coletivas em favor dos portadores de deficiência e não exige autorização; **h) art. 5º, V, LACP**: elenca os legitimados para a propositura da ACP genérica e não exige autorização; **i) art. 12, III, Estatuto da Cidade**: exige autorização assemblear, mas o legislador, de forma clara, confundiu substituição com representação processual; **j) art. 2º-A, parágrafo único, Lei 9.494/97**: versa sobre as ações coletivas propostas em face do poder público. O legislador exige apresentação de relação nominal dos membros, o que pode ser interpretado como uma exigência de autorização dos membros; **k) art. 12, III da LMI**: o legislador dispensou expressamente a autorização especial para a impetração do MI coletivo.

O panorama na jurisprudência não facilita a compreensão do tema, pois há certa dispersão de *ratio decidendi*, bem como uma clara percepção equivocada acerca dos institutos da representação processual e da substituição processual. Na *representação processual*, há uma atuação em nome alheio na defesa de interesse alheio, portanto, imprescindível a autorização para a propositura da demanda. Por outro lado, na *substituição processual* (sinônimo de legitimidade extraordinária), a atuação ocorre em nome próprio para a defesa de interesse alheio o que, obviamente, dispensa a necessidade de autorização para a propositura da ação, porque o ordenamento assim já o fez. Ademais, seria um severo contrassenso exigir de alguém a autorização de um terceiro para atuar em seu próprio nome através de uma autorização já existente no ordenamento jurídico.

O STF já teve a oportunidade de abordar o assunto e o fez da seguinte forma: i) fixação da tese jurídica no Tema 82: *"Possibilidade de execução de título judicial , decorrente de ação ordinária coletiva ajuizada por entidade associativa, por aqueles que*

---

188. AgRg no Aresp 368/285/DF.

não conferiram autorização individual à associação, não obstante haja previsão genérica de representação dos associados em cláusula do estatuto"; ii) fixação da tese jurídica no Tema 499, que não se aplica aos processos coletivos, como reconhecido pelo STJ:[189] *"A eficácia subjetiva da coisa julgada formada a partir de ação coletiva, de rito ordinário, ajuizada por associação civil na defesa de interesses dos associados, somente alcança os filiados, residentes no âmbito da jurisdição do órgão julgador, que o fossem no momento anterior ou até a data da propositura da demanda, constantes da relação jurídica juntada à inicial do processo de conhecimento"*; iii) fixação da tese jurídica no Tema 1119: *"É desnecessária a autorização expressa dos associados, a relação nominal destes, bem como a comprovação de filiação prévia, para a cobrança de valores pretéritos de título judicial decorrente de mandado de segurança coletivo impetrado por entidade associativa de caráter civil."*

Assim, para facilitar a visualização do tema, apresentarei as teses que foram acolhidas pelos Tribunais Superiores sobre o tema em testilha:

1) **AgRg no AResp 368.285/DF**: nesse julgado, o STJ entendeu que as associações e sindicatos, na qualidade de substitutos processuais tem legitimidade para atuar judicialmente na defesa dos interesses dos seus membros de toda a categoria ou de parcela da categoria, sendo dispensável a relação nominal dos afiliados e suas respectivas autorizações (autorização específica). Como visto, o art. 2ºA da Lei 9494 exige essa relação nominal, mas o STJ entendeu ser dispensável.

2) **AgRg no Resp 831.899/AL**: nesse julgado, o STJ fixou entendimento no sentido de que a legitimidade ativa coletiva das entidades civis abrange todas as fases procedimentais, bem como que a atuação processual da associação civil e do sindicato ocorre à título de substituição processual e não de representação processual.

3) **RE 573.232/RJ**: nesse julgado, o STF afirmou que a autorização genérica não dispensa a autorização assemblear, ou seja, a autorização estatutária não dispensa a assemblear. Este julgado tem como destinatária a associação civil, que atua como representante processual, nos casos do art. 5º, XXI, CR/88, tal como constou na *ratio decidendi* do precedente e que, portanto, deve servir de orientação para os demais julgados e órgãos inferiores.

4) **AgRg no AResp 302.062/DF**: nesse julgado, o STJ fixou entendimento no sentido de que o integrante de determinada categoria tem legitimidade para promover a execução individual da sentença coletiva derivada de ação proposta por entidade civil, mesmo que não seja filiado a essa entidade ou mesmo que não tenha autorizado a propositura da ação.

5) **Resp 1.388.792/SE e Resp 1.372.593/SP**: nesses julgados, o STJ fixou entendimento no sentido de que o vício da ausência de representatividade adequada equivale ao vício de legitimidade. Contudo, verificado o vício não pode haver extinção do processo sem resolução de mérito de maneira imediata. Deve ser oportunizado

---

189. AgInt no REsp. 1.841.604/RJ, Rel. Min. Mauro Campbell Marques, 2ª T., j. 22/04/2020.

a correção do vício, conforme preconiza o art. 76, § 1º, CPC. Não sendo corrigido o vício, deve ser aberta vista ao MP para manifestar-se sobre a assunção do processo (princípio da primazia da solução do processo), conforme art. 5º, § 3º, LACP

6) **AgRg no Resp 997.577/DF e Resp 1.212.899/PR**: nesses julgados, o STJ reconheceu a necessidade de observância da representatividade adequada como requisito de legitimidade.

7) **RE 612.043/PR**: nesse julgado, o STF fixou entendimento no sentido de que a eficácia subjetiva da sentença de procedência em ação coletiva proposta por associação na defesa dos interesses dos seus associados somente alcança os seus filiados residentes no âmbito de jurisdição do órgão responsável pela decisão e que sejam filiados em momento anterior a demanda ou até a propositura desta e que estejam na relação jurídica acostada a inicial. O próprio STF violou os preceitos das suas súmulas 629 e 630. A prevalecer tal entendimento, haverá um severo fomento para a propositura de diversas ações coletivos, portanto, vai de encontro a uma das principais finalidades da tutela coletiva que é a molecularização dos litígios e a promoção da segurança jurídica.

8) **Resp 1.468.734/SP, AgRg no AResp 664.713/RJ, Resp 1.129.023/SC e Edcl no AgRg no Resp 1.185.789/GO**: nesses julgados, o STJ seguiu o mesmo entendimento adotado pelo STF no item anterior.

9) **Resp 1.213.614/RJ**: nesse julgado, o STJ fixou o entendimento no sentido de ser possível o reconhecimento *ex officio* da inidoneidade da associação civil autora da ação e, assim, reconhecendo a sua ilegitimidade coletiva ativa, bem como a impossibilidade de admitir-se a autorização genérica no estatuto, seguindo a linha adotada pelo STF no bojo do RE 573.232/RJ.

10) **AgRg no Resp 1.546.659/RS e Resp 1.405.697/MG**: nesses julgados, o STJ, seguindo de forma indevida o entendimento do STF (ver item 1), definiu a necessidade da associação civil obter a autorização dos seus membros para a propositura da demanda. Apesar disso, há um julgado posterior no STJ no sentido da desnecessidade desta exigência.[190] Em virtude, neste ponto, da dispersão de julgados o tema foi selecionado (tema 948) para fins de aplicação do procedimento de recursos repetitivos (art. 928, CPC). Nada obstante, vale mencionar que os precedentes que exigem a autorização dos membros que foram citados, tanto do STJ quanto do STF versam sobre a tutela dos direitos individuais homogêneos, enquanto que os precedentes do STJ que permitem a propositura da demanda sem a autorização versam sobre direitos difusos e coletivos em sentido estrito.[191] Por fim, conforme bem salientado por Fredie

---

190. AgRg no Resp 1.382.949/SC, 1ª Turma, rel., Min. Benedito Gonçalves, j. 16 abr. 2015, Dje 24 abr. 2015. AgRg no Resp 1.423.791/BA, 2ª Turma, rel., Min. Og Fernandes, j. 17 mar. 2015, Dje 26 mar. 2015.
191. Resp 1.084.640/SP, 2ª Seção, rel. Min. Marco Buzzi, j. 23.09.2015, Dje 29.09.2015; Resp 1.166.054/GO, 4ª Turma, rel., Min. Luis Felipe Salomão, j. 28.04.2015, Dje 18.06.2015; Resp 1.374.678/RJ, 4ª Turma, rel., Min. Luis Felipe Salomão, j. 23.06.2015, Dje 04.08.2015.

Didier Jr., o STJ aplicou de forma equivocada a *ratio decidendi* do RE 573.232/SC.[192] Esta aplicação equivocada fica nítida ao analisar o fundamento da decisão proferida no bojo do **Resp 1.165.040/GO.**

11) No *RESP 1.438.263/SP*[193], o STJ que, em ACP proposta por associação, na condição de substituta processual, possuem legitimidade para a liquidação e execução da sentença todos os beneficiados pela procedência do pedido, independentemente de serem filiados à associação promovente. O STJ, a partir deste julgamento, firmou o entendimento de que todos os substituídos numa ACP que tem por objeto a tutela de um dia, possuem legitimidade para liquidação e execução da sentença, e que esses substituídos são todos aqueles interessados determináveis que se unem por uma mesma situação de fato.

De forma absolutamente equivocada, nesse mesmo julgado, o STJ criou duas formas de atuação processual da associação civil: i) ação coletiva ordinária, assim compreendida como aquela prevista no art. 5º, XXI, da CR/88 na qual atua como representante processual e ii) ação civil pública, assim compreendida como aquela baseada no CDC e/ou LACP, na qual atua como substituta processual.

Na doutrina, entretanto, os autores fazem a correta distinção entre os institutos da representação processual e da substituição e afirmam que somente poderá ser exigida a autorização dos membros da coletividade nos casos de representação processual.[194]

12) Para que a associação tenha legitimidade para promover a execução de sentença coletiva envolvendo direitos individuais homogêneos é necessário que esteja presente a situação descrita no art. 100 do CDC. **3ª T. REsp 1955899-PR (Info 729).**

13) Não se aplica às ações civil públicas propostas por associações e fundações privadas o princípio da simetria na condenação do réu nas custas e nos honorários advocatícios. **3ª T. REsp 1974436-RJ (Info 730).**

14) Se a ação coletiva foi proposta pela associação antes do RE 573.232/SC (14.05.2014), é possível determinar a intimação da autora para regularizar a representação processual, apresentando autorização expressa dos associados e a lista de representados. **1ª T. REsp 1977830-MT (Info 730).**

15) À luz da Lei 7.347/85 e do CDC, as associações podem ajuizar ACP para a defesa de direito individual homogêneo, situação em que atuam como substitutas

---

192. DIDIER JR., Fredie; ZANETI JR., Hermes. *Curso de Direito Processual Civil – Processo Coletivo*. Op. cit., p. 226.
193. Rel. Min. Raul Araújo, 2ª S., J. 24/03/2021. (Tema 948)
194. NEVES, Daniel Amorim Assumpção. *Manual de Processo Coletivo*. Op. cit., p. 208. DIDIER JR., Fredie; ZANETI JR., Hermes. *Curso de Direito Processual Civil – Processo Coletivo*. Op. cit., p. 226. ZANETI JR., Hermes; FERREIRA, Carlos Frederico Bastos; ALVES, Gustavo Silva. A ratio decidendi do precedente STF/RE 573.232/SC: substituição processual v. representação processual. Desnecessidade de autorização assemblear nas ações coletivas em defesa do consumidor. *Revista de Direito do Consumidor*, v. 108, nov./dez. 2016.

processuais, com dispensa da juntada das autorizações individuais das pessoas interessadas. **1ª T. AgInt no REsp 1833056-SP (Info 750).**

16) Não havendo limitação subjetiva no título executivo em razão das particularidades do direito tutelado, é indevida a limitação de sua abrangência aos filiados relacionados na inicial da ação coletiva proposta por sindicato. **1ª T. AgInt no REsp 1956312-RS (Info 759).**

17) O juiz, ao analisar se uma associação tem pertinência temática para propor ACP, deve adotar interpretação flexível e ampla. **4ª T. AgInt nos EDcl no REsp 1788290-MS (Info 738).**

18) **O STJ (julgado publicado no Informativo 803)** decidiu que nas ações coletivas em que a associação representa seus associados por legitimação ordinária (art. 5º, XXI, da CR/88), o entendimento que deve ser aplicado é o firmado no Tema n. 499 do STF. EREsp 1.367.220-PR, Rel. Min. Raul Araújo, Corte Especial, por unanimidade, j. 6/3/2024. Conforme o STF[195] fixou no Tema n. 499 da Repercussão Geral, tem-se que: *"A eficácia subjetiva da coisa julgada formada a partir de ação coletiva, de rito ordinário, ajuizada por associação civil na defesa de interesses dos associados, somente alcança os filiados, residentes no âmbito da jurisdição do órgão julgador, que o fossem em momento anterior ou até a data da propositura da demanda, constantes da relação jurídica juntada à inicial do processo de conhecimento."*

A 2ª Seção do STJ, no REsp. Repetitivo n. 1.362.022-SP, delimitando os legitimados ativos para a execução individual de sentença coletiva, estabeleceu a seguinte distinção entre:

i) a legitimidade ativa de associado para executar individualmente sentença prolatada em ação coletiva ordinária proposta por associação expressamente autorizada pelos associados (legitimação ordinária), agindo com base na representação prevista no art. 5º, XXI, da CR/88;

ii) a legitimidade ativa de beneficiário consumidor para executar individualmente sentença prolatada em ação coletiva substitutiva proposta por associação, mediante legitimação constitucional extraordinária ou legitimação legal extraordinária, com arrimo, especialmente, nos arts. 81, 82 e 91 do CDC (ACP substitutiva ou ação coletiva de consumo)

9. CONTROLE JUDICIAL (*OPE IUDICIUS*) E LEGAL (*OPE LEGIS*) DA LEGITIMIDADE – REPRESENTATIVIDADE ADEQUADA (*ADEQUACY OF REPRESENTATION*)

Uma das questões práticas mais relevantes decorrentes da análise da legitimidade ativa coletiva é fixar a premissa sobre a forma de seu controle. Conforme já exposto, a legitimidade ativa coletiva decorre de uma previsão expressa no ordenamento

---

195. RE n. 612.043, Rel. Min. Marco Aurélio, Tribunal Pleno, j. em 10.05.2017.

jurídico (art. 18, CPC), uma vez que as normas que regem os processos coletivos indicam, de forma expressa, quem são os legitimados ativos, mas o centro do debate, apesar disso, é saber se, ainda assim, haverá espaço para o exercício de controle no caso concreto. Há, a rigor, para tal desiderato, dois modelos de controle propostos: a) controle judicial (*ope iudicius*) da legitimidade e b) controle legal (*ope legis*) da legitimidade.

O controle judicial da legitimidade, defendido por grande parcela da doutrina,[196] e mais associado ao sistema da *commom law*, propõe a realização, diante das peculiaridades do caso concreto, de controle/aferição da legitimidade ativa coletiva, pois, apesar do legislador ter inserido determinado autor coletivo no rol dos legitimados, poderá carecer de requisitos para exercer tal função. Este controle, a bem da verdade, decorre diretamente do princípio da representatividade adequada (que será abordado no próximo tópico), com base nos arts. 82, IV do CDC; 5º, V, a e b da LACP; 21 da LMS e 12, III da LMI. O legislador cria, portanto, somente uma presunção relativa da representatividade adequada possibilitando, por via de consequência, a produção de prova em sentido diverso e abrindo a oportunidade do exercício judicial do controle da legitimação. Não existe parte, a *priori*, legítima, pois é imprescindível a análise do caso concreto para a sua verificação, sempre tendo como parâmetro a situação posta em juízo (objeto litigioso).[197] Impende ressaltar que os mais recentes julgados no STJ seguem este entendimento.[198] A bem da verdade, é fácil notar que a jurisprudência dos tribunais superiores já aplica a concepção do controle judicial da legitimação, como nos casos dos processos coletivos especiais, da atuação do MP, da DP e das Associações.

Apesar de comumente atrelado ao controle da atuação das entidades civis (associações civis, sindicatos e entidades associativas), pode ocorrer diante da atuação de qualquer legitimado coletivo, como no caso do MP tutelando interesses individuais homogêneos, quando se exige relevância social e indisponibilidade e da Defensoria

---

196. COSTA, Susana Henrique da. *O processo coletivo na tutela do patrimônio público e da moralidade administrativa*. São Paulo: Quartier Latin, 2009, p. 188-198. FERRARESI, Eurico. *Ação Popular, Ação Civil Pública e Mandado de Segurança Coletivo: Instrumentos Processuais Coletivos*. Rio de Janeiro: Forense, 2009, p. 118. ALMEIDA, Gregório Assagra de. *Manual das Ações Constitucionais*. Belo Horizonte: Del Rey, 2007, p. 117-126. GIDI, Antonio. *A Class Action como instrumento de tutela coletiva de direitos: as ações coletivas em uma perspectiva comparada*. São Paulo: Ed. RT, 2007, p. 134-135. GOMES JR., Luiz Manoel. *Curso de Direito Processual Civil Coletivo*. 2ª ed. São Paulo: SRS, 2008, p. 145. GRINOVER, Ada Pellegrini. *Novas questões sobre a legitimação e a coisa julgada nas ações coletivas. O processo – estudos e pareceres*. São Paulo: DPJ, 2006, p. 213-214. ROQUE, André Vasconcelos. *Class Actions. Ações coletivas nos Estados Unidos: o que podemos aprender com eles?* Salvador: JusPodivm, 2013, p. 118-131. DIDIER JR., Fredie; ZANETI JR., Hermes. *Curso de Direito Processual Civil – Processo coletivo*. Op. cit., p. 220.

197. "Para que se saiba se a parte é legítima, é preciso investigar o objeto litigioso do processo, a situação concretamente deduzida pela demanda. Não se pode examinar a legitimidade a priori, independentemente da situação concreta que foi submetida ao Judiciário. Não existe parte em tese legítima; a parte só é ou não legítima após o confronto com a situação concreta submetida ao Judiciário." DIDIER JR., Fredie; ZANETI JR., Hermes. *Curso de Direito Processual Civil – Processo coletivo*. Op. cit., p. 220.

198. Resp. 1213614/RJ, 4ª Turma, rel. Min. Luis Felipe Salomão, j. 01.10.2015, Dje 26.10.2015; Resp 1405697/MG, 4ª Turma, rel. Min. Marco Aurélio Belizze, j. 17.09.2015, Dje 08.10.2015.

Pública, quando se exige correlação com os interesses dos hipossuficientes. O STJ, porém, afastou a necessidade da observância da pertinência temática para fins de análise da legitimidade coletiva da OAB ao propor ACP.[199]

Os requisitos normalmente exigidos,[200] e a prática forense facilmente comprova tal ocorrência, para a definição da representatividade são:[201] a) pertinência temática; b) aptidão técnica da entidade civil; c) autorização dos membros (visto no tópico anterior); d) constituição da entidade nos termos da lei civil; e) constituição da entidade há pelo menos um ano; e f) falso litígio coletivo. Ao preencher tais requisitos, poder-se-á afirmar a presença da chamada representatividade adequada, categoria jurídica autônoma que possui natureza de pressuposto processual específico decorrente da atividade do legislador brasileiro.[202]

A pertinência temática[203] é a exigência de que exista uma congruência entre o objeto do litígio e o perfil institucional do legitimado coletivo, ou seja, deve fazer parte da sua atuação institucional a defesa dos interesses postos em juízo. É a categoria jurídico-processual por intermédio da qual é aferida a legitimidade processual coletiva ativa no direito processual coletivo e que, portanto, não deverá ser estudada no processo como pressuposto processual, mas como uma das categorias das condições da ação. É forma de aferição concreta que recai sobre a atuação do ente coletivo dentro das suas finalidades institucionais.[204]

A pertinência temática pode ser dividida em: i) primária; ii) secundária; iii) geral e iv) específica. A **pertinência temática primária** refere-se à atuação do legitimado coletivo dentro das suas principais finalidades institucionais. A **pertinência temática secundária** decorre de outras finalidades secundárias definidas pelo legitimado cole-

---

199. Resp 1351760/PE, 2ª Turma, rel. Min. Humberto Martins, j. 26.11.2013, Dje 09.12.2013.
200. *"Independentemente dos fatores considerados no caso concreto, um sistema de representação adequada, como o existente nos Estados Unidos, Inglaterra, Canadá e País de Gales, exige do juiz uma análise objetiva do caso concreto para a aferição da capacidade não só de representação dos sujeitos que compõem o grupo, mas também de sua efetiva capacidade de boa condução do processo, de seu preparo e disposição para encarar o processo coletivo."* NEVES, Daniel Amorim Assumpção. *Manual de Processo Coletivo.* Op. cit., p. 204.
201. *"Nessa perspectiva, busca-se que esteja a classe/grupo/categoria bem representada nas demandas coletivas, quer dizer, representada por um legitimado ativo ou passivo que efetivamente exerça a situação jurídica coletiva em sua plenitude e guie o processo com os recursos financeiros adequados, boa técnica e probidade."* DIDIER JR., Fredie; ZANETI JR., Hermes. *Curso de Direito Processual Civil – Processo Coletivo.* Op. cit., p. 106.
202. *"É um pressuposto processual porque está relacionado, predominantemente, com a capacidade ou aptidão jurídica e técnica do ente coletivo arrolado para representar adequadamente, em juízo, no polo ativo, interesses ou direitos massificados."* ALMEIDA, Gregório Assagra de; GOMES JÚNIOR, Luiz Manoel. *Direitos Digitais e a sua proteção via ações coletivas,* São Paulo: RT, 2024, p. 228.
203. Na doutrina, restringindo a exigência de requisitos, vale citar: *"Na hipótese das associações, por exemplo, bastará a existência jurídica por mais de um ano e a pertinência temática, sendo irrelevante qualquer outra consideração a respeito da real capacidade do legitimado de defender de forma plena e exaurinte o direito coletivo lato sensu."* NEVES, Daniel Amorim Assumpção. *Manual de Processo Coletivo.* Op. cit., p. 205. No mesmo sentido, seguem dois julgados no STJ: AgRg nos Edcl nos Edcl no Resp 1150424/SP, 1ª Turma, rel. Min. Olindo Menezes (Desembargador convocado do TRF 1ª Região), j. 10.11.nov. 2015, Dje 24 nov. 2015; Resp 876936/RJ, 1ª Turma, rel. Min. Luiz Fux, j. 21 out. 2008, Dje 13 nov. 2008.
204. ALMEIDA, Gregório Assagra de; GOMES JÚNIOR, Luiz Manoel. *Direitos Digitais e a sua proteção via ações coletivas,* São Paulo: RT, 2024, p. 231.

tivo em seus estatutos. A **pertinência temática geral** é aquela que permite a atuação do legitimado coletivo na defesa de todos os interesses transindividuais, enquanto a **pertinência temática específica** é aquela que restringe a atuação do legitimado coletivo de acordo com as suas finalidades institucionais e estatutárias, como no caso das associações civis e sindicatos.

A pertinência temática geral e específica são os critérios que o juiz deve se valer para aferir a legitimidade ativa no sistema do direito processual coletivo comum.

A legitimidade ativa na ACP das pessoas jurídicas da administração pública indireta depende da pertinência temática entre suas finalidades institucionais e o interesse tutelado, conforme já decidido pelo STJ.[205]

A pessoa jurídica de direito privado delegatária de serviço público somente tem legitimidade ativa para ingressar com pedido de suspensão de segurança na hipótese em que estiver atuando na defesa de interesse público primário relacionado com os termos da própria concessão e prestação do serviço público.[206]

O juiz, ao analisar se uma associação tem pertinência temática para propor ACP, deve adotar interpretação flexível e ampla.[207]

Uma associação civil de moradores, por exemplo, não ostentará, a priori, pertinência temática para a defesa dos interesses consumeristas de seus membros.[208] Entretanto, como já reconhecido pelo STJ,[209] entendo que uma associação civil de moradores, com fulcro nos arts. 225 da CR/88 e 3º, II, a) e d) da Lei 6938/81, pode defender o meio ambiente ecologicamente equilibrado.[210]

Importante destacar que o estatuto criador da entidade civil não precisa ser minucioso para fins de adequação da sua representação, pois admite-se uma referência genérica de defesa dos interesses transindividuais, desde que exista a congruência com o objeto da demanda, como afirma a doutrina.[211]

A pertinência temática nos processos coletivos especiais é sempre exigida pelo STF nas ações de controle de constitucionalidade.[212]

---

205. 4ª T. REsp 1.978.138-SP, Rel. Min. Antonio Carlos Ferreira, j. 22.03.2022 (Info 731).
206. AgInt na SLS 3.169-RS, Rel. Min. Maria Thereza de Assis Moura, Corte Especial, por maioria, j. 15.03.2023.
207. 4ª T. AgInt nos EDcl no REsp 1788290-MS (Info 738).
208. "É evidente que, se não há nexo entre o perfil institucional do legitimado que propõe a ação e o objeto do litígio coletivo, está ausente a denominada pertinência temática. Assim, embora o autor seja 'em tese' legitimado coletivo, não terá legitimação e/ou interesse para agir no caso concreto." LEONEL, Ricardo de Barros. *Manual do Processo Coletivo*. Op. cit., p. 207.
209. Resp 876931/RJ, 2ª T., rel. Min. Mauro Campbell Marques, j. 10 ago. 2010 (publicado no Informativo 442).
210. No mesmo sentido, podemos citar NEVES, Daniel Amorim Assumpção. *Manual de Processo Coletivo*. Op. cit., p. 202.
211. "Segundo a melhor doutrina, o estatuto da *associação não precisa de um grau de especialidade que limite demasiadamente a sua atuação como autora de ações coletivas, de modo que uma previsão genérica, desde que relacionada, ainda que de maneira indireta, com o objeto da demanda, já é suficiente.*" NEVES, Daniel Amorim Assumpção. *Manual de Processo Coletivo*. Op. cit., p. 202.
212. ADI 2482/MG, STF, Pleno, relator Min. Moreira Alves, j. 02.10.2002, DJ de 25.04.2003, p. 32.

A aptidão técnica, por seu turno, deve ser entendida como a efetiva possibilidade de a associação civil atuar na defesa dos membros e dos interesses que propõem, pois não basta somente a demonstração da congruência entre as suas finalidades institucionais e o objeto da demanda, bem como a prévia existência há pelo menos um ano.[213]

A constituição da entidade nos termos da lei civil decorre da necessidade da observância das regras previstas nos arts. 45 do Código Civil e 114 e 119 da Lei de Registros Públicos, ou seja, indispensável o registro em cartório.

Tal registro é de suma importância, pois servirá para comprovar o requisito temporal de constituição há pelo menos um ano. Tal regra tem justificativa prática, pois visa evitar criações oportunistas de associações somente para a propositura das demandas coletivas. Apesar desta exigência legal, imprescindível destacar que o STJ já reconheceu a possibilidade da legitimidade superveniente, ou seja, a entidade civil promove a demanda antes do advento do prazo de um ano, mas este se consuma no curso da demanda.[214] Esta verificação pode ocorrer de ofício com base no art. 493, CPC.

O requisito temporal poderá, também, ser afastado excepcionalmente no caso concreto, conforme arts. 82, § 1º do CDC e 5º, § 4º da LACP, desde que exista um manifesto interesse social que envolva a causa considerando a característica do dano e a relevância do bem jurídico a ser protegido.[215] Parte da doutrina, com a qual concordo, sustenta que esta norma somente deverá ser utilizada nos casos de direitos coletivos em sentido estrito e nos direitos individuais homogêneos, pois nos direitos difusos, os danos sempre conterão relevância.[216] Uma outra parcela sustenta a inaplicabilidade da mesma norma ao mandado de segurança coletivo, por entender que a legitimidade ativa decorre diretamente da norma constitucional não podendo, portanto, ser afastada por norma infraconstitucional.[217]

Por fim, o falso litígio coletivo deve ser entendido como a ocorrência da criação de uma entidade civil com o fim único de promover uma demanda coletiva para evitar a cobrança das despesas processuais, como defende Ricardo de Barros Leonel. Verificada tal situação, deverá o magistrado extinguir a demanda sem resolução do mérito com base no art. 485, VI, CPC ante a inexistência de legitimidade ativa. Vale lembrar, porém, que exta extinção somente ocorrerá após a devida notificação dos demais legitimados coletivos para verificar se há interesse no prosseguimento da demanda, forte no princípio da primazia da solução do mérito.

---

213. *"Outro problema, entretanto, diz respeito à verificação da aptidão técnica da associação para a defesa do interesse coletivo. Embora a adequada representação tenha sido estabelecida por critério legal (existência da entidade há pelo menos um ano e inserção em seus estatutos da finalidade de defesa de determinado interesse), não se pode descartar a possibilidade de controle judicial sobre a efetividade dessa adequação."* LEONEL, Ricardo de Barros. *Manual do Processo Coletivo*. Op. cit., p. 207.
214. REsp 705469/MS, 3ª Turma, rel. Min. Nancy Andrighi, j. 16.06.2005, DJ 01.08.2005.
215. AgRg nos Edcl no Resp 1384891/SC, 3ª Turma, rel. Min. Paulo de Tarso Sanseverino, j. 05.05.2015, Dje 12.05.2015.
216. NEVES, Daniel Amorim Assumpção. *Manual de Processo Coletivo*. Op. cit., p. 201.
217. SHIMURA, Sergio. *Tutela Coletiva e sua efetividade*. São Paulo: Método, 2006, p. 89.

O controle legal (*ope legis*), normalmente atrelado aos sistemas que adotam a *civil law,* da legitimidade ativa coletiva decorre da atividade legislativa que, de forma abstrata, determina quais são os autores coletivos autorizados para a propositura das demandas. Assim, caberia ao órgão jurisdicional somente a análise da presença dos requisitos legalmente exigidos para a presença da legitimidade ativa coletiva, ou seja, há uma presunção absoluta de legitimidade para aqueles que estiverem no rol previsto na lei, portanto, representantes adequados da coletividade.[218]

Outra parcela considerável da doutrina, em sentido oposto à tese do controle judicial anteriormente exposta, sustenta ser este o controle adequado da legitimidade ativa coletiva, por entender que o órgão jurisdicional deverá somente analisar a presença dos requisitos legais no caso concreto.[219]

Vale mencionar, entretanto, a existência de tese doutrinária que afirma a adoção do controle *ope legis* em nosso sistema, mas que deveria, mediante reforma legislativa (*de lege ferenda*), ser adotado o controle *ope iudicius* por ser o mais adequado para fins de assegurar o devido processo legal coletivo, a economia processual e a segurança jurídica.[220]

Apesar da linha argumentativa ser interessante, prefiro aderir ao entendimento que sustenta ser despicienda a criação, através de norma infraconstitucional, do controle judicial da legitimação, por entender ser uma decorrência direta do devido processo legal coletivo.[221]

10. LEGITIMIDADE DO MINISTÉRIO PÚBLICO

O Ministério Público é instituição permanente, essencial à função jurisdicional do Estado e tem dentre as suas funções institucionais a defesa da ordem jurídica, do regime democrático e dos interesses sociais e individuais indisponíveis (art. 127,

---

218. NEVES, Daniel Amorim Assumpção. *Manual de Processo Coletivo.* Op. cit., p. 204. BUENO, Cassio Scarpinella. As class actions norte-americanas e as ações coletivas brasileiras: pontos para uma reflexão conjunta. *Repro,* n. 82, ano 21, abr.-jun./1996.

219. NEVES, Daniel Amorim Assumpção. *Manual de Processo Coletivo.* Op. cit., p. 204-205. ANDRADE, Adriano; MASSON, Cleber; ANDRADE, Landolfo. *Interesses difusos e coletivos esquematizado.* São Paulo: Método, 2011, p. 47-48. ALMEIDA, Gregorio de Assagra. *Direito processual coletivo brasileiro: um novo ramo do direito processual (princípios, regras interpretativas e a problemática da sua interpretação e aplicação).* São Paulo: Saraiva, 2003, p. 519. NERY JR., Nelson; NERY, Rosa Maria de Andrade. *Código de Processo Civil comentado.* 10ª ed. São Paulo: Ed. RT, 2008, p. 1114. VENTURI, Elton. *Processo Civil Coletivo.* São Paulo: Malheiros, 2007, p. 219-227. RODRIGUES, Marcelo Abelha; KLIPPEL, Rodrigo. *Comentários à tutela coletiva.* Rio de Janeiro: Lumen Juris, 2009, p. 35.

220. NEVES, Daniel Amorim Assumpção. *Manual de Processo Coletivo.* Op. cit., p. 207.

221. "Por outro lado, como corretamente entendeu parcela da doutrina, a despeito de não existir expressa previsão legal nesse sentido, o 'representante adequado' para as ações coletivas é uma garantia constitucional advinda do devido processo legal coletivo, esfera na qual 'os direitos de ser citado, de ser ouvido e de apresentar defesa em juízo são substituídos por um direito de ser citado, ouvido e defendido através de um representante. Mas não através de um representante qualquer: o grupo deve ser representado em juízo por um representante adequado'." DIDIER JR., Fredie; ZANETI JR., Hermes. *Curso de Direito Processual Civil – Processo Coletivo.* Op. cit., p. 204.

CR/88 c/c 176, CPC). Um dos instrumentos mais importantes para o desenvolvimento destas funções institucionais é a sua atuação no âmbito da tutela coletiva (art. 129, III, CR/88).

A atuação do MP na tutela coletiva é a mais ampla e abrangente dentre todos os legitimados coletivos, pois é o único que tem ao seu dispor todos os instrumentos judiciais (pode atuar em todas as demandas coletivas) e extrajudiciais (termo de ajustamento de conduta, inquérito civil, recomendação, acordo de leniência e acordo de não persecução cível). Não é demais lembrar o protagonismo da instituição na tutela coletiva, sendo a responsável pela maior parte das demandas coletivas em curso no país.

O MP, a bem da verdade, ostenta uma atuação multifacetária na tutela coletiva, pois pode atuar como autor (órgão agente), como fiscal da correta aplicação do ordenamento jurídico (órgão interveniente) e como sucessor processual dos demais legitimados coletivos.

Como visto ao longo do presente capítulo, o MP poderá valer-se, como autor originário, de todas as demandas coletivas, inclusive o Mandado de Segurança, para a tutela jurisdicional da coletividade. No caso da Ação Popular, contudo, atuará como autor sucessivo, por meio da sucessão processual (arts. 9° e 18 da LAP). A legitimação do MP, neste caso, é extraordinária sucessiva, pois dependerá da atuação do autor originário (autor popular/cidadão-eleitor) para possibilitar a sua posterior atuação. No caso da ACP com base na LAC, a legitimação do MP, para aplicação das sanções previstas no art. 6° da LAC, será extraordinária subsidiária, pois, conforme analisado no tópico próprio, dependerá da omissão do ente político.

Considerando que a legitimidade ativa coletiva é extraordinária concorrente e disjuntiva, como regra (art. 129, § 1°, CR/88), a possibilidade em abstrato de atuação do MP não impede ou condiciona a atuação dos demais legitimados. Vale salientar, entretanto, que o MP deverá ser cientificado de todas as demandas coletivas propostas pelos demais legitimados, sob pena de nulidade (art. 7°, I, a), LAP; art. 5°, § 1°, LACP; art. 5° da Lei 7.853/89; art. 92, CDC; arts. 202/204 do ECA; arts. 75/77 do Estatuto do Idoso). Advirta-se, por oportuno, que a invalidação da relação jurídica processual decorrerá da inexistência de intimação pessoal do membro do MP para atuar como *custus iuris* (art. 178, CPC). Caso o membro do MP seja devidamente cientificado e fique inerte, não haverá invalidade, pois, ainda que seja uma atuação equivocada, decorreu da sua independência funcional. Ademais, incide a norma do art. 279, § 2°, CPC. Há, em sede doutrinária, quem sustente que a atuação do MP deverá sempre ser pautada em prol da coletividade tutelada, desde que atue fundamentadamente, ou seja, não poderá produzir provas ou recorrer contrariando o interesse que justifique a sua intervenção. Esta opinião deve ser lida com certa cautela. Não significa que a atuação do MP será cega ao ponto de defender injustiças e iniquidades, mas que não pode ser uma atuação que despreza a finalidade institucional.[222]

---

222. LEONEL, Ricardo de Barros. *Manual do Processo Coletivo*. Op. cit., p. 231.

Questão interessante é saber se haverá a necessidade da intervenção de outro órgão do MP quando a própria instituição for a autora da demanda coletiva, ou seja, **é necessária a participação de dois membros do MP: um como autor e outro como fiscal da ordem jurídica?** Entendo totalmente despicienda esta dupla atuação dos membros do MP, com base nos seguintes fundamentos: a) princípio da unidade e indivisibilidade; b) superfetação de funções, pois o membro do MP, ainda que figure como autor, jamais se despe das vestes de fiscal da ordem jurídica, por ser a sua função institucional essencial.[223] Fredie Didier Jr. trabalha, após reconhecer que existe a necessidade da dupla atuação do MP, com dois membros diversos (órgão agente e interveniente), com uma situação bem interessante: ação coletiva proposta por membro do MP estadual perante a Justiça Federal. Na minha visão, o membro do MPF deve ser necessariamente intimado para ter ciência do feito e poderá, conforme a sua independência funcional, devidamente fundamentada, assumir uma destas posições processuais: a) atuar ao lado do MP estadual na condição de litisconsorte ativo ulterior; b) atuar como órgão interveniente, na condição de fiscal da correta aplicação do ordenamento jurídico.[224] Não podemos concordar com tal posição, pois a atuação como fiscal da ordem jurídica, como exposto, não está dissociada da atuação como órgão agente. Nada obstante, o STJ, no bojo de uma demanda de improbidade administrativa proposta pelo MP estadual, reconheceu a possibilidade do membro do MPF atuar como fiscal da ordem jurídica, na seguinte hipótese: interposição de recurso pelo MP estadual perante o STJ.[225]

A atuação sucessiva (assunção do processo e da legitimação) do MP, que foi melhor desenvolvida no capítulo de intervenção de terceiros, decorrerá do abandono ou desistência da ação (tanto na fase de conhecimento, quanto na de cumprimento) pelo autor da demanda coletiva (outro legitimado coletivo), conforme determinam os seguintes artigos: 5º, § 3º c/c 15 da LACP; 9º c/c 16 da LAP; 81, § 2º do Estatuto do Idoso e 210, § 2º do ECA.

No âmbito processual judicial não há qualquer dúvida acerca da indispensável participação do MP, porém, no âmbito extraprocessual e extrajudicial surge uma grande questão: deve o MP atuar como órgão interveniente quando o instrumento extrajudicial e extraprocessual for usado por outro legitimado? Para enfrentar esta indagação, vou trabalhar com um exemplo simples: Termo de Ajustamento de Conduta (art. 5º, § 6º, LACP). O TAC é um título executivo extrajudicial e que ostenta a natureza de equivalente jurisdicional, ou seja, vai gerar o mesmo resultado jurídico

---

223. NERY JR., Nelson, NERY, Rosa Maria Andrade. *Código de Processo Civil comentado e legislação extravagante.* 8ª ed. São Paulo: Ed. RT, 2004, p. 1428. CARVALHO FILHO, José dos Santos. *Ação Civil Pública.* Op. cit., p. 133. GARCIA, Emerson; ALVES, Rogério Pacheco. *Improbidade Administrativa.* Op. cit., p. 969. MAZZILLI, Hugo Nigro. *A defesa dos interesses difusos em juízo.* Op. cit., p. 470. Interessante notar a divergência interna na obra conjunta DIDIER JR., Fredie; ZANETI JR., Hermes. *Curso de Direito Processual Civil.* Op. cit., p. 398.

224. DIDIER JR., Fredie; ZANETI JR., Hermes. *Curso de Direito Processual Civil.* Op. cit., p. 398.

225. AgRg no Aresp 528.143/RN, rel. Min. Benedito Gonçalves, 1ª Turma, j. 07.05.2015, Dje 14.05.2015; AgRg no Resp 1.323.236/RN, 2ª Turma, rel. Min. Herman Benjamin, j. 10.06.2014, Dje 28.11.2014.

possível da esfera judicial. Deve haver, portanto, congruência entre o objeto do TAC e objeto da ação coletiva. Pois bem. Os legitimados coletivos para a celebração do TAC são somente os órgãos públicos. Vamos imaginar, portanto, que o Estado do Rio de Janeiro celebrou um determinado TAC para fins de recomposição do meio ambiente ecologicamente equilibrado com determinada pessoa jurídica de direito privado. Assim que for assinado o termo, constituir-se-á, de pleno direito, um título executivo extrajudicial em favor da coletividade. Deveria o ente político ter cientificado o MP? Quando chega ao conhecimento da Estado a ocorrência de alguma lesão ao meio ambiente, surgem dois caminhos para equacionar o problema: via judicial e a via extrajudicial. Caso opte pela via judicial, conforme vimos, haverá obrigatoriamente a intervenção do MP como fiscal da correta aplicação do ordenamento jurídico, mas se optar pela via extrajudicial, em tese, o MP não poderá atuar como órgão fiscalizador e sequer, dependendo do caso concreto, terá tido ciência do fato. Nesta segunda hipótese (opção pela via extrajudicial), entendo que os demais legitimados coletivos devem cientificar formalmente o membro do MP para, querendo, possa atuar, seja em conjunto ou de forma isolada. Perceba que não é uma ciência formal para que o MP aquiesça na atuação dos demais legitimados coletivos, porque não existe substrato jurídico para sustentar tal absurdo, mas somente para que possibilite a sua atuação. A necessidade de tal cientificação parte dos seguintes fundamentos: a) possibilitar a atividade fiscalizatória do MP, violando de forma indireta a necessidade de atuação do MP na tutela coletiva (art. 5º, § 1º, LACP), pois a opção pela não judicialização impediria a sua efetiva participação; b) respeitar, de forma indireta, as normas que permitem a sucessão processual pelo MP, pois caso os demais legitimados coletivos deixem de executar o instrumento ou de fiscalizá-los, poderá assumir a condução, conforme arts. 5º, § 3º c/c 15 da LACP e 9º c/c 18 da LAP; c) aplicação das regras do microssistema da tutela coletiva, através do uso dos arts. 15, LIA e 15, LAC, que preconiza a necessidade de cientificar o MP da instauração de procedimentos administrativos; d) respeito à segurança, pois, caso o MP não tenha efetiva ciência da atuação dos demais legitimados coletivos, poderá manejar, forte em sua independência funcional e na legitimidade extraordinária concorrente disjuntiva, outros instrumentos (judiciais e extrajudiciais) da tutela coletiva.

Ao MP, em meu entendimento, não se aplica o requisito da pertinência temática, pois poderá tutelar qualquer tipo de interesse transindividual.[226] Entretanto, fácil identificar alguns debates acerca do tema, principalmente quanto aos tipos de direitos tuteláveis. Não há controvérsia a respeito da atuação do MP na defesa dos direitos difusos, mas quanto aos demais, coletivos em sentido estrito e individuais homogêneos, ainda podem ser encontrados entendimentos divergentes.

Quanto aos direitos coletivos em sentido estrito, setor doutrinário minoritário sustenta que o MP somente poderá atuar na defesa destes direitos quando estiver

---

226. STF, Tribunal Pleno, RE 511.961/SP, rel. Min. Gilmar Mendes, j. 17.06.2009, Dje 13.11.2009; STJ, 2ª Turma, Resp 933.002/RJ, rel. Min. Castro Meira, j. 16.06.2009, Dje 29.06.2009.

presente o requisito da relevância social.[227] Trata-se, com a devido respeito, de entendimento equivocado e dissociado das normas jurídicas existentes. O art. 129, III, CR/88 é claro ao permitir a defesa dos direitos coletivos em sentido estrito, bem como as demais normas que regulamentam a atuação do MP.[228] Ademais, as demandas que tutelam os direitos essencialmente coletivos (difusos e coletivos em sentido estrito), em razão da indivisibilidade e indisponibilidade do direito material, já ostentam a pecha de relevantes sob o ponto de vista social.[229]

Nas hipóteses de atuação na *defesa dos direitos individuais homogêneos*, entretanto, há certo debate doutrinário que se cinge à fixação do limite da legitimidade, pois a legitimidade do MP, em si, é incontestе. A razão deste tema suscitar debates que, em meu sentir, perderam o objeto, é a redação do art. 129, III, CR/88. Tal norma não faz referência aos direitos individuais homogêneos, mas somente aos difusos e coletivos. Apesar desta omissão, pode e deve ser usada a norma do art. 127, *caput*, CR/88 que, de forma expressa, permite a atuação do MP na defesa dos interesses individuais indisponíveis, bem como o art. 129, IX, CR/88 ao preconizar o exercício de outras funções, desde que compatíveis com a sua finalidade institucional. Não é demais lembrar que, à época da promulgação da CR/88 não havia a previsão em nosso ordenamento jurídico da tutela de direitos individuais homogêneos, pois tal conceito somente surgiu com o advento do art. 81, parágrafo único, III do CDC. No plano infraconstitucional há referências expressas no sentido de permitir a atuação do MP na defesa dos direitos individuais (homogêneos ou não) indisponíveis, tais como: art. 201, V e IX do ECA; art. 81 do Estatuto do Idoso; art. 5º, I da LC 75/1993; art. 25, IV, a) da Lei 8625/1993.

Assim, apesar de intenso debate doutrinário e jurisprudencial no passado, encontra-se assente em nosso ordenamento a *legitimidade do MP para a tutela dos direitos individuais homogêneos*, desde que ostentem as seguintes características, conforme entendimento do STJ e STF;[230] a) indisponibilidade do direito material; b) relevância social, quando o direito material for disponível. Basta, portanto, a presença da relevância social para que o MP seja reconhecido como parte legítima na demanda coletiva.[231] Esta relevância social pode ser qualificada pela amplitude significativa

---

227. RODRIGUES, Marcelo Abelho; KLIPPEL, Rodrigo. *Comentários à lei de ação civil pública, código de defesa do consumidor e lei de ação popular*. Rio de Janeiro: Lumen Juris, 2008, p. 37. COSTA, Suzane Henriques da. *Comentários à Lei de Ação Civil Pública e Ação Popular*. São Paulo: Quartier Latin, 2006, p. 394-396.

228. NEVES, Daniel Amorim Assumpção. *Manual de Processo Coletivo*. Op. cit., p. 195.

229. NEVES, Daniel Amorim Assumpção. *Manual de Processo Coletivo*. Op. cit., p. 196. CARVALHO FILHO, José dos Santos. *Ação Civil Pública*. Op. cit., p. 127.

230. STF; 2ª Turma, RE 514.023/RJ, rel., Min. Ellen Gracie, j. 04.12.2009, Dje 05.02.2010; STF, 2ª Turma, RE 472.489/AgRg/RS, rel. Min. Celso de Mello, j. 29.04.2008, Dje 29.08.2008; STJ, 2ª Turma, AgRg no Resp 1.188.180/RJ, rel. Min. Castro Meira, j. 19.06.2012, Dje 03.08.2012; STJ, 4ª Turma, AgRg nos Edcl no Resp 1.225.925/SP, rel. Min. Antonio Carlos Ferreira, j. 05.05.2015, Dje 03.06.2015.

231. "Estará justificada, entretanto, a atuação ministerial quando em defesa de interesses que ganhem relevância social, não obstante disponíveis e de natureza patrimonial." LEONEL, Ricardo de Barros. *Manual do Processo Coletivo*. Op. Cit., p. 220. ZAVASCKI, Teori Albino. Defesa de direitos coletivos e defesa coletiva de direitos. *RePro* 78, Ano 20, São Paulo, Revista dos Tribunais, abril-junho/1995). ALVIM, Arruda. *Ação Civil Pública*. Op. Cit., *RePro* 87. CINTRA, Luís Daniel Pereira; ZANELLATO, Marco Antônio. O Ministério Público e a

da coletividade. O STJ, inclusive, com base na decisão proferida pelo STF no bojo do RE 631.111, cancelou o enunciado da súmula 470. Por outro lado, há quem exija sempre a presença de um direito material indisponível, ainda que ostente, de per si, relevância social.[232] Há, também, quem sustente que o MP pode tutelar qualquer tipo de direito individual homogêneo, por ser uma espécie de direito transindividual.[233]

A relevância social deverá ser analisada sob dois prismas[234]: i) prisma objetivo: decorre da análise do direito material tutelado na demanda; ii) prisma subjetivo: decorre da análise da coletividade tutelada, bem como pela repercussão massificada da demanda.[235]

Para fins de organização didática do tema, com o empréstimo das lições de Carlos Henrique Bezerra Leite,[236] Fredie Didier Júnior e Hermes Zaneti Júnior[237], podemos apontar as seguintes teses: a) **tese ampliativa da legitimidade do MP**: reconhece a legitimação para a tutela de todos os direitos individuais homogêneos, pois estes são subespécies dos direitos coletivos; b) **tese restritiva absoluta da legitimidade do MP:** não reconhece a legitimação para a tutela de nenhum direito individual homogêneo, pois o art. 129, III, CR/88 versa somente sobre os direitos essencialmente coletivos; c) **tese restritiva relativa da legitimidade do MP:** a atuação fica adstrita somente à defesa dos direitos individuais homogêneos indisponíveis; d) **tese ampliativa eclética, híbrida ou mista da legitimidade do MP(Majoritária na doutrina e na jurisprudência)**: a atuação é ampla, seja para a tutela de direitos indisponíveis ou disponíveis, desde que esteja presente a relevância social.

Ainda nessa senda, o STJ, em recente decisão da sua 3ª Turma[238], restringiu a atuação do MP na tutela dos direitos individuais homogêneos. No referido julgado,

---

defesa coletiva dos interesses do consumidor, *Justitia* 160/236-243, outubro-dezembro/1992. MAZZILLI, Hugo Nigro. Op. Cit., p. 113-117. DIDIER JR., Fredie; ZANETI JR., Hermes. *Curso de Direito Processual Civil.* Op. cit., p. 398.

232. CARVALHO FILHO, José dos Santos. *Ação Civil Pública.* Op. cit., p. 129-130.

233. LEITE, Carlos Henrique Bezerra. *Ação civil pública: a nova jurisdição trabalhista metaindividual e legitimação do Ministério Público.* São Paulo: LTr, 2001, p. 193-204.

234. PIRAJÁ, Davi Reis. *"A legitimidade do Ministério Público para a execução coletiva"* Conjur, acesso em 02-mar-2022.

235. Resp. 347.752/SP, 2ª T., Rel. Min. Herman Benjamin.

236. LEITE, Carlos Henrique Bezerra. *Ação civil pública: a nova jurisdição trabalhista metaindividual e legitimação do Ministério Público.* São Paulo: LTr, 2001, p. 193-204.

237. DIDIER JR., Fredie; ZANETI JR., Hermes. *Curso de Direito Processual Civil.* Op. cit., p. 398.

238. O Ministério Público não possui legitimidade para promover a execução coletiva do art. 98 do CDC por ausência de interesse público ou social a justificar sua atuação: Art. 98. A execução poderá ser coletiva, sendo promovida pelos legitimados de que trata o art. 82, abrangendo as vítimas cujas indenizações já tiveram sido fixadas em sentença de liquidação, sem prejuízo do ajuizamento de outras execuções. Nessa execução do art. 98, o que se tem é a perseguição de direitos puramente individuais. O objetivo é o ressarcimento do dano individualmente experimentado, de modo que a indivisibilidade do objeto cede lugar à sua individualização. Essa particularidade da fase de execução constitui óbice à atuação do Ministério Público pois o interesse social, que justificaria a atuação do Parquet, à luz do art. 129, III, da Constituição Federal, era a homogeneidade do direito que, no caso, não mais existe. O Ministério Público não possui legitimidade para promover a execução coletiva do art. 98 do Código de Defesa do Consumidor por ausência de interesse público ou social a justificar sua atuação. STJ. 3ª T. REsp 1801518-RJ, Rel. Min. Paulo de Tarso Sanseverino, j. 14/12/2021 (Info 722).

o STJ assinalou o seguinte: i) o MP não tem legitimidade para o cumprimento de sentença de procedência nos casos de tutela de direitos individuais homogêneos; ii) ainda que o art. 98, do CDC faça expressa referência ao art. 82, do CDC, no qual o MP está inserido, não há que se falar em sua legitimidade ativa; iii) atuação do MP deverá ficar restrita à fase de conhecimento na qual o núcleo da homogeneidade é integrante do mérito da demanda; iv) no cumprimento de sentença, a tutela já será de direitos individuais patrimoniais disponíveis; v) no ressarcimento individual (arts. 97 e 98 do CDC), a liquidação e a execução serão obrigatoriamente personalizadas e divisíveis, devendo prioritariamente ser promovidas pelas vítimas ou seus sucessores de forma singular, uma vez que o próprio lesado tem melhores condições de demonstrar a exis-tência do seu dano pessoal, o nexo etiológico com o dano globalmente reconhecido, bem como o montante equivalente à sua parcela; vi) A legitimidade do Ministério Público para instaurar a execução exsurgirá - se for o caso - após o escoamento do prazo de um ano do trânsito em julgado se não houver a habilitação de interessados em número compatível com a gravidade do dano, nos termos do art. 100 do CDC. No mesmo sentido, há julgado antigo da 4ª turma do STJ.[239]

Esse julgado do STJ padece de alguns equívocos e, portanto, discordo da posição apresentada, com base nos seguintes fundamentos: i) a relevância social não está atrelada, como já demonstrado, à patrimonialidade ou disponibilidade do interesse subjacente, como já decidido pelo STF[240]; ii) a essencialidade dos direitos tutelados, *de per si*, já autoriza a atuação do MP (relevância social no pris-ma objetivo); iii) a repercussão subjetiva da demanda, mormente quando atinge pessoas que pertençam aos grupos vulneráveis enseja a atuação do MP (relevância social no prisma subjetivo); iv) restringir a atuação do MP na forma apresentada gera um indevido retrocesso na tutela da coletividade.[241]

Interessante destacar que o STJ, em julgado recente, reconheceu que o Ministé-rio Público possui legitimidade para propor ação civil pública que trate de contrato de honorários advocatícios abusivos quando houver litigantes hipossuficientes e repercussão social que transcenda a esfera dos interesses particulares, como nos de beneficiários da Previdência Social.[242]

O STJ possui julgados no sentido da admissão da legitimidade ativa do MP, in-clusive, na *tutela de direitos meramente individuais*, desde que sejam indisponíveis, mormente na defesa dos interesses de criança, adolescente e idoso (arts. 11, 201, V,

---

239. STJ. 4ª T. REsp 869.583/DF, Rel. Min. Luis Felipe Salomão, j. 05/06/2012.
240. RE 163.231/SP, Rel. Min. Maurício Corrêa; RE 475.101, Rel. Min. Dias Toffoli; RE 514.203-AgR/RJ, Rel. Min Ellen Gracie e RE 613.111/GO, Rel. Min. Teori Zavascki.
241. PIRAJÁ, Davi Reis. "*A legitimidade do Ministério Público para a execução coletiva*" Conjur, acesso em 02-mar. 2022.
242. STJ. 3ª T. REsp 2.079.440-RO, Rel. Min. Nancy Andrighi, j. 20.02.2024 (Info 801).

208, VI e VII do ECA c/c arts. 15, 74, I e 79 do Estatuto do Idoso)[243] e indígenas.[244] O STF também tem julgado no qual fixou o mesmo entendimento.[245] Na doutrina, há quem sustente a necessidade de previsão legal expressa, como nos casos de criança, adolescente e idoso, para que o MP possa atuar na tutela de direitos individuais indisponíveis e, no caso de sujeitos hipossuficientes, a legitimidade deve ser da Defensoria Pública.[246] Apesar de compreender a premissa segundo a qual a demanda coletiva não é instrumento voltado para a tutela de direitos meramente individuais, impende ressaltar que os casos de substituição processual não depende mais de autorização legal expressa, pois decorrem de autorização existente no ordenamento jurídico, conforme art. 18, CPC (legitimidade extraordinária conglobante).

O STJ decidiu, contudo, que o Ministério Público não tem legitimidade para promover ação civil pública pedindo que os proprietários de imóveis sejam obrigados a pagar taxa em favor de associação de moradores.[247]

Outro tema interessante é saber se o Ministério Público poderá figurar no polo passivo de uma demanda, mormente quando coletiva. Entendo que *o MP não poderá figurar no polo passivo de uma demanda coletiva originária e direta*, mas sim a Pessoa Jurídica de Direito Público (União ou Estado, conforme o ramo de atuação), em virtude da redação das normas dos arts. 37, § 6º, CR/88 e 185, CPC.[248] Nada obstante, considerando o cabimento de ação coletiva passiva, será possível a demanda coletiva passiva derivada com o MP no polo passivo, como se verifica nos casos de reconvenção e ação rescisória propostas no bojo de demandas coletivas nas quais o MP figura como substituto processual no polo ativo.

Caso seja reconhecida a ilegitimidade ativa do MP, mesmo com a possibilidade de deslocamento da competência, como consectário lógico, não haverá extinção imediata do processo sem resolução do mérito, conforme decidido pelo STJ[249]. Tal decisão

---

243. Resp 1.156.930/RJ, 2ª Turma, rel. Min. Humberto Martins, j. 10.11.2009, Dje 20.11.2009; Resp 899.820/RS, 1ª Turma, rel. Min. Teori Albino Zavascki, j. 24.06.2008, Dje 01.07.2008; Eresp 695.665/RS, 1ª Seção, rel. Min. Eliana Calmon, j. 23.04.2008, Dje 12.05.2008; AgRg no Eresp 837.591/RS, 1ª Seção, rel. Min. Castro Meira, j. 23.06.2007, Dje 11.06.2007; AgRg no Resp 1.045.750/RS, 2ª Turma, rel. Min. Castro Meira, j. 23.06.2009, Dje 04.08.2009.

244. "O Ministério Público Federal é parte legítima para pleitear indenização por danos morais coletivos e individuais em decorrência do óbito de menor indígena". STJ. AgInt no AREsp 1688809-SP, rel. Min. Assusete Magalhães, 2ª T., j. 26.04.2021 (Info 696).

245. RE 554.088/AgRg/SC, 2ª Turma, rel. Min. Eros Grau, j. 03.06.2008, Dje 20.06.2008.

246. NEVES, Daniel Amorim Assumpção. *Manual de Processo Coletivo*. Op. cit., p. 199.

247. REsp 1585794-MG, Rel. Min. Antonio Carlos Ferreira, 4ª T., j. 28.09.2021 (Info 712).

248. "O Ministério Público não poderá figurar no polo passivo da demanda. Tratando-se de Instituição estatal desprovida de personalidade jurídica, embora seja inimaginável a hipótese, supondo atos praticados por ela ou seus membros, no exercício da função, que ocasionem qualquer espécie de lesão a interesses metaindividuais, a responsabilidade civil será carreada à Fazenda Pública (União ou Estado-membro, conforme o caso), contra quem a demanda em tese cabível pode ser proposta, com fundamento na responsabilidade objetiva do Estado." LEONEL, Ricardo de Barros. *Manual do Processo Coletivo*. Op. cit., p. 238. MAZZILLI, Hugo Nigro. *Introdução ao Ministério Público*. 2ª ed. São Paulo: Saraiva, 1998, p. 119.

249. "A decretação da ilegitimidade ativa de um dos órgãos do MP em relação à ação proposta, atraindo o deslocamento da competência para outro Juízo, não resulta na imediata extinção da lide sem julgamento do mérito." REsp 1.820.565-PB, Rel. Min. Og Fernandes, 2ª T., por maioria, j. 07.06.2022.

confirma o princípio da primazia da solução do mérito, bem como a possibilidade de sustentar a aplicabilidade da *translatio* (art. 64, §4º, CPC) quando reconhecida a ausência de atribuição do órgão de execução ou a ilegitimidade da instituição.

O STJ recentemente proferiu duas decisões interessantes sobre a atuação processual do MP na tutela coletiva e a necessidade da formação do litisconsórcio no polo passivo.

Definiu, por exemplo, que se o MP propuser ACP em face da Caixa Econômica Federal e pessoas jurídicas de direito público (entes políticos) requerendo a realização de levantamento, estudo e eventuais reparações urgentes dos edifícios-caixão não precisa incluir todas as construtoras e financiadoras no polo passivo da lide.[250] Trata-se, portanto, de litisconsórcio facultativo. Por outro lado, se o MP propuser ACP pedindo a nulidade de licitação e de concurso, deverá incluir no polo passivo as pessoas beneficiadas pelo procedimento e pelos atos administrativos inquinados.[251]

Tema ainda pouco explorado pela doutrina é a diferenciação entre a legitimidade e a atribuição do MP. Conceitualmente, são institutos diferentes que podem figurar em categorias processuais diversas. A legitimidade, em meu sentir, refere-se à instituição, ou seja, o foco será saber se o MP pode ou não atuar em determinada hipótese e, por óbvio, será considerada com uma das condições ao legítimo exercício do direito de ação (art. 485, VI, do CPC). A legitimidade será sempre fixada pelo ordenamento jurídico. A atribuição, por seu turno, refere-se ora ao ramo de atuação (esfera federal, estadual, militar ou trabalhista) ora ao órgão de execução, portanto, assemelha-se ao atributo da competência dos órgãos jurisdicionais e deve ser enquadrada como um dos pressupostos para o regular desenvolvimento do processo (art. 485, IV, do CPC). A definição da atribuição do ramo de atuação decorrerá das normas jurídicas, tanto no plano constitucional quanto infraconstitucional, mas no que pertine aos órgãos de execução, caberá à instituição, no plano interno, por meio de resoluções para tal desiderato. Sobreleva notar que será aplicável a regra da *translatio* (art. 64, §4º, do CPC) aos casos de declínio de atribuição realizados por membros do MP.

Considerando que o CNMP passou a solucionar os conflitos de atribuição no âmbito do Ministério Público, há, portanto, uma nova fonte de fixação e definição do tema.

Sobre a fiscalização do FUNDEF, por exemplo, foi editado o Enunciado nº 22: *"É de atribuição do Ministério Público Estadual acompanhar a implementação de plano de aplicação de verbas de precatórios do FUNDEF, pagos fora de prazo, relativamente ao período de 1998 a 2006, quando ausentes indícios de irregularidades na destinação e aplicação dos recursos"*. Ainda que o tema subjacente seja diverso, não vejo óbice na aplicação do enunciado na seara da improbidade administrativa.

---

250. STJ, 1ª T. REsp 1453891-PE (Info 752).
251. STJ, 2ª T. REsp 1735702-PR (Info 742).

Capítulo 11
INTERVENÇÃO DE TERCEIROS

1. INTRODUÇÃO

Intervenção de terceiros é a possibilidade de admissão no processo de quem não é parte em determinada relação jurídica processual para nela atuar ou ser convocado a atuar. Terceiro é um conceito obtido por exclusão, pois é aquele que não é parte, ou seja, não é titular do direito discutido ou não tem autorização legal para litigar em benefício de outrem, e que por alguma razão jurídica (interesse jurídico) intervém na lide.

No processo individual, em regra, o resultado da demanda só atinge as partes (art. 506, CPC). Contudo, há situações em que o resultado do processo pode incidir na esfera jurídica de terceira pessoa estranha à relação jurídica processual, principalmente diante da expressa adoção do regime jurídico *in utilibus* pelo CPC/15. Assim, o "terceiro juridicamente interessado" pode intervir *voluntariamente* no processo, ou mediante *provocação* de uma das partes. A intervenção voluntária pode ocorrer por meio da assistência (simples e litisconsorcial) e do recurso de terceiro. Já as intervenções provocadas podem ocorrer por meio da denunciação da lide, do chamamento ao processo ou em decorrência do incidente de desconsideração da personalidade jurídica. A intervenção do *amicus curiae* pode ser voluntária ou provocada.[1] Assim, a premissa inafastável e comum às modalidades de intervenção de terceiros é a existência de um interesse jurídico.

No processo coletivo, em razão do princípio da máxima efetividade da tutela e da economia processual, é desnecessária a presença de todos os interessados em juízo, e, os efeitos da decisão (***erga omnes e ultra partes***) podem ser estendidos àqueles que não foram parte em sentido formal. Nesse sentido, a depender ***do objeto material*** da demanda (interesses difusos, coletivos *strictu sensu* ou individuais homogêneos) e **do tipo de intervenção**, pode haver ausência de interesse jurídico que justifique a intervenção com algumas peculiaridades. Há, por certo, a

---

1. CÂMARA, Alexandre Freitas. *O novo processo civil brasileiro*. 3ª ed. São Paulo: Atlas, 2017. "A intervenção do terceiro pode ser voluntária ou forçada. É voluntária naqueles casos em que o terceiro, espontaneamente, vai ao processo e postula sua intervenção. De outro lado, é forçada quando o terceiro ingressa no processo independentemente de sua vontade (e até mesmo contra ela), sendo citado. São intervenções voluntárias a assistência e o recurso de terceiro (que, porém, não será examinado aqui, mas na parte deste trabalho dedicada ao estudo dos recursos). São intervenções forçadas a denunciação da lide, o chamamento ao processo, a intervenção resultante do incidente de desconsideração da personalidade jurídica. Por fim, pode ser voluntária ou forçada a intervenção do *amicus curiae*".

necessidade da adequação das normas processuais às particularidades da situação jurídica litigiosa.[2]

Note-se que com o advento do CPC/2015, o incidente de desconsideração de personalidade jurídica e o *amicus curiae* tornaram-se modalidades típicas de intervenção de terceiros. A oposição, antes regulamentada no capítulo de intervenção de terceiros, passou a ser procedimento especial, mas não perdeu esta natureza jurídica. A nomeação à autoria, que também estava prevista no capítulo de intervenção de terceiros no CPC/73, deve ser arguida no bojo da contestação – continua sendo uma técnica de saneamento do vício da ilegitimidade passiva *ad causam* – mas saiu do capítulo de intervenção de terceiros. Por fim, vale notar que nem todos os institutos que são intervenção de terceiros estão no capítulo atinente, como, por exemplo, embargos de terceiros (art. 674, CPC). Nestes tópicos não pretendemos explanar todos os requisitos e pressupostos das modalidades de intervenção de terceiros previstas no CPC/15, mas somente verificar quais modalidades poderão ser utilizadas nos processos coletivos.

Para fins de verificação da possibilidade, serão levados em consideração dois critérios atrelados ao interesse jurídico: a) a situação jurídica litigiosa; b) o tipo de conflito.[3] O terceiro interveniente, portanto, deverá demonstrar a necessidade da sua participação, bem como a eventual relação direta que possua com o objeto material do litígio coletivo, sob pena de ser indeferida a sua participação. Podemos citar o exemplo de uma demanda coletiva proposta com o fim de tutelar o meio ambiente ecologicamente equilibrado de uma determinada cidade e um cidadão requerendo a sua intervenção, apesar de não ser residente no local. Ora, apesar da proteção ao meio ambiente ser geralmente atrelada à tutela de interesses difusos, portanto, com titulares indetermináveis, não há qualquer elo entre o terceiro interveniente e o objeto material da demanda.

Estas análises dar-se-ão nos processos coletivos comuns, pois nos processos coletivos especiais há vedação expressa para a ocorrência de intervenção de terceiros, ressalvada a possibilidade de intervenção do *amicus curiae,* conforme art. 7º e § 3º da Lei 9.868/1999.

Nos processos coletivos que versam sobre a resolução de demandas repetitivas, será possível sustentar a intervenção individual, pois o resultado acarretará eficácia

---

2. "O devido processo legal coletivo pressupõe a adequação das normas processuais às particularidades da *situação jurídica litigiosa* (direito difuso, coletivo ou individuais homogêneos) ou do conflito (local, global ou irradiada). São dois, portanto, os parâmetros para a verificação do interesse jurídico: a espécie da situação litigiosa e o tipo de conflito. Primeiramente, examina-se a relação do terceiro com o direito discutido; em seguida, a relação do terceiro com o conflito que precisa ser resolvido". DIDIER JÚNIOR, Fredie. *Curso de Direito Processual Civil. Processo Coletivo.* 10ª ed. Salvador: JusPodivm, 2016, p. 214.

3. "São dois, portanto, os parâmetros para a verificação do interesse jurídico: a espécie de situação jurídica litigiosa e o tipo de conflito. Primeiramente, examina-se a relação do terceiro com o direito discutido; em seguida, a relação do terceiro com o conflito que precisa ser resolvido." DIDIER JÚNIOR, Fredie; ZANETI JÚNIOR, Hermes. *Curso de Direito Processual Civil. Processo Coletivo.* 11ª ed. Salvador: JusPodivm, 2017, p. 231.

vinculante para todos os membros do grupo (que são partes dos processos) com imutabilidade *pro et contra* decorrente da criação de um precedente, como na hipótese da resolução do IRDR.[4]

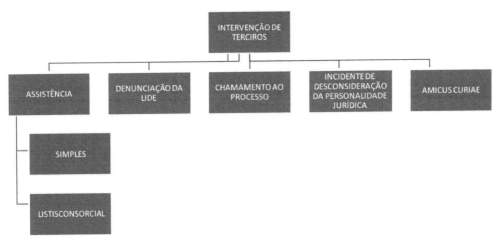

2. ASSISTÊNCIA

Segundo art. 119 do CPC, pendendo causa entre 2 (duas) ou mais pessoas, *o terceiro juridicamente interessado* em que a sentença seja favorável a uma delas poderá intervir no processo para assisti-la. Havendo interesse jurídico no resultado da demanda, o terceiro vai intervir para auxiliar a parte formal.

No processo coletivo, a maioria da doutrina não admite a intervenção individual[5] como a assistência simples,[6] em razão da inexistência de interesse jurídico diante

---

4. "No incidente de resolução de julgamento de casos repetitivos, a parte de processo em que se discuta a questão repetitiva pode, no entanto, intervir. Essa diferença de tratamento tem justificativa evidente: a solução do incidente repercute em todos os membros do grupo pro et contra, como precedente, diferentemente da coisa julgada coletiva, que somente pode beneficiar o membro do grupo." DIDIER JÚNIOR, Fredie; ZANETI JUNIOR, Hermes. *Curso de Direito Processual Civil. Processo Coletivo*. 11ª ed. Salvador: JusPodivm, 2017, p. 233.
5. DIDIER JÚNIOR, Fredie; ZANETI JUNIOR, Hermes. *Curso de Direito Processual Civil. Processo Coletivo*. 10ª ed. Salvador: JusPodivm, 2016, p. 217 "Não pode o indivíduo intervir como assistente nas causas coletivas. Essa intervenção, que só poderia ser aceita na qualidade de assistência simples, além de problemas de ordem prática, não se justifica pela absoluta ausência de interesse, pois o resultado do processo não pode ser-lhe desfavorável: a coisa julgada coletiva só é para a esfera particular in utilibus". No mesmo sentido: "Seja porque não há relação do interessado com a pessoa a quem assiste, seja porque a coisa julgada só vincula o particular in utilibus, não se consegue imaginar hipótese na qual o terceiro tenha o indispensável interesse jurídico para ser admitido como assistente do autor, sem em hipótese bastante específica." NEVES, Daniel Amorim Assumpção. *Manual de Processo Coletivo*. 3ª ed. Salvador: JusPodivm, 2017, p. 287.
6. Em sentido contrário, admitindo a possibilidade da assistência simples: "Tampouco se pode descartar a assistência por parte dos demais habilitados a propor demandas coletivas. É possível, realmente, identificar o interesse de uma associação, v.g., em simplesmente acompanhar demanda coletiva já proposta – caso de assistência simples – ou em intervir com maior efetividade quando a decisão a ser tirada no feito produza efeitos sobre a relação jurídica existente entre o adversário do assistido – responsável pela ofensa aos interesses metaindividuais – e a própria entidade que pretende intervir como assistente – no caso da assistência litisconsorcial." BARROS LEONEL, Ricardo de. *Manual do Processo Coletivo*. 4ª ed. São Paulo: Malheiros, 2017, p. 306.

do regime *in utilibus,* já que o resultado de um processo coletivo só atinge a esfera jurídica individual para beneficiá-la, jamais para prejudicá-la. Apesar da inadmissão, pela doutrina, da assistência simples em processos coletivos, é imprescindível fazer um singelo esclarecimento: tal inadmissibilidade refere-se tão somente à assistência simples por meio de intervenção individual, pois é plenamente admissível a intervenção das seguintes autarquias como assistente simples: a) CADE (art. 118 da Lei 12.529/2011); b) CVM (art. 31, Lei 6.385/1976); c) INPI (arts. 56, 57, 173 e 175, Lei 9.279/1996). Parte da doutrina, com a qual nos filiamos, afirma ser hipótese de *amicus curiae,*[7] porém, o STJ, em alguns precedentes, já reconheceu a natureza jurídica de assistência simples nesta modalidade de intervenção.[8] Admite-se, contudo, a assistência litisconsorcial por meio da intervenção do colegitimado, mormente nos casos de propositura de ação popular, que vai gerar um litisconsórcio unitário ulterior facultativo, conforme se verifica da análise dos seguintes artigos: art. 5º, § 2º da LACP; art. 6º, § 5º da LAP; art. 3º, § 5º da Lei 7.853/89.

O art. 18, parágrafo único, CPC permite claramente a intervenção do substituído como assistente litisconsorcial, portanto, factível sustentar que tal norma autoriza esta modalidade de assistência em demandas coletivas.[9]

Não é demais lembrar a possibilidade da intervenção individual nos processos coletivos pelos membros da comunidade indígena (povos originários), conforme art. 37 da Lei 6.001/1973.[10] Penso que a mesma possibilidade deveria valer para os demais membros de comunidades vulneráveis.

Impende salientar que todas as considerações expostas se referem à assistência no polo ativo da demanda coletiva. Caso a assistência seja requerida no polo passivo, serão aplicáveis, sem qualquer necessidade de adaptação específica, as regras do CPC.

---

7. NEVES, Daniel Amorim Assumpção. *Manual de Processo Coletivo.* 3ª ed. Salvador: JusPodivm, 2017, p. 288. DIDIER JR., Fredie. A intervenção judicial do Conselho Administrativo de Defesa Econômica (art. 89 da Lei Federal 8.884/1994) e da Comissão de Valores Mobiliários (art. 31 da Lei Federal 6.385/1976), *Revista de Processo,* n. 115, maio-junho, 2004, p. 151 e 156-158. No mesmo sentido, vale mencionar: "assim como a CVM, a intervenção judicial do Cade (Conselho Administrativo de Defesa Econômica) também se dá na condição de amicus curiae. Assim também já nos manifestamos, apesar da redação do art. 89 da Lei 8.884/94, que menciona ser caso de assistência. Parece-nos evidente que a autarquia intervém sem estar vinculada a um determinado interesse material de qualquer das partes, mas sim no interesse público, social, geral, devendo atuar imparcialmente." CABRAL, Antonio do Passo. Despolarização da demanda e "zonas de interesse": sobre a migração entre polos da demanda. In: DIDIER JUNIOR, Fredie (org.). *Reconstruindo a Teoria Geral do Processo.* Salvador: JusPodivm, 2012.
8. AgRg no REsp 1125981/RS, Rel. Min. Napoleão Nunes Maia Filho, 1ª T., j. 28.02.2012, DJe 05.03.2012; REsp 650.892/PR, Rel. Min. Mauro Campbell Marques, 2ª T., j. 03.11.2009, DJe 13.11.2009.
9. Em sentido contrário, podemos mencionar: "Note que não se aplica, ao caso, o disposto no parágrafo único do art. 18 do CPC, que permite a intervenção do substituído como assistente litisconsorcial. O substituído, em uma ação coletiva, jamais é um indivíduo; a tutela coletiva serve a direitos de um grupo; o grupo, ressalvada a comunidade indígena, não tem personalidade judiciária e, por isso, não poderia intervir no processo." DIDIER JÚNIOR, Fredie; ZANETI JUNIOR, Hermes. *Curso de Direito Processual Civil. Processo Coletivo.* 11ª ed. Salvador: JusPodivm, 2017, p. 233.
10. "Art. 37. Os grupos tribais ou comunidades indígenas são partes legítimas para a defesa dos seus direitos em juízo, cabendo-lhes, no caso, a assistência do Ministério Público Federal ou do órgão de proteção ao índio."

No que tange à assistência no processo coletivo comum, importante apresentar as seguintes observações:

2.1. Intervenção individual nas ações acidentalmente coletivas

Regra geral, nas ações essencialmente coletivas não é possível a intervenção individual por versar sobre interesses indivisíveis que transcendem a esfera individual.[11] Contudo, a intervenção individual afigura-se perfeitamente possível na hipótese de interesses acidentalmente coletivos, pois os interesses individuais homogêneos são interesses essencialmente individuais tratados de forma coletiva e indivisíveis somente até a sentença, como abordado no capítulo específico, seguindo a doutrina dominante.

Apesar da possibilidade da intervenção individual, o particular que ingressar no processo não poderá formular pretensão individual, sob pena de exorbitar o âmbito material de sua atuação, bem como de desvirtuar a natureza da sentença.[12]

É o que podemos inferir da leitura dos arts. 94 e 103, § 2º do CDC. Segundo art. 94, após a propositura da ação coletiva, será publicado edital, a fim de que os interessados possam intervir no processo como litisconsortes. Esta intervenção será exteriorizada por meio de assistência litisconsorcial. Por sua vez, o § 2º do art. 103 dispõe que *os interessados que não tiverem intervindo no processo como litisconsortes poderão propor ação de indenização a título individual.*"

Conforme já exposto no capítulo referente ao objeto material da tutela coletiva, havendo intervenção individual nas ações coletivas, haverá consequência processual distinta quanto ao modo de produção da coisa julgada. Da leitura do art. 103, *caput* e § 2º do CDC podemos concluir que no caso de *improcedência do pedido*, somente os interessados *que não tiverem intervindo* no processo como litisconsortes poderão propor ação de indenização a título individual.[13]

---

11. "A intervenção por meio de litisconsórcio ou assistência, a princípio não cabe quando a demanda seja destinada à defesa de interesses difusos ou coletivos, e poderá – em termos- ocorrer quando a ação coletiva busca a tutela judicial de interesses individuais homogêneos". BARROS LEONEL, Ricardo de. *Manual do Processo Coletivo*. 4ª ed. São Paulo: Malheiros, 2017, p. 307.

12. "A intervenção, a título de litisconsórcio, não autoriza os litisconsortes a formularem pretensão indenizatória pessoal, pois isso desvirtuaria o objeto do processo coletivo e a natureza da sentença." GRINOVER, Ada Pellegrini et al. *Código Brasileiro de Defesa do Consumidor Comentado pelos Autores do Anteprojeto*. Op. cit., p. 548. "Não obstante a possibilidade de intervenção dos indivíduos, nos termos expostos, não é possível que haja formulação de pedidos em caráter individual, pois isto extrapolaria o âmbito material de atuação do processo coletivo, que não se presta à defesa de interesses individuais em sua configuração simples." BARROS LEONEL, Ricardo de. *Manual do Processo Coletivo*. 4ª ed. São Paulo: Malheiros, 2017, p. 309.

13. "há previsão de que, se improcedente a demanda coletiva, os interessados que não tiverem interferido como "litisconsortes" (na verdade assistentes) poderão propor ações individuais de indenização; e de que os autores de demandas individuais não serão pela decisão coletiva se não for requerida a suspensão da ação individual no prazo de trinta dias a contar da ciência, no feito, do ajuizamento da coletiva". BARROS LEONEL, Ricardo de. *Manual do Processo Coletivo*. 4ª ed. São Paulo: Malheiros, 2017, p. 351

402 CURSO DE PROCESSO COLETIVO • Fabrício Bastos

Assim, podemos concluir que aquele **litisconsorte que ingressa** no processo sofrerá os efeitos do resultado da demanda, positivo ou negativo. Para ele, o regime será da imutabilidade *pro et contra* e ocorrerá a coisa julgada material. Já aquele **indivíduo que não ingressou como interveniente no processo coletivo** só será atingido pelo resultado positivo, havendo o transporte *in utilibus* para a esfera individual. Para este, se o resultado for pela improcedência do pedido haverá a possibilidade de ação individual. Para chegar à esta conclusão, basta uma simples leitura à contrario senso do art. 103, § 2º, CDC.[14]

O indivíduo, ao intervir no processo coletivo na forma preconizada no art. 94, CDC, assumirá uma posição processual deveras híbrida, pois atuará, ao mesmo tempo, como legitimado extraordinário (atuará na tutela dos demais membros da coletividade) e legitimado ordinário (atuará na tutela dos seus próprios interesses), mas sempre de forma subordinada (legitimidade extraordinária subordinada) à atuação processual do legitimado coletivo autor da demanda. Esta atuação processual subordinada, portanto, impedirá a assunção da condução do processo em casos de desistência infundada ou abandono unilateral pelo legitimado coletivo, pois, além de não existir previsão legal expressa neste sentido, não haverá assunção da legitimação.[15] Entretanto, é factível sustentar a possibilidade jurídica da interposição de recurso, conforme preconiza o art. 121, CPC.

Esta modalidade de intervenção é uma assistência litisconsorcial, pois, apesar do indivíduo não ser o legitimado ativo para a condução do processo, titulariza o direito material deduzido em juízo.[16] Há, na doutrina, contudo, quem refute, de forma veemente esta qualificação,[17] por entender incabível tal modalidade de intervenção de terceiros e a prefere nominar de intervenção atípica.[18]

---

14. "Ao intervir na causa, o particular submete-se ao que foi decidido, sendo atingido pela coisa julgada inter partes; assim, mesmo que haja improcedência do pedido, ele não mais poderá ingressar com a sua ação individual." GIDI, Antonio. *Coisa julgada e litispendência nas ações coletivas*. Op. cit., p. 139-140.

15. Em sentido contrário, podemos citar: "A subordinação da intervenção não obsta a que os indivíduos venham a recorrer isoladamente ou mesmo continuar na ação em caso de desistência ao abandono." DIDIER JÚNIOR, Fredie; ZANETI JUNIOR, Hermes. *Curso de Direito Processual Civil. Processo Coletivo*. 11ª ed. Salvador: JusPodivm, 2017, p. 237.

16. "Embora haja dificuldade em enquadrar essa intervenção do indivíduo em ações coletivas nas modalidades tradicionais apontadas pela doutrina, parece, de fato, que ela mais se aproxima da situação do assistente qualificado ou litisconsorcial (a solução da lide coletiva interferirá na relação existente entre o indivíduo assistente e a parte contrária, o réu na ação coletiva)." BARROS LEONEL, Ricardo de. *Manual do Processo Coletivo*. 4ª ed. São Paulo: Malheiros, 2017, p. 311.

17. "Seria então uma espécie de assistência litisconsorcial? Embora haja doutrina que adote esse entendimento, tenho dificuldade de aceitar essa solução, por duas razões: (a) o indivíduo não é legitimado à propositura da ação coletiva; (b) não parece razoável que o indivíduo tenha os poderes processuais de um litisconsorte unitário, até porque não tem legitimidade para defender em juízo o direito individual homogêneo, estando, portanto, vinculado à vontade do autor da demanda." NEVES, Daniel Amorim Assumpção. *Manual de Processo Coletivo*. 3ª ed. Salvador: JusPodivm, 2017, p. 285.

18. "Como se pode notar, não concebo uma explicação satisfatória para essa indesejável intervenção por nenhuma das intervenções típicas que possivelmente poderiam aclará-la nem pelo fenômeno do litisconsórcio. Entendo que se trata de intervenção atípica, devendo o indivíduo ser considerado procedimentalmente como um assistente simples do autor, embora não se trate de assistência simples pela ausência de interesse jurídico." NEVES, Daniel Amorim Assumpção. *Manual de Processo Coletivo*. 3ª ed. Salvador: JusPodivm, 2017, p. 285.

Considerando que a intervenção individual prevista no art. 94, CDC pode gerar um litisconsórcio multitudinário, deverá o juiz indeferir as intervenções quando puderem gerar dificuldades para a condução do processo, na forma do art. 113, § 1º, CPC, pois não se trata de litisconsórcio necessário. Assim, o próprio indivíduo interveniente poderá requerer a sua exclusão do feito para não ocasionar indevido tumulto processual e o juiz, com base nos arts. 354, *caput* e parágrafo único e 485, VIII, CPC, poderá proferir decisão interlocutória parcial para que o processo prossiga quanto aos demais participantes.[19]

Deverá, além da possibilidade de ocorrência de litisconsórcio multitudinário, ser analisada a presença de representatividade adequada do interveniente, ou seja, a capacidade em concreto da sua atuação na defesa dos interesses da coletividade, sob pena de atuar somente como mero espectador do litígio causando balbúrdia processual despicienda.[20]

Uma questão deveras importante a ser analisada é a seguinte: **qual é o interesse para a intervenção individual, considerando a consequência processual prevista no art. 103, § 2º, CDC?**

Trata-se de uma questão interessante, pois, caso se mantivesse fora da relação jurídica processual, o particular somente seria atingido pelo resultado benéfico (regime jurídico *in utilibus*); por outro lado, como visto, ao intervir assume o risco do resultado *pro et contra*.

Apesar desta consequência processual, haverá o interesse em sua intervenção, com base nos seguintes fundamentos: a) participação efetiva na busca da melhor solução para o litígio; b) pluralização de debate sobre as questões relacionadas ao direito material subjacente; c) maior proximidade entre os legitimados coletivos, os órgãos julgadores e os membros da coletividade; d) óbice para fins de interpretações reducionistas do resultado do processo, tais como a eficácia subjetiva da coisa julgada e a sua limitação territorial.[21]

---

19. "Se ele perceber que o processo coletivo está demasiadamente lento ou conduzido de maneira contrária a seus interesses, poderá requerer a sua exclusão do processo coletivo, fundamentadamente (CPC, art. 267, VIII)," GIDI, Antonio. *Coisa julgada e litispendência nas ações coletivas*. Op. cit. p. 144.

20. "O juiz poderá, portanto, indeferir a assistência pelos titulares de direitos individuais sempre que sua participação no processo coletivo puder gerar risco de litisconsórcio multitudinário ou esses não se apresentarem como adequados representantes do grupo; ou seja, quando, ao contrário de contribuir para a tutela dos direitos, a intervenção dos titulares de direitos individuais lhe for prejudicial." DIDIER JÚNIOR, Fredie; ZANETI JUNIOR, Hermes. *Curso de Direito Processual Civil. Processo Coletivo*. 11ª ed. Salvador: JusPodivm, 2017, p. 237. No mesmo sentido, vale mencionar: "Afigura-se-nos de todo insatisfatório e injustificado o tratamento diferenciado que o CDC deu à matéria. Muito mais adequado seria se adotasse o mesmo tratamento que dispensou para os casos de defesa coletiva de direitos supraindividuais (difuso e coletivo), em que vedou a intervenção do particular na ação coletiva, mas impediu a formação de coisa julgada erga omnes ou ultra partes nos casos de improcedência por insuficiência de provas." GIDI, Antonio. *Coisa julgada e litispendência nas ações coletivas*. Op. cit., p. 56.

21. No mesmo sentido, podemos mencionar: "Além disso, essa intervenção pode servir como meio de comunicação entre a comunidade lesada e o órgão julgador, que pode angariar novos subsídios para a sua decisão, imprescindíveis em litígios mais complexos." DIDIER JÚNIOR, Fredie; ZANETI JUNIOR, Hermes. *Curso de Direito Processual Civil. Processo Coletivo*. 11ª ed. Salvador: JusPodivm, 2017, p. 237. VENTURI, Elton.

2.2. Intervenção do cidadão-eleitor

Para alguns autores,[22] o cidadão-eleitor poderá intervir nas ações coletivas propostas pelos legitimados coletivos, desde que satisfeita a seguinte condição: haja identidade de objeto com o eventual objeto de uma ação popular.[23] Percebe-se que, neste caso, o mesmo interesse pode ser tutelado tanto pela Ação Popular quanto pela Ação Civil Pública[24] (vide art. 1º, LACP), logo, é perfeitamente possível a intervenção do cidadão-eleitor na Ação por improbidade administrativa, pois o fulcro desta demanda é a tutela do patrimônio público, mesmo objeto da ACP "comum" e da Ação Popular. Contudo, mesmo com essa intervenção, não será possível atividade supletiva por meio da assunção do processo, ou seja, caso o legitimado coletivo abandone ou desista da ação coletiva, não poderá o cidadão eleitor assumir a titularidade ativa dessa demanda, na forma preconizada pelos arts. 5º, § 3º, LACP e 9º, LAP.

2.3. Assistência litisconsorcial – Intervenção de colegitimado

O legislador, dentro do microssistema da tutela coletiva, previu a possibilidade de intervenção do colegitimado que acarretará a existência da assistência litisconsorcial. As hipóteses legalmente previstas são: art. 6º, § 5º da LAP; art. 5º, § 2º da LACP e art. 3º, § 5º da Lei 7.853/89.

A principal questão a ser abordada sobre o tema é a utilização desta modalidade de intervenção na ação popular. Note-se que na ação popular, sendo o titular do direito a coletividade, é perfeitamente possível a admissão de assistência litisconsorcial. Pela regra do art. 5º, LXXIII da CF/88, qualquer cidadão é parte legítima para propor ação popular que vise a anular ato lesivo ao patrimônio público, à moralidade administrativa, ao meio ambiente e ao patrimônio histórico e cultural. O § 5º, do art. 6º, da LAP, por sua vez, estabelece que é facultado a qualquer cidadão habilitar-se

---

Sobre a intervenção individual nas ações coletivas. In: DIDIER JR., Fredie; WAMBIER Teresa Arruda Alvim (coords.). *Aspectos polêmicos e atuais sobre os terceiros no processo civil e assuntos afins*. São Paulo: Ed. RT, 2004, p. 256-262.

22. "Como a tutela dos direitos coletivos é atípica (art. 83, CDC), é plenamente possível que uma ação civil pública verse sobre o mesmo tema, com mesmo objeto inclusive, que uma ação popular (...) Na verdade, o cidadão é, em algumas hipóteses (as de ação popular), um colegitimado à tutela coletiva e, nesta condição, pode intervir no feito coletivo que tenha objeto semelhante. Entretanto, embora possa intervir, não pode propor demanda coletiva senão a ação popular, daí que, se o ente coletivo desistir do feito, não poderá o cidadão nele prosseguir. Podendo intervir, está legitimado a recorrer – mas se a outra parte tiver desistido da causa, seu recurso não poderá ser processado. DIDIER JÚNIOR, Fredie; ZANETI JUNIOR, Hermes. *Curso de Direito Processual Civil. Processo Coletivo*. 10ª ed. Salvador: JusPodivm, 2016, p. 219. No mesmo sentido: LEONEL, Ricardo de Barros. *Manual do Processo Coletivo*. Op. Cit., p. 126. VIGLIAR, José Marcelo Menezes. *Ação Civil Pública*. Op. Cit.

23. LEONEL, Ricardo de Barros. *Manual do Processo Coletivo*. Op. Cit., p. 126 "Nota-se atualmente que a ação popular e a ação civil pública, instituída pela lei 7.347/85, apresentam área comum de tutela, considerando a ampliação da primeira pela atual Constituição da República, pois ambas podem eventualmente ser propostas para a tutela do meio ambiente e do patrimônio histórico ou cultural e do patrimônio público.

24. LEONEL, Ricardo de Barros. *Manual do Processo Coletivo*. Op. Cit., p. 308 "Se a ação civil pública é proposta para a defesa de interesse que pode ser defendido através de ação popular cabem o litisconsórcio ulterior ou assistência litisconsorcial do cidadão (legitimado para a ação popular) ao lado do autor coletivo."

como litisconsorte ou assistente do autor da ação popular. Pode gerar uma hipótese de formação de litisconsórcio ativo multitudinário. Nestes casos, como já visto, o magistrado poderia inadmitir a intervenção se dela decorresse dificuldade para a rápida solução do litígio ou formulação da defesa. Alguns autores acrescentam ainda a possibilidade de exigir a demonstração de interesse relevante na causa, conhecimento do tema em discussão e condições de contribuir com a resolução do litígio.[25]

Essa assistência litisconsorcial prevista na LAP gera, a rigor, um exemplo de intervenção de colegitimado, na medida em que o particular que intervier também é legitimado para a propositura da demanda coletiva.

A questão mais importante no presente tópico é a seguinte: **somente o cidadão-eleitor poderá formular o requerimento para figurar como assistente litisconsorcial ou os demais legitimados coletivos também poderão?**

Trata-se de tema com certa divergência na doutrina. Há quem sustente que somente o cidadão-eleitor poderá formular tal requerimento, pois o legislador assim previu expressamente, bem como diante da legitimidade extraordinária exclusiva para a propositura da ação popular (art. 5º, LXXIII, CR/88 e art. 1º, LAP).[26]

Apesar da correção da linha argumentativa, ousamos discordar deste entendimento restritivo, com base nos seguintes argumentos: a) o objeto material da tutela coletiva por meio da ação popular coincide com o da ação civil pública, conforme art. 1º, LACP e, portanto, diante dos objetos coincidentes, poder-se-á sustentar que os legitimados coletivos tutelam o mesmo direito; b) a legitimidade coletiva, como regra, é extraordinária concorrente disjuntiva, ou seja, a atuação processual de um legitimado não impede a atuação processual dos demais; c) a atuação processual do Ministério Público nas demandas coletivas é multifacetária;[27] d) o Ministério Público poderá assumir a condução do processo, tanto na fase de conhecimento, quanto na de execução (arts. 9º e 16, LAP); e) a Fazenda Pública poderá figurar tanto no polo passivo, quanto no polo ativo, inclusive com migração de um para o outro durante

---

25. "O autor popular atua na defesa de interesse da coletividade; como o objeto litigioso pertence à coletividade de que faz parte o autor, pode outro cidadão-eleitor, que porventura não tenha ingressado com a ação, intervir como assistente litisconsorcial- pois é um colegitimado (...) no caso, o litisconsórcio que se forma é no polo ativo, e, além disso, multitudinário, fica permitido ao magistrado invocar a regra do § 1º do art. 113 do CPC." DIDIER JÚNIOR, Fredie; ZANETI JUNIOR, Hermes. *Curso de Direito Processual Civil. Processo Coletivo*. 10ª ed. Salvador: JusPodivm, 2016, p. 221-222.

26. "Considerando que a legitimidade para a promoção da ação popular, prevista na Lei nº 4.717/1965 e na Constituição Federal, é exclusiva do cidadão, ou seja, do nacional no gozo dos direitos políticos, a princípio não é reconhecida ao Ministério Público a legitimidade ad causam, suficiente a permitir que a promova como litisconsorte do autor." DIDIER JÚNIOR, Fredie; ZANETI JUNIOR, Hermes. *Curso de Direito Processual Civil. Processo Coletivo*. 11ª ed. Salvador: JusPodivm, 2017, p. 238. Apesar da opinião referir-se expressamente e somente ao Ministério Público, a sua premissa, a nosso sentir, é válida para os demais legitimados coletivos, mormente considerando que a instituição ostenta legitimação ampla para os processos coletivos.

27. "ora age como defensor da lei, ora como assistente, como autor ou como parte, como exequente, recorrente, litisconsorte ativo, pelo que se torna difícil estabelecer a natureza da intervenção. Há, porém, na gama dessas atividades, uma missão, da qual ele não desgarra e nem pode desgarrar-se um só instante: a sua missão de defensor da lei, da ordem jurídica." SILVA, José Afonso da. *Ação Popular Constitucional*. 2ª ed. São Paulo: Malheiros, 2007, p. 191.

CURSO DE PROCESSO COLETIVO • Fabrício Bastos

a relação jurídica processual, bem como assumir a condução do processo (arts. 6º, § 3º; 9º e 17 da LAP).[28]

2.4. Intervenção multifacetária do MP – Assunção do processo e assunção da legitimidade ativa

Outra questão que se impõe notar é quanto à intervenção do Ministério Público na Ação Popular. Pela regra do art. 1º, da LAP, como visto, o cidadão é o legitimado extraordinário exclusivo para promoção de Ação Popular. O juiz, ao receber a inicial, deve proceder a intimação do Ministério Público (art. 7º, I, a), estabelecendo a lei em seu art. 9º que se o autor desistir da ação ou der motivo à absolvição da instância, qualquer cidadão ou o Ministério Público podem em 90 dias promover o prosseguimento da ação, atuando o como sucessor processual do autor.

O Ministério Público, portanto, a priori, somente atuará na ação popular como órgão interveniente (*custus iuris*), pois não ostenta legitimidade ativa para figurar como órgão agente.

Entretanto, o legislador conferiu ao MP certo protagonismo na ação popular ao permitir duas situações jurídicas: a) assunção da condução do processo e da legitimação na fase de conhecimento, quando o autor popular der causa à extinção do processo sem resolução de mérito (art. 9º, LAP); b) assunção da condução do processo e da legitimação na fase de execução e cumprimento de sentença, quando o autor popular não a promover no prazo de 60 dias.

Antes de analisar as peculiaridades das duas situações, impende diferenciar assunção da condução do processo da assunção da legitimidade.

Assunção da condução do processo ocorre toda vez que aquele que assume a condução da relação jurídica processual, decorrente da prática de algum ato gerador da absolvição de instância (extinção do processo sem resolução de mérito), já era legitimado antes da ocorrência deste fato jurídico processual, como no caso do art. 5º, § 3º da LACP e no caso de algum cidadão-eleitor assumir a condução da demanda popular (art. 9º, LAP).

Assunção da legitimidade, por outro lado, permite a assunção da condução do processo por aquele que não era seu legitimado originário, como no caso dos arts. 9º c/c 16, LAP, que permite que o MP conduza a relação jurídica processual e dos arts. 6º, § 3º c/c 9º e 17 da LAP, que permite que a Fazenda Pública assuma a condução do processo.

A assunção da condução do processo, na fase de conhecimento, decorrerá da análise pelo membro do MP da necessidade e utilidade do prosseguimento do feito, com base em sua independência funcional, mediante promoção fundamentada, seja para o prosseguimento seja para a extinção da relação jurídica processual.

---

28. No mesmo sentido, MAZZILLI, Hugo Nigro. *A defesa dos interesses difusos em juízo.* Op. cit., p. 260.

A assunção da condução do processo, na fase de cumprimento de sentença, não fica à critério do membro do MP, mas decorre de uma determinação legal que, se não for atendida, poderá ensejar falta grave. A diferença no tratamento justifica-se, pois já existe um título executivo judicial em favor da coletividade que não pode ser ignorado pelo MP, ou seja, já houve o reconhecimento judicial de uma obrigação em favor da coletividade.

Na nova Lei de Improbidade Administrativa, há uma modalidade diferente de assunção da condução do processo pelo Ministério Público. Deveria, a rigor, ser chamada de reassunção do processo, pois o legislador fixou a sua legitimidade ativa originária para a fase de conhecimento (art. 17, da LIA), mas transferiu a legitimidade para a liquidação e cumprimento de sentença para a pessoa jurídica interessada/prejudicada (art. 18, §1º, da LIA), legitimado concorrente e disjuntivo. Caso a pessoa jurídica interessada/prejudicada não promova a liquidação e/ou o cumprimento de sentença no prazo de 06 meses contados do trânsito em julgado da sentença de procedência, caberá ao Ministério Público adotar as providências necessárias. Trata-se de um dever da instituição, tal como se verifica nos arts. 15, da LACP; 16, da LAP e 100, do CDC.

Duas questões interessantes surgem: i) natureza jurídica da legitimidade do MP e ii) termo *a quo* da contagem do prazo de 06 meses.

A legitimidade do MP prevista no art. 18, §2º, da LIA é extraordinária subsidiária condicionada[29], tal como se verifica nos casos do art. 100, do CDC. Ora, o MP somente poderá atuar diante da inércia (pressuposto necessário) do legitimado principal não só para fins de adotar as providências a respeito da efetivação da sentença de procedência como, também, para fins de responsabilização do agente público com poder de gestão para realizar o ato necessário.

O legislador, com tal conformação, relegou ao oblívio regra processual clássica do vínculo subjetivo ao título executivo[30], pois o legitimado responsável pela formação do título não pode promover a sua execução, conforme art. 778, do CPC. Ignorou, ainda, a existência da Súmula 329 do STJ que expressamente confere tal legitimidade ao MP.

Sobre o prazo de 06 meses fixados no art. 18, §2º, da LIA, algumas questões precisam ser apresentadas: i) o prazo tem natureza processual, pois se refere à prática de atos puramente processuais, portanto deverá ser contado em dias úteis (art. 219, do CPC); ii) a prescrição da pretensão executiva não ficará suspensa durante tal prazo

---

29. Há quem sustente ser uma legitimidade superveniente condicionada: NEVES, Daniel Amorim Assumpção; OLIVEIRA, Rafael Carvalho Rezende. Comentários à Reforma da Lei de Improbidade Administrativa. Rio de Janeiro: Forense, 2022, p. 115.

30. "De ordinário, a liquidação ou o cumprimento de sentença é requerido por quem figurou, como parte, na fase de conhecimento. Sendo a regra do sistema processual a legitimação ordinária (arts. 18, caput, e 778, caput, do CPC), natural que seja assim." GAJARDONI, Fernando da Fonseca; CRUZ, Luana Pedrosa de Figueiredo; JÚNIOR, Luiz Manoel Gomes; FAVRETO, Rogério. Comentários à nova lei de improbidade administrativa, 5ª edição, São Paulo: RT, 2021, p. 414.

por ausência de determinação legal expressa, portanto, deverá o legitimado atentar para tal situação jurídica (vide súmula 150, do STF); iii) não deve ser confundido o prazo para o início do procedimento de liquidação da sentença (todas as modalidades do CPC são aplicáveis) com o prazo para o início do cumprimento de sentença; iv) com o trânsito em julgado da sentença de procedência, iniciará o prazo de 06 meses para o requerimento da liquidação de sentença; v) findo o procedimento de liquidação de sentença (trânsito em julgado da decisão), começará um novo prazo de 06 meses para o requerimento do cumprimento de sentença; v) somente após o fim dos prazos indicados, quando a hipótese for de sentença ilíquida, haverá o cumprimento do pressuposto para a atuação processual do MP.[31]

Percebe-se, portanto, que o legislador criou uma figura jurídica interessante: i) o legitimado ativo para a propositura da demanda não ostenta legitimidade originária para promover a liquidação e o cumprimento de sentença, ressalvada a inércia da pessoa jurídica interessada/prejudicada; ii) a pessoa jurídica interessada/prejudicada, mesmo não exercendo a pretensão para a fase de conhecimento poderá promover a liquidação e cumprimento de sentença. Assim, possível afirmar que a pessoa jurídica interessada/prejudicada tem legitimidade para o aspecto reparatório/ressarcitório, mas não a possui para fins sancionatórios, nesse cenário. A natureza da sua legitimidade, portanto, em meu sentir, deve ser considerada como ordinária[32], pois os valores obtidos serão revertidos para o seu patrimônio e não para o fundo de defesa dos direitos difusos.

O MP, ainda que não atue como legitimado ativo na fase de liquidação e cumprimento de sentença protagonizada pela pessoa jurídica interessada/prejudicada, o fará como fiscal da correta aplicação do ordenamento jurídico com o fim de verificar se todas as regras formais são observadas, mormente a tutela efetiva da coletividade.[33]

3. OPOSIÇÃO

A oposição não está mais no capítulo de intervenção de terceiros, mas continua tendo natureza jurídica de intervenção de terceiros. Possui procedimento especial e

---

31. "Sendo a sentença ilíquida, o prazo será para a liquidação de sentença. E depois de liquidada a obrigação, haverá uma nova decisão que, ao transitar em julgado, dará início a uma nova contagem de prazo de 06 meses para o início do cumprimento de sentença." NEVES, Daniel Amorim Assumpção; OLIVEIRA, Rafael Carvalho Rezende. Comentários à Reforma da Lei de Improbidade Administrativa. Rio de Janeiro: Forense, 2022, p. 116.

32. "Na ação de improbidade, com uma legitimidade limitada à liquidação e ao cumprimento da sentença, quando os valores e bens serão incorporados ao seu próprio patrimônio, tudo leva a crer que a pessoa jurídica prejudicada estará em nome próprio na defesa de um interesse próprio, ou seja, estará no processo em legitimação ordinária." NEVES, Daniel Amorim Assumpção; OLIVEIRA, Rafael Carvalho Rezende. *Comentários à Reforma da Lei de Improbidade Administrativa*. Rio de Janeiro: Forense, 2022, p. 115.

33. "De todo modo, mesmo tendo sido legislativamente alijado, neste primeiro momento, do papel de protagonista da fase de liquidação/execução, o Ministério Público continua participando do processo. Não mais como autor/exequente/liquidante. Irá participar como fiscal da ordem jurídica." GAJARDONI, Fernando da Fonseca; CRUZ, Luana Pedrosa de Figueiredo; JÚNIOR, Luiz Manoel Gomes; FAVRETO, Rogério. *Comentários à nova lei de improbidade administrativa*, 5ª ed. São Paulo: RT, 2021, p. 415.

encontra-se regulada no art. 682 do CPC. Pela regra desse dispositivo, *"quem pretender, no todo ou em parte, **a coisa ou o direito** sobre que controvertem autor e réu poderá, até ser proferida a sentença, oferecer oposição contra ambos"*.

A essência da oposição continua a mesma, ou seja, é a propositura de uma ação por um terceiro em face das partes originárias. A pretensão do terceiro é a obtenção para si do objeto da demanda, o que é incompatível com a sistemática dos processos coletivos. Conforme já anotado, o legitimado coletivo não titulariza o objeto da demanda. O autor, que é legitimado extraordinário, defende direito alheio em nome próprio, além disso, o objeto material da demanda são os interesses difusos, coletivos *stricto sensu* e individuais homogêneos. Nas duas primeiras espécies, o objeto é indivisível e no caso dos direitos individuais homogêneos o objeto é também indivisível até a sentença, porque, neste último caso, o que se pretende é uma sentença genérica. Assim, não é possível conceber a ocorrência desta modalidade de intervenção de terceiros, pois o opoente buscaria, no bojo de um processo coletivo, afastar autor e réu do objeto da demanda, com o fito precípuo de fazer prevalecer a sua posição jurídica. Daí porque a doutrina[34] (Mancuso, Dinamarco, Luis Manoel Gomes Junior e Ricardo de Barros Leonel) com base nesses dois argumentos, entende que a oposição é incompatível com os processos coletivos, pois o indivíduo não pode buscar uma tutela jurisdicional com o fim de obter para si o objeto material coletivo.[35]

4. NOMEAÇÃO À AUTORIA – TÉCNICA DE SANEAMENTO

Assim como a oposição, a nomeação à autoria, não está mais no capítulo de intervenção de terceiros do CPC. **Deixou de ser intervenção de terceiros e passou a ser uma técnica de saneamento do processo.** O objetivo da nomeação à autoria

---

34. "A oposição figura como ação de natureza incidente em que o interessado ingressa em pendência judicial alheia (desenvolvida entre terceiros, autor e réu da ação principal) tencionando obter, no todo ou em parte, a coisa ou direito sobre o qual recai a controvérsia originária (...) pela própria natureza destes institutos, e em razão da dicção legal com referência à posse à detenção, à propriedade e à coisa, fica evidenciado que se destinam com maior probabilidade aos conflitos de natureza individual. Deste modo, embora não haja vedação expressa, não é factível a oposição em sede de tutela coletiva". BARROS LEONEL, Ricardo de. *Manual do Processo Coletivo*. 4ª ed. São Paulo: Malheiros, 2017, p. 298. "a oposição é sempre um instituto de direito processual civil individualista, não se vislumbrando como possa manifestar-se nos processos coletivos do Direito Moderno." DINAMARCO, Cândido Rangel. *Intervenção de Terceiros*. 5ª ed. São Paulo: Malheiros, 2009, p.49. "na medida em que ela pressupõe terceiro com título jurídico próprio, autônomo e incompatível com o das partes originárias, embora conexo com o destas. Assim, sendo difuso o interesse em lide, não vislumbramos possibilidade de alguém pretender, numa ação civil pública, afastar autor e réu, para prevalecer a 'sua' posição jurídica." MANCUSO, Rodolfo de Camargo. *Ação Civil Pública em Defesa do Meio Ambiente, Patrimônio Cultural e dos Consumidores (Lei 7.347/1985 e Legislação Complementar)*. 5ª ed. São Paulo: Ed. RT, 1997, p. 131. No mesmo sentido, GOMES JR., Luiz Manoel. *Curso de Direito Processual Civil Coletivo*. 2ª ed. São Paulo: SRS, 2008, p. 226-227.

35. "A doutrina é tranquila no entendimento pela inadmissibilidade de oposição em ações coletivas. A própria natureza jurídica do bem da vida dessas espécies de ação é suficiente para afastar o cabimento da oposição, considerando-se que os titulares do bem da vida não são as partes em litígio, mas sim a coletividade ou um grupo, classe ou categoria de pessoas". NEVES, Daniel Amorim Assunção. *Manual de Direito Processual Civil*. São Paulo: Método, 2014, p. 257

é a correção do vício da ilegitimidade passiva *ad causam*, gerando a extromissão de uma parte para o ingresso de outra. Nos termos do art. 338 do CPC/15 a nomeação à autoria é arguida na contestação, caso o réu alegue ser parte ilegítima ou não ser o responsável pelo prejuízo invocado, e o juiz facultará ao autor, em 15 (quinze) dias, a alteração da petição inicial para substituição do réu.

Trata-se de uma técnica de saneamento – será extraída da relação jurídica processual a parte ilegítima para, em seu lugar, ser inserida a parte legítima. Há também uma ampliação subjetiva da lide.

A principal questão é: **essas técnicas dos arts. 338 e do 339 do CPC são compatíveis com o processo coletivo?** Há divergência na doutrina. Para Luiz Manoel Gomes Junior a nomeação à autoria é compatível com os processos coletivos, pois tem como objetivo a correção do polo passivo.[36] Ricardo de Barros Leonel sustenta, por sua vez, que é incompatível por entender que é um instrumento específico para processos individuais, mas afirma não ser impossível sua admissão.[37] Para Daniel Amorim, nas ações coletivas, a nomeação à autoria prestigiaria o julgamento do mérito.[38] Apesar da aparente divergência entre os autores citados, todos reconhecem, de certa maneira, a necessidade, diante das peculiaridades do caso concreto, de buscar-se a solução do mérito (princípio da primazia da solução do mérito), por meio da correção do vício da ilegitimidade passiva *ad causam*. Concordamos com os autores que não vedam, de forma apriorística, a ocorrência da nomeação à autoria, ou melhor, a aplicação das técnicas previstas nos arts. 338 e 339, CPC, pois não faz sentido manter-se um vício processual que pode ser facilmente sanado por meio da manifestação de uma das partes, seja em processo individual ou em processo coletivo.

5. CHAMAMENTO AO PROCESSO

O chamamento ao processo continua ostentando natureza jurídica de modalidade de intervenção de terceiros (art. 130, CPC). O réu, em contestação, deve requerer a citação daqueles que devam figurar em litisconsórcio passivo no prazo de 30 (trinta) dias. A sua finalidade é a formação de litisconsórcio ulterior nos casos de *responsabilidade do afiançado*, na ação em que o fiador for réu, nas hipóteses *dos demais fiadores*, na ação proposta contra um ou alguns deles e nas hipóteses *dos de-*

---

36. GOMES JR., Luiz Manoel. *Curso de Direito Processual Civil Coletivo*. 2ª ed. São Paulo: SRS, 2008, p. 226-227.

37. "Com relação à oposição e à nomeação à autoria, pela própria natureza dos institutos é difícil imaginar sua incidência no processo coletivo (...) embora muito difícil, mas não impossível, a verificação da nomeação à autoria em sede coletiva, pois se destinava somente à correção do polo passivo da demanda." O autor continua a sua explanação afirmando que não deve ser vedada em alguns casos. "Imaginemos prática de queimada ilegal em determinado imóvel rural. Pensemos, ainda, que fosse indicado como réu na ação civil pública o gerente do estabelecimento rural. Seria razoável aceitar que nesse caso o demandado se utilizasse da nomeação à autoria a fim de indicar o proprietário do bem para figurar no polo passivo da relação processual." BARROS LEONEL, Ricardo de. *Manual do Processo Coletivo*. 4ª ed. São Paulo: Malheiros, 2017, p. 297-298

38. "A nomeação à autoria não é só cabível como extremamente importante, fazendo valer concretamente o princípio do interesse no julgamento do mérito no processo coletivo". NEVES, Daniel Amorim Assunção. *Manual de Direito Processual Civil*. São Paulo: Método, 2014, p. 258

mais devedores solidários, quando o credor exigir de um ou de alguns o pagamento da dívida comum. No caso de procedência do pedido, a sentença será título executivo em favor do réu que satisfizer a dívida, a fim de que possa exigi-la, por inteiro, do devedor principal, ou, de cada um dos codevedores.

Para a doutrina de tutela coletiva, essa modalidade de intervenção de terceiros é compatível com as demandas coletivas, desde que na hipótese de responsabilidade solidária.[39]

Sustentam que o chamamento ao processo vai facilitar a esfera de responsabilização em virtude da solidariedade e da indivisibilidade da obrigação em decorrência da própria incindibilidade do bem jurídico lesado.[40]

Para Mazzilli, é possível a solidariedade passiva em matéria de danos a interesses transindividuais, contudo, o autor não admite o chamamento ao processo nos casos de responsabilidade objetiva e no caso de um indeterminado número de corresponsáveis, porque isso poderia impedir a prosseguimento do feito e a prestação jurisdicional.[41]

Impende salientar, por oportuno, que o STJ, em sede de julgamento de recursos repetitivos, decidiu pela desnecessidade de chamamento ao processo em caso de responsabilidade solidária dos entes federados no fornecimento de medicamentos. A despeito da responsabilidade solidária dos entes, a tese foi fixada no sentido de que o chamamento ao processo não deve ser admitido quando revelar-se medida protelatória que não traz nenhuma utilidade ao processo, além de atrasar a resolução do feito, revelando-se obstáculo inútil à garantia fundamento do cidadão à saúde.[42]

---

39. GOMES JR., Luiz Manoel. *Curso de Direito Processual Civil Coletivo*. 2ª ed. São Paulo: SRS, 2008, p. 230. No mesmo sentido, vale mencionar: "Não vejo qualquer impedimento ao chamamento ao processo no âmbito das ações coletivas, inclusive sendo interessante que existam mais coobrigados no polo passivo da demanda para que se amplie o campo patrimonial de uma futura e eventual responsabilidade na satisfação do direito." NEVES, Daniel Amorim Assumpção. *Manual de Processo Coletivo*. 3ª ed. Salvador: JusPodivm, 2017, p. 295.

40. "Dada a solidariedade (decorrente do ilícito) entre os responsáveis pelo dano difuso, coletivo ou individual homogêneo, a reparação pode ser exigida de qualquer um deles. Natural que procure o autor endereçá-la ao responsável que tenha melhor aporte econômico para fazer frente à reparação ou àqueles que tenham sido identificados. Nesse caso, é razoável a aceitação do chamamento ao processo dos corresponsáveis, para que seja acertada a respectiva responsabilidade, mormente considerando que prejuízo algum trará à proteção do interesse coletivo, servindo, ao contrário, como reforço na possibilidade concreta de reparação. É evidente que se os outros responsáveis solidários são chamados ao processo pelo demandado originário aumentam as chances de êxito no ressarcimento integral" (...) "Em síntese: o chamamento ao processo serve também ao escopo de proteção ao interesse coletivo cuja pretensão é deduzida em juízo. Esse é o fundamento suficiente para sua admissão, pois não significará apenas cumulação de pretensão individual em demanda coletiva. Numa única hipótese será possível fazer ressalvas quanto ao chamamento. Trata-se do caso em que for muito numeroso o rol dos chamados ao processo." LEONEL, Ricardo de Barros. *Manual de Processo Coletivo*. Op. Cit., p. 301.

41. "Na ação civil pública ou coletiva, cabe, em tese, o chamamento ao processo dos codevedores solidários. Não caberá, porém, se o caso envolver responsabilidade objetiva, ou quando, em concreto, seja problemática a identificação dos corresponsáveis diante de seu elevado ou indeterminado número (como na poluição ambiental numa Capital), pois isso tornaria inviável a utilização do instituto, impedindo o prosseguimento do feita e a prestação jurisdicional". MAZZILI, Hugo Nigro. *A defesa dos interesses difusos em juízo: meio ambiente, consumidor, patrimônio cultural*. 27ª ed. São Paulo: Saraiva, 2014, p. 413

42. O chamamento ao processo da União com base no art. 77, III, do CPC, nas demandas propostas contra os demais entes federativos responsáveis para o fornecimento de medicamentos ou prestação de serviços de

Devemos destacar, também, a existência de previsão legal expressa no sentido da admissibilidade do chamamento ao processo, em uma forma atípica, diga-se, nas demandas consumeristas, tanto individuais quanto coletivas, conforme art. 101, II, CDC.[43] A parte final deste dispositivo perdeu um pouco do sentido com a criação de precedente no STJ[44] acerca da possibilidade da propositura de demanda do segurado diretamente em face da seguradora, com ou sem a formação de litisconsórcio com o causador do dano, com fulcro na existência de solidariedade entre eles.[45] Entretanto, com base nos princípios do contraditório e da ampla defesa, de maneira acertada, o STJ consolidou entendimento, por meio de julgamento de recursos repetitivos, e depois devidamente sumulado, no sentido da impossibilidade da propositura, pelo terceiro, de ação direta em face da seguradora.[46]

6. DENUNCIAÇÃO DA LIDE

A denunciação da lide, modalidade típica e provocada de intervenção de terceiros, é, na essência, uma ação regressiva antecipada em caso de sucumbência do denunciante.[47] Seu objetivo é assegurar a pretensão indenizatória do denunciante, caso este perca a demanda principal. Conforme art. 125 do CPC, qualquer das partes pode promover a denunciação da lide em caso de evicção ou havendo obrigação de indenizar decorrente da lei ou de contrato.

A doutrina diverge quanto à aplicabilidade da denunciação da lide na seara da tutela coletiva. Como se trata de uma ação regressiva antecipada, admitir a denunciação da lide, seria admitir cumulação de ação individual em sede de ação coletiva, descaracterizando-se a finalidade da demanda coletiva que é a tutela do interesse coletivo.[48] Conforme ressalta Ricardo de Barros Leonel,

---

saúde, não é impositivo, mostrando-se inadequado opor obstáculo inútil à garantia fundamental do cidadão à saúde. (REsp 1203244/SC, Rel. Min. Herman Benjamin, 1ª Seção, j. 09.04.2014, DJe 17.06.2014).

43. *"atualmente, entretanto, a previsão parece não ser mais tão relevante quanto outrora se mostrou, em especial quando se considera a previsão do art. 128, parágrafo único, do Novo CPC, que admite que o cumprimento de sentença seja movido diretamente contra o denunciado, desde que acolhidos os pedidos da parte contrária e do denunciante."* NEVES, Daniel Amorim Assumpção. *Manual de Processo Coletivo.* 3ª ed. Salvador: Juspodivm, 2017, p. 297.

44. REsp 713.115/MG, Rel. Min. Castro Filho, 3ª T., j. 21.11.2006, DJ 04.12.2006.

45. NEVES, Daniel Amorim Assumpção. *Manual de Processo Coletivo.* 3ª ed. Salvador: JusPodivm, 2017, p. 297.

46. REsp 962.230/RS, Rel. Min. Luis Felipe Salomão, 2ª Seção, j. 08.02.2012, DJe 20.04.2012. Vide Súmula 529: *"No seguro de responsabilidade civil facultativo, não cabe o ajuizamento de ação pelo terceiro prejudicado direta e exclusivamente em face da seguradora do apontado causador do dano."*

47. "Serve a denunciação da lide para que uma das partes traga ao processo um terceiro que tem responsabilidade de ressarci-la pelos eventuais danos advindos do processo coletivo." NEVES, Daniel Amorim Assunção. *Manual de Direito Processual Civil.* São Paulo: Método, 2014, p. 258.

48. "O que impede, melhor a questão, a denunciação da lide em ação coletiva é que processo coletivo tem por escopo a composição do conflito. Admitir a demanda secundária em face do terceiro consistente na denunciação da lide, é admitir a cumulação de uma ação individual (do denunciante em face do denunciado) com uma ação coletiva, desviando o foco do processo coletivo, que deve ser exclusivamente a tutela do interesse coletivo". BARROS LEONEL, Ricardo de. *Manual do Processo Coletivo.* 4ª ed. São Paulo: Malheiros, 2017, p. 300. No mesmo sentido: MAZZILLI, Hugo Nigro. *A Defesa dos Interesses Difusos em Juízo.* 15ª ed. São Paulo: Saraiva, 2002, p. 257. WOLFF, Rafael. Descabimento da denunciação da lide em sede de ação civil

a discussão inerente à partilha de responsabilidades ou ao exercício de regresso, entre os autores da lesão ao interesse metaindividual tutelado, é questão secundária, de natureza nitidamente individual, que deve ser dirimida nas vias próprias, sem tumultuar o andamento do processo coletivo.[49]

A nosso ver, a não admissão da denunciação da lide em sede de ação coletiva decorre dos seguintes fundamentos: a) ampliação indevida do *thema probandum*, mormente nas hipóteses em que a responsabilidade civil é objetiva (relações de consumo e meio ambiente); b) retirada da efetividade da tutela jurisdicional; c) a própria essência da legitimação coletiva impede a discussão entre denunciante e denunciado; d) aplicação do microssistema da tutela coletiva para estender a vedação existente no CDC para as demais demandas coletivas; e e) o direito de regresso, portanto, deve ser exercido em demanda própria. O STJ já se manifestou no sentido da impossibilidade de denunciação da lide em demandas coletivas.[50]

Entretanto, há aqueles que defendem a possibilidade da denunciação da lide com base no art. 125, II do CPC, fulcrados nos seguintes fundamentos: a) não há regra expressa vedando, exceto nos casos de relações de consumo; b) deverá o magistrado, diante das peculiaridades do caso concreto, verificar a possibilidade de ser ou não admitida esta modalidade; c) deve ser admitida, desde que não gere a ampliação da discussão em juízo que inviabilize ou torne excessivamente difícil a tutela coletiva.[51]

6.1. Denunciação da lide nas relações de consumo

Pela literalidade do 88 do CDC, é vedada denunciação da lide no caso do art. 13, parágrafo único, que trata da hipótese de responsabilidade do comerciante por fato do produto, situação em que a ação de regresso poderá ser ajuizada em processo autônomo. Pela literalidade do dispositivo, a proibição incidiria apenas na responsabilidade por fato do produto.

Observa-se que a proibição do direito de regresso na mesma ação tem por objetivo conferir maior proteção ao consumidor, com maior celeridade na prestação da tutela jurisdicional, pois, pela denunciação da lide, haveria a dedução no processo de

---

pública para a composição de danos ao meio ambiente. *Revista Processo e Constituição*, n° 2, Porto Alegre, UFRGS, p. 241-262, maio 2005. NERY JR., Nelson; NERY, Rosa Maria. *Código de Processo Civil comentado e legislação processual civil extravagante em vigor*. 6ª ed. São Paulo: Ed. RT, 2002, p. 380.

49. BARROS LEONEL, Ricardo de. *Manual do Processo Coletivo*. 4ª ed. São Paulo: Malheiros, 2017, p. 301.

50. REsp 232.187/SP, Rel. Min. José Delgado, 1ª T., j. 23.03.2000, DJ 08.05.2000.

51. "A princípio, não vislumbramos nenhuma regra que proíba que se promova a denunciação da lide em causas coletivas, com base no inciso II do art. 125 do CPC. Cabe ao órgão julgador, no caso concreto, verificar, após um juízo de ponderação, se a denunciação da lide é ou não conveniente para a duração razoável do processo e a eficiência. Não há, em relação à ação civil pública, nenhuma regra especial quanto à admissibilidade da denunciação da lide (excetuada a possibilidade de extensão do previsto no CDC, com as reservas que serão opostas abaixo)." DIDIER JÚNIOR, Fredie; ZANETI JUNIOR, Hermes. *Curso de Direito Processual Civil. Processo Coletivo*. 11ª ed. Salvador: JusPodivm, 2017, p. 245. No mesmo sentido: LIMA, João Manoel Cordeiro. Intervenção de terceiros nas ações civis públicas ambientais: o regramento atual e os impactos do CPC. In: MILARÉ, Edis. *Ação Civil Pública após 30 anos*. São Paulo: Ed. RT, 2015, p. 393/413. GRINOVER, Ada Pellegrini. Ação civil pública em matéria ambiental e denunciação da lide. *Revista de Processo*. São Paulo: Ed. RT, 2002, abril-junho, n. 106, p. 16.

uma nova causa de pedir,[52] com fundamento distinto da formulada pelo consumidor, porque haveria discussão acerca da responsabilidade subjetiva.[53] Há, entretanto, divergência na doutrina, no sentido de que, a despeito do ônus do tempo, quanto mais réus condenados à ressarcir o dano suportado pelo consumidor, mais extenso o patrimônio disponível para garantir a satisfação do direito.[54]

É importante destacar que a vedação prevista no art. 88, CDC deve ter uma acepção ampla, ou seja, aplicável, de forma generalizada, aos casos de relação de consumo.[55] O STJ ampliou a vedação à denunciação da lide, no sentido de ser incabível a denunciação da lide nas ações indenizatórias decorrentes da relação de consumo, seja no caso de responsabilidade pelo fato do produto, seja no caso de responsabilidade pelo fato do serviço.[56]

Por fim, deve ser ressaltado o entendimento doutrinário, com o qual concordamos, de que a situação jurídica prevista no art. 88, CDC não versa sobre denunciação da lide, mas sobre chamamento ao processo, pois há responsabilidade solidária entre os participantes da cadeia de consumo (art. 7º, CDC).[57]

6.2. Denunciação da lide na ação de responsabilidade civil em face do Estado

A maioria da doutrina sustenta o não cabimento da denunciação da lide na ação de improbidade.[58] Isto porque a responsabilidade civil do Estado é objetiva, e no caso

---

52. REsp 605.120-SP, Rel. Min. Aldir Passarinho Junior, j. 27.04.2010.
53. RODRIGUES, Marcelo Abelha. *Elementos de Direito Processual Civil*. 2ª ed. São Paulo: Ed. RT, 2003, v. 2, p. 296; JORGE, Mario Helton. Da denunciação da lide no Código de Defesa do Consumidor. *Revista de Processo*. São Paulo: Ed. RT, 2002, n. 108, p. 38-42.
54. "É preciso lembrar que, ainda que devam arcar com o ônus de um tempo maior de duração do processo, os consumidores poderão ser beneficiados pela existência de variados réus condenados no momento em que o processo chegar à fase de cumprimento de sentença. O raciocínio é simples: quanto mais réus condenados a ressarcir o dano suportado pelo consumidor, mais extenso o patrimônio disponível para garantir a satisfação de seu direito." NEVES, Daniel Amorim Assunção. *Manual de Direito Processual Civil*. São Paulo: Método, 2014, p. 261
55. "A remissão apenas aos casos de responsabilidade por fato do produto, e não aos demais, contudo, não se justifica. É que também nas outras hipóteses de responsabilidade podem existir vários responsáveis – fornecedores que compõem a cadeia de consumo –, cuja permissão de ingresso em juízo, contra vontade do consumidor-autor (que não os escolheu como réus, embora pudesse fazê-lo, repita-se, em razão da solidariedade), poderia ser-lhe bastante prejudicial. A analogia, aqui, se impõe – *ubi eadem ratio, ibi eadem legis* (onde existe a mesma razão, aí se aplica o mesmo direito)." DIDIER JÚNIOR, Fredie; ZANETI JUNIOR, Hermes. *Curso de Direito Processual Civil. Processo Coletivo*. 11ª ed. Salvador: JusPodivm, 2017, p. 249. NEVES, Daniel Amorim Assumpção. *Manual de Processo Coletivo*. 3ª ed. Salvador: JusPodivm, 2017, p. 292.
56. AgRg no AREsp 589.798/RJ, Rel. Min. Ricardo Villas Bôas Cueva, 3ª T., j. 20.09.2016, DJe 23.09.2016.
57. "Em primeiro lugar, cumpre observar se a situação prevista no art. 88 do CDC enseja realmente denunciação da lide. É que, por força do parágrafo único do art. 7º do CDC, há responsabilidade solidária de todos aqueles que tenham participado da cadeia produtiva (produtor, importador, distribuidor etc.). Ora, como hipótese de responsabilidade solidária, a modalidade interventiva cabível é o chamamento ao processo (art. 130 do CPC), e não a denunciação da lide. De fato, o caso era de chamamento ao processo," DIDIER JÚNIOR, Fredie; ZANETI JUNIOR, Hermes. *Curso de Direito Processual Civil. Processo Coletivo*. 11ª ed. Salvador: JusPodivm, 2017, p. 245. No mesmo sentido, RODRIGUES, Marcelo Abelha. *Elementos de Direito Processual Civil*. 2ª ed. v. 2. São Paulo: Ed. RT, 2003, p. 296; JORGE, Mario Helton. Da denunciação da lide no Código de Defesa do Consumidor. *Revista de Processo*. São Paulo: Ed. RT, 2002, n. 108, p. 38-42.
58. "Figurando o Estado como réu em demanda coletiva (pessoa jurídica de direito público da Administração direta ou indireta, ou de direito privado da Administração indireta), surgiria a indagação quanto à possi-

de exercício do direito de regresso do Estado em face de seus agentes ou prepostos, é necessário perquirir sobre a existência de dolo ou culpa em ação autônoma. Assim é o que estabelece o art. 37, § 6º do texto constitucional.

Os motivos que inspiraram o legislador certamente estão intimamente ligados às dificuldades ensejadas pela denunciação da lide em outras ações indenizatórias, com fundamento na responsabilidade objetiva, como ocorre com o art. 37, § 6º, da CR/88. Nessas demandas, em que tem sido admitida a denunciação da lide do servidor responsável, desenvolvem-se controvérsias paralelas paradoxais. De um lado, discute-se a responsabilidade objetiva do Estado com base na teoria do risco administrativo. De outro lado, o Estado imputa uma conduta culposa a seu funcionário. Muitas vezes a discussão fica restrita apenas a aspectos do direito de regresso debatidos na ação de denunciação, ensejando uma demora injustificável para a vítima ver concretizada a sua pretensão.

7. INCIDENTE DE DESCONSIDERAÇÃO DA PERSONALIDADE JURÍDICA

O incidente de desconsideração da personalidade jurídica (IDPJ) tem por objetivo afastar, de maneira episódica, a personalidade jurídica para permitir o atingimento do patrimônio dos sócios. Por esse instituto, busca-se o ingresso superveniente do sócio ou administrador no polo passivo da demanda. Tem previsão no art. 133 do CPC e é plenamente compatível com o processo coletivo. A grande virtude do CPC neste aspecto foi a criação de um procedimento específico para o IDPJ. O enunciado 51 do CJF contempla o princípio da especificidade das normas relativas ao incidente de desconsideração da personalidade jurídica com relação aos parâmetros existentes nos microssistemas legais.[59]

O incidente de desconsideração da personalidade jurídica também está previsto art. 28 do CDC, havendo abuso de direito, excesso de poder, infração da lei, fato ou ato ilícito ou violação dos estatutos ou contrato social. Também nas hipóteses de falência, insolvência, encerramento ou inatividade da pessoa jurídica provocados por má-administração e sempre que sua personalidade for, de alguma forma, obstáculo ao ressarcimento de prejuízos causados aos consumidores. Observa-se que a despeito de todos os pressupostos fáticos estabelecidos no *caput* do art. 28 do CDC, o § 5º do mesmo artigo contempla a Teoria Menor ao estabelecer que *"também poderá ser desconsiderada a pessoa jurídica sempre que sua personalidade for, de alguma forma,*

---

bilidade de denunciação da lide aos responsáveis (pessoas físicas) pela lesão propugnada na ação, a fim de viabilizar o exercício do direito de regresso contra os agentes responsáveis pelo dano. A resposta, em nosso entendimento, é negativa. O Estado só poderá exercer o direito de regresso contra seus agentes ou prepostos que tenham ocasionado o dano em demanda autônoma". BARROS LEONEL, Ricardo de. *Manual do Processo Coletivo*. 4ª ed. São Paulo: Malheiros, 2017, p. 299.

59. Enunciado 51 do CJF "A teoria da desconsideração da personalidade jurídica – *disregard doctrine* – fica positivada no novo Código Civil, mantidos os parâmetros existentes nos microssistemas legais e na construção jurídica sobre o tema".

obstáculo ao ressarcimento de prejuízos causados aos consumidores". A aplicação da Teoria Menor justifica-se pela proteção ao consumidor hipossuficiente.

Já nas relações de direito civil, adota-se a Teoria Maior, ou seja, é necessário que o interessado demonstre que houve um abuso da personalidade jurídica, mediante o desvio de finalidade ou a confusão patrimonial. Pela aplicação do incidente previsto art. 50 do Código Civil, é possível que os efeitos de certas e determinadas relações de obrigações sejam estendidos aos bens particulares dos administradores ou sócios da pessoa jurídica.[60] A nova redação do artigo 50 trazida pela Lei 13.874/2019 alterou as hipóteses de desconsideração da personalidade jurídica. Entre as alterações, destaca-se a possibilidade de desconsiderar a personalidade jurídica somente do sócio ou administrador que tenha se beneficiado, ainda que indiretamente, do abuso. Também foram criados requisitos alternativos a serem preenchidos para que seja autorizada a desconsideração da personalidade jurídica. O requisito do desvio de finalidade estará preenchido quando a pessoa jurídica for utilizada com o propósito de lesar credores e para a prática de atos ilícitos de qualquer natureza, sem a necessidade, outrora presente na redação da MP 881/19, da demonstração da conduta dolosa.

A lei dos crimes ambientais, Lei 9.605/1998, no art. 4º também estabelece a possibilidade de desconsideração da personalidade jurídica sempre que houver obstáculo ao ressarcimento de prejuízos causados à qualidade do meio ambiente.

A desconsideração da personalidade jurídica é ainda prevista no art. 14 da lei anticorrupção, Lei 12.846; no art. 34 da Lei 12.259/2011, que dispõe sobre a prevenção e a repressão às infrações contra a ordem econômica, e nos juizados especiais pela redação do art. 1.062 do CPC/15.[61] Na seara da improbidade administrativa também se admite a desconsideração.

Com o advento do CPC/15 não há mais razão para afirmar que o IDPJ é uma ação autônoma, pois a sua previsão procedimental indica claramente tratar-se de um incidente processual (art. 795, § 4º, CPC). Nada obstante, a instauração do incidente será dispensada quando a desconsideração for requerida diretamente na inicial, com o devido requerimento de citação do sócio ou da pessoa jurídica (art. 134, § 2º, CPC). Assim, é possível, também, afirmar que o CPC não criou hipóteses da desconsideração, até porque trata-se de seara afeta ao direito material, mas somente fixou qual deverá ser o procedimento aplicável. O STJ, por sua vez, admite outros

---

60. Enunciado 146 do CJF: "Nas relações civis, interpretam-se restritivamente os parâmetros de desconsideração da personalidade jurídica previstos no art. 50 (desvio de finalidade social ou confusão patrimonial" Enunciado 281 do CJF – Art. 50. A aplicação da teoria da desconsideração, descrita no art. 50 do Código Civil, prescinde da demonstração de insolvência da pessoa jurídica. Enunciado 282 do CFJ – Art. 50. O encerramento irregular das atividades da pessoa jurídica, por si só, não basta para caracterizar abuso de personalidade jurídica.

61. Existem outras previsões legais do instituto: art. 2º, § 2º, da CLT; art. 135 do CTN; art. 18, § 3º, da Lei 9.847/1999 e arts. 117, 158, 245 e 246 da Lei 6.404/1976.

CAPÍTULO 11 • INTERVENÇÃO DE TERCEIROS

casos de desconsideração, tais como o da desconsideração entre pessoas jurídicas pertencentes ao mesmo grupo econômico[62] e a desconsideração inversa.[63]

Não há qualquer óbice para a utilização do IDPJ na seara da tutela coletiva. Aliás, tal aplicação decorre da sua presença nas normas jurídicas do microssistema da tutela coletiva, como acima indicado.[64] A nova LIA prevê expressamente a sua aplicação no processo de improbidade administrativa (arts. 16, § 7º e 17, § 15), inclusive a dispensa da instauração do IDPJ se for requerida a desconsideração já na inicial (art. 134, § 2º, do CPC). Há, contudo, na doutrina, quem sustente a aplicação do instituto somente para fins de reparação/ressarcimento do dano, mas não para os capítulos sancionatórios.[65]

7.1. Desconsideração inversa da personalidade jurídica

Um dos principais efeitos da criação de uma pessoa jurídica é autonomia patrimonial. A pessoa jurídica responde com seu patrimônio pelas dívidas contraídas em seu nome. Entretanto, a autonomia patrimonial não pode ser utilizada como subterfúgio a fraudes, por isso, é possível a desconsideração para atingir bens pessoais do sócio. Mas é também possível que o sócio transfira seu patrimônio pessoal para a pessoa jurídica, buscando por meio de abuso de direito a blindagem de seu patrimônio pessoal. Nesses casos, o § 2º do art. 133, do CPC prevê a possibilidade de desconsideração inversa da personalidade jurídica. Trata-se da possibilidade de se atingir bens da pessoa jurídica com vistas a saldar dívidas pessoais dos sócios, afastando a autonomia patrimonial da pessoa jurídica.[66] Não pode ser confundida com a desconsideração indireta da personalidade jurídica, porque nesta haverá a desconsideração da personalidade jurídica da empresa controlada para atingir o patrimônio da empresa controladora, que, em geral, detém um patrimônio mais significativo e robusto capaz da saldar as dívidas da empresa controlada. É comumente usada com lastro no art. 2º, § 2º da CLT.

7.2. Desconsideração expansiva da personalidade jurídica

A desconsideração expansiva da personalidade jurídica se faz necessária quando a pessoa física, que deveria responder subsidiariamente pelos débitos da

---

62. AgRg no REsp 1229579/MG, Rel. Min. Raul Araújo, 4ª T., j. 18.12.2012, DJe 08.02.2013.
63. REsp 1236916/RS, Rel. Min. Nancy Andrighi, 3ª T., j. 22.10.2013, DJe 28.10.2013.
64. "Não há qualquer dúvida a respeito da aplicabilidade desse incidente processual às ações coletivas que tenham como pedido a condenação do réu ao pagamento de quantia certa e às execuções coletivas da mesma natureza." NEVES, Daniel Amorim Assumpção. *Manual de Processo Coletivo*. 3ª ed. Salvador: JusPodivm, 2017, p. 304.
65. "Tenho uma tendência a defender a aplicabilidade, sendo permitido ao Ministério Público desde já incluir responsáveis patrimoniais secundários na petição inicial. É natural, entretanto, que nesse caso os sócios que sejam incluídos como réu exclusivamente por conta da pretendida desconsideração da personalidade jurídica respondam apenas pela eventual reparação ao Erário, não sendo cabível o pedido de aplicação de sanções contra eles meramente por conta de referida desconsideração."
66. REsp 1647362/SP Rel. Min. Nancy Andrighi, 3ª T., j. 10.08.2017.

pessoa jurídica, também não dispõe de patrimônio suficiente, tendo transferido os bens para uma segunda pessoa jurídica.[67] Esta modalidade de desconsideração tem ainda mais utilidade quando aplicável para permitir atingir bens de sócio oculto ("laranjas", "homem de gelo", "testa de ferro" ou "homem de palha"), conforme já decidiu o STJ.[68]

8. INTERVENÇÃO ATÍPICA, ANÔMALA OU ANÓDINA

Intervenção atípica, anômala ou anódina é a intervenção que prescinde de interesse jurídico, ou melhor, da demonstração do interesse jurídico, por isso se denomina atípica (art. 5º, parágrafo único, Lei 9.469/1997). As pessoas jurídicas de direito público poderão, nas causas cuja decisão possa ter reflexos, ainda que indiretos, de natureza econômica, intervir, independentemente da demonstração de interesse jurídico, para esclarecer questões de fato e de direito, podendo juntar documentos e memoriais reputados úteis ao exame da matéria e, se for o caso, recorrer, hipótese em que, para fins de deslocamento de competência, serão consideradas partes.

Esta modalidade de intervenção pode acarretar o deslocamento da competência do juízo. Caso, em uma demanda em curso perante um juízo estadual, surja uma pessoa jurídica de direito público federal requerendo o seu ingresso como terceiro, deverá ocorrer a remessa dos autos ao juízo federal para que este, conforme determina o art. 109, I, CR/88, verifique a efetiva presença do interesse (súmula 150 do STJ e art. 45, CPC).[69] Tal interesse não precisa ser jurídico, pois além do art. 109, I, CR/88 referir-se genericamente ao termo "interessadas" sem qualquer outro designativo, o art. 5º, parágrafo único, Lei 9.469/1997 afasta a necessidade da demonstração do interesse jurídico.

O juízo federal irá, portanto, somente verificar se existe o interesse. Em caso positivo, o feito permanecerá perante o juízo federal e ocorrerá o deslocamento da competência. Em caso negativo, os autos serão remetidos de volta ao juízo estadual para ser dada continuidade à relação jurídica processual. Em ambos os casos, não será possível ao juízo estadual suscitar o conflito de competência (súmulas 224 e 254 do STJ e art. 45, § 3º, CPC).[70]

---

67. "Trata-se de nomenclatura utilizada para designar a possibilidade de desconsiderar uma pessoa jurídica para atingir a personalidade do sócio oculto, que, não raro, está escondido na empresa controladora". FARIAS, Cristiano Chaves de; ROSENVALD, Nelson. *Direito Civil: teoria geral*. 9ª ed. Rio de Janeiro: Lumen Juris, 2011, p. 455.

68. RMS 15.166/BA, Rel. Min. Castro Meira, 2ª T., j. 07.08.2003, DJ 08.09.2003.

69. Súmula 150 do STJ: Compete à Justiça Federal decidir sobre a existência de interesse jurídico que justifique a presença, no processo, da União, suas autarquias ou empresas públicas. Art. 45, do CPC/2015.

70. Súmula 224 do STJ: Excluído do feito o ente federal, cuja presença levara o Juiz Estadual a declinar da competência, deve o Juiz Federal restituir os autos e não suscitar conflito. Súmula 254 do STJ: A decisão do Juízo Federal que exclui da relação processual ente federal não pode ser reexaminada no Juízo Estadual. Art. 45, § 3º, CPC: § 3º O juízo federal restituirá os autos ao juízo estadual sem suscitar conflito se o ente federal cuja presença ensejou a remessa for excluído do processo.

Caso o ente federal (pessoa jurídica de direito público federal), ao invés de requerer a sua intervenção por meio de simples petição, interponha um recurso da decisão do juízo estadual, haverá imediato deslocamento da competência para a Justiça Federal, conforme preconiza a parte final do art. 5º, parágrafo único da Lei 9.469/1997.

O STJ recentemente proferiu duas decisões relevantes sobre o tema: i) "Existindo interesse jurídico da União no feito, na condição de assistente simples, a competência afigura-se da Justiça Federal, portanto compete ao TRF o julgamento de embargos de declaração opostos contra acórdão proferido pela Justiça Estadual";[71] ii) "Em demandas relativas a direito à saúde, não é possível o juiz estadual determinar a inclusão da União no polo passivo da demanda, ainda que a parte autora opte pela não inclusão, ante a solidariedade dos entes federados".[72]

Especificamente sobre as demandas relativas à tutela judicial da saúde, o STJ, no Tema 14 do IAC,[73] fixou três teses jurídicas, a saber: i) "Nas hipóteses de ações relativas à saúde intentadas com o objetivo de compelir o Poder Público ao cumprimento de obrigação de fazer consistente na dispensação de medicamentos não inseridos na lista do SUS, mas registrado na ANVISA, deverá prevalecer a competência do juízo de acordo com os entes contra os quais a parte autora elegeu demandar"; ii) "as regras de repartição de competência administrativas do SUS não devem ser invocadas pelos magistrados para fins de alteração ou ampliação do polo passivo delineado pela parte no momento da propositura ação, mas tão somente para fins de redirecionar o cumprimento da sentença ou determinar o ressarcimento da entidade federada que suportou o ônus financeiro no lugar do ente público competente, não sendo o conflito de competência a via adequada para discutir a legitimidade ad causam, à luz da Lei n. 8.080/1990, ou a nulidade das decisões proferidas pelo Juízo estadual ou federal, questões que devem ser analisada no bojo da ação principal"; iii) "a competência da Justiça Federal, nos termos do art. 109, I, da CF/1988, é determinada por critério objetivo, em regra, em razão das pessoas que figuram no polo passivo da demanda (competência ratione personae), competindo ao Juízo federal decidir sobre o interesse da União no processo (Súmula 150/STJ), não cabendo ao Juízo estadual, ao receber os autos que lhe foram restituídos em vista da exclusão do ente federal do feito, suscitar conflito de competência (Súmula 254/STJ)."

9. *AMICUS CURIAE*

O *amicus curiae* é uma modalidade interventiva cabível em razão da "relevância da matéria, da especificidade do tema objeto da demanda ou a repercussão social da controvérsia", sendo estas as suas justificativas, alternativas, diga-se, para a admissão

---

71. EREsp 1.265.625-SP, Rel. Min. Francisco Falcão, Corte Especial, por maioria, j. 30.03.2022
72. AgInt no CC 182.080-SC, Rel. Min. Manoel Erhardt (Desembargador convocado do TRF da 5ª Região), 1ª Seção, por unanimidade, j. 22.06.2022.
73. CC 188.002-SC, Rel. Min. Gurgel de Faria, 1ª Seção, por unanimidade, j. 12.04.2023. (Tema IAC 14/STJ).

no processo (art. 138, *caput*, do CPC).[74] Além disso, é imprescindível a presença de representatividade adequada do interveniente que, por certo, não pode ser confundida com a concordância unânime de todos os seus membros e, muito menos, com a mera participação em diversos processos sobre o mesmo tema, como já definido pelo STJ em sede de julgamento de recursos repetitivos.[75]

Esta previsão legal geral[76] (art. 138, CPC), em nosso sentir, deve acarretar a revisão da posição restritiva do STJ em somente admitir a intervenção do *amicus curiae* nos casos previstos em lei.[77] Ora, como não havia, ainda, uma previsão geral, o STJ entendia que o cabimento desta modalidade deveria ser permitido somente nos casos regulamentados, entretanto, com o advento do CPC/15, tal entendimento perde totalmente o sentido.

É admitido no processo para fornecer subsídios instrutórios (probatórios ou jurídicos) à solução da demanda, portanto, auxilia o órgão jurisdicional no sentido de que lhe traz mais elementos para decidir, não ostentando condição de parte. O interveniente, portanto, não ingressa no feito para a defesa de interesse próprio, mas para auxiliar no correto deslinde do feito.[78] Pode ser considerado como um dos mais importantes instrumentos para efetivação de um processo democrático e colaborativo.[79]

Apesar da inexistência de interesse jurídico no resultado da demanda, como se verifica na hipótese de assistência simples, não há como negar a existência de, no mínimo, um interesse institucional que justifique a sua participação na relação jurídica processual.[80] Este interesse institucional pode ser usado por colegitimado para ingressar como *amicus curiae*, notadamente em processos coletivos especiais.

---

74. Há quem, apesar da previsão legal geral, continue afirmando ser uma intervenção atípica: "Mesmo que o Novo Código de Processo Civil tenha passado a prever expressamente o amicus curiae entre os terceiros intervenientes típicos, com o que concordo plenamente, não acredito em mudança do Supremo Tribunal Federal a respeito da qualidade processual que adquire ao ingressar no processo, de forma que continuarei a tratá-lo como terceiro interveniente atípico." (...) "Ainda que substancialmente diferente dos terceiros intervenientes tradicionais, prefiro o entendimento de que a intervenção ora analisada é uma espécie diferenciada de intervenção de terceiro, tendo como principal consequência a atribuição da natureza jurídica de parte após sua admissão no processo." NEVES, Daniel Amorim Assumpção. *Manual de Processo Coletivo*. 3ª ed. Salvador: JusPodivm, 2017, p. 297.
75. REsp 1371128/RS, Rel. Min. Mauro Campbell Marques, 1ª Seção, j. 10.09.2014, DJe 17.09.2014.
76. "Sucede que, com o CPC-2015, a previsão de intervenção de amicus curiae foi generalizada." DIDIER JÚNIOR, Fredie; ZANETI JUNIOR, Hermes. *Curso de Direito Processual Civil. Processo Coletivo*. 11ª ed. Salvador: JusPodivm, 2017, p. 238.
77. REsp. 1.023.053-RS, Rel. Min. Maria Isabel Gallotti, j. 23.11.2011.
78. "no sistema da Common Law é uma pessoa qualificada pelo saber jurídico, que as Cortes convocam por iniciativa própria com vista a obter luzes sobre temas de sua especialização; (...) Na linguagem brasileira, seria lícito dizer que esse amicus curiae é autêntico auxiliar eventual da Justiça, chamado para colaborar com o tribunal e sujeito ao dever de imparcialidade." DINAMARCO, Cândido Rangel. *Vocabulário do Processo Civil*. 2ª ed. São Paulo: Malheiros Editores, 2014, p. 311.
79. "Trata-se de hipótese de intervenção na qual o interveniente não apresenta um interesse individualizado e específico, mas, sim, o propósito de oferecer contribuições ao Poder Judiciário no sentido do mais adequado equacionamento da controvérsia." BARROS LEONEL, Ricardo de. *Manual do Processo Coletivo*. 4ª ed. São Paulo: Malheiros, 2017, p. 315.
80. "Por outro lado, demonstra-se a existência de um interesse institucional por parte do amicus curiae que, apesar da proximidade com o interesse público, com este não se confunde. O interesse institucional é voltado

A intervenção do *amicus curiae* pode ser voluntária ou provocada, pode decorrer de pedido de uma das partes ou do próprio terceiro. Pode também ser requisitado de ofício pelo juiz ou relator. A decisão que admite o *amicus curiae* é irrecorrível (art. 138, CPC). Já em caso de sua inadmissão é cabível interposição de agravo de instrumento (arts. 1015, IX c/c 1021, CPC).[81]

A intervenção do *amicus curiae* é prevista em vários dispositivos do ordenamento jurídico, notadamente arts. 138 e 927, § 2º, do CPC (alteração de entendimento sumulado ou adotado em julgamento por amostragem); arts. 950, §§ 2º e 3º, do CPC (incidente de arguição de inconstitucionalidade); art. 983, do CPC (incidente de resolução de demandas repetitivas); art. 1.035, § 4º, do CPC (repercussão geral); art. 1.038, I, do CPC (recursos especiais e extraordinários repetitivos) art. 7º, § 2º, da Lei 9.868/1999 (ADI); art. 6º, § 1º, da Lei 9.882/1999 (ADPF); art. 3º, § 2º, da Lei 11.417/2006 (Súmula Vinculante); art. 14, § 7º, da Lei 10.259/2001 (Juizados Especiais Federais); art. 32 da Lei 4.726/1965 (Junta Comercial); art. 31 da Lei 6.385/1976 (Comissão de Valores Mobiliários – CVM); art. 118 da Lei 12.529/2011 (CADE); arts. 56, 57, 173 e 175 da Lei 9.279/1996 (INPI) e art. 896-C, § 8º, da CLT.

Não existe qualquer óbice para a sua admissibilidade nos processos coletivos, ao reverso, deve ser estimulada a intervenção do *amicus curiae* para fins de fomentar o devido processo legal democrático e participativo com a devida pluralização do debate, mormente em casos de grande repercussão nos quais há uma intensa conflituosidade interna.[82] Ademais, a previsão legal expressa que admite a figura do *amicus curiae* nos processos coletivos especiais já seria suficiente para fundamentar este entendimento, por decorrência direta do microssistema da tutela coletiva.

Considerando, por fim, que o CPC permite a atuação, como *amicus curiae*, de pessoas jurídicas e físicas, surge a seguinte indagação: **será possível admitir a intervenção individual, como** *amicus curiae*, **de uma pessoa física em processo coletivo, ainda que a demanda verse sobre direito essencialmente coletivo?**

à melhor solução possível do processo por meio do maior conhecimento da matéria e dos reflexos no plano prático da decisão. Esse verdadeiro interesse jurídico, diferente do interesse jurídico do assistente, porque não diz respeito a qualquer interesse subjetivo, é justamente o que legitima a participação do amicus curiae no processo." (…) "Por interesse institucional compreende-se a possibilidade concreta do terceiro em contribuir com a qualidade da decisão a ser proferida, considerando-se que o terceiro tem grande experiência na área à qual a matéria discutida pertence." NEVES, Daniel Amorim Assumpção. *Manual de Processo Coletivo*. 3ª ed. Salvador: JusPodivm, 2017, p. 299.

81. NEVES, Daniel Amorim Assumpção. *Manual de Processo Coletivo*. 3ª ed. Salvador: JusPodivm, 2017, p. 299.

82. "Com a edição do Código de Processo Civil/2015 a questão restou superada e consolidada. É que o art. 138 do referido Código passou a conter regra expressa, de validade e eficácia geral, a respeito desta modalidade de intervenção – dispositivo aplicável tanto ao processo individual como ao processo coletivo." BARROS LEONEL, Ricardo de. Manual do Processo Coletivo. 4ª ed. São Paulo: Malheiros, 2017, p. 317. "Não há mais espaço para a discussão sobre o cabimento de intervenção do amicus curiae em processo coletivo. Trata-se, assim, de mais um impacto positivo do CPC-2015 na tutela jurisdicional coletiva." DIDIER JÚNIOR, Fredie; ZANETI JUNIOR, Hermes. *Curso de Direito Processual Civil. Processo Coletivo*. 11ª ed. Salvador: JusPodivm, 2017, p. 238.

A intervenção individual em processo coletivo já foi devidamente abordada acima, mas não devemos confundir as hipóteses. A intervenção individual prevista no art. 94, CDC tem finalidade diversa da intervenção como *amicus curiae*. Nesta, como visto, o objetivo é pluralizar o debate acerca de determinado tema possibilitando, por conseguinte, uma relação jurídica processual mais democrática com um controle social mais efetivo dos legitimados coletivos e das soluções jurídicas encontradas e aplicadas.[83] Ademais, decorre diretamente do modelo cooperativo de processo e do modelo experimentalista.[84]

10. INTERVENÇÃO MÓVEL – DESPOLARIZAÇÃO DA DEMANDA – REVERSIBILIDADE DA POSIÇÃO PROCESSUAL – ATUAÇÃO PENDULAR – MIGRAÇÃO SUCESSIVA

A lei de ação popular no seu art. 6º, § 3º, prevê a possibilidade de que pessoas jurídicas de direito público ou de direito privado abstenham-se de contestar ou atuar ao lado do autor, se for útil ao interesse público. A rigor, permite, que migrem do polo passivo (posição originária, conforme art. 6º, *caput*) para o polo ativo, desde que tal migração esteja justificada em um interesse público. Esta migração gera a chamada despolarização da demanda[85] ou também reversão da

---

83. "Essa abordagem tem uma série de vantagens: a) permite a participação do membro do grupo sem que ocorra discussão sobre sua legitimidade, pois, "supera entraves dogmáticos, pragmáticos e políticos que dificultam a aceitação de indivíduos como assistentes das partes no processo coletivo"; b) permite um amplo controle social da legitimação, afinal "a participação de um amicus curiae retira do juiz e do Ministério Público, quando atua como custos legis, a responsabilidade por controlarem sozinhos a adequação do representante"; c) amplia o contraditório, compreendido como direito de influência e dever de debates, o que fomenta uma decisão mais qualificada, pois "contribui para o exercício do contraditório ao fomentar uma discussão multilateral. Afinal, não apenas os membros dos grupos afetados podem participar do debate na qualidade de *amici curiae*, mas qualquer pessoa que tenha um profundo interesse na resolução da causa." DIDIER JÚNIOR, Fredie; ZANETI JUNIOR, Hermes. *Curso de Direito Processual Civil. Processo Coletivo.* 11ª ed. Salvador: JusPodivm, 2017, p. 240/241.
84. "Inclusive, o exercício do contraditório deve ser compreendido de modo diverso, não se esgotando na atuação das partes do processo. O processo já não é tão alheio assim (como se imagina, por exemplo, ao tratar da intervenção de terceiros). Ganha importância nesse cenário a participação dos *amici curiae*, quebrando o caráter bipolarizado do litígio – como se o que ali se discute ou se decide importasse apenas para as partes, ou no máximo para aqueles terceiros que podem ser juridicamente prejudicados (em sua relação conexa à controvertida ou dela dependente)." MOREIRA, Egon Bockmann; BAGATIN, Andreia Cristina; ARENHART, Sérgio Cruz; FERRARO, Marcella Pereira. *Comentários à Lei de Ação Civil Pública – revisitada, artigo por artigo, à luz do Novo CPC e temas atuais.* São Paulo: Ed. RT, 2017, p. 298.
85. "Enfrentaremos a questão buscando salientar alguns pontos principais, especialmente no que tange: I) ao dinamismo da relação processual, que nos permite tratar a legitimidade e o interesse em aspectos cambiáveis no tempo e sem uma rigidez absoluta; II) reconhecer que esse dinamismo nos faz identificar situações processuais em que determinados sujeitos, p.ex., tenham, simultaneamente, interesses comuns e contrapostos, ainda que figurem no mesmo polo da demanda, o que demonstra que somente cabe, no processo moderno, uma compreensão dinâmica do interesse e da legitimidade; para tanto, trabalharemos o tema da legitimidade ad actum e o conceito, que ora propomos, de "zonas de interesse"." (...) "Em razão do dinamismo da relação processual, é só na sua verificação casuística que a legitimidade encontra sua completa e mais pura finalidade. Se a função desse limite subjetivo ao exercício de funções processuais é analisar a correspondência entre o modelo legal e a situação de fato, a legitimidade só pode ser precisa em cada caso concreto e para cada ato processual." CABRAL, Antonio do Passo. Despolarização da demanda e "zonas de

posição processual[86] e a consequente mitigação da regra da estabilização subjetiva da lide (*perpetuatio legitimationis*).[87]

Não há falar em preclusão do direito, pois, além de a mencionada lei não trazer limitação quanto ao momento em que deve ser realizada a migração, o seu art. 17 preceitua que a entidade pode, ainda que tenha contestado a ação, proceder à execução da sentença na parte que lhe caiba, ficando evidente a viabilidade de composição do polo ativo a qualquer tempo. Há, inclusive, precedentes do STJ neste sentido.[88]

A intervenção móvel também estava prevista na lei de improbidade administrativa. Com o advento da lei 14.230/21 o art. 17, § 3º foi revogado e a atuação processual da pessoa jurídica interessada/prejudicada foi redesenhada. Com efeito, a legitimidade ativa para a propositura da demanda passou a ser, inicialmente, exclusiva do Ministério Público,[89] mas para a etapa procedimental da liquidação e cumprimento de sentença, a legitimidade ativa é originária da pessoa jurídica interessada/prejudicada e subsidiária para o MP.

De toda forma, considerando a redação do art. 17, §14, da LIA, há a obrigatoriedade da sua intimação para integrar a relação jurídica processual. Tal intimação, pela redação do artigo, é cogente, porém o STJ, antes da nova LIA, assentou entendimento sobre a não obrigatoriedade da comunicação da demanda[90]. Penso que a intimação é obrigatória, mas não a sua participação na relação processual, porquanto definida pela própria representação processual da pessoa jurídica, sem maiores consequências processuais, exceto a sua eventual inércia na adoção das providências cabíveis na etapa da liquidação/cumprimento de sentença, conforme previsto no art. 18, §§1º e 2º, da LIA.

---

interesse": sobre a migração entre polos da demanda. In: DIDIER JUNIOR, Fredie (ord.) *Reconstruindo a Teoria Geral do Processo*. Salvador: JusPodivm, 2012, p. 230.

86. BARROS LEONEL, Ricardo de. *Manual do Processo Coletivo*. 4ª ed. São Paulo: Malheiros, 2017, p. 317.

87. "Trata-se, em verdade, de quebra da regra da estabilidade subjetiva do processo em favor do interesse público; por isso, essa espécie interventiva já foi chamada de "intervenção móvel". No caso ocorre uma "despolarização da demanda", com a mudança de polo de uma das partes." DIDIER JÚNIOR, Fredie; ZANETI JUNIOR, Hermes. *Curso de Direito Processual Civil. Processo Coletivo*. 11ª ed. Salvador: JusPodivm, 2017, p. 242. "A estabilização da demanda, objetiva ou subjetiva, tem a finalidade de assegurar o adequado exercício do contraditório e da ampla defesa, evitando surpresas às partes e possibilitando um planejamento estratégico de cada um. Porém, pensamos que, respeitadas as avaliações já feitas e as expectativas criadas aos sujeitos do processo, pode haver uma flexibilização dessa estabilidade para viabilizar a migração de polo. O juiz procederá à análise da conveniência e admissibilidade da alteração subjetiva da demanda, valorando os potenciais prejuízos às partes e ao andamento do processo." CABRAL, Antonio do Passo. Despolarização da demanda e "zonas de interesse": sobre a migração entre polos da demanda. In: DIDIER JUNIOR, Fredie (ord.) *Reconstruindo a Teoria Geral do Processo*. Salvador: JusPodivm, 2012, p. 230.

88. REsp 945.238/SP, Rel. Min. Herman Benjamin, 2ª T., j. 09.12.2008, DJe 20.04.2009; REsp 1185928/SP, Rel. Min. Castro Meira, 2ª T., j. 15.06.2010, DJe 28.06.2010; REsp 945.238/SP, Rel. Min. Herman Benjamin, 2ª T., j. 09.12.2008, DJe 20.04.2009.

89. O STF reconheceu a inconstitucionalidade da legitimidade exclusiva do Ministério Público nas ADIs 7042 e 7043.

90. Resp. 886.524/SP, 2ª T., Rel. Min. João Otávio de Noronha, j. 23.10.2007; Resp 526.982/MG, 1ª T., Rel. Min. Denise Arruda, j. 06.12.2005.

Ao ser intimada, preferencialmente após o momento processual da defesa do réu, portanto, penso ser plenamente possível a escolha da posição processual, bem como a eventual mudança de polo da demanda, desde que haja fundamentação adequada e específica e que seja útil ao *interesse público*,[91] *sem a aplicação do sistema de preclusão temporal e/ou consumativa.*[92] Ostentará, por certo, todos os poderes e faculdades processuais durante toda a relação jurídica processual.[93]

Reconhecimento, portanto, da legitimidade concorrente e disjuntiva entre o MP e pessoa jurídica interessada para a ação por improbidade administrativa e ANPC, com todos os consectários inerentes. É inconstitucional, por via de consequência, a regra transitória prevista no art. 3º, da lei 14.230/21.

Com a decisão, a intervenção móvel da pessoa jurídica interessada (arts. 5º, pu, Lei 9469/97 c/c 6º, §3º, LAP), sob a perspectiva da despolarização da demanda, volta a ser possível.

Nas demandas propostas pelo MP, haverá a citação da pessoa jurídica interessada para integrar a relação jurídica processual e a escolha de um dos polos da demanda. Poderá, ainda, migrar de um polo para o outro ou simplesmente não aderir a um dos polos.

Nas demandas propostas pela pessoa jurídica interessada, haverá a necessidade de intimação do MP para integrar a relação jurídica processual como *custus iuris*.

Outro efeito prático da decisão é a possibilidade de assunção do processo caso o legitimado originário (que exerceu judicialmente a pretensão) der causa à possibilidade de extinção do processo sem resolução de mérito (arts. 9º, LAP c/c 5º, §3º, LACP).O art. 17, § 20, da LIA determina ao assessor jurídico responsável pelo parecer jurídico que autorizou a prático do ato qualificado juridicamente como de improbidade administrativa a defesa do agente público até o trânsito em julgado. Perceba-se que são atuações processuais diversas!

Entretanto, o STF reconheceu a inconstitucionalidade do art. 17, §20, da LIA, portanto deixa de constar a obrigatoriedade da defesa do agente público pela assessoria jurídica.

---

91. "Assim, a intervenção prevista no §14 do art. 17, da Lei nº 8.429/92, é discricionária e deve ser exercida segundo o critério exclusivo do representante da pessoa jurídica de direito público interessada. Trata-se de opção que, permissa vênia, não está sujeita à oposição do Ministério Público e nem ao controle judicial." GAJARDONI, Fernando da Fonseca; CRUZ, Luana Pedrosa de Figueiredo; JÚNIOR, Luiz Manoel Gomes; FAVRETO, Rogério. *Comentários à nova lei de improbidade administrativa*, 5ª ed. São Paulo: Ed. RT, 2021, p. 341.

92. DECOMAIN, Pedro Roberto. Improbidade Administrativa, São Paulo: Atlas, 2017, p. 158.

93. "Dentro das diversas possibilidades visando o efetivo ressarcimento aos cofres públicos, resta viável à Fazenda Pública: a) postular tutelas de urgência antecedentes; b) pedir o aditamento da petição inicial, desde que obedecidos os prazos legais, ou seja, antes da citação; c) executar o título judicial, mesmo que inicialmente tenha contestado a ação (art. 17 da Lei da Ação Popular); d) recorres das decisões que lhe forem contrárias; e) pedir hipoteca judiciária quando houver sentença acolhendo o pedido, mesmo que ilíquida a condenação (art. 495, §1º, inciso I, do CPC/2015)." GAJARDONI, Fernando da Fonseca; CRUZ, Luana Pedrosa de Figueiredo; JÚNIOR, Luiz Manoel Gomes; FAVRETO, Rogério. *Comentários à nova lei de improbidade administrativa*. 5ª ed. São Paulo: Ed. RT, 2021, p. 338.

Esse capítulo decisório possui relevância enorme, pois, além de ser o início do reconhecimento da necessidade de independência das procuradorias jurídicas, há a indicação de que a defesa do agente público deve ser realizada por advocacia privada.

Em minha opinião, a procuradoria ou assessoria jurídica ostentam o dever jurídico de promover a defesa da pessoa jurídica (art. 75, I ao IV, CPC) e não do agente público, mormente nas ações por improbidade administrativa.

Ora, as ações não são propostas em face da pessoa jurídica, mas do agente público.

A lei do mandado de segurança, no art. 7º, II ao estabelecer que o juiz, ao receber a inicial deverá cientificar do feito o órgão de representação judicial da pessoa jurídica interessada, enviando-lhe cópia da inicial sem documentos, para que, querendo, ingresse no feito, pode ser confundida com a intervenção móvel, mas não há, a rigor, qualquer alteração no polo da demanda, apesar não estar vedada, mas somente uma escolha sobre a sua efetiva participação na relação jurídica processual.

Considerando a existência do microssistema da tutela coletiva, podemos concluir ser plenamente possível a ocorrência da intervenção móvel nas demais demandas coletivas, porquanto verificada a regulamentação omissa.[94] O próprio STJ reconhece esta aplicabilidade em seus precedentes.[95]

Considerando a aplicabilidade da intervenção nas demais demandas coletivas, há quem sustente que o acordo de leniência previsto no art. 16 da LAC possa ser utilizado como forma de fundamentar a intervenção móvel na ação de responsabilidade civil prevista na mesma lei (art. 21).[96]

---

94. MAZZEI, Rodrigo. A ação popular e o microssistema da tutela coletiva. In: GOMES JUNIOR, Luiz Manoel; SANTOS FILHO, Ronaldo Fenelon (coords.). *Ação Popular: aspectos relevantes e controvertidos*. São Paulo: RCS, 2006, p. 414-418. No mesmo sentido, podemos mencionar: "A regra é extensível a todo o microssistema do processo coletivo. Duas são as razões para a extensão. A primeira decorre do fato de as ações coletivas poderem ter objeto idêntico ao das ações populares: ações populares multilegitimárias, aplicando-se, aqui, por analogia por força de servirem a mesma finalidade. A outra, ainda mais ampla, revela que nos processos coletivos há necessidade de flexibilizar a estabilidade subjetiva do processo sempre que for necessário para a tutela mais adequada do interesse público." DIDIER JÚNIOR, Fredie; ZANETI JUNIOR, Hermes. *Curso de Direito Processual Civil. Processo Coletivo*. 11ª ed. Salvador: JusPodivm, 2017, p. 243. "A primeira observação a fazer é que, considerando a interação das leis que tratam das ações coletivas, as disposições acima mencionadas devem ser aplicadas não apenas nas ações de improbidade e na ação popular, mas em qualquer ação coletiva ou civil pública." BARROS LEONEL, Ricardo de. *Manual do Processo Coletivo*. 4ª ed. São Paulo: Malheiros, 2017, p. 317.
95. REsp 791.042/PR, Rel. Min. Luiz Fux, 1ª T., j. 19.10.2006, DJ 09.11.2006; REsp 945.238/SP, Rel. Min. Herman Benjamin, 2ª T., j. 09.12.2008, DJe 20.04.2009.
96. "A Lei n. 12.846/2013 (Lei Anticorrupção), ao prever o acordo de leniência (art. 16), estimula a pessoa jurídica a colaborar com os órgãos públicos no interesse público. A intervenção móvel é uma das maneiras que a legislação dispõe para estimular essa atuação ao lado do interesse público. Perceba-se: a parte, pessoa jurídica de direito público ou privado, a juízo de seu representante, se isto for mais conveniente ao interesse público, poderá não contestar, atuar ao lado do autor; ou até mesmo, não intervir na causa para assumir a posição de amicus curiae, fornecendo ao órgão julgador subsídios técnicos e informações para melhor decidir, como ocorre nos acordos de leniência." DIDIER JÚNIOR, Fredie; ZANETI JUNIOR, Hermes. *Curso de Direito Processual Civil. Processo Coletivo*. 11ª ed. Salvador: JusPodivm, 2017, p. 244.

Questão de grande relevo é saber o seguinte: *pode a Fazenda Pública, mesmo atuando ao lado do autor popular, requerer a improcedência do pedido?*

Considerando que a atuação da Fazenda Pública é completamente autônoma à do autor popular, mas não há uma liberdade meramente discricionária,[97] é possível tal requerimento, desde que esteja devidamente acompanhado de uma fundamentação adequada e específica, na forma do art. 489, § 1º, CPC, mormente quando o encerramento da instrução probatória gera tal conclusão, sob pena de ser reconhecida uma atuação contrária aos interesses da coletividade, o que não será admissível.[98]

O art. 9º estabelece que qualquer cidadão e o MP podem promover o prosseguimento da ação popular se o autor desistir da ação ou der motivo à absolvição da instância. O art. 16 estabelece que, decorridos *60 (sessenta) dias da publicação da sentença condenatória de segunda instância*, sem que o autor ou terceiro promova a respectiva execução, o Ministério Público a promoverá nos 30 (trinta) dias seguintes, sob pena de falta grave. O art. 16 permitida às pessoas ou entidades referidas no art. 1º, ainda que hajam contestado a ação, promover, *em qualquer tempo,* e no que as beneficiar, a execução da sentença contra os demais réus.

Mais uma questão que surge é saber: **pode a Fazenda Pública assumir a condução do processo e da legitimidade ativa quando houver causa para a absolvição de instância?**

A Fazenda Pública poderá assumir a condução do processo e da legitimidade na hipótese, desde que: a) o Ministério Público ou outro cidadão-eleitor não tenham assumido a condução, pois a lei, de forma clara, lhes conferiu tal protagonismo (art.

---

97. "não se pode afirmar que a pessoa jurídica interessada tenha plena liberdade para assumir qualquer posição processual, pois veda-se a defesa pura e simples do ato impugnado e reflexamente de seus autores, sem que se demonstre a existência de interesse público na sua atuação." SOBRANE, Sérgio Turra. *Improbidade Administrativa – Aspectos Materiais, Dimensão Difusa e Coisa Julgada.* São Paulo: Atlas, 2010, p. 132-135. "atribui-se à pessoa jurídica o poder de assumir, no processo, a posição que melhor convier ao interesse público, refutando ou concordando com as alegações do Ministério Público." DIDIER JÚNIOR, Fredie; ZANETI JUNIOR, Hermes. *Curso de Direito Processual Civil. Processo Coletivo.* 4ª ed. Salvador: JusPodivm, p. 250-251. No mesmo sentido, RODRIGUES, Marcelo Abelha. *Processo Civil Ambiental.* 2ª ed. São Paulo: Ed. RT, 2010, p. 94.

98. "Contudo, invertendo a situação, será possível que a pessoa jurídica que aderiu ao polo ativo da ação popular, utilizando-se da retratabilidade do parágrafo 3º do artigo 6º da LAP, venha requerer a improcedência do pedido? Em tese, essa possibilidade não pode ser descartada. Pelos interesses em jogo, mesmo que a pessoa jurídica tenha se retratado na fase postulatória, vindo a aderir ao pedido do autor, se, em exemplo, depois de efetuada a dilação probatória, ficar demonstrado que não houve qualquer ato ilegal, não vemos óbice para que a mesma venha a requerer a improcedência do pedido contido na ação popular. Importante, todavia, que a alteração de postura sempre se ultime de forma motivada e com o fim claro de preservar o patrimônio descrito no artigo 5º, LXXIII da Constituição da República." MAZZEI, Rodrigo. *Comentários à Lei de Ação Civil Pública e Ação Popular.* COSTA, Susana Henriques da. (coord.) São Paulo: Editora Quartier Latin. 2006, p. 184. No mesmo sentido, porém referindo-se ao caso de intervenção móvel na demanda de improbidade administrativa: "Atribui-se à pessoa jurídica o poder de assumir, no processo, a posição que mais bem convier ao interesse público, refutando ou concordando com as alegações do Ministério Público, ou mesmo, deixando de contestar a demanda." DIDIER JÚNIOR, Fredie; ZANETI JUNIOR, Hermes. *Curso de Direito Processual Civil. Processo Coletivo.* 11ª ed. Salvador: JusPodivm, 2017, p. 241.

9°, LAP); b) tenha realizado a intervenção móvel prevista no art. 6°, § 3°, LAP. Esta possibilidade é simples de ser sustentada, pois: a) a Fazenda Pública já figura no polo ativo da demanda; b) tal assunção pode ocorrer na fase de cumprimento de sentença, ainda que tenha oferecido contestação na fase de conhecimento; c) princípio da máxima efetividade da tutela coletiva; d) legitimidade coletiva é extraordinária concorrente disjuntiva; e) é legitimada para a propositura da ação civil pública que pode ostentar o mesmo objeto da ação popular.[99]

O STJ, reconhecendo a possibilidade da retratabilidade da Fazenda Pública, segue o mesmo entendimento, desde que cumprido o rito previsto no art. 9°, LAP, mas com fundamento na inexistência de óbice legal e na presença de interesse público subjacente.[100]

O tema não é pacífico. Há, na doutrina, quem defenda a impossibilidade da assunção da condução do processo pela Fazenda Pública, pois a sua atuação, após a migração para o polo ativo, será somente adesiva, ou seja, sem qualquer autonomia para a condução do processo.[101]

Por fim, uma indagação merece ser feita: **considerando a existência da intervenção móvel e do microssistema da tutela coletiva, podem os demais legitimados coletivos assumirem a condução da ação por improbidade administrativa quando ocorrer a absolvição de instância?**

---

99. "(...) não há qualquer trancamento legal, a nosso sentir, que a impeça a dar continuidade à ação popular como postulante, pois a conduta da litigante demonstra o interesse na procedência do pedido. Se, com o interesse no resultado positivo da ação, permite-se à pessoa jurídica aderir ao polo ativo, não há motivo para se vedar a possibilidade de continuar a ação já iniciada." (...) "Mais ainda, deve-se lembrar que, se for hipótese em que a pessoa jurídica poderia ajuizar nova ação, ainda que através de outra via processual, não se justifica, para nós, o abandono de todo o trabalho processual já efetuado, em razão da necessidade de prestigiar o binômio tempo e processo, uma vez que a celeridade processual é bem tão precioso que alcançou o status constitucional (art. 5°, LXXVIII da CF/88)." (...) "O eventual óbice que poderia ser alegado com base na Súmula n. 365 do STF não irá prosperar, diante da regulação especial do parágrafo 3° do artigo 6° da LAP, notadamente pelo fato de que o referido entendimento sumular tem raízes históricas anteriores à vigência à Lei n. 4.717/65, ou seja, quando se editou o verbete, sequer se cogitava na existência da peculiar norma da LAP." (...) "Além disso, a conjugação do artigo 9° e do parágrafo 3° do artigo 6° da LAP não induz ao ajuizamento da ação popular por pessoa jurídica, mas apenas ao seu prosseguimento, o que é bem diferente. Trabalha-se com a concepção de que a máquina judiciária já foi movimentada por quem de direito e o processo deve continuar em razão do interesse público em jogo. E, para finalizar, colocando uma pá de cal na discussão, toda interpretação sobre o polo ativo das ações coletivas merece, atualmente, a leitura da LACP e do CDC, em razão da nova realidade legal. Se a pessoa jurídica for legitimada para propor ação coletiva (ainda que outra que não a ação popular), não haverá plausível justificativa para vedar a providência contida no artigo 9° da LAP." MAZZEI, Rodrigo. *Comentários à Lei de Ação Civil Pública e Ação Popular*. COSTA, Susana Henriques da. (coord.) São Paulo: Quartier Latin. 2006. p. 185/186.

100. AgRg no REsp 439.854/MS, Rel. Min. Eliana Calmon, 2ª T., j. 08.04.2003, DJ 18.08.2003.

101. "(...) o interveniente adesivo, o assistente simples, não passa de um ajudante de uma parte (no caso, do autor), mas não se converte em parte. Por isso, sua atuação é sempre subordinada à da parte, é secundária, não goza, de autonomia de movimento no processo. Não pode praticar atos de parte, como recorrer, desistir, transigir etc. E a pessoa jurídica, nas circunstâncias em exame, não pode senão ajudar o autor. Se este, por exemplo, desistir da ação, ou verificar-se a absolvição da instância, a pessoa jurídica não poderá prosseguir no feito. Se o autor não interpuser o recurso cabível, ela não o pode fazer em seu lugar." SILVA, José Afonso da. *Ação Popular Constitucional*. 2ª ed. São Paulo: Malheiros, 2007, p. 196-197.

A situação proposta é saber se os demais legitimados coletivos poderão assumir a condução do processo, caso o MP dê causa à absolvição de instância,[102] pois na situação inversa o MP poderá assumir a sua condução. Caso a demanda seja proposta pelos demais legitimados coletivos e ocorra abandono ou desistência infundada, deverá o juiz intimar o MP para se manifestar sobre o prosseguimento ou não do processo, aplicando-se, por conseguinte, a norma do art. 5º, § 3º da LACP.[103]

Entendo que somente a pessoa jurídica interessada poderá assumir a condução do processo, desde que a manifestação do membro do MP, com a devida fundamentação adequada e específica, conforme art. 489, § 1º, CPC, depois de aplicada a norma do art. 485, § 1º, CPC, tenha já sido confirmada pelo órgão colegiado superior, na forma do art. 9º da LACP, pois tal manifestação processual equivale à uma "promoção de arquivamento".[104] Assim, depois de confirmada a tese institucional de desistência/abandono, a pessoa jurídica interessada deverá ser cientificada, por meio de publicação de editais, para a condução do processo, com base nos seguintes fundamentos: a) aplicação do microssistema da tutela coletiva não pode ser seletiva sem fundamentação adequada e específica, pois a LIA não dispõe sobre o tema; b) aplicação do microssistema da tutela coletiva com o uso das regras previstas nos arts. 9º, LAP e 5º, § 3º, LACP;[105] c) legitimação para a propositura da ação de improbidade administrativa é extraordinária concorrente disjuntiva; d) princípio da máxima efetividade da tutela jurisdicional; e) com a assunção da condução por outro legitimado, o MP perderia somente a sua condição jurídica de autor, mas manteria a sua participação na relação jurídica processual como *custus iuris*.[106]

---

102. Parti da premissa que o Ministério Público pode abandonar ou desistir da ação civil pública por ato de improbidade administrativa. Este tema será melhor analisado no tópico referente ao princípio da obrigatoriedade.

103. "Deste modo, desde que não se perca de vista que o autor da ação civil pública é apenas uma parte ideológica (representatividade adequada ou justa), não se deve superdimensionar o seu comportamento desidioso, incidindo o art. 5º, § 3º, da Lei da Ação Civil Pública também à hipótese de desistência da pessoa jurídica de direito público." (...) "Por último, sempre que verificado o abandono da ação pelos entes públicos ou pela associação autora, deve o Magistrado dar conhecimento de tal circunstância ao Ministério Público por intermédio de intimação pessoal de seu representante, incidindo, mutatis mutandis, por identidade de razões, a disciplina do art. 9º da Lei da Ação Popular." GARCIA, Emerson; ALVES, Rogério Pacheco. *Improbidade Administrativa*. 9ª ed. São Paulo: Saraiva, 2017, p. 964-967.

104. No mesmo sentido do texto: MAZZILLI, Hugo Nigro. *A defesa dos interesses difusos em juízo*. 15ª ed. São Paulo: Saraiva, 2002, p. 416-417. Vale mencionar que a promoção de arquivamento do inquérito civil não sofre a incidência do controle judicial sobre o seu mérito, como ocorre no arquivamento do inquérito policial.

105. "Apesar da omissão de norma no mesmo sentido nas Leis 8.429/1992 e 12.016/2009, entendo que a regra ora analisada deve ser também aplicada à ação de improbidade administrativa e no mandado de segurança coletivo. Basta para tanto adotar a ideia de microssistema coletivo...". NEVES, Daniel Amorim Assumpção. *Manual de Processo Coletivo*. 3ª ed. Salvador: JusPodivm, 2017, p. 137.

106. No mesmo sentido, podemos citar: "quando a desistência infundada ou o abandono seja ocasionado por qualquer autor – inclusive pelo MP – legitimado para a ACP, e não apenas por associação como parece indicar o texto." NERY JR., Nelson; ANDRADE NERY, Rosa Maria. *Declaração incidente de inconstitucionalidade de lei e a ação civil pública. Considerações em face do CPC. Ação Civil Pública após 30 anos*. São Paulo: Ed. RT, 2015. No mesmo sentido, adotando uma interpretação extensiva: "A lei cuida apenas de abandono pela associação legitimada, mas se autoriza a interpretação extensiva: o abandono por qualquer colegitimado coletivo deve implicar sucessão processual, e não extinção do processo sem exame de mérito."(...) "Conforme já se defendeu em relação ao abandono, embora o legislador se refira apenas às associações,

Há, na doutrina, contudo, quem defenda a impossibilidade da assunção do processo por outro legitimado coletivo na hipótese em testilha, com base nos seguintes argumentos: a) não pode ser admitido abandono ou desistência por parte do MP, tendo em vista a aplicação, por analogia, dos arts. 42 e 576 do CPP; b) deve ser aplicado, por analogia, como forma de solucionar o caso, o art. 9º da LACP, ou seja, deverá o magistrado determinar a remessa dos autos ao Conselho Superior do Ministério Público (quando envolver membro do MP estadual) ou para uma das Câmaras de Coordenação e Revisão (quando envolver membro do MPF), para que seja designado membro diverso para prosseguir na condução do processo.[107]

Após a abordagem dos contornos teóricos do instituto, bem como a proposta de solução de algumas questões, resta abordar os seguintes temas: **a) migração processual sucessiva; b) atuação processual pendular; e c) atuação processual despolarizada.** Todos estes temas estão diretamente conectados com a intervenção móvel.

A **migração processual sucessiva**[108] é aquela que decorre de uma migração anterior de determinado sujeito processual que gera, sempre diante da presença de um interesse público subjacente, a migração de outro sujeito processual, quando este estiver convencido do acerto desta escolha procedimental. Podemos citar o exemplo da ação por improbidade administrativa proposta pelo MP em face de uma pessoa física em litisconsórcio com um agente público e uma pessoa jurídica de direito privado, em decorrência de um ato lesivo ao erário que gerou o enriquecimento ilícito das pessoas física e jurídica citadas. O ato de improbidade consistiu em desvio de verbas públicas municipais de determinada autarquia. O município, devidamente intimado (art. 17, §14, da LIA), optou pela atuação processual no

---

a interpretação correta do dispositivo deve estender a sua aplicação à desistência infundada de qualquer colegitimado ativo." DIDIER JÚNIOR, Fredie; ZANETI JUNIOR, Hermes. *Curso de Direito Processual Civil. Processo Coletivo*. 11ª ed. Salvador: JusPodivm, 2017, p. 360-361.

107. "A bem de ver, quando ajuizada ação pelo Ministério Público, impossível cogitar-se de desistência ou mesmo de abandono, sendo aplicáveis, por analogia, os arts. 42 e 576 do CPP." (...) "Assim, possível desídia no cumprimento de seu mister dará ensejo, inclusive, à aplicação de sanção administrativa ao Promotor de Justiça, não se podendo excluir a possibilidade de designação de outro membro do Parquet pelo Conselho Superior se ocorrente recusa de atuação por parte do Promotor Natural, aplicando-se, analogicamente, o art. 9º da Lei n. 7.347/85." GARCIA, Emerson; ALVES, Rogério Pacheco. *Improbidade Administrativa*. 9ª ed. São Paulo: Saraiva, 2017, p. 964/967. Seguindo a mesma linha de raciocínio, entendendo que somente as associações civis poderão praticar tais, por determinação legal expressa, podemos citar CARVALHO FILHO, José dos Santos. *Ação Civil Pública, comentários por artigo, Lei 7.347, de 24/7/1985*. 2ª ed. Rio de Janeiro: Lumen Juris, 1999.

108. "Em primeiro lugar, a depender da condição do sujeito, a migração entre polos pode ser sucessiva, ou seja, se e quando o sujeito processual convencer-se do acerto das razões de outros sujeitos e decidir pela atuação conjunta consigo. Essa é a situação dos sujeitos desinteressados, como o amicus curiae e os órgãos da administração pública. Tais entes não ficam presos a um polo, podendo migrar novamente se assim se convencerem, sempre em prol do interesse público. Por essa razão, Mazzei denomina a hipótese da lei da ação popular como sendo de uma intervenção "móvel", em que a alteração de polo é permitida mais de uma vez e em qualquer sentido." CABRAL, Antonio do Passo. Despolarização da demanda e "zonas de interesse": sobre a migração entre polos da demanda. In: DIDIER JUNIOR, Fredie (org.). *Reconstruindo a Teoria Geral do Processo*. Salvador: JusPodivm, 2012. No mesmo sentido: MAZZEI, Rodrigo. A 'intervenção móvel' da pessoa jurídica de direito público na ação popular e ação de improbidade administrativa (art.6º, § 3º da LAP e art. 17, § 3º da LIA). *Revista Forense*, ano 104, v. 400, nov.-dez. 2008.

polo ativo para pugnar pelo prosseguimento da demanda e a autarquia, a posteriori, aderindo à fundamentação adequada e específica, decide migrar (migração sucessiva) seguindo a mesma toada.

A **atuação processual pendular**[109] é aquela que decorre da atuação processual cooperativa para a prática somente de um determinado ato e, após esta, as partes retornam a praticar os atos processuais de forma singular, mantendo a situação polarizada inicial. As posições processuais, tais como um verdadeiro pêndulo, alternam para uma atuação conjunta e cooperativa para uma atuação singular e adversarial. Não há qualquer limite temporal ou processual aplicável, mormente diante da positivação do princípio da cooperação (art. 6º, CPC). Basta imaginar a celebração de alguma convenção processual para a redistribuição do ônus da prova (art. 373, §3º, CPC) ou da pactuação de um calendário processual (art. 191, CPC).

A **atuação processual despolarizada**,[110] por sua vez, decorre da necessidade de se exigir, conforme a natureza do processo e dos seus sujeitos, uma atuação totalmente desvinculada de um interesse próprio. Em outros termos, aquele que participa da demanda não deve se preocupar com a vitória de qualquer uma das partes, mas sim com a consecução de um interesse superior, tal como ocorre quando as autarquias (CVM, CADE e INPI) atuam nas relações jurídicas processuais como *amicus curiae*.

O STJ já se manifestou nesse sentido, ao abordar a atuação processual do INPI, cuja *ratio decidendi* é plenamente aplicável, pois ambas as instituições devem atuar em prol de interesse do interesse público e não de uma das partes da relação jurídica processual[111].

---

109. "Quando estivermos diante de soluções cooperativas na condução do processo, como os acordos de procedimento e requerimentos conjuntos, os sujeitos do processo podem unir-se temporariamente para a prática de atos processuais, devendo ser-lhes reconhecida zona de interesse para tanto. Esta migração pode ser chamada de pendular, já que, após a prática do(s) ato(s) em conjunto, os sujeitos retornam à polaridade inicial, retomando o formato clássico de contraposição de posições." CABRAL, Antonio do Passo. Despolarização da demanda e "zonas de interesse": sobre a migração entre polos da demanda. In: DIDIER JUNIOR, Fredie (org.). *Reconstruindo a Teoria Geral do Processo*. Salvador: JusPodivm, 2012 No mesmo sentido: MAZZEI, Rodrigo. A 'intervenção móvel' da pessoa jurídica de direito público na ação popular e ação de improbidade administrativa (art. 6º, § 3º da LAP e art. 17, § 3º da LIA). *Revista Forense*, ano 104, v. 400, nov.-dez. 2008. MANCUSO, Rodolfo de Camargo. *Ação Popular*. 5ª ed. São Paulo: Ed. RT, 2003. p. 174-176; BUENO, Cássio Scarpinella. *Amicus curiae no processo civil brasileiro*. 2ª ed. São Paulo: Saraiva, 2008. p. 263-264.

110. "Por outro lado, a atuação despolarizada, independente de qualquer referência à lide, ao direito subjetivo ou à pretensão, é o caminho a ser seguido nos casos de fracionamento do mérito, já que todas as partes e terceiros podem ter interesse e legitimidade para impugnar um elemento da relação jurídica sub judice, desde que respeitada a utilidade atual e concreta para a esfera jurídica do interessado." CABRAL, Antonio do Passo. Despolarização da demanda e "zonas de interesse": sobre a migração entre polos da demanda. In: DIDIER JUNIOR, Fredie (org.). *Reconstruindo a Teoria Geral do Processo*. Salvador: JusPodivm, 2012.

111. "Nos termos do art. 175, caput, da Lei n. 9.279/1996, o INPI deve intervir nas ações anulatórias de registro. A participação do INPI, entretanto, não lhe impõe a defesa do ato concessivo do registro por ele praticado. Ao contrário, o interesse jurídico do INPI se distingue do interesse individual de ambas as partes, tendo por objetivo último a proteção da concorrência e do consumidor, direitos essencialmente transindividuais, o que atrai certo temperamento das regras processuais tradicionais da defesa de direitos individuais." (REsp 1.775.812-RJ, Rel. Min. Marco Aurélio Bellizze, j. 19/03/2019, DJe 22/03/2019).

11. INTERVENÇÃO DA DEFENSORIA PÚBLICA COMO *CUSTOS VULNERABILIS*

Essa modalidade de intervenção tem como objetivo colacionar ao feito pendente argumentos, documentos e outras informações que reflitam o ponto de vista das pessoas vulneráveis, permitindo que o juiz ou tribunal tenha mais subsídios para decidir a causa. É uma atuação com o fim de publicizar os interesses dos grupos vulneráveis.[112] A atuação, nesse tipo de intervenção não pode ser confundida com representação processual ou com o *amicus curiae*.

Não se trata de representação processual, pois a Defensoria Pública atuaria em nome próprio, com base em seu interesse constitucional (art. 134, CR/88), com o fim de assegurar a sua missão institucional de tutela dos vulneráveis (art. 4º, XI e XVII, LC 80/94).[113]

Não se trata, também, de hipótese de *amicus curiae*, pois a Defensoria Pública, como sobredito, atua em nome próprio, com claro interesse na resolução do litígio, com a possibilidade de recorrer e somente na defesa dos interesses dos vulneráveis.

Apresentada, em breves linhas, a ideia da modalidade de intervenção em testilha, surge a seguinte indagação: ***pode ser realizada tal modalidade no bojo dos processos coletivos?***

Para analisar a presente indagação, há a necessidade de realizar a seguinte filtragem: i) previsão legal; ii) presença de interesse jurídico; iii) relação jurídica conexa; iv) necessidade. Tais filtros serão devidamente abordados a seguir.

Em nosso sistema jurídico, há previsões legais de participação da Defensoria Pública, formando o que se afirma ser um microssistema jurídico defensorial,[114] que são usadas por parte da doutrina para fundamentar a possibilidade da intervenção como *custos vulnerabilis*, quais sejam: a) arts. 61, VII, 41, VII, 81-A, Lei 7.210/84; b) art. 554, § 1º, CPC; c) art. 141, ECA e d) art. 4º, XI e XVII, LC 80/94.

Essas previsões legais, a despeito da manifestação de setor doutrinário, não autorizam a realização dessa modalidade de intervenção.

---

112. "Sua função, subjetivamente vinculada aos interesses dos vulneráveis e objetivamente aos direitos humanos, representa a busca democrática no progresso jurídico-social das categorias mais vulneráveis no cenário jurídico-político, desenvolvendo-se por meio da atuação nas mais diversas esferas, inclusive – embora não seja a única – perante o Poder Judiciário. O novo papel desempenhado por este poder, capaz de influenciar nos mais variados campos da vida dos indivíduos e determinar os rumos da nação, exige, bem por isso, a garantia de espaço de fala e de escuta democrática aos grupos vulneráveis, em equidade com os demais, o que só se viabiliza por meio de uma abertura do processo e da garantia de paridade de armas, colocando lado a lado, em pé de igualdade, as funções essenciais à justiça." BHERON, Jorge; SANTANA, Edilson; MAIA, Maurílio Casas. *Custos vulnerabilis*: A Defensoria Pública e o equilíbrio nas relações político-jurídicas dos vulneráveis. Brasília: CEI Editora, 2019, p. 56.

113. MAIA, Maurílio Casa. A Intervenção de Terceiro da Defensoria Pública nas Ações Possessórias Multitudinárias do NCPC: Colisão de Interesses (art. 4º-A, V, LC 80/94) e posições processuais dinâmicas. In: DIDIER, Fredie (Coord.) *Novo CPC* – Doutrina selecionada. Salvador: JusPodivm, 2016, p. 1253-1285.

114. RESSURREIÇÃO, Lucas Marques Luz da. A atuação da Defensoria Pública como *custos vulnerabilis*. In: *Revista da Defensoria Pública da União*. N. 11. Brasília: DPU, 2018, p. 357.

Os artigos referidos na Lei de Execuções Penais autorizam e recomendam a participação da Defensoria Pública na tutela do seu assistido (no plano individual ou coletivo) e não para intervir nas demandas nas quais já existe uma defesa técnica constituída, sob pena de criar uma figura jurídica completamente divorciada da realidade. Ora, a mera existência da defesa técnica regularmente constituída pelo apenado já afasta, por si só, a necessidade da participação da referida instituição. Há uma linha de argumentação, que claramente não merece prosperar, que afirma a necessidade de participação da instituição para reequilibrar a relação jurídica processual como meio de conferir a paridade de armas entre a defesa técnica e o Ministério Público, bem como para auxiliar na formação de precedentes em favor das teses defensivas.[115] Nada mais equivocado, em meu sentir, pois além de conferir uma hierarquia técnica, inexistente, diga-se, entre a defesa técnica constituída e aquela oriunda da atuação defensorial, relega ao oblívio a própria vontade do acusado. Ademais, a Defensoria Pública tem os mecanismos jurídicos adequados e já assentados no sistema jurídico para buscar a formação de precedentes favoráveis à defesa, tais como o IRDR e a participação como *amicus curiae* que, aliás, já foi devidamente reconhecida pelo STF.[116]

A previsão existente no art. 554, § 1º, CPC, por sua vez, apenas reconhece a necessidade da participação da Defensoria Pública quando a demanda for judicializada em face de uma coletividade (nítida previsão legal de demanda coletiva passiva) na qual consta a presença de um grupo de pessoas hipossuficientes, no plano econômico. Ora, não se trata de uma intervenção a ser realizada ao longo da demanda em curso, mesmo quando já existe uma defesa técnica constituída, mormente quando já existe a participação do MP.

A previsão constante no art. 141, ECA apenas confirma o direito das crianças e adolescentes terem acesso aos órgãos públicos que podem atuar em sua tutela, mas não pode ser interpretada como uma norma autorizativa para tal modalidade de intervenção, pois o mandamento contido é justamente permitir que tais indivíduos possam ter acesso aos seus membros.

O art. 4º, XI e XVII da LC 80/94, que elenca as funções institucionais da Defensoria Pública, preconiza: o exercício da defesa dos interesses individuais e coletivos da criança e do adolescente, do idoso, da pessoa portadora de necessidades especiais, da mulher vítima de violência doméstica e familiar e de outros grupos sociais vulneráveis que mereçam proteção especial do Estado e a atuação nos estabelecimentos policiais, penitenciários e de internação de adolescentes, visando a assegurar às pessoas, sob quaisquer circunstâncias, o exercício pleno de seus direitos e garantias fundamentais.

Ora, tal norma não determina ou autoriza, de forma expressa, esta modalidade de intervenção.

---

115. ROCHA, Jorge Bheron. A Defensoria Pública como custos vulnerabilis e a advocacia privada. Consultor Jurídico. 2017. Disponível em: http://www.conjur.com.br/2017-mai-23/tribuna-defensoria-custos-vulnerabilis-advocacia-privada. Acesso em: 08/04/2019.
116. STF. 2ª T., HC 143.641/SP, Rel. Min. Ricardo Lewandowski, j. 20.02.2018.

Ainda que se objete a intervenção da Defensoria Pública com lastro nos artigos citados, indaga-se: *é realmente útil e coerente tal objeção?* Em meu sentir, não, com base nos seguintes fundamentos: i) a inexistência de previsão legal expressa para a intervenção de um terceiro que se tornará parte formal, não pode servir de fundamentação adequada, pois pode ser considerada uma intervenção atípica; ii) a Defensoria Pública ostenta legitimidade coletiva inconteste, mormente na defesa dos hipervulneráveis, portanto, poderá intervir como colegitimado formando litisconsórcio com o autor da demanda coletiva, conforme, aliás, preconiza o art. 5º, § 2º, LACP; iii) as previsões claramente demonstram a possibilidade da participação, no plano judicial, da Defensoria Pública e seria um extremismo formal sustentar que tal atuação seria somente na condição de autora.

A única objeção que pode ser ventilada é o uso do filtro da necessidade combinado com a possibilidade de sobreposição de atuações. Se estiver presente a representatividade adequada do legitimado para a tutela dos hipervulneráveis, mesmo que seja uma entidade privada, penso ser despicienda a participação da Defensoria Pública sob esta pecha, registre-se, mormente diante da obrigatória participação do Ministério Público como *custos iuris* (art. 5º, § 1º, LACP). Além da desnecessidade da atuação, há a clara possibilidade da ocorrência de sobreposição de atuação, pois a Defensoria Pública poderia discordar da atuação dos demais sujeitos processuais gerando insegurança jurídica.

Nada obstante, sem a adequada reflexão, o STJ admitiu a intervenção da Defensoria Pública como *custos vulnerabilis*.[117]

A questão relacionada ao interesse jurídico, como requisito autorizativo, não pode ser ventilada, pois tratar-se-ia de interesse atrelado às funções institucionais da Defensoria Pública e não ao próprio resultado da demanda, como inicialmente já foi afirmado.

Não há a necessidade, também, de ser analisada a relação jurídica conexa com a demanda principal, pois não se trata, a rigor, de intervenção na modalidade de assistência.

Portanto, reafirmo que o único filtro aplicável deverá ser a necessidade da intervenção na modalidade pretendida. E tal filtro deve ser aplicado quando da análise do caso concreto e não em abstrato. Assim, demonstrada a necessidade da participação da referida instituição, cuja demonstração deve ser feita no momento do requerimento, com a devida participação das partes originárias (art. 10, CPC).[118] Seria uma forma de controle judicial da atuação processual da instituição, como ocorre quanto aos demais legitimados coletivos.

---

117. REsp 1.712.163-SP, Rel. Min. Moura Ribeiro, Segunda Seção, por unanimidade, julgado em 08/11/2018, DJe 26.11.2018.
118. "Assim, deve a instituição atuar sempre que os interesses envolvidos em um processo justifiquem a oitiva do posicionamento institucional, inclusive como fator de legitimação decisória, o que decorre diretamente do próprio delineamento constitucional da instituição, conforme se buscará demonstrar no decorrer do presente estudo." BHERON, Jorge; SANTANA, Edilson; MAIA, Maurílio Casas. *Custos vulnerabilis*: A Defensoria Pública e o equilíbrio nas relações político-jurídicas dos vulneráveis. Brasília: CEI Editora, 2019, p. 56.

Capítulo 12
TUTELAS PROVISÓRIAS

1. INTRODUÇÃO

Algumas situações fáticas e jurídicas exigem que a atuação jurisdicional seja mais rápida, ou seja, há situações em que o direito material pretendido merece a apreciação do órgão jurisdicional em cognição sumária por se encontrar em situação de risco. E, para tanto, o legislador dispôs de técnicas voltadas à tutela mais célere desses direitos. O microssistema da tutela coletiva prevê a possibilidade de concessão das tutelas provisórias nas seguintes normas: arts. 4º e 12, LACP; art. 5º, § 4º, LAP; art. 7º, III, LMS e art. 84, § 3º, CDC.

O CPC traz um capítulo destinado à disposição das tutelas provisórias, classificadas em dois grupos: a) tutela provisória de urgência: i) cautelar e ii) antecipada; e b) tutela provisória da evidência.

Considerando que o objetivo da presente obra é abordar o processo coletivo e os seus consectários, no presente capítulo serão abordados somente os seguintes temas: a) regras processuais limitadoras das tutelas provisórias no processo coletivo; b) tutelas provisórias específicas da ação por ato de improbidade administrativa: i) afastamento cautelar do agente público; ii) indisponibilidade dos bens do agente público; . Os demais temas referentes às tutelas provisórias devem ser analisados em obras específicas de direito processual civil, pois são inteiramente aplicáveis aos processos coletivos. Os reflexos do novo CPC sobre o tema já foram devidamente abordados no Capítulo 6 para o qual remeto o leitor.

2. CLASSIFICAÇÕES

Para fins meramente didáticos apresentarei alguns pontos introdutórios gerais relevantes para o estudo do tema. As tutelas provisórias devem ser estudadas sob três aspectos/dimensões: **a) conteúdo, b) pressupostos de fato e c) modo de requerimento**. Quanto ao **conteúdo**, podem ser divididas em: **a) tutela provisória satisfativa**: de urgência (antecipada) e de evidência; **b) tutela provisória cautelar (não satisfativa)**: a tutela cautelar é meramente assecuratória. Quanto aos **pressupostos fáticos**, podem ser divididas em: **a) urgência**: que se divide em cautelar e antecipada; **b) evidência**: art. 311, CPC. O CPC/15 unificou os pressupostos de fato das tutelas cautelar e antecipada. Isso é importante porque no CPC/73 havia certa diferença no que tange aos pressupostos de fato para a concessão dessas tutelas jurisdicionais. Quanto ao **modo de requerimento**, existe uma diferença procedimental dividida em duas maneiras: **a) modo antecedente:** esse modo de requerimento só se aplica às tutelas provisórias de urgência. A tutela provisória de evidência só pode ser requerida de forma incidente; **b) modo incidente:** é aquele que pode ser requerido a qualquer momento na fase processual.

3.   TUTELAS JURISDICIONAIS

O Estado oferece dois tipos de tutelas jurisdicionais: as provisórias e as definitivas. A tutela provisória é a tutela jurisdicional concedida no curso do processo com a finalidade de assegurar e evitar um risco na efetividade da jurisdição. Há, entretanto, quem prefira, ao se referir à tutela jurisdicional provisória, usar o termo "tutelas interinas".

3.1.   Tutela provisória: de urgência e de evidência

Tutela provisória de urgência

A premissa para a concessão da tutela provisória de urgência é o passar do tempo, e isto pode colocar em risco a efetividade da tutela definitiva (satisfativa ou cautelar). A tutela provisória tem como requisito comum o perigo de dano e a probabilidade do direito. A tutela provisória de urgência pode ser cautelar, que é meramente assecuratória, ou antecipada que é a tutela provisória satisfativa. Ambas ostentam o mesmo pressuposto fático, qual seja, a presença da urgência.

Tutela provisória de evidência

É tutela provisória satisfativa, que tem como pressuposto a evidência. A situação de evidência parte da premissa de que o tempo para a obtenção da tutela definitiva não deve ser suportado pelo titular de direito, eis que suas afirmações de fato foram comprovadas, podendo dizer que são evidentes dentro da relação jurídica processual.

A tutela de evidência, em meu sentir, ostenta maior relevância nos casos em que o inquérito civil, como será visto no Capítulo 15, for submetido ao contraditório mínimo com a efetiva participação do investigado, pois possibilitará a sua concessão na forma do art. 311, IV, CPC.

Existe, contudo, a possibilidade de uma tutela provisória tornar-se autônoma em razão das circunstâncias fáticas ou jurídicas. Alguns chamam de tutela interina autônoma. Isso só acontece na tutela provisória de urgência antecipada na seguinte hipótese: tutela requerida em caráter antecedente com a posterior estabilização (art. 303 c/c 304, CPC), quando a tutela jurisdicional provisória antecipada antecedente se tornar estável, ela se torna autônoma.

3.2.   Tutelas definitivas

São as tutelas jurisdicionais produzidas com base na cognição exauriente e que prestigiam, sobretudo, a segurança jurídica. Com base na Teoria Trinária, que reputo a mais correta, as tutelas jurisdicionais definitivas se dividem em: a) tutela definitiva satisfativa: classificadas como tutela padrão. Segundo Fredie Didier[1] é aquela que visa a certificar e/ou efetivar o direito material, que pode ser: a.1) tutela de certificação dos direitos, porque confirmam a existência do direito material alegado pelas partes. E elas podem ter cunho: i) condenatório, quando reconhece a existência de alguma obrigação com a fixação dos seus elementos constitutivos (sujeitos, vínculo e prestação); ii) constitutivo, quando cria, modifica ou extingue uma situação ou relação fática ou jurídica; iii) declaratório, quando reconhece a existência ou inexistência de uma situação ou relação fática ou jurídica; a.2) tutela de efetivação dos direitos: são aquelas que permitem ao juiz a adoção de medidas para a efetivação do direito almejado, que são as tutelas executivas em sentido amplo, quais sejam, execução e cumprimento de sentença; b) tutela jurisdicional não satisfativa: são chamadas de tutela cautelar.

Como classificar uma tutela cautelar como tutela definitiva se ela é classificada como tutela provisória? Ela pode ser definitiva, a diferença é que ela não é satisfativa, é meramente assecuratória. A tutela cautelar é definitiva, mas seus efeitos são temporários.

4. TEMAS ESPECÍFICOS PARA OS PROCESSOS COLETIVOS

4.1. Legitimidade do Ministério Público para requerer tutela provisória

O MP pode requerer tutela provisória? Quando o MP atua como órgão agente (ele é parte no processo – art. 177, CPC), não existe divergência. A discussão existe na hipótese do MP atuando como órgão interveniente, nas hipóteses do art. 178, CPC, que, por via de consequência, traz repercussão direta nos processos coletivos, na medida em que sempre deverá atuar como **custos iuris**. Existem duas teses doutrinárias que resolvem a questão: **1ª tese:**[2] sustenta que o MP só pode requerer no caso do art. 178, II, CPC, ou seja, no caso em que o MP atua na tutela de interesse de incapaz; nos demais casos, poderá somente apoiar, repelir ou sugerir o requerimento. **2ª tese (majoritária):**[3] Cássio Scarpinella Bueno, Marcelo Zenkner e Cristiano Chaves de Faria: o MP pode formular esse requerimento em todas as hipóteses do art. 178, CPC. O fundamento é com base na defesa do interesse pú-

---

1. DIDIER JR., Fredie; ZANETI JR., Hermes. *Curso de Direito Processual Civil – Processo Coletivo*. Op. cit., p. 372.
2. DIDIER JR., Fredie; BRAGA, Paula Sarno; OLIVEIRA, Rafael Alexandria de. *Curso de Direito Processo Civil*. v. 2. Salvador: JusPodivm, 2016, p. 654; MACHADO, Antônio Cláudio da Costa. *Tutela Antecipada*. São Paulo: Oliveira Mendes, 1998, p. 516.
3. ZENKNER, Marcelo. *Ministério Público e efetividade no processo civil*. São Paulo: Ed. RT, 2006, p. 162; FARIAS, Cristiano Chaves. O Ministério Público interveniente (custos legis) e a possibilidade de pleitear a antecipação dos efeitos da tutela: a busca da efetividade do processo. *Revista de direito processual civil*. Curitiba: Gênesis, 2003, n. 30, p. 728; BUENO, Cássio Scarpinella. *Tutela Antecipada*. São Paulo: Saraiva, 2004, p. 43.

blico, pois quando ele atua como órgão interveniente ele o faz na defesa da ordem jurídica. E como defende a ordem jurídica não faz sentido retirar dele a possibilidade de requerer a tutela provisória. Pode ser que essa tutela seja indispensável para a tutela do patrimônio público. Penso que seja a melhor tese a ser utilizada, principalmente nos processos coletivos.

4.2. Exigência de caução

A caução pode ser dividida em: a) real: entrega de um bem como garantia; ou b) fidejussória: quando a garantia é pessoal. A exigência da prestação de caução para fins de concessão da tutela provisória tem previsão no art. 300, § 1º, CPC e no art. 7º, III, LMS[4] e consiste, a rigor, em uma contracautela, ou seja, uma "cautelar" em favor do requerido e exige uma fundamentação adequada e específica, com análise das peculiaridades do caso concreto (art. 489, § 1º, CPC)[5]. Esta contracautela, que pode ser dispensada nos casos em que o requerente é hipossuficiente, tem como fim precípuo garantia do eventual ressarcimento dos danos decorrentes da efetivação da medida (art. 302, CPC).

Considerando a gratuidade que incide sobre as demandas coletivas, entendo ser inexigível a prestação de caução nos processos coletivos, sob pena de gerar um óbice intransponível no caso concreto. Ademais, para fins de coerência, sustentei a mesma posição no tocante à exigência de caução para a realização do cumprimento provisório da sentença, conforme se verifica no capítulo respectivo.

4.3. Limites e restrições para a concessão de tutelas provisórias

Inúmeras normas jurídicas contêm regras restritivas, limitadoras e até mesmo que vedam a concessão de tutelas provisórias, mormente quando o requerido é a Fazenda Pública. Todas estas normas, a priori, aplicam-se aos processos coletivos. As referidas são as seguintes: a) art. 7º, §§ 2º, 3º e 5º e 22, § 2º, LMS; b) arts. 1º ao 4º, Lei 8.437/1992; c) art. 1º, Lei 2.770/1956; d) art. 1º, Lei 9.494/1997.

Na LMS há normas restritivas que podem assim ser divididas: i) norma que exige a prestação de caução (art. 7º, III, LMS), cuja constitucionalidade foi confirmada pelo STF[6]; ii) norma que restringe a concessão de tutela provisória, conforme o objeto pretendido (art. 7º, §§ 2º e 5º, LMS), cuja inconstitucionalidade foi reconhecida pelo STF por violar o princípio do acesso à justiça, bem como a efetiva tutela jurídica

---

4. Esta norma foi objeto da ADI 4296 proposta pela OAB, mas ainda não há decisão de mérito definitiva.
5. NEVES, Daniel Amorim Assumpção. *Manual do Processo Coletivo*. Op. cit., p. 416.
6. O juiz tem a faculdade de exigir caução, fiança ou depósito para o deferimento de medida liminar em mandado de segurança, quando verificada a real necessidade da garantia em juízo, de acordo com as circunstâncias do caso concreto (art. 7º, III, da Lei 12.016/2019).
   STF: Plenário. ADI 4296/DF, Rel. Min. Marco Aurélio, redator do acórdão Min. Alexandre de Moraes julgado em: 09/6/2021 (Info 1021).

do direito líquido e certo do impetrante[7], gerando, por conseguinte, a superação da Súmula 212, do STF; iii) norma que restringe os efeitos da tutela provisória deferida até a prolação da sentença (art. 7º, § 3º, LMS); e iv) norma que exige a prévia oitiva do representante processual da Fazenda Pública, que terá o prazo de 72 horas para se manifestar (art. 22, § 2º, LMS), cuja inconstitucionalidade foi reconhecida pelo STF no bojo da ADI 4296/DF.

Na Lei 8.437/1992 há normas restritivas que podem ser assim divididas: i) norma que estende as mesmas vedações existentes no mandado de segurança (art. 1º), com exceção daquelas reconhecidas como inconstitucionais; ii) norma que veda a possibilidade de concessão de tutela provisória pelo juízo de primeiro grau, quando o ato for praticado por autoridade coatora que deve ser analisado em sede de mandado de segurança por tribunal, no exercício da sua competência originária (art. 1, § 1º), mas esta regra não se aplica à ação popular e civil pública (art. 1º, § 2º); iii) norma que veda a concessão de tutela provisória cujo objeto esgote o próprio objetivo da demanda proposta (art. 1º, § 3º); iv) norma que veda a possibilidade de concessão de tutela provisória que defira compensação de créditos tributários ou previdenciários (art. 1º, § 5º); v) norma que veda a possibilidade de concessão de tutela provisória sem prévia manifestação do representante judicial da Fazenda Pública (art. 2º), que é aplicável somente aos casos de mandado de segurança coletivo e ação civil pública, porém, em meu sentir, também deve ser considerada inconstitucional ante à *ratio decidendi* da ADI 4296/DF.

Na Lei 2.770/1956 há uma norma (art. 1º) que restringe a possibilidade de concessão de tutelas provisórias quando o objeto for a liberação de mercadorias, bens ou coisas de qualquer espécie procedentes do estrangeiro. Nestes casos, não se concederá, em caso algum, medida preventiva ou liminar que, direta ou indiretamente importe na entrega da mercadoria, bem ou coisa.

Na Lei 9.494/1997 foi fixada uma extensão, mediante a utilização da Lei 8.437/1992, das regras restritivas existentes para a então denominada tutela cautelar para a tutela antecipada (art. 1º), mas não havia expressa referência ao art. 2º, Lei 8.437/1992, mas somente aos arts. 1º, 3º e 4º. Assim, era possível sustentar a juridicidade da concessão de tutela antecipada *inaudita altera pars* em face da Fazenda Pública, pois a regra legal referia-se somente aos casos de tutela cautelar.

Entretanto, o CPC em seu art. 1.059 dispôs sobre a aplicação da tutela provisória satisfativa ou cautelar contra a Fazenda Pública, prevendo que o estabelecido nos arts. 1º ao 4º da Lei 8.437/1992 e no art. 7º, § 2º da Lei 12.016/2009 (declarado inconstitucional no bojo da ADI 4296/DF) são aplicáveis à tutela provisória antecipada. Assim, a rigor o art. 1º da Lei 9.494/1997 tornou-se despiciendo, com o advento do CPC/15.

---

7. É inconstitucional ato normativo que vede ou condicione a concessão de medida liminar na via mandamental. STF. Plenário. ADI 4296/DF, Rel. Min. Marco Aurélio, redator do acórdão Min. Alexandre de Moraes, julgado em: 09/6/2021 (Info 1021).

Apresentadas as normas restritivas, devem ser oferecidas as observações pertinentes.

A doutrina sustenta a inconstitucionalidade das restrições e vedações peremptórias de determinados objetos por meio das tutelas provisórias por nítida violação ao princípio do acesso à justiça (art. 5º, XXXV, CR/88). Neste sentido, foram ajuizadas duas ações de controle com o objetivo de verificar a constitucionalidade destas normas: a) ADI 223: tinha por objetivo a análise da constitucionalidade das restrições da Lei 8.437/1992 e foi julgada improcedente, sob o parco fundamento de que as vedações são específicas e não genéricas e, portanto, não violam o princípio do acesso à justiça. Vale lembrar que essa lei tratava expressamente da tutela cautelar, porque em 1992 não existia, ainda, a tutela antecipada genérica, que só passou a existir em 1994; b) ADC 04: foi proposta para confirmar a constitucionalidade da Lei 9.494/1997, que estendia para a tutela antecipada as restrições e vedações da tutela cautelar. O STF entendeu ser constitucional, usando a mesma linha de argumentação anterior. O STF afirmou, ainda, que em casos excepcionais, o juiz poderá afastar as restrições e vedações. Ou seja, diante da peculiaridade de um caso concreto, principalmente se tiver relação com o direito à vida – dignidade da pessoa humana –, pode ser concedida a tutela provisória contra a Fazenda Pública. Foi editada neste sentido a Súmula 729 reconhecendo que a referida decisão não se aplica às ações previdenciárias. O STJ, por seu turno, aplica as restrições legais.[8]

As vedações e restrições citadas são aplicáveis somente às tutelas provisórias de urgência, ou seja, não se aplicam à tutela da evidência. Pela leitura do art. 1º, § 3º, Lei 8.437, parece que não cabe a tutela de evidência em face do poder público, porque a tutela de evidência gera uma decisão de mérito que esgota o objeto da ação, mas, ainda assim, entendo ser possível a tutela de evidência em desfavor do poder público.

No tocante à exigência de prévia oitava do representante judicial do poder público (arts. 2º, Lei 8.437/1992; 22, § 2º, LMS e 562, CPC), vale apresentar a divergência acerca da efetiva aplicabilidade das regras nos processos coletivos, que assim se apresenta: **1ª tese (STJ – Corte Especial):**[9] **aplicação integral da regra às ações civis públicas e mandado de segurança coletivo**, por não reconhecer qualquer inconstitucionalidade na exigência; **2ª tese (STJ – 1ª Turma):**[10] **aplicabilidade somente aos casos em que a medida requerida puder atingir bens ou interesses da Fazenda Pública**, pois esta é a razão de ser da norma; **3ª tese (doutrina majoritária):**[11]

---

8. REsp 666.092, 2ª T., rel. Min. Eliana Calmon, j. 28.03.2006, DJe 30.05.2006.
9. AgRg na SLS 1.499/SP, Corte Especial, rel. Min. Ari Pargendler, j. 18.04.2012, Dje 14.05.2012.
10. REsp 1.038.467/SP, 1ª T., rel. Min. Teori Albino Zavascki, j. 12.05.2009, DJe 20.05.2009.
11. NEVES, Daniel Amorim Assumpção. *Manual do Processo Coletivo*. Op. cit., p. 413; ANDRADE, Adriano; MASSON, Cleber; ANDRADE, Landolfo. *Interesses difusos e coletivos esquematizado*. Op. cit., p. 184; DIDIER JR., Fredie; ZANETI JR., Hermes. *Curso de Direito Processual Civil – Processo Coletivo*. Op. cit., p. 318; NERY JR., Nelson; NERY, Rosa Maria Andrade. *Código de Processo Civil comentado*. 10ª ed. São Paulo: Ed. RT, 2008, p. 1466; PEREIRA, Hélio do Valle. *Manual da Fazenda Pública em juízo*. 3ª ed. Rio de Janeiro: Renovar, 2008, p. 191; LORENCINI, Marco Antônio Garcia Lopes. *Comentários à Lei de Ação Civil Pública e Lei de Ação Popular*. COSTA, Susana Henriques da (coord.). São Paulo: Quartier Latin, 2006, p. 482.

aplicabilidade da exigência, desde que não seja caso de efetiva urgência, sob pena de frustrar a própria medida requerida;

4ª tese: aplicabilidade da exigência, salvo nos seguintes casos: urgência efetiva da medida, que pode ser frustrada com a prévia oitiva e **nos casos em que foi aplicado o contraditório mínimo no inquérito civil que embasou a demanda**, pois, com a participação efetiva do investigado, não há como sustentar a surpresa com a medida judicial requerida, sob pena de violação ao princípio da boa-fé objetiva (art. 5º, CPC). Este é o entendimento que eu defendo. Sobre a aplicabilidade do princípio do contraditório no curso da instrução do inquérito civil, remeto o leitor para o capítulo correspondente. Vale ressaltar, mais uma vez, que o STF, no bojo da ADI 4296/DF, reconheceu a inconstitucionalidade do art. 22, § 2º, da LMS.

4.4. Tutelas provisórias na seara da improbidade administrativa

Na seara da Improbidade Administrativa existem tipos de tutelas provisórias específicas, que não podem ser substituídas por outras, sob pena de subvertermos a própria especialidade do procedimento. Tal afirmação não pode gerar a conclusão no sentido da impossibilidade de medidas atípicas para fins de efetivar a tutela jurisdicional, como já reconhecido pelo STJ. Ademais, o regime jurídico das tutelas provisórias previsto no CPC é plenamente aplicável ao processo por improbidade administrativa (art. 16, § 8º, da LIA).

Poderão, inclusive, com base no poder geral de cautela (art. 301, do CPC), ser concedidas medidas não constritivas para assegurar a produção das provas, proteção de bens, suspensão de contratos administrativos etc.[12] Pode ser requerida pelo MP, por exemplo, a hipoteca judiciária sobre os bens do agente público condenado, na forma do art. 495, do CPC.

Antes de apresentar as tutelas provisórias específicas, vale fixar algumas premissas importantes: a) não se aplica na seara da improbidade administrativa a necessidade de prévia oitiva do representante judicial do poder público, sob pena de total inefetividade das medidas, como já reconhecido pelo STJ;[13] b) não se aplica o incidente de suspensão de segurança, pois não se trata de demanda proposta contra o poder público, mas em seu favor, porquanto o polo passivo será composto justamente por aquele que tiver praticado o ato de improbidade administrativa.

O regime jurídico das tutelas provisórias na seara da improbidade administrativa sofreu significativas alterações com o advento da Lei 14.230/21, mas as novas regras processuais (art. 14, do CPC) não podem ser aplicadas aos atos processuais já praticados, porém serão aplicadas imediatamente aos processos pendentes, res-

---

12. GAJARDONI, Fernando da Fonseca; CRUZ, Luana Pedrosa de Figueiredo; JÚNIOR, Luiz Manoel Gomes; FAVRETO, Rogério. *Comentários à nova lei de improbidade administrativa*. 5ª ed. São Paulo: Ed. RT, 2021, p. 262.
13. AgRg no Resp 956039/PR, Resp 1287422/SE.

guardadas as situações jurídicas consolidadas (art. 24, da LINDB).[14] Nada impede, contudo, o requerimento para que o juiz revise as tutelas provisórias deferidas e que ainda surtem efeitos.[15]

O STJ entendeu que a demonstração do requisito da urgência para a indisponibilidade de bens, prevista no art. 16 da LIA, tem aplicação imediata ao processo em curso dado o caráter processual da medida.[16]

As principais alterações podem ser assim resumidas:

i) *Não há mais a previsão expressa da medida cautelar de sequestro, porquanto o legislador conferiu um tratamento unificado das medidas cautelares típicas na LIA;*

ii) *Art. 16, § 3º:* esta norma altera a natureza jurídica e exige, ao contrário do entendimento já consolidado no âmbito do Superior Tribunal de Justiça, a demonstração do *"perigo de dano irreparável ou de risco ao resultado útil do processo"* para fins de concessão da tutela provisória de indisponibilidade;

iii) *Art. 16, § 4º:* permite a possibilidade, ainda que excepcionalmente, da concessão da tutela provisória de indisponibilidade dos bens sem a prévia oitiva do réu, conforme tese jurídica consolidada no Superior Tribunal de Justiça[17];

iv) *Art. 16, §10:* afasta a possibilidade, em evidente contrariedade à entendimento consolidado no Superior Tribunal de Justiça[18], de decretação da indisponibilidade para garantir o pagamento da multa civil;

---

14. "Entendo que essas circunstâncias supervenientes jurídicas aptas ao reexame podem ser uma novidade legislativa, devendo a tutela de urgência se adequar à lei vigente durante toda a extensão da sua existência. Tratando-se de tutela continuada que dura, pelo menos em regra, até ser confirmada ou revogada pela tutela definitiva, durante todo o seu tempo de vigência deve atender àquilo que a lei exige para a sua concessão." NEVES, Daniel Amorim Assumpção; OLIVEIRA, Rafael Carvalho Rezende. *Comentários à Reforma da Lei de Improbidade Administrativa*. Rio de Janeiro: Forense, 2022, p. 63.

15. "Por isso, o regime a ser aqui aplicado é o da conservação dos atos processuais, na forma do já citado art. 14 do CPC. Não se pode clamar pela retroatividade benéfica do novo regime, por conta da suposta incidência dos princípios do direito administrativo sancionador da LIA (art. 1º, § 4º, da LIA), eis que não estamos tratando de sanção, mas sim de medida estritamente processual de cunho conservativo." GAJARDONI, Fernando da Fonseca; CRUZ, Luana Pedrosa de Figueiredo; JÚNIOR, Luiz Manoel Gomes; FAVRETO, Rogério. *Comentários à nova lei de improbidade administrativa*. 5ª edição, São Paulo: Ed. RT, 2021, p. 309.

16. 1ª T. AREsp 2.272.508-RN, Rel. Min. Gurgel de Faria, j. 06.02.2024.

17. Enunciado 11) da edição 38 das teses jurídicas consolidadas no Superior Tribunal de Justiça: "é possível o deferimento da medida acautelatória de indisponibilidade de bens em ação de improbidade administrativa nos autos da ação principal sem audiência da parte adversa e, portanto, antes da notificação a que se refere o art. 17, § 7º, LIA."

18. Enunciado 13) da edição 38 das teses jurídicas consolidadas no Superior Tribunal de Justiça: "na ação de improbidade, a decretação de indisponibilidade de bens pode recair sobre aqueles adquiridos anteriormente ao suposto ato, além de levar em consideração, o valor de possível multa civil como sanção autônoma." No mesmo sentido: RESP 1.862.792-PR, 1ª S., por unanimidade, j. 25/08/2021 (Tema 1055).

4.4.1. Sequestro

O sequestro é medida cautelar típica que não mais encontra previsão expressa na LIA, porquanto a Lei 14.230/21 não reproduziu a regra processual. Antes mesmo dessa "revogação", havia autores que sustentavam, com razão, se tratar de medida cautelar de arresto, em virtude das diferenças conceituais e finalísticas dos institutos.[19] Entendo que toda e qualquer diferença deixou de ter relevância com o advento do CPC/15, pois não houve a reprodução dos procedimentos cautelares específicos ou especiais, que guardavam certa distinção. O art. 301, CPC insere o sequestro e o arresto no rol exemplificativo das medidas cautelares, sem qualquer procedimento correspondente.

Mesmo sem a previsão legal expressa, entendo ser juridicamente possível a decretação da medida cautelar de sequestro, apesar de reconhecer que o tratamento jurídico dado pelo legislador no art. 16, da LIA melhor que o anterior, com base nos seguintes fundamentos: i) o art. 16, §8º, da LIA prevê a aplicabilidade das regras previstas no CPC quanto às tutelas provisórias, ainda que a sua referência seja a indisponibilidade; ii) o rol exemplificativo do art. 301, do CPC contempla a medida cautelar do sequestro; iii) diferença entre as medidas do sequestro e da indisponibilidade; iv) a medida deve ser avaliado com base no caso concreto; v) o art. 17, § 6º, da LIA permite ao MP requerer as tutelas provisórias e adequadas com aplicação direta das regras do CPC; vi) somente deverá ser requerida tal medida com o fim de garantir a efetividade da reversão dos bens públicos ilicitamente absorvidos por aquele que praticou o ato de improbidade administrativa (arts. 9º, XI e 10, III, da LIA).[20]

Nada obstante, apresento-lhes as características das medidas cautelares de arresto e sequestro:[21]

a) *arresto*: i) é medida cautelar usada com a finalidade de assegurar a eficácia de uma execução de obrigação de pagar quantia certa; ii) atinge o patrimônio do devedor/requerido sem a necessidade de individualização dos seus bens; iii) não se discute a propriedade dos bens objeto da medida; d) os bens arrestados podem ser convolados em penhora;

b) *sequestro*: i) é medida cautelar usada com a finalidade de assegurar a eficácia de uma execução de obrigação de entrega de coisa certa; ii) o objeto da medida é um bem determinado que pertence ao patrimônio do devedor/requerido; iii) há em seu bojo discussão sobre a propriedade dos bens atingidos; iv) o bem será depositado.

---

19. GAJARDONI, Fernando da Fonseca. *Direitos Difusos*. Op. cit., p. 290; PAZZAGLINI FILHO, Marino. *Lei de improbidade administrativa*. Op. cit., p. 186; MEIRELLES, Hely Lopes; WALD, Arnaldo; MENDES, Gilmar. *Mandado de segurança e ações constitucionais*. Op. cit., p. 275; NEVES, Daniel Amorim Assumpção. *Manual do Processo Coletivo*. Op. cit., p. 439.
20. GAJARDONI, Fernando da Fonseca; CRUZ, Luana Pedrosa de Figueiredo; JÚNIOR, Luiz Manoel Gomes; FAVRETO, Rogério. *Comentários à nova lei de improbidade administrativa*. 5ª ed. São Paulo: Ed. RT, 2021, p. 270.
21. CÂMARA, Alexandre Freitas. *Lições de Direito Processual Civil*. v. 3, Rio de Janeiro: Lumen Juris, p. 119.

Importante notar que a nova regulamentação das tutelas provisórias unificou sob a égide da indisponibilidade de bens as medidas assecuratórias.[22] A doutrina sempre afirmou uma proximidade finalística entre o arresto e a indisponibilidade de bens.[23]

Entendo que o requerente deverá, à luz do caso concreto, ainda mais com o rol exemplificativo previsto no art. 301, CPC, escolher qual é a melhor solução: arresto ou sequestro, cuja natureza poderá ser alterada conforme a necessidade.[24]

De qualquer forma, como informa a doutrina[25] e o STJ,[26] deverá o requerente da medida indicar de forma precisa quais serão os bens objeto da constrição, pois a individualização é da essência da medida.

Considerando que a natureza da medida, seja arresto ou sequestro, é de tutela cautelar, imprescindível a demonstração do fumus boni iuris e periculum in mora, conforme previsto no art. 300, CPC.[27] Entretanto, existem alguns julgados da 2ª Turma do STJ que afastam a necessidade da demonstração em concreto do periculum in mora.[28]

Qual é o procedimento aplicável à medida cautelar em testilha? Existia um procedimento cautelar típico no CPC/73 (arts. 822 ao 825 do CPC/73), que não foi reproduzido no CPC/15. Não existe mais procedimento cautelar especial correspondente. O CPC/15, contudo, fez referência expressa ao sequestro como medida cautelar típica, no art. 301, que tem rol exemplificativo. Assim, deverá ser aplicado o procedimento previsto no CPC, com referência nos arts. 300, 305, 308, todos do CPC.

Em quais tipos de atos de improbidade será cabível o manejo dessa medida? A doutrina sustenta o cabimento da medida cautelar de sequestro somente nos casos

---

22. NEVES, Daniel Amorim Assumpção. *Manual do Processo Coletivo*. Op. cit., p. 425; COSTA, Eduardo José da Fonseca. A indisponibilidade cautelar de bens na ação de improbidade administrativa. In: DELFINO, Lúcio; ROSSI, Fernando; MOURÃO, Luiz Eduardo Ribeiro; CHIOVITTI, Ana Paula (coords.). *Tendências do moderno processo civil brasileiro – aspectos individuais e coletivos das tutelas preventivas e ressarcitórias (estudos em homenagem ao jurista Ronaldo Cunha Campos)*. Belo Horizonte: Fórum, 2008, p. 264; SANTOS, Carlos Frederico Brito dos. *Improbidade Administrativa*. 2ª ed. Rio de Janeiro: Forense, 2007, p. 274.
23. "A indisponibilidade de bens da LIA, apesar de ter fim idêntico ao arresto (garantia do pagamento de quantia), com ele não se confunde em vista da tipicidade com que é tratado na Lei 8.429/1992, tendo, inclusive, regime jurídico próprio e prevalecente sobre o CPC (que só se aplica subsidiariamente)." GAJARDONI, Fernando da Fonseca; CRUZ, Luana Pedrosa de Figueiredo; JÚNIOR, Luiz Manoel Gomes; FAVRETO, Rogério. *Comentários à nova lei de improbidade administrativa*. 5ª ed. São Paulo: Ed. RT, 2021, p. 272.
24. DECOMAIN, Pedro Roberto. *Improbidade administrativa*. Op. cit., p. 272.
25. GARCIA, Emerson; ALVES, Rogério Pacheco. *Improbidade Administrativa*. Op. cit., p. 772; COSTA, Eduardo José da Fonseca. *A indisponibilidade cautelar de bens na ação de improbidade administrativa*. Op. cit., p. 267.
26. REsp 967.841/PA, 2ª T., rel. Min. Mauro Campbell Marques, j. 16.09.2010, DJe 08.10.2010; REsp 1.177.290/MT, 2ª T., rel. Min. Herman Benjamin, j. 22.06.2010, DJe 01.07.2010.
27. No mesmo sentido: GARCIA, Emerson; ALVES, Rogério Pacheco. *Improbidade administrativa*. Op. cit., p. 774.
28. REsp 967.841/PA, rel. Min. Mauro Campbell Marques, j. 16.09.2010, DJe 08.10.2010; REsp 1.177.290/MT, rel. Min. Herman Benjamin, j. 22.06.2010, DJe 01.07.2010; REsp 1.135.548/PR, rel. Min. Eliana Calmon, j. 15.06.2010, DJe 22.06.2010.

dos arts. 9 e 10, LIA, enriquecimento ilícito e lesão ao erário. Não será cabível nos casos do art. 11, LIA, porque não haverá causa de pedir subjacente.[29]

Pode o sequestro ser decretado inaudita altera pars? O STJ[30] tem entendimento consolidado no sentido da possibilidade.

A impenhorabilidade decorrente de regra legal pode gerar óbice para a decretação da medida cautelar de arresto ou sequestro? Se for requerido o arresto, recairá sobre todos os bens, exceto aqueles considerados como bens de família, exceto quando adquiridos pela prática do ato de improbidade administrativa; caso seja requerido sequestro, recairá sobre bens determinados adquiridos após a prática do ato de improbidade administrativa.[31]

4.4.2. Indisponibilidade

Na busca da garantia da reparação total do dano, a LIA regulamentou de forma unificada, como sobredito, as medidas sob a égide da indisponibilidade o que reforça, doravante, a desnecessidade de aplicação da fungibilidade. A indisponibilidade foi regulamentada de forma bem pormenorizada, portanto, haverá maior segurança jurídica em sua aplicação.

As medidas cautelares, em regra, como tutelas emergenciais, exigem, para a sua concessão, o cumprimento de dois requisitos: o *fumus boni juris* (plausibilidade do direito alegado) e o *periculum in mora* (fundado receio de que a outra parte, antes do julgamento da lide, cause ao seu direito lesão grave ou de difícil reparação).

No caso da medida cautelar de indisponibilidade, agora prevista no art. 16, da LIA, sob a égide da lei anterior, não era considerada como tutela provisória de urgência, mas sim uma tutela de evidência,[32] uma vez que o *periculum in mora* não era oriundo da intenção do agente dilapidar seu patrimônio e, sim, da gravidade dos fatos e do montante do prejuízo causado ao erário, o que atinge toda a coletividade. A ideia anterior, nesse sentido, era reforçada pela redação imperativa do art. 37, § 4º, CR/88. A doutrina entendia, assim, que a indisponibilidade deveria sempre ocorrer

---

29. ANDRADE, Adriano; MASSON, Cleber; ANDRADE, Landolfo. *Interesses difusos e coletivos esquematizado.* Op. cit., p. 725.
30. EDcl no REsp 1.163.499/MT, 2ª T., rel. Min. Mauro Campbell Marques, j. 16.11.2010, DJe 25.11.2010; REsp 1.113.467/MT, 2ª T., rel. Min. Herman Benjamin, j. 09.03.2010, DJe 27.04.2011.
31. No mesmo sentido: GARCIA, Emerson; ALVES, Rogério Pacheco. *Improbidade administrativa.* Op. cit., p. 775.
32. Entendendo ser uma "tutela cautelar de evidência": DIDIER JR., Fredie; ZANETI JR., Hermes. *Curso de Direito Processual Civil – Processo Coletivo.* Op. cit., p. 377; BEDAQUE, José Roberto dos Santos. Tutela jurisdicional cautelar e atos de improbidade. In: BUENO, Cássio Scarpinella; PORTO FILHO, Pedro Paulo de Rezende (coords.). *Improbidade Administrativa – questões polêmicas e atuais.* 2ª ed. São Paulo: Malheiros, 2003, p. 305; COSTA, Susana Henriques. *O processo coletivo na tutela do patrimônio público e da moralidade administrativa.* 2ª ed. São Paulo: Atlas, 2015, p. 280. Há quem sustente que a indisponibilidade é uma "tutela preventiva em sentido estrito": COSTA, Eduardo José da Fonseca. Da tutela provisória. In: STRECK, Lenio, NUNES, Dierle; CUNHA, Leonardo Carneiro da (orgs.). *Comentários ao Código de Processo Civil.* São Paulo: Saraiva, 2016, p. 400.

em virtude da referida norma constitucional[33] e por ser uma daquelas hipóteses nas quais o próprio legislador dispensaria a demonstração do perigo de dano, tal como se dá com relação às medidas cautelares típicas de um modo geral (sequestro, arresto etc.) e com relação às ações possessórias e aos embargos de terceiros.[34]

De fato, exigir a prova, como o faz a nova LIA, mesmo que indiciária, da intenção do agente de furtar-se à efetividade da condenação representaria, do ponto de vista prático, o irremediável esvaziamento da indisponibilidade perseguida em nível constitucional e legal, conclusão que era confirmada pela jurisprudência do STJ.[35] A indisponibilidade patrimonial é medida que visa a assegurar o resultado útil da ação de improbidade administrativa ajuizada.

Entretanto, com o advento da nova LIA, o setor doutrinário que criticava a existência do *periculum in mora* presumido obteve reforço argumentativo, porquanto sustentava a necessidade da demonstração, no caso concreto, do perigo da ineficácia da futura e eventual execução, assim como ocorre com as demais medidas cautelares.[36] Essa tese, após a reforma (desvirtuação da LIA, diria), é a que se adequa aos ditames normativos.

O *periculum in mora*, em verdade, no panorama anterior, militava em favor da sociedade, representada pelo requerente da medida de bloqueio de bens, tanto que o STJ[37] considerava como requisito implícito. No novo panorama normativo, o *periculum in mora* não será mais considerado como presumido[38] e, portanto, dependerá da demonstração em concreto.

Com a nova LIA, a decretação da indisponibilidade de bens é uma medida cautelar a ser deferida por meio de tutela provisória de urgência, tanto em caráter antecedente, quanto incidentalmente.

Na doutrina,[39] já havia, mesmo sob a égide da lei anterior, entendimento no sentido de a natureza eminentemente cautelar da medida por ter o objetivo espe-

---

33. "O periculum in mora emerge, via de regra, dos próprios termos da inicial, da gravidade dos fatos, do montante, em tese, dos prejuízos causados ao erário", sustentando, outrossim, que "a indisponibilidade patrimonial é medida obrigatória, pois traduz consequência jurídica do processamento da ação, forte no art. 37, § 4º, da Constituição Federal." OSÓRIO, Fábio Medina. *Improbidade administrativa: Observações sobre a Lei 8.429/92*. 2ª ed. Porto Alegre: Síntese, 1998, p. 240/241.
34. BEDAQUE, José Roberto dos. Tutela Jurisdicional Cautelar e Atos de Improbidade Administrativa. In: *Improbidade Administrativa: Questões Polêmicas e Atuais*. São Paulo: Malheiros, 2001
35. REsp 226863/GO, 1ª T., Rel. Min. Humberto Gomes de Barros, DJe 04.09.2000.
36. NEVES, Daniel Amorim Assumpção. *Manual do Processo Coletivo*. Op. cit., p. 435; PAZZAGLINI FILHO, Marino. *Lei de improbidade administrativa*. Op. cit., p. 183; FERRARESI, Eurico. *Improbidade administrativa*. Op. cit., p. 59; MEIRELLES, Hely, WALD, Arnaldo; MENDES, Gilmar. *Mandado de segurança e ações constitucionais*. Op. cit., p. 277; MATTOS, Mauro Roberto Gomes. *O limite da improbidade administrativa*. 5ª ed. São Paulo: Saraiva, 2009, p. 166; COSTA, Eduardo José da Fonseca. *A indisponibilidade cautelar de bens na ação de improbidade administrativa*. Op. cit., p. 260.
37. REsp 1319515/ES, rel. Min. Napoleão Nunes Maia Filho, Rel. p/ Acórdão Min. Mauro Campbell Marques, 1ª Seção, j. 22.08.2012, DJe 21.09.2012.
38. GARCIA, Emerson; ALVES, Rogério Pacheco. *Improbidade administrativa*. Op. cit., p. 768.
39. NEVES, Daniel Amorim Assumpção. *Manual do Processo Coletivo*. Op. cit., p. 425.

cífico de garantir a eficácia da futura e eventual execução (finalidade meramente assecuratória).

A referida medida constritiva de bens, por ser uma tutela sumária, não possui caráter sancionador nem antecipa a culpabilidade do agente, até mesmo em razão da perene reversibilidade do provimento judicial que a defere.

Verifica-se no comando do art. 16, LIA que a indisponibilidade dos bens é cabível quando o julgador verificar a presença dos seguintes requisitos cumulativos[40]: i) demonstração no caso concreto de perigo de dano irreparável ou de risco ao resultado útil do processo (*periculum in mora*) e ii) probabilidade da ocorrência dos atos descritos na petição inicial com fundamento nos respectivos elementos de instrução (*fumus boni iuris*) o que, na prática, resulta dos sólidos elementos probatórios colhidos no Inquérito Civil e da própria narrativa dos fatos na inicial.

A LIA, diante dos velozes tráfegos, ocultamento ou dilapidação patrimoniais, possibilitados por instrumentos tecnológicos de comunicação de dados que tornaria irreversível o ressarcimento ao erário e devolução do produto do enriquecimento ilícito por prática de ato ímprobo, permite a decretação da indisponibilidade para efetivar a garantia de recuperação do patrimônio do público, da coletividade, bem assim do acréscimo patrimonial ilegalmente auferido.

A decretação da indisponibilidade de bens, não é uma medida de adoção automática, devendo ser adequadamente fundamentada pelo magistrado, sob pena de nulidade (art. 93, IX, CR/88 c/c art. 489, § 1º, CPC), sobretudo por se tratar de constrição patrimonial.

Não poderia ser automática, porque o legislador criou um requisito novo para a sua concessão: prévia oitiva do réu, no prazo de 05 dias (art. 16, § 3º, parte final, da LIA). Trata-se de regra geral a ser observada, mas que pode ser excepcionada desde que seja comprovado (aqui jaz mais uma tutela do réu em detrimento ao patrimônio público) que o contraditório prévio frustrará a medida ou que outras circunstâncias recomendem a medida *inaudita altera pars* (art. 16, § 4º, da LIA). Assim, será ônus do Ministério Público comprovar que a prévia oitiva acarretará a frustração da medida, pois a urgência não poderá ser presumida.

Vale lembrar o entendimento consolidado no STJ[41] no sentido de que a indisponibilidade de bens em ação por improbidade administrativa é possível antes do recebimento da petição inicial. Tal entendimento, em meu sentir, só poderá ser mantido se for observada a regra prevista no art. 16, § 4º, da LIA.

---

40. "Há, portanto, uma exigência maior para a concessão da medida de indisponibilidade, não bastando que as alegações contidas na inicial sejam verossímeis. Num pedido antecedente ou incidental feito de forma liminar, caberá ao autor juntar aos autos prova documental ou documentada (forma de documento e conteúdo oral ou pericial) que corrobore suas alegações fáticas. Num pedido incidental o autor poderá se valer das provas colhidas no próprio processo." NEVES, Daniel Amorim Assumpção; OLIVEIRA, Rafael Carvalho Rezende. *Comentários à Reforma da Lei de Improbidade Administrativa*. Rio de Janeiro: Forense, 2022, p. 62.

41. AgRg no AREsp 20853/SP, rel. Min. Benedito Gonçalves, 1ª T., j. 21.06.2012, DJe 29.06.2012.

Com essa nova conformação procedimental, deverá o Ministério Público adotar outras posturas investigativas para que a comprovação tanto do ato de improbidade administrativa quanto da probabilidade de dilapidação patrimonial como móvel para evitar a reparação do dano. Deverão ocorrer, portanto, mais requerimentos de quebra de sigilo bancário e fiscal, criação de novos fluxos de informação entre as Cortes de Contas e Receita Federal, mais convênios internacionais, cooperação jurídica internacional, auxílio direto etc.

Há *pressupostos negativos* interessantes que devem ser considerados:

i) não pode servir para assegurar o pagamento da multa civil, mesmo que o STJ tenha entendimento consolidado em sentido diverso, mas poderão ser concedidas outras medidas para tal desiderato, tais como: a) medidas cautelares atípicas ou inominadas com base no poder geral de cautela (art. 301, do CPC)[42], b) protesto contra a alienação de bens[43] e c) hipoteca judiciária (art. 495, do CPC);

ii) não pode recair sobre acréscimo patrimonial decorrente de atividade lícita, desde que não existe qualquer relação com o ato de improbidade administrativa subjacente, sob pena de gerar uma odiosa "imunidade" decorrente dos ganhos ilícitos, ou seja, se o valor do enriquecimento ilícito for aplicado no mercado de valores mobiliários, por exemplo, os rendimentos, em tese, poderiam ser considerados lícitos, desde que seja empregada uma interpretação, como sempre ocorre, de que somente o valor da propina deve ser objeto da indisponibilidade. Se tal situação for autorizada, não haverá mais limites para o locupletamento e

iii) *periculum in mora* inverso ou invertido, assim compreendido como aquele que considera a inexistência de perigo de lesão irreversível ou de difícil reversão ao investigado/réu.

Apresentados os requisitos e pressupostos para o deferimento da indisponibilidade, deve ser indicado qual é o *alcance patrimonial da medida*.[44]

O pedido de indisponibilidade, que não depende da representação prevista no art. 7º, da LIA (art. 16, § 1º, da LIA) poderá incluir o seguinte: investigação, exame e o bloqueio de bens, contas bancárias e aplicações financeiras mantidas pelo investigado/réu (a lei, de forma atécnica, faz referência ao "indiciado") no exterior.

---

42. GAJARDONI, Fernando da Fonseca; CRUZ, Luana Pedrosa de Figueiredo; JÚNIOR, Luiz Manoel Gomes; FAVRETO, Rogério. *Comentários à nova lei de improbidade administrativa.* 5ª ed. São Paulo: Ed. RT, 2021, p. 297.

43. BUENO, Cássio Scarpinella. *Curso Sistematizado de Direito Processual Civil.* São Paulo: Saraiva, 2010, v. 2, t. 3, p. 187.

44. "Não há, portanto, qualquer sentido lógico ou jurídico na determinação de constrição de todo o patrimônio do pretenso ímprobo, sem qualquer correspondência com o valor da satisfação que se buscará pela execução." NEVES, Daniel Amorim Assumpção; OLIVEIRA, Rafael Carvalho Rezende. *Comentários à Reforma da Lei de Improbidade Administrativa.* Rio de Janeiro: Forense, 2022, p. 64.

Oportuno notar que era pacífico no STJ[45], sob a égide da lei anterior, o entendimento segundo o qual a indisponibilidade de bens deve recair sobre o patrimônio do réu em ação de improbidade administrativa de modo suficiente a garantir o integral ressarcimento de eventual prejuízo ao erário, levando-se em consideração, ainda, o valor de possível *multa civil* como sanção autônoma.[46] Tal entendimento deverá ser revisto pelo STJ, pois o art. 16, § 10, da LIA veda expressamente a incidência da indisponibilidade para fins de assegurar o pagamento da multa civil.

Assim, surge a indagação: *pode ser decretada a indisponibilidade de bens para qualquer ato de improbidade administrativa?*

Com a nova LIA (art. 16, *caput*), não será mais possível sustentar a aplicabilidade da medida no caso do art. 11, porque podem gerar danos ao erário, conforme parte da doutrina sustentava[47]. O STJ também reconhecia a possibilidade jurídica da decretação da medida quando houvesse a prática do ato de improbidade previsto no art. 11, LIA, sem a exigência da ocorrência de dano ao erário ou enriquecimento ilícito, pois a multa civil, que tem caráter punitivo, deve ser objeto de execução de pagar quantia certa[48] por entender que a multa civil é uma "sanção autônoma".[49] Em minha opinião, com base na literalidade do art. 16, da LIA, a decretação da indisponibilidade deve ficar adstrita aos seguintes casos: a) perda de bens ou valores obtidos ilicitamente (art. 9º, da LIA); b) reparação do dano ao erário (art. 10, da LIA).[50]

A indisponibilidade pode recair sobre o patrimônio do requerido, mas não pode ser requerida e deferida de forma genérica, mas com a indicação de quais serão os bens atingidos. O vetor a ser observador é o valor indicado na petição inicial, ainda que de forma estimada, mas não há óbice para que seja decretada a indisponibilidade em valor inferior.[51] Sendo comprovado que há excesso nessa indisponibilidade, pode ser reduzido ou substituído por caução idônea, fiança bancária ou seguro-garantia judicial, desde que seja requerido pelo réu, sempre após a oitiva do Ministério Pú-

---

45. REsp 1319515/ES, rel. Min. Napoleão Nunes Maia Filho, Rel. p/ Acórdão Min. Mauro Campbell Marques, 1ª Seção, j. 22.08.2012, DJe 21.09.2012.

46. "É possível a inclusão do valor de eventual multa civil na medida de indisponibilidade de bens decretada em ação de improbidade administrativa, inclusive nas demandas ajuizadas com esteio na prática de conduta prevista no art. 11, LIA, tipificador da ofensa aos princípios nucleares administrativos." RESP 1.862.792-PR, 1ª S., por unanimidade, J. 25/08/2021. (Tema 1055).

47. GARCIA, Emerson; ALVES, Rogério Pacheco. *Improbidade Administrativa*. Op. cit., p. 772; MARQUES, Silvio. *Improbidade Administrativa*. São Paulo: Saraiva, 2009, p. 175.

48. EDcl nos EDcl no REsp 1.159.147/MG, 2ª T., rel. Min. Mauro Campbell Marques, j. 15.02.2011, DJe 24.02.2011.

49. REsp 1.176.440/RO, 1ª T., rel. Min. Napoleão Nunes Maia Filho, j. 17.09.2013, DJe 04.10.2013; MC 9675/RS, 2ª T., rel. Min. Mauro Campbell Marques, j. 28.06.2011, DJe 03.08.2011; REsp 1.023.182/SC, 2ª T., rel. Min. Castro Meira, j. 23.09.2008, DJe 23.10.2008.

50. ANDRADE, Adriano; MASSON, Cleber; ANDRADE, Landolfo. *Interesses difusos e coletivos esquematizado*. Op. cit., p. 724.

51. "Entendo que o juízo não está condicionado ao valor apontado pela petição inicial, até porque o § 6º do art. 16 da Lei 8.429/1992 se limita a afirmar que a indisponibilidade considerará tal valor, o que permite uma fixação em quantia inferior do sugerido." NEVES, Daniel Amorim Assumpção; OLIVEIRA, Rafael Carvalho Rezende. *Comentários à Reforma da Lei de Improbidade Administrativa*. Rio de Janeiro: Forense, 2022, p. 65.

blico. Vale fazer o cotejo entre o art. 16, § 6º, da LIA com o art. 835, § 2º, do CPC, pois o referido código equiparou a fiança bancária e o seguro-garantia ao dinheiro, portanto, a eventual substituição indicada na LIA deve ser aceita, desde que sejam apresentados motivos concretos,[52] pois compatível com a menor onerosidade e máxima efetividade da tutela coletiva, ressalvadas as hipóteses de inidoneidade, insuficiência ou alguma irregularidade.[53]

O legislador também permite que haja a eventual readequação durante a instrução do processo (art. 16, § 6º, da LIA). O STJ, antes da vigência dessa regra, admitiu a indisponibilidade recaindo sobre bens com valor superior ao indicado na inicial[54], tendo em vista a necessidade da máxima efetividade da tutela coletiva;[55] Tal entendimento deverá ser readequado ante o teor da nova LIA, mas com a ideia de que o magistrado deverá abrir vistas ao Ministério Público para que realize os devidos ajustes em seu requerimento.

Impende salientar, entretanto, que ao juiz responsável pela condução do processo cabe guardar atenção, entre outros, aos preceitos legais que resguardam certas espécies patrimoniais contra a indisponibilidade, mediante atuação processual dos interessados – a quem caberá, por exemplo, fazer prova que determinadas quantias estão destinadas a seu mínimo existencial (art. 1º, III, CR/88).

O legislador criou uma *ordem preferencial* interessante no art. 16, § 11, da LIA que precisa ser observada pelo requerente e magistrado. Criou-se, com isso, duas classes de bens que poderão ser objeto da indisponibilidade: i) prioritários ou preferenciais: veículos de via terrestre, bens imóveis, bens móveis em geral, semoventes, navios e aeronaves, ações e quotas de sociedades simples e empresárias, pedras e metais preciosos; ii) secundários ou subsidiários (somente serão atingidos na inexistência dos anteriores): bloqueio de contas bancárias, para garantir a subsistência do investigado/réu (o legislador, de forma atécnica, usou o termo "acusado") e a manutenção da atividade empresária ao longo do processo. O STJ tem tese jurídica consolidada no sentido da possibilidade de a decretação de indisponibilidade de bens incidir sobre ativos financeiros.[56]

A ordem prioritária de indisponibilidade de bens prevista no art. 16, § 11, da LIA coloca dinheiro como objeto residual, ao contrário da ordem preferencial da penhora prevista no art. 835, do CPC. Plenamente admissível a intimação do réu para que indique os bens que podem ser objeto da medida cautelar de indisponibilidade, por meio da aplicação analógica do art. 774, V, do CPC e, caso fique inerte, poderá recair sobre dinheiro.[57]Essa ordem preferencial não é imune às críticas doutrinárias por

---

52. AgInt no Resp. 1.914.633/SP, 2ª T., Rel. Min. Assusete Magalhães, j. 14.06.2021.
53. Resp 1.691.748/PR, Rel. Min. Ricardo Villas Bôas Cueva, 3ª T., j. 07.11.2017.
54. AgRg no Resp 1042800/MG, Resp 1287422/SE.
55. REsp 1.176.440/RO, 1ª T., rel. Min. Napoleão Nunes Maia Filho, j. 17.09.2013.
56. AgInt no REsp 1839716/PR, Rel. Min. Mauro Campbell Marques, 2ª T., j. 22/04/2020.
57. NEVES, Daniel Amorim Assumpção; OLIVEIRA, Rafael Carvalho Rezende. *Comentários à Reforma da Lei de Improbidade Administrativa*. Rio de Janeiro: Forense, 2022, p. 67.

criar uma indevida distinção entre os devedores comuns e aqueles que praticam ato de improbidade administrativa, portanto, tal regra merece um filtragem constitucional:[58] i) somente será aplicada a regra se houver patrimônio com liquidez capaz de garantir a reparação dos prejuízos e reversão da vantagem ilicitamente obtida; ii) se ele for suficiente para cobrir todo o dano suposto e iii) se o réu comprove que os valores comprometem a sua subsistência ou o funcionamento da atividade empresarial.

Um tópico que merece atenção é a *pluralidade de réus no polo passivo da ação por improbidade administrativa e o limite da decretação da indisponibilidade dos bens*. O STJ possui entendimento no sentido de que pode ser determinada a diminuição do âmbito de alcance do decreto de indisponibilidade quando recair sobre o patrimônio dos pretensos devedores solidários representando o valor.[59] Porém, a nova LIA (art. 16, § 5º) preconiza que a somatória dos valores declarados indisponíveis não poderá superar o montante indicado na petição inicial como dano ao erário ou como enriquecimento ilícito. Ocorrendo excesso na decretação da indisponibilidade, haverá a possibilidade de readequação dos limites e valores, observando-se a responsabilidade de cada um dos envolvidos. O STJ possui entendimento no mesmo sentido da regra prevista no art. 16, § 5º, da LIA.[60]

A indisponibilidade pode atingir bens de terceiros, desde que sejam observados os seguintes requisitos (art. 16, §7º, da LIA): i) pessoas físicas: demonstração da sua efetiva concorrência para os atos ilícitos apurados ou ii) pessoas jurídicas: instauração do incidente de desconsideração da personalidade jurídica.

A constrição patrimonial deve alcançar o valor da totalidade da lesão ao erário, bem como sua repercussão no enriquecimento ilícito do agente, decorrente do ato de improbidade que se imputa, excluídos os bens impenhoráveis assim definidos por lei (arts. 833 e 834, do CPC e art. 1º, da Lei 8009/90), salvo quando estes tenham sido, comprovadamente, adquiridos também com produto da empreitada ímproba, resguardado, como já dito, o essencial para sua subsistência.

Existe a possibilidade de a indisponibilidade recair sobre bens de família?

O STJ, nesta senda, considerando que a decretação da indisponibilidade não gera expropriação do bem, reconheceu a possibilidade de recair sobre bem de família[61] e bem impenhorável, com o objetivo de garantir eventual e futura execução[62]. Com a nova LIA (art. 16, § 14), é vedada a possibilidade de decretação da indisponibilidade sobre bem de família, exceto se houver a comprovação de que o imóvel seja fruto de vantagem patrimonial indevida, na forma do art. 9º. Considerando que a demanda

---

58. GAJARDONI, Fernando da Fonseca; CRUZ, Luana Pedrosa de Figueiredo; JÚNIOR, Luiz Manoel Gomes; FAVRETO, Rogério. *Comentários à nova lei de improbidade administrativa*. 5ª ed. São Paulo: Ed. RT, 2021, p. 302.
59. REsp 1.119.458/RO, 1ª T., rel. Min. Hamilton Carvalhido, j. 13.04.2010, DJe 29.04.2010.
60. Resp 1.731.782/MS, 1ª T., Rel. Min. Regina Helena Costa, j. 04.12.2018.
61. Resp 1204794/SP.
62. Resp 1078640/ES, 1040254/CE, AgRg no Resp 1191497/RS.

de improbidade administrativa é cível (não penal), não deve ser aplicada a exceção prevista no art. 3°, VI da Lei 8009/90.[63]

Interessante notar que o STJ permitiu a indisponibilidade recaindo sobre bens que não tinham relação direta com o ato de improbidade imputado e caso o réu/requerido alegue que adquiriu o bem de forma lícita, o ônus da prova passa a ser dele[64]. Tal entendimento, em meu sentir, pode ser plenamente aplicável aos casos do art. 16, § 14, da LIA.

A indisponibilidade pode recair sobre bens adquiridos antes da prática do ato de improbidade administrativa?

O STJ possui entendimento no sentido da possibilidade da indisponibilidade recair sobre os bens adquiridos antes da prática dos fatos ensejadores do processo de improbidade[65] Há, entretanto, entendimento minoritário na doutrina sustentando que o decreto da indisponibilidade deverá recair somente sobre os bens adquiridos depois da prática do ato de improbidade administrativa.[66] Considerando que a indisponibilidade não tem viés sancionatório, mas assecuratório de uma eventual e futura execução, alguns autores sustentam não existir sentido lógico e jurídico na determinação judicial que abrange integralmente o patrimônio do réu.[67]

A indisponibilidade pode recair sobre o salário, subsídio ou vencimento? A razão da pergunta é verificar se parcela dos vencimentos (gênero) pode ser bloqueada para fins de assegurar a reparação/ressarcimento do dano. O art. 833, IV, do CPC veda tal possibilidade, pois considera impenhorável o vencimento do executado, ressalvada a hipótese prevista no § 2° do mesmo artigo. Por outro lado, o art. 14, § 3°, da LAP prevê expressamente a possibilidade do desconto em folha para fins de reparação/ressarcimento do dano. Ora, considerando que o processo de improbidade administrativa ainda faz parte do microssistema da tutela coletiva, deverá ser aplicada da LAP subsidiariamente à LIA e não o CPC que, nesse aspecto, é aplicável de forma residual. Deverá ser observada, ainda, a limitação de 30% de desconto mediante aplicação por analogia da Lei 10.820/03. Assim, factível sustentar a possibilidade de

---

63. "Naturalmente, se o bem de família foi adquirido de forma ilícita, como produto do enriquecimento ilícito, responderá normalmente pela execução e, por isso, deve ser objeto da indisponibilidade. Por outro lado, o art. 3°, VI, da Lei 8.009/1990 afasta a impenhorabilidade do bem de família quando adquirido com produto de crime ou em execução de sentença penal condenatória." NEVES, Daniel Amorim Assumpção; OLIVEIRA, Rafael Carvalho Rezende. *Comentários à Reforma da Lei de Improbidade Administrativa.* Rio de Janeiro: Forense, 2022, p. 68.

64. Resp 1176440/RO.

65. AgRg no AREsp 698.259/CE, 1ª T., rel. Min. Benedito Gonçalves, j. 19.11.2015, DJe 04.12.2015; EDcl no AgRg no REsp 1.351.825/BA, 2ª T., rel. Min. Og Fernandes, j. 22.09.2015, DJe 14.10.2015.

66. MEIRELLES, Hely Lopes; WALD, Arnaldo; MENDES, Gilmar. *Mandado de segurança e ações constitucionais.* Op. cit., p. 276.

67. NEVES, Daniel Assumpção. *Manual do Processo Coletivo.* Op. cit., p. 431; PAZZAGLINI FILHO, Marino. *Lei de improbidade administrativa comentada: aspectos constitucionais, administrativos, civis, criminais, processuais e de responsabilidade fiscal.* 5ª ed. São Paulo: Atlas, 2011, p. 185.

a indisponibilidade recair sobre parcela do vencimento.[68] A Corte Especial do STJ já flexibilizou a regra do art. 833, IV, do CPC para casos diversos do 833, § 2º, desde que seja observada a subsistência digna do executado e sua família.[69]

A limitação de 40 salários-mínimos prevista no art. 16, §13, da LIA é mais ampla que a prevista no art. 833, X, do CPC. Com efeito, a LIA veda a decretação de indisponibilidade de bens para quantia de até 40 salários-mínimos depositados em caderneta de poupança, em outras aplicações financeiras ou em conta corrente. O art. 833, X, do CPC, por seu turno, se refere somente aos valores depositados em caderneta de poupança, mas em meu sentir, a regra do CPC merece interpretação ampliativa, tal como empregada pela 2ª Seção do STJ.[70]

A obrigação de reparar o dano é regra que se extrai, já de muito, dos arts. 186 e 927 do CC, tendo merecido expressa referência por parte do texto constitucional (art. 37, § 4º, CR/88) e pela própria LIA (art. 12). Trata-se de um princípio geral do direito e que pressupõe: a) a ação ou a omissão (somente no caso do art. 10, da LIA), dolosa, do agente; b) a constatação do dano, que pode ser material ou moral; c) a relação de causalidade entre a conduta do agente e o dano verificado; d) que da conduta do agente surja o dever jurídico de reparação.

Deste modo, verificada, a partir da disciplina contida na LIA, a ocorrência do ato de improbidade administrativa, o acervo patrimonial dos réus estará sujeito à plena responsabilização, aplicando-se, aqui, a regra geral de que o devedor responde, para o cumprimento de suas obrigações, com todos os seus bens presentes e futuros, salvo as restrições estabelecidas em lei (art. 789, CPC).

O desiderato de "integral ressarcimento do dano ao erário" será alcançado, assim, por intermédio da declaração de **indisponibilidade de tantos bens de expressão econômica quantos bastem ao restabelecimento do** *status quo ante*. É o que estabelecem os arts. 37, § 4º, da CR/88, regra que vai encontrar correlata previsão no art. 16, § 10, primeira parte, da LIA.

No que pertine ao procedimento para o requerimento para a concessão da indisponibilidade, podem ser feitas as seguintes considerações: a) à exceção da autoridade administrativa, a pessoa jurídica interessada/prejudicada também poderá formular tal requerimento, desde que seja incidentalmente[71], apesar de entendimento doutrinário no sentido de somente permitir o requerimento quando oferecido pelo MP;[72] b) considerando tratar-se de uma tutela provisória

---

68. GAJARDONI, Fernando da Fonseca; CRUZ, Luana Pedrosa de Figueiredo; JÚNIOR, Luiz Manoel Gomes; FAVRETO, Rogério. *Comentários à nova lei de improbidade administrativa.* 5ª ed. São Paulo: Ed. RT, 2021, p. 294.

69. EREsp. 1.518.169 e 1.582.475/MG, Rel. Min. Benedito Gonçalves, j. 16.10.2018.

70. EREsp. 1.330.567/RS, Rel. Min. Luis Felipe Salomão, j. 10.12.2014.

71. NEVES, Daniel Amorim Assumpção; OLIVEIRA, Rafael Carvalho Rezende. *Comentários à Reforma da Lei de Improbidade Administrativa.* Rio de Janeiro: Forense, 2022, p. 59.

72. Entendendo que a pessoa jurídica não pode requerer a decretação da indisponibilidade: DIDIER JR., Fredie; ZANETI JR., Hermes. *Curso de Direito Processual Civil – Processo Coletivo.* Op. cit., p. 378; COSTA, Susana

de urgência cautelar pode ser requerida em caráter antecedente e incidental; c) não se aplica, como já sustentado, a regra do art. 2º, Lei 8.437/1992, que exige a prévia oitiva do representante judicial da Fazenda Pública antes do deferimento das tutelas provisórias, sob pena de inviabilizar a própria medida. Além disso, não se trata de uma demanda contrária aos interesses da Fazenda Pública, mas ao seu favor e, portanto, não terá o condão de atingir os seus bens e interesses, mas de protegê-los. Não há qualquer empecilho na aplicação do contraditório diferido ao caso, apesar do art. 9º, parágrafo único, CPC não conter esta previsão. Ademais, a regra do art. 2º, Lei 8.437/1992 refere-se somente à ACP genérica e norma restritiva não comporta interpretação ampliativa. A doutrina majoritária[73] e o STJ seguem este entendimento; d) as decisões interlocutórias de deferimento ou indeferimento são agraváveis (art. 16, § 9º, da LIA); e) deverá o magistrado observar os efeitos práticos da sua decisão (arts. 16, § 12, da LIA c/c 20, da LINDB); f) vedação para a adoção de medidas capazes de acarretar prejuízo à prestação de serviços públicos (art. 16, § 12, da LIA), mas não há vedação para a decretação da indisponibilidade dos bens[74]; g) é indevido o ressarcimento ao erário de valores gastos com contratações, ainda que ilegais, quando efetivamente houve contra-prestação dos serviços, sob pena de enriquecimento ilícito da Administração, portanto, não deve ser decretada a indisponibilidade para tal fim (art. 18, § 3º, da LIA), porquanto deverão ser descontados, conforme tese jurídica consolidada no STJ[75]; h) Na ação por improbidade administrativa, é cabível a compensação por danos morais na defesa de interesse difuso ou coletivo, conforme tese jurídica consolidada no STJ, portanto, factível sustentar a possibilidade de decretação da indisponibilidade de bens para garantir o pagamento dos danos morais[76]; i) conforme decisão do STF, o TCU não ostenta competência para determinar di-retamente e com autoexecutoriedade a decretação da indisponibilidade de bens e a desconsideração da personalidade jurídica.[77]

Henriques. *O processo coletivo na tutela do patrimônio público e da moralidade administrativa.* 2ª ed. São Paulo: Atlas, 2015, p. 284. GAJARDONI, Fernando da Fonseca; CRUZ, Luana Pedrosa de Figueiredo; JÚNIOR, Luiz Manoel Gomes; FAVRETO, Rogério. *Comentários à nova lei de improbidade administrativa.* 5ª ed. São Paulo: Ed. RT, 2021, p. 302.

73. NEVES, Daniel Amorim Assumpção. *Manual do Processo Coletivo.* Op. cit., p. 434; FERRARESI, Eurico. *Improbidade administrativa.* Op. cit., p. 60; SANTOS, Carlos Frederico Brito dos. *Improbidade administrativa.* Op. cit., p. 297.

74. "A preocupação maior do dispositivo é com o bloqueio de valores que, porventura, são usados para a própria prestação do serviço (pagamento de salários de empregados, conservação dos bens necessários à prestação do serviço, atendimento à população etc.). O bloqueio destes, na medida da aplicação à atividade concedida/delegada, é que deve ser evitada." GAJARDONI, Fernando da Fonseca; CRUZ, Luana Pedrosa de Figueiredo; JÚNIOR, Luiz Manoel Gomes; FAVRETO, Rogério. *Comentários à nova lei de improbidade administrativa.* 5ª ed. São Paulo: Ed. RT, 2021, p. 295.

75. AgInt no REsp 1747230/PR, Rel. Min. Herman Benjamin, 2ª T., j. 02 mar. 2021.

76. REsp 1940837/RJ, Rel. Min. Herman Benjamin, 2ª T., j. 24 ago. 2021.

77. MS 35506/DF, Rel. Min. Marco Aurélio, J. 25 jun. 2020.

4.4.3. Afastamento do agente público das suas funções

Trata-se de medida cautelar[78], concedida por meio de tutela provisória de urgência cautelar, com base no art. 20, § 1º, da LIA.[79] É uma medida típica da ação por ato de improbidade administrativa.

Necessita, assim, da demonstração do *fumus boni iuris* e *periculum in mora*. O *periculum in mora* deve ser visto nesta medida cautelar como uma forma de assegurar o direito à produção da prova à produção de uma prova efetiva, pois o perigo na manutenção do agente público no exercício das suas funções pode frustrar por completo o objetivo da relação jurídica processual instaurada. Deverá, portanto, gerar uma dupla garantia: i) instrução processual e ii) evitar a iminente prática de novos ilícitos.[80] O STJ já determinou o afastamento cautelar quando houve a demonstração deste tipo de perigo,[81] mas exige a demonstração clara e inequívoca, por entender ser medida excepcional.[82] A mera cogitação teórica da possibilidade de interferência do réu na instrução probatória não é suficiente para autorizar o afastamento cautelar do agente público, segundo decisão do STF.[83]

Considerando a redação do art. 20, § 1º, da LIA, poderá ensejar o entendimento de que o afastamento cautelar do agente público somente poderá ser determinado mediante decisão judicial, porém, não concordo com a pretensa reserva de jurisdição. Com efeito, observando-se o devido processo legal administrativo (art. 147, da Lei 8112/90), a Autoridade Administrativa terá tal poder. Ademais, o STJ tem tese consolidada no sentido da possibilidade de aplicação da pena de demissão, mesmo sem condenação judicial à perda da função pública.[84]

Como bem demonstra a doutrina, este perigo não está atrelado aos efeitos deletérios do tempo sobre o direito material, mas relacionado à conduta do investigado/

---

78. Em sentido diverso: "Quanto às duas espécies de tutela de urgência, não parece ser adequado atribuir ao afastamento natureza cautelar, porque esse tipo de tutela se presta a garantir a efetividade do resultado final do processo e, no caso, o ato ilícito que se busca evitar nem mesmo faz parte do objeto da demanda." NEVES, Daniel Amorim Assumpção; OLIVEIRA, Rafael Carvalho Rezende. *Comentários à Reforma da Lei de Improbidade Administrativa*. Rio de Janeiro: Forense, 2022, p. 121.

79. NEVES, Daniel Amorim Assumpção. *Manual do Processo Coletivo*. Op. cit., p. 445; GARCIA, Emerson; ALVES, Rogério Pacheco. *Improbidade Administrativa*. Op. cit., p. 753; DECOMAIN, Pedro Roberto. *Improbidade administrativa*. Op. cit., p. 292; GAJARDONI, Fernando da Fonseca. *Direito Difusos e Coletivos I*. Op. cit., p. 384.

80. "Ainda que a norma tenha uma inspiração nitidamente preventiva, ela exige que atos ilícitos já tenham sido praticados, condição indispensável para a própria existência de uma ação de improbidade administrativa. Ou seja, apurados atos ilícitos que ensejam a propositura da demanda, e havendo a confirmação da probabilidade de que outros venham a ser praticados no curso do processo, caberá o afastamento ora analisado." NEVES, Daniel Amorim Assumpção; OLIVEIRA, Rafael Carvalho Rezende. *Comentários à Reforma da Lei de Improbidade Administrativa*. Rio de Janeiro: Forense, 2022, p. 121.

81. AgRg na SLS 1.382/CE, Corte Especial, rel. Min. Ari Pargendler, j. 1º jun. 2011, DJe 23 set. 2011.

82. AgRg na SLS 867/CE, Corte Especial, rel. Min. Ari Pargendler, j. 05 nov. 2008, DJe 24 ago. 2011.

83. SL 1241 MC/CE, Presidência do STF, Rel. Min. Dias Toffoli, Dj 29 ago. 2019

84. Compete à autoridade administrativa aplicar a servidor público a pena de demissão em razão da prática de improbidade administrativa, independentemente de prévia condenação, por autoridade judicial, à perda da função pública. (Súmula 651/STJ)

réu.[85] Em decisão mais antiga, mas que vale para fins de estudos, o STJ, com base em seu entendimento de que se trata de medida excepcional, rejeitou a possibilidade do afastamento cautelar, pois seria menos drástico, no caso concreto posto em análise, o ajuizamento de uma demanda cautelar probatória antecipada.[86] Considerando ser uma medida excepcional, parte da doutrina sustenta que deve ser decretado o afastamento somente nos casos em que não for possível aplicar medida mais efetiva e menos severa.[87] Discordo de maneira veemente desta proposição, pois não é moral manter um agente público ímprobo no exercício das suas funções, com todas as suas prerrogativas e vantagens, depois do recebimento de uma demanda de improbidade administrativa, principalmente quando fulcrada em inquérito civil submetido ao contraditório mínimo. Não é possível mantermos este nível de condescendência com os agentes públicos ímprobos se quisermos de fato construir uma nação melhor. Manter um agente público, que se enriqueceu de forma ilícita e que causou lesão ao erário, em suas funções soa como uma premiação por seu ato. Se algo parecido ocorresse na iniciativa privada, o afastamento seria imediato! Reconheço, entretanto, que sou voz dissonante na doutrina neste tema.

Existe momento processual definido para a formulação do requerimento de afastamento cautelar? Considerando a natureza de tutela provisória de urgência cautelar, entendo que o requerimento pode ser feito de forma antecedente e incidental.[88] Parte da doutrina, contudo, sustenta que tal requerimento somente pode ser formulado incidentalmente.[89] Não há, assim um momento processual fim para a formulação do requerimento, desde que estejam presentes os requisitos ensejadores da medida. Poderá ser, inclusive, renovado o pedido de afastamento anteriormente negado, desde que o requerente colacione aos autos novas provas ou novos fatos, conforme preconiza o art. 309, parágrafo único, CPC, desde que não esteja encerrada a instrução probatória, tendo em vista a finalidade da medida. No mesmo sentido de não existir preclusão para a formulação do pedido, já decidiu o STJ.[90]

Esse afastamento cautelar tem prazo definido na LIA (total de 180 dias), pois não pode ter viés de perda antecipada da função, como dito, porque não é uma tutela antecipada ou mesmo uma sanção antecipada, até porque a perda da função exige o trânsito em julgado, conforme art. art. 12, § 9º, da LIA. Ademais, forte no princípio da homogeneidade das medidas cautelares, não será possível obter por meio destas

---

85. NEVES, Daniel Amorim Assumpção. *Manual do Processo Coletivo.* Op. cit., p. 447; SANTOS, Carlos Frederico Brito dos. *Improbidade Administrativa.* Op. cit., p. 287.
86. REsp 550.135/MG, 1ª T., j. 17 fev. 2004, DJe 08 mar. 2004.
87. FERRARESI, Eurico. *Improbidade administrativa.* Op. cit., p. 230; GARCIA, Emerson; ALVES, Rogério Pacheco. *Improbidade administrativa.* Op. cit., p. 755.
88. GAJARDONI, Fernando da Fonseca; CRUZ, Luana Pedrosa de Figueiredo; JÚNIOR, Luiz Manoel Gomes; FAVRETO, Rogério. *Comentários à nova lei de improbidade administrativa.* 5ª ed. São Paulo: Ed. RT, 2021, p. 481.
89. NEVES, Daniel Amorim Assumpção; OLIVEIRA, Rafael Carvalho Rezende. *Comentários à Reforma da Lei de Improbidade Administrativa.* Rio de Janeiro: Forense, 2022, p. 122.
90. REsp 1.117.290/MT, 2ª T., rel. Min. Herman Benjamin, j. 22 jun. 2010, DJe 1º jul. 2010.

CAPÍTULO 12 • TUTELAS PROVISÓRIAS

457

medidas resultado que não será possível de ser obtido ao final, com o proferimento da sentença de mérito. Tem que existir, por conseguinte, homogeneidade entre tutela jurisdicional final e provisória.

Com a devida observância do princípio da homogeneidade, foi fixado limite temporal (art. 20, § 2º, da LIA – 90 dias prorrogáveis uma única vez por igual prazo), que existia somente na jurisprudência. A premissa, ao meu sentir, inafastável para a fixação de tal prazo deve ser a própria finalidade do instrumento, qual seja, assegurar a efetividade da instrução, ou seja, não permitir que o agente público possa usar a máquina estatal para tentar encobrir os seus feitos ilícitos como comumente vemos, nem tão mais atônitos, em nosso país. É preciso deixar a condescendência de lado e começar a efetivar de uma vez por todas o combate à corrupção com a aplicação, sempre com os devidos limites do Estado de Direito. Não há como conviver com a chicana que os agentes públicos promovem, sem que vejamos uma necessária e rápida reprimenda. Beira o escárnio a manutenção em seus cargos dos agentes públicos que praticam a toda sorte de atos ímprobos. Nada obstante, a doutrina é tranquila em sustentar a impossibilidade do afastamento cautelar com base na garantia da ordem pública ou como forma de antecipação da pena.[91]

Qual é o prazo para a duração do afastamento cautelar das funções do agente público? Existia divergência, no panorama normativa anterior, assim disposta:

1ª tese (majoritária):[92] *o afastamento deveria durar até o encerramento da fase processual instrutória,* considerando justamente o objetivo da medida que é assegurar o resultado da instrução. Essa tese não encontra mais respaldo na nova LIA.

2ª tese (precedente da Corte Especial do STJ): reconheceu a razoabilidade do prazo de 180 dias para o afastamento cautelar do agente público, sem prejuízo da sua ampliação, considerando as peculiaridades do caso concreto, por meio de decisão com fundamentação adequada e específica (art. 489, § 1º, CPC).[93] Em certa medida, foi a tese encampada pelo legislador no art. 20, §2º, da LIA, pois fixou o prazo de 90 dias prorrogáveis, uma única vez por igual prazo, mediante decisão motivada. Em meu sentir, essa regra deve ser analisada em conjunto com o art. 86, § 2º, CR/88. De qualquer forma, entendo equivocada a escolha do legislador, pois, diante das peculiaridades do caso concreto (número de réus, complexidade do tema etc.), o prazo máximo de 180 dias não se demonstra razoável para o encerramento da fase instrutória de uma ação por improbidade administrativa. Ademais, o réu, ciente deste entendimento,

---

91. DECOMAIN, Pedro Roberto. *Improbidade administrativa.* Op. cit. p. 289; GAJARDONI, Fernando da Fonseca. *Comentários à nova lei do Mandado de segurança.* Op. cit., p. 387; GARCIA, Emerson; ALVES, Rogério Pacheco. *Improbidade administrativa.* Op. cit., p. 759; NEVES, Daniel Amorim Assumpção. *Manual do Processo Coletivo.* Op. cit., p. 446.

92. NEVES, Daniel Amorim Assumpção. *Manual do Processo Coletivo.* Op. cit., p. 448; GAJARDONI, Fernando da Fonseca. *Comentários à nova lei de mandado de segurança.* Op. cit., p. 388; GARCIA, Emerson; ALVES, Rogério Pacheco. *Improbidade Administrativa.* Op. cit., p. 762; DECOMAIN, Pedro Roberto. *Improbidade administrativa.* Op. cit., p. 291.

93. AgRg na SLS 1397/MA, Ag Rg na SLS 1620/PE, AgRg na SLS 1854/ES.

atuará de forma a conseguir postergar ao máximo o início e o encerramento da fase, mormente considerando a quantidade e oportunidade de recursos à sua disposição. Deve ser adotado o entendimento de que a postergação, mediante a adoção de atos protelatórios, será considerada como causa de pedir para a concessão do afastamento cautelar ou para a ampliação do prazo. Ademais, considerando a dupla garantia da medida, pode ser necessária nova decisão de afastamento para impedir novos atos ilícitos, com ou sem modificação da causa de pedir anterior.[94] Em rigor, a fixação de prazo peremptório não deveria prevalecer, mas a verificação da necessidade de cessação ou extensão do prazo, conforme as peculiaridades de o caso concreto.[95]

3ª tese: o afastamento deve ser mantido mesmo após o encerramento da fase instrutória, mormente nos casos em que restar comprovada a prática do ato de improbidade administrativa, sob pena de ser mantido no cargo um agente público comprovadamente ímprobo[96], desde que esteja fundamentada na garantia de evitar novos atos ilícitos, com a possibilidade de formulação de pedidos sucessivos até o encerramento da relação jurídica processual. Pelas razões que já expusemos, este é o entendimento mais correto.

Questão tormentosa enfrentada na prática e que gera debates doutrinários é a seguinte: **o afastamento cautelar pode abranger agente político, titular de mandato eletivo?** O art. 20, §1º, da LIA usa o termo genérico "agente público do exercício do cargo, do emprego ou da função". O conceito legal de agente público previsto no art. 2º, da LIA abrange expressamente o agente político. Ainda assim, há divergência doutrinária nos seguintes termos:

1ª tese:[97] esse afastamento **não pode abranger titular de mandato eletivo,** pois ostenta regime jurídico próprio, ou seja, quem tem que afastar esse agente é a casa legislativa respectiva; ademais a norma do art. 20, § 1º, da LIA não faz referência ao detentor de mandato eletivo;

2ª tese (Corte Especial do STJ[98] **e doutrina majoritária**[99]): *abrange agente políti-co.* Entendo ser esta a tese mais correta, entretanto, vale salientar que existem agentes políticos que pela CR/88 só podem ser afastados por decisão da casa legislativa, tais como Presidente da República, Senadores e Deputados (arts. 55 e 86, CR/88). O STJ

---

94. "Apesar da nobre preocupação do legislador em não permitir a eternização de uma medida de natureza provisória, não faz nenhum sentido condicionar a eficácia da medida a um período temporal predeterminado em lei." NEVES, Daniel Amorim Assumpção; OLIVEIRA, Rafael Carvalho Rezende. *Comentários à Reforma da Lei de Improbidade Administrativa.* Rio de Janeiro: Forense, 2022, p. 122.

95. GAJARDONI, Fernando da Fonseca; CRUZ, Luana Pedrosa de Figueiredo; JÚNIOR, Luiz Manoel Gomes; FAVRETO, Rogério. *Comentários à nova lei de improbidade administrativa.* 5ª ed. São Paulo: Ed. RT, 2021, p. 481.

96. MARQUES, Silvio. *Improbidade administrativa.* Op. cit., p. 177.

97. SANTOS, Carlos Frederico Brito dos. *Improbidade Administrativa.* Op. cit., p. 291.

98. REsp 1.029.842/RS, 1ª T., rel. Min. Benedito Gonçalves, j. 15.10.2010, DJe 28.04.2010; AgRg na SLS 1.397/MA, Corte Especial, j. 01.07.2011, DJe 28.09.2011; MC 12.115/ES, 2ª T., rel. min. Castro Meira, j. 19.10.2006, DJe 31.10.2006; AgRg no SLS 1500/MG; AgRg no SLS 1630/PR; MC 19214/PE.

99. GARCIA, Emerson; ALVES, Rogério Pacheco. *Improbidade Administrativa.* Op. cit., p. 756; NEVES, Daniel Amorim Assumpção. *Manual do Processo Coletivo.* Op. cit., p. 449.

entende, por óbvio, que o encerramento do mandato gera a perda superveniente ou revogação do afastamento.[100] O STF, ao analisar a situação de parlamentares, vedou a possibilidade de afastamento cautelar por decisão judicial.[101]

O afastamento, conforme as peculiaridades do caso concreto, pode ser total ou parcial e não prejudica a remuneração. Poderão ser adotadas, inclusive, medidas diversas do afastamento, caso seja úteis ou somente afastar o agente público de uma de suas funções exercidas no órgão público.

Quais são as medidas judiciais cabíveis em favor do agente público para que possa modificar, revogar ou substituir o afastamento cautelar deferido? A decisão que versa sobre o tema é interlocutória agravável, conforme previsto no art. 17, § 21, da LIA, mas há quem sustente o cabimento do Mandado de Segurança (art. 5º, LXIX, da CR/88) e o pedido de suspensão da segurança (arts. 15, da LMS, 12, § 1º, da LACP, 25, da Lei 8038/90 e 4º, da Lei 8437/92), inclusive quanto ao último, há decisão do STJ.[102] Quanto ao cabimento do Mandado de Segurança, discordo, pois existe recurso judicial específico para tal fim e, portanto, não poderá ser usado como um verdadeiro sucedâneo recursal. Quando ao pedido de suspensão da segurança, discordo por entender que a ação por improbidade administrativa é proposta em desfavor do agente público e não da pessoa jurídica interessada/prejudicada e, além disso, será difícil verificar na prática a presença de seus pressupostos ensejadores. Caso o agente público queira se insurgir contra a decisão administrativa, penso ser adequado o manejo do Mandado de Segurança.[103]

---

100. REsp 667.032/AL, 1ª T., rel. Min. José Delgado, j. 08.11.2005, DJe 05.12.2005.
101. SL 229 e SL 297, Rel. Min. Gilmar Mendes.
102. AgRg na SLS 857/RJ, Min. Rel. Humberto Gomes de Barros, Corte Especial, j. 29.05.2008.
103. GAJARDONI, Fernando da Fonseca; CRUZ, Luana Pedrosa de Figueiredo; JÚNIOR, Luiz Manoel Gomes; FAVRETO, Rogério. *Comentários à nova lei de improbidade administrativa*. 5ª ed. São Paulo: Ed. RT, 2021, p. 481.

Capítulo 13
COISA JULGADA COLETIVA

1. CONCEITO

A coisa julgada possui natureza jurídica de pressuposto processual negativo (art. 485, V, CPC), porque refere-se à originalidade da demanda, bem como a uma garantia processual fundamental atrelada ao princípio da segurança jurídica (art. 5º, XXXVI, CR/88). Assim, uma demanda que já esteja encerrada com a ocorrência da coisa julgada material não poderá ser novamente deduzida em juízo, com os mesmos elementos individualizadores da demanda (partes, pedido e causa de pedir), conforme art. 337, VII c/c §§ 1º, 2º e 4º, CPC. Caso seja reproduzida novamente uma demanda cuja decisão esteja acobertada pela coisa julgada material, deverá ser extinta sem resolução de mérito (art. 485, V, CPC), sendo possível, inclusive, a propositura de ação rescisória (art. 966, IV, CPC). O art. 502, CPC denomina coisa julgada material **a autoridade** que torna imutável e indiscutível **decisão de mérito** não mais sujeita a recurso. A bem da verdade, como diz a melhor doutrina, a coisa julgada material gera a imutabilidade e indiscutibilidade do conteúdo do dispositivo da decisão. No processo coletivo, a coisa julgada material possui regramento geral estabelecido no art. 103 do CDC, com normas específicas quanto à *eficácia subjetiva da coisa julgada* e ao *regime de imutabilidade*.

A imutabilidade deve ser analisada em dois planos: subjetivo e objetivo. No **plano subjetivo** analisa-se a *eficácia da imutabilidade*, ou seja, quem será atingido pelo resultado do processo. Nos processos individuais, vige a regra geral da eficácia subjetiva *inter partes (res inter alios acta)*, ou seja, somente as partes integrantes serão atingidas por seu resultado, conforme art. 506, CPC,[1] apesar da norma ter claramente adotado o regime jurídico *in utilibus* típico das demandas coletivas. Nos processos coletivos, a regra geral prevista no CPC não é suficiente para exprimir a repercussão subjetiva da sentença proferida, pois os titulares do direito material deduzido em juízo *(res in iudicium deducta)* não participam formalmente da demanda. Assim, a repercussão subjetiva ultrapassa os limites formais da demanda para atingir os membros da coletividade, desde que o resultado seja positivo (regime jurídico *in utilibus)*, conforme se verifica no art. 103, §§ 1º e 3º, CDC, como já visto no capítulo referente ao objeto material coletivo. Conforme o direito transindividual deduzido na demanda coletiva, poderão ser verificadas as seguintes eficácias subjetivas da

---

1. Impende salientar que existem outras normas que permitem que terceiros, que não participaram formalmente da demanda, sejam atingidos pelo resultado da relação jurídica processual, como os arts. 109, § 3º, CPC e 274, CC.

coisa julgada material: a) **eficácia *erga omnes* (arts. 81, parágrafo único, I c/c 103, I, CDC; 18, LAP e 16, LACP)**: aplicável aos direitos difusos e significa que todos serão atingidos pelo resultado da demanda de forma indistinta, pois os titulares do direito material não são individualizáveis no plano abstrato (sujeitos indetermináveis); b) **eficácia *ultra partes* (arts. 81, parágrafo único, II c/c 103, II, CDC)**: aplicável aos direitos coletivos em sentido estrito e significa que o resultado da demanda repercutirá na esfera jurídica dos membros do grupo, categoria ou classe de pessoas que titularizam o direito material posto em juízo, mas os sujeitos são indeterminados, porém determináveis; c) **eficácia *erga omnes* (arts. 81, parágrafo único, III c/c 103, III, CDC)**: aplicável também aos direitos individuais homogêneos, por determinação legal expressa, ou seja, o resultado atingirá os sujeitos determinados que titularizam o direito material ventilado, mas vale lembrar que tal eficácia é objeto de crítica da doutrina, conforme visto no capítulo referente ao objeto material da tutela coletiva. **No plano objetivo** analisa-se o ***modo de produção da imutabilidade***, de que forma ela vai surgir. Em regra, no processo civil individual, a imutabilidade é ***pro et contra***, ou seja, ela independe do resultado da demanda, se procedência ou improcedência. Independentemente disso, haverá coisa julgada material e a eficácia é ***inter partes***.

No processo coletivo, por outro lado, a coisa julgada produz efeitos diferentes a depender do interesse tutelado, se difuso, coletivo em sentido estrito ou individual homogêneo. A imutabilidade da decisão, como regra, é sempre condicionada: a) ***secundum eventum probationis***: aplicável às demandas essencialmente coletivas (direitos difusos e coletivos em sentido estrito), nesta modalidade a formação da coisa julgada material está condicionada ao resultado da instrução probatória, ou seja, se o resultado da demanda for: i) procedência: haverá a formação da coisa julgada material; ii) improcedência pura: haverá a formação da coisa julgada material; iii) improcedência por insuficiência ou falta de provas: haverá somente coisa julgada formal,[2] apesar do proferimento de uma decisão de mérito; sobreleva notar que a fundamentação empregada pelo órgão jurisdicional em sua decisão é o principal aspecto a ser considerado;[3] b) ***secundum eventum litis***: aplicável às demandas acidentalmente coletivas (direitos individuais homogêneos), nesta modalidade a formação da coisa julgada material está condicionada ao próprio resultado da demanda, ou seja, se o

---

2. LEONEL, Ricardo de Barros. *Manual do Processo Coletivo*. Op. cit., p. 273; MAZZILLI, Hugo Nigro. A defesa dos interesses difusos em juízo. Op. cit., p. 427. Em sentido contrário, podemos citar: *"Esse entendimento, entretanto, não é o mais correto, parecendo configurar-se a mesma confusão a respeito da formação ou não da coisa julgada nos processos cujo objeto sejam as relações de trato continuativo, reguladas pelo art. 505, I, do Novo CPC. Em razão da possibilidade de que a sentença determinativa seja alterada em virtude de circunstâncias supervenientes de fato e de direito, parcela da doutrina apressou-se a afirmar que essa "instabilidade" da sentença seria incompatível com o fenômeno da coisa julgada material, que exige a imutabilidade e a indiscutibilidade do julgado."* NEVES, Daniel Amorim Assumpção. *Manual de Processo Coletivo*. Op. cit., p. 357.

3. *"Enquanto no instituto tradicional a imutabilidade e a indiscutibilidade geradas pela coisa julgada não dependem do fundamento da decisão, nos direitos difusos e coletivos, caso tenha sentença como fundamento a ausência ou a insuficiência de provas, não se impedirá a propositura de novo processo com os mesmos elementos da ação – partes, causa de pedir e pedido -, de modo a possibilitar uma nova decisão, o que, naturalmente, afastará, ainda que de forma condicional, os efeitos de imutabilidade e indiscutibilidade da primeira decisão transitada em julgado."* NEVES, Daniel Amorim Assumpção. *Manual de Processo Coletivo*. Op. cit., p. 356.

resultado da demanda for: i) procedência: haverá a formação da coisa julgada material; ii) improcedência pura: haverá a formação da coisa julgada material em desfavor dos legitimados coletivos, mas não impedirá a propositura das demandas individuais (art. 103, § 1º, CDC); c) improcedência por insuficiência ou falta de provas: haverá a formação da coisa julgada material, pois o art. 103, CDC não usou a mesma regra processual para esta hipótese.

A opção adotada pelo legislador (imutabilidade condicionada) teve a clara intenção de proteger os titulares do direito material que não participam formalmente da demanda e, portanto, do contraditório efetivo, das eventuais gestões processuais irresponsáveis, irrefletidas e quiçá fraudulentas. Com a adoção do regime jurídico condicionado, é possível a renovação da demanda coletiva, desde que suprida a condição legal de procedibilidade, qual seja, colacionar aos autos novas provas, sob pena de extinção do processo sem resolução de mérito, com base na ausência de interesse processual ou de agir (arts. 330, III c/c 485, IV ou VI, CPC). Nada obstante, a doutrina minoritária sustenta que este regime, até o presente momento aplicável somente aos processos coletivos, é inconstitucional por ferir o princípio da isonomia (art. 5º, CR/88), pois confere uma proteção inexistente na esfera jurídica individual.[4] Apesar de entender a premissa destes autores, reputo equivocada a visão do instituto, pois visa justamente a tutelar, por via indireta, a esfera jurídica individual, uma vez que permite que somente o resultado benéfico da demanda coletiva atinja tal esfera, bem como permite a liquidação e a execução no plano individual da sentença coletiva de procedência.

---

4. MESQUITA, José Ignácio Botelho de. Na ação do consumidor pode ser inútil a defesa do fornecedor. *Revista do Advogado*. São Paulo, AASP, n.33, p. 81, 1990; MENDES, Aluísio Gonçalves de Castro. *Ações coletivas*. São Paulo: Revista dos Tribunais, 2002; TUCCI, José Rogério Cruz e. *Devido processo legal e tutela jurisdicional*. São Paulo: Revista dos Tribunais, 1993.

2. CARACTERÍSTICAS

2.1. Direitos essencialmente coletivos: direitos difusos

Nas ações coletivas para a tutela de interesses difusos, como já informado, o modo de produção sempre será condicionado ao resultado da instrução probatória. É a chamada imutabilidade *secundum eventum probationis* (*ou secundum eventum probationem*).

Se a *improcedência for por insuficiência de provas*, a despeito de resolver o mérito, acarretará somente *coisa julgada formal*. Trata-se de uma situação jurídica peculiar, pois, apesar da presença dos pressupostos para a formação da coisa julgada material, não será verificada a sua ocorrência.[5] Se o resultado for *procedência* ou *improcedência por outro fundamento* haverá *coisa julgada material*. Assim, no caso de improcedência por insuficiência de provas, poderá ser renovada a demanda, pelo mesmo legitimado ou outro legitimado, desde que esteja lastreado em novas provas. As novas provas, neste contexto, têm natureza jurídica processual de condição de procedibilidade.

2.1.1. Coisa julgada na hipótese de procedência do pedido

No que tange aos interesses difusos o regime jurídico da imutabilidade é condicionado ao resultado da instrução probatória. A "*procedência do pedido*" impede nova ação coletiva, porque haverá *coisa julgada material*, mas vai impedir propositura de ação individual? Não, conforme consta no art. 103, § 3º, CDC. Esse artigo permite que as vítimas e seus sucessores promovam tanto ação quanto liquidação e execução da sentença coletiva. Essa atuação individual decorre da *dimensão individual do direito difuso*, e não da ação individual para a tutela do direito difuso porque isso não é possível, como já visto no capítulo referente às ações.

2.1.2. Improcedência do pedido por insuficiência de provas

Se o resultado do processo for *improcedência por insuficiência de provas*, apesar de ser uma sentença que resolve o mérito, não terá o condão de formar coisa julgada material, somente coisa julgada formal. Nesse caso, não haverá empecilho para propositura de nova ação coletiva ou ação individual. Ação coletiva, a rigor, não impede ação individual, exceto no caso de intervenção individual, conforme previsto no art. 103, § 2º, CDC. O resultado do processo coletivo só atinge a esfera

---

5. Os pressupostos para a formação da coisa julgada material são: a) exercício de função jurisdicional típica por meio de um órgão jurisdicional; b) decisão resultante do exercício de cognição vertical exauriente ou exaustiva; c) proferimento de decisão que resolve o mérito; d) ocorrência do trânsito em julgado; e) observância dos princípios do contraditório, ampla defesa e devido processo legal.

jurídica individual para beneficiá-la, jamais para prejudicá-la, em virtude da adoção do regime jurídico *in utilibus*.

Uma questão interessante que, além da importância acadêmica, gera uma repercussão de ordem prática é saber se existe a necessidade da referência nominal expressa no bojo da sentença de improcedência. Em outros termos, tem que constar na sentença que a decisão foi proferida com o reconhecimento da insuficiência de provas? Há quem defenda (**tese minoritária**) que esse termo é imprescindível e, se não constar, será improcedência pura (improcedência que não foi por falta de prova).[6] A **tese que prevalece**, contudo, é que não há necessidade dessa referência nominal, desde que se possa extrair da fundamentação essa interpretação[7]. Isso porque, insuficiência não tem que constar do dispositivo, mas da fundamentação. O órgão jurisdicional, com a devida observância dos arts. 93, IX, CR/88 e 489, § 1º, CPC, deverá proferir a sua decisão com fundamentação adequada e específica de tal modo que as partes consigam ter a exata percepção de que a improcedência está lastreada na insuficiência de provas. É muito comum, em algumas sentenças proferidas em processos coletivos, o trecho "não restou devidamente comprovado o fato narrado" ou expressão congênere. Tal atuação pode acarretar certa dificuldade prática para interpretação. Afinal, com a utilização deste termo, o órgão jurisdicional proferiu decisão de improcedência por insuficiência de provas? Ao meu sentir, não podemos confundir a realização de instrução probatória na qual as partes utilizam todas as provas que estão disponíveis no momento, mas tais não foram suficientes para a formação do convencimento do magistrado com o caso no qual o autor da demanda coletiva não tinha, naquele momento, as provas disponíveis para influenciar, de forma efetiva, a formação do convencimento do magistrado. Ora, se a parte se desincumbiu do seu ônus probatório e, ainda assim, não logrou êxito na influência efetiva para a formação do convencimento do magistrado, pode receber uma decisão de improcedência por insuficiência de provas, mas não poderá ser interpretada como o caso em testilha. Nos processos coletivos, a essência deste

---

6. MANCUSO, Rodolfo de Camargo. *Ação Civil Pública*. 8ª ed., São Paulo: Revista dos Tribunais, 2002, p. 284; ALMEIDA, Gregorio de Assagra. *Direito processual coletivo brasileiro: um novo ramo do direito processual (princípios, regras interpretativas e a problemática da sua interpretação e aplicação)*. São Paulo: Saraiva, 2003, p. 377.

7. "*Importante ressaltar que o julgamento por insuficiência de provas não precisa ser expresso. Deve decorrer do conteúdo da decisão que outro poderia ter sido o resultado caso o autor comprovasse os fatos constitutivos de seu direito. Pode o legitimado propor novamente a demanda, desde que demostre ao juiz que essa nova prova se mostra suficiente para eventualmente resultar na procedência do pedido. A prova suficiente é um requisito específico das ações coletivas. Não há necessidade, enfim, de a decisão ser clara: "julgo improcedente por falta de provas". Sem dúvida, porém, essa "fórmula" é a mais conveniente, uma vez que deixa evidente para as partes que não se trata de decisão estabilizada quanto ao mérito*" DIDIER JÚNIOR, Fredie; ZANETI JUNIOR, Hermes. *Curso de Direito Processual Civil. Processo Coletivo*. 10ª ed. Salvador: Juspodivm, 2016, p. 398. "*Ao exigir-se do juiz uma fundamentação referente à ausência ou à insuficiência de provas, será impossível a ele se manifestar sobre o que não existia à época da decisão, o que retiraria a possibilidade de propositura de uma nova demanda fundada em meio de prova não existente à época da prolação da decisão.*" NEVES, Daniel Amorim Assumpção. *Manual de Processo Coletivo*. Op. cit., p. 359; LEONEL, Ricardo de Barros. *Manual do Processo Coletivo*. São Paulo: Malheiros, 2017, p. 274; GIDI, Antonio. Coisa julgada e litispendência em ações coletivas. São Paulo: Saraiva, 1995, p. 131; GRINOVER, Ada Pellegrini. *Novas questões sobre a legitimação e a coisa julgada nas ações coletivas. O Processo – estudos & pareceres*. São Paulo: DPJ, 2006, p. 222.

regime parte do pressuposto de que o autor coletivo não logrou desincumbir-se do seu ônus de prova e tal atuação processual não poderá acarretar prejuízos para a coletividade. Tanto isso é verdade que, além de permitir a eventual assunção da condução do processo por outro legitimado (arts. 9º, LAP e 5º, § 3º, LACP), o ordenamento jurídico permite que os demais legitimados coletivos possam reproduzir a mesma demanda anterior, desde que colacione aos autos novas provas. O conceito de novas provas, portanto, deve ser aquela que, ainda que já existente, não foi considerada para fins de formação do convencimento, bem como aquela que não existia à época,[8] como será visto no próximo tópico.

2.1.3. Insuficiência de provas e riscos do desenvolvimento

Riscos do desenvolvimento são aqueles não cognoscíveis pelo mais avançado estado da ciência e da técnica no momento da introdução do produto no mercado de consumo e que só vêm a ser descobertos após um período de uso do produto, em decorrência do avanço dos estudos científico.[9] Imaginemos a seguinte situação concretas: determinado legitimado coletivo promove uma ação coletiva na qual o objetivo é provar a nocividade de determinado produto (medicamento, alimento ou qualquer outro que possa ser consumido) que foi inserido no mercado de consumo. Realizada a prova técnica, ao longo da relação jurídica processual, não restou comprovada a nocividade e, portanto, foi proferida decisão de improcedência. Não houve improcedência por falta nem insuficiência de provas. A instrução probatória ocorreu e houve a desincumbência do ônus da prova. Imaginemos que, após a ocorrência do trânsito em julgado, surge nova tecnologia acerca da nocividade do produto. **Diante dessa nova tecnologia, um legitimado coletivo pode promover nova ação?** Sim. Aplica-se, no caso, a teoria do risco do desenvolvimento tecnológico. Ora, ao surgir uma nova tecnologia que permite acessar um conhecimento que, até então, era impossível, ela já confirma a precariedade da anterior, logo, a improcedência anterior foi por falta de provas. Esta situação ocorre normalmente nas demandas coletivas de consumo e naquelas nas quais busca-se a reparação de dano ambiental, mas, em meu entendimento, forte na aplicação das regras do microssistema da tutela coletiva, pode ser aplicada, também, nas demandas que buscam a tutela do patrimônio público. O STJ, por exemplo, já reconheceu a possibilidade

---

8. Seguindo a mesma linha de entendimento, mas com premissas diversas, podemos citar: "*Parcela majoritária da doutrina entende que não se deve confundir nova prova com prova superveniente, surgida após o término da ação coletiva. Por este entendimento, seria nova a prova, mesmo que preexistente ou contemporânea à ação coletiva, desde que não tenha sido nesta considerada. Assim, o que interessa não é se a prova existia ou não à época da demanda coletiva, mas se foi ou não apresentada durante o seu trâmite procedimental; será nova porque, no tocante à pretensão do autor, é uma novidade, mesmo que, em termos temporais, não seja algo recente.*" NEVES, Daniel Amorim Assumpção. *Manual de Processo Coletivo*. Op. cit., p. 359.
9. CALIXTO, Marcelo Junqueira apud Flávio Tartuce. *Direito Civil*, V.2: Direito das Obrigações e Responsabilidade Civil. 11ª ed. São Paulo: GEN, 2016, p. 532-533. Enunciado 43 da Jornada de Direito Civil do Conselho da Justiça Federal: "A responsabilidade civil pelo fato do produto, prevista no art. 931 do novo Código Civil, também inclui os riscos do desenvolvimento".

CAPÍTULO 13 • COISA JULGADA COLETIVA **467**

de reparação dos danos em virtude do chamado risco do desenvolvimento.[10] Com relação à tutela do patrimônio público, podemos imaginar a propositura de uma demanda de improbidade administrativa (art. 17, LIA) na qual consta a narrativa de enriquecimento ilícito decorrente de evolução patrimonial incompatível com a remuneração do agente público (art. 9º, LIA) e lesão ao erário (art. 10, LIA). No curso da relação jurídica processual o MP não logra rastrear o desvio das verbas, mas consegue comprovar a redução patrimonial do Estado. O órgão jurisdicional, assim, condena o agente público reconhecendo a ocorrência da lesão ao erário (art. 12, II, LIA), mas julga improcedente o capítulo referente ao enriquecimento ilícito em virtude a ausência de provas e tal decisão transita em julgado. Após tal ocorrência, o MP, por meio de convênios com alguns órgãos internacionais, logra rastrear o dinheiro de forma a comprovar o enriquecimento ilícito anterior. Entendo que, neste caso, poderá ser renovada a demanda de improbidade administrativa, tendo em vista que a sentença de improcedência anterior foi baseada na insuficiência de provas e, portanto, o sistema *secundum eventum probationis* é plenamente aplicável na esfera da tutela do patrimônio público. Ademais, trata-se de defesa de um direito difuso e a LIA é omissa quanto à regulamentação do regime jurídico da imutabilidade.

2.1.4. *Fundamentação da decisão, questão prejudicial e coisa julgada material*

A fundamentação de uma decisão judicial não é abrangida pela coisa julgada material, conforme estabelece o art. 504, I, II do CPC. É possível, contudo, que a fundamentação da sentença influencie a formação da coisa julgada material, como nos casos de improcedência por insuficiência de provas (artes. 18, LAP, 16, LACP e 103, I e II, CDC).

No tocante à regulamentação da questão prejudicial e a sua relação com a formação da coisa julgada material, imprescindível abordar o direito intertemporal. O CPC/1973, em seu art. 469, III preconizava que a questão prejudicial decidida incidentemente na sentença não seria abrangida pela coisa julgada material, salvo se a parte propusesse ação declaratória incidental (arts. 5º, 325 e 470), hipótese na qual a questão, então prejudicial, passaria a ser principal e decidida na parte dispositiva da sentença e, por via de consequência, abrangida pela coisa julgada material.

O art. 503, § 1º, CPC, ao reverso, preconiza a expressa possibilidade de a coisa julgada material abranger a questão prejudicial decidida incidentemente no processo, independentemente da propositura de ação declaratória incidental. A rigor, a ação declaratória incidental não foi regulamentada expressamente no CPC/15, o que não pode gerar a conclusão acerca da impossibilidade jurídica do seu manejo. A interpretação, ao meu sentir, é manter a necessidade (interesse processual) para

---

10. RE nos EDcl no REsp nº 971.845/DF, Rel. Min. Ari Pargendler, 16.04.2009.

a propositura da ação declaratória incidental nas hipóteses em que não estiverem satisfeitos os pressupostos previstos no referido art. 503, § 1°, CPC, ou seja, presentes os pressupostos, não haverá a necessidade do uso do instrumento.

Esta nova regulamentação da questão prejudicial e da coisa julgada material, por certo, não pode ser aplicada aos processos já findos, bem como aos processos em curso quando da entrada em vigor do CPC/15, sob pena de vulnerar os princípios da segurança jurídica e da confiança legítima. Assim, em consonância com o disposto no art. 14, CPC5, o art. 1.054 determina a aplicação do art. 503, § 1.° somente aos processos iniciados após a entrada em vigor da nova lei processual. Aos processos pendentes, quando da entrada em vigor, ao reverso, serão aplicadas as regras dos arts. 5°, 325 e 470, CPC.[11] Para fins de interpretação do art. 1.054, entende-se como início do processo a data do protocolo da petição inicial (art. 312, CPC).

2.1.5. *Improcedência por insuficiência de provas e interesse recursal*

Na visão tradicional existe interesse recursal da parte só para alterar fundamentação da decisão? Geralmente quem recorre de uma decisão é o sucumbente com o objetivo de mudar o conteúdo do dispositivo da decisão desfavorável. Deve ser feita, em meu sentir, uma releitura do interesse recursal, com o fim de reconhecer o cabimento do recurso para questionar a fundamentação empregada pelo órgão jurisdicional. O réu, por exemplo, terá interesse de recorrer de sentença de improcedência? Se mantivermos uma visão tradicional do interesse recursal, a resposta será negativa. Entretanto, se mudarmos a perspectiva, será possível sustentar a presença do interesse recursal, pois se o réu obtiver alteração do fundamento da sentença no caso de improcedência por insuficiência de provas, para que o Tribunal reconheça que a improcedência foi lastreada em suficiência de provas, conseguirá a imutabilidade do conteúdo do dispositivo, ou seja, coisa julgada material e, então, não será mais possível a renovação da demanda coletiva. Assim, plenamente possível reconhecer a presença do interesse recursal, bem como a necessidade da releitura do instituto.

Vale dizer que, ao contrário do processo individual, em que a imutabilidade da coisa julgada não depende da fundamentação, no processo coletivo, caso a sentença tenha por fundamento a insuficiência de provas, a imutabilidade é condicionada, sendo possível propositura de nova ação. Assim, é possível afirmar que há interesse recursal para mudar apenas a fundamentação da decisão.

Em suma, na tutela jurisdicional dos direitos difusos, assim será formada a coisa julgada material:

---

11. Enunciado 367 do Fórum Permanente de Processualistas Civis.

2.2. Direitos coletivos em sentido estrito

Nos direitos coletivos em sentido estrito (art. 81, parágrafo único, II, CDC) a eficácia subjetiva da coisa julgada material é *ultra partes*, mas limitada ao grupo, categoria ou classe, salvo improcedência por insuficiência de provas, nos termos do art.103, II do CDC. Em razão do princípio da máxima efetividade da tutela coletiva, a eficácia subjetiva da decisão de procedência é *ultra partes*, servindo como título executivo judicial desde que para beneficiar os lesados.[12]

2.2.1. Procedência do pedido nas ações coletivas que veiculam direito coletivo em sentido estrito

Sendo o pedido julgado procedente, a sentença produzirá coisa julgada formal e material, com eficácia subjetiva *ultra partes*, beneficiando todos os membros do grupo, classe ou categoria, pois aplica-se, como já visto, o regime jurídico *in utilibus*. Os membros da coletividade, portanto, poderão promover, no plano individual, a liquidação a execução da sentença de procedência (art. 103, § 3º, CDC).

2.2.2. Improcedência do pedido nas ações coletivas que veiculam direito coletivo em sentido estrito

A improcedência pura[13] faz coisa julgada formal e material e impede a renovação da ação coletiva, mas não impede a ação individual, conforme prevê o art. 103, § 1º, CDC. A diferença, para o tópico anterior, é que aqui a eficácia é *ultra partes* e não *erga omnes*, como no direito difuso. A improcedência por insuficiência de provas também não impede a renovação da demanda coletiva, desde que o legitimado traga

---

12. "A extensão do julgado coletivo, para servir como título executivo para os indivíduos lesados só é permitida *in utilibus* (quando há procedência da ação), não sendo admissível a extensão prejudicial (na hipótese de improcedência por insuficiência de provas)". BARROS LEONEL, Ricardo de. *Manual do Processo Coletivo*. 4ª ed. São Paulo: Malheiros, 2017, p. 349
13. Assim compreendida como aquela que não ostenta como fundamentação a insuficiência ou falta de provas.

novas provas, e não impede a propositura da ação individual. Então a diferença entre o direito difuso e o direito coletivo em sentido estrito reside unicamente na eficácia subjetiva da coisa julgada (*inter partes e erga omnes*). Em suma, na tutela jurisdicional dos direitos coletivos em sentido estrito, assim será formada a coisa julgada material:

2.3. Direitos acidentalmente coletivos ou direitos individuais homogêneos (imutabilidade *secundum eventum litis*)

Nas ações coletivas para tutela dos direitos individuais homogêneos, o regime jurídico da coisa julgada, como já informado, é *secundum eventum litis*. A coisa julgada material, a rigor, somente ocorrerá na hipótese de decisão favorável à coletividade. O art. 103, III do CDC estabelece a eficácia *erga omnes*. Parte da doutrina, como já visto, critica a adoção dessa nomenclatura, pois enseja a ideia de que o resultado do processo coletivo será aplicável a todos de forma indistinta. Nos direitos individuais homogêneos os titulares são determinados, não fazendo sentido a eficácia subjetiva ser tão ampla. A sentença de procedência vai impedir a renovação da demanda coletiva, mas não impede a ação individual, a não ser que a indivíduo tenha ingressado na demanda coletiva, na forma do art. 94, CDC.

Em regra, o resultado de um processo coletivo só atinge a esfera jurídica individual para beneficiá-la, jamais para prejudicá-la. Logo, se o resultado de uma ação coletiva for pela improcedência, aquele indivíduo, que não integrou a relação jurídica processual, pode promover ação individual, se o resultado for positivo o indivíduo, mesmo que não tenha integrado a relação jurídica processual, poderá liquidar e executar a sentença coletiva.[14] Entretanto, havendo intervenção individual, haverá consequência processual distinta quanto ao modo de produção

---

14. "*A única sentença que os vincula é a de procedência, porque esta naturalmente os beneficia, permitindo-se que o indivíduo se valha dessa sentença coletiva, liquidando-a no foro de seu domicílio e posteriormente executando-a, o que o dispensará do processo de conhecimento. A doutrina fala em coisa julgada secundum eventum litis in utilibus, porque a decisão que seja útil ao indivíduo será capaz de vinculá-lo a sua coisa julgada material*" NEVES, Daniel Amorim Assunção. *Manual de Direito Processual Civil*. São Paulo: Método, 2014, p. 322

da coisa julgada. Da leitura do art. 103, *caput* e § 2º do CDC podemos inferir que no caso de improcedência do pedido, somente os interessados que não tiverem intervindo no processo como litisconsortes poderão propor ação de indenização a título individual.[15]

Assim aquele litisconsorte que ingressa no processo (arts. 94, CDC e 18, parágrafo único, CPC) sofrerá os efeitos do resultado da demanda, positivo ou negativo. Para ele, o regime será da imutabilidade *pro et contra,* ocorrerá a coisa julgada material.[16] Já aquele indivíduo que não ingressou, só será atingido pelo resultado positivo, havendo o transporte *in utilibus* para a esfera individual.

2.3.1. *Improcedência pura nas ações coletivas que veiculam tutela de direitos individuais homogêneos*

No caso de a demanda coletiva resultar em improcedência pura, haverá formação da coisa julgada material para os legitimados coletivos reproduzirem a demanda, mas, em regra, não impede a propositura da ação individual, salvo nos casos de intervenção individual, conforme arts. 94 c/c 103, § 2º, CDC e 18, parágrafo único, CPC. O STJ seguiu exatamente esta mesma orientação.[17]

2.3.2. *Improcedência por insuficiência de provas nas ações coletivas que veiculam tutela de direitos individuais homogêneos*

No caso de a demanda coletiva resultar em improcedência por insuficiência de provas, haverá formação da coisa julgada material para os legitimados coletivos reproduzirem a demanda, mas, em regra, não impede ação individual, salvo nos casos de intervenção individual, conforme arts. 94 c/c 103, § 2º, CDC e 18, parágrafo único, CPC. Note-se que, ao contrário do que ocorre nas demais ações essencialmente coletivas (direitos difusos e coletivos em sentido estrito), mesmo diante do reconhecimento da insuficiência ou falta de provas haverá coisa julgada material. Não se aplica, portanto, nas demandas acidentalmente coletivas o regime jurídico da imutabilidade *secundum eventum probationis,* mas *secundum eventum litis.* Há, na doutrina, quem sustente o emprego da nomenclatura *secundum eventum litis in utilibus* para indicar que somente o resultado positivo

---

15. *"Há previsão de que, se improcedente a demanda coletiva, os interessados que não tiverem interferido como "litisconsortes" (na verdade assistentes) poderão propor ações individuais de indenização; e de que os autores de demandas individuais não serão pela decisão coletiva se não for requerida a suspensão da ação individual no prazo de trinta dias a contar da ciência, no feito, do ajuizamento da coletiva".* BARROS LEONEL, Ricardo de. *Manual do Processo Coletivo.* 4ª ed. São Paulo: Malheiros, 2017, p. 351

16. *"Se o indivíduo intervier na ação coletiva envolvendo direitos individuais homogêneos, atendendo ao edital previsto no art. 94 do CDC, a coisa julgada coletiva lhe afetará, inclusive se se tratar de decisão pela improcedência do pedido. Trata-se de aplicação do § 2º do art. 103 do CDC (...) se a extensão da coisa julgada à esfera do individual é secundum eventum litis e há possibilidade de intervenção do indivíduo na ação coletiva para tutela de direitos individuais homogêneos, é porque essa intervenção deve vincular o interveniente à decisão coletiva"* DIDIER JÚNIOR, Fredie; ZANETI JUNIOR, Hermes. *Curso de Direito Processual Civil. Processo Coletivo.* 10ª ed. Salvador: JusPodivm, 2016, p. 402.

17. REsp 1.302.596 / SP, 2ª Seção, 9.12.2015 (informativo 575).

da demanda coletiva acarretará efeitos na esfera jurídica individual.[18] Assim, não há que se falar na aplicação da imutabilidade *secundum eventum probationis*, conforme já decidiu o STJ.[19] Caso o resultado da demanda coletiva proposta para a tutela dos direitos individuais homogêneos obtenha o resultado improcedência, haverá coisa julgada material. Após o trânsito em julgado de decisão que julga improcedente ação coletiva proposta em defesa de direitos individuais homogêneos, independentemente do motivo que tenha fundamentado a rejeição do pedido, não é possível a propositura de nova demanda com o mesmo objeto por outro legitimado coletivo, ainda que em outro estado da federação. Este é o entendimento predominante na doutrina.[20]

Há, na doutrina,[21] contudo, quem defenda, diante da redação lacunosa do art. 103, III, CDC, que o resultado improcedência por insuficiência de provas não poderá acarretar coisa julgada material, mas somente formal, com base nos seguintes argumentos: a) o CDC não regulamenta a coisa julgada material nas hipóteses de tutela de direitos individuais homogêneos, pois somente refere-se à extensão subjetiva do resultado positivo da demanda coletiva; b) em virtude desta omissão, dever-se-á aplicar o microssistema da tutela coletiva e, portanto, usar o regime jurídico da imutabilidade no plano objetivo dos direitos difusos e coletivos em sentido estrito; c) a interpretação literal do dispositivo em comento não pode gerar a conclusão de que somente nas demandas essencialmente coletivas aplicar-se-á o regime *secundum eventum probationis*.

Em suma, a tutela jurisdicional dos direitos individuais homogêneos, assim será formada a coisa julgada material:

---

18. GIDI, Antonio. *Rumo a um Código de Processo Civil Coletivo. Ações coletivas no Brasil*. Rio de Janeiro: Forense, 2008, p. 289.
19. REsp 1.302.596-SP, Rel. Min. Paulo de Tarso Sanseverino, Rel. para acórdão Min. Ricardo Villas Bôas Cueva, j. 9.12.2015, DJe 1º/2/2016.
20. LENZA, Pedro. *Teoria Geral da Ação Civil Pública*. São Paulo: Revista dos Tribunais, 2003. WATANABE, Kazuo; GRINOVER, Ada Pellegrini. *Código Brasileiro de Defesa do Consumidor Comentado pelos autores do Anteprojeto*. 3ª ed. Rio de Janeiro: editora Forense Universitária, 1993.
21. "*Assim, parece que, aplicando o princípio hermenêutico de que a solução das lacunas deve ser buscada no microssistema coletivo, se pode concluir que se a ação coletiva for julgada procedente ou improcedente por ausência de direito, haverá coisa julgada no âmbito coletivo, seguindo o modelo já examinado para os direitos difusos e coletivos em sentido estrito*". DIDIER JR., Fredie; ZANETI JR., Hermes. *Curso de Direito Processual Civil – Processo Coletivo*. Op. cit. p.430.

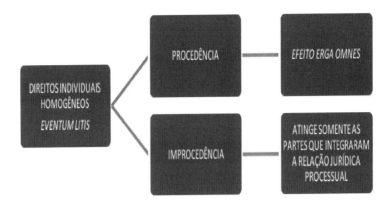

3. LIMITAÇÃO TERRITORIAL DA EFICÁCIA SUBJETIVA DAS DECISÕES NAS DEMANDAS COLETIVAS ATRELADA À COMPETÊNCIA DO ÓRGÃO JURISDICIONAL

A limitação territorial da eficácia subjetiva (*erga omnes*) da decisão judicial de procedência nas demandas coletivas atrelada à competência do órgão jurisdicional prolator é um dos temas mais abordados na doutrina e na jurisprudência. Esta limitação encontra previsão nos arts. 16, LACP e 2º-A da Lei 9.494/97. A doutrina, de uma forma geral, tem uma postura assaz crítica acerca do tema que pode ser resumida da seguinte forma:[22] a) inaplicabilidade da limitação territorial de uma forma geral, pois o legislador confundiu institutos processuais diversos, quais sejam, limites subjetivos da coisa julgada coletiva e exercício judicial da competência. A coisa julgada é meramente a imutabilidade dos efeitos da sentença. Mesmo limitada aquela, os efeitos da sentença produzem-se *erga omnes*, para além dos limites da competência territorial do órgão julgador; b) inaplicabilidade retroativa da norma, posto processual, que alterou a redação do art. 16, LACP criando a limitação territorial da eficácia subjetiva da coisa julgada material;[23] c) inaplicabilidade da norma nas demandas coletivas de consumo, pois há regra processual específica prevista no art. 103, CDC que não preconiza regra semelhante; d) inaplicabilidade da norma, porque viola o princípio da efetividade da tutela jurisdicional coletiva (devido processo legal substancial – art. 5º, LV, CR/88), na medida em que a limitação territorial da eficácia subjetivo fomenta a propositura de várias demandas coletivas nos locais do dano para que o resultado das demandas seja efetivo; e) inaplicabilidade da norma, porque viola o princípio da segurança jurídica, na medida em que o fomento para a propositura de várias demandas coletivas enseja a potencial dispersão de precedentes; f) com base na linha

---

22. MAZZILI, Hugo Nigro. *A defesa dos interesses difusos em juízo: meio ambiente, consumidor, patrimônio cultural*. 27ª ed. São Paulo: Saraiva, 2014, p. 313. BARROS LEONEL, Ricardo de. *Manual do Processo Coletivo*. 4ª ed. São Paulo: Malheiros, 2017. NEVES, Daniel Amorim Assumpção. *Manual de Processo Coletivo*. Op. cit., p. 364; ZAVASCKI, Teori Albino. *Processo Coletivo – Tutela de direitos coletivos e tutela coletiva de direitos*. 4ª ed. São Paulo: Revista dos Tribunais, 2009, p. 78.
23. REsp 537.620/PB, Rel. Min. José Arnaldo da Fonseca, 5ª T, j. 26.10.2004, DJ 29.11.2004.

argumentativa do dois itens anteriores, factível sustentar a inconstitucionalidade da limitação territorial da eficácia subjetiva da decisão; g) a aplicação da limitação territorial da eficácia subjetiva gera, no mínimo, uma situação peculiar em nosso ordenamento jurídico, pois uma decisão judicial proferida por órgão jurisdicional estrangeiro, após a homologação pelo STJ, surte efeitos em todo o território nacional, enquanto uma decisão proferida por órgão jurisdicional nacional em sede de tutela coletiva somente surtirá efeitos atrelados à competência territorial do órgão prolator, ainda que o dano atinja mais de um local; h) inaplicabilidade da norma para as demandas de improbidade administrativa; i) revogação tácita do art. 16, LACP pelo art. 103, CDC, na medida em que esta norma regulamentou, de forma exaustiva, o regime jurídico da coisa julgada material coletiva;[24] j) violação ao princípio da isonomia, pois aplicar a limitação territorial acarretará a resolução de situações idênticas de forma diversa.

Para ficar bem clara a consequência prática da aplicação da regra em comento, posso trabalhar com algumas hipóteses bem comuns na vida forense: a) ação coletiva proposta na capital de um dos estados da federação (art. 93, II, CDC) com o fim de retirar do mercado de consumo determinado produto supostamente nocivo à saúde. Caso seja mantida a aplicação da limitação territorial da eficácia subjetiva, a eventual procedência do pedido somente implicará a retirada do produto nos limites da competência territorial do órgão prolator (juízo da comarca da capital). Nas demais cidades do estado será possível a distribuição do produto; b) ação coletiva proposta em determinada cidade banhada por um rio que corta determinada região (art. 93, I, CDC c/c art. 2º, LACP) com o fim de obter reparação por danos ambientais. Caso seja mantida a aplicabilidade da limitação territorial, ainda que o dano ambiental tenha atingido as demais cidades da região, somente haverá o reconhecimento do dano referido na cidade na qual a demanda coletiva foi proposta; c) ação coletiva proposta na capital de um dos estados da federação (art. 93, II, CDC) com o fim de obter decisão para a retirada de uma determinada propaganda enganosa (art. 38, CDC). Caso seja mantida a limitação territorial, somente será proibida a veiculação da propaganda na cidade onde foi proposta a demanda, ainda que a publicidade seja veiculada em âmbito nacional. Nestes casos, a situação poderá ganhar contornos ainda mais estapafúrdios se houver a propositura de mais demandas coletivas nos demais locais alcançados pelo dano coletivo, pois ficará nítida a potencial dispersão de precedentes.

Fácil perceber, portanto, que a limitação territorial da eficácia subjetiva é assaz prejudicial à tutela coletiva e precisa ser expurgada do nosso ordenamento jurídico.

Em boa hora, o STF declarou a inconstitucionalidade da limitação prevista no art. 16, da LACP, com a redação da pela Lei 9494/97, com base nos argumentos acima expostos. Entendeu, ainda, que em se tratando de ACP de efeitos nacionais ou regionais, a competência deve observar o art. 93, II, CDC. e que se, porventura,

---

24. MENDES, Aluíso Gonçalves de Castro. *Ações coletivas*. São Paulo: Revista dos Tribunais, 2002, p. 264.

CAPÍTULO 13 • COISA JULGADA COLETIVA

475

forem ajuizadas múltiplas ACPs de âmbito nacional ou regional, firma-se a prevenção do juízo que primeiro conheceu de uma delas, para o julgamento de todas as demandas conexas.[25]

Apreciando recurso repetitivo em matéria de ação civil pública, o STJ[26] corretamente reconheceu que os efeitos da eficácia da sentença não estão circunscritos a lindes geográficos, mas aos limites objetivos e subjetivos do que foi decidido, levando-se em conta, para tanto, sempre a extensão do dano e a qualidade dos interesses metaindividuais postos em juízo. Neste sentido, foram fixados os seguintes entendimentos: a) o efeito *erga omnes* da coisa julgada material na ação civil pública será de âmbito nacional, regional ou local conforme a extensão e a indivisibilidade do dano ou ameaça de dano, atuando no plano dos fatos e litígios concretos, por meio, principalmente, das tutelas condenatória, executiva e mandamental, que lhe asseguram eficácia prática, diferentemente da ação declaratória de inconstitucionalidade, que faz coisa julgada material *erga omnes* no âmbito da vigência espacial da lei ou ato normativo impugnado; b) o procedimento regulado pela Ação Civil Pública pode ser utilizado para a defesa dos direitos do consumidor em juízo, porém somente no que não contrariar as regras do CDC, que contém, em seu art. 103, uma disciplina exaustiva para regular a produção de efeitos pela sentença que decide uma relação de consumo. Assim, não é possível a aplicação do art. 16 da LACP para essas hipóteses.

Entretanto, o próprio STJ já proferiu decisões em sentido diverso aplicando, de certa forma, a limitação territorial da eficácia subjetiva da decisão. As teses fixadas pelo STJ, nesta senda, são as seguintes: a) a sentença proferida em ação coletiva somente surte efeito nos limites da competência territorial do órgão que a proferiu e exclusivamente em relação aos substituídos processuais que ali eram domiciliados à época da propositura da demanda[27]; b) a eficácia subjetiva da sentença coletiva

---

25. STF. Plenário. RE 1101937/SP, Rel. Min. Alexandre de Moraes, J. 07 abr. 021 (Repercussão Geral – Tema 1075) (Info 1012).

26. REsp 1.243.887/PR Rel. Min. Luis Felipe Salomão, Corte Especial, j. 19.10.2011, DJe 12.12.2011; REsp 1247150 PR, Rel. Min. Luis Felipe Salomão, Corte Especial, j. 19.10.2011, DJe 12.12.2011; REsp 411.529/SP, Rel. Min. Nancy Andrighi, 3ª T, j. 24.06.2008, DJe 05.08.2008; REsp 557.646/DF, Rel. Min. Eliana Calmon, 2ª T, j. 13.04.2004, DJ 30.06.2004; AgRg no AREsp 302062/DF, Rel. Min. Napoleão Nunes Maia Filho, 1ª T, j. 06.05.2014, DJe 19.05.2014; REsp 1344700/SC, Rel. Min. Og Fernandes, 2ª T, j. 03.04.2014, DJe 20.05.2014; AgRg no AREsp 097274/PA, Rel. Min. Paulo de Tarso Sanseverino, 3ª T, j. 10.12.2013, DJe 19.12.2013; EDcl nos EDcl no AREsp 254411/RS, Rel. Min. Herman Benjamin, 2ª T, j. 25.06.2013, DJe 13.09.2013; AgRg no AREsp 322064/DF, Rel. Min. Humberto Martins, 2ª T, j. 06.06.2013, DJe 14.06.2013; AgRg na Rcl 010318/RS, Rel. Min. Antonio Carlos Ferreira, 2ª Seção, j. 24.04.2013, DJe 29.04.2013; AgRg no AREsp 192687/DF, Rel. Min. Sidnei Beneti, 3ª T, j. 11.04.2013, DJe 02.05.2013; REsp 1243386/RS, Rel. Min. Nancy Andrighi, 3ª T, j. 12.06.2012, DJe26.06.2012; REsp 1243887/PR, Rel. Min. Luis Felipe Salomão, Corte Especial, j. 19.10.2011, DJe 12.12.2011

27. AgRg no REsp 1377340/SC, Rel. Min. Benedito Gonçalves, 1ª T, j.10.06.2014, DJe 20.06.2014; AgRg no REsp 1340628/CE, Rel. Min. Assusete Magalhães, 2ª T, j. 05.06.2014, DJe 13.06.2014; AgRg no REsp 1349795/CE, Rel. Min. Arnaldo Esteves Lima, 1ª T, j.07.11.2013, DJe 20.11.2013; AgRg no REsp 1385686/PR, Rel. Min. Humberto Martins, 2ª T, j.05.11.2013, DJe 13.11.2013; AgRg no REsp 1387392/CE, Rel. Min. Mauro Campbell Marques, 2ª T, j.10.09.2013, DJe 17.09.2013; AgRg no AREsp 137386/DF, Rel. Min. Napoleão Nunes Maia Filho, 1ª T, j.11.06.2013, Dje 01.07.2013; REsp 1362602/CE, Rel. Min. Eliana Calmon, 2ª T, j. 23.04.2013, DJE 07.05.2013

abrange os substituídos domiciliados em todo o território nacional desde que a ação tenha sido: b1) proposta por entidade associativa de âmbito nacional; b2) contra a União; e b3) no Distrito Federal.[28]

Por outro lado, o STJ já reconheceu que a abrangência nacional expressamente declarada na sentença coletiva não pode ser alterada na fase de execução, sob pena de ofensa à coisa julgada.[29]

4. REGIME JURÍDICO ESPECIAL DA COISA JULGADA MATERIAL

Após abordar o regime jurídico geral da formação da coisa julgada material que se aplica às ações popular (art. 18, LAP), civil pública (art. 16, LACP) e coletiva consumerista (art. 103, CDC), em virtude das regras legais expressas, impende destacar as regras aplicáveis aos processos coletivos especiais, bem como às demais demandas coletivas, tais como improbidade administrativa (art. 17, LIA), mandado de segurança coletivo (art. 22, LMS) e mandado de injunção coletivo (art. 12, LMI).

4.1. Coisa julgada material na ação de improbidade administrativa

A ação por improbidade administrativa é uma ação coletiva que visa, em suma, à tutela do patrimônio público. A LIA é omissa quanto ao regramento jurídico do regime da imutabilidade, como já visto acima. Diante deste quadro normativo, surge divergência doutrinária dividida em três teses:

1ª tese: aplicação direta do regime jurídico da coisa julgada material previsto no CPC, ou seja, imutabilidade *pro et contra;*[30]

2ª tese: para os defensores desta tese, o microssistema da tutela deverá ser utilizado somente para as sanções de índole patrimonial (ressarcimento ao erário/ reparação dos danos) e o regime jurídico do CPC para as demais sanções previstas, mesmo nos casos de improcedência por insuficiência de provas;[31]

3ª tese (majoritária): as regras do microssistema da tutela coletiva não podem ser aplicadas de forma seletiva, mas sim em todos os casos nos quais verifica-se uma omissão na regulamentação, como já visto na presente obra. Assim, usando as

---

28. AgRg nos EDcl no AgRg no Ag 1424442/DF, Rel. Min. Benedito Gonçalves, 1ª T, j. 20.03.2014, DJe 28.03.2014
29. AgRg no AREsp 420949/PR, Rel. Min. Antonio Carlos Ferreira, 4ª T, j. 19.08.2014, DJE 26.08.2014; REsp 1391198/RS, Rel. Min. Luis Felipe Salomão, 2ª Seção, j. 13.08.2014, DJE 02.09.2014; AgRg no REsp 1316504/ SP, Rel. Min. Maria Isabel Gallotti, 4ª T, j. 13.08.2013, DJE 20.08.2013; AREsp 186123/DF, Rel. Min. Paulo de Tarso Sanseverino, 3ª T, j. 02.12.2013, Dje 04.12.2013; REsp 1428483/RS, Rel. Min. Marco Buzzi, 4ª T, j. 24.06.2014, DJe 01/07/2014
30. COSTA, Susana Henrique da. *O processo coletivo na tutela do patrimônio público e da moralidade administrativa: ação de improbidade administrativa, ação civil pública e ação popular.* São Paulo: Quartier Latin, 2008, p. 306.
31. OLIVEIRA, José Roberto Pimenta. *Improbidade Administrativa e sua autonomia constitucional.* Belo Horizonte: Fórum, 2009, p. 394; ZAVASCKI, Teori Albino. *Processo Coletivo – tutela de direito coletivos e tutela coletiva de direitos.* São Paulo: Revista dos Tribunais, 2009, p. 131.

normas do microssistema da tutela coletiva, mediante aplicação do seu núcleo duro ou essencial (arts. 90, CDC c/c 21, LACP), deve ser aplicado o mesmo regramento da coisa julgada que incide na tutela jurisdicional dos direitos difusos, qual seja, o regime jurídico da imutabilidade *secundum eventum probationis*.[32] Caso a pretensão seja julgada improcedente por insuficiência de provas, a despeito de analisar o mérito, não haverá coisa julgada material. Caso haja procedência ou a improcedência do pedido por qualquer motivo, haverá coisa julgada *erga omnes*. Se a improcedência for por falta de provas, não haverá coisa julgada material.

Considerando que a ação por improbidade administrativa pertence ao microssistema da tutela coletiva de combate à corrupção, assim como a LAC, as mesmas regras aqui apresentadas serão aplicáveis para a ACP prevista no art. 21 da LAC.

Dois temas sobre o regime jurídico da coisa julgada material são interessantes e merecem abordagem específica: i) a influência da decisão da Corte de Contas sobre o agente público e a repercussão na seara da improbidade administrativa (art. 21, I, LIA) e ii) a independência entre as instâncias penal e improbidade administrativa (art. 21, §4º, LIA).

O legislador, de forma acertada, fixou a independência, tanto para fins de formação do convencimento do Ministério Público, quanto para a aplicação das sanções, da decisão proferida pelos Tribunais de Contas e órgãos de controle interno.

Com efeito, a aprovação ou rejeição das contas, ainda que decorrente do trânsito em julgado no correspondente processo administrativo, não ensejará direta vinculação para fins de juízo de configuração do ato de improbidade administrativa e juízo sancionatório.

A inexistência de vinculação é justificada, pois a análise de tais órgãos não tem o condão de fixar o juízo de configuração de ato de improbidade administrativa, mas somente para fins contábeis, orçamentários e fiscais.[33] Ademais, a atuação do Tribu-

---

32. *"Não existe qualquer previsão expressa na lei 8.429/92 a respeito da coisa julgada material, mas tal omissão não gera consequências práticas. Adotando-se a tese de ser a ação de improbidade administrativa uma ação coletiva, aplicam-se a ela as regras que compõe o microssistema coletivo, em especial aquelas que tratam da coisa julgada de decisões cujo objeto seja um direito difuso".* NEVES, Daniel Amorim Assunção. *Manual de Direito Processual Civil*. São Paulo: Método, 2014, p. 327. No mesmo sentido: GARCIA, Emerson; ALVES, Rogério Pacheco. *Improbidade Administrativa*. Op. Cit., p. 818; ANDRADE, Adriano; MASSON, Cleber; ANDRADE, Landolfo. *Interesses difusos e coletivos esquematizado*. Op. Cit., p.739; DECOMAIN, Pedro Roberto. *Improbidade Administrativa*. São Paulo: Dialética, 2007, p. 320; FERRAZ, Sérgio. Aspectos processuais na lei sobre improbidade administrativa. In: BUENO, Cassio Scarpinella; PORTO FILHO, Pedro Paulo de Rezende. *Improbidade Administrativa*. São Paulo: Malheiros, 2001, p. 415; SOBRANE, Sérgio Turra. *Improbidade Administrativa: aspectos materiais, dimensão difusa e coisa julgada*. São Paulo: Atlas, 2010, p. 261.

33. *"As decisões administrativas proferidas pelos Tribunais de Contas – que não tem relação alguma com o Poder Judiciário e, por isto, podem, inclusive, ser controladas por ele – não restringem ou vinculam a atuação do Ministério Público à propositura da ação de improbidade administrativa (art. 17, caput, da LIA), visto que a análise do órgão se dá exclusivamente nos aspectos contábil, orçamentário e fiscal, e não no aspecto anímico ou administrativo."* GAJARDONI, Fernando da Fonseca; CRUZ, Luana Pedrosa de Figueiredo; GOMES JUNIOR, Luiz Manoel; FAVRETO, Rogério. Comentários à Nova Lei de Improbidade Administrativa. São Paulo: Ed. RT, 2022, p. 489.

nal de Contas (art. 71, II, da CR/88), apesar da redação constitucional, não ostenta natureza jurídica jurisdicional e pode, inclusive, ser objeto de controle do Poder Judiciário. Há quem sustente, a despeito da literalidade da norma, a possibilidade de uma "comunicação extraordinária, e *pro reo*, entre as searas."[34]

A manifestação, portanto, do Tribunal de Contas tem caráter opinativo e não vinculante. O STF, aliás, possui entendimento assentado no mesmo sentido, conforme consta no Tema 157 da Repercussão Geral.[35]

Há, contudo, que ser diferenciada a situação na qual a Casa Legislativa profira decisão sobre as contas. Ora, nesse caso, não se trata de atuação meramente opinativa, mas o órgão constitucionalmente com atribuição para proferir decisão sobre a regularidade das contas. Assim, a decisão da Casa Legislativa poderá ensejar influência diretamente na formação do convencimento e aplicação da sanção.

Outro aspecto a ser considerado é a possibilidade de influência das evidências colhidas no bojo de procedimentos administrativos capita- neados pelos órgãos de controle interno e externo. Todo o lastro probatório obtido ao longo dos procedimentos administrativos que versarem sobre os mesmos fatos e sujeitos poderão ser levados em consideração para a formação do convencimento do MP e do Juiz, mormente para a configuração jurídica do ato de improbidade administrativa e do seu indispensável elemento subjetivo dolo (art. 21, §§ 1º e 2º, da LIA).

Para parte da doutrina,[36] com razão, diga-se, os elementos indicados na norma em comento poderão servir, inclusive, para fins de rejeição da petição inicial, conforme previsto no art. 17, §6º – B, da LIA.

A independência entre as instâncias prevista nos arts. 66, do CPP, 935, do CC, 91, I e 92, I, do CP, 515, VI, do CPC e 15, da CR/88, sempre foi relativa com possíveis influências recíprocas, e foi reafirmada no art. 21, §3º, da LIA.

A questão mais relevante quanto ao tema deriva da redação prevista no art. 21, §4º, da LIA, porque o legislador passou a incluir todos os fundamentos da absolvição

---

34. "A despeito disso, é possível, na forma da reforma empreendida pela lei n. 14.230/2021, uma comunicação extraordinária, e pro reo, entre as searas, seja a teor do §1º, que im- põe seja levado em consideração ato de órgão de controle interno ou externo que possa ter influenciado a conduta do agente – em claro diálogo com o artigo 22, §1º, da Lei de Introdução às Normas do Direito Brasileiro –, seja a teor do §3º, que amplia a excepcio- nalidade da comunicação em benefício do réu na improbidade para além da negativa de autoria ou de materialidade reconhecida na esfera criminal (artigos 126 da Lei n. 8.112/1990, 935 do Código Civil e 66 do Código de Processo Penal), contemplando tam- bém decisão absolutória cível esteada naqueles fundamentos." MUDROVITSCH, Rodri- go de Bittencourt; NÓBREGA, Guilherme Pupe da. Lei de Improbidade Administrativa Comentada. Rio de Janeiro: Lumen Juris, 2022, p.352.
35. "O parecer técnico elaborado pelo Tribunal de Contas tem natureza meramente opi- nativa, competindo exclusivamente à Câmara de Vereadores o julgamento das contas anuais do Chefe do Poder Executivo local, sendo incabível o julgamento ficto das contas por decurso de prazo."
36. GAJARDONI, Fernando da Fonseca; CRUZ, Luana Pedrosa de Figueiredo; JUNIOR, Luiz Manoel Gomes; FAVRETO, Rogério. *Comentários à Nova Lei de Improbidade Ad- ministrativa*. São Paulo: Ed. RT, 2022, p. 490.

previstos no art. 386, do CPP como fatores de influência direta e obrigatória na seara da improbidade administrativa.

Assim, verificada a absolvição do sujeito na ação penal proposta com base nos mesmos fatos, conforme art. 21, §4º, da LIA, haverá um pressuposto processual impeditivo para o ajuizamento da ação por improbidade administrativa (com o devido arquivamento do inquérito civil), bem como para o seu prosseguimento. A depender do momento processual, o magistrado deverá rejeitar a demanda ou a extinguir sem resolução de mérito. Como consta na parte final do artigo em referência, tal influência atinge somente a ação por improbidade administrativa e não a ação civil pública de ressarcimento ao erário.

Caso seja comunicado no bojo da demanda por improbidade administrativa o proferimento da sentença penal absolutória na ação penal que versa sobre os mesmos fatos em face do mesmo sujeito, qual deve ser a solução jurídica aplicável diante da redação do art. 21, §4º, da LIA?

O art. 21, §4º, da LIA exige que a decisão absolutória seja proferida por órgão colegiado, portanto, não haverá influência direta no processo por improbidade administrativa ao ponto de gerar uma sentença extintiva, porém surge a necessidade de verificar a possibilidade de suspensão do processo. Poder-se-ia aplicar a regra prevista no art. 315, do CPC e suspender o processo por improbidade administrativa com o fim de aguardar a decisão colegiada, porque o legislador não exigiu o trânsito em julgado, mas, em meu sentir, deve ser aguardado tal fenômeno jurídico.

Ora, o procedimento comum é aplicável ao processo por improbidade administrativa (art. 17, da LIA) e, por via de consequência, o art. 315, do CPC, mormente diante da redação do art. 21, §4º, da LIA, poderá ser aplicado.

Ao se optar pela suspensão do processo por improbidade administrativa, deverá ser reconhecida a possibilidade de suspensão do curso do prazo da prescrição intercorrente para aguardar o desfecho da decisão colegiada. Para tal desiderato não há a necessidade de buscar muitos fundamentos jurídicos, pois basta a aplicação da regra prevista no art. 200, do CC, conforme já reconhecido pelo STJ,[37] apesar da LIA não regular tal causa suspensiva.

Mesmo diante da redação do art. 21, §4º, da LIA, importante mencionar que não haverá empecilho, porém, para a instauração do procedimento administrativo ou o seu prosseguimento, porquanto o legislador fez referência expressa à ação por improbidade administrativa.[38]

---

37. "O art. 200 do CC assegura que o prazo prescricional não comece a fluir antes do trân- sito em julgado da sentença penal, independentemente do resultado da ação na esfera criminal." REsp 1.987.108-MG, Rel. Min. Nancy Andrighi, 3ª T., por unanimidade, j. 29.03.2022, DJe 01.04.2022

38. Em sentido diverso, por entender que, a depender do caso concreto, pode haver a influência: "Portanto, o transporte do fundamento da absolvição criminal para o âmbito administrativo/disciplinar do agente depende da análise do caso concreto. Não é automática". GAJARDONI, Fernando da Fonseca; CRUZ, Luana Pedrosa de Figueiredo; JUNIOR, Luiz Manoel Gomes; FAVRETO, Rogério. *Comentários à Nova Lei de Improbidade Administrativa*. São Paulo: RT, 2022, p. 498.

Houve, em meu sentir, uma ampliação assaz indevida, pois anterior- mente só os fundamentos atrelados a inexistência do fato e negativa de autoria seriam relevantes para a seara cível. O art. 21, §4º, da LIA, se aplicado de forma direta, imediata sem a necessária reflexão, haverá influência inadequada dos fundamentos. Com efeito, nem todos os fun- damentos apresentados pela defesa na seara penal estarão diretamente ligados à defesa na seara da improbidade administrativa. A questão nodal é aplicar um *filtro de relevância* para que a regra possa ser utilizada, ou seja, imprescindível verificar se os fundamentos da sentença absolutória penal realmente afastam os pressupostos para a configuração jurídica do ato de improbidade administrativa.

Vale notar, também, que tal influência direta prevista no art. 21, §4º, da LIA exi- ge que a decisão proferida no âmbito criminal seja confirmada por órgão colegiado, ou seja, há a necessidade de que a decisão absolu- tória seja proferida por órgão de primeiro grau e confirmada pelo órgão colegiado. Apesar de tentadora tal afirma- ção, penso que a regra deve ser aplicada, por coerência, caso a decisão judicial de primeiro grau seja condenatória e a decisão do órgão colegiado a tenha reformado para absolver o réu na ação penal.

O legislador fez referência somente à decisão absolutória penal, mas poder-se-ia aplicar a mesma *ratio essendi* para os casos de **arquivamento do inquérito policial e celebração de acordo de não persecução penal?**

A literalidade da LIA impede a possibilidade de interpretação ampliativa no art. 21, §4º para alcançar o arquivamento do inquérito policial, mesmo quando já homologado judicialmente. Seguindo essa linha de raciocínio, o arquivamento não deve gerar qualquer repercussão direta na seara da improbidade administrativa. Em meu sentir, contudo, a depen- der do fundamento jurídico utilizado para a promoção de arquivamento do inqué- rito policial, poderá haver influência na seara da improbidade administrativa, mormente nos casos nos quais houver a incidência da coisa julgada material.

A **celebração do ANPP**, por outro lado, que pode ser celebrado pelo órgão de execução da tutela coletiva e da investigação penal em conjunto por meio de uma atuação concertada, gera uma influência importante para a seara da improbidade administrativa, porquanto exige-se a confissão do agente para tal (art. 28-A, do CPP). Ora, se o agente reconhece a prática do fato, há a óbvia possibilidade de tal confissão ser utilizada na seara da improbidade administrativa como mais elemento para a formação da convicção, que terá a natureza jurídica processual de prova emprestada (art. 372, do CPC). Impende destacar, contudo, que a confissão do ANPP versa sobre o fato penalmente típico e não sobre o seu enquadramento (qualificação jurídica) como ato de improbidade administrativa.

Com essa alteração, houve uma criação de prevalência da ação penal sobre a ação por improbidade administrativa[39] com um certo aspecto de inconstitucionalidade

---

39. "Incluir indistintamente todas as hipóteses do art. 386 do CPP como causas de interferência da esfera penal sobre a esfera da improbidade administrativa não parece a melhor solução. Conforme mencionado, um réu

por violação do art. 37, §4º, da CR/88, pois determina expressamente que as sanções decorrentes da prática de ato de improbidade administrativa podem ser aplicadas sem prejuízo da ação penal.[40]

O STF, no bojo da ADI 7236, reconheceu a inconstitucionalidade, por meio de medida cautelar, do art. 21, §4º, LIA, por entender que a independência das instâncias exige tratamentos sancionatórios diversos.

Impende mencionar que a 5ª Turma do STJ[41] decidiu que a absolvição na ação de improbidade administrativa em virtude da ausência de dolo e da ausência de obtenção de vantagem indevida esvazia a justa causa para manutenção da ação penal.

Uma questão interessante merece abordagem específica: **ressarcimento ao erário e a aplicação das regras do art. 21, §§ 3º e 4º da LIA.** O ponto é simples: a eventual absolvição na seara criminal repercutirá somente na ação por improbidade administrativa em curso e impedirá o seu início, a depender do momento processual. Com efeito, a absolvição na seara penal, com exceção da negativa de autoria (art. 386, IV, do CPP), não impedirá o ajuizamento da ação civil pública de ressarcimento ao erário. Há quem sustente que a absolvição com base no art. 386, I, do CPP também impediria o ajuizamento da ação civil pública de ressarcimento ao erário.[42] Eu discordo, porque o juízo criminal não ostenta competência em razão da matéria para definir se o fato (dano ao erário) aconteceu. Em meu sentir, a ocorrência de dano ao erário, é matéria afeta a compe- tência do juízo cível.

Caso a absolvição ocorra no curso da demanda de improbidade administrativa, haverá o impedimento para o prosseguimento da pretensão sancionatória, mas deverá ser convertida para ação civil pública, conforme preconiza no art. 17, §16, da LIA.

Tal entendimento faz sentido para que não seja impedida a busca do ressarcimento ao erário, mormente diante da legitimidade ordinária originária principal do ente lesado que, em última análise, sequer integrará a relação jurídica processual penal.

Por fim, impende salientar algumas questões sobre a interferência da seara penal na seara da improbidade administrativa.

A primeira questão é a impossibilidade de o reconhecimento da **insignificância** na seara penal (art. 386, III, do CPP), como fundamento da sentença penal abso-

---

pode ser absolvido pelo fato não constituir crime, porém, o mesmo fato pode ser hipótese de improbidade administrativa, como é o caso do nepotismo, por exemplo." FERNANDES, Felipe; PORTO, José Roberto Mello e PENNA, Rodolfo. *Manual de Improbidade Administrativa*. Belo Horizonte: Casa do Direito, 2022, p. 67.

40. Em sentido contrário: "O art. 37, §4º, da CF – ao tratar da improbidade administrativa –, não impediu que absolvição criminal gerasse efeitos sobre a ação civil. Ao estabelecer que é possível apuração concomitante nas duas esferas (civil e criminal), a Constituição Federal não fechou a possibilidade de o legislador infraconstitucional estabelecer os critérios de comunicação dos fundamentos entre elas." GAJARDONI, Fernando da Fon- seca; CRUZ, Luana Pedrosa de Figueiredo; JUNIOR, Luiz Manoel Gomes; FAVRETO, Rogério. *Comentários à Nova Lei de Improbidade Administrativa*. São Paulo: RT, 2022, p. 494.

41. RHC 173.448-DF, Rel. Min. Reynaldo Soares da Fonseca, 5ª T., por unanimidade, j. 07.03.2023.

42. GAJARDONI, Fernando da Fonseca; CRUZ, Luana Pedrosa de Figueiredo; JUNIOR, Luiz Manoel Gomes; FAVRETO, Rogério. *Comentários à Nova Lei de Improbidade Administrativa*. São Paulo: RT, 2022, p. 496.

lutória, repercutir diretamente no âmbito da improbidade administrativa. Em meu sentir, conforme já reconhecido pelo STJ[43], não deve ser admitido o reconhecimento do princípio da insignificância no âmbito da improbidade administrativa.

A segunda questão é saber se as **causas extintivas da punibilidade** (art. 107, do CP) são integralmente aplicáveis na seara da improbidade administrativa. Em meu sentir, somente o falecimento do sujeito poderá gerar repercussão direta (art.107, I, do CP), porquanto não ser possível, sob pena de violação ao princípio da intranscendência, a aplicação das sanções previstas no art. 12, da LIA aos herdeiros/sucessores do agente. Porém, poderá ser determinada, na forma do art. 17, §16, da LIA, a conversão da ação por improbidade administrativa em ação civil pública para que seja mantida a pretensão de ressarcimento ao erário, sempre observados os limites da herança.

Por fim, o art. 21, §5º, da LIA preconiza que as sanções eventualmente apli- cadas em outras esferas deverão ser compensadas com as aplicadas por decorrência do reconhecimento da prática do ato de improbidade administrativa. É mais uma vertente da vedação ao *bis in idem*, conforme já consta nos arts. 12, §7º e 17-C, V, da LIA.

Trata-se de mais um incidente a ser resolvido pelo magistrado no sistema sancionatório da LIA, tal como o da unificação das sanções (art. 18-A, da LIA). Nesse caso em comento, contudo, não há a previsão de necessidade de requerimento do condenado. Em minha opinião, é ônus do réu condenado formular o requerimento de compensação das sanções, apesar da regra prevista no art. 17-C, V, da LIA, porque nem sempre o magistrado terá ciência de todas as sanções já aplicadas. O ideal, contudo, era que tais informações já fossem fornecidas aprioristicamente para que a compensação seja realizada no momento do proferimento da sentença. O requerimento deve ser formulado perante o juízo no qual a compensação deva ocorrer.

O incidente será decidido por meio de decisão interlocutória agravá- vel (art. 17, §21, da LIA) e o MP será intimado a se manifestar, sob pena de nulidade. O ente lesado (art. 17, §14, da LIA) também poderá ser cientificado, mas a sua atuação é mais atrelada ao ressarcimento ao erário.

A compensação, por óbvio, somente pode ser implementada para as sanções da mesma natureza, ainda que aplicadas por órgãos e em searas diversas.

4.2. Coisa julgada material no mandado de segurança coletivo

A coisa julgada material no mandado de segurança coletivo encontra previsão legal expressa no art. 22, LMS. Como visto no capítulo relativo ao objeto material da tutela coletiva, a LMS somente prevê a possibilidade do ajuizamento de MS coletivo para a tutela dos direitos coletivos em sentido estrito e dos direitos individuais homogêneos. Apesar desta omissão, sustento, com base na aplicação subsidiária do

---

43. AgInt no AREsp 1140901/DF, Rel. Min. Napoleão Nunes Maia Filho, Rel. p/ Acórdão Min. Benedito Gonçalves, 1ª T., Dje 03.12.2020.

microssistema da tutela coletiva, a possibilidade da impetração deste instrumento também para a tutela dos direitos difusos. Esta realidade legislativa pode gerar repercussões quanto ao regime da coisa julgada material.

Considerando que o art. 22, LMS regulamenta a eficácia subjetiva da mesma forma que o art. 103, CDC, não há peculiaridades, a rigor, para serem destacadas neste aspecto. Entretanto, o legislador foi omisso quanto ao modo de produção da coisa julgada material, portanto, segundo a doutrina dominante, com a qual concordo, deve ser aplicado o regime condicionado, ou seja, conforme o direito transindividual tutelado, deve ser usado o regime *secundum eventum probationis* (direitos coletivos em sentido estrito) ou *secundum eventum litis* (direitos individuais homogêneos). Vale lembrar que, em ambos os casos, a repercussão da decisão judicial coletiva na esfera jurídica individual será sempre *in utilibus*. Assim, desde que respeitado o prazo decadencial de 120 dias, poderá o indivíduo impetrar o mandado de segurança individual para a tutela jurisdicional do seu direito líquido e certo. Apesar de ser entendimento majoritário na doutrina,[44] impende destacar que o STJ já decidiu em sentido contrário reconhecendo a vinculação *pro et contra* da decisão judicial coletiva na esfera jurídica individual.[45]

Admitindo-se, como sustento, a possibilidade da impetração do MS coletivo para a tutela de direitos difusos, aplicar-se-á a eficácia subjetiva da coisa julgada prevista no art. 103, I, CDC, ou seja, o resultado deste MS será *erga omnes*, como em qualquer demanda coletiva que tutela tal direito transindividual.[46]

Por fim, conforme já visto no item referente à limitação territorial da eficácia subjetiva da coisa julgada, não poderá ser utilizada a regra contida nas normas dos arts. 16, LACP e 2º-A, Lei 9.494/1997, pois além dos motivos já expostos no referido tópico, o legislador, quanto ao mandado de segurança coletivo, nada dispôs.[47]

4.3. Coisa julgada material no mandado de injunção coletivo

A coisa julgada material no mandado de injunção coletivo encontra previsão no art. 13, LMI. Nesta norma, o legislador preconiza que a sentença fará coisa julga-

---

44. NEVES, Daniel Amorim Assumpção. *Manual do Processo Coletivo*. Op. cit., p. 368; FERRARESI, Eurico. *Do mandado de segurança*. Rio de Janeiro: Forense, 2010, p. 125; GAJARDONI, Fernando da Fonseca. *Comentários à nova lei do mandado de segurança*. São Paulo: Método, 2009, p. 114; GOMES JR., Luiz Manoel; FAVRETO, Rogério. *Comentários à Lei do mandado de segurança*. 2ª ed. São Paulo: Revista dos Tribunais, 2011, p. 203; DIDIER JR., Fredie; ZANETI JR., Hermes. O mandado de segurança coletivo e a Lei nº 12.016/2009. In: ALVIM, Eduardo Arruda; RAMOS, Glauco Gumerato; MELO, Gustavo de Medeiros; ARAÚJO, José Henrique Mouta. *O novo mandado de segurança*. Belo Horizonte: Fórum, 2010, p. 233.

45. RMS 34270/MG, rel. Min. Teori Albino Zavascki, j. 25.10.2011. Na doutrina, sustentando entendimento minoritário no mesmo sentido, podemos indicar: REDONDO, Bruno Garcia; OLIVEIRA, Guilherme Peres de; CRAMER, Ronaldo. *Mandado de Segurança*. São Paulo: Método, 2009, p. 153; BUENO, Cassio Scarpinella. *A nova etapa da reforma do Código de Processo Civil*. Vol. 2. São Paulo: Saraiva, 2006, p. 135.

46. "*Partindo-se a premissa não desejada pelo legislador, no tocante aos direitos difusos, o art. 22, caput, da Lei 12.016/2009 torna-se inaplicável, devendo o operador valer-se do art. 103, I, do CDC, com geração de coisa julgada material erga omnes*" NEVES, Daniel Amorim Assumpção. *Manual do Processo Coletivo*. Op. cit., p. 368.

47. No mesmo sentido, NEVES, Daniel Amorim Assumpção. *Manual do Processo Coletivo*. Op. cit., p. 370.

da limitadamente às pessoas integrantes da coletividade, do grupo, da classe ou da categoria substituídos pelo impetrante. Esta previsão, portanto, somente refere-se aos limites subjetivos (eficácia subjetiva) da coisa julgada material. Vale mencionar que o art. 9º, § 1º, LMI preconiza a possibilidade da extensão da eficácia subjetiva da coisa julgada material *inter partes* do mandado de injunção individual para *erga omnes* e *ultra partes*. Assim, factível sustentar que a eficácia subjetiva deste remédio jurídico constitucional segue o mesmo regramento previsto para as demais demandas coletivas, conforme o tipo de tutela jurisdicional exercida (direitos difusos, coletivos em sentido estrito e individuais homogêneos). Um ponto interessante é perceber que a decisão em sede de MI coletivo pode conter uma eficácia temporal indefinida, pois irá surtir os seus regulares efeitos até o advento da norma regulamentadora (art. 9º, LMI), que poderá gerar a perda superveniente do interesse processual, caso ocorra no curso da relação jurídica processual (art. 11, parágrafo único, LMI). O advento da norma regulamentadora pode sofrer modulação de seus efeitos temporais, pois, como regra, a sua aplicação tem eficácia *ex nunc*, exceto quando for mais favorável, caso em que poderá ostentar eficácia retroativa (art. 11, LMI). Interessante notar, como faz a melhor doutrina,[48] que, nestes casos, a coisa julgada material será dotada de certa transitoriedade, pois a decisão judicial que preenche a omissão legislativa, mesmo após o trânsito em julgado, será limitada no tempo, pois a regulamentação pelo legislador poderá retirar-lhe os efeitos.

Ainda que a decisão transite em julgado, poderá ser ajuizada uma demanda revisional, lastreada em modificações de fato ou de direito supervenientes, que deverá seguir o mesmo procedimento previsto na LMI, conforme determina o seu art. 10. O STF, antes da edição da LMI, proferiu decisão no sentido de que nos mandados de injunção coletivos, a emissão de juízo de mérito pressupõe a especificação dos substituídos e a demonstração de que efetivamente inviabilizado o exercício do direito com base na lacuna normativa apontada. Assim, deve o órgão jurisdicional, de certa forma, indicar quem serão os destinatários das normas.[49]

No tocante ao regime jurídico da formação da coisa julgada, entendo que, em virtude da regra prevista no art. 9º, § 3º, LMI, é aplicável a imutabilidade *secundum eventum probationis*, da mesma maneira como se faz nas demais demandas coletivas.[50] No mesmo sentido, usando-se a mesma premissa, o regime jurídico da imutabilidade deve ser sempre *in utilibus*, ou seja, o resultado do processo coletivo somente poderá

---

48. "*Agora, se a tese adotada for a concretista, a coisa julgada irá se revestir de certa transitoriedade, pois o Poder Judiciário, conforme aqui explicitado, não vai apenas declarar a mora, mas também poderá supri-la preenchendo a omissão legislativa. Obviamente, essa colmatação (integração) será limitada temporalmente até a atuação do legislador, que irá regular a norma constitucional carente de complementação*". FERNANDES, Bernardo Gonçalves. *Curso de Direito Constitucional*. São Paulo: GEN, 2017, p. 527-528

49. MI 2.859-ED, rel. Min. Rosa Weber, j. 19.6.2013, Plenário, *DJe* de 13.8.2013.

50. "*A lei prevê ainda a chamada coisa julgada secundum eventum probationis, pois o indeferimento do pedido por insuficiência de prova não impede a renovação da impetração fundada em outros elementos probatórios*". LENZA, Pedro. *Direito Constitucional esquematizado*. 20ª ed. São Paulo: Saraiva, 2016, p. 1271

repercutir na esfera jurídica individual para beneficiá-la, jamais para prejudicá-la, conforme a regra geral nos processos coletivos (art. 103, CDC).

Por fim, considerando a eficácia gerada pela decisão em sede de mandado de injunção, devem ser apontadas as teorias que versam sobre o tipo de provimento jurisdicional que deve ser adotado pelo órgão jurisdicional: a) *teoria concretista direta:* a decisão proferida em sede de MI permite a fruição do direito fundamental com eficácia *erga omnes* (*teoria concretista direta geral ou da independência jurisdicional*), que é a atual posição do STF,[51] ou para os membros de um determinado grupo, categoria ou classe (*teoria concretista direta coletiva*), quando coletivo, e para o autor, quando individual (*teoria concretista direta individual ou da resolutividade*[52]),[53] sem depender de qualquer postura do órgão omisso responsável pela regulamentação e tal decisão surtirá os seus regulares efeitos até a eventual regulamentação; b) *teoria concretista intermediária:* a decisão proferida em sede de MI acarretará, formalmente, a inércia do órgão omisso e fixará um prazo para a regulamentação; caso transcorra *in albis* tal prazo, permite-se a fruição do direito fundamental com eficácia *erga omnes* (*teoria concretista intermediária geral*) ou para os membros de um determinado grupo, categoria ou classe (*teoria concretista intermediária coletiva*), quando coletivo, e para o autor, quando individual (*teoria concretista intermediária individual*),[54] sem depender de qualquer postura do órgão omisso responsável pela regulamentação e tal decisão surtirá os seus regulares efeitos até a eventual regulamentação; c) *teoria não concretista ou da subsidiariedade:*[55] a decisão terá o condão somente de reconhecer a inércia do órgão responsável pela regulamentação do tema.[56]

O STF atualmente adota a teoria concretista direta geral, como acima indicado, mas o legislador adotou a teoria concretista intermediária, conforme se denota na redação do art. 8º, LMI. A teoria concretista intermediária, conforme prevê o art. 9º, LMI, pode ser geral ou individual.

4.4. Coisa julgada material no processo coletivo especial

Consoante já exposto, as ações de controle de constitucionalidade (ADI, ADC e ADPF) são consideradas processos coletivos especiais, pois têm como objetivo a

---

51. Adotada pelo STF nos seguintes julgados: MI 712, rel. Min. Eros Grau; MI 708, rel. Min. Gilmar Mendes e MI 670, rel. p/ acórdão Min. Gilmar Mendes, j. 25.10.2007
52. "(...) nesta, a sentença do mandado de injunção produz a norma para o caso concreto com natureza constitutiva inter partes, viabilizando o direito de forma imediata à luz da própria exegese do art. 5º, LXXI, da CR/88, que preleciona a concessão da injunção justamente para viabilizar direitos inviabilizados por falta de norma regulamentadora de norma constitucional, ocorrendo, portanto, uma "atividade integradora do Poder Judiciário". FERNANDES, Bernardo Gonçalves. *Curso de Direito Constitucional.* 6ª ed. Salvador: Juspodivm, 2014, p. 518.
53. Adotada pelo STF nos seguintes julgados: MI 758, rel. Min. Marco Aurélio, j. 1.07.2008, Dje 26.09.2008; MI 1616, rel. Min. Celso de Mello, j. 04.11.2009, Dje 11.11.2009.
54. Adotada durante certo período pelo STF: MI 232-1/RJ.
55. FILHO, Manoel Gonçalves Ferreira. *Curso de Direito Constitucional.* São Paulo: Saraiva, 1989.
56. Adotada durante certo período pelo STF MI 107/DF. Foi encampada no art. 12-H da Lei 12.063/2009, que regulamenta o processo e julgamento da ADI por omissão.

tutela da higidez do direito objetivo, com regramento próprio em leis específicas, porém integrantes do microssistema da tutela coletiva.

O regime jurídico da coisa julgada material segue regra específica, considerando, por certo, o seu objetivo (arts. 103, CR/88; 27 da Lei 9.686/99; 10, § 3º da Lei 9.882/99 e 12, § 2º da Lei 12.063/09). As decisões em sede de controle concentrado de constitucionalidade (processos coletivos especiais) terão eficácia subjetiva *erga omnes*. No plano temporal, como regra, a eficácia será *ex tunc*, mas é possível, conforme previsto nos arts. 27 da Lei 9.686/99; 11 da Lei 9.882/99 e 12, § 2º da Lei 12.063/09, a modulação dos efeitos temporais. Vale mencionar que os efeitos desta decisão ostentam eficácia vinculante. A eficácia vinculante, sob pena de fossilização[57] do sistema, não atinge o próprio STF, em virtude da regra do art. 28 da Lei 9.868/99 não lhe ser aplicável, e, tampouco, o Poder Legislativo. Apesar de ser entendimento majoritário na doutrina a vinculação do STF, há que se ter certo temperamento. Caso o STF confirme a presunção relativa de constitucionalidade da norma jurídica, poderá, mediante influxos posteriores, reconhecer a sua inconstitucionalidade. Assim, na hipótese, não se encontra vinculado. Situação diversa ocorre quando o STF reconhece a inconstitucionalidade da norma jurídica, pois, com tal decisão, a extirpa do ordenamento jurídico (ao menos no plano da validade). Não poderá, portanto, a posteriori, reconhecer a sua constitucionalidade. A doutrina somente afasta a vinculação no caso de declaração de inconstitucionalidade se o Poder Legislativo editar nova norma jurídica e o STF for novamente instado a se manifestar.[58]

---

57. *"Certo é que o Poder Legislativo (na sua função típica) não está vinculado à decisão do STF, sob pena de "fossilização do legislativo". Portanto, o legislador pode elaborar lei de conteúdo idêntico à declarada inconstitucional pelo STF. O máximo que poderá acontecer é existir nova ADI, e o STF ser obrigado a enfrentar a questão novamente."* (...) *"O STF não está vinculado, também sob o argumento de ele não poder se "fossilizar". Ou seja, segundo a interpretação majoritária, quando o § único do art. 28 da Lei nº 9.868/99 preleciona que os órgãos do Poder Judiciário serão vinculados, devemos entender: "os outros órgãos do Poder Judiciário e não o STF."* FERNANDES, Bernardo Gonçalves. *Curso de Direito Constitucional*. 6ª ed. Salvador: Juspodivm, 2014, p. 1157.

58. *"Porém, se a ADI é julgada procedente, a lei será declarada inconstitucional e será extirpada do ordenamento (será declarada inválida) e o STF não terá mais como mudar de posicionamento. Nesse sentido, o STF acaba se vinculando. O mesmo ocorrerá com uma ADC improcedente, pois a lei será declarada inconstitucional e o STF também não terá mais a oportunidade de rever o seu posicionamento (não há como ressuscitar a lei para que o STF reveja o seu posicionamento). Obviamente, ele só não estaria mais vinculado nesse caso, se o legislativo elaborar nova lei e, contra a mesma ser proposta nova ADI (ou ADC), o que viabilizará uma nova apreciação da matéria pelo STF (mas isso, como já salientado, "dependeria" do legislador produzir nova lei idêntica ou equivalente à anterior invalidada pelo STF)."* FERNANDES, Bernardo Gonçalves. *Curso de Direito Constitucional*. 6ª ed. Salvador: Juspodivm, 2014, p. 1161.

Capítulo 14
PRESCRIÇÃO E DECADÊNCIA

1. INTRODUÇÃO

Os institutos da prescrição e decadência são temas relacionados ao direito material que geram repercussões para o exercício judicial do direito e sua pretensão. Ambos decorrem da necessidade da obtenção da segurança jurídica e da estabilidade das relações jurídicas de direito material. A prescrição nada mais é do que a perda de uma pretensão para o exercício judicial da tutela de um direito subjetivo violado em virtude do decurso do prazo legal fixado. É um instituto ligado ao direito subjetivo (art. 189, CC), que ocorre sempre quando verificada a inércia do titular do direito material que ostenta legitimidade para o exercício judicial da pretensão correspondente. A decadência é a perda do próprio direito material potestativo que não foi judicialmente exercido dentro do prazo legal fixado. Enquanto a prescrição fulmina o exercício judicial da pretensão decorrente da violação do direito subjetivo, a decadência fulmina o próprio direito material. Os institutos são semelhantes no plano processual porque são questões preliminares de mérito e devem ser enfrentadas pelo órgão jurisdicional antes da resolução da questão principal. A análise dos institutos gera a necessidade do proferimento de uma decisão de mérito que pode, inclusive, ser antecipada, por meio do julgamento liminar de improcedência (art. 332, § 1º, CPC). A prescrição é matéria de ordem pública e pode ser conhecida de ofício pelo juiz em qualquer tempo ou grau de jurisdição, mas a decadência somente ostentará tal pecha processual quando decorrer diretamente da lei, pois a decadência convencional não pode ser conhecida de ofício (art. 210, CC). De qualquer forma, com base no princípio da vedação à não surpresa (art. 10, CPC), deve o juiz abrir a oportunidade processual para as partes manifestarem-se sobre a presença ou não da prescrição e decadência antes de proferir a respectiva decisão, inclusive quando se tratar de prescrição intercorrente (arts. 921, § 5º, CPC e 40, LEF), desde que não se trate do julgamento liminar de improcedência (art. 487, parágrafo único, CPC).

No presente capítulo serão apresentadas as principais questões referentes aos temas da prescrição e decadência na tutela coletiva.

2. TESE DA IMPRESCRITIBILIDADE DA PRETENSÃO JUDICIAL EXERCÍVEL VIA AÇÃO CIVIL PÚBLICA PARA A TUTELA DOS DIREITOS DIFUSOS E COLETIVOS EM SENTIDO ESTRITO

Certo é que a ACP objetiva salvaguardar a proteção aos interesses coletivos e difusos, dentre eles os relativos ao patrimônio público e social.

Em que pese a inexistência, na referida Lei, de qualquer previsão de prazo prescricional para tutelar tais interesses, que demandaria a aplicação das normas do microssistema da tutela coletiva, como forma de supri-la, o entendimento quanto à tutela dos direitos difusos e coletivos em sentido estrito, inclusive reconhecido pelo STJ,[1] é pela imprescritibilidade da pretensão judicial exercível pelas ações essencialmente coletivas, haja vista que os bens jurídicos tutelados por elas são indisponíveis e de natureza indivisíveis, não revelando qualquer reflexo patrimonial que justifique a limitação temporal para o exercício da pretensão da ação. O regime jurídico da prescrição tutela interesse privado e deve ser compreendido como um mecanismo de segurança jurídica e estabilidade.

A **doutrina largamente dominante** sustenta, pois, que a pretensão de tutela jurisdicional dos direitos transindividuais difusos e coletivos em sentido estrito é imprescritível, com base nos seguintes fundamentos:[2] a) a ACP não conta com disciplina específica em matéria prescricional, o que nos leva à conclusão de que se inscreve ela no rol das ações imprescritíveis; b) a doutrina tradicional repete uníssona que só os direitos patrimoniais é que estão sujeitos à prescrição, e a ACP é instrumento para tutela jurisdicional de bens e interesses de natureza pública, insuscetíveis de apreciação econômica, e que têm por marca característica básica a indisponibilidade. Versa, portanto, sobre direitos não patrimoniais, direitos sem conteúdo pecuniário; c) inexistência de previsão de prescrição ou decadência quanto aos interesses supraindividuais; d) não legitimação dos titulares de tais direitos para sua postulação em juízo; e) imprescritibilidade com fundamento constitucional de uma espécie de interesse difuso, o relativo à defesa do patrimônio público; f) existência no ordenamento ortodoxo de situações de imprescritibilidade e inocorrência de decadência; g) como os titulares do direito difuso ou coletivo em sentido estrito são indetermináveis e indeterminados, respectivamente, não se pode apená-los com a prescrição de pretensão condenatória; h) a concepção do instituto da decadência e da prescrição está ligada a um marco teórico eminentemente individualista.

Pelos fundamentos acima referidos, tem-se como totalmente equivocada a suposição de aplicabilidade da prescrição ou decadência aos direitos essencialmente coletivos, na medida em que os titulares de tais direitos, enquanto pessoas indeter-

---

1. REsp 1.120.117/AC, Rel. Min. Eliana Calmon, j. 10.11.2009.
2. MILARÉ, Édis. *A Ação Civil Pública na Ordem Constitucional*. São Paulo: Saraiva, 1990, p. 15-16; LEONEL Ricardo de Barros. *Manual do Processo Coletivo*. Op. cit., p. 360 e 358; GIDI, Antonio. *Rumo a um Código de Processo Civil Coletivo. A Codificação das Ações Coletivas no Brasil*. Rio de Janeiro: Forense, 2008, p. 138 e 139; NERY JR., Nelson; NERY Rosa Maria Andrade. Responsabilidade civil, meio ambiente e ação coletiva ambiental. In: *Dano Ambiental, prevenção, reparação e repressão*. São Paulo: Revista dos Tribunais, 1993, p. 291-291; ALMEIDA, João Batista de. *Aspectos controvertidos da Ação Civil Pública*. 2ª ed. São Paulo: Revista dos Tribunais, 2009, p. 227-228; RODRIGUES, Geisa de Assis. *Ação Civil Pública e Termo de Ajustamento de Conduta*. Rio de Janeiro: Forense, 2006, p. 213-215; ALMEIDA, Grégorio Assagra. *Direito Material Coletivo*. Superação da Summa Divisio Direito Público e Direito privado por uma nova Summa Divisio Constitucionalizada. Belo Horizonte: Del Rey. 2008, p. 461.

mináveis ou indeterminadas, não podem, geralmente, comparecer para sua defesa, sendo o seu resguardo por intermédio da legitimação extraordinária.

Assim, a omissão destes legitimados não pode prejudicar a sociedade, com graves danos aos interesses sociais, não sendo razoável impor este tipo de sacrifício à sociedade.

Considerando a sistemática normativa e a natureza dos bens jurídicos tutelados, conclui-se que não ocorre a prescrição e a decadência com relação aos interesses difusos. O silêncio no ordenamento é eloquente, ao não estabelecer direta e claramente prazos para o exercício dos interesses metaindividuais e para o ajuizamento das respectivas ações, permitindo o reconhecimento da inocorrência da prescrição e decadência.

Os titulares dos interesses não são legitimados à sua defesa em juízo, estabelecendo a legislação a sistemática da adequação da representação, com rol taxativo daqueles que podem propor a ação na defesa da coletividade. Se os titulares dos bens tutelados não podem demandar em juízo, não se pode aceitar a ocorrência de fenômenos temporais extintivos dos interesses e das respectivas ações.

Tanto a decadência como a prescrição são fenômenos estabelecidos com o escopo não apenas de segurança jurídica, ao obstar a perpetuação de litígios, mas também para sancionar a inércia no exercício das faculdades inerentes a quem ostenta uma posição jurídica protegida, impedindo o benefício dela decorrente pela inação por lapso temporal relevante.

Se o titular da posição protegida não age porque não pode, pois o ordenamento não lhe confere legitimação, não há razão para o curso do prazo, que é pressuposto para a incidência da sanção pela inércia. Ora, motivos éticos e sociais também justificam a não incidência da prescrição ou da decadência nos interesses supraindividuais, pois não seria razoável aceitar que pela inércia dos legitimados o responsável pela violação ficasse isento de qualquer sanção.

Acrescente-se que a Constituição Federal (art. 37, § 5º), como será visto adiante, ao tratar da reparação ou ressarcimento dos danos ocasionados ao erário, estabelece a imprescritibilidade das respectivas pretensões judiciais. Ora, vigoram os mesmos motivos para a inocorrência da sanção temporal pela inércia com relação a outros interesses metaindividuais, pois *ubi eadem ratio, ibi eadem legis dispositio* ("onde há a mesma razão de fato, aplica-se a mesma razão de direito").

Integrando analogicamente o sistema em face da ausência de norma específica, conclui-se que, se o ordenamento constitucional determina a inocorrência de sanção pela inércia quando o interesse metaindividual é o patrimônio público, pela mesma razão não haverá prescrição ou decadência com relação a outros interesses transindividuais. Tratando-se de norma jurídica prejudicial à tutela dos interesses metaindividuais, o preceito sobre prescrição deve ser interpretado de forma estrita, não ampliativa, pois *maligna restringenda, benigna amplianda*.

De modo geral, portanto, são imprescritíveis as pretensões que embasam as ACPs, mormente quando ostentam como finalidade precípua, a defesa da implementação dos direitos fundamentais e sociais previstos na CR/88, como educação, saúde, trabalho, lazer, segurança, previdência social, proteção à maternidade e à infância etc., pela ligação direta que possuem com o direito à vida e o princípio da preservação da dignidade humana (art. 1º, III, CR/88).[3] Não fosse assim, a simples demora do administrador em caracterizá-los já causaria a sua extinção, o que é inadmissível.

Deste modo, posto tratar-se de direito público e social, ou seja, direito transindividual de natureza indivisível, não se aplica o fenômeno da prescrição, até porque em sendo direito transindividual, uma vez violado, repercutirá diretamente na esfera da dignidade da pessoa humana.

Poder-se-ia apresentar crítica à ideia da imprescritibilidade no processo coletivo quanto aos interesses individuais homogêneos, por serem verdadeiros interesses individuais que recebem tratamento coletivo por razões de política legislativa. Destarte, sujeitar-se-iam à prescrição. Entretanto, a imprescritibilidade, ainda assim, é defendida por parte da doutrina, com base no seguinte fundamento: na sua forma singular, os direitos ou ações individuais estão sujeitos aos prazos prescricionais ou decadenciais, o que não ocorre sob a ótica metaindividual, podendo ser postulados em qualquer tempo dada a impossibilidade de implementação da demanda coletiva pelos interessados, mesmo quanto aos interesses individuais homogêneos.[4]

Discordo da posição que sustenta a existência da imprescritibilidade para os direitos individuais homogêneos, com base nos seguintes fundamentos: a) são direitos divisíveis e, portanto, suscetíveis de apropriação individual; b) são direitos que, conforme o caso concreto, podem ser disponíveis e, assim, prescritíveis as pretensões decorrentes; c) sustentar o contrário, tornará letra morta disposições legais expressas que contêm prazo prescricional. Assim, para os direitos individuais homogêneos de origem comum, por natureza divisíveis, disponíveis e titularizados por pessoas identificadas, deve a ação coletiva observar o prazo quinquenal da prescrição a que se referem os arts. 21, LAP; 27, CDC, 23, LIA e 25, LAC.[5] Os direitos indisponíveis não podem ser atingidos pelo regime prescricional. O STJ seguiu o mesmo entendimento aqui sustentado, quanto à aplicabilidade do prazo quinquenal,[6] mas sem distinguir se os direitos tutelados eram disponíveis ou indisponíveis. Há, porém, na doutrina, quem sustente a aplicação do prazo prescricional vintenário.[7]

---

3. ALMEIDA, João Batista de. *Aspectos controvertidos da Ação Civil Pública*. 2ª ed. São Paulo: Revista dos Tribunais, 2009, p. 227-228.
4. LEONEL, Ricardo de Barros. *Manual do Processo Coletivo*. Op. cit., p. 360 e 358.
5. ALMEIDA, João Batista de. *Aspectos controvertidos da Ação Civil Pública*. 2ª ed. São Paulo: Revista dos Tribunais, 2009, p. 227-228.
6. REsp 1.070.896/SC, rel. Min. Luis Felipe Salomão, j. 14.04.2010; EDcl no AREsp 289.300/RS, 4ª T., rel. Min. Luis Felipe Salomão, j. 14.05.2013, DJe 23.05.2013.
7. DIDIER JR., Fredie; ZANETI JR., Hermes. *Curso de Direito Processual Civil – Processo Coletivo*. Op. cit., p. 305.

Na doutrina, há também entendimento no sentido de ser plenamente aplicável o regime jurídico da prescritibilidade nas demandas coletivas, à exceção da pretensão de ressarcimento ao erário e de reparação por dano ambiental. Assim, para quem defende a aplicação da prescrição na tutela coletiva, o prazo para a propositura é de 5 anos, porque deve observar as regras do microssistema (arts. 21, LAP, 27, CDC, 23, LIA e 25, LAC) como forma de suprir a omissão da LACP.[8] Este é o entendimento do STJ.[9]

Ainda na doutrina, há um outro entendimento no sentido de que o prazo de 5 anos previsto no art. 21, LAP somente poderá ser aplicável à ACP quando versar sobre direito material transindividual igualmente tutelável via Ação Popular.[10] Nos demais casos, aplicar-se-ão as regras do CC ou do CDC. Trata-se de entendimento minoritário, mas que já foi acolhido em julgado proferido pelo STJ.

Em resumo, portanto, existem as seguintes teses: a) tese da imprescritibilidade da pretensão de tutela essencialmente coletiva; b) tese da imprescritibilidade da pretensão de tutela essencialmente coletiva e acidentalmente coletiva indisponível; c) tese da prescritibilidade de cinco anos com base na aplicação subsidiária das normas do microssistema da tutela coletiva; d) tese da prescritibilidade de cinco anos com base na aplicação das normas do microssistema da tutela coletiva ou do Código Civil, conforme o direito material tutelado.

Assim, apresentada a tese geral da imprescritibilidade e a controvérsia doutrinária existente, com os fundamentos necessários, impende destacar dois temas deveras relevantes na seara do regime jurídico prescricional: a) reparação por dano ambiental; b) ressarcimento ao erário.

No tocante à reparação ao meio ambiente, a doutrina e a jurisprudência sustentam a imprescritibilidade.[11] O direito ao pedido de reparação de danos ambientais, dentro da logicidade hermenêutica, também está protegido pelo manto da imprescritibilidade, por se tratar de direito inerente à vida, fundamental e essencial à afirmação dos povos, independentemente de estar expresso ou não em texto legal. No conflito entre estabelecer um prazo prescricional em favor do causador do dano ambiental, a fim de lhe atribuir segurança jurídica e estabilidade com natureza eminentemente privada, e tutelar de forma mais benéfica bem jurídico coletivo, indisponível, fundamental, que antecede todos os demais direitos – pois sem ele não há vida, nem saúde, nem trabalho, nem lazer – o último prevalece, por óbvio, concluindo pela imprescritibilidade do direito à reparação do dano ambiental.

---

8. NEVES, Daniel Amorim Assumpção. *Manual do Processo Coletivo*. Op. cit., p. 535.
9. AgRg no REsp 1.173.874/RS, 4ª T., rel. Min. Antonio Carlos Ferreira, j. 17.03.2015, DJe 24.03.2015; EDcl no REsp 1.276.072/PR, 3ª T., rel. Min. Paulo de Tarso Sanseverino, j. 19.09.2013, DJe 24.09.2013; AgRg no REsp 1.185.347/RS, 2ª T., rel. Min. Humberto Martins, j. 17.04.2012, DJe 25.04.2012.
10. GAJARDONI, Fernando da Fonseca. *Direitos Difusos e Coletivos I*. São Paulo: Saraiva, 2012, p. 161; BUENO, Cassio Scarpinella. *Curso sistematizado de Direito Processual Civil*. São Paulo: Saraiva, 2007, v. 2, t. III, p. 246.
11. REsp 1.120.117/AC, Rel. Min. Eliana Calmon, j. 10.11.2009.

O STJ fixou entendimento exatamente no sentido do texto aqui apresentado reconhecendo a imprescritibilidade da pretensão da reparação dos danos ambientais.[12] Impende salientar, contudo, que o STJ aplica a regra prescricional de 5 anos quando a pretensão decorre da cobrança da multa por infração administrativa (art. 1º, Decreto 20.910/1932).[13]

Situação interessante é a que decorre da celebração de TAC em matéria ambiental. **Qual seria o prazo prescricional para fins de exercício da pretensão executória?**

Se a obrigação que se pretende executar de um TAC não se refere especificamente à reparação de dano ambiental, não se pode dizer que essa pretensão seja imprescritível, devendo ser aplicado o prazo prescricional de 5 anos, conforme decidido pelo STJ.[14]

Quanto ao ressarcimento ao erário, em virtude dos temas que o circundam, será abordado adiante em tópico específico.

3. REGIME JURÍDICO DA PRESCRIÇÃO NA SEARA DA IMPROBIDADE ADMINISTRATIVA

3.1. Introdução e regra geral

No que tange à pretensão condenatória para aplicação das **sanções da LIA (art. 12, LIA)**, o prazo prescricional é de 8 anos, contados da data do fato, conforme a regra prevista no art. 23, LIA, com a alteração advinda com a Lei 14.230/21. Caso a pretensão condenatória exercida versar sobre **ressarcimento ao erário**, será indispensável a realização da interpretação do art. 37, § 5º, CRFB/88. Diante da redação da referida norma, surge o seguinte questionamento: a pretensão de ressarcimento ao erário é prescritível? Trata-se de tema com certa polêmica na doutrina e na jurisprudência, que pode ser exteriorizada da seguinte forma: **1ª tese: pretensão prescritível (minoritária na doutrina)**,[15] com base nos seguintes fundamentos: i) a redação do art. 37, § 5º, CR/88 contém uma ressalva que significa a necessidade de uma lei regulamentando a imprescritibilidade; ii) o microssistema da tutela coletiva contém normas que indicam a prescritibilidade de pretensões que podem ser usadas para a tutela do patrimônio público (artes. 21, LAP e 25, LAC); iii) ausência de prazo prescricional gera indevida insegurança jurídica; iv) se as infrações penais graves também sujeitam-se ao regime da prescrição, não há motivos pra a tutela do patrimônio público ser imprescritível. Entretanto, existem dois prazos indicados por seus defensores: a) para uma primeira maneira de exteriorizar o prazo, deve ser

---

12. REsp 1.120.117/AC, 2ª T., rel. Min. Eliana Calmon, j. 10.11.2009, DJe 19.11.2009.
13. REsp 1.225.489/SP, 2ª T., rel. Min. Mauro Campbell Marques, j. 22.02.2011, DJe 04.03.2011
14. 1ª T. AREsp 1941907-RJ (Info 744).
15. GRINOVER, Ada Pellegrini. Ação de Improbidade Administrativa. Decadência e prescrição. In: *Processo Civil: aspectos relevantes – vol. 2 – Estudos em Homenagem ao prof. Humberto Theodoro Jr.* São Paulo: Método, 2007, p. 15-16.

usada a regra do art. 206, CC (3 anos), que já foi reconhecido pelo STF, mas que não se refere ao ato de improbidade administrativa, mas ao ilícito civil e não pode, ainda, ser considerado como entendimento consolidado; b) para uma segunda maneira de exteriorizar o prazo, deve ser aplicado o art. 54 da Lei 9.784/99 (5 anos); c) uma terceira forma mantém o mesmo prazo (5 anos), mas com fundamento diverso (art. 1º, Dec. 20.910/32), que já foi aplicado pelo STJ, mas não para o ato de improbidade administrativa;[16] d) uma quarta forma sustenta o mesmo prazo (5 anos), porém, com fundamento legal diverso (art. 21, LAP);[17] **2ª tese: pretensão imprescritível (majoritária na doutrina)**, com base no mesmo fundamento indicado acima, mas como uma interpretação diversa, pois a disposição constitucional é expressa neste sentido (art. 37, § 5º, CR/88). STJ segue exatamente a mesma linha de argumentação.[18] O STF entendia ser imprescritível, entretanto, fixava duas formas de resolução da controvérsia: a) a pretensão de ressarcimento ao erário, tendo como base ato ilícito comum, é prescritível no prazo de 3 anos, mediante a aplicação do art. 206, § 3º, V, CC;[19] b) a pretensão de ressarcimento ao erário com base em ato de improbidade é imprescritível.[20] O STF determinou, como decorrência do reconhecimento da repercussão geral da matéria, a seleção de dois temas: a) prescritibilidade da pretensão de ressarcimento ao erário em face de agentes públicos por ato de improbidade administrativa (tema 897); e b) a pretensão de ressarcimento ao erário, tendo como base a prática de ato de improbidade administrativa, mediante uma conduta culposa, é prescritível, mediante a aplicação do art. 23, da LIA, mas, em meu sentir, tal aspecto da tese será abandonado, salvo para os casos anteriores, porque não há mais que se falar em culpa para fins de qualificação jurídica da improbidade administrativa; c) a pretensão de ressarcimento ao erário, tendo como base a prática de ato de improbidade administrativa, mediante uma conduta dolosa, é imprescritível.

Nada obstante, novamente instado a se manifestar, o STF fixou uma nova forma de solucionar a questão referente à prescritibilidade ou não da pretensão de ressarcimento ao erário, qual seja[21]: a) a pretensão de ressarcimento ao erário, tendo como base ato ilícito civil comum, é prescritível no prazo de 03 anos, mediante a aplicação do art. 206, § 3º, V, CC (manteve, portanto, o entendimento anterior); b) a pretensão de ressarcimento ao erário, tendo como base a prática de ato de improbidade administrativa, mediante uma conduta culposa, é prescritível no prazo de 05 anos,

---

16. AgRg no AREsp 768.400/DF, 2ª T., rel. Min. Humberto Martins, j. 03.11.2015.
17. GRINOVER, Ada Pellegrini. *Ação de Improbidade Administrativa. Decadência e Prescrição.* Op. cit., p. 31.
18. AgRg no REsp 1442925/SP, 2ª T., rel. Min. Mauro Campbell Marques, j. 16.09.2014. No mesmo sentido: RESP 1232548/SP Rel. Min. Napoleão Nunes Maia Filho, 1ª T., j. 17.09.2013, DJe 24.10.2013 e AgRg no AResp 79268/MS Rel. Min. Eliana Calmon, 2ª T., j. 19.11.2013, DJe 29.11.2013. ATENÇÃO: existem decisões no STJ afirmando que o ressarcimento decorrente de ato licito comum é prescritível na forma do Dec. 20.910/1932.
19. RE 669.069/MG, RG, rel. Min. Teori Zavascki, j. em 03.02.2016. Neste julgado o STF apreciou uma demanda de ressarcimento ao erário fundada em mero ilícito civil decorrente de um acidente de trânsito.
20. AI 744973 AgR, 1ª T., Rel. Min. Luiz Fux, j. 25.06.2013; RE 852.475
21. STF Plenário. RE 852475/SP, Rel. orig. Min. Alexandre de Moraes, Rel. para acórdão Min. Edson Fachin, j. 08.08.2018.

mediante a aplicação do art. 23, I, LIA (mudança de entendimento); c) a pretensão de ressarcimento ao erário, tendo como base a prática de ato de improbidade administrativa, mediante uma conduta dolosa, é imprescritível (mudança de entendimento).

Assim, o STF, com uma singela, porém relevante, mudança de entendimento somente reconhece a imprescritibilidade da pretensão de ressarcimento ao erário após a análise do elemento volitivo subjetivo do agente. A conduta, portanto, passa a ser de extrema relevância para a fixação da tese da imprescritibilidade. Tal entendimento, por óbvio, amplia em demasia o ônus da prova do legitimado coletivo.

Factível sustentar, portanto, que a ação por ato de improbidade administrativa poderá prosseguir com o fim de pleitear o ressarcimento do dano ao erário, ainda que sejam declaradas prescritas as demais sanções previstas no art. 12 da LIA, conforme decidido pela 1ª Seção do STJ.[22] O Min. Alexandre de Moraes, no bojo do ARE 1475101 / SP[23], apesar de reconhecer a aplicabilidade do Tema 897, de forma absolutamente atécnica e equivocada, inovou substancialmente na tese jurídica inserindo pressuposto inexistente, qual seja prévia declaração judicial de improbidade administrativa para que a pretensão de ressarcimento ao erário seja considerada imprescritível.

Com efeito, o referido Ministro afirmou, em sede de decisão monocrática, ser pressuposto para o reconhecimento da imprescritibilidade da pretensão de ressarcimento ao erário prévia declaração judicial, em ação própria ou em ação por improbidade administrativa, da existência de ato de improbidade administrativa mediante conduta dolosa. Trata-se de decisão que, na prática, torna prescritível novamente a pretensão de ressarcimento ao erário o que, por certo, é deveras equivocado e fora da leitura constitucional do tema.

Essa decisão precisa ser revista pelo Plenário, sob pena de ser reconhecida a possibilidade de uma decisão monocrática revisar tese jurídica fixada pelo Colegiado, em evidente inobservância das regras do sistema de precedentes e do paralelismo das formas.

Além disso, tal decisão padece de equívocos, a saber: i) não há na tese jurídica fixada a necessidade de prévio reconhecimento de declaração judicial de prática de improbidade administrativa; ii) a ação de improbidade administrativa, por ser tipicamente usada para a aplicação das sanções tipificadas na LIA, não pode ser manejada para fins exclusivos de ressarcimento ao erário, porquanto não ser um capítulo sancionatório; iii) a possibilidade de conversão de ação por improbidade administrativa em ação civil pública denota a possibilidade de prosseguimento da pretensão para fins diversos do capitulo sancionatório; iv) a ação judicial mais adequada para fins exclusivos de ressarcimento ao erário é justamente a ação civil pública (já chamada de ação de improbidade administrativa imprópria), ainda que

---

22. REsp 1899455-AC, Rel. Min. Assusete Magalhães, 1ª Seção, j. 22 set. 2021 (Recurso Repetitivo – Tema 1089) (Info 710).

23. STF, ARE 1475101 / SP Rel. Min. Alexandre de Moraes, j. 01.02.2024

CAPÍTULO 14 • PRESCRIÇÃO E DECADÊNCIA **495**

a causa de pedir seja improbidade administrativa; v) inobservância da celeridade efetividade procedimental, pois haveria a necessidade de duas ações próprias para o desiderato de obtenção de ressarcimento ao erário; vi) tal como ocorre em toda e qualquer pretensão condenatória, a decisão inerente ostenta capítulo declaratório prévio reconhecendo o dever jurídico.

Para o TCU, a pretensão de ressarcimento ao erário é imprescritível, conforme o enunciado da súmula 282, sem qualquer distinção entre as causas de pedir (ato ilícito comum ou ato de improbidade administrativa). Entretanto, tal entendimento não pode prosperar, pois o STF já proferiu decisão no sentido de ser prescritível a pretensão de ressarcimento ao erário fundada em decisão de Tribunal de Contas.[24]

3.2. Prescrição aplicável aos terceiros particulares

No regramento anterior, pela literalidade da norma do art. 23, LIA, o regime jurídico prescricional somente seria aplicável ao agente público, gerando a ideia de que o terceiro sujeitar-se-ia a uma regra própria. Existiam, portanto, três teses sobre o tema: **1ª tese (majoritária**[25] **e o STJ**[26]): sustenta a aplicação da mesma regra dos agentes públicos, em virtude da inexistência de regra legal expressa que determine a regulamentação de forma diversa (Súmula 634 do STJ); **2ª tese**: deve ser aplicada a regra geral de prescrição aplicável aos particulares prevista no art. 205, CC (10 anos);[27] **3ª tese**: deve ser aplicada a regra geral da prescrição da legislação administrativa como forma de suprir a omissão, ou seja, prazo de 5 anos.[28] A aplicação da regra do CC aos particulares não pode prosperar sob pena de clara violação ao princípio da isonomia (art. 5º, CR/88), pois receberá tratamento mais prejudicial (prazo prescricional de 10 anos) do que o agente público (prazo prescricional de 5 anos), mesmo, como visto no capítulo referente à legitimidade, não podendo responder judicialmente sozinho pelo ato de improbidade administrativa (conceito inelástico).

Com a nova LIA, não há mais razão para perdurar tal divergência, porquanto o art. 23, da LIA não possui a mesma redação de outrora. Portanto, além da Súmula 634, do STJ, pode ser sustentado que o novo regramento não enseja mais intepretação que possa distinguir os regramentos prescricionais para os agentes públicos e os particulares. Ademais, as causas suspensiva e interruptiva da prescrição geram efeito expansivo subjetivo, conforme previsto no art. 23, § 6º, da LIA.

---

24. Plenário. RE 636886/AL, Rel. Alexandre de Moraes, j. 20 abr. 2020 (Repercussão Geral – Tema 899) (Info 983).
25. GARCIA, Emerson; ALVES, Rogério Pacheco. *Improbidade Administrativa*. Op. cit., p. 756. FAZZIO JR. Waldo. *Atos de Improbidade Administrativa*. São Paulo: Atlas, 2015, p. 332.
26. Resp 1156519/RO Rel. Min. Castro Meira, 2ª T., j. 18.06.2013, DJe 28.06.2013, REsp 1038762/RJ Rel. Min. Herman Benjamin, 2ª T., j. 18.08.2009, DJe 31.08.2009. No mesmo sentido: REsp 1405346/SP, REsp 1159035/MG.
27. CARVALHO FILHO, José dos Santos. *Manual de Direito Administrativo*. 24ª ed. Rio de Janeiro: Lumen Juris, 2011, p. 1015.
28. OLIVEIRA, José Roberto Pimenta. *Improbidade Administrativa e sua autonomia constitucional*. Belo Horizonte Fórum, 2009, p. 107.

3.3. Prescrição intercorrente

Prescrição intercorrente é a consumação do prazo prescricional ao longo de uma relação jurídica processual (art. 202, parágrafo único, CC; arts. 921, III e §§ c/c 924, V, CPC e súmula 150, STF). Apesar da previsão legal expressa, entendo que o nosso ordenamento cível, assim como o faz no direito penal, separa a aplicabilidade das regras da prescrição conforme a pretensão judicialmente exercida. Assim, quando a demanda coletiva de conhecimento for proposta, haverá a interrupção da prescrição que somente voltará a correr após o trânsito em julgado da sentença (art. 202, parágrafo único, parte final do CC) que encerra a fase cognitiva do procedimento (art. 203, § 1º, CPC).[29] Após o encerramento desta primeira etapa, o titular do direito material deduzido em juízo ou o legitimado extraordinário autorizado pelo ordenamento jurídico poderá exercer a pretensão executiva, que deverá observar o mesmo prazo prescricional da pretensão de conhecimento (súmula 150, STF). A prescrição intercorrente, portanto, somente incidirá no curso do processo executivo. Ora, a prescrição intercorrente somente poderá ser verificada nos casos de inércia formalizada nos autos, quando o prosseguimento da relação jurídica processual depender exclusivamente de algum ato processual exclusivo do titular da pretensão. Assim, deverá ser intimado pessoalmente, na forma do art. 485, § 1º, CPC para dar prosseguimento ao feito. Apesar do entendimento aqui apresentado, o tema ostenta relevância no âmbito da tutela coletiva. Esta modalidade de prescrição, aplicável aos processos individuais, pode ser aplicável na seara da improbidade? Existe, na doutrina, uma certa divergência quanto ao tema: **1ª tese**: deve ser aplicada a prescrição intercorrente na seara da improbidade tal como ocorre na seara penal, ou seja, deve ser aplicado o regime do direito penal na seara da improbidade, pois a ação civil pública por ato de improbidade administrativa tem cunho penal. Essa foi a tese encampada no art. 23, §§ 4º, 5º e 8º, da LIA, mas com algumas singularidades: i) aplicação na fase de conhecimento; ii) o prazo prescricional a ser considerado é 04 anos (metade do prazo prescricional para o exercício da pretensão de conhecimento); iii) a prescrição ocorrerá ainda que o legitimado ativo não seja inerte; iv) o legislador fixou diversas causas interruptivas, sempre favoráveis ao réu e a prescrição, prazo de 04 anos, deverá ser observada em cada uma das etapas procedimentais existentes, portanto, pode ser considerada como uma prescrição *interfases*[30]; **2ª tese (*contra legem*)**: não se aplica prescrição intercorrente na seara da improbidade, pois pressupõe consumação do prazo no curso da relação processual e, enquanto estiver em curso na fase de conhecimento, não corre prazo prescricional, conforme se verifica da análise das normas

---

29. Contra sustentando que o prazo deverá voltar a correr quando da prolação da sentença: GARCIA, Emerson; ALVES, Rogério Pacheco. *Improbidade Administrativa*. Op. cit., p. 770.

30. "Isso porque a prescrição intercorrente somente se opera quando o processo fica parado por desídia do autor, por um lapso temporal maior que aquele da prescrição do direito material que se discute. No caso da 'nova' LIA, a prescrição ocorre independentemente do comportamento do autor da ação, ela ocorre pelo simples decurso do tempo, apesar de ocorrer no curso da ação." GAJARDONI, Fernando da Fonseca; CRUZ, Luana Pedrosa de Figueiredo; JÚNIOR, Luiz Manoel Gomes; FAVRETO, Rogério. *Comentários à nova lei de improbidade administrativa*, 5ª ed. São Paulo: Ed. RT, 2021, p. 561.

dos arts. 202, parágrafo único, CC; 921, III e §§ c/c 924, V, CPC e súmula 150, STF.[31] O STJ segue, em seus julgados, a segunda tese, mas são todos anteriores ao CPC/15.[32]

3.4. Regime jurídico da prescrição e o exercício de mandato eletivo (art. 23, I, LIA)

Apesar da revogação da referida norma, serão mantidos, ao menos nessa edição, os comentários, porquanto possível a aplicação nos processos anteriores à Lei 14.230/21 e que ainda estão pendentes.

Com a novo LIA, não há mais que se falar nessa forma de contagem do prazo prescricional!

Para a correta análise da aplicabilidade da regra da prescrição prevista no art. 23, I, LIA, é imprescindível separar a matéria em temas: a) **mandatos eletivos consecutivos para o mesmo cargo; b) descontinuidade dos mandatos; c) desincompatibilização; d) mandatos eletivos para cargos diversos.**

No que tange à situação fática e jurídica dos mandatos eletivos para o mesmo cargo, surge uma questão que ultrapassa o interesse meramente acadêmico: quando começa a correr o prazo prescricional? A questão cinge-se à interpretação da norma do art. 23, I, LIA. Pela redação da referida norma o prazo deve começar a correr a partir do término do vínculo que, de per si, já afasta a regra do art. 189, CC. Assim, ainda que o ato de improbidade seja praticado durante o exercício do 1º mandato eletivo, o prazo prescricional começará a correr quando do encerramento do 2º mandato. A doutrina[33] e o STJ seguem este entendimento.[34]

Considerando a forma de contagem apresentada acima, deve ser enfrentada a situação fática-jurídica decorrente da **descontinuidade do mandato**. Para tal fim, vou trabalhar com a seguinte hipótese: em uma determinada cidade, o Prefeito, no exercício do 1º mandato praticou, ato de improbidade administrativa. Nas eleições seguintes se candidatou a reeleição e foi reeleito. O Tribunal Regional Eleitoral anulou esta segunda eleição, portanto, o mandato dele foi encerrado. Houve a convocação de novas eleições. Ele foi reeleito nesse novo pleito. Esta descontinuidade gera consequência para fins de contagem do prazo prescricional? Em meu entendimento, essa descontinuidade não gera qualquer consequência, quer no sentido de suspensão quer no de interrupção, para o prazo prescricional, porque ele se reelegeu. Assim, o prazo prescricional referente ao ato praticado durante o exercício do primeiro

---

31. GARCIA, Emerson; ALVES, Rogério Pacheco. *Improbidade Administrativa*. Op. cit., p. 772.
32. Resp 1289993/RO Rel. Min. Eliana Calmon, 2ª T., j. 19.09.2013, DJe 26.09.2013. No mesmo sentido: 1218050/RO
33. NEVES, Daniel Amorim Assumpção. *Manual do Processo Coletivo*. Op. cit., p. 533; GARCIA, Emerson ALVES, Rogério Pacheco. *Improbidade Administrativa*. Op. cit., p. 757.
34. Resp 1107833/SP, Rel. Min. Mauro Campbell Marques, julgado em 8/9/2009 (informativo 406). No mesmo sentido: AgRgnoResp 1411699/SP e AgRgnoResp 161420/TO.

mandato somente voltará a correr após o encerramento do segundo mandato. O STJ acolheu essa tese.[35]

No tocante à **desincompatibilização (prazos previstos no art. 1º, II e VII, LC 64/1990)**, como sabido, é um requisito indispensável, considerando o cargo exercido e o que se pretende exercer, para ser possível a candidatura. Isso influencia o prazo da prescrição? Para responder adequadamente o questionamento, apresentarei dois cenários: **1º cenário – afastamento definitivo**: em alguns casos, normalmente quando detentor de mandato eletivo, o agente público deve requerer o afastamento de forma definitiva com o fim de viabilizar a sua candidatura. Nesta hipótese, o prazo prescricional começa a correr a partir da data da sua compatibilização. **2º cenário – afastamento temporário**: em determinados casos, quando o agente não for detentor de mandato eletivo, basta o requerimento de afastamento temporário somente para concorrer. Nesse caso, em virtude da subsistência do vínculo, não há qualquer influência sobre o prazo prescricional.[36]

Outro tema de grande importância é a análise da aplicação do regime jurídico prescricional para a situação fática-jurídica dos **mandatos consecutivos para cargos diversos**. Para externar a situação, basta imaginar a hipótese de determinado Prefeito que deseja concorrer ao cargo de deputado federal. Há a imperiosa necessidade de desincompatibilização, em virtude da diversidade dos cargos. Caso o agente seja eleito para o novo cargo (cargo diverso do anterior), haverá o início da contagem do prazo prescricional a partir da data da desincompatibilização, como visto acima. Situação diversa ocorre quando o **agente público que é eleito novamente para o mesmo cargo sem mandatos contínuos**. Neste caso, existe divergência a respeito da repercussão na seara do regime jurídico da prescrição: **1ª tese (majoritária)**: o novo mandato não gera nenhuma repercussão para fins da contagem de prazo prescricional. Ainda que a eleição ocorra dentro da mesma unidade da federação, não pode ser confundida com a reeleição e, portanto, o prazo prescricional começa com o encerramento do primeiro mandato. Não há empecilho, por óbvio, para a consumação da prescrição, pois não existe regra legal estipulando tal fato como causador de interrupção ou suspensão do curso do prazo prescricional;[37] **2ª tese**: novo mandato suspende o curso da prescrição, apesar da inexistência de regra legal expressa em nosso ordenamento jurídico;[38] **3ª tese (precedente do STJ)**: o início do novo mandato gera interrupção da prescrição.[39]

---

35. Resp 1.414.757/RN, Rel. Min. Humberto Martins, julgado em 6.10.2015, DJe 16.10.2015 (informativo 571).
36. GARCIA, Emerson; ALVES, Rogério Pacheco. *Improbidade Administrativa*. Op. cit., p. 758.
37. GARCIA, Emerson; ALVES, Rogério Pacheco. *Improbidade Administrativa*. Op. cit., p. 756. NEVES, Daniel Amorim Assumpção. *Manual do Processo Coletivo*. Op. cit., p. 533; OLIVEIRA, José Roberto Pimenta. *Improbidade Administrativa e sua autonomia constitucional*. Belo Horizonte: Fórum, 2009, p. 99.
38. TJRS, 21ª CC, AI n. 70031627706, rel. Des. Francisco José Moesch, j. 16.12.2009.
39. Resp 1.107.833/SP, rel. Min. Mauro Campbell Marques, j. 08.09.2009, DJe 18.09.2009.

3.5. Situação jurídica híbrida

Apesar da existência de um novo regramento do prazo prescricional, serão mantidos, ao menos nessa edição, os comentários sobre o tema, porquanto possível a aplicação nos processos anteriores à Lei 14.230/21 e que ainda estão pendentes.

Há uma situação jurídica híbrida que precisa ser referida, qual seja, a do agente público que possui vínculo efetivo com a Administração Pública, mas que exerce de forma transitória uma função pública. Basta imaginar a prática do ato de improbidade no exercício dessa função pública transitória, com a sua posterior exoneração dessa função, mas a permanência no serviço público com cargo efetivo. A questão principal a ser enfrentada é: quando começa a correr a prescrição? Trata-se de um tema recorrente na prática daqueles que atuam na seara da improbidade administrativa e que demanda uma análise específica. São verificadas, neste caso, as seguintes teses: **1ª tese: o termo** *a quo* **é a data do término do vínculo funcional atrelado à função pública que permitiu a prática do ato de improbidade administrativa.** Considerando que o agente praticou o ato de improbidade administrativa no exercício da função transitória, o término deste vínculo deve ser considerado o termo *a quo*, tal como prevê o art. 23, I, LIA; **2ª tese (majoritária): o termo** *a quo* **é a data do término do vínculo funcional efetivo.** O argumento principal desta tese é o fato de que essa função pública transitória só existiu em virtude do vínculo efetivo com a Administração Pública, logo, tem que prevalecer o vínculo efetivo frente ao vínculo transitório. Além disso, é da essência do regime de prescrição, ao menos na seara da improbidade administrativa, que o prazo não corre enquanto existe vínculo com a Administração Pública. Ademais, se o vínculo transitório tiver a relevância que se pretende, o próprio agente público ímprobo seria responsável pela fixação do termo *a quo*, pois bastaria seu pedido de exoneração para que o prazo começasse a correr.[40] O STJ já decidiu neste sentido.[41]

Existe, nesta senda, uma **situação peculiar**, também bem comum na prática, que merece referência. Parlamentar que exerce outra função pública decorrente, ou seja, o agente público que possui um vínculo que lhe permite exercer determinadas funções. Não pode ser confundida com a situação anterior. Na essência, só pode exercer funções exclusivas de parlamentar. Podemos imaginar, para fins de visualização, um vereador que durante o exercício da sua função de presidente da casa legislativa pratica o ato de improbidade. A presidência da casa legislativa tem mandato fixo e durante este houve a prática do ato. Com o encerramento deste mandato (presidência da casa legislativa), haverá alguma repercussão para fins da contagem do prazo prescricional? Imaginemos, depois, o encerramento do seu mandato parlamentar. Qual é o termo *a quo*? A questão ficará restrita a saber se o termo inicial será o encerramento do mandato enquanto presidente da casa legislativa ou do mandato parlamentar. Da mesma forma que na situação anteriormente resolvida, deve ser verificado qual

---

40. NEVES, Daniel Amorim Assumpção. *Manual do Processo Coletivo*. Op. cit., p. 533.
41. REsp 1.060.529-MG, Rel. Min. Mauro Campbell Marques, julgado em 8/9/2009.

é o vínculo funcional determinante para fins de contagem do prazo prescricional. Existem duas teses para a indicação da melhor solução: **1ª tese: o termo *a quo* é o encerramento do mandato da presidência da casa legislativa**, porque é o vínculo funcional que possibilitou a prática do ato de improbidade administrativa. **2ª tese: o termo *a quo* é o encerramento do mandato parlamentar**, porque é da essência do regime prescricional que o termo *a quo* da contagem do prazo prescricional comece a correr da cessação do vínculo que permitiu ao agente o exercício da função e, na hipótese, o vínculo que permitiu a prática do ato foi o exercício do mandato parlamentar, pois somente os parlamentares poderão figurar como presidentes das casas legislativas.[42] Este é o melhor entendimento sobre o tema. O STJ já decidiu exatamente neste mesmo sentido.[43]

3.6. Unidade existencial do ato de improbidade

Apesar do novo regramento sobre a prescrição, serão mantidos, ao menos nessa edição, os comentários a seguir, porquanto possível a aplicação nos processos anteriores à Lei 14.230/21 e que ainda estão pendentes.

Um dos grandes problemas, na contagem do prazo prescricional, é trazer a interpretação aplicável no direito penal para a seara da improbidade, para o caso de concurso de agentes. Assim, quando há concurso de agentes a contagem do prazo prescricional será realizada de forma isolada ou será aplicada a unidade existencial? Existem duas teses para o tema: **1ª tese:**[44] a unidade existencial do ato de improbidade não redunda necessariamente na unidade do lapso prescricional. Não significa que a contagem do prazo prescricional será a mesma. A premissa não é que não pode ter a mesma contagem, mas não necessariamente será utilizada a mesma contagem, pois a premissa das regras prescricionais do ato de improbidade administrativa é a condição funcional do agente público que praticou o ato. Em outros termos, a aplicação da unidade existencial deve ser casuística como, aliás, já foi reconhecida pela 1ª Turma do STJ.[45] O critério aplicável é a condição funcional dos agentes. Se a condição funcional dos agentes públicos for a mesma, aplica-se o mesmo lapso prescricional com a mesma forma de contagem. Se a condição for diversa, o lapso prescricional também será diverso. Assim, cada agente público estará sujeito ao lapso prescricional que se ajuste à sua condição funcional. Para quem defende esta tese, a unicidade do regime prescricional deverá prevalecer quando o ato de improbidade administrativa for praticado em conjunto entre o agente público e o terceiro particular. **2ª tese:**[46] sustenta a aplicação da tese monolítica do regime prescricional, ou seja, por exemplo, se o agente público possuía vínculo precário, a contagem do

---

42. GARCIA, Emerson; ALVES, Rogério Pacheco. *Improbidade Administrativa*. Op. cit., p. 759.
43. Resp 1312167/SC, Rel. Min. Sérgio Kukina, 1ª T., j. 10.12.2013, DJe 17.12.2013.
44. GARCIA, Emerson; ALVES, Rogério Pacheco. *Improbidade Administrativa*. Op. cit., p. 767.
45. REsp 1.071.939/PR, 1ª T., rel. Min. Francisco Falcão, j. 02.04.2009, DJe 22.04.2009; Resp 1088247/PR.
46. NEVES, Daniel Amorim Assumpção. *Manual do Processo Coletivo*. Op. cit., p. 533.

prazo prescricional tem que estar diretamente atrelada àquele que o nomeou, como nos casos de cargos em comissão. Caso o agente público que possui vínculo efetivo pratique o ato de improbidade administrativa em conluio com o agente público que exerce um cargo em comissão, para esta tese, a contagem do prazo prescricional será sempre a mesma. A premissa desta segunda tese é a de que a manutenção de qualquer um destes agentes vinculados à Administração Pública pode criar dificuldades para a correta apuração do fato e isso, por si só, torna impossível a contagem do prazo de forma autônoma. Assim, somente quando o último dos agentes envolvidos na prática do ato de improbidade administrativa cessar o seu vínculo começará a contagem do prazo prescricional para o exercício judicial da pretensão. A 2ª Turma do STJ já adotou esta tese.[47]

Em minha opinião, a nova lei de improbidade administrativa não enseja interpretação diversa da unidade existencial, portanto, o prazo prescricional será o mesmo para todos os envolvidos na prática do ato, inclusive, com as mesmas causas suspensiva e interruptiva (art. 23, § 6º, da LIA).

3.7. Ato de improbidade que configura infração penal

O ato de improbidade administrativa não afasta a possibilidade de punição no âmbito penal, conforme previsto no arts. 37, § 4º e 52, parágrafo único, da CR/88 c/c art. 12, caput, da LIA. Ademais, é plenamente possível que um único ato praticado pelo agente público seja infração penal e ato de improbidade administrativa. A nova LIA, nessa senda, contudo, modificou a independência relativa (art. 935, do CC) entre as instâncias penal e cível quando essa versar sobre improbidade administrativa. Com efeito, será possível deduzir o valor referente ao ressarcimento, caso já exista condenação nas esferas penal, cível e administrativa, sobre os mesmos fatos (art. 12, § 6º, da LIA), bem como a compensação de sanções (art. 21, § 5º, da LIA). A absolvição criminal do agente, qualquer que seja a fundamentação, impedirá o trâmite da ação por improbidade administrativa (art. 21, §§ 3º e 4º, da LIA). Ora, é evidente a influência da seara penal na nova LIA, apesar do processo por improbidade administrativa não ostentar natureza penal, mas cível. À época do regramento anterior, havia um debate interessante sobre a prescrição na seara da improbidade administrativa quando o ato também fosse penalmente típico. A despeito do novo regramento prescricional, penso que o debate ainda pode ser válido, portanto, ao menos nessa edição, manterei os comentários sobre o tema. O STJ, nessa senda, parece pender para a tese da aplicabilidade do prazo prescricional previsto na legislação penal. O STJ fixou este entendimento e determinou a aplicação do art. 109, CP,[48] observada a pena em concreto. O STJ fixou entendimento, também, no sentido da necessidade da apuração na seara penal, para fins de aplicação do prazo prescricional

---

47. REsp 1.088.247/PR, 2ª T., rel. Min. Herman Benjamin, j. 19.03.2009, DJe 20.04.2009.
48. MS 12.414/DF, Rel. Min. Nilson Naves, julgado em 25.11.2009 (informativo 417).

do Direito Penal.[49] Assim, caso exista inquérito policial em curso, pode ser aplicado o prazo prescricional na seara penal, entretanto, há julgado, no âmbito do próprio STJ, no sentido da necessidade da existência de uma ação penal para tal fim.[50] Apesar de poder ser considerado um entendimento consolidado no STJ, a aplicação do prazo prescricional penal na seara da improbidade administrativa, na forma apresentada pelo STJ, pode gerar uma série de problemas de ordem prática: a) haverá a necessidade de aguardar a sentença condenatória na seara penal, para que seja aplicável o prazo prescricional penal com base na pena em concreto (art. 110, CP); b) as causas interruptivas da prescrição na seara da improbidade administrativa e na seara penal são diversas (vide art. 23, § 4º, da LIA e art. 117, CP), então pode gerar um problema sério de prescrição.

3.8. Regime da prescrição na Lei Anticorrupção

O prazo prescricional na Lei Anticorrupção é regulado no art. 25, que fixa o prazo de 5 anos, tal como previsto para as demais hipóteses de pretensão decorrente da tutela jurisdicional da coletividade. O termo inicial da contagem do prazo prescricional é a ciência da infração, conforme referência expressa na LAC. Esta regulamentação pode gerar um problema de ordem prática decorrente da legitimidade extraordinária concorrente e disjuntiva aplicável às demandas coletivas (artes. 129, § 1º, CR/88 e 20 e 21, LAC). Ora, se a ciência da infração é o termo *a quo*, o que irá acontecer caso somente um legitimado coletivo tenha a efetiva ciência da infração e queda-se inerte? Pode ocorrer do ente político ter ciência da infração, antes do MP. Se não propuser a ação, haverá empecilho para o MP promover a ação? Pode ser sustentada a ideia de que pouco interessa qual foi o legitimado que teve a efetiva ciência da infração, desde que tenha a efetiva possibilidade de promover a respectiva demanda, haverá o início da contagem do prazo prescricional, ou seja, aplicar-se-á um caráter unitário à contagem do prazo prescricional. O STJ já reconheceu a necessidade de que o conhecimento da infração somente poderá gerar a contagem do prazo prescricional desde que a autoridade tenha a legitimidade para o exercício judicial da pretensão.[51] Em meu entendimento, a regra deve ser interpretada de forma adequada tendo como principal objetivo a manutenção da máxima efetividade da tutela jurisdicional e, portanto, não deve ser atribuído, nesse caso, caráter unitário à prescrição, com base nos seguintes argumentos: a) os legitimados coletivos não são oniscientes; b) manter a ideia do caráter unitário poderá inviabilizar a legitimidade do MP, principalmente diante da redação do art. 15 da LAC, pois somente será notificado ao final do PAD, que pode, então, reconhecer que o prazo prescricional já estava consumado. Por outro lado, a instauração do PAD é causa interruptiva da prescrição, sendo assim, neste singelo aspecto, pode não gerar problema, pois a interrupção gera os seus regulares efeitos

---

49. MS 15.462/DF, Rel. Min. Humberto Martins, julgado em 14/3/2011 (informativos 464 e 466). No mesmo sentido: MS 20.162/DF e Resp 1.433.635/RO.
50. Resp 1.116.477/DF, Rel. Min. Teori Albino Zavascki, j. 16/8/2012 (informativo 502).
51. MS 2162/DF, rel. Min. Costa Lima, j. 10.05.93.

para todos os legitimados coletivos (art. 16, § 9º, LAC). Vale lembrar, também, que a propositura da ação na seara da improbidade administrativa é causa interruptiva da prescrição como, aliás, reconhece o STJ.[52] Esta causa interruptiva também se aplica nas ações decorrentes da LAC, em virtude do microssistema da tutela coletiva e do combate à corrupção.

3.9. Interpretação extensiva do art. 23, I, LIA

Apesar da revogação da referida norma, serão mantidos, ao menos nessa edição, os comentários, porquanto possível a aplicação nos processos anteriores à Lei 14.230/21 e que ainda estão pendentes.

O art. 23, I, LIA traz rol exemplificativo.[53] Em virtude desse rol, serão abrangidas as seguintes situações: a) Contratados por tempo determinado; b) Convocados e requisitados; e c) Delegados de função pública, exceto os notários, porque, apesar de exercerem função pública delegada, são investidos em cargo efetivo.

3.10. Aplicação da regra do art. 23, III, LIA

Esta norma fixa um novo termo *a quo* na seara da improbidade, qual seja, a entrega da prestação de contas. **Apesar da revogação da referida norma, serão mantidos, ao menos nessa edição, os comentários, porquanto possível a aplicação nos processos anteriores à Lei 14.230/21 e que ainda estão pendentes.**

A norma refere-se às pessoas mencionadas no art. 1º, parágrafo único, da LIA, que deve ser combinada com o art. 2º, III da Lei 13.019/2014, que indica quem são essas pessoas e os requisitos. Há, na doutrina com a qual concordo, quem sustente que o art. 23, III, da LIA, deve ser aplicado por analogia aos entes que recebem mais de 50% de sua receita anual do poder público.[54]

4. REGIME JURÍDICO PRESCRICIONAL NA AÇÃO POPULAR

A LAP prevê expressamente o prazo de 5 anos para a propositura da ação popular (art. 21, LAP). À época da sua edição, vigia o CC/16 que não era muito claro na regulamentação (indicação) dos prazos previstos, ou melhor, não indicava de forma precisa se o prazo era prescricional ou decadencial. O art. 21, LAP, neste contexto,

---

52. Resp 1391212/PE, Rel. Min. Humberto Martins, julgado em 2/9/2014 (informativo 546). No mesmo sentido: 1376524/RJ.
53. NEVES, Daniel Amorim Assumpção. *Manual do Processo Coletivo*. Op. cit., p. 533; OLIVEIRA, José Roberto Pimenta. *Improbidade Administrativa e sua autonomia constitucional*. Belo Horizonte: Fórum, 2009, p. 99; FERRARESI, Eurico. *Improbidade Administrativa*. São Paulo: Método, 2011, p. 240; SOBRANE, Sérgio Turra. *Improbidade Administrativa: aspectos materiais, dimensão difusa e coisa julgada*. São Paulo: Atlas, 2010, p. 179; GARCIA, Emerson; ALVES, Rogério Pacheco. *Improbidade Administrativa*. Op. cit., p. 759; MARTINS JR., Wallace Paiva. *Probidade Administrativa*. São Paulo: Saraiva, 2001, p. 290.
54. GARCIA, Emerson; ALVES, Rogério Pacheco. *Improbidade Administrativa*. Op. cit., p. 763.

contém o termo "prescreve" em sua redação. Apesar disso, há certo dissenso dou-trinário referente à natureza jurídica do prazo. Podem ser encontradas as seguintes teses: **1ª tese**: o prazo previsto no art. 21, LAP é inconstitucional por limitar o exer-cício jurisdicional de um direito fundamental, ou melhor, tal prazo não teria sido recepcionado pela nova ordem constitucional;[55] **2ª tese**: o prazo previsto no art. 21, LAP é decadencial, pois a pretensão exercida por meio da ação popular tem como objetivo a desconstituição (anulação) de ato ou contrato administrativo, ou seja, há um viés nitidamente constitutivo na pretensão;[56] **3ª tese**: o prazo previsto no art. 21, LAP é prescricional, em virtude da sua própria redação.[57] O STJ segue este entendimento;[58] **4ª tese**: o prazo previsto no art. 21, LAP pode ser prescricional ou decadencial, conforme a pretensão judicialmente exercida. Caso o autor popular promova a demanda pleiteando reparação por danos (ressarcimento), o prazo terá natureza prescricional, em virtude de a pretensão ser meramente condenatória, mas se propuser a demanda com o pedido único de desconstituição (anulação) do ato ou contrato administrativo, o prazo terá natureza decadencial, pois a pretensão terá caráter constitutivo. Esta tese, a bem da verdade, aplica o critério científico[59] para distinguir a prescrição da decadência com base na pretensão judicialmente exercida.[60] Este é o melhor entendimento, mas, para fins de manutenção da coerência com o que defendemos no tópico referente à ação de improbidade administrativa, devo dizer que se a ação popular tiver como pretensão o ressarcimento ao erário, será impres-critível, com base no art. 37, § 5º, CR/88 e, somente neste caso, fará sentido sustentar a não recepção do prazo. Assim, a aplicação da prescrição ou da decadência estará sempre atrelada à pretensão exercida da seguinte forma: a) pretensão declaratória: imprescritível; b) pretensão constitutiva: decadencial, quando tiver prazo previsto em lei e imprescritível quando não o existir; c) pretensão condenatória: prescritível, como regra.

5. REGIME JURÍDICO PRESCRICIONAL NO MANDADO DE SEGURANÇA COLETIVO

O mandado de segurança, individual ou coletivo, conforme prevê o art. 23, LMS, tem o prazo de 120 dias para o seu manejo. Quanto à análise do prazo previsto

---

55. ALMEIDA, Gregório de Assagra. *Manual das Ações Constitucionais*. Belo Horizonte: Del Rey, 2007, p. 401.
56. O STJ já acolheu esta tese no bojo do REsp 258.122/PR, 2ª T., rel. Min. João Otávio de Noronha, j. 27.02.2007, DJe 05.06.2007.
57. RODRIGUES, Marcelo Abelha. *Ação Popular. Ações Constitucionais*. DIDIER JUNIOR, Fredie (coord.) 4ª ed. Salvador: Juspodivm, 2009, p. 322.
58. AgRg no REsp 1.173.874/RS, 4ª T., rel. Min. Antonio Carlos Ferreira, j. 17.03.2015, DJe 24.03.2015; EDcl no REsp 1.276. 072/PR, 3ª T., rel. Min. Paulo de Tarso Sanseverino, j. 19.09.2013, Dje 24.09.2013.
59. AMORIM FILHO, Agnelo. *Critério científico para distinguir a prescrição da decadência e para identificar as ações imprescritíveis*. http://www.direitocontemporaneo.com/wp-content/uploads/2014/02/prescricao-ag-nelo1.pdf. Acesso em 11-dez-2017.
60. NEVES, Daniel Amorim Assumpção. *Manual do Processo Coletivo*. Op. cit., p. 531; DIDIER JR., Fredie; ZANETI JR., Hermes. *Curso de Direito Processual Civil – Processo Coletivo*. Op. cit., p. 273.

na norma, existem alguns tópicos que são objeto de divergência na doutrina, assim dispostos: **a) constitucionalidade do prazo de 120 dias; b) natureza jurídica do prazo; c) diferença no regramento do prazo conforme se trata de MS preventivo ou repressivo; d) diferença no regramento do prazo conforme se trata de ato omissivo ou comissivo.**

No tocante à constitucionalidade do prazo de 120 dias, existem duas teses: **1ª tese: o prazo é inconstitucional**, porque viola o princípio do acesso à justiça (art. 5º, XXXV, CR/88) e limita o manejo de um remédio jurídico constitucional, sem autorização da própria Constituição (art. 5º, LXIX e LXX, CR/88).[61] Neste sentido, foi ajuizada a ADI 4296, ainda sem decisão de mérito definitiva; **2ª tese (majoritária): o prazo é constitucional**, porque a fixação do prazo para o uso do procedimento especial não viola o princípio do acesso, mas refere-se somente ao uso do remédio jurídico constitucional, pois aquele que teve o seu direito líquido e certo atingido pelo ato coator poderá promover demanda sob o procedimento comum.[62] O STF segue esta linha de pensamento, conforme súmula 632. Esta parece ser a melhor tese, pois claramente o prazo refere-se ao procedimento e, ao sustentar tese diversa, poderíamos concluir que todos os prazos, prescricionais ou decadenciais, previstos em nosso ordenamento seriam inconstitucionais. A imprescritibilidade das pretensões deve ser a exceção, não a regra.

Quanto à natureza jurídica do prazo de 120 dias, existe certa divergência sobre se a natureza é material ou processual, assim disposta: **1ª tese (majoritária): o prazo de 120 dias tem natureza material e é decadencial**, pois atinge o direito material de manejo do remédio jurídico constitucional.[63] Este é o entendimento consolidado no STJ[64] e STF (súmula 632); **2ª tese: o prazo de 120 dias refere-se somente ao procedimento que pode ser utilizado, portanto, tem natureza meramente processual**, pois gera a preclusão para o manejo do procedimento especial. Aquele que teve o seu direito líquido e certo lesado poderá valer-se de uma demanda usando o procedimento comum previsto no art. 318, CPC.[65]

---

61. MARINONI, Luiz Guilherme; ARENHART, Sérgio Cruz. *Manual do Processo de Conhecimento*. São Paulo: Revista dos Tribunais, 2006, p. 240; BUENO, Cassio Scarpinella. *A nova etapa da reforma do Código de Processo Civil*. São Paulo: Saraiva, 2006, p. 144.

62. NEVES, Daniel Amorim Assumpção. *Manual do Processo Coletivo*. Op. cit., p. 528; MEDINA, José Miguel de Garcia; ARAÚJO, Fábio Caldas de. *Mandado de Segurança Individual e Coletivo*. São Paulo: Revista dos Tribunais, 2009, p. 227.

63. ALMEIDA, Gregório de Assagra. *Manual das ações constitucionais*. Op. cit., p. 490; NEVES, Daniel Amorim Assumpção. *Manual do Processo Coletivo*. Op. cit., p. 529; DIREITO, Carlos Alberto Menezes. *Manual do Mandado de Segurança*. 3ª ed. Rio de Janeiro: Renovar, 1999, p. 81; MEIRELLES, Hely Lopes; WALD, Arnaldo; MENDES, Gilmar Ferreira. *Mandado de Segurança e ações constitucionais*. 33ª ed. São Paulo: Malheiros, 2010, p. 61.

64. RMS 23. 324/PR, 6ª T., rel. Min. Nefi Cordeiro, j. 23. 10. 2014, DJe 10.11.2014; AgRg no REsp 1.492.050/SP, 2ª T., rel. Min. Assusete Magalhães, j. 23.06.2015, DJe 01.07.2015.

65. MARINONI, Luiz Guilherme; ARENHART, Sérgio Cruz. *Manual do Processo de Conhecimento*. Op. cit., p. 240.

Apresentadas as questões referentes ao prazo, impende enfrentar as diferenças entre os regramentos, conforme se trate de **MS preventivo ou repressivo**. O MS preventivo é aquele que tem por objetivo evitar a ocorrência da lesão ao direito líquido e certo, enquanto o repressivo visa a reparar a lesão e impedir que ela se perpetue. O prazo decadencial de 120 dias somente se aplica aos casos de MS repressivo, pois no preventivo não haverá como estabelecer-se uma forma de contagem, na medida em que a lesão ainda não ocorreu. Neste sentido, vale mencionar que o STJ possui julgados acolhendo este mesmo entendimento.[66]

Por fim, questão que ostenta forte repercussão de ordem prática é a impetração de MS para o controle de atos coatores omissivos. Inicialmente, vale mencionar que o ato omissivo pode ser dividido em: **a) ato coator omissivo continuado; b) ato coator omissivo único.** No tocante ao ato coator omissivo continuado, o prazo decadencial, conforme entendimento do STJ[67] e do STF[68], é renovável mensalmente. Há quem sustente, mas sem fugir da premissa, que tal entendimento somente será válido nos casos em que a omissão seja igualmente verificada mensalmente, ou seja, o dever jurídico ensejador do MS deve ser praticado todos os meses e a autoridade coatora queda-se inerte.[69] No ato omissivo único, por sua vez, aplicar-se-á normalmente o prazo decadencial de 120 dias contados da data na qual a autoridade coatora deveria ter praticado o ato e quedou-se inerte. O STF[70] já julgou neste mesmo sentido, com o qual concordamos.

6. TERMO INICIAL FLEXÍVEL PARA A CONTAGEM DO PRAZO PRESCRICIONAL

Uma das maiores peculiaridades do regime jurídico prescricional da tutela coletiva é o completo afastamento do termo inicial rígido para a contagem do prazo prescricional previsto no art. 189, CC. Com efeito, esta norma preconiza que o prazo prescricional começará a correr a partir da lesão ao direito subjetivo, momento no qual surge a pretensão correspondente. Tal normativa somente encontra espaço para aplicação quando se tratar de pretensões individuais. Nas pretensões transindividuais, não se aplica o regime rígido do termo inicial. O microssistema da tutela coletiva contém normas que o afastam para a utilização de um regime flexível de contagem.[71]

---

66. AgRG no REsp 1.128.892/MT, 1ª T., rel. Min. Benedito Gonçalves, j. 05.10.2010, DJe 14.10.2010; AgRg no AREsp 584.431/GO, 2ª T., rel. Min. Humberto Martins, j. 06.11.2014, DJe 17.11.2014; AgRg no REsp 1.165.663/MT, 5ª T., rel. Min. Jorge Mussi, j. 25.02.2014, DJe 10.03.2014; MS 13. 448/DF, 1ª Seção, rel. Min. Mauro Campbell Marques, j. 22.05.2014, DJe 31.05.2013.
67. REsp 1.424.563/DF, 2ª T., rel. Min. Humberto Martins, j. 04.02.2016, DJe 12.02.2016; AgRg no REsp 1.158.348/AM, 6ª T., rel. Min. Nefi Cordeiro, j. 28.04.2015, DJe 11.05.2015.
68. EDcl no RMS 24. 736/DF, 2ª T., rel. Min. Joaquim Barbosa, j. 14.09.2010, DJe 08.10.2010.
69. NEVES, Daniel Amorim Assumpção. *Manual do Processo Coletivo*. Op. cit., p. 528.
70. RMS 28.881/DF, 1ª T., rel. Min. Carlos Britto, j. 20.05.2008, DJe 07.11.2008.
71. MARQUES, Claudia Lima; BENJAMIN, Antonio Herman; MIRAGEM, Bruno. *Comentários ao Código de Defesa do Consumidor*. São Paulo: Revista dos Tribunais, 2003, p. 380; DIDIER JR., Fredie; ZANETI JR., Hermes. *Curso de Direito Processual Civil – Processo Coletivo*. Op. cit., p. 311.

CAPÍTULO 14 • PRESCRIÇÃO E DECADÊNCIA **507**

Assim, podemos mencionar: a) art. 27, CDC, que determina a observância do conhecimento do dano e da sua autoria; b) art. 25, LAC, que determina a observância da ciência da infração. [72]

Este regime flexível tem razão de ser, pois não pode ser iniciada a contagem do prazo prescricional sem que os legitimados coletivos tenham a efetiva ciência da ocorrência do fato. Não pode ser objeto de grande surpresa esta linha de entendimento, pois até mesmo na esfera jurídica individual existem causas impeditivas para o início da contagem do prazo prescricional, conforme se verifica nos arts. 197 ao 200, CC e no art. 26, CDC (prazo decadencial).

A nova LIA rompe com o microssistema da tutela coletiva nesse aspecto, nos seguintes pontos: i) retira o termo inicial flexível e passa a considerar a data do fato ou, no caso de infrações permanentes, o dia em que cessou a permanência; ii) fixou o prazo de 08 anos para o exercício da pretensão judicial; iii) criou a prescrição intercorrente na fase de conhecimento desvinculada da desídia do autor da ação.

Com o novo regramento, passa a ser irrelevante a cessação do vínculo funcional do agente público, bem como a data da ciência do fato. O marco é a data do fato, ainda que os seus efeitos sejam verificados posteriormente. Ainda que o ato seja praticado em determinada data, mas com geração de efeitos permanentes. Deverá ser considerada a data da sua prática, por isso que parte da doutrina tal ato de instantâneo com efeitos permanentes[73] que devem ser considerados como desvinculados de um agir do sujeito. Interessante situação será verificada quando houver uma contratação ilegal (qualificado como ato de improbidade administrativa) por prazo determinado que gera efeitos ao longo da sua duração. Para uma parte da doutrina, o prazo deverá ser contado a partir da contratação, porquanto ser um ato instantâneo, mas com efeitos permanentes.[74] Em minha opinião, enquanto o ato surtir os seus efeitos, não haverá que se falar em início da contagem do prazo prescricional. Ora, se a pretensão for direcionada para o sancionamento em decorrência da ilegalidade na contratação, o prazo a ser considerado é o da sua realização, mas a pretensão for direcionada aos efeitos da contratação, o termo inicial deve ser o encerramento do contrato. Basta imaginar a ocorrência de superfaturamento ou sobrepreço que não podem ser verificados no ato da contratação, mas somente com o encerramento da relação jurídica material. Perceba que a pretensão, nesse caso, não está dirigida à formação da relação contratual, mas à sua consequência direta. Há que se diferenciar os dois tipos de

---

72. Podem ser destacadas, também, as seguintes regras: art. 158, §4º, da Lei 14.133/21 e art. 142, §1º, da Lei 8112/90.

73. "Nas infrações instantâneas a consumação do resultado ocorre em um só momento, razão pela qual são chamadas de instantâneas de efeitos permanentes aquelas consumadas em um momento, mas que continuam a produzir efeitos independentemente da prática de um novo ato." GAJARDONI, Fernando da Fonseca; CRUZ, Luana Pedrosa de Figueiredo; JÚNIOR, Luiz Manoel Gomes; FAVRETO, Rogério. *Comentários à nova lei de improbidade administrativa.* 5ª ed. São Paulo: Ed. RT, 2021, p. 558.

74. GAJARDONI, Fernando da Fonseca; CRUZ, Luana Pedrosa de Figueiredo; JÚNIOR, Luiz Manoel Gomes; FAVRETO, Rogério. *Comentários à nova lei de improbidade administrativa.* 5ª ed. São Paulo: Ed. RT, 2021, p. 558.

efeitos decorrentes da relação contratual: i) efeitos naturais assim compreendidos como os esperados e convencionados pelas partes (entrega de produtos, prestação de serviços, pagamento etc.); ii) efeitos decorrentes de atos voluntários posteriores assim compreendidos como aqueles não previstos inicialmente, mas que surgiram ao longo da relação contratual (aditivos etc.). Caso tais situações (sobrepreço/superfaturamento) decorram de aditivos contratuais, tais atos serão os marcos para o início da contagem do prazo prescricional. Em minha opinião, portanto, se o ato de improbidade administrativa for instantâneo, porquanto sem continuidade no tempo, o termo inicial deve ser a sua prática, mas, ainda que seja instantâneo, mas gerando efeitos permanentes derivados da voluntariedade do agente, sem previsão anterior, o marco deve ser considerado o encerramento da relação contratual. Essa nova regra que traz a fixação expressa do termo inicial, em meu sentir, não deve ser criticada, pois confere maior segurança jurídica, entretanto, ignora por completo a realidade dos atos de improbidade administrativa e das dinâmicas empregadas. Tais atos não são praticados às escâncaras e, muitas das vezes, com dinâmicas que impossibilitam a sua identificação de plano. É mais do que usual, mormente em cidades menores nas quais o Município é praticamente o único grande empregador, que os envolvidos na prática do ato de improbidade administrativa adotem a *ormetà* para que o esquema ilícito seja perpetuado e, portanto, somente quando há mudança na gestão os fatos surgem à tona. Mantida essa regra, haverá um déficit claro na tutela do patrimônio público em favor da tutela daquele que pratica o ato de improbidade administrativa.

Por outro lado, nas denominadas *infrações permanentes*, o prazo prescricional será iniciado com a cessação da permanência. Há duas características para que o ato de improbidade administrativa seja considerado como permanente: i) os atos se protraem no tempo, porque o bem jurídico é continuamente violado; ii) vontade e atos do agente, ou seja, a cessação da infração se encontra na esfera de disponibilidade do agente. Ora, enquanto o agente não deixar de praticar o ato reputado como ímprobo, não haverá contagem do prazo prescricional. Tal regra valerá para os esquemas de corrupção que geram atos períodos que os mantém, como a apropriação de valores dos assessores, recebimento de propina para a manutenção da medição contratual equivocada etc.

A mesma forma de contagem aplicável às infrações permanentes deverá ser aplicável para as infrações continuadas e habituais? Nas infrações continuadas, cada ato deverá ser considerado como isolado, mas, por ficção jurídica será tratado como se fosse somente um. Pode ser indicado como exemplo a acumulação irregular de cargos públicos. Assim, cada cargo acumulado pelo agente deverá ser considerado como um ato de improbidade isolado. As infrações habituais, assim compreendidas como a prática reiterada de atos que revelam um certo estilo de vida do agente, podem ser consideradas como atos de improbidade administrativa. Basta imaginar o exercício ilegal de uma função pública, seja de forma originária (o agente começa a prática dos atos como se fosse um agente público) ou derivada (o agente pratica função diversa da que foi investido para, com isso, gerar algum benefício para si ou para terceiro). O

CAPÍTULO 14 • PRESCRIÇÃO E DECADÊNCIA **509**

ato somente poderá ser qualificado como ímprobo se houver a reiteração da conduta. A contagem, em minha opinião, do prazo prescricional deverá seguir a lógica da infração permanente, ou seja, somente com a cessação da habitualidade. As infrações habituais e continuadas, mesmo que não previstas de forma expressa na LIA, foram referidas no art. 18-A ao permitir ao juiz a unificação das sanções.

7. CAUSAS IMPEDITIVAS, SUSPENSIVAS E INTERRUPTIVAS DA PRESCRIÇÃO E DECADÊNCIA NA TUTELA COLETIVA

O regime jurídico prescricional (prescrição e decadência) sofre a incidência de causas impeditivas, suspensivas e interruptivas da prescrição. No tocante ao regime jurídico da decadência, deve ser observada a regra prevista no art. 207, CDC.

A discussão que ora proponho é identificar quais são estas causas na tutela coletiva. Assim, podemos mencionar: a) arts. 104, CDC; 22, § 1º, LMS e 13, parágrafo único, LMI: o requerimento de suspensão do curso do processo individual (*right to opt in*) com o fim de aguardar o encerramento do processo coletivo gera a suspensão do curso do prazo prescricional; b) art. 16, § 9º, LAC: a celebração do acordo de leniência interrompe o prazo prescricional (esta norma, com base no microssistema da tutela coletiva, deve ser aplicada ao TAC e ao ANPC); c) art. 87, LDC: a celebração do acordo de leniência suspende o prazo prescricional; d) art. 26, § 2º, III, CDC: a instauração do inquérito civil obsta, ou seja, interrompe a contagem do prazo decadencial até a homologação da promoção de arquivamento pelo órgão colegiado superior (encerramento formal do procedimento).[75]

No âmbito do processo por improbidade administrativa, há regulamentação diversa, a saber:

i) a instauração do inquérito civil ou do procedimento administrativo suspende o curso do prazo prescricional por, no máximo, 180 dias corridos e a suspensão cessará quando encerrado o procedimento investigatório ou, ainda que não encerrado, ultimar o prazo de 180 dias corridos (art. 23, § 1º, da LIA).

ii) o legislador criou várias causas interruptivas da prescrição (art. 23, § 4º, da LIA): a) ajuizamento da ação (art. 312, do CPC); b) publicação da sentença condenatória; c) publicação de decisão ou acórdão do Tribunal que confirma a sentença condenatória ou que reforma a sentença de improcedência; d) publicação de decisão ou acórdão do STJ que confirma acórdão condenató-

---

75. MARQUES, Claudia Lima; BENJAMIN, Antônio Herman V.; MIRAGEM, Bruno. *Comentários ao Código de Defesa do Consumidor*. São Paulo: Revista dos Tribunais, 2003, p. 371; GARCIA, Leonardo de Medeiros. *Direito do Consumidor. Código Comentado e Jurisprudência*. 11ª ed. Salvador: Juspodivm, 2014, p. 248. O tema não é pacífico. Há autores que sustentam ser hipótese de suspensão do prazo, tais como: NUNES, Rizzatto. *Comentários ao Código de Defesa do Consumidor*. 2ª ed., reformulada. São Paulo: Saraiva, 2005, p. 341; DENARI, Zelmo. Arts. 8º ao 28º. In: *Código Brasileiro de Defesa do Consumidor: comentado pelos autores do anteprojeto*. 8ª ed. Rio de Janeiro: Forense Universitária, 2004, p. 229.

rio ou que reforma acórdão de improcedência; e) publicação de decisão ou acórdão do STF que confirma acórdão condenatório ou que reforma acórdão de improcedência.

iii) Criação da prescrição intercorrente/interfases sem correlação com qualquer desídia do autor da ação e com contagem do prazo, entre as fases, pela metade do prazo prescricional. Em outros termos, para fins de propositura da ação por improbidade administrativa, o Ministério Público deverá observar o prazo de 08 anos contados da data do fato, mas entre as fases procedimentais fixadas como marcos interruptivos, deverá ser considerado o prazo de 04 anos. Assim, independentemente de qualquer postura processual dos sujeitos, cada etapa procedimental indicada no art. 23, § 4º, da LIA deverá ser encerrada em 04 anos. Não há qualquer paralelo em nosso sistema jurídico com esse novo regramento completamente estapafúrdio! Uma situação interessante para verificarmos o quão pernicioso é o novo regramento: proposta a ação por improbidade administrativa em março de 2022, haverá a interrupção da prescrição, e a sentença terá que ser proferida e publicada em até 04 anos, sem considerar qualquer comportamento processual das partes e a complexidade da demanda, sob pena de reconhecimento da prescrição "intercorrente" (art. 23, §8º, da LIA). Ora, se a sentença proferida for de improcedência sequer poderá ser considerada um marco interruptivo (vide art. 23, § 4º, II, da LIA) e, caso seja proferida após os 04 anos, não haverá sequer interesse recursal do Ministério Público, porquanto já prescrita a pretensão sancionatória.[76] Em meu sentir, deverá a jurisprudência interpretar tal regra em consonância com os deveres de cooperação e boa-fé objetiva (arts. 5º e 6º, do CPC), para definir que tal modalidade de prescrição necessitará da desídia do membro do Ministério Público na condução do processo.

iv) Nos casos de pluralidade de agentes que praticaram e/ou concorreram para a prática do ato de improbidade administrativa, todas as causas suspensivas e interruptivas também serão aplicadas, ou seja, é uma extensão subjetiva (art. 23, §6º, da LIA).

v) Nos casos de improbidade administrativa conexos com o objeto do processo em curso, também haverá a extensão das causas suspensivas e interruptivas, portanto, uma extensão objetiva (art. 23, §7º, da LIA).

---

76. "Na prática, portanto, quanto há absolvição (improcedência) como resultado, é como se aquele '"degrau interruptivo"' não tivesse acontecido, pois só são contados, para fins de interrupção, o ajuizamento e a condenação, de modo que, em absolvição, estará confirmada a prescrição pelo transcurso do lapso temporal de 04 anos, a não ser que o feito tramite rápido o suficiente para possibilitar, dentro do prazo de 4 anos a partir do último marco temporal, o manejo e julgamento do recurso que eventualmente traga como resultado uma condenação." GAJARDONI, Fernando da Fonseca; CRUZ, Luana Pedrosa de Figueiredo; JÚNIOR, Luiz Manoel Gomes; FAVRETO, Rogério. *Comentários à nova lei de improbidade administrativa*, 5ª ed., São Paulo: Ed. RT, 2021, p. 562.

CAPÍTULO 14 • PRESCRIÇÃO E DECADÊNCIA **511**

Como já visto no Capítulo 6, para o qual remeto o leitor, a propositura da demanda coletiva interrompe a prescrição para a propositura das demandas individuais, bem como para o próprio exercício da demanda coletiva.

Impende salientar, por fim, que, para o STJ, a interrupção da prescrição, na forma prevista no § 1º do art. 240 do CPC, retroagirá à data em que petição inicial reunir condições de se desenvolver de forma válida e regular do processo.[77]

8. PRAZO PRESCRICIONAL PARA O EXERCÍCIO DA PRETENSÃO EXECUTÓRIA

Após o encerramento da fase de conhecimento, que certifica o direito e constitui um título executivo (art. 515, CPC), o legitimado coletivo, as vítimas e os seus sucessores, conforme a hipótese, observarão o prazo quinquenal para o requerimento do cumprimento de sentença. O prazo para o requerimento do cumprimento de sentença é exatamente o mesmo para o exercício judicial da pretensão para a fase de conhecimento (súmula 150, STF). Assim, para os casos de pretensão prescritível, como já visto, será aplicável o prazo de 5 anos como vem aplicando o STJ.[78]

Para a Corte Especial do STJ, A liquidação da sentença coletiva, promovida pelo Ministério Público, não tem o condão de interromper o prazo prescricional para o exercício da pretensão individual de liquidação e execução pelas vítimas e seus sucessores.[79]

Ao definir a tese jurídica no Tema 515, o STJ afirmou ser de cinco anos o prazo prescricional para ajuizamento da execução individual de sentença proferida em ação civil pública.[80]

9. DIREITO INTERTEMPORAL E AS NOVAS REGRAS DA PRESCRIÇÃO DA LEI DE IMPROBIDADE ADMINISTRATIVA

Outra questão atinente à regulamentação da LIA diz respeito à sua irretroatividade, ou seja, a lei somente pode ser aplicada aos fatos praticados após a sua vigência. O princípio da irretroatividade das normas, consagrado no art. 5º, XXXVI, da CR/88, tem por escopo proteger as situações consolidadas (direito adquirido, ato jurídico perfeito e coisa julgada), bem como a proteção de expectativas legítimas, satisfazendo, com isso, o ideal de estabilização jurídica.

Contudo, o fato de a lei ser pautada no princípio da irretroatividade não significa dizer que os atos praticados antes de sua vigência estejam imunes de controle. Nestes

---

77. AgInt no AREsp 2.235.620-PR, Rel. Ministro Raul Araújo, 4ª T., por unanimidade, j. 08.05.2023.
78. "No âmbito do Direito Privado, é de cinco anos o prazo prescricional para ajuizamento da execução individual em pedido de cumprimento de sentença proferida em Ação Civil Pública" (Resp. 1273643/PR, Rel. Ministro Sidnei Beneti, Segunda Seção, DJe 04.04.2013).
79. Corte Especial. REsp 1.758.708-MS, Rel. Min. Nancy Andrighi, j. 20.04.2022.
80. 4ª T. EDcl no REsp 1569684-SP (Info 756).

casos, serão utilizados os diplomas que se encontravam vigentes à época da prática do ato.[81] Portanto, a Lei 8.429/1992, somente pode ser aplicada aos fatos praticados após sua vigência, até o advento da Lei 14.230/21. O principal problema, a rigor, é definir a possibilidade ou não da aplicação retroativa das normas da Lei 14.230/21 e quais as suas consequências fáticas e jurídicas.

Para tal desiderato, devem ser destacados dois grupos de normas jurídicas: i) normas de direito material; ii) normas de direito processual. Quanto ao regime prescricional, as novas regras referentes ao prazo, forma de contagem, causas suspensiva e interruptiva, são obviamente materiais e, portanto, não devem ter eficácia retroativa, porquanto aplicável a regra constitucional prevista no art. 5º, XXXVI, da CR/88.[82] Porém, quanto ao regramento da prescrição intercorrente/interfases, por possuir evidente natureza processual, poderá a nova LIA ser aplicável imediatamente aos processos pendentes, desde que observada a situação jurídica consolidada (art. 14, do CPC).

A despeito da opinião aqui esposada, penso que podem surgir duas soluções sobre a retroatividade das normas materiais:

1ª Tese: retroatividade das normas materiais mais benéficas:

a) aplicação da regra do art. 5º, XL, da CR/88, posto incidente no Direito Administrativo Sancionador, conforme preconiza o art. 1º, §4º, da LIA, conforme julgados do STJ[83];

b) aplicação da regra do art. 9º do Pacto de São José da Costa Rica que indica a retroatividade sem restringir ao âmbito penal;

c) aplicação, por analogia, da regra do art. 2º, pu, XIII da Lei 9784/99[84] ao permitir, em certa medida, a aplicação retroativa da interpretação mais favorável ao administrado[85];

d) ainda que as normas constitucionais façam expressa referência ao Direito Penal, seus princípios próprios ou nomenclaturas, não haverá óbice para a utilização no Direito Administrativo Sancionador, pois são corolários do Estado de Direito[86];

---

81. NEVES, Daniel Amorim Assumpção e OLIVEIRA, Rafael Carvalho Rezende. Improbidade administrativa - direito material e processual. 8ªed. Rio de Janeiro: Forense, 2020.

82. NEVES, Daniel Amorim Assumpção; OLIVEIRA, Rafael Carvalho Rezende. Comentários à Reforma da Lei de Improbidade Administrativa. Rio de Janeiro: Forense, 2022, p. 21.

83. RMS 37.031/SP, Rel. Min. Regina Helena Costa, 1ª T., Dje 20 fev. 2018 AgInt nos EDcl no Resp 1910104/DF, Rel. Min. Benedito Gonçalves, 1ª T., j. 08 set. 2021; AgInt nos EREsp 1761937/SP, Rel. Min. Mauro Campbell, 1ª Seção, j. 19 out. 2021; Resp 1941236/ES, Rel. Min. Herman Benjamin, 2ª T., j. 24 ago. 2021.

84. OLIVEIRA, Rafael Carvalho Rezende. Improbidade Administrativa, 8ª ed., Rio de Janeiro: Forense, 2021, p. 21/23.

85. A vedação de aplicação retroativa de nova interpretação deve ser interpretada em benefício do administrado e não em seu prejuízo.

86. MELLO, Rafael Munhoz de. Princípios constitucionais de direito administrativo sancionador: as sanções administrativas à luz da Constituição Federal de 1988, São Paulo: Malheiros, 2007, p. 104.

e) as sanções penais e administrativas recebem a incidência de princípios comuns que informam o Direito Público Sancionador, pois derivam o regime sancionador do Estado[87];

f) aos processos de conteúdo repressivo sancionador (punitivo) deve ser aplicado o mesmo conjunto de garantias constitucionais da seara penal, ou o que se chama de "núcleo duro"[88].

2ª Tese: irretroatividade das normas materiais novas da lei de improbidade administrativa:

a) aplicação da regra prevista no art. 6º, da LINDB, pois confere segurança jurídica ao permitir a aplicabilidade da norma vigente à época da infração;

b) as regras jurídicas são criadas, como regra, para regular situações fáticas e jurídicas futuras, portanto, a retroatividade deve ser expressa;

c) o art. 5º, XL, da CR/88 refere-se somente à "lei penal", portanto não deve permitir a retroatividade da lei, ainda que mais benéfica, para sistema sancionatório diverso do penal;

d) a retroatividade da lei penal mais benéfica funda-se em critérios específicos decorrentes do Direito Penal, pois relacionada à liberdade individual, diretamente atingida pela sanção penal, que não ocorre na seara da improbidade administrativa[89];

e) inexistência de regra específica determinando a retroatividade de normas do Direito Administrativo Sancionador quando benéficas;

f) a semelhança entre os sistemas sancionatórios do Direito Penal e do Direito Administrativo não afastam a afirmação de que ambos se submetem a regimes específicos que não se confundem entre si;

g) o Direito Sancionador não é sinônimo de Direito Penal, apesar de estar inserido, ou seja, trata-se de relação de gênero e espécie e não de sinonímia;

---

87. MELLO, Rafael Munhoz de. *Princípios constitucionais de direito administrativo sancionador*: as sanções administrativas à luz da Constituição Federal de 1988, São Paulo: Malheiros, 2007, p. 76; OLIVEIRA, Regis Fernandes. *Infrações e sanções administrativas*, 2ª ed., São Paulo: Ed. RT, 2005, p. 19-20; OSÓRIO, Fábio Medina. *Direito Administrativo Sancionador*, 5ª ed. São Paulo: Ed. RT, 2015, p. 155; BINENBOJM, Gustavo. O direito administrativo sancionador e o estatuto constitucional do poder punitivo estatal: possibilidades, limites e aspectos controvertidos da regulação do setor de revenda de combustíveis. *Revista de Direito da Procuradoria Geral*, Rio de Janeiro, edição especial: Administração Pública, risco e segurança jurídica, 2014, p. 470.
88. Devido processo legal, contraditório, ampla defesa, legalidade, culpabilidade, pessoalidade da pena, individualização da sanção, razoabilidade, proporcionalidade e retroatividade da lei mais benéfica.
89. "(...)a retroatividade da lei penal mais benéfica tem por fundamento razões humanitárias, relacionadas diretamente à liberdade do criminoso, bem jurídico atingido pela pena criminal. (...) Por tais fundamentos, não se pode transportar para o direito administrativo sancionador a norma penal da retroatividade da lei que extingue a infração ou torna mais amena a sanção punitiva. No direito administrativo sancionador aplica-se ao infrator a lei vigente à época da adoção do comportamento ilícito, ainda que mais grave que lei posteriormente editada." MELLO, Rafael Munhoz de. *Princípios constitucionais de direito administrativo sancionador*. São Paulo: Malheiros, 2007, p. 154/155.

h) a afirmação de que a ação por ato de improbidade administrativa é repressiva sancionatória e não civil não a aproxima, de imediato, com a ação penal, pois há somente dois tipos de regimes sancionatórios em nosso sistema jurídico: h.1) penal e h.2) não penal (cível), portanto não há uma terceira via;

i) o art. 37, § 4º, da CR/88 preconiza que as sanções decorrentes da prática de ato de improbidade administrativa não afastam a possibilidade da sanção por meio do Direito Penal, portanto, denota que o regime jurídico sancionatório é cível (não penal);

j) a extensão das garantias penais constitucionais ao Direito Administrativo Sancionador só faz sentido quanto à aplicação das sanções administrativas, pois ostentam as seguintes peculiaridades: j.1) aplicação das sanções sem a interveniência do Poder Judiciário; j.2) o mesmo órgão acusador realiza a instrução e profere o julgamento, portanto, não há imparcialidade; j.3) não há a participação efetiva do Ministério Público como *custos iuris*;

k) a responsabilização pela prática de ato de improbidade administrativa tem nítido cunho cível, pois os arts. 129, III e § 1º, da CR/88 fazem expressa referência a uma ação cível para a tutela do patrimônio público;

l) não pode ser criada, com a aplicação retroativa da nova lei, uma terceira Lei, pois não poderá o Poder Judiciário aplicar retroativamente a parte benéfica e ignorar a parte prejudicial, conforme já decidido pelo STF[90];

m) a aplicação retroativa da nova lei de improbidade administrativa violará a vedação ao retrocesso legislativo, pois a sua nova conformação gera uma proteção deficiente da probidade administrativa em nítido confronto com as convenções internacionais de combate à corrupção (art. 65, n. 02 da Convenção de Mérida ratificada pelo Decreto 5687/2006);

n) o STJ, ao analisar a aplicação retroativa das normas mais benéficas ínsitas no novo Código Florestal, limitou os efeitos favoráveis[91];

o) o STJ possui julgado no sentido da irretroatividade da regra posterior mais benéfica quanto ao sistema administrativo sancionador de trânsito, por não ostentar natureza eminentemente penal[92] e pela inaplicabilidade da mesma retroatividade no campo de incidência das multas administrativas[93];

p) o STF, no Tema 734, parece indicar que nem todas as garantias constitucionais penais têm incidência direta no Direito Administrativo Sancionador[94].

---

90. RE 600817, Min. Rel. Ricardo Lewandowski, Tribunal Pleno, j. 07 nov. 2013.
91. AgInt no AREsp 1145207/SP, Rel. Min. Francisco Falcão, 2ª T., j. 09 ago. 2021; AgInt nos Edcl no Resp 1722410/SP, Rel. Min. Francisco Falcão, 2ª T., j. 24 nov. 2020.
92. AgRg nos Edcl no Resp 1281027, Rel. Min. Mauro Campbell Marques, 2ª T., j. 18 dez. 2012.
93. AgInt no Resp 1954631/SP, Rel. Min. Regina Helena Costa, j. 27 set. 2021.
94. "é infraconstitucional, a ela se aplicando os efeitos da ausência de repercussão geral, a controvérsia relativa à aplicação retroativa de lei mais benéfica referente à sanção de natureza administrativa decorrente do cometimento de infração de trânsito." RE 657.871, Rel. Min. Dias Toffoli, Plenário, j. 29 maio 2014.

O STF reconheceu a repercussão geral sobre a (ir)retroatividade da nova LIA (Tema 1199) sobre o elemento subjetivo do ato de improbidade administrativa e novos prazos prescricionais e intercorrente determinando, com isso, a suspensão do processamento dos REsps sobre os temas (art. 1036, do CPC).[95]

O STF fixou importante tese no sentido da segurança jurídica determinando a irretroatividade do novo regime jurídico da prescrição.

A tese jurídica ficou assim redigida:

> **O NOVO REGIME PRESCRICIONAL PREVISTO NA LEI 14.230/21 É IRRETROATIVO, APLICANDO-SE OS NOVOS MARCOS TEMPORAIS A PARTIR DA PUBLICAÇÃO DA LEI.**

Em meu sentir, há a necessidade de aguardar a publicação do acordão, porque na forma da redação publicada, tal tese pode ser usada tanto para a prescrição da pretensão quanto para a intercorrente. Com a decisão do STF, portanto, os novos marcos temporais somente podem ser aplicados aos fatos posteriores.

Em minha opinião, a prescrição intercorrente é matéria de direito processual, portanto deve seguir as regras do direito processual referentes à sucessividade da lei no tempo.

Assim, as novas regras da prescrição intercorrentes trazidas pela nova lei de improbidade administrativa deverão ser aplicadas somente aos processos iniciados sob a sua égide, sob pena de gerar insegurança jurídica. Ademais, sobreleva notar que existem regras jurídicas já em vigor que servem de argumento de reforço para esse entendimento, tais como o art. 1.056, CPC e 206-A, CC.

Com o advento do CPC/15, houve a positivação da prescrição intercorrente no art. 924, V e nas disposições transitórias foi determinada no art. 1056 que a data da vigência do CPC seria considerada como termo inicial. Ora, como a prescrição intercorrente é tema referente ao direito processual, tal regra deve ser a diretriz aplicável.

A prescrição intercorrente trazida no art. 206-A, CC, por seu turno, seguirá o regramento previsto no CPC, confirmando que se trata de matéria processual e não de direito material.

---

95. ARE 843.989/PR, Rel. Min. Alexandre de Moraes, j. 03 mar. 2022.

Capítulo 15
LIQUIDAÇÃO E EXECUÇÃO

1. INTRODUÇÃO

Assim como no processo individual, no processo coletivo, a execução pode seguir dois modelos: a) processo sincrético; ou b) processo autônomo. O processo sincrético caracteriza-se pela existência de duas fases procedimentais, derivadas da fusão entre os processos de conhecimento e de execução (então autônomos). A primeira é a fase de conhecimento ou cognitiva (fase de certificação do direito), momento em que se realiza a instrução probatória, tendo como resultado a formação de um título executivo judicial. A segunda fase inicia-se com a mera intimação do executado para fins de cumprimento de sentença. No processo autônomo há a necessidade de uma ação de execução, com a necessária redação de uma petição inicial, com citação do devedor. Em regra, o processo autônomo é utilizado quando houver título executivo extrajudicial, a exemplo das hipóteses previstas no art. 784 do CPC, TAC (art. 5º, § 6º, LACP), acordo de leniência (art. 16, LAC) e acordo de não persecução cível (art. 17-B, LIA).

Há situações, porém, nas quais o processo de execução autônomo será utilizado mesmo em se tratando de título executivo judicial. É o que ocorre, por exemplo, quando houver sentença arbitral, sentença estrangeira homologada pelo STJ, sentença penal condenatória e decisão interlocutória estrangeira depois de expedido o *exequatur* à carta rogatória pelo STJ. Nesses casos, estabelece o § 1º do art. 515, CPC, que o devedor será citado no juízo cível para o cumprimento ou para a liquidação de sentença no prazo de 15 dias. Nada obstante, há a necessidade de destacar que esta regra do processo autônomo somente será verificada no início da relação jurídica processual, pois será utilizado procedimento do cumprimento de sentença.

Tanto no processo sincrético quanto no processo autônomo, a execução pode ocorrer por meio de sub-rogação ou execução indireta. A execução por sub-rogação tem por característica a substitutividade:[1] o Estado substitui a vontade do devedor por meio de medidas executivas como a penhora, busca e apreensão, expropriação, sendo irrelevante a colaboração do executado. A execução indireta, por sua vez,

---

1. "Na execução por sub-rogação, o Estado vence a resistência do executado, substituindo sua vontade, com a consequente satisfação do direito do exequente. Mesmo que o executado não concorde com tal satisfação, o juiz terá à sua disposição determinados atos materiais que, ao substituir a vontade do executado, geram a satisfação do direito. Exemplos classicamente lembrados são a penhora/expropriação; depósito/entrega de coisa; atos materiais que são praticados independentemente da concordância ou resistência do executado. E todos esses meios executivos por sub-rogação são aplicáveis na execução coletiva". NEVES, Daniel Amorim Assunção. *Manual de Direito Processual Civil*. São Paulo: Método, 2014, p. 344.

pressupõe a colaboração do executado para a satisfação da obrigação. Para tanto, tem-se a possibilidade de utilização de medidas coercitivas e indutivas, dentre elas, a fixação de multas cominatória, as astreintes, previstas no art. 537 do CPC, e a oferta de melhora, como a isenção do pagamento de custas processuais em caso de cumprimento da decisão no prazo de 15 dias, conforme prevê o § 1º do art. 701 do CPC. Vale mencionar, também, a possibilidade de determinação de desconto em folha quando o réu da demanda for agente público, conforme art. 14, § 3º, LAP, em clara mitigação da regra prevista no art. 833, IV, CPC.

Interessante notar que o STJ, de forma correta, permite a aplicação de medidas executivas atípicas, mesmo de cunho não patrimonial[2], no âmbito da improbidade administrativa que poderão ser estendidas para os demais processos coletivos, desde que observado o seguinte[3]: i) a existência de indícios de que o devedor possua patrimônio expropriável; ii) adotadas de modo subsidiário; iii) fundamentação adequada; iv) contraditório substancial e v) postulado da proporcionalidade.

Neste ponto, impende destacar uma questão processual deveras importante para o procedimento executório na tutela coletiva, qual seja, a exequibilidade da multa aplicada. Pelas normas do CPC, a exequibilidade é imediata, mas o levantamento dos valores oriundos depende do trânsito em julgado, conforme art. 537, § 3º, CPC. No microssistema da tutela coletiva, ao contrário, a exequibilidade, bem como o levantamento dos valores derivados demanda a espera pelo trânsito em julgado da decisão, conforme se denota da leitura dos arts. 12, § 2º, LACP, 213, § 3º, ECA e 83, § 3º, do Estatuto do Idoso. Assim, nos processos coletivos, deve ser aplicada a regra que exige a espera, por mais que viole o princípio da efetividade da tutela jurisdicional, pelo trânsito em julgado.[4]

Na LIA, apesar das peculiaridades inerentes, a execução somente poderá ocorrer após o trânsito em julgado da sentença condenatória, conforme preconiza o art. 12, §9ª, referente às sanções típicas.

Deve o leitor atentar sempre para as pretensões judiciais reconhecidamente imprescritíveis, quais sejam, reparação por dano ambiental (Tema 999 da Repercussão Geral) e ressarcimento ao erário por ato de improbidade administrativa praticado por meio de conduta dolosa (Tema 897 da Repercussão Geral). Ora, se a pretensão de conhecimento é imprescritível, assim o será a pretensão executiva.

Entretanto, o STJ[5], ao analisar a situação fático/jurídica decorrente da execução de um TAC em matéria ambiental, fez uma diferenciação importante: i) se a obrigação

---

2. REsp 1.929.230-MT, Rel. Min. Herman Benjamin, 2ª T., J. 04 maio 2021.
3. REsp 1.788.950/MT, Rel. Min. Nancy Andrighi, 3ª T., DJE 26 abr. 2019.
4. No mesmo sentido, podemos citar: NEVES, Daniel Amorim Assumpção. *Manual do Processo Coletivo*. Op. cit., p. 387.
5. "A pretensão executória de obrigações de fazer previstas em Termo de ajustamento de conduta (TAC) irmado para reparação de danos ambientais decorrentes de empreendimento imobiliário, quando relacionadas a questões meramente patrimoniais, não visando a restauração de bens de natureza ambiental, sujeita-se à prescrição quinquenal." STJ. 1ª Turma. AREsp 1.941.907-RJ, Rel. Min. Benedito Gonçalves, j. 09.08.2022.

CAPÍTULO 15 • LIQUIDAÇÃO E EXECUÇÃO

que se pretende executar de um TAC se refere especificamente à reparação de dano ambiental, a pretensão será imprescritível; ii) caso contrário, será aplicado o prazo prescricional de 5 anos.

2. PRINCÍPIO DO VÍNCULO AO TÍTULO

O vínculo ao título executivo pode ser objetivo ou subjetivo. O vínculo objetivo diz respeito à obrigação prevista no título. O vínculo objetivo se aplica integralmente ao processo coletivo, ou seja, só pode ser objeto da execução o que estiver expressamente previsto no título. Já o vínculo subjetivo é aquele que determina que somente quem participou da formação do título poderá executar a obrigação e ser executado, ou seja, em sede executiva deve ser reproduzido o mesmo elemento subjetivo integrante da relação jurídica que gerou o título.

A peculiaridade no processo coletivo é a mitigação no vínculo subjetivo por dois motivos: legitimação concorrente disjuntiva e transporte *in utilibus*. Assim, pode promover a execução aquele que não fez parte (sentido formal) da formação do título, ou seja, ainda que um legitimado coletivo forme um título, ele pode ser executado por outro. Tanto isso é verdade que o MP poderá promover a execução de uma sentença coletiva de procedência, ainda que não tenha sido o autor da demanda, bem como poderá promover a execução de título executivo extrajudicial formado pela intervenção/participação de outro legitimado. Por exemplo, o MP poderá promover a execução de um TAC celebrado pela Defensoria Pública. Há, no microssistema da tutela coletiva, duas regras expressas no sentido da possibilidade de a execução ser promovida por outro legitimado coletivo, quais sejam, arts. 15, LACP e 16, LAP. Como enfrentado no capítulo referente aos princípios do processo coletivo, o MP ostenta um dever funcional para promoção da execução da sentença coletiva de procedência definitiva nos casos dos arts. 15, LACP e 16, LAP. Vale lembrar que haverá a necessária atuação subsidiária dos legitimados coletivos nos casos de demandas coletivas na tutela dos direitos individuais homogêneos, conforme prevê o art. 100, CDC. Assim, pode ser sustentada, como faz parte da doutrina, a tese de que os arts. 15, LACP e 16, LAP somente se aplicam aos direitos difusos e coletivos em sentido estrito, enquanto o art. 100, CDC somente se aplica aos direitos individuais homogêneos.[6]

No âmbito da improbidade administrativa, há peculiaridades sobre o tema que merecem destaque, conforme já abordado nessa obra: i) ainda que o exercício da pretensão judicial de conhecimento seja exercida pelo Ministério Público, porquanto legitimado ativo originário, para a fase de liquidação e cumprimento de sentença, a sua legitimidade será somente subsidiária; ii) a pessoa jurídica interessada/prejudicada, que também ostenta legitimidade ativa para o exercício da pretensão judicial de conhecimento, terá legitimidade originária para a liquidação e cumprimento de sentença quanto ao aspecto reparatório/ressarcitório (art. 18, §§1º e 2º, da LIA).

---

6. NEVES, Daniel Amorim Assumpção. *Manual do Processo Coletivo*. Op. cit., p. 392.

3. CLASSIFICAÇÃO DAS EXECUÇÕES

3.1. Execução nos direitos difusos e coletivos

Conforme acima exposto, no processo coletivo ainda que um legitimado coletivo forme um título, sua execução pode ser promovida por outro legitimado. Isto porque a legitimação é concorrente disjuntiva e o regime do transporte *in utilibus*[7] mitigam a regra da vinculação subjetiva, e assim pode promover a execução aquele que não integrou a relação jurídica processual que resultou da formação do título.

Quanto à legitimação disjuntiva concorrente, note-se que a LACP, por exemplo, estabelece em seu art. 15 que decorridos 60 dias do trânsito em julgado da sentença condenatória, sem que a associação autora lhe promova a execução, deverá fazê-lo o Ministério Público, facultada igual iniciativa aos demais legitimados. No mesmo sentido é o art. 16 da Lei de Ação Popular ao dispor que passados 60 dias da publicação da sentença condenatória de segunda instância, sem que o autor ou terceiro promova a respectiva execução, o Ministério Público a promoverá nos 30 dias seguintes, sob pena de falta grave.[8] A LAP prevê também a possibilidade de a execução ser promovida pelas pessoas ou entidades que tenham sofrido ato lesivo ao seu patrimônio, ainda que haja contestado a ação. Cuida-se da hipótese de legitimação *ad actum* para a execução. Quanto ao transporte *in utilibus*, que também mitiga a regra da vinculação subjetiva ao título, o § 3º do art. 103, CDC estabelece que, no caso de procedência do pedido, as vítimas e os seus sucessores poderão proceder à liquidação e à execução da sentença.

Para a tutela dos direitos difusos e coletivos, deve-se prestigiar a tutela executiva destinada a medidas de recomposição dos bens lesados.[9] Conforme aponta Ricardo de Barros Leonel,[10] interessa mais à coletividade a restituição do bem ao seu estado

---

7. "A sentença coletiva (difusos e coletivos em sentido estrito) pode tanto ser executada coletivamente, para efetivar o direito coletivo certificado, como individualmente, para efetivar o direito individual daquele que se beneficiou com o transporte *in utilibus* da coisa julgada coletiva". DIDIER JR., Fredie; ZANETI JR, Hermes. *Curso de Direito Processual Civil. Processo Coletivo*. 10ª ed. Salvador: Juspodivm, 2016, p. 437.

8. "Para o Ministério Público não há faculdade, mas dever de promover a execução, diversamente do que ocorre no caso de desistência ou abandono injustificado da ação de cognição. Já há título judicial, não cabendo mais elaboração de juízo valorativo de conveniência e oportunidade sobre a execução, como aquele calcado na análise dos fatos para deliberação sobre a propositura da ação de conhecimento ou assunção da ação abandonada por outrem. A definição judicial do litígio confere proteção concreta ao interesse metaindividual, cumprindo ao Parquet promover obrigatoriamente sua satisfação por meio da execução." LEONEL, Ricardo de Barros. *Manual do Processo Coletivo*. 4 ed. São Paulo: Malheiros, 2017, p. 494.

9. "O ponto de destaque fica por conta das lições doutrinárias que apontam uma preferência nessa execução pela tutela específica. Como toda tutela inibitória é específica, fica clara a opção por essa espécie de tutela, restando a tutela reparatória apenas para aquelas situações em que não será concretamente possível, prefere-se essa espécie de tutela in natura, e somente de forma residual a tutela pelo equivalente em dinheiro." NEVES, Daniel Amorim Assunção. *Manual de Direito Processual Civil*. São Paulo: Método, 2014, p.350.

10. "A reparação dos danos aos interesses supraindividuais deve ser preferencialmente em espécie, com medidas para a recomposição do bem lesado e, secundariamente, se inviável a recomposição, com a sub-rogação em perdas e danos". LEONEL, Ricardo de Barros. 4ª ed. *Manual do Processo Coletivo*. São Paulo: Malheiros, 2017, p. 494.

anterior que a obtenção de numerário como contrapartida da conduta lesiva. Parte da doutrina sustenta ser mais adequada a execução com o viés de obtenção da tutela específica.[11] A execução da sentença coletiva, quanto à tutela de tais direitos, será de forma igualmente coletiva com o produto destinado para a coletividade. Assim, caso o réu seja condenado a recompor o patrimônio público, o valor será destinado ao erário, nos demais casos, para o fundo de defesa dos direitos difusos, na forma do art. 13, LACP.[12]

3.2. Fundo de defesa dos direitos difusos e execução por *fluid recovery*

Havendo condenação em dinheiro, este será destinado ao Fundo de Defesa de Direitos Difusos – FDD criado Lei 7.347/1985 e regulamentado pela Lei 9.008/1995. O FDD tem por finalidade a reparação dos danos causados ao meio ambiente, ao consumidor, a bens e direitos de valor artístico, estético, histórico, turístico, paisagístico, por infração à ordem econômica e a outros interesses difusos e coletivos. O FDD é gerido pelo Conselho Federal Gestor do Fundo de Despesa de Direitos Difusos (CFDD) o qual deve ser informado acerca da propositura de toda ação civil pública, da existência de depósito judicial, de sua natureza e do trânsito em julgado da decisão.

Ressalta-se que o art. 100, parágrafo único do CDC, que tem a previsão da execução pelo *fluid recovery*, trata-se da situação em que, havendo condenação genérica determinando a indenização de direitos individuais homogêneos e decorrido o prazo de um ano sem habilitação de interessados em número compatível com a gravidade do dano,[13] os legitimados coletivos poderão promover a liquidação e execução da indenização devida, e, neste caso, o produto da indenização será revertido ao FDD,[14] sem a necessidade de pedido expresso na exordial, por se tratar de pedido implícito decorrente diretamente da lei.[15] O trecho "número compatível" ostenta nítida carga

---

11. RODRIGUES, Marcelo Abelha. *Ação civil pública.* Op. cit., p. 322.
12. RODRIGUES, Marcelo Abelha. *Ação civil pública.* Op. cit., p. 321; LEONEL, Ricardo de Barros. *Manual do Processo Coletivo.* Op. cit., p. 374; NEVES, Daniel Amorim Assumpção. *Manual do Processo Coletivo.* Op. cit., p. 393.
13. "Essa forma diferenciada de execução deve ser considerada como uma anomalia ao sistema, só devendo tomar lugar quando as execuções individuais não tiverem sido oferecidas em número compatível com a gravidade do dano. Insista-se mais uma vez que, se o direito individual homogêneo tem natureza de direito individual, as execuções devem ser individuais, valendo-se o sistema da execução por *fluid recovery* apenas subsidiariamente. NEVES, Daniel Amorim Assunção. *Manual de Direito Processual Civil.* São Paulo: Método, 2014, p. 353.
14. "Havendo condenação ao pagamento de quantia em ação fundada em direito difuso ou coletivo em sentido estrito (qualquer dos casos previstos no art. 1º da Lei nº 7347/1985, conforme art. 1º do Decreto nº 1.306/1994), o dinheiro deve ser direcionado a esse fundo, que também receberá os recursos advindos de multas por descumprimento de decisões judiciais e as doações de pessoas naturais ou jurídicas, nacionais ou estrangeiras, à proteção dos direitos coletivos (...) Também será destinada a esse fundo o *fluid recovery* (indenização fluida), prevista no art. 100 do CDC, no caso de sentença genérica que determina a indenização de direitos individuais homogêneos". DIDIER JR, Fredie; ZANETI JR., Hermes. *Curso de Direito Processual Civil. Processo Coletivo.* 10ª ed. Salvador: Juspodivm, 201. p. 435.
15. O STJ já decidiu no mesmo sentido: REsp 996.771/RN, 4ª T., rel. Min. Luis Felipe Salomão, j. 06.03.2012, DJe 23.04.2012.

subjetiva, por se tratar de conceito jurídico indeterminado que demandará uma análise casuística, ainda mais nos casos em que a execução individual, seja pelo valor, seja pelo tema, não atraia a atenção das suas vítimas, como nos casos de diferenças ínfimas nos valores do produtos e serviços (centavos). Por fim, vale mencionar que o art. 2º, § 2º, da Lei 7.913/1989 fixa o prazo de dois anos para a realização desta habilitação.

A norma do art. 100, CDC, gera a necessidade de enfrentamento de questões que ostentam importância acadêmica e prática: a) qual é a natureza jurídica do prazo fixado? b) qual é o termo inicial do prazo? c) qual é a consequência jurídica decorrente da inobservância do prazo? d) qual é a natureza jurídica da legitimidade dos legitimados coletivos?

Qual é a natureza jurídica do prazo fixado pela norma? A doutrina diverge quanto ao tema, da seguinte forma: **1ª tese (minoritária):** o prazo tem natureza decadencial, conforme preconiza o art. 2º, § 2º da Lei 7.913/1989, mas só atinge o direito material para a habilitação, pois se a parte perder esse prazo poderá posteriormente promover uma ação própria para obter a reparação no plano individual. Esta é a tese que defendo, mas há quem defenda a mesma natureza jurídica, mas atingindo o direito material ao crédito, como forma de evitar o *bis in idem*.[16] Por outro lado, com base no art. 2º, § 2º da Lei 7.913/1989, há quem defenda que nos casos dos investidores dos mercados de valores mobiliários, o prazo é decadencial, mas, nos demais casos, o legislador não fixou a natureza jurídica do prazo (preclusivo, prescricional ou decadencial), mas que fatalmente somente o permitirá ("credor retardatário") promover a demanda individual de reparação.[17] **2ª tese (majoritária):** o prazo não tem natureza material (prescricional ou decadencial), mas processual, pois fixa somente o momento processual a partir do qual poderá ser realizada a execução. Para esta tese, o prazo não é prescricional e nem decadencial porque não atinge o direito material da parte, atingindo apenas o direito de se habilitar.[18]

Qual é o termo *a quo* do prazo fixado na norma em comento? Para visualizar o tema da forma correta, impende destacar que o microssistema da tutela coletiva, bem como o CPC, é omisso em sua regulamentação. Assim, surgem as seguintes teses: **1ª tese (majoritária):** o termo inicial é o trânsito em julgado da sentença coletiva, tendo em vista a inexistência da obrigatoriedade da execução de uma sentença que ainda não ostenta o caráter de definitividade;[19] **2ª tese (minoritária):** o termo inicial conta-se a partir da publicação dos editais, na forma dos arts. 94, CDC e 2º, §§ 1º

---

16. ANDRADE, Adriano; MASSON, Cleber; ANDRADE, Landolfo. *Interesses Difusos e Coletivos esquematizado*. Op. cit., p. 238.
17. MAZZILLI, Hugo Nigro. i Op. cit., p. 654.
18. DIDIER JR., Fredie; ZANETI JR., Hermes. *Curso de Direito Processual Civil – Processo Coletivo*. Op cit., p. 389; LEONEL, Ricardo de Barros. *Manual do Processo Coletivo*. Op. cit., p. 381; GRINOVER, Ada Pellegrini. *Código Brasileiro de Defesa do Consumidor*. 6ª ed. Rio de Janeiro: Forense Universitária, 1999; NEVES, Daniel Amorim Assumpção. *Manual do Processo Coletivo*. Op. cit., p. 397.
19. NEVES, Daniel Amorim Assumpção. *Manual do Processo Coletivo*. Op. cit., p. 396; LEONEL, Ricardo de Barros. *Manual do Processo Coletivo*. Op. cit., p. 381; ANDRADE, Adriano; MASSON, Cleber; ANDRADE, Landolfo. *Interesses Difusos e Coletivos esquematizado*. Op. cit., p. 239. O STJ, em certa maneira, no bojo do

e 2º da Lei 7.913/1989, pois o microssistema da tutela coletiva, apesar do veto ao art. 96, CDC, traz a solução aplicável, com a necessidade de publicação dos editais convocatórios.[20] O STJ já decidiu neste sentido.[21]

Qual a consequência jurídica da não observância desse prazo? A inobservância gera transferência de legitimidade para promover a execução e a liquidação. A perda desse prazo não afeta a legitimidade para tutela jurídica individual, mas transfere a legitimação para liquidação e execução. Além disso, gera, conforme indicado, a perda do direito à habilitação e o indivíduo eventualmente atingido pelo dano deverá promover uma demanda individual de conhecimento com o fim de requerer a reparação dos seus danos. Entendo que tal demanda deva ser direcionada ao causador do dano, réu da demanda coletiva, por ostentar a legitimidade passiva *ad causam* para a reparação dos danos. Entretanto, há quem sustente que o polo passivo desta demanda de conhecimento deve variar conforme o tipo de pretensão pretendida, da seguinte forma: a) se a pretensão for de reparação dos danos sofridos de forma diferenciada daquela que foi objeto da demanda coletiva, deve ser dirigida ao causador do dano; b) se a pretensão for para a obtenção da fração da indenização já reconhecida, sob pena de *bis in idem*, a demanda deverá ser dirigida em face da pessoa jurídica gestora do fundo.[22]

A legitimidade dos legitimados coletivos, na forma prevista no art. 100, CDC tem nítida natureza subsidiária e residual, pois somente poderão atuar caso os indivíduos não se habilitem em número compatível com a gravidade do dano.[23]

Observa-se que o art. 99 do CDC estabelece que em caso de concurso de créditos decorrentes de condenação decorrente da LACP e de indenizações por prejuízos individuais resultantes do mesmo evento danoso, o crédito individual tem preferência em relação ao crédito coletivo,[24] determinando em seu parágrafo único que a destinação da importância recolhida ao FDD ficará suspensa enquanto pendentes de decisão de segundo grau das ações de indenização pelos danos individuais, salvo na hipótese de o patrimônio do devedor ser manifestamente suficiente para responder pela integralidade das dívidas.

REsp 1.388.000/PR, 1ª Seção, rel. Min. Og Fernandes, j. 12.08.2015, fixou o trânsito em julgado como termo para a contagem do prazo prescricional para a execução individual de sentença coletiva de procedência.

20. MAZZILLI, Hugo Nigro. *A defesa dos interesses difusos em juízo*. Op. cit., p. 654; MANCUSO, Rodolfo de Camargo. *Comentários ao Código de proteção ao consumidor*. Op. cit., p. 346.

21. REsp 1.156.021/RS, 4ª T., rel. Min. Marco Buzzi, j. Em 06.02.2014; REsp 869.583/DF, 4ª T., rel. Min. Luis Felipe Salomão, j. 05.06.2012.

22. MAZZILLI, Hugo Nigro. *A defesa dos interesses difusos em juízo*. Op. cit., p. 655.

23. DIDIER JR., Fredie; ZANETI JR., Hermes. *Curso de Direito Processual Civil – Processo Coletivo*. Op. cit., p. 464.

24. "Como é possível que haja pretensões individuais de reparação de dano, decorrente de um mesmo evento danoso (que repercutiu coletiva e individualmente), e o credor individual tem privilégio em relação ao crédito coletivo (art. 99 CDC), "a importância recolhida ao FDD terá sua destinação sustada enquanto pendentes de recursos as ações de indenização pelos danos individuais, salvo na hipótese de o patrimônio do devedor ser manifestamente suficiente para responder pela integralidade das dívidas (par.ún.do art. 8º do Decreto nº 1.306/1994)". DIDIER JR, Fredie; ZANETI JR., Hermes. *Curso de Direito Processual Civil. Processo Coletivo*. 10 ed. Salvador: Juspodivm, 2016, p. 439.

524 CURSO DE PROCESSO COLETIVO • Fabrício Bastos

Por fim, outro tema de relevo consiste em fixar uma congruência temática entre os valores destinados ao FDD e sua aplicação. Com efeito, os valores obtidos deverão ficar restritos aos temas ensejadores das decisões, como nos casos de lesão aos direitos dos consumidores (as verbas serão destinadas aos programas de proteção e defesa dos consumidores) e ao meio ambiente (as verbas deverão ser destinadas aos respectivos programas). O art. 13, § 2º, LACP, com a redação conferida pela Lei 12.288/2013 confirma tal necessidade.

3.3. Execução nos direitos individuais homogêneos

Conforme já anotado no capítulo referente ao objeto material da tutela coletiva, nos direitos individuais homogêneos o grupo é formado por ficção jurídica, após o surgimento da lesão. A demanda tem por pretensão a fixação de tese jurídica geral e a determinação dos indivíduos ocorrerá caso se habilitem como assistentes litisconsorciais, na forma do art. 94 do CDC, ou caso exercitem seu direito individual à indenização, em decorrência de habilitação para fins de liquidação e execução de sentença, na forma do art. 97 do CDC. Este artigo atribui legitimidade individual e coletiva para execução nas ações envolvendo direitos individuais homogêneos, ao dispor que as vítimas e os seus sucessores, bem como os legitimados do art. 82 poderão promover a liquidação e execução da sentença genérica. Quanto à execução coletiva, os legitimados coletivos podem promovê-la a favor das vítimas cujas indenizações já tiverem sido fixadas em sentença de liquidação devendo ser instruída com base em certidão das sentenças de liquidação da qual deverá constar ou não o trânsito em julgado.[25]

Ainda nessa senda, o STJ, em recente decisão da sua 3ª Turma[26], restringiu a atuação do MP na tutela dos direitos individuais homogêneos. No referido julgado,

---

25. "Procedente o pedido na ação coletiva, a liquidação e a execução da sentença poderão ser promovidas pela vítima e seus sucessores, assim como pelos legitimados de que trata o art. 82, diz a Lei 8.078/90, em seu art. 97. Define-se, assim, que o cumprimento de sentença genérica será promovido mediante nova demanda, dividida em duas fases distintas: a da "liquidação", destinada a complementar a atividade cognitiva (até então restrita ao núcleo de homogeneidade dos direitos demandados), e a da "execução", em que serão promovidas as atividades práticas destinadas a satisfazer, efetivamente, o direito lesado, mediante a entrega da prestação devida ao seu titular (ou se for o caso, aos seus sucessores)." ZAVASCKI, Teori Albino. *Processo coletivo: tutela de direitos coletivos e tutela coletiva de direitos.* 5ª ed. São Paulo: Revista dos Tribunais, p. 178.

26. O Ministério Público não possui legitimidade para promover a execução coletiva do art. 98 do CDC por ausência de interesse público ou social a justificar sua atuação: Art. 98. A execução poderá ser coletiva, sendo promovida pelos legitimados de que trata o art. 82, abrangendo as vítimas cujas indenizações já tiveram sido fixadas em sentença de liquidação, sem prejuízo do ajuizamento de outras execuções. Nessa execução do art. 98, o que se tem é a perseguição de direitos puramente individuais. O objetivo é o ressarcimento do dano individualmente experimentado, de modo que a indivisibilidade do objeto cede lugar à sua individualização. Essa particularidade da fase de execução constitui óbice à atuação do Ministério Público pois o interesse social, que justificaria a atuação do Parquet, à luz do art. 129, III, da Constituição Federal, era a homogeneidade do direito que, no caso, não mais existe. O Ministério Público não possui legitimidade para promover a execução coletiva do art. 98 do Código de Defesa do Consumidor por ausência de interesse público ou social a justificar sua atuação. STJ. 3ª T. REsp 1801518-RJ, Rel. Min. Paulo de Tarso Sanseverino, j. 14 dez. 2021 (Info 722).

o STJ assinalou o seguinte: i) o MP não tem legitimidade para o cumprimento de sentença de procedência nos casos de tutela de direitos individuais homogêneos; ii) ainda que o art. 98, do CDC faça expressa referência ao art. 82, do CDC, no qual o MP está inserido, não há que se falar em sua legitimidade ativa; iii) atuação do MP deverá ficar restrita à fase de conhecimento na qual o núcleo da homogeneidade é integrante do mérito da demanda; iv) no cumprimento de sentença, a tutela já será de direitos individuais patrimoniais disponíveis; v) no ressarcimento individual (arts. 97 e 98 do CDC), a liquidação e a execução serão obrigatoriamente personalizadas e divisíveis, devendo prioritariamente ser promovidas pelas vítimas ou seus sucessores de forma singular, uma vez que o próprio lesado tem melhores condições de demonstrar a existência do seu dano pessoal, o nexo etiológico com o dano globalmente reconhecido, bem como o montante equivalente à sua parcela; vi) A legitimidade do Ministério Público para instaurar a execução exsurgirá - se for o caso - após o escoamento do prazo de um ano do trânsito em julgado se não houver a habilitação de interessados em número compatível com a gravidade do dano, nos termos do art. 100 do CDC. No mesmo sentido, há julgado antigo da 4ª turma do STJ.[27]

Esse julgado do STJ padece de alguns equívocos e, portanto, discordo da posição apresentada, com base nos seguintes fundamentos: i) a relevância social não está atrelada, como já demonstrado, à patrimonialidade ou disponibilidade do interesse subjacente, como já decidido pelo STF[28]; ii) a essencialidade dos direitos tutelados, *de per si,* já autoriza a atuação do MP (relevância social no prisma objetivo); iii) a repercussão subjetiva da demanda, mormente quando atinge pessoas que pertençam aos grupos vulneráveis enseja a atuação do MP (relevância social no prisma subjetivo); iv) restringir a atuação do MP na forma apresentada gera um indevido retrocesso na tutela da coletividade.[29]

Como consequência do entendimento do STJ apresentado a Corte Especial foi instada a se manifestar sobre a possibilidade de a execução ser promovida pelo Ministério Público e gerar a interrupção da prescrição para a execução individual. Vale mencionar que em julgados anteriores havia o reconhecimento expresso da possibilidade de interrupção.

Como foi reconhecida a ilegitimidade do Ministério Público para promover a liquidação da sentença coletiva para satisfazer, um a um, os interesses individuais disponíveis das vítimas ou seus sucessores, logo, o requerimento de liquidação da sentença coletiva, acaso seja feito pelo MP, não é apto a interromper a prescrição para o exercício da respectiva pretensão pelos verdadeiros titulares do direito tutelado.[30]

---

27. STJ. 4ª T. REsp 869.583/DF; Rel. Min. Luis Felipe Salomão, j. 05 jun. 2012.
28. RE 163.231/SP, Rel. Min. Maurício Corrêa; RE 475.101, Rel. Min. Dias Toffoli; RE 514.203-AgR/RJ, Rel. Min Ellen Gracie e RE 613.111/GO, Rel. Min. Teori Zavascki.
29. PIRAJÁ, Davi Reis. "*A legitimidade do Ministério Público para a execução coletiva*" Conjur, acesso em 02 mar. 2022.
30. Corte Especial. REsp 1.758.708-MS, Rel. Min. Nancy Andrighi, j. 20.04.2022.

Em homenagem à segurança jurídica, ao interesse social e por ter gerado nos jurisdicionados uma expectativa legítima nesse sentido, a Corte Especial determinou a modulação dos efeitos desta decisão (art. 927, §3º do CPC), para decretar a eficácia prospectiva do novo entendimento, atingindo apenas as situações futuras, ou seja, as ações civis públicas cuja sentença seja posterior à publicação da decisão.

A liquidação das futuras sentenças coletivas, exaradas nas ações civis públicas propostas pelo Ministério Público e relativas a direitos individuais homogêneos, deverão ser promovidas pelas respectivas vítimas e seus sucessores, independentemente da eventual atuação do Parquet, sob pena de se sujeitarem os beneficiados à decretação da prescrição.

Ressalta-se em que havendo condenação genérica determinando a indenização de direitos individuais homogêneos e decorrido o prazo de um ano sem habilitação de interessados em número compatível com a gravidade do dano, os legitimados coletivos poderão promover a liquidação e execução da indenização devida. Neste caso, o produto da indenização será revertido ao FDD. Trata-se da execução por *fluid recovery* prevista no parágrafo único do art. 100 do CDC.

3.4. Execução provisória nas ações coletivas

O cumprimento provisório de sentença referente ao pagamento de quantia certa está regulado no art. 520 do CPC. O inciso IV do referido artigo estabelece a exigência caução suficiente e idônea, arbitrada de plano pelo juiz e prestado nos próprios autos. Alguns autores como Ricardo de Barros Leonel[31] sustentam a inaplicabilidade desta exigência sob pena de violar a própria essência do processo coletivo.

Com efeito, nas ações coletivas, a exigência de caução para o cumprimento provisório resultaria menor efetividade ao processo coletivo. O STJ em sede de julgamento de especial repetitivo[32] permitiu a execução provisória de pensão mensal fixada em antecipação de tutela, sem exigência de caução para o levantamento da quantia, de modo a beneficiar pescadores prejudicados por vazamento de óleo causado pela Petrobras no litoral da Bahia. Para o STJ, é possível deferir o levantamento de valor em execução provisória, sem caucionar, quando o Tribunal local, soberano na análise fática da causa, verifica que, além de preenchido os pressupostos legais e mesmo com perigo de irreversibilidade da situação, os danos do exequente são de menor monta do que o patrimônio do executado.

---

31. "Com a devida vênia, não se pode exigir caução para a execução provisória coletiva. A exigência seria contrária à índole do processo coletivo, dificultando a efetivação da tutela obtida na sentença. Recorde-se que a aplicação das normas do Código de Processo Civil ao sistema coletivo deve incentivar e facilitar as demandas coletivas, não o contrário. Por essa razão há a previsão de que só em caso de litigância de má-fé haverá condenação em honorários advocatícios e custas em décuplo, e de que não haverá adiantamento de custas, emolumentos, honorários periciais e outras despesas processuais." LEONEL, Ricardo de Barros. *Manual do Processo Coletivo.* 4ª ed. São Paulo: Malheiros, 2017, p.492.

32. REsp 1.145.353/PR, Rel. Min. Ricardo Villas Bôas Cueva, 2ª Seção, j. 25.04.2012, DJe 09.05.2012 (Recurso Repetitivo, Tema 443).

Assim, entendo que a dispensa de caução na execução provisória de sentença coletiva é medida que confere maior efetividade ao processo coletivo. Entendimento em contrário poderia levar à vedação da satisfação dos interesses lesados, conforme aponta Ricardo Leonel.[33]

Outro ponto que merece abordagem específica é a regra da responsabilidade civil objetiva decorrente da reforma/anulação da decisão judicial objeto do cumprimento provisório. Com efeito, a norma do art. 520, I e II, CPC, determina o necessário retorno ao *status quo ante* com a devida reparação dos eventuais danos sofridos. Ora, tal norma não se coaduna com o processo coletivo, cujo princípio da obrigatoriedade, como visto, da execução, mormente atrelada ao dever funcional do MP, é um de seus pilares. **Como compatibilizar o dever funcional (princípio da obrigatoriedade) de promover a execução da sentença coletiva de procedência com a responsabilidade civil objetiva?** Em meu sentir, sob pena de criarmos um regime jurídico completamente sem sentido, não pode ser aplicada a norma do art. 520, I e II, CPC, quanto à fixação da responsabilidade civil objetiva. Por outro lado, há quem sustente a aplicação da norma do art. 15, LACP que exige a ocorrência do trânsito em julgado para, com isso, evitar a utilização da norma do art. 520, CPC.[34] O STJ, contudo, aplica integralmente a norma do art. 16, LAP, que não exige o trânsito em julgado e passa a possibilitar o cumprimento provisório da sentença.[35]

4. LEGITIMIDADE PARA PROMOVER A EXECUÇÃO

Para que possa ser fixada de forma correta a legitimidade para a realização da execução de uma sentença coletiva, imprescindível separar duas situações diversas: a) execução individual da sentença coletiva; b) execução coletiva da sentença coletiva.

Na execução individual da sentença coletiva, derivada do regime jurídico *in utilibus*, a legitimidade pertence às vítimas e seus sucessores, pois o objeto será a identificação do sujeito passivo, bem como da extensão do seu dano, conforme se verifica nas normas dos arts. 97, 99, 100 e 103, § 3º, CDC.[36]

---

33. "Exigir caução para os atos de execução provisória coletiva, considerando as características dos entes legitimados, é contrariar os princípios da efetividade, instrumentalidade e inafastabilidade da jurisdição, impedindo que a tutela assegure a quem tem um direito exatamente aquilo que deve receber, de modo similar à tentativa de impedimento de acesso à justiça vertente dos atos normativos que vem concessão de liminares contra o Poder Público (...) em outras palavras: a exigência de caução dos legitimados coletivos na execução coletiva provisória levaria à vedação da satisfação dos interesses lesados, tendo como consequência, por exemplo, a dissipação do patrimônio do devedor que dele se desfaça após a sentença". BARROS LEONEL, Ricardo de. *Manual do Processo Coletivo*. 4ª ed. São Paulo: Malheiros, 2017, p. 492.

34. NEVES, Daniel Amorim Assumpção. *Manual do Processo Coletivo*. Op. cit., p. 392.

35. REsp 450.258/SP, 2ª T., rel. Min. Eliana Calmon, j. 08.06.2004, DJe 20.09.2004.

36. DIDIER JR., Fredie; ZANETI JR., Hermes. *Curso de Direito Processual Civil – Processo Coletivo*. Op. cit., p. 475; ALMEIDA, João Batista de. *Aspectos controvertidos da ação civil pública*. 3ª ed. São Paulo: Revista dos Tribunais, 2012, p. 215; CÂMARA, Alexandre Freitas. Tutela Jurisdicional dos Consumidores. In: DIDIER JUNIOR, Fredie; FARIAS, Cristiano Chaves de (coords.). *Procedimentos especiais cíveis – legislação extravagante*. São Paulo: Saraiva, 2003, p. 1121; RODRIGUES, Marcelo Abelha. *Ação civil pública e meio ambiente*. São Paulo: Forense Universitária, 2003, p. 284.

Dois pontos merecem abordagem: i) prazo para o requerimento da execução individual; ii) (in)aplicabilidade da limitação territorial.

No tocante ao prazo para a propositura da execução, é aplicável a súmula 150, do STF, pois o prazo prescricional aplicável para a pretensão de conhecimento será a mesma para a pretensão executiva. Assim, considerando que o prazo para a propositura da ação coletiva é de 05 anos, deve ser esse o prazo a ser observado pelas vítimas e sucessores para fins de liquidação/execução, conforme já decidiu o STJ[37] e fixado no Tema 515.[38] Após a decisão do STF[39] reconhecendo a inconstitucionalidade da limitação territorial da eficácia *erga omnes* prevista no art. 16, da LACP, não é mais possível limitar, portanto, a possibilidade das vítimas e sucessores promoverem as liquidações/execuções individuais, ainda que a demanda tenha sido proposta por entidade civil, e as pessoas não sejam associadas,[40] mas precisam pertencer à mesma categoria,[41] conforme decidido pelo STJ. Assim, posso concluir que para o indivíduo promover a liquidação/execução não precisa ser associado, estar na mesma região/território, mas precisa pertencer à mesma categoria.

Não tendo havido expressa limitação subjetiva no julgado coletivo, todos os integrantes da categoria substituída pelo sindicato possuem legitimidade para executar o título judicial, independentemente de autorização ou relação nominal eventualmente juntada à inicial, conforme já decidido pelo STJ.[42]

Consoante julgado do STJ, é possível a limitação do número de substituídos em cada cumprimento de sentença, por aplicação extensiva do art. 113, §1º, do CPC[43], com o fim de facilitar a identificação das vítimas e seus sucessores, ainda que não seja caso específico de litisconsórcio facultativo.

Interessante notar que o STJ reconheceu a possibilidade de conferir eficácia *erga omnes* à decisão judicial final de mérito proferida no bojo de ação civil pública individual para fornecimento de medicamentos.[44]

Na execução coletiva da sentença coletiva, porém, é necessária a verificação de qual foi o direito material tutelado, bem como o tipo de sentença proferida, assim definido: a) execução da sentença coletiva de procedência nas demandas essencial-

---

37. AgInt no REsp 1.807.990-SP, Rel. Min. Maria Isabel Gallotti, 4ª T., J. 20 abr. 2020.
38. É de cinco anos o prazo prescricional para ajuizamento da execução individual de sentença proferida em ação civil pública (TEMA 515).
39. RE 1101937/SP, Rel. Min. Alexandre de Moraes, Plenário, J. 07 abr. 2021 (Repercussão Geral – TEMA 1075) (INFO 1012).
40. REsp 1.438.263/SP, Rel. Min. Raul Araújo, 2ª S., J. 24 mar. 2021. (TEMA 948).
41. REsp 1865563-RJ, Rel. Min. Sérgio Kukina, Rel. Acd. Min. Gurgel de Faria, 1ª Seção, j. 21 out. 2021 (Recurso Repetitivo – Tema 1056) (Info 715).
42. 1ª T. AgInt no REsp 1.956.312-RS, Rel. Min. Manoel Erhardt (Desembargador convocado do TRF5), j. 29.11.2022.
43. Resp 1947661-RS, Rel. Min. Og Fernandes, 2ª T., j. 23 set. 2021 (Info 712).
44. É possível a atribuição de efeitos *erga omnes* à sentença proferida em ação civil pública na qual se postula medicamento para um paciente específico. AgInt no REsp 1.377.135-SC, Rel. Min. Sérgio Kukina, 1ª T., por unanimidade, j. 10.05.2022.

mente coletivas; b) execução da sentença coletiva de procedência com condenação genérica proferida nas demandas acidentalmente coletivas.

Nas demandas essencialmente coletivas, a execução coletiva da pretensão coletiva somente poderá ser promovida pelos legitimados coletivos, enquanto a execução de pretensão individual, como já referido, poderá ser promovida pela vítima ou seu sucessor.

Nas demandas acidentalmente coletivas, a sentença coletiva de procedência com a condenação genérica poderá ser executada pelos legitimados coletivos, bem como pelas vítimas e seus sucessores, conforme a hipótese. A execução da sentença condenatória genérica das pretensões individuais deverá ser promovida pelas vítimas e seus sucessores, conforme preconiza o art. 97, CDC. Os legitimados coletivos, porém, poderão promover a execução, desde que as vítimas já estejam devidamente identificadas e com as suas indenizações liquidadas, conforme determina o art. 98, CDC. A execução da sentença condenatória genérica pelo *fluid recovery* será promovida pelos legitimados coletivos de forma residual, conforme art. 100, CDC.

Vale mencionar a legitimidade para a execução das decisões oriundas dos Tribunais de Contas, principalmente os considerando como membros da Justiça Multiportas.

Com efeito, O Município prejudicado é o legitimado para a execução de crédito decorrente de multa aplicada por Tribunal de Contas estadual a agente público municipal, em razão de danos causados ao erário municipal.

O STF julgou o Tema 642, no qual se fixou a seguinte tese: *"o Município prejudicado é o legitimado para a execução de crédito decorrente de multa aplicada por Tribunal de Contas estadual a agente público municipal, em razão de danos causados ao erário municipal."*[45]

O STJ, por seu turno, entendia ser o Estado a parte legítima, mas passou a se adequar ao entendimento do STF.[46]

No que tange às associações, o STJ[47] decidiu que a legitimidade para promover a execução de sentença coletiva envolvendo direitos individuais homogêneos é condicionada à presença da situação descrita no art. 100 do CDC.

O sindicato possui legitimidade ativa para substituir os sucessores de servidores falecidos, independentemente de o óbito ter ocorrido antes do ajuizamento da execução, conforme reconhecido pelo STJ.[48]

---

45. (RE 1.003.433, Rel. Marco Aurélio, Rel. p/ Acórdão Alexandre de Moraes, Tribunal Pleno, j. 05.09.2021).
46. AgInt no AREsp 926.189-MG, Rel. Min. Herman Benjamin, 2ª T., por unanimidade, j. 15.02.2022.
47. "A legitimidade subsidiária da associação e dos demais sujeitos previstos no art. 82 do CDC em cumprimento de sentença coletiva fica condicionada, passado um ano do trânsito em julgado, a não haver habilitação por parte dos beneficiários ou haver em número desproporcional ao prejuízo, nos termos do art. 100 do CDC". 3ª T. REsp 1.955.899-PR, Rel. Min. Nancy Andrighi, j. 15.03.2022.
48. AgInt no REsp 2.026.557-PE, Rel. Min. Sérgio Kukina, 1ª T., por unanimidade, j. 20.03.2023.

Sobre a tutela da saúde decorrente de demandas referentes à fornecimento de medicamentos ou tratamentos médicos, há interessante entendimento do STJ,[49] proferido no bojo do Tema IAC 14, sobre a legitimidade passiva na fase de conhecimento que gera repercussão relevante na fase de cumprimento de sentença. Nas hipóteses de ações relativas à saúde intentadas com o objetivo de compelir o Poder Público ao cumprimento de obrigação de fazer consistente na dispensação de medicamentos não inseridos na lista do SUS, mas registrado na ANVISA, deverá prevalecer a competência do juízo de acordo com os entes contra os quais a parte autora elegeu demandar. Caso os entes sejam o Estado e/ou Município, a competência será da Justiça Estadual, mas se a União for inserida no polo passivo, a competência será da Justiça Federal. As regras de repartição de competência administrativas do SUS, portanto, não devem ser invocadas pelos magistrados para fins de alteração ou ampliação do polo passivo delineado pela parte no momento da propositura ação, mas tão somente para fins de redirecionar o cumprimento da sentença ou determinar o ressarcimento da entidade federada que suportou o ônus financeiro no lugar do ente público competente, não sendo o conflito de competência a via adequada para discutir a legitimidade ad causam, à luz da Lei n. 8.080/1990, ou a nulidade das decisões proferidas pelo Juízo estadual ou federal, questões que devem ser analisada no bojo da ação principal.

5. COMPETÊNCIA

Regra geral da competência é a observância do critério funcional horizontal, ou seja, a execução deverá ser proposta perante o mesmo órgão formador do título executivo, conforme preconizam os arts. 516, CPC e 98, § 2º, CDC. As principais questões sobre o tema foram devidamente abordadas no capítulo referente à competência para o qual remeto o leitor.

6. LIQUIDAÇÃO DA SENTENÇA COLETIVA

6.1. Conceito e natureza jurídica

A liquidação de sentença, é um incidente que tem por objetivo definir, de forma completa, a norma jurídica individualizada extraída da decisão proferida (natureza meramente declaratória).[50] Em outras palavras, é uma atividade cognitiva intermediária entre a fase de conhecimento e a de cumprimento com o objetivo de complementar ou integrar o pronunciamento judicial. Trata-se de atividade cognitiva pois busca-se a identificação e individualização de elementos da obrigação, de qualquer natureza, apesar da redação do art. 783, CPC, reconhecida no título executivo judicial.[51]

---

49. CC 188.002-SC, Rel. Min. Gurgel de Faria, 1ª Seção, por unanimidade, j. 12.04.2023.
50. DIDIER JR., Fredie; ZANETI JR., Hermes. *Curso de direito processual civil – processo coletivo*. Op. cit., p. 456.
51. NEVES, Daniel Amorim Assumpção. *Manual do Processo Coletivo*. Op. cit., p. 372.

6.2. Procedimento aplicável

A liquidação de sentença pode ser exteriorizada, conforme a hipótese, da seguinte forma: a) dentro de um processo já existente (liquidação-fase), como questão principal de uma fase do procedimento exclusivamente destinado a esse objetivo. Neste caso, a liquidação será uma fase. Tal forma será verificada no art. 509, I e II, CPC; b) por meio de um processo autônomo (liquidação autônoma) instaurado com a exclusiva finalidade de complementação da decisão ilíquida. Neste caso, será um processo de liquidação. Tal forma será verificada nos processos coletivos quando as vítimas e seus sucessores propuserem o requerimento de liquidação (artes. 95, 97, 99, 100 e 103, § 3º, CDC)[52] e nos processos individuais lastreados em títulos executivos judiciais mistos ou de natureza híbrida (art. 515, § 1º, CPC); c) ocorre no curso de um processo autônomo de execução ou de cumprimento de sentença (liquidação-incidente), quando verifica-se a necessidade de complementação do título executivo. Neste caso, será uma liquidação incidental. Tal forma será verificada nos casos de obrigações não pecuniárias convertidas em pecuniárias (arts. 809, § 2º; 816, parágrafo único e 823, parágrafo único, CPC), nos casos de apuração das benfeitorias indenizáveis (art. 810, CPC) e nos casos de obrigação de dar coisa incerta (arts. 498, parágrafo único e 811, parágrafo único, CPC).

6.3. Regras de competência

Aplica-se o critério funcional horizontal de competência que determina a necessidade de o incidente de liquidação ser requerido perante o mesmo órgão jurisdicional responsável pela formação do título executivo judicial, conforme disposição contida no art. 516, CPC.

Na hipótese de liquidação individual da sentença coletiva, há entendimento, apesar da redação do art. 98, § 2º, CDC, no sentido da possibilidade de o indivíduo promover o incidente perante juízo do seu próprio domicílio. As demais questões já foram enfrentadas no capítulo referente ao tema competência, para o qual remeto o leitor.

6.4. Legitimidade para o requerimento

A legitimidade para formular o requerimento do incidente de liquidação de sentença pertence ao credor e ao devedor, conforme disposição expressa do art. 509, CPC. As demais questões referentes ao tema foram abordadas no tópico referente à legitimação para a execução, que é plenamente aplicável neste ponto.

6.5. Sentença de procedência com condenação genérica

A sentença com condenação genérica é expressamente autorizada pelo ordenamento jurídico (art. 95 do CDC) nos casos de processo coletivo que veicule pretensão de tutela de interesses individuais homogêneos (art. 81, parágrafo único, III do CDC).

---

52. DIDIER JR., Fredie; ZANETI JR., Hermes. *Curso de direito processual civil – processo coletivo*. Op. cit., p. 458.

Tal autorização tem sentido, pois o órgão jurisdicional no momento do proferimento da sua decisão não terá substrato para indicar com precisão todos os elementos da obrigação reconhecida, principalmente os destinatários do dever jurídico reconhecido. Assim, será imprescindível a realização da liquidação da obrigação para que seja possível o seu adequado cumprimento.

Por meio do transporte *in utilibus* da sentença coletiva de procedência, as vítimas do evento danoso ou os seus sucessores poderão promover, no plano individual, a liquidação e a execução, conforme arts. 97, 98, 99, 100 e 103, § 3º do CDC.

6.6. Relação entre o pedido formulado pelas partes e a formulação da liquidação

O pedido, enquanto elemento objetivo da demanda (requisito indispensável da petição inicial – art. 319, III, CPC), deve observar requisitos inerentes para espelhar o conteúdo decisório resolutivo do caso concreto. Tal elemento exterioriza o provimento jurisdicional pretendido (objeto imediato), bem como o bem da vida que se pretende obter com a demanda (objeto mediato). Poder-se-á afirmar, ainda, que o objeto exteriorizado por meio do pedido poderá ser o responsável pela fixação do procedimento a ser empregado pelo órgão jurisdicional.

Considerando as normas do CPC, o pedido deverá ser certo (expresso) e determinado (delimitado quanto à qualidade e quantidade). Há a possibilidade de mitigação de tais características. O pedido implícito, que decorre diretamente da lei, torna desnecessária a sua exteriorização, ou seja, existe uma determinação legal para que o objeto seja entregue por meio da prestação jurisdicional sem que as partes precisem formular pretensão neste sentido. O pedido genérico, por seu turno, possibilita, nas hipóteses previstas em lei, que a parte deixe de indicar o objeto mediato que pretende obter.

Caso a parte formule pedido certo e determinado, caberá ao órgão jurisdicional proferir decisão líquida, mas, diante das peculiaridades do caso concreto, pode ser proferida decisão ilíquida, desde que seja formulada fundamentação adequada e específica. Por outro lado, a formulação de pedido genérico possibilita o proferimento de decisão ilíquida, pois o órgão jurisdicional não terá substrato para exaurir todos os elementos suficientes para uma decisão líquida.

Nada obstante, ainda que seja formulado pedido genérico, estará o órgão jurisdicional jungido a proferir decisão líquida, como ocorre no âmbito do sistema nacional dos juizados especiais (art. 38, parágrafo único da Lei 9.099/1995).

No âmbito dos processos coletivos há regra específica que permite o proferimento de decisão ilíquida, ainda que o pedido formulado tenha sido certo e determinado. O art. 95, do CDC preconiza a possibilidade de proferimento de sentença de procedência genérica, nos casos de ações acidentalmente coletivas (na defesa de interesses individuais homogêneos).[53] Quanto aos direitos difusos e coletivos em sentido estrito, a sentença coletiva poderá ser líquida (regra geral), mas nos casos do art. 491, CPC poderá ser ilíquida.

6.7. Objeto da liquidação

A liquidação da sentença, enquanto procedimento intermediário, tem como objetivo precípuo possibilitar uma futura execução com a ultimação do título executivo.

Com a adoção do processo sincrético, enquanto modelo processual-regra para as execuções de título executivo judicial, o legislador situou a liquidação entre as fases de conhecimento e de execução, tornando-se despicienda, à exceção do processo coletivo, a propositura de ação de liquidação como outrora exigia-se.

Costuma-se afirmar que o objeto de uma liquidação deve ser sempre a obtenção do *quantum debeatur* (valor devido), pois o *an debeatur* (dever jurídico) já encontra-se definido com a prolação da sentença. Tal afirmação padece de um equívoco parcial, pois a obtenção do *quantum debeatur* não pode ser considerada como sendo o objetivo único deste procedimento. Há, conforme o caso concreto (verificado por meio do comando previsto na decisão que se pretende liquidar), a necessidade de iniciar o procedimento de liquidação para a obtenção *quid debeatur* (aquilo que é devido), *quis debeatur* (quem ostenta o dever jurídico para cumprir a prestação) e *cui debeatur* (a quem é devido o cumprimento do dever jurídico).

A liquidação pode ter o objetivo, como já dito, de indicar quem deverá receber o resultado da demanda (*cui debeatur*), nos casos de processo coletivo com sentença genérica de procedência, bem como a necessidade de indicar quem ostenta o dever jurídico (*quis debeatur*) nos casos em que existir dúvidas acerca da responsabilidade fixada ao longo da relação jurídica processual ou até mesmo a necessidade de obtenção do que é devido (*quid debeatur*), quando a relação jurídica obrigacional não contiver a prestação definida. Assim, conclui-se que o objetivo do procedimento em testilha é assaz mais amplo do que se supunha.[54]

Por fim, impende destacar a necessidade de fixação do tipo de ato judicial que será objeto do instituto da liquidação. Se nos ativermos à literalidade do art. 509, CPC, ficaremos jungidos a afirmar que o procedimento ficará adstrito à sentença, porém devemos refletir sobre a possibilidade de uma decisão interlocutória ser o seu objeto. Não pairam dúvidas acerca da possibilidade de uma sentença ser objeto da liquidação, pois é considerada como título executivo quando satisfeitos os seus pressupostos.

---

53. NEVES, Daniel Amorim Assumpção. *Manual do Processo Coletivo*. Op. cit., p. 377; WAMBIER, Luiz Rodrigues. *Sentença civil: liquidação e cumprimento*. 3ª ed. São Paulo: Revista dos Tribunais, 2006, p. 371.
54. NEVES, Daniel Amorim Assumpção. *Manual do Processo Coletivo*. Op. cit., p. 377; GRINOVER, Ada Pellegrini. *Código brasileiro de defesa do consumidor*. 6ª ed. Rio de Janeiro: Forense Universitária, 1999, p. 154; MARINONI, Luiz Guilherme; ARENHART, Sérgio Cruz. *Manual do processo de conhecimento*. São Paulo: Revista dos Tribunais, 2006, p. 741; MANCUSO, Rodolfo de Camargo. *Manual de direito do consumidor em juízo*. São Paulo: Saraiva, 2004, p. 181; DIDIER JR., Fredie; ZANETI JR., Hermes. *Curso de direito processual civil – processo coletivo*. Op. cit., p. 456.

Não pode ser diferente com as decisões interlocutórias, pois também serão passíveis de execução (vide art. 515, I, II, III e IX, CPC) e, portanto, carecerão da liquidação. Portanto, forçoso concluir que o presente procedimento deve ser qualificado como liquidação de decisão (gênero) e não mais liquidação de sentença (espécie).

6.8. Tipos de liquidação de sentença

O CPC (art. 509) positivou duas espécies de liquidação: a) por arbitramento (art. 509, I) e b) pelo procedimento comum (art. 509, II). Nos processos coletivos não existe regulamentação específica indicando os tipos de liquidação aplicáveis. Os tipos de liquidação previstos no CPC são plenamente aplicáveis aos processos coletivos. Impende destacar, porém, dois pontos: a) houve veto presidencial ao art. 97, parágrafo único, CDC que previa a liquidação por artigos para os casos de direitos individuais homogêneos; b) no microssistema da tutela coletiva somente existe referência expressa ao procedimento de liquidação para os direitos individuais homogêneos (CDC), mas que não pode ser interpretado como uma vedação para os demais direitos transindividuais.[55]

Em virtude da ausência de regulamentação específica acerca do tipo de procedimento aplicável, surge uma divergência doutrinária: **1ª tese (minoritária)**: aplicação das mesmas modalidades previstas no art. 509, CPC aos processos coletivos. Conforme as necessidades do caso concreto, poderá ser usada a liquidação por arbitramento ou pelo procedimento comum, sem qualquer prévia fixação do tipo, que é a tese que defendo;[56] **2ª tese (majoritária)**: aplicação somente da liquidação pelo procedimento comum nos processos coletivos, pois haverá sempre a necessidade de alegar e provar fato novo, que alguns denominam de "liquidação imprópria".[57]

6.9. Questões processuais decorrentes da liquidação da sentença

Considerando os temas já abordados no presente capítulo, resta encarar três tópicos processuais que decorrem diretamente do estudo do tema: a) natureza jurídica da decisão ilíquida; b) natureza jurídica do ato judicial que resolve a liquidação de sentença; c) possibilidade da liquidação sem resultado positivo. Assim, nos próximos três tópicos serão apresentados os temas.

a) Decisão ilíquida tem natureza jurídica de sentença?

Existe uma interessante divergência acerca da natureza jurídica da decisão ilíquida. Esta divergência doutrinária não fica adstrita somente ao plano acadêmico,

---

55. NEVES, Daniel Amorim Assumpção. *Manual do Processo Coletivo*. Op. cit., p. 377.
56. DIDIER JR., Fredie; ZANETI JR., Hermes. *Curso de direito processual civil – processo coletivo*. Op. cit., p. 462.
57. NEVES, Daniel Amorim Assumpção. *Manual do Processo Coletivo*. Op. cit., p. 377; PIZZOL, Patrícia Miranda. *Liquidação nas ações coletivas*. São Paulo: Lejus, 1998, p. 194; WAMBIER, Luiz Rodrigues. *Sentença civil: liquidação e cumprimento*. 3ª ed. São Paulo: Revista dos Tribunais, 2006, p. 380.

CAPÍTULO 15 • LIQUIDAÇÃO E EXECUÇÃO **535**

pois gera repercussão prática. Refiro-me, por óbvio, à decisão final. O cerne da polêmica gira em torno do conceito legal de sentença previsto no art. 203, § 1º, CPC. Neste artigo o legislador adotou o conceito de sentença que mescla a necessidade de análise do conteúdo do ato judicial e dos efeitos do próprio ato. Para que ato judicial seja reputado como sentença, portanto, deverá conter uma das hipóteses previstas nos arts. 485 (decisão terminativa) e 487 (decisão definitiva), CPC e gerar como efeitos o encerramento da fase de conhecimento ou a extinção da execução (vide art. 925, CPC).

Existem, basicamente, duas teses sobre o tema: **1ª tese**: a decisão ilíquida encerra a fase de conhecimento e, portanto, liquidez não é elemento ou requisito para qualificar o ato como sentença;[58] **2ª tese**: o ato judicial com conteúdo ilíquido não encerra a fase de conhecimento, pois haverá a necessidade da realização da liquidação do seu conteúdo, que somente estará completo com o encerramento do procedimento e, portanto, não pode ser considerado sentença, mas sim decisão interlocutória (art. 203, § 2º, CPC).[59]

b) Ato judicial que resolve a liquidação ostenta qual natureza jurídica?

Após verificada a divergência supra, resta analisar a natureza jurídica da decisão que resolve o incidente de liquidação de sentença. Se for seguida a **1ª tese**, o ato judicial que encerra o incidente de liquidação é uma decisão interlocutória, pois a fase de conhecimento já teria sido encerrada com o proferimento da decisão ilíquida, que deve ser atacada mediante a interposição de agravo de instrumento. Caso a **2ª tese** seja acolhida, a decisão que encerra o incidente de liquidação será uma sentença, atacável via apelação.

c) Problemática da liquidação zero (sem resultado positivo).

A liquidação sem resultado positivo é aquela que conclui, após o encerramento do incidente, que o liquidante não sofreu dano algum. Tal situação gera um paradoxo no plano procedimental, pois se não houve qualquer dano sofrido pelo liquidante, a sentença deveria ter sido de improcedência.

O problema ganha grande relevância frente ao que preconiza o art. 509, § 4º, CPC que impede a rediscussão da lide e a reforma da decisão. Posso apresentar duas soluções possíveis e todas já foram acolhidas pelo STJ, porém para os processos individuais: **1ª solução**: decidir pela improcedência da liquidação (art. 487, I, CPC), que me parece ser a mais adequada, inclusive para a tutela coletiva, quando se tratar de liquidação coletiva de sentença coletiva;[60] **2ª solução**: decidir pela extinção do

---

58. DIDIER JR., Fredie; BRAGA, Paula Sarno; OLIVEIRA, Rafael. *Curso de Direito Processual Civil*. Salvador: Juspodivm, 2007, v. 2.
59. NEVES, Daniel Amorim Assumpção. *Manual do Processo Coletivo*. Salvador: Juspodivm, 2016.
60. Resp. 1549467/SP, rel. Min. Marco Aurélio Bellizze, Terceira Turma, j. 13.09.2016, Dje 16.09.2016.

processo sem resolução do mérito, inclusive para a tutela coletiva, quando se tratar de liquidação individual da sentença coletiva de procedência, pois a vítima ou seu sucessor, ao não lograr êxito na demonstração da esfera jurídica individual atingida, gera a percepção da completa ausência de interesse processual (art. 485, VI, CPC) no uso do transporte *in utilibus* da sentença coletiva (art. 103, § 3º, CDC).[61]

---

61. ARRUDA, Antonio Carlos Matteis de. *Liquidação de sentença*. São Paulo. Revista dos Tribunais. 1981; MARINONI, Luiz Guilherme e ARENHART, Sérgio Cruz. *Curso de processo civil*. Vol. 3: execução. São Paulo. Revista dos Tribunais. 2007; No mesmo sentido, se pronunciou o STJ no Resp. 1280949/SP, rel. Min. Nancy Andrighi, Terceira Turma, j. em 25.09.2012, Dje 03.10.2012.

Capítulo 16
INSTRUMENTOS EXTRAPROCESSUAIS E EXTRAJUDICIAIS DA TUTELA COLETIVA

Os instrumentos extraprocessuais são aqueles que podem ser utilizados e aplicados sem a necessidade da existência formal de uma relação jurídica de direito processual, enquanto os instrumentos extrajudiciais são aqueles que não precisam de judicialização para surtirem os seus regulares efeitos. Os instrumentos previstos para a tutela coletiva são: inquérito civil, procedimento preparatório, termo de ajustamento de conduta, acordo de leniência e recomendação.

1. INQUÉRITO CIVIL (RES. 23 CNMP E ARTS 8º E 9º LACP)

O inquérito civil encontra regulamentação, decorrente da Constituição (art. 129, III, CR/88) e no plano infraconstitucional nas seguintes normas: art. 8º, § 1º, LACP; art. 6º, Lei 7.853/89; arts. 201, V e 223, ECA; art. 26, I, LONMP e art. 6º, LONMPU. No plano infralegal, há a resolução 23, CNMP que preconiza as principais regras procedimentais sobre o tema. Os Ministérios Públicos estaduais e o federal podem regulamentar em resoluções próprias, desde que não conflitam com a resolução do CNMP, normas específicas.[1]

Interessante mencionar que as regras que regulamentam o inquérito civil são meramente procedimentais e não processuais, portanto, a União e os estados ostentam competência concorrente para legislar sobre o tema, conforme art. 24, XI, CR/88. O STF, no bojo da ADI 1285/SP, reconheceu esta possibilidade.[2] Assim, entendo que o âmbito de regulamentação infralegal (por meio das resoluções locais) tem como limite a regulamentação infraconstitucional, mormente quando tiver como objetivo a restrição da atividade funcional dos membros do MP. A doutrina mais autorizada sobre o tema segue o mesmo entendimento afirmando que as normas assim editadas devem se manter adstritas ao espaço de conformação alcançado pela autonomia administrativa do MP, sem poder exorbitá-la.[3]

---

1. No âmbito do MPRJ vige a resolução GPGJ (Gabinete do Procurador Geral de Justiça) 2227/2018.
2. ADI 1285/SP, Pleno, rel. Min. Moreira Alves, DJe 23.03.2001 (informativo 221).
3. GARCIA, Emerson. *Ministério Público: Organização, Atribuições e Regime Jurídico*. 3ª ed. Rio de Janeiro: Lumen Juris, 2008, p. 291.

1.1. Conceito e natureza jurídica

O inquérito civil é um instrumento extraprocessual e extrajudicial de atribuição exclusiva do MP,[4] cuja finalidade é reunir os substratos mínimos para a formação do seu convencimento e possibilitar a adoção da solução mais adequada e efetiva para a tutela da coletividade, seja com a judicialização da questão (visão demandista da tutela coletiva) ou com a adoção dos demais meios de solução dos conflitos (visão resolutista da tutela coletiva). É um instrumento que não tem por fim, portanto, somente reunir um conjunto probatório para fins de judicialização, posto inserido no sistema multiportas. Há quem o considere, também, como uma cautelar preparatória probatória *sui generis*.[5] É um procedimento administrativo, sendo instrumento exclusivo da tutela coletiva. Não há a possibilidade de instauração de inquérito civil nos casos de lesão aos direitos meramente individuais, ainda que sejam indisponíveis. Nada obstante, o inquérito civil pode servir de fundamento para ação penal pública. O STF[6] e o STJ[7] admitem tal uso com certa tranquilidade. Se houver dúvida do membro do MP acerca do tema ser afeto à tutela coletiva, não deve ser instaurado inquérito civil, mas procedimento preparatório. O procedimento preparatório será analisado em tópico específico.

1.2. Características

As características principais do IC estão descritas na resolução 23, CNMP (art. 1º). Nada obstante, abordá-las-ei neste tópico tecendo as considerações relevantes.

a) **oficialidade:** o inquérito civil, por ser um procedimento administrativo, deve ser instaurado formalmente, que se dá por meio de um despacho (promoção) fundamentado do membro do MP devidamente exteriorizado por uma portaria. este formalismo indica a oficialidade (art. 2º, Res. 23, CNMP).

b) **publicidade:** como regra, o inquérito civil é público, bem como seus atos. Por meio de promoção do MP, devidamente fundamentada, em casos excepcionais, será decretado o sigilo parcial ou total (arts. 7º e 8º, Res. 23, CNMP c/c Lei 12.527/11; art. 4º, Res. 2 do CNJ/CNMP e art. 7º, XIII, XIV e XV, EOAB). Diante desta característica, surge um questionamento interessante: **aplica-se a Súmula Vinculante 14 no inquérito civil?** São encontrados dois entendimentos sobre o tema: **1ª tese: deve ser aplicada no inquérito civil.** Pela literalidade da súmula, que só faz referência a ação criminal (polícia judiciária), poderia ser concluída a inaplicabilidade, porém deve ser extraída a *ratio decidendi* desse precedente. A norma do precedente versa sobre o acesso

---

4. MACHADO, Paulo Affonso Leme. *Direito Ambiental Brasileiro*. Malheiros, 2010. p. 385

5. NEVES, Daniel Amorim Assumpção. O inquérito civil como uma cautelar preparatória probatória *sui generis*. MAZZEI, Rodrigo; NOLASCO, Rita. *Processo Civil Coletivo*. São Paulo: Quartier Latin, 2005, p. 219.

6. RE 597.727/MG, rel. p/ acórdão Min. Gilmar Mendes, j. 14.05.2016.

7. AgRg no REsp 1.319.736/MG, rel. Min. Felix Fischer, DJe 17.03.2015; AgRg no AREsp 625.101/DF, rel. Min. Reynaldo Soares da Fonseca, 5ª T., j. 18.02.2016, DJe 23.02.2016.

CAPÍTULO 16 • INSTRUMENTOS EXTRAPROCESSUAIS E EXTRAJUDICIAIS DA TUTELA COLETIVA

da defesa técnica aos autos de procedimento investigatório, porém, restrito às diligências já realizadas e formalizadas nos autos. Diligência encetada é a determinada, mas ainda pendente. Logo, a defesa técnica não pode ter acesso a essas diligências, sob pena de frustrar a investigação. A defesa técnica, em meu sentir, não pode ter acesso quando a investigação já formalizada nos autos indica quais serão as próximas diligências, mas somente àqueles que já foram integralmente encerradas. De qualquer forma, a promoção ministerial deve estar devidamente fundamentada (fundamentação adequada e específica). Como justificar a aplicabilidade da SV? Aplicação direta da técnica do *distinguishing*, que é a comparação entre o caso concreto e a *ratio decidendi* do precedente. **2ª tese: a aplicação é exclusiva para as investigações de índole criminal.** O STF proferiu decisões neste sentido.[8]

A doutrina, de uma forma geral, seguindo a linha do que aqui foi sustentado, apresenta hipóteses nas quais a publicidade merece mitigação: a) quando puder causar dano significativo à imagem do investigado; b) quando o MP teve acesso à informação sigilosa colacionada aos autos; c) quando a publicidade puder causar danos à coletividade e à efetividade procedimental.[9] Vale lembrar que a exposição indevida do investigado poderá ensejar a prática de abuso de autoridade (art. 38, da Lei 13.869/19).

c) **inquisitivo:** não há contraditório e ampla defesa. Nada obstante, é plenamente possível que o membro do MP possibilite o exercício do contraditório e da ampla defesa. O MP pode notificar o investigado para que preste esclarecimento. Pode permitir que ele indique testemunhas para serem ouvidas. O exercício do contraditório gera duas consequências importantes: i) confere mais viés democrático ao procedimento; ii) confere maior valor ao substrato probatório reunido ao longo do procedimento.

d) **dispensabilidade (art. 1º, parágrafo único, Res. 23, CNMP):** o inquérito civil é dispensável para o manejo de qualquer instrumento típico de tutela coletiva. Para celebrar TAC, acordo de leniência ou expedir recomendação será imprescindível pelo menos a existência de procedimento administrativo ou um instrumento formalizado, salvo nos casos de urgência.

e) **ausência de controle judicial da promoção de arquivamento:** o inquérito civil, no que pertine ao arquivamento, sofre controle *interna corporis*. A homologação ou não da promoção de arquivamento é da atribuição do próprio MP, sem participação judicial. O membro do MP promove o arquivamento e essa promoção sujeitar-se-á ao reexame necessário do órgão colegiado superior. No caso do MP da União é a Câmara de Coordenação e Revisão

---

8. Rcl 8458 AgRg, rel. Min. Gilmar Mendes, Pleno, j. 26.06.2013, DJe 19.09.2013; Rcl 10771 AgRg, rel. Min. Marco Aurélio, j. 04.02.2014, Dje 18.02.2014.

9. NEVES, Daniel Amorim Assumpção. O inquérito civil como uma cautelar preparatória probatória *sui generis*. Op. cit., p. 224. MAZZILLI, Hugo Nigro. *A defesa dos interesses difusos em juízo*. Op. cit., p. 339.

(art. 62, IV, c/c 171, da LC 75/93). No MP Estadual é o Conselho Superior do MP (art. 9º, § 1º da LACP).[10]

Apesar de não existir controle judicial, existe a possibilidade de controle judicial dos atos praticados no inquérito civil, com base no princípio do acesso à justiça (art. 5º, XXXV, CR/88), sempre sob o prisma da legalidade em sentido amplo, por meio de mandado de segurança, que deve ser impetrado perante o Tribunal. Diante de tal afirmação, surge a necessidade de resolver a seguinte questão: **é possível trancamento de inquérito civil por MS?** O trancamento do IC por meio do MS é juridicamente possível, mas deve ocorrer em regime excepcional, dependendo da fundamentação usada no remédio jurídico constitucional. O MS somente poderá ser aceito nos seguintes casos: a) inexistência de atribuição do membro do MP que preside o procedimento; b) inexistência de legitimidade do MP para agir no caso concreto; c) violação ao princípio do promotor natural; d) prática de atos vedados ao MP no bojo de procedimentos investigatórios. No inquérito civil o juiz não se manifesta sobre o mérito, pois isso é exclusividade do MP. Ele se manifesta apenas quanto à legalidade. Por isso, em âmbito do inquérito civil, o trancamento é excepcional, pois o juiz se manifesta sobre a legalidade. Este instrumento não poderá ser usado, portanto, para controle do mérito e das questões circunvizinhas, tais como: a) legitimidade passiva do investigado; b) inexistência do fato ou ato; c) inexistência de autoria; d) legalidade do ato ensejador da instauração do procedimento; e) ocorrência da prescrição ou decadência.

Cabe impetração de HC no bojo do inquérito civil? Em regra, não. Contudo, se for verificada possibilidade de ameaça ou de efetiva restrição à liberdade de locomoção, será possível impetração de HC. Existem infrações penais que podem ser praticados ao longo do procedimento investigatório, tais como: a) art. 10, LACP; b) art. 325, CP; c) art. 330, CP; d) art. 331, CP; e) art. 332, CP; f) art. 333, CP; g) art. 339, CP; h) art. 342, CP; i) art. 343, CP; j) art. 344, CP; k) art. 356, CP; l) art. 357, CP.

É possível expedição de mandado de condução coercitiva na seara de inquérito civil? A Resolução 23, CNMP permite. Sendo assim, existe a real possibilidade de restrição da sua liberdade, ainda que de maneira excepcional e provisória. Logo, pode ser impetrado HC. É o promotor que expede o mandado de condução coercitiva. Em meu sentir, tal instituto deveria ser evitado, porquanto o seu destinatário não estará jungido a responder todas as indagações que serão formuladas, em virtude do direito constitucional ao silêncio. Ademais, apesar do julgado ter tido como referência a seara penal, o STF reconheceu a inconstitucionalidade da condução coercitiva para fins de interrogatório[11].

---

10. Com o advento da Lei 13.964/19, com a nova redação conferida ao art. 28 do CPP, não há mais a antiga diferença entre o arquivamento do inquérito policial e o do inquérito civil, pois ambos sofrem somente o controle *interna corporis*.

11. Plenário. ADPF 395/DF e ADPF 444/DF, Rel. Min. Gilmar Mendes, j. 13 e 14/6/2018 (Info 906).

CAPÍTULO 16 • INSTRUMENTOS EXTRAPROCESSUAIS E EXTRAJUDICIAIS DA TUTELA COLETIVA **541**

Na seara do inquérito civil o judiciário exerce controle do princípio da obrigatoriedade (fiscalização anômala do princípio da obrigatoriedade)? Se não existe controle judicial do arquivamento, tampouco o órgão jurisdicional exercerá controle do princípio da obrigatoriedade. Nada obstante, se o órgão jurisdicional, ao longo da instrução processual verificar ausência de litisconsórcio necessário, poderá, por meio da intervenção *iussu iudicius* determinar a citação do litisconsorte faltante, art. 7º, III, LAP, como visto no Capítulo 6.

> f) **incomunicabilidade do separável:** o fato de existir alguma invalidade em um determinado ato processual ou procedimental não significa necessariamente que todos os demais atos posteriores serão igualmente invalidados. Isso é a incomunicabilidade do separável. Só haverá a anulação de determinado ato processual/procedimental se for dependente do ato anterior que foi invalidado.

A existência de algum vício no inquérito civil pode invalidar a ação coletiva proposta? Não. Vícios na seara do inquérito não contaminam as ações coletiva decorrentes. Suponhamos que, em sede jurisdicional, se reconheça um vício num inquérito civil: esse eventual vício não contaminará senão os atos do próprio inquérito que dele sejam necessariamente dependentes. Os eventuais vícios e nulidades do inquérito civil não prejudicam os atos que deles independam, nem, muito menos, a ação civil pública que eventualmente venha a ser ajuizada. Com efeito, ao princípio que impede que a nulidade de uma parte de um ato prejudique outros atos que dele sejam independentes dá-se o nome de princípio da incolumidade do separável.[12] Tal assertiva é tão correta quanto à independência do inquérito civil frente à demanda judicial coletiva que esta poderá ser oferecida independentemente da existência daquele.

Não se pode, portanto, falar em nulidades ou vícios do inquérito civil que tenham qualquer reflexo na ação judicial. Tais defeitos, posto possam empanar o valor intrínseco das peças de informação colhidas no inquérito, não passarão de meras irregularidades que não contaminam a ação proposta. A regra é a de que não se contamina o que é independente.[13] As informações constantes do inquérito civil podem servir em juízo, de forma subsidiária, como elementos de convicção, da mesma forma, aliás, que já ocorre no processo penal, quanto ao inquérito policial, desde que não infirmadas em juízo.

O valor do inquérito civil como adminículo probatório em juízo decorre de ser uma investigação pública e de caráter oficial. Quando regularmente instaurado, o que nele se colher ou se apurar tem validade e eficácia em juízo, como é o caso dos documentos, das perícias e das inquirições, ainda que o inquérito civil sirva essencial-

---

12. Cf. Pontes de Miranda, *Comentários ao Código de Processo Civil de 1973, art. 248.* Rio de Janeiro: Forense, 1974; *Comentários ao Código de Processo Civil de 1939.* IV. Rio de Janeiro: Forense, 1962, p. 31. V., ainda, Cap. 4, n. 7

13. MAZZILLI, Hugo Nigro. *O Inquérito Civil – Investigações do Ministério Público, Compromissos de Ajustamento e Audiências Públicas.* 4ª ed. São Paulo: Saraiva, 2015, p. 55.

mente para preparar a decisão do próprio Ministério Público de propor ou não a ação civil pública, as informações nele contidas. Por outro lado, ele ainda será levado em conta para ajudar a formar ou a reforçar a convicção do juiz, desde que os elementos nele colhidos não colidam com provas de maior hierarquia, como aquelas colhidas sob as garantias do contraditório.

g) **prazo para conclusão:** o inquérito civil tem prazo para conclusão de 1 ano prorrogável por igual período, desde que por meio de promoção fundamentada, sem limite (art. 9º, Res. 23, CNMP). No que tange ao procedimento, não tem limite, mas existe limite material que é o prazo prescricional, para quem defende a existência do regime da prescritibilidade na tutela coletiva, como visto no Capítulo 13. A doutrina defende, contudo, que a duração do procedimento deve observar uma duração razoável (art. 5º, LXXVIII, CR/88), mormente quanto puder causar prejuízos para os investigados.[14] A prorrogação do prazo para o encerramento do procedimento deve ser sempre informada ao órgão colegiado superior. **No tocante ao inquérito civil que apura a ocorrência de ato de improbidade administrativa**, há regulamentação própria, a saber: i) a instauração do Inquérito Civil ou Procedimento Administrativo[15] gera a suspensão da prescrição por, no máximo, 180 dias **corridos**; ii) a contagem do prazo prescricional retomará o seu curso com a conclusão da investigação ou, caso não concluída, pelo esgotamento do prazo; iii) o prazo para a conclusão da investigação é de 365 dias **corridos**, que somente permite uma única prorrogação; iv) a prorrogação tem o limite de 365 dias corridos e depende de promoção fundamentada e devidamente confirmada pelo órgão colegiado superior do MP; v) prazo máximo, portanto, para a duração da investigação é de 730 dias corridos, porquanto o prazo não é contado por ano, mas dias corridos; vi) com o encerramento do prazo para a conclusão da investigação, o Ministério Público terá o prazo de 30 dias para promover a ação por improbidade administrativa, caso não seja devido o arquivamento. Ora, a fixação de tal prazo para o ajuizamento da demanda não gera qualquer efeito prático, pois, ainda que não seja observado, não haverá óbice para o ajuizamento posterior, desde que não seja verificada a ocorrência da prescrição da pretensão.

---

14. DIDIER JR., Fredie; ZANETI JR., Hermes. *Curso de Direito Processual Civil – Processo Coletivo*. Op. cit., p. 274.

15. "Entendemos que a mesma regra é aplicada ao processo administrativo, mesmo que o processo administrativo tenha suas regras próprias de duração e suspensão, e mesmo que, em alguns casos, as regras de suspensão e interrupção da prescrição sejam diferentes. Isso quer dizer que, se o objetivo, a finalidade daquele ato administrativo é apurar ato de improbidade, para esse ato, valerão as regras da Lei de Improbidade, e não a dos Processo Administrativo Disciplinar correspondente ao ato que se investiga." GAJARDONI, Fernando da Fonseca; CRUZ, Luana Pedrosa de Figueiredo; JÚNIOR, Luiz Manoel Gomes; FAVRETO, Rogério. *Comentários à nova lei de improbidade administrativa*. 5ª ed. São Paulo: RT, 2021, p. 560.

CAPÍTULO 16 • INSTRUMENTOS EXTRAPROCESSUAIS E EXTRAJUDICIAIS DA TUTELA COLETIVA — 543

1.3. Procedimento preparatório

É um procedimento administrativo preparatório, como o próprio nome faz supor, do inquérito civil. A finalidade precípua é verificar se o caso é afeto à tutela coletiva (art. 2º, §§ 4º e 5º, Res. 23, CNMP). Somente deverá ser instaurado quando houver dúvidas acerca da existência de ameaça ou lesão ao direito transindividual. Caso exista a certeza da presença de um direito transindividual, deverá ser instaurado o inquérito civil. As mesmas características do inquérito civil serão aplicáveis ao procedimento administrativo. Existe uma diferença importante que é o prazo para conclusão (art. 2º, § 6º, res. 23, CNMP). O prazo para a conclusão do procedimento preparatório é de 90 dias prorrogável uma única vez por igual período, sendo de 180 dias o prazo máximo. Findo esse prazo, deverá ser aberta vista para o MP que preside o procedimento que poderá (art. 2º, § 7º, Res. 23, CNMP): (i) convolar o procedimento preparatório em inquérito civil, com a redação de uma outra portaria com numeração diversa; (ii) arquivar com a necessária submissão ao reexame necessário pelo órgão colegiado superior; (iii) propor ação coletiva; (iv) adotar os instrumentos extraprocessuais.

1.4. Fases procedimentais do inquérito civil

As fases do procedimento do inquérito civil, poderão ser divididas da seguinte forma: a) fase inicial ou de instauração; b) fase de instrução ou probatória; c) fase final ou de conclusão

a) **fase de instauração ou inicial**: a instauração tem que ser sempre por meio de portaria. Existem as seguintes formas de instauração: i) *ex officio;* ii) mediante representação; iii) por determinação do órgão colegiado superior. Não há a possibilidade de instauração mediante requisição como ocorre na seara penal, pois, além de não existir previsão legal ou constitucional, a independência funcional impede a efetividade de eventual requisição. Antes de apresentar as formas de instauração do procedimento, deve ser enfrentada a seguinte questão: **a existência de foro por prerrogativa de função influencia a atribuição para instauração do IC?**

No capítulo referente à competência sustentei o entendimento sobre a inexistência de foro por prerrogativa de função na seara da tutela coletiva. Assim, por coerência, devo sustentar a inexistência de qualquer influência para fins de instauração do IC. Nada obstante, é imprescindível notar a existência de três normas importantes para o correto deslinde do questionamento: a) art. 6º da Res. 23, CNMP: preconiza a necessária participação do PGR ou PGJ, conforme o caso, para fins de expedição de notificações, requisições e intimações; b) art. 9º-A da Res. 23, CNMP: preconiza a submissão ao reexame necessário do órgão revisional superior da promoção de declínio de atribuição, quando for em favor de membro de outro MP; c) art. 29, VIII, LONMP: atrela a atribuição para o ajuizamento da demanda com a atribuição para a instauração do respectivo procedimento investigatório. Ora, principalmente quanto à esta última norma houve uma inequívoca ligação entre a atribuição para instauração e instrução de procedimento administrativo quando o destinatário ou investigado for detentor do foro por prerrogativa de função. Não deixa de ser no mínimo curioso o fato de inexistir foro por prerrogativa de função na seara da improbidade administrativa com a indicação da atribuição do PGJ, por exemplo, para investigar e promover a respectiva demanda de improbidade em face do governador de estado. Em minha opinião, ainda que inexista a o foro por prerrogativa de função, deve ser observada a regra do órgão de execução natural, portanto, somente o PGJ poderá atuar no caso. Caso um promotor de justiça, após a individualização e identificação do investigado como detentor de foro por prerrogativa de função, deixe de promover o correto declínio de suas atribuições, haverá violação ao princípio do promotor natural. A doutrina, contudo, sustenta que esta ausência de atribuição pode ser convalidada mediante uma simples delegação (arts. 24 e 29, IX, LONMP).[16] Pode ser sustentado, ainda, sob este prisma, o cabimento de reclamação (art. 988, CPC),[17] como, aliás, já foi reconhecido pelo STF.[18]

Qual é a consequência jurídica advinda da Lei 13.869/19 (lei do abuso de autoridade) sobre a instauração dos procedimentos investigatórios da tutela coletiva?

O art. 27 da referida lei qualifica juridicamente como crime de abuso de autoridade a instauração de procedimento investigatório quando não há indício da prática do ato, exceto quando se tratar de sindicância ou investigação preliminar sumária.

A norma em comento não faz referência expressa ao inquérito civil ou ao procedimento preparatório, pois somente se aplica aos procedimentos investigatórios de infração penal ou administrativa, por determinação legal expressa. Poder-se-ia sustentar a aplicabilidade sob o argumento de que os procedimentos investigatórios da tutela coletiva ostentam o mesmo viés daqueles referidos na norma, porém, em meu sentir, tal interpretação viola regras básicas de observação dos princípios do Direito Penal, quais sejam o princípio da legalidade (art. 5º, II e XXXIX, CR/88 e art. 1º, CP), bem como o da impossibilidade da interpretação extensiva do tipo penal.

Ora, os procedimentos investigatórios da tutela coletiva não investigam, a rigor, infrações penais ou administrativas, mas lesões aos interesses transindividuais. Ainda que se busque citar o ato de improbidade administrativa como fator ensejador da aplicação da referida norma penal, não seria tecnicamente admissível tal conclusão, pois esse ato não é uma infração administrativa, mas cível com sanções igualmente cíveis.

Perceba-se que o legislador, em outras normas da mesma lei, fez expressa referência à "persecução civil" (art. 30) e "infração civil" (art. 32).

---

16. DIDIER JR., Fredie; ZANETI JR., Hermes. *Curso de Direito Processual Civil – Processo Coletivo*. Op. cit., p. 276.
17. DANTAS, Marcelo Navarro Ribeiro. *Reclamação constitucional no direito brasileiro*. Porto Alegre: Sergio Antonio Fabris, 2000, p. 459.
18. MC em Rcl 23.457/PR, rel. Min. Teori Zavascki.

CAPÍTULO 16 • INSTRUMENTOS EXTRAPROCESSUAIS E EXTRAJUDICIAIS DA TUTELA COLETIVA **545**

Por outro lado, há outras normas, tais como as ínsitas nos arts. 10, 15, 23, 25, 28, 29, 30, 31, 32 e 33, que podem gerar aplicação de tipos penais de abuso de autoridade na seara da tutela coletiva.

Quanto à instauração da demanda coletiva, vale mencionar a aplicabilidade do art. 30, que tipifica penalmente a conduta de dar início ou proceder à persecução civil sem justa causa fundamentada ou contra quem sabe inocente. Ora, se houve a instauração de um inquérito civil com a devida participação ou a oportunização da participação do investigado, penso que tal norma perde um pouco do sentido, pois além de ignorar a formação da convicção ministerial, o faz em mesma medida com a obrigatoriedade da tutela coletiva. Impende, ainda, destacar que alguns atos que são importantes para a formação da convicção ministerial demandarão a instrução judicial para tal desiderato. Nesse aspecto, portanto, não há razão alguma subjacente para a regra existir.

Outra norma que pode gerar uma completa inutilidade do inquérito civil é a presente no art. 31 que tipifica penalmente a seguinte conduta "estender injustificadamente a investigação, procrastinando-a em prejuízo do investigado ou fiscalizado." Ora, o termo "injustificadamente" enseja uma gama de interpretações gerando uma severa insegurança jurídica que poderá culminar em arquivamentos prematuros e incautos que, por seu turno, poderão ensejar punição penal em outra senda, na forma do art. 319, CP.

O MP ao instaurar um IC, ainda que seja para a tutela da coletividade, não poderá requisitar diretamente ao RGI a averbação da portaria de instauração. Deverá formular tal requerimento no plano judicial, segundo o STJ.[19] Trata-se de decisão equivocada, pois tal atuação ministerial poderá evitar que terceiros de boa-fé sejam surpreendidos com eventual tutela jurisdicional anulatória de registro por meio de ação civil pública.

As formas de instauração do inquérito civil são as seguintes:

a.1) **instauração do IC *ex officio***: quando o órgão ministerial tem ciência por meio da observação do cotidiano ou em decorrência do exercício funcional de um fato ensejador da intervenção da tutela coletiva.

a.2) **instauração do IC mediante representação**: essa representação não é condição de procedibilidade, tal como estudada no processo penal, derivada do direito de petição (art. 5º, XXXIV, CR/88). Nesta, qualquer cidadão narra um fato ensejador da atuação da tutela coletiva, seja no plano preventivo ou repressivo (art. 2º, Res. 23, CNMP). Caso o MP se convença da necessidade do manejo dos instrumentos da tutela coletiva, irá instaurar o procedimento. Por outro lado, verificando que a narrativa não possui qualquer lastro mínimo para iniciar uma investigação, quando não ostentar atribuição, legitimidade, ocorrência

---

19. RMS 58769-RJ, Rel. Min. Assusete Magalhães, 2ª T., j. 15/09/2020 (Info 680).

da prescrição, entre outros, deverá, mediante promoção fundamentada, indeferir de plano (arquivamento liminar) a representação. Neste ponto, há uma observação importante a ser feita. A promoção de indeferimento liminar da representação deverá ser submetida ao crivo (reexame necessário) do órgão colegiado superior, desde que esteja acompanhada de peças de informação, pois o art. 9º, LACP refere-se a elas como objeto, também, da promoção. Por fim, vale mencionar que a representação anônima (apócrifa) não é empecilho, desde que contenha narrativa plausível, para a instauração do procedimento (art. 2º, II e § 3º, Res. 23, CNMP). O STJ tem julgados no mesmo sentido.[20]

a.3) **por determinação do órgão colegiado superior:** esta forma de instauração decorre do reexame necessário da promoção de indeferimento da representação. Quando é oferecida representação ao MP o promotor poderá: a) instaurar procedimento preparatório ou inquérito civil; b) promover ação coletiva; c) adotar instrumentos extrajudiciais e ou extraprocessuais; d) indeferir liminarmente. A diferença na prática é que o indeferimento liminar é aquele que se promove sem qualquer diligência realizada ou quando houve diligência prévia e verificou-se que não há procedência naquela informação. O grande problema é que a representação pode vir acompanhada ou desacompanhada de peças de informação. Se estiver desacompanhada de peças de informação e o promotor indeferir, não há que se falar em reexame necessário dessa promoção (art. 9º da LACP). Esse artigo refere-se somente ao inquérito civil e em peças de informação também. Assim, a promoção de arquivamento também pode ter como objeto as peças informativas. Essa promoção de indeferimento de peça de informação equivale a promoção de arquivamento (arquivamento liminar), tal como preconizam os arts. 62, IV c/c 171, IV, LC 75/93; 10 da Resolução 23 do CNMP e 5º, Resolução 174, CNMP. Quando houver peça de informação terá reexame necessário. Nada obstante, a promoção de indeferimento é passível de recurso voluntário pelo representante ou outro legitimado coletivo. Esse recurso voluntário gera o chamado efeito regressivo ou de regressão (possibilidade do juízo de retratação). Assim, nos casos em que ocorre o reexame necessário da promoção de indeferimento, caso o órgão colegiado superior não homologue ou rejeite a promoção, a decisão vai ser ordenar a instauração do inquérito civil. O órgão colegiado superior pode, ainda, determinar a propositura da ação. A determinação do órgão colegiado superior não deve recair sobre o mesmo membro, ou seja, o órgão rejeita ou não homologa o indeferi-

---

20. RMS 30.510/RJ, rel. Min. Eliana Calmon, 2ª T., DJe 10.02.2010; RMS 37.166/SP, rel. Min. Benedito Gonçalves, 1ª T., j. 09.04.2013, DJe 15.04.2013.

CAPÍTULO 16 • INSTRUMENTOS EXTRAPROCESSUAIS E EXTRAJUDICIAIS DA TUTELA COLETIVA **547**

mento e determina a instauração, mas não pode recair sobre o mesmo membro, sob pena de violação da independência funcional.

b) **fase instrutória:** exterioriza a finalidade do inquérito civil que é reunir os substratos necessários para a atuação mediante o manejo dos instrumentos. É nessa etapa que será reunido todo o supedâneo que fundamentará à medida que for adotada, seja extraprocessual ou judicial. Essa fase instrutória está delineada na Resolução 23 do CNMP.

O vocábulo "prova", geralmente, somente é aplicado quando resulta de um procedimento em contraditório. O inquérito civil e o procedimento preparatório têm como característica a inquisitoriedade, mas nada impede que o MP proporcione contraditório e ampla defesa nessa fase. O valor do inquérito civil como prova em juízo decorre de ser uma investigação pública e de caráter oficial. Quando regularmente realizado, o que nele se apurar tem validade e eficácia em juízo, como as perícias e inquirições, ainda que sirva essencialmente o inquérito civil para preparar a propositura da ação civil pública. As informações nele contidas podem concorrer para formar ou reforçar a convicção do juiz.[21] Esse procedimento pode fundamentar a concessão da tutela da evidência (art. 311, IV, do CPC), bem como a dispensa da realização de prova pericial em juízo (art. 472, CPC).

b.1) **da (in)aplicabilidade do princípio do contraditório e da ampla defesa no inquérito civil:** como visto, uma das principais características do inquérito civil é a inquisitoriedade, portanto, forçoso concluir pela inexistência da aplicação do princípio do contraditório ao longo da instrução procedimental do inquérito civil. Existem três teses sobre o tema, que serão apresentadas ao longo do texto, assim divididas: i) **inaplicabilidade do contraditório (majoritária); ii) aplicabilidade mínima ou mitigada do contraditório; iii) aplicabilidade do contraditório pleno.** O contraditório, para o fim deste tópico, deve ser conceituado como o direito de se receber todas as informações de que necessita, de modo a se possibilitar uma possível reação[22] e possibilitar a influência na formação da convicção ministerial. Como mero instrumento de apuração de dados, o inquérito civil, a símile do que ocorre com o inquérito policial, tem caráter inquisitório, não se aplicando, em decorrência disso, os postulados concernentes ao princípio do contraditório. O texto constitucional (art. 5ª, LV), não generalizou simplesmente o contraditório e a ampla defesa nos processos administrativos. Ao contrário, impôs tais garantias aos processos em que haja litigantes ou acusados. Em outras palavras, não temos na espécie

---

21. MAZZILLI, Hugo Nigro *apud* ALVES, Rogério Pacheco e GARCIA, Emerson. *Improbidade Administrativa.* Lúmen Júris, 2010. p. 739.

22. DINAMARCO, Candido Rangel. *Fundamentos do processo civil moderno*, São Paulo: Revista dos Tribunais, 1986, p. 93; NERY JR., Nelson. *Princípios do processo civil na Constituição Federal*. São Paulo: Revista dos Tribunais, p. 137.

um processo administrativo, mas um procedimento, que se destina à apuração de um fato e de sua autoria. Possuindo natureza meramente investigatória, o inquérito civil não contém nenhuma acusação, não comporta em seu bojo uma imputação. Inexistindo acusação, por certo o investigatório também não comporta defesa: a regra, no inquérito, é a ausência do contraditório.[23] No inquérito civil, inexistem litigantes, porque o litígio, se houver, só vai se configurar na futura ação civil; nem acusados, porque o MP limita-se a apurar fatos, colher dados, juntar provas e, enfim, recolher elementos que indiciem a existência de situação de ofensa a determinado interesse transindividual indisponível. Por isso, o inquérito civil não tem partes, participantes ou acusados, razão por que não incide o dispositivo constitucional, e quando se trata de procedimento investigatório, sem objetivar, ainda, qualquer punição, não se pode pretender o contraditório e a ampla defesa.[24] Mesmo que no inquérito civil seja importante ouvir o investigado e nele se admitam e eventualmente se defiram seus requerimentos, com a efetiva participação de profissional habilitado (art. 6º, §11, da Res. 23, do CNMP), sob o aspecto técnico, não estaremos diante de um verdadeiro e próprio contraditório. Entretanto, os limites da intervenção do investigado no inquérito civil hão de ser cautelosa e discricionariamente fixados pelo presidente das investigações, sempre se tendo em conta não prejudicar a natureza e o escopo do procedimento.

Hugo Nigro Mazzilli, por exemplo, sustenta que não tem o investigado o direito de exigir seja ouvida esta ou aquela testemunha, ou seja produzida tal ou qual prova pericial. Arremata dizendo que a conveniência ou o cabimento de cada prova, requerida pelo interessado, serão avaliados discricionariamente pelo presidente do inquérito civil. Eventuais provas requeridas pelo investigado, que não tenham sido deferidas pelo presidente do inquérito civil, se for o caso poderão *opportune tempore*, ser produzidas em juízo.[25] Concordo com o ilustre autor quanto à necessidade de manifestação do MP para que a prova seja efetivamente produzida no bojo do procedimento, mas discordo quanto à impossibilidade de indicar testemunhas e sugerir diligências. Entendo que o objetivo final do procedimento é a apuração da realidade dos fatos e qualquer diligência que possa auxiliar na correta

---

23. SOUZA, Moutari Ciocchetti de. *Ação Civil Pública e Inquérito Civil*. 3ª ed. São Paulo: Saraiva, 2008, p. 115.
24. CARVALHO FILHO, José dos Santos. *Ação Civil Pública*. 4ª ed. Rio de Janeiro: Lumen Juris. p. 285; BURLE FILHO, José Emmanuel. Ação Civil Pública: principais aspectos do inquérito civil, como função institucional do Ministério Público In: MILARÉ, Édis (coord.). *Ação civil pública: (lei 7.347-85, reminiscências e reflexões após dez anos de aplicação)*. São Paulo: Revista dos Tribunais, 1995 p. 324; NERY JR., Nelson. *Princípios do processo civil na Constituição Federal*. São Paulo: Revista dos Tribunais, p. 137; GAVRONSKI, Alexandre Amaral. *Técnicas Extraprocessuais de Tutela Coletiva – A efetividade da tutela coletiva fora do processo judicial*. São Paulo: Revista dos Tribunais, p. 300; PROENÇA, Luis Roberto. *Inquérito Civil – Atuação Investigativa do Ministério Público a serviço da ampliação do acesso à Justiça*. São Paulo: Saraiva, p. 35.
25. MAZZILLI, Hugo Nigro. *O Inquérito Civil – Investigações do Ministério Público, Compromissos de Ajustamento e Audiências Públicas*. 4ª ed. São Paulo: Saraiva, 2015, p. 207/208.

CAPÍTULO 16 • INSTRUMENTOS EXTRAPROCESSUAIS E EXTRAJUDICIAIS DA TUTELA COLETIVA

elucidação deles deve ser autorizada. Assim, somente as provas e diligências meramente protelatórias e inúteis, por meio de promoção expressa com fundamentação adequada e específica, deverão ser indeferidas pelo MP. De tudo o que foi dito é possível concluir que o contraditório nos procedimentos administrativos somente deverá ser observado nas hipóteses em que houver litigiosidade genuína, ou seja, quando deles puder resultar a aplicação de sanção ou de qualquer imposição aos administrados, diretamente pela Administração, sem se exigir prévia manifestação por parte do Poder Judiciário.[26] Com base neste ponto de vista, não se exige a observância das garantias do contraditório em sede de inquérito civil, tal como exigível no curso de uma relação jurídica processual, mas pode-se afirmar a aplicação de um contraditório mitigado.[27] A jurisprudência, inclusive do STJ,[28] por seu turno, não destoa do que a doutrina defende.

Sendo inaplicável, pois, o princípio do contraditório e da ampla defesa, não pode ser exigido do MP que acolha peças de contestação, indicação de testemunhas de defesa, pedido de alegações escritas ou orais e outros semelhantes. Nada impede, é verdade, que o órgão que presida o inquérito civil atenda a pedidos formulados por interessados, mas se o fizer será apenas para melhor constituição dos dados do procedimento.[29] Em minha visão, apesar de concordar com a inexistência do contraditório pleno, posto relacionado à relação jurídica processual, é recomendável, como já indicado, que o membro do MP, sempre que possível, realize um mínimo contraditório (mitigado) com o fim de obter um substrato probatório ainda mais robusto para corroborar o convencimento definitivo na fase de conclusão do IC. Esta adoção do contraditório mínimo sustentado por parte da doutrina[30] informa o que se convencionou chamar de processualização dos procedimentos. Com o advento da nova LIA (art. 22, parágrafo único), o investigado tem o direito de ser oportunizada a sua manifestação por escrito e juntada de documentos o que, em meu sentir, confere às investigações de improbidade administrativa o contraditório na forma aqui sustentada. Assim, o investigado poderá ter a sua participação ao longo do procedimento com a apresentação de requerimentos, indicação de diligências, indicação de testemunhas e possibilidade de confrontar documentos e perícias juntadas. O art. 22, parágrafo único da LIA c/c art. 6º, §11, da Res. 23, do CNMP, tem o condão de gerar a invalidação de atos que forem praticados sem a oportunização de manifestação

---

26. SILVA, Paulo Márcio da. *Inquérito Civil e Ação Civil Pública – Instrumentos da Tutela Coletiva*. Belo Horizonte: Del Rey. 2000, p. 133.
27. DIDIER JR., Fredie; ZANETI JR., Hermes. *Curso de Direito Processual Civil – Processo Coletivo*. Op. cit., p. 262.
28. RESP 849.841/MG, Rel. Min. Eliana Calmon, 2ª T., j. 28.08.2007. Demais precedentes que seguem o mesmo entendimento: RESP. 644.994/MG; RESP 886.137/MG; RMS 8716/GO.
29. NERY JR., Nelson. *Princípios do Processo Civil na Constituição Federal*. 7ª ed. São Paulo: Revista dos Tribunais, 2002, p. 141.
30. DIDIER JR., Fredie; ZANETI JR., Hermes. *Curso de Direito Processual Civil – Processo Coletivo*. Op. cit., p. 264; LOPES JR., Aury. *Sistemas de investigação preliminar no processo penal*. 4ª ed. Rio de Janeiro: Lumen Juris, 2006, p. 293.

do investigado por meio da sua defesa técnica.[31] Não se trata de um contraditório pleno, pois, a depender do caso concreto, não será recomendável a participação do investigado no ato, porém, a inobservância injustificada das regras indicadas poderá ensejar, por exemplo, a rejeição da inicial da ação por improbidade administrativa (art. 17, §6º-B, da LIA).

A adoção deste contraditório mínimo ou mitigado, como sustento, pode gerar dois efeitos processuais de extrema relevância para a máxima efetividade da tutela jurisdicional coletiva: a) possibilidade de obtenção da tutela da evidência na forma do art. 311, IV, CPC; b) possibilidade de dispensa da prova pericial, conforme preconiza o art. 472, CPC. Ora, quanto maior for a incidência do contraditório[32], maior será a força probante dos elementos colhidos ao longo do inquérito civil (legitimidade, validade e eficácia da formação do convencimento).[33] O STF[34] possui decisão no sentido de ser dispensável o contraditório no bojo do IC, bem como o STJ[35], mas são entendimentos anteriores à nova LIA.

Não posso concordar, contudo, sob pena de desvirtuar por completo o IC, com a aplicação do contraditório pleno como forma de efetivar a melhor solução para a tutela coletiva. [36]Há quem, de forma ainda mais radical, sustente que a demanda coletiva lastreada em IC sem a observância do contraditório pleno, deve ser inadmitida, por ausência de requisito processual de validade, conforme art. 485, IV, CPC.[37]

Para deixar ainda mais clara a minha posição, deve ser aplicado um contraditório mínimo ao IC, assim disposto: a) notificação, sempre que possível e condizente com o ato investigado, do investigado dando-lhe ciência da instauração do procedimento e fixação de prazo para a resposta, tal como prevê o art. 22, parágrafo único, da LIA,

---

31. "Essa readequação parece ser direcionada a admitir-se em regra o contraditório tradicional, ao menos quanto ao previsto pelo dispositivo ora comentado, e excepcionalmente aplicar-se o contraditório diferido, quando a instrução estiver numa etapa sigilosa. Depois da prova já ter sido produzida, não há mais perigo na ciência do investigado, sendo aí admissível seu acesso completo aos autos do inquérito, com direito à manifestação escrita e produção de prova documental." NEVES, Daniel Amorim Assumpção; OLIVEIRA, Rafael Carvalho Rezende. *Comentários à reforma da lei de improbidade administrativa.* Rio de Janeiro: Forense, 2022, p. 127.

32. "(...) o contraditório é verdadeira condição de existência e validade das provas. Não são provas as que não forem produzidas em contraditório, pois o contraditório é exigência impostergável em todos os momentos da atividade instrutória." GRINOVER, Ada Pellegrini. *A marcha do Processo.* Rio de Janeiro: Forense Universitária, 2000, p. 441.

33. "Quer dizer, quanto maior o contraditório havido na colheita extrajudicial da prova, maior seria o valor emprestado pelo juiz a ela no momento do julgamento da ação de improbidade administrativa. Para esses autores seria lícito, inclusive, ao juiz dispensar, nessas condições de contraditório extrajudicial pleno, a renovação da prova em juízo, principalmente quanto às perícias realizadas por órgãos públicos oficiais (que serão os mesmos, em regra, a realizar a prova judicialmente ordenada). GAJARDONI, Fernando da Fonseca; CRUZ, Luana Pedrosa de Figueiredo; JÚNIOR, Luiz Manoel Gomes; FAVRETO, Rogério. *Comentários à nova lei de improbidade administrativa.* 5ª edição, São Paulo: RT, 2021, p. 521.

34. RE 481.955 EDcl/PR, Rel. Min. Cármen Lúcia, 1ª T., j. 10.05.2011.

35. HC 175.596/MG, Rel. Min. Laurita Vaz, 5ª T., j. 27.11.2012.

36. CAVACO, Bruno de Sá Barcellos. O inquérito civil como instrumento efetivo e resolutivo na tutela dos interesses transindividuais – desjudicialização, contraditório e participação. *Revista de Processo.* São Paulo: Revista dos Tribunais, 2015, v. 40, n. 247, p. 325/333.

37. TUCCI, Rogério Lauria. Ação civil pública: falta de legitimidade e de interesse do Ministério Público. *Revista dos Tribunais.* São Paulo: Revista dos Tribunais, 1997, nº 745, p. 83-84.

CAPÍTULO 16 • INSTRUMENTOS EXTRAPROCESSUAIS E EXTRAJUDICIAIS DA TUTELA COLETIVA **551**

que deve ser usado, por força do microssistema da tutela coletiva, aos demais casos; b) convocação de reuniões e audiências públicas, com a devida ciência e participação do investigado; c) após a devida avaliação da conveniência procedimental, juntar aos autos os documentos fornecidos, expedir requisições e notificações das testemunhas, conforme requerido pelo investigado; d) notificação e participação, sempre que conveniente para o procedimento, do investigado na realização de inspeções e perícias, mormente quando irrepetíveis; e e) notificação para ciência, sempre que for conveniente para o procedimento, do convencimento definitivo do membro do MP com o fim de obter esclarecimentos e possibilitar o manejo de algum instrumento que possa evitar a judicialização do tema.

> b.2) **da valoração das provas e do ônus da prova:** é cediço que o inquérito civil será parte integrante da relação jurídica processual. Desta forma, caberá tão somente ao juízo, com base no princípio do livre convencimento, verificar a necessidade de produção de outras provas, caso requerido e justificado.[38] O juiz tem liberdade para apreciar e valorar as provas que entender suficientes ao seu convencimento, cabendo ao magistrado decidir pela produção somente das que entender necessárias. Naturalmente, como se trata de investigação de caráter inquisitivo, é apenas relativo o valor dos elementos de convicção hauridos do inquérito civil, à guisa, aliás, do que ocorre com procedimentos similares. Quaisquer informações colhidas nos processos ou procedimentos administrativos podem ser contrastadas em juízo, sob as garantias do contraditório. E o valor das provas colhidas no inquérito civil ainda aumenta quando colhidas com a presença do advogado do investigado. Porque vigora em nosso sistema o princípio do livre convencimento, não está o juiz restrito a provas tarifadas, exceto nos poucos casos previstos em lei; assim, nada mais natural possa ele recorrer subsidiariamente aos elementos de convicção existentes no inquérito civil, como, aliás, já se dá em relação ao inquérito policial, no processo criminal. A doutrina bem colocou a questão análoga, atinente ao valor que em juízo podem ter as peças produzidas no inquérito policial. Como registrou Eduardo Espínola Filho, nada obsta, antes tudo aconselha, a que se valha o magistrado da prova existente no inquérito civil, "com o convencimento de ser ela a verdadeira, não a havendo anulado fatos ou circunstâncias mais fidedignas, conseguidos na instrução criminal".[39]

---

38. "os elementos de convicção colhidos no Inquérito Civil são meios de prova, pois se são aptos para formar a opinião jurídica do membro do Ministério Público, de certo também o são para o magistrado, que poderá livremente analisar o material obtido e avaliar se aquela convicção formada pelo procurador ou promotor procede ou não." QUEIROZ, Ronaldo Pinheiro. *A eficácia probatória do Inquérito Civil no processo judicial*: uma análise crítica da jurisprudência do STJ. *Revista de Processo*, vol. 146, p. 189. São Paulo: RT, abr. 2007.

39. *Código de Processo Penal Brasileiro Anotado, I, n. 41, comentários ao artigo 4º do CPP.* Rio de Janeiro: Rio, 1976, p. 257.

Nessas condições, não haverá razão para repetir em juízo provas validamente colhidas no inquérito civil. As provas colhidas no inquérito civil, uma vez que instruem a peça vestibular, incorporam-se ao processo, devendo ser analisadas e devidamente valoradas pelo julgador. As provas colhidas no inquérito têm valor probatório relativo, porque colhidas sem a observância do contraditório, mas só devem ser afastadas quando há contraprova de hierarquia superior, ou seja, produzida sob a vigilância do contraditório.

Ademais, o inquérito civil é um procedimento administrativo cujo objetivo primordial é a persecução de substrato mínimo para a adoção dos instrumentos existentes típicos da tutela coletiva, ou seja, visa a instruir a formação do convencimento do membro do MP a fim de provê-lo de fundamentos para a propositura das demandas coletivas. O STJ segue o mesmo entendimento.[40] Ora, após o encerramento do inquérito civil pela propositura da demanda coletiva, as provas, então produzidas em seu bojo, são submetidas ao crivo do contraditório e da ampla defesa na esfera judicial. Todo o lastro derivado da instrução ínsita no inquérito civil é coligido aos autos judiciais com a natureza jurídica de prova documental, que, como ocorre com todas as provas documentais, será oportunamente submetida ao crivo do contraditório.

Por fim, o sempre percuciente Daniel Assumpção de Amorim Neves, em trecho lapidar da sua obra, arremata que seria um manifesto equívoco imaginar-se que somente as provas produzidas em juízo podem ser valoradas pelo juiz no caso concreto, existindo outros requisitos muito mais importantes na produção da prova que a participação do juiz. O respeito ao contraditório é certamente o maior deles, devendo a prova ter uma maior carga probatória conforme mais respeito tenha sido concedido a tal princípio no caso concreto, independentemente do responsável pela condução da produção probatória.[41]

Todos os elementos de defesa e os meios de prova deverão ser apresentados pelo interessado oportunamente, quando já instaurada a ação coletiva. A finalidade da prova é convencer o juiz a respeito da verdade de um fato litigioso. Busca-se a verdade processual, ou seja, a verdade atingível ou possível. Esta verdade emerge durante a lide, podendo corresponder à realidade ou não, embora seja com base nela que o magistrado deve proferir sua decisão. O objeto da prova, primordialmente, são os fatos, que as partes pretendem demonstrar, ou melhor, as alegações que as partes formulam acerca dos fatos narrados. Quanto ao ônus de provar, trata-se do interesse da parte que alega o fato possui de produzir prova ao juiz, visando fazê-lo crer na sua argumentação. Como regra, no processo civil, o ônus da prova, quanto aos fatos constitutivos do direito, é da parte autora, que apresenta a imputação em juízo através da petição inicial (art. 373, I, CPC). Entretanto, o réu pode chamar para

---

40. RESP 849.841/MG, Rel. Min. Eliana Calmon, 2ª T., Dj 11.09.2007. RESP 476.660/MG, Rel. Min. Eliana Calmon, 2ª T., Dj 04.08.2003; RESP 644.994/MG, Rel. Min. João Otavio de Noronha, 2ª T., Dj 21.03.2005.
41. O inquérito civil como uma cautelar preparatória probatória *sui generis*. In: MAZZEI, Rodrigo; NOLASCO, Rita (coords.) *Processo Civil coletivo*. São Paulo: Quartier Latin, 2006.

si o interesse de produzir prova, o que ocorre quando alega, em seu benefício, algum fato que propiciará a extinção, modificação ou impedimento ao direito ventilado pelo autor, conforme preceitua o art. 373, II, CPC.

b.3) **produção antecipada de prova:** conforme já mencionado, o fim do IC é a formação de um conjunto probatório para adoção dos instrumentos típicos de tutela coletiva. Caso a questão seja judicializada, o acervo probatório será devidamente valorado no bojo da relação jurídica processual. Parte da doutrina aproxima o IC da produção antecipada de prova, mormente quando o procedimento administrativo se desenvolveu sob o pálio do contraditório.[42] Se assim o for, conforme já indiquei, o acervo probatório do IC poderá dispensar a realização da prova pericial (art. 472, CPC). É óbvio que a existência de um IC não impede a realização de uma ação probatória autônoma, mas se o procedimento seguir o contraditório mínimo, conforme sustento, será despicienda. Considerando que o CPC/15 ampliou o objeto das ações probatórias autônomas (art. 381, CPC) para todas as espécies de provas e sem a necessidade de demonstração da situação de urgência, será possível sustentar a criação de lastro probatório mínimo a ensejar a atuação dos legitimados coletivos, principalmente aqueles que não podem presidir o IC, por meio da ação probatória autônoma.[43] Interessante notar que o STJ[44], ao abordar o procedimento da produção antecipada de prova, definiu que o art. 382, § 4º, do CPC não pode ser interpretado em sua acepção literal, de modo a obstar qualquer manifestação da parte adversa no procedimento de antecipação de provas, em detida observância do contraditório.

Tema interessante a ser abordado é o procedimento previsto no art. 397, do CPC que, ao ser alterado, passou a exigir somente a referência à categoria de documento ou coisa, sem a necessidade de individualização. Tal alteração gerou uma aproximação do nosso sistema com o sistema norte-americano do *discovery*,[45] portanto, o Ministério Público na inicial deverá, com base nos deveres de cooperação e boa-fé objetiva (arts. 5º e 6º, do CPC) juntar todos os documentos que foram

---

42. NEVES, Daniel Amorim Assumpção. O inquérito civil como uma cautelar preparatória probatória *sui generis*. Op. cit., p. 244.
43. DIDIER JR., Fredie; ZANETI JR., Hermes. *Curso de Direito Processual Civil – Processo Coletivo*. Op. cit., p. 272.
44. REsp 2.037.088-SP, Rel. Min. Marco Aurélio Bellizze, 3ª T., por unanimidade, j. 07.03.2023, DJe 13.03.2023.
45. "Instituto que compreende todo um título (título V) do estatuto processual civil norte-americano (Federal Rules of Civil Procedure) e quer significar o dever de exibição e produção compulsória de documentos e informações requeridas pela parte adversa no processo. É dotado de diversas ferramentas para efeito de operacionalização." GLANNON, Joseph W.; PERLMAN, Andrew M.; RAVEN HANSEN, Peter. *Civil Procedure*. A Coursebook. 3th Ed., New York: Wolters Kluwer, 2017, p. 830-831. Apud GURGEL. André Luís Holanda. "Transplante legal dos institutos da disclosure e discovery por intermédio das convenções processuais no Brasil". Dissertação de mestrado apresentada na Universidade Vale do Itajaí, 2020, p. 12.

coligidos aos autos do inquérito civil, ainda que não utilizados para fundamentar a pretensão. É o que o sistema norte-americano denomina de *disclosure*.[46]

b.4) poderes investigatórios do MP no inquérito civil: são amplos, ou seja, os mesmos poderes investigatórios que o MP possui na seara criminal, ostentará na seara cível. Pode realizar, por exemplo: diligências diretamente ou mediante determinação; pode ir diretamente ao local; pode convocar audiência pública; poder de requisição, que como regra é amplo, mas dependendo do destinatário da requisição terá que observar qual órgão terá atribuição para expedir a requisição (exemplo: promotor não pode requisitar diretamente informações dos Ministros de Estado, Governador, conselheiros do TCU, tem que fazer via Procurador Geral de Justiça. Então, o promotor informa ao PGJ que precisa da informação e a requisição é expedida, sem a possibilidade de sua recusa, pois não faz juízo de valor, que é do promotor oficiante). Outro ponto sensível ao poder de requisição é o acesso às informações sigilosas. Com efeito, existem 3 tipos de sigilo: **i) contratual; ii) legal; iii) constitucional.**

Sigilo contratual: é aquele que decorre diretamente de uma determinada relação jurídica de direito material entre o destinatário da requisição e um terceiro, como ocorre nos contratos com cláusula de confidencialidade. Este tipo de sigilo, por certo, não é oponível ao MP, nada obstante, o órgão de execução que requisita essa informação assume o dever de não publicizar a informação que ele obteve. O ônus argumentativo aumenta.

Sigilo legal: é o sigilo decorrente de norma infraconstitucional. O art. 8º, § 2º, da LACP preconiza ser o sigilo legal oponível ao MP, mas essa redação é anterior à CR/88, antes da nova feição do MP, antes que se ventilasse os poderes investigatórios do MP. Poder-se-ia afirmar que o poder de investigação do MP encontra essa barreira. O melhor entendimento, contudo, é que o sigilo legal não é oponível ao MP, sob pena de esvaziamento do seu poder de requisição. E o sigilo profissional? É sigilo legal. Pode o MP requisitar diretamente informações derivadas do exercício de determinada atividade profissional? Pode o MP ter acesso diretamente a um prontuário médico? Em meu sentir, o sigilo profissional não é oponível ao MP, apesar de relacionado ao livre exercício da profissão. A requisição com tal de-

---

46. "Categoria com assento na regra 26(a)(1)(2)(3) do estatuto processual civil norte-americano (Federal Rules of Civil Procedure) e que diz com a obrigação de revelação de documentos e informações relacionados a determinado caso à parte adversa, sem que se faça necessário qualquer requerimento prévio. Um instituto que concretiza um dever de boa-fé objetiva." GLANNON, Joseph W.; PERLMAN, Andrew M.; RAVEN HANSEN, Peter. Civil Procedure. A Coursebook. 3th Ed., New York: Wolters Kluwer, 2017, p. 824-829. Apud GURGEL. André Luís Holanda. "*Transplante legal dos institutos da disclosure e discovery por intermédio das convenções processuais no Brasil*". Dissertação de mestrado apresentada na Universidade Vale do Itajaí, 2020, p. 12.

CAPÍTULO 16 • INSTRUMENTOS EXTRAPROCESSUAIS E EXTRAJUDICIAIS DA TUTELA COLETIVA **555**

siderato não violaria a liberdade do exercício de profissão. O sigilo profissional é espécie de sigilo legal, portanto, inoponível ao MP, mas quanto maior a escala de sigilo, maior é o ônus argumentativo do membro do MP ao formular a sua linha de fundamentação, bem como a sua requisição.

Sigilo constitucional: é aquele determinado diretamente pela CR/88 (art. 5º, XII). As informações resguardadas pelo sigilo constitucional, que são pertinentes neste momento, são: a) sigilo bancário; b) sigilo fiscal; c) sigilo das comunicações telefônicas.

Sigilos bancário e fiscal: referem-se às informações de transações financeiras e fiscal, bem como aos saldos nas contas (correntes, poupança e investimentos) dos destinatários da requisição. No tocante às informações referidas, não poderá ser realizada requisição direta em sede de procedimento administrativo, pois dependerá sempre de intervenção jurisdicional. Assim, o MP, no bojo do IC, não poderá formular tal requisição, mas poderá/deverá formular requerimento ao órgão jurisdicional competente para que seja, então, expedida a requisição, porquanto são informações que estão sob a proteção do art. 5º, X, da CR/88, apesar da proteção estar delineada nos arts. 3º e 4º, da LC 105/01 c/c 198, do CTN. Penso que a combinação entre os arts. 129, VI, da CR/88 e 26, da LONMP não infirmam tal conclusão. Tal requerimento pode ser formulado em demanda "preparatória" que antecede a principal ou no bojo da inicial desta.

Apesar disso, três pontos merecem destaque: **a) possibilidade da Receita Federal quebrar o sigilo bancário diretamente** (sem a necessidade de judicializar a questão), conforme preconiza o art. 6º, LC 105/01, com o devido reconhecimento, pelo STF, da sua constitucionalidade;[47] **b) possibilidade da Receita Federal compartilhar as informações decorrentes da quebra de sigilo bancário e fiscal com o MP sem a necessidade de intervenção judicial**, pois todos os órgãos envolvidos têm a obrigação de sigilo em relação às informações, tanto para a esfera cível quanto criminal.

O STF, em decisão lapidar e correta, reconheceu tal possibilidade por entender que não há, em verdade, uma quebra de sigilo, mas uma transferência de informações sigilosas[48], ratificado posteriormente em sede de repercussão geral no bojo do RE 1.055.941. Com efeito, o STF, ao julgar o RE 1.055.941/SP, em sede de repercussão geral, firmou a orientação de que é constitucional o compartilhamento dos relatórios de inteligência financeira da UIF e da íntegra do procedimento fiscalizatório da Receita Federal do Brasil – em que se define o lançamento do tributo – com os órgãos de persecução penal para fins criminais sem prévia autorização judicial, devendo ser resguardado o sigilo das informações em procedimentos formalmente instaurados e sujeitos a posterior controle jurisdicional (Tema 990).

---

47. RE 601.314/SP, Rel. Min. Ricardo Lewandowski, j. 20.11.2009. Vide as ADIs 2386, 2390, 2397 e 2859.
48. RE 1.057.667/SE, 1ª T., Rel. Min. Luis Roberto Barroso, j. 12.12.2017.

O STJ, por intermédio da 3ª Seção,[49] realizando uma interpretação correta, no mérito, mas não na forma, em meu sentir, do Tema 990 (RE 1.055.941/SP), definido pelo STF, decidiu ser ilegal a requisição direta à Receita Federal, porquanto sem autorização judicial, de dados fiscais pelo Ministério Público. O STJ, ao interpretar o precedente do STF não aplicou o *distinguishing*, como método, mas indicou uma nova forma de interpretação do que restou definido. Parece-me mais um *overriding/modifying* por meio do *narrowing*, pois houve um estreitamento da *ratio decidendi*.

Diante de tal quadro, algumas considerações são salutares: i) O Tema 990 refere-se ao procedimento já instaurado pela Receita Federal com o lançamento do tributo, salvo melhor juízo; ii) No julgado em testilha, porém, não havia um procedimento formalizado, portanto correta a decisão do STJ. A referência à urgência, em meu sentir, não deveria figurar com um *standard* a ser observado; iii) O STJ já permitiu o uso de informações, por meio de auxílio direto sem a participação da Autoridade Central, requisitadas diretamente pela autoridade investigativa estrangeira (com quebra de sigilo), pelo MP em processo judicial em curso em nosso território, com a devida observância dos *standards* fixados no ARESP Nº 701.833/SP; iv) O art. 8º da LC 75/93 versa sobre o poder de requisição do MP e, portanto, deve ser considerado para fins de análise do tema; v) O STF reconheceu a possibilidade de a Receita Federal compartilhar as informações decorrentes da quebra de sigilo bancário e fiscal com o MP sem a necessidade de intervenção judicial, conforme decidido no RE 1.057.667/SE; vi) O STF reconheceu a possibilidade de o MP requisitar diretamente, sem a necessidade da intervenção judicial, informações bancárias referentes às verbas públicas, conforme decidido no RHC 133.118/CE.

Por outro lado, o STJ,[50] ao analisar o caso no qual a autoridade policial solicitou diretamente ao COAF o envio dos relatórios de inteligência financeira, sem a existência de autorização judicial, situação, portanto, diversa da análise pelo STF, reconheceu a ilicitude. O mesmo ocorreu no caso no qual o Ministério Público requisitou diretamente à Receita Federal do Brasil o envio da declaração de imposto de renda de determinadas pessoas.[51]

c) **possibilidade de o MP requisitar diretamente, sem a necessidade da intervenção judicial, informações bancárias referentes às verbas públicas,** o poder do MP de requisitar informações bancárias de conta corrente da Prefeitura compreende, por extensão, o acesso aos registros das operações bancárias realizadas por particulares a partir das verbas públicas creditadas naquela conta, a fim de se ter acesso ao real destino dos recursos públicos. Trata-se de mais uma excelente decisão do STF que permitirá uma maior celeridade e efetividade nas investigações sobre os desvios e malversação das verbas públicas.[52] O STJ, por seu turno, sempre reconheceu a

---

49. RHC 82.233-MG, Rel. Min. Sebastião Reis Júnior, 3ª Seção, por maioria, j. 09.02.2022.
50. RHC n. 147.707/PA, Rel. Min. Antonio Saldanha Palheiro, 6ª T., j. 15.08.2023.
51. 3ª Seção , RHC n. 83.233/SP.
52. RHC 133.118/CE, 2ª T., Rel. Min. Dias Toffoli, j. 26.09.17.

possibilidade jurídica da simultaneidade de procedimentos investigatórios (penal e cível) para apurar um mesmo fato,[53] bem como a **possibilidade de prova emprestada entre o inquérito policial e o civil;**[54] **d) auxílio direto com a possibilidade de acesso direto do Ministério Público aos dados fiscais do investigado mantidos no exterior:** o STJ, no bojo do AREsp nº 701.833/SP, reconheceu a validade da prova e a possibilidade da sua valoração em nosso sistema jurídico, por meio do auxílio direto (art. 28, do CPC), sem a necessidade de participação da denominada autoridade central. No caso concreto, a autoridade investigativa estrangeira, porquanto autorizada em seu sistema jurídico, quebrou diretamente o sigilo fiscal do investigado, sem a participação do Poder Judiciário. Com a obtenção do relatório derivado dessa quebra direta, o Ministério Público aqui no Brasil solicitou, por meio do Auxílio Direto, o compartilhamento desse resultado para usar em uma investigação por ato de improbidade administrativa. O STJ, assim, decidiu ser possível tal compartilhamento direto, sem a participação da autoridade central, com a possibilidade do uso (plano da validade) e da valoração (plano da eficácia) tanto no âmbito investigativo, quanto no judicial. Para tal desiderato, devem ser observadas as seguintes diretrizes: i) observância das regras processuais vigentes no sistema jurídico estrangeiro (origem da informação compartilhada); ii) a prova produzida no exterior é regulada pela lei do local de sua produção ou do cumprimento da diligência; iii) observância das garantias processuais do investigado.

Sigilo das comunicações telefônicas é o que se refere ao acesso ao teor da conversa realizada por meio de telecomunicações. Entretanto, tal sigilo não abrange, ao meu sentir, o acesso às ligações telefônicas e dados, ou seja, pode haver acesso às seguintes informações: lista de contatos, ligações recebidas, ligações efetuadas e os seus respectivos dias e horários. Pode, considerando este discurso, o membro do MP requisitar essas informações diretamente para a concessionária de telefonia. A interceptação telefônica, que não se confunde com as hipóteses apresentadas, não pode acontecer na seara cível diretamente, mas o compartilhamento dessas informações, oriundas da seara penal, pode acontecer, mesmo que essas informações sejam oriundas de quebra do sigilo, pois serão transportadas para a seara cível como prova documental. Então, não haverá nova quebra, que já aconteceu (art. 372, CPC). O STF já decidiu no mesmo sentido.[55] Interesse questão é saber se o MP poderá, no bojo de um IC, requerer diretamente aos provedores de internet e congêneres informações. O STJ, apesar de serem casos criminais, tende a aceitar a atuação diretamente do MP nesses casos, a saber: i) O requerimento de simples guarda dos registros de acesso a aplicações de internet ou registros de conexão por prazo superior ao legal, feito por autoridade policial, administrativa ou Ministério Público, prescinde de prévia

---

53. RMS 37.679/RR, 2ª T., Rel. Min. Herman Benjamin, j. 15.08.2013, DJe 02.02.2015.
54. MS 15.907/DF, 1ª Seção, Rel. Min. Benedito Gonçalves, j. 14.05.2014, DJe 20.05.2014.
55. AgRg no Inq 3305

autorização judicial;[56] ii) Tendo e vista a obrigação legal de guarda de registros de conexão e de acesso a aplicações de internet, é possível, desde que preenchidos os requisitos legais, impor aos provedores o dever de fornecer os nomes ou domínios das sociedades empresárias que patrocinam links na ferramenta "Google Ads" relacionados à determinada expressão utilizada de forma isolada ou conjunta, pois tal medida representa mero desdobramento daquelas obrigações. O provedor de internet deve manter armazenados os registros relativos a patrocínio de links em serviços de busca pelo período de 6 (seis) meses contados do fim do patrocínio e não da data da contratação.[57] Penso que são hipóteses plenamente aplicáveis em sede de tutela coletiva.

c) **fase de encerramento ou conclusão:** nessa fase, o MP, com a formação do seu convencimento definitivo, irá praticar, com a devida fundamentação adequada e efetiva, um dos seguintes atos: a) solução judicial: propositura da demanda coletiva; b) solução extraprocessual ou extrajudicial de resolução do conflito; c) promoção de arquivamento.

c.1) **solução judicial:** propositura da ação coletiva, qualquer uma, desde que a mais adequada e efetiva, tal como visto no Capítulo 7, no tópico referente ao princípio da não taxatividade das demandas coletivas. Se o MP propuser a ação coletiva qual será o destino do IC? Ele foi encerrado, mas tecnicamente não deve ser arquivado, pois apenas foi encerrado com a propositura da ação, passando a instruir a ação. Assim, não deverá ser submetido ao reexame necessário do órgão colegiado superior, pois será parte integrante do processo.

c.2) **solução extraprocessual ou extrajudicial:** serão adotadas as medidas de redução da litigiosidade: TAC; acordo de leniência, recomendação e ANPC. O MP poderá, após a fase instrutória do IC, adotar uma destas medidas, que serão abordadas em tópico específico.

c.3) **promoção de arquivamento:** caso o MP se convença da inexistência do fato, da inexistência de autoria, da regularização do ato supostamente lesivo ou da ocorrência da prescrição ou decadência, deverá, mediante promoção expressa e fundamentada, promover o arquivamento do IC, conforme preconizado nos arts. 9º LACP e 10 e 18 da Resolução 23 do CNMP. Considerando a importância do tema, será abordado em tópico específico.

---

56. HC 626983-PR, Rel. Min. Olindo Menezes (Desembargador Convocado do TRF da 1ª Região), 6ª T., j. 08/02/2022 (Info 724).

57. REsp 1961480-SP, Rel. Min. Nancy Andrighi, 3ª T., j. 07/12/2021 (Info 721).

CAPÍTULO 16 • INSTRUMENTOS EXTRAPROCESSUAIS E EXTRAJUDICIAIS DA TUTELA COLETIVA

2. PROMOÇÃO DE ARQUIVAMENTO

Conceitualmente é a promoção que exterioriza o convencimento definitivo do órgão de execução com atribuição que presidiu o inquérito e que verificou a inexistência do fato, do dano ou da autoria, ou a prescrição e a decadência. A promoção de arquivamento tem que ser expressa e fundamentada. O detalhe é que a regra do art. 489, § 1º do CPC, também se aplica ao MP. O controle da promoção de arquivamento do IC é *interna corporis*, portanto, não há controle judicial da promoção de arquivamento. Haverá, portanto, o reexame necessário do órgão colegiado superior, sob pena de falta grave, conforme preconiza o art. 9º, LACP.[58]

2.1. Arquivamento implícito

Uma questão referente à promoção de arquivamento que gera repercussão de ordem prática é a possibilidade de ser reconhecido o arquivamento implícito do IC. Inicialmente, vale mencionar que toda promoção de arquivamento deve ser expressa e fundamentada, conforme preconizam as normas regulamentadoras (art. 9º, LACP, art. 10 da Resolução 23 do CNMP). Além das normativas infraconstitucionais, incide sobre o tema a norma jurídica constitucional ínsita no art. 129, VII, CR/88, a qual lista as funções institucionais do MP.

O art. 13 da Res. 23, CNMP induz a conclusão da possibilidade de ocorrência de arquivamento implícito objetivo (relativo aos fatos) decorrente da propositura de ação coletiva que não aborde todos os elementos objetivos (fatos investigados) do procedimento investigatório. Apesar da normativa referir-se somente aos aspectos objetivos, a doutrina também admite para os aspectos subjetivos (sujeitos investigados), quando a demanda coletiva proposta não abrange todos os sujeitos investigados, o que poderia ser considerado como arquivamento implícito subjetivo. Também poderá, seguindo esta premissa conceitual, ser considerado como arquivamento implícito o caso de a promoção de arquivamento apresentar deficiência argumentativa a ponto de não abordar elementos subjetivos (pessoas investigadas) e objetivos (fatos investigados) do procedimento, sem que o órgão colegiado superior tenha realizado a efetiva correção, com a indevida homologação desta promoção.[59]

Apesar da normativa existente ensejar a impossibilidade jurídica do arquivamento implícito, a doutrina ventila esta possibilidade, apesar de não recomendada, nos casos em que o membro do MP instaura IC para apuração de mais de um fato lesivo ao ordenamento ou para apurar a conduta de mais de um sujeito supostamente autor ou partícipe do ato lesivo e a posterior demanda coletiva não aborda todos os

---

58. Com o advento da Lei 13.964/19, com a nova redação conferida ao art. 28 do CPP, não há mais a antiga diferença entre o arquivamento do inquérito policial e o do inquérito civil, pois ambos sofrem somente o controle *interna corporis*.

59. MAZZILLI, Hugo Nigro. *Pontos Controvertidos sobre o Inquérito Civil. Ação Civil Pública: 15 anos*. MILARÉ, Édis (coord.). São Paulo: Revista dos Tribunais, 2001, p. 293.

fatos e sujeitos ínsitos no procedimento.[60] Em outros termos, haverá arquivamento implícito toda vez que a demanda coletiva proposta com lastro em IC não abordar todos os elementos (subjetivos e objetivos) verificados no bojo deste, e nada expõe nem fundamenta em relação a outros possíveis ilícitos ou seus autores, ou, se o faz, não destina suas ponderações ao órgão legalmente encarregado de rever sua decisão de arquivamento, tal como preconiza, ainda que de maneira incipiente, o art. 13 da Resolução 23 do CNMP. Há na doutrina quem sustente a ocorrência de arquivamento implícito quando ocorrer no bojo do IC a celebração de um TAC.[61]

Ora, nada tem de irregular caso o membro do Ministério Público proponha a ação civil pública com objeto limitado, desde que o faça fundamentadamente. No caso de não ter dirigido a ação contra todos os investigados ou não ter abrangido na causa de pedir ou no pedido todas as consequências possíveis referentes aos fatos que estavam sendo investigados, deverão expor em separado as razões pelas quais limitou seu pedido; deverá, ainda, submeter suas considerações ao reexame do órgão colegiado com atribuição no âmbito interno de sua própria instituição. Se não o fizer, obrará um indevido arquivamento implícito. Qualquer interessado, portanto, poderá recorrer ao Colegiado Superior com atribuição.

Para melhor elucidação de como se dá o arquivamento implícito, bem como a sua repercussão de ordem prática, usaremos o seguinte exemplo: instaurado IC para apuração da prática de atos de improbidade administrativa tipificados nos arts. 9º, 10 e 11, LIA, praticado por três sujeitos em conluio (Caio, Tício e Mévio). Ao final da instrução do IC, o membro do MP promove a ação por improbidade administrativa em face somente de Caio, com base na prática do ato insculpido no art. 9º, LIA. O que vai acontecer com os objetos referentes aos arts. 10 e 11, LIA e sujeitos Tício e Mévio? Se entendermos que houve arquivamento implícito, não haverá relação jurídica processual em relação aos temas não abordados, porque não foram judicializados. O promotor arquivou de forma implícita o inquérito com relação a esses elementos. Se entendermos, como sustento, que não há arquivamento implícito, tem que ser proposta alguma solução. Existem duas técnicas que podem ser usadas já na petição inicial: i) apresentar na inicial justificativas para o não processamento dos objetos e sujeitos que faziam parte do inquérito civil; ii) além de fazer uma peça fundamentada, ela deve ser remetida para o órgão colegiado, com o fim de realizar o reexame necessário. Em qualquer uma das hipóteses, entendo que não haverá coisa julgada material, pois não há intervenção jurisdicional e, ainda que o órgão jurisdicional receba a inicial considerando a promoção fundamentada, não haverá que se falar em coisa julgada, pois não há, a rigor, controle judicial seja do arquivamento ou da obrigatoriedade da tutela coletiva. Se, porventura, no curso da relação jurídica processual, for descoberta efetiva participação desses, aplica-se o art. 7º, III da LAP.

---

60. MAZZILLI, Hugo Nigro. *Pontos Controvertidos sobre o Inquérito Civil. Ação Civil Pública: 15 anos.* MILARÉ, Édis (coord.). São Paulo: Revista dos Tribunais, 2001, p. 294.

61. DIDIER JR., Fredie. ZANETI JR., Hermes. *Curso de Direito Processual Civil – Processo Coletivo.* Op. cit., p. 278; PROENÇA, Luis Roberto. *Inquérito Civil.* São Paulo: Revista dos Tribunais, 2001, p. 279.

CAPÍTULO 16 • INSTRUMENTOS EXTRAPROCESSUAIS E EXTRAJUDICIAIS DA TUTELA COLETIVA **561**

Por fim, considerando que não haverá coisa julgada material, os demais legitimados coletivos poderão promover a respectiva demanda coletiva em face do resíduo.

2.2. Arquivamento e a conexão procedimental

É algo muito comum na prática, que decorre da existência de mais de um inquérito civil versando sobre os mesmos fatos ou fatos correlatos, em promotorias de justiça diversas (órgãos de execução diversos, inclusive em ramos diversos do MP). Se houver absoluta identidade entre os objetos investigados no IC, entendo que a solução correta é o arquivamento do procedimento mais novo, sem prejuízo do aproveitamento dos documentos que não fazem parte do mais antigo. Se for caso de identidade parcial, pode haver reunião dos inquéritos, com o apensamento do mais novo aos autos do mais antigo, desde que a fase procedimental permita. Em outros termos, aplicam-se as regras do instituto da conexão (art. 55, CPC) para solucionar este caso. O membro do MP, mediante promoção expressa e fundamentada, vai analisar a conveniência procedimental da reunião dos procedimentos no órgão de execução prevento. Impende salientar que inquérito civil não é um fim em si mesmo.

É muito comum a existência de mais de um procedimento em órgãos de execução diversos, mormente nos casos em que a atribuição territorial do evento enseja a possibilidade de instauração de IC em mais de uma comarca. Basta imaginar a ocorrência de um dano ambiental que atinge mais de um município que possua órgãos de execução do MP com atribuição para atuação na tutela coletiva. Cada órgão de execução poderá instaurar um procedimento em seu âmbito territorial de atuação. Diante dessa duplicidade de procedimentos, qual seria a solução jurídica adequada? A solução mais adequada ao meu sentir é a aplicação do critério da prevenção, ou seja, deverá presidir o procedimento o membro do MP que primeiro houver instaurado a investigação ou proposto medida judicial pertinente. Impende salientar, contudo, que esta regra de prevenção deve ser, de certa maneira, mitigada quando o dano ou a ameaça ostentarem âmbito territorial regional ou nacional, hipótese na qual haverá atribuição do órgão de execução que atue na capital de um dos estados envolvidos ou que atue no DF, sempre observando o critério de prevenção de um deles já houver atuado, seja no prisma extrajudicial ou judicial.[62]

2.3. Arquivamento e o declínio de atribuição

No curso do IC pode o membro do MP verificar a ausência de atribuição para permanecer oficiando no feito. Caso verifique a ausência de atribuição ao receber a representação para instauração do procedimento, a solução é o indeferimento da representação com o devido envio do feito para o órgão de execução com atribuição. A principal questão, neste tópico, é verificar qual deve ser a solução quando verificada

---

62. Solução semelhante é encontrada no âmbito do MPRJ, conforme se verifica no art. 10, Resolução GPGJ 1769/2012.

a ausência de atribuição no curso do procedimento. **O declínio de atribuição gera arquivamento indireto?** O chamado arquivamento indireto é aquele que decorre do reconhecimento da ausência de atribuição que repercute nas regras materiais de competência. A solução correta, ao meu sentir, dependerá do destinatário da promoção de declínio. Se o declínio de atribuição for em favor de órgão de execução do mesmo ramo do MP, ainda que atuantes em comarcas e matérias diversas, não há que se falar em promoção de arquivamento, mas em simples declínio sem a necessidade de reexame necessário do órgão colegiado superior. Se for para órgão de execução diverso, seja para outro estado da federação ou outro ramo do MP, a solução mais correta será a promoção de arquivamento, com a respectiva submissão ao reexame necessário. Na doutrina, há quem sustente que a ausência de atribuição não pode fundamentar uma promoção de arquivamento, mas promoção de declínio ou de suscitação de conflito de atribuição, conforme o caso, pois retira do PGJ a análise das atribuições dos órgãos de execução, na medida em que a promoção de arquivamento do IC é da atribuição do órgão colegiado superior.[63] Não concordo com o fundamento, pois o PGJ é membro nato do órgão colegiado superior com atribuição para a análise da promoção de arquivamento e, por via de consequência, terá a oportunidade de participar da sessão que irá analisar as atribuições dos órgãos de execução envolvidos. Vale lembrar que cabe ao CNMP solucionar os conflitos de atribuição entre membros de MPs diversos.

2.4. Arquivamento administrativo x arquivamento institucional

Considerando os fundamentos fáticos e jurídicos da promoção de arquivamento, podem ser encontrados dois tipos: a) arquivamento administrativo; b) arquivamento institucional.[64]

O **arquivamento administrativo** é o que decorre de promoção ministerial que não encerra o procedimento, mas encerra as diligências investigatórias. Ocorre quando não há ainda convencimento definitivo do órgão ministerial e não há reexame necessário do órgão colegiado superior. Acontece nos casos de celebração de TAC que abrange a integralidade do objeto investigado, pois no TAC parcial, por óbvio, o procedimento prosseguirá quanto ao resíduo. O arquivamento administrativo equivale à suspensão da tramitação do IC. Há, entretanto, entendimento, com o qual discordamos, no sentido de que a celebração do TAC gera um arquivamento implícito que deve ser submetido ao reexame necessário do órgão colegiado superior.[65] Nem toda celebração de TAC gera de forma imediata arquivamento do inquérito civil. Existem duas situações fáticas que decorrem da celebração do TAC: a) a celebração do TAC retira o interesse procedimental no prosseguimento do IC, portanto haverá

---

63. GARCIA, Emerson. *Ministério Público: Organização, Atribuições e Regime Jurídico*. 3ª ed. Rio de Janeiro: Lumen Juris, 2008, p. 293.
64. CARVALHO FILHO, José dos Santos. *Ação Civil Pública*. 4ª ed. Rio de Janeiro: Lumen Juris, 2004, p. 315.
65. DIDIER JR., Fredie; ZANETI JR., Hermes. *Curso de Direito Processual Civil – Processo Coletivo*. Op. cit., p. 278; PROENÇA, Luis Roberto. *Inquérito Civil*. Op. cit., p. 138.

CAPÍTULO 16 • INSTRUMENTOS EXTRAPROCESSUAIS E EXTRAJUDICIAIS DA TUTELA COLETIVA

563

a promoção de arquivamento: nos casos de celebração de obrigação de não fazer. Ora, se o destinatário do TAC concorda em assumir a obrigação de não fazer, não há mais objeto a ser investigado no IC, pois a eventual prática do ato consubstanciará o descumprimento (inadimplemento) a ensejar o ajuizamento da execução; b) a celebração do TAC não retira o interesse procedimental no prosseguimento do IC, portanto, será providenciado o arquivamento administrativo: nos casos de celebração de TAC com reconhecimento de obrigações positivas vindouras (de pagar quantia certa, obrigação de entrega de coisa e de fazer). Nestes casos, a tramitação é suspensa até o integral cumprimento do TAC,[66] pois a simples celebração não gera a adequação do comportamento aos ditames normativos. Isso recebe o nome de "arquivamento administrativo". A suspensão da tramitação implica dizer que as diligências serão integralmente direcionadas para a fiscalização do cumprimento do TAC (art. 6º, Resolução 179, CNMP). A resolução 174, CNMP, contudo, preconiza a necessidade de instauração de um procedimento administrativo com a finalidade precípua de acompanhamento e fiscalização do cumprimento do TAC (art. 8º, I), que terá a duração de 1 ano, prorrogável por igual período, mediante promoção expressa e fundamentada (art. 11). Sobreleva notar que este procedimento administrativo será objeto de arquivamento administrativo ("arquivado no próprio órgão de execução"), ou seja, sem a necessidade do reexame necessário, mas deverá ser cientificado o órgão colegiado superior (art. 12). O arquivamento institucional decorrerá, portanto, do cumprimento integral do TAC.[67] O mesmo raciocínio deve ser aplicado aos casos de celebração de ANPC.

Arquivamento institucional decorre de promoção ministerial que encerra o procedimento e as diligências investigatórias, ou seja, há o encerramento completo do inquérito civil. Há convencimento definitivo do órgão ministerial de que não há dano, fato lesivo, autoria ou ocorrência de prescrição e decadência. Haverá reexame necessário do órgão colegiado superior. Esta é a promoção de arquivamento regulamentada no art. 9º, LACP.

2.5. Promoção de arquivamento: ato administrativo complexo ou composto?

A promoção de arquivamento é um ato administrativo, mas é ato administrativo composto ou complexo? Conforme nos informa a doutrina de direito administrativo,[68] o ato administrativo complexo é o que se dá pela conjugação de duas ou mais vontades decorrentes de órgãos diversos, ou seja, somente existe após a manifestação dessas vontades, enquanto o ato administrativo composto é formado pela vontade de um único órgão, mas só surte efeitos (exequibilidade) com a manifestação de outro

---

66. RODRIGUES, Geisa de Assis. *Ação Civil Pública e termo de ajustamento de conduta*. Rio de Janeiro: Forense, 2002, p. 220.
67. Solução semelhante é empregada no MPRJ, conforme art. 26 da Resolução GPGJ 1769/2012.
68. MEIRELLES, Hely Lopes. *Direito Administrativo Brasileiro*. 42ª ed., São Paulo: Malheiros, 2016, p. 173; OLIVEIRA, Rafael Carvalho Rezende. *Curso de Direito Administrativo*. 3ª ed. São Paulo: GEN, 2015, p. 292.

órgão. É formado, portanto, pela manifestação de vontade de um único órgão, sendo apenas ratificado por outra autoridade, ou seja, é único, pois passa a existir com a realização do ato principal, mas somente adquire exequibilidade com a realização do ato acessório, cujo conteúdo é somente a aprovação do primeiro ato. Assim, no ato composto, um órgão define o conteúdo, enquanto o outro verifica a sua legitimidade. A promoção de arquivamento é um ato administrativo composto, pois, apesar de ser um ato administrativo único, surte os seus regulares efeitos após a homologação do órgão colegiado superior. Os efeitos que podem ser indicados são os seguintes: a) retomada do curso do prazo decadencial interrompido com a instauração do inquérito civil (art. 26, § 2º, III, CDC); b) configuração do convencimento definitivo do MP sobre o tema; c) termo *a quo* para o prazo de 06 meses para o requerimento do desarquivamento.

2.6. Desarquivamento

O desarquivamento (art. 12, Resolução 23, CNMP), ato administrativo exclusivo do MP, pressupõe a presença de dois fatores primordiais: a) fundamentação; b) prazo do arquivamento.

Qual é o fundamento para desarquivar? De acordo com a resolução do CNMP, são necessárias novas provas ou um fato novo relevante. A existência de novas provas também é fundamento para a renovação da demanda coletiva, quando o resultado tiver sido improcedência por insuficiência de provas (arts. 103, I e II, CDC, 18, LAP e 16, LACP). Apesar da regra prevista no art. 12 da Res. 23, CNMP, entendo ser desnecessária a efetiva existência de novas provas, pois pode ser desarquivado o procedimento, também, quando houver simples notícia de novas provas sobre o fato ou sobre a participação do sujeito investigado.[69] O fato novo relevante é aquele que arrosta a *ratio decidendi* da promoção de arquivamento.

A resolução do CNMP, de forma absolutamente arbitrária, fixa um aspecto temporal como requisito imprescindível para a realização do desarquivamento, qual seja 6 meses, contados da homologação da promoção de arquivamento e não desta isoladamente. Ora, a promoção de arquivamento, como visto, é ato administrativo composto e, portanto, somente surtirá os regulares efeitos após a homologação. Com efeito, se as novas provas e o fato novo relevante surgirem até 6 meses a solução é o desarquivamento; após 6 meses, deve ser instaurado novo inquérito civil, sem prejuízo do aproveitamento do que já foi colacionado aos autos.

Uma questão de ordem prática de extrema relevância é a **definição de quem é a atribuição para promover o desarquivamento do inquérito civil**. A Resolução 23 do CNMP é omissa quanto à fixação da atribuição, mas é factível sustentar que o desarquivamento pode ser realizado mediante provocação (dos demais legitimados

---

69. MAZZILLI, Hugo Nigro. *Pontos controvertidos sobre o Inquérito Civil.* Op. cit., p. 300; DIDIER JR., Fredie; ZANETI JR., Hermes. *Curso de Direito Processual Civil – Processo Coletivo.* Op. cit., p. 284.

CAPÍTULO 16 • INSTRUMENTOS EXTRAPROCESSUAIS E EXTRAJUDICIAIS DA TUTELA COLETIVA

coletivos ou mediante representação de qualquer cidadão) ou de ofício exclusivamente pelo membro do MP, tendo em vista o princípio do paralelismo das formas. O ponto nevrálgico, a rigor, é saber se o promotor de justiça pode desarquivar diretamente ou se precisa requerer ao órgão colegiado superior o desarquivamento. Neste sentido, podem ser encontradas duas teses sobre o tema: **1ª tese: sustenta que a atribuição é exclusiva do órgão colegiado superior,** pois é o órgão do MP com a atribuição exclusiva para homologar a promoção de arquivamento;[70] **2ª tese: sustenta uma atribuição concorrente e disjuntiva entre o órgão de execução que promoveu o arquivamento e o órgão colegiado superior que o homologou a promoção de arquivamento.**[71] Entendo ser esta a melhor solução para a hipótese, com base nos seguintes argumentos: a) após a homologação da promoção de arquivamento, o órgão colegiado superior exauriu a sua atribuição sobre o tema; b) a eventual instauração de qualquer inquérito civil não depende de prévia autorização do órgão colegiado superior, por que o desarquivamento dependeria?; c) a necessária provocação do órgão colegiado superior só deveria ocorrer se a análise da promoção de arquivamento ainda estive pendente; d) adotar a necessária autorização do órgão colegiado superior como requisito para o desarquivamento só faria sentido, para fins de argumentação, se o surgimento das novas provas e do fato novo relevante ocorresse dentro do prazo de 6 meses; e) se o membro do MP pode, diante das novas provas ou fato novo relevante, promover a demanda coletiva diretamente (o mais) sem a necessária prévia autorização do órgão colegiado superior, porque haveria tal requisito para o desarquivamento (o menos)?; f) se os demais legitimados coletivos, que não ficam vinculados à decisão de arquivamento, bem como não podem presidir IC, podem promover as demandas coletivas diretamente, porque o membro do MP, no bojo da sua independência funcional, deveria submeter-se à prévia autorização do órgão colegiado superior para desarquivar o IC?; g) como lidar com as situações de urgência que requerem atuação célere e efetiva do membro do MP com a necessidade de aguardar a decisão colegiada?

2.7. Arquivamento e recurso voluntário

A promoção de arquivamento pode ser objeto de recurso voluntário interposto (oferecimento de razões escritas, a rigor) por outro legitimado coletivo ou por qualquer cidadão que tenha acesso à informação sobre o arquivamento (art. 10, § 3º da Resolução 23, CNMP). Esse recurso voluntário, quando oferecido perante a Promotoria de Justiça oficiante, possibilita juízo de retratação direta do membro do MP que promoveu o arquivamento. Ao receber este recurso voluntário, que não exige forma específica, o membro do MP, mediante promoção fundamentada e expressa, deverá

---

70. DECOMAIN, Pedro Roberto. *Comentários à Lei Orgânica Nacional do Ministério Público*. Florianópolis: Obra Jurídica, 1994, p. 251. Esta é solução propugnada no âmbito do MPRJ, conforme se verifica no art. 20 da Resolução GPGJ 1769/2012.

71. MAZZILLI, Hugo Nigro. *O Inquérito Civil – investigações do Ministério Público, compromissos de ajustamento e Audiências públicas*. 3ª ed. São Paulo: Saraiva, 2008, p. 280.

se manifestar sobre: a) manutenção da promoção de arquivamento, caso em que remeterá os autos para o órgão colegiado superior; b) exercerá a retratação revogando a promoção de arquivamento, com base no que foi alegado pelo recorrente. Entendo que se existir um investigado definido no IC, deverá ser devidamente notificado para se manifestar sobre o recurso voluntário interposto e somente após a sua manifestação ou a certificação da sua inércia deverá o recurso ser remetido para o órgão colegiado superior. Este recurso poderá, também, ser apresentado diretamente ao órgão colegiado superior e deverá seguir a mesma lógica procedimental indicada. A atribuição para julgar o mérito do recurso, contudo, é do órgão colegiado superior. O recurso voluntário, ou razões nos termos usados na resolução do CNMP, deverá ser oferecido até a realização da sessão do órgão colegiado superior que irá analisar a promoção de arquivamento. Caso seja apresentado após o encerramento da sessão poderá ser levado em consideração, conforme o seu teor, para fins de desarquivamento.

2.8. Atitudes que o órgão colegiado superior pode tomar no exercício do reexame necessário

O órgão colegiado superior, ao receber a promoção de arquivamento do membro do MP, poderá adotar uma das seguintes atitudes: a) homologação da promoção de arquivamento; b) não homologação da promoção de arquivamento; c) rejeição da homologação da promoção de arquivamento.[72]

A **homologação da promoção de arquivamento** decorre do convencimento definitivo do órgão colegiado superior que confirma a promoção do membro do MP. A partir desta homologação, como já indicado, o arquivamento passa a surtir os seus efeitos fáticos e jurídicos.

A **não homologação da promoção de arquivamento** decorre do convencimento ainda não definitivo, ou seja, o órgão colegiado superior entende ser indispensável a realização de diligências (art. 10, § 4º, I, Resolução 23, CNMP). É imprescindível a indicação precisa e fundamentada das diligências que devem ser realizadas, sob pena de oportunizar a legítima recusa do membro do MP destinatário da determinação, pois a resolução é clara neste sentido. Entende-se que a promoção de arquivamento é prematura, pois há necessidade de novas diligências (não houve esgotamento das diligências). O membro do MP está jungido a observar essa determinação? Ou tem que recair sobre outro membro? O art. 10, § 4º, I, da Resolução 23, preconiza que vai ser o mesmo membro que promoveu o arquivamento, porém permite a realização de recusa fundamentada, caso em que a designação recairá sobre outro membro desimpedido. Assim, factível sustentar que a regra da resolução é que a determinação deverá ser dirigida ao membro que promoveu o arquivamento e que este está jungido a aceitá-la, ou seja, vai atuar como *longa manus* do órgão colegiado superior. Esta regra não merece prosperar, com base nos seguintes argumentos: a) o órgão colegiado

---

72. CARVALHO FILHO, José dos Santos. *Ação Civil Pública*. 4ª ed. Rio de Janeiro: Lumen Juris, 2004, p. 333.

CAPÍTULO 16 • INSTRUMENTOS EXTRAPROCESSUAIS E EXTRAJUDICIAIS DA TUTELA COLETIVA

superior não atua aqui como órgão de execução, logo, esse membro não seria *longa manus*, até porque o membro do conselho superior não ajuíza ação civil pública; b) esta obrigatoriedade viola a independência funcional, porque o membro do MP já demonstrou o seu convencimento de que não há mais diligências a serem realizadas; c) a determinação pode até ser dirigida para o mesmo órgão de execução que promoveu o arquivamento, desde que exista outro membro do MP designado para atuar. Neste último caso, explico, não haverá violação ao princípio da independência funcional, na medida em que o impedimento tem viés subjetivo (relativo ao membro do MP) e não objetivo (órgão de execução). Basta imaginar a hipótese de um membro do MP que oficia perante o órgão de execução X. Este membro promove o arquivamento do IC e depois sai de férias ou se remove do órgão. Ora, neste caso, o impedimento é do membro. Quando outro membro for designado para atuar perante este órgão de execução X, não haverá empecilho para a designação recair sobre si. No mesmo sentido, este entendimento deverá ser aplicado quando o procedimento for remetido para o seu substituto legal. Nada obstante, mediante recusa fundamentada do membro do MP, a designação recairá sobre outro membro desimpedido. O mérito desta recusa tem que ser objeto de deliberação pelo órgão colegiado superior? Entendo que não, sob pena de vulneração do princípio da independência funcional, entretanto, o órgão deverá verificar somente a existência de promoção expressa e fundamentada.

Rejeição da promoção de arquivamento decorre de convencimento definitivo. O órgão colegiado superior entende que não é caso de arquivamento. Não discute se necessita de novas diligências. É caso de propositura da ação coletiva ou adoção dos demais instrumentos da tutela coletiva (art. 10, § 4º, II, Res. 23, CNMP). **Mas quem deve propor a ação ou adotar os demais instrumentos? É o membro que promoveu o arquivamento?** Aqui prevalece que tem que ser outro membro, sob pena de violação da independência funcional. **Quem designa esse outro membro?** Pela redação do art. 9º, § 4º, LACP e art. 92, § 4º, Lei 10.741/03, a designação será realizada pelo órgão colegiado superior. Essa redação é original, logo, anterior à lei orgânica nacional do MP (art. 10, IX, d e 15, II, LONMP), que preconiza que essa designação é da atribuição exclusiva da chefia superior. No mesmo sentido, há outras normas do microssistema da tutela coletiva, tais como art. 223, § 5º, ECA e art. 6º, § 2º, Lei 7.853/1989. Assim, o órgão colegiado superior informa à chefia o resultado da sessão, que expedirá o ato de designação.

2.9. Fatos penalmente típicos no bojo do inquérito civil

Apesar do IC não ter como objetivo final a verificação da prática/ocorrência de fato penalmente típico, é plenamente factível sustentar a sua ocorrência ao longo da relação jurídica procedimental.

Com efeito, podem ser identificados os seguintes fatos penalmente típicos no bojo do IC: a) criação de embaraços ou dificuldades na instrução procedimental ao recusar ou retardar a prestação de informações requisitadas pelo MP, desde que sejam imprescindíveis para o correto deslinde do feito (arts. 10, LACP; 8º, LAP; 8º, VI, Lei 7.853/89; 236, ECA e 109, Lei 10.741/03);[73] b) denunciação caluniosa, quando efetivamente ocorrer a instauração do IC (art. 339, CP);[74] c) falso testemunho (art. 342, CP e art. 53, Lei 1.579/52): gera um certo debate doutrinário, pois o tipo penal não indica expressamente o inquérito civil como o cenário para a prática do fato penalmente típico, apesar do legislador ter tido a oportunidade em 2013, quando alterou a redação do art. 342, CP. Considerando ser juridicamente impossível analogia *in malam partem* no direito penal, poder-se-ia sustentar a vedação da aplicação do crime de falso testemunho na seara do IC.[75] Entretanto, factível sustentar a aplicabilidade do crime de falso testemunho no IC, porque o inquérito civil é, como já visto, um procedimento administrativo e, portanto, abrangido pelo tipo penal sem a necessidade de recorrer à analogia.[76]

3. INSTRUMENTOS DE REDUÇÃO DA LITIGIOSIDADE

3.1. Introdução

Os instrumentos de redução da litigiosidade são aqueles utilizados como vias alternativas à jurisdição estatal, mas que podem, assim como na via judicial, resolver os litígios coletivos. Estes instrumentos decorrem da grande tendência da desjudicialização resolutiva das contendas, mormente diante da clara adoção do sistema multiportas em nosso ordenamento jurídico. Eles poderão ser utilizados como formas extrajudiciais (sem a judicialização das questões) ou extraprocessuais (sem a necessária existência da relação jurídica processual).

No âmbito da tutela coletiva, os instrumentos de redução da litigiosidade são: a) recomendação; b) termo de ajustamento de conduta, c) acordo de leniência e d) acordo de não persecução cível. Todos os instrumentos serão devidamente analisados em tópicos específicos.

3.2. Recomendação

A recomendação é instrumento de atuação extrajudicial do MP por intermédio do qual expõe, em ato formal, razões fáticas e jurídicas sobre determinada questão, com o objetivo de persuadir o destinatário a praticar ou deixar de praticar (atuação

---

73. AgRg no REsp 1.267.349/BA, rel. Min. Sebastião Reis Júnior, 6ª T., j. 23.02.2016, DJe 03.03.2016.
74. REsp 1.185.122/RJ, rel. Min. Massami Uyeda, 3ª T., j. 17.02.2011, DJe 02.03.2011; HC 99.855/MG, 5ª T., rel. Min. Napoleão Nunes Maia Filho, j. 06.05.2008, Dje 26.05.2008; HC 240.970/TO, 6ª T., rel. Min. Maria Thereza Assis Moura, j. 05.08.2014, DJe 18.08.2014.
75. HUNGRIA, Nelson. *Comentários ao Código Penal*. Vol. 9. Rio de Janeiro: Forense, 1959, p. 477.
76. No mesmo sentido: DIDIER JR., Fredie; ZANETI JR., *Hermes. Curso de Direito Processual Civil – Processo Coletivo*. Op. cit., p. 286; NUCCI, Guilherme. *Código Penal comentado*. 4ª ed., São Paulo: Revista dos Tribunais, 2003, p. 941; GRINOVER, Ada Pellegrini. Do direito de defesa em inquérito administrativo. In: *O Processo em evolução*. 2ª ed. Rio de Janeiro: Forense Universitária, 1998, p. 85.

CAPÍTULO 16 • INSTRUMENTOS EXTRAPROCESSUAIS E EXTRAJUDICIAIS DA TUTELA COLETIVA

preventiva ou repressiva) determinados atos em benefício da melhoria dos serviços públicos e de relevância pública ou do respeito aos interesses, direitos e bens defendidos pela instituição, atuando, assim, como instrumento de prevenção de responsabilidades ou correção de condutas. Este conceito é extraído do art. 1º, Res. 164, CNMP. A despeito da regulamentação estar delineada em Resolução do CNMP, a Defensoria Pública costuma expedir Recomendação na seara da tutela coletiva. Apesar de não constar tal instrumento na LC 80/94, de forma expressa, e de não existir uma Resolução de órgão nacional de controle ("Conselho Nacional da Defensoria Pública" que urge ser criado!), não pode ser considerada uma atuação vedada, ainda que não se concorde com o mérito e, muitas das vezes com atuação típica do MP, porquanto ser um instrumento importante para a atuação funcional e de redução da litigiosidade. Ademais, pensar se forma diversa, seria um contrassenso, pois a atuação extrajudicial resolutiva é uma das suas funções institucionais (art. 4º, II e X, da LC 80/94)[77], bem como uma das diretrizes previstas no art. 3º, §2º, do CPC.

A recomendação expedida pelo MP, ao reverso, encontra regulamentação na Resolução 164, CNMP, bem como nos arts. 6º, XX, LONMPU e 26, VII c/c 27, parágrafo único, IV, LONMP.

Esta função de expedir recomendações, atribuída ao MP, em sua conformação constitucional e institucional (art. 129, II, CR/88), se assemelha ao que no direito comparado se denomina função *ombudsman* ou de *defensor del pueblo,* na medida em que ostenta independência institucional e funcional, e conta com este instrumento, que tem pouco custo, rapidez e eficácia, para tal desiderato.

Conforme lição doutrinária,[78] dentre as principais funções do *ombudsman* encontram-se: i) presidir procedimentos investigatórios; ii) expedir recomendações; iii) tutelar os direitos fundamentais de forma preventiva ou repressiva; iv) atuar na esfera legislativa apresentando projetos para melhoria na tutela da coletividade, bem como emitindo notas técnicas.

A recomendação ostenta acentuada utilidade para a autocomposição dos conflitos e controvérsias, sendo importante instrumento de redução da litigiosidade (art. 3º, §§ 2º e 3º, CPC), e de ampliação do acesso à justiça (art. 5º, XXXV, CR/88) em sua visão contemporânea. Há interesse institucional em estimular a atuação resolutiva, pouco demandista (art. 6º, Res. 164, CNMP), e proativa do MP para conferir a máxima efetividade da tutela coletiva.

---

77. FENSTERSEIFER, Tiago. *Defensoria pública, direitos fundamentais e ação civil pública:* a tutela coletiva dos direitos fundamentais (liberais, sociais e ecológicos) dos indivíduos e grupos sociais necessitados. São Paulo: Saraiva, 2015, p. 169.
78. "*O ombudsman representa, portanto, um instrumento a serviço da cidadania para aumentar a prestação de contas (accountability), a transparência (transparency), a eficiência (effiency) e a democracia (democracy) imprescindível ao Império do Direito (rule of law) e ao Estado de Direito nos modernos Estados Constitucionais.*" DIDIER JR., Fredie; ZANETI JR., Hermes. *Curso de Direito Processual Civil – Processo Coletivo.* Op. cit., p. 289.

Neste sentido, o art. 2º, Res. 164, CNMP indica os princípios atinentes ao manejo da recomendação: i) motivação; ii) formalidade e solenidade; iii) celeridade e implementação tempestiva das medidas recomendadas; iv) publicidade, moralidade, eficiência, impessoalidade e legalidade; v) máxima amplitude do objeto e das medidas recomendadas; vi) garantia de acesso à justiça; vii) máxima utilidade e efetividade; viii) caráter não vinculativo das medidas recomendadas; ix) caráter preventivo ou corretivo; x) resolutividade; xi) segurança jurídica; x) a ponderação e a proporcionalidade nos casos de tensão entre direitos fundamentais.

3.2.1. Características

A recomendação, ato administrativo enunciativo,[79], possui as seguintes **características**: a) unilateralidade; b) exclusividade: c) ausência de coerção (eficácia admonitória); d) fixação do dolo do destinatário.

É **ato unilateral**, porque expedido pelo MP sem a necessidade de prévia negociabilidade com o destinatário, ou seja, não precisa existir prévio acerto para a sua expedição. Ademais, por conter uma determinação para a prática de determinado ato ou para que deixe de ser praticado, não assume o MP qualquer tipo de obrigação. Não pode ser, portanto, considerado um título executivo (art. 784, CPC), pois somente a Fazenda Pública, por meio da CDA, poderá criar unilateralmente um título executivo.

Apesar de não existir uma prévia negociabilidade, deve, quando a situação fática não for urgente, o MP solicitar informações ao destinatário para fins de formação do seu convencimento (art. 3º, §§ 1º e 2º, Res. 164, CNMP).

Trata-se de ato administrativo enunciativo **exclusivo do MP**, sempre acompanhado de fundamentação expressa, adequada e específica (art. 489, § 1º, CPC c/c arts. 2º, I e X e 7º, Res. 164, CNMP), com a indicação precisa dos atos que devem ser praticados pelo destinatário. A recomendação pode ter objetivo preventivo (evitar a ocorrência da lesão ao direito transindividual) ou repressivo (reparar uma lesão ao direito transindividual com a necessária adequação da conduta praticada) no âmbito da tutela coletiva (arts. 2º, IX e 4º, Res. 164, CNMP). Na doutrina, contudo, há quem afaste a possibilidade do manejo da recomendação com o viés repressivo, por entender que, na hipótese, a solução mais adequada é a judicialização da questão ou a tentativa de celebração de um TAC.[80]

Como o próprio nome faz supor, **é instrumento persuasivo, sem caráter vinculativo** (art. 2º, VIII, Res. 164, CNMP). É ato administrativo enunciativo de caráter admonitório.[81] O destinatário não é obrigado a cumprir os termos da recomendação,

---

79. RODRIGUES, Geisa de Assis. *Ação Civil Pública e termo de ajustamento de conduta: teoria e prática*. Op. cit., p. 90.
80. DIDIER JR., Fredie; ZANETI JR., Hermes. *Curso de Direito Processual Civil – Processo Coletivo*. Op. cit., p. 290.
81. DIDIER JR., Fredie; ZANETI JR., Hermes. *Curso de Direito Processual Civil – Processo Coletivo*. Op. cit., p. 288; RODRIGUES, Geisa de Assis. *Ação Civil Pública e Termo de Ajustamento de Conduta: teoria e prática*.

CAPÍTULO 16 • INSTRUMENTOS EXTRAPROCESSUAIS E EXTRAJUDICIAIS DA TUTELA COLETIVA **571**

mas sujeitar-se-á às consequências descritas em seu bojo. Por ser instrumento persuasivo, tem que conter advertências, sob pena de perder o sentido do instrumento. O MP deve explicitar todas as condutas a serem adotadas com indicação precisa das consequências jurídicas decorrentes do não atendimento, porque o manejo deste instrumento denota o convencimento definitivo do órgão de execução acerca do tema.

A expedição da recomendação enseja o afastamento peremptório, após a devida ciência formal do destinatário, da boa-fé. Com efeito, a efetiva ciência dos termos da **recomendação tem o condão de fixar o dolo**.[82] Basta imaginar a expedição de recomendação para o chefe do executivo municipal cientificando-o que o ato administrativo que pretende praticar configura ato de improbidade administrativa e que causa enriquecimento ilícito de um terceiro (art. 9º, LIA), bem como lesão ao erário (art. 10, LIA) e mesmo após a sua ciência formal decide manter a prática do referido ato. Caso a questão seja judicializada, não poderá alegar boa-fé. Ora, a ciência formal da recomendação torna inequívoca a consciência da ilicitude do fato, pois foi oportunizado o exercício da autotutela, sem sucesso.[83] Tal forma de atuação ganha ainda maior relevo diante da Nova LIA.

3.2.2. Destinatários

Os destinatários da recomendação podem ser agentes públicos, pessoas físicas, jurídicas, pessoas de direito público ou privado (art. 4º, Res. 164, CNMP). Não há qualquer restrição quanto aos destinatários, entretanto, há algumas regras importantes que devem ser observadas e que, dependendo da forma de visualizá-las, podem ser consideradas como restrições.

Com efeito a regra mais importante, que é uma decorrência lógica do princípio da máxima utilidade e efetividade, é a que exige que o destinatário da recomendação tenha poder, atribuição ou competência para a adoção das medidas recomendadas, ou responsabilidade pela reparação ou prevenção do dano, ou seja, que tenha condições de fazer ou deixar de fazer alguma coisa para salvaguardar interesses, direitos e bens objeto do instrumento (art. 4º, *caput* e § 1º, Res. 164, CNMP). Trata-se de regra básica para a utilização de qualquer instrumento resolutivo da tutela coletiva,

---

Op. cit., p. 90; MIRANDA, Marcos Paulo de Souza. A Recomendação ministerial como instrumento extrajudicial de solução de conflitos ambientais. In: CHAVES, Cristiano; ALVES, Leonardo Barreto Moreira; ROSENVALD, Nelson. *Temas atuais do Ministério Público*. Rio de Janeiro: Lumen Juris, 2008, p. 382.

82. MIRANDA, Marcos Paulo de Souza. *A Recomendação ministerial como instrumento extrajudicial de solução de conflitos ambientais*. Op. cit., p. 382; DIDIER JR., Fredie; ZANETI JR., Hermes. *Curso de Direito Processual Civil – Processo Coletivo*. Op. cit., p. 290.

83. "No que diz respeito aos efeitos, em múltiplas situações as recomendações ultrapassam o campo da mera exortação moral, contribuindo para a exata identificação do elemento anímico que direcionou o destinatário em suas ações ou omissões. Exemplo sugestivo pode ser divisado no caso de existir dúvida em relação ao dolo do agente na violação aos princípios regentes da atividade estatal, situação passível de configurar o ato de improbidade administrativa previsto no art. 11 da Lei nº 8.429/1992: demonstrada a ilicitude do comportamento, mas persistindo o agente em adotá-lo, o dolo restará inequivocamente demonstrado." GARCIA, Emerson. *Ministério Público: Organização, Atribuições e Regime Jurídico*. 2ª ed. Op. Cit., p. 383.

sob pena de total inefetividade. Caso seja verificada a ausência de tal característica, poderá o destinatário deixar de atender aos termos da recomendação sem que sofra qualquer consequência jurídica.

Uma outra regra, que encontra similitude no poder de requisição ministerial, é a observância do princípio do promotor natural (órgão de execução com atribuição) e das regras referentes ao foro por prerrogativa de função, aqui entendido como a correlação entre as atribuições dos membros do MP e as atividades funcionais dos destinatários da medida. A resolução 164, CNMP fixa a regra segundo a qual o membro do MP, dependendo da autoridade destinatária da recomendação, deverá expedir, via PGR ou PGJ, o instrumento, mas a chefia institucional não pode valorar o mérito, mas somente as regras de atribuição (art. 5º, § 2º).

Regra restritiva bem interessante consta no art. 5º da Res. 164, CNMP. Nesta norma há uma restrição à expedição da recomendação quando o destinatário for parte de um processo judicial que contenha os mesmos elementos objetivos. Em outros termos, há uma espécie de "litispendência" entre os instrumentos judiciais e recomendação. Assim, se houver exata identidade entre os elementos subjetivos e objetivos da recomendação e da demanda judicial, não poderá ser utilizado o instrumento em testilha. A própria resolução afasta a regra restritiva quando houver uma situação excepcional com fundamentação adequada e específica. De qualquer forma, o principal foco da regra, ao meu sentir, como o faz a parte final do dispositivo indicado, é evitar um conflito entre uma decisão judicial e o teor da recomendação. Assim, o MP não pode expedir recomendação com o fim de obter um descumprimento de decisão judicial. Apesar de não constar expressamente na resolução, entendo que somente quando houver uma decisão judicial proferida deve ser impedida a recomendação, pois a simples pendência de uma relação jurídica processual não pode ser empecilho para o manejo de um instrumento extraprocessual, mormente quando busca uma solução mediante autocomposição. Nada obstante, sob pena de configurar ato contraditório, o MP somente poderá expedir, neste caso, recomendação quando não for o autor da demanda coletiva.

Na res. 23, CNMP (art. 15, parágrafo único) havia uma regra restritiva que impedia a expedição de recomendação como forma de substituir o TAC, mas foi revogada pelo art. 13, res. 164, CNMP. Há, na doutrina, quem sustente a impossibilidade do manejo da recomendação quando for a hipótese de celebração do TAC, por entender que a recomendação só pode ser usada em caráter preventivo.[84] Não vejo, contudo, qualquer empecilho do uso da recomendação, como já visto, de forma repressiva. O uso da recomendação (viés eminentemente unilateral) ou do TAC (viés bilateral) decorrerá da independência funcional do membro do MP, após a devida análise das peculiaridades do caso concreto, da realidade fática da sua área de atuação e da preemência da intervenção, sempre mediante promoção expressa e fundamentada.

---

84. DIDIER JR., Fredie; ZANETI JR., Hermes. *Curso de Direito Processual Civil – Processo Coletivo*. Op. cit., p. 290.

CAPÍTULO 16 • INSTRUMENTOS EXTRAPROCESSUAIS E EXTRAJUDICIAIS DA TUTELA COLETIVA **573**

Ora, não podemos indicar de forma apriorística qual é o instrumento mais adequado, pois a escolha sempre decorre da análise casuística. Basta imaginar uma comarca na qual o membro do MP ostenta boa relação (republicana) com o executivo municipal. Nesta situação, pode ser mais simples obter a celebração de um TAC, que exige aquiescência da outra parte do que em comarcas nas quais existe uma beligerância contumaz entre as instituições. Outra forma de verificar a escolha adequada decorre da situação de urgência. Dependendo do nível de urgência do caso, não será efetivo o uso do TAC, que pressupõe algumas rodadas de negociação entre as partes, razão pela qual deve ser utilizada a recomendação. Com estes dois simples exemplos, assaz corriqueiros na prática da tutela coletiva, verifica-se a possibilidade da escolha entre o TAC e a recomendação para o mesmo caso concreto.

3.2.3. Procedimento

A recomendação pode ser expedida de ofício ou mediante representação/requerimento (art. 3º, Res. 164, CNMP).

Uma questão importante de ordem prática é a seguinte: **há necessidade de processo administrativo instaurado para a expedição da recomendação?** Pela redação do art. 3º, *caput*, c/c 8º, parágrafo único, res. 164, CNMP, sim, pois faz expressa referência ao inquérito civil, procedimento administrativo e procedimento preparatório, tanto para fins de expedição, quanto para o devido acompanhamento do seu cumprimento. Entretanto, o § 2º deste mesmo art. 3º, preconiza a possibilidade de dispensa de instauração prévia do procedimento administrativo em casos de urgência. Após a expedição da recomendação, portanto, deve ser instaurado o respectivo procedimento administrativo.

Existe uma regra procedimental importante que exige a requisição de informações para fins de esclarecimentos antes da expedição da recomendação, salvo se as peculiaridades do caso concreto indicarem a necessidade da sua expedição sem tal oportunização. Trata-se de regra importante e interessante, que deve ser utilizada sempre que o destinatário for o poder público e seus agentes, pois a situação fática ensejadora pode ter sofrido alterações (art. 3º, § 1º, Res. 164, CNMP).

Qual é o prazo para o atendimento ou informação de que foi cumprida a recomendação? A resolução fala em prazo razoável, sem a fixação de um prazo específico (artes. 8º e 10º), sempre por decisão fundamentada. O MP, atento às peculiaridades do caso concreto (estrutura administrativa, estrutura de pessoal, urgência etc.), deverá indicar o prazo específico para o cumprimento da recomendação (art. 8º), bem como para informar o cumprimento ou seu descumprimento (art. 10).

Em qualquer caso, o MP apreciará o descumprimento informado, bem como as suas razões e adotará as medidas correspondentes. Impende salientar, respeitando os princípios da boa-fé objetiva (art. 5º, CPC), da cooperação (art. 6º, CPC) e da segurança jurídica, que o MP deverá indicar precisamente quais as medidas que deverão ser adotadas pelo destinatário da recomendação, bem como as consequências jurídicas que advirão do seu não cumprimento (art. 11, res. 164, CNMP). O MP somente poderá, como regra, adotar as medidas após o decurso do prazo fixado na recomendação, salvo se for verificado um fato novo que enseja uma intervenção imediata (art. 11, § 2º, Res. 164, CNMP).

3.2.4. Efeitos e consequências da recomendação

A doutrina[85] costuma indicar um rol, exemplificativo, claro, das consequências que decorrem diretamente da expedição da recomendação, quais sejam: a) solução extrajudicial e extraprocessual rápida, pouco custosa e efetiva do caso concreto; b) caracterização do dolo, má-fé e ciência da irregularidade do agente, após a devida ciência formal do destinatário, caso descumpra os termos, podendo ser usado inclusive para fins de configuração do ato de improbidade administrativa; c) caracterização da consciência da ilicitude da conduta, que impede a alegação de erro de direito; d) permite o exercício da autotutela da Administração Pública; e) possibilitar a efetiva implementação das políticas públicas; f) a recomendação devidamente acompanhada da ciência formal e da comprovação do descumprimento configura elemento probatório importante para a esfera judicial; g) viabiliza o controle judicial dos motivos determinantes apresentados para justificar o não atendimento aos termos da recomendação; h) afasta a aplicabilidade da regra do art. 2º da Lei 8.437/1992, quando houve a ciência formal do destinatário, sem o cumprimento dos termos da recomendação ou sem apresentação de justificativas plausíveis.

3.3. Termo de ajustamento de conduta

O TAC está previsto de maneira esparsa em nosso direito positivo (arts. 5º, § 6º, LACP, 211, ECA, 90, CDC, 74, X e 93, do Estatuto do Idoso), tendo especial lugar o art. 5º, § 6º, da LACP e as Resoluções 118 e 179 do CNMP, 125 do CNJ e 02 conjunta do CNMP e CNJ, que traça, de certa forma, os aspectos mais importantes do instituto. Não há qualquer dúvida acerca da natureza de título executivo extrajudicial (art. 784, CPC), ressalvada a hipótese de sua submissão, facultativa, diga-se, à homologação judicial (art. 515, CPC) quando, então, será um título executivo judicial. No presente tópico, abordarei a natureza jurídica material.

Da simples leitura legislativa, depreende-se que o TAC é um equivalente jurisdicional (substitutivo à jurisdição estatal) cujo objetivo é solucionar um conflito de interesses e direitos transindividuais, sem o exercício jurisdicional de uma pretensão, por meio de um compromisso tomado do infrator da ordem jurídica coletiva pelo órgão público legalmente legitimado.

---

85. RODRIGUES, Geisa de Assis. *A Ação Civil Pública e o Termo de Ajustamento de Conduta: teoria e prática*. Op. cit., p. 90; MIRANDA, Marcos Paulo de Souza. *A Recomendação ministerial como instrumento extrajudicial de solução de conflitos ambientais*. Op. cit., p. 390; GARCIA, Emerson. *Ministério Público: Organização, Atribuições e Regime Jurídico*. Op. Cit., p. 383; DIDIER JR., Fredie; ZANETI JR., Hermes. *Curso de Direito Processual Civil – Processo Coletivo*. Op. cit., p. 291.

3.3.1. *Natureza jurídica do Termo de Ajustamento de Conduta*

A natureza jurídica desse ajuste, ou seja, em qual categoria lógica da Ciência do Direito enquadra-se o instituto, é matéria polêmica, ao menos no plano doutrinário.

Para tanto, é preciso expor e analisar, criticamente, as principais correntes doutrinárias existentes no Brasil acerca do tema. É de suma relevância definir-se em que consiste o TAC para restar delimitado o que é passível de concessões recíprocas por parte de compromitente e compromissário que o firmam e aquilo que não pode ser alvo de negociação pelos órgãos públicos legitimados à propositura do termo, o que acaba por desaguar na análise da própria validade do compromisso.

Em nosso ordenamento jurídico existem as seguintes teses que abordam o tema:

1ª Tese: O TAC não é transação (majoritária). O termo de ajustamento é o reconhecimento, ainda que tácito, por parte do violador ou ameaçador dos direitos transindividuais, da ilicitude de sua postura e a promessa de, sob pena de sofrer cominações, adequar seu comportamento à lei, tal como ocorreria se essa lei jamais tivesse sido agredida.[86] O art. 5º, § 6º, LACP, ao se referir ao TAC, utiliza o verbo "*tomar*", e não "*celebrar*" o compromisso. Isso significa, portanto, segundo esta linha de pensamento, que o órgão público legitimado tem o *dever* de possibilitar o TAC, o que o afastaria da noção de um negócio. A manifestação de vontade é unilateral, e o (suposto) causador do dano (ou de sua ameaça) aos direitos transindividuais, manifestar-se-á somente no sentido de aquiescer ou não às cláusulas do TAC, tendo a ciência de que ao negar à proposta formulada, sujeitar-se-á aos termos de uma demanda judicial coletiva. Neste sentido, o legitimado coletivo, que figura como tomador do termo, não assume qualquer compromisso, mas o toma.[87] O TAC, portanto, é um **ato jurídico unilateral** de mero reconhecimento de uma conduta lesiva ou potencialmente lesiva a um direito transindividual que necessita de adequação aos ditames normativos.[88] O termo somente pode versar sobre os aspectos periféricos e secundários do direito material transindividual (condições de tempo, modo e local), jamais o seu cerne. Assim, o termo não pode ensejar renúncia ao direito material, uma vez que, considerando a sua natureza de equivalente jurisdicional, deve ter uma certa congruência com o resultado da tutela jurisdicional, ou seja, deve buscar o mesmo objetivo existente na demanda coletiva.[89] A premissa dos que sustentam esta tese é de

---

86. "*reconhecimento implícito da ilegalidade da conduta e promessa de que esta se adequará à lei.*" CARVALHO FILHO, José dos Santos. *Ação civil pública*: comentários por artigo (Lei nº 7.347, de 24/7/85). 7ª ed. Rio de Janeiro: Lumen Juris, 2009. p. 221.

87. Vale mencionar que o art. 14 da Resolução 23 do CNMP emprega o termo firmar, o que pode denotar que o legitimado coletivo também assume algum tipo de compromisso.

88. CARVALHO FILHO, José dos Santos. Op. Cit., 2009, p. 222.

89. "O que se quer por intermédio do CACEL é justamente obter um comportamento que seja em tudo igual e coincidente com o comportamento espontâneo que teria dada pessoa caso não tivesse desajustado a sua conduta às regras de direito que foram por ela violadas. Há, pois, incitamente, um reconhecimento do desajuste de conduta, porque a *contrario sensu* se compromete a um ajuste e adequação do comportamento. Por intermédio do compromisso, obviamente, não se dispõe do direito material, e alguns motivos lógicos permitem que se chegue a esta conclusão. Inicialmente, porque os adequados representantes não possuem

que o termo de ajustamento de conduta não pode ser considerado como transação.[90] Não pode ser considerado como transação, com base nos seguintes argumentos: a) não é celebrado pelo titular do direito material, mas pelos legitimados coletivos, que atuam como substitutos processuais; b) os direitos transindividuais são, na essência, indisponíveis; c) não é possível a realização de concessões recíprocas.[91] O objetivo do compromisso de ajustamento de conduta é readequar e conformar a conduta do degradador ou potencial degradador ao ordenamento jurídico em vigor, afastando o risco de dano ou recompondo os danos já causados. A expressão "ajustamento de conduta", tal como empregada pelo legislador ao se referir ao TAC, é emblemática, eis que o instituto se propõe unicamente a fazer com que as pessoas físicas e jurídicas possam se adequar ao que determina a legislação. Daí a impossibilidade de se confundir o compromisso de ajustamento de conduta com a transação, este instituto típico do Direito Civil, relacionado aos interesses disponíveis.

Paralelamente a esse entendimento dominante, há teses intermediárias que, embora sejam comuns no que diz respeito à impossibilidade de renunciar-se total ou parcialmente ao direito metaindividual e à possibilidade de serem negociadas as obrigações acessórias do TAC, variam no que concerne à natureza que atribuem ao compromisso de ajustamento, ora apontando que se cuida de negócio jurídico, ora que a parte conciliável do ajuste constitui uma verdadeira transação.

2ª Tese: O TAC é uma forma de transação. O termo de ajustamento é um ato administrativo negocial. Não se trata de um verdadeiro contrato, mas há uma nítida feição consensual. É uma forma de transação, mas não pode ser confundido com a transação existente no Direito Civil, com base nos seguintes argumentos: a) não há concessões recíprocas na celebração do termo; b) o tomador não assume qualquer tipo de obrigação, exceto no tocante à não judicialização da questão, enquanto as condições são cumpridas; c) somente o destinatário do termo assume algum tipo de obrigação em sentido material; d) apesar de não ser o titular do direito material transindividual, o legitimado coletivo ostenta uma "capacidade postulatória em nome coletivo"[92]; e) o objeto do termo não pode versar sobre o cerne do direito material, mas somente os aspectos secundários, periféricos ou acessórios, tais como condições de tempo, modo e lugar, portanto, o tomador do compromisso de ajustamento, em

---

legitimidade para tanto. O direito é supraindividual, em muitos casos (nos difusos sempre) indisponível e indivisível, o que impede que seja feita a sua alienação ou disposição por qualquer de suas partes. O CACEL tem por objetivo muito claro adequar a conduta às exigências legais, não realizando nada mais e nada menos do que deveria ser feito: o ajuste de conduta." RODRIGUES, Marcelo Abelha. *Ação civil pública e meio ambiente*. 2ª ed. Rio de Janeiro: Forense Universitária, 2004. p. 95. "CACEL" é o termo que o autor usa para substituir TAC.

90. JATAHY, Carlos Roberto de Castro. *Curso de princípios institucionais do Ministério Público*. 4 ed. Rio de Janeiro: Lumen Juris, 2009. p. 395.

91. CARNEIRO, Paulo Cezar Pinheiro. *Acesso à Justiça: juizados especiais cíveis e ação civil pública: uma nova sistematização da teoria geral do processo*. 2ª ed. Rio de Janeiro: Forense, 2000. p. 119.

92. MAZZILLI, Hugo Nigro. *O Inquérito Civil*: investigações do Ministério Público, compromissos de ajustamento e audiências públicas. 3ª ed. São Paulo: Saraiva, 2008. p. 310, grifo do autor.

CAPÍTULO 16 • INSTRUMENTOS EXTRAPROCESSUAIS E EXTRAJUDICIAIS DA TUTELA COLETIVA **577**

troca da obrigação assumida por parte do causador do dano, não pode dispensar, renunciar ou mitigar outras obrigações legais do compromitente.

3ª Tese: O TAC não é uma transação, mas um negócio jurídico bilateral, vez que as manifestações de vontade do obrigado e do órgão público são essenciais à celebração do ajuste. Embora os efeitos mais relevantes do TAC estejam previstos na lei, o que o aproxima de um ato jurídico, os pactuantes contam com uma margem de liberalidade para declarar a vontade na celebração e para definir a forma do ajustamento da conduta à lei. A doutrina que defende esta tese preocupa-se em diferenciar o gênero *conciliação* de uma de suas espécies, a *transação*, para deixar claro que o TAC é uma forma de conciliação diversa da transação, já que esta é destinada a pôr fim a conflitos envolvendo interesses patrimoniais e privados. A transação tem as seguintes características fundamentais: a) a existência de concessões recíprocas, o que pressupõe a possibilidade de alienação do direito, e de disponibilidade do mesmo;[93] b) segundo o art. 841 do Código Civil, que reproduz os mesmos termos do revogado art. 1.035, tem por objeto direitos patrimoniais de caráter privado; c) tem como função evitar o surgimento de um litígio ou lhe pôr fim. Teremos a oportunidade de revisitar essa questão quando discutirmos a natureza jurídica do ajustamento de conduta, mas pode-se desde já deixar evidenciada a impossibilidade da transação para a solução negociada dos direitos transindividuais. Mesmo que se utilize o rótulo "transação", transação não há. A conciliação é um instituto mais abrangente do que a transação. Na verdade, a transação é um dos seus resultados possíveis, assim como a renúncia de quem tem a pretensão do direito e o reconhecimento do direito por quem poderia oferecer resistência. Podemos considerar a conciliação como uma forma de solução de conflitos, com uma lógica própria, que privilegia a participação ativa das partes litigantes. Esse modo de proceder no qual as partes contribuem para a definição da controvérsia é o seu traço característico, que distingue a conciliação das formas adjudicatórias de resolução de conflitos. O caminho para se chegar ao resultado conciliatório passa necessariamente pela negociação. Entendida esta como entabulação de um diálogo, é uma **comunicação bidirecional** sobre os pontos de vista de cada parte e a melhor forma de compor os interesses em jogo.[94] Esta doutrina fica restrita às peculiaridades dos acordos envolvendo direitos transindividuais.[95] A possibilidade efetiva de transação na seara da tutela coletiva foi devidamente abordada no capítulo referente aos reflexos do NCPC nos processos coletivos, para o qual remeto o leitor.

4ª Tese: O TAC possui uma natureza jurídica híbrida. O termo de ajustamento é, simultaneamente, um ato de reconhecimento da ilicitude da conduta, sem possibilidades de transação (cerne do direito material) e uma transação na parcela que

---

93. RODRIGUES, Geisa de Assis. *Ação civil pública e termo de ajustamento de conduta: teoria e prática.* 2ª ed. Rio de Janeiro: Forense, 2006, p. 149.
94. RODRIGUES, Geisa de Assis. *Ação civil pública e termo de ajustamento de conduta*: teoria e prática. 2ª ed. Rio de Janeiro: Forense, 2006. pp. 52-53.
95. RODRIGUES, Geisa de Assis. *Ação civil pública e termo de ajustamento de conduta: teoria e prática.* Op. cit., p. 59.

concerne às obrigações acessórias, periféricas ou secundárias (condições de tempo, modo e local), não vislumbrando, nesse entendimento, qualquer esforço exegético descabido. Ora, quanto às condições de modo, tempo e local, o TAC é uma verdadeira transação, mas quanto ao cerne do direito material, há um mero ato de reconhecimento da obrigação de prevenir ou recompor do dano do direito transindividual.[96]

5ª Tese: O TAC não é uma transação, mas, tão somente, uma forma de regular o modo como se deverá proceder à sua reparação. Os defensores desta tese não afastam, contudo, a natureza de negócio jurídico extrajudicial.[97] Seria uma forma de autocomposição obtida através de uma negociação direta (*collaborative law*) entre o órgão público e o possível réu da demanda coletiva.[98]

6ª Tese: O TAC é um acordo equivalente a um negócio jurídico bilateral e constitutivo, ou seja, que não somente declara direitos, como também cria, altera ou extingue relações jurídicas.[99]Assim como sustentado pelas demais teses, esta doutrina também sublinha a possibilidade de negociação das obrigações periféricas. Não se concebe qualquer transação sobre o direito difuso ou o coletivo em si, mas é possível a formulação de dispositivos acerca da cessação da atividade danosa ou da reparação do prejuízo, no que diz respeito ao tempo, modo e lugar da obrigação assumida pelo agente do evento, no termo de ajustamento (a maneira de implantação do interesse tutelado).[100] O art. 1º da Res. 179 do CNMP segue esta linha.

7ª Tese (minoritária): O TAC é uma verdadeira transação. O legitimado coletivo, ao celebrar o termo de ajustamento de conduta se compromete a não mais investigar a conduta do agente, ao passo que este se compromete a cessar ou adequar a prática suspeita de abusividade. Esta doutrina sustenta tal tese quando analisa os termos previstos na lei de defesa da concorrência, mas estende esta análise para os demais direitos transindividuais que não estão abrangidos pela ordem econômica.[101] A análise do caso concreto ensejador da opção pela celebração do TAC pode ensejar

---

96. GARCIA, Emerson. *Ministério Público: organização, atribuições e regime jurídico.* 3ª ed. Rio de Janeiro: Lumen Juris, 2008. p. 292.
97. DIDIER Jr., Fredie; ZANETI Jr., Hermes. *Curso de direito processual civil:* processo coletivo. 4ª ed. Salvador: JusPodivm, 2009, v. 4. p. 313.
98. CABRAL, Antonio do Passo; CUNHA, Leonardo Carneiro da. Negociação direta ou resolução colaborativa de disputas (*collaborative law*): "mediação sem mediador." In: ZANETI JR., Hermes; CABRAL, Trícia Navarro Xavier. *Justiça Multiportas.* Salvador: Juspodivm, 2016, p. 709-726.
99. LISBOA, Roberto Senise. *Contratos Difusos e Coletivos:* consumidor, meio ambiente, trabalho, agrário, locação, autor. 3ª ed. São Paulo: Revista dos Tribunais, 2007. pp. 221-222.
100. LISBOA, 2007, p. 225.
101. *"A criação legal do "compromisso de cessação" deixa no âmbito da incerteza a infringência contra a ordem econômica. Este compromisso se insere no instituto jurídico da transação, previsto nos* **artigos 1025 a 1036 do** *Código Civil. As características da transação se evidenciam como um* **acordo**, *que se manifesta com o propósito de* **extinguir** *um litígio, em que existe uma* **reciprocidade de concessões** *e em que permanece inequívoca a incerteza quanto ao direito das partes. Na verdade, diferentemente do acordo no âmbito civil, aqui ocorre um acordo entre a autoridade encarregada de investigar e o representado cuja atividade econômica se analisa. Com esse acordo se extingue ou paralisa a investigação, havendo reciprocidade de concessões: a autoridade não investiga mais e o representado paralisa a prática de atos que geraram suspeitas de infração contra a ordem econômica. O elemento da* **incerteza**, *de dúvida, está presente porque nem a autoridade nem o representado têm segurança sobre o desfecho da investigação, que poderia confirmar a existência de infração, mas poderia também afastar essa*

CAPÍTULO 16 • INSTRUMENTOS EXTRAPROCESSUAIS E EXTRAJUDICIAIS DA TUTELA COLETIVA

a renúncia, ainda que parcial, do cerne do direito transindividual, como no caso, por exemplo, de a reparação integral de um dano ambiental poder levar a pessoa jurídica infratora à falência, situação em que a reparação parcial do dano por meio de um TAC seria válida, mantendo-se, dessa forma, a função social da empresa.[102]

3.3.2. TAC extrajudicial e judicial

Não existe qualquer empecilho para a celebração do TAC antes, durante e depois da relação jurídica processual. Entendo ser possível, inclusive, a celebração de TAC entre as partes após o encerramento da relação jurídica processual com o fim de fixar a forma de cumprimento da decisão judicial proferida. A doutrina costuma apontar distinções entre estas duas formas de celebração do TAC, assim dispostas: a) **TAC judicial:** i) ostenta legitimidade mais ampla,[103] pois todos os legitimados coletivos que propuserem a demanda coletiva, poderão celebrar o instrumento; ii) suspensão do feito até o cumprimento integral do instrumento; iii) caso o TAC seja total (contemplando todos os sujeitos e objetos) e se esgote o objeto da demanda com a sua mera celebração (exemplo: obrigação de não fazer), haverá o proferimento de sentença com a resolução do mérito (art. 487, III, b), CPC); iv) formação da coisa julgada material sobre o tema; b) **TAC extrajudicial:** i) a legitimidade para a sua celebração fica adstrita (art. 5º, § 6º, LACP) aos órgãos públicos legitimados; ii) suspensão (arquivamento administrativo) da tramitação do inquérito civil até o cumprimento integral do ajuste; iii) caso o TAC seja total (contemplando todos os sujeitos e objetos) e se esgote o objeto da investigação com a sua mera celebração (exemplo: obrigação de não fazer), haverá o arquivamento institucional do inquérito civil (art. 9º, LACP); iv) a celebração do TAC não acarreta a formação da coisa julgada material e não impedirá a atuação dos demais legitimados coletivos.

Apesar destas características, há a necessidade de fixar os determinados pontos: a) O TAC extrajudicial pode ser submetido à homologação judicial, caso tenha sido celebrado enquanto pendia uma relação jurídica processual (art. 515, III, CPC); b) O TAC extrajudicial homologado judicialmente gera eficácia subjetiva da coisa julgada material próprias das demandas coletivas e gera óbice para a propositura de nova demanda coletiva por um dos legitimados coletivos;[104] c) o TAC judicial ou extrajudicial demanda a intervenção obrigatória do MP, como visto no capítulo da legitimidade,

---

hipótese." FONSECA, João Bosco Leopoldino da. *Lei de Proteção da Concorrência*: comentários à legislação antitruste. 2ª ed. Rio de Janeiro: Forense, 2001. pp. 250-251, grifo do autor.

102. PIZZOL, Patrícia Miranda. *Liquidação nas ações coletivas*. São Paulo: Lejus, 1998. p. 153.

103. Em sentido contrário, VIGLIAR, José Marcelo Menezes. *Ação Civil Pública*. Op. cit., p. 90.

104. "*A discordância dos demais colegitimados deve ser feita através da utilização dos mecanismos de revisão da decisão judicial, ou seja: recursos cabíveis ou ações autônomas de impugnação, dependendo do caso concreto. A decisão homologando o ajuste formulado em juízo é uma decisão de mérito e, portanto, poderá ser acobertada pela intangibilidade panprocessual da coisa julgada material.*" RODRIGUES, Geisa de Assis. *Ação Civil Pública e termo de ajustamento de conduta*. Op. cit., p. 237. No mesmo sentido, VIGLIAR, José Marcelo Menezes. *Ação Civil Pública*. Op. cit., p. 90; DIDIER JR., Fredie; ZANETI JR., Hermes. *Curso de Direito Processual Civil – Processo Coletivo*. Op. cit., p. 328.

para o qual remeto o leitor; d) a possibilidade de celebração de TAC na esfera judicial denota a juridicidade da realização de acordos nas demandas coletivas.[105]

3.3.3. Legitimidade para figurar como tomador do TAC

Considerando o tópico anterior, a legitimidade para celebrar o TAC deve ser dividida conforme o plano da sua celebração: a) TAC judicial: como visto no item anterior, a legitimação para figurar como tomador é ampla e reproduz a mesma legitimidade, com os mesmos requisitos, dos processos coletivos de modo geral; b) TAC extrajudicial: como visto no capítulo da legitimidade na tutela coletiva, o âmbito é restrito somente aos órgãos públicos legitimados (art. 5º, § 6º, LACP).

Assim, ostentam legitimidade para a celebração do TAC: MP, Defensoria Pública e a Fazenda Pública; bem como não ostentam a legitimidade: associações civis, sindicatos, entidades associativas e congêneres.

No tocante às associações civis que, em meu entender, deve ser estendido às demais entidades privadas, vale uma abordagem específica.

As associações civis, por determinação expressa do art. 5º, § 6º, LACP não ostentam legitimidade para a celebração, enquanto tomadores, do TAC, mas é preciso diferenciar duas situações: i) celebração do TAC extrajudicial; ii) celebração do TAC judicial, como feito acima.

No caso da celebração do TAC extrajudicial deverá incidir a regra restritiva expressa no art. 5º, § 6º, LACP que afasta a possibilidade de legitimados coletivos que não ostentam a característica de órgão público celebrarem o instrumento.

Por outro lado, na celebração do TAC judicial, assim compreendido como aquele que é obtido no bojo de uma relação jurídica processual, será possível sustentar tal possibilidade, pois configuraria, a rigor, como uma modalidade de autocomposição, na medida em que o órgão jurisdicional seria instado a homologar ou não o instrumento, tal como determina o art. 487, III, *b*, CPC. Assim, pode ser ventilado o entendimento de que a legitimidade é ampla abrangendo todos os legitimados coletivos.

Nessa senda, vale mencionar o precedente fixado pelo STF no bojo da ADPF 165/DF, no qual a ausência de disposição normativa expressa no que concerne a associações privadas não afasta a viabilidade do acordo. Isso porque a existência de previsão explícita unicamente quanto aos entes públicos diz respeito ao fato de que somente podem fazer o que a lei determina, ao passo que aos entes privados é dado fazer tudo que a lei não proíbe. Com esse entendimento, podemos afirmar que, de certa forma, o STF fez uma releitura do tema da seguinte forma: i) possibilidade da

---

105. STJ: REsp 299.400/RJ, 2ª T., rel. Min. Peçanha Martins, rel. p/ acórdão Min. Eliana Calmon, j. 01.06.2006, DJe 02.08.2006. Na doutrina, posso mencionar: MANCUSO, Rodolfo de Camargo. Ação Civil Pública. Op. cit., p. 225; PEREIRA, Marco Antonio Marcondes. A transação no curso da ação civil pública. *Revista de Direito do Consumidor*. São Paulo: Revista dos Tribunais, 1995, nº 16, p. 116-128.

CAPÍTULO 16 • INSTRUMENTOS EXTRAPROCESSUAIS E EXTRAJUDICIAIS DA TUTELA COLETIVA

581

realização no plano judicial, inclusive por meio de TAC; ii) impossibilidade da realização no plano extrajudicial.[106]

Uma divergência importante, cinge-se à legitimidade ativa das estatais (sociedades de economia mista e empresas públicas). Existem três teses para trabalhar o tema: **1ª tese: ilegitimidade para a celebração do TAC**, pois são pessoas jurídicas de direito privado e a regra do art. 5º, § 6º, LACP exige que seja um órgão público legitimado;[107] **2ª tese: legitimidade para a celebração do TAC**, pois deve ser empregada uma interpretação teleológica do dispositivo;[108] **3ª tese (majoritária): a legitimidade para a celebração do TAC ficará vinculado ao âmbito de atuação**. Com efeito, se a estatal for prestadora de serviços públicos, poderá celebrar o TAC, pois o regime jurídico aplicável é de direito público, mas se exercerem atividade econômica, não ostentarão tal legitimidade por violar o regime jurídico de parida com a iniciativa privada (art. 173, § 2º, CR/88).[109] Esta última tese faz todo o sentido, mas para manter a coerência da sua fundamentação deve reconhecer a legitimidade da estatal que exerce atividade econômica em regime de monopólio, por não configurar violação ao regime jurídico constitucional da paridade com a iniciativa privada.

Ainda sob o prisma da legitimidade ativa para figurar como tomador do TAC, impende destacar as novidades advindas com a entrada em vigor da Lei 13.655/18 que alterou algumas normas da LINDB.

Com efeito, o TAC, com o advento da Lei 13.655/18, passa a ostentar mais um conjunto de regras com o fim de fixar as suas diretrizes. O legislador positivou expressamente a possibilidade da celebração do TAC (a nomenclatura empregada é compromisso de ajustamento de conduta) no âmbito do direito público, vide art. 26, LINDB. Pode-se, com isso, afirmar, com segurança, que o legislador, devidamente atento à nova realidade das formas de solução dos litígios, confirmou o chamado espaço de consensualidade no âmbito do Direito Público ou a chamada invasão da consensualidade no Direito Público.[110]

A norma prevista no art. 26, LINDB deve ser analisada em conjunto com os arts. 17, § 1º, LIA; 3º, § 2º e 36, § 4º, da lei de mediação; art. 174, CPC; 5º, § 6º, LACP e as Resoluções 23, 118 e 179 do CNMP. Assim, o art. 26, § 1º, LINDB deve ser interpre-

---

106. STF. Plenário. ADPF 165/DF, Rel. Min. Ricardo Lewandowski, j. 1º.03.2018.

107. GAJARDONI, Fernando da Fonseca. *Direitos Difusos*. Op. cit., p. 87.

108. MANCUSO, Rodolfo de Camargo. *Ação Civil Pública*. Op. cit., p. 246.

109. RODRIGUES, Geisa de Assis. *Ação civil pública e termo de ajustamento de conduta: teoria e prática*. Op. cit., p. 142; MAZZILLI, Hugo Nigro. *A defesa dos interesses difusos em juízo*. Op. cit., p. 429; COSTA, Susana Henrique da. *O processo coletivo na tutela do patrimônio público e da moralidade administrativa: ação de improbidade administrativa, ação civil pública e ação popular*: São Paulo: Quartier Latin, 2008, p. 427; FINK, Daniel Roberto. *Alternativa à ação civil pública ambiental (reflexões sobre a vantagem do termo de ajustamento de conduta)*. Ação civil pública – Lei 7.347/1985 – 15 anos. 2ª ed. São Paulo: Revista dos Tribunais, 2002, p. 128; NEVES, Daniel Amorim Assumpção. *Manual do Processo Coletivo*. Op. cit., p. 473.

110. DIDIER JR., Fredie; ZANETI JR., Hermes. *Curso de Direito Processual Civil*, v. 4, 13ª ed., Salvador: JusPodivm, 2019, p. 367.

tado como uma norma geral para a celebração do TAC, pois há a fixação de inúmeras diretrizes importantes.[111]

No tocante à legitimidade para a celebração do instrumento, tópico que ora abordamos, o legislador inovou, em certa medida, ao usar o termo "autoridade administrativa", ao contrário do que preconiza o art. 5º, §6º, LACP, que emprega o termo "órgãos públicos legitimados". A nomenclatura empregada indica substancial modificação da legitimidade, pois passa a admitir a celebração do instrumento por intermédio de autoridades administrativas que, *a priori*, não seriam legitimadas para tanto, tais como as secretarias municipais, estaduais e ministérios, devidamente representados pelas autoridades respectivas.

Ora, o art. 5º, § 6º, LACP é claro ao preconizar a necessidade da atuação de um órgão público legitimado, ou seja, que esteja no rol do próprio artigo. O legislador ao modificar a nomenclatura assente, trouxe significativo impacto na tutela coletiva que, ao meu sentir, não é o ideal, mormente diante da clara possibilidade de sobreposição de atuações. Assim, tal cenário reforça o entendimento no sentido da indispensabilidade da intervenção do Ministério Público quando da celebração do instrumento. Houve, portanto, uma ampliação da legitimidade para figurar como tomador do TAC, desde que o objeto do compromisso seja aquele previsto na norma, qual seja "Para eliminar irregularidade, incerteza jurídica ou situação contenciosa na aplicação do direito público, inclusive no caso de expedição de licença". Nos demais casos, sustento que a legitimidade deverá observar as restrições previstas no art. 5º, § 6º, LACP.

Esse compromisso de ajustamento, que ainda prefiro nominar de TAC, é, segundo parte da doutrina, um negócio de acertamento.[112]

O TAC deverá, conforme exige a norma do art. 26, § 1º, LINDB, norma aplicável para qualquer compromisso de ajustamento de conduta, para fins de validade, observar os seguintes requisitos: a) Prévia oitiva do "órgão jurídico", que nada mais é do que o órgão da Procuradoria respectiva (Advocacia Pública); b) Solução jurídica proporcional, equânime, eficiente e compatível com os interesses gerais; c) Não poderá conferir desoneração permanente de dever ou condicionamento de direito reconhecidos por orientação geral; d) Deverá prever com clareza as obrigações das partes, o prazo para seu cumprimento e as sanções aplicáveis em caso de descumprimento.

---

111. "Aliás, as diretrizes do §1º do art. 26 da LINDB, examinadas mais abaixo, servem tanto para orientar a celebração dos compromissos de ajustamento de conduta, como para, também, todas as demais práticas consensuais envolvendo o Poder Público." DIDIER JR., Fredie; ZANETI JR., Hermes. Curso de Direito Processual Civil, vol. 4, 13ª ed., Salvador: JusPodivm, 2019, p. 369.
112. "Negócio de acertamento é aquele por meio do qual as partes valoram os efeitos decorrentes de um determinado fato passado, fixam o conteúdo de situação jurídica primitiva, eliminando um estado de incerteza." DIDIER JR., Fredie; ZANETI JR., Hermes. *Curso de Direito Processual Civil*, v. 4, 13ª ed., Salvador: JusPodivm, 2019, p. 369. No mesmo sentido: CHATEAUBRIAND FILHO, Hindemburgo. *Negócio de acertamento: uma abordagem histórico-dogmática*. Belo Horizonte: Del Rey, 2005, p. 100.

CAPÍTULO 16 • INSTRUMENTOS EXTRAPROCESSUAIS E EXTRAJUDICIAIS DA TUTELA COLETIVA **583**

Por fim, o legislador ainda faz referência ao instrumento que denominou de compromisso processual (art. 27, § 2º, LINDB). Entendo que tal nomenclatura deva ser considerada como um compromisso de ajustamento de conduta celebrado no bojo de uma relação jurídica processual pendente, mas com o viés específico fixado na própria norma em comento.

Como visto no capítulo referente à execução coletiva, a legitimidade para executar o TAC é concorrente e disjuntiva e mitiga, por conseguinte, o princípio do vínculo subjetivo ao título (art. 12, res. 179, CNMP). Assim, qualquer colegitimado, considerando o entendimento dominante, poderá promover a execução do instrumento, mormente diante da omissão daquele que o celebrou (artes. 15, LACP e 16 e 17, LAP).[113] O STJ reconhece esta possibilidade, desde que o legitimado coletivo ostente legitimidade para a celebração do TAC.[114]

Esta mesma legitimidade concorrente disjuntiva permite a celebração em conjunto entre os legitimados coletivos, bem como entre membros de MPs diversos (art. 5, § 5º, LACP). Poderá, portanto, o TAC ser firmado em conjunto por órgãos de ramos diversos do Ministério Público ou por este e outros órgãos públicos legitimados, bem como contar com a participação de associação civil, entes ou grupos representativos ou terceiros interessados (art. 3º, § 6º, Res. 179, CNMP). Vale lembrar que na hipótese de celebração de TAC judicial, a legitimidade será mais ampla.

No que pertine à legitimação "passiva" do TAC, não há qualquer limitação, desde que a parte ostente capacidade de fato ou de exercício. Assim, podem figurar no TAC pessoas físicas ou jurídicas (de direito privado ou público). Impende destacar, como já reconhecido pelo STJ[115], que o TAC **não é direito subjetivo** do infrator/investigado, ou seja, não pode ser exigida a oportunização da celebração do instrumento antes da propositura da demanda coletiva, ainda que demonstre interesse na pactuação.

Quando o compromissário for pessoa física, o TAC poderá ser firmado por procurador com poderes especiais outorgados por instrumento de mandato, público ou particular, sendo que neste último caso com reconhecimento de firma. Quando o compromissário for pessoa jurídica, o TAC deverá ser firmado por quem tiver por lei, regulamento, disposição estatutária ou contratual, poderes de representação extrajudicial daquela, ou por procurador com poderes especiais outorgados pelo representante. Tratando-se de empresa pertencente a grupo econômico, deverá assinar o representante legal da pessoa jurídica controladora à qual esteja vinculada,

---

113. NEVES, Daniel Amorim Assumpção. *Manual do Processo Coletivo*. Op. cit., p. 474; RODRIGUES, Geisa de Assis. *Ação civil pública e termo de ajustamento de conduta: teoria e prática*. Op. cit., p. 208; COSTA, Susana Henrique da. *O processo coletivo na tutela do patrimônio público e da moralidade administrativa: ação de improbidade administrativa, ação civil pública e ação popular*. São Paulo: Quartier Latin, 2008, p. 428; ANDRADE, Adriano; MASSON, Cleber; ANDRADE, Landolfo. *Interesses difusos e coletivos esquematizado*. Op. cit., p. 126; BUENO, Cassio Scarpinella. *Curso sistematizado de Direito Processual Civil*. São Paulo: Saraiva, 2007, vol. 2, p. 233.
114. REsp 1.020.009/RN, 1ª T., rel. Min. Benedito Gonçalves, j. 06.03.2012, DJe 09.03.2012. No mesmo sentido, CARVALHO FILHO, José dos Santos. Ação Civil Pública. Op. cit., p. 233.
115. REsp 1. 497.289/PB, Rel. Min. Herman Benjamin, DJe 12.12.2014.

sendo admissível a representação por procurador com poderes especiais outorgados pelo representante.

Na fase de negociação e assinatura do TAC, poderão os compromissários ser acompanhados ou representados por seus advogados, devendo-se juntar aos autos instrumento de mandato. É facultado ao órgão do MP colher assinatura, como testemunhas, das pessoas que tenham acompanhado a negociação ou de terceiros interessados. O MP deve conferir a maior participação democrática possível, quando recomendável e necessária, através da participação dos órgãos técnicos com atribuição, do *amicus curiae* e da convocação de audiências públicas. Entendo que o art. 3º, § 5º da res. 179, CNMP deve ser aplicado a todos os legitimados coletivos que podem celebrar o instrumento.

Uma questão interessante é analisar a **obrigatoriedade da participação do MP como órgão interveniente**, quando não figurar como tomador do TAC. Este tópico foi abordado no capítulo referente à legitimidade coletiva, para o qual remeto o leitor.

3.3.4. Objeto do TAC

O TAC é um instrumento extraprocessual e extrajudicial, na essência, que consubstancia um equivalente jurisdicional, portanto, deve buscar o mesmo objetivo que seria possível pela via jurisdicional. Ademais, o TAC é uma aplicação negociada da norma jurídica e, portanto, deve ostentar uma certa congruência com o resultado da esfera jurisdicional.

Nada obstante, entendo que o objeto do TAC suplanta as cláusulas legais que limitam a esfera jurídica jurisdicional coletiva. Com efeito, mesmo quando existir uma norma jurídica que veda a propositura de uma demanda coletiva, como o art. 1º, parágrafo único, LACP, será possível, desde exista o ajustamento, a celebração do TAC.

O TAC pode ter por objeto qualquer tipo de obrigação (pecuniária ou não pecuniária), desde que certa, líquida e exigível, com ou sem respaldo expresso na lei (art. 3º, Res. 179, CNMP). Conforme sustenta doutrina autorizada, através do TAC pode ocorrer uma aplicação não jurisdicional de princípios, através dos modelos abertos de aplicação do Direito, desde que respeitados os detalhes próprios do caso concreto, dos precedentes vinculantes à espécie e os padrões dogmáticos (arts. 1º, 8º, 140, 141 e 178, CPC; 5º, LINDB e art. 1º, Res. 179, CNMP).[116]

Como visto no item 3.1, o que não pode ocorrer através da celebração do TAC é a disponibilidade do cerne do direito material, pois o legitimado coletivo não sendo o titular dos direitos concretizados no TAC, não pode fazer concessões que impliquem renúncia aos direitos ou interesses difusos, coletivos e individuais homogêneos, cingindo-se a negociação à interpretação do direito para o caso concreto, à especi-

---

116. DIDIER JR., Fredie; ZANETI JR., Hermes. *Curso de Direito Processual Civil – Processo Coletivo*. Op. cit., p. 331.

CAPÍTULO 16 • INSTRUMENTOS EXTRAPROCESSUAIS E EXTRAJUDICIAIS DA TUTELA COLETIVA **585**

ficação das obrigações adequadas e necessárias, em especial o modo, tempo e lugar de cumprimento, bem como à mitigação, à compensação e à indenização dos danos que não possam ser recuperados (art. 1º, § 1º, Res. 179, CNMP).

Interessante caso concreto versando sobre direito ambiental e o objeto do TAC foi julgado no STJ. O cumprimento de TAC deve ser regido pelo Código Florestal vigente à época da celebração do acordo. Nos termos da orientação jurisprudencial do STJ, "*o novo código florestal não pode retroagir para atingir o ato jurídico perfeito, os direitos ambientais adquiridos e a coisa julgada.*"[117]

Com o advento do acordo de não persecução cível, passa a surgir o seguinte questionamento: **ainda será possível a celebração de TAC no âmbito da improbidade administrativa?** Conforme prevê o art. 1º, §2º, da Res. 179, do CNMP, é possível a celebração de TAC para abranger atos de improbidade administrativa, sem prejuízo do ressarcimento ao erário e da aplicação de uma ou algumas das sanções previstas em lei (art. 12, LIA), de acordo com a conduta ou o ato praticado. Em minha opinião, após a positivação do ANPC (art. 17-B, da LIA), não há mais a possibilidade de celebração do TAC para fins de aplicação das sanções previstas no art. 12, da LIA. Assim, o ANPC seria instrumento exclusivo para os casos de improbidade administrativa, enquanto o TAC poderia ser utilizado para as demais matérias.

O TAC, conforme as exigências do caso concreto, pode ser **parcial ou total**. Será parcial quando abranger somente parcela subjetiva (sujeitos investigados) ou objetiva (fatos investigados) do procedimento (inquérito civil ou procedimento preparatório) ou do processo judicial (demanda coletiva).

O TAC deverá conter, ainda, um conteúdo mínimo obrigatório (artes. 4º e 5º, Res. 179, CNMP): a) multa periódica, para o caso de descumprimento das obrigações assumidas; b) indenizações referentes aos danos transindividuais ou, conforme o caso, destinação ao FDD.

O TAC deverá prever multa diária ou outras espécies de cominação para o caso de descumprimento das obrigações nos prazos assumidos, admitindo-se, em casos excepcionais e devidamente fundamentados, a previsão de que esta cominação seja fixada judicialmente, se necessária à execução do compromisso.

As indenizações pecuniárias referentes a danos a direitos ou interesses difusos e coletivos, quando não for possível a reconstituição específica do bem lesado, e as liquidações de multas deverão ser destinadas a fundos federais, estaduais e municipais que tenham o mesmo escopo do fundo previsto no art. 13, LACP. Nestas hipóteses, também é admissível a destinação dos referidos recursos a projetos de prevenção ou reparação de danos de bens jurídicos da mesma natureza, ao apoio a entidades cuja finalidade institucional inclua a proteção aos direitos ou interesses difusos, a depósito em contas judiciais ou, ainda, poderão receber destinação específica que tenha a mesma finalidade dos fundos previstos em lei ou esteja em conformidade com a

---

117. RESP 1.802.754-SP, Rel. Min. Herman Benjamin, 2ª T., DJE 11.09.2020.

natureza e a dimensão do dano. Os valores referentes às medidas compensatórias decorrentes de danos irreversíveis aos direitos ou interesses difusos deverão ser, preferencialmente, revertidos em proveito da região ou pessoas impactadas.

O TAC **não pode conter cláusula de eleição de foro**, como visto nos capítulos 6 e 8.

3.3.5. Procedimento do TAC

O procedimento aplicável ao TAC é bem simples e se divide em três etapas: a) negociação; b) fiscalização e c) execução

Na primeira etapa, que pode envolver diversas rodadas (reuniões), somente ocorre após a demonstração das partes acerca do interesse no uso do instrumento. Serão debatidas as condições de modo, tempo e lugar e, após obtido o consenso, será elaborada uma minuta que deverá ser assinada por todos os envolvidos.

Na segunda etapa, após a assinatura do TAC, será instaurado um procedimento administrativo específico para o fim de fiscalizar o seu cumprimento. Entendo, contudo, ser possível a realização desta fiscalização no bojo do próprio procedimento ensejador, que terá sua tramitação investigatória suspensa.

A res. 179, CNMP não fixa quais são os mecanismos de fiscalização, mas deixa a cargo de cada ramo do MP a sua disciplina (art. 6º). Entretanto, os mecanismos de fiscalização não se aplicam ao TAC homologado judicialmente, porque a atuação ocorrerá no plano jurisdicional.

Nada obstante, o órgão de execução do MP que tomou o TAC deverá, com base em seus poderes investigatórios, diligenciar para fiscalizar o seu efetivo cumprimento, valendo-se, sempre que necessário e possível, de técnicos especializados (art. 9º, res. 179, CNMP). É sempre recomendável, neste sentido, a previsão no próprio TAC de obrigações consubstanciadas na periódica prestação de informações sobre a execução do acordo pelo compromissário.

As diligências de fiscalização serão formalizadas nos próprios autos em que celebrado o TAC, quando realizadas antes do respectivo arquivamento, ou em procedimento administrativo de acompanhamento especificamente instaurado para tal fim (art. 10, Res. 179, CNMP). De qualquer modo, sempre que possível e recomendável, deverá ser cientificado o compromissário.

Deve o membro do MP, contudo, cientificar formalmente do conteúdo integral do TAC ao órgão colegiado superior em prazo não superior a três dias da promoção de arquivamento do inquérito civil ou procedimento correlato em que foi celebrado. Em outros termos, não há controle acerca do mérito e do conteúdo pelo órgão colegiado superior, mas somente a sua efetiva ciência.

Vale mencionar que **a executividade do TAC não estará condicionada à aquiescência e posterior homologação do órgão colegiado superior**, pois, além de

CAPÍTULO 16 • INSTRUMENTOS EXTRAPROCESSUAIS E EXTRAJUDICIAIS DA TUTELA COLETIVA **587**

não existir dispositivo legal expresso neste sentido, haverá violação ao princípio da independência funcional do membro do MP, segundo a doutrina dominante.[118] O STJ já decidiu no mesmo sentido.[119]

O membro do MP, bem como o órgão colegiado superior deverão, com fulcro no art. 94, CDC, conferir publicidade ao termo, na forma prevista no art. 7º, res. 179, CNMP, no prazo máximo de quinze dias, a qual deverá conter: i) a indicação do inquérito civil ou procedimento em que tomado o compromisso; ii) a indicação do órgão de execução; iii) a área de tutela dos direitos ou interesses difusos, coletivos e individuais homogêneos em que foi firmado o TAC e sua abrangência territorial, quando for o caso; iv) a indicação das partes compromissárias, seus CPF ou CNPJ, e o endereço de domicílio ou sede; v) o objeto específico do compromisso de ajustamento de conduta; vi) indicação do endereço eletrônico em que se possa acessar o inteiro teor do TAC ou local em que seja possível obter cópia impressa integral.

Deve ser encaminhado o TAC, também, ao CNMP, para fins de respeito aos termos da res. 2, CNJ/CNMP (art. 8º, Res. 179, CNMP).

Caso esteja comprovado o descumprimento do TAC, deverá o órgão de execução do MP com atribuição para fiscalizá-lo promover, no prazo máximo de sessenta dias, ou assim que possível (art. 11, Res. 179, CNMP), nos casos de urgência, a execução judicial do respectivo título executivo extrajudicial com relação às cláusulas em que se constatar a mora ou inadimplência (arts. 15, LACP e 16 e 17, LAP). O prazo poderá ser excedido se o compromissário, instado pelo órgão do Ministério Público, justificar satisfatoriamente o descumprimento ou reafirmar sua disposição para o cumprimento, casos em que ficará a critério do órgão ministerial, mediante promoção expressa e fundamentada, decidir pelo imediato ajuizamento da execução, por sua repactuação ou pelo acompanhamento das providências adotadas pelo compromissário até o efetivo cumprimento do compromisso de ajustamento de conduta, sem prejuízo da possibilidade de execução da multa, quando cabível e necessário. Entendo, porém, que, apesar da existência de um título executivo extrajudicial poderá o MP, com a devida justificativa, promover uma demanda de conhecimento, conforme autoriza do art. 785, CPC. Parte da doutrina refuta esta possibilidade, sob o fundamento da ausência de interesse processual (art. 485, VI, CPC).[120] Com o devido respeito, tal entendimento ignora por completo a existência do art. 785, CPC, que permite expressamente esta possibilidade. Outro setor doutrinário afirma, com certa razão, que o interesse processual desta demanda de conhecimento estará atrelado à ilegalidade, insuficiência ou defeito do TAC.[121]

---

118. MAZZILLI, Hugo Nigro. *A defesa dos interesses difusos em juízo*. Op. cit., p. 441; GAJARDONI, Fernando da Fonseca. *Direitos Difusos*. Op. cit., p. 88; SOUZA, Moutari Ciocchetti de. *Ação civil pública e inquérito civil*. 4ª ed., São Paulo: Saraiva, 2011, p. 117.
119. AgRg no REsp 1.175.494/PR, 1ª T., rel. Min. Arnaldo Esteves Lima, j. 22.03.2011, DJe 07.04.2011.
120. GAJARDONI, Fernando da Fonseca. *Direitos difusos*. Op. cit., p. 87; SOUZA, Moutari Ciocchetti de. *Ação civil pública e inquérito civil*. Op. cit., p. 116.
121. NEVES, Daniel Amorim Assumpção. *Manual do Processo de Conhecimento*. Op. cit., p. 475.

CURSO DE PROCESSO COLETIVO • Fabrício Bastos

Este entendimento vale mesmo para os casos nos quais o MP não figura como tomador, mas que pode executar o TAC com base na legitimação coletiva concorrente disjuntiva, bem como para os demais legitimados coletivos.

3.3.6. Efeitos da celebração do TAC

Após a apresentação dos principais pontos do TAC, impende destacar quais são os efeitos decorrentes da sua celebração. Para melhor visualizar, vou dividir em dois planos: a) plano procedimental; b) plano judicial.

No **plano procedimental**, deve ser indicada qual é a consequência jurídica decorrente da celebração do TAC no curso de um procedimento administrativo (inquérito civil ou procedimento preparatório). Como já visto, dependerá, para a tese que defendo, do conteúdo do TAC. No caso de TAC parcial, haverá o prosseguimento do procedimento somente quanto ao objeto residual; enquanto o procedimento, quanto ao objeto pactuado, será arquivado administrativamente (suspensão da tramitação). No caso do TAC total, haverá a necessidade de verificar se a obrigação pactuada se encerra diretamente com a sua celebração. Em caso positivo, o TAC ensejará o arquivamento institucional; em caso negativo, ensejará o arquivamento administrativo (suspensão da tramitação), com a instauração de um procedimento administrativo próprio somente para fiscalizar o seu regular cumprimento.

No **plano judicial,** a celebração do TAC ensejará o proferimento de sentença de mérito homologatória (art. 487, III, b), CPC) total ou parcial, conforme o teor do instrumento. Caso seja celebrado o TAC no plano extraprocessual, apesar da pendência de relação jurídica processual, sem a submissão à homologação judicial, haverá a extinção do processo (parcial ou total, conforme o teor do instrumento) sem resolução de mérito, por perda superveniente do interesse processual, na medida em que a coletividade já terá em seu favor um título executivo (artes. 17 e 485, VI, CPC).

Questão processual interessante é a seguinte: **a celebração de um TAC por um legitimado gera um pressuposto processual negativo para que os demais legitimados coletivos promovam a demanda coletiva sobre os mesmos fatos?** Trata-se de tema polêmico na doutrina, mas posso apontar a existência das seguintes teses: **1ª tese:**[122] **a celebração do TAC gera um pressuposto processual negativo, pois retira do legitimado coletivo o interesse processual ou de agir,** com base no seguinte argumento: a coletividade já possui em seu favor um título executivo extrajudicial e a propositura da demanda coletiva ensejará a formação de mais um título executivo, portanto, despiciendo; **2ª tese (majoritária):**[123] **a celebração do TAC gera um pressuposto processual**

---

122. GAJARDONI, Fernando da Fonseca. *Direitos Difusos. Op. cit.,* p. 87; SOUZA, Moutari Ciocchetti. *Ação Civil Pública e inquérito civil.* Op. cit., p. 116.

123. NEVES, Daniel Amorim Assumpção. *Manual do Processo Coletivo.* Op. cit., p. 475; CARVALHO FILHO, José dos Santos. *Ação Civil Pública.* Op. cit., p. 236; RODRIGUES, Geisa de Assis. *Ação civil pública e termo de ajustamento de conduta: teoria e prática.* Op. cit., p. 203; SOUZA, Moutari Ciocchetti. *Ação Civil Pública e inquérito civil.* Op. cit., p. 117.

CAPÍTULO 16 • INSTRUMENTOS EXTRAPROCESSUAIS E EXTRAJUDICIAIS DA TUTELA COLETIVA **589**

negativo, quando versar sobre os mesmos fatos previstos no TAC, mas será possível a demanda coletiva para fins de desconstituir o instrumento. Esta tese parte da mesma premissa anterior, sustentando, porém, a possibilidade do ajuizamento da demanda coletiva, desde que: i) seja previamente desconstituído, no caso de irregularidade ou ilegalidade, o TAC por meio de demanda própria proposta em face dos sujeitos integrantes do instrumento ou que, ao menos, seja formulado tal pedido de forma cumulado com a demanda coletiva proposta; ii) seja proposta a demanda com o propósito de complementar a tutela da coletiva, nos casos de inefetividade e incompletude do instrumento; iii) tenha como causa de pedir a inefetividade, incompletude ou ilegal do termo; **3ª tese:**[124] **a celebração do TAC não gera um pressuposto processual negativo,**[125] com base nos seguintes argumentos: i) não existe tal previsão na lei; ii) a legitimidade ativa coletiva é extraordinária concorrente e disjuntiva, portanto, a atuação processual de um dos legitimados não impede e nem condiciona a atuação processual dos demais; iii) a celebração do TAC, quando celebrado no plano extraprocessual e extrajudicial não gera coisa julgada material; iv) na medida em que é reconhecida a legitimidade concorrente para a celebração do termo e para a propositura da ação, bem como que a *ratio* dessa atuação é preservar o interesse social, não nos parece adequado permitir que termos circundados de atecnia ou mesmo de má-fé ou ilegalidade possam transmudar em disponível aquilo que, em essência, é indisponível; v) sustentar tese diversa gera, em última análise, violação ao princípio do acesso à justiça (art. 5º, XXXV, CR/88), pois retira do crivo jurisdicional lesões de monta a direitos de indiscutível importância para a coletividade. Este é o meu entendimento.

Por fim, impende salientar, forte no princípio da independência das instâncias (art. 935, CC), que o TAC não gera efeitos para a seara penal, ou seja, não impede o ajuizamento de ação penal sobre os mesmos fatos, como já decidido pelo STJ,[126] e, tampouco, impede a realização da atividade funcional, decorrente do poder de polícia, dos órgãos públicos fiscalizadores. Por tal razão, é sempre recomendável a ciência dos órgãos públicos para que possam manifestar-se sobre o TAC.

3.3.7. *Instrumentos extrajudiciais afins ao Termo de Ajustamento de Conduta*

O TAC possui alguns instrumentos extrajudiciais semelhantes e que demandam análise específica. São eles: a) compromisso de cessação; b) compromisso de ajustamento de conduta ambiental; c) acordo de leniência e d) acordo de não persecução cível.

---

124. GARCIA, Emerson. *Ministério Público: Organização, Atribuições e Regime Jurídico*. Op. cit., p. 292.
125. REsp 1.150.530/SC, 2ª T., Rel. Min. Humberto Martins, j. 18.02.2010, DJe 03.10.2011.
126. RHC 24. 499/SP, 6ª T., Rel. Min. Maria Thereza de Assis Moura, j. 20.09.2011, Dje 03.10.2011; HC 187. 043/RS, 6ª T., Rel. Min. Maria Thereza de Assis Moura, j. 22.03.2011, DJe 11.04.2011.

3.3.7.1. Compromisso de cessação (art. 53 da Lei 8.884/1994)

A antiga Lei da Defesa da Concorrência (Lei 8.884/94), previa a possibilidade jurídica de celebração de um instituto afim ao TAC, em seu art. 53, agora previsto no art. 85 da LDC (Lei 12.529/11), para as hipóteses de exercício de atividade econômica que acarrete violação aos preceitos ínsitos no art. 170 da CR/88, ou seja, quando for verificada infração da ordem econômica.

Trata-se do denominado Compromisso de Cessação. Em qualquer fase do processo administrativo (art. 48, I, II e II, LDC), o interessado e o órgão de defesa da concorrência poderão celebrar compromisso de cessação de prática sob investigação. O órgão que detém atribuição para tal desiderato é o Conselho Administrativo de Defesa Econômica (CADE).

Para fins de celebração do ajuste, não há a necessidade de efetiva comprovação de prática de atividade econômica lesiva ao ordenamento jurídico. Havendo indícios ou fundado receio da existência de prática que configure infração à ordem econômica, as autoridades públicas de defesa da concorrência poderão instaurar as medidas cabíveis para averiguação das condutas supostamente lesivas, podendo gerar a instauração de processo administrativo.

Conforme se verifica pela redação do art. 85, LDC, o CADE, mediante juízo de conveniência e oportunidade, devidamente fundamentado, celebrar o compromisso de cessação. Há, portanto, certa discricionariedade técnica para a formação do convencimento para a devida celebração do ajuste indicado.

A doutrina, de uma forma geral, entende que o compromisso de cessação deverá seguir as mesmas diretrizes aplicáveis ao TAC previsto no art. 5º, § 6º da LACP.[127] Entendo que tal aplicação deve ocorrer somente naquilo que não conflitar com a sua essência e peculiaridades.

Seguindo esta toada, é perfeitamente possível a celebração de TAC, sempre prejuízo da celebração de compromisso de cessação de prática, propriamente dita, no âmbito da defesa da concorrência.

A celebração do compromisso de cessação gera a suspensão da tramitação do procedimento administrativo instaurado para investigação da atividade econômica enquanto estiver sendo cumprido o ajuste (art. 85, § 9º, LDC), conforme o resultado da avença, a extinção (arquivamento) do procedimento.[128] Assim, enquanto o compromisso de cessação estiver em fase de cumprimento pelo suposto violador da ordem econômica, o processo administrativo instaurado e ensejador da avença

---

127. GRINOVER, Ada Pellegrini. Ajustamento de conduta e defesa da concorrência. *Revista do IBRAC* (dir. Viviane Lima), vol. 16, n. 1, São Paulo: Vale, 2009.
128. COELHO, Fábio Ulhoa. *Direito Antitruste Brasileiro – Comentários à Lei 8.884/94*. São Paulo: Saraiva, 1995, p. 120-122. FONSECA, João Bosco Leopoldino da. *Lei de proteção da concorrência – Comentários à lei antitruste*. 2ª ed. Rio de Janeiro: Forense, 2001, p. 250-253.

CAPÍTULO 16 • INSTRUMENTOS EXTRAPROCESSUAIS E EXTRAJUDICIAIS DA TUTELA COLETIVA

deverá ser suspenso, arquivando-se este, no término do prazo fixado, caso tenham sido atendidas todas as condições estabelecidas no compromisso.[129]

Esta regra não se aplica à proposta do compromisso de cessação, pois não gera a suspensão do procedimento (art. 85, § 6º, LDC). Esta proposta, apresentável somente uma única vez (art. 85, § 4º, LDC), que tem cunho confidencial (art. 85, § 5º, LDC), e que poderá, inclusive, ser indeferida (art. 85, § 13, LDC), não gera a sobredita suspensão (art. 85, § 6º, LDC)

A confidencialidade somente se aplica à proposta, pois o termo será público (art. 85, § 7º, LDC).

O compromisso de cessação somente, em sua configuração anterior (art. 53, lei 8.884/1994), surtiria efeitos jurídicos após o referendo do órgão colegiado administrativo superior. O CADE, conforme preconizava o art. 53 da Lei 8.884/94, precisava referendar o compromisso de cessação pactuado pela SDE, em sessão plenária. A Lei 12.529/11 não reproduziu esta exigência.

Há previsão expressa acerca da possibilidade de intervenção dos demais legitimados coletivos durante as tratativas da celebração do compromisso (arts. 50 c/c 85, § 15, LDC). Entendo que, com base nas regras do microssistema da tutela coletiva, devem ser aplicadas tais normas ao TAC.

Um ponto interessante é a relação do instrumento com a prescrição. Com a celebração do compromisso de cessação haverá a suspensão do curso do prazo prescricional (art. 46, § 2º, LDC), que já havia sido interrompido com a instauração do procedimento visando a apuração dos fatos (art. 46, § 1º, LDC). Da mesma maneira que no parágrafo anterior, entendo que deve ser aplicada a mesma regra ao TAC.

O objeto do compromisso está delineado no art. 85, §§ 1º e 2º, LDC, mas as suas condições podem ser unilateralmente alteradas pelo CADE (art. 85, § 12, LDC).

Natureza Jurídica do Compromisso de Cessação: A doutrina, de uma forma geral, diverge acerca da natureza jurídica do instituto em testilha. A **1ª tese** sustenta que o compromisso de cessação é um ato jurídico bilateral, porquanto suas cláusulas resultariam de entendimentos havidos previamente entre as partes, mas não haveria, propriamente, concessões recíprocas a caracterizá-lo negócio jurídico de transação.[130] A **2ª tese**, defendida pela **maioria da doutrina**, sustenta que o compromisso de cessação é verdadeira transação, pois evidencia verdadeiro acordo entre a autoridade com atribuição para investigar e o representado cuja atividade econômica se analisa. Este instituto típico do direito privado implica em reciprocidade de concessões. A autoridade administrativa cessa a investigação enquanto o representado paralisa a prática de atos que geraram suspeitas de infração da ordem econômica.

---

129. NERY, Ana Luiza de Andrade. *Compromisso de Ajustamento de Conduta – Teoria e Análise de casos práticos*. 2ª ed. São Paulo: Revista dos Tribunais, 2012, p. 123.

130. COELHO, Fábio Ulhoa. *Direito Antitruste Brasileiro – Comentários à Lei 8.884/94*. São Paulo: Saraiva, 1995, p. 120-122.

O interessado na celebração do compromisso apenas exprime sua intenção de não litigar, preferindo pactuar concessões recíprocas mediante a celebração de transação que extingue o processo ou procedimento administrativo que investiga infração à ordem econômica.[131]

Apesar de ser considerada transação, aquele que celebrar o compromisso não confessa a efetiva realização da conduta lesiva e ilícita. A transação sem admissão de culpa é inspirada no instituto *nolo contendere,* proveniente do direito norte-americano, como sendo forma de defesa em que o acusado não contesta a imputação, mas não admite culpa e, tampouco, proclama sua inocência.

Não há divergência doutrinária, contudo, quanto à natureza jurídica no plano processual do compromisso de cessação. O compromisso tem natureza jurídica de título executivo extrajudicial (arts. 85, § 8°, LDC c/c 784, VIII, CPC) e comporta execução (art. 85, § 11, LDC) pela tutela específica ou tutela jurisdicional pelo equivalente ao adimplemento (arts. 139, IV; 297; 301 e 536, § 1°, CPC).

A atribuição para promover a execução do compromisso de cessação é da Procuradoria do CADE. Esta execução ocorrerá em casos de descumprimento da avença, bem como nos casos de obstaculização à fiscalização do ajuste.

Considerando que o instituto em apreço é uma transação, é plenamente possível a realização de aditamento ao compromisso de cessação para alteração bilateral ou unilateral dos termos originais avençados, notadamente, conforme determinado no art. 85, §12 da LDC, na hipótese de verificação de onerosidade excessiva. O compromisso de cessação também poderá ser alterado nos casos em que se verifica que os termos da avença originária não atendem, de forma efetiva, a tutela dos interesses transindividuais. Este entendimento está fulcrado na leitura, *a contrario sensu*, da parte final do artigo supracitado.

As principais diferenças para o TAC, portanto, são: a) regulamentação em lei; b) possibilidade de alteração unilateral; c) legitimidade exclusiva para a celebração; d) previsão expressa da suspensão da prescrição; d) confidencialidade da proposta; e) previsão expressa de intervenção dos demais legitimados coletivos.

3.3.7.2. Compromisso de ajustamento de conduta ambiental (art. 79-A da Lei 9.605/1998)

O art. 79-A da Lei 9605/98 preconiza a possibilidade jurídica de celebração de compromisso de ajustamento de conduta em matéria ambiental pelos órgãos am-

---

131. FONSECA, João Bosco Leopoldino da. *Lei de proteção da concorrência – Comentários à lei antitruste.* 2ª ed. Rio de Janeiro: Forense, 2001, p. 250-253. NERY, Ana Luiza de Andrade. *Compromisso de Ajustamento de Conduta – Teoria e Análise de casos práticos.* 2ª ed. São Paulo: Revista dos Tribunais, 2012, p. 123. GRINOVER, Ada Pellegrini. Ajustamento de conduta e defesa da concorrência. *Revista do IBRAC* (dir. Viviane Lima), vol. 16, n. 1, São Paulo: Vale, 2009.

bientais do Sistema Nacional de Meio Ambiente (SISNAMA).[132] Tal celebração tem como objetivo evitar e, conforme o caso, cessar conduta de pessoas físicas ou jurídicas lesivas ou potencialmente lesivas ao meio ambiente ecologicamente equilibrado.

Este compromisso previsto na Lei 9.605/98 possui abrangência mais restrita do que o TAC previsto na LACP. Enquanto o primeiro tem como objetivo adequar condutas lesivas na esfera da responsabilidade administrativa, o segundo tem como objetivo adequar condutas lesivas na esfera da responsabilidade civil de uma forma geral.

Por tal razão, o compromisso previsto na LACP é considerado como compromisso de ajustamento genérico ou geral, enquanto o compromisso de ajustamento previsto na Lei 9.605/1998 é denominado ambiental.

Esta diferença de objetos gera divergência doutrinária quanto à pertinência temática e legitimidade para celebração do ajuste.

Alguns órgãos do SISNAMA podem celebrar o CAC ambiental e, ainda, TAC dos infratores ambientais, porquanto se configuram colegitimados à propositura da ação civil pública.

Outros órgãos ambientais, contudo, por não possuírem a legitimidade conferida pela LACP, não podem tomar compromisso de ajustamento versando sobre responsabilidade civil, mas somente termo de compromisso ambiental visando a correção de ilícitos administrativos, ensejadores, por conseguinte, de responsabilidade administrativa.

A divergência cinge-se a rigor sobre a necessidade de vinculação institucional entre o órgão que figurará como tomador do compromisso e o objeto deste, ou seja, a necessidade de existir convergência entre o objetivo institucional do órgão que tomará o compromisso e a finalidade do instrumento.

Para uma **1ª tese**, os órgãos públicos somente detêm legitimidade material para tomar compromisso de ajustamento se houver pertinência temática entre o conteúdo do ajuste e as atribuições do ente público.[133]

O TAC, em todas suas espécies e vertentes, é instrumento de tutela coletiva que funciona como equivalente jurisdicional, ou seja, figura como substitutivo da tutela jurisdicional estatal. Assim, a legitimidade para figurar como seu tomador deverá seguir a mesma diretriz aplicável à legitimidade ativa ad causam para o ajuizamento das demandas coletivas.

---

132. *"Conforme bem lembrado pela melhor doutrina, apesar de serem utilizados com frequência como expressões sinônimas, há diferença entre compromisso de ajustamento de conduta (CAC) e termo de ajustamento de conduta (TAC). Enquanto o primeiro é o conteúdo do compromisso, o segundo é o documento por meio do qual se materializa o acordo."* NEVES, Daniel Amorim Assumpção. *Manual do Processo Coletivo.* Op. cit., p. 471.

133. CAPPELLI, Sílvia. *Compromisso de ajustamento ambiental: análise e sugestões para aprimoramento.* Elaborado pelo Instituto O direito por um planeta verde. p. 22.

Em outros termos, o que for exigido para fins de legitimação ativa coletiva, deverá ser exigido para a utilização dos demais instrumentos extrajudiciais e extraprocessuais, sob pena do legitimado obter por via indireta o que não seria lícito obter pela via direta.

Assim sendo, aplicando-se o requisito específico da pertinência temática para o exercício judicial da pretensão coletiva, dever-se-á aplicar o mesmo requisito para a celebração do CAC. Do contrário, como solucionar a legitimação ativa para a fase executiva quando verificado o descumprimento do compromisso?

Ora, exige-se a pertinência temática para o exercício judicial da pretensão na fase de conhecimento, mas deverá ser dispensado para o exercício judicial na fase de execução? Para fins de congruência para o sistema da tutela coletiva, aplica-se, sim, com as devidas vênias àqueles que entendem de forma diversa, o requisito da pertinência temática para a celebração do compromisso.

Para uma **2ª Tese**, o requisito da pertinência temática não deve ser exigido para a celebração do termo de ajustamento de conduta. Entretanto, os defensores desta tese não afastam por completo a aplicação da pertinência temática.

O que se deve considerar, contudo, é que o ajustamento celebrado por órgão público cuida de assunto que esteja minimamente relacionado com a atuação institucional do referido órgão, mas não exclusivamente relacionado. Em outros termos, a atuação do órgão público pode abranger outros direitos e temas relacionados à sua atividade principal, desde que haja algum tipo de relação com a sua atividade fim.

O ponto fulcral para a celebração do ajustamento é a busca do interesse público pelo órgão legitimado, que deverá fazê-lo se valendo dos instrumentos que lhe são veiculados pela lei.

Ao adotar a aplicação direta da pertinência temática, entendem os defensores da segunda tese, haverá uma indevida restrição não prevista em lei. A LACP não restringe a legitimação para o órgão público celebrar compromisso de ajustamento de conduta, portanto, não é lícito ao intérprete fazê-lo. Interpretação restritiva somente seria admissível com base em norma jurídica positivada.

Ademais, os assuntos abarcados pelo ajustamento de conduta poderão ter diversas naturezas e, ainda assim, ser negociados por órgãos públicos com competência restrita, por tratarem, ainda que mediatamente, sobre a matéria que lhes seja invocada.

A LDC, por exemplo, conferiu somente ao CADE a legitimidade e autonomia para cuidar dos assuntos atinentes à defesa da ordem econômica, mas tal autorização legal não significa que o órgão público deverá centrar suas atribuições apenas e tão somente nos assuntos a ele relacionados diretamente.

Da mesma forma, a LACP atribuiu legitimidade e autonomia a todos os órgãos públicos para tratar da defesa dos direitos metaindividuais, de modo que não é adequado limitar sua atuação para a celebração do ajustamento apenas e tão somente

CAPÍTULO 16 • INSTRUMENTOS EXTRAPROCESSUAIS E EXTRAJUDICIAIS DA TUTELA COLETIVA

595

aos temas sobre os quais versam sua competência institucional. Defendem esta tese, na doutrina, Geisa de Assis Rodrigues[134] e Ana Luiza de Andrade Nery.[135]

3.3.7.3. Acordo de leniência

O acordo de leniência, enquanto instrumento extraprocessual e extrajudicial da tutela coletiva, com o fim de reduzir a litigiosidade, tem regulamentação prevista nas leis de defesa da concorrência (Lei 12.529/11) e anticorrupção (Lei 12.846/13). Terá natureza de título executivo extrajudicial, como determina o art. 33 da Portaria CGU nº 910/15.[136] As regras aplicáveis ostentam certas peculiaridades que merecem o devido destaque.

As **principais características do acordo de leniência na LDC (art. 86) são**: a) somente pode ser celebrado pelo CADE, através da sua Superintendência-Geral (art. 86, *caput*); b) pode gerar a redução da penalidade ou a sua extinção (art. 86, *caput*); c) pode ser celebrado com pessoa física[137] ou jurídica (art. 86, *caput*); d) a proposta é sigilosa, mas pode ser publicizada quando houver interesse para a investigação e do processo administrativo (art. 86, § 9º); e) no caso de rejeição, não haverá qualquer reconhecimento da ilicitude ou acarretará confissão (art. 86, § 10); f) o descumprimento do acordo acarretará óbice para a celebração de novo acordo pelo prazo de três anos (art. 86, § 12); g) gera repercussão penal, pois a simples celebração suspende a prescrição e impede o oferecimento da ação penal, enquanto que o seu integral cumprimento gera a extinção da punibilidade (art. 87); h) a celebração suspende o curso do prazo prescricional (art. 46, § 2º).

As **principais características do acordo de leniência na LAC (art. 16) são**: a) pode ser celebrado pelo MP e pela autoridade máxima de cada órgão (artes. 16, *caput* e § 10 e 17); b) gera o abrandamento das sanções, com a sua redução, mas sem extinção, porém pode isentar de sanções, sem afastar a responsabilidade civil (art. 16, §§ 2º e 3º); c) pode ser celebrado somente com pessoa jurídica (art. 16); c) a celebração gera a interrupção do prazo prescricional (art. 16, § 9º); d) a proposta é sigilosa até a efetivação (celebração) do acordo, mas este sigilo pode ser afastado no caso de interesse para a investigação e o processo administrativo (art. 16, § 6º) e) no caso de rejeição da proposta não haverá reconhecimento da prática do ato ilícito (art. 16, § 7º); f) em caso de descumprimento haverá empecilho para a celebração de novo acordo pelo prazo de 03 anos (art. 16, § 8º); g) a celebração não impede o ajuizamento da demanda coletiva, mesmo que seja de improbidade administrativa,

---

134. RODRIGUES, Geisa de Assis. *Ação Civil Pública e termo de ajustamento de conduta: teoria e prática.* 2ª ed. Rio de Janeiro: Forense. 2006, p. 145.

135. NERY, Ana Luiza de Andrade. *Compromisso de Ajustamento de Conduta – Teoria e Análise de casos práticos.* 2ª ed. São Paulo: Editora Revista dos Tribunais, 2012, p. 129.

136. MARINELA, Fernanda; PAIVA, Fernanda; RAMALHO, Tatiany. *Lei Anticorrupção.* São Paulo: Saraiva, 2015, p. 197.

137. Contra entendendo que o acordo de leniência não produz efeitos contra as pessoas físicas: MARINELA, Fernanda; PAIVA, Fernanda; RAMALHO, Tatiany. *Lei Anticorrupção.* São Paulo: Saraiva, 2015, p. 198.

bem como as demais ações com o objetivo de responsabilizar civilmente a pessoa jurídica (art. 30); apesar da omissão da lei, entendo que esta norma também se aplica à seara penal, pois não haverá *bis in idem*.

Como visto, o acordo de leniência nestas leis ostenta mais semelhanças do que distinções. As principais distinções são encontradas nos seguintes pontos: i) legitimidade para figurar como tomador; ii) legitimidade para figurar como destinatário; iii) regime jurídico prescricional; iv) a geração de pressuposto processual negativo para o ajuizamento de demanda sobre o mesmo tema.

As semelhanças cingem-se, além das características já citadas, aos seguintes pontos: i) têm por objetivo auxiliar na investigação do fato com resultados específicos previstos nos arts. 86, LDC e 16, LAC, mediante o cumprimento de requisitos próprios (art. 86, § 1º, LDC e 16, § 1º, LAC); ii) fazem parte do microssistema da tutela coletiva; iii) estipulará as condições necessárias para assegurar a efetividade da colaboração e o resultado útil do processo.

As diferenças entre os acordos de leniência para o TAC são os seguintes: a) regulamentação em lei; b) impossibilidade de nova celebração do acordo em caso de descumprimento; c) legitimidade restrita para a celebração, bem como para figurar como tomador; d) previsão expressa da suspensão da prescrição; d) confidencialidade da proposta; e) previsão expressa de abrandamento das sanções, bem como da isenção ou extinção da punibilidade; f) previsão de repercussão judicial, com a criação ou não de pressuposto processual negativo.

O acordo de leniência, mormente quando usado na defesa da concorrência, se assemelha com a colaboração premiada prevista na Lei 12.850/13[138], pois, neste caso ostenta natureza mista, com repercussões diretas na seara administrativa, cível, processual cível, penal e processual penal, podendo acarretar a extinção da punibilidade ou o seu abrandamento.

3.3.7.4. Acordo de Não Persecução Cível

Como sobredito, o ANPC, que será delineado no tópico seguinte, terá a sua seara de incidência exclusiva na improbidade administrativa, enquanto o TAC poderá ser utilizado nas demais searas. Há algumas diferenças procedimentais, a saber: i) a regulamentação do ANPC é no âmbito legal; ii) há a necessidade da homologação do órgão colegiado superior, quando celebrado no plano extraprocessual; iii) há a necessidade da homologação judicial; iv) há a necessidade da participação da pessoa jurídica interessada/prejudicada; v) há a necessidade da

---

138. *"No ponto de vista político-criminal, o Acordo de Leniência torna-se uma medida de excepcionalidade, sua aplicação restringe-se ao crime de cartel no qual o participante colabore efetivamente com as investigações possibilitando o desbaratamento da trama."* OLIVEIRA JÚNIOR, Gonçalo Farias de. Ordem econômica e Direito penal antitruste. *Biblioteca de estudos avançados em Direito penal e Direito processual penal.* Coordenação Luiz Regis Prado e Adel El Tasse. 5ª ed. Curitiba – PR: 2015 p. 262; MARINELA, Fernanda; PAIVA, Fernanda; RAMALHO, Tatiany. *Lei Anticorrupção.* São Paulo: Saraiva, 2015, p. 193.

CAPÍTULO 16 • INSTRUMENTOS EXTRAPROCESSUAIS E EXTRAJUDICIAIS DA TUTELA COLETIVA **597**

participação da Corte de Contas, apesar do STF, em sede de medida cautelar, no ADI 7236, ter reconhecido que o art. 17-B, §3º, da LIA é inconstitucional por violar a independência do Ministério Público; vi) impossibilidade de nova celebração do acordo em caso de descumprimento; vii) legitimidade restrita para a celebração, bem como para figurar como tomador; viii) previsão expressa da interrupção da prescrição; ix) confidencialidade da proposta;

3.4. Acordo de Não Persecução Cível

3.4.1. *Histórico da consensualidade na seara da improbidade administrativa*

Para que a introdução do tema Acordo de Não Persecução Cível, doravante ANPC, possa ser apresentada da forma adequada, imprescindível indicar todo o histórico sobre a (im)possibilidade da aplicação de soluções consensuais na seara da improbidade administrativa.

O presente histórico será devidamente apresentado em momentos:

1º momento – redação original do art. 17, §1º, da LIA: havia uma vedação expressa na lei sobre o uso do acordo, conciliação ou transação, por qualquer instrumento. Diante deste cenário, a maioria da doutrina seguia a literalidade da norma para sustentar a impossibilidade de qualquer forma de solução consensual. Em minha leitura, a vedação versava sobre o cerne do direito material sancionador, mas não deveria alcançar os aspectos periféricos ou secundários, tais como condições de modo, tempo e lugar.

No âmbito da prática da tutela coletiva do patrimônio público não era raro encontrar exemplos nos quais o Ministério Público recomendava ao investigado a exoneração da função, sob pena de judicialização do tema (nada mais era do que um ANPC, mas sem o nome de batismo!), bem como a possibilidade de convencionar o parcelamento ou outra forma de ressarcimento ao erário.

Assim, mesmo à época, havia debate doutrinário acerca do tema.

2º momento – edição da lei anticorrupção (lei nº 12.846/13): com a edição desta lei, que faz parte do microssistema de combate à corrupção, foram delineados os atos de corrupção (art. 5º) que se confundem, muitas vezes, com os atos de improbidade administrativa, e o acordo de leniência (art. 16).

Ora, a possibilidade de celebração do acordo de leniência na seara do combate à corrupção gerou a indagação imediata: como sustentar a harmonia do sistema com a celebração do acordo de leniência sem que a mesma solução possa ser aplicada na seara da improbidade administrativa?

Tal indagação tem razão de ser, pois não pode ser crível que um ato seja, ao mesmo tempo, qualificado juridicamente como de corrupção e de improbidade administrativa, mas somente quanto ao primeiro poder-se-ia sustentar a solução consensual.

3º momento – edição do CPC/15: Com o advento do chamado Novo Código de Processo Civil, foi fixada uma diretriz importante, qual seja, a da busca pela solução consensual dos conflitos, com um claro vetor direcionado para todos os sujeitos processuais (art. 3º, §2º, do CPC). Tal diretriz alterou o procedimento ao determinar, como regra, a citação do réu para comparecer a audiência de conciliação e mediação (art. 334, CPC), permitindo, inclusive, tal atuar pela Fazenda Pública (art. 174, do CPC).

A partir de então, ficaria ainda mais factível sustentar o atraso na vedação na obtenção da solução consensual.

4º momento – edição da lei de mediação (Lei nº 13.140/15): a referida lei, de forma expressa, passou a permitir a solução consensual, inclusive, na seara da improbidade administrativa, conforme a previsão no art. 36, §4º. Tal previsão servia de base para sustentar a revogação tácita do art. 17, §1º, da LIA, posto incompatíveis.

5º momento – edição da MP 703/15: a medida provisória, de duvidosa constitucionalidade, diga-se, revogou de forma expressa o art. 17, §1º, da LIA, passando, assim, a permitir a aplicação da solução consensual na seara da improbidade administrativa. Entretanto, tal medida provisória não foi convertida em lei sofrendo a caducidade em maio de 2016, mas mantendo os eventuais acordos celebrados sob a sua égide.

6º momento – edição da Resolução nº 179/17 do CNMP: o CNMP, ao regulamentar procedimento do TAC, fixou dois importantes pontos para o histórico do tema: i) natureza jurídica de negócio jurídico (art. 1º) e ii) possibilidade de celebração do TAC na seara da improbidade administrativa (art. 1º, §2º). Assim, o CNMP passou a adotar, de forma expressa, a solução consensual, ainda que se questione a constitucionalidade da resolução pode afrontar diretamente a LIA.

7º momento – edição da lei 13.655/18: a lei de introdução às normas do direito brasileiro foi alterada e com isso foi inserido o art. 26 que prevê a possibilidade da celebração de compromisso que pode e deve ser considerado como um TAC com a observância dos requisitos do parágrafo primeiro.

8º momento – edição da lei 13.964/19: a entrada em vigor da referida lei afastou qualquer possibilidade de se questionar a utilização da solução consensual, pois, além de alterar a redação do art. 17, §1º, da LIA permitindo o uso do novel ANPC, prevê a possibilidade da realização de audiência de conciliação e mediação no procedimento da ação civil pública por ato de improbidade administrativa (art. 17, §10-A, da LIA).

CAPÍTULO 16 • INSTRUMENTOS EXTRAPROCESSUAIS E EXTRAJUDICIAIS DA TUTELA COLETIVA **599**

Solução que conferiu uma maior flexibilidade ao princípio da obrigatoriedade e indisponibilidade, gera maior efetividade e celeridade na solução das contendas.

Entretanto, com os vetos apostos pela Presidência da República a regulamentação do instituto, no plano legislativo, ficou prejudicada, pois somente constou a possibilidade da sua celebração sem a indicação precisa dos pressupostos, requisitos e consequências.

Tais searas foram regulamentadas por atos editados pelos Ministérios Públicos Federal e Estadual, no âmbito de suas atribuições.

9º momento – edição da lei 14.230/21: a entrada em vigor da referida lei, sem, agora, aposição de qualquer veto presidencial, trouxe finalmente a regulamentação legal do instituto. Com efeito, foram sanadas algumas dúvidas relevantes sobre o manejo do instrumento, tais como a legitimidade para a celebração, necessidade da participação de outros órgãos e a imprescindibilidade da homologação pelo órgão colegiado superior e o órgão jurisdicional.

Com a edição das Leis 13.964/19 e 14.230/21 a discussão a respeito da possibilidade de realização de acordos na seara da improbidade administrativa, mormente quando o instrumento for um negócio processual, perde um pouco do sentido, pois houve previsão expressa, com clara mudança de paradigma.

Apresentados todos os momentos referentes à "escala evolutiva" da aplicação da solução consensual, será explicitado, por conseguinte, o instituto do ANPC.

3.4.2. Conceito

O ANPC é uma das formas apresentadas pelo legislador para possibilitar a solução consensual, no âmbito da tutela da probidade, com vistas a obter resultado mais célere e eficaz.

Pode ser conceituado como a avença celebrada entre o legitimado para a propositura da demanda de improbidade administrativa e o sujeito que praticou o ato, mediante o seu reconhecimento e assunção de obrigações patrimoniais e sancionatórias, de forma isolada ou cumulativa, devidamente formalizadas no instrumento.[139]

Os sujeitos poderão, assim, convencionar quais serão as obrigações e a dosimetria, sempre atentando para a proporcionalidade.

---

139. "Conceitua-se o acordo de não persecução cível como negócio jurídico bilateral realizado entre o legitimado à ação judicial por ato de improbidade administrativa e o sujeito ativo da prática do ato, visando solucionar consensualmente, antes ou durante o trâmite judicial, mediante a aplicação de obrigações semelhantes às sanções, podendo ainda haver o ressarcimento ao erário e a perda dos bens ou valores acrescidos ilicitamente, como forma de proteção eficiente da probidade e do patrimônio público." PEREIRA, Rafael. *Manual do acordo de não persecução cível*. Belo Horizonte: CEI, 2020, p. 56. No mesmo sentido: ANDRADE, Adriano; MASSON, Cleber; ANDRADE, Landolfo. *Interesses difusos e coletivos*. 10. ed. São Paulo: Método, 2020, p. 987.

3.4.3. Natureza jurídica

Diante da omissão regulamentar, vale indagar: **qual é a natureza jurídica do acordo de não persecução cível?**

O acordo de não persecução cível é, primordialmente, uma convenção processual[140] de exclusão do exercício da pretensão judicial (tutela judicial) decorrente de um direito material[141], que pode abranger um processo atual (acordo incidental)[142] ou um processo futuro (acordo pré-processual).

É uma medida extraprocessual e extrajudicial de afastamento da necessidade do exercício judicial da pretensão. Assim, passa a ser um pressuposto processual negativo ou obstativo para o ajuizamento da demanda de improbidade administrativa (art. 485, IV, do CPC) ou poderia ser considerado como elemento que retira o interesse de agir (arts. 17 e 485, VI, do CPC).

Deve ser considerado como um título executivo extrajudicial (art. 5º, §6º, da LACP c/c art. 784, XII, do CPC)[143], pois os instrumentos similares como o acordo de leniência e o TAC assim também são considerados.

Por ser um título executivo extrajudicial, poderá ser diretamente executada a obrigação prevista no ANPC, mas o art. 785, do CPC também possibilita o ajuizamento de demanda cognitiva.

---

140. "Isso significa que o acordo está inserido na categoria de negócios jurídicos bilaterais, onde decorrem manifestação de vontade de ambas as partes podendo ou não implicar em concessões mútuas. Sim, concessões mútuas, conforme se trará abaixo, no nosso entendimento é que o acordo de não persecução cível tanto o legitimado ativo (Ministério Público ou pela pessoa jurídica interessada) quanto o investigado ou réu na ação de improbidade fazem concessões, aquele em relação a aplicação de algumas sanções, este consente em reconhecer a prática do ato de improbidade e reparar o dano causado, como também a devolução dos bens havidos ilicitamente, possuindo assim natureza jurídica de negócio jurídico bilateral. (...) Coloca-se o Acordo de não persecução cível como negócio jurídico, ainda por preencher os requisitos e características desse instituto, manifestação de vontade capaz de produzir efeitos estabelecidos em consenso e permitidos pela lei." PEREIRA, Rafael. *Manual do acordo de não persecução cível*. Belo Horizonte: CEI, 2020, p. 41. No mesmo sentido: "Em primeiro lugar, é de se destacar que o acordo de não persecução cível é um negócio jurídico de natureza extraprocessual ou judicial (a depender da hipótese concreta), que está submetido as condições de existência, validade e eficácia dos negócios jurídicos em geral de que trata o Código Civil, mas também limitado pelo regime de direito público, de modo que deve ser travado levando-se em conta a indisponibilidade do interesse público e os princípios da Administração Pública, que devem ser a bússola condutora dos acordantes." PINHEIRO, Igor Pereira. *Lei anticrime e acordo de não persecução cível – aspectos teóricos e práticos*. Leme: JHimuzno, 2020.

141. "Diferentemente se passam as coisas perante um contrato de exclusão da tutela jurisdicional de um direito. Aqui, o credor preserva a titularidade do seu direito, ficando apenas privado da faculdade de exigir judicialmente o respectivo cumprimento. A partir de uma perspectiva processual, uma acção de simples apreciação positiva da titularidade do direito será admissível, mas já não uma acção de condenação no respectivo cumprimento." SILVA, Paula Costa e. *Pactum de non petendo*: exclusão convencional do direito de acção e exclusão convencional da pretensão material. *In*: CABRAL, Antonio do Passo; NOGUEIRA, Pedro Henrique (Coord.). *Negócios processuais*. Salvador: JusPodivm, 1ª ed., 2015, p. 306.

142. Apesar do veto presidencial ao art. 17, §2º da LIA que o previa expressamente.

143. "De início, ressalta-se que o acordo extrajudicial possui eficácia de título executivo extrajudicial (artigo 5º, §6º, da Lei nº 7.347/85 c/c artigo 784, XII, do CPC). Sendo assim, por se tratar de título executivo extrajudicial deverá ser adotado o rito estabelecido no processo de execução do Código de Processo Civil." PEREIRA, Rafael. *Manual do acordo de não persecução cível*, Belo Horizonte: CEI, 2020, p. 120.

Se o ANPC for celebrado no curso da demanda, a consequência jurídica deve ser, após a devida homologação judicial, a suspensão, pelo prazo legal ou convencionado pelas partes, do feito até que seja cumprida a avença (art. 313, II c/c 922, do CPC), hipótese na qual haverá a extinção do processo com resolução de mérito (art. 487, III, b), do CPC).[144]

Há quem sustente ser um tipo de Termo de Ajustamento de Conduta,[145] mas, como visto, reputo serem institutos diversos.

Trata-se de instituto cuja aplicação deva ser exclusiva às demandas de improbidade administrativa. Assim, o ANPC é instituto exclusivo para a seara da improbidade administrativa e o TAC deve ser utilizado nas demais hipóteses de direitos transindividuais.

Este acordo poderá, inclusive, ser total ou parcial. Será total quando o objeto abranger todas as pretensões juridicamente possíveis, bem como as sanções decorrentes da prática do ato (art. 12, da LIA).

Será parcial quando o objeto abranger somente parcela das espécies de pretensões ou determinadas sanções.[146] Impende salientar que, por imperativo legal (art. 17-B, I e II, da LIA), o ANPC deverá abranger, no mínimo, o seguinte: i) integral ressarcimento do dano e ii) reversão à pessoa jurídica lesada da vantagem indevida obtida, ainda que oriunda de agentes privados.

Este acordo poderá, também, abranger parcela material e processual.[147] Caso verse sobre os tipos de sanções, condições de modo, tempo e lugar destas, terá o as-

---

144. "A nossa posição quanto à execução do acordo de não persecução cível é no sentido de suspensão da ação, após a homologação do acordo, devendo-se após o cumprimento das obrigações ser requerido a extinção do feito." PEREIRA, Rafael. *Manual do acordo de não persecução cível*. Belo Horizonte: CEI, 2020, p. 122.

145. "Bem assentado o regime jurídico do direito administrativo sancionador à Lei de Improbidade Administrativa, ressalte-se que o acordo de não persecução cível pode ser celebrado independentemente na esfera penal e, nesse caso, assumir uma dimensão de ajustamento de conduta. Assim, há duas perspectivas para essa espécie de acordo: uma natureza de termo de ajustamento de conduta, quando transcende a celebração de acordo penal e dele não depende; uma natureza de colaboração premiada, quando se vincula ao acordo penal e traduz uma colaboração premiada em ação de improbidade administrativa. Pode-se afirmar que há uma natureza mista no acordo de não persecução civil e que essa terminologia – ao adotar a expressão cível – reporta-se tanto ao inquérito civil quanto ao processo civil, bem como a processos investigativos de modo geral." OSÓRIO, Fábio Medina. Natureza jurídica do instituto da não persecução cível previsto na Lei de Improbidade Administrativa e seus reflexos na Lei de Improbidade Empresarial. Disponível em: http://www.migalhas.com.br/arquivos/2020/3/8A049E343B44ED_Artigopacoteanticrimeeimprob.pdf. Acesso em: 18 nov. 2020. "Com a inovação legislativa, aparentemente, o legislador apenas modificou a nomenclatura, passando a chamar o CAC de acordo de não persecução cível, no âmbito da improbidade administrativa. O acordo de não persecução cível, seguindo a mesma linha do CAC, poderá ser firmado tanto na fase extrajudicial quanto na fase judicial." TAVARES, Pedro Tenório Soares Vieira; NETTO, Estácio Luiz Gama de Lima. *Pacote anticrime* – as modificações no sistema de justiça criminal brasileiro. E-book, 2020. "o acordo de não persecução cível é espécie do termo de ajustamento de conduta e por isso deve seguir a normatização em geral, salvo naquilo que houver incompatibilidade." PINHEIRO, Igor Pereira. *Lei anticrime e acordo de não persecução cível* – aspectos teóricos e práticos. Leme: JHimuzno, 2020.

146. TRIGO, Alberto Lucas Albuquerque da Costa. Pactum de non petendo parcial. *Revista de Processo*, ano 43, vol. 280, jun. 2018, p. 19 e ss.

147. "Trata-se de um negócio jurídico que pode, em um mesmo instrumento, reunir disposições sobre o direito material (as sanções do art. 12) ou sobre o processo judicial atual ou futuro. E uma convenção processual

pecto material, mas se versar sobre os tipos de pretensões deduzíveis, terá o aspecto processual.

Não há como negar que o acordo de não persecução cível seja uma espécie de *pacto de non petendo* e, portanto, ostenta clara natureza processual, com base nos seguintes fundamentos:

i)   não interfere no direito material subjacente, pois não gera a sua disponibilidade;

ii) pode abranger aspectos secundários ou periféricos do direito material, tais como condições de modo, tempo e lugar, mas não sobre o seu cerne[148];

iii) não gera remissão da responsabilidade;

iv) relaciona-se com a exigibilidade do direito material;

v)   relaciona-se com a pretensão processual.[149]

3.4.4. Legitimidade

A legitimidade ativa para a celebração do acordo de não persecução cível seguiu, sob pena de gerar uma incoerência sistêmica, a mesma regra para a propositura da demanda de improbidade administrativa prevista no art. 17, da LIA, ou seja, somente o Ministério Público e a pessoa jurídica interessada poderão celebrar tal avença (art. 17-B).

Ora, somente faz sentido celebrar o acordo de não persecução cível caso ostente legitimidade para realizar a persecução respectiva. Vale lembrar que o STF, ao reconhecer a inconstitucionalidade da legitimidade ativa exclusiva do Ministério

---

em ações de improbidade que tem sido muito praticada já hoje, e tende a ser cada vez mais comum pela provisão do acordo de não persecução cível, é justamente o pactum de non petendo, possibilitando ao autor prometer não ajuizar a ação de improbidade, ou não ajuizar pretensões de específica natureza, como p. ex., excluir a pretensão à condenação do convenente nas sanções do art. 12, reservando-se outros tipos de pretensão, como a declaratória ou inibitória." (CABRAL, Antonio do Passo. Pactum de non petendo: a promessa de não processar no direito brasileiro. *Transformações nas estruturas fundamentais do processo.* ProcNet: Rede Internacional de Pesquisa sobre Justiça Civil e Processo Contemporâneo, 2020, *p. 21*)

148. "Trata-se da vitória da concepção atualmente disseminada que reconhece uma disponibilidade parcial dos interesses públicos, desfazendo a equivocada compreensão de que o interesse, por ser público, seria indisponível. Ao contrário, há graus de (in)disponibilidade e, em alguma medida, mesmo as regras estabelecidas no interesse público podem ser flexibilizadas." (CABRAL, Antonio do Passo. Pactum de non petendo: a promessa de não processar no direito brasileiro. *Transformações nas estruturas fundamentais do processo.* ProcNet: Rede Internacional de Pesquisa sobre Justiça Civil e Processo Contemporâneo, 2020, *p. 18*)

149. "No meu modo de enxergar o fenômeno, deve-se afirmar a natureza processual do pactum de non petendo. Trata-se de um acordo cujo objeto relaciona-se com a exigibilidade do direito, portanto com a pretensão. Porém, se a acionabilidade é o ajuizamento de pretensões perante o Judiciário, a promessa de não processar limita-se à pretensão processual. Por meio do *pactum de non petendo*, os acordantes comprometem-se a não exigir judicialmente o cumprimento do contrato. A promessa de não processar não interfere em nada no direito material, não tem efeitos de remissão de dívida, não impacta a pretensão material (art. 189 do CC), portanto tampouco pode ser assemelhada à obrigação natural. As partes continuam podendo exercer seus direitos (e exigi-los) fora do processo, utilizando-se de outras formas de cobrança e pressão para o pagamento." (CABRAL, Antonio do Passo. Pactum de non petendo: a promessa de não processar no direito brasileiro. *Transformações nas Estruturas Fundamentais do Processo.* ProcNet: Rede Internacional de Pesquisa sobre Justiça Civil e Processo Contemporâneo, 2020, *p. 7 e 8*)

CAPÍTULO 16 • INSTRUMENTOS EXTRAPROCESSUAIS E EXTRAJUDICIAIS DA TUTELA COLETIVA

Público, por via de consequência, reconheceu o mesmo resultado para a celebração do ANPC.

Caso o MP celebre o acordo de não persecução cível, deverá cientificar formalmente o ente federativo lesado, pois, com isso, poderá evitar a quebra indireta do acordo[150], mormente diante da redação da Súmula 651 do STJ. Apesar do reducionismo aparente com o emprego do termo "ente federativo", entendo que deverão ser cientificados todos os órgãos indicados no art. 1º, §§5º e 6º, da LIA. Poder-se-ia, ainda, para conferir uma interpretação com coerência sistemática, aplicar por analogia o art. 17, §14, da LIA.

Em meu sentir, a ciência deverá ocorrer assim que a proposta para a celebração do ANPC for expedida, com o fim de obter considerações sobre os seguintes pontos: i) valores referentes ao ressarcimento; ii) reversão dos bens; iii) indicação de outros agentes públicos que podem ter praticado o ato ou serem responsáveis; iv) possível informação sobre a existência de acordo de não persecução disciplinar; v) possível informação sobre a existência de processo administrativo disciplinar; vi) indicação das informações que possibilitem a implementação do capítulo patrimonial.

Após a efetiva ciência, devidamente formalizada, com a fixação de prazo razoável para eventuais considerações, deverá ser finalizada a avença.

A mesma necessidade de cientificação vale para o ANPC celebrado pela pessoa jurídica interessada, ou seja, deverá o Ministério Público ser formalmente cientificado dos termos da avença.

Caso a pessoa jurídica interessada celebre Acordo de Não Persecução Disciplinar, assim compreendida como uma avença para aplicação das sanções administrativas ao agente público, como forma de evitar um PAD, deverá igualmente cientificar o MP, ainda no início das tratativas, para evitar superposição de atribuições e para cumprir a regra que determina a participação obrigatória do *Parquet* na tutela coletiva[151]. Não pode ser sustentada a necessidade de intervenção do MP somente no âmbito judicial[152].

---

150. "Porém, tanto o Ministério Público quanto a Pessoa Jurídica devem se atentar que o Acordo será aplicado no termos da lei, conforme previsão no §1º, do Art. 17, já debatido, o que faz que o caso da Pessoa Jurídica tenha necessariamente uma regulamentação específica sobre o acordo, a qual entendemos que deverá sempre notificar o Ministério Público colegitimado, da mesma maneira que o Ministério Público deverá chamar a pessoa jurídica para participar, entretanto sem que a sua aquiescência seja requisito de validade para a eficácia do acordo." PEREIRA, Rafael. Manual do acordo de não persecução cível. Belo Horizonte: CEI, 2020, p. 59.

151. "Todavia, sempre que o acordo for realizado por quaisquer dos outros legitimados, o Ministério Público, como Fiscal da Ordem Jurídica (*custus iuris*), deverá ter ciência de seu inteiro teor (artigo 17, §4º, da Lei 8.429/92), podendo recomendar medidas de ajustes que melhor preservem o interesse público, na defesa do Erário, inclusive, ou até demandar em juízo a anulação do Acordo. Sendo do Ministério Público a iniciativa do acordo de não persecução civil, será facultada à pessoa jurídica interessada participação nas negociações, que terá conhecimento do teor do acordo, podendo subscrevê-lo." PEREIRA, Leydomar Nunes. *Solução consensual na improbidade administrativa*. Belo Horizonte: Dialética, 2020, p. 62.

152. BASTOS, Fabrício Rocha. *Curso de processo coletivo*. 2ª ed. Indaiatuba: Foco, 2020, p. 399.

Da mesma forma, se o MP, devidamente e formalmente cientificado, não formular considerações ou objeções poderá promover a demanda de improbidade administrativa, mas deverá atentar para a incidência das regras previstas nos arts. 17-C, V e 21, §§1º, 2º e 5º, da LIA, pois eventuais sanções aplicadas, por meio do acordo de não persecução disciplinar ou não, serão consideradas para os fins de formação do convencimento na seara da improbidade administrativa podendo, inclusive, servir para reduzir ou compensar as sanções.

Apesar da regra legal determinar a participação da pessoa jurídica interessada, poder-se-á afirmar não ser aconselhável, diante das peculiaridades do caso concreto, por gerar um evidente conflito de interesses ou, até mesmo, por ausência de legitimidade adequada. Com efeito, se o acordante for um agente político ou a eficácia probatória do acordo estiver vinculada à celebração de acordos de colaboração premiada com pessoas naturais vinculadas de qualquer modo à pessoa jurídica.[153]

Uma questão processual interessante é abordar a possibilidade da celebração do ANPC ser considerada como ausência do interesse de agir para eventual sanção em outra seara, mormente diante das regras referidas.

Entendo inexistir tal possibilidade, pois as sanções poderão ser aplicadas cumulativamente, ainda mais se forem consideradas as devidas sendas. Deverá, contudo, ser observada a nova sistemática sancionatória trazida com a Lei nº 14.230/21 quanto à possibilidade de considerar na aplicação das sanções a dosimetria das sanções relativas ao mesmo fato já aplicadas ao agente (art. 17-C, V, da LIA), bem como a possibilidade, mediante requerimento do réu, em sede de cumprimento de sentença, para unificação das penas (art. 18-A, da LIA).

Imaginemos uma hipótese na qual um determinado agente público que figurou como ordenador de despesas de um município e, diante de tal cenário, praticou ato de improbidade administrativa em virtude da contratação irregular e fraudulenta de uma sociedade empresária gerando enriquecimento ilícito e lesão ao erário. Ora, tal sujeito poderá ser instado a responder nas seguintes searas:

i) penal, por meio de Ação Penal Pública;

ii) cível, por meio de demanda de improbidade ou ANPC;

iii) administrativa, por meio de Procedimento Administrativo Disciplinar instaurado pela Administração Pública;

iv) política, por meio de processo de crime de responsabilidade na Câmara Municipal e

v) cível, por meio de processo instaurado no Tribunal de Contas.

---

153. PEREIRA, Rafael. *Manual do acordo de não persecução cível*. Belo Horizonte: CEI, 2020, p. 62.

CAPÍTULO 16 • INSTRUMENTOS EXTRAPROCESSUAIS E EXTRAJUDICIAIS DA TUTELA COLETIVA **605**

E não haverá qualquer empecilho para que todas as sanções decorrentes sejam aplicadas.[154]

O STJ, devidamente instado a se manifestar sobre o tema, reconheceu a inexistência de *bis in idem* diante da presença de um título executivo extrajudicial e sentença condenatória em ação civil pública de ato de improbidade administrativa, desde que seja observada a dedução dos valores ínsitos nos títulos.[155]

A **oitiva do Tribunal de Contas** também é indispensável, em princípio, para a celebração do ANPC. O art. 17-B, §3º, da LIA, exige a sua ocorrência para os casos de apuração dos valores a serem ressarcidos. Com efeito, o Tribunal de Contas terá 90 dias para se manifestar, com a indicação dos parâmetros utilizados. O STF, em sede de medida cautelar na ADI 7236, reconheceu a inconstitucionalidade dessa obrigatoriedade por entender violadora à independência do Ministério Público.

Apesar da natureza cogente da norma, penso que a sua participação tem que considerar alguns pontos: i) o MP possui órgãos técnicos de apoio capazes de fornecer os parâmetros adequados para a indicação dos valores; ii) o MP não estará jungido a concordar com os valores eventualmente indicados pela Corte de Contas; iii) o MP e o convenente poderão já elaborar os valores, mediante cooperação mútua, com a devida participação da pessoa jurídica interessada, e somente cientificar a Corte de Contas sem a necessidade de concordância; iv) quando a hipótese demandar somente a elaboração de meros cálculos aritméticos, estará dispensada a aquiescência da Corte de Contas por aplicação analógica do art. 509, §2º, do CPC.

Caso o Tribunal de Contas discorde dos cálculos apresentados pelas partes, poderá impugnar, dentro do prazo assinado pela norma, com a indicação precisa dos valores corretos.

A **legitimidade passiva** para a celebração do acordo de não persecução cível deverá abranger todos aqueles que de alguma forma participaram ou se beneficiaram da prática do ato de improbidade administrativa, quer seja pessoa física ou jurídica, inclusive os herdeiros e sucessores do sujeito que praticou o ato[156]. Basta aplicar as regras dos arts. 2º, 3º, 8º e 8º-A, da LIA.

O ANPC poderá, considerando as especificidades do caso concreto, ser celebrado de forma subjetivamente parcial, ou seja, abranger somente parcela dos investigados/responsáveis pela prática do ato de improbidade administrativa. Neste caso, a demanda poderá ser proposta em face daqueles que não aquies-

---

154. "É certo que caso o colegitimado realize acordo não impede ao outro de também buscar a responsabilização, porém deverá se observar o entendimento de que é possível a cumulação de sanções pelo mesmo fato, apenas quanto ao ressarcimento ao erário deve ser observada a dedução do valor da obrigação que primeiramente foi paga." PEREIRA, Rafael. *Manual do acordo de não persecução cível*. Belo Horizonte: CEI, 2020, p. 61.

155. AgRg no AREsp 606.352/SP, 2ª T., Dje 10.02.2016; Resp 1.376.481/RN, 2ª T., Dje 22.10.2015. Os julgados citados, apesar de referirem-se à acórdão do TCU, aplicam-se, por certo, ao caso em comento.

156. Observando-se, claro, a necessária limitação às obrigações patrimoniais e o benefício de inventário.

ceram à proposta e os valores a serem perseguidos deverão sofrer abatimento proporcional, vedada a possibilidade de aplicação das regras da solidariedade (art. 17-C, §2º, da LIA).

3.4.5. Questões processuais decorrentes da celebração do acordo de não persecução cível

Com a possibilidade da celebração do acordo de não persecução cível, surgem algumas questões processuais de extrema relevância: **a) pode o magistrado conhecer de ofício da sua existência quando celebrado antes da vigência da nova lei? b) existe prazo para a sua eficácia? c) há a necessidade de homologação judicial? d) qual deve ser a consequência processual da inobservância do acordo para o legitimado ativo? e) qual é a sua natureza jurídica processual? f) a celebração do acordo pelo Ministério Público deve ser submetida ao reexame necessário do órgão colegiado superior?**[157]

Todas estas indagações serão respondidas a seguir em tópicos específicos.

3.4.5.1. Conhecimento ex officio do ANPC pelo juízo da sua existência quando celebrado antes da vigência da nova lei

O magistrado, apesar de ser um claro impeditivo processual, não poderá, ao menos de ofício, conhecer do pacto *de non petendo*, pois se trata de matéria afeta ao direito obrigacional.[158] Tal assertiva se estende ao acordo de não persecução cível?

Considerando o seu nítido caráter impeditivo (art. 485, IV e VI, CPC) ao exercício da tutela judicial, em princípio, poderia ser conhecido de ofício (art. 485, §3º, CPC), mas como tal matéria estará na esfera de conhecimento do magistrado antes do oferecimento da defesa pelo réu? Para a resposta à indagação, deverá ser enfrentada a necessidade ou não da homologação judicial dos acordos já celebrados, como se verá adiante. Porém, por uma aplicação sistêmica, nota-se que em outras hipóteses previstas na legislação processual (arts. 65, CPC e 337, §6º, CPC), há a expressa necessidade da alegação da parte para que o juiz conheça da matéria avençada. O enunciado 252 do Fórum Permanente de Processualistas Civis segue esta toada.[159]

---

157. Todos estes questionamentos já foram apontados por mim na obra BASTOS, Fabrício Rocha. *Curso de processo coletivo*, 2ª ed. Indaiatuba: Foco, 2019, p. 178 e ss.
158. "Uma observação digna de nota é que, por ser uma convenção processual do grupo daquelas denominadas "obrigacionais", não há conhecimento de ofício pelo juiz. A violação à vedação convencional da acionabilidade gera uma exceção processual, e só pode ser conhecida por provocação do interessado (*exceptio acti conventi*) (CABRAL, Antonio do Passo. Pactum de non petendo: a promessa de não processar no direito brasileiro. *Transformações nas estruturas fundamentais do processo*. ProcNet: Rede Internacional de Pesquisa sobre Justiça Civil e Processo Contemporâneo, 2020, *p. 12*).
159. "O descumprimento de uma convenção processual válida é matéria cujo conhecimento depende de requerimento."

CAPÍTULO 16 • INSTRUMENTOS EXTRAPROCESSUAIS E EXTRAJUDICIAIS DA TUTELA COLETIVA

3.4.5.2. Prazo do ANPC e a sua relação com a prescrição

Quanto ao **aspecto temporal da eficácia do acordo**, penso que, apesar da inexistência de qualquer regramento específico, pode corresponder, conforme defende parte da doutrina[160], exatamente ao prazo prescricional das pretensões da improbidade administrativa (art. 23, da LIA) com a ressalva referente às condutas dolosas de lesão ao erário (art. 10, da LIA c/c art. 37, §5º, CR/88), posto inexistente a incidência da prescrição.

Entretanto, tal entendimento não pode ser replicado na seara da tutela coletiva, pois há uma regra em seu microssistema que pode, em primeira análise, ser aplicável subsidiariamente, qual seja o art. 16, §9º, da LAC, que determina a interrupção da prescrição nos casos de celebração do acordo de leniência.

Ora, o acordo de não persecução pode gerar esta interrupção? Não se trata, por óbvio, de criação convencional de acordo com viés perpétuo, mas é factível sustentar uma obrigação de viés negativo com prazo fixo? Entendo que sim, mas a peculiaridade diante do acordo de não persecução cível é a seguinte: qual é a utilidade da sua celebração sem prazo definido? Qual seria a vantagem do convenente em celebrar o acordo?

Bom, em última análise, tendo a concordar com a doutrina que sustenta a possibilidade da vigência do acordo durante o curso do prazo prescricional, ou seja, replicar o prazo da prescrição para fixar o período de vigência do acordo.

Entretanto, como coadunar esta afirmação com a aplicação da causa interruptiva? Este, em meu sentir, é um desafio a ser enfrentado.

A celebração do ANPC interrompe a prescrição?

Apesar da existência de entendimento no sentido de que a instauração do inquérito civil pode gerar a interrupção da prescrição[161], ele não merece prosperar por completa ausência de previsão legal neste sentido (art. 23, §4º, da LIA). Ademais, a nova lei preconiza expressamente ser causa de suspensão do prazo prescricional por até 180 dias (art. 23, §1º, da LIA).

Entretanto, outros marcos interruptivos poderão ser sustentados como aplicáveis ao ANPC.

---

160. "Entendo ainda que, justamente por seu caráter processual, a promessa de não processar não pode escamotear uma renúncia ao direito material. Por isso, o *pactum de non petendo* tem que ser limitado temporalmente (é um acordo *ad tempus*), não podendo ser convencionado por período que extrapole o prazo prescricional ou decadencial, o que equivaleria a produzir uma obrigação natural. Tampouco é admissível a promessa de não processar eterna (*pactum in perpetuum*)." (CABRAL, Antonio do Passo. Pactum de non petendo: a promessa de não processar no direito brasileiro. *Transformações nas estruturas fundamentais do processo*. ProcNet: Rede Internacional de Pesquisa sobre Justiça Civil e Processo Contemporâneo, 2020, *p. 9 e 10*)

161. Resp 1.407.249/PB, Rel. Min. Olindo Menezes, 1ª T., j. 12.12.2015.

O **primeiro marco interruptivo** é a realização do protesto judicial na forma prevista no art. 202, II, do CC c/c o art. 867, do CPC[162], como já reconhecido pelo STJ.[163]

O **segundo marco interruptivo** é o reconhecimento da prática do ato de improbidade administrativa, por meio da aceitação da proposta do acordo, conforme preconiza o art. 202, VI, do CC.[164]

O **terceiro marco interruptivo** é a celebração do próprio acordo, pode decorrência lógica prevista no microssistema de combate à corrupção, com base no art. 16, §9ª, da Lei Anticorrupção. Este deve ser o marco considerado, justamente por ser o resultado da aplicação direta das regras previstas no microssistema. Ademais, o Código Civil somente deverá ser aplicado na tutela coletiva de maneira residual.

Ao celebrar o acordo de não persecução cível com a determinação das suas condicionantes, os celebrantes fixarão o prazo para o fiel cumprimento da avença, durante o qual não correrá o prazo prescricional, conforme aplicação do art. 16, §9º, da LAC, pois, do contrário, poder-se-ia chegar ao absurdo do controle da prescrição ficar a cargo do convenente. Basta imaginar toda a sorte de subterfúgios para não cumprir o acordado até ultimar o prazo prescricional previsto no sistema jurídico.

Não é demais lembrar que a consequência jurídica mais relevante do não cumprimento é justamente a propositura da respectiva demanda de improbidade que restaria inviabilizada, caso ainda estivesse em curso o prazo prescricional. O convenente deverá fazer uma singela escolha: realiza o pacto ou sujeitar-se-á ao processo judicial.

Assim, entendo, por fim, que o acordo de não persecução cível deva ter um prazo para o seu cumprimento que seguirá, à guisa de orientação, o prazo prescricional, mas a sua celebração o interromperá.

3.4.5.3. Participação do magistrado no ANPC

Apesar de ser, na essência, um instrumento extraprocessual, existe a possibilidade fática e jurídica da sua celebração no bojo da demanda improbidade.

Diante de tal panorama, surgem os seguintes questionamentos: **i) para que o acordo de não persecução cível surta os seus regulares efeitos, será imprescindível a homologação judicial? ii) haverá a possibilidade de análise meritória do acordo?**

---

162. "Ocorre que a pretensão principal que é a responsabilização pelos atos de improbidade administrativa, continua no campo extrajudicial e teria os prazos da prescrição renovados pelo protesto. Neste caso é necessário que o acordo tenha cláusula expressa quanto a possibilidade de ação civil pública para protesto com o objetivo de interromper a prescrição." PEREIRA, Rafael. *Manual do acordo de não persecução cível.* Belo Horizonte: CEI, 2020, p. 68.

163. Resp 1.522.694/RN, Rel. Min. Francisco Falcão, Dje 26.04.2017.

164. "É o caso em que o agente autor da improbidade confessa a prática do ato no curso da prescrição, firmando declaração ou documento análogo. A confissão ou autoacusação substituem a ação do titular do direito, no caso o Estado, não se podendo falar em inércia deste. Desse modo, a declaração do autor interrompe o prazo prescricional, cuja contagem deve ser reiniciada." FILHO, José dos Santos Carvalho. *Manual de direito administrativo.* 32 ed. São Paulo: Atlas, 2018, p. 210.

CAPÍTULO 16 • INSTRUMENTOS EXTRAPROCESSUAIS E EXTRAJUDICIAIS DA TUTELA COLETIVA

Considerando a ideia do microssistema da tutela coletiva de combate à corrupção, penso ser despicienda a homologação judicial para que o acordo de não persecução cível surta os seus regulares efeitos, sob pena de subverter completamente o sentido da mútua complementariedade das regras do microssistema da tutela coletiva, pois não há tal exigência para a celebração do acordo de leniência e, tampouco para o TAC, exceto, claro, quando celebrados no curso da demanda judicial. A exigência da homologação judicial verifica-se no acordo de colaboração premiada, acordos de não persecução penal e cível.

Não custa lembrar que este acordo é uma convenção processual e, assim, não há a necessidade da homologação judicial para que surta os seus regulares efeitos (art. 200, CPC), mas haverá o controle judicial acerca da validade da avença, conforme preconiza o art. 190, CPC. Assim, apesar da natureza de impeditivo processual, não haverá a possibilidade de conhecimento ex ofício da avença.[165]

Apesar desta linha de raciocínio, há, na doutrina,[166] quem sustente a imprescindibilidade da homologação judicial, sob os seguintes argumentos: i) conferir segurança jurídica; ii) manter a coerência sistêmica da aplicação das sanções previstas na legislação.

A lei nº 14.230/21 encerrou qualquer debate, por exigir a homologação judicial do ANPC, independentemente de a celebração ocorrer antes ou durante a relação jurídica processual (art. 17-B, §1º, III, da LIA). Entretanto, pela redação empregada na regra referida, parece que a homologação é condição essencial para a eficácia da avença. A despeito da literalidade, penso que a melhor forma de equacionar a nova sistemática é a seguinte: a validade da avença está condicionada ao duplo juízo homologatório (órgão colegiado superior e órgão jurisdicional), mas a eficácia não. Assim, factível sustentar que o acordo possa gerar efeitos imediatos após a sua celebração[167], mormente quanto aos objetos que tutelam diretamente o interesse público, tais como: cessação da conduta, reversão dos bens e ressarcimento, desde

---

165. "O inadimplemento da prestação de um negócio processual celebrado pelas partes é fato que tem que ser alegado pela parte adversária; caso não o faça no primeiro momento que lhe couber falar, considera-se que houve resilição bilateral tácita e, assim, preclusão do direito de alegar o inadimplemento. Não pode o juiz, de ofício, conhecer do inadimplemento do negócio processual, salvo se houver expressa autorização negocial (no próprio negócio as partes aceitam o conhecimento de ofício do inadimplemento) ou legislativa nesse sentido." DIDIER Jr., Fredie. *Curso de direito processual civil*. vol. 1. Salvador: JusPodivm, 19ª ed., 2017, p. 442.

166. "Por outro lado, e como consequência inarredável, buscou a norma contida no art. 17, §1º, proibir também a própria possibilidade de aplicação consensual das sanções previstas no art. 12 por intermédio do ajustamento de conduta, em razão da incidência, aqui, do princípio *nulla poena sine judicio*. Quanto a esse aspecto, não se pode perder de vista que "a punição do ato de improbidade, que compreende apenas que vão desde a multa até a perda do cargo, mandato ou função, suspensão dos direitos políticos e proibição de contratar com o Poder Público etc., constitui atividade privativa da jurisdição e, por isso, somente por meio do processo judicial pode ser exercida." GARCIA, Emerson; ALVES, Rogério Pacheco. *Improbidade administrativa*. 9 ed. São Paulo: Saraiva, 2017, p. 908 e 909.

167. Ainda que o art. 17-B, §1º, III, da LIA empregue o mesmo termo.

que sejam expressamente estipuladas na avença com o viés de efetividade prévia à etapa homologatória.

Podemos imaginar um caso concreto no qual consta a acumulação irregular de cargos públicos com percepção de remuneração sem a devida contraprestação. Há razoabilidade em aguardar o duplo juízo homologatório para que o investigado peça exoneração, devolva os valores indevidos e a pessoa jurídica cesse os pagamentos?

O ponto nodal é verificar qual é o limite da participação do magistrado, ou seja, se a sua análise será restrita aos limites legais ou se poderá adentrar ao mérito.

Para um setor doutrinário, deverá obrigatoriamente o magistrado verificar os aspectos formais e materiais do acordo celebrado e poderá, inclusive, se imiscuir nas sanções avençadas.[168]

Por outro lado, há quem afirme que a atuação do magistrado variará conforme o momento da celebração da avença:

i) se o acordo for celebrado antes do ajuizamento da demanda, não há a necessidade sequer do controle jurisdicional do ato;

ii) se o acordo for celebrado durante o curso da demanda, deverá ocorrer o controle tanto dos aspectos formais, quanto materiais.[169]

Por fim, para a melhor doutrina, que conta com a minha adesão, a participação do juiz deverá ater-se somente aos aspectos formais e legais (elementos de existência,

---

168. "A atividade do juiz nestes casos não será, contudo, meramente confirmatória do acordo, em juízo simplista de delibação no qual se verificam apenas os aspectos formais da avença. O juiz, nestas oportunidades, deverá proceder a um verdadeiro exame de mérito do acordo, deixando de homologá-lo, homologando-o parcialmente ou recomendando às partes alterações em determinadas cláusulas." ANDRADE, Landolfo. *Acordo de não persecução cível*: primeiras reflexões. GEN Jurídico, 05 de março de 2020. Disponível em: http://gen-juridico.com.br/2020/03/05acordo-de-nao-persecucao-civel/. Acesso em: 17 out. 2020.

169. "... o acordo de não persecução civil é avença que pode ser celebrada entre as partes antes (art. 17, §1º, da LIA – acordo de não persecução civil) ou no curso da ação civil de improbidade administrativa (art. 17, §10º-A, da LIA – transação/reconhecimento). Na primeira hipótese (acordo pré-processual), o Judiciário não controla a convenção, como se exige para o acordo de não persecução penal (§§ 4º a 8 do art. 28-A do CPP), sendo que a normativa própria de cada órgão público celebrante (MP ou pessoa jurídica lesada) é que disciplinará se haverá algum mecanismo de controle interno (aprovação do governador, homologação do órgão superior do MP, etc.). Nestes casos, o acordo de não persecução civil terá validade e eficácia de título executivo extrajudicial (art. 784, XI, do CPC e art. 5º, §6º, da lei 7.347/85), salvo se for levado à homologação em juízo através de procedimento de jurisdição voluntária, caso em que terá eficácia de título judicial (art. 515, III, do CPC). Já nos acordos judiciais, o juiz participa da convenção não porque integre sua formação, mas porque o CPC exige que o feito seja encerrado por uma sentença homologatória (art. 487, III, do CPC), que nos termos do art. 515, III, do CPC, é título executivo judicial. Neste caso, a dúvida que resta em aberto - e sobre isso ainda não temos opinião formada -, é se a atuação do Judiciário no caso serve, apenas, para controlar os requisitos de validade do acordo na forma do art. 190, parágrafo único, do CPC (autonomia da vontade, licitude do objeto, etc.), ou se o juiz pode recusar a homologação, com espeque no art. 723, parágrafo único, do CPC, por entender que o acordo de não persecução civil não repara adequadamente os danos ou sanciona, suficientemente, o agente infrator." GAJARDONI, Fernando da Fonseca. Primeiros e breves apontamentos sobre os acordos em tema de improbidade administrativa, in: http://www.migalhas.com.br/coluna/tendencias-do-processo-civil/326016/primeiros-e-breves-apontamentos-sobre-os-acordos-em-tema-de-improbidade-administrativa, acesso em 19 de outubro de 2020.

CAPÍTULO 16 • INSTRUMENTOS EXTRAPROCESSUAIS E EXTRAJUDICIAIS DA TUTELA COLETIVA **611**

validade e eficácia), sem se imiscuir no mérito ou fazer ajustes ou emendas[170]. Caso discorde dos termos, deverá recusar a homologação da avença e as partes poderão renegociar os termos e apresentar novo acordo.[171]Deverá o Poder Judiciário, portanto, exercer a autocontenção.

3.4.5.4. *Participação do órgão colegiado do Ministério Público no ANPC*

A atribuição para a celebração do ANPC pertence ao órgão de execução ministerial que a ostenta para a persecução judicial, por uma decorrência lógica. A depender do sujeito passivo, apesar da inexistência de foro por prerrogativa de função na seara da improbidade, a atribuição pode pertencer aos órgãos de execução superiores.

A atuação dos órgãos colegiados superiores do MP não ocorre como órgãos de execução, mas deliberativos, administrativos e de reexame. Impende destacar que o Conselho Superior do Ministério Público atua como órgão de execução quando realiza o reexame necessário da promoção de arquivamento.[172]

Por imperativo legal (art. 17-B, §1º, II, da LIA), há a necessidade de ser submetido o acordo ao reexame necessário pelo órgão colegiado superior do Ministério Público (Conselho Superior ou Câmara de Coordenação e Revisão). Apesar da determinação legal, reputo, assim como sustento para os casos de TAC, que deveria ser completamente despicienda tal análise, pois não se trata de caso de arquivamento.[173]

A eficácia do ANPC não estará condicionada à aquiescência e posterior homologação do órgão colegiado superior[174], pois haverá violação ao princípio da

---

170. "Ao juízo caberia apenas analisar a legalidade do acordo e também se há a livre manifestação das partes, como qualquer acordo entabulado hodiernamente." PEREIRA, Rafael. *Manual do acordo de não persecução cível*. Belo Horizonte: CEI, 2020, p. 118.

171. "Caso o magistrado não concorde com o acordo (parcial ou totalmente) não pode ele fazer ajustes ou emendas ao texto. Poderá, tão somente, recusar a homologação, adotando a mesma sistemática aplicável aos acordos de colaboração premiada, sobretudo em razão da alteração imposta pela Lei nº 13.964/2019 ao §8º do art. 4º da lei nº 13.850/2013, e observando-se, ainda, o art. 28-A, §5º do CPP. Contudo, a recusa não importa em rejeição absoluta, na medida em que fica facultado às partes a possibilidade de renegociar os termos e apresentar uma nova proposta." PINHO, Humberto Dalla Bernardino de. O consenso em matéria de improbidade administrativa: limites e controvérsias em torno do acordo de não persecução cível introduzido na Lei nº 8.429/1992 pela Lei nº 13.964/2019. *Revista Interdisciplinar de Direito*, [S.1.], v. 18, n. 1, p. 145-162, jul. 2020.

172. "A única hipótese contemplada na Lei Orgânica Nacional em que o Conselho Superior atuará como órgão de execução é a do art. 30: rever o arquivamento do inquérito civil e de peças de informação. Nesse caso, o colegiado realiza juízos valorativos em seara afeta à atividade finalística do Ministério Público, o que em nada se confunde com a atuação tipicamente administrativa. Acresça-se que nada impede que a lei orgânica estadual lhe confira outras atribuições." GARCIA, Emerson. *Ministério público* – organização, atribuições e regime jurídico. 6ª ed. São Paulo: Saraiva, 2017, p. 280.

173. BASTOS, Fabrício Rocha. *Curso de processo coletivo*, 1ª ed., São Paulo: Foco, 2018, p. 575.

174. Apesar da previsão em algumas resoluções sobre o ANPC, anteriores à nova lei, que determina a necessária remessa, tais como: i) art. 6º, §8º, da Resolução nº 01/2020 do Ministério Público do Estado de Pernambuco; ii) art. 10 da Resolução nº 1.193/2020 – CPJ do Ministério Público do Estado de São Paulo; iii) Nota técnica nº 01/2020, p. 07/08, do Centro de Apoio Operacional da Defesa do Patrimônio Público e da Moralidade Administrativa (CAODPP) do Ministério Público do Estado do Ceará; iv) Nota Técnica nº 16/2020, p. 16, do Centro de Apoio Operacional das Promotorias de Justiça de Tutela Coletiva de Defesa da Cidadania do

independência funcional do membro do MP, segundo a doutrina dominante.[175] O Superior Tribunal de Justiça já decidiu no mesmo sentido.[176] Entretanto, não parece ter sido esta a intenção do legislador, mas atribuir a eficácia da avença somente após a realização da aprovação pelo órgão colegiado superior.

Apesar de não concordar com a redação da regra que exige tal aprovação, penso que foi solução jurídica adequada, porque eventual fixação desta atribuição, por meio de Resolução do CNMP ou dos Ministérios Públicos da União e dos Estados[177], em minha visão, exorbitaria a função regulamentar. O poder regulamentar do CNMP[178], por exemplo, e que se aplica aos regulamentos locais[179], não pode ser considerado como um regulamento autônomo[180] com força normativa primária (arts. 61, §1º, II, e) c/c 84, VI, da CR/88), pois o seu espaço de conformação é mais restrito, sob pena de usurpação da função legislativa. O seu espaço de atuação está restrito, como determina o art. 130-A, §2º, I, da CR/88, ao zelo pela autonomia funcional e administrativa do Ministério Público e não poderia afrontar, com inovações, a Constituição e Lei.[181]

Para que reste clara a minha posição crítica à criação de tal requisito procedimental baseia-se nos seguintes fundamentos:

i) A criação de tal atribuição revisora para os órgãos colegiados superiores, conforme se verifica no art. 128, §5º, da CR/88, deveria ser criada por leis

---

Ministério Público do Estado do Rio de Janeiro; v) art. 8º, §3º, da Resolução CPJ nº 040/2020; vi) Art. 11 da Resolução CPJ nº 04/2020 do Ministério Público do Estado do Piauí; vii) Orientação nº 04 do Centro de Apoio às Promotorias de Proteção à Moralidade Administrativa (CAOPAM) do Ministério Público do Estado da Bahia; viii) art. 3º, XVII da Resolução 80/2020 do Conselho Superior do Ministério Público do Estado do Mato Grosso.

175. MAZZILLI, Hugo Nigro. *A defesa dos interesses difusos em juízo*. Op. cit., p. 441; GAJARDONI, Fernando da Fonseca. *Direitos Difusos*. Op. cit., p. 88; SOUZA, Moutari Ciocchetti de. *Ação civil pública e inquérito civil.* 4ª ed., São Paulo: Saraiva, 2011, p. 117.

176. AgRg no REsp 1.175.494/PR, 1ª T., rel. Min. Arnaldo Esteves Lima, j. 22.03.2011, DJe 07.04.2011.

177. Resoluções emanadas pelos Conselhos Superiores.

178. "O regulamento é um relevante mecanismo de colaboração entre as funções estatais, permitindo seja conferida maior maleabilidade operacional aos comandos legais, que podem ser ajustados, à época da execução, aos circunstancialismos de ordem administrativa e social. Por refletir um mecanismo de colaboração, não de absorção ou usurpação, há uma relação de verticalidade entre lei e regulamento: o segundo somente pode desenvolver-se no espaço de conformação deixado pela primeira. O regulamento não pode confrontar a lei, sob pena de restar caracterizada a usurpação da função legislativa." GARCIA, Emerson. *Ministério público* – organização, atribuições e regime jurídico. 6ª ed. São Paulo: Saraiva, 2017, p. 261.

179. Assim compreendidos como aqueles editados pelas respectivas unidades federativas.

180. "As Resoluções do CNMP, assim, sequer podem ser vistas como "regulamentos autônomos", já que o texto constitucional, diversamente ao que fez em relação às competências do Presidente da República, não relacionou um rol de matérias de sua alçada privativa. Limitou-se a afirmar que o poder regulamentar do CNMP seria exercido "no âmbito de sua competência", o que não lhe permite editar atos regulamentares em matérias não relacionadas no art. 130-A da Constituição da República e que não se destinem a "zelar pela autonomia funcional e administrativa do Ministério Público." GARCIA, GARCIA, Emerson. *Ministério público* – organização, atribuições e regime jurídico. 6ª ed., São Paulo: Saraiva, 2017, p. 264.

181. "As resoluções do Conselho Nacional do Ministério Público (1) estão objetivamente delimitadas pela esfera de competência do colegiado, (2) não podem afrontar a Constituição e a lei, federal ou estadual, e (3) estão finalisticamente comprometidas com o zelo pela autonomia funcional e administrativa das Instituições controladas, não podendo reduzir a liberdade valorativa que o sistema lhes assegura." GARCIA, Emerson. *Ministério público* – organização, atribuições e regime jurídico. 6ª ed., São Paulo: Saraiva, 2017, p. 269.

CAPÍTULO 16 • INSTRUMENTOS EXTRAPROCESSUAIS E EXTRAJUDICIAIS DA TUTELA COLETIVA

próprias, ou seja, as próprias leis orgânicas deveriam ser alteradas para tal desiderato;

ii) Não há no âmbito do microssistema da tutela coletiva qualquer diretriz neste sentido em institutos afins, tais como acordo de leniência e termo de ajustamento de conduta;

iii) A atribuição revisora dos órgãos colegiados superiores do Ministério Público somente é exercida para fins de homologação da promoção de arquivamento do inquérito civil (art. 9º, da LACP; art. 6º, da Lei 7853/89; art. 3º, da Lei 7913/89; art. 223, do ECA e art. 92, §2º do Estatuto do Idoso);

iv) A necessidade de remessa necessária ao órgão colegiado superior deveria estar restrita somente ao controle do eventual arquivamento implícito, tanto subjetivo quanto objetivo;

v) As leis orgânicas do Ministério Público listam as atribuições dos órgãos colegiados superiores e não há uma regra sequer neste sentido, mas somente para realizar o reexame necessário da promoção de arquivamento e sempre com referência expressa à possibilidade de ampliação das atribuições por lei (princípio da reserva legal)[182];

vi) A Resolução nº 179 do CNMP, que pode ser aplicada, no que couber ao ANPC, preconiza somente a possibilidade de o Conselho Superior regulamentar a fiscalização do cumprimento da avença (no caso, o TAC), bem como a disposição mínima de ciência, mas nada dispões sobre a necessidade do reexame necessário para fins de eficácia[183]

Ora, se o caso for de arquivamento, sujeito ao reexame (art. 9º, da LACP), não há que se falar em acordo de não persecução cível, pois se a pretensão não será exercida por ausência de justa causa (fundamento do arquivamento), qual seria o sentido da avença?

Entretanto, para que a disponibilidade motivada da demanda de improbidade administrativa seja efetivamente acompanhada pelos órgãos administrativos superiores, penso ser extremamente recomendável a efetiva ciência/comunicação formal de que houve a celebração do acordo, mas sem que ele seja objeto de sindicabilidade do seu teor.

Caso o ANPC seja celebrado no âmbito judicial, haverá a necessidade de análise pelo órgão colegiado superior?

---

182. Art. 15, XIII da Lei 8625/93; art. 62, IV da Lei Complementar 75/93; arts. 22, XV c/c 41, II, a) e III da Lei Complementar 106/03 (do Rio de Janeiro).

183. "Tanto as recomendações como os atos regulamentares são editados in abstracto, estando desvinculados de um caso concreto. No plano conceitual, costuma-se afirmar que a observância das primeiras é facultativa, enquanto os segundos, por assumirem contornos normativo-regulamentares, seriam impositivos. A opção por uma ou por outra figura é normalmente influenciada pelo alcance das competências do CNMP, mais especificamente pelas matérias em que pode, ou não, expedir determinações." GARCIA, Emerson. *Ministério público* – organização, atribuições e regime jurídico. 6ª ed. São Paulo: Saraiva, 2017, p. 237.

A princípio, a doutrina diverge apontando duas soluções para a questão.

Para uma **1ª tese**: será despiciendo o reexame necessário, pois o controle judicial do acordo será suficiente para analisar a sua juridicidade.[184] Ademais, o art. 17-B, §1º, II, da LIA indica que somente haverá tal reexame quando a celebração ocorrer antes do ajuizamento da demanda.

Para uma **2ª tese**: deverá haver submissão ao reexame necessário, com base no art. 6º, §1º, da Resolução nº 179/2017 do CNMP.[185]

O legislador não previu, contudo, o que ocorrerá caso o órgão colegiado superior não aprove o ANPC celebrado. Em observância ao princípio da independência funcional, penso que a melhor solução deva ser a aplicação subsidiária das regras do microssistema da tutela coletiva referentes à homologação da promoção de arquivamento. Com efeito, não sendo homologada a avença, deverá o órgão colegiado superior cientificar o membro responsável pela celebração para que tenhas a oportunidade de decidir se permanecerá ou não presidindo o procedimento, na forma do art. 10, §4º, I e 11 da Resolução nº 23/07 do CNMP.

Interessante notar que o órgão colegiado superior poderá: i) aprovar a avença; ii) rejeitar a avença; iii) não aprovar a avença.

Caso aprove a avença, deverá remeter imediatamente o procedimento para o órgão de execução submetê-la à homologação judicial. O melhor, contudo, seria remeter diretamente, mas tal dinâmica não foi fixada pelo legislador.

Caso rejeite a avença por entender não ser caso de celebração do ANPC, duas situações podem ocorrer: i) seria caso de arquivamento ou ii) seria caso de propositura da ação por improbidade administrativa. A rejeição decorre de um convencimento definitivo do órgão, portanto não haverá espaço para a determinação de diligências, mas de atuação funcional expressa e direta. Penso que, diante de qualquer fundamento, poderá o membro do MP recusar a determinação com a remessa para o seu tabelar.

Caso não aprove a avença, deverá ser verificada a linha de fundamentação empregada para determinar qual será a próxima etapa procedimental. Assim, poderá o órgão colegiado superior não aprovar pelos seguintes fundamentos: a) **no prisma objetivo**: i) as cláusulas não são suficientes para a adequada tutela do patrimônio

---

184. "Se o juiz considerar inadequadas ou desproporcionais as condições fixadas no acordo de não persecução cível, poderá devolver os autos às partes para que seja reformulada a proposta de acordo. Note-se, justamente por isso, que os acordos judiciais celebrados pelo Ministério Público não são passíveis de revisão no âmbito interno (não necessitam ser homologados pelo respectivo Conselho Superior), pois o controle já realizado pela autoridade judicial." ANDRADE, Adriano; MASSON, Cleber; ANDRADE, Landolfo. *Interesses difusos e coletivos*. 10 ed. São Paulo: Método, 2020, p. 995.

185. "... entendemos que seja mais adequado ao próprio fim do acordo de não persecução cível, até que não haja regulação própria, que seja o acordo, mesmo que judicial, levado ao órgão colegiado para análise do mérito (...) Outro argumento é a possibilidade de uma uniformização dos acordos elaborados, já que passariam todos pelo órgão superior. Ao juízo caberia apenas analisar a legalidade do acordo e também se há a livre manifestação das partes, como qualquer acordo entabulado hodiernamente." PEREIRA, Rafael. *Manual do acordo de não persecução cível*. Belo Horizonte: CEI, 2020, p. 116.

CAPÍTULO 16 • INSTRUMENTOS EXTRAPROCESSUAIS E EXTRAJUDICIAIS DA TUTELA COLETIVA

público; ii) as cláusulas exorbitam o supedâneo fático do ato de improbidade administrativa praticado; iii) discordância da tipologia adotada; iv) necessidade de realização de novas diligências para a formação da convicção ministerial de forma adequada e b) **no prisma subjetivo:** i) inclusão equivocada de determinado sujeito; ii) exclusão equivocada de determinado sujeito. Independentemente de qual seja o prisma da não aprovação, deverá o órgão colegiado superior indicar, de forma expressa, todas as adequações necessárias para fins de aprovação e cientificar o membro para tal desiderato.

3.4.5.5. Consequências jurídicas decorrentes do descumprimento do ANPC

O acordo de não persecução cível deve ser reconhecido como um pressuposto processual negativo (art. 485, V, CPC), ou, também como situação que retira o interesse de agir (art. 485, VI, CPC)[186], pois nada mais é do que um impedimento processual temporário gerando, por conseguinte a extinção do processo sem resolução de mérito, mediante o indeferimento da petição inicial (art. 330, III, do CPC).[187]

Caso os termos do acordo sejam descumpridos pelo convenente, abrir-se-á, conforme os termos avençados, a imediata possibilidade da propositura da respectiva demanda, com a aplicação da multa e consectários previstos no instrumento. Além disso, haverá um óbice para a celebração de novo acordo de não persecução cível, conforme preconizam os arts. 17-B, §7º, da LIA e 86, §12, da LDC e 16, §8º, da LAC, aplicáveis em virtude do microssistema. Devemos atentar para o conflito aparente entre as normas, pois a LIA fixa o prazo de 05 anos como impeditivo, enquanto as demais normas do microssistema indicam o prazo de 03 anos.

De toda sorte, o descumprimento gera o empecilho para a celebração de novo ANPC, observando-se o requisito temporal.

Interessante analisar o descumprimento sob a ótica daquele que poderia figurar no polo passivo. Além da existência do acordo ser uma óbvia matéria defensiva (por meio de exceção), poder-se-ia sustentar a possibilidade da propositura de demanda com o fim de obrigar o legitimado coletivo ativo a cumprir a avença, inclusive com o deferimento de tutela provisória da evidência (art. 311, II, primeira parte, do CPC), desde que efetivamente comprovada a evidente possibilidade da quebra da boa-fé objetiva (art. 5º, do CPC), sem justificativa adequada, o que, em meu sentir, impediria a tutela provisória *inaudita altera pars* (art. 9º, do CPC). O convenente

---

186. Mesmo ciente de que são categorias jurídicas diversas, a repercussão processual será a mesma.
187. "Na óptica do juiz, ao controlar a admissibilidade da demanda ajuizada contrariamente à disposição do *pactum de non petendo*, deve o magistrado proferir uma decisão sem julgamento do mérito, e indeferir a inicial porque violadora da convenção, já que o acordo cria negocialmente um pressuposto processual negativo." (CABRAL, Antonio do Passo. Pactum de non petendo: a promessa de não processar no direito brasileiro. *Transformações nas estruturas fundamentais do processo*. ProcNet: Rede Internacional de Pesquisa sobre Justiça Civil e Processo Contemporâneo, 2020, *pág. 11*)

teria ao seu dispor uma demanda inibitória para "forçar" o cumprimento da avença que exterioriza, a rigor, uma obrigação de não fazer.[188]

3.5. Procedimento para a celebração do acordo de não persecução cível

A celebração da avença deve ocorrer sempre no bojo de um inquérito civil, ressalvados os casos de urgência, ou naqueles já judicializados. O convenente deverá sempre estar devidamente acompanhado da defesa técnica (privada ou pública). Como sobredito, apesar de não ser direito subjetivo do investigado, nada impede que a proposta parta dele e o membro deverá, em prazo razoável, conforme as circunstâncias do caso concreto, em promoção fundamentada, expor o convencimento ministerial sobre a conveniência e oportunidade da celebração do acordo. Assim, não há óbice para que a iniciativa parta tanto do investigado quanto do Ministério Público.

Apesar da LIA determinar a oitiva do ente político interessado e a participação do Tribunal de Contas, as negociações ocorrem somente entre o Ministério Público e o investigado.

A depender do tema, da relevância e da repercussão social, será recomendável a realização de Audiência Pública, como forma de legitimar ainda mais o instrumento, assim como sustento para os casos de TAC.

3.6. Pressupostos e requisitos para a celebração

Os pressupostos para a celebração do ANPC são:

i) convicção ministerial final no sentido da ocorrência do ato de improbidade administrativa por meio de promoção com fundamentação adequada e específica;

ii) indicação precisa da tipicidade;

iii) indicação precisa do elemento subjetivo.

Os requisitos para a celebração do ANPC são:

i) oitiva do ente político interessado;

ii) oitiva do Tribunal de Contas;

iii) aprovação do órgão colegiado superior do Ministério Público;

iv) homologação judicial;

v) integral ressarcimento do dano;

---

188. "Por isso, não é de se excluir a possibilidade de que o interessado se valha de ações de natureza inibitória (art. 497, parágrafo único, do CPC) para evitar preventivamente o ajuizamento da pretensão, algo similar às *anti-suit injunctions* (conhecidas na arbitragem) para evitar a propositura da demanda perante o juízo estatal). (CABRAL, Antonio do Passo. *Pactum de non petendo*: a promessa de não processar no direito brasileiro. *Transformações nas estruturas fundamentais do processo*. ProcNet: Rede Internacional de Pesquisa sobre Justiça Civil e Processo Contemporâneo, 2020, *pág. 14*)

CAPÍTULO 16 • INSTRUMENTOS EXTRAPROCESSUAIS E EXTRAJUDICIAIS DA TUTELA COLETIVA

vi) reversão à pessoa jurídica lesada da vantagem indevida obtida, ainda que oriunda de agentes privados.

Apesar da existência de requisitos (prisma da validade), a inobservância de qualquer deles não ocasionará, de imediato, a invalidade do instrumento, pois será imprescindível a demonstração do prejuízo, seja para o investigado ou para a tutela do patrimônio público, posto aplicável por analogia o art. 282, §1º, do CPC.

É absolutamente imprescindível, também, fixar as seguintes premissas:

i) aplicação das regras do microssistema da tutela coletiva de combate à corrupção como forma de suprir as omissões;

ii) somente pode ser celebrado o acordo de não persecução cível nos casos diversos do arquivamento;

iii) está efetivamente positivada em nosso ordenamento a discricionariedade motivada em favor do Ministério Público no âmbito da tutela coletiva;

iv) assim como ocorre nos casos da celebração do TAC, não há direito subjetivo à celebração.

Este último item ostenta particular relevância, pois poderá o sujeito provocar o MP para a celebração do ANPC, claro, mas não haverá tal imposição, justamente por não se tratar de direito subjetivo[189] e natureza ser consensual bilateral[190] e um poder-dever do legitimado ativo,[191] devidamente fundamentado. O Superior Tribunal de Justiça já decidiu da mesma forma.[192]

---

189. "O entendimento inicial, é de que não se trata o acordo de não persecução civil de direito público subjetivo do agente, investigado ou demandado, por ato de improbidade, de modo que os legitimados não são obrigados a propô-lo, assim entendam pela sua não pertinência para o caso concreto." PEREIRA, Leydomar Nunes. *Solução consensual na improbidade administrativa.* Belo Horizonte: Dialética, 2020, p. 63.

190. "Justamente em razão da sua natureza consensual bilateral, não estão os legitimados obrigados a propor o acordo, assim como não se pode obrigar o agente improbo a firmá-lo. Por exemplo, pode o Ministério Público, a partir de um juízo de conveniência e oportunidade, ajuizar a ação de improbidade administrativa ou formalizar o acordo de não persecução cível. Deve-se verificar qual a situação mais adequada, de acordo com as circunstâncias do caso concreto. É claro que se as condições se mostrarem favoráveis à celebração do acordo, deve-se privilegiar essa forma de solução do conflito, sendo dever tanto do Ministério Público como da Administração Pública buscar a solução negociada de forma exaustiva. Todavia, não existe para o agente ímprobo um direito subjetivo à celebração do acordo." ANDRADE, Landolfo. Acordo de não persecução cível: primeiras reflexões. GEN Jurídico, 05 de março de 2020. Disponível em: http://gen-juridico.com.br/2020/03/05acordo-de-nao-persecucao-civel/. Acesso em: 17-outubro.-2020.

191. "Dentro da lógica do Acordo de Não Persecução Cível, como negócio jurídico bilateral importante apontar que o investigado/réu não possui direito subjetivo ao acordo. Isso porque a análise do atendimento se o acordo atende a devida proteção eficiente ao patrimônio público será do legitimado ativo, ademais não pode uma parte impor a realização do consenso, desvirtuando o conceito de acordo. (...) Outro fundamento é que dentro do ordenamento jurídico brasileiro, em especial do direito sancionador, quando se possibilita o consenso como forma solução, exemplo a suspensão condicional do processo, já se consolidou não se tratar de direito subjetivo, mas sim um poder-dever do legitimado ativo, no caso, o Ministério Público." PEREIRA, Rafael. *Manual do acordo de não persecução cível.* Belo Horizonte: CEI, 2020, p. 41 e 43.

192. "Como já pontuado, não há razão para retirar o feito da pauta virtual, uma vez que, além de não ser o acordo de não persecução cível um direito subjetivo do réu, o presente processo já ultrapassou a fase de análise dos fatos e provas (primeira e segunda instâncias)". AgInt no RtPaut no AgInt no RE nos EDecl no AgInt no Agravo em Recurso Especial nº 1.341.323/RS.

Entretanto, entendo ser possível somente exigir do membro do MP vinculação aos próprios precedentes institucionais ou de seu órgão de execução.

O sistema precedencialista não poderá ser somente aplicável na esfera jurisdicional, mas também, na esfera ministerial. Caso existam precedentes dos órgãos colegiados superiores ou do próprio órgão de execução provocado no sentido da possibilidade de celebração da avença em casos semelhantes, deverá o membro atentar para a maior responsabilidade argumentativa, sob pena de vulnerar a segurança jurídica.

Precedente ministerial[193], para fins de apresentação do tema, deve ser considerado toda a atuação funcional do Ministério Público na defesa da ordem jurídica (art. 127 da CR/88), no plano extrajudicial e extraprocessual. O precedente, a rigor, será a norma jurídica extraída de uma decisão ou promoção ministerial anterior, com fundamentação adequada e específica, que demonstra o convencimento do Ministério Público sobre determinado tema. Revela, assim, a solução de determinado caso concreto que deve ser observada pelos demais membros em casos futuros e semelhantes.

Resta saber como qualitativamente será conceituado, ou seja, a atuação ministerial extraprocessual e extrajudicial pode ser considerado como um verdadeiro precedente a ser empregado pelos membros do Ministério Público como orientação para casos futuros?

Impende, para fixar o tema, apresentar quais seriam os instrumentos que poderiam ser considerados como precedentes ministeriais. Com efeito, os precedentes ministeriais são os seguintes: i) promoção de arquivamento de inquérito civil; ii) expedição de recomendação; iii) celebração de termo de ajustamento de conduta; iv) celebração de acordo de leniência e v) celebração de acordo de não persecução cível.

Apesar de reconhecer que outros atos ministeriais, tais como as promoções ínsitas nos procedimentos administrativos criminais (inquéritos policiais ou procedimento investigatório criminal), acordo de não persecução penal, transação penal ou colaboração premiada, podem ser considerados como precedentes ministeriais, ficarei adstrito somente ao acordo de não persecução cível.

Entendo que, para tal fim, ou seja, vinculação obrigatória aos demais membros do Ministério Público, é imprescindível que o precedente ministerial seja criado e confirmado pelo órgão institucional colegiado superior imbuído de tal atribuição.[194] Explico. Os membros do Ministério Público ostentam independência funcional (art. 127, parágrafo único da CR/88) e, neste contexto, não precisam observar o mesmo

---

193. BASTOS, Fabrício Rocha. *O sistema brasileiro de precedentes e a atuação extrajudicial e extraprocessual do Ministério Público*: atuação no âmbito da tutela coletiva como forma de criação de precedentes institucionais. São Paulo: Dialética, 2021, p. 180.

194. "Voltando aos tribunais superiores, deve-se consignar que não é qualquer decisão de tais Cortes que já pode ser considerada precedente, mas apenas aquela que realmente reflita o entendimento dos seus membros, seja porque proferida pelo órgão responsável em uniformizar o tema dentro do tribunal, seja porque todos os órgãos que decidem sobre o tema perfilham o mesmo entendimento." P. OLIVEIRA. *Coisa Julgada e Precedente* – limites temporais e as relações jurídicas de trato continuado. São Paulo: RT, 2015. p. 176.

CAPÍTULO 16 • INSTRUMENTOS EXTRAPROCESSUAIS E EXTRAJUDICIAIS DA TUTELA COLETIVA

entendimento de seus colegas, mormente quando atuam em órgãos de execução com a mesma hierarquia administrativa, mas, em prol da unidade institucional deveriam observar as decisões proferidas pelos órgãos administrativos superiores, ainda que não sejam, por concepção, órgãos criadores de precedentes.

Esse nível de definição (criação de precedente) será alcançado quando o órgão jurisdicional colegiado superior proferir a sua decisão, que pode ser estendido ao Ministério Público por três razões principais:

i) porque será o último a decidir;

ii) porque todas as causas podem buscar esta interpretação;

iii) e, fundamentalmente, porque a Constituição Federal ou a norma jurídica organizadora da instituição conferiu-lhe a função de órgão vocacionado a conferir unidade ao Direito ou a interpretação e orientação na atuação funcional.[195]

Assim, apenas por ora, forçoso concluir que é possível considerar a criação de precedentes ministeriais como fonte de orientação para a solução de casos concretos futuros, desde que a fonte seja o órgão colegiado superior. Esta conclusão, por certo, refere-se somente à vinculação vertical, mas que não decorra exclusivamente da aplicação direta de precedentes jurisdicionais obrigatoriamente vinculantes, pois, neste caso, seriam somente considerados atos administrativos por determinação judicial.

No prisma da vinculação horizontal, entendo que os órgãos de execução deverão sempre aplicar os seus próprios precedentes, desde que presentes as razões plausíveis, ou assumir o ônus argumentativo para afastá-los. Perceba-se que me refiro aos precedentes do órgão e não do membro.

Caso o membro do Ministério Público insista na recusa da celebração, haverá alguma forma de controle deste ato?

Podem ser criadas duas soluções que ficarão restritas ao seio institucional.

A **1ª solução** será a aplicação por analogia do art. 28, do CPP com remessa ao Procurador Geral para se manifestar sobre a recusa[196]. Há quem sustente esta mesma

---

195. "Esse nível de definição será alcançado quando o tribunal de cúpula proferir a sua decisão, por três razões principais: i. porque será o último a decidir; ii. porque todas as causas podem buscar esta interpretação; iii. e fundamentalmente porque a Constituição Federal conferiu-lhe a função de órgão vocacionado a conferir unidade ao Direito. Desta forma, só se tem um precedente quando o STJ se pronunciar sobre a interpretação da legislação federal e o STF sobre a Constituição. Apenas nesse momento, tem-se uma precisa definição e orientação ao Poder Judiciário e à sociedade sobre o conteúdo do Direito vigente que deve ser observado e deve reger as relações sociais." R. CRAMER. *Precedentes judiciais*: teoria e dinâmica. Rio de Janeiro: Forense, 2016. p. 176.

196. "Com efeito, repita-se, deve o Órgão Ministerial ou a Pessoa Jurídica Interessada, declinar das razões pelas quais deixa de oportunizar ao agente ímprobo o acordo de não persecução civil, disponibilizando-se ao referido agente a possibilidade de recorrer desta recusa, no caso do Ministério Público, ao Procurador Geral de Justiça que deve ter a palavra final sobre caso, ratificando ou não oferecimento do acordo ou nomeando outro promotor para a propositura daquele." PEREIRA, Leydomar Nunes. *Solução consensual na improbidade administrativa*. Belo Horizonte: Dialética, 2020, p. 64.

solução para os casos nos quais o magistrado discorde das condições ou sanções impostas e recuse a homologação do acordo.[197]

A **2ª solução** será a aplicação por analogia do sistema de reexame necessário previsto no microssistema da tutela coletiva (art. 9ª, da LACP) com o envio para o Conselho Superior ou Câmara de Coordenação e Revisão para que possa se manifestar.

Mantendo a firmeza e a coerência da apresentação do tema, entendo ser mais correto, técnico e adequado preenchimento deste vácuo normativo com a utilização, de forma subsidiária, das regras do microssistema da tutela coletiva.

O Ministério Público, como legitimado exclusivo, poderá, conforme as circunstâncias do caso concreto, mediante promoção fundamentada, na forma do art. 489, §1º, do CPC, celebrar ANPC, desde que, ao menos, advenham os seguintes resultados (art. 17-B, da LIA): i) o integral ressarcimento do dano; ii) a reversão, à pessoa jurídica lesada, da vantagem indevida obtida, ainda que oriunda de agentes privados.

Em qualquer caso, a celebração do acordo levará em conta a personalidade do agente, a natureza, as circunstâncias, a gravidade e a repercussão social do ato de improbidade, bem como as vantagens, para o interesse público, na rápida solução do caso (art. 17-B, §2º, da LIA). Portanto, será imprescindível que o membro do Ministério Público elabore uma promoção bem fundamentada com as justificativas para a adoção da medida, o seu alcance e as suas condições.

Entendo que o teor do acordo, como as condições de tempo, modo e lugar, devem ser estabelecidos obrigatoriamente no termo da avença e que as disposições que regulam o acordo de leniência (art. 16 da LIA) e o termo de ajustamento de conduta (arts. 3º, 4º, 5º e 7º da Resolução 179 do CNMP) devem ser aplicadas para fins suprir a omissão regulamentar, em virtude da finalidade primordial das regras do microssistema da tutela coletiva.

Haverá a necessidade da confissão do agente para que o ANPC seja celebrado?

Tal exigência não está normatizada de forma expressa. Contudo, novamente com base nas regras do microssistema da tutela coletiva, mormente de combate à corrupção (art. 16, §1º, III, da LAC e art. 86, §1º, IV, da lei 12.825/11), natural sustentar a imperiosa necessidade do reconhecimento (confissão) da prática do ato,[198]

---

197. "Ao meu sentir, a solução mais consentânea para a presente questão é que, caso o juiz discorde das condições ou sanções impostas no acordo, por considerá-las desarrazoadas, e se recuse a proceder com a homologação do acordo, que se aplique analogicamente o art. 28 do Código de Processo Penal e remeta os autos ao Procurador Geral de Justiça, a quem cabe a palavra final sobre o caso." PEREIRA, Leydomar Nunes. *Solução consensual na improbidade administrativa*. Belo Horizonte: Dialética, 2020, p. 73.

198. "a confissão da prática do ato de improbidade administrativa, embora não prevista expressamente na LIA, constitui-se em condição para a celebração do acordo de não persecução cível. Na hipótese, aplicam-se, em diálogo das fontes, as normas que disciplinam a autocomposição em outras instâncias de responsabilização do direito sancionador, a saber: (i) artigo 16, §1º, III, da lei 12.846/2013 (Lei Anticorrupção Empresarial); (ii) artigo 86, §1º, IV, da lei 12.825/2011 (Lei do CADE); e (iii) artigo 28-A do Código de Processo Penal, incluído pela Lei Anticrime (Lei 13.964/2019)."

sob pena de esvaziamento do próprio instituto.[199]Impende diferenciar a confissão da prática do fato com a da qualificação jurídica atribuída ao fato. Com efeito, pode o investigado reconhecer que foi o autor do fato imputado, mas discordar seja da tipificação apresentada e/ou da qualificação jurídica de improbidade administrativa. Penso que o indispensável é a confissão da autoria do fato.

Tal conclusão não é compartilhada por setor doutrinário que sustenta a desnecessidade de tal reconhecimento, pois tal ato poderá gerar consequências penais.[200]

Caso tal linha de argumentação prevaleça, deveríamos sustentar a impossibilidade de confissão do agente no âmbito penal, sob pena de gerar repercussões na seara da improbidade administrativa e seria criado um paradoxo.

Basta imaginar uma hipótese simples e bem corriqueira no âmbito da tutela coletiva da probidade: um determinado agente público em conluio com pessoas jurídicas de direito privado, realiza diversas contratações com sobrepreço e sem a devida medição e recebe uma participação nos lucros. Nesta hipótese, no mínimo, surgirão as seguintes possibilidades para ambos os sujeitos: i) seara penal: a) ação penal em face das pessoas físicas com a possibilidade de realização da confissão, b) colaboração premiada com a imperiosa necessidade do reconhecimento da prática do fato, c) acordo de leniência com a pessoa jurídica com a imperiosa necessidade do reconhecimento da prática do fato; ii) seara cível: a) ação civil pública por ato de improbidade administrativa com a possibilidade de ocorrer a confissão; b) celebração do ANPC e aqui seria despiciendo tal atuar? Não há qualquer sentido nesta linha argumentativa, mormente diante das regras previstas no microssistema da tutela coletiva.

Pela regra do art. 382 do CPC, haverá confissão quando a parte admite a verdade de fato contrário ao seu interesse e favorável ao do adversário. O art. 392, por seu turno, estabelece que não vale como confissão a admissão, em juízo, de fatos relativos a direitos indisponíveis. O destinatário da regra do art. 392 é o confitente titular de

---

ANDRADE, Landolfo. Acordo de não persecução cível: primeiras reflexões. GEN Jurídico, 05 de março de 2020. Disponível em: http://gen-juridico.com.br/2020/03/05acordo-de-nao-persecucao-civel/. Acesso em: 17-outubro.-2020.

199. Aqui nos parece imprescindível o reconhecimento do ato de improbidade pelo requerido, isso porque o juízo de aplicação da sanção passa necessariamente pelo juízo de improbidade da conduta, sendo primordial a confissão aliada a outros elementos, sendo uma manifestação de vontade maior do que apenas um aceite e, portanto, bilateral. (...) Inicialmente entende-se que o agente deverá manifestar sua vontade não apenas aceitando as imposições das obrigações, mas reconhecendo a prática do ato de improbidade, trazido para si vantagens no abrandamento das obrigações" PEREIRA, Rafael. *Manual do acordo de não persecução cível*. Belo Horizonte: CEI, 2020, p. 45 e 96.

200. "não acreditamos que seja a melhor opção normativa reconhecer a confissão do(s) agente(s) como condição para a celebração do acordo em tema de improbidade da lei 8.429/92, como exigem os artigos 28-A do CPP e art. 16 da lei 12.846/2013. A confissão pode ter reflexos no âmbito penal e, por isso, não seria recomendável, inclusive à luz do que estabelece o art. 379 do CPC, que se exija sua ocorrência para, só então, ser tomado do(s) agente(s) o compromisso de reparação do dano e aceitação de uma ou algumas sanções do art. 12 da lei 8.429/92." GAJARDONI, Fernando da Fonseca. Primeiros e breves apontamentos sobre os acordos em tema de improbidade administrativa, in: http://www.migalhas.com.br/coluna/tendencias-do-processo-civil/326016/primeiros-e-breves-apontamentos-sobre-os-acordos-em-tema-de-improbidade-administrativa, acesso em 19 de outubro de 2020.

direito material indisponível, assim, não se pode afirmar que não caberá confissão nas ações essencialmente coletivas.[201]

Somente valerá como confissão, portanto, a admissão de fato relativa à direito disponível da parte confitente. Nos processos coletivos, será possível a realização da confissão, mas quando realizada pelo legitimado coletivo, será utilizado o art. 392, CPC para afastar os seus efeitos jurídicos, pois a sua atuação relaciona-se ao direito material indisponível, mas não impedirá que a parte contrária, desde que seja titular de direito material disponível, admita fato que lhe seja desfavorável e valha, portanto, como confissão. Não é, portanto, o tipo de litígio, que envolve ou não direito indisponível, o critério para aplicação do art. 392, CPC, mas o titular do direito material indisponível que pratica o fato.

A necessidade da confissão vai sempre gerar consequências fáticas e jurídicas por se tratar de admissão de fato desfavorável ao confitente (art. 389, do CPC), mas pode gerar benefícios importantes na dosimetria da pena (art. 17-C, IV, e) e f) da LIA c/c art. 65, III, d), do CP).

3.7. Possibilidade da celebração do acordo de colaboração premiada na seara da improbidade administrativa

O regime da consensualidade é plenamente aplicável aos fatos penalmente típicos praticados contra a Administração Pública, por meio do instituto da colaboração premiada que, aliás, prescinde da existência de uma ação penal pública em curso para a sua celebração (art. 4º, da LAC).

Os atos de improbidade administrativa podem ser derivados de fatos penalmente típicos quando lesivos à Administração Pública e a recíproca é plenamente verdadeira.

Ao perceber tal relação, factível sustentar uma interpretação sistemática entre os dois regimes sancionatórios que permita uma interpenetração das normas.[202].

Nada obstante, é plenamente possível a celebração de acordo de leniência para atos de corrupção prejudiciais à Administração Pública, conforme preconizam os arts. 16 e 17, LAC. As leis anticorrupção e de improbidade administrativa fazem parte de um mesmo microssistema, razão pela qual haverá o devido diálogo de fontes.

Como pode ser permitida a realização de acordos de leniência para atos de corrupção e não para os atos de improbidade administrativa? Como pode ser permitida a realização de acordo de colaboração premiada na seara penal, mas não para a improbidade?

Afirmar a impossibilidade acarretaria uma perniciosa desarmonia no sistema. Merece destaque, também, que a realização de acordo de leniência não configurará

---

201. BASTOS, Fabrício Rocha. *Curso de Processo Coletivo*. 2ª ed. Indaiatuba: Foco, 2020, p. 99.
202. DIDIER JUNIOR, Fredie; BOMFIM, Daniela Santos. A&C. *Revista de Dir. Adm. Const.* Belo Horizonte, ano 17, n. 67, p. 105-120, jan./mar. 2017. DOI: 10.21056/aec.v17i67.475.

CAPÍTULO 16 • INSTRUMENTOS EXTRAPROCESSUAIS E EXTRAJUDICIAIS DA TUTELA COLETIVA

pressuposto processual negativo para a ação civil pública por ato de improbidade administrativa (art. 30, LAC)[203]. Assim, qual seria a vantagem em celebrar acordo de leniência se o celebrante poderá ser demandado por improbidade? Admitir a aplicação do regime de consensualidade permitirá a efetividade dos acordos de leniência.[204]

Há, entretanto, setor doutrinário[205] que sustenta a inaplicabilidade do instituto da colaboração premiada na seara da improbidade administrativa. Para esta tese doutrinária, o ordenamento jurídico impede a celebração de tal instituto com base nos seguintes fundamentos:

a) vedação expressa para a realização de acordo, conciliação e transação, conforme preconiza o art. 17, § 1º, LIA, pois tal norma alcança o instituto da colaboração premiada (esta linha argumentativa, por óbvio, será abandonada!);

b) a independência relativa das instâncias civil, penal e administrativa (arts. 65, 66 e 386, I, IV e VI, CPP e 935, CC), que sugere que não haverá, ressalvados casos específicos, relação direta entre as esferas sancionatórias;

c) as sanções da lei de improbidade administrativa independem das demais civis, penais e administrativas previstas nas demais leis especiais (art. 12, LIA). Esta mesma doutrina sustenta a possibilidade de reflexos dos acordos de colaboração premiada na seara da improbidade administrativa, mormente como elemento de formação da convicção do magistrado quando usado como prova emprestada (art. 372, CPC). Nada obstante, admite a possibilidade de celebração, na seara da improbidade administrativa, do acordo de leniência previsto no art. 16, LAC.[206]

Após o advento da Resolução 181 do CNMP (art. 18) depois reforçado pelo art. 28-A, do CPP que permite a celebração de acordo de não persecução penal entre o MP e o autor do fato, já entendíamos ser possível[207], também, e pelos mesmos motivos acima expostos, a celebração de acordo de não propositura da demanda de improbidade administrativa, mormente nos casos de pequena relevância, tais como acumulação irregular de cargos e lesão ao erário de pequena monta. Para admitirmos a possibilidade de tal avença, que em nada difere, na essência, do acordo de leniên-

---

203. "Dentro desse espírito de mútua lealdade e cooperação, não há óbice à projeção do instituto da colaboração premiada para a esfera administrativa, notadamente para as ações de improbidade, com a possibilidade de redução do montante das penas listadas no art. 12 da Lei nº 8.429/1992, mas desde que assegurada a recomposição patrimonial integral, descartando-se o perdão judicial, cuja extravagância exige previsão legal expressa, ante a natureza indisponível dos bens em jogo." SANTOS, Marcos Paulo Dutra. *Colaboração (delação) premiada*. Salvador: JusPodivm, 2016, p. 169.

204. Em sentido diverso do que sustentamos no texto, GARCIA, Emerson; ALVES, Rogério Pacheco. *Improbidade administrativa*. 8ª ed. São Paulo: Saraiva, 2017, p. 905.

205. GARCIA, Emerson; ALVES, Rogério Pacheco. *Improbidade administrativa*. 9ª ed. São Paulo: Saraiva, 2017, p. 915.

206. GARCIA, Emerson; ALVES, Rogério Pacheco. *Improbidade administrativa*. 9ª ed. São Paulo: Saraiva, 2017, p. 900.

207. BASTOS, Fabrício Rocha. *Curso de Processo Coletivo*. 1ª ed. Indaiatuba: Foco, 2018.

cia e de colaboração premiada, imprescindível a observância de todos os requisitos elencados na referida norma.

Tal entendimento foi ratificado com a entrada em vigor da nova redação do art. 17-B, da LIA e que também reforça a possibilidade de celebração do acordo de colaboração premiada na seara da improbidade.

O ANPC pode ter viés pzremial?

Uma discussão interessante sobre o acordo de não persecução cível é verificar se ele tem viés premial.

O ponto é saber se haverá a necessidade de efetiva colaboração do sujeito para que o acordo possa ser celebrado, mormente quando houver decorrência de acordo de colaboração premiada.[208]

Existem teses doutrinárias contrapostas sobre o tema, cuja razão de existir é justamente a inexistência de regramento legal específico.

Para uma **1ª tese** não há a necessidade de se exigir do acordante a efetiva colaboração com viés premial para que a avença seja efetivada[209], até porque não há tal exigência na lei[210].

Por outro lado, a **2ª tese** afirma ser plenamente possível o viés premial na seara do ANPC, sob os seguintes argumentos:

i) a inexistência de regra legal não pode ser interpretada como impossibilidade jurídica;

---

208. "Há duas perspectivas para essa espécie de acordo: uma natureza de termo de ajustamento de conduta, quando transcende a celebração de acordo penal e dele não depende; uma natureza de colaboração premiada, quando se vincula ao acordo penal e traduz uma colaboração premiada em ação de improbidade administrativa. Pode-se afirmar que há uma natureza mista no acordo de não persecução civil e que essa terminologia – ao adotar a expressão cível – reporta-se tanto ao inquérito civil quanto ao processo civil, bem como a processos investigativos de modo geral." PEREIRA, Leydomar Nunes. *Solução consensual na improbidade administrativa*. Belo Horizonte: Dialética, 2020, p. 60.
209. "Outro importante ponto comum entre o acordo de não persecução penal e o acordo de não persecução cível reside no fato de que o agente infrator não precisa colaborar com as investigações. Diferentemente, portanto, dos institutos de direito premial, nos quais o coautor ou partícipe do ilícito, visando a obtenção de algum prêmio, coopera com os órgãos de investigação, os acordos de não persecução penal ou cível dispensam essa colaboração." ANDRADE, Landolfo. Acordo de não persecução cível: primeiras reflexões. GEN Jurídico, 05 de março de 2020. Disponível em: http://gen-juridico.com.br/2020/03/05acordo-de-nao-persecucao-civel/. Acesso em: 17 out 2020.
210. "Poder-se-ia cogitar, se houvesse previsão na lei – mas não há- de causas que diminuíssem as penas do agente público que voluntariamente auxiliasse nas investigações, que oferecesse o ressarcimento integral do dano etc. Contudo, não existem tais hipóteses, a exemplo do que ocorre no Direito norte-americano e no Direito Italiano. De lege ferenda, sugerimos ao legislador que passe em revista tais modelos, não para copiá-los, como é óbvio, mas para adaptá-los à realidade nacional. De fato, é de extrema utilidade que leis anticorrupção reduzam penas, concedam benefícios e atenuantes a pessoas envolvidas que colaborem com o Estado em sua ação. Assim, aquele que confessa voluntariamente, que apontasse terceiros corruptos, que, em síntese, colaborasse ativamente no combate à corrupção, poderia não ser premiado, mas na verdade, ter alguma sorte de incentivo na redução da sua pena. Essa experiência estrangeira que, na Itália, por exemplo, tem tido bons resultados ('operação mãos limpas')." FIGUEIREDO, Marcelo. *Probidade administrativa*. 5ª ed. São Paulo: Malheiros, 2004, p. 263.

CAPÍTULO 16 • INSTRUMENTOS EXTRAPROCESSUAIS E EXTRAJUDICIAIS DA TUTELA COLETIVA **625**

ii) coerência sistêmica a permitir a realização da colaboração premiada também na seara da improbidade administrativa[211];

iii) aplicação subsidiária das regras do microssistema da tutela coletiva;[212]

iv) impedir o viés premial poderia gerar duas consequências: desestimula para a avença e retirar do acordante a possibilidade de melhorar a sua situação fática e jurídica.[213] Ora, é inegável que a possibilidade de conferir viés premial ao ANPC pode interessar ao investigado e sua defesa técnica, tal como ocorre na seara da colaboração premiada.[214]

---

211. "Assim, podemos chegar a algumas conclusões: a) admitem-se a colaboração premiada e o acordo de leniência como negócios jurídicos atípicos no processo de improbidade administrativa (art. 190 do CPC c/c o art. 4º da Lei nº 12.850/2013 e com os arts. 16-17 da Lei nº 12.846/2013); b) admite-se negociação nos processos de improbidade administrativa, sempre que isso for possível, na respectiva ação penal, observados, sempre, por analogia, os limites de negociação ali previstos; c) admitem-se os acordos parciais, sendo considerados parcela incontroversa; d) admite-se a "colaboração premiada" em processos de improbidade administrativa, respeitados os limites e critérios da lei de regência." DIDIER JR., Fredie; BONFIM, Daniela Santos. A colaboração premiada como negócio jurídico processual atípico nas demandas de improbidade administrativa. Belo Horizonte: A&C – *Revista de Direito Administrativo & Constitucional*, ano 17, n. 67, p. 105-120, jan./mar., 2017.

212. "É possível afirmar, nessa ordem de ponderação, que se os diplomas legais que regulamentam o injusto decorrente da corrupção pública, em suas dimensões penal (Lei nº 12.850/2013) e administrativa (Lei Anticorrupção), admitem a aplicação do instituto da colaboração premiada, não há razão jurídica de se excluir a aplicação do instituto da colaboração na Lei de Improbidade Administrativa. Há regra de colmatação que admite esta aplicação analógica (art. 4º da Lei de Introdução às Normas do Direito Brasileiro (Decreto-lei nº 4.657/1942). Além disso, inexiste óbice legal à aplicação desses institutos ao Processo Civil, diante da regra contida no artigo 140 do Código de Processo Civil (Lei nº 13.105/2015), que autoriza expressamente o uso da analogia (...) Assim, reputa-se inadmissível que, a partir de um mesmo fato de corrupção, os microssistemas de proteção prevejam consequências díspares para o autor deste fato, no sentido de que o direito penal e o direito administrativo sancionador possibilitem que a pessoa física e a pessoa jurídica, respectivamente, possam se valer dos benefícios da colaboração premiada (Lei nº 12.850/2013 e Lei Anticorrupção), não sendo idêntico benefício estendido ao subsistema de punição previsto na Lei de Improbidade Administrativa" OSÓRIO, Fábio Medina. Acordos em ações de improbidade. Disponível em: https://www2.senado.leg.br/bdsf/bitstream/handle/id/515662/noticia.html?sequence=1. Acesso em: 18 out 2020.

213. "Inclusive é esse caráter de negociação do direito material, mediante a manifestação de vontade das partes, sob a égide dos permissivos legais que entendemos que a natureza jurídica seja de negócio jurídico bilateral, pois o investigado/réu poderá além de reconhecer o ato de improbidade, colaborar com a produção de novas provas ou de outros investigados, negociando abrandamento das suas sanções/obrigações no futuro acordo de não persecução, que poderá ou não se limitar o emprego na área de improbidade ou ser realizado em conjunto com os criminal, não sendo, conforme já descrito, apenas um mero aceite de condições impostas." PEREIRA, Rafael. *Manual do acordo de não persecução cível*. Belo Horizonte: CEI, 2020, p. 49.

214. "Desde logo, já se antevê a causa do negócio pelo ângulo defensivo: a colaboração premiada é uma estratégia defensiva, que deflui diretamente dos princípios da ampla defesa e da autonomia da vontade, ambos com estatura constitucional. Isso porque, ao celebrar o acordo de colaboração premiada, o imputado, embora se obrigue a narrar fatos e apresentar provas que irão incriminá-lo e a terceiros, receberá benefícios por esse acordo, que variarão, conforme será visto, desde a imunidade total à acusação ou o perdão judicial até a diminuição da pena ou sua substituição. É, assim, uma estratégia de defesa, visando obter benefícios legais, como a melhor opção a ser adotada pelo imputado naquele caso concreto. É claramente uma escolha racional, à luz de um cálculo utilitarista de custos e benefícios." MENDONÇA, Andrey Borges de. Os benefícios possíveis na colaboração premiada: entre a legalidade e a autonomia da vontade. *In*: MOURA, Maria Thereza de Assis; BOTTINI, Pierpaolo Cruz. São Paulo: RT, 2017, p. 59. *Colaboração Premiada*. No mesmo sentido, BOTTINO, Thiago. Cooperação premiada e incentivos à cooperação no processo penal: uma análise crítica dos acordos firmados na "Operação Lava Jato". *Revista Brasileira de Ciências Criminais*, v. 122, set-out 2016.

Considerando a linha argumentativa apresentada, adiro integralmente à esta tese, pois a coerência sistêmica é um dos pilares da segurança jurídica e a utilização das regras do microssistema da tutela coletiva resolve a questão referente à ausência de regulamentação.

Para que o viés premial seja implementado, serão indispensáveis os seguintes pontos[215]:

i) o investigado deverá reconhecer a sua participação no ato;

ii) o investigado deverá fornecer os nomes dos demais participantes;

iii) o investigado deverá indicar e fornecer provas materiais, testemunhais, documentais etc. (provas de corroboração);

iv) a contribuição do investigado deve ser realmente efetiva para o correto deslinde do feito;

v) compromisso de dizer a verdade, sob pena de incidir na prática do delito previsto no art. 19, da Lei 12.850.

Ademais, afastar o viés premial é ignorar a realidade fática das investigações e processos judiciais que envolvem esquemas de corrupção que, por serem atos "secretos", muitas vezes invisíveis, e sem vítimas, geram uma inerente dificuldade em seu deslinde. Ora, as melhores fontes da prova de um esquema de corrupção são justamente as pessoas que o integram e poderão auxiliar na obtenção de outras provas e melhorar o material probatório e, claro, a efetividade da atuação. Não há como negar, também, que tais esquemas são praticamente imunes aos instrumentos tradicionais, pois além da imposição do silêncio (*ormetà*), há a cultura da supressão das provas.[216]

O Supremo Tribunal Federal[217] já reconheceu a possibilidade de a colaboração premiada gerar efeitos jurídicos na seara da improbidade administrativa, inclusive

---

215. "No caso da colaboração premiada, trata-se de meio de obtenção de prova em que o imputado colabora com a persecução penal, obrigando-se a declarar e incriminar a si e a terceiros, indicando provas materiais, testemunhais, documentais, enfim, auxiliando a acusação na comprovação dos fatos criminosos e de sua autoria. Portanto, verifica-se que o acordo de colaboração premiada contribui para a eficiente persecução penal de delitos graves, assim como com a mais rápida apuração dos delitos. (...) No entanto, o que efetivamente interessa à acusação e à sociedade é que a referida colaboração seja verdadeira e veraz. Para evitar falsas colaborações – um perigo sempre presente e que deve ser constantemente considerado pelos operadores – o ordenamento jurídico prevê diversas garantias e filtros, como o direito ao confronto por parte dos delatados (que poderão questionar em juízo as declarações prestadas pelo colaborador), o compromisso de o colaborador dizer a verdade, inclusive com a incriminação do delito de falsa colaboração pela Lei 12.850 (art. 19), e, ainda, a regra da corroboração. Tudo a indicar que não basta haver a corroboração. Deve se tratar de uma colaboração veraz e baseada em provas de corroboração." MENDONÇA, Andrey Borges de. Os benefícios possíveis na colaboração premiada: entre a legalidade e a autonomia da vontade. MOURA, Maria Thereza de Assis; BOTTINI, Pierpaolo Cruz (Coords.). In: *Colaboração Premiada*. São Paulo: RT, 2017, p. 57/58.

216. SEIÇA, Alberto Medina de. Legalidade da prova e reconhecimentos "atípicos" em processo penal: notas à margem de jurisprudência (quase) constante. *Liber Discipulorum* para Jorge de Figueiredo Dias. Coimbra Editora, 2003, p. 1388.

217. ARE 1.175.650/PR, Rel. Min. Alexandre de Moraes, j. 25.04.2019, tema 1043.

CAPÍTULO 16 • INSTRUMENTOS EXTRAPROCESSUAIS E EXTRAJUDICIAIS DA TUTELA COLETIVA

reconheceu a repercussão geral. O Superior Tribunal de Justiça[218], por seu turno, em um julgado, afirmou que a colaboração premiada e o acordo de não persecução cível são institutos diferentes e com finalidades díspares.

Após a abordagem sobre a possibilidade do viés premial, surge uma inevitável indagação: **pode o ANPC ser considerado como um meio de obtenção de prova?**

O ANPC, a depender da forma de convenção, pode ser considerado como um meio de obtenção de prova[219], desde que ocorra a efetiva colaboração do acordante que surtirá os efeitos premiais.[220] Os sujeitos que participam da formação da convenção, por meio da autonomia das vontades, poderão estipular a possibilidade de minorar os efeitos dos capítulos obrigacionais e até mesmo uma imunização a depender do grau de colaboração e efetiva do que for entregue. Assim, o ANPC, tal como preconiza o art. 3º, da 12.850[221], poderá ser utilizado para a efetivação da investigação com a obtenção de mais provas.

O Supremo Tribunal Federal possui um julgado neste sentido.[222]

Entretanto, parte da doutrina sustenta que não será possível considerar como um todo o viés premial da colaboração como um meio de obtenção de prova, pois não poderia ser valorado diretamente pelo magistrado no plano judicial.[223]

3.8. Possibilidade da realização da autocomposição

Com a edição da Lei 13.964/19 a discussão a respeito da possibilidade de realização de acordos na seara da improbidade administrativa, perde um pouco do sentido, pois o art. 6º da referida lei inseriu o art. 17, §10-A, na LIA.

---

218. Resp 1.826.886/AP, Rel. Min. Napoleão Nunes Maia Filho, DJ 14.04.2020.

219. "Sob o ângulo processual, a seu turno, inexiste incompatibilidade em vislumbrá-la, simultaneamente, como direito público subjetivo do acusado, de um lado, e meio de formação de provas, do outro (e estritamente como meio de prova, considerado, tão só, o depoimento do delator), porquanto são perspectivas distintas do mesmo instituto." SANTOS, Marcos Paulo Dutra. *Colaboração (delação) premiada*. Salvador: JusPodivm, 2016, p. 87.

220. "A acusação se dispõe a realizar o acordo por se tratar de um meio de obtenção de prova. Consciente das dificuldades em obter provas pelos meios tradicionais em determinados tipos de criminalidade, em especial envolvendo a criminalidade organizada, a acusação concorda em negociar um benefício ao acusado para que este contribua com a persecução penal." MENDONÇA, Andrey Borges de. Os benefícios possíveis na colaboração premiada: entre a legalidade e a autonomia da vontade. MOURA, Maria Thereza de Assis; BOTTINI, Pierpaolo Cruz (Coords.). *In: Colaboração Premiada*. São Paulo: RT, 2017, p. 55.

221. Que elenca a colaboração premiada como meio de obtenção de prova.

222. HC 127.483, Rel. Min. Dias Toffoli, Tribunal Pleno, j. 27.08.2015, Dje 03.02.2016.

223. "Todavia, não é possível considerar que a colaboração premiada, como um todo, seja um meio de obtenção de prova. Já se viu que os meios de obtenção de prova não são diretamente valoráveis pelo juiz. E, se fosse pura e simplesmente um meio de obtenção de prova, a colaboração – enquanto conteúdo do que foi declarado pelo colaborador – em si não seria diretamente valorável pelo magistrado. O teor do que foi declarado apenas permitiria que, perante as informações dadas pelo colaborador, fontes ou elementos de prova pudessem vir a ser obtidos e, estes sim, seriam valorados e influenciariam o convencimento judicial." BADARÓ, Gustavo Henrique. A colaboração premiada: meio de prova, meio de obtenção de prova ou um novo modelo de justiça penal epistêmica? MOURA, Maria Thereza de Assis; BOTTINI, Pierpaolo Cruz (Coords.). *In: Colaboração Premiada*. São Paulo: RT, 2017, p. 136.

Com esta nova redação, havendo a possibilidade de solução consensual[224], poderão as partes requerer ao juiz a interrupção do prazo para a contestação, por prazo não superior a 90 dias.

Há, contudo, um ponto a ser levantado: o réu, diante do advento do CPC/15 e após a referida mudança na LIA, ser citado para o comparecimento à audiência de conciliação e transação?

Ora, com a admissão da inicial, como sustenta a melhor doutrina, não sendo hipótese de rejeição liminar, deverá o magistrado citar o réu para o oferecimento da contestação (art. 17, §7º, da LIA) e, somente no caso da não obtenção da solução consensual, deveria começar o curso do prazo para o oferecimento da contestação.[225]

Esta possibilidade de solução consensual, *de per si,* já afasta a tese da impossibilidade da realização de acordos, quando baseada exclusivamente na antiga (e já há revogada, em meu sentir) regra que os vedava.

Esta solução consensual não pode ser confundida com o acordo de não persecução cível, apesar de não impeditivo. Ora, a ideia da solução consensual é a resolução do litígio por meio de uma autocomposição (art. 3º, §2º, CPC) que, após devidamente homologada pelo juiz (já houve o exercício judicial da pretensão), deverá ter por objeto o que restou efetivamente deduzido.

O acordo de não persecução cível tem o condão de evitar a judicialização da questão, mas duas situações podem ocorrer: i) o acordo de não persecução foi parcial; ii) o acordo de não persecução descumprido pelo convenente ensejará a judicialização da questão; iii) acordo de não persecução subjetivamente mais restrito. Portanto,

---

224. "Sendo a ação de improbidade uma espécie de ação coletiva, devemos recordar que há muito tempo existem possibilidades legais de disposição sobre os direitos coletivos, todas estabelecendo uma margem de negociação, sendo exemplo o termo de ajustamento de conduta (previsto no art. 5º, §6º da Lei nº 7.347/1985), o termo de compromisso (art. 11, §5º da Lei nº 6.385/76; art. 14 da Lei nº 13.506/2017), o acordo de leniência (art. 86 da Lei nº 12.529/2011; art. 16 e 17 da Lei nº 12.846/2013), o compromisso de cessação (art. 85 da Lei nº 12.529/2011), os acordos administrativos em processo de supervisão conduzidos pelo BACEN (art. 30 da Lei nº 13.506/2017) e o compromisso de certificação do art. 26 da Lei de Introdução às Normas do Direito Brasileiro, inserido pela Lei 13.655/2018." (CABRAL, Antonio do Passo. Pactum de non petendo: a promessa de não processar no direito brasileiro. *Transformações nas estruturas fundamentais do processo.* ProcNet: Rede Internacional de Pesquisa sobre Justiça Civil e Processo Contemporâneo, 2020, p. 18).

225. "Como consequência prática da presente discussão, deve se considerar que no procedimento comum previsto pelo Novo Código de Processo Civil o réu não é mais, ao menos em regra, citado para contestar, mas para comparecer a uma audiência de conciliação e mediação. Diante dessa nova realidade procedimental, e partindo-se da premissa de que o procedimento da ação de improbidade administrativa é o comum, surge interessante questão a respeito do cabimento da audiência prevista no art. 334 do Novo CPC à ação de improbidade administrativa. Diante de tal panorama legislativo, vejo com dificuldade o afastamento da audiência prevista no art. 334 do Novo CPC, que não deverá ocorrer somente se autor e réu concordarem expressamente com sua dispensa (art. 334, §4º, I, do Novo CPC). Dessa forma, entendo que após a admissão da petição inicial, ou seja, após a rejeição da defesa prévia apresentada pelo réu, caberá ao juiz designar a audiência de conciliação e mediação, tendo início a contagem do prazo de contestação somente se o processo não for extinto por transação nessa audiência." NEVES, Daniel Amorim Assumpção. Reflexos do novo CPC na Ação de Improbidade Administrativa. Disponível em: https://ww2.stj.jus.br/docs_internet/revista/eletronica/stj-revista-eletronica-2016_241_capDoutrina.pdf. Acesso em: 04 nov. 2020.

CAPÍTULO 16 • INSTRUMENTOS EXTRAPROCESSUAIS E EXTRAJUDICIAIS DA TUTELA COLETIVA

podem coexistir em um mesmo caso concreto o acordo de não persecução cível e a solução consensual.

Na primeira hipótese supra, se a demanda for proposta para abranger o objeto não contemplado pelo acordo de não persecução, poderão os sujeitos buscar uma solução consensual na forma da lei.

Na segunda hipótese, na qual a demanda foi proposta porque o convenente não respeitou os termos do acordo, não vejo óbice para a obtenção da solução consensual da contenda, mas para a celebração de novo acordo de não persecução.

Na terceira hipótese, de mais fácil solução, o acordo de não persecução abrangeu somente parcela dos investigados, portanto, os demais que forem devidamente processados não perdem o direito de obter uma solução consensual no bojo das suas demandas.

Na redação do art. 17, §10-A, da LIA, o legislador, ao regulamentar o tema, fixou a necessidade de requerimento das partes com a consequente interrupção do prazo para a contestação.

Ora, somente poderá sofrer interrupção prazo que esteja em curso e, portanto, somente poderia (o que aqui afirmo somente para fins de argumentação) ser formulado tal requerimento no curso do prazo para a contestação. Os sujeitos processuais poderão, mesmo durante o prazo para o oferecimento da contestação, requerer a suspensão do processo com a posterior devolução de prazo para que possam realizar as tratativas da solução consensual.

A redação do art. 17, §10-A, da LIA, não pode ser interpretada no sentido de limitação procedimental para a obtenção da solução consensual, ou seja, na forma como encontra-se redigida a norma parece que somente poderá ser requerida tal solução no momento processual da contestação.

Qual deverá, portanto, ser o limite temporal para a celebração da autocomposição?

O acordo de não persecução cível pode ser celebrado durante a fase procedimental (momento extrajudicial ou extraprocessual) e ao longo do curso da demanda judicial.[226] Resta fixar, contudo, qual é o momento processual limite para a realização

---

226. "Como visto, o acordo de não persecução civil poderá ser realizado antes do ajuizamento da ação judicial (fase extraprocessual), bem como na fase judicial, ou seja, já no curso da ação de improbidade administrativa ajuizada, inobstante o veto ao art. 17, §2º da LIA." PEREIRA, Leydomar Nunes. *Solução consensual na improbidade administrativa*. Belo Horizonte: Dialética, 2020, p. 68. No mesmo sentido, vale destacar as lições de Fábio Medina Osório: "... um acordo dessa magnitude estaria autorizado pelo artigo 17, §1º, da lei 8.429/1992 que não traz quaisquer ressalvas no que tange à possibilidade de transação nas ações em curso. A par disso, se a intenção fosse impedir a celebração do acordo nas ações de improbidade já ajuizadas, o legislador deveria, expressamente, proibir tal prática. Não vislumbramos, nesse alinhavar, qualquer óbice, de ordem legal ou hermenêutica, para que sejam realizados acordos nas ações em curso, máxime porque é regra comezinha de interpretação legal a assertiva segundo a qual, onde o legislador não distingue, não cabe ao intérprete fazê-lo." OSÓRIO, Fábio Medina. Acordos em ações de improbidade. Disponível em: https://www2.senado.leg.br/bdsf/bitstream/handle/id/515662/noticia.html?sequence=1. Acesso em: 18 out 2020.

do ato.[227] Há, na doutrina, quem apresente a necessidade de verificar se a demanda já foi ajuizada antes da vigência da lei 13.964/19 ou durante.[228] E esta discussão, em certo aspecto, pode ser reativada em virtude da entrada em vigor da lei 14.230/21.

Vale mencionar a existência de entendimento doutrinário no sentido de que o ANPC somente poderá ser celebrado na fase judicial[229], o que me parece equivocado, em primeira análise e contrário à regra legal expressa.

Quanto às ações ajuizadas após a vigência da nova lei,[230] há, ao menos, três teses contrapostas:

1ª tese: sustenta que o momento processual adequado e final para a realização do acordo de não persecução cível deve ser até o oferecimento da contestação, levando em consideração o duplo juízo de admissibilidade, pois o art. 17, §10-A, da LIA, em certa medida, fixa tal limite para a obtenção da solução consensual[231] com o devido reconhecimento da preclusão caso ocorra após tal momento, sem contar que se trata do momento no qual o réu discutirá toda a matéria de fato e de direito[232]. Nada

---

227. *"Ainda, inova o texto legislativo ao trazer ser possível firmar o referido acordo durante o curso da ação, porém não aponta de maneira expressa um limite processual até quando poderia ocorrer o consenso."* PEREIRA, Rafael. Manual do Acordo de Não Persecução Cível. Belo Horizonte: CEI, 2020, p. 32.

228. PEREIRA, Leydomar Nunes. *Solução consensual na improbidade administrativa.* Belo Horizonte: Dialética, 2020, p. 69.

229. "Partindo-se da premissa de que o acordo é cabível apenas na fase judicial, há legitimidade concorrente para a sua proposta (MP e pessoa de direito público lesado). Contudo, idealmente, ambas as instituições devem participar das negociações e o acordo só deve ser assinado no caso de haver concordância entre elas. Havendo divergência entre os legitimados, parece-nos mais adequado que o acordo não seja celebrado por apenas um deles. Isso porque, se de um lado, a pessoa lesada tem melhores condições para aferir a extensão do dano ao erário, o MP detém um volume maior de informações, sobretudo quanto à existência de procedimentos criminais, dados sigilosos e operações ainda em fase de organização (e que não podem ser reveladas prematuramente), mas que indicam o não preenchimento das condições subjetivas por parte do réu." PINHO, Humberto Dalla Bernardino de. O consenso em matéria de improbidade administrativa: limites e controvérsias em torno do acordo de não persecução cível introduzido na Lei nº 8.429/1992 pela Lei nº 13.964/2019. *Revista Interdisciplinar de Direito,* [S.l.], v. 18, n. 1, p. 145-162, jul. 2020. ISSN 2447-4290.

230. Este debate somente tem utilidade no recorte temporal existente entre a Lei 13.964/19 e 14.230/21, mas a sua essência pode servir para a resolução de questões processuais vindouras.

231. "Conclui-se então que, até a contestação, com possibilidade de interrupção do prazo por até 90 dias, haverá tempo mais que razoável para as tratativas acerca da possibilidade de estabelecer a consensualidade na improbidade administrativa, a ser formalizada no Acordo de não persecução civil." PEREIRA, Leydomar Nunes. *Solução consensual na improbidade administrativa.* Belo Horizonte: Dialética, 2020, p. 69. "(...) acompanhamos a primeira corrente de que a realização do acordo deve ser até o momento da contestação, ou seja, deve existir um momento preclusivo." PEREIRA, Rafael. *Manual do acordo de não persecução cível.* Belo Horizonte: CEI, 2020, p. 75.

232. "Uma segunda corrente, a qual nos filiamos, poderá propugnar a existência de preclusão para a realização de acordo após a apresentação da contestação pelo(s) requerido(s), pois, além da literalidade do dispositivo indicar isso, o acordo de não persecução cível surgiu para buscar, quando cabível, uma resolução célere das demandas. Permitir que o réu se valha de toda a marcha processual, com os recursos e incidentes quase intermináveis, para, após uma instrução desfavorável, mostra-se "aberto ao acordo" que antes refutava por certeza de sua inocência ou por conveniências pessoais (como a proximidade de uma eleição), seria algo contra a própria essência do instituto e um prêmio a recalcitrância e comportamento contraditório." PINHEIRO, Igor Pereira. *Lei anticrime e acordo de não persecução cível*: aspectos teóricos e práticos. Leme: JHimuzno, 2020.

CAPÍTULO 16 • INSTRUMENTOS EXTRAPROCESSUAIS E EXTRAJUDICIAIS DA TUTELA COLETIVA

mais equivocado, pois as partes poderão, em qualquer momento processual, obter a solução consensual do litígio (art. 139, V, CPC) e o juiz poderá dilatar os prazos processuais (art. 139, VI e pu, CPC c/c 7º, §2º, IV, LAP).

2ª tese: sustenta a inexistência de limite temporal para a realização do acordo, desde que seja antes da ocorrência do trânsito em julgado, pois não há razão subjacente para tal imposição, considerando que um dos vetores do direito processual é a obtenção da solução consensual dos conflitos[233].

3ª tese: possibilidade do ANPC, ainda que o feito esteja em curso perante a segunda instância, ou seja, este seria o limite temporal, tendo em vista que já foram analisados todos os fatos e provas.[234]

No tocante às ações ajuizadas antes da vigência, mas ainda em curso, a doutrina costuma afirmar a possibilidade de ser celebrado o acordo de não persecução, mesmo após ultrapassado o momento processual da contestação,[235] mas com a devida análise da conveniência e necessidade.[236]

Estas questões, em meu sentir, perderam um pouco do sentido com base nos seguintes fundamentos: i) O STJ possui julgado importante permitindo a celebração do ANPC na esfera recursal, mesmo antes da nova lei de improbidade administrativa;[237] ii) a lei 14.230/21 prevê expressamente a possibilidade da celebração do ajuste até mesmo em sede de execução (art. 17-B, §4º, da LIA).

---

233. "...o §10-A do artigo 17, para possibilitar a suspensão do prazo para contestação das ações por improbidade administrativa, caso as partes estejam em tratativas para acordo, pelo prazo de até 90 (dias), o que foi uma inovação em relação ao projeto originário, mas não significa que o acordo não possa ocorrer em fase ulterior à contestação." OSÓRIO, Fábio Medina. Acordos em ações de improbidade. Disponível em: https://www2. senado.leg.br/bdsf/bitstream/handle/id/515662/noticia.html?sequence=1. Acesso em: 18 out 2020. "A Lei Anticrime inseriu a possibilidade de solução negociada na LIA, mas não delimitou um momento estanque para a celebração do acordo de não persecução cível. Conclui-se, assim, que a medida pode ser levada a cabo a qualquer tempo, nos termos do artigo 139, V, do CPC. Vale dizer, o acordo de não persecução cível poderá ser celebrado e homologado judicialmente enquanto o processo estiver pendente. É possível que a celebração do acordo se dê já em fase recursal – que se inicia a partir da interposição do recurso -, quando deverá o pedido de homologação ser dirigido ao relator da causa no tribunal. A nosso sentir, o único limite temporal para a celebração do acordo de não persecução cível é o trânsito em julgado da sentença condenatória." ANDRADE, Landolfo. *Acordo de não persecução cível*: primeiras reflexões. GEN Jurídico, 05 de março de 2020. Disponível em: http://gen-juridico.com.br/2020/03/05acordo-de-nao-persecucao-civel/. Acesso em: 17 out 2020. ANDRADE, Adriano; MASSON, Cleber; ANDRADE, Landolfo. *Interesses difusos e coletivos*. 10 ed. São Paulo: Método, 2020, p. 995. No mesmo sentido, já decidiu o Superior Tribunal de Justiça no AREsp 1.467.807/Go, Rel. Min. Herman Benjamin, Dj 02.06.2020.

234. AgInt no RtPaut no AgInt no RE nos EDcla no AgInt no AREsp 1.341.323/RS, Rel. Min. Maria Thereza de Assis Moura, Dj 07.05.2020.

235. "Importante ressaltar que esse entendimento deve ser aplicado para ações ajuizadas antes da vigência da Lei que comportam acordo de não persecução cível, observada a regra geral do art. 1.046, caput, do CPC, mesmo que já ultrapassada a fase de contestação, tendo em vista a diretriz geral do art. 139, V, também do CPC, porém limitada a juízo de segunda instância, conforme decido no Superior Tribunal de Justiça e não até o trânsito em julgado." PEREIRA, Rafael. *Manual do acordo de não persecução cível*. Belo Horizonte: CEI, 2020, p. 76.

236. PEREIRA, Leydomar Nunes. *Solução consensual na improbidade administrativa*. Belo Horizonte: Dialética, 2020, p. 70.

237. ARESP 1.314.581/SP, Rel. Min. Benedito Gonçalves, 1ª T., J. 23/02/2021.

3.9. Consequências jurídicas procedimentais da celebração do ANPC

Após a apresentação dos principais pontos do ANPC, impende destacar quais são os efeitos decorrentes da sua celebração.

Para melhor visualizar, vou dividir em dois planos:

a) plano procedimental;

b) plano judicial.

No **plano procedimental**, deve ser indicada qual é a consequência jurídica decorrente da celebração do ANPC no curso de um procedimento administrativo (inquérito civil ou procedimento preparatório).

Como já visto, dependerá, para a tese que defendo, do conteúdo do ANPC. No caso de ANPC parcial (subjetivo ou objetivo), haverá o prosseguimento do procedimento somente quanto ao objeto residual; enquanto o procedimento, quanto ao objeto pactuado, será arquivado administrativamente (suspensão da tramitação).

No caso do ANPC total, haverá a necessidade de verificar se a obrigação pactuada se encerra diretamente com a sua celebração, como no caso de se buscar unicamente a perda da função do agente público, pois basta ocorrer o pedido de exoneração.

Em caso positivo, o TAC ensejará o arquivamento institucional, com a submissão do procedimento ao reexame necessário do órgão colegiado superior (art. 9º, da LACP); em caso negativo, como nas hipóteses de assunção de obrigações que se protraem no tempo, ensejará o arquivamento administrativo (suspensão da tramitação), com a instauração de um procedimento administrativo próprio somente para fiscalizar o seu regular cumprimento.

No **plano judicial**, a celebração do ANPC ensejará o proferimento de sentença de mérito homologatória (art. 487, III, b), CPC) total ou parcial, conforme o teor do instrumento.

Caso seja celebrado o ANPC extraprocessualmente, apesar da pendência de relação jurídica processual, sem a submissão à homologação judicial[238], haverá a extinção do processo (parcial ou total, conforme o teor do instrumento) sem resolução de mérito, por perda superveniente do interesse processual, na medida em que a coletividade já terá em seu favor um título executivo (arts. 17 e 485, VI, CPC).

---

238. Sendo plenamente factível sustentar a validade do ANPC mesmo sem a homologação judicial.

CAPÍTULO 16 • INSTRUMENTOS EXTRAPROCESSUAIS E EXTRAJUDICIAIS DA TUTELA COLETIVA **633**

4. DIREITO SANCIONADOR E A CONSENSUALIDADE POR MEIO DO ANPC

4.1. Introdução

Apesar da imperatividade estatal gerar a concentração do poder coercitivo, não há empecilho, a rigor, para um maior espaço de aplicabilidade da esfera consensual no direito sancionador.

Como já dito, o incentivo às soluções consensuais gera maior efetividade ao direito sancionador, reduz custos e aumenta a celeridade das resoluções. A consensualidade, portanto, apesar de algumas poucas resistências, é uma das vias mais importantes para conferir eficiência administrativa.[239]

Esta nova feição da atividade administrativa sancionadora tem como premissa, também, a maior necessidade de flexibilizar as relações entre os particulares e a Administração Pública[240], com o fim de minimizar os custos e as consequências negativas e maximizar os benefícios.[241]

Neste diapasão, surgem duas modalidades, no âmbito do direito sancionador, da consensualidade, devem ser citadas para fins de desenvolvimento do tema:

i) **consensualidade de submissão** e

ii) **consensualidade de plena transação.**[242]

---

239. "Princípio da consensualidade. Embora a imperatividade seja característica da atuação do Estado – que tem como atributo a concentração monopolista do poder coercitivo – é indubitável que o progresso das relações sociais, notadamente beneficiadas com os avanços na educação, na informação, na comunicação e, destacadamente, da prática democrática, tem ampliado a atuação consensual do Poder Público. Assim, se tem somado aos tradicionais pactos públicos – contratuais e não contratuais – uma profusão de novas relações negociadas em que se privilegia o consenso como método para o mais fácil, mais célere e menos dispendioso atingimento de interesses públicos específicos postos a cargo do Estado. Com efeito, esta abertura se tem dado em amplo espectro, abrangendo a colaboração no planejamento, na tomada de decisão, na execução, no controle e até mesmo na solução de conflitos, nesta hipótese com a difusão do emprego da conciliação, da mediação e da arbitragem. Pode-se, portanto, afirmar que a consensualidade se vem sobressaindo como uma válida alternativa para incrementar a eficiência administrativa, plenamente suportada, assim, no art. 37, caput, a Constituição, com sua atual redação ampliada." NETO, Diogo de Figueiredo Moreira. *Curso de direito administrativo*: parte introdutória, parte geral e parte especial. Rio de Janeiro: Forense, 16ª ed., 2014, p. 100.

240. "A instrumentalização do Direito Administrativo Econômico às finalidades constitucionais legais se associa com a sua preferencial consensualização: no sentido de que, via de regra, a adoção de uma medida por consenso é mais eficiente que se adotada unilateral e coercitivamente (...)". ARAGÃO, Alexandre Santos de. A consensualidade no direito administrativo: acordos regulatórios e contratos administrativos. *Revista de Direito do Estado*, v. 1, 2006, p. 157.

241. "A crescente utilização dos instrumentos consensuais para a resolução de conflitos e tomada de decisões está estreitamente ligada à preocupação com a eficiência do aparato estatal, fomentada principalmente pelas demandas sociais relacionadas à efetivação de direitos e à moralização na gestão da coisa pública. Para tanto, exige-se uma maior flexibilidade na relação dos órgãos administrativos com os particulares, possibilitando, desse modo, a minimização das consequências negativas às partes envolvidas e, ao mesmo tempo, a maximização dos benefícios direcionados ao atendimento do interesse público." TOJAL, Sebastião Botto de Barros; TAMASAUSKAS, Igor Sant'Anna. A leniência anticorrupção: primeiras aplicações, suas dificuldades e alguns horizontes para o instituto. MOURA, Maria Thereza de Assis; BOTTINI, Pierpaolo Cruz (Coords.). *In: Colaboração Premiada*. São Paulo: RT, 2017, p. 239.

242. "Na submissão, um dos acordantes se submete às diretrizes estabelecidas pelo outro. Tanto pode decorrer de uma opção do submisso como estar vinculada ao desequilíbrio de forças, o que é bem mais comum. (...)

Na consensualidade de submissão, um dos acordantes deve estar submetido às diretrizes estabelecidas pelo outro, mormente nas hipóteses de indisponibilidade do direito material, como é o caso da improbidade administrativa, de um modo geral.

Na consensualidade de plena transação, há liberdade entre os sujeitos, para a realização da avença, pois estão em situação jurídica de igualdade.

No ANPC, em minha visão, a situação jurídica é híbrida, pois o modelo poderá abranger tanto hipótese de submissão quanto na de plena transação, a depender das peculiaridades do caso concreto.[243]

Na doutrina, há outra divisão importante a ser considerada, qual seja, tipos de consensualidade no seio da improbidade administrativa: i) consensualidade de restrição à esfera jurídica individual e ii) consensualidade de não restrição[244]. A primeira, por decorrência lógica, é aquela que impõe alguma forma de restrição pessoal ao acordante, como por exemplo a perda da função pública. A segunda modalidade é aquela que tem aspecto eminentemente patrimonial, com contorno reparatório.

A consensualidade, portanto, gera a possibilidade de uma colaboração[245] entre o sujeito que praticou o ato e a Administração Pública. Com efeito, podem ser iden-

---

A submissão é o modelo mais adotado quando presente a indisponibilidade do interesse. Nesse caso, há uma espécie de norma-quadro, à qual devem ajustar-se os pactuantes. Na plena transação, os pactuantes, numa posição de total igualdade formal e material, acordam livremente direitos e obrigações, instrumentalizando-os de forma que melhor lhes aprouver. (...) Esse modelo, como é perceptível, mostra-se de todo incompatível com a indisponibilidade, total ou parcial, dos interesses envolvidos. Afinal, a indisponibilidade limita o acordo passível de ser realizado." GARCIA, Emerson. A consensualidade no direito sancionador brasileiro: potencial incidência no âmbito da Lei nº 8.429/1992. *Revista Síntese*. São Paulo, v. 12, n. 141, Edição especial, p. 542-595.

243. "A consensualidade no âmbito do direito administrativo sancionador estabelece, ainda, um novo sentido para a própria ideia de sanção após a celebração de acordo entre o particular e a Administração. A sanção, do ponto de vista tradicional, teria a finalidade de evitar a prática de comportamentos indesejados por meio da dissuasão, ou seja, em razão do receio de sofrer as consequências da prática de ato vedado por lei, o agente se absteria de cometê-lo. Entretanto, ao serem introduzidas as ideias de consensualidade e cooperação no âmbito do direito sancionador, a sanção passa a ser relacionada não apenas a um elemento de dissuasão, mas sim de indução a comportamentos positivos." TOJAL, Sebastião Botto de Barros; TAMASAUSKAS, Igor Sant'Anna. A leniência anticorrupção: primeiras aplicações, suas dificuldades e alguns horizontes para o instituto. MOURA, Maria Thereza de Assis; BOTTINI, Pierpaolo Cruz (Coords.). *In: Colaboração Premiada.* São Paulo: RT, 2017, p. 240.

244. "A responsabilização cível tem sido historicamente vista como mecanismo de reparação ou de mera recomposição, permitindo o retorno de determinada situação fática ou jurídica ao status quo. Sob essa ótica, é possível falarmos de um direito sancionador extrapenal de natureza judicial, cuja funcionalidade básica não é de restringir a esfera jurídica individual, o que permite que se lhe atribuam contornos cíveis stricto sensu, e de um direito semelhante direcionado à restrição dessa esfera, assumindo contornos cíveis lato sensu." GARCIA, Emerson. A consensualidade no direito sancionador brasileiro: potencial incidência no âmbito da Lei nº 8.429/1992. *Revista Síntese*. São Paulo, v. 12, n. 141, Edição especial, p. 542-595.

245. "Assim, espera-se, daquele que cooperar com a Administração, que exerça ações no sentido de ressarcir os danos decorrentes dos atos ilícitos praticados (elemento retrospectivo da colaboração), bem como que adote providências de modo a prevenir a ocorrência de novos atos ilícitos (elemento prospectivo da colaboração). Certamente o maior benefício da introdução da consensualidade no âmbito do direito sancionador refere-se ao elemento prospectivo da colaboração, uma vez que abre um novo campo para o Poder Público atuar no sentido de prevenir a ocorrência de atos ilícitos por meio da indução aos mais variados comportamentos positivos por parte do colaborador/leniente, ao contrário da tradicional e limitada visão sancionatória, que possibilita unicamente a dissuasão à prática de determinada conduta tipificada em lei." TOJAL, Sebastião

CAPÍTULO 16 • INSTRUMENTOS EXTRAPROCESSUAIS E EXTRAJUDICIAIS DA TUTELA COLETIVA

tificadas dois elementos: i) elemento retrospectivo da colaboração: reparação dos danos causados e ii) elemento prospectivo da colaboração: prevenção da ocorrência de novos atos.

4.2. Elementos obrigacionais do ANPC – sanções e responsabilidade patrimonial

4.2.1. Introdução

O legitimado coletivo que ostenta a possibilidade jurídica para celebrar o acordo de não persecução cível deverá, necessariamente, adotar os seguintes passos:

i) identificação dos sujeitos ativo[246] e passivo do ato;

ii) delimitar o ato, suas consequências fáticas e jurídicas (extensão do dano, gravidade, repercussão etc.);[247]

iii) indicar o elemento volitivo do agente, bem como o seu eventual comportamento durante o deslinde do procedimento (extrajudicial ou judicial);

iv) indicar precisamente se deveria ocorrer a persecução sancionatória e reparatória, somente sancionatória ou somente reparatória, pois o acordo deverá ser dividido em capítulos obrigacionais;

v) indicar precisamente quais serão as sanções[248] e

vi) indicar precisamente a dosimetria a ser aplicada.[249]

Parte da doutrina afirma que no bojo do ANPC haverá a assunção de obrigações semelhantes às próprias sanções, mas não a sua aplicação direta, pois o acordante

---

Botto de Barros; TAMASAUSKAS, Igor Sant'Anna. A leniência anticorrupção: primeiras aplicações, suas dificuldades e alguns horizontes para o instituto. MOURA, Maria Thereza de Assis; BOTTINI, Pierpaolo Cruz (Coords.). *In: Colaboração Premiada*. São Paulo: RT, 2017, p. 240.

246. De forma individualizada, nos casos de concurso de agentes.

247. "...possibilidade do acordo de não persecução não pela gravidade em abstrata do tipo ímprobo ou se de menor potencial ofensivo, ou ainda nas hipóteses de inelegibilidade, os parâmetros apontados são tanto de cunho objetivo como a confissão/colaboração, como também o próprio princípio da proporcionalidade." PEREIRA, Rafael. *Manual do acordo de não persecução cível*. Belo Horizonte: CEI, 2020, p. 95.

248. "São parâmetros para fixação das sanções: a) gravidade da conduta; b) o benefício obtido pelo agente público ou o benefício que procurava obter; c) condição econômica do agente público; d) a atitude do agente público, que diante da investigação ou do curso da ação oponha embaraços ao controle interno ainda que sob seu comando; e) dimensão social do dano; f) as condutas antecedentes do agente; g) extensão dos danos (moral e patrimonial); h) a ilegitimidade das despesas." SALGADO FILHO, Nilo Spinola. Probidade Administrativa. *In:* NUNES JÚNIOR, Vidal Serrano (coord.). *Manual de direitos difusos*. São Paulo: Verbatim, 2012, p. 639.

249. "Dessa forma, o cabimento de cada uma das penas no caso concreto dependerá da análise das circunstâncias concretas do ato de improbidade, passando pela intensidade e consciência da conduta do réu, bem como a seriedade e a extensão de sua conduta perante a Administração Pública, além de outros fatores já apontados". NEVES, Daniel Amorim de Assumpção; OLIVEIRA, Rafael Carvalho Rezende. *Manual de improbidade administrativa*. São Paulo: Método, 2012, p. 228.

reconhece a existência de capítulos obrigacionais, bem como o seu dever jurídico para o respectivo cumprimento.[250]

Os capítulos obrigacionais, que abrangem os sancionatórios e reparatórios, não foram delineados no âmbito do art. 17-B, da LIA, como cediço, porém a doutrina adota alguns parâmetros que devem ser observados pelos legitimados com o fim de obter a fixação dos elementos necessários para eventual dosimetria e valor final.

Haverá a necessidade de observância da proporcionalidade,[251] como já decidiu o Superior Tribunal de Justiça,[252] para a fixação não só da obrigação como também da sua dosimetria, até porque as sanções poderão ser aplicadas isolada ou cumulativamente,[253] mormente quando se tratar de hipóteses de menor potencial ofensivo.[254]

---

250. "O entendimento pela aplicação não de sanções no sentido da previsão na LIA, mas de obrigações semelhantes a sanções, fundamenta-se que o acordo não impõe uma sanção, imposição e acordo são contraditórios, o que há é a aceitação do compromissário/acordante em se submeter a obrigações que possuem efeitos semelhantes a sanção." PEREIRA, Rafael. *Manual do acordo de não persecução cível*. Belo Horizonte: CEI, 2020, p. 101.

251. FAZZIO JÚNIOR, Waldo. *Improbidade Administrativa*: doutrina, legislação e jurisprudência. 3 ed. São Paulo: Atlas, 2015, p. 522. SALGADO FILHO, Nilo Spinola. Probidade Administrativa, *in* NUNES JÚNIOR, Vidal Serrano (coord.). *Manual de direitos difusos*. São Paulo: Verbatim, 2012, p. 638.; GOMES JÚNIOR, Luiz Manoel; FAVRETO, Rogério. *Comentários à lei de improbidade administrativa*. São Paulo: RT, 2010, p. 188; ZAVASCKI, Teori Albino. *Processo Coletivo*. São Paulo: RT, 2006, p. 120-121; PASSAGLINI FILHO, Marino. *Lei de improbidade administrativa comentada*: aspectos constitucionais, administrativos, civis, criminais, processuais e de responsabilidade fiscal, 5ª ed. São Paulo: Atlas, 2011, p. 148-149; MARQUES, Sílvio Antonio. *Improbidade administrativa*. São Paulo: Saraiva, 2010, p. 141.

252. Resp 507.574/MG e AgRg no Resp 1.376.481/RN

253. "Quando se chegar à conclusão da necessidade e adequação do meio para alcançar determinado fim, mesmo neste caso deve perguntar-se se o resultado obtido com a intervenção é proporcional à "carga coactiva" da mesma. Meios e fim são colocados em equação mediante um juízo de ponderação, a fim de se avaliar se o meio utilizado é ou não desproporcionado em relação ao fim. Trata-se, pois, de uma questão de "medida" ou "desmedida" para se alcançar um fim: pesar as desvantagens dos meios em relação às vantagens do fim." CANOTILHO, José Joaquim Gomes. *Direito Constitucional*. 6 ed. Coimbra: Livraria Almedina, 1993, p. 383-384. SOUZA NETO, Cláudio Pereira de; SARMENTO, Daniel. *Direito constitucional*: teoria, história e métodos de trabalho. 1 ed. Belo Horizonte: Fórum, 2012, p. 392, assim leciona: "O princípio da proporcionalidade é concebido tradicionalmente como um instrumento para controle de excessos no exercício do poder estatal, visando a conter o arbítrio dos governantes. Porém, no cenário contemporâneo, sabe-se que os poderes públicos têm funções positivas importantes para a proteção e a promoção dos direitos e a garantia do bem-estar coletivo. A ideia de proporcionalidade como proibição de proteção deficiente (*untermassverbot*) desenvolveu-se no direito constitucional germânico a partir da concepção de que os direitos fundamentais não são meros direitos subjetivos negativos, mas possuem também uma dimensão objetiva, na medida em que tutelam certos bens jurídicos e valores que devem ser promovidos e protegidos diante de riscos e ameaças originários de terceiros, reconheceu-se, portanto, um dever de proteção estatal dos direitos fundamentais – mesmo os de matriz liberal -, que se estende ao Legislativo, à Administração Pública e ao Poder Judiciário. Este dever de proteção é também chamado de imperativo de tutela. Daí decorre que o princípio da proporcionalidade também pode ser manejado para controlar a observância pelo Estado deste dever de proteção, de forma a coibir a sua inação ou atuação deficiente."

254. "Sem prejuízo, a partir das reflexões teóricas e, sobretudo, da experiência exaurida do contato diário com a matéria, entendemos que, de lege ferenda, seria interessante e conveniente, de modo a facilitar a reparação do dano causado ao patrimônio público, a possibilidade de uma "transação" nas hipóteses que poderíamos chamar de "atos de improbidade de menor lesividade" ou "de menor potencial ofensivo", como, por exemplo, os atos culposos e os omissivos que, de um modo geral, menores prejuízos causam ao patrimônio coletivo, incidindo as mesmas razões relativamente a condutas dolosas causadoras de danos de pequena monta, devidamente definidas pelo legislador." GARCIA, Emerson; ALVES, Rogério Pacheco. *Improbidade administrativa*. 9 ed. São Paulo: Saraiva, 2017, p. 739.

CAPÍTULO 16 • INSTRUMENTOS EXTRAPROCESSUAIS E EXTRAJUDICIAIS DA TUTELA COLETIVA **637**

Poderá ser utilizada como um bom parâmetro, a essência do art. 59, do Código Penal[255] que, em certa medida, foi trazida para o art. 17-C, IV, b) e f), da LIA, mas por se tratar de sanção não penal, penso ser mais adequada a utilização das regras previstas na Lei Anticorrupção (art. 7º, da LAC).

O elemento volitivo do agente (art. 17-C, III, IV, f) e VI, da LIA), por certo, deverá ostentar um protagonismo nesta senda, ainda mais considerando as consequências fáticas e jurídicas (gravidade do dano e o resultado) de seu atuar, conforme preconiza o art. 944, do Código Civil.[256]

Além de toda a análise aqui indicada, a avença deverá sempre conter, claro, conforme as peculiaridades da situação fática,[257] o seguinte:

i) ressarcimento ao erário;

ii) reversão da vantagem indevida obtida em favor da pessoa jurídica.

Nesta senda, por certo, surgirá um questionamento ainda mais complexo para ser solucionado: **quais as sanções, em essência, previstas no art. 12, da LIA, poderão ser objeto do acordo?**

O acordo deverá sempre conter, salvo nos casos de prescrição da pretensão sancionatória punitiva (art. 23, da LIA), alguma sanção prevista no art. 12, da LIA (c/c art. 37, §4º, da CR/88), com a observância, claro, da proporcionalidade e da dosimetria (arts. 17-C, IV, a) da LIA c/c 6º, §1º, da LAC).

O ponto a ser enfrentado aqui é saber quais poderão efetivamente ser convencionadas. Para fins de abordagem, separo as sanções em dois grupos:

i) **sanções de índole patrimonial**: perda dos bens ou valores acrescidos ilicitamente ao patrimônio, ressarcimento ao erário, multa civil e proibição de contratação com o Poder Público ou receber benefícios ou incentivos fiscais ou creditícios (patrimonial indireta) e

ii) **sanções funcionais ou pessoais**: perda da função pública, suspensão dos direitos políticos, renúncia ao mandato eletivo e compromisso de não candidatura.

Quanto ao primeiro grupo de sanções, não há dúvidas ou questionamentos acerca do cabimento.

Quanto ao segundo grupo de sanções, há intenso debate em sede doutrinária:

---

255. FILHO, José dos Santos Carvalho. *Manual de direito administrativo*. 32 ed. São Paulo: Atlas, 2018, p. 1215.

256. ANDRADE, Adriano; MASSON, Cleber; ANDRADE, Landolfo. *Interesses difusos e coletivos*. 10 ed. Rio de Janeiro: Forense; São Paulo: Método, 2020, p. 929. FAZZIO JÚNIOR, Waldo. *Improbidade administrativa*: doutrina, legislação e jurisprudência. 3 ed. São Paulo: Atlas, 2015, p. 524.

257. "A ideia é transmitir que entendemos que o cabimento seja irrestrito, exclusivamente pelo tipo ímprobo, não há uma fórmula pronta, nos moldes que está normatizado hoje para aplicar ou rechaçar o acordo, deverá o caso concreto construir a possibilidade ou não com base na proporcionalidade de se realizar o consenso." PEREIRA, Rafael. *Manual do acordo de não persecução cível*. Belo Horizonte: CEI, 2020, p. 86.

Para uma **1ª tese** haverá a impossibilidade da aplicação por ausência de respaldo legal e constitucional (arts. 15, V c/c 37, §4º, da CR/88)[258], bem como a necessidade de decisão judicial transitada em julgado (arts. 12, §9º e 20, da LIA)[259] e, caso, o investigado aquiesce a tal avença seria inexequível.[260]

Para uma **2ª tese** haverá a possibilidade de aplicação, pois decorreria diretamente da solução negociada do conflito mediante postura voluntária do investigado e as eventuais objeções decorreriam da solução diretamente judicial, ademais, a solução convencionada é uma das vertentes do devido processo legal.[261]

A segunda tese conta com a minha adesão, pois trata-se de solução consensual que não gera violação aos direitos fundamentais do acordante e, tampouco, faz parte da cláusula de reserva jurisdicionais. A rigor, não há aplicação direta de sanções, mas assunção de obrigações convencionadas entre o legitimado coletivo e o sujeito que praticou o ato.

Caso uma mesma conduta (fato) possa ser tipificada, ao mesmo tempo, em mais de um dos tipos de ato de improbidade administrativa, para fins de celebração do

---

258. "Com efeito, no que tange à sanção de perda da função pública, ainda que o investigado em Inquérito Civil Público ou demandado em Ação de Improbidade Administrativa concorde voluntária e espontaneamente, em sede de acordo de não persecução civil, em pedir a sua exoneração, referida cláusula não vincula nem obriga à Administração Pública ao cumprimento do acordado: a uma, em face da ausência do *due process of law*; a duas, porque não configuradas as hipóteses legais de demissão, em razão do princípio da legalidade." PEREIRA, Leydomar Nunes. *Solução consensual na improbidade administrativa*. Belo Horizonte: Dialética, 2020, p. 80.

259. PRADO, Fabiana Lemes Zamalloa do. Reflexões sobre o acordo de não persecução cível, http://www.mpgo. mp.br/boletimdompgo/2020/02-fev/artigos/artigo-FabianaLemes.pdf. Acesso em 18 out 2020.

260. "Todavia, ainda que o investigado assuma o compromisso de não se candidatar nada o impediria que pleiteie o registro de sua candidatura junto à Justiça Eleitoral, não podendo o Ministério Público impugnar a referida candidatura com base na condição constante no referido acordo, haja vista tal condição não se constituir em causa de inelegibilidade, previstas na Constituição Federal e em Lei Complementar, nos termos do artigo 14, §9º, da CF." PEREIRA, Leydomar Nunes. *Solução consensual na improbidade administrativa*. Belo Horizonte: Dialética, 2020, p. 81.

261. "E nem se alegue que a perda da função pública e a suspensão dos direitos políticos são incompatíveis com o instituto em exame, sob o argumento de que tais sanções só podem produzir efeitos depois do trânsito em julgado de uma sentença condenatória prolatada numa ação de improbidade administrativa (artigo 20, caput, da LIA). Ora, a incidência de tal regra pressupõe a necessária resistência à pretensão punitiva por parte do agente ímprobo. Se ele concorda com a aplicação da sanção num acordo de não persecução cível previsto na própria LIA, afasta-se a incidência do artigo 20. Questão interessante é saber se a sanção de suspensão dos direitos políticos, que afeta a cidadania do agente ímprobo, restringindo-lhe temporariamente os direitos políticos, obstando, assim, sua participação na vida política do Estado, pode ser aplicada num acordo de não persecução cível. Conforme visto, o art. 15 do texto constitucional indicou expressamente o ato de "improbidade administrativa" (inciso V) entre as hipóteses de suspensão dos direitos políticos (privação temporária). No particular, atente-se que a norma não exige a condenação definitiva pela prática do ato de improbidade administrativa, mas sim e tão somente a prática do ilícito, diferentemente da hipótese de suspensão relacionada à prática de infração penal, esta sim condicionada ao trânsito em julgado da sentença penal condenatória (inciso III)." ANDRADE, Landolfo. Acordo de não persecução cível: primeiras reflexões. GEN Jurídico, 05 de março de 2020. Disponível em: http://gen-juridico.com.br/2020/03/05acordo-de-nao-persecucao-civel/. Acesso em: 17 out 2020. No mesmo sentido: "Observe-se que os art. 20, da lei 8.429/92 e art. 15, da CF, são aplicáveis enquanto é imposto ao investigado/acusado a sanção de inelegibilidade, perda do cargo ou suspensão dos direitos políticos (solução adjudicada do conflito), e não quando ele, voluntariamente, aceita tais sanções como consequência do acordo (solução negociada do conflito)." GAJARDONI, Fernando da Fonseca. Primeiros e breves apontamentos sobre os acordos em tema de improbidade administrativa, in: http://www.migalhas.com. br/coluna/tendencias-do-processo-civil/326016/primeiros-e-breves-apontamentos-sobre-os-acordos-em-te-ma-de-improbidade-administrativa, acesso em 19 de outubro de 2020.

CAPÍTULO 16 • INSTRUMENTOS EXTRAPROCESSUAIS E EXTRAJUDICIAIS DA TUTELA COLETIVA

639

ANPC, deverá ser considerada a conduta mais grave, no que tange às sanções[262]. Há que se observar, ainda, o regramento ínsito no art. 17, §10-D, da LIA.

Caso o sujeito pratique mais de um ato de improbidade administrativa, desde que contemporâneos, parte da doutrina sustenta a possibilidade da aplicação por analogia do instituto da detração, para que a sanção mais grave absorva a menos grave.[263] O Superior Tribunal de Justiça tem julgado neste sentido.[264] A LIA tem previsão no mesmo sentido (arts. 18-A e 21, §5º).

É um entendimento que observa o postulado da proporcionalidade, porém, entendo que o caso concreto deve ser bem avaliado antes de ser afastada qualquer sanção, pois, apesar dos atos serem contemporâneos e praticados pelo mesmo sujeito, podem não ostentar conexão objetiva e, assim, demandariam instrumentos específicos para cada ato praticado.

Posso imaginar o exemplo no qual o ordenador de despesas, deixando de observar regras legais, dispensa a realização do certame licitatório (1º ato de improbidade administrativa) e, ao longo do contrato administrativo determina a realização de sucessivos termos aditivos com aumento de despesas (2º ato de improbidade administrativa). Ora, existe uma nítida conexão objetiva entre os atos de improbidade administrativa que deverão ser objeto de um mesmo procedimento e, por conseguinte, do mesmo ANPC.

Por outro lado, fácil imaginar um exemplo no qual o ordenador de despesas, frente à situação de calamidade, determina a realização de diversas contratações de pessoal, bens e serviços sem a necessidade do certame licitatório. Assim, apesar de todas as contratações derivarem do ato anterior, cada contrato deverá ser avaliado individualmente por meio de procedimentos específicos e, também, por ANPCs específicos.

4.2.2. Capítulo reparatório – perda dos bens e valores acrescidos ilicitamente ao patrimônio

O capítulo referente à perda dos bens e valores acrescidos ilicitamente ao patrimônio[265] não ostenta, a rigor, natureza sancionatória, mas reparatória.[266]

---

262. FERRARESI, Eurico. *Improbidade administrativa*. São Paulo: Método, 2011, p. 153; NEVES, Daniel Amorim de Assumpção; OLIVEIRA, Rafael Carvalho Rezende. *Manual de improbidade administrativa*. São Paulo: Método, 2012, p. 222.

263. CARVALHO FILHO, José dos Santos. *Manual de direito administrativo*. 24ª ed. Rio de Janeiro: Lumen Juris, 2011, p. 1007; ZAVASCKI, Teori Albino. *Processo coletivo*. São Paulo: RT, 2006, p. 121; NEVES, Daniel Amorim de Assumpção; OLIVEIRA, Rafael Carvalho Rezende. *Manual de improbidade administrativa*. São Paulo: Método, 2012, p. 222.

264. 1ª T., DEcl no Resp 993.658/SC, Rel. Min. Luiz Fux, j. 09.03.2010, Dje 23.03.2010.

265. "A única interpretação possível à reparação ora analisada limita a responsabilidade patrimonial ao momento posterior ao ato de improbidade administrativa." NEVES, Daniel Amorim de Assumpção; OLIVEIRA, Rafael Carvalho Rezende. *Manual de improbidade administrativa*. São Paulo: Método, 2012, p. 212.

266. "A perda dos bens e dos valores acrescidos ilicitamente ao patrimônio do réu tem natureza reparatória, tanto assim que haverá sucessão nessa obrigação na hipótese de falecimento do agente ímprobo, nos termos do art. 9ª da LIA." NEVES, Daniel Amorim de Assumpção; OLIVEIRA, Rafael Carvalho Rezende. *Manual*

Assim, no ANPC deverá constar, conforme a hipótese, como uma obrigação, a reversão dos bens ilicitamente incorporados ao patrimônio do sujeito, assim compreendidos:

a) bens licitamente adquiridos com dinheiro desviado do patrimônio público;

b) frutos e rendimentos dos bens adquiridos;

c) bens de família adquiridos mediante a prática do ato de improbidade administrativa;

A restituição/reversão deverá ocorrer quando os bens desviados pertençam à pessoa jurídica interessada, na forma do art. 18, da LIA.

Não há a possibilidade de acumulação da determinação da perda dos bens e valores adquiridos pelo sujeito com o ressarcimento ao erário, quando a reversão abarcar integralmente os danos suportados pela pessoa jurídica, sob pena da ocorrência de *bis in idem*.[267]

Nos casos de bens que pertenceram à terceiros, ainda assim, deverão ser destinados à pessoa jurídica, mas não poderá denominar restituição/reversão, porque tal nomenclatura pressupõe que o bem a pertencia anteriormente.

Ainda que o bem pertença ao terceiro, mediante transferência lícita, não haverá empecilho para a sua persecução seja judicialmente ou por meio do ANPC, conforme art. 593, do CPC, mormente quando puder ser verificada potencial fraude. Claro, que o título executivo, em virtude do vínculo subjetivo, somente deverá executado em desfavor daqueles que participaram da sua formação.

Existem soluções simples para isso:

i) o proponente deverá exigir, para fins da celebração do ANPC, que seja indicada toda a listagem dos bens que pertencem ao acordante, bem como aqueles que foram transferidos para terceiros;

ii) o proponente poderá instar o terceiro a se manifestar no bojo do procedimento sobre a transferência do bem;

iii) o proponente, com base naquilo que foi demonstrado no procedimento ou até mesmo no ANPC, poderá promover a demanda diretamente em face do terceiro.

---

de improbidade administrativa. São Paulo: Método, 2012, p. 212. No mesmo sentido: GARCIA, Emerson; ALVES, Rogério Pacheco. *Improbidade administrativa.* 6ª ed. Rio de Janeiro: Lumen Juris, 2011, p. 441. em sentido contrário: CARVALHO FILHO, José dos Santos. *Manual de direito administrativo.* 24ª ed., Rio de Janeiro: Lumen Juris, 2011, p. 1003;

267. "Como também está prevista no dispositivo ora analisado a perda de bens e valores ilicitamente adquiridos pelo agente ímprobo, é preciso atentar para que com a possível condenação ao ressarcimento integral do dano não ocorra uma condenação in bis in idem, o que, naturalmente, não deve ser admitido. Se o patrimônio público for integralmente recomposto com a condenação do réu ao perdimento de bens e valores adquiridos ilicitamente, não haverá espaço para sua condenação a reparar o dano suportado pela pessoa jurídica de direito público." NEVES, Daniel Amorim de Assumpção; OLIVEIRA, Rafael Carvalho Rezende. *Manual de improbidade administrativa.* São Paulo: Método, 2012, p. 214.

4.2.3. Capítulo reparatório – ressarcimento ao erário

O capítulo referente ao ressarcimento ao erário não pode ser considerado, ao menos em essência, como sendo sancionatório, pois o objetivo é recompor o patrimônio público lesado.

Assim, surge um questionamento interessante com várias implicações práticas: **é condição essencial que o ressarcimento seja sempre integral?**

Considerando a existência do microssistema de combate à corrupção, bem como a norma constitucional do art. 37, §4º, da CR/88, fácil defender a necessidade de o ressarcimento ser sempre integral[268], mormente com a redação do art. 17-B, I, da LIA, sob pena da invalidade do acordo celebrado.[269]

Entretanto, a depender do caso concreto, pode ser acordado o ressarcimento parcial, desde que seja devidamente fundamentado com a indicação precisa dos elementos que foram levados em consideração (elemento volitivo, capacidade financeira do agente, informações fornecidas etc.).[270]

Ademais, a pessoa jurídica interessada terá sido devidamente cientificada dos termos da avença com a oportunidade de manifestar-se, portanto, caso não concor-

---

268. "Entendo que dentro da normalidade a ação prevista no dispositivo legal mencionado não existirá, considerando que não existe qualquer razão para que o autor da ação de improbidade administrativa deixe de pedir a condenação do réu à reparação integral do dano suportado pelo patrimônio público. O próprio art. 12 da LIA prevê o "ressarcimento integral do dano" como espécie de pedido típico da ação de improbidade administrativa." NEVES, Daniel Amorim de Assumpção; OLIVEIRA, Rafael Carvalho Rezende. *Manual de improbidade administrativa*. São Paulo: Método, 2012, p. 216.

269. "Afigura-se-me como uma melhor interpretação do microssistema anticorrupção e na forma prevista no texto constitucional, de que é condição inafastável para a formalização do acordo de não persecução civil, o compromisso do ressarcimento integral do dano, não sendo permitidas avenças no sentido de se permitir ressarcimento a menor ao erário, sob pena de se amesquinhar o interesse público." PEREIRA, Leydomar Nunes. *Solução consensual na improbidade administrativa*. Belo Horizonte: Dialética, 2020, p. 76. No mesmo sentido: "Primeiro parâmetro que a lei trazia para os acordos, porém já havia nas ações judiciais e também nos termos de ajustamento de conduta e que deverão ocorrer agora também em acordos, é o integral ressarcimento do dano. Porém, nada impede que seja esse ressarcimento parcelado dentro das condições do compromissário, observando-se as regras de correção monetárias previstas em lei." PEREIRA, Rafael. *Manual do acordo de não persecução cível*. Belo Horizonte: CEI, 2020, p. 81.

270. "Não se tratando de típica sanção, entendemos que o ressarcimento integral ao erário não necessita figurar como cláusula obrigatória nas transações levadas a efeito pelos órgãos legitimados. A corroborar tal ilação, as leis que integram o microssistema de combate à corrupção não exigem o ressarcimento integral ao erário como condição "sine qua non" para a celebração do acordo de colaboração, do acordo de leniência ou mesmo Termo de Ajustamento de Conduta. (...) A quantificação do ressarcimento, por outro lado, nem sempre é tarefa fácil. Um dano provocado em um veículo de determinado órgão público se afigura simples de quantificar. No entanto, prejuízos contra o meio ambiente ou contra a boa governança no setor público se revelam sobremaneira difíceis de mensurar. A busca incansável pelo ressarcimento integral do dano, por óbvio, deve ser perseguida. Contudo, é preciso ter em mente que a discussão afeta ao "quantum debeatur" não pode se traduzir em obstáculo intransponível à celebração de qualquer avença. (...) A tutela do patrimônio público, em relação à finalidade buscada, não pode ser deficitária, nem, tampouco, excessiva, a ponto de inviabilizar a transação. Cabe, assim, ao ente legitimado, em um juízo de ponderação, sopesar, no caso concreto e como medida excepcional, se o ressarcimento, ainda que parcial, está em consonância com o melhor interesse da sociedade." OSÓRIO, Fábio Medina. Acordos em ações de improbidade. Disponível em: https://www2.senado.leg.br/bdsf/bitstream/handle/id/515662/noticia.html?sequence=1. Acesso em: 18 out 2020.

de com a fixação do valor parcial, poderá promover a complementação por meio de demanda própria.[271]

Ora, o objetivo final é a obtenção do ressarcimento, mas sem afastar a proporcionalidade (art. 17-C, IV, a), da LIA) que, aliás, também será considerada na esfera judicial (art. 8º, do CPC). Portanto, não pode o ANPC obter algo que não seria possível de obter na via judicial. Deve existir uma certa congruência entre o objeto do ANPC e aquele que seria possível pela via judicial. Não há a necessidade da identidade de objetos e dosimetria, mas é um parâmetro importante a ser seguido.

Poderá, por exemplo, ser usado, como forma de negociação, a indicação de que na via judicial as sanções serão mais duras que aquelas negociadas no ANPC.

Por fim, impende destacar a **possibilidade de inserção de capítulo de reparação por danos morais coletivos e danos sociais no ANPC.**

A possibilidade do ajuizamento de demanda coletiva com o fim de obtenção de reparação por dano moral coletivo, apesar de certa resistência doutrinária[272], deve ser admitida.[273]

Considerando que o objeto do ANPC deve ser, ao menos em tese, o mesmo que poderia ser deduzido em juízo, não haverá maiores dificuldades em sustentar a sua estipulação, ainda mais diante da voluntariedade do instrumento.[274] Trata-se, claro, de um capítulo autônomo e cujo valor deverá ser destinado à pessoa jurídica interessada, na forma do art. 18, da LIA.

É facilmente demonstrável a possibilidade deste tipo de dano nos casos de violação ao patrimônio cultural imaterial, ao patrimônio imaterial de determinada coletividade e ao meio ambiente ecologicamente equilibrado.[275]

Em nosso ordenamento jurídico, podem ser apontadas as seguintes normas jurídicas que fundamentam a possibilidade do dano moral coletivo: a) art. 5º, X, CR/88; b) art. 1º, *caput,* LACP e c) art. 6º, VI, CDC.[276]

---

271. "De qualquer forma, caso excepcionalmente o pedido não seja elaborado, ou se peça apenas parcialmente a reparação do dano, será aplicável a regra do art. 17, §2º, da LIA." NEVES, Daniel Amorim de Assumpção; OLIVEIRA, Rafael Carvalho Rezende. *Manual de improbidade administrativa.* São Paulo: Método, 2012, p. 216.

272. ZAVASCKI, Teori Albino. *Processo Coletivo* – tutela dos direitos coletivos e tutela coletiva dos direitos. 6ª ed. São Paulo: Revista dos Tribunais, 2014, p. 41-43.

273. DIDIER JR., Fredie. *Curso de Direito Processual Civil* – Processo Coletivo. 11ª ed. Salvador: Juspodivm, 2017, p. 351. LEITE, José Rubens Morato. *Dano ambiental* – do individual ao extrapatrimonial. São Paulo: Revista dos Tribunais, 2000, p. 270.

274. "Entendo que a doutrina majoritária está correta quando afasta tal entendimento, consagrando o cabimento de dano moral como objeto de condenação autônoma na ação de improbidade administrativa, sem o qual não se teria a reparação integral do dano." NEVES, Daniel Amorim de Assumpção; OLIVEIRA, Rafael Carvalho Rezende. *Manual de improbidade administrativa.* São Paulo: Método, 2012, p. 215.

275. "Três espécies de lesão a direitos difusos revelam com bastante facilidade a ocorrência de dano moral coletivo: a lesão ao meio ambiente, aos direitos dos trabalhadores e aos bens e direitos de valor artístico, estético, histórico, turístico e paisagístico (patrimônio cultural imaterial e imaterial da comunidade)." DIDIER JR., Fredie. *Curso de Direito Processual Civil – Processo Coletivo.* 11ª ed. Salvador: Juspodivm, 2017, p. 351.

276. GÓES, Gisele. O pedido de dano moral coletivo na ação civil pública do Ministério Público. *In*: MAZZEI, Rodrigo; NOLASCO, Rita (coord.). *Processo Civil Coletivo.* São Paulo: Quartier Latin, 2005, p. 470-481.

CAPÍTULO 16 • INSTRUMENTOS EXTRAPROCESSUAIS E EXTRAJUDICIAIS DA TUTELA COLETIVA **643**

Defendo[277], também, a possibilidade de ser requerida a reparação por dano moral no bojo da demanda de improbidade administrativa quando for narrada lesão à moralidade e probidade, conforme reconhecido pelo próprio STJ.[278]

O STJ, seguindo a linha da doutrina majoritária, também admite a possibilidade de reparação por dano moral coletivo, desde que exista a demonstração de que houve efetiva lesão à valores coletivos.[279]

Além dos morais coletivos, também poderão ser requeridos os danos sociais, assim entendidos como aqueles que não geram somente lesões patrimoniais ou morais, mas que atingem toda a sociedade, com um direto rebaixamento da qualidade de vida da coletividade.[280]

O STJ, além de reconhecer a possibilidade de requerimento de reparação dos danos sociais, fixou entendimento do seu cabimento ser exclusivo em demandas coletivas.[281]

RAMOS, André de Carvalho. A ação civil pública e o dano moral coletivo. *Revista de Direito do Consumidor.* São Paulo: Revista dos Tribunais, 1998, v. 25, p. 81. BITTAR FILHO, Carlos Alberto. Do dano moral coletivo no atual contexto jurídico brasileiro. *Revista de Direito do Consumidor*. São Paulo: Revista dos Tribunais, 1994, v. 12, p. 50.

277. BASTOS, Fabrício Rocha. *Curso de processo coletivo*. Indaiatuba: Foco, 2018, p. 345.

278. REsp 1681245/PR, Rel. Min. Herman Benjamin, 2ª T., j. 15.08.2017, DJe 12.09.2017. Na doutrina, vale mencionar: "Estes comentários defendem a objetividade, a presunção de dano oriunda de condutas agressoras a tais preceitos, constitucionais e legais, que dizem respeito à ética, à moralidade e à probidade. Assim, do que se cogita é o prejuízo moral *in re ipsa* (objetivo, em decorrência dos fatos em si), aliado, em boa parte das vezes, a tutelas de outra natureza, como a própria inibição do ilícito ou sua remoção – inibindo ou removendo, aí, a própria fonte dos danos, que é o ato contrário ao direito. Basta a mera existência do evento para se presumir, imediatamente, a concretização do dano moral." MOREIRA, Egon Bockmann; BAGATIN, Andreia Cristina; ARENHART, Sérgio Cruz; FERRARO, Marcella Pereira. *Comentários à Lei de Ação Civil Pública. Revisitada, artigo por artigo, à luz do Novo CPC e Temas Atuais*. São Paulo: Revista dos Tribunais, 2017, p. 85.

279. 2ª Turma, AgRg no AREsp 809.543/RJ, Rel. Min. Humberto Martins, j. em 08.03.2016, Dje 15.03.2016; REsp 1221756/RJ, Rel. Ministro Massami Uyeda, Terceira Turma, julgado em 02.02.2012, DJe 10.02.2012; REsp 1.145.083/MG, Rel. Ministro Herman Benjamin, Segunda Turma, DJe 4.9.2012; REsp 1.178.294/MG, Rel. Ministro Mauro Campbell Marques, Segunda Turma, DJe 10.9.2010; AgRg nos EDcl no Ag 1.156.486/PR, Rel. Ministro Arnaldo Esteves Lima, Primeira Turma, DJe 27.4.2011; REsp 1.120.117/AC, Rel. Ministra Eliana Calmon, Segunda Turma, DJe 19.11.2009; REsp 1.090.968/SP, Rel. Ministro Luiz Fux, Primeira Turma, DJe 3.8.2010; REsp 605.323/MG, Rel. Ministro José Delgado, Rel. p/ Acórdão Ministro Teori Albino Zavascki, Primeira Turma, DJ 17.10.2005; REsp 625.249/PR, Rel. Ministro Luiz Fux, Primeira Turma, DJ 31.8.2006, entre outros REsp 1328753/MG, Rel. Ministro Herman Benjamin, Segunda Turma, julgado em 28.05.2013, DJe 03.02.2015

280. "(...) um ato, se doloso ou gravemente culposo, ou se negativamente exemplar, não é lesivo somente ao patrimônio material ou moral da vítima mas sim, *atinge a toda a sociedade, num rebaixamento imediato do nível de vida da população. Causa dano social.* Isto é particularmente evidente quando se trata da segurança, que traz diminuição da tranquilidade social, ou de quebra da confiança, em situações contratuais ou paracontratuais, que acarreta redução da qualidade coletiva de vida." AZEVEDO, Antonio Junqueira de. Por uma nova categoria de dano da responsabilidade civil: o dano social. *Revista Trimestral de Direito Civil*. Ano 5, vol. 19, jul-set, p. 211-218. Rio de Janeiro: Padma Ed.

281. Rcl 12.062/GO, 2.ª S., rel. Min. Raul Araújo, j. 12.11.2014, *DJe* 20.11.2014

4.2.4. Capítulo sancionatório patrimonial – multa civil

A multa civil, que tem a função sancionatória patrimonial, também pode ser fixada no bojo do ANPC, pois visa punir o sujeito que praticou o ato e pode gerar um importante efeito pedagógico.[282]

Nesta seara, três pontos serão fundamentais:

i) como fixar o valor;

ii) possibilidade de cumulação com a multa pelo descumprimento da avença;

iii) destinação do valor.

Para a fixação do valor, além das premissas já indicadas, deverá ser utilizado como parâmetro as regras previstas no art. 12, da LIA, conforme o tipo de ato de improbidade praticado. A dosimetria, por certo, deverá ter como vetor a proporcionalidade mediante justificativa expressa do proponente e, claro, deverá o proponente ater-se ao caso concreto.

No tocante à possibilidade de cumulação com a multa cominatória estabelecida no ANPC, não percebo maiores complexidades na resposta afirmativa, pois ostentam naturezas diversas[283] como, aliás, já foi reconhecido pelo Superior Tribunal de Justiça.[284]

Sobre a destinação do valor da multa civil, não há dúvidas de que deverá ser direcionada exclusivamente à pessoa jurídica interessada, apesar da inexistência de regra expressa neste sentido na lei de improbidade. Entretanto, há certa divergência acerca da destinação da multa cominatória.

Para uma **1ª tese** a destinação deverá ser exclusivamente para a pessoa jurídica interessada para a preservação da harmonia do sistema, com base no art. 18, da LIA[285].

---

282. "Conforme lições da melhor doutrina, a multa civil tem como principal função desestimular a prática de atos de improbidade administrativa, como forma de lição a todos de que, além de todas as demais penas, tal espécie de ato terá repercussão no patrimônio do agente ímprobo pela condenação ao pagamento da multa." NEVES, Daniel Amorim de Assumpção; OLIVEIRA, Rafael Carvalho Rezende. *Manual de improbidade administrativa*. São Paulo: Método, 2012, p. 222.

283. "Essa observação é fundamental para diferenciar a multa sanção da multa pelo descumprimento, astreintes, esta projeta-se para o futuro, de modo a assegurar a coercitividade e o cumprimento de obrigações de fazer e não fazer, dar e pagar estabelecidas." PEREIRA, Rafael. *Manual do acordo de não persecução cível*. Belo Horizonte: CEI, 2020, p. 105.

284. Resp. 1.574.350/SC.

285. "Não obstante a omissão da Lei de Improbidade, o numerário arrecadado com a imposição da multa deverá ser destinado ao sujeito passivo do ato de improbidade, vale dizer, à pessoa jurídica prejudicada e que ensejou a aplicação da referida Lei ao caso. Essa conclusão preserva a harmonia do sistema, pois o art. 18 da Lei n. 8.429/1992 dispõe que "a sentença que julgar procedente a ação civil de reparação de dano ou decretar a perda dos bens havidos ilicitamente determinará o pagamento ou a reversão dos bens, conforme o caso, em favor da pessoa jurídica prejudicada pelo ilícito". Não sendo aplicável às condenações por ato de improbidade o disposto no art. 13 da Lei n. 7.347/1985, esse haverá de ser, igualmente, o destino da multa. O sujeito passivo sempre será o ente aglutinador de todo o numerário originário do ímprobo, quer de natureza indenizatória, quer punitiva, o que é derivação direta do próprio vínculo mantido entre ambos." GARCIA, Emerson; ALVES, Rogério Pacheco. *Improbidade administrativa*. 6ª ed. Rio de Janeiro: Lumen Juris, 2013.

CAPÍTULO 16 • INSTRUMENTOS EXTRAPROCESSUAIS E EXTRAJUDICIAIS DA TUTELA COLETIVA **645**

Para uma **2ª tese** haverá a possibilidade de a destinação ser o fundo de defesa dos interesses difusos, conforme previsto no art. 13, da LACP, pois o patrimônio público está englobado no conceito de direitos difusos (art. 81, pu, I, do CDC c/c art. 1º, IV, da LACP).[286]

Na minha visão, deve ser utilizada uma **3ª tese**, pois, a depender da forma da prática do ato de improbidade administrativa, a destinação do valor pode ser vinculada a uma determinada pasta com aplicação obrigatória para um fim a ser delineado. No caso de ato de improbidade, por exemplo, decorrente de alguma contratação com sobrepreço ou superfaturamento, nada mais natural que o valor da multa civil seja destinado à pessoa jurídica interessada sem maiores preocupações com a destinação específica. Por outro lado, se o ato de improbidade foi praticado de tal maneira que pode prejudicar a implementação de uma política pública, entendo ser mais consentâneo com a nossa realidade fática, que o valor seja destinado à pasta responsável por tal política com a aplicação obrigatória e vinculada à mesma. Portanto, a destinação direta para a pessoa jurídica interessada pode não resultar na adequada recomposição do erário e destinação dos valores.

O valor convencionado da multa é transmissível aos herdeiros ou sucessores?

A questão é verificar se a multa civil terá caráter exclusivamente punitivo ou sancionatório patrimonial.

Há quem sustente a instransmissibilidade justamente por entender ser um capítulo sancionatório e, portanto, o falecimento gera a extinção da obrigação.[287]

Penso de outra forma, por entender que a multa tem caráter sancionatória, claro, mas o que se transmite não é a sanção em si, mas a obrigação patrimonial fixada na avença, respeitados, por certo, os limites da herança. Ademais, a depender do caso concreto, os herdeiros e sucessores poderão ser beneficiários indiretos do ato de improbidade administrativa.

O Superior Tribunal de Justiça, por seu turno, como bem indicado por Daniel Amorim Assumpção Neves, possui julgado no sentido de reconhecer a transmissibi-

---

No mesmo sentido: NEVES, Daniel Amorim de Assumpção; OLIVEIRA, Rafael Carvalho Rezende. *Manual de improbidade administrativa*. São Paulo: Método, 2012, p. 223.

286. "Desde já ressaltamos o nosso entendimento, embora haja respeitáveis interpretações contrária, que também poderá se dar destinações diversas em relação as multas, a multa sanção deve reverter a pessoa jurídica interessada como interpretação sistemática de toda a lei de improbidade, já as astreintes decorrentes dos descumprimentos poderão ser designadas a fundos de direito difuso nos moldes da previsão no artigo 13 da Lei nº 7.347/1985, eis que a moralidade pública é um dos grandes direitos difusos." PEREIRA, Rafael. *Manual do acordo de não persecução cível*. Belo Horizonte: CEI, 2020, p. 106.

287. "Ainda que se reconheça certa polêmica a respeito do tema, entendo que a multa não é transmissível, de forma que o falecimento do condenado gera a extinção de pagar. Meu entendimento é fundado na natureza sancionatória da multa que, por não ter natureza ressarcitória, não deve ser transmitida aos herdeiros e sucessores como qualquer obrigação patrimonial." NEVES, Daniel Amorim de Assumpção; OLIVEIRA, Rafael Carvalho Rezende. *Manual de improbidade administrativa*. São Paulo: Método, 2012, p. 224.

CURSO DE PROCESSO COLETIVO • Fabrício Bastos

lidade da multa somente nos casos de enriquecimento ilícito e lesão ao erário (arts. 9º e 10, da LIA).[288]

4.2.5. Capítulo sancionatório – proibição de contratação e recebimento de benefícios do poder público

Esta obrigação que, a depender da hipótese, deverá ser capítulo imprescindível na avença, resultará em um pressuposto convencional negativo para a participação em certames licitatórios, contratações diretas, venda e percepção de qualquer tipo de benefício com a Administração Pública, seja por meio da pessoa jurídica acordante ou qualquer outra na qual seja sócio majoritário o acordante.

Tal obrigação não deverá alcançar os benefícios ou incentivos incondicionais, que são dirigidos a uma coletividade genérica.[289]

A obrigação, posto com viés, também, patrimonial[290], deverá alcançar os herdeiros e sucessores daquele que praticou o ato, desde que o evento morte do sujeito permita a sucessão empresarial. Basta imaginar a seguinte situação: determinado particular pratica ato de improbidade administrativa em conluio com um agente público, por intermédio da pessoa jurídica na qual ostenta participação, e, após a celebração da avença, falece.

Ora, permitir que os seus herdeiros ou sucessores, por meio da mesma pessoa jurídica, possa burlar esta sanção soa completamente absurdo e a criação de tal óbice, por certo não viola as regras do direito civil referentes à sucessão, pois se trata de um aspecto patrimonial da sanção. Ademais, tais herdeiros e sucessores poderão, também, ser considerados como beneficiários indiretos do ato (art. 3º, da LIA).

Em meu sentir, tal obrigação deverá ter aspecto amplo, assim compreendido como o alcance para todas as esferas administrativas, pois, do contrário, será completamente ineficaz.[291]

---

288. STJ, 1ª Seção, Resp 951.389/SC, Rel. Min. Herman Benjamin, j. 09.06.2010, Dje 04.05.2011.
289. NEVES, Daniel Amorim de Assumpção; OLIVEIRA, Rafael Carvalho Rezende. *Manual de improbidade administrativa*. São Paulo: Método, 2012, p. 225.
290. Em sentido um pouco diverso: "Por outro lado, há um nítido caráter punitivo em tal vedação, em espécie de penalidade pecuniária de ordem indireta, considerando-se que o ímprobo deixará de aferir benefícios que seriam gerados com o contrato a ser celebrado com o Poder Público." NEVES, Daniel Amorim de Assumpção; OLIVEIRA, Rafael Carvalho Rezende. *Manual de improbidade administrativa*. São Paulo: Método, 2012, p. 224/225.
291. "Por esta regra, a pessoa física ou jurídica passa a ter um pressuposto legal negativo que o impossibilita de participar de processo licitatório para a venda de bens ou produtos, contratação de serviços ou qualquer das esferas de Poder. Ficam assim, proibidas de participarem das licitações, bem como da venda ou contratação direta pela Administração Pública nos casos de dispensa ou inexigibilidade de licitação. Passam a figurar, também, no cadastro negativo das instituições financeiras pela vedação de receber quaisquer benefícios creditícios, programas de incentivo à produção, ao emprego ou qualquer outra atividade, a juros compensatórios, por exemplo." BEZERRA FILHO, Aluizio. *Processo de improbidade administrativa*: anotado e comentado. Salvador: JusPodivm, 2018, p. 371.

CAPÍTULO 16 • INSTRUMENTOS EXTRAPROCESSUAIS E EXTRAJUDICIAIS DA TUTELA COLETIVA **647**

Para que tal desiderato seja alcançado, o ANPC será enviado oficialmente aos órgãos de controle, Tribunais de Contas e registrado nos cadastros de pessoas jurídicas inidôneas e suspensas[292].

Uma questão interessante é saber se **poderá ocorrer gradação temporal neste capítulo.**

O art. 12, da LIA não estipula qualquer gradação, mas a fixação de patamar máximo. Ademais, o art. 37, §4º, da CR/88, em sua parte final, somente confere ao legislador infraconstitucional a gradação para a suspensão dos direitos políticos, perda da função pública, indisponibilidade dos bens e ressarcimento ao erário.

Diante disso, surge justamente a necessidade de verificar a possibilidade da gradação.

Para uma **1ª tese** esta proibição deverá ser objeto de gradação, mas sempre observando o prazo máximo fixado no art. 12, da LIA.[293]

Para uma **2ª tese**, com a qual concordo, não poderá ocorrer gradação, pois não há esta indicação tanto no texto constitucional quanto no infraconstitucional.[294]

4.2.6. *Capítulo sancionatório – da renúncia (perda) ao cargo público*

Trata-se de capítulo obrigacional sancionatório que poderá ser inserido no ANPC, a depender da gravidade do ato de improbidade administrativa praticado pelo acordante, a despeito da redação da regra dos arts. 12, §9º e 20, da LIA que exige o trânsito em julgado da sentença condenatória.

As regras previstas nos arts. 12, §9º e 20, da LIA somente se aplicam à esfera judicial, mas não deve estendida para o ANPC, justamente por se tratar de atuação voluntária e negociada do sujeito (aplicação negociada da norma jurídica).

O afastamento cautelar (art. 20, §§1º e 2º, da LIA), em meu sentir, na essência do instituto como imposição unilateral, não poderá ser objeto do ANPC, ou seja, exigir o afastamento para fins de assinatura do ANPC. Entretanto, nada impede que o sujeito requeira à Administração Pública licença para que possa se afastar voluntariamente das suas funções enquanto negocia o ANPC.

---

292. "A procedimentalização, além da fixação das astreintes, passa pela ampla divulgação e publicidade e claro com a ciência da pessoa jurídica interessada que não poderá contratar diante do acordo formulado, além de, após a realização do cadastro a possibilidade de registro nos cadastros nacionais, estaduais e regionais e empresas inidôneas e suspensas." PEREIRA, Rafael. *Manual do acordo de não persecução cível*. Belo Horizonte: CEI, 2020, p. 108.

293. OLIVEIRA, José Roberto Pimenta. *Improbidade Administrativa e sua autonomia constitucional*. Belo Horizonte: Fórum, 2009, p. 320; SANTOS, Carlos Frederico Brito dos. *Improbidade administrativa*, 2ª ed., Rio de Janeiro: Forense, 2009, p. 168. No mesmo sentido, podem ser destacados os seguintes julgados no Superior Tribunal de Justiça: 2ª T., Resp. 1.185.114/MG, Rel. Min. Mauro Campbell Marques, j. 02.09.2010, Dje 04.10.2010; 2ª T., Resp 1.156.209/SP, Rel. Min. Herman Benjamin, j. 19.08.2010, Dje 27.04.2011.

294. MARQUES, Sílvio Antonio. *Improbidade administrativa*. São Paulo: Saraiva, 2010, p. 137; NEVES, Daniel Amorim de Assumpção; OLIVEIRA, Rafael Carvalho Rezende. *Manual de Improbidade Administrativa*. São Paulo: Método, 2012, p. 226.

Um dos pontos mais relevantes é saber o alcance da perda da função, ou seja, se alcança somente o cargo ensejador da prática do ato ou pode alcançar qualquer cargo.

O Superior Tribunal de Justiça já reconheceu em alguns de seus julgados o alcance amplo desta sanção, determinada no bojo de sentença condenatória transitada em julgado, no sentido de que poderá atingir todos os tipos de vínculo entre o sujeito que praticou o ato e a Administração Pública[295] e depois uniformizou o entendimento no mesmo sentido.[296]

Este entendimento amplo conta a adesão da maior parte da doutrina,[297] pois poder-se-ia manter um sujeito vinculado à Administração Pública mesmo após a demonstração inequívoca da violação ao patrimônio público.[298] Por outro lado, há quem sustente a abrangência mais restrita para alcançar somente o vínculo que possibilitou o ato.[299]

O art. 12, §1º, da LIA parece ter solucionado a discussão, pois determina, como regra, que a perda da função pública atinge apenas o vínculo da mesma qualidade e natureza que o agente detinha quando cometeu o ato. Entretanto, existe a possibilidade, somente para o caso de enriquecimento ilícito, em caráter excepcional, de extensão para os demais vínculos, desde que sejam considerados: i) gravidade da infração e ii) circunstâncias do caso

Poderá ser objeto do ANPC a cassação da aposentadoria?

Caso o sujeito ativo do ato de improbidade administrativa já esteja aposentado, poderá ter o seu vínculo perdido? Esta situação poderá surgir de duas formas: i) o vínculo administrativo já existia quando da prática do ato de improbidade, mas a proposta somente surgiu após a aposentadoria; ii) a prática do ato de improbidade ocorreu após aposentadoria.

---

295. MS nº 21.757/DF e Resp 1.297.021/PR.

296. EREsp 1.701.967/RS.

297. "Em razão da mencionada incompatibilidade entre a personalidade do agente e a gestão da coisa pública, o que se tornou claro com a prática do ato de improbidade, deve a sanção de perda da função, quando aplicada, extinguir todos os vínculos laborais existentes junto ao Poder Público. O art. 12, em seus três incisos, fala genericamente em perda da função, que não pode ser restringida àquela exercida por ocasião da prática do ato de improbidade, isto sob pena de se permitir a prática de tantos ilícitos quantos sejam os vínculos existentes, em flagrante detrimento da coletividade e dos fins da lei. Ainda que o agente exerça duas ou mais atribuições, de origem eletiva ou contratual, ou uma função distinta daquela que exercia por ocasião do ilícito, o provimento jurisdicional haverá de alcançar todas, determinando a completa extinção das relações existentes entre o agente e o Poder Público." GARCIA, Emerson; ALVES, Rogério Pacheco. *Improbidade administrativa*. 9ª ed., São Paulo: Saraiva, 2017, p. 447-448.

298. "Porém, como meio de solução de conflito por meio do consenso, ponderando-se a proporcionalidade do ato praticado e tendo o investigado ou o réu manifestado em aceitar renunciar a cargo público, será possível a instituição de tal obrigação (...) A procedimentalização desta obrigação poderá se dar com o pedido de demissão publicado na pessoa jurídica que está vinculado o servidor de preferência com a participação já no acordo desta instituição." PEREIRA, Rafael. *Manual do acordo de não persecução cível*. Belo Horizonte: CEI, 2020, p. 111.

299. FAZZIO JÚNIOR, Waldo. *Improbidade administrativa*: doutrina, legislação e jurisprudência. 3ª ed., São Paulo: Atlas, 2015, p. 515.

CAPÍTULO 16 • INSTRUMENTOS EXTRAPROCESSUAIS E EXTRAJUDICIAIS DA TUTELA COLETIVA

Na minha concepção, será indiferente para fixação da obrigação, pois não dependerá somente do ato voluntário do sujeito para que a aposentadoria seja cassada, mas, também, da Administração Pública.

De todo modo, como já dito anteriormente, se a sanção pode ser aplicada na esfera jurisdicional, poderá ser objeto do ANPC.

Para uma 1ª tese não será possível aplicar a cassação da aposentadoria, com base nos seguintes fundamentos: i) não se trata de vínculo funcional, já extinto, mas previdenciário; ii) não há previsão desta sanção na lei de improbidade administrativa,[300] portanto o rol sancionatório é taxativo;[301] iii) apenas a autoridade administrativa possui poderes para decidir sobre a cassação.

A Primeira Seção do (STJ), em julgamento de embargos de divergência,[302] definiu que o magistrado não tem competência para aplicar a sanção de cassação de aposentadoria a servidor condenado judicialmente por improbidade administrativa. Para o colegiado, apenas a autoridade administrativa possui poderes para decidir sobre a cassação.

Para uma 2ª tese, a qual adiro, será plenamente possível a determinação da cassação da aposentadoria, com base nos seguintes fundamentos: i) poderá ser determinada a anulação do ato administrativa concessivo da aposentadoria; ii) a perda da função pública deverá ser interpretada extensivamente para incluir o vínculo previdenciário. Não há como buscar uma efetividade no combate à corrupção, que é sistêmica em nosso país e, ao mesmo tempo, sustentar a possibilidade de um agente público ímprobo manter o seu vínculo previdenciário.[303]

---

300. ADMINISTRATIVO. IMPROBIDADE ADMINISTRATIVA. AGRAVO INTERNO NO RECURSO ESPECIAL. CASSAÇÃO DE APOSENTADORIA. LEGALIDADE ESTRITA. AUSÊNCIA DE PREVISÃO LEGISLATIVA. IMPOSSIBILIDADE DE APLICAÇÃO. 1. Na forma da jurisprudência desta Corte, "as normas que descrevem infrações administrativas e cominam penalidades constituem matéria de legalidade estrita, não podendo sofrer interpretação extensiva" (AgInt no REsp 1.423.452/SP, Rel. Min. BENEDITO GONÇALVES, 1ª T., DJe 13/03/2018). 2. "O art. 12 da Lei 8.429/92, quando cuida das sanções aplicáveis aos agentes públicos que cometem atos de improbidade administrativa, não contempla a cassação de aposentadoria, mas tão só a perda da função pública. As normas que descrevem infrações administrativas e cominam penalidades constituem matéria de legalidade estrita, não podendo sofrer interpretação extensiva". 3. Agravo interno a que se nega provimento. (AgInt no REsp 1643337/MG, Rel. Min. SÉRGIO KUKINA, 1ª T., j. 19/04/2018, DJe 26/04/2018).

301. CARVALHO FILHO, José dos Santos. *Manual de direito administrativo*, 24ª ed., Rio de Janeiro: Lumen Juris, 2011, p. 1005; ANDRADE, Adriano; MASSON, Cleber; ANDRADE, Landolfo. *Interesses difusos e coletivos esquematizado*. São Paulo: Método, 2011, p. 709/710; SANTOS, Carlos Frederico Brito dos. *Improbidade administrativa*. 2ª ed. Rio de Janeiro: Forense, 2009, p. 162-163.

302. EREsp nº 1496347 / ES, 1ª Seção, Rel. Min. Herman Benjamin, j. 28.04.2021.

303. FERRARESI, Eurico. *Improbidade administrativa*. São Paulo: Método, 2011, p. 145; OLIVEIRA, José Roberto Pimenta. *Improbidade administrativa e sua autonomia constitucional*. Belo Horizonte: Forum, 2009, p. 300; PAZZAGLINI FILHO, Marino. *Lei de improbidade administrativa comentada*: aspectos constitucionais, administrativos, civis, criminais, processuais e de responsabilidade fiscal. 5ª ed. São Paulo: Atlas, 2011, p. 143; NEVES, Daniel Amorim de Assumpção; OLIVEIRA, Rafael Carvalho Rezende. *Manual de improbidade administrativa*. São Paulo: Método, 2012, p. 218.

4.2.7. Capítulo sancionatório – da assunção da obrigação de não concorrer aos cargos políticos

A suspensão dos direitos políticos é uma das possíveis sanções, com a dosimetria fixada em lei, decorrentes do reconhecimento da prática do ato de improbidade administrativa (art. 12, da LIA c/c art. 15, V, da CR/88), mas condicionada ao trânsito em julgado da sentença condenatória, conforme preconiza os arts. 12, §9º e 20 da LIA.

A suspensão dos direitos políticos sempre decorre, portanto, de decisão judicial, mas nada impede que seja objeto da convenção a assunção pelo acordante da obrigação de não concorrer aos cargos políticos o que representaria uma renúncia ao exercício do seu direito de sufrágio e não uma imposição unilateral.[304]

Entendo que o ANPC quando contiver tal obrigação deverá ser enviado, para fins de ciência, ao Ministério Público com atribuição eleitoral, Juízo Eleitoral da Comarca, Tribunal Regional Eleitoral e Tribunal Superior Eleitoral, pois, com isso, além da óbvia publicização da obrigação, os órgãos da Justiça Eleitoral poderão criar um cadastro que poderá ser consultado pela população, partidos políticos e coligações, candidatos e os demais órgãos de controle.

Não há qualquer violação aos direitos fundamentais do sujeito, pois não existe vedação alguma para que ele renuncie voluntariamente ao exercício do seu direito político.

Há quem sustente que somente com a homologação judicial da cláusula que contenha tal obrigação,[305] poderá ser possível defender a possibilidade.

Questão interessante que merece abordagem específica é saber o seguinte: **o descumprimento desta obrigação gera qual tipo de consequência?**

Considerando que a condenação pela prática de ato de improbidade administrativa pode gerar inelegibilidade (art. 1º, I, l), da LC 64/90[306] c/c art. 14, §9º, da CR/88[307]), resta debater a possibilidade do acordo de não persecução cível gerar tal consequência.

De toda forma, não há como o ANPC afastar os efeitos da inelegibilidade, caso seja verificada.

---

304. "O que se dizer é que em casos concretos específicos, justamente derivados da gravidade que normalmente impõe a sanção de suspensão dos direitos políticos, poderá ser aplicado a renúncia a concorrer a cargo público como uma obrigação do acordo de não persecução cível. Ou seja, nosso entendimento é que não se pode simplesmente vedar abstratamente de modo a possibilidade de fazer acordo com prognose de possível suspensão de direitos políticos e sim possibilitar a estipulação de tal obrigação, advertindo se tratar de hipótese excepcional, porém possível." PEREIRA, Rafael. *Manual do acordo de não persecução cível.* Belo Horizonte: CEI, 2020, p. 113.

305. PEREIRA, Rafael. *Manual do acordo de não persecução cível.* Belo Horizonte: CEI, 2020, p. 114.

306. Faz referência expressa ao elemento volitivo dolo e ao trânsito em julgado.

307. Não há qualquer referência ao elemento volitivo e ao trânsito em julgado.

CAPÍTULO 16 • INSTRUMENTOS EXTRAPROCESSUAIS E EXTRAJUDICIAIS DA TUTELA COLETIVA

Poder-se-ia objetar tal consequência sob o argumento de que a criação de novo caso de inelegibilidade, por tal via, seria inconstitucional por violação direta do art. 14, §9º, da LC 64/90, pois o acordo foi criado por lei ordinária e não lei complementar.[308]

A despeito da premissa interessante, entendo não existir empecilho para a celebração do acordo, pois a mera previsão em lei ordinária do instrumento não viola, *de per si*, a norma constitucional referida, na medida em que se trata de um ajustamento voluntário extrajudicial.[309]

Ademais, não seria propriamente uma hipótese de inelegibilidade, mas sim a necessidade da observância dos termos do ANPC celebrado, sob pena de violação da boa-fé objetiva e da cooperação (arts. 5º e 6º, do CPC), mormente quando ostentar viés premial.

Caso o instrumento tenha viés premial e o sujeito, apesar de assumir a obrigação de não concorrer a cargos eletivos, registrar a sua candidatura, poderão surgir as seguintes consequências jurídicas:

i) rescisão da colaboração premiada;

ii) rescisão do ANPC com o imediato ajuizamento da demanda de improbidade administrativa;

iii) execução imediata da multa cominatória fixada no instrumento;

iv) possibilidade do ajuizamento da impugnação ao registro de candidatura.

Com exceção da primeira consequência, tais serão aplicáveis aos casos nos quais o ANPC não ostente viés premial.

Tal entendimento não gera qualquer violação ou restrição aos direitos fundamentais do acordante, mas impõe a necessária observância dos termos do acordo e, com isso, de outro lado, reafirma que o seu cumprimento é um dever e não um favor à coletividade. Ora, um acordo celebrado formalmente com o Ministério Público não pode ser considerado como algo de somenos importância e as consequências do descumprimento, injustificado, diga-se, devem ser severas.

Já passou da hora de pararmos de tratar os agentes ímprobos corruptos com parcimônia e condescendência e passarmos a levar à sério o combate à corrupção, pois, como cediço, vivemos em um país no qual tais atos são corriqueiros, endêmicos, sistêmicos e aceitáveis.

---

308. PINHEIRO, Igor Pereira. et al. *Lei Anticrime comentada*. Editora JHMizuno, 2019, p. 142.

309. "Ao meu sentir, entendo que mesmo nos casos de atos de improbidade administrativa, por ato doloso, que, concomitantemente, importe lesão ao patrimônio público e enriquecimento ilícito, não se afigura nenhum obstáculo para que se realize o acordo de não persecução civil. (...) Entenda-se a inelegibilidade do art. 1º, I, da LC 64/90 somente ocorrerá se a condenação, transitada em julgado ou por Órgão Colegiado (Tribunal de Justiça, TRF ou Tribunal de Contas) imponha suspensão dos direitos políticos por ato de improbidade administrativa, DOLOSO, que importe lesão ao patrimônio público e enriquecimento ilícito (CUMULATIVAMENTE)." PEREIRA, Leydomar Nunes. *Solução consensual na improbidade administrativa*. Belo Horizonte: Dialética, 2020, páginas 84 e 86.

REFERÊNCIAS BIBLIOGRÁFICAS

ABELHA, Marcelo. Ação Civil Pública. In: DIDIER JR., Fredie (Org.) *Ações Constitucionais*. 4ª ed. Salvador: JusPodivm, 2009.

AKAOUI, Fernando Reverendo Vidal. *Compromisso de Ajustamento de Conduta Ambiental*. São Paulo: Ed. RT, 2003.

ALMEIDA, Gregório Assagra. *Direito Processual Coletivo Brasileiro*: um novo ramo do direito processual (princípios, regras interpretativas e a problemática da sua interpretação e aplicação). São Paulo: Saraiva, 2003.

ALMEIDA, Gregório Assagra. *Manual das ações constitucionais*. Belo Horizonte: Del Rey, 2008.

ALMEIDA, Gregório Assagra. *Direito Material Coletivo*. Superação da Summa Divisio Direito Público e Direito privado por uma nova Summa Divisio Constitucionalizada. Belo Horizonte: Del Rey. 2008.

ALMEIDA, João Batista de.; *Aspectos controvertidos da Ação Civil Pública*. 2ª ed. São Paulo: Ed. RT.

ALVIM, Arruda. *Apontamentos sobre o processo das ações coletivas. Processo Coletivo*. Belo Horizonte: Fórum, 2010.

ALVIM, Arruda. Ação Civil Pública. *RePro* 87/149-165, Ano 22, São Paulo: Ed. RT, jul.-set.-1997.

AMARAL, Guilherme Rizzo. *Comentários às alterações do novo CPC*. São Paulo: Ed. RT, 2015.

AMORIM FILHO, Agnelo. *Critério científico para distinguir a prescrição da decadência e para identificar as ações imprescritíveis.*. http://www.direitocontemporaneo.com/wp-content/uploads/2014/02/prescricao-agnelo1.pdf. Acesso em: 11 dez. 2017.

ANDRADE, Adriano. *Interesses difusos e coletivos esquematizado*. 5ª ed. Rev., atual. e ampl. Rio de Janeiro: Forense; São Paulo: Método, 2015.

ARAÚJO FILHO, Luiz Paulo da Silva. *Ações coletivas*: a tutela jurisdicional dos direitos individuais homogêneos. Rio de Janeiro: Forense, 2000.

ARENHART, Sérgio Cruz; MARINONI, Luiz Guilherme. *Curso de Processo Civil: processo cautelar*. São Paulo: Ed. RT, 2008.

ARENHART, Sérgio Cruz. *A tutela coletiva de interesses individuais*: para além da proteção dos interesses individuais homogêneos. São Paulo: Ed. RT, 2013.

ARENHART, Sérgio Cruz. Decisões estruturais no direito processual civil brasileiro. *Revista de Processo*, São Paulo: Ed. RT, 2013, ano 38, v. 225.

ARGENTA, Graziela; ROSADO, Marcelo da Rocha. Do processo coletivo das ações coletivas ao processo coletivo dos casos repetitivos: modelos de tutela coletiva no ordenamento brasileiro, *Revista eletrônica de Direito Processual,* Rio de Janeiro, ano 11, v. 18, n. 1, jan.-abr. 2017.

ARRUDA ALVIM NETO, José Manoel de. *Código de Processo Civil Comentado*. v. 1. São Paulo: Ed. RT, 1975.

ARRUDA ALVIM WAMBIER, Teresa; CONCEIÇÃO, Maria Lucia Lins; RIBEIRO; Leonardo Ferres da Silva; e MELLO, Rogério Licastro Torres de. *Primeiros Comentários ao Novo Código de Processo Civil.* 2ª ed. São Paulo: Ed. RT, 2016.

ASCENSÃO, José de Oliveira. *Introdução à Ciência do Direito.* 3ª ed. Rio de Janeiro: Renovar, 2005.

AZEVEDO, Antônio Junqueira de. O Direito pós-moderno e a codificação, *Revista de direito do consumidor, 33/123.*

AZEVEDO, Antônio Junqueira de. Por uma nova categoria de dano da responsabilidade civil: o dano social. *Revista Trimestral de Direito Civil.* Ano 5, v. 19, jul.-set. p. 211-218. Rio de Janeiro: Padma Ed.

BANDIOLI, Luis Guilherme Aidar. *Comentários ao Código de Processo Civil.* v. XX. BANDIOLI, Luis Guilherme Aidar; GOUVÊA, José Roberto Ferreira; FONSECA, João Franciso Naves da (Coords.). 2ª ed. São Paulo: Saraiva, 2017.

BARBI, Celso Agrícola. *Comentários ao Código de Processo Civil.* 11ª ed. Rio de Janeiro: Forense, 2002. v. 1.

BARBOSA MOREIRA, José Carlos. Problemas da ação popular. *Revista de direito administrativo,* v. 85, jul.-set./1966.

BARBOSA MOREIRA, José Carlos. A ação popular do direito brasileiro como instrumento de tutela jurisdicional dos chamados direitos difusos. In: *Temas de Direito Processual Civil.* São Paulo: Saraiva, 1977.

BARBOSA MOREIRA, José Carlos. Notas sobre o problema da efetividade do processo. In: *Temas de Direito Processual Civil.* 3ª série. São Paulo: Saraiva, 1984.

BARBOSA MOREIRA, José Carlos. Ações Coletivas na Constituição Federal de 1988. *RePro,* n. 61. São Paulo: Ed. RT, jan.-mar. 1991.

BARBOSA MOREIRA, José Carlos. Interesses Difusos e Coletivos. *Revista Trimestral de direito público.* São Paulo: Malheiros, 1993.

BARBOSA, Andrea Carla; CANTOARIO, Diego Martinez Fervenza. O incidente de resolução de demandas repetitivas no projeto de Código de Processo Civil: apontamentos iniciais. In: FUX, Luiz (Coord.) et al. *O novo processo civil brasileiro (direito em expectativa):* reflexões acerca do projeto do novo Código de Processo Civil. Rio de Janeiro: Forense, 2011.

BARCELLOS, Ana Paula de. *A eficácia jurídica dos princípios constitucionais.* Rio de Janeiro: Renovar, 2002.

BARROS LEONEL, Ricardo de. *Manual do Processo Coletivo.* São Paulo: Ed. RT, 2002.

BARROS LEONEL, Ricardo de. *Manual do Processo Coletivo.* 2ª ed. São Paulo: Ed. RT, 2011.

BARROS LEONEL, Ricardo de. Ministério Público e despesas processuais no novo Código de Processo Civil. In: ZANETI JR., Hermes (Coord.). *Processo Coletivo.* Salvador: JusPodivm, 2016. Coleção Repercussões do Novo CPC, v. 8, coordenador geral: Fredie Didier Jr.

BARROS LEONEL, Ricardo de. *Manual do Processo Coletivo.* São Paulo: Malheiros, 4ª ed. 2017.

BARROSO, Luís Roberto. *O direito constitucional e a efetividade de suas normas.* 6ª ed. atual. Rio de Janeiro: Renovar, 2002.

BARROSO, Luís Roberto. *O controle de constitucionalidade no direito brasileiro:* exposição sistemática da doutrina e análise crítica da jurisprudência. 6ª ed. rev. e atual. São Paulo: Saraiva, 2012.

REFERÊNCIAS BIBLIOGRÁFICAS

BASTOS, Antonio Adonias Aguiar. Situações jurídicas homogêneas: um conceito necessário para o processamento das demandas de massa. *Revista de Processo,* São Paulo: Ed. RT, v. 186, p. 87-98, ago. 2010.

BEDAQUE, José Roberto dos Santos. Tutela Jurisdicional Cautelar e Atos de Improbidade Administrativa. In: *Improbidade Administrativa – Questões Polêmicas e Atuais.* São Paulo: Malheiros, 2001.

BEDAQUE, José Roberto dos Santos. Tutela jurisdicional cautelar e atos de improbidade. In: BUENO, Cassio Scarpinella; PORTO FILHO, Pedro Paulo de Rezende (Coord.). *Improbidade administrativa*: questões polêmicas e atuais. 2ª ed. São Paulo: Malheiros, 2003.

BEDAQUE, José Roberto dos Santos. *Direito e processo*: influência do direito material sobre o processo. 6ª ed. São Paulo: Malheiros, 2011.

BERMUDES, Sérgio. *Direito Processual Civil: estudos e pareceres.* 3ª série. Saraiva: São Paulo, 2002.

BERMUDES, Sérgio. O mandado de injunção. *Revista dos Tribunais,* 642:24.

BITTAR FILHO, Carlos Alberto. Do dano moral coletivo no atual contexto jurídico brasileiro. *Revista de Direito do Consumidor,* São Paulo: Ed. RT, 1994, v. 12.

BONAVIDES, Paulo. *Curso de direito constitucional.* 20ª. ed. São Paulo: Malheiros, 2007.

BONFIM, Daniela. A legitimação extraordinária de origem negocial. In: CABRAL, Antonio do Passo; NOGUEIRA, Pedro Henrique Pedrosa (Coords.). *Negócios Processuais.* Salvador: JusPodivm, 2015.

BOTTINI, Pierpaolo Cruz. A Defensoria Pública perante a tutela dos interesses transindividuais: atuação como parte legitimada ou como assistente judicial. In: SOUZA, José Augusto Garcia de (Coord.). *A defensoria pública e os processos coletivos*: comemorando a Lei Federal 11.448, de 15 de janeiro de 2007. 2ª tir. Rio de Janeiro: Lumen Juris, 2008.

BRAGA, Paula Sarno. Competência adequada. *Revista de Processo,* São Paulo: Ed. RT, 2013, n. 219.

BUENO, Cassio Scarpinella. As class actions norte-americanas e as ações coletivas brasileiras: pontos para uma reflexão conjunta. *Repro,* n. 82, ano 21, abr.-jun. 1996.

BUENO, Cassio Scarpinella. *Tutela Antecipada.* São Paulo: Saraiva, 2004.

BUENO, Cassio Scarpinella. *Curso Sistematizado de Direito Processual Civil.* v. 2, III. São Paulo: Saraiva, 2007.

BUENO, Cassio Scarpinella. *A nova etapa da reforma do Código de Processo Civil.* v. 2. São Paulo: Saraiva, 2006.

BUENO, Cassio Scarpinella. *A nova etapa da reforma do Código de Processo Civil.* v. 3. São Paulo: Saraiva, 2006.

BUENO, Cassio Scarpinella. Amicus curiae *no processo civil brasileiro*: um terceiro enigmático. São Paulo: Saraiva, 2006.

BUENO, Cassio Scarpinella. *Mandado de Segurança*: comentários às Leis ns. 1.533/1951, 4.348/1964 e 5.021/1966. 5ª ed. São Paulo: Saraiva, 2009.

BULOS, Uadi Lammêgo. *Curso de direito constitucional.* 2ª ed. São Paulo: Saraiva, 2008.

BURLE FILHO, José Emmanuel. Ação Civil Pública promovida pelo Ministério Público e ônus da sucumbência. *Justitia,* 174/56-60, abr.-jun. 1996.

CABRAL, Antonio do Passo. *Coisa julgada e preclusões dinâmicas.* 2ª ed. Salvador: JusPodivm, 2013.

CABRAL, Antonio do Passo; CUNHA, Leonardo Carneiro da. Negociação direta ou resolução colaborativa de disputas (*collaborative law*): "mediação sem mediador." In: ZANETI JR., Hermes; CABRAL, Trícia Navarro Xavier. *Justiça Multiportas*. Salvador: JusPodivm, 2016.

CABRAL, Antonio do Passo. Despolarização do processo e "zonas de interesse": sobre a migração entre polos da demanda. *Revista eletrônica do Ministério Público Federal*, Ano I, n. 1, 2009.

CABRAL, Antonio do Passo. *As convenções processuais e o termo de ajustamento de conduta*. In: DIDIER JUNIOR, Fredie (coord.). *Ministério Público. Coleção Repercussões do Novo CPC*. Salvador: JusPodivm, 2016.

CABRAL, Antônio do Passo. Incidente de Resolução de Demandas Repetitivas. In: CABRAL, Antonio do Passo; CRAMER, Ronaldo (coord.). *Comentários ao Novo Código de Processo Civil*. 2ª ed. Rio de Janeiro: Forense, 2016.

CALIXTO, Marcelo Junqueira apud Flávio Tartuce. *Direito Civil*, v. 2: Direito das Obrigações e Responsabilidade Civil. 11ª ed. São Paulo: GEN, 2016.

CÂMARA, Alexandre Freitas. Tutela Jurisdicional dos Consumidores" In: DIDIER JUNIOR, Fredie; FARIAS, Cristiano Chaves de (Coords.). *Procedimentos especiais cíveis - legislação extravagante*. São Paulo: Saraiva, 2003.

CÂMARA, Alexandre Freitas _. Legitimidade da Defensoria Pública para ajuizar ação civil pública: um possível primeiro pequeno passo em direção a uma grande reforma. In: SOUSA, José Augusto. (Org.). *A Defensoria Pública e os processos coletivos*. Rio de Janeiro: Lumen Juris, 2008.

CÂMARA, Alexandre Freitas. "Será o fim da categoria 'condição da ação'? Uma resposta a Fredie Didier Junior". *Revista de Processo*. São Paulo: Ed. RT, jul. 2011, v. 197.

CÂMARA, Alexandre Freitas. *O novo processo civil brasileiro*, São Paulo: Atlas, 2015.

CÂMARA, Alexandre Freitas. *O novo processo civil brasileiro*. 2ª ed. São Paulo: Atlas, 2016.

CAMBI, Eduardo; HAAS, Adriane. Legitimidade do Ministério Público para impetrar Mandado de Segurança Coletivo. *Revista de Processo*, São Paulo: Ed. RT, 2012, n. 203.

CANDIDO, Joel José. *Direito Eleitoral brasileiro*. 14ª ed. São Paulo: Edipro, 2010.

CAPPELLETTI, Mauro; GARTH, Bryant. *Acesso à justiça*. Trad. Ellen Gracie Northfleet. Porto Alegre: Sergio Antonio Fabris Editor, 1998.

CAPPELLI, Sílvia. *Compromisso de ajustamento ambiental*: análise e sugestões para aprimoramento. Elaborado pelo Instituto O direito por um planeta verde.

CARNEIRO, Paulo Cezar Pinheiro. *Acesso à Justiça: juizados especiais cíveis e ação civil pública*: uma nova sistematização da teoria geral do processo. 2ª ed. Rio de Janeiro: Forense, 2000.

CARVALHO FILHO, José dos Santos. *Ação civil pública*: comentários por artigo. 6ª ed. Rio de Janeiro: Lumen Juris, 2007.

CARVALHO FILHO, José dos Santos. *Manual de Direito Administrativo*. 18ª ed. Lumen Juris. 2007.

CARVALHO FILHO, José dos Santos. *Ação civil pública*. 7ª ed. Rio de Janeiro: Lumen Juris, 2009.

CARVALHO, Fabiano. O Princípio da eficiência no processo coletivo: Constituição, Microssistema do Processo Coletivo e Novo Código de Processo Civil. In: ZANETI JUNIOR, Hermes (Coord.). *Processo coletivo*. Salvador: JusPodivm, 2016. Coleção Repercussões do Novo CPC, v.8, coordenador geral: Fredie Didier Jr.

CASTRO MENDES, Aluísio Gonçalves de. *Ações Coletivas no direito comparado e nacional.* São Paulo: Ed. RT, 2002.

CAVACO, Bruno de Sá Barcellos. O inquérito civil como instrumento efetivo e resolutivo na tutela dos interesses transindividuais: desjudicialização, contraditório e participação. *Revista de Processo,* São Paulo: Ed. RT, 2015, v. 40, n. 247.

CINTRA, Antonio Carlos Fontes. Interesses individuais homogêneos: natureza e oportunidade da coletivização dos interesses individuais. *Revista de Direito do Consumidor*, São Paulo, v. 72, p. 13, out.-dez. 2009.

CINTRA, Luís Daniel Pereira; ZANELLATO, Marco Antônio. O Ministério Público e a defesa coletiva dos interesses do consumidor. *Justitia* 160/236-243, out.-dez. 1992.

CLÈVE, C. M. *A fiscalização abstrata da constitucionalidade no direito brasileiro.* 2ª ed. rev. atual. e ampl. São Paulo: Ed. RT, 2000.

COELHO, Fábio Ulhoa. *Direito antitruste brasileiro*: comentários à Lei 8.884/94. São Paulo: Saraiva, 1995.

COMPARATO, Fabio Konder. Competência do Juízo de 1º Grau. In: SAMPAIO, José Adércio Leite Sampaio et al. (Orgs.). *Improbidade administrativa, 10 anos da Lei n. 8.429/92*. Belo Horizonte: Del Rey, 2002.

COSTA, Eduardo José da Fonseca. Da tutela provisória. In: STRECK, Lenio, NUNES, Dierle; CUNHA, Leonardo Carneiro da (Orgs.). *Comentários ao Código de Processo Civil*. São Paulo: Saraiva, 2016.

COSTA, José Armando da. *Contornos jurídicos da improbidade administrativa.* Brasília: Brasília Jurídica Ltda., 2000.

COSTA, Eduardo José da Fonseca. A indisponibilidade cautelar de bens na ação de improbidade administrativa. In: DELFINO, Lúcio; ROSSI, Fernando; MOURÃO, Luiz Eduardo Ribeiro; CHIOVITTI, Ana Paula (Coords.). *Tendências do moderno processo civil brasileiro*: aspectos individuais e coletivos das tutelas preventivas e ressarcitórias (estudos em homenagem ao jurista Ronaldo Cunha Campos). Belo Horizonte: Fórum, 2008.

COSTA, Eduardo José da Fonseca. A 'execução negociada' de políticas públicas em juízo. *Revista de Processo,* São Paulo: Ed. RT, 2012, n. 212.

COSTA, Susana Henriques da. *Comentários à lei de ação civil pública e lei de ação popular.* São Paulo: Quartier Latin, 2006.

COSTA, Susana Henriques da. *O processo coletivo na tutela do patrimônio público e da moralidade administrativa*: ação de improbidade administrativa, ação civil pública e ação popular. São Paulo: Quartier Latin, 2008.

COSTA, Susana Henriques da. *O processo coletivo na tutela do patrimônio público e da moralidade administrativa*: ação de improbidade administrativa, ação civil pública, ação popular. 2ª ed. São Paulo: Atlas, 2015.

CUNHA JR., Dirley da. A intervenção de terceiros no processo de controle abstrato de constitucionalidade – a intervenção do particular, do colegitimado e do *amicus curiae* na ADIN, ADC e ADPF. In: DIDIER JR., Fredie; ARRUDA ALVIM WAMBIER, Teresa (Coords.). *Aspectos polêmicos e atuais sobre os terceiros no processo civil e assuntos afins*. São Paulo: Ed. RT, 2004.

DANTAS, Marcelo Buzaglo. Competência da Justiça Federal para o processo e o julgamento de ação civil pública em defesa do meio ambiente. In: FIGUEIREDO, Guilherme José Purvin de;

RODRIGUES, Marcelo Abelha (Coord.). *O novo processo civil coletivo*. Rio de Janeiro; Lumen Juris, 2009.

DANTAS, Marcelo Navarro Ribeiro. *Reclamação constitucional no direito brasileiro*. Porto Alegre: Sergio Antonio Fabris, 2000.

DE DAVID, Tiago Bitencourt. *Critérios clássicos já não resolvem bem as antinomias*. Conjur, 14 de maio de 2014. Disponível em:http://www.conjur.com.br/2014-mai-14/tiago-bitencourt-criterios-classicos-nao-resolvem-bem-antinomias, acesso em 12/12/2017.

DECOMAIN, Pedro Roberto. *Comentários à Lei Orgânica Nacional do Ministério Público*. Florianópolis: Obra Jurídica, 1994.

DECOMAIN, Pedro Roberto. *Improbidade administrativa*. São Paulo: Dialética, 2007.

DECOMAIN, Pedro Roberto. *Improbidade administrativa e agentes políticos*: estudos sobre improbidade administrativa em homenagem ao Prof. J.J. Calmon de Passos. 2ª ed. Salvador: JusPodivm, 2012.

DEL PRÁ, Carlos Gustavo Rodrigues. Breves considerações sobre o *amicus curiae* na ADIn e sua legitimidade recursal. In: DIDIER JR., Fredie; ARRUDA ALVIM WAMBIER, Teresa (Coords.). *Aspectos polêmicos e atuais sobre os terceiros no processo civil e assuntos afins*. São Paulo: Ed. RT, 2004.

DENARI, Zelmo. Arts. 8º ao 28º. In: *Código Brasileiro de Defesa do Consumidor*: comentado pelos autores do anteprojeto. 8ª ed. Rio de Janeiro: Forense Universitária, 2004.

DIAS, Francisco de Barros. Coisa julgada e execução no processo coletivo. *RePro* 78/58-59, Ano 20, São Paulo: Ed. RT, abr.-jun. 1995.

DIDIER JR, Fredie. A intervenção judicial do Conselho Administrativo de Defesa Econômica (art. 89 da Lei Federal 8.884/1994) e da Comissão de Valores Mobiliários (art. 31 da Lei Federal 6.385/1976), *Revista de Processo*, n. 115, maio-jun. 2004.

DIDIER JR, Fredie. *Recurso de terceiro: juízo de admissibilidade*. 2ª ed. São Paulo: Ed. RT, 2005.

DIDIER JR, Fredie; ZANETI JR, Hermes. *Curso de Direito Processual Civil*. v. 4. 4ª ed. Salvador: JusPodivm, 2009.

DIDIER JR, Fredie; ZANETI JR., Hermes. O mandado de segurança coletivo e a Lei 12.016/2009. In: ALVIM, Eduardo Arruda; RAMOS, Glauco Gumerato; MELO, Gustavo de Medeiros; ARAÚJO, José Henrique Mouta. *O novo mandado de segurança*. Belo Horizonte: Fórum, 2010.

DIDIER JR, Fredie. Fonte normativa da legitimação extraordinária no novo Código de Processo Civil: a legitimação extraordinária de origem negocial. *Revista de Processo*, v. 232; jun. 2014.

DIDIER JR, Fredie; CUNHA, Leonardo Carneiro. *Curso de Direito Processual Civil*. v. 3. Salvador: JusPodium, 2016.

DIDIER JR, Fredie. *Comentários ao Novo Código de Processo Civil*. CABRAL, Antonio do Passo Cabral; CRAMER, Cramer (Coords.). Rio de Janeiro: Forense, 2016.

DIDIER JR, Fredie; ZANETI JR., Hermes. *Curso de Direito Processual Civil*: processo coletivo. 10ª ed. Salvador: JusPodivm, 2016.

DIDIER JR, Fredie (Coord. geral). *Ministério Público. Coleção Repercussões do Novo CPC*. Salvador: JusPodivm, 2016.

REFERÊNCIAS BIBLIOGRÁFICAS

DIDIER JR, Fredie; ZANETI JR, Hermes. *Curso de Direito Processual Civil*: processo coletivo. 11ª ed. Salvador: JusPodivm, 2017.

DIDIER JR, Fredie; BOMFIM, Daniela Santos. A&C. *Revista de Dir. Adm. Const.* Belo Horizonte, ano 17, n. 67, p. 105-120, jan.-mar. 2017. DOI: 10.21056/aec.v17i67.475

DINAMARCO, Cândido Rangel. *Fundamentos do processo civil moderno*, São Paulo: Ed. RT, 1986.

DINAMARCO, Cândido Rangel. *Ação civil pública*. São Paulo: Saraiva, 2001.

DINAMARCO, Cândido Rangel. *Intervenção de Terceiros*. 5ª ed. São Paulo: Malheiros, 2009.

DINAMARCO, Cândido Rangel. *Vocabulário do Processo Civil*. 2ª ed. São Paulo: Malheiros Editores, 2014.

DIREITO, Carlos Alberto Menezes de. *Manual do Mandado de Segurança*. 3ª ed. Rio de Janeiro: Renovar, 1999.

DONIZETTI, Elpídio; CERQUEIRA, Marcelo Malheiros. *Curso de Processo Coletivo*. São Paulo: Atlas, 2010.

ECONOMIDES, Kim. Lendo as ondas do "Movimento de Acesso à Justiça": epistemologia *versus* metodologia?. Disponível em: <://gajop.org.br/justicacidada/wp-content/uploads/Lendo--as-Ondas-do-Movimento-de-Acesso-aa Justica.pdf>. Acesso em 12 dez. 2017.

EMMANUEL FILHO, José. *Ação Civil Pública: principais aspectos do inquérito civil, como função institucional do Ministério Público*. In: MILARÉ, Édis (Coord). *Ação civil pública*: (lei 7.347-85, reminiscências e reflexões após dez anos de aplicação). São Paulo: Ed. RT, 1995.

ESPÍNOLA FILHO, Eduardo. *Código de Processo Penal brasileiro anotado, I, n. 41, comentários ao artigo 4º do CPP*. Rio de Janeiro: Rio, 1976.

FARIAS, Cristiano Chaves de. O Ministério Público interveniente (*custos legis*) e a possibilidade de pleitear a antecipação dos efeitos da tutela: a busca da efetividade do processo. *Revista de direito processual civil*. Curitiba: Gênesis, 2003, n. 30.

FARIAS, Cristiano Chaves de; ROSENVALD, Nelson. *Direito Civil*: teoria geral. 9ª ed. Rio de Janeiro: Lumen Juris, 2011.

FAZZIO JÚNIOR, Waldo. *Ato de improbidade administrativa*. 2ª ed. São Paulo: Altas, 2008.

FERNANDES, Bernardo Gonçalves. *Curso de Direito Constitucional*. 6ª ed. Salvador: JusPodivm, 2014.

FERNANDES, Bernardo Gonçalves. *Curso de Direito Constitucional*. 9ª ed. Salvador: JusPodivm, 2017.

FERRARESI, Eurico. *Ação Popular, ação civil pública e mandado de segurança coletivo*: instrumentos processuais coletivos. Rio de Janeiro: Forense, 2009.

FERRARESI, Eurico. *Improbidade administrativa*: Lei 8.429/1992 comentada. São Paulo: Método, 2011.

FERRAZ, Sérgio. Aspectos processuais na lei sobre improbidade administrativa. In: BUENO, Cassio Scarpinella; PORTO FILHO, Pedro Paulo de Rezende. *Improbidade administrativa*. São Paulo: Malheiros, 2001.

FERREIRA, Carlos Frederico Bastos; ALVES, Gustavo Silva. A ratio decidendi do precedente STF/RE 573.232/SC: substituição processual v. representação processual. Desnecessidade de autorização assemblear nas ações coletivas em defesa do consumidor. *Revista de Direito do Consumidor*, v. 108, nov.-dez. 2016.

FERREIRA FILHO, Manoel Gonçalves. *Curso de Direito Constitucional*. São Paulo: Saraiva, 1989.

FIDALGO, Carolina Barros; CANETTI, Rafaela Coutinho. Os acordos de leniência da Lei de Combate à Corrupção. In: SOUZA, Jorge Munhos; QUEIROZ, Ronaldo Pinheiro de. *Lei anticorrupção*. Salvador: JusPodivm, 2015.

FIGUEIREDO, Lucia Valle. *Mandado de segurança*. 5ª ed. São Paulo: Malheiros, 2004.

FIGUEIREDO, Marcelo. *Probidade administrativa*. 3ª ed. São Paulo: Malheiros, 1998.

FINK, Daniel Roberto. *Alternativa à ação civil pública ambiental (reflexões sobre a vantagem do termo de ajustamento de conduta). Ação civil pública*: Lei 7.347/1985 - 15 anos. 2ª ed. São Paulo: Ed. RT, 2002.

FISS, Owen. Two models of adjudication. In: DIDIER JR., Fredie; JORDÃO, Eduardo Ferreira (Coord.). *Teoria do processo: panorama doutrinário mundial*. Salvador: JusPodivm, 2008.

FONSECA, João Bosco Leopoldino da. *Lei de Proteção da Concorrência*: comentários à legislação antitruste. 2ª ed. Rio de Janeiro: Forense, 2001.

FORNACIARI JR., Clito. *Da reconvenção no Direito Processual Civil brasileiro*. São Paulo: Saraiva, 1983.

FRANCISCO, Ivo Dantas Cavalcanti. *Mandado de injunção*. 2ª ed. Rio de Janeiro: Aide, 1994.

FUX, Luiz. *Curso de Direito Processual Civil*. 4ª ed. v. 1 Rio de Janeiro: Forense, 2008.

GAJARDONI, Fernando da Fonseca. *Comentários à nova Lei de Mandado de Segurança*. São Paulo: Método, 2009.

GAJARDONI, Fernando da Fonseca. *Direitos Difusos e Coletivos I*. São Paulo: Método, 2009.

GAJARDONI, Fernando da Fonseca. *Teoria geral do processo*: comentários ao CPC de 2015: parte geral. São Paulo: Forense, 2015.

GALDINO, Flávio. In: CABRAL, Antonio do Passo; CRAMER Ronaldo (Coords.). *Comentários ao novo Código de Processo Civil*. 2ª ed. Rev., atual. E ampl. Rio de Janeiro: Forense, 2016.

GARCIA, Emerson; ALVES, Rogério Pacheco. *Improbidade Administrativa*. 4ª ed. Rio de Janeiro: Lumen Juris, 2008.

GARCIA, Emerson. *Ministério Público: Organização, Atribuições e Regime Jurídico*. 3ª ed. Rio de Janeiro: Lumen Juris, 2008.

GARCIA, Emerson. O combate à corrupção no Brasil: Responsabilidade ética e moral do Supremo Tribunal Federal na sua Desarticulação. *Revista do Ministério Público*. Rio de Janeiro: MPRJ, n. 27, jan.-mar. 2008.

GARCIA, Emerson; ALVES, Rogério Pacheco. *Improbidade administrativa*. 9ª ed. São Paulo: Saraiva, 2015.

GARCIA, Mônica Nicida. *Responsabilidade do agente público*. Belo Horizonte: Forum, 2004.

GIDI, Antonio. *Rumo a um Código de Processo Civil Coletivo*: a codificação das ações coletivas no Brasil. Rio de Janeiro: GZ Editora, 2008.

GIDI, Antonio. *Coisa julgada e litispendência em ações coletivas*. São Paulo: Saraiva, 1995.

REFERÊNCIAS BIBLIOGRÁFICAS **661**

GIDI, Antonio. *Código de Processo Civil Coletivo. Um modelo para países de direito escrito. Execução civil – estudos em homenagem ao professor Paulo Furtado*. Rio de Janeiro: Lumen Juris, 2005.

GIDI, Antonio. *A Class Action como instrumento de tutela coletiva dos direitos*: ações coletivas em uma perspectiva comparada. São Paulo: Ed. RT, 2007.

GODINHO, Robson Renault. *A proteção processual dos direitos dos idosos*. 2ª ed. Rio de Janeiro: Lumen Juris, 2010.

GÓES, Gisele. O pedido de dano moral coletivo na ação civil pública do Ministério Público. In: MAZZEI, Rodrigo; NOLASCO, Rita (Coord.). *Processo Civil Coletivo*. São Paulo: Quartier Latin, 2005.

GOMES JR., Luiz Manoel; FAVRETO, Rogério. In GAJARDONI, Fernando da Fonseca et al. (Org.). *Comentários à Lei de Improbidade Administrativa*. 3ª ed. São Paulo: Ed. RT, 2012.

GOMES JR., *Curso de Direito Processual Civil Coletivo*. 2ª ed. São Paulo: SRS, 2008.

GOMES JR.; FAVRETO, Rogério. *Comentários à Lei do mandado de segurança*. 2ª ed. São Paulo: Ed. RT, 2011.

GOMES, José Jairo. *Direito Eleitoral*. 8ª. ed. rev. atual e ampl. São Paulo: Atlas, 2012.

GRAVRONSKI, Alexandre Amaral. Autocomposição no novo CPC e nas Ações Coletivas. In: ZANETI JR., Hermes (coord.). *Processo coletivo*. Salvador: JusPodivm, 2016. Coleção Repercussões do Novo CPC, v. 8, coordenador geral: Fredie Didier Jr.

GAVRONSKI, Alexandre Amaral. *Técnicas extraprocessuais de tutela coletiva*: a efetividade da tutela coletiva fora do processo judicial. São Paulo: Ed. RT, 2011.

GRECO, Leonardo. *A teoria da ação no processo civil*. São Paulo: Dialética, 2003.

GRINOVER, Ada Pellegrini. A problemática dos interesses difusos. In: *A tutela dos interesses difusos*. São Paulo: Max Limonad, 1984.

GRINOVER, Ada Pellegrini. Uma nova modalidade de legitimação à ação popular. Possibilidade de conexão, continência e litispendência. In: MILARÉ, Edis (Coord.) *Ação civil pública*. São Paulo: Ed. RT, 1995.

GRINOVER, Ada Pellegrini. *Código de Defesa do Consumidor comentado pelos autores do anteprojeto*. 5ª ed. São Paulo: Forense Universitária, 1998, p. 683.

GRINOVER, Ada Pellegrini. Do direito de defesa em inquérito administrativo. In: *O Processo em evolução*. 2ª ed. Rio de Janeiro: Forense Universitária, 1998.

GRINOVER, Ada Pellegrini. *Código Brasileiro de Defesa do Consumidor*. 6ª ed. Rio de Janeiro: Forense Universitária, 1999.

GRINOVER, Ada Pellegrini. Ação civil pública em matéria ambiental e denunciação da lide. *Revista de Processo*. São Paulo: Ed. RT, abr.-jun. n. 106, p. 16, 2002.

GRINOVER, Ada Pellegrini. A ação civil pública refém do autoritarismo. In: *O processo*: estudos e pareceres. São Paulo: Perfil, 2005.

GRINOVER, Ada Pellegrini. *Novas questões sobre a legitimação e a coisa julgada nas ações coletivas. O processo*: estudos e pareceres. São Paulo: DPJ, 2006.

GRINOVER, Ada Pellegrini; CASTRO MENDES, Aluísio Gonçalves de; WATANABE, Kazuo. *Direito Processual Coletivo e o anteprojeto de Código Brasileiro de Processos Coletivos*. São Paulo: Ed. RT, 2007.

GRINOVER, Ada Pellegrini. Ação de Improbidade Administrativa. Decadência e prescrição. In: *Processo Civil: aspectos relevantes – v. 2*: estudos em homenagem ao prof. Humberto Theodoro Jr. São Paulo: Método, 2007.

GRINOVER, Ada Pellegrini. Ajustamento de conduta e defesa da concorrência. *Revista do IBRAC* (dir. Viviane Lima), v. 16, n. 1, São Paulo: Vale, 2009.

GRINOVER, Ada Pellegrini. *Novas tendências do Direito Processual*. Rio de Janeiro: Forense, 1990. LIMA, Frederico Rodrigues Viana de. *Defensoria Pública*. Salvador: JusPodivm, 2010.

GRINOVER, Ada Pellegrini. *A Coletivização de ações individuais após o veto. Novo Código de Processo Civil. Impactos na legislação extravagante e interdisciplinar*. São Paulo: Saraiva, 2015.

GRINOVER, Ada Pellegrini. *Direito Processual Coletivo*. Disponível em: https://pt.scribd.com/document/128818975/Artigo-Direito-Processual-Coletivo-Ada-Pellegrini-Grinover-principios. Acesso em: 03 jun. 2017.

GUIMARÃES, Marla Marcon Andrade. A vedação dos procedimentos da ACP em matéria eleitoral e as garantias do Ministério Público. *Boletim Científico ESMPU*, Brasília, a. 12, n. 41, p. 135-153, jul.-dez. 2013.

HUNGRIA, Nelson. *Comentários ao Código Penal*. v. 9. Rio de Janeiro: Forense, 1959.

JATAHY, Carlos Roberto de Castro. *Curso de princípios institucionais do Ministério Público*. 4 ed. Rio de Janeiro: Lumen Juris, 2009.

JATAHY, Vera Maria Barrera. *Do conflito de jurisdições*. Rio de Janeiro: Forense, 2003.

JOBIM, Marco Félix. *Medidas estruturantes*: da Suprema Corte Estadunidense ao Supremo Tribunal Federal. Porto Alegre: Livraria do Advogado, 2013.

JORGE, Mario Helton. Da denunciação da lide no Código de Defesa do Consumidor. *Revista de Processo*, São Paulo: Ed. RT, 2002, n. 108.

KLIPPEL, Rodrigo; NEFFA JR., José. *Comentários à Lei de Mandado de Segurança*. Rio de Janeiro: Lumen Juris, 2009.

LEITE, Carlos Henrique Bezerra. *Ação civil pública: a nova jurisdição trabalhista metaindividual e legitimação do Ministério Público*. São Paulo: LTr, 2001.

LEITE, José Rubens Morato. *Dano ambiental*: do individual ao extrapatrimonial. São Paulo: Ed. RT, 2000.

LENZA, Pedro. *Teoria Geral da Ação Civil Pública*. São Paulo: Ed. RT, 2003.

LENZA, Pedro. *Direito Constitucional esquematizado*. 20ª ed. São Paulo: Saraiva, 2016.

LIMA, João Manoel Cordeiro. Intervenção de terceiros nas ações civis públicas ambientais: o regramento atual e os impactos do CPC. In: MILARÉ, Edis. *Ação civil pública após 30 anos*. São Paulo: Ed. RT, 2015.

LISBOA, Roberto Senise. *Contratos difusos e coletivos*: consumidor, meio ambiente, trabalho, agrário, locação, autor. 3ª ed. São Paulo: Ed. RT, 2007.

LOPES JR., Aury. *Sistemas de investigação preliminar no processo penal*. 4ª ed. Rio de Janeiro: Lumen Juris, 2006.

LOPES, Bruno Vasconcelos Carrilho. *Honorários advocatícios no processo civil*. São Paulo: Saraiva, 2008.

REFERÊNCIAS BIBLIOGRÁFICAS

LOPES, João Batista. Sujeito passivo no mandado de segurança. In: BUENO, Cassio Scarpinella; ARRUDA ALVIM, Eduardo; ARRUDA ALVIM WAMBIER, Teresa (Coords.). *Aspectos polêmicos e atuais do mandado de segurança*: 51 anos depois. São Paulo: Ed. RT, 2002.

LORENCINI, Marco Antônio Garcia Lopes. *Comentários à Lei de Ação Civil Pública e Lei de Ação Popular.* COSTA, Susana Henriques da (Coord.). São Paulo: Quartier Latin, 2006.

LUCON, Paulo Henrique dos Santos. *Código de Processo Civil interpretado*. 3ª ed. MARCATO Antonio Carlos (Coord.). São Paulo: Atlas, 2005.

LUCON, Paulo Henrique dos Santos. *Relação entre as demandas*. Brasília: Gazeta Jurídica, 2016.

MACÊDO, Marcus Paulo Queiroz. As três ações coletivas previstas na Lei n 8.429/92: algumas breves anotações. In: MACEDO, Marcus Paulo Queiroz, MARTELETO FILHO, Wagner Marteleto (Orgs.) *Temas avançados do Ministério Público*. Salvador: JusPodivm, 2015.

MACHADO, Antônio Cláudio da Costa. *Tutela antecipada*. São Paulo: Oliveira Mendes, 1998.

MACHADO, Carlos Augusto Alcântara. *Mandado de injunção*: um instrumento de efetividade da Constituição. São Paulo: Atlas, 2004.

MACHADO, Paulo Affonso Leme. *Direito Ambiental brasileiro*. São Paulo: Malheiros, 2010.

MACIEL, Adhemar Ferreira. Mandado de Injunção e Inconstitucionalidade por Omissão. *Revista de Informação Legislativa*. n. 101, 1989.

MAIA, Diogo Campos Medina. A ação coletiva passiva: o retrospecto histórico de uma necessidade presente. In: GRINOVER, Ada Pellegrini et al. (Coords.). *Direito Processual Coletivo e o Anteprojeto de Código Brasileiro de Processos Coletivos*. São Paulo: Ed. RT, 2007.

MANCUSO, Rodolfo de Camargo. Tutela judicial do meio ambiente: reconhecimento de legitimação para agir aos entes naturais?, *RePro* 52/68, São Paulo: Ed. RT, out.-dez. 1988.

MANCUSO, Rodolfo de Camargo. *Manual do Consumidor em juízo*. São Paulo: Saraiva, 1994.

MANCUSO, Rodolfo de Camargo. *Ação Popular*. 3ª ed. São Paulo: Ed. RT, 1998.

MANCUSO, Rodolfo de Camargo. *Ação popular*: proteção ao erário, do patrimônio público, da moralidade administrativa e do meio ambiente. 5ª ed. São Paulo: Ed. RT, 2003.

MARINELA, Fernanda; PAIVA, Fernanda; RAMALHO, Tatiany. *Lei anticorrupção*. São Paulo: Saraiva, 2015.

MARINONI, Luiz Guilherme; MITIDIERO, Daniel Francisco. *Código de Processo Civil comentado*. São Paulo: Ed. RT, 2010.

MARINONI, Luiz Guilherme; MITIDIERO, Daniel. *O projeto do CPC. Críticas e propostas*. São Paulo: Ed. RT, 2010.

MARINONI, Luiz Guilherme. *Novo Código de Processo Civil comentado*. São Paulo: Ed. RT, 2016.

MARTINS JÚNIOR, Wallace Paiva. *Probidade administrativa*. 2ª ed. São Paulo: Saraiva 2002.

MARQUES, Cláudia Lima; BENJAMIN, Antônio Herman; MIRAGEM, Bruno. *Comentários ao Código de Defesa do Consumidor*. 3ª ed. São Paulo: Ed. RT, 2010.

MARQUES, Silvio. *Improbidade administrativa*. São Paulo: Saraiva, 2010.

MATTOS, Mauro Roberto Gomes. *O limite da improbidade administrativa*. 5ª ed. São Paulo: Saraiva, 2009.

MAZZEI, Rodrigo Reis. *Comentários à Lei de Ação Civil Pública e Ação Popular.* COSTA, Susana Henriques da. (Coord.) São Paulo: Quartier Latin. 2006.

MAZZEI, Rodrigo Reis. A ação popular e o microssistema da tutela coletiva. In: GOMES JUNIOR, Luiz Manoel (coord.). *Ação popular:* aspectos controvertidos e relevantes – 40 anos da Lei 4717/65. São Paulo: RCS, 2006.

MAZZEI, Rodrigo Reis. A 'intervenção móvel' da pessoa jurídica de direito público na ação popular e ação de improbidade administrativa (art. 6º, § 3º da LAP e art. 17 § 3º da LIA). *Revista Forense,* ano 104, v. 400, nov-dez, 2008.

MAZZEI, Rodrigo Reis. A ação popular e o microssistema da tutela coletiva. In: DIDIER JÚNIOR, Fredie; MOUTA, José Henrique (Coords.). *Tutela jurisdicional coletiva.* Salvador: JusPodivm, 2009.

MAZZILLI, Hugo Nigro. *O inquérito civil.* São Paulo: Saraiva, 1999.

MAZZILLI, Hugo Nigro. *Pontos controvertidos sobre o inquérito civil. Ação Civil Pública:* 15 anos. MILARÉ, Édis (coord.). São Paulo: Ed. RT, 2001.

MAZZILLI, Hugo Nigro. *A defesa dos interesses difusos em juízo:* meio ambiente, consumidor, patrimônio cultural, patrimônio público e outros interesses. 21ª ed. Rev., ampl. e atual. São Paulo: Saraiva, 2008.

MAZZILLI, Hugo Nigro. *O inquérito civil:* investigações do Ministério Público, compromissos de ajustamento e audiências públicas. 4ª ed. São Paulo: Saraiva, 2015.

MEDINA, José Miguel de Garcia; ARAÚJO, Fábio Caldas de. *Mandado de Segurança individual e coletivo.* São Paulo: Ed. RT, 2009.

MEDINA, José Miguel de Garcia; ARRUDA ALVIM WAMBIER, Teresa. *Processo Civil Moderno, parte geral e processo de conhecimento.* São Paulo: Ed. RT, 2009, v. 1.

MEIRELLES, Hely Lopes. *Mandado de Segurança, Ação Civil Pública, Mandado de Injunção, 'Habeas Data'.* 19ª ed. São Paulo: Malheiros, 1998.

MEIRELLES, Hely Lopes. *Mandado de segurança, ação popular, ação civil pública, mandado de injunção, habeas data, ação direta de inconstitucionalidade, ação declaratória de constitucionalidade, e arguição de descumprimento de preceito fundamental.* 23ª ed. Atualizada por Arnoldo Wald e Gilmar Ferreira Mendes. São Paulo: Malheiros, 2001.

MEIRELLES, Hely Lopes; WALD, Arnold; MENDES, Gilmar Ferreira. *Mandado de segurança e ações constitucionais.* 33ª ed. São Paulo: Malheiros, 2010.

MEIRELLES, Hely Lopes. *Curso de Direito Administrativo brasileiro.* 42ª ed. São Paulo: Malheiros, 2016.

MELLO FERRAZ, Antônio Augusto Camargo de. et al. *A ação civil pública e a tutela dos interesses difusos.* São Paulo: Saraiva, 1984.

MENDES, Aluisio Gonçalves de Castro. *Competência Cível da justiça federal.* São Paulo: Saraiva, 1998.

MENDES, Aluisio Gonçalves de Castro. *Ações Coletivas.* São Paulo: Ed. RT, 2002.

MENDES, Aluisio Gonçalves de Castro. A legitimação nos processos coletivos e as ações coletivas passivas. In: GRINOVER, Ada Pellegrini et. al. (Coords.) *Processo Coletivo: do surgimento à atualidade.* São Paulo: Ed. RT, 2014.

MENDES, Aluisio Gonçalves de Castro. *Ações Coletivas e os meios de resolução coletivos de conflitos no direito comparado e nacional.* 4ª ed. São Paulo: Ed. RT, 2014.

MENDES, Aluisio Gonçalves de Castro; SILVA, Larissa Clare Pochmann da. *Ações Coletivas e incidente de resolução de demandas repetitivas*: algumas considerações sobre a solução coletiva de conflitos. In: ZANETI JR., Hermes (Coord.). *Processo Coletivo.* Salvador: JusPodivm, 2016. Coleção Repercussões do Novo CPC, v. 8, coordenador geral: Fredie Didier Jr.

MESQUITA, José Ignácio Botelho de. Na ação do consumidor pode ser inútil a defesa do fornecedor. *Revista do Advogado.* São Paulo, AASP, n. 33.

MILARÉ, Édis. *A ação civil pública na nova ordem constitucional.* São Paulo: Saraiva, 1990.

MILARÉ, Édis. *Direito do ambiente.* 10ª ed. São Paulo: Ed. RT, 2015.

MIRANDA, Gustavo Senna. *Princípios do juiz natural e sua aplicação na Lei de Improbidade Administrativa.* São Paulo: Ed. RT, 2007.

MIRANDA, Marcos Paulo de Souza. A Recomendação ministerial como instrumento extrajudicial de solução de conflitos ambientais. In: CHAVES, Cristiano; ALVES, Leonardo Barreto Moreira; ROSENVALD, Nelson. *Temas atuais do Ministério Público.* Rio de Janeiro: Lumen Juris, 2008.

MIRRA, Álvaro Luiz Valery. Ação civil pública em defesa do meio ambiente: a questão da competência jurisdicional. In: *Manual prático da Promotoria de Justiça do Meio Ambiente.* São Paulo: Imprensa Oficial do Estado de São Paulo: Ministério Público do Estado de São Paulo, 2005.

MORAES, Alexandre de. *Direito Constitucional.* 6ª ed. São Paulo: Atlas, 1999, Atlas.

MORAES, Guilherme Peña de. *Curso de Direito Constitucional.* São Paulo: Atlas, 2017.

MOREIRA, Egon Bockmann (et al.). *Comentários à Lei de ação civil pública: revisitada, artigo por artigo, à luz do novo CPC e temas atuais.* São Paulo: Ed. RT, 2016.

MOREIRA, Egon Bockmann; BAGATIN, Andreia Cristina; ARENHART, Sérgio Cruz; FERRARO, Marcella Pereira. *Comentários à Lei de Ação Civil Pública.* São Paulo: Ed. RT, 2017.

MOSCHEN, Valesca Raizer Borges; GUERRA, Marcel Victor M. *Processo Civil Transnacional*: A caminho de uma sistematização dos princípios de competência internacional: reflexões de um novo paradigma axiológico face à crise metodológica positivista. In: Anais do XVIII Encontro Nacional do CONPEDI, Fundação Boiteux, 2009.

MOTTA, Reuder Cavalcante. *Tutela do patrimônio público e da moralidade administrativa. Interpretação e aplicação.* Belo Horizonte: Fórum, 2012.

NERY JR., Nelson. O Ministério Público e sua legitimação para a defesa do consumidor em juízo, *Justitia* 160/245-246, outubro-dezembro/1992.

NERY JR., Nelson. O Ministério Público e sua legitimação para a defesa do consumidor, *Justitia* 160, outubro-dezembro/1992.

NERY JR., Nelson. *Código brasileiro de defesa do consumidor: comentado pelos autores do anteprojeto.* Rio de Janeiro: Forense Universitária, 1998.

NERY JR., Nelson. *Código Brasileiro de Defesa do Consumidor*: comentado pelos autores do anteprojeto. 8ª ed. Rio de Janeiro: Forense Universitária, 2004.

NERY JR., Nelson. *Princípios do processo civil na Constituição Federal.* São Paulo: Ed. RT, 2004.

NERY JR., Nelson; NERY, Rosa Maria de Andrade. *Constituição Federal comentada e legislação extravagante.* São Paulo: Ed. RT, 2006.

NERY JR., Nelson; NERY, Rosa Maria de Andrade. *Código de Processo Civil comentado.* 10ª ed. São Paulo: Ed. RT, 2008.

NERY JR., Nelson. *Código Brasileiro de Defesa do Consumidor – comentado pelos autores do anteprojeto.* 10ª ed. V. 1. Rio de Janeiro: Forense, 2011.

NERY JR., Nelson; ANDRADE NERY, Rosa Maria. *Declaração incidente de inconstitucionalidade de lei e a ação civil pública. Considerações em face do CPC. Ação Civil Pública após 30 anos.* São Paulo: Ed. RT, 2015.

NERY JR., Nelson. *Código de Processo Civil e Legislação Processual Extravagante em vigor.* São Paulo: Ed. RT, 2017, p. 1018, nota 25, art. 1º, inciso IV, Lei 7347/85.

NERY, Ana Luiza de Andrade. *Compromisso de ajustamento de conduta: teoria e análise de casos práticos.* 2ª ed. São Paulo: Ed. RT, 2012.

NEVES, Daniel Amorim Assumpção. O inquérito civil como uma cautelar preparatória probatória *sui generis.* MAZZEI, Rodrigo; NOLASCO, Rita. *Processo Civil Coletivo.* São Paulo: Quartier Latin, 2005.

NEVES, Daniel Amorim Assumpção; OLIVEIRA, Rafael Carvalho Rezende. *Manual de Improbidade Administrativa.* São Paulo: Método, 2012.

NEVES, Daniel Amorim Assumpção. *Manual de Direito Processual Civil.* São Paulo: Método, 2014.

NEVES, Daniel Amorim Assumpção. *Manual do Processo Coletivo:* volume único. 3ª ed. Rev., atual. e ampl. Salvador: JusPodivm, 2016.

NEVES, Gabriela Angelo; SILVA, Samira Ribeiro da; RANGEL, Tauã Lima Verdan. As ondas reno-vatórias do italiano Mauro Cappelletti como conjunto proposto a efetivar o acesso à justiça dentro do sistema jurídico brasileiro. Disponível em: http://www.ambitjuridico.com.br/si-te/?n_link=revista_artigos_leitura&artigo_id=17762. Acesso em 12/12/2017.

NOGUEIRA, Gustavo Santana. *Curso básico de processo civil.* Rio de Janeiro: Lumen Juris, 2004.

NUCCI, Guilherme. *Código Penal comentado.* 4ª ed. São Paulo: Ed. RT, 2003.

NUNES, Rizzatto. *Comentários ao Código de Defesa do Consumidor.* 2ª ed. reformulada. São Paulo: Saraiva, 2005.

OLIVEIRA JÚNIOR, Gonçalo Farias de. Ordem econômica e Direito penal antitruste. *Biblioteca de estudos avançados em Direito penal e Direito processual penal.* PRADO, Luiz Regis Prado; TASSE, Adel El (Coords.). 5ª ed. Curitiba: Juruá, 2015.

OLIVEIRA, Bruno Silveira. *Breves comentários ao novo código de processo civil.* In: ARRUDA ALVIM WAMBIER, Teresa et al. (Coords.). 2ª ed. Rev. e atual. São Paulo: Ed. RT, 2016.

OLIVEIRA, Carlos Alberto Alvaro de. *A Ação coletiva de responsabilidade civil e seu alcance. Responsabilidade civil por danos a consumidores.* In: BITTAR, Carlos Alberto (Coord.). São Paulo: Saraiva, 1992.

OLIVEIRA, José Roberto Pimenta. *Improbidade Administrativa e sua autonomia constitucional.* Belo Horizonte: Fórum, 2009.

OLIVEIRA, Rafael Carvalho Rezende. *Curso de Direito Administrativo.* 3ª ed. São Paulo: GEN, 2015.

OLIVEIRA, Swarai Cervone de. *Poderes do juiz nas ações coletivas.* São Paulo: Atlas, 2009.

OSÓRIO, Fábio Medina. *Improbidade administrativa:* observações sobre a Lei 8.429/92. 2ª ed. Porto Alegre: Síntese, 1998.

REFERÊNCIAS BIBLIOGRÁFICAS

PACHECO, José da Silva. *O mandado de segurança*: e outras ações constitucionais típicas. 4ª ed. Rev., atual. e ampl. São Paulo: Ed. RT, 2002.

PAZZAGLINI FILHO, Marino. *Lei de Improbidade Administrativa comentada: aspectos constitucionais, administrativos, civis, criminais, processuais e de responsabilidade fiscal.* 5ª ed. São Paulo: Atlas, 2011.

PEREIRA, Hélio do Valle. *Manual da Fazenda Pública em juízo.* 3ª ed. Rio de Janeiro: Renovar, 2008.

PEREIRA, Marco Antonio Marcondes. A transação no curso da ação civil pública. *Revista de Direito do Consumidor,* São Paulo: Ed. RT, 1995, n, 16.

PEREIRA, Marivaldo de Castro; BOTTINI, Pierpaolo Cruz. A Defensoria Pública perante a tutela dos interesses transindividuais: atuação como parte legitimada ou como assistente judicial. In: SOUZA, José Augusto Garcia de (Coord.). *A defensoria pública e os processos coletivos*: comemorando a Lei Federal 11.448, de 15 de janeiro de 2007. 2ª tir. Rio de Janeiro: Lumen Juris, 2008.

PINHO, Humberto Dalla Bernardina de. *A natureza jurídica do direito individual homogêneo e sua tutela pelo Ministério Público como forma de acesso à justiça.* Rio de Janeiro: Forense, 2002.

PINHO, Humberto Dalla Bernardina de. A legitimidade da Defensoria Pública para a propositura de ações civis públicas: primeiras impressões e questões controvertidas. In: SOUZA, José Augusto Garcia de (Coord.). *A defensoria pública e os processos coletivos*: comemorando a Lei Federal 11.448, de 15 de janeiro de 2007. 2ª tir. Rio de Janeiro: Lumen Juris, 2008.

PIOVESAN, Flávia. *Proteção judicial contra omissões* legislativas: ação direta de inconstitucionalidade por omissão e mandado de injunção. 2 ed. rev. atual. e ampl. São Paulo: Ed. RT, 2003.

PIZZOL, Patricia Miranda. *A competência no Processo Civil.* São Paulo: Ed. RT, 2003.

PIZZOL, Patricia Miranda. *Liquidação nas ações coletivas.* São Paulo: Lejus, 1998.

PONTES DE MIRANDA, Francisco Cavalcanti. *Comentários ao Código de Processo Civil de 1939.* IV. Rio de Janeiro: Forense, 1962, p. 31. V., ainda, Cap. 4, n. 7

PONTES DE MIRANDA, Francisco Cavalcanti. *Comentários ao Código de Processo Civil de 1973, art. 248.* Rio de Janeiro: Forense, 1974.

PORTO FILHO, Pedro Paulo de Rezende (Coords.). *Improbidade Administrativa*: questões polêmicas e atuais. 2ª ed. São Paulo: Malheiros, 2003.

PROENÇA, Luis Roberto. *Inquérito civil*: atuação investigativa do Ministério Público a serviço da ampliação do acesso à Justiça. São Paulo: Saraiva.

QUARTIERI, Rita. Impactos do novo Código de Processo Civil na Lei de Improbidade Administrativa. In: COSTA, Eduardo Fonseca da; SICA, Heitor Vitor Mendonça. *Legislação processual extravagante.* Salvador: JusPodivm, 2016. p. 344 (Coleção Repercussões do Novo CPC, v. 9; coordenador geral, Fredie Didier Jr.).

QUEIROZ, Ronaldo Pinheiro de. Responsabilização judicial da pessoa jurídica na Lei Anticorrupção. In: SOUZA, Jorge Munhós de; QUEIROZ, Ronaldo Pinheiro de. (Coords.). *Lei anticorrupção*: temas de compliance. Salvador: JusPodivm, 2017.

RAMOS, André de Carvalho. A ação civil pública e o dano moral coletivo. *Revista de Direito do Consumidor.* São Paulo: Ed. RT, 1998. v. 25.

REDONDO, Bruno Garcia; OLIVEIRA, Guilherme Peres de; CRAMER, Ronaldo. *Mandado de segurança.* São Paulo: Método, 2009.

REHNQUIST, William. *The supreme court*. New York: Vintage, 2002, p. 196-197; The supreme court in conference (1940- 1985) – the private discussions behind nearly 300 supreme court decisions. Ed. Del Dickson. New York: Oxford, 200.

RIZZARDO, Arnaldo. *Ação civil pública e ação de improbidade administrativa*. São Paulo: GZ, 2009.

ROCHA, Luciano Velasque. *Ações coletivas*: o problema da legitimidade para agir. Rio de Janeiro: Forense, 2007.

ROCHA, Luciano Velasque. *Ações coletivas*: no Direito Comparado e Nacional. São Paulo: Ed. RT, 2002.

RODRIGUES, Geisa de Assis. *Ação civil pública e termo de ajustamento de conduta*: teoria e prática. 2ª ed. Rio de Janeiro: Forense, 2006.

RODRIGUES, Marcelo Abelha. *Ação Civil Pública e meio ambiente*. Rio de Janeiro: Forense Universitária, 2003.

RODRIGUES, Marcelo Abelha. *Elementos de Direito Processual Civil*. 2ª ed. São Paulo: Ed. RT, 2003. v. 2.

RODRIGUES, Marcelo Abelha. Técnicas individuais de repercussão coletiva x técnicas coletivas de repercussão individual. Por que estão extinguindo a ação civil pública para a defesa de direitos individuais homogêneos? In: ZANETI JR., Hermes (Coord.). *Processo Coletivo*. Salvador: JusPodivm, 2016. (Coleção Repercussões do Novo CPC, v. 8, coordenador geral: Fredie Didier Jr).

RODRIGUES, Marcelo Abelha. *Processo Civil Ambiental*. 2ª ed. São Paulo: Ed. RT, 2010.

RODRIGUES, Marcelo Abelha; KLIPPEL, Rodrigo. *Comentários à tutela coletiva*. Rio de Janeiro: Lumen Juris, 2009.

RODRIGUES, Marcelo Abelha. *Ação civil pública e meio ambiente*. 2ª ed. Rio de Janeiro: Forense Universitária, 2004.

RODRIGUES, Marcelo Abelha. *Manual de Execução Civil*. Rio de Janeiro: Forense Universitária, 2006.

RODRIGUES, Marcelo Abelha; KLIPPEL, Rodrigo. *Comentários à lei de Ação Civil Pública, Código de Defesa do Consumidor e Lei de Ação Popular*. Rio de Janeiro: Lumen Juris, 2008.

RODRIGUES, Roberto de Aragão Ribeiro. *Ações Repetitivas: o novo perfil da tutela dos direitos individuais homogêneos*. Curitiba: Juruá. 2013.

ROQUE, André Vasconcelos; DUARTE, Francisco Carlos. Aspectos polêmicos do mandado de segurança coletivo: evolução ou retrocesso? *Revista de Processo*. São Paulo: Ed. RT, 2012.

ROQUE, André Vasconcelos. *Class Actions. Ações coletivas nos Estados Unidos*: o que podemos aprender com eles? Salvador: JusPodivm, 2013.

ROSA, Renato Xavier da Silveira. *Incidente de resolução de demandas repetitivas*: arts. 895 a 906 do Projeto de Código de Processo Civil, PLS 166/10. Disponível em: http://www.renatorosa.com/incidente-de-resolucao-de-demandas-repetitivas Acesso em: 11 jun. 2011.

RUSCH, Érica. Legitimidade para agir: Desenho Processual da Atuação do Ministério Público. In: *Ministério Público*: Instituição e Processo. Antonio Augusto Mello de Camargo Ferraz (Coord.). São Paulo: IEDC/Atlas, 1997.

RUSCH, Érica. *Ação civil pública de responsabilidade por danos ambientais*. Dissertação de mestrado. Programa de Pós-graduação em Direito da Universidade Federal da Bahia. Salvador, 2008.

SALLES, Carlos Alberto de. *A defesa dos interesses difusos em juízo*: meio ambiente, consumidor e patrimônio cultural. São Paulo: Ed. RT, 1991.

SANTOS, Ana Lucia Torres. *A Ação Civil Privada Subsidiária da Pública e a Legitimidade do Cidadão na Ação Civil Pública*. Dissertação apresentada ao Programa de Mestrado em Direito da Universidade Estácio de Sá. Orientador: Prof. Dr. Humberto Dalla Bernardina de Pinho. Defesa em 1º de agosto de 2010.

SANTOS, Carlos Frederico Brito dos. *Improbidade administrativa*. 2ª ed. Rio de Janeiro: Forense, 2007.

SANTOS, Ernane Fidélis dos. *Manual de Direito Processual Civil*. 10ª ed. V.1. São Paulo: Saraiva, 2003.

SCHENK, Leonardo Faria. *Breves Comentários ao novo Código de Processo Civil*. ARRUDA ALVIM WAMBIER, Teresa (coord.). 2ª ed. São Paulo: Ed. RT, 2016.

SIQUEIRA, Márcio Araújo de. Acesso à Justiça uma realidade ou uma fantasia?. Âmbito Jurídico. Disponível em: <http://www.ambitojuridico.com.br/site/index.php?n_link=revista_artigos_leitura&artigo_id=7479>. Acesso em 12 dez. 2017.

SHIMURA, Sergio. *Tutela coletiva e sua efetividade*. São Paulo: Método, 2006.

SIDOU, J. M. Othon. *Habeas Corpus, Mandado de Segurança, Ação Popular*: as garantias ativas dos direitos coletivos. São Paulo: Companhia Editora Forense, 1992. 418.

SILVA, Érica Barbosa e. *Cumprimento de sentença em ações coletivas*. São Paulo: Atlas, 2009.

SILVA, José Afonso da. *Ação Popular Constitucional*: doutrina e processo. 2ª ed. São Paulo: Malheiros, 2007.

SILVA, Larissa Clare Pochmann da. *A legitimidade do indivíduo das ações coletivas*. Rio de Janeiro: LMJ Mundo Jurídico, 2013.

SILVA, Ovídio Baptista da; GOMES, Fabio Luiz. *Teoria Geral do Processo*. 3ª ed. São Paulo: Ed. RT, 2002.

SILVA, Paulo Márcio da. *Inquérito Civil e Ação Civil Pública*: instrumentos da tutela coletiva. Belo Horizonte: Del Rey. 2000.

SOBRANE, Sérgio Turra. *Improbidade administrativa*: aspectos materiais, dimensão difusa e coisa julgada. São Paulo: Atlas, 2010.

SOUZA, Moutari Ciocchetti de. *Ação Civil Pública e inquérito civil*. 4ª ed. São Paulo: Saraiva, 2011.

TEMER, Sofia. *Incidente de Resolução de demanda repetitivas*. Salvador: JusPodivm, 2016.

TEPEDINO, Gustavo. O Código Civil. Os chamados microssistemas e a Constituição: premissas para uma reforma legislativa. In: *Problemas de direito civil-constitucional*. Rio de Janeiro: Renovar, 2001.

THEODORO JR., Humberto. *O Mandado de Segurança*. Rio de Janeiro: Forense, 2009.

THEODORO JR., Humberto. *Curso de Direito Processual Civil*. 47ª ed. Rio de Janeiro: Forense, 2007

TUCCI, José Rogério Cruz e. *Devido processo legal e tutela jurisdicional*. São Paulo: Ed. RT, 1993.

TUCCI, José Rogério Cruz e. *A causa petendi no processo civil*. 2ª ed. rev., ampl. e atual. São Paulo: Ed. RT, 2001.

TUCCI, Rogério Lauria; CRUZ, José Rogério. *Constituição de 1988 e Processo: regramentos e garantias constitucionais do processo*. São Paulo: Saraiva, 1989.

TUCCI, Rogério Lauria. Ação civil pública: falta de legitimidade e de interesse do Ministério Público. *Revista dos Tribunais*. São Paulo: Ed. RT, 1997, n. 745.

VAMPRÉ, Spencer. *Código Civil brasileiro*. São Paulo: Livraria e Officinas Magalhães. 1917.

VENTURI, Elton. Sobre a intervenção individual nas ações coletivas. In: DIDIER JR., Fredie; ARRUDA ALVIM WAMBIER Teresa (Coords.). *Aspectos polêmicos e atuais sobre os terceiros no processo civil e assuntos afins*. São Paulo: Ed. RT, 2004.

VENTURI, Elton. *Processo Civil Coletivo: a tutela jurisdicional dos direitos difusos, coletivos e individuais homogêneos no Brasil*: Perspectivas de um Código Brasileiro de Processos Coletivos. São Paulo: Malheiros, 2007.

VIAFORE, Daniele. *As ações repetitivas no Direito brasileiro*. Porto Alegre: Livraria do Advogado. 2014.

VICENZI, Brunela Vieira de. Competência funcional: distorções. *Revista de Processo*. São Paulo: Ed. RT, 2002, n. 105.

VIGLIAR, José Marcelo Menezes. *Tutela Jurisdicional Coletiva*. São Paulo: Atlas, 1998.

VIGLIAR, José Marcelo Menezes. Defendant class action brasileira: limites propostos para o Código de Processos Coletivos. In: GRINOVER, Ada Pellegrini et al. (coords.). *Direito Processual Coletivo e o Anteprojeto de Código Brasileiro de Processos Coletivos*. São Paulo: Ed. RT, 2007.

VIGLIAR, José Marcelo Menezes. Lei 13.004, de 24.06.2014: "ação civil pública popular" ou "ação popular civil pública"? In: MILARÉ, Édis. *A Ação Civil Pública após 30 anos*. São Paulo: Ed. RT, 2015.

VIOLIN, Jordão. *Protagonismo judiciário e processo coletivo estrutural*: o controle jurisdicional de decisões políticas. Salvador: JusPodivm, 2013.

VITORELLI, Edilson. Apontamentos sobre as ações coletivas, *Revista de Processo*, v. 75.

VITORELLI, Edilson. Litispendência em ações coletivas. In: MAZZEI, Rodrigo; NOLASCO, Rita Dias (Orgs.). *Processo Civil Coletivo*. São Paulo: Quartier Latin, 2005.

VITORELLI, Edilson. *Sentença civil: liquidação e cumprimento*. 3ª ed. São Paulo: Ed. RT, 2006.

VITORELLI, Edilson; ARRUDA ALVIM WAMBIER, Tereza; MEDINA, José Miguel de Garcia. *Breves comentários à nova sistemática processual civil 3*. São Paulo: Ed. RT, 2007.

VITORELLI, Edilson. Apontamentos sobre as ações coletivas. In: GRINOVER, Ada Pellegrini et al. (Coords). *Processo Coletivo: do surgimento à atualidade*. São Paulo: Ed. RT, 2014.

VITORELLI, Edilson; CONCEIÇÃO, Maria Lúcia Lins; RIBEIRO, Leonardo Ferres da Silva; MELLO, Rogério Licastro Torres de. *Primeiros Comentários ao Novo Código de Processo Civil*. São Paulo: Ed. RT, 2015.

VITORELLI, Edilson. *O devido processo legal coletivo: dos direitos aos litígios coletivos*. São Paulo: Ed. RT, 2016.

VITORELLI, Edilson. Tipologia dos litígios transindividuais: um novo ponto de partida para a tutela coletiva. In: ZANETI JUNIOR, Hermes (Coord.) *Repercussões do novo CPC*: processo coletivo. Salvador: JusPodivm, 2016.

VITORELLI, Edilson. *Primeiros Comentários ao novo Código de Processo Civil*. São Paulo: Ed. RT, 2016.

WATANABE, Kazuo. *Código de Defesa do Consumidor comentado pelos autores do anteprojeto*. 10ª ed. Rio de Janeiro: Forense, 2011.

WATANABE, Kazuo. A tutela jurisdicional dos interesses difusos: a legitimação para agir. In: GRI-NOVER, Ada Pellegrini (coord.). *A tutela dos interesses difusos*. São Paulo: Max Limonad, 1984.

WATANABE, Kazuo; GRINOVER, Ada Pellegrini. *Código Brasileiro de Defesa do Consumidor Comentado pelos autores do Anteprojeto, 3ª edição*. Rio de Janeiro: Forense Universitária, 1993.

WATANABE, Kazuo. *Código Brasileiro de Defesa do Consumidor*: comentado pelos autores do anteprojeto. 8ª ed. Rio de Janeiro: Forense Universitária, 2004.

WATANABE, Kazuo. Relação entre demanda coletiva e demandas individuais. *Revista de Processo*. São Paulo: Ed. RT, ano 31, n. 139, p. 28-35, set. 2006.

WOLFF, Rafael. Descabimento da denunciação da lide em sede de ação civil pública para a composição de danos ao meio ambiente. *Revista Processo e Constituição*, n. 2, Porto Alegre, UFRGS, p. 241-262, maio 2005.

WURMBAUER JUNIOR, Bruno. *Novo Código de Processo Civil e os direitos repetitivos*. Curitiba: Juruá, 2015.

YARSHELL, Flávio Luiz. *Competência no estatuto do idoso (Lei 10.741/2003)*. Disponível em: http://www.mundojuridico.adv.br. Acesso em 27 nov. 2017.

YOSHIDA, Consuelo Yatsuda Moromizato. Jurisdição e competência em matéria ambiental. In: MARQUES, José Roberto (Org.). *Leituras complementares de Direito Ambiental*. Salvador: JusPodivm, 2008.

ZANETI JR., Hermes. A legitimação conglobante nas ações coletivas: a substituição processual decorrente do ordenamento jurídico. In: ASSIS, Araken de; ALVIM, Eduardo Arruda; NERY JR., Nelson; MAZZEI, Rodrigo; ARRUDA ALVIM WAMBIER, Teresa; ALVIM, Thereza (Coords.). *Direito Civil e processo: estudos em homenagem ao Professor Arruda Alvim*. São Paulo: Ed. RT, 2007.

ZANETI JR., Hermes; GARCIA, Leonardo de Medeiros. *Direitos difusos e coletivos*. 5ª ed. Salvador: JusPodivm, 2014.

ZAVASCKI, Teori Albino. *Processo Coletivo: tutela de direitos coletivos e tutela coletiva de direitos*. São Paulo: Ed. RT, 2006.

ZAVASCKI, Teori Albino. Defesa de direitos coletivos e defesa coletiva de direitos. *Revista de Informação Legislativa*, v. 32, n. 127.

ZENKNER, Marcelo. Legitimação Ativa nas Ações Protetivas do Patrimônio Público. In: *Improbidade Administrativa: responsabilidade social na prevenção e controle*. Vitória: Centro de Estudos e Aperfeiçoamento Funcional do Ministério Público do Estado do Espírito Santo, 2005.

ZENKNER, Marcelo. *Ministério Público e efetividade no processo civil*. São Paulo: Ed. RT, 2006.

ZUFELATO, Camilo. Da legitimidade ativa ope legis da Defensoria Pública para o mandado de segurança coletivo. *Revista de Processo*. São Paulo: Ed. RT, 2012, n. 203.